D1428977

La Grande ENCYCLOPÉDIE

BRICOLAGE
& RÉNOVATION

LE GUIDE COMPLET POUR RÉPARER, AMÉLIORER ET ENTRETENIR LA MAISON

3300 photographies et illustrations en couleurs
Plus de 300 projets décrits étape par étape

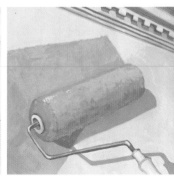

 Broquet

97-B, Montée des Bouleaux
Saint-Constant, Qc, J5A 1A9
Tél. : (450) 638-3338 Fax : (450) 638-4338
Web : www.broquet.qc.ca / Courriel : info@broquet.qc.ca

Catalogage avant publication de Bibliothèque et Archives Canada

Vedette principale au titre :

La grande encyclopédie bricolage et rénovation

Traduction de: Home book.
Comprend un index.

ISBN 2-89000-702-2

1. Habitations - Entretien et réparations - Manuels d'amateurs.
2. Habitations - Réfection - Manuels d'amateurs. 3. Bricolage.
I. Bakke, Timothy O. II. Lebeau, Normand.

TH4817.3.H64414 2005   643'.7   C2005-941441-3

Pour l'aide à la réalisation de son programme éditorial, l'éditeur remercie :
Le gouvernement du Canada par l'entremise du Programme d'aide au Développement
    de l'industrie de l'Édition (PADIÉ); La Société de Développement des Entreprises
    Culturelles (SODEC); L'association pour l'Exportation du Livre Canadien (AELC).
Le gouvernement du Québec - Programme de crédit d'impôt pour l'édition de livres -
    Gestion SODEC.

Traduction :
Charlotte de Celles, Françoise Périllat, Maurice Soudeyns,
Normand Lebeau, Normand Ricker, Pierre-Yves Le Dilicocq

Révision :
Denis Poulet, Marcel Broquet

Révision technique :
Jean Bonicalzi

Infographie :
Chantal Greer, Josée Fortin, Sandra Martel

Direction artistique et design de la couverture :
Brigit Levesque

Éditeur :
Antoine Broquet

©CREATIVE HOMEOWNER, 2000.
All rights reserved. This French language edition
first published by ©Broquet.

Tout droits réservés. Cette édition en langue française
est publiée par Broquet inc. 2005.

POUR L'ÉDITION EN LANGUE FRANÇAISE
Copyright © Ottawa 2005 - Broquet Inc.
Dépôt Légal - Bibliothèque nationale du Québec
4e trimestre 2005

Imprimé en Chine

ISBN : 2-89000-702-2

POUR L'ÉDITION ORIGINALE

Directeur de la rédaction : Timothy O. Bakke
Directeur artistique : W. David Houser
Directeurs de production : Ann Bernstein, Stan Podufalski
Rédacteur en chef : Mike McClintock
Rédacteur en chef adjoint: Paul Rieder
Rédacteur adjoint : Craig Clark
Collaborateurs à la rédaction : Roy Barnhardt, Joseph Gonzalez,
    Michael Morris, Ken Textor, Laura Tringali, Bruce Wetterau
Recherche photos : Craig Clark, Dan Lane, Amla Sanghvi
Adjoints de la rédaction : Laura DeFerrari, Dan Lane, Stanley Sudol
Adjoints photographie : Craig Clark, Melisa DelSordo,
    Christine Elasigue, Dan Lane, Montree Puangsawdi, Keith Zackowitz
Remerciements à : Mark Arduino, Juan Calle, Richard L. DeJean,
    Craig Fahan, Joseph L. Fucci, David Geer, Rafael Lian, Felix Nieves,
    Andrew Parsekian, Ann Parsekian, James Parsekian, Neil Soderstrom
Index : Sandi Schroeder/Schroeder Indexing Services
Concepteur graphique principal : Glee Barre
Adjointes à l'infographie : Virginia Wells Blaker, Susan Hallinan
Photographe principal : John Parsekian
Photographe maison : Brian C. Nieves
Illustrations : Vincent Alessi, Clarke Barre
Collaborateurs aux illustrations : Tony Davis, Ron
    Hildebrand, Greg Maxson, Thomas Moore, Ian Worpole
Têtes de chapitre : Eileen O'Connell

CONSULTANTS TECHNIQUES :
Association of the Wall and Ceiling Industries, Intl.,
    Lee Jones **Brick Industry Association,** Brian E. Trimble, CDT,
    Director, Technical Services Engineering and Research
California Redwood Association, Charles Jourdain
Carpet and Rug Institute, R. Carroll Turner
Carrier Corp.
Concrete Foundation Association,
    J. Edward Sauter, Executive Director
Merillat Industries
National Association of Homebuilders, David DeLorenzo
National Association of the Remodeling Industry, Brett S. Martin
National Concrete Masonry Association, Dennis W. Graber,
    P.E., Director of Technical Publications
National Oak Flooring Manufacturers Association, Mickey Moore
North American Insulation Manufacturers Association,
    Charles Cottrell
Plumbing Manufactures Institute, David W. Viola,
    Technical Director
Plumbing, Heating, Cooling Contractors National Association,
    Robert Shepherd
Roofing Industry Education Institute, Richard L. Fricklas, Founder
Ross Electrical Assessments, Joseph A. Ross, former Chief Editor
    of the NFPA-NEC Handbook
Scotts Training Institute, John Marshall, Instructor
Southern Forests Products Association, Richard Wallace
Tile Council of America, Duncan English
Western Wood Products Association, Frank Stewart, Director, Technical
    & Product Support
Window and Door Manufacturers Association,
    Alan J. Campbell, President

Toute reproduction de ce livre est interdite, en tout ou en partie, sous aucune forme ni par aucun moyen que ce soit, sans la permission écrite de l'éditeur, à l'exception de brèves citations à des fins de commentaires à la radio, à la télévision ou dans une publication. Bien que toutes les mesures possibles aient été prises pour assurer l'exactitude du contenu présenté, ni l'auteur ni l'éditeur ne peuvent être tenus responsables en cas d'une mauvaise interprétation des directives, d'une mauvaise application ou d'une erreur de typographie. Tous les droits, incluant le droit à la traduction, sont réservés.

Mesures de sécurité

Bien que l'aspect sécuritaire de tous les projets et méthodes présentés dans ce guide ait été rigoureusement évalués, nous ne saurions trop vous recommander d'employer les méthodes de construction les plus sécuritaires possible. Les recommandations qui suivent sont des rappels de bonnes et de mauvaises pratiques en termes de sécurité au travail et ne sauraient en rien se substituer à votre bon jugement.

◆ Soyez toujours prudent et faites preuve de jugement lorsque vous suivez les méthodes décrites dans ce guide.

◆ Assurez-vous que vos installations électriques sont sécuritaires, qu'aucun circuit n'est surchargé et que tous les outils électriques et les prises de courant sont correctement mis à la terre en tout temps. N'utilisez pas d'outils électriques dans des emplacements mouillés.

◆ Prenez le temps de lire les étiquettes des contenants de peinture et de solvant, et des autres produits que vous utilisez; assurez-vous que l'aération est suffisante et observez toutes les autres mises en garde.

◆ Avant d'utiliser un outil, lisez attentivement les directives du fabricant, particulièrement les mises en garde.

◆ Utilisez des poussoirs et des bâtons de retenue lorsque vous travaillez avec une scie circulaire à table. Évitez le plus possible de travailler avec des sections courtes.

◆ Assurez-vous de toujours retirer la clé d'un mandrin (qu'il s'agisse d'un modèle portatif ou à pression) avant de le mettre en fonction.

◆ Prenez le temps de bien vous familiariser avec le fonctionnement d'un outil avant de l'employer afin de réduire au minimum les risques de blessures.

◆ Veillez à bien connaître les limites de vos outils afin de ne pas les employer à des fins pour lesquelles ils ne sont pas conçus.

◆ Assurez-vous que tous les réglages sont verrouillés avant d'utiliser un outil. Ainsi, vous devez toujours vérifier le guide à refendre d'une scie circulaire à table ou le réglage en biseau d'une scie portable avant de commencer le travail.

◆ Veillez à fixer les morceaux de petite taille au banc ou à une autre surface de travail sur laquelle vous utilisez un outil électrique.

◆ Veillez à porter des gants appropriés en caoutchouc ou des gants de travail lorsque vous manipulez des produits chimiques, que vous déplacez ou empilez des morceaux de bois, ou que vous entreprenez des travaux de construction lourde.

◆ Vous devez porter en tout temps un masque protecteur jetable lorsque vous produisez de la poussière en sciant ou en ponçant. Employez un masque filtrant lorsque vous devez travailler avec des substances toxiques ou des solvants.

◆ Vous devez porter en tout temps des lunettes de sécurité, particulièrement lorsque vous utilisez des outils électriques ou que vous frappez du métal sur du métal ou du béton; par exemple, un copeau pourrait être projeté en ébarbant du béton.

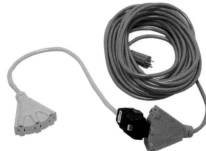

◆ Lorsque vous travaillez, ne portez jamais de vêtements amples ni de bijoux et attachez vos cheveux et vos manchettes.

◆ N'oubliez jamais qu'avec un outil électrique, vous avez rarement le temps d'utiliser vos réflexes en cas d'accident, car tout se passe très rapidement. Soyez donc extrêmement prudent!

◆ Gardez toujours les mains loin de l'extrémité des lames, des couteaux et des mèches.

◆ Tenez toujours fermement une scie circulaire, de préférence avec les deux mains; ainsi vous saurez exactement où elles se trouvent.

◆ Utilisez toujours une perceuse munie d'une poignée auxiliaire pour contrôler le moment de torsion lorsque vous devez travailler avec des mèches de grande dimension.

◆ Consultez toujours le Code du bâtiment de votre localité avant d'entreprendre un projet de construction. Ces codes ont été établis en vue d'assurer la sécurité publique et doivent être observés à la lettre.

◆ N'utilisez jamais d'outils électriques si vous êtes fatigué ou que vous avez consommé de l'alcool ou des drogues.

◆ Ne découpez jamais de petits morceaux de bois ou de tuyau avec une scie électrique. Découpez plutôt un gros morceau et retirez-en des morceaux plus petits.

◆ Ne changez jamais une lame de scie ou la mèche d'une perceuse ou d'une toupie, à moins que le cordon d'alimentation soit débranché. Ne vous fiez pas au fait que le commutateur est fermé, car vous pourriez y toucher accidentellement.

◆ Ne travaillez jamais sous un éclairage insuffisant.

◆ N'utilisez jamais d'outils émoussés. Faites-les aiguiser ou apprenez à les aiguiser vous-même.

◆ N'utilisez jamais un outil électrique sur une pièce de travail qui n'est pas soutenue fermement, peu importe sa dimension.

◆ Ne sciez jamais une pièce de travail placée à une grande distance entre deux chevalets de sciage sans disposer d'un appui rapproché de chaque côté de la découpe, car le morceau peut plier, se fermer et bloquer la lame, occasionnant un recul de la scie.

◆ Ne maintenez jamais une pièce de travail avec votre jambe ou une autre partie de votre corps lorsque vous sciez.

◆ Ne transportez jamais d'outils tranchants ou pointus comme des couteaux tout usage, des poinçons ou des ciseaux dans votre poche. Si vous voulez transporter ce genre d'outil, utilisez plutôt une ceinture à outils munie de poches de cuir et de supports.

Table des matières

INTÉRIEUR

SYSTÈMES

Tournez la page pour la liste complète de plus de 300 projets.

Table des projets

Ce que vous trouverez dans
La Grande encyclopédie bricolage et rénovation

INTRODUCTION

Bienvenue à *LA GRANDE ENCYCLOPÉDIE BRICOLAGE ET RÉNOVATION.* Dites-vous qu'il s'agit du guide de bricolage le plus complet paru à ce jour et qu'il saura vous dépanner en tout temps, au jour le jour, dans vos travaux de bricolage domestique. S'il existe un manuel du propriétaire pour d'autres biens personnels comme votre voiture, pourquoi pas un guide pour votre maison ? Ne s'agit-il pas du refuge familial qui vous protège des éléments et de l'investissement le plus important que vous aurez fait dans toute votre vie ? Vous constaterez que ce guide ne vous aidera pas uniquement pour effectuer des réparations en cas de problèmes, mais également pour entretenir votre propriété afin qu'elle conserve sa valeur. En fait, vous pouvez l'augmenter cette valeur en exécutant quelques-uns des projets proposés dans ce guide.

Toutefois, votre maison représente bien davantage qu'un abri et un investissement. C'est votre foyer, le cœur de votre vie familiale, l'endroit où vous élevez votre famille et où vous commencez vos journées, le nid douillet que vous regagnez à la fin de votre journée de travail… et c'est également là que vous accueillez vos amis et votre parenté. Ce lieu se doit donc d'être invitant et confortable. Vous désirez sûrement qu'il soit attrayant, en bon état et fonctionnel. *La Grande encyclopédie bricolage et rénovation* vous aidera à obtenir ces résultats et bien d'autres.

Ce guide exhaustif contient plus de 600 pages d'informations pratiques sur toutes les parties de votre maison, de la cave au grenier. Les 28 chapitres couvrent la gamme complète des réparations et des améliorations d'une résidence : les outils, les matériaux, les rénovations, le jardin et chaque partie du bâtiment, y compris les fondations, la charpente et les systèmes mécaniques.

L'amélioration de la maison est un vaste sujet et les bricoleurs expérimentés savent à quel point des travaux de rénovation peuvent devenir complexes. *La Grande encyclopédie bricolage et rénovation* aide les propriétaires avertis à développer leur savoir-faire, mais il n'est pas nécessaire d'être un bricoleur maison hors-pair pour profiter des conseils offerts. L'information y est présentée de façon compréhensible et détaillée, s'attardant longuement sur les principes de base. Cet ouvrage vous permet également d'économiser temps et argent en vous présentant différentes options et vous explique comment procéder au moyen de plus de 3 300 photographies et illustrations.

Vous y retrouverez 324 projets décrits étape par étape, qui vont des réparations simples comme une fenêtre coincée aux réparations majeures comme l'installation de fenêtres de remplacement. De plus, vous trouverez de judicieux conseils sur la plomberie, le chauffage, la climatisation et les systèmes électriques, agrémentés de séquences photographiques explicatives sur des sujets particuliers.

La Grande encyclopédie bricolage et rénovation présente également quelques sections spéciales qui ne font généralement pas partie des guides de bricolage, mais qui traitent d'éléments importants pour les propriétaires de maison. Le chapitre sur les projets de rénovation (page 132), un guide illustré de photos, est au nombre de ces sections ; il aborde la question des contrats, des entrepreneurs, des codes du bâtiment, de l'étalement des paiements, bref tout ce que vous devez savoir pour réussir un projet de rénovation.

Si vous remarquez un outil ou un matériau de construction avec lequel vous n'êtes pas familier dans un des projets proposés, vous saurez où vous pourrez en apprendre davantage en consultant le *Guide de ressources* (page 578), un index illustré présentant des produits nouveaux, des entreprises et des services pour les consommateurs. Vous trouverez aussi, bien entendu, un glossaire (page 590) qui vous éclairera sur des termes utilisés dans le monde de la construction, ainsi qu'un index détaillé (page 594) qui vous permettra de repérer aisément le sujet qui vous intéresse.

Tout au long de *la Grande encyclopédie bricolage et rénovation,* vous trouverez des mises en garde, car la sécurité est un élément primordial dans tout projet, ainsi que des conseils qui vous aideront à obtenir les meilleurs résultats possibles.

En résumé, *la Grande encyclopédie bricolage et rénovation,* est le manuel le plus complet en son genre et vous renseigne sur tout ce que vous pouvez faire pour améliorer votre maison, ainsi que sur les risques potentiels et les moyens d'y remédier. Voilà un guide qui ne restera pas sur les tablettes et qui vous sera d'une grande utilité.

Nous vous souhaitons la meilleure des chances dans tous vos projets.

ENCYCLOPÉDIE DU BRICOLAGE...

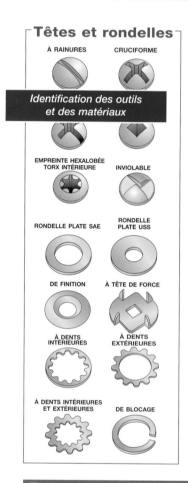

Têtes et rondelles

À RAINURES   CRUCIFORME

Identification des outils et des matériaux

EMPREINTE HEXALOBÉE TORX INTÉRIEURE   INVIOLABLE

RONDELLE PLATE SAE   RONDELLE PLATE USS

DE FINITION   À TÊTE DE FORCE

À DENTS INTÉRIEURES   À DENTS EXTÉRIEURES

À DENTS INTÉRIEURES ET EXTÉRIEURES   DE BLOCAGE

Enlever la vieille moulure

MATÉRIEL : ▶ pied-de-biche plat • ciseau • marteau

Des projets étape par étape

1 *Avec un petit pied-de-biche plat,* retirez la moulure en quart-de-rond de la plinthe. Travaillez lentement d'une extrémité à l'autre pour éviter les éclisses.

principales caractéristiques et autres éléments

Guide des rénovations

Photos séquentielles

Vue de l'extérieur, la nouvelle maison semble trop grande.

À l'intérieur, les pièces donnent l'impression d'être trop petites.

D'ici la semaine prochaine, il va falloir choisir les couleurs de peinture.

Fuites dans les conduites

Pour vérifier si la conduite d'évacuation de l'évier ou sa collerette d'écoulement fuient, faites
[...]oi. Il faudra [...], le nettoyer et poser un nouveau filet de calfeutrant, puis remettre tout en place. Les fuites dans les conduites de renvoi ont généralement lieu dans le siphon. Certains siphons sont munis d'un regard qui facilite le nettoyage des obstructions.

Cadres d'informations

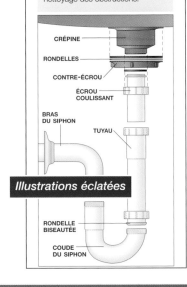

CRÉPINE
RONDELLES
CONTRE-ÉCROU
ÉCROU COULISSANT
BRAS DU SIPHON
TUYAU
RONDELLE BISEAUTÉE
COUDE DU SIPHON

Illustrations éclatées

Plantations et fertilisation

Photos couleur

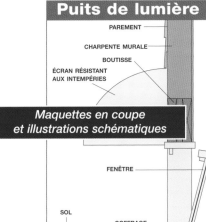

Diagnostic des problèmes de surface

Trucs et astuces

◆ **CLOQUAGE:** le cloquage se manifeste par une série de bulles dans la peinture. Les cloques se forment quand la peinture est appliquée sur une surface humide. Elles peuvent aussi apparaître lorsque la peinture est appliquée sous un soleil direct. L'humidité intérieure qui traverse le mur ou dans la maison elle-même peut aussi faire cloquer la peinture, même si la surface était sèche lors de l'application.

◆ **ÉCAILLAGE:** la peinture qui s'écaille est caractérisée par des flocons ou des lambeaux qui ne collent pas à la surface. Plusieurs facteurs peuvent causer ce pelage, incluant l'application d'une couche très épaisse – l'approche de deux couches en une. Mais le problème est le plus souvent dû à l'humidité intérieure passant à travers le mur extérieur.

Puits de lumière

PAREMENT
CHARPENTE MURALE
BOUTISSE
ÉCRAN RÉSISTANT AUX INTEMPÉRIES

Maquettes en coupe et illustrations schématiques

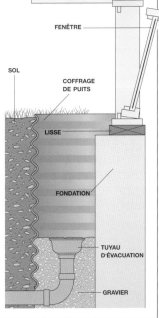

FENÊTRE
SOL
COFFRAGE DE PUITS
LISSE
FONDATION
TUYAU D'ÉVACUATION
GRAVIER

● marqueur indélébile ▶ cales de bois mince ● ruban à masquer

2 Répétez l'opération pour séparer la moulure du haut de la plinthe. Au besoin, se servir d'un ciseau ou d'un deuxième pied-de-biche comme levier.

3 Insérez une mince cale de bois derrière la plinthe pour éviter d'endommager le mur en cours d'opération.

4 Certaines plinthes sont faciles à retirer. Pour retirer les clous récalcitrants, insérez une barre de métal entre la tête du clou et le mur.

5 Une fois la barre de métal en place, cognez sur la plinthe (ou sur la cale de bois) pour dégager les clous et les retirer.

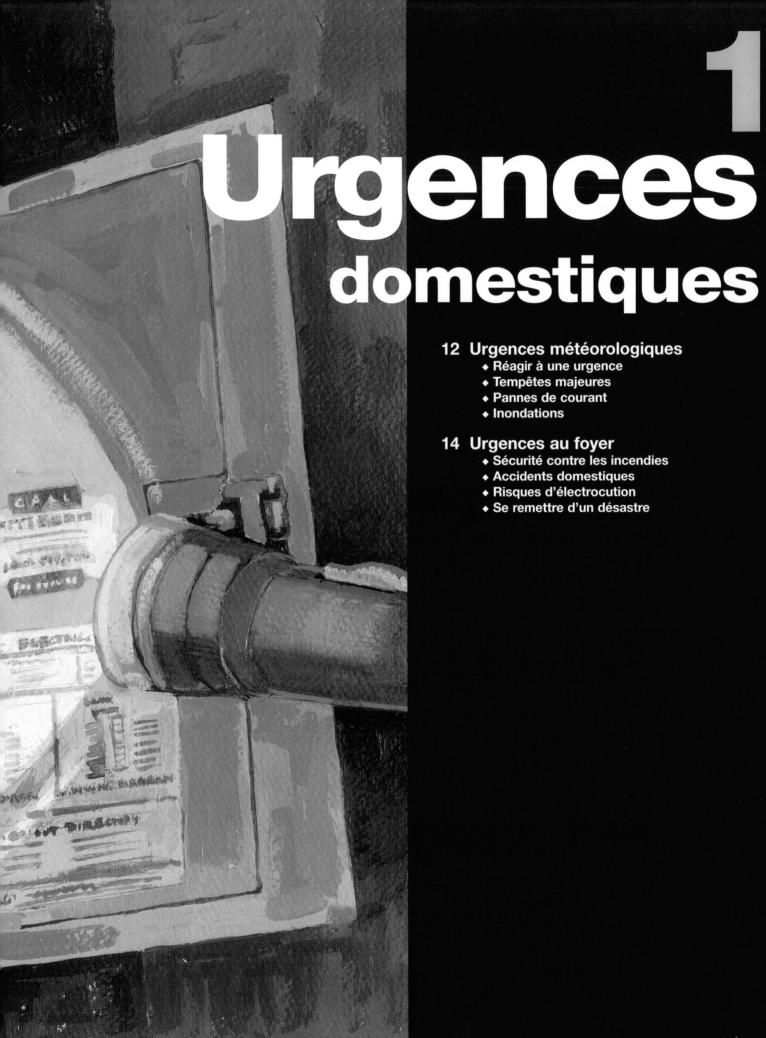

Urgences
domestiques

Urgences domestiques

Réagir à une urgence

Il est impossible de se préparer pour toutes les situations d'urgence pouvant survenir à la maison. Mais si vous vivez dans une région susceptible d'être balayée par des ouragans ou des tornades, sujette à des inondations ou à des tremblements de terre, vous devriez avoir à votre disposition un matériel d'urgence et les membres de votre famille devraient connaître les étapes à suivre en cas de désastre.

Ouragans: le Centre canadien de prévision d'ouragan recommande aux populations vivant dans les régions côtières ou les basses terres de se doter d'un plan d'évacuation. Adressez-vous aux services policiers ou à la Croix-Rouge de votre région pour vous renseigner sur les voies d'évacuation les plus appropriées. Prévoyez également un système de communication d'urgence; par exemple, contactez un ami qui réside à l'extérieur de la région affectée au cas où les membres de votre famille auraient à se séparer. Renseignez-vous sur les alertes météorologiques en écoutant la radio ou la télévision, inspectez votre matériel d'urgence et veillez à ce que le réservoir d'essence de votre véhicule soit plein.

Rentrez dans la maison tous les objets à l'extérieur tels les meubles de jardin, et fermez les volets de vos fenêtres ou recouvrez-les de contreplaqué avant que l'ouragan se manifeste. Débranchez tous les appareils électroménagers et coupez le courant au disjoncteur principal. Fermez également le robinet principal d'alimentation en eau. Si vous avez le temps, surélevez le mobilier pour prévenir tout dommage qu'une inondation pourrait causer.

Tornades: assurez-vous qu'il y a un endroit sécuritaire où vous pouvez vous réfugier. Si vous ne disposez pas d'un sous-sol, trouvez une pièce sans fenêtre au rez-de-chaussée: salle de bains ou placard sous des escaliers. Comme les tornades se manifestent généralement sans crier gare, tous les membres de votre famille doivent connaître les signes avant-coureurs de ce phénomène météorologique, et savoir où se trouve le matériel d'urgence et comment réagir s'il survient une panne de courant ou une fuite de gaz.

Tremblements de terre: si vous vivez dans une région sujette aux séismes, renforcez vos étagères murales pour qu'elles résistent mieux et stockez les articles lourds ou fragiles sur les étagères inférieures proches du sol. Lors d'un séisme, les endroits les plus sécuritaires dans votre domicile se trouvent sous un meuble lourd ou auprès d'un mur intérieur, loin des fenêtres ou des meubles peu stables.

Conseils de survie: si vous prévoyez rester dans votre domicile pendant une tempête majeure, assurez-vous que vous aurez sous la main le matériel d'urgence de base suivant: lampes de poche, piles de rechange, radio à piles, trousse de premiers soins, denrées non périssables supplémentaires, eau potable et médicaments essentiels. Réglez le réfrigérateur à son niveau le plus froid et n'ouvrez la porte que si c'est absolument nécessaire. Conservez l'eau potable dans des cruches et des bouteilles, ou dans des baignoires propres.

Votre trousse d'urgence de base doit comporter une trousse de premiers soins, des piles de rechange, de l'eau en bouteille et une radio portable.

Tempêtes majeures

On détermine l'envergure d'une tempête par sa puissance et les dégâts qu'elle occasionne: un peu comme l'échelle de Richter pour un séisme. Par exemple, on mesure la force et la puissance d'un ouragan selon l'échelle Saffir-Simpson, qui distingue cinq niveaux de puissance et de dommages potentiels lorsque les vents se situent entre 120 km/h (c'est à cette force que les prévisions d'ouragan sont émises) et 250 km/h. Très souvent, c'est une combinaison de pluie et de vent qui cause des dégâts, surtout aux toitures.

Réparation temporaire de la toiture: il est normal de tenter de colmater une fuite mais tout à fait déconseillé d'essayer de la réparer lorsque le toit est humide par mauvais temps. Il y a toutefois des exceptions: particulièrement si votre maison possède un toit plat ou à faible pente, et ne présente pas de risque de chute au sol si vous glissez et perdez l'équilibre. Quand vous pourrez travailler en toute sécurité, bouchez temporairement les crevasses ou fissures avec un ciment à toiture (à ne pas confondre avec un revêtement à toiture). Sur les bardeaux standards, bandes de recouvrement, rouleaux asphaltés, ainsi que sur les toits plats multicouches, élargissez la fente et remplissez la cavité ainsi formée avec un goudron épais. Replacez le bardeau ou la bande de recouvrement à sa position initiale et rajoutez une couche de goudron par-dessus. Si la patte de bardeau (surface exposée) s'est déchirée, appliquez du goudron sur son emplacement initial, particulièrement sur les têtes de clou exposées des couches inférieures de bardeaux et appliquez une couche de recouvrement (si vous ne disposez pas de bardeaux supplémentaires, un morceau de papier goudronné ou même un sac en plastique fera l'affaire) pour maintenir en place le réseau d'alaises chevauchantes permettant l'écoulement de l'eau.

Nettoyer les goulots d'étranglement: pour prévenir des dommages ultérieurs, il vaut la peine de vérifier et de nettoyer les tuyaux de descente et les gouttières régulièrement, particulièrement le double coude en forme de S qui conduit l'eau provenant de l'avant-toit vers le tuyau de descente. Ces accessoires de tuyauterie sont rattachés par des vis à tôle; il suffit de les enlever pour nettoyer l'intérieur des tuyaux.

Déglaçage des canalisations: pour empêcher la glace de se former dans vos gouttières et tuyaux d'évacuation durant une tempête de neige, vous pouvez installer des câbles électriques (de certification UL) chauffants munis de thermostats intégrés qui dégagent du courant lorsque la température de l'air ambiant descend au point de congélation. Lorsque la glace bloque le système de drainage, des digues de glace apparaissent sur les extrémités de la toiture.

Un avis météorologique transmis à l'avance vous accorde le temps nécessaire pour protéger vos biens essentiels et barricader les portes et fenêtres de votre résidence avec des panneaux de contreplaqué ou des planches de bois.

Pannes de courant

La meilleure façon de savoir ce qu'il vous faut consiste à vous rappeler ce qui a manqué le plus durant la dernière panne. Par exemple, si votre maison dispose d'un puits artésien et d'un petit réservoir, vous risquez de manquer d'eau potable plutôt que d'ampoules électriques, auxquelles vous pourriez temporairement substituer des bougies.

Conservation de la chaleur : lorsqu'une panne survient en hiver, laissez les portes extérieures fermées le plus possible afin de conserver le maximum de chaleur. Par contre, relevez les stores et ouvrez les tentures à leur maximum durant la journée pour laisser passer la lumière du soleil et, par conséquent, réchauffer la maison. Si la panne survient en soirée ou durant la nuit, posez des couvertures autour des fenêtres pour assurer une meilleure isolation. Demeurez dans la pièce la plus chaude (qui se trouve généralement sur le côté sud du domicile). Suspendez des couvertures dans les couloirs pour empêcher l'air des pièces plus froides de passer dans la pièce choisie.

Lampe de poche rechargeable : afin d'éviter de rechercher inutilement une lampe de poche munie de piles en bon état, utilisez une lampe rechargeable et branchez-la dans une prise de courant. Lorsque la panne survient, la lampe s'allume automatiquement afin que vous puissiez la localiser. Vous pouvez alors retirer l'appareil de la prise et vous en servir comme lampe de poche portable.

Génératrice portative : une génératrice portative est utile si vous vivez dans une région sujette à des pannes de courant fréquentes ou si vous avez besoin d'électricité pour le chauffage ou l'eau chaude. Pour brancher une génératrice portative à vos prises et lumières, demandez à un électricien d'installer un panneau de transfert raccordé au panneau principal (le disjoncteur principal par où l'électricité entre dans votre domicile). Ce type de branchement permet une alimentation limitée en électricité à travers votre câblage existant. Sans panneau de transfert, vous devrez utiliser des rallonges depuis votre génératrice et brancher votre réfrigérateur, votre pompe de puits et des lampes directement à l'appareil. Rappelez-vous de ne jamais employer de génératrice à essence dans votre domicile ou votre garage, car les fumées d'échappement peuvent être mortelles.

Redémarrage : avant de redémarrer les appareils électroménagers lorsque le courant est rétabli, vérifiez les instructions de redémarrage du fabricant. Certains appareils, surtout les chauffe-eau et les vieilles chaudières, nécessitent une séquence de redémarrage bien précise pour une relance sécuritaire.

Installez une lampe à piles rechargeables dans les escaliers. Elle se recharge lorsqu'il y a du courant électrique et s'allume automatiquement lors d'une panne de courant.

Inondations

Le premier réflexe lorsqu'une habitation a subi une inondation est de retirer une quantité maximale d'eau le plus rapidement possible. Or, après une inondation majeure, il est suggéré de drainer l'eau lentement plutôt que d'obéir à votre première impulsion.

Drainage de l'eau : un des dangers cachés d'une inondation majeure est que le sol qui jouxte les fondations de votre maison soit saturé d'eau et exerce une pression sur celles-ci équivalente (potentiellement) à la pression que pourrait exercer un glissement de terrain. Dans les cas extrêmes, quelques pieds d'eau à l'intérieur du mur exerçant une pression contraire peuvent être la seule solution pour empêcher vos fondations de s'écrouler. Avant de pomper l'eau de votre sous-sol, vous devriez attendre que l'eau à l'extérieur s'écoule. Par la suite, vous devriez réduire le niveau d'eau d'environ 2 ou 3 pieds seulement la première journée. Rappelez-vous de ne jamais utiliser une génératrice ou une pompe à essence dans votre domicile, car ces appareils rejettent du monoxyde de carbone, un gaz mortel.

Pompe de puisard : vérifiez votre pompe de puisard, car elle peut prévenir des dégâts majeurs dus aux inondations. Plusieurs modèles se déclenchent automatiquement lorsque le flotteur dans le puisard monte en fonction du niveau de l'eau. Si la pompe n'a pas été utilisée depuis un bon bout de temps, le flotteur peut rester bloqué. Redémarrez votre pompe plusieurs fois pour que votre puisard et votre sous-sol ne soient pas inondés.

Réparation des fondations : colmater des fissures et des cavités sur les parois intérieures est déconseillé, car derrière les fissures se cache un mur d'eau ou parfois une grande quantité de terre compactée transformée en boue qui exerce une pression hydrostatique massive. Il existe toutefois un produit, le ciment hydraulique, qui peut servir à colmater une fissure dans la maçonnerie. On doit enfoncer ce mélange épais dans les fissures humides, l'étendre par couches successives et le stabiliser en installant un garnissage en bois. Le mélange durcit et se dilate même si l'eau continue à couler à travers la fissure. La dilatation du mélange lui permet d'atteindre tous les recoins, ce qui stoppe l'écoulement de l'eau, pourvu que vous ayez appliqué le mélange de façon à ce que la crevasse soit bien couverte.

Dans un grand nombre de secteurs résidentiels, les eaux provenant de fortes pluies peuvent inonder les sous-sols et quasiment atteindre la hauteur des fenêtres.

Urgences domestiques

Sécurité contre les incendies

Un détecteur de fumée efficace constitue le meilleur moyen de se protéger des incendies. Vient ensuite un extincteur homologué de type ABC, conçu pour tout incendie d'origine domestique.

Détecteurs de fumée : si vos détecteurs de fumée fonctionnent avec une pile, remplacez-la périodiquement. Il existe des détecteurs de fumée intégrés au câblage électrique (avec pile de secours). Installez au moins un détecteur de fumée à chaque étage de votre maison et dans les aires ouvertes proches des chambres à coucher.

Cheminée : demandez à un ramoneur d'inspecter votre cheminée, même si vous utilisez votre foyer peu souvent. Les ramoneurs possèdent des outils capables de déloger la créosote, un sous-produit de combustion incomplète pouvant déclencher et raviver des incendies. Vous pouvez sécuriser davantage une conduite de cheminée non doublée en enduisant l'intérieur du tuyau d'un ciment à maçonnerie, formant une coquille protectrice à l'épreuve du feu à l'intérieur de la conduite, ou

en installant une conduite d'évacuation réglementaire en acier inoxydable à l'intérieur de la cheminée.

Extincteurs : installez des extincteurs de fumée à proximité des endroits où un incendie pourrait débuter ; par exemple, un dans la cuisine et un autre dans l'entrée de la pièce renfermant une chaudière à mazout. Vérifiez les manomètres de pression sur les extincteurs pour que ceux-ci soient remplis à pleine capacité.

Plan d'évacuation : pour une sécurité maximale, surtout avec des enfants dans la maison, assurez-vous de disposer d'un plan d'évacuation comportant au moins deux façons de sortir de chaque pièce et familiarisez vos enfants avec les accès d'évacuation en cas d'incendie ou de toute autre urgence.

Numéros de téléphone en cas d'urgence : affichez les numéros de téléphone des services d'urgence, de la police et des pompiers. Utilisez un extincteur pour les incendies mineurs, mais n'essayez pas d'éteindre un incendie plus important. Dans ce cas, sortez de la maison et contactez le service d'incendie de votre localité.

Un détecteur de fumée constitue le meilleur moyen de prévenir les pertes matérielles et les blessures dues à un incendie. Pour que votre détecteur de fumée fonctionne correctement, vérifiez-le régulièrement en appuyant sur le bouton de test.

Accidents domestiques

Chaque année en Amérique du Nord, des milliers de personnes meurent d'empoisonnement, des suites d'une chute ou d'autres accidents domestiques. Plus de 7 millions d'individus sont grièvement blessés dans leur domicile dans des accidents qui auraient pu être évités. La prévention consiste à neutraliser les conditions propices à de tels événements, en plaçant, par exemple, les produits chimiques, médicaments et autres produits nocifs dans des cabinets verrouillés à clef, auxquels les enfants n'ont pas accès. Chaque année, un million d'enfants âgés de moins de cinq ans s'empoisonnent accidentellement. Vous pouvez aussi réduire la gravité des conséquences de certains accidents inévitables : par exemple, en installant un détecteur de fumée dans votre maison, vous diminuez le risque d'être l'une des victimes de blessures qui se produisent dans 400 000 incendies domestiques déclarés chaque année.

Chutes : diminuez les risques de chute dans votre domicile en améliorant la visibilité la nuit. Placez des veilleuses de faible intensité à proximité des chambres à coucher, des salles de

bains et des escaliers. Éliminez les endroits sombres conduisant vers les lumières extérieures en installant une minuterie ou un détecteur automatique de mouvement. Installez des tapis antidérapage et des rampes dans les baignoires pour assurer une meilleure prise. Des matériaux en polyuréthane à face poncée et antidérapants sont conçus pour les marches d'escalier en bois. Un ciment de finition rugueuse et antidérapant peut servir aux marches extérieures.

Vitrage de sécurité : assurez-vous que vos portes de douche et tous les panneaux de verre de votre domicile sont conformes aux normes de sécurité sur le verre ; celui-ci devrait former des bulles lorsqu'on le fracasse. Une inscription certifiant que le verre est sécuritaire est gravée au bas de chaque panneau.

Soupapes de détente : localisez les soupapes de détente (contrôlant le débit du gaz naturel ou du propane d'appareils tels chaudières et poêles) et vérifiez-les.

Détecteurs de gaz naturel et de monoxyde de carbone (CO) : une mesure de sécurité s'ajoutant à l'entretien régulier consiste à installer des détecteurs à la fois de gaz naturel et de

monoxyde de carbone pouvant repérer les fuites de méthane et de propane. Si vous sentez une odeur de gaz, la meilleure chose à faire est de sortir immédiatement de votre domicile et de rapporter la fuite à votre compagnie de gaz. Toutes les compagnies ont un numéro d'urgence fonctionnel 24 heures sur 24.

Un moyen facile de s'assurer d'une bonne qualité de l'air dans votre domicile consiste à nettoyer vos dispositifs de chauffage et de refroidissement régulièrement.

Risques d'électrocution

Il existe deux façons de réduire les risques d'électrocution lorsque vous manipulez des câbles électriques. Premièrement, tracez un diagramme du câblage et affichez-le à côté du disjoncteur principal pour que vous sachiez quel disjoncteur doit être coupé. Deuxièmement, revérifiez les câbles électriques et les prises en les testant avec une lampe à néon. La lampe ne s'allumera que s'il y a du courant.

Protection intégrée contre les risques d'électrocution: depuis l'endroit où l'électricité entre dans votre maison à travers le câblage électrique jusqu'à vos appareils électriques, la protection intégrée vous assure une sécurité contre les risques d'électrocution. Le disjoncteur principal dispose d'un interrupteur principal, généralement un commutateur double se trouvant dans la partie supérieure du panneau, qui coupe le courant dans toute la maison. Viennent ensuite les disjoncteurs individuels, disposés en rangées au-dessous du disjoncteur principal. Chacun d'eux contrôle une boucle de câbles électriques qui alimentent un endroit déterminé du domicile. Certains circuits alimentent diverses ampoules et prises de courant, tandis que d'autres n'alimentent qu'un appareil nécessitant beaucoup d'électricité, une cuisinière, par exemple.

Disjoncteurs de fuite de terre: les disjoncteurs de fuite de terre fournissent une protection accrue contre les chocs électriques pour les prises de courant proches d'une source d'eau, car le risque de subir des chocs par ce type de prise est plus élevé. Les prises utilisant ce type de disjoncteur sont plus sensibles que celles fonctionnant avec un disjoncteur standard et coupent instantanément le courant (DDFT: disjoncteur détecteur de fuite de terre). Les prises de courant des salles de bains, cuisines, laveuses, sécheuses récentes et celles à l'extérieur du domicile doivent être connectées à des disjoncteurs de fuite de terre. Certains appareils électroménagers, tels les séchoirs à cheveux fabriqués depuis 1991, sont équipés d'un interrupteur de courant en cas de fuite d'eau ou de contact avec de l'eau, ce qui fournit une protection supplémentaire contre les dangers d'électrocution lorsque ce type d'accident se produit.

Rallonges électriques: alors que divers dispositifs de protection font partie intégrante du réseau permanent de câbles électriques, les rallonges classiques d'usage courant ne disposent pas de tels mécanismes de protection contre les chocs électriques. Vérifiez l'étiquette UL et vous constaterez qu'il existe divers types de rallonges (pour usage intérieur ou extérieur) et divers niveaux de puissance électrique. Une rallonge standard convient tout à fait pour alimenter une lampe munie d'une ampoule de 100 watts. Par contre, si vous la branchez à un radiateur électrique ou à une chaufferette, elle risque de surchauffer et de prendre feu. Par souci de sécurité, la puissance (wattage) de la rallonge doit excéder de 1,25 fois celle de votre appareil électrique.

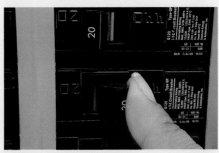

Les interrupteurs de courant coupent automatiquement l'alimentation en électricité, si cela est nécessaire. Vous pouvez les réenclencher une fois, mais si ça ne fonctionne pas, vous devrez faire appel à un électricien.

Se remettre d'un désastre

Si une forte tempête a endommagé votre domicile, vous devrez probablement effectuer plusieurs réparations temporaires, comme recouvrir d'une toile goudronnée une toiture qui coule. Plus tard, vous ou un entrepreneur qualifié pourrez effectuer les réparations permanentes en toute sécurité.

Réparation temporaire de la toiture: lorsque vous pourrez travailler en toute sécurité, utilisez un ciment à toiture pour colmater les fissures. Ce ciment a une consistance épaisse qui ne coule pas sur les toitures inclinées. Il peut être employé pour boucher les cavités laissées par des branches d'arbre et recouvrir les têtes de clou et endroits exposés où les pattes de bardeau ont été endommagées ou ont disparu.

Drainer l'eau derrière les fissures: pour drainer en toute sécurité l'eau accumulée dans des poches se trouvant dans un plafond, placez une grosse cuvette sous la poche. Crevez la cavité en perçant un trou éloigné du centre. Pendant que l'eau s'écoule de ce trou, percez-en un autre plus proche du centre pour que l'eau puisse s'écouler graduellement.

Enlever la glace des gouttières: utilisez une torche au propane ou un pistolet à air chaud pour enlever les accumulations de glace dans les gouttières. La solution la plus draconienne consiste à retirer les tuyaux de descente glacés du mur. N'oubliez pas que les gouttières et tuyaux glacés sont très lourds: une fois que vous avez délogé le tuyau, éloignez-vous un peu et laissez-le tomber (comme un arbre qui s'écroule). Par conséquent, l'eau emprisonnée sur la toiture et dans la gouttière pourra commencer à s'écouler sans devoir attendre que le glaçon géant ait fondu dans le tuyau de descente.

Que faire après une forte tempête: lorsque vous retournez à votre domicile qui a subi des dégâts d'eau, entrez-y avec précaution. Soyez à l'affût des animaux sauvages qui auraient été contraints de se déplacer vers des endroits plus élevés en raison de l'inondation. Si vous détectez une odeur de gaz, ouvrez une fenêtre, sortez de votre domicile et rapportez la fuite à votre compagnie de gaz. N'entrez pas dans votre maison si vous voyez des câbles électriques sectionnés ou apercevez des étincelles dans votre maison inondée; contactez un électricien pour qu'il effectue les réparations nécessaires. Soyez extrêmement vigilant lorsque vous vérifiez l'état d'une habitation ayant subi des dommages structurels. Après l'un des ouragans les plus dévastateurs des années 90 (l'ouragan Andrew), on a noté que le tiers des décès attribués à Andrew (18 personnes sur 54) avaient eu lieu après la forte bourrasque; les victimes étaient mortes à la suite de chutes ou après avoir été frappées par des débris.

Il suffit parfois de dégeler une conduite d'eau glacée pour rétablir les services publics de base dans votre domicile.

Outils

Outils

Outils pratiques

Certains bricoleurs ont besoin d'un sous-sol rempli d'outils, alors que d'autres se contentent de l'équipement de base. L'outillage requis dépend non seulement du travail à accomplir, mais aussi de la fréquence d'utilisation des outils, de votre habileté à les employer et de votre budget. Voici quelques points importants dont vous devez tenir compte si vous envisagez de commencer ou de compléter une collection d'outils.

Durabilité. Il est bien d'acheter ce qu'il y a de mieux, mais il n'est pas toujours nécessaire de faire l'acquisition des outils les plus chers et les plus durables. Ainsi, une brosse jetable suffit à enlever une tache sur un poteau de clôture. De façon générale, il est préférable d'acheter des outils de qualité si vous comptez les utiliser souvent, particulièrement des outils de base un marteau, une scie, un jeu de tournevis et des ciseaux munis d'embouts d'acier plutôt que de têtes en plastique. Ne payez pas le gros prix pour un outil que vous utiliserez rarement ou pour un outil spécialisé que vous pourriez louer.

Précision. Un bricoleur inexpérimenté n'obtiendra pas de résultats professionnels en utilisant des outils professionnels, car c'est l'habileté du bricoleur qui est garante de l'excellence et non l'outil. La plupart des bricoleurs du dimanche devraient se contenter d'outils conçus pour le bricoleur moyen plutôt que d'acheter des modèles haut de gamme.

Résistance. Recherchez des marteaux, des clés et des leviers forgés plutôt qu'en fonte. La fonte emprisonne les bulles d'air dans le métal fondu, créant des parties fragiles, susceptibles de se briser sous la tension. (Les outils en fonte sont souvent peints.) Forger une pièce de métal augmente sa résistance, la rendant plus sécuritaire. Lorsque les fabricants investissent temps et argent pour forger un outil et meuler sa surface, ils ne peignent généralement pas le métal.

Confort. Essayez l'outil au magasin pour vérifier s'il est facilement contrôlable, trop lourd ou trop léger. Il est difficile de comparer des outils comme des scies à chaîne, qui ne peuvent être testés aux points de vente, mais d'autres outils comme des niveaux peuvent l'être aisément. Essayez-en trois ou quatre sur le plancher ou le comptoir du magasin et empilez-les afin de voir si un des niveaux présente une bulle qui n'est pas centrée par rapport aux autres. Si un outil semble encombrant ou peu pratique au magasin, ce sera probablement pire une fois en usage.

Prix. Évitez d'acheter les modèles les plus chers et ceux qui sont bon marché, et optez pour des modèles intermédiaires. Les outils haut de gamme présentent souvent des options dont vous n'avez pas besoin et les outils de faible qualité comportent souvent des défauts qui empêcheraient même le plus habile des bricoleurs de faire du bon travail.

Scies

Il existe des scies sauteuses et des scies à refendre spécialisées, mais ce sont les tronçonneuses munies de 7 à 8 dents au pouce qui sont les plus polyvalentes.

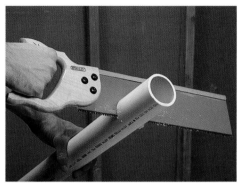

Les scies à dos courtes ont une denture fine et sont conçues pour le travail de finition. Les dents ne sont pas biseautées, de sorte que le trait de scie est très étroit.

Perceuses et mandrins

Un jeu de tournevis de base doit comprendre des tournevis à pointe plate, à pointe cruciforme (Phillips), ainsi qu'à tête carrée n° 1 (manche vert) et à tête carrée n° 2 (manche rouge).

Le tournevis à douille, une solution de rechange compacte à un jeu de clés à douilles complet, s'adapte à la plupart des écrous et têtes de boulon.

Couteaux

Un couteau universel permet de couper à peu près tout : cloisons sèches, nattes d'isolant ainsi que bardeaux servant à ajuster les bâtis de portes.

Vous aurez besoin de cisailles à métaux pour découper les matériaux qu'un couteau universel n'est pas en mesure d'attaquer, notamment les solins (bandes de recouvrement) et les tuyaux de descente.

La lame étroite et pointue de la **scie à guichet** est fort utile pour les petites découpes. Les menuisiers utilisent un modèle plus court pour pratiquer des ouvertures.

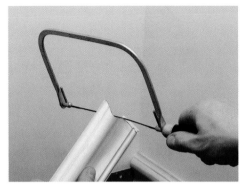

Autrefois indispensable à tout bon bricoleur, **la scie à découper,** sert maintenant surtout à découper les moulures à profil incurvé pour les assembler. Les scies sauteuses modernes se chargent du reste du travail.

La denture fine de la scie à métaux se charge des briques, des clous, des tuyaux usés et d'autres matériaux trop résistants pour les scies à bois.

Songez à des solutions de rechange manuelles ou à des ajouts à votre perceuse de $^1/_4$ po. Comme première suggestion, nous vous recommandons une bonne vieille perceuse à main polyvalente.

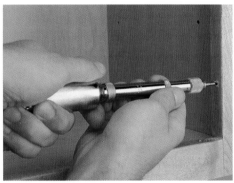

Comme deuxième suggestion, nous vous proposons un tournevis à cliquet qui fait tourner la mèche pendant que vous poussez sur le manche. Très pratique pour percer des avant-trous.

Une agrafeuse vous sera fort utile pour des travaux comme poser des matériaux isolants ou fixer des fils téléphoniques.

Un ciseau de $^1/_4$ po et un autre modèle plus large d'environ 1 po peuvent s'acquitter de la plupart des travaux de menuiserie. Les embouts d'acier résistent au martelage.

Un ciseau durci à froid peut entailler et découper des blocs de ciment et des briques. Vous devez porter un protecteur oculaire en tout temps lorsque vous utilisez cet outil.

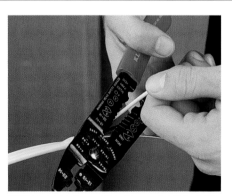

Utilisez ce couteau-dénudeur spécialisé plutôt qu'un couteau universel pour couper les fils et dénuder leur gaine isolante de façon sécuritaire.

Outils

Outils de base

Scies. La scie à main la plus pratique est une égoïne munie d'une lame d'environ 24 po se terminant par un gros manche en bois. Les égoïnes comportent environ 7 ou 8 dents au pouce. Un plus grand nombre de dents permet de mieux couper, mais ralentit le rythme du travail ; une scie comportant moins de dents se déplace plus rapidement, mais fait un travail moins soigné. Vous pourriez aussi vouloir une scie à bois munie de 12 ou 13 dents au pouce pour réaliser des coupes plus délicates sur les boiseries.

Si vous préférez la puissance, optez pour une scie circulaire de 7¹/₂ po. La dimension est calculée en fonction du diamètre de la lame. Recherchez une scie présentant un bon équilibre, dont l'angle et la profondeur sont facilement réglables, et assurez-vous que la position du manche est confortable.

Perceuses. La perceuse électrique portative a long-temps fait partie des éléments indispensables du coffre à outils de tout bon bricoleur. Aujourd'hui, la plu-part sont sans fil et certaines disposent d'une puissance de 18 volts. Parmi les nombreuses caractéristiques et la vaste gamme de perceuses de puissances diverses qui s'offrent à vous, un modèle réversible de ³/₈ po à vitesse variable (qui accroît la polyvalence de la perceuse) muni d'un mandrin sans clé devrait être en mesure de répondre à vos besoins.

Un limiteur de couple, permettant de protéger les têtes de vis et le bois, présente une utilité certaine, mais n'est pas indispensable. Il est toujours utile d'avoir un chargeur et deux blocs-piles à sa disposition afin qu'un des deux soit toujours prêt à être utilisé, mais ce n'est pas nécessaire si vous pensez entreposer le bloc dans le chargeur plutôt que dans la perceuse. La majorité des bricoleurs peuvent entre-prendre des projets et des réparations avec un modèle de 12 volts, alors que les modèles de 14 à 18 volts ou dont la tension est plus élevée se prêtent à des projets plus importants.

Marteaux. C'est le marteau de charpentier qui offre la plus grande polyvalence. La plupart des magasins offrent au moins trois formats, caractérisés par leur poids : 13 oz, 16 oz et 20 oz. En principe, il est recom-mandé d'employer le marteau le plus lourd que vous pouvez maîtriser. Plus le poids est grand, moins vous aurez besoin de donner de coups. Toutefois, un poids trop lourd peut occasionner de la fatigue musculaire ; il devient alors plus difficile de frapper le clou direc-tement sur sa tête.

En ce qui a trait aux manches, 10 menuisiers vous donneront probablement 10 raisons différentes pour choisir tel ou tel modèle. Le bois est résistant, ab-sorbe les chocs et donne un certain confort. La fibre de verre est censément plus robuste que le bois, mais procure moins de rétroaction. Les manches en acier recouverts de caoutchouc rebondissent davantage et transmettent parfois le sifflement du métal frappant le métal ; ils peuvent également devenir glissants. Si un manche en bois devient glissant, essayez ce truc de menuisier consistant à érafler les côtés du manche avec du papier abrasif ou une scie de finition.

Marteaux

Le marteau classique à panne fendue s'avère le modèle le plus polyvalent pour le bricolage et les projets de rénovation domiciliaire.

Utilisez un marteau en acier forgé de 2 livres pour les gros travaux, comme le concassage d'un pavage en briques et de blocs de ciment.

La masse, qui pèse habituellement 10 livres ou davantage s'il s'agit d'un travail de démo-lition, est surnommée « le persuasif » dans le milieu de la construction.

Clés de serrage

Utilisez des clés à cliquets de ¹/₄ po ou ³/₈ po pour le bricolage et la mécanique. Les **cliquets** de dimension supérieure, soit ¹/₂ po, sont desti-nés aux travaux sur des camions.

Il existe des douzaines de modèles de clés de serrage à ouvertures variables, mais la clé à molette classique (Crescent) s'acquitte bien des petits comme des gros travaux.

Pour les gros travaux de plomberie, une clé Stilson à mâchoire dentelée offre la meil-leure puissance de tournage.

Pinces

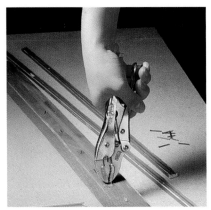

Utilisez des pinces-étaux *(p. ex., les marques Vise-Grip ou Robo-Grip) pour maintenir fermement et de manière sécuritaire ce que vous tournez.*

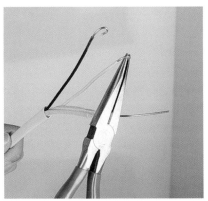

Les pinces à bec effilé *sont principalement utilisées par les électriciens, mais sont également utiles pour le travail délicat dans des espaces restreints.*

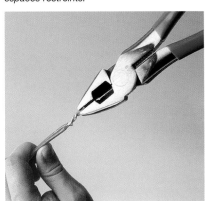

La pince universelle ou pince d'électricien *est sans égale pour les travaux de câblage. Elle peut tordre les fils et couper à travers un câble.*

Grattoirs

Utilisez un grattoir *pour enlever la peinture et le calfeutrage d'un parement et préparer les surfaces anciennes pour le revernissage.*

Le rabot à recaler *est l'outil qu'il vous faut lorsque vous devez ébarber du bois légèrement, mais pas assez pour utiliser une scie.*

Pour le façonnage et l'ébarbage, *utilisez une râpe et une lime métallique. Employez une lime bâtarde pour les lames de scie.*

Outils de dégagement

Servez-vous d'un levier *pour retirer de vieilles moulures et déplacer les matériaux plus efficacement qu'avec une panne de marteau.*

Le pied-de-biche *est un peu plus puissant que le levier et procure plus de force pour le déplacement de matériaux lourds et les travaux de démolition.*

Avez-vous besoin de retirer un clou ? *Glissez une gueule de raie (sorte de nœud) sous la tête du levier afin d'endommager le bois le moins possible.*

Outils

Mesures de sécurité dans l'atelier

La trousse d'outils peut être contenue dans un tiroir de cuisine, mais cette collection d'outils, de tournevis et de ruban adhésif en toile est appelée à grossir. Peu importe le lieu où vous rangez vos outils et la manière dont vous les utilisez, veuillez tenir compte des mesures de sécurité décrites ci-après qui contribueront à faire de votre aire de travail un lieu sûr.

Matières dangereuses. Vous avez beau avoir lu attentivement les mises en garde sur les étiquettes, si votre aire de travail n'est pas une pièce verrouillée et à l'écart, ne présumez pas que tous les membres de votre famille en feront autant, surtout les enfants. Protégez-les en entreposant les matières dangereuses dans une armoire distincte, puis verrouillez cette armoire et placez la clé hors de portée, à une hauteur où seul un adulte pourra l'atteindre.

Outils électriques sécuritaires. La majorité des fabricants intègrent des dispositifs sécuritaires, y compris des interrupteurs de marche/arrêt à clé. Toutefois, la meilleure chose à faire consiste à débrancher les outils électriques lorsque vous ne les utilisez pas. Vous devez également vous assurer que le câblage de votre aire de travail est conforme au Code du bâtiment.

L'utilisation d'outils électriques. Les guides d'utilisation contiennent de si longues listes de mises en garde, certaines de nature farfelues, que certaines personnes ne prennent pas ces directives au sérieux. Toutefois, quelques-unes de ces consignes sont vraiment importantes. Ne retirez pas les dispositifs de protection intégrés comme le protège-lame d'une scie, car vous risqueriez de vous blesser ou d'endommager l'outil, ce qui entraînerait l'annulation de la garantie. Procédez à une vérification rapide des outils électriques à haute vitesse avant de les mettre en marche afin de vous assurer que rien ne se trouve dans la trajectoire de coupe et que les clés de réglage ou du mandrin ont été retirées. N'employez pas de lames, de mèches ou de couteaux très émoussés, car ils pourraient produire des vibrations dans le bois et d'autres matériaux, et ne produiraient pas des coupes nettes et franches.

Protection personnelle. Employez des moyens de protection personnelle appropriés, par exemple, des lunettes de protection lorsque vous coupez des matériaux durs ou qui s'écaillent, et un masque respiratoire si vous faites beaucoup de travail avec une ponceuse électrique. Ne portez pas de vêtements amples (ou encore des manches détachées ou des bijoux) susceptibles de s'emmêler et de risquer de vous faire prendre dans la machinerie. N'oubliez pas d'inclure une trousse de premiers soins complète parmi l'équipement de base de votre aire de travail Et si votre atelier dispose d'outils électriques fixes et d'une provision de bois, installez un détecteur de fumée et un extincteur de type ABC pouvant être employé pour tout type d'incendie.

Éclairage suffisant. Installez un éclairage suffisant qui vous permettra de travailler en toute sécurité et d'obtenir de meilleurs résultats.

Scies

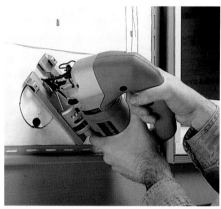

Une scie circulaire de 7¹/₂po munie d'une lame à usage multiple constitue le modèle le plus pratique pour la plupart des projets de bricolage.

Une scie sauteuse est l'outil parfait pour de nombreux projets de fabrication de meubles et de bricolage pour lesquels vous devrez effectuer des coupes incurvées dans le bois.

Une scie alternative est utile surtout pour des travaux de démolition comme l'enlèvement d'une vieille cloison lattée et plâtrée. Elle exécute des coupes imprécises.

Une scie à onglets électrique pourrait s'avérer le bon choix pour augmenter votre production si vous n'avez pas suffisamment d'espace pour une scie circulaire à table ou une scie radiale.

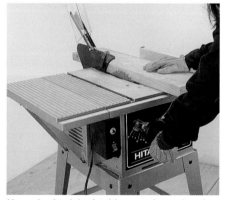

Une scie circulaire à table ou un banc de scie ajoute énormément de potentiel à un atelier domestique, car elle permet de refendre des feuilles de contreplaqué et des planches correspondantes.

Une scie radiale peut effectuer des coupes transversales et, en tournant le couteau, faire office de scie à refendre pour tailler du bois.

Perceuses

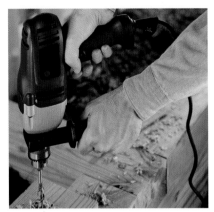

Une perceuse de ¹/₄ ou ³/₈ po se chargera des travaux de bricolage et un cordon d'alimentation vous évitera d'avoir à recharger des piles.

Les perceuses sans fil sont pratiques dans des espaces restreints. Envisagez aussi l'achat d'un mandrin sans clé pour faciliter le changement de mèche.

Couteaux

Une toupie peut faire des entailles et exécuter des moulures décoratives pour vos projets de construction de meubles et de travail avec du bois.

Une scie à panneau mural (gypse) peut faire gagner beaucoup de temps en exécutant des trous dans les cloisons sèches ou les lambris, par exemple pour les prises de courant.

Ponceuses

Selon le grain d'abrasif de la courroie abrasive, vous pouvez utiliser la ponceuse pour retirer du bois ou finir une surface.

Une ponceuse orbitale aléatoire est probablement l'outil le plus pratique de tous pour enlever du bois ou finir des surfaces en bois.

Autres accessoires

Il est toujours utile d'avoir plusieurs serre-joints. Les serre-joints à barre sont parmi les plus polyvalents.

Pour les travaux de peinture et les retouches, munissez-vous d'un pinceau, d'un rouleau, d'un bac à peinture, d'un couteau pour cloison sèche et d'un pistolet de calfeutrage.

L'équipement de sécurité de base comprend des gants de travail, des lunettes de sécurité et un masque respiratoire.

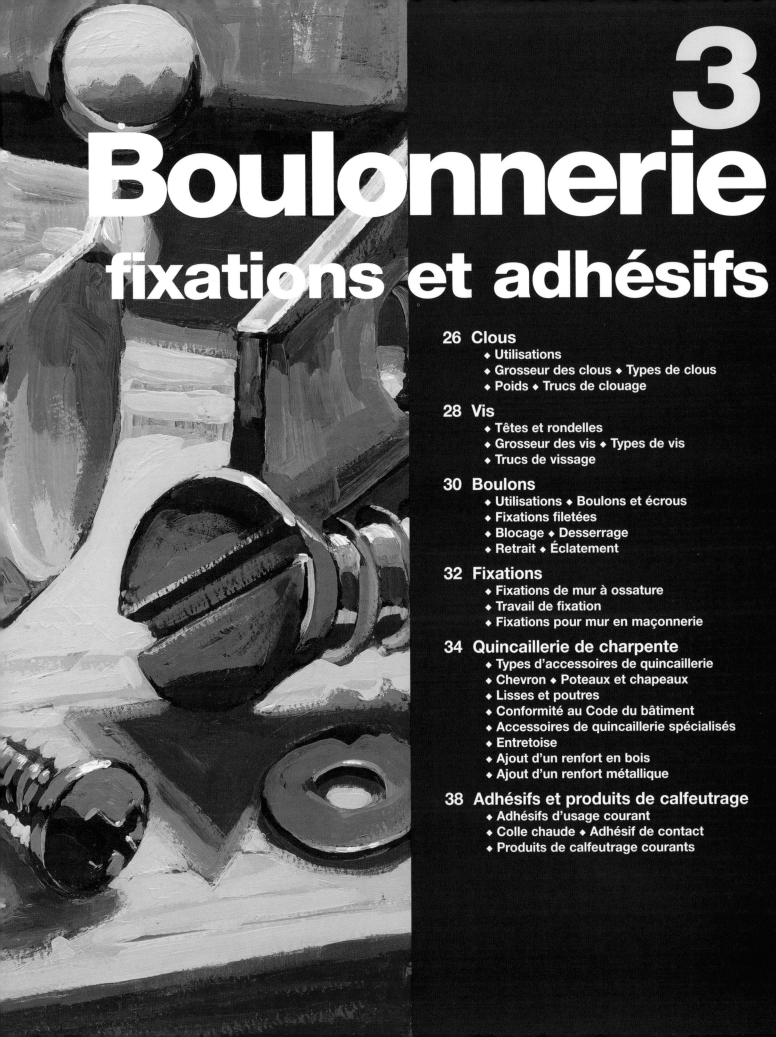

Boulonnerie

fixations et adhésifs

3

Boulonnerie, fixations et adhésifs

Utilisations

En termes de poids, le clou représente probablement l'élément de fixation le moins cher, le plus accessible et le plus simple à utiliser, quel que soit le travail à accomplir. Il existe de nombreux types et formats de clous et plus d'une façon d'utiliser chacun d'eux. Sur un chantier de construction, vous constaterez qu'un charpentier peut clouer en biais une planche avec un clou de format 8d, alors qu'un autre clouera celle-ci plus haut avec un clou de format 10d. De façon générale, on emploie des clous de finition pour la boiserie, des clous ordinaires à tête large et à résistance supérieure pour la charpente, et plusieurs autres types de clous pour des travaux spécialisés, comme des clous à béton.

Pour les bricoleurs se livrant à des travaux de réparation et de rénovation, la meilleure chose à faire consiste à conserver une provision limitée de chaque sorte de clous. Vous pouvez acheter une poignée des types les plus utilisés ou opter pour un ensemble de clous préemballés. Si vous devez acheter une grande quantité de clous pour un projet, préparez-vous à devoir les commander en utilisant la formule quelque peu compliquée du *pennyweight* (indiqué par la lettre d) plutôt que selon la longueur. Ainsi, si vous désirez des clous ordinaires de 3po pour la charpente, la pratique courante consiste à commander des clous de format 10d, soit en fonction du poids. Le tableau de la page 27 donne un aperçu général du nombre de clous que vous pouvez obtenir par livre.

Spécifications des clous

Règle générale, il est préférable d'utiliser le clou le plus large possible, car plus il est gros, plus il oppose de résistance à l'arrachement. Toutefois, l'utilisation d'un clou de trop grande dimension peut causer deux problèmes. D'une part il peut se fissurer, surtout si sa tige épaisse est enfoncée trop près de l'extrémité d'une planche. D'autre part des extrémités pointues pourraient passer à travers les planches, ce qui pourrait causer un accident en cours de travail. Ainsi, si vous réunissez deux planches de 2 x 10 pour réaliser un chevêtre, les pointes des clous de 10d (3po) pourraient passer à travers puisque le chevêtre n'a que 3po d'épaisseur. Vous avez le choix de clouer légèrement en biais ou d'opter pour des clous de format 8d (2 1/2 po). Cependant, si vous construisez le chevêtre en intégrant une cale d'épaisseur de contreplaqué de 1/2 po entre les planches, des clous de format 10d (3po) conviendront. Les spécifications de clous font rarement partie des listes d'accessoires décrits sur les plans ou les bleus, mais un inspecteur des bâtiments remarquera sûrement une erreur dans le choix des clous.

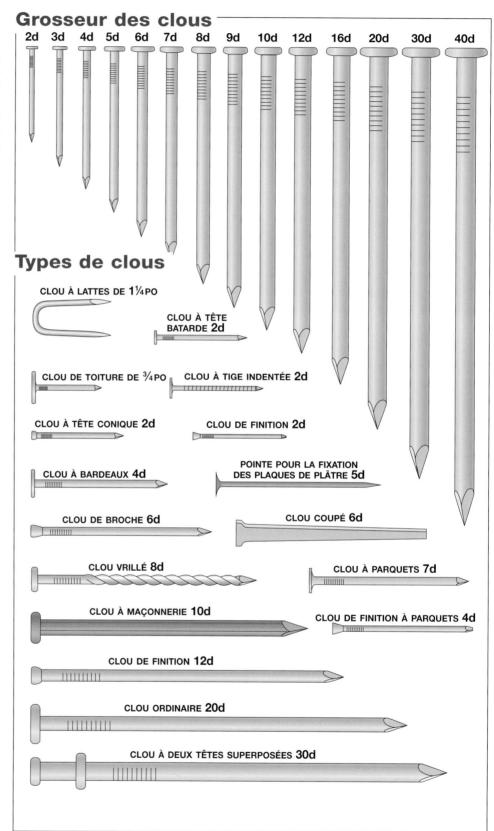

Grosseur des clous

2d 3d 4d 5d 6d 7d 8d 9d 10d 12d 16d 20d 30d 40d

Types de clous

CLOU À LATTES DE 1¼ PO

CLOU À TÊTE BATARDE **2d**

CLOU DE TOITURE DE ¾ PO

CLOU À TIGE INDENTÉE **2d**

CLOU À TÊTE CONIQUE **2d**

CLOU DE FINITION **2d**

CLOU À BARDEAUX **4d**

POINTE POUR LA FIXATION DES PLAQUES DE PLÂTRE **5d**

CLOU DE BROCHE **6d**

CLOU COUPÉ **6d**

CLOU VRILLÉ **8d**

CLOU À PARQUETS **7d**

CLOU À MAÇONNERIE **10d**

CLOU DE FINITION À PARQUETS **4d**

CLOU DE FINITION **12d**

CLOU ORDINAIRE **20d**

CLOU À DEUX TÊTES SUPERPOSÉES **30d**

Poids des clous

Type de clou	Clous/lb
Clou à tête bâtarde 3d (1¼po)	635
Clou à tête bâtarde 6d (2po)	236
Clou à tête bâtarde 10d (3po)	94
Clou à tête conique 4d (1½po)	473
Clou à tête conique 8d (2½po)	145
Clou ordinaire 2d (1po)	876
Clou ordinaire 4d (1½po)	316
Clou ordinaire 6d (2po)	181
Clou ordinaire 8d (2½po)	106
Clou ordinaire 10d (3po)	69
Clou ordinaire 12d (3¼po)	63
Clou ordinaire 16d (3½po)	49
Clou de toiture 2d (1po)	255
Clou de toiture 6d (2po)	138

SÉCURITÉ

Les outils pneumatiques employés tant par les bricoleurs que les professionnels sont munis d'un dispositif de sécurité intégré, dont le plus important est un mécanisme de verrouillage qui ne vous permettra pas de mettre l'outil en marche à moins que sa tête ne soit fermement appuyée contre une planche. Ces outils doivent être quand même manipulés avec un maximum de prudence.

Les cloueuses pneumatiques sont munies d'un collier de clous en bande, qui alimente le pistolet; les clous sont libérés en pressant sur la détente.

Trucs de clouage

Clouage en biais

Commencez à clouer en biais jusqu'à environ 1po du joint. Accentuez légèrement l'angle au fur et à mesure que la pointe s'enfonce.

Dans certains cas, clouer en biais peut s'avérer la seule option, mais il s'agit aussi d'un moyen de déplacer légèrement une planche clouée.

Clouer d'une seule main

Lorsque vous n'avez pas d'assistant ou d'attaches supplémentaires, essayez ce truc de charpentier consistant à clouer d'une seule main.

Tenez la tête du clou bien droite contre le côté du marteau pour enfoncer la pointe, puis agrippez le manche et cognez sur le clou.

Retrait d'une gueule de raie

Pour enlever les clous en endommageant le bois le moins possible, glissez l'extrémité fourchue d'une gueule de raie sous la tête du clou.

Tournez le manche de la gueule de raie afin de soulever la tête du clou et finissez de le retirer avec la panne de votre marteau.

Boulonnerie, fixations et adhésifs

Têtes et rondelles

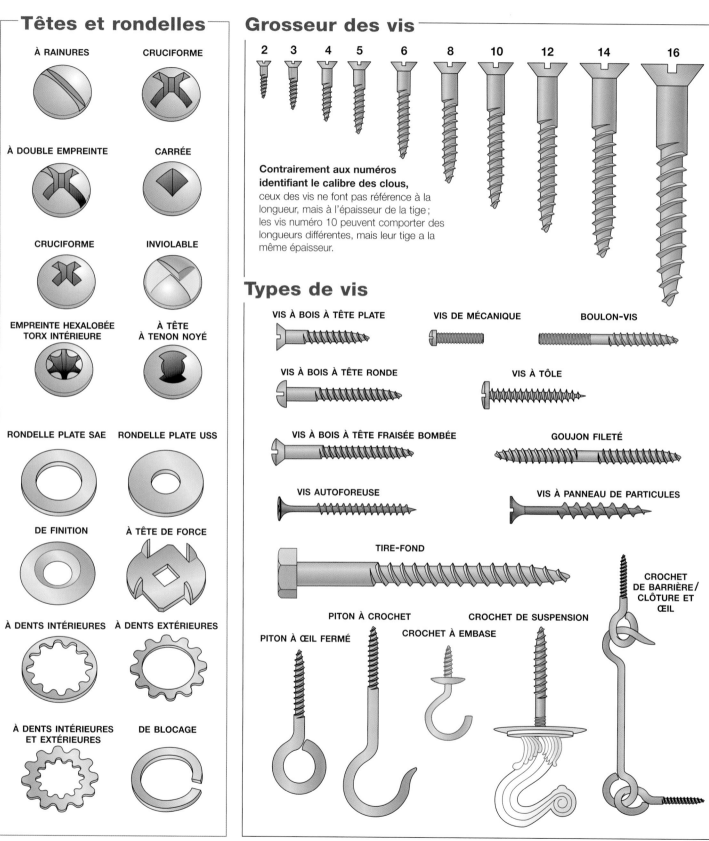

À RAINURES

CRUCIFORME

À DOUBLE EMPREINTE

CARRÉE

CRUCIFORME

INVIOLABLE

EMPREINTE HEXALOBÉE
TORX INTÉRIEURE

À TÊTE
À TENON NOYÉ

RONDELLE PLATE SAE

RONDELLE PLATE USS

DE FINITION

À TÊTE DE FORCE

À DENTS INTÉRIEURES

À DENTS EXTÉRIEURES

À DENTS INTÉRIEURES
ET EXTÉRIEURES

DE BLOCAGE

Grosseur des vis

2   3   4   5   6   8   10   12   14   16

Contrairement aux numéros identifiant le calibre des clous, ceux des vis ne font pas référence à la longueur, mais à l'épaisseur de la tige ; les vis numéro 10 peuvent comporter des longueurs différentes, mais leur tige a la même épaisseur.

Types de vis

VIS À BOIS À TÊTE PLATE

VIS DE MÉCANIQUE

BOULON-VIS

VIS À BOIS À TÊTE RONDE

VIS À TÔLE

VIS À BOIS À TÊTE FRAISÉE BOMBÉE

GOUJON FILETÉ

VIS AUTOFOREUSE

VIS À PANNEAU DE PARTICULES

TIRE-FOND

CROCHET
DE BARRIÈRE/
CLÔTURE ET
ŒIL

PITON À CROCHET

CROCHET DE SUSPENSION

PITON À ŒIL FERMÉ

CROCHET À EMBASE

Trucs de vissage

Rallonge porte-outil

Les perceuses et les mandrins électriques sans fil sont devenus des outils courants pour le bricoleur. Ils excellent en matière de perçage, mais il est parfois difficile de contrôler le mouvement des vis. C'est à ce moment-là que la rallonge porte-outil devient utile. Ces rallonges porte-outil en forme de tube s'insèrent dans le mandrin à clé et peuvent s'adapter à différentes pointes. Le tube se prolonge par-dessus la tête de vis et le long de sa tige pour maintenir la pointe engagée et enfoncer les vis bien droit. Ce tube se retire lorsque vous fixez les vis.

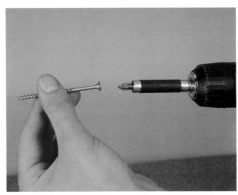

Serrez l'outil de fixation dans le mandrin à clé et insérez une des pointes par-dessus la tête de vis.

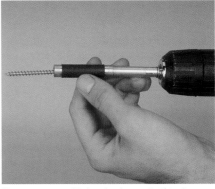

Vous pouvez relâcher la vis, car la tête du mandrin est magnétique, puis faire glisser le guide-tube par-dessus la tige.

Fraisage

Une fraise est une ouverture étroite et conique permettant à une tête de vis de s'enchâsser dans la surface du bois. C'est une caractéristique standard des assemblages à vis qui exigent généralement l'utilisation de deux mèches et un changement de mèche qui prend du temps chaque fois que vous désirez enfoncer une vis. Pour commencer, il vous faut un trou d'implantation pour la tige de la vis, puis une fraise pour la tête de la vis. Les mèches de la fraise effectuent les deux travaux en une seule opération. Vous pouvez ajuster la profondeur de perçage en disposant un collier sur la mèche.

Une mèche combinée est munie d'une pointe de lame qui creuse un trou pour la vis et d'un couteau secondaire permettant de réaliser le trou d'implantation.

La plupart des mèches de fraisage sont munies d'un collier réglable qui vous permet de contrôler la profondeur et la grandeur du trou d'implantation.

Extraction

Lorsque qu'il faut retirer une vis et que la rainure de tournage est endommagée ou foirée, la plupart des bricoleurs recourent à des pinces. Il arrive parfois que vous soyez en mesure d'agripper juste assez de métal pour commencer à ressortir la vis. Si vous en êtes incapable, utilisez une mèche d'extracteur à vis. Le principe consiste à percer une petite ouverture dans la tête de vis et à y faire pénétrer une mèche vrillée qui serre lorsqu'on la tourne vers la gauche plutôt qu'à droite. Une fois qu'elle sera bien en place, continuez de tourner pour faire sortir la vis coincée.

Pour retirer une vis dont la tête est endommagée, percez un avant-trou dans sa tête. Le diamètre de ce trou devra s'adapter à la mèche de l'extracteur.

Vous pouvez tourner la mèche d'extracteur manuellement ou au moyen d'une perceuse. Lorsque ses filets inversés se sont fixés, la vis endommagée sort.

Boulonnerie, fixations et adhésifs

Utilisations

Pour la plupart des travaux de réparation, et de rénovation, vous utiliserez des clous et des vis plutôt que des boulons et des écrous. Toutefois, dans des endroits comme le long des fondations, où les matériaux avoisinants sont très différents, passant de la maçonnerie au bois, la très grande robustesse des boulons s'avère extrêmement utile. Le poids important de l'immeuble devrait suffire à maintenir l'appui, dont la dimension est généralement de 2 x 6, une fois en place. Toutefois, pour prévenir tout glissement à l'extrémité supérieure du béton ou des blocs, l'usage courant consiste à fixer l'appui au moyen de longs boulons d'ancrage en J plutôt que des clous, des vis ou d'autres types de fixations. La partie inférieure de chaque boulon est encastrée dans du béton plein et l'extrémité filetée est fixée à l'appui au moyen d'une rondelle et d'un écrou.

Envisagez l'emploi d'articulations pour solidifier les poteaux et les rampes, lesquels représentent un autre endroit où vous ne pouvez vous permettre d'avoir des vis desserrées ou des clous susceptibles de céder. Vous pouvez utiliser des boulons de carrosserie à tête ronde avec des rondelles de grande dimension pour fixer des montants de 2 x 4 ou de 4 x 4 de façon permanente à la charpente solide de la plate-forme de la terrasse. Encastrez les écrous et les rondelles pour améliorer l'aspect.

Filets fins

La différence entre les filets ordinaires et les filets fins est importante dans certaines applications, par exemple si vous avez besoin d'un pouvoir de serrage optimal entre les composantes métalliques d'une voiture. Si vous désirez le maximum de puissance possible pour des projets particuliers, les filets fins vous le procureront en offrant plus de surfaces emboîtées entre les filets mâles et femelles.

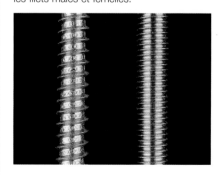

Boulons et écrous

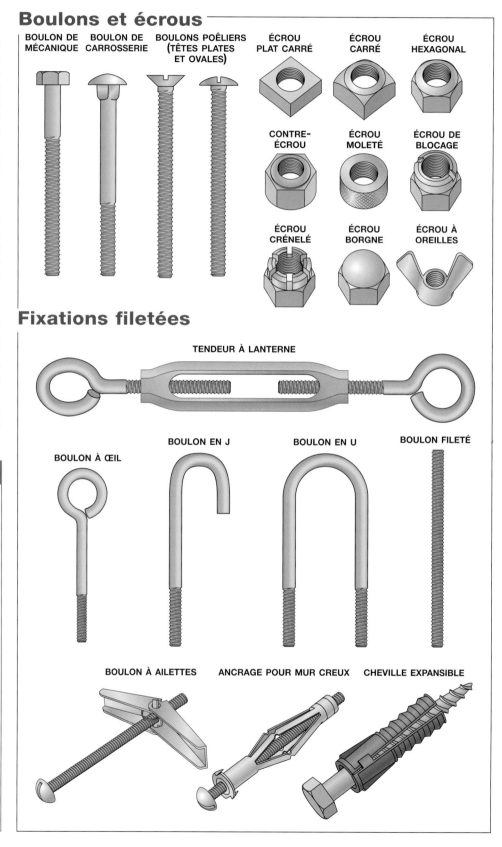

BOULON DE MÉCANIQUE   BOULON DE CARROSSERIE   BOULONS POÊLIERS (TÊTES PLATES ET OVALES)   ÉCROU PLAT CARRÉ   ÉCROU CARRÉ   ÉCROU HEXAGONAL

CONTRE-ÉCROU   ÉCROU MOLETÉ   ÉCROU DE BLOCAGE

ÉCROU CRÉNELÉ   ÉCROU BORGNE   ÉCROU À OREILLES

Fixations filetées

TENDEUR À LANTERNE

BOULON À ŒIL   BOULON EN J   BOULON EN U   BOULON FILETÉ

BOULON À AILETTES   ANCRAGE POUR MUR CREUX   CHEVILLE EXPANSIBLE

Blocage

La plupart du temps, il est possible de serrer suffisamment les écrous avec une clé ou un cliquet. Toutefois, lorsqu'il s'agit d'installations utilisées fréquemment et sujettes à des vibrations comme des rails de guidage de porte de garage, il existe deux moyens d'augmenter la sécurité. Le premier consiste à enduire les filets du boulon d'un agent adhésif comme le Locktite (vous pourrez quand même desserrer l'écrou plus tard s'il le faut). Deuxièmement, vous pouvez enduire l'écrou d'un calfeutrant au silicone qui aidera également à prévenir la corrosion.

ADHÉSIF

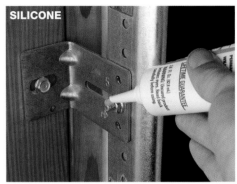

SILICONE

Desserrage

Certains écrous et boulons seront impossibles à séparer, peu importe la force exercée, surtout si le point de contact est rouillé. Si c'est le cas, essayez d'éliminer la corrosion au moyen d'un lubrifiant pénétrant. Vous pouvez également faire disparaître la surface de rouille en frappant dessus : posez un marteau sous l'écrou pour ne pas déformer le boulon et donnez un coup par-dessus avec un autre marteau.

LUBRIFIANT

DEUX MARTEAUX

Retrait

Si les lubrifiants et le martelage ne suffisent pas à dégager l'écrou, retirez-le avec une scie à métaux. Au lieu d'essayer de scier à travers la tige du boulon et de risquer d'endommager la surface inférieure, découpez à travers l'une des facettes de l'écrou. Ainsi, l'écrou sera suffisamment lâche pour vous permettre de dévisser la section restante avec une clé.

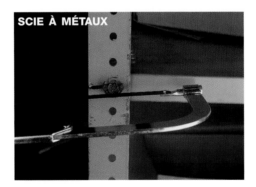

SCIE À MÉTAUX

CLÉ

Éclatement

En dernier ressort, vous pouvez libérer un écrou coincé, par exemple sur un support rouillé ou une plaque minéralogique, au moyen d'un casse-écrou. Commencez par ajuster la tête de cet outil en acier trempé sur l'écrou et serrez son coin fendeur à la main. Employez ensuite une clé ou un cliquet pour installer le coin fendeur (taillant) du casse-écrou par-dessus l'écrou. Cette pression fera craquer l'écrou.

CASSE-ÉCROU

COUPE

Boulonnerie, fixations et adhésifs

Fixations de mur à ossature

BOULON À AILETTES

TROU PRÉPERCÉ

AILETTES EXPANSÉES

AILETTES

BOULON

SUPPORT

CLOISON SÈCHE

ANCRAGE DE MUR CREUX

BOULON

ANCRAGE EXPANSÉ

SUPPORT

ANCRAGE

CLOISON SÈCHE

ANCRAGE DE PORTE CREUSE

BOULON

INTÉRIEUR DE LA PORTE

ANCRAGE EXPANSÉ

SUPPORT

SURFACE DE LA PORTE

ANCRAGE

FIXATION À AILETTES EN PLASTIQUE

TROU PRÉPERCÉ

AILETTES EXPANSÉES

BOULON

AILETTE

ENFONCEZ LE CLOU POUR DÉPLOYER LES AILETTES

SUPPORT

Fixations

Une perceuse ordinaire de 1/4 po est en mesure d'effectuer la plupart des travaux de perçage et de fixation. Cependant, pour le bois, un bon vieux vilebrequin et une mèche procurent un bon contrôle sur le perçage lent; une perceuse manuelle fera de même pour les ouvertures plus petites. Une tarière à cliquet compacte est l'outil le plus pratique pour percer des avant-trous dans les moulures. Enfin, plusieurs choix s'offrent à vous pour percer des trous destinés à incorporer des éléments de fixation dans la maçonnerie.

TARIÈRE

PERCEUSE MANUELLE

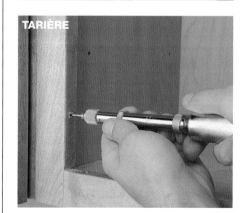

TARIÈRE

Pour le perçage manuel, utilisez un ciseau de maçon et un marteau en faisant pivoter la pointe de l'outil à chaque coup. Si vous utilisez une perceuse, employez des mèches à maçonnerie comportant une pointe de carbure large pour effectuer le découpage. Pour une production maximale, optez pour un marteau perforateur. Cet outil qui combine la rotation et la percussion est muni d'une came qui enfonce la mèche dans un mouvement de va-et-vient dans la maçonnerie et exerce un mouvement de martelage pendant qu'il tourne. Il est important. Utiliser une protection oculaire.

CISEAU DE MAÇON

MÈCHE

MARTEAU PERFORATEUR

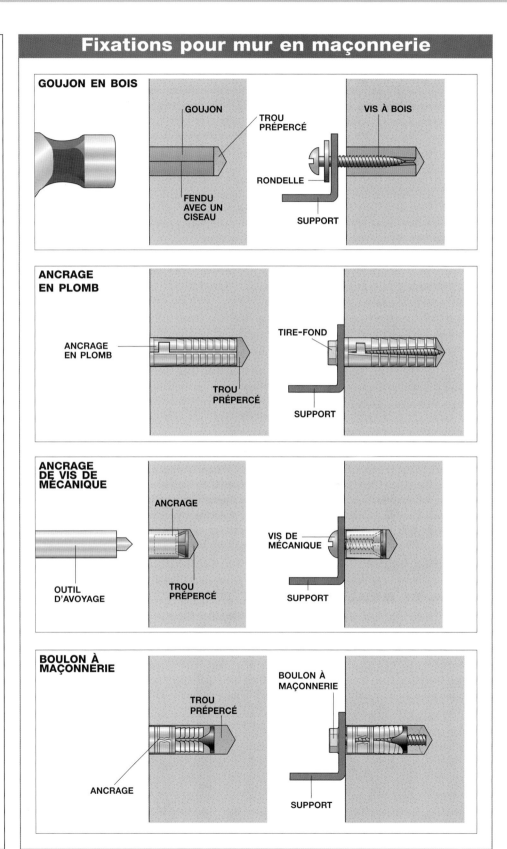

Fixations pour mur en maçonnerie

GOUJON EN BOIS

GOUJON
TROU PRÉPERCÉ
VIS À BOIS
FENDU AVEC UN CISEAU
RONDELLE
SUPPORT

ANCRAGE EN PLOMB

ANCRAGE EN PLOMB
TIRE-FOND
TROU PRÉPERCÉ
SUPPORT

ANCRAGE DE VIS DE MÉCANIQUE

ANCRAGE
VIS DE MÉCANIQUE
OUTIL D'AVOYAGE
TROU PRÉPERCÉ
SUPPORT

BOULON À MAÇONNERIE

BOULON À MAÇONNERIE
TROU PRÉPERCÉ
ANCRAGE
SUPPORT

Boulonnerie, fixations et adhésifs

Types d'accessoires de quincaillerie

À quel point votre maison a-t-elle besoin d'être solide ? Est-il vraiment nécessaire de la prémunir contre les tempêtes ? Dans un prototype théorique pour une usine d'énergie nucléaire au large des côtes du New Jersey, le corps d'armée d'ingénieurs de l'armée américaine a construit un abri pouvant résister à la pire tempête prévue depuis 1 000 ans, soit un double ouragan produisant des vagues de 15 mètres de haut. Sur le plan économique, il n'est pas avantageux pour des propriétaires d'anticiper des événements aussi catastrophiques. Toutefois, il existe des moyens d'augmenter la résistance d'un immeuble aux tempêtes, surtout dans des régions où les ouragans et les tornades sont monnaie courante.

Renfort d'angle Une fois les poteaux corniers (d'angle) d'aplomb, ajoutez un renfort encastré. Un poteau de 1 x 4 part de l'extrémité supérieure du coin à un angle d'environ 45 degrés à travers plusieurs goujons jusqu'au bas de la charpente murale. Découpez une série de poches, d'une profondeur de 3/4 po, pour que le renfort soit de niveau avec l'extérieur du mur. L'installation de deux renforts encastrés éloignés de chaque coin, en angle, va liaisonner les murs et renforcer le coin.

Renfort de chevron

Employez une méthode similaire pour renforcer les chevrons extérieurs d'un toit. Un renfort diagonal ou une semelle de 2 x 4 (avec le côté le plus large vers le bas) peuvent être fixés à environ 45 degrés entre le chevron extérieur près de l'extrémité supérieure et le bas de la course du chevron. Ces renforts procurent une plus grande résistance au mouvement et empêcheront les vents violents

d'atteindre le bord du toit et de pénétrer dans le grenier où ils pourraient ébranler toute la charpente.

Tasseau d'ancrage

La plupart des immeubles ne sont pas conçus pour résister à des efforts de soulèvement. Ils comptent sur la gravité et le poids des matériaux de construction assemblés avec des clous pour les supporter, ce qui est plus que suffisant la plupart du temps. Il est toutefois possible d'ajouter une protection, simplement en installant des tasseaux d'ancrage aux liaisons critiques, soit aux endroits où les chevrons joignent les murs et où les murs joignent les fondations.

Plusieurs fabricants produisent des accessoires métalliques préformés, adaptables à différentes combinaisons de charpente : par exemple, un morceau en forme d'ailes nommé bande faîtière qui s'adapte à l'extrémité d'une planche faîtière, muni de deux prolongements qui fixent les chevrons de chaque côté. Ces accessoires sont préperforés. Vous n'avez qu'à les mettre en place et à clouer à travers les trous.

Étriers

L'accessoire de quincaillerie le plus courant dans le domaine de la construction est un support en U, souvent appelé étrier ou armature en étrier. Cet accessoire renforce les pièces de liaison, entre autres lorsque l'armature d'une terrasse rejoint une poutrelle horizontale le long du mur de la maison. Ces accessoires accélèrent également la construction. Vous pouvez clouer tous les dispositifs de suspension, insérer les solives dans les poches en forme de U et clouer à travers les trous préperforés afin de les solidifier.

Chevrons

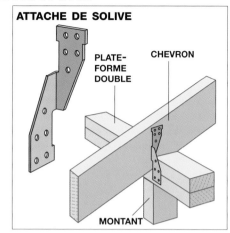

ATTACHE DE SOLIVE

PLATE-FORME DOUBLE

CHEVRON

MONTANT

Poteaux et chapeaux

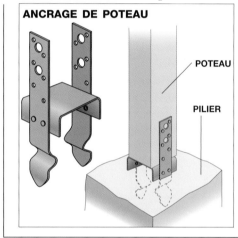

ANCRAGE DE POTEAU

POTEAU

PILIER

Lisses et poutres

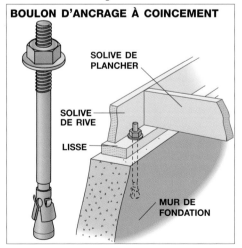

BOULON D'ANCRAGE À COINCEMENT

SOLIVE DE PLANCHER

SOLIVE DE RIVE

LISSE

MUR DE FONDATION

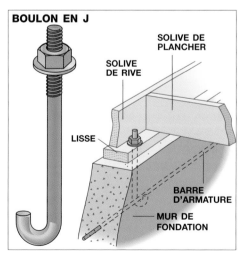

BOULON EN J

SOLIVE DE PLANCHER

SOLIVE DE RIVE

LISSE

BARRE D'ARMATURE

MUR DE FONDATION

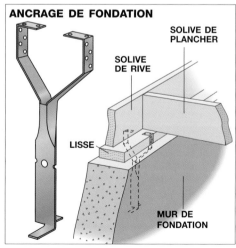

ANCRAGE DE FONDATION

SOLIVE DE PLANCHER

SOLIVE DE RIVE

LISSE

MUR DE FONDATION

FIXATION RÉSISTANT AUX OURAGANS

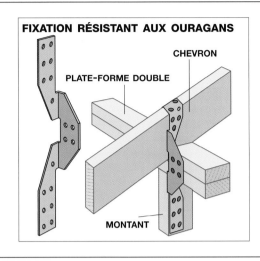

CHEVRON
PLATE-FORME DOUBLE
MONTANT

CRAMPON DE FIXATION DE CHEVRON

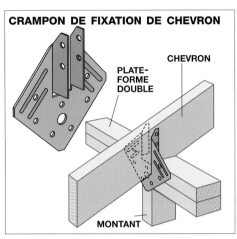

CHEVRON
PLATE-FORME DOUBLE
MONTANT

BANDE FAÎTIÈRE

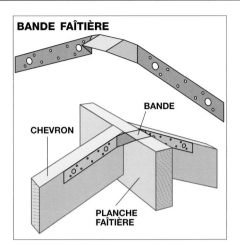

BANDE
CHEVRON
PLANCHE FAÎTIÈRE

ANCRAGE DE POTEAU AVEC BOULON

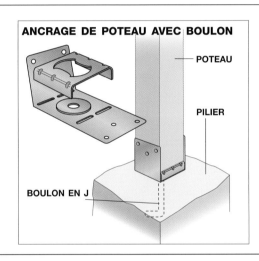

POTEAU
PILIER
BOULON EN J

CHAPEAU DE POUTRE ET DE POTEAU

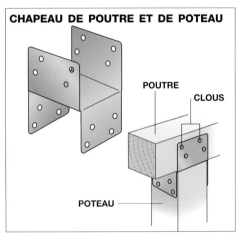

POUTRE
CLOUS
POTEAU

CHAPEAU DE BOULON DE POTEAU

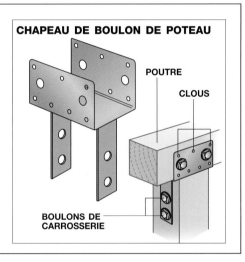

POUTRE
CLOUS
BOULONS DE CARROSSERIE

COURROIE DE FONDATION

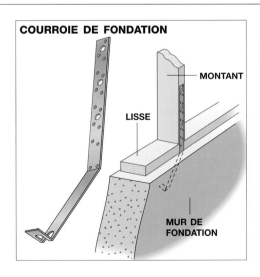

MONTANT
LISSE
MUR DE FONDATION

CROCHET SUPÉRIEUR

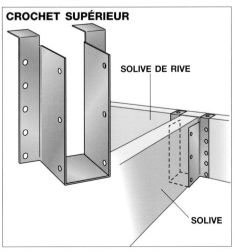

SOLIVE DE RIVE
SOLIVE

CROCHET SUPÉRIEUR DE MAÇONNERIE

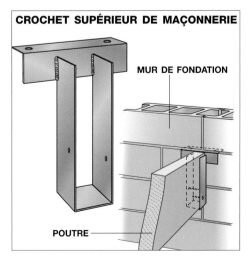

MUR DE FONDATION
POUTRE

Conformité au Code du bâtiment

L'inspecteur des bâtiments agit différemment de tous les autres professionnels du secteur immobilier lorsqu'il y a des rénovations importantes ou un projet de construction. Il peut effectuer des inspections quand il le veut, ordonner l'arrêt des travaux s'il décèle un problème et exiger que vous ou l'entrepreneur que vous avez embauché retiriez un parement ou une cloison sèche que vous avez installé prématurément sans son autorisation.

Dans certains cas, les inspecteurs semblent exagérer et insistent sur des détails comme le nombre de clous sur une feuille de cloison sèche, ce qui n'a aucune répercussion sur la sécurité. Toutefois, de façon générale, les inspecteurs effectuent une vérification de vos plans et assurent une supervision des travaux de l'entrepreneur qui sont fort utiles.

Vous ne serez peut-être pas sur les lieux du travail lorsque les murs seront revêtus de cloisons sèches, et les détails des travaux de charpente et d'isolation peuvent passer inaperçus. Cependant, à des étapes importantes du projet, un inspecteur ira s'assurer que tout se passe bien avant que des composants aussi importants que les fondations, la charpente et l'isolation ne soient camouflés par des matériaux. Il est important de vous rappeler que vous devez prévoir le moment de ces inspections et en informer l'inspecteur. Au beau milieu d'une saison de construction occupée, il faudra peut-être attendre plusieurs jours avant que l'inspecteur puisse venir sur les lieux. Dans certaines régions, vous pourriez devoir travailler avec plus d'un inspecteur, même si l'un d'entre eux procédera vraisemblablement à la plupart des inspections. Ainsi, il est possible que vous ayez à composer avec un inspecteur spécialisé dans les installations sanitaires et un autre dans le câblage.

Si vous construisez sans permis de construction ou que vous cherchez à dissimuler des caractéristiques comme une toilette additionnelle pendant les travaux, vous pouvez faire l'économie du coût du permis et réduire l'évaluation foncière, mais vous risquez de vous attirer des ennuis tôt ou tard. Une inspection ultérieure pourrait mettre au jour les travaux pour lesquels vous n'avez pas demandé de permis et vous faire écoper d'une ou de plusieurs amendes. Et il est possible que votre assurance habitation ne couvre pas les dommages résultant de travaux exécutés de façon illégale. De plus, vous pourriez faire face à de sérieux problèmes au moment de vendre votre maison, car l'évaluation réelle de votre propriété ne correspondrait pas à celle apparaissant dans les registres municipaux.

Accessoires de quincaillerie spécialisés

BANDE DE CLOUAGE

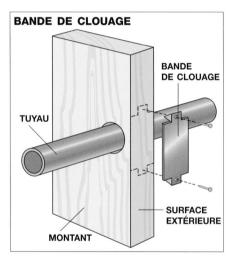

- BANDE DE CLOUAGE
- TUYAU
- SURFACE EXTÉRIEURE
- MONTANT

CONNECTEUR MÉTALLIQUE

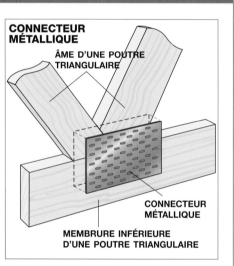

- ÂME D'UNE POUTRE TRIANGULAIRE
- CONNECTEUR MÉTALLIQUE
- MEMBRURE INFÉRIEURE D'UNE POUTRE TRIANGULAIRE

CLOUAGE DE TERRASSE

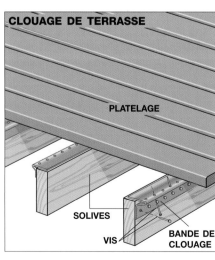

- PLATELAGE
- SOLIVES
- VIS
- BANDE DE CLOUAGE

ATTACHE DE TOITURE DE GAZEBO

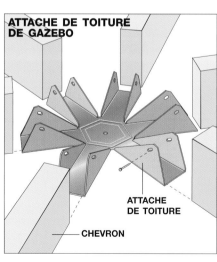

- ATTACHE DE TOITURE
- CHEVRON

Ajout d'un renfort en bois

MATÉRIEL : ▶ scie circulaire • ciseau à bois

Clouez un 1 x 4 en angle à travers les montants, près du coin. Tracez une marque de repérage le long des bords du renfort à l'endroit où il croise les montants.

Ajout d'un renfort métallique ━━

MATÉRIEL : ▶ cordeau à tracer • scie circulaire

Plus d'un bricoleur trouvera qu'il est plus simple de poser un renfort métallique qu'un renfort en bois. Commencez par fixer un guide pour poser le cordeau dans le coin.

L'entretoise

L'entretoise est une pièce de liaison utilisée couramment dans les travaux de construction de planchers. Il existe une certaine controverse sur sa capacité réelle à renforcer la structure. Toutefois, même un plancher avec de larges solives et un platelage en contreplaqué semblent un peu plus sécuritaires lorsque les solives sont fixées l'une à l'autre par une entretoise. Généralement, les renforts sont des petits morceaux de solive fixés à mi-portée, mais il existe d'autres systèmes. Le plus courant est un modèle de bois en X de 2 x 4 ou une courroie métallique clouée aux extrémités supérieure et inférieure de chaque solive. Des connecteurs appelés attaches en Z sont employés pour fixer les renforts entre les solives en I.

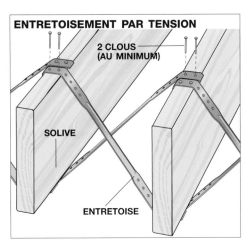

ENTRETOISEMENT PAR TENSION

2 CLOUS (AU MINIMUM)

SOLIVE

ENTRETOISE

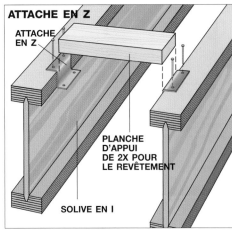

ATTACHE EN Z

ATTACHE EN Z

PLANCHE D'APPUI DE 2X POUR LE REVÊTEMENT

SOLIVE EN I

• marteau • crayon • protection oculaire ▶ entretoise de 1 x 4 • clous

Réglez votre scie pour découper à une profondeur de ³⁄₄ po (l'épaisseur du renfort) et découpez le long des deux marques de crayon.

Utilisez un marteau et un ciseau pour enlever le bois entre les découpes et faites une entaille (embrèvement) pour le renfort. Quelques coupes de scies additionnelles faciliteront le travail.

Remettez l'entretoise de 1 x 4 en position, mais cette fois en la clouant dans les embrèvements de chaque montant pour renforcer les coins.

• marteau • protection oculaire ▶ renfort métallique • clous

Comme vous l'avez fait pour le renfort en bois, réglez votre scie afin de ne pas couper plus profondément que le renfort et effectuez une découpe le long du guide du cordeau.

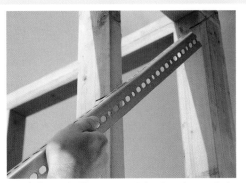

Le renfort métallique encastré est en forme de L. Vous n'avez qu'à fixer un bord dans la ligne droite formée par les coupes en angle à partir du coin jusqu'à la lisse.

Le renfort métallique est perforé, de sorte qu'il est facile de le fixer à chacun des montants. L'installation de deux renforts solidifie les coins.

Adhésifs d'usage courant

Colle blanche Également nommée colle vinylique ou adhésif polyvinylique et sans doute mieux connue sous la marque de commerce Lepage, la colle blanche est le type d'adhésif qu'on retrouve le plus souvent dans les foyers. Elle est utile pour effectuer des réparations rapides sur des meubles, du bois de charpente et de menuiserie, de la céramique et du papier. Comme elle est hydrosoluble, ne l'utilisez jamais dans un endroit qui pourrait devenir humide.

◆ **Solvant:** savon et eau tiède
◆ **Durcissement:** prend en 1 heure et durcit au bout de 3 à 8 heures

Colle jaune Souvent appelée colle de charpentier, la colle jaune est un adhésif d'usage courant pour le bois de charpente et de menuiserie. Comme la colle blanche, elle est transparente une fois sèche et sert souvent à la réparation de meubles et de bois de menuiserie et de charpente à l'intérieur. Elle prend plus rapidement que la colle blanche, soit généralement en une heure. Tout comme la colle blanche, elle n'est pas étanche à l'eau et ne doit pas être utilisée à l'extérieur.

◆ **Solvant:** eau tiède
◆ **Durcissement:** prend en 1 heure et durcit au bout de 3 à 8 heures

Acrylique Il existe deux types d'adhésifs acryliques, soit en poudre et en liquide, qui doivent être mélangés avant d'être utilisés, soit en liquide et en pâte, pouvant être enduits séparément sur des surfaces opposées à joindre. L'acrylique est utilisé pour le collage rapide du métal, du verre et du bois. Il est étanche à l'eau et prend une teinte brun pâle en séchant.

◆ **Solvant:** acétone
◆ **Durcissement:** prend en 5 minutes et durcit en une nuit

Colle époxyde La colle époxyde est particulièrement efficace pour unir des matériaux différents comme le verre et le métal. Elle est également utile pour coller la céramique, le bois et plusieurs autres matériaux. Elle est offerte en tube, en seringue ou sous forme de mastic qui peut être mélangé. Elle procure une forte adhérence, est étanche à l'eau et devient de transparente à brunâtre une fois sèche.

◆ **Solvant:** acétone
◆ **Durcissement:** le temps de prise varie grandement, de 3 à 72 heures pour durcir

Colle de peau ou animale La colle animale chaude est préparée à partir de granules (produits par des peaux animales) et d'eau. Le temps de prise peut être ajusté afin de l'employer pour des projets complexes comme des meubles à assembler. Cette colle est ultrapuissante, a une forte prise lorsqu'elle durcit (utile pour coller du placage). Les joints ne glissent pas une fois secs et la colle sèche peut être réactivée avec de la vapeur. On trouve également de la colle animale prémélangée.

◆ **Solvant:** eau tiède
◆ **Durcissement:** le temps de prise varie selon la formule, durcit en 24 heures

Colle résorcine La résorcine est un adhésif ultrarobuste qui se prête remarquablement bien à la stratification du bois ainsi qu'à la fabrication de meubles et à la construction de bateaux. Elle durcit à 21 °C et plus, mais non à une température inférieure. Elle se présente sous forme liquide avec un catalyseur (généralement en poudre) séparé, de sorte que vous n'avez qu'à mélanger la quantité nécessaire. Elle est étanche à l'eau, très résistante et prend une teinte rouge foncé lorsqu'elle sèche.

◆ **Solvant:** eau froide
◆ **Durcissement:** prend et durcit en l'espace de 10 heures à 21 °C, 6 heures à 26 °C

Cyanoacrylate Mieux connue sous le nom de super colle (ou sous le nom de marque Krazy Glue), il s'agit d'un adhésif puissant qui durcit rapidement et peut être utilisé pour coller la plupart des métaux, le plastique, la céramique, le vinyle et le caoutchouc. La version en gel de cette colle peut être employée sur du bois. Elle est résistante à l'eau et devient transparente une fois sèche.

◆ **Solvant:** acétone
◆ **Durcissement:** prend en l'espace de 10 à 30 secondes et durcit dans un délai de ½ heure à 12 heures

Colle mastic Parfois appelé mastic adhésif, ce produit est utilisé pour coller le bois et le béton. Plusieurs marques peuvent également être employées sur du carreau insonorisant et d'autres matériaux. Bien qu'elle ne puisse se substituer à un clouage à fond, cette colle améliore, de façon générale, la puissance et la rigidité des liaisons face à face, par exemple une solive jumelée à une autre solive déjà en place. On peut l'étendre avec une truelle brettée, mais on l'enduit généralement au moyen d'un pistolet de calfeutrage à partir d'un tube.

◆ **Solvant:** généralement des essences minérales
◆ **Durcissement:** prend en l'espace de 15 minutes à 1 heure et durcit dans une période variant entre 4 et 24 heures

Colle chaude

Les pistolets-colleurs sont excellents pour les projets de rénovation domiciliaire, car ils dispensent une vaste gamme d'adhésifs qui collent rapidement. La colle solide ou les cartouches de calfeutrage sont chauffées, puis fondues à l'intérieur du pistolet. Une fois étendue, la colle prend généralement en l'espace d'une minute.

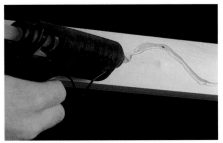

Adhésif de contact

Pour coller des stratifiés et du bois, par exemple sur une surface de travail, employez un adhésif de contact. Répandez-en une couche épaisse sur chaque morceau et laissez-la sécher jusqu'à ce qu'elle semble sèche, mais soit gluante. Utilisez des baguettes de bois pour empêcher les composants de coller ensemble jusqu'à ce qu'ils soient installés aux endroits appropriés.

Produits de calfeutrage courants

Latex acrylique Le calfeutrant au latex acrylique (qui dure un peu plus longtemps que le latex en vinyle, similaire mais plus économique) est peu coûteux et s'applique facilement, mais il se détériore lorsqu'il est exposé directement au soleil et adhère peu aux surfaces poreuses.
- ◆ **Sec au toucher:** ½ heure ◆ **Durcissement:** 1 semaine
- ◆ **Durée de vie:** 5 à 10 ans

Calfeutrage butylique Également appelé butylcaoutchouc, ce produit de calfeutrage présente une meilleure adhésion et une capacité d'étirement supérieure à l'acrylique, mais il coûte plus cher et prend plus de temps à durcir. De plus, il se détériore au soleil.
- ◆ **Sec au toucher:** 24 heures ◆ **Durcissement:** 6 mois
- ◆ **Durée de vie:** 5 à 10 ans

Employez un couteau universel pour pratiquer une ouverture en diagonale à l'extrémité de la cartouche.

Polyuréthane Les calfeutrants en polyuréthane sont chers et plus difficiles à appliquer que les produits de calfeutrage butylique et le latex, mais ils durent plus longtemps, car ils peuvent couvrir une plus grande surface (jusqu'à ¾ po) et s'étirent davantage.
- ◆ **Sec au toucher:** 24 heures ◆ **Durcissement:** 1 mois
- ◆ **Durée de vie:** 20 ans et plus

Silicone À ne pas confondre avec l'acrylique siliconé qu'il est possible de peindre – possède une bonne capacité d'étirement et peut couvrir une surface d'un pouce (2,5 cm), mais ne peut être peint et adhère peu au plastique et au bois.
- ◆ **Sec au toucher:** 1 heure ◆ **Durcissement:** 1 semaine
- ◆ **Durée de vie:** 20 ans et plus

Pour empêcher la pointe de l'adhésif de durcir entre les travaux, insérez-y un clou ordinaire.

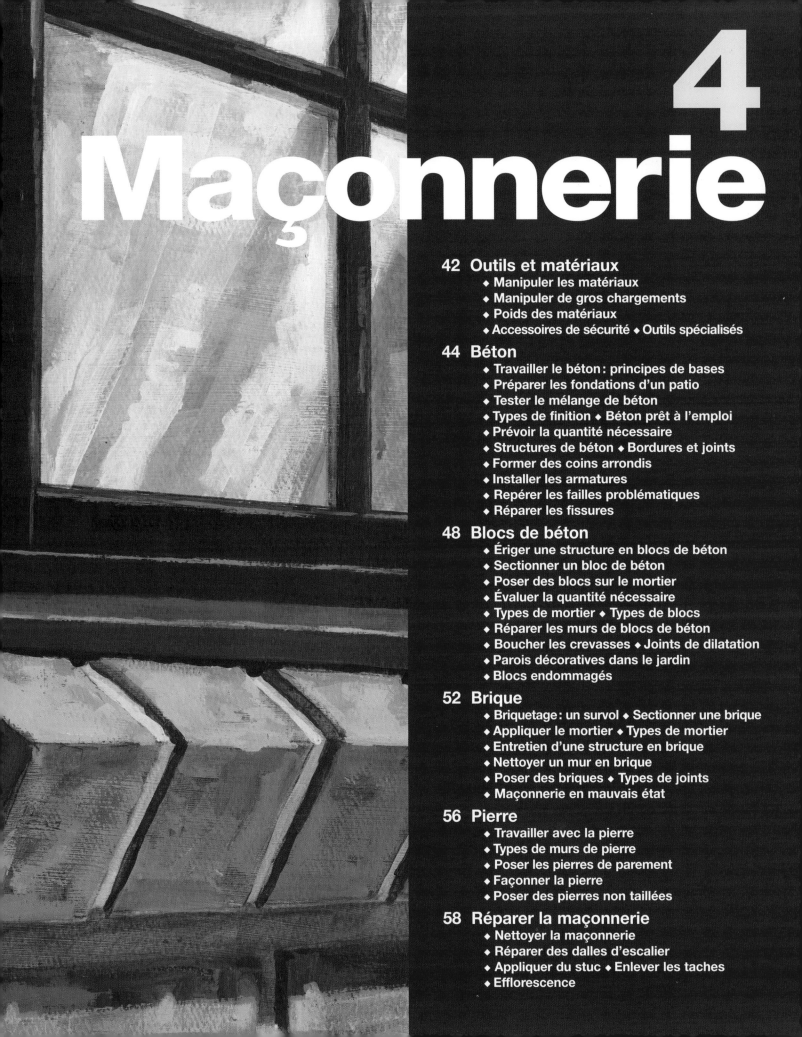

Maçonnerie

4

Maçonnerie

Manipuler les matériaux

Une chaussée de pierre d'aspect rustique pour votre jardin, un patio de dalles, une allée incurvée en briques et un mur de soutènement peuvent faire des merveilles pour rehausser l'apparence de votre terrain. Lorsqu'elle fait partie intégrante d'un plan global d'aménagement, la maçonnerie confère un aspect de solidité et de permanence. On peut dire la pn briques bien construites peuvent durer toute une vie (et davantage), avec peu ou pas d'entretien.

La raison pour laquelle la maçonnerie semble être, à première vue, d'une solidité à toute épreuve est qu'elle l'est vraiment. Si vous n'avez jamais eu l'occasion de soulever un bloc de ciment ou un sac de 80 livres de mélange à ciment, vous serez étonné. Comme ces matériaux sont lourds à manipuler, plus le projet d'aménagement est important, plus le poids des matériaux sera grand. Vous pencher pour soulever des matériaux lourds, réalité qui fait partie intégrante des projets de maçonnerie, peut heurter votre dos et vos épaules si vous n'êtes pas prudent et forcez trop ; il est donc préférable de partager le travail de maçonnerie en tâches réalisables. Portez un support lombaire (pour protéger le bas du dos) si nécessaire et soulevez toujours les objets en utilisant vos jambes plutôt que votre dos. Rappelez-vous aussi que le ciment est corrosif et peut brûler la peau après un contact prolongé. Enfilez des gants de travail robustes, une chemise à manches longues et des bottes en caoutchouc (vous devrez probablement vous mettre les pieds dans le mélange à ciment pour qu'il soit bien étendu).

Travaux de terrassement

Transporter de la terre est une portion des travaux d'aménagement qui est généralement négligée. La besogne en soi semble plus sale, plus coûteuse et plus longue que prévue. Pour les travaux de grande envergure, tel le terrassement requis par la construction d'un patio, vous devrez probablement vous procurer une pelle rétro.

Conservez votre énergie durant les tâches mineures en employant une pioche pour ameublir la terre avant de l'enlever avec une pelle. Si vous creusez un trou pour établir une semelle de béton, il est préférable que le fond du trou demeure tel quel. Si le sol paraît trop tendre ou friable, tassez-le avec un pilon métallique ou avec l'extrémité d'une planche de format 2 x 4. Si on coule le béton de la future semelle dans une cavité dont le sol a une consistance trop friable et n'a pas été tassé, celui-ci ne pourra supporter adéquatement la semelle, ce qui affaiblira la capacité de toute la structure (par exemple, un mur de fondation) de soutenir de lourdes charges.

Transporter la terre

Il est préférable de déplacer le moins de terre possible. Choisissez l'emplacement où vous déposerez la terre restante à la fin des travaux (par exemple, une bordure de fleurs ou une petite dépression dans le sol formant des flaques d'eau lors de fortes pluies). Vous pouvez remplir de terre une brouette et arrêter temporairement de creuser ; transporter le chargement de terre est comparativement beaucoup plus facile.

Après avoir coulé le béton dans la cavité (car il faut maintenant procéder au remblai de votre excavation), ajoutez la terre par couches successives, en la pilonnant pour compacter la terre meuble. Bien qu'il soit toujours tentant d'enterrer les déchets de construction dans le remblai, il est préférable de les transporter ailleurs. On peut ajouter des roches, ou des pierres ; toutefois, évitez d'y ajouter des morceaux de bois, de papier et d'autres matériaux biodégradables pour les raisons suivantes : premièrement, le bois et le papier peuvent être dévorés par des termites, que vous ne voudriez pas voir envahir votre domicile. Deuxièmement, la dégradation des matières organiques entraînera une compression graduelle de la terre au-dessus de la semelle, ce qui créera autour du pilier ou des fondations des poches susceptibles de recueillir l'eau de pluie.

Manipuler de gros chargements

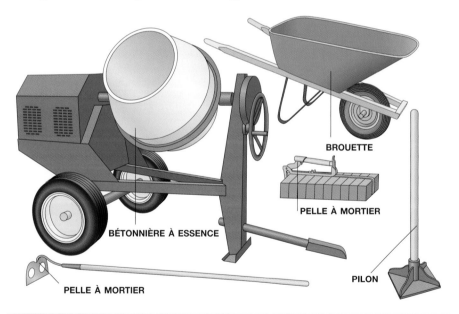

BROUETTE

PELLE À MORTIER

BÉTONNIÈRE À ESSENCE

PELLE À MORTIER

PILON

> **Vous utiliserez presque toujours les mêmes outils** pour travailler le béton, la brique ou la pierre. Il est possible dans la majorité des cas de louer ces outils et appareils. Vérifiez les possibilités de location avant d'acheter un outil que vous ne prévoyez pas utiliser souvent. Et sûrement que vous en possédez quelques-uns : brouettes, pelles ou pelles rétro, par exemple.

Poids des matériaux

◆ **Béton**
  Non armé : 90-144 lb/pi³
  Léger : 35-105 lb/pi³
  Armé : 111-150 lb/pi³
  Dalle de 1 po : 6-12 lb/pi²
  Déjà préparé : 50-96 lb/sac.
  Un sac de 80 lb (36 kg) + eau pèse environ 100 lb (45 kg).

◆ **Briquetage**
  Mur de 4 po d'épaisseur : 40 lb/pi²
  Mortier : 116 lb/pi³
  Briques : poids variant de 3 à 5 lb

◆ **Blocs de béton**
  Mur de 8 po d'épaisseur : 55 lb/pi²
  Mur de 8 po d'épaisseur (léger) : 35 lb/pi²

◆ **Pierre (pierre de taille)**
  Granit : 165 lb/pi³
  Chaux : 135 lb/pi³
  Marbre : 173 lb/pi³
  Grès/chalcanthite : 144 lb/pi³
  Ardoise : 172 lb/pi³

Accessoires de sécurité

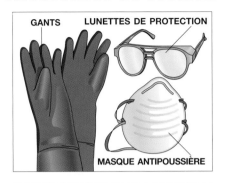

GANTS — LUNETTES DE PROTECTION

MASQUE ANTIPOUSSIÈRE

Portez en tout temps un masque protecteur contre la poussière, des gants et des lunettes de protection lorsque vous mélangez des produits servant à fabriquer du béton, ou sectionnez des briques ou des blocs de béton. Comme un contact prolongé avec des produits chimiques à base de ciment peut entraîner des irritations de la peau, il est recommandé de se protéger avec des gants et des bottes de caoutchouc.

Outils spécialisés

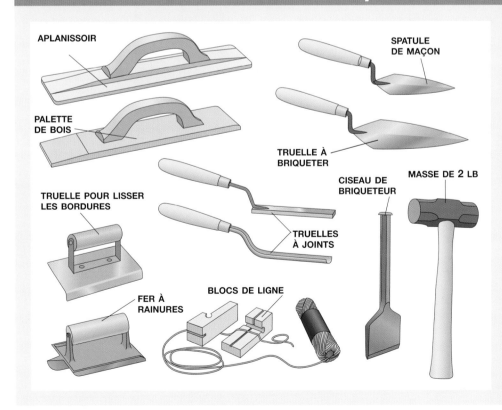

APLANISSOIR

PALETTE DE BOIS

TRUELLE POUR LISSER LES BORDURES

FER À RAINURES

BLOCS DE LIGNE

SPATULE DE MAÇON

TRUELLE À BRIQUETER

TRUELLES À JOINTS

CISEAU DE BRIQUETEUR

MASSE DE 2 LB

Un niveau de ligne et des blocs de ligne constituent des outils indispensables pour la construction de structures en blocs de béton. On suspend un cordeau entre les blocs et on vérifie son alignement avec le niveau de ligne, ce qui permet d'établir l'horizontalité ou la verticalité d'un mur, ou encore d'une grande surface.

Il existe plusieurs outils de finition pour travailler le béton : aplanissoir à long manche pour égaliser et lisser la surface de béton encore humide, truelle pour lisser les bordures, aplanissoir de bois ou de magnésium pour une finition lisse et truelle de finition en acier pour une dernière retouche. La truelle à lisser les bordures produit des rebords arrondis, sécuritaires et durables. On utilise un fer à rainures ou une spatule de maçon pour former les joints de dilatation.

Pour le briquetage, une masse ou marteau de maçon et un ciseau de briqueteur servent à briser ou à séparer les briques ; d'autres outils spécialisés sont utilisés pour obtenir des coupes diverses dans les joints de mortier (voir page 55).

Maçonnerie

Travailler le béton : principes de base

Le béton frais est un mélange semi fluide de ciment de Portland, de sable (granulat fin), de gravier ou de pierre concassée (granulat grossier), et d'eau. Le ciment réagit chimiquement avec l'eau et le mélange durcit pour donner une consistance semblable à celle de la pierre. Un béton bien mélangé et durci produit des structures solides, capables de résister aux températures extrêmes avec un minimum d'entretien.

Il faut un coffrage et des armatures d'acier pour construire des structures en béton. Généralement fabriqué en bois, le coffrage peut être carré ou de forme plus complexe. L'armature d'acier (généralement une barre d'armature) peut être légère ou massive selon les exigences de solidité et de taille. On utilise également un grillage métallique tissé ou soudé pour consolider les dalles de béton au niveau du sol.

Mélanger le ciment

Pour les projets d'envergure majeure, tel l'aménagement d'un patio, on vend le béton frais à la verge carrée et on le livre dans un camion malaxeur de sorte qu'il soit prêt au coulage. Pour les plus petits projets, par exemple ajouter des marches à votre patio, il est possible de préparer votre béton vous-même en achetant le matériau sec (vendu en sacs) et en le mélangeant avec de l'eau. Toutefois, ne soyez pas trop entreprenant : un chargement de brouette contient moins de 3 pi^3. Pour obtenir 1 verge cube, il faut neuf chargements de 3 pi^3. Pour des travaux de moyenne envergure, il est recommandé de louer un malaxeur portatif.

Vous pouvez être tenté de modifier les proportions des ingrédients composant le mélange, par exemple en augmentant la quantité d'eau pour que celui-ci soit plus facile à mélanger et à couler, mais comme la quantité d'eau peut grandement affecter la solidité du béton, la meilleure solution consiste à soit commander du béton frais déjà préparé, soit suivre les instructions de préparation inscrites sur les sacs de matériaux secs.

En proportions normales, l'eau et le ciment produisent un béton dont la résistance à la compression varie de 3 000 à 4 000 psi (psi = pression par pouce carré). Si on diminue la quantité d'eau, il sera plus difficile de mélanger le ciment, mais le béton sera plus solide. Par contre, un béton qui a séché trop rapidement peut s'avérer problématique.

Un ciment impeccablement mélangé peut également se déshydrater par temps chaud, l'eau nécessaire s'évaporant du mélange. Le durcissement du béton débute aussitôt qu'il est mélangé. La plus grande partie du séchage s'effectue au cours des deux premières semaines, mais il faut au moins un mois pour que le béton atteigne son durcissement maximal.

Plusieurs solutions sont possibles pour composer avec les cas extrêmes : par exemple, ajouter de la glace pilée ou refroidir les granulats avec un gicleur avant de les ajouter au mélange. Pour éviter que vos efforts soient gaspillés en préparant un mélange qui ne donnera pas les résultats escomptés, ne mélangez pas le ciment si la température dépasse 90°F (32 °C). Si vous devez le faire la journée même, préparez votre mélange tôt le matin avant les chaleurs torrides.

Il est important de se rappeler que les surfaces chaudes en contact avec le béton frais peuvent enlever de l'humidité au mélange. Il est sage d'arroser d'eau froide les surfaces de béton et les barres d'armature exposées au soleil, car elles peuvent brûler la peau au toucher.

Types de finition

◆ **Une finition à la taloche** présente une apparence légèrement rugueuse, suffisamment pour empêcher le dérapage et les reflets.

◆ **Une finition à la truelle d'acier** doit être parfaitement lisse et convient tout à fait pour les applications intérieures.

◆ **Une finition au balai** présente une surface rugueuse et antidérapante, idéale pour les marches extérieures et les patios.

◆ **Le granulat apparent** est appliqué sur la surface de béton encore humide pour donner une apparence rugueuse et agréable.

Préparer les fondations d'un patio

MATÉRIEL : ▶ balai • compacteur • règle de plafonneur • truelle pour lisser les bordures • aplanissoir • fer à rainures • niveau de ligne • pelle de maçon • cordeau de maçon • gravier • piquets • grillages métalliques soudés ou tissés

1 **Un bulldozer aussi imposant n'est pas nécessairement ce dont votre équipe de travail a besoin ;** la majorité des projets d'aménagement nécessitent toutefois un bulldozer qui enlève la terre et nivelle le sol.

2 **Une fois le périmètre tracé** et les coffrages en place, le sol doit être compacté.

3 **Pour renforcer le béton,** installez un grillage métallique soudé sur des supports courts appelés « chaises », posés sur la surface de béton.

Tester le mélange de béton

◆ **Le mélange standard** contient 11 % de ciment de Portland, 26 % de sable, 41 % de pierre concassée, 16 % d'eau et 6 % d'air.

◆ **Le mélange est trop humide** si les rainures tracées avec une spatule ne gardent pas leur forme.

◆ **Un mélange trop sec** ne permet pas d'y tracer des rainures et sera trop difficile à manier.

◆ **Le béton est correctement mélangé** lorsque les rainures tracées conservent la majeure partie de leur aspect et qu'un peu d'eau apparaît dans les sillons.

Béton prêt à l'emploi

Commander du béton déjà mélangé comporte plusieurs avantages, mis à part le fait que vous n'avez pas à le mélanger vous-même. La chute de la bétonnière peut s'ajuster à l'endroit où vous désirez que le béton soit coulé. Les camions à bétonnière peuvent livrer le mélange frais et l'étendre même par temps de canicule. De plus, il existe du béton frais auquel on incorpore un adjuvant, qui produit de minuscules bulles d'air dans le mélange ; il en résulte un béton aéré beaucoup plus résistant à la fissuration que le béton mélangé sur place.

Prévoir la quantité nécessaire

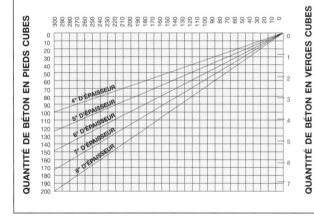

GRAPHIQUE D'UTILISATION DU BÉTON

DALLE EN PIEDS CARRÉS

4" D'ÉPAISSEUR
5" D'ÉPAISSEUR
6" D'ÉPAISSEUR
7" D'ÉPAISSEUR
8" D'ÉPAISSEUR

QUANTITÉ DE BÉTON EN PIEDS CUBES

QUANTITÉ DE BÉTON EN VERGES CUBES

Pour évaluer la quantité de béton à mélanger ou à commander, utilisez le graphique à gauche ou faites la somme des surfaces en pieds cubes (longueur x hauteur x épaisseur), puis divisez cette somme par 27 pour obtenir la quantité en verges cubes. Certains entrepreneurs ajoutent une marge de 8 % en abaissant le facteur de conversion à 25.

• ruban à mesurer • chaises de support d'armature • règle à araser • pelle • masse • brouette ▶ mélange de béton • clous à deux têtes • planches de coffrage

---

4 **Alors que le béton frais s'écoule de la bétonnière,** une planche de bois ajustée avec une règle de plafonnier sur chaque côté égalise le mélange de manière uniforme et assure une surface plane.

5 **La surface rugueuse qui apparaît à la suite de l'aplanissement** peut être lissée avec une palette ou texturée avec un balai pour assurer une meilleure traction.

6 **Les joints de dilatation (pour prévenir la fissuration)** peuvent être formés dans le mélange encore humide ; certains vont toutefois les tracer avec une scie à béton après que le mélange ait durci.

Maçonnerie

Structures de béton

Les armatures d'acier aident à prévenir l'apparition de fissures résultant du rétrécissement normal du béton durant le séchage. Il existe deux sortes d'armatures de base : la barre d'armature ou le grillage métallique tissé ou soudé. Les barres d'armature présentent un diamètre variant entre $^1/_4$ po et 1 po. Comme les barres d'armature sont plus solides que les grillages métalliques, utilisez-les pour des structures en béton destinées à supporter de grosses charges : piliers, socles ou semelles. Les grillages métalliques sont fabriqués de fil d'acier entrecroisé qui donne une forme quadrillée. Utilisez-les pour des structures telles que les dalles plates au niveau du sol (par exemple, les patios ou les allées). Coupez le grillage avec des pinces coupe-fil et aplatissez-le avant utilisation. Couvrez entièrement les grandes surfaces ; les feuilles de grillage doivent se chevaucher sur au moins 3 po et être attachées avec du fil d'acier.

Prévenir les problèmes

Étendre du béton est une affaire simple. L'étape décisive débute dès que le béton commence à sécher et à durcir. La cure du béton est un processus à long terme durant lequel le béton devient graduellement plus solide. Un béton frais exposé aux éléments et au vent peut sécher trop rapidement et risque ne pas atteindre au moins la moitié de son potentiel de solidité.

Les joints de dilatation permettent aux fissures de tassement ou lézardes d'apparaître à des endroits prédéterminés. En fait, ils affaiblissent les surfaces de béton, ce qui cause l'apparition de lézardes sur la partie inférieure des joints. Celles-ci se manifestent ainsi dans un endroit où elles ne sont pas en évidence et ne se propagent pas ailleurs sur la structure.

Bordures et joints

On façonne les bordures sur le béton humide lorsque le miroitement de l'eau disparaît après le premier aplanissement. Avec une truelle à lisser les bordures, aplanissez le périmètre entier de la dalle. Vous pouvez former vous-même les joints de dilatation sur le béton humide à l'aide d'un fer à rainures ou les façonner en employant une scie circulaire munie d'une lame de maçonnerie. Ils peuvent également (surtout les joints de rupture) être préformés avec des bandes fixes faites de matériaux teis que du carton rigide, du caoutchouc, du liège, du plastique ou du papier feutre.

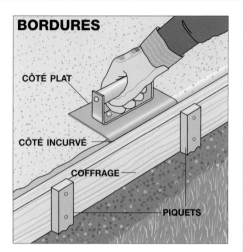

BORDURES
- CÔTÉ PLAT
- CÔTÉ INCURVÉ
- COFFRAGE
- PIQUETS

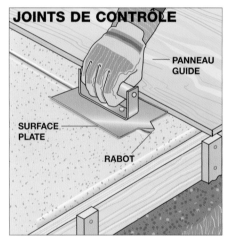

JOINTS DE CONTRÔLE
- PANNEAU GUIDE
- SURFACE PLATE
- RABOT

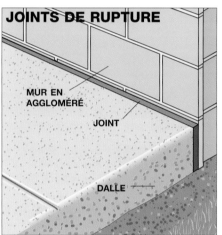

JOINTS DE RUPTURE
- MUR EN AGGLOMÉRÉ
- JOINT
- DALLE

Former des coins arrondis

MATÉRIEL : ▶ pinces étaux en forme de C • marteau • scie • perceuse ou visseuse • petite masse ▶ clous ordinaires • planches de bois de 1 x 4 ou de 1 x 6 • contreplaqué de $^1/_4$ po • vis • piquets de format 2 x 4

1 **Pour former des coins arrondis,** employez des matériaux souples tel que du carton rigide mince que vous pouvez facilement courber pour former un coin ayant un large diamètre.

2 **Centrez la pièce de carton rigide par rapport au coin du moule.** Fixez les pinces étaux aux extrémités de la pièce de carton et verrouillez-les au coffrage.

3 **Enfoncez au moins un piquet** au centre incurvé de la pièce de carton rigide afin que celle-ci ne se déforme pas durant le coulage du béton frais.

Installer les armatures

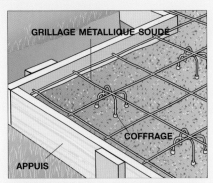

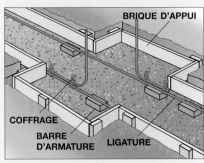

Le grillage métallique soudé doit être complètement encastré dans le béton pour assurer une solidité maximale. Des appuis ou chaises en béton sont placés sous le grillage pour que celui-ci ne touche pas au sol.

De courtes sections de barres d'armature placées perpendiculairement à chaque coin renforceront les pilastres dans un mur de maçonnerie (en brique ou en béton).

Repérer les failles problématiques

Le craquelage (apparition de minuscules fissures ou fendillements peu profonds) est causé par un excès d'aplanissement du béton. La surface de béton doit être nettoyée et scellée afin de stopper le craquelage ; on peut aussi procéder à un resurfaçage pour régler le problème une fois pour toutes. L'éclatement est également causé par un excès de finition et indique un défaut (écaillage) dans le béton, nécessitant un resurfaçage. L'oxydation du fer cause l'apparition de taches de rouille, qui peuvent être nettoyées en appliquant une solution composée de cristaux d'acide oxalique, d'eau et de bifluorure d'ammonium. Portez toujours un masque lorsque vous utilisez des produits chimiques.

CRAQUELAGE

OXYDATION PAR LE FER

ÉCLATEMENT

Réparer les fissures

MATÉRIEL : ▶ balai • seau • ciseau à froid • tuyau d'arrosage • couteau à mastic • truelles pour maçonnerie • petite masse • brosse métallique
▶ enduit adhésif pour béton • feuille de polyéthylène

1 *Pour assurer une réparation solide et sécuritaire,* employez un ciseau à froid qui coupera les parois de chaque côté de la fissure (afin d'élargir sa base).

2 *Pour que votre enduit de colmatage adhère correctement à l'ancien béton,* enlevez tous les débris à l'aide d'une brosse métallique.

3 *À l'aide d'une truelle,* poussez la pâte à colmater vers la base élargie, puis remplissez tous les recoins en égalisant la surface.

Maçonnerie

Ériger une structure en blocs de béton

Un bloc standard de 8 x 8 x 16 po est en réalité un bloc mesurant 7 ⁵/₈ x 7 ⁵/₈ x 15 ⁵/₈ po, ce qui laisse la place à des joints de mortier de ³/₈ po d'épaisseur. Les blocs consistent en une coquille extérieure dont le centre est creux, divisé par deux ou trois parois verticales. Les extrémités du bloc comportent des rebords permettant l'application de mortier et pouvant se raccorder à un bloc adjacent (sauf les blocs pour les coins et les extrémités). Il existe diverses sortes de blocs de béton : de béton plein, porteur, non porteur. Les blocs plus massifs sont fabriqués avec un mélange de pierre concassée et de ciment, de sable et de gravier. Des granulats, tels que les scories, entrent dans la composition de blocs plus légers.

Un bloc standard pèse plus de 40 livres (19 kg). Il est déjà assez difficile de placer un de ces blocs rugueux à l'endroit désiré ; or, le poser sur un lit de mortier en se penchant l'est encore plus.

Ligatures, bandes de recouvrement et barres d'armature

Bien des structures en béton ne possèdent qu'une paroi. Lorsqu'une structure de maçonnerie en comporte plusieurs, on doit les relier à l'aide de boutisses (briques posées perpendiculairement au mur servant à liaisonner les parois), de chapeaux ou de ligatures. Des bandes de recouvrement pour maçonnerie (métalliques, d'asphalte caoutchoutée ou d'autres matériaux) sont employées pour maintenir la partie supérieure du mur au niveau d'humidité le plus bas possible. Pour consolider latéralement les joints entre les parois, installez les ligatures métalliques dans les couches de mortier à 16 po verticalement au centre ; les fondations et les pilastres nécessitent des barres d'armature pour assurer une meilleure solidité.

Sectionner un bloc de béton

Vous pouvez généralement vous procurer des demi-blocs préformés dans un magasin. Par contre, vous aurez parfois besoin de demi-blocs plus larges ou plus minces. Règle générale, les blocs de béton (comme les autres matériaux de maçonnerie) ne se sectionnent pas facilement. Rayer le bloc, tel qu'indiqué ci-dessous, améliore grandement les chances de réussir son coup lorsqu'on utilise un marteau de maçon et un ciseau de briqueteur. Si vous envisagez de sectionner plusieurs blocs, commandez des blocs supplémentaires.

Vous pouvez également sectionner le blocs à l'aide d'une scie circulaire, pourvu que celle-ci soit munie d'une lame à maçonnerie.

Pour sectionner un bloc manuellement, rayez-le sur chacune des surfaces à l'aide d'un marteau de maçon et d'un ciseau de briqueteur. Répétez le procédé plusieurs fois en exerçant une légère pression le long de chaque trait de coupe.

Frappez sur les traits de coupe du bloc jusqu'à ce qu'un morceau se détache ou encore placez le bloc sur un côté et frappez plus vigoureusement avec votre ciseau.

Poser des blocs sur le mortier

MATÉRIEL : ▶ marteau de maçon • truelle pour le briquetage • ciseau de briqueteur • fer à rainures • niveau de ligne • cordeau • truelle à joints • niveau à bulle d'air

1 *Pour poser la première rangée de blocs, appliquez une couche épaisse de mortier sur la dalle en deux rangées correspondant aux arêtes inférieures des blocs.*

2 *À l'aide d'un niveau, vérifiez soigneusement l'horizontalité du bloc, surtout pour les premières rangées. Utilisez l'extrémité de votre spatule pour effectuer quelques ajustements mineurs.*

3 *Si vous le désirez, vous pouvez ériger votre mur par rangées, en posant les blocs d'une extrémité à l'autre ; généralement, les maçons érigent tout d'abord plusieurs rangées verticales dans les coins.*

Évaluer

Vous aurez besoin de 113 blocs standard de 8 x 8 x 16 po pour un mur dont la superficie est de 100 pi² (ajoutez 10 % à la quantité requise en prévision des pertes). Pour ce qui est de la quantité de mortier nécessaire, calculez environ 8,5 pi³ de mortier pour un mur de 100 pi². Règle générale, un entrepreneur spécialisé commande séparément les ingrédients nécessaires à la préparation du mortier et prépare son mélange sur les lieux ; il est plus sage de se procurer un mélange déjà préparé au magasin pour obtenir un produit dont les proportions d'ingrédients sont bien respectées.

Types de mortier

Type M — Un mortier à haute résistance pour les murs de maçonnerie au-dessous du niveau du sol et les structures subissant des charges latérales ou compressives élevées, ou sujettes à un soulèvement marqué du sol dû au gel.

Type S — Un mortier à résistance moyennement élevée pour les murs de maçonnerie devant résister à des charges latérales élevées.

Type N — Un mortier à résistance moyenne pour la plupart des structures de maçonnerie au-dessus du niveau du sol.

Type O — Un mortier à faible résistance pour les cloisons d'intérieur non porteuses.

Type K — Un mortier à faible résistance (composé de sable et de chaux) employé pour l'insertion de jointements.

Types de blocs

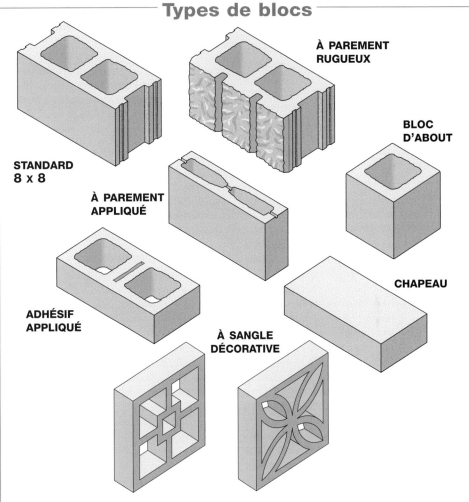

STANDARD 8 x 8

À PAREMENT RUGUEUX

BLOC D'ABOUT

À PAREMENT APPLIQUÉ

CHAPEAU

ADHÉSIF APPLIQUÉ

À SANGLE DÉCORATIVE

Puisque les blocs de béton sont moulés, vous pourriez, en théorie, concevoir votre propre moule personnalisé pour obtenir une forme unique en son genre. Les modèles ci-dessus (ainsi que d'autres) sont disponibles chez la plupart des vendeurs de matériaux de construction.

• gants de travail ▶ blocs de béton • mortier • barres d'armature en acier • armatures de joints horizontaux en treillis

4 *Les maçons* savent appliquer la quantité exacte de mortier à l'endroit approprié ; toutefois, rien ne vous empêche d'étendre graduellement le lit de mortier.

5 *Lorsque vous avez posé la couche de mortier* destinée à recevoir la dernière rangée de blocs, terminez celle-ci avec des chapeaux de béton.

6 *Employez un fer à joint* pour lisser le mortier de manière à ce qu'il soit de forme légèrement concave et empêche l'accumulation d'eau.

Maçonnerie

Réparer les murs de blocs de béton

Les premières réparations que vous devrez effectuer sur des murs en maçonnerie sont, règle générale, le rejointoiement (application de mortier frais pour remplacer les joints usés). Ce procédé est le même qu'on utilise pour les briques (voir « Entretien des joints de mortier » page 54). Renforcer une partie endommagée du mur en appliquant une pâte de moulage à l'endroit affecté ou revêtir la surface d'une couche de stuc, de peinture ou de mortier constituent d'autres réparations mineures sur un mur en maçonnerie.

Réparer un mur de fondation

Diverses options de réparation sont possibles lorsque des crevasses, fissures ou ciselures apparaissent (sans que la structure en soit affectée) sur la surface d'un bloc de béton ou d'une fondation en briques : rejointoyer les joints de mortier, remplacer les blocs ou les briques lourdement endommagés ou recouvrir la surface d'une couche de stuc (voir « Appliquer le stuc » aux pages 58-59). Si les briques ou les blocs ne vacillent pas trop et restent alignés par rapport au mur, alors vous pourrez insérer des planches de contreplaqué traité sous pression de 1/2 po d'épaisseur ou une planche couvrante dans les recoins susceptibles de recueillir l'eau et l'humidité.

Pour sceller complètement et établir un nouvel alignement proche du sol, enlevez suffisamment de terre de sorte que quelques pouces du bas des panneaux de revêtement puissent être enterrés et insérez-en l'extrémité supérieure sur une couche de calfeutrement sous le parement de maison. Vous pourriez remplir une petite tranchée avec du gravier pour favoriser le drainage avant d'y replacer la couche supérieure d'humus. Le seul hic de cette opération consiste à clouer les panneaux de revêtement directement dans la brique. Pour y arriver, enduisez la surface intérieure des panneaux de colle mastic et utilisez des clous de maçonnerie ou des clous coupés pour les immobiliser. Pour faciliter au maximum le clouage des panneaux dans les joints de mortier, mesurez la largeur des briques.

Pour obtenir une finition de maçonnerie d'apparence terne, recouvrez la surface d'une couche de peinture grise à consistance épaisse pour l'extérieur. En reculant un peu, vous constaterez qu'elle semble recouverte de stuc. Et pendant que vous y êtes, vous pouvez envisager d'ajouter des panneaux d'isolant rigides derrière le contreplaqué pour isoler la partie exposée de la fondation.

Peindre les blocs de béton

Si vous comptez effectuer la finition des murs en maçonnerie de votre sous-sol, il existe diverses sortes de peintures imperméables qui s'appliquent par couches épaisses, comme du plâtre humide. Premièrement, vous devrez boucher toute crevasse ouverte ou imbibée d'eau avec une pâte de colmatage au ciment ou du ciment hydraulique. Même sur les murs rugueux, ce traitement de surface améliore l'apparence et augmente la durée de surfaces en bon état.

Utilisez un gros rouleau (appelé « bulldozer » par les peintres professionnels) pour peindre les murs de béton, puisque c'est un instrument qui peut être enduit d'une bonne couche de peinture épaisse. Ce genre de rouleau est un accessoire essentiel pour peindre des murs d'apparence grossière et rugueuse. Il peut recouvrir de peinture visqueuse et épaisse les cavités et crevasses présentes sur la surface d'un tel mur, ainsi que les joints entre les rangées de blocs de béton qui composent les fondations.

Boucher les crevasses

MATÉRIEL : ▶ ciseau à froid • bouclier • truelle à

1 *Pour assurer une adhérence solide et sécuritaire du produit de réparation* à la surface, enlevez les écaillages et fragments avec un ciseau de briqueteur.

joints de dilatation

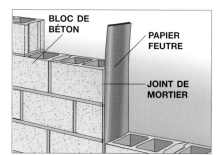

BLOC DE BÉTON
PAPIER FEUTRE
JOINT DE MORTIER

Les joints de dilatation, fabriqués en insérant des feuilles continues de papier feutre entre le joint et le bloc, servent d'isolant entre les sections de mur.

Blocs endommagés

MATÉRIEL : ▶ ciseau de briqueteur • fer à joints • bloc de remplacement • eau

1 *Dans la plupart des cas,* il n'est pas nécessaire de retirer entièrement le bloc de béton ; seul le parement doit être remplacé. Il faut percer tout d'abord quelques trous sur la surface du bloc.

Appliquer le mortier sur les blocs

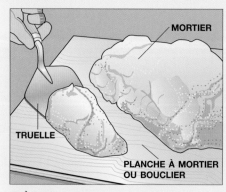

MORTIER
TRUELLE
PLANCHE À MORTIER OU BOUCLIER

1 *À l'aide d'une truelle,* prenez une quantité de suffisante de mortier (sur le bouclier).

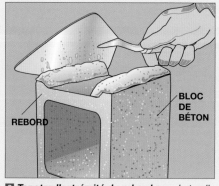

REBORD
BLOC DE BÉTON

2 *Tapotez l'extrémité du rebord* avec la truelle pour appliquer le mortier.

joints • petite masse • brosse métallique • gants de travail ▶ ciment de réparation • eau

2 *Utilisez un ciseau de briqueteur* pour enlever les fragments et débris sur les cloisons intérieures du bloc. Portez toujours des gants de travail et des lunettes de protection lorsque vous employez cet outil.

3 *Sectionnez un bloc de remplacement* et enduisez-en les extrémités avec du mortier. Posez le nouveau parement et positionnez-le correctement.

4 *Puisqu'il n'y a pas suffisamment d'espace* pour insérer du mortier aux parties inférieures et supérieures du parement, poussez le mortier dans les espaces existants avant de procéder au lissage.

Parois décoratives dans le jardin

Des blocs ajourés ou claustres sont utilisés pour former des parois décoratives. Les murs de maçonnerie peuvent être entièrement fabriqués avec ce type de blocs ou on peut n'aménager ainsi que quelques rangées seulement. On peut aussi ériger la partie décorative en plein milieu de la structure. Procédez comme si vous érigiez un mur normal en blocs de béton. Comme les joints sont plus petits, il faudra que l'application du mortier soit plus soignée; les blocs sont plus espacés dans ce type de structure et nécessitent moins de mortier, ce qui accélère grandement le travail.

pelle de maçon • boîte de mortier • truelle à joints • perceuse munie d'une mèche à maçonnerie • lunettes de protection • petite masse • gants de travail mortier

2 *Enlevez les saletés et les débris* de l'endroit à réparer avec une brosse métallique, car ceux-ci peuvent empêcher une bonne adhérence du ciment de colmatage à la surface.

3 *Placez une palette ou une truelle* remplie de ciment au-dessous de la partie inférieure de l'endroit à réparer, puis enfoncez le ciment dans la cavité.

4 *Pour lisser les petites surfaces retouchées,* utilisez le rebord d'une truelle de maçon en la déplaçant sur toute la surface entourant la cavité.

Maçonnerie

Briquetage : un survol

Les briques sont fabriquées d'argile cuite à des températures très élevées et leur texture varie selon le procédé de moulage employé. De nos jours, la plupart des briques sont denses, dures et durables. Il est toutefois important de choisir le type de brique approprié à votre projet de maçonnerie.

Types de briques

La **brique de parement (FB)** est employée pour donner à la maçonnerie une apparence durable. On en compte trois variétés. La variété sélecte (FBX) doit être conforme à des normes très strictes en matière de taille et de défauts. Les briques ont des extrémités aiguisées et des contours droits, ce qui leur donne un look moderne. La brique standard (FBS) est offerte en une palette de couleurs et de teintes variées, et ne présente que de légères variations de taille. La **brique architecturale (FBA)** n'est soumise à aucune contrainte de taille ou à des normes en matière de défauts ou de copeaux, puisqu'elle a été conçue pour évoquer les briques anciennes. La brique de construction (ou brique commune), plutôt rugueuse d'apparence, possède néanmoins une structure solide. La présence de copeaux et de fissures, les variations de teinte ou de couleur et ses légères déformations lui donnent un aspect rustique. La **brique de pavage** (de solidité constante, contrairement aux autres variétés, car les parements les plus larges seront visibles) est moulée ; une période de cuisson plus longue permet de diminuer sa capacité d'absorption de l'eau (atout essentiel pour des briques posées dans le sol qui doivent résister aux cycles de gel et de dégel, et à la circulation constante). Les variétés de briques de pavage sont similaires à celles des briques de parement : standard (PS), architecturale (PA) et sélecte (PS). La **brique réfractaire,** d'un jaune mat, est une brique hautement résistante à la chaleur, utilisée pour les foyers et les fours.

Classification des briques

Il existe trois classes différentes pour les briques de parement et de pavage. On détermine la classe selon le degré de résistance aux cycles de gel et de dégel. La catégorie MW (résistance modérée aux intempéries) peut convenir aux briques exposées à une humidité modérée (sans saturation). Les briques de classe SW (résistance extrême aux intempéries) peuvent résister au gel lorsqu'elles sont imbibées d'eau. Finalement, la classe NW (résistance minimale), s'appliquant seulement aux briques de construction, ne convient qu'à l'intérieur. La brique de pavage comprend des classes similaires : SX (résistance extrême au gel/dégel) ; MX (résistance modérée au gel/dégel) et NX (résistance minimale au gel/dégel).

Sectionner une brique

Pour sectionner une brique, tapotez-la sur toute sa longueur avec un ciseau de briqueteur et un marteau de maçon. Un coup ferme sur le trait de coupe brisera la brique en deux. Pour couper les pavés, employez une scie circulaire munie d'une lame pour couper la maçonnerie. Assurez-vous d'avoir à votre disposition plusieurs demi-briques avant de commencer un projet de construction.

Pour sectionner une brique en deux, tapotez les quatre coins avec un ciseau de briqueteur et une masse.

Élargissez le trait de coupe de la brique en frappant dessus jusqu'à ce que la brique se brise en deux.

Appliquer le mortier

Le mortier est le ciment qui maintient en place les murs de brique. Il existe diverses sortes de mortier pour des usages différents, mais trois conditions essentielles doivent être respectées lorsque vous préparez du mortier. Tout d'abord, n'ajoutez pas trop d'eau pour faciliter le mélange des ingrédients, car vous affaibliriez le mortier. Deuxièmement, respectez les proportions recommandées chaque fois que vous préparez des petites quantités afin d'obtenir un mélange uniforme, ce qui assurera une structure de maçonnerie solide et stable. Troisièmement, assurez-vous que le mélange soit lisse et exempt de tout débris ou saleté ; vous devez donc enlever régulièrement de votre planche à mortier les restants solides provenant des mélanges précédents.

MATÉRIEL : ▶ truelle à briquetage • ciseau de briqueteur • marteau • bouclier • truelle à joints • pelle de maçon

1 *Mélangez seulement la quantité nécessaire de mortier* avant qu'il durcisse, en utilisant une quantité équivalant à une truelle à la fois.

2 *Installez le mortier* sur un côté de la spatule et mettez-le en place en tapotant fermement le côté propre (sans mortier) sur la maçonnerie.

Types de mortier

Les ingrédients entrant dans la composition des mortiers à briques sont similaires à ceux des mortiers pour le béton : un mélange de ciment de Portland, de la chaux, du sable et de l'eau. Vous pouvez préparer votre propre mélange ou acheter un mélange dont les ingrédients secs (ciment de Portland et chaux) ont déjà été combinés ; il ne vous reste qu'à combiner celui-ci avec du sable et de l'eau.

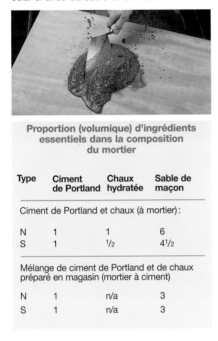

Proportion (volumique) d'ingrédients essentiels dans la composition du mortier

Type	Ciment de Portland	Chaux hydratée	Sable de maçon
Ciment de Portland et chaux (à mortier) :			
N	1	1	6
S	1	1/2	4 1/2
Mélange de ciment de Portland et de chaux préparé en magasin (mortier à ciment)			
N	1	n/a	3
S	1	n/a	3

VARIÉTÉS

Parmi les variétés de briques, les briques modulaires sont plus faciles à employer que les variétés non modulaires, car elles facilitent le travail de planification et d'estimation. Par exemple, pour les joints de mortier, la longueur d'une brique modulaire correspond exactement à celle de la largeur de deux briques ou à celle de l'épaisseur de trois briques superposées. Par conséquent, la disposition des briques aux angles d'un mur ou la possibilité de varier la disposition dans une structure à double paroi s'en trouvent facilitées.

BRIQUES NON MODULAIRES

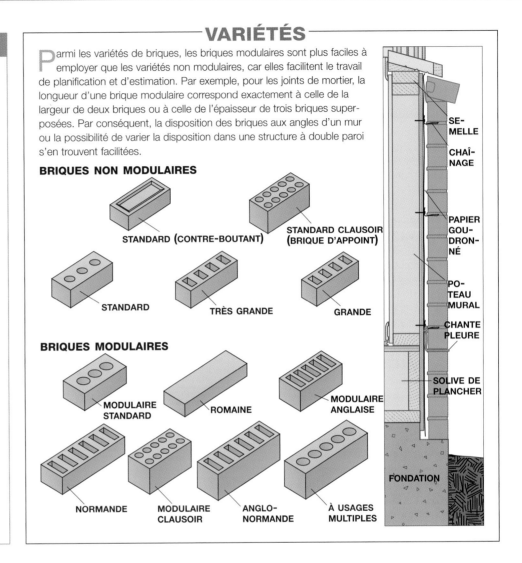

STANDARD (CONTRE-BOUTANT)

STANDARD CLAUSOIR (BRIQUE D'APPOINT)

STANDARD

TRÈS GRANDE

GRANDE

BRIQUES MODULAIRES

MODULAIRE STANDARD

ROMAINE

MODULAIRE ANGLAISE

NORMANDE

MODULAIRE CLAUSOIR

ANGLO-NORMANDE

À USAGES MULTIPLES

SE-MELLE

CHAÎ-NAGE

PAPIER GOU-DRON-NÉ

PO-TEAU MURAL

CHANTE PLEURE

SOLIVE DE PLANCHER

FONDATION

• boîte de mortier ▶ attaches métalliques • mélange à mortier • armatures de joints horizontaux en treillis • eau

3 Basculez le mortier de l'intérieur de la truelle de manière à former la bordure extérieure du lit de mortier. Vous devrez probablement répéter le procédé plusieurs fois pour que tout soit bien égalisé.

4 Pour établir un appui solide aux bordures de la rangée de briques, tracez un sillon peu profond au centre du lit de mortier.

5 Si la formation d'un sillon déloge le mortier, enlevez l'excédent avec une truelle. Ne réutilisez pas le mortier tombé sur le sol.

Maçonnerie

Entretien d'une structure en brique

Pour évaluer les réparations à effectuer sur un mur en brique, il faut prendre en considération tous les composants de la structure. De larges fissures, apparaissant dans l'ensemble de la structure, sont les problèmes les plus évidents auxquels il faut remédier. La majeure partie des failles résultent d'un tassement inégal du terrain ; les fondations et les murs au-dessus du sol se fissurent alors à cause de fortes contraintes.

Fissures, crevasses et courbures

D'autres signes évidents de problèmes structuraux sont l'apparition de fissures en forme d'escalier (fissures lézardées) sur plusieurs rangées de briques, ou encore de courbures convexes ou concaves. Vous pouvez vérifier si vos murs présentent ce problème, difficile à détecter sur une grande surface, en utilisant un cordeau de maçon et un niveau de ligne pour vérifier l'alignement.

Ce n'est pas parce que vous avez détecté quelques fissures que le mur manque de solidité. C'est peut-être un problème superficiel qui peut résulter d'un tassement bien antérieur à la construction du mur. Ces fissures ou crevasses (qui, règle générale, ont été soumis à de grandes variations de température et sont encrassés par des saletés, des débris de feuilles mortes ou des toiles d'araignée) peuvent être bouchées et scellées afin de prévenir une détérioration ultérieure due aux éléments. Des fissures plus récentes ou instables (qui sont généralement propres et se présentent dans une maçonnerie de couleur plus claire que les murs avoisinants) indiquent que la structure n'est pas encore assez stable. Celle-ci doit être vérifiée soigneusement, car si un mur vacille trop rapidement, les fondations deviennent instables et le mur risque de s'écrouler. Les seules options de réparation dans ce cas sont soit de le soutenir avec une potence (une solution temporaire risquée), soit de le démolir tout simplement et de le reconstruire à partir des fondations.

Entretien des joints de mortier

Le plan d'entretien de votre mur en brique doit également comporter une vérification soigneuse des joints de mortier, qui constituent la source principale de dommages potentiels, si on exclut les fondations. Il faut rejointoyer où le mortier est déchaussé, flasque, détérioré et s'enlève facilement. Le procédé consiste à déblayer le mortier jusqu'à une profondeur d'environ deux fois l'épaisseur du joint, à nettoyer les briques adjacentes de tout débris ou saleté, et à remplir le joint de mortier frais. Si on n'effectue pas le rejointoiement nécessaire, le processus de détérioration s'accélérera, surtout en hiver. Il faut s'attendre à rejointoyer les murs des résidences construites avant 1900, mais non seulement en raison de leur ancienneté. Le mortier couramment employé à l'époque, composé de chaux, était plus tendre et très poreux.

Bien que les fissures et l'humidité puissent parfois endommager les briques soudainement, celles-ci sont généralement plus durables que le mortier qui les entoure. L'absorption de l'eau par une brique peut entraîner l'apparition de fragments ou de lamelles sur sa surface extérieure. Cette fragmentation de la surface extérieure ou éclatement peut nécessiter des réparations coûteuses. Afin d'empêcher que des conditions propices à l'éclatement se développent, éloignez l'eau de la structure en brique et réparez les joints de mortier propices aux fissures et à l'accumulation d'eau le plus tôt possible.

Nettoyer un mur en brique

Nettoyer les vieux murs en brique à l'aide d'un jet de sable ou d'eau peut faire plus de tort que de bien. Le jet génère une pression élevée et peut sérieusement éroder ou encore démolir une structure datant du 19e siècle, souvent incapable de résister à une pression de plus de 100 psi. Bien que le jet de sable frappe la brique en appliquant une pression uniforme, les murs anciens faits de briques ne sont pas uniformes, ce qui peut conduire au soufflage. Le nettoyage à l'aide de produits chimiques peut produire de bons résultats et moins de dommages.

Poser des briques

MATÉRIEL : ▶ cordeau traceur • truelle à briqueter • marteau de maçon • ciseau de briqueteur • bouclier • mirette • fer à joints • niveau de ligne • pelle de maçon • cordeau

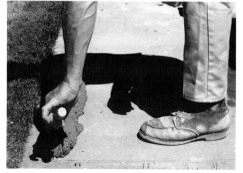

1 *Employez un cordeau traceur* pour délimiter les bordures extérieures du mur à ériger ; puis appliquez avec une truelle la première couche de mortier.

2 *Les maçons expérimentés peuvent aisément poser les briques* sans règle ni niveau. Assurez-vous à l'aide d'un niveau que les premières rangées soient bien droites.

3 *Fixez un cordeau d'une extrémité à l'autre* et utilisez-le comme niveau pour maintenir l'alignement. Effectuez des ajustements mineurs en tapant la brique avec le manche de la truelle.

Types de joints

Un tirage de joints correctement effectué assure une étanchéité adéquate ; toutefois, seuls certains types de joints peuvent résister aux intempéries. On doit, en premier lieu, effectuer le tirage des joints horizontaux avant de s'attarder aux joints verticaux.

JOINTS RÉSISTANTS AUX INTEMPÉRIES	JOINTS SENSIBLES AUX INTEMPÉRIES
CONCAVE 	PLAT 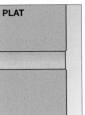
EN V 	RATISSÉ OU CREUSÉ
À CLIN 	RACLÉ/OBLIQUE 

Maçonnerie en mauvais état

L'érosion des joints de maçonnerie due à un mortier trop vieux ou de mauvaise qualité peut être stoppée en procédant à un rejointoiement. Des fissures ou des lézardes en forme d'escalier indiquent que la structure de votre mur est en très mauvaise condition. La seule solution consiste à la démolir et à consolider les fondations. L'éclatement se produit lorsque l'accumulation de glace cause la rupture d'une brique (règle générale, c'est le parement qui s'effrite). Il faut alors remplacer la brique entière et prévenir autant que possible l'accumulation d'eau dans la partie affectée en redirigeant l'eau ailleurs.

JOINTS DE MORTIER USÉS

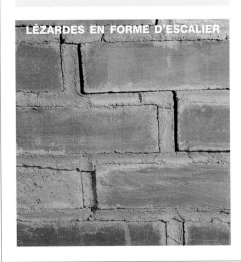
LÉZARDES EN FORME D'ESCALIER

ÉCLATEMENT

de maçon • ruban à mesurer • boîte à mortier • spatule de maçon • niveau à bulle d'air ▶ mélange à mortier • eau

4 *Lorsque vous avez correctement aligné votre brique,* enlevez l'excédent de mortier qui déborde des joints avec votre truelle.

5 *Vérifiez régulièrement l'alignement* à l'aide du niveau. Effectuez des mesures à des endroits différents de la structure (après avoir complété quelques rangées) à partir de la base.

6 *Contrairement aux joints de maçonnerie de blocs d'apparence rugueuse,* souvent cachés par l'application de stuc, le mortier de brique nécessite un lissage plus uniforme.

Maçonnerie

Travailler avec la pierre

Seulement quelques pierres peuvent être employées à des fins de construction. Les pierres convenables doivent êtres conformes aux critères suivants : force, dureté, résistance, malléabilité et densité.

On distingue les diverses catégories de pierres selon la forme (gravier, pierre de taille, dalles), la composition minérale (granit, calcaire, grès ou ardoise) ou la méthode d'extraction (pierre des champs, pierre de taille). Le gravier est de forme et de taille irrégulières ; la pierre des champs est un type de gravier de forme normalement rugueuse et angulaire. La pierre de taille provient d'une carrière et a été conçue dans le but de produire des surfaces de litage relativement lisses et plates. La pierre plate de pavage, conçue pour paver les allées, est taillée en forme de dalle plate. Cette dalle a une épaisseur variant entre $^1/_2$ po et 2 po, et peut être de forme irrégulière ou taillée pour former des modèles d'aménagement géométriques.

Achat des pierres

La pierre est vendue à la verge cube. La pierre taillée est plus coûteuse que la pierre des champs ou le gravier. Pour évaluer la quantité de pierres en verges cubes dont vous aurez besoin, multipliez la longueur, la hauteur et l'épaisseur de votre mur en pieds, puis divisez par 27 pour obtenir le volume en verges cubes. Pour la pierre de taille, ajoutez 10 % de façon à tenir compte des bris et des pertes. Pour le gravier, ajoutez au moins 25 %.

Ériger un mur de pierre sans mortier

Ce type de mur est construit sans mortier. L'entrecroisement, la gravité et la friction des pierres assurent un mur solide et stable. Le mur sera suffisamment flexible pour absorber le soulèvement par le gel. Il n'y aura pas de semelle s'il a moins de 3 pi. Il est déconseillé d'ériger des murs sans mortier plus élevés à cause de la difficulté accrue de soulever les pierres et des restrictions du Code de bâtiment. Il faut quelquefois tailler la pierre de manière à obtenir un ajustement correct. Lorsque vous ramassez des pierres des champs, accordez la priorité à celles qui ont une forme anguleuse plutôt qu'à celles qui sont plus arrondies. Les pierres plus grosses doivent être installées dans les rangées formant la base. Un mur sans mortier consiste en deux parois de mur, entre lesquelles on remplit l'espace de gravier de petite taille. Les parois sont rattachées à des boutisses, pierres qui couvrent toute l'épaisseur du mur. Un mur d'environ 3 pi de hauteur doit avoir une base dont l'épaisseur est d'environ 2 pi, qui s'effile à son sommet.

Types de murs de pierre

MOSAÏQUE DE HASARD

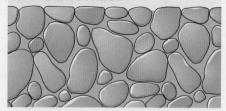

À MOELLONS RÉGULIERS

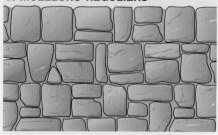

MOSAÏQUE

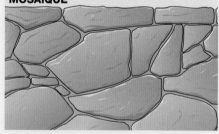

HAUTEURS DIFFÉRENTES

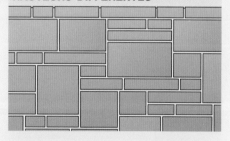

PIERRE DE TAILLE RÉGULIÈRE

Les pierres grossières qui entrent dans la construction de ce type de mosaïque sont de forme et de taille irrégulières. La pierre des champs est une variété de gravier ; le gravier des carrières provient de fragments de pierres taillées. Les murs en mosaïque de hasard sont généralement construits sans mortier, mais peuvent en comporter. Ce genre de mosaïque peut être envisagé lorsque vous comptez ériger des murs de jardin ou des murs périphériques de faible hauteur sans mortier.

Les murs de pierre à moellons réguliers ont une apparence plus propre que les murs de mosaïque de hasard ; ils sont toutefois plus difficiles à ériger et nécessitent une plus grande variété de pierres. Les pierres de forme irrégulière telles que le gravier peuvent être équarries grossièrement à l'aide d'un marteau de briqueteur pour un meilleur ajustement. Les murs à moellons réguliers conviennent aux fondations et aux murs de structure, ainsi qu'aux murs de jardin et aux murs de soutènement.

Les murs de mosaïque constituent une variante plus concise et plus compacte que le premier type, de disposition plus irrégulière. Des pierres de largeurs et de grosseurs différentes sont assemblées de manière plus compacte. Pour s'assurer que toutes les pierres s'ajustent sans laisser de larges espaces, il faut tout d'abord poser les pierres sur le sol, face en dessous, et effectuer l'ajustement parallèlement au sol, en respectant l'ordre dans lequel elles seront assemblées au moment de l'érection du mur.

Des pierres de taille irrégulières de hauteurs différentes ont été conçues pour créer des surfaces de litage lisses et plates qui s'empilent facilement. Elles sont généralement taillées en forme de petits rectangles, et les parements ont une apparence lisse ou légèrement rugueuse. L'apparence n'est pas vraiment irrégulière ; comme pour la brique, on utilise une gamme de liaisonnements, en employant une variété seulement ou en en combinant plusieurs pour obtenir des effets différents.

La pierre de taille régulière a une apparence plus classique que les pierres de formes irrégulières, ce qui exige une pierre taillée avec plus de précision. Les joints de mortier sont parfois employés en tant qu'élément décoratif. Ils peuvent avoir une couleur qui ajoute une teinte à la pierre, une apparence concave et ratissée comme les joints de mur en béton, ou être parés et garnis pour donner une apparence profilée qui se démarque de la pierre.

Poser les pierres de parement

MATÉRIEL : ▶ truelle de briqueteur • marteau de maçon • ciseau de briqueteur • niveau • cordeau de maçon • truelle à joints • niveau à bulle d'air • gants de travail
▶ mélange à mortier • eau

1 *Il faut poser les pierres de parement usinées* (plus minces et plus légères que les pierres naturelles) comme on le ferait pour des briques en utilisant un cordeau de maçon afin de maintenir l'horizontalité du mur.

2 *Puisque les pierres sont de forme légèrement irrégulière* (pour une apparence plus rustique), il faut régulièrement vérifier l'alignement des pierres de la dernière rangée.

3 *Lorsque la pierre est enchâssée dans le mur,* remplissez les joints entre les rangées et effectuez-le tirage de joints approprié à la structure.

Façonner la pierre

TRAIT DE COUPE

Il est souvent nécessaire de sectionner et de façonner les pierres avant de les ajuster (surtout lorsqu'il s'agit d'ériger un mur sans mortier). Posez les pierres sur un sol plat et solide plutôt que sur une surface dure comme le béton. Employez une masse et un ciseau à froid pour établir le trait de coupe. La pierre peut briser avant que vous ayez tracé votre ligne de coupe. Si tel n'est pas le cas, frappez la pierre d'un coup sec. Vous pouvez également sectionner la pierre de pavage après avoir établi le trait de coupe en l'installant au-dessus d'une partie de tuyau et en la frappant avec une masse. Portez toujours des gants de travail lorsque vous sectionnez des pierres.

LIGNE DE COUPE

Poser des pierres non taillées

MATÉRIEL : ▶ ciseau de briqueteur • bouclier • pelle • niveau • cordeau de maçon • boîte à mortier • petite masse • truelles • gants de travail
▶ mélange à mortier • gravier • pierres • eau

1 *Les pierres que vous utilisez* déterminent le type de mur que vous allez construire. Il est préférable, autant que possible, d'employer les pierres de forme plutôt rectangulaire ou carrée pour former les angles et les pierres à parement plat pour former les bordures.

2 *Pour construire un mur de pierre* avec des pièces facilement manipulables, employez des pierres de taille moyenne à parement plat et remplissez l'espace au centre avec du gravier.

3 *Placez le mortier entre les pierres* par étapes successives, premièrement en appliquant une couche de litage sur la fondation, puis au centre dans le gravier.

Maçonnerie

Nettoyer la maçonnerie

Il existe quatre méthodes pour nettoyer la maçonnerie et les murs de pierre : avec des produits chimiques, de l'eau, de la vapeur, ou par jet de sable. Bien que le nettoyage par jet de sable enlève les saletés superficielles et incrustées, il enlève fréquemment une partie de la maçonnerie. Les entrepreneurs spécialisés en nettoyage aux produits chimiques et à la vapeur peuvent doser la proportion de produits chimiques dans leur solution à nettoyage selon la nature du travail à effectuer. Le nettoyage à l'eau est un travail que vous pouvez exécuter vous-même, soit avec un seau d'eau et une brosse, soit avec un vaporisateur sous pression.

Un mur de pierre peut être endommagé par la végétation. Lorsque des racines de sumac poussent dans les fissures des joints de mortier, vous devez les couper le plus proche possible de la surface du mur et appliquer une solution de phosphate d'ammonium à leurs extrémités afin de tuer la plante. Des moisissures peuvent également apparaître sur les briques peu exposées au soleil. Pour vérifier la décoloration due à la moisissure, appliquez une petite quantité d'eau de javel sur l'endroit affecté ; la surface exposée va blanchir s'il y a moisissures ou demeurer inchangée s'il ne s'agit que de saletés.

Les taches de rouille peuvent être enlevées en appliquant une solution d'acide oxalique. Ajoutez environ 1 livre de cristaux d'acide oxalique et 1/2 livre de bifluorure d'ammonium à 1 gallon d'eau, et mélangez le tout. Appliquez cette solution avec une brosse sur la surface exposée, puis rincez. Le goudron et l'asphalte des toitures peuvent également souiller les pierres. Enlevez le plus de goudron possible. Le restant du goudron peut être nettoyé avec un solvant tel que le benzène.

Réparer des dalles d'escalier

MATÉRIEL : ▶ ciseau • planches de coffrage • lunettes • masse • gants de travail ▶ mélange à mortier

1 *Frottez la partie endommagée avec une brosse métallique* pour enlever tous les débris décollés et fabriquez un coffrage en contre-plaqué pour circonscrire la réparation.

2 *Pour une adhérence solide du ciment de colmatage,* revêtez la partie endommagée avec un liant ou enfoncez quelques clous à béton pour renforcer la réparation.

3 *Les clous enfoncés à moitié dans la vieille dalle* seront recouverts de béton frais et nivelé à la hauteur du coffrage.

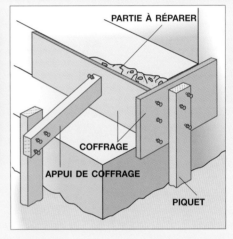

PARTIE À RÉPARER

COFFRAGE

APPUI DE COFFRAGE

PIQUET

Appliquer du stuc

MATÉRIEL : ▶ cisailles à métaux • truelle de briqueteur • bouclier • truelle à joints • éponge • atomiseur ▶ papier feutre de 15 lb • latte métallique galvanisée • ruban adhésif

1 *Pour vérifier les dommages derrière le stuc brisé ou fissuré,* enlevez le treillis endommagé et le papier goudronné.

2 *Posez le nouveau treillis métallique* sur la partie endommagée et appliquez une couche de fond de ciment à l'aide d'une truelle pour remplir la quasi-totalité du trou.

3 *Ratissez la surface* de la couche de fond avant qu'elle durcisse. Pour le ratissage, un outil maison (clous à travers une planche) peut faire l'affaire.

Enlever les taches

Pour vous débarrasser des taches tenaces, *mélangez des produits de nettoyage avec de la farine ou du talc de façon à former une pâte, ce qui permettra au mélange de s'agglutiner sur la tache.*

Tache	Solution appropriée
Huile	Pour la brique, un émulsifiant; pour le béton, un produit dégraissant pour automobiles
Rouille	1 livre de cristaux d'acide oxalique + 1 gallon d'eau + $\frac{1}{2}$ livre de bifluorure d'ammonium
Peinture	2 livres de phosphate trisodique pour 1 gallon d'eau
Fumée	Poudre à récurer avec de l'eau de javel; cataplasme de trichloréthylène et de talc; détersifs alcalins et agents émulsionnants

Efflorescence

L'efflorescence est la formation d'un dépôt pulvérulent et blanchâtre de sels alcalins ou alcalino-terreux cristallisés qui apparaissent sur les matériaux de construction, tels que les murs de maçonnerie et les joints de mortier. Elle est provoqué par l'humidité de l'air ou les remontées capillaires, qui laissent un dépôt lorsque l'eau s'évapore. Pour un nettoyage rapide, frottez à sec à l'aide d'une brosse à fibres rigides, puis saturez la surface exposée avec de l'eau. Pour vous débarrasser des dépôts plus coriaces, appliquez une solution comportant 1 partie d'acide muriatique pour 10 parties d'eau en suivant minutieusement les instructions, puis rincez à fond. Bien sûr, la meilleure solution consiste à détecter la source de l'écoulement d'eau et de boucher la fissure.

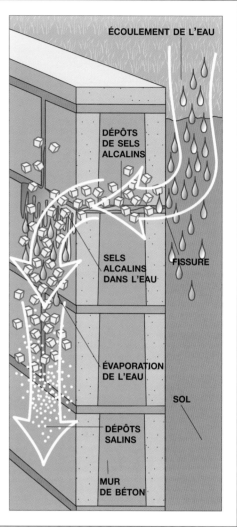

ÉCOULEMENT DE L'EAU

DÉPÔTS DE SELS ALCALINS

FISSURE

SELS ALCALINS DANS L'EAU

ÉVAPORATION DE L'EAU

SOL

DÉPÔTS SALINS

MUR DE BÉTON

• clous de toiture de 1 $\frac{1}{4}$ po

4 **Appliquez la couche de finition** de façon à l'uniformiser avec le reste du mur en vous guidant sur le contour de la zone endommagée.

5 **Texturez la fine couche de surface** (environ $\frac{1}{8}$po) avec une truelle, une éponge, un balai ou un autre accessoire utile pour qu'elle se fonde dans le reste du revêtement.

6 **Pour affermir le stuc,** vaporisez de l'eau à l'endroit du colmatage au moins deux fois par jour pendant les deux premiers jours.

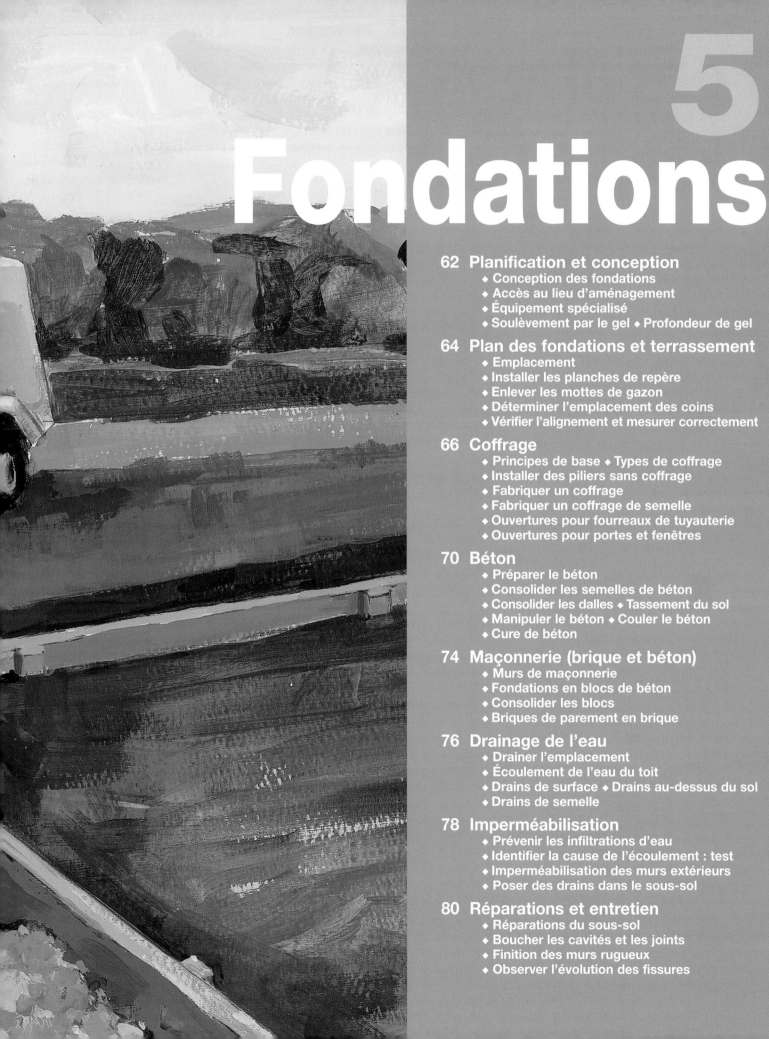

Fondations

5

Fondations

Conception des fondations

Des fondations bien conçues constituent l'élément essentiel pour la sécurité et la solidité de toute structure. Les fondations supportent le poids d'un immeuble et l'enracinent dans le sol. Elles le protègent également du soulèvement par le gel et par le tassement du sol. Elles doivent demeurer imperméables et permettre l'écoulement de l'eau, elles jouent un rôle primordial en empêchant l'eau d'accéder à votre résidence.

Types de fondations

Il existe trois types de fondations. On trouve d'abord **la dalle** sur un sol de béton, dont les rebords sont épais, renforcés par des barres d'armature en acier. La dalle est posée directement sur le sol ou sur une couche de gravier. Ce type de fondations peu coûteux permet de soutenir des structures ne comportant qu'un étage dans des régions où le sol ne gèle pas en hiver.

Le **mur de fondation** comporte un mur de périmètre porteur entourant tout le sous-sol ou le vide sanitaire. Il est fabriqué de béton frais, de blocs de béton ou, plus rarement, de bois traité sous pression ; il repose sur une base élargie (semelle), qui permet de répartir le poids de l'immeuble. Généralement fabriquées de béton frais avec une armature en acier, les semelles sont installées sur un sol ferme ou un lit de gravier, au-dessous du niveau de la profondeur de gel. Règle générale, la semelle doit avoir une hauteur correspondant à l'épaisseur du mur qu'elle supporte et une largeur équivalant à deux fois l'épaisseur du mur.

Également construits sur des semelles de béton, les **poteaux** ou **piliers de fondation** sont souvent employés pour supporter des structures légères. Les piliers sont des colonnes courtes fabriquées de béton frais ou de blocs de béton. Les poteaux sont des colonnes plus longues composées d'acier, de bois traité sous pression ou de béton frais versé dans des coffrages tubulaires.

Qualité du sol

La solidité des semelles et des fondations dépend de la qualité du sol où elles reposent. Si vous voulez concevoir et construire vous-même les fondations de votre résidence (une tâche que vous devriez préférablement laisser à des professionnels), faites appel à un ingénieur qui procédera à des analyses du sol afin de déterminer sa capacité portante. Consultez le service d'urbanisme de votre localité pour connaître la profondeur moyenne de gel en hiver dans votre région et la réglementation en matière d'aménagement de fondations qui s'applique à l'emplacement concerné.

Accès au lieu d'aménagement

Lorsque le lieu n'est pas en bordure d'une rue, vous devrez prévoir un accès sécuritaire pour faciliter la livraison de matériaux et les déplacements quotidiens des entrepreneurs. Localisez bien les câbles souterrains des services publics pour qu'ils ne risquent pas d'être endommagés par l'équipement lourd. Pour protéger la pelouse des empreintes que pourrait laisser une brouette, posez quelques planches d'échafaudage et des feuilles de contreplaqué.

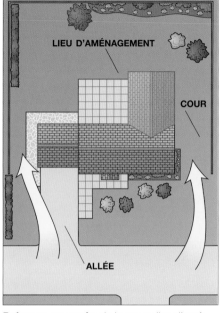

Prévoyez un accès de la rue au lieu d'aménagement. Protégez les buissons et les haies, et localisez les câbles souterrains des services publics.

Équipement spécialisé

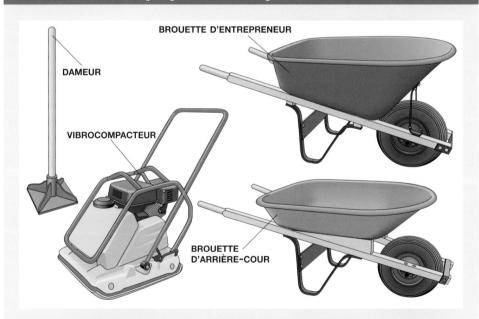

Aménager des fondations nécessite un équipement spécialisé. Vous aurez besoin d'un dameur pour tasser la terre ou un vibrocompacteur, qui facilite grandement le travail. Les brouettes sont utiles pour transporter des matériaux lourds tels que le sable, le gravier, le ciment et le béton.

Soulèvement par le gel

Dans les régions froides, le cycle de gel et de dégel du sol peut causer le soulèvement et le tassement du sol, ce qui provoque l'apparition de fissures dans les dalles de béton et les murs de fondation. Pour prévenir le craquelage, il faut installer les semelles de fondation au-dessous du seuil de gel (profondeur de gel du sol en hiver). Comme les caractéristiques de gel peuvent varier au sein d'une même localité, consultez le service d'urbanisme pour connaître le seuil de gel et la réglementation locale concernant l'installation de semelles.

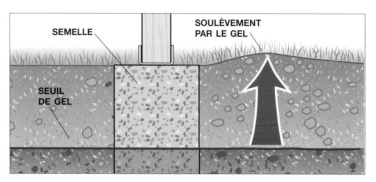

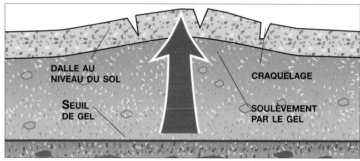

Le soulèvement par le gel n'affectera pas les semelles installées au-dessous du seuil de gel, mais il peut facilement soulever et faire craquer la surface d'une dalle au niveau du sol.

Profondeur de gel

Au Canada, les caractéristiques de gel peuvent varier à tel point dans une même région que tout zonage est pratiquement impossible à établir pour déterminer des seuils de profondeur de gel. Et même si c'était possible, les conditions météorologiques locales, l'altitude et la composition minérale du sol peuvent sensiblement modifier les caractéristiques de gel. Les sols sablonneux et graveleux bien drainés, par exemple, gèlent moins que les sols d'argile et de limon ayant une capacité de rétention d'eau plus élevée.

Le Code du bâtiment dans votre région inclut habituellement une réglementation stricte concernant la profondeur et l'aménagement des fondations. Consultez toujours un inspecteur local en bâtiment avant de procéder à votre projet d'aménagement. Gardez à l'esprit que la profondeur des semelles et des fondations mentionnée dans ce chapitre ne constitue en aucun cas un modèle à suivre dans une région particulière.

Coffrages en acier

Les entrepreneurs spécialisés dans l'aménagement des fondations peuvent employer des coffrages en acier pour des travaux de terrassement à grande échelle. Les sections de coffrage solides et articulées peuvent être assemblées plus rapidement et nécessitent moins d'entretoisement que les coffrages en bois. Contrairement aux coffrages de bois fabriqués sur le site, ceux en acier sont réutilisables.

Fondations

Emplacement

Avant d'effectuer la première pelletée de terre, vous devez, dresser un plan des lieux qui indique l'emplacement exact des nouvelles fondations par rapport aux autres immeubles et limites de terrain des propriétés voisines. Des plans détaillés du projet sont d'ailleurs nécessaires pour obtenir un permis de construction avant de débuter. Si vous aménagez vos fondations sans permis, on pourrait vous demander de les démolir.

Une fois les permis nécessaires obtenus, la première étape consiste à localiser l'emplacement des coins. En vous référant aux limites de votre propriété ou à des structures existantes apparaissant sur votre plan, situez bien les coins et posez des piquets pour marquer leur emplacement; vous pouvez également demander à un arpenteur de le faire. Placez deux planches de repère à angle droit à environ 2 pi de l'extérieur de chaque coin. Ces planches serviront de points d'ancrage pour des cordes de guidage marquant le contour exact des fondations. Comme les planches de repère sont installées à l'extérieur de l'endroit où seront effectués les travaux de terrassement, vous pourrez vous fier aux cordes de guidage lorsque vous commencerez à creuser. Vous n'avez qu'à remettre les cordes de guidage en place, si nécessaire.

S'assurer que les cordes de guidage se croisent à angle droit sur les piquets de coin requiert que les clous rattachant les cordes aux planches de repère soient fixés avec précision. Pour obtenir un angle droit impeccable à chaque coin, employez la méthode de triangulation (3-4-5) (page 65). Une fois les quatre lignes bien droites et les coins bien établis, vérifiez de nouveau la perpendicularité en mesurant les diagonales entre les coins opposés. Si la différence entre les diagonales dépasse 1 po, réajustez les cordes de guidage.

Travaux de terrassement

Les dalles de béton et les semelles doivent reposer sur un sol vierge et stable, compact et bien drainé. Un sol de fondation impropre peut causer un tassement et une fissuration inégale de la dalle. Dans les régions où la capacité de drainage est limitée, vous devrez creuser à une profondeur suffisante pour étendre une couche de gravier comprimé (au-dessous de la fondation) de 4 po d'épaisseur.

Effectuer des travaux de terrassement pour des fondations constitue une tâche difficile. Il est préférable de demander l'aide d'un entrepreneur spécialisé possédant l'équipement lourd nécessaire s'il s'agit d'un projet de grande envergure. Si le projet est plus modeste, demandez à un service public d'inspecter votre emplacement; repérez les câbles souterrains des services publics pour prévenir les bris ou les ruptures.

Installer les planches de repère

MATÉRIEL : ▶ scie circulaire • marteau • pinces étaux • perceuse électrique • marteau court

1 *Fabriquez des piquets de 2 x 4* qui supporteront les planches de repère (de 1 x 4 et d'une longueur de 2 pi) servant à établir les contours des fondations.

2 *Plantez deux paires de piquets* à angle droit, à environ 2 pi de l'extérieur des coins déterminés et alignés sur le pourtour des futures fondations.

Enlever les mottes de gazon

MATÉRIEL : ▶ bêche à extrémité plate • gants de travail

Pour entreposer des mottes de gazon en bon état afin de les réinstaller à la fin des travaux, coupez-les tout d'abord à 6 po de l'extérieur des cordes de guidage. Coupez-les avec une bêche plate et brisez les racines sous le gazon. Vous pourrez ensuite les rouler afin de les replanter ailleurs, dès que les fondations ou les travaux de drainage seront terminés. Creusez à une profondeur suffisante pour installer les fondations et les matériaux de base (couche de gravier).

1 *Pour enlever une section* de gazon, coupez tout d'abord la motte en ligne droite avec une bêche à extrémité plate.

2 *Glissez votre bêche* sous la motte pour y couper les racines en travaillant des deux côtés de la motte si possible.

3 *Enroulez les mottes de terres coupées* et assurez-vous qu'elles conservent leur humidité; entreposez-les dans un endroit à l'écart des lieux des travaux.

• niveau à bulle d'air • cordeau de maçon • ruban à mesurer ▶ piquets de 2 x 4 • planches de repère de 1 x 4 • clous ou vis

3 *Clouez ou vissez des planches de repère préalablement percées* aux piquets, en maintenant les planches en place avec des pinces étaux.

4 *Vérifiez l'horizontalité et la verticalité des planches de repère* avec un niveau et assurez-vous qu'elles forment un angle de 90° entre elles.

5 *Attachez les cordes de guidage* aux clous sur les planches de repère afin de déterminer les coins exacts et le périmètre entier des fondations.

Déterminer l'emplacement des coins

Pour établir un plan de fondation où les angles seront bien droits, employez la méthode de triangulation 3-4-5. À partir du coin A, tracez une droite horizontale de 3 pi, puis inscrivez l'emplacement du point B. En partant de nouveau du point A, tracez une droite de 4 pi, perpendiculaire à la première, et inscrivez l'emplacement du point C. Ajustez la droite AC afin que la nouvelle droite BC mesure exactement 5 pi. L'angle formé par le triangle BAC est exactement de 90°. Vous pourrez vérifier de nouveau la perpendicularité en mesurant les diagonales entre les côtés opposés. La différence de longueur ne doit pas excéder 1 po.

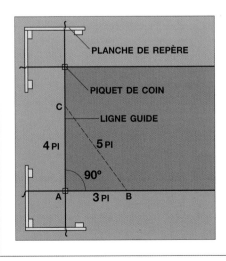

PLANCHE DE REPÈRE

PIQUET DE COIN

C — LIGNE GUIDE

4 PI   5 PI

90°

A   3 PI   B

Vérifier l'alignement et mesurer correctement

La précision dans les mesures constitue un des aspects essentiels de la réussite de tout projet d'aménagement. Il faut effectuer des mesures précises dès le tout début pour qu'il y ait le moins d'erreurs mineures possible, même si l'aménagement de fondations est très souvent approximatif et s'effectue sur une grande échelle.

Les entrepreneurs professionnels emploient généralement un niveau laser électronique sur trépied ou un niveau à lunette d'arpenteur de modèle ancien pour déterminer l'horizontalité d'un sol inégal. Le terrain avoisinant peut comporter un grand nombre de petites buttes et de fossés, mais la surface sous les fondations doit être parfaitement horizontale. Les appareils de mesure électroniques ont une précision d'une fraction de pouce.

Il faut également s'assurer que les murs de fondation soient droits. Une des meilleures façons consiste à employer un cordeau de maçon et des blocs de ligne. Placez deux blocs de même épaisseur à chacune des extrémités du mur et fixez-y un cordeau traceur pour qu'elle soit tendue à son maximum. Employez ensuite un troisième bloc de la même taille pour vérifier l'écart entre le cordeau et la structure (un parement de brique ou de béton). Vous pouvez également utiliser un niveau, surtout pour vérifier les rangées de murs de béton, de brique ou de pierre ; utilisez un niveau à bulle pour vérifier les angles dans les coins.

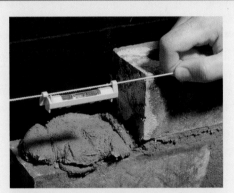

Employer un niveau de ligne est une façon de vous assurer que vos rangées de maçonnerie sont correctement alignées. La petite fiole à bulle se fixe au cordeau tendu.

Un niveau laser sur trépied établit le niveau au moyen d'un faisceau de lumière. L'appareil peut effectuer une rotation de 360° et ainsi vérifier le niveau de tous les endroits possibles.

Fondations

Coffrage : principes de base

Le béton frais liquide est versé dans un moule appelés coffrage, qui forme le béton et le maintient en place jusqu'à ce qu'il ait durci. Fabriqués généralement en bois ou (pour les murs) de panneaux de contreplaqué, les coffrages doivent être parfaitement horizontaux et verticaux, et assez solides pour résister au poids du béton exerçant une forte pression. Les coffrages pour les extrémités des dalles et des semelles de murs continus sont fabriqués généralement de planches de bois de formats 2 x 4, 2 x 6 ou 2 x 8, selon l'épaisseur de la dalle ou de la semelle.

Les planches de coffrage ne doivent pas contenir de trous, de fissures, de nœuds instables ou d'autres défauts de boiserie qui pourraient affaiblir ou entacher la surface du béton. Les planches sont posées aux extrémités et placées perpendiculairement au niveau de la fondation et renforcées à chaque 3 ou 4 pi par des piquets de bois enfoncés solidement dans le sol. Pour qu'un coffrage soit plus facile à enlever, utilisez des clous à deux têtes quand vous fixez les planches aux piquets. Lorsque deux planches se touchent, vissez un gousset en contreplaqué à l'extérieur de chaque joint.

Les coffrages sophistiqués pour les murs de périmètre sont soit construits sur les lieux soit constitués de panneaux préfabriqués loués.

Coffrages pour semelles continues

Pour prévenir les dommages causés par durant le gel, les murs de fondation doivent reposer sur des semelles en béton installées au-dessous du seuil de gel. La hauteur de la semelle doit correspondre à l'épaisseur du mur (ou un minimum de 8 po), tandis

que son épaisseur doit être deux fois plus grande que celle de la structure (ou un minimum de 16 po).

Si le sol sur lequel vous érigez vos fondations ou toute autre construction est suffisamment ferme pour servir de coffrage, alors vous pourrez creuser une tranchée dans le sol. Cependant, le béton pour les semelles de murs est généralement versé dans des coffrages en bois maintenus par des piquets de 1 x 4 enfoncés dans le sol et renforcés par des entretoises (de format 1 x 4) clouées sur les bords des planches à tous les 4 ou 6 pi. Une planche chanfreinée de format 2 x 4 suspendue entre deux entretoises, au centre du coffrage, forme une dépression ou une rainure, ce qui confère une solidité accrue pour un mur de béton coulé.

Coffrages pour murs de fondation

Installez les coffrages pour les murs du sous-sol lorsque le béton des semelles a complètement durci. Les coffrages sont généralement fabriqués de panneaux de contreplaqué lisses et sans nœuds, supportés par des montants de format 2 x 4, des pièces horizontales appelées raidisseurs et des contrevents. Les panneaux de contreplaqué sont reliés par des ligatures; on place des entretoises en bois à une distance fixe pour les maintenir en place.

Coffrages pour piliers

Les piliers de forme rectangulaire ou cylindrique peuvent supporter de nombreuses structures, telles que les terrasses et les maisons. Vous pouvez employer soit un simple coffrage de bois fabriqué sur les lieux soit un tube creux fait de panneaux de fibres préfabriqué. Le coffrage le plus simple consiste simplement en un trou dans le sol avec ou sans, en surélévation, un coffrage en forme de caisson.

Types de coffrage

Le coffrage pour un mur peut être fait simplement de montants reliés par des panneaux de contreplaqué. Des ligatures métalliques raccordent les murs d'appui les uns aux autres, tandis que des armatures de format 2 x 4 sont placées à intervalles fixes. Des pièces horizontales (ou raidisseurs) et des contrevents fournissent un support supplémentaire à ce type de coffrage. Vous pouvez également louer des coffrages en bois préfabriqués et réutilisables provenant de fournisseurs en coffrages pour le béton. Dans ce type de coffrage, les montants extérieurs et intérieurs sont reliés par des panneaux de contreplaqué.

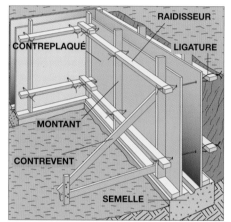

Le coffrage illustré ci-dessus est renforcé par des pièces horizontales appelées raidisseurs.

Installer des piliers sans coffrage

MATÉRIEL : ▶ bêche tarière • ruban à mesurer • pelle • brouette • niveau à bulle d'air • marteau ▶ béton • barres d'armature en acier • poteau • pied de poteau ou

1 *Employez une bêche tarière* pour creuser le trou destiné à recevoir le pilier. Les parois du trou serviront de coffrage.

2 *Mesurez soigneusement la profondeur du trou* pour vous assurer que la base du pilier reposera sur un sol au-dessous de la ligne de gel de votre région.

3 *Remplissez la cavité* avec la quantité nécessaire de béton frais, ainsi que des armatures d'acier. Le fond du trou doit être fait de sol stable.

Les coffrages en forme de caisson conçus pour des piliers rectangulaires sont faciles à assembler sur les lieux. Coupez quatre planches et assemblez-les pour former un coffrage dont les dimensions intérieures correspondront exactement à celles du pilier. Pour faciliter le démoulage lorsque le béton aura pris, appliquez une couche d'huile à moteur ou d'huile de décoffrage (un produit antiadhésif) sur les surfaces intérieures. Pour faciliter davantage le décoffrage, clouez une paire de poignées de format 2 x 4 au coffrage en surélévation. Ensuite, descendez le coffrage dans la cavité. Employez des ligatures pour suspendre un boulon d'ancrage au centre du pilier et coulez le béton frais.

Les coffrages tubulaires fixes ou sonotubes sont généralement fabriqués de fibres en spirale de haute qualité résistantes aux moisissures et revêtues d'adhésifs puissants. D'autres variétés de coffrages tubulaires fixes sont fabriquées avec de la fibre de verre moulée, des tuiles d'argile ou des tuyaux en béton. On trouve également des coffrages tubulaires en panneaux de fibres qu'on peut retirer après la prise du béton. Pour ériger un pilier en béton, descendez tout simplement le coffrage dans la cavité et fixez un boulon d'ancrage au centre du sonotube avec des ligatures, puis coulez le béton frais dans le coffrage tubulaire.

Le coffrage de surface possède la forme d'un caisson de petite taille, qu'on place au-dessus du trou et qui servira de coffrage pour un pilier en béton. Le coffrage de surface donne une finition lisse et bien propre à la portion du pilier en surélévation. Lorsque la cavité est creusée, on pose le coffrage au-dessus. Des poteaux temporaires enfoncés dans le sol et cloués au coffrage le maintiennent en place. Employez des ligatures métalliques pour fixer une cheville d'acier ou un boulon d'ancrage en plein milieu du coffrage. Versez le béton frais dans la cavité jusqu'au bord du coffrage de surface.

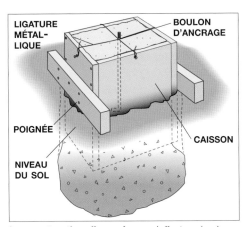

La construction d'un caisson s'effectue simplement sur les lieux mêmes. Des poignées installées au-dessus du niveau du sol facilitent le décoffrage.

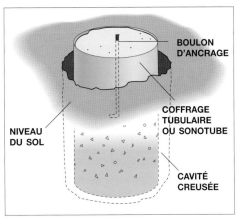

Les coffrages tubulaires ou sonotubes sont conçus pour rester dans la cavité; il ne reste qu'à les mettre en place, puis à couler le béton frais.

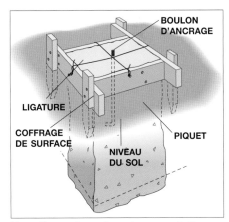

Un coffrage de surface donne une finition lisse et propre à la partie exposée d'un pilier sans coffrage.

goujon d'acier

4 *Lorsque le béton est assez ferme pour retenir des objets,* mais pas complètement pris, vous pourrez y insérer un pied de poteau métallique ou une ancre d'acier.

5 *Ajustez le pied de poteau* pour qu'il soit parallèle au niveau du sol, bien d'aplomb et correctement orienté afin de soutenir le poteau de structure qui sera installé plus tard.

6 *Installez le poteau de structure* en le clouant au pied de poteau dès que le béton aura complètement pris.

Fondations

Fabriquer un coffrage de mur

Le béton humide exerce une forte pression sur tous les coffrages, surtout les coffrages pour murs élevés. Un simple coffrage de panneaux de contreplaqué reliés à montants au moyen de ligatures peut faire l'affaire pour un mur de jardin de petite taille. Par contre, un mur de sous-sol ou un vide sanitaire nécessite un coffrage plus élaboré, comportant des contrevents qui renforcent la charpente.

Assembler le coffrage

Lorsque les semelles de béton sont complètement prises et que le décoffrage a été effectué, fabriquez une charpente de montants de format 2 x 4 en employant des clous 16d de 3 po et en espaçant les centres des montants de 16 po. Percez des trous dans les panneaux de contreplaqué afin d'installer des ligatures ou des tirants cassables. L'écartement des montants et des ligatures variera selon la taille du mur et la vitesse à laquelle le béton est coulé. Par exemple, les ligatures seront espacées de 16 po entre le milieu des montants et, horizontalement, de 2 pi et à 12 po des parties supérieure et inférieure du coffrage.

Clouez le contreplaqué aux poteaux en utilisant des clous 8d. Tracez au cordeau les contours du mur sur les semelles. Érigez d'abord les murs extérieurs, en clouant les panneaux adjacents aux montants. Immobilisez les panneaux en installant des contrevents rattachés à des piquets enfoncés dans le sol. Insérez les tirants cassables dans les trous déjà percés. Les extrémités extérieures des tirants se rattachent à des supports en U qui relient les raidisseurs horizontaux. Des raidisseurs juxtaposés cloués aux coins extérieurs consolident davantage le coffrage.

Lorsque les murs extérieurs sont érigés, assurez-vous qu'ils soient bien droits et alignés, et reliez les plaques de fondation du dessous aux semelles avec des clous de maçonnerie. Vaporisez les parois intérieures des panneaux de contreplaqué des murs extérieurs et intérieurs d'huile de décoffrage pour empêcher ceux-ci d'adhérer aux murs.

Érigez les murs intérieurs, en faisant passer les extrémités libres des tirants cassables (tiges métalliques) à travers les trous déjà percés du contreplaqué. Installez les raidisseurs de coffrage et les contrevents, et fixez-les solidement au coffrage. Clouez les plaques de fondation aux semelles.

Ouvertures

Une fois les coffrages assemblés, vous devrez ménager des ouvertures pour les tuyaux, les fils électriques, les câbles, les fenêtres et les portes après le coulage du béton. Une ouverture peut être faite d'un court tuyau de plastique. Vous aurez peut-être à creuser et à construire un coffrage pour une margelle autour d'une fenêtre de sous-sol.

Armatures et ancrages

Pour empêcher les fissures de se propager dans le mur achevé, installez des barres d'armature d'acier horizontales (n° 4) à 1 pied du sommet et de la base du mur, et à des intervalles variant selon la hauteur du mur. Les armatures seront reliées aux ligatures, celles-ci rattachées aux tiges métalliques connectant les murs de coffrage et reliées aux barres d'armature verticales ancrées dans les semelles.

Après avoir effectué le coulage du béton dans les coffrages et procédé au lissage et au nivellement, installez des boulons d'ancrage dans le béton à 1 pied des bordures de chaque mur et à 6 pi à partir du centre. Ces boulons seront employés pour fixer les lisses d'assise qui ancrent la charpente de bois.

Matériaux de coffrage

Les coffrages pour les murs de fondation en béton sont généralement construits avec les matériaux suivants :

◆ **Bois**
Les montants et les raidisseurs de coffrage (appuis horizontaux), les contrevents en diagonale et les piquets sont fabriqués de pièces de bois relativement légères, de format 2 x 4 qui ne se fendent pas lorsqu'on les cloue.

◆ **Contreplaqué**
Comme revêtement de coffrage, utilisez des panneaux de contreplaqué pour l'extérieur, lisses et imperméables, d'une épaisseur de 3/4 po. Pour empêcher le contreplaqué de coller au ciment encore humide, vaporisez-le d'huile à moteur ou à coffrage.

◆ **Attaches à coffrage**
Les ligatures métalliques relient les murs de coffrage, tandis que les entretoises de bois les maintiennent à une distance fixe. Les tirants cassables sont employés à ces deux fins. Ce sont des fils d'acier comportant une tête de boulon et un appui à chaque extrémité, se rattachant aux parois extérieures des murs de coffrage pour les relier. Deux cônes de plastique sur le fil exercent une pression contre les parois intérieures pour les maintenir à une distance fixe.

Fabriquer un coffrage de semelle

MATÉRIEL : ▶ perceuse électrique • cordeau de maçon • pelle • niveau de 4 pi • ruban à mesurer • marteau • petite masse ▶ béton • gravier • planches de coffrage de

1 *Placez les planches de repère* et le cordeau pour déterminer l'emplacement du creusage des fondations. Ici, les semelles seront situées presque au niveau du sol.

2 *Commencez à creuser* à l'intérieur du périmètre tracé par le cordeau. N'oubliez pas que les semelles doivent reposer sur un sol au-dessous de la ligne de gel.

3 *Enfoncez les piquets* qui serviront d'appui aux planches extérieures de coffrage. Vous pouvez les fabriquer avec des pièces de bois de format 2 x 4, taillées en biseau.

Ouvertures pour fourreaux de tuyauterie

Avant de couler le béton dans le coffrage pour les murs de fondation, vous devez installer des barrières ou des ouvertures en vue du passage des câbles électriques et des conduites de gaz et d'eau. La méthode la plus simple consiste à percer des trous dans le coffrage et à glisser un bout de tuyau CPV à travers l'ouverture. Vous pouvez insérer une section de tuyau plus longue qu'il le faut et la sectionner au ras de la surface de béton, une fois le décoffrage effectué et le béton durci. Le diamètre des tuyaux doit légèrement excéder celui des câbles, tuyaux ou conduites qui y passeront.

Employez une perceuse électrique ou une scie sauteuse pour percer des trous correspondant au diamètre du tuyau à faire passer à travers le coffrage.

Insérez un fourreau de tuyauterie en plastique à travers les ouvertures du coffrage afin de créer un accès pour les câbles et conduites des services publics.

Ouvertures pour portes et fenêtres

Les ouvertures pour les portes, les fenêtres et les évents de vide sanitaire doivent être effectuées dans le coffrage avant le coulage du béton. Ces coffrages comportent des ouvertures rudimentaires faites de caissons de contreplaqué cloués à la face intérieure du mur de coffrage. Si vous installez une fenêtre dans le sous-sol, vous devrez creuser un puits à l'extérieur et assembler un coffrage pour les parois du puits (tel qu'illustré à l'extrême droite). Il existe également des puits préfabriqués (margelle d'acier).

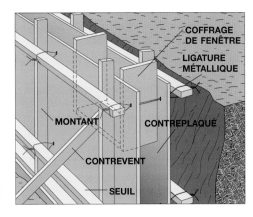

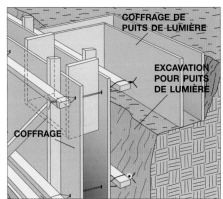

---

format 2 x 4 • planches de repère de format 2 x 4 • piquets de format 1 x 4 • clous à deux têtes • vis en acier galvanisé • goussets en contreplaqué

4 *Employez une pince étau pour fixer temporairement les planches aux piquets. Vérifiez l'horizontalité avec un niveau, ajustez les planches, puis clouez-les ou vissez-les en place.*

5 *Consolidez les joints d'about du coffrage en fixant, au moyen d'une perceuse, des goussets en contreplaqué sur la face extérieure du joint.*

6 *Installez des entretoises de format 1 x 2 qui vont raccorder les planches de coffrage afin que le poids du béton coulé ne le déforme pas.*

Fondations

Préparer le béton

Une fois les coffrages assemblés et les armatures installées, il est temps de préparer le mélange de béton. Pour des travaux de grande envergure, il est préférable de commander un béton pré-mélangé livré par camion. Par contre, si la quantité de béton prévue est moins d'une verge cube, vous pouvez acheter les ingrédients secs (gravier, sable et ciment) séparément et préparer le mélange vous-même en y ajoutant de l'eau, soit à la main soit à l'aide d'un malaxeur mécanique. Pour des travaux très mineurs, ancrer un pied de poteau ou effectuer des réparations, achetez un mélange de béton déjà préparé (en sac) et ajoutez-y de l'eau.

Ingrédients secs

Le béton est un mélange de ciment de Portland, de gravier, de pierre concassée (gros granulat), de sable (granulat fin) et d'eau. Facile à mélanger quand il est liquide, le béton durci constitue un des matériaux de construction les plus solides. La maniabilité et la solidité du béton varient selon la qualité des ingrédients, leurs proportions relatives et la manière dont ils ont été mélangés.

L'ingrédient essentiel du béton est le ciment de Portland : c'est un mélange réduit en une poudre fine. Lorsqu'il est mélangé avec de l'eau, le ciment devient une pâte ; en se combinant avec le sable et le gravier, il deviendra une matière de consistance rocheuse. Il existe cinq variétés de base de ciment de Portland destinées aux travaux de construction. Le ciment de Portland de type courant est le plus souvent employé pour les travaux de construction résidentielle.

Les variétés de ciment de Portland sont offertes en diverses couleurs, gris, blanc, chamois ou beige, et vendues en sacs de 66 livres (environ 30 kg). Des adjuvants sont incorporés au ciment afin de modifier ses propriétés habituelles. Des agents aérateurs, augmentent la résistance du béton au gel, aux intempéries et aux effets de l'accumulation de dépôts de sels. Les ciments de type courant – I, II et III – renferment de tels agents aérateurs ; ils sont identifiés par la lettre « A », suivant l'appellation qui désigne le type. Il existe d'autres adjuvants tels que des accélérateurs ou activants, qui accélèrent le processus de durcissement, et des retardateurs, qui le ralentissent. Les plastifiants améliorent la plasticité et la flexibilité du béton frais liquide, tandis que les pigments ajoutent de la couleur au ciment blanc.

Si le ciment entre en contact avec de l'eau durant l'entreposage, il va commencer à durcir. Entreposez toujours vos sacs de ciment sur des palettes en bois, au-dessus du sol, et recouvrez-les d'une toile imperméable.

Le second ingrédient en importance qui entre dans la composition du béton est un mélange de granulats fins et grossiers. Les gros granulats tels que le gravier ou la pierre concassée sont vendus au pied ou à la verge cube. Le mélange doit être composé de grains variant entre ¼ po et 1½ po. La taille des granulats ne doit pas dépasser le quart de l'épaisseur du béton durci.

Les granulats fins consistent en des grains de sable dont le diamètre est de moins de ¼ po. Le sable utilisé ne doit contenir aucun contaminant ou limon. N'employez jamais de sable de plage ou de maçonnerie pour la préparation du béton.

Le dernier ingrédient important est, bien sûr, l'eau, qui déclenche une réaction chimique aboutissant finalement au ciment complètement durci. L'eau employée dans la préparation du béton doit être propre et ne pas contenir de matières organiques, d'huile, d'acides ou d'autres impuretés.

Évaluer la quantité nécessaire

Une des premières choses à faire c'est d'évaluer la quantité nécessaire. Pour calculer le volume qu'occupe une semelle, un mur ou une dalle rectangulaire, multipliez la longueur par la largeur et par l'épaisseur (en pi ou en fractions de pied), puis divisez ce résultats par 27 pour obtenir le volume total en verges cubes, mesure qui sert de norme pour la vente de béton frais pré-mélangé. Pour obtenir le volume d'un cylindre, multipliez le carré du rayon (en pi) par le nombre pi (3,14), multipliez le résultat par la hauteur du cylindre et divisez par 27. Pour faciliter les mesures, convertissez les formes irrégulières en formes rectangulaires ou en portions de cercle, calculez le volume de chaque section et additionnez tous les résultats. Afin de prendre en considération les pertes et les irrégularités dans l'épaisseur du béton, ajoutez 5 % ou 10 % au volume total lorsque vous serez prêt à commander.

Consolider les semelles de béton

MATÉRIEL : ▶ pinces • scie à métaux • coupe-fils ▶ barres d'armature • ligatures • fil métallique • chaises de support de brique, de béton ou de fil métallique

Les barres d'armature en acier (ou armatures) sont employées pour consolider les structures de béton telles que les semelles et les fondations supportant de lourdes charges. Les armatures disponibles ont une longueur de 20 pi et un diamètre variant entre ¼ po et 1 po. Une semelle (pour une résidence) ayant une épaisseur de 16 po peut requérir deux barres d'armature d'un diamètre de ½ po, espacés de 8 po (au centre du coffrage (vérifier la réglementation locale pour en savoir davantage). Il est important de soulever légèrement les barres afin qu'elles reposent sur la surface du béton plutôt que sur le sol. Vous pouvez placer des briques ou des chaises de support sous les barres.

1 *Placez les armatures* à la bonne hauteur (au moins 1 ou 2 po au-dessus du sol), en glissant des briques ou de blocs comme appui.

2 *Attachez solidement les armatures* aux briques ou aux chaises avec des ligatures pour les empêcher de bouger lors du coulage du béton.

3 *Raccordez les armatures adjacentes* à au moins 12 po des coins pour assurer un support continu, et attachez-les avec des ligatures.

Proportions nécessaires

Pour fabriquer un béton solide et durable, il est essentiel de préparer le mélange approprié. Les proportions des ingrédients peuvent varier selon l'usage auquel il est destiné et les conditions météorologiques auxquelles il sera exposé. Les proportion d'eau et de ciment sont particulièrement importantes. Trop d'eau affaiblira le béton, pas assez le rendra impossible à préparer.

Le béton à usage résidentiel qu'on prépare sur les lieux comporte 1 partie de ciment pour 2 ½ parties de sable et 3 parties de gros granulat, et nécessite 5 gallons d'eau (environ 20 l) par sac de béton. Toutefois, il y a des exceptions à la règle : par exemple, il faut ajouter une plus grande quantité d'eau par temps très chaud et sec pour empêcher le mélange humide de sécher prématurément, ce qui pourrait également affaiblir le béton de façon significative.

En employant un béton frais pré-mélangé, vous n'aurez pas à vous soucier des proportions. Par contre, quand vous commandez du béton frais, il faut préciser le volume requis et l'usage que vous en ferez, son degré de résistance à la compression (capacité de soutenir les charges) après 28 jours, la quantité minimum de ciment dans le mélange, la taille maximale des granulats et les adjuvants nécessaires.

Si vous mélangez le béton vous-même, mesurez soigneusement les ingrédients secs sur une feuille de contreplaqué bien propre et incorporez vigoureusement les ingrédients avec une pelle rétro. Creusez un trou au milieu du tas d'ingrédients secs et versez-y de l'eau lentement, puis incorporez les ingrédients secs. Rajoutez de l'eau et mélangez jusqu'à ce le résultat soit assez ferme pour que des sillons tracés à la pelle conservent leur forme. Préparer son propre mélange consiste une activité épuisante. Conservez votre énergie en louant un malaxeur mécanique de petit format.

Tassement du sol

Un poteau de format 4 x 4 peut constituer un dameur manuel rudimentaire mais efficace pour compacter le sol, mais il faut du muscle pour obtenir de bons résultats.

Le béton est suffisamment lourd pour que, éventuellement, il parvienne à compacter les parties friables du sol sur lequel il repose. Un affaissement inégal du sol exerce des contraintes sur le béton qui peuvent entraîner l'apparition de fissures ou de craquèlements. La meilleure façon de prévenir ce problème consiste à ne pas toucher au terrain des fondations lorsque vous creusez une rigole. Vous pouvez enlever les mottes de gazon et la couche de terre arable, mais il faut que le terrain sur lequel la semelle repose soit laissé tel quel afin de conserver sa solidité. Comme ce n'est pas toujours possible, le terrain des fondations (dont une partie a été retirée ou remplacée) doit être compacté vigoureusement au moyen d'un dameur manuel ou d'un vibrocompacteur.

Louez un vibrocompacteur pour les travaux de grande envergure ou pour éviter d'avoir à tasser le sol manuellement pour des travaux mineurs.

Consolider les dalles

MATÉRIEL : ▶ coupe-fil • pinces ▶ treillis métallique • briques, blocs de béton ou chaises de support de grillage métallique • ligatures métalliques

Le treillis d'armature, fabriqué de fils métalliques soudés ou tissés pour former un grillage carré, est utilisé principalement pour réduire au minimum les fissures qui pourraient apparaître dans les dalles de béton. Comme les barres d'armature, il faut installer le grillage métallique au-dessus du sol afin qu'il repose sur la surface de la dalle plutôt que sur le sol. Vous pouvez utiliser des supports spéciaux (chaises) ou des morceaux de brique, de béton ou de pierre. Si vous devez consolider une dalle de forme irrégulière, superposez au moins 6 po de sections de treillis métallique et rattachez-les avec des ligatures. Tel que mentionné pour les barres d'armature, il faut vérifier la réglementation locale en vigueur pour l'installation de treillis métalliques.

1 *Les treillis métalliques soudés ou tissés sont disponibles en rouleaux ou en feuilles. Il sera nécessaire de bien aplatir les grillages à l'intérieur du coffrage.*

2 *Coupez le treillis d'armature à 2 po de l'intérieur du périmètre du coffrage.*

3 *Utilisez des morceaux de brique ou de béton,* ou encore des étriers métalliques, pour soutenir le grillage à la hauteur réglementaire.

Fondations

Manipuler le béton

Que vous prépariez votre mélange vous-même ou que vous commandiez du béton frais à livrer par camion, il faut vous rappeler l'importance de travailler rapidement lorsque vous coulez le béton dans un coffrage. Ayez à votre disposition tout l'équipement et la main-d'œuvre nécessaire. Assurez-vous que le béton commandé est bien frais ou, si vous le préparez vous-même, faites-le le plus proche possible du lieu de coulage.

Si vous devez transporter le béton vers le coffrage au moyen d'une brouette, posez des planches de bois de format 2 x 12 sur votre pelouse pour éviter que les traces de roue l'endommagent. Construisez une rampe d'accès de façon à ne pas avoir à toucher au coffrage. Avant de couler le béton frais dans le coffrage, arrosez celui-ci d'eau, ainsi que le terrain et le gravier de fondation, afin qu'ils n'aspirent pas l'eau du mélange de béton. C'est particulièrement important, surtout lors de journées très chaudes.

Étendre le béton

Versez tout d'abord le béton frais dans le coin le plus éloigné du coffrage, en l'étendant en couches dépassant légèrement la hauteur du coffrage. Déversez les chargements de béton par couches successives sur les chargements précédents, en étalant le béton de manière uniforme au moyen d'une pelle ou d'une bineuse (pelle rétro). Si le coffrage est muni d'un treillis métallique, soulevez-le régulièrement avec un marteau de charpentier afin que le grillage demeure au milieu de la dalle.

Pendant le coulage, veillez à crever les bulles d'air dans le béton en y enfonçant une pelle ou une bineuse. Employez une truelle pour remplir les coins d'angle et tassez le béton frais vers les extrémités du coffrage. Ne manipulez pas trop le béton frais, car l'eau pourrait se séparer du mélange et monter à la surface, affaiblissant celle-ci. Pour tasser davantage le béton, frappez le côté extérieur des planches de coffrage avec un marteau.

Aplanir la surface

Une fois le coffrage complètement recouvert de béton frais et bien tassé, employez une règle à araser, soit une latte de bois de format 2 x 4 dont la longueur excède légèrement la largeur du coffrage, pour égaliser et compacter le béton. Traînez la règle sur la partie supérieure du coffrage en la déplaçant sur les côtés dans un mouvement en dents de scie. Assurez-vous que les deux extrémités de la latte de bois touchent à la partie supérieure du coffrage afin de pousser les granulats vers l'intérieur du béton frais. Avec une truelle, remplissez les trous de béton frais et aplanissez avec la règle à araser.

Une fois l'aplanissement terminé, employez un aplanissoir (pour les gros travaux) ou une règle de plafonneur (pour les travaux mineurs) pour lisser la surface du béton et pousser davantage les gros granulats restants vers l'intérieur. Déplacez l'aplanissoir sur la surface en décrivant des mouvements en dents de scie et soulevez légèrement son extré-

---

Couler le béton

MATÉRIEL : ▶ pelle de maçon • brouette • pelle • truelle • règle à araser de format 2 x 4 ▶ contreplaqué • béton • boulons d'ancrage

1 *Préparez seulement la quantité nécessaire de béton* à couler dans le coffrage pour une durée de 45 minutes. Le béton risque d'être trop difficile à manier si on dépasse ce délai.

2 *Transportez le béton frais* vers le coffrage au moyen d'une brouette, d'un seau ou de tout autre récipient, et étendez-le sur place.

3 *Remplissez le coffrage à ras bord* en tassant le béton au fur et à mesure pour éliminer les creux et les bulles d'air.

4 *Pour que les bords du coffrage soient lisses,* remplissez les coins avec une truelle. Égalisez le bord intérieur du coffrage sur tout son périmètre.

5 *Employez une règle à araser de format 2 x 4* d'une longueur dépassant légèrement celle de la largeur du coffrage.

6 *Insérez des boulons d'ancrage en acier* dans la surface nivelée à 4 pi du centre et à un maximum de 12 po du bord intérieur de chaque coin d'angle ou ouverture.

---

mité saillante pour éviter de creuser la surface. Déplacez la règle de plafonneur en décrivant des arcs sur toute la surface.

L'aplanissement ou talochage du béton frais a pour effet de faire monter l'eau à la surface. Lorsque la surface apparaît lustrée en raison de l'eau qui y a affleuré, il faut laisser le béton tel quel jusqu'à la disparition du miroitement; le délai varie selon la température, le vent, l'humidité et le type de béton employé. Si vous effectuez la finition d'une surface encore miroitante, vous risquez de l'affaiblir.

Finition et prise

Aussitôt que l'aspect lustré a disparu, il est temps d'effectuer la finition. Il faut d'abord vous assurer que les bordures soient lisses, arrondies et résistantes aux fissures en employant un fer à bordures et en le déplaçant sur tout le périmètre. La dernière opération de finition est effectuée au moyen d'une spatule à main. Pour une texture rugueuse, employez un bouclier (spatule de bois); si le béton est aéré, utilisez plutôt une spatule en magnésium. En tenant la spatule presque parallèle à la surface du béton, déplacez-la en effectuant des arcs et soulevez légèrement son extrémité saillante afin d'éviter de creuser la surface. Pour une texture plus lisse encore, passez une truelle en acier sur la surface nivelée. Retouchez les bords avec un fer à bordures lorsque vous avez terminé l'aplanissement, puis de nouveau après avoir passé la truelle.

Pour que le béton prenne et durcisse correctement, il faut le maintenir humide, à une température de plus de 50 °F (10 °C), pendant environ cinq jours après la finition. Le niveau d'humidité et la durée du processus de durcissement varient selon la température et l'humidité ambiante. Pour que le béton soit suffisamment humide afin de durcir adéquatement, vous disposez de deux options: soit l'imbiber régulièrement d'eau fraîche, soit prévenir l'évaporation de l'eau en recouvrant la surface de feuilles de plastique ou en appliquant un produit de cure. Par temps froid, protégez le béton avec de la paille recouverte de feuilles de plastique.

Décoffrage

Une journée après le début du processus de séchage, effectuez le décoffrage délicatement de façon à réduire au minimum le risque d'endommager le béton. Comme celui-ci nécessite un mois de séchage pour durcir complètement, il ne faut pas frapper ou ciseler sa surface. Retirez tout fil ou clou apparaissant sur la surface du béton ou coupez-les au ras le bord si vous ne pouvez les enlever. Enlevez l'excédent de béton et lavez le coffrage en bois, puis étendez-le au soleil pour qu'il puisse sécher. Enlevez les extrémités des tiges métalliques faisant saillie dans le béton et remplissez les espaces creux.

Boulons d'ancrage

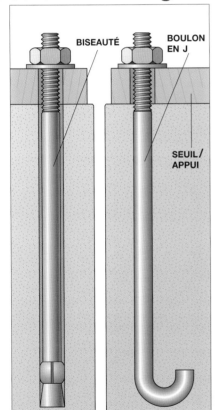

BISEAUTÉ   BOULON EN J

SEUIL / APPUI

Pour fixer les seuils/appuis, encastrez des boulons d'ancrage d'un diamètre de ⅝ po et d'une longueur de 18 po dans les murs de fondation. Installez les boulons après l'aplanissement et avant la prise du béton. Placez les boulons à tous les 4 pi et à 1 pi de chaque coin.

Cure de béton

MATÉRIEL: ▶ tuyau d'arrosage • rouleau de peinture (facultatif)
▶ feuilles de plastique • briques • produit de cure (facultatif)

Il y a plusieurs façons de maintenir l'humidité du béton durant le processus de durcissement. Avec un tuyau d'arrosage, mouillez le béton et recouvrez-le de grandes feuilles de plastique ou de tissu imperméable pour prévenir l'évaporation (placez des briques au pourtour des feuilles pour les maintenir en place). Un autre moyen consiste à appliquer un produit de cure à la surface du béton. Vous pouvez également recouvrir le béton de toiles de coutil ou de jute imbibées d'eau et les maintenir humides durant tout le processus de séchage. Enfin, vous pouvez tout simplement humidifier le béton en l'arrosant de temps en temps avec un arrosoir de jardin ou un tuyau d'arrosage perforé.

1 *Vaporisez légèrement et complètement la surface* du béton à l'aide d'un tuyau d'arrosage.

2 *Une solution pour empêcher l'évaporation de l'eau* consiste à appliquer un produit de cure avec un rouleau de peinture.

3 *Une autre solution pour prévenir le durcissement prématuré du béton* consiste à recouvrir la dalle de feuilles de plastique.

Fondations

Murs de maçonnerie

Contrairement aux murs en béton, lequel est coulé dans des coffrages, les murs de maçonnerie sont assemblés à partir d'unités individuelles – briques d'argile, blocs de béton, blocs de verre ou pierres – généralement maintenues en place par du mortier et souvent consolidées par des barres d'armature en acier. Les structures de maçonnerie ont pour avantages de n'exiger aucun coffrage au moment de leur construction et d'être composées d'unités, surtout les briques, relativement légères et faciles à manipuler. L'inconvénient principal réside dans la solidité : même un mur en blocs de béton consolidé avec une armature d'acier ne sera jamais aussi solide qu'un mur en béton coulé comportant une armature d'acier.

Comme les murs en béton coulé, les structures de maçonnerie doivent reposer sur des semelles consolidées, installées au-dessous de la ligne de gel (pour en savoir plus sur les dimensions des semelles, voir à la page 66 la section «Coffrage pour semelles continues»). En plus de se trouver renforcés par des armatures d'acier verticales et horizontales, les murs en brique et en blocs de béton peuvent nécessiter des joints de dilatation (murs en brique) ou des joints de rupture (murs en blocs de béton) qui préviendront le craquelage et les fissures causées par la contraction et la dilatation normale des unités de maçonnerie. Avant d'ériger une structure de maçonnerie, consultez toujours votre service local d'urbanisme au préalable pour connaître la réglementation en vigueur en matière d'installation de semelles et d'armatures métalliques, et d'autres exigences en matière de construction.

Brique

Matériau de construction utilisé depuis des milliers d'années, les briques sont fabriquées d'argile cuite. Elles sont offertes en une grande variété de tailles, de formes, de couleurs et de textures. Solides, décoratives et polyvalentes, les briques sont employées pour divers usages, qui vont des murs de maçonnerie aux allées, en passant par les revêtements de foyer.

Les murs en brique peuvent être des murs porteurs d'une grande solidité, des parois décoratives isolées (dans le jardin), des murs creux et des murs à parement appliqué. Les murs porteurs et les parois décoratives possèdent, règle générale, deux parois (épaisseur de deux briques). La section verticale continue d'un mur constitue une paroi. Pour ce type de mur, les parois sont maintenues en place avec du mortier et reliées par des ligatures métalliques ou des rangées alternantes de boutisses (celles-ci sont des briques placées perpendiculairement à la longueur du mur qui chevauchent les deux parois, constituant ainsi un assemblage de liaisonnement). Un mur creux consiste en deux parois de briques, ou en une paroi de fond en béton et une autre, frontale, en briques, séparées par un espace vide d'une épaisseur variant de 2 à 4 1/2 po et rattachées par des ligatures métalliques à surface ondulée. Le mur à parement appliqué ne possède qu'une seule paroi et est non-porteur ; il est éloigne du mur intérieur par un espace vide d'une épaisseur de 1 po et rattaché à ce dernier par des ligatures métalliques.

Blocs de béton

Abordables et polyvalents, les blocs de béton sont offerts en une panoplie de formes et de types convenant à divers usages : fondations, murs intérieurs et extérieurs, murs de soutènement et parois décoratives pour le jardin. Un bloc de béton creux standard consiste en une coquille extérieure pourvue d'une partie creuse de deux en trois cellules divisées par des parois verticales ou cloisons. On peut insérer dans les cellules du matériel isolant ou y injecter du mortier (ou du ciment) et installer une armature. Les bords (extrémités) possèdent des brides pour recevoir le mortier, ou lisses pour les coins (angles) ou les extrémités d'un mur.

Mortier

Le mortier qui relie les briques ou les blocs de béton consiste en un mélange de ciment de Portland, de chaux hydratée, de sable et de suffisamment d'eau pour présenter une consistance lisse et maniable. Le mélange des ingrédients est semblable à celui du béton frais. On applique le mortier sur les briques ou les blocs avec une truelle. Bourrer la truelle de mortier, appliquer un revêtement de mortier sur une rangée de briques, appliquer le mortier aux extrémités d'une brique ou d'un bloc de béton avant de le poser et effectuer la finition de joints de mortier avec un fer à rainures constituent des techniques qui s'améliorent avec l'entraînement.

Fondations en blocs de béton

Les murs de fondation en blocs de béton sont construits sans coffrage sur des semelles renforcées d'armatures d'acier. Les blocs sont installés en panneresse, appareillage dans lequel chaque rangée de blocs est décalée d'un demi-bloc pour que chaque joint vertical soit situé vis-à-vis du centre du bloc au-dessous. Les murs sont consolidés par des barres d'armature verticales partant des semelles et passant à travers la partie creuse des blocs; elles sont maintenues en place avec un coulis de ciment. Une armature métallique horizontale en treillis est installée dans le mortier au-dessous de chaque rangée. Des boulons d'ancrage et, si nécessaire, des barres d'armature horizontales sont jointoyées à la dernière rangée.

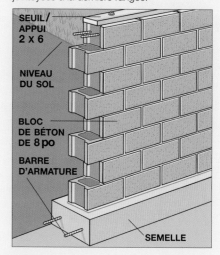

SEUIL/ APPUI 2 x 6

NIVEAU DU SOL

BLOC DE BÉTON DE 8 po

BARRE D'ARMATURE

SEMELLE

Consolider les blocs

MATÉRIEL : ▶ truelle • gants de travail ▶ barre

1 *Les vides s'aligneront* même si les blocs sont décalés si vous laissez un espace vertical suffisant pour installer une barre d'armature. Les vides comportant des armatures devront être consolidés avec un coulis de ciment.

Briques de parement en brique

MATÉRIEL : ▶ truelle de maçon • marteau • cordeau de maçon • niveau • mèche à maçonnerie • gants de travail
▶ briques • mortier • bandes de recouvrement • ligatures métalliques • clous en acier galvanisé

Le mur de parement en brique est érigé à 1 po du revêtement de la maison, reposant soit sur des semelles soit sur des cornières d'acier verrouillées aux fondations. Il est rattaché au mur intérieur au moyen de ligatures clouées à la charpente de l'immeuble et installées entre les rangées tous les 16 po verticalement et tous les 32 po horizontalement. Les bandes de recouvrement posées sur la première rangée au-dessus du niveau du sol conduisent l'eau derrière le mur vers des chantepleures, c'est-à-dire des ouvertures ménagées à la deuxième rangée au-dessus du sol.

1 *Posez la première rangée de briques au-dessus du niveau du sol* de manière à laisser un espace de 1 po entre le mur de parement et la paroi extérieure de la résidence.

2 *Les bandes de recouvrement installées* sur la première rangée et les chantepleures ménagées sur la deuxième permettront l'écoulement de l'eau provenant de l'arrière du mur.

3 *Posez des ligatures ondulées et clouez-les* à la charpente afin que les extrémités libres se retrouvent entre les joints de mortier, et non au-dessous.

4 *Appliquez soigneusement une couche de mortier* entre les rangées afin de bien recouvrir la partie libre des ligatures métalliques.

5 *Vérifiez l'alignement vertical et horizontal des briques,* tout en érigeant votre rangée. Employez le bout du manche de la truelle pour tapoter sur la brique et ajustez-la correctement en place.

d'armature • coulis de ciment • treillis d'armature

2 *Les barres d'armature verticales* (installées tous les 4 pi au centre du mur de fondation) doivent s'étendre de la semelle jusqu'à la dernière rangée.

3 *Étendez une couche de mortier* sur toute les arêtes de la surface d'un bloc pour consolider davantage les joints horizontaux.

4 *Encastrez des armatures horizontales en treillis métallique* dans la couche de mortier toutes les deux rangées et aux deux rangées supérieures.

Fondations

Drainer l'emplacement

Si l'écoulement des eaux pluviales n'est pas dirigé en direction opposée à l'immeuble, l'excédent d'eau peut entraîner une détérioration des fondations. La pression hydrostatique s'exerçant sur les murs et l'érosion du sol sous les semelles peut causer l'apparition de fissures importantes, ainsi qu'un tassement inégal du terrain. L'eau peut également s'écouler à travers les fissures dans un mur de fondation ou suinter à travers les murs et les planchers du sous-sol, ce qui favorise l'apparition de moisissures et d'humidité.

Maintenir un mur de fondation propre et sec nécessite un système de drainage comportant plusieurs éléments. Les drains de semelles recueillent l'excédent d'eau souterraine et l'évacuent à la base de la structure. Les gouttières et les tuyaux de descente recueillent l'eau de pluie de la toiture, généralement au moyen de conduites de surface qui éloignent l'eau de la maison. Une caractéristique essentielle du système de drainage est la pente au niveau du sol, dont l'inclinaison devrait être d'un minimum de 1 po au pied sur une distance d'environ 6 pi, ce qui permet d'éloigner l'eau des fondations.

Règle générale, l'eau circulant dans les tuyaux et les drains se retrouve dans les égouts pluviaux ou les puits secs, principalement de grandes cavités dans le sol remplies de pierres concassées et de gravier. Des toiles de jute ou d'autres matériaux filtrants sont placées au-dessus du gravier et recouvertes de terre. Les eaux souterraines et les eaux de surface qui se dirigeraient vers les fondations se retrouvent plutôt dans le puits sec très poreux et s'infiltrent lentement dans le terrain entourant les fondations (voir «Construction d'un puits d'égouttements» à la page 569).

Drainage des fondations

Un système de drainage des fondations consiste en un tuyau de drainage perforé ayant un diamètre de 4 po, placé autour des fondations et installé soit au-dessus des semelles soit à côté. Les tuyaux de drainage se raccordent à des conduites pluviales qui renvoient l'eau à un endroit éloigné de la pente, vers un égout pluvial ou un puits sec.

Les drains de semelles sont encastrés dans le gravier, les perforations étant placées vers le bas pour que l'eau puisse s'écouler à travers le tuyau et se diriger vers le puits. Une toile filtrante recouvre le gravier afin d'empêcher les particules fines de boucher le drain. Un remblai de gravier (aménagé autour des fondations jusqu'à 1 pi au-dessous du niveau du sol), un tapis de drainage ou des panneaux conduisent l'eau jusqu'aux drains de fondation. L'eau peut ainsi être orientée en direction opposée des fondations avant de s'accumuler et de suinter à travers les fissures de celles-ci.

Écoulement de l'eau du toit

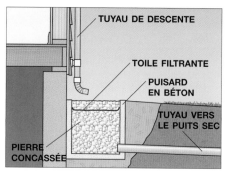

TUYAU DE DESCENTE
COUVERTURE D'ARGILE
INCLINAISON DE ½ PO AU PIED
BLOC PARAPLUIE

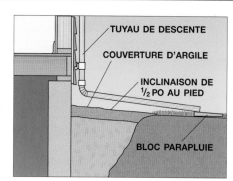

TUYAU DE DESCENTE
TOILE FILTRANTE
PUISARD EN BÉTON
TUYAU VERS LE PUITS SEC
PIERRE CONCASSÉE

Le toit de votre résidence peut résister à de fortes pluies, tandis que les gouttières et les tuyaux de descente peuvent acheminer l'eau correctement vers le sol. Mais dans un grand nombre de maisons, le drainage contrôlé s'arrête là. Les descentes pluviales dirigent l'eau vers les fondations; l'eau s'infiltre par les fissures du sous-sol ou gruge lentement les joints de mortier pour éventuellement endommager les semelles des fondations. Il existe plusieurs façons de corriger ces situations problématiques. Une solution consiste à aménager un nouveau remblai autour des fondations afin de créer une pente qui éloignera l'eau de l'immeuble. Une pente douce de quelques pi fera bien l'affaire. Vous pouvez aussi éloigner l'eau de la maison en rallongeant le tuyau de descente. Installer un bloc parapluie sous le tuyau constitue une autre possibilité. Si ces solutions sont inadéquates, alors dirigez l'eau vers un tuyau de drainage enfoui dans le sol ou vers un puits sec.

Drains de surface

MATÉRIEL : ▶ scie circulaire munie d'une lame à maçonnerie • ciseau à froid • scie à métaux
▶ tuyau • drain de surface • collier de tuyau

Les drains de fondation installés au-dessous du sol recueillent l'eau souterraine. Par contre, plusieurs murs de fondation sont entourés de trottoirs en béton, qui nécessitent également un drainage. Pour que l'eau pluviale puisse s'écarter des fondations, formez des canalisations sur la surface du béton et installez-y des drains de surface préfabriqués et segmentés. L'eau passe à travers une grille et circule dans une conduite pour se diriger vers un puits sec ou un bassin éloigné du domicile.

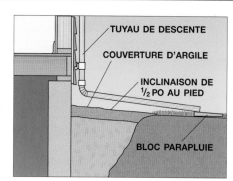

1 *Installez des drains de surface préfabriqués* dans les canalisations des allées et patios qui jouxtent les fondations.

2 *Les fentes dans la grille supérieure du drain* filtrent l'eau qui se dirige vers les fondations; celle-ci est ensuite acheminée dans un tuyau intégré au réseau de drainage.

3 *Raccordez un collier de tuyau à l'extrémité du drain préfabriqué* pour que l'eau poursuive sa course à travers un tuyau de drainage normal.

Drains de surface

Un système de drainage de surface peut être constitué d'un tuyau non perforé en plastique (raccordé à une descente pluviale et à des avaloirs de sol), de feuilles perforées en polystyrène sous une couche de pierre concassée ou de pavés qui dévient la trajectoire de l'eau pour l'éloigner des fondations.

Pour empêcher l'obstruction des tuyaux de drainage perforés, recouvrez-les d'une gaine de toile filtrante qui laisse passer l'eau et recueille les débris et saletés.

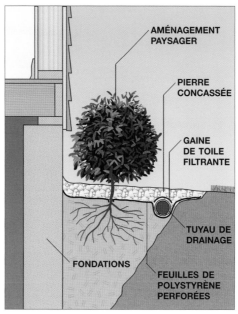

Une couche de pierre concassée et des feuilles de polystyrène perforées acheminent l'excédent d'eau vers des tuyaux souterrains.

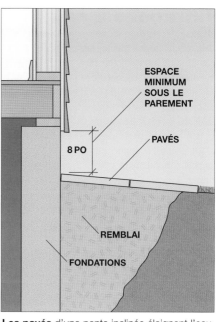

Les pavés d'une pente inclinée éloignent l'eau des fondations, réduisant ainsi au minimum la quantité d'eau qui pourrait s'y trouver.

Drains de semelle

On installe des drains de semelle en divers endroits, selon le type de conduite employée et les exigences de drainage. Les tuyaux en plastique flexibles sont généralement installés sur la partie supérieure des semelles. Des sections de tuyau rigide (ci-dessous) sont placées à côté des semelles. Pour éloigner l'eau souterraine des fondations, l'inclinaison des drains de semelle doit être d'au moins 1/8 po au pied.

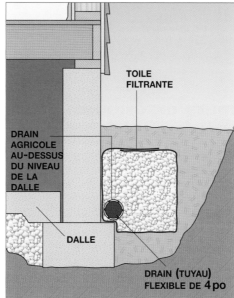

Les tuyaux de drainage flexibles sont généralement installés sur la partie supérieure des semelles pour les empêcher de s'enfoncer, alors que le sol au-dessous du drain se tasse et se déplace.

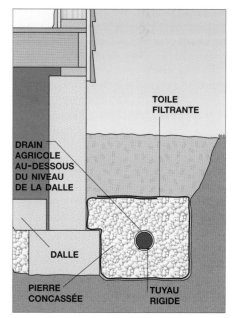

Les tuyaux de drainage rigides sont encastrés dans de la pierre concassée à côté des semelles et au-dessous du niveau de la dalle de plancher.

Fondations

Prévenir les infiltrations d'eau

Un drainage insuffisant du terrain avoisinant votre résidence peut causer une augmentation de l'humidité dans votre sous-sol (ou pire, un affaissement des fondations). L'excédent d'eau s'écoule à travers les fissures, dans les murs de fondation ou les dalles de béton. L'eau peut ruisseler à travers la surface poreuse de la maçonnerie ou de la structure de béton. Un autre facteur, causant de l'humidité dans votre sous-sol est la condensation.

On peut généralement repérer la provenance des fissures et des crevasses à l'œil nu, et les réparer en les bouchant avec du ciment hydraulique ou de la résine époxy (voir la section « Boucher les cavités et les joints » à la page 80). Pour savoir si l'humidité dans votre sous-sol est causée par le suintement ou par la condensation de vapeur d'eau, effectuez le test ci-contre.

Les problèmes de condensation peuvent être résolus en améliorant la ventilation et en utilisant un climatiseur ou un déshumidificateur. Il en va autrement du suintement. Si celui-ci se produit lors de fortes pluies, une solution très simple consiste à rallonger une descente pluviale pour que l'écoulement d'eau puisse s'effectuer plus loin. Ou à faire un nouveau remblai pour accentuer la pente qui éloigne l'eau. Les ruissellements mineurs peuvent être réparés de l'intérieur, en appliquant sur la façade intérieure des fondations du scellant pour maçonnerie, c'est-à-dire un produit à base de ciment ou de goudron, ou encore une pâte imperméable à base de silicone. Le dernier recours (particulièrement coûteux) consiste à refaire les travaux de terrassement en creusant jusqu'aux semelles pour installer des drains sur le pourtour et appliquer un scellant imperméable.

Identifier la cause de l'écoulement : test

MATÉRIEL : ▶ sèche-cheveux ou pistolet thermique ▶ feuilles d'aluminium • ruban isolant

Il est généralement facile de trouver la cause de l'écoulement de l'eau quand il s'agit d'une fissure. Par contre, les murs du sous-sol peuvent devenir très humides et même trempés en raison de la condensation de l'eau sur la maçonnerie, surtout en été. Il peut s'agir d'une infiltration nécessitant des réparations aux joints et des travaux de remblai et de drainage à l'extérieur, ou d'un problème d'humidité facile à régler en employant un déshumidificateur. Pour savoir laquelle de ces deux causes est la plus probable, effectuez ce test fort simple vous-même avec une feuille d'aluminium et du ruban isolant.

1 *Asséchez une partie humide du mur* à l'aide d'un sèche-cheveux et collez une feuille d'aluminium sur la surface avec du ruban isolant.

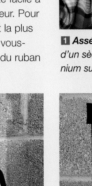

2 *Vérifier l'humidité* après 48 heures. Si la surface de la feuille d'aluminium est humide alors que le mur derrière est sec, il s'agit d'un problème de condensation.

3 *Si la surface de la feuille est restée sèche* alors que le mur derrière est humide, il s'agit d'un problème d'infiltration.

Imperméabilisation des murs extérieurs

MATÉRIEL : ▶ balai ou brosse métallique • perceuse électrique • pistolet de calfeutrage • gants de travail ▶ ciment à raccommoder • papier feutre et goudron chaud ou

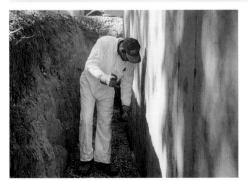

1 *Les fondations doivent être imperméables* au-dessous du niveau du sol. L'entrepreneur commence le travail en enlevant tout détritus et poussière des joints de semelle.

2 *L'étape suivante (dans cet exemple)* consiste à boucher les crevasses et les cavités sur la surface du béton résultant de l'installation des ligatures métalliques qui maintenaient les coffrages en place durant le coulage.

3 *L'imperméabilisation la plus simple à effectuer* consiste à enduire la surface d'une couche de goudron chaud. Mais ce n'est que la première étape dans certains procédés.

Imperméabiliser les fondations

Pour éloigner l'eau de votre sous-sol, il faut que vos fondations aient une capacité de drainage adéquate et que leurs murs extérieurs soient correctement protégés de l'humidité. Cette couche de protection doit être appliquée lors de l'aménagement des fondations. Imperméabiliser des murs de fondation ultérieurement est une tâche difficile et coûteuse qui devrait être laissée aux mains d'entrepreneurs professionnels.

Il y a deux sortes de protections contre l'humidité. Des barrières étanches empêchent le suintement de l'eau à travers les murs, mais laissent passer l'eau sous pression. L'installation de barrières d'imperméabilisation plus coûteuses peut prévenir l'infiltration de l'eau sous pression à travers les fondations. Par ailleurs, une simple barrière d'étanchéité peut convenir pour les vides sanitaires et les sous-sols entiers dans un terrain bien drainé, pourvu que ces sous-sols ne servent pas de lieu d'habitation. L'imperméabilisation est recommandée pour tous les sous-sols finis.

Pour réaliser une barrière étanche, il faut appliquer une ou deux couches d'émulsions de bitume aux parois extérieures des fondations avec un rouleau de peinture ou un pinceau. Les professionnels ont parfois recours à des procédés qui incluent l'emploi de bitume laminé (application de couches froides et chaudes d'émulsions de bitume entre des panneaux de fibre de verre ou de coton enduit de bitume) ou l'application liquide d'élastomères et de membranes d'asphalte autocollantes. L'application de produits imperméables doit s'effectuer sur une surface propre et l'enduit doit être protégé du remblai en par des feutres bitumés ou des tapis de drainage et d'isolation.

Poser des drains dans le sous-sol

MATÉRIEL : ▶ scie circulaire avec lames à maçonnerie • truelle • marteau perforateur • gants
▶ tuyaux de drainage • gravier • béton

Si un sous-sol est souvent inondé et l'imperméabilisation des parois extérieures n'est pas envisageable, la seule solution consiste à installer un système de drainage comportant des tranchées intérieures. Il y a plusieurs façons de poser des drains. Une d'entre elles consiste à établir une voie d'accès au bord du périmètre de la dalle de béton en creusant un trou d'une longueur de 12 po ou davantage, et de poser des tuyaux de drainage raccordés à une fosse ou à puisard installé au-dessous du plancher du sous-sol, qui recueillira l'eau et la redirigera à l'extérieur du domicile au moyen d'une pompe de puisard munie d'un tuyau.

1 Pour fabriquer un canal bien droit, sectionnez la surface en suivant le trait de coupe de la tranchée avec une scie circulaire munie d'une lame à maçonnerie.

2 Percez une série de trous sur les traits de coupe afin de faciliter la rupture de la surface au-dessous de laquelle la voie d'accès sera aménagée.

3 Insérez les tuyaux de drainage dans la voie d'accès en les posant sur une couche de gravier. Vous pouvez également recouvrir les drains de gravier.

---

asphalte bitumineux • calfeutrage imperméable à l'eau • tapis drainant (facultatif)

4 Une planche couvrante assure une isolation adéquate, ce qui améliore le niveau de confort du sous-sol ; elle protège également le revêtement des murs.

5 Appliquez un cordon épais de calfeutrage imperméable sur la partie supérieure de la planche couvrante, qui se trouve au-dessus du niveau du sol.

6 Les fondations sont prêtes pour le remblayage. Certains procédés d'imperméabilisation incluent des tapis de drainage en plus du bitume et de la mousse.

Fondations

Réparations du sous-sol

Pour empêcher les problèmes mineurs d'humidité dans le sous-sol de devenir majeurs, inspectez régulièrement les murs et les planchers pour déceler la présence de suintement ou de fissures, surtout après de fortes pluies ou le dégel printanier. En plus de vérifier les murs, examinez les joints de mortier pour voir s'il y a de l'humidité.

Bouchez les fissures et les cavités, mais n'oubliez pas qu'on ne règle qu'une partie du problème en colmatant une fissure et non la cause sous-jacente. Une grande quantité d'eau dans un sous-sol indique un drainage inadéquat des eaux souterraines et des eaux de surface, problème qu'on devra régler tôt ou tard. Vérifiez s'il n'y aurait pas des interstices ou des ouvertures autour des fenêtres, des portes et des systèmes de ventilation (celui d'une sécheuse, par exemple), qui laisseraient passer l'eau. Calfeutrez adéquatement les ouvertures repérées et scellez-les avec un produit de calfeutrage à base de silicone.

Déceler les fissures problématiques

Les fissures ou crevasses petites ou moyennes sont faciles à réparer et, règle générale, n'indiquent pas de problème structurel majeur. L'apparition de fissures de grande taille ou en pleine expansion peut par contre dénoter une faille structurale dans les murs de fondation ou un problème de drainage qui cause une détérioration des fondations. Ces situations peuvent se traduire par des dommages importants à votre résidence, si vous négligez de faire les vérifications nécessaires. Soyez à l'affût des nouvelles fissures (ou des anciennes pouvant refaire surface après avoir été colmatées) et observez-les soigneusement afin de déterminer si elles prennent de l'expansion. (Voir « Vérifier l'état des fissures » à la page suivante.)

Demandez à un architecte ou à un ingénieur d'examiner toute fissure active dans les planchers ou les murs de fondation, et de régler les problèmes sous-jacents.

Boucher les fissures et cavités

Pour boucher une petite fissure, appliquez un scellant bitumineux à son emplacement, recouvrez-la avec un produit de colmatage en fibre de verre et appliquez une dernière couche de scellant.

Les fissures de taille moyenne peuvent être colmatées avec du ciment hydraulique, de la résine d'époxy ou une combinaison des deux (la résine d'époxy est plus durable, mais elle coûte plus cher.

On bouche les fissures dans les murs ou les planchers de la même façon. La fissure est tout d'abord élargie au moyen d'un marteau et d'un ciseau à froid, puis creusée. Avec une brosse, nettoyez la fissure pour la débarrasser de tout débris ou poussière et humectez-la d'eau. Employez une truelle pour appliquer du ciment hydraulique ou de la résine d'époxy jusqu'à ½ po de la surface de la crevasse. Attendez que l'enduit de colmatage soit sec avant d'appliquer une couche de finition de ciment hydraulique.

Pour boucher une cavité, prenez une poignée de ciment hydraulique et donnez-lui la forme d'un cône, pressez la pointe vers l'intérieur du trou et maintenez-la en place pendant quelques minutes jusqu'à la prise du ciment.

Réparer des crevasses plus larges, plus problématiques ou en pleine expansion peut nécessiter l'emploi de matériaux de calfeutrage et de produits scellants plus flexibles. Retouchez un mur ayant subi des réparations majeures avec un scellant à maçonnerie.

Boucher les cavités et les joints

MATÉRIEL : ▶ truelle de maçon • marteau • ciseau à froid • brosse métallique • fer à joint

1 *Scellez les cavités* qui laissent passer la tuyauterie à travers les fondations en remplissant de ciment, à l'aide d'une truelle, les endroits brisés.

2 *Pour colmater un joint fissuré* dans un mur de blocs en béton, enlevez tout d'abord le mortier lâche et nettoyez tout débris ou saleté.

Finition des murs rugueux

MATÉRIEL : ▶ masse • ciseau à froid • brosse métallique • aspirateur eau et poussière • truelle à éponge • seau • truelle de maçon • rouleau à peinture • gants de travail

1 *Utilisez un marteau massif* et un ciseau à froid pour retirer l'excédent de mortier. Portez des gants et des lunettes de protection lorsque vous effectuez cette tâche.

2 *Enlevez la saleté et les débris* sur la surface intérieure de la maçonnerie avec une brosse métallique rigide.

3 *Pour obtenir une adhérence maximale* avec un apprêt surfaçant, prenez tout d'abord le temps de nettoyer le mur.

Observer l'évolution des fissures

La présence de fissures mineures stables dans les murs de béton n'a rien d'inquiétant (bien qu'elles doivent être réparées). La soudaine apparition de crevasses importantes ou l'expansion de fissures déjà existantes peut cependant indiquer une faille structurale grave. Si vous constatez la présence de nouvelles fissures, vous pouvez observer leur développement. Collez un papier feutre quadrillé sur une fissure et dessinez-en les contours. Mesurez sa longueur et ses parties les plus larges. Afin de déterminer l'évolution de la crevasse avec le temps, marquez au crayon les coins du papier pour pouvoir le replacer exactement à la même position.

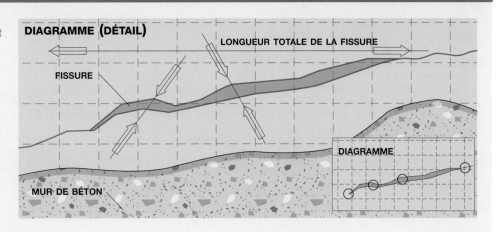

DIAGRAMME (DÉTAIL)

LONGUEUR TOTALE DE LA FISSURE

FISSURE

MUR DE BÉTON

DIAGRAMME

• gants de calfeutrage • gants de travail (facultatif) ▶ ciment • ciment hydraulique • produit d'obturation élastomère

3 *Une fois le joint exempt de toute saleté,* remplissez la fente de mortier frais. Pour remplir une fissure en expansion, employez du ciment hydraulique, qui durcit lorsqu'on l'humecte d'eau.

4 *Avant la prise du béton frais,* utilisez un fer à joint (ou tout outil incurvé) pour lisser le joint.

5 *Les fissures mineures apparaissant dans le joint de rupture* peuvent être colmatées avec un produit d'obturation élastomère ou du ciment hydraulique.

• gants de caoutchouc • lunettes de protection ▶ ciment hydraulique ou résine d'époxy • scellant à maçonnerie

4 *Utilisez une truelle pour remplir de ciment les joints et les cavités.* Les entrepreneurs lissent rarement les fentes des murs de béton.

5 *Employez une brosse métallique à poils rigides* pour appliquer une couche de fond d'apprêt surfaçant (à consistance très épaisse) sur les endroits colmatés et les fentes.

6 *Passez un rouleau à peinture imbibé d'apprêt surfaçant* et sur la surface. La surface très texturée couvre partiellement les fentes.

6
Bois

Bois

Introduction au bois

S'il n'existait qu'une espèce d'arbre et que toutes les compagnies forestières coupaient les arbres en un seul format, il serait aussi simple de commander un morceau de bois qu'une pizza. Les forêts présentent cependant une grande diversité arboricole, ce qui rend les choses plus compliquées.

Il existe des centaines d'essences de bois, à partir de l'abura (un bois résistant aux acides, employé pour fabriquer des boîtiers de batterie et des bacs à huile) jusqu'au zebrano (un bois d'Afrique occidentale qui se caractérise par un motif zébré). Il est toutefois probable que votre projet nécessitera une variété moins exotique, comme du sapin, du pin, du sapin rouge, de l'épinette ou de la pruche.

Dimensions du bois de construction

Le bois de construction, comme les 2 x 4 et les 2 x 6, est vendu en longueur, généralement en multiples de 2 pi, à partir de 8 pi jusqu'à environ 18 pi. Les grandes longueurs sont habituellement offertes dans les cours à bois de grandes dimensions, alors que les cours à bois plus modestes n'entreposent pas nécessairement des morceaux de bois de plus de 16 pi.

Des planches de pin de 1 x 6 peuvent également être catégorisées en fonction de leur longueur. Cependant, vous pourriez vous buter à un système de mesure plus difficile à comprendre, basé sur le pied-planche (pied mesure de planche ou pmp, méthode utilisée pour déterminer le prix du bois de finition et du bois ordinaire dans la plupart des cours à bois). Contrairement au système de mesure de surface au pied carré, le pied planche tient compte de l'épaisseur du bois, ce qui fait en sorte que la mesure totale d'un bois de 1 po d'épaisseur diffère complètement de la mesure d'un bois de même longueur et de même largeur, mais dont l'épaisseur est différente.

Techniquement, un pied-planche correspond à une longueur de 12 po sur une largeur de 12 po pour un matériau de 1 po d'épaisseur. Ainsi, une planche de pin de 1 x 12 d'une longueur de 1 pi mesurerait 1 pied-planche. Toutefois, une pièce de 2 x 6 mesurant aussi 1 pi de longueur correspondrait également à 1 pied-planche. Cette pièce serait deux fois moins large, mais deux fois plus épaisse. Si on emploie des multiples nets, ce système n'est pas trop difficile à comprendre, mais une fois que

vous devrez composer avec des 2 x 10 et des commandes variées comportant des matériaux de 1 et 2 po d'épaisseur, attendez-vous à du sport !

L'ennui avec tout ce jonglage de nombres, c'est qu'un 2 x 4 ne mesure pas réellement 2 x 4, mais bel et bien 1 1/2 x 3 1/2. Cette différence entre ce que l'industrie des produits du bois qualifie de dimensions nominales et les dimensions réelles est due à un procédé d'éboutage et de finition appelé surfaçage, même si le terme débitage décrirait l'opération de façon plus précise. Ce procédé élimine une grande quantité de bois.

Bois de rebut

Bien que les principaux critères de sélection d'un bois de qualité soient visuels, l'un des plus importants n'est apparent qu'au moment de la manutention. Quand vous soulevez plusieurs 2 x 4 de même longueur, ceux-ci devraient donner l'impression de peser environ le même poids. Cependant, il est possible que quelques pièces semblent vraiment plus lourdes, ce qui s'explique par le fait qu'elles sont remplies d'eau. Évitez ce bois qui présente des risques élevés de gauchissement une fois que votre projet sera terminé et que l'eau excédentaire sortira graduellement des fibres de bois.

Pour inspecter le bois, soulevez une extrémité, vérifiez son poids, puis observez l'état du bois de haut en bas de la planche. Rejetez les planches qui présentent un gauchissement apparent. Même si la plupart des planches ne sont pas parfaitement droites, il est plus avantageux de travailler avec des longueurs droites. On s'évite ainsi le problème de la remontée progressive des clous hors du bois dans lequel ils avaient été enfoncés ou redressés, sous l'effet de contraintes intermittentes qui se développent pendant des alternances de dessiccation et d'humidification. De plus, les 2 x 4 parfaitement droits non remplis d'eau coûtent le même prix que les morceaux de bois amochés.

Le bois produit à partir de grumes

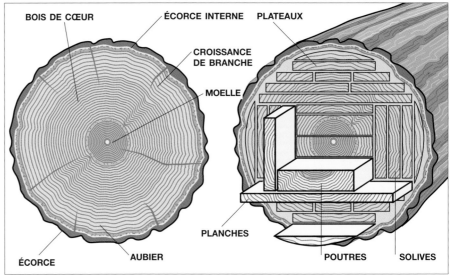

BOIS DE CŒUR — ÉCORCE INTERNE — PLATEAUX — CROISSANCE DE BRANCHE — MOELLE — ÉCORCE — AUBIER — PLANCHES — POUTRES — SOLIVES

Deux types de bois poussent à l'intérieur de tous les arbres: l'aubier et le bois de cœur. L'aubier est situé dans le périmètre extérieur de l'arbre et transporte la sève vers les branches. Le bois de cœur provient du centre de l'arbre et présente une densité supérieure à celle de l'aubier. Tous les arbres possèdent cette caractéristique et le bois qui est prélevé d'un aubier ou d'un bois de cœur est classé en conséquence. Les montants sont habituellement sciés dans la surface de l'aubier, les plateaux et les planches de grande dimension et de qualité supérieure viennent de la région centrale, et les poutres proviennent du bois de cœur.

Vocabulaire du bois

- **Bois tendre.** Essence résineuse qui croît rapidement comme l'épinette, le sapin ou le pin, dont le bois est employé principalement dans la construction domiciliaire.

- **Bois dur.** Arbre feuillu à croissance lente comme le cerisier ou l'érable, dont le bois dense et lourd est employé pour les meubles, les planchers et les boiseries.

- **Débité sur quartier.** Des grumes entières ont été découpées en quartiers et le bois est tranché à travers le grain afin de produire des planches riches en bois madré aux dimensions stables.

- **Bois débité sur dosse.** Le bois débité sur dosse présente souvent des sections d'anneaux de croissance voûtées sur ses faces et peut s'avérer moins stable que le bois débité sur quartier.

- **Bois de construction.** Coupé dans des arbres de bois tendre, ce bois facile à travailler se prête admirablement à des projets de construction. Ainsi, les montants, les solives et les chevrons font partie du bois de construction.

- **Bois de finition.** Extrait principalement de la section du bois de cœur, il est exempt de nœuds et de défauts, et est employé pour construire des meubles ou dans des espaces où le bois est visible.

Le cubage en pieds-planche

Multipliez l'épaisseur (en pouces) par la largeur (en pouces) et par la longueur (en pouces), puis divisez par 12. Ainsi, pour un 2 x 4 de 8 pi, on aura : 2 x 4 x 8 = 64 ; 64/12 = 5,3 pieds-planche de bois dans chaque montant pleine grandeur.

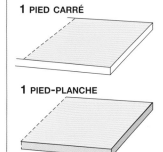

1 PIED CARRÉ

1 PIED-PLANCHE

Dimensions standard

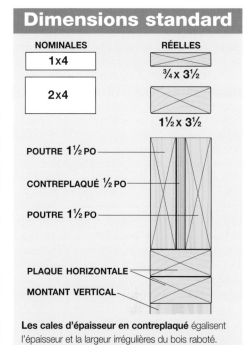

NOMINALES / RÉELLES
1x4 — ¾ x 3½
2x4 — 1½ x 3½

POUTRE 1½ PO
CONTREPLAQUÉ ½ PO
POUTRE 1½ PO
PLAQUE HORIZONTALE
MONTANT VERTICAL

Les cales d'épaisseur en contreplaqué égalisent l'épaisseur et la largeur irrégulières du bois raboté.

Construire avec des grumes

Les grumes de bois permettent une construction rapide et facile. Certaines habitations préfabriquées sont faites de grumes assez petites pour être manipulées sur place, alors que d'autres structures exigent l'utilisation d'une grue pour soulever des grumes de grandes dimensions ou des sections de bois lourdes.

Votre conception d'une maison en bois peut être une cabane en bois de type Lincoln ou un château de 5 000 pi² avec des murs massifs de 12 po d'épaisseur. D'une façon ou d'une autre, vous pouvez en construire une vous-même à partir d'un kit ou faire appel aux services d'une entreprise spécialisée dans les maisons en bois. Les entreprises artisanales utilisent des outils et des techniques traditionnels (ainsi qu'une une scie à chaîne), et sculptent les grumes de bois afin qu'elles s'incorporent adéquatement les unes par-dessus les autres. Dans ces maisons, les grumes solides constituent tous les murs extérieurs et intérieurs, les parements, la structure, l'isolation et les panneaux. Les artisans coupent les grumes dans leurs cours à bois, en acheminent les morceaux jusqu'à vos fondations et assemblent le tout en l'espace d'un ou deux jours. Les entreprises qui précoupent les morceaux de bois transforment leurs grumes pour les uniformiser et coupent les grumes pour former des joints et des coins entrecroisés. Certaines refendent leurs grumes en deux vers l'arrière, ce qui, vu de l'extérieur, ressemble à du bois pleine grandeur avec une barrière d'infiltration d'air et 6 po d'isolation. Les maisons préfabriquées ne conviennent sans doute pas aux puristes, mais il en coûte un tiers de moins qu'une maison ordinaire à ossature de bois de même dimension. Vous pouvez même en assembler une vous-même si vous êtes habile et que vous avez suffisamment d'expérience avec les outils.

Bois

Résistance du bois

Non seulement différents types de bois ont-ils un aspect différent, mais ils varient également en termes de points forts et de points faibles. Deux morceaux provenant d'un même type de bois peuvent se comporter de manière si différente que leur emploi s'avérera totalement différent. Leurs caractéristiques dépendent de la section de l'arbre dans laquelle ils ont été coupés, de leur nombre de nœuds et de divers autres facteurs.

Les architectes et les ingénieurs quantifient la résistance des différents types de bois (et différentes coupes du même type) selon des tables mathématiques qui doivent être consultées pour savoir si une poutre d'une certaine dimension, d'un certain type de bois, est en mesure de supporter sa charge de façon adéquate. À ce niveau de détail, les calculs peuvent indiquer, par exemple, que remplacer un type de bois par un autre pourrait permettre d'augmenter la portée de la solive de plancher et éliminer la nécessité d'utiliser une poutre de soutien centrale.

Toutefois, dans la plupart des cas, vous n'aurez pas besoin d'être aussi pointilleux. Ainsi, si vous désirez remplacer un poteau de cloison de 2 x 4 pourri, vous n'avez qu'à demander un 2 x 4 pour obtenir un type de bois aussi résistant que le sapin, utilisé couramment pour les bois de charpente. Les marchands de bois ne fabriqueraient pas de 2 x 4 à partir d'un bois tendre comme le balsa, idéal pour la sculpture, mais ne convient pas au soutien d'une maison.

Toutefois, si un 2 x 4 ordinaire pourrit, vous pouvez envisager de le remplacer par du séquoia ou du cèdre, qui présentent une plus grande résistance à la pourriture, ou un 2 x 4 traité sous pression, infusé avec des produits chimiques qui résistent à la pourriture. Ainsi, plutôt que de simplement demander un 2 x 4, renseignez-vous auprès du marchand de bois du type et de la catégorie de 2 x 4 qui sont les plus adaptés à votre projet. Tout le bois que vous achèterez pour des projets domiciliaires, sera classé comme du bois de finition ou du bois ordinaire.

Aspect

Peu importe le bois dont vous avez besoin, celui-ci est probablement offert en plusieurs catégories. Le bois de finition (comme les planches de pin utilisées pour faire des tablettes) est classé par lettres, de A (le meilleur) à E (le pire, que plusieurs cours à bois n'entreposent pas).

La catégorie A décrit un bois clair, sans nœud. Un tel bois vierge (de cette qualité) coûte très cher et n'est parfois disponible que sur commande spéciale. La catégorie B, souvent appelée «claire» même si elle comporte quelques légères imperfections, devrait être au moins aussi bonne que tout morceau de bois de qualité auquel vous puissiez penser.

En fait, il arrive que des planches de catégorie A et B présentent un aspect identique. Les différences ne seront peut-être jamais visibles, surtout si, dans le cadre de votre projet, vous recouvrez les planches de quelques couches de teinture.

Le bois de finition de catégorie C présente des défauts plus apparents, mais convient tout de même aux moulures et au bois de charpente et de menuiserie exposés. La catégorie D présente des nœuds et des imperfections visibles qu'il est impossible de dissimuler complètement sous une couche de peinture. Il va sans dire que ce système de classement des catégories présume que plus un bois est clair (exempt de nœuds), ce qui est rare et plus dispendieux, meilleur il est. Donc, si vous préférez l'allure d'un panneau de pin noueux, moins clair et moins cher, vous êtes gagnant sur toute la ligne.

Si vous avez des doutes, demandez à voir un échantillon. Si vous achetez du pin pour en faire des étagères, vous pourriez vous procurer deux planches quasi exemptes de nœuds pour les montants et réaliser une économie en employant un bois noueux pour les tablettes. Si le bois est destiné à être recouvert de polyuréthane, qui rehausse les variations naturelles du grain, les bois plus clairs sembleront plus sobres, plus uniformes et plus élégants. Si toutefois vous prévoyez teindre les planches, il est préférable que les nœuds et les défauts soient dissimulés plutôt que mis en évidence.

Les catégories de bois ordinaire

Le bois ordinaire, comme les 2 x 4 qui sont généralement destinés à être recouverts par d'autres matériaux, est classé, de 1 (le meilleur) à 3 (le pire). Le bois de catégorie 1 présente des défauts et des nœuds, mais il est sain (sans pourriture) et étanche à l'eau. Sur le plan pratique, presque tous les morceaux de bois utilisés par les bricoleurs dans leurs projets dépendent des types de bois qu'on retrouve dans les cours à bois ou les centres de rénovation locaux. Il n'est donc pas toujours possible d'exiger une catégorie de bois particulière.

Catégories particulières

Numéro 1: bois de construction ne comportant aucun défaut, employé pour des poutres exposées.

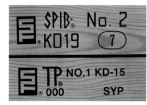

Numéro 2: bois de construction de sapin Douglas. Bois non sec.

Évaluation de la portée: mesure de l'élasticité et de la résistance du bois. (mesuré à la machine).

Colombages ordinaires: espèce de sapin de Douglas. Le haut est séché artificiellement et le bois n'est pas sec.

Colombages verticaux: avec joints à entures multiples collés. Ne convient pas aux portées horizontales.

Catégorie choix: exempt de défauts et présentant une teneur en humidité de 15 %.

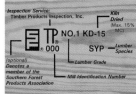

Numéro 1: teneur en humidité, espèce, identification de la scierie et catégorie.

Numéro 2, en haut; numéro 1 en bas: identification de la catégorie et de la scierie.

Numéro 2: avec l'estampille du bureau d'inspection et la teneur en humidité.

Bois composite

On retrouve maintenant sur le marché de nombreux produits de bois d'ingénierie. Certains de ces produits ont été créés afin de pallier l'appauvrissement de qualité du bois et l'augmentation des coûts, alors que d'autres ont été mis sur le marché pour satisfaire aux exigences continuellement changeantes en termes d'architecture résidentielle.

Une poutre laminée à la colle est fabriquée à partir de petits morceaux de bois assemblés par entures multiples et collée avec de la colle étanche à l'eau. Ainsi, six 2 x 4 produiront une poutre de 9 x 3 ½ po. Ces poutres peuvent être aussi longues que vous le désirez, soit 25 pi et plus. Le bois lamellé (lamifié - LVL) est constitué de plis de bois laminés ensemble à une épaisseur de 1 ½ po. Le bois PSL (panneau de copeaux longs orientés parallèlement) est une poutre d'ingénierie dont l'épaisseur varie entre 1 ¾ po et 7 po, constituée de copeaux longs de sapins Douglas, semblables à des allumettes, et/ou de pin jaune du sud collées l'une à l'autre en parallèle. Les poutres en I et les solives en I sont formées d'une âme faite de contreplaqué de ³⁄₈ po ou de panneaux de grandes particules orientées (OSB) comportant des saillies de bois lamellé (LVL) ou de bois de haute qualité au sommet et en bas. La profondeur des poutres en I varie de 9 ½ po à 16 po. Elles sont plus légères et faciles d'emploi que les autres sortes de bois composite.

Le bois employé dans la construction de beaucoup de maisons neuves est fabriqué au moyen de copeaux ou de languettes de bois qui forment des poutres droites et résistantes.

Les solives en bois en I, dont le centre en contreplaqué est fixé à des saillies de 2 x 4, sont plus légères et plus résistantes que le bois massif.

Des épingles métalliques sont employées pour fixer les solives et les chevrons composites comme les poutres en bois en I afin de soutenir les poutres.

Le bois de charpente d'ingénierie nécessite souvent l'utilisation de fixations spéciales, mais ce système présente des avantages par rapport aux systèmes traditionnels d'ossature.

Charges de bâtiment

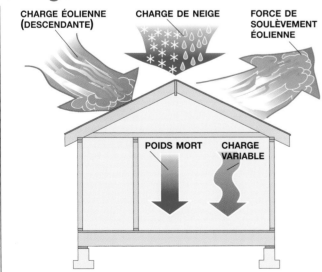

CHARGE ÉOLIENNE (DESCENDANTE)

CHARGE DE NEIGE

FORCE DE SOULÈVEMENT ÉOLIENNE

POIDS MORT

CHARGE VARIABLE

Votre maison doit faire face à de nombreuses forces que les ingénieurs appellent des charges. Lorsqu'une tempête sévit et que des vents forts poussent d'un côté de la maison et tirent de l'autre, les chevrons doivent être suffisamment résistants pour rester en place. De plus, si vous organisez un barbecue et que vous avez invité plusieurs personnes sur votre terrasse, les chevrons devront être suffisamment résistants pour soutenir ce poids supplémentaire. Il existe deux charges de base appelées charges permanentes et charges mobiles. Les charges permanentes comprennent le poids des matériaux de construction et d'autres composants qu'il est possible de calculer à partir de tableaux. Les charges mobiles comprennent le vent, les accumulations de neige sur le toit, les meubles, les personnes et d'autres forces variables. Le service d'urbanisme de votre localité exigera que vos devis de construction tiennent compte de toutes les charges potentielles ; il faut, par exemple, prévoir des solives de plancher suffisamment larges pour supporter 40 livres (18 kilos) par pied carré. Les codes du bâtiment exigent une marge de sécurité importante, de sorte que le plancher ne puisse s'effondrer sous une charge inférieure à 41 livres (18,6 kilos) au pied carré.

Bois

Maladies du bois

Même lorsqu'il est protégé par des parements et des cloisons sèches, le bois de charpente peut s'affaiblir et pourrir quand il subit les assauts de divers organismes destructeurs de bois. Voici quelques indices de carie du bois et les initiatives à prendre pour stopper la détérioration.

Champignons

Les champignons destructeurs de bois, y compris divers types de moisissures et de pourriture, prospèrent dans des températures variant entre 10 °C et 32 °C, s'infiltrant dans du bois qui a une teneur en moisissure d'au moins 20 %. Cette mesure s'applique à une grande quantité de bois à l'intérieur d'une maison, surtout le bois devenu humide par suite de fuites, de déversements ou de la condensation. La **moisissure visqueuse** peut faire penser à un blanc d'œuf écrasé sur du bois et gagner en surface. La **moisissure** se manifeste sous forme poudreuse avec des taches gris-vert ou gris foncé. Vous décèlerez probablement une odeur nocive de pain moisi provenant de dépôts florissants qui tachent le bois au lieu de l'affaiblir.

En raison de la croissance en surface, il est possible d'enlever les taches et de poncer le bois pour faire disparaître la décoloration. Si les taches restent visibles, appliquez une solution blanchissante à 50 % afin d'éclaircir le grain, puis poncez et vernissez. Vous pouvez toujours employer une peinture fongicide dans les coins humides de la maison, mais la meilleure solution consiste à réduire la moisissure.

Pourriture

La pourriture brune, appelée ainsi en raison des dommages qu'elle cause (et non pour son aspect), produit un fin matelas blanc sur le bois humide. Elle finit par occasionner une fissure de la grume dans un réseau de cubes brun foncé, semblables à un bouchon élancé. Une fois que l'aurez repérée, tailler dans le bois révélera d'importants dommages structuraux. Retirez le bois atteint de pourriture brune et remédiez à la source de moisissure afin de protéger le bois en grume de remplacement.

La pourriture sèche peut s'attaquer au bois sec. Elle produit de longs tubes qui transportent l'eau sur plusieurs verges le long d'une poutre sèche, permettant au champignon de répandre sa pourriture. La pourriture sèche présente également un fin matelas en surface, qui tend à avoir la forme d'un ventilateur avec des vrilles tubulaires.

La pourriture blanche blanchit la surface du bois et crée un bois de grume spongieux avec des fibres faibles et filandreuses. Une fois le dommage répandu, le bois doit être remplacé. Une pourriture légère se forme généralement sur les grumes qui sont en contact avec un sol humide, comme des lisses de bâtiment ou des poteaux dont le grain de l'extrémité exposée absorbe l'eau comme une éponge.

Identification des problèmes

◆ **Indices de surface.** Le bois est une source de nourriture naturelle pour de nombreux organismes, y compris la moisissure et des insectes comme ceux décrits à la page suivante. Le bois est également sujet à l'humidité et au pourriture lorsqu'il n'est pas protégé. Parmi les signes apparents d'agression externe, on retrouve la décoloration, l'humidité ou la boue, l'adoucissement, un aspect sec ou poudreux, et une accumulation de sciure ou de rebut à la base du bois. Certains de ces dommages peuvent affaiblir suffisamment une structure pour la rendre irrécupérable.

◆ **Dommage non apparent.** Si des indices de surface indiquent un problème qui ne serait pas visible autrement, il faudra procéder à une inspection pour en déterminer la cause et trouver une solution appropriée. Un canif, un poinçon ou tout autre outil tranchant permet souvent de découvrir si un dommage structural a été occasionné au-delà de la surface et si une infestation est en cours. Il est possible d'entendre des insectes gruger le bois. Des chiens sont parfois utilisés pour dépister les colonies de termites et de fourmis charpentières dissimulées profondément à l'intérieur des murs.

Parasites du bois

◆ **Termites.** Ces insectes extrêmement nuisibles vivent en larges colonies sur ou sous le sol. Leur distribution s'accroît et de nombreuses régions dans le sud en sont maintenant largement infestées. Les termites souterrains détestent la lumière et se terrent dans le sol, créant des tubes de vase pour accéder à des sources de nourriture. Les termites qui vivent en surface attaquent et grugent le bois partout où ils en trouvent. Peu répandues au Canada.

◆ **Indices.** Recherchez des essaims de termites ailés au printemps et à l'automne. Des tubes de vase sur les murs de fondation, des trous multiples et des tas d'excréments sont d'autres indicateurs de leur prolifération.

◆ **Bostriches.** Cet insecte rampant pond ses œufs dans les fissures du bois. Lorsque les œufs éclosent, les larves percent un tunnel à travers le bois pour sortir. Les trous qu'ils laissent sont très petits, mais lorsqu'ils ne sont pas découverts, les bostriches s'avèrent très nuisibles pour les bois tendres, y compris le bois de charpente, s'attaquant parfois à des bois de feuillus comme les revêtements de plancher.

◆ **Indices.** Recherchez des ouvertures minuscules et de la sciure fine empilée sur les planchers ou rassemblée à la base de colonnes de bois.

◆ **Fourmis charpentières.** Les fourmis charpentières, massives, noires et agressives, ne grugent pas le bois, mais se logent à l'intérieur pour y former de larges colonies. Elles préfèrent le bois humide et adouci par l'eau, et peuvent causer de sérieux dommages structuraux à l'intérieur de poteaux et de poutres de grande dimension.

◆ **Indices.** Recherchez des fourmis éclaireuses isolées prospectant de nouvelles sources de nourriture et des sites de nidification. De la sciure, des excréments et des carcasses d'insectes indiquent la proximité d'une colonie.

◆ **Abeilles charpentières.** Elles ressemblent à de gros bourdons, la plupart sont noires et percent des trous désagréables à la vue dans les parements et les boiseries. Ces trous peuvent atteindre un diamètre de ½ po et traverser plusieurs pouces de bois. Généralement visibles en petits groupes et vivant dans des abris individuels, elles préfèrent percer la partie inférieure des planches et des alaises.

◆ **Indices.** Les abeilles planent à proximité des nids, lesquels sont généralement construits dans des endroits à l'épreuve des intempéries sous ou derrière des auvents. Quand elles travaillent, elles bavent de la sciure de bois et laissent échapper des excréments jaunes.

Défauts du bois

Le bois peut être exposé à de nombreux défauts lorsqu'il est usiné, séché et finalement expédié au consommateur. Vous trouverez ci-dessous quelques imperfections courantes.

ARC

Le bois arqué est gauchi le long de son axe le plus long, ce qui est causé par la moisissure. Toutefois, sa résistance n'en est pas amoindrie.

GAUCHISSEMENT

Une planche bombée est gauchie sur l'axe étroit de sa face ; ces planches ont tendance à se détacher des fixations.

FISSURE

Une fissure qui traverse la planche est un vice de construction grave qui devrait être évité.

NŒUD

Un nœud est une région dense où une grosse branche rejoint le tronc ; il est préférable d'éviter le bois à nœuds pour les charpentes destinées à supporter des charges.

FLACHE

Ce bord arrondi est le résultat d'une planche coupée trop près du bord de la grume ; il n'y a pas de conséquence sur sa résistance.

Bois

Séquoia
Vu comme la Rolls-Royce des bois, il allie beauté esthétique et résistance au pourriture et aux insectes.

Utilisation/catégorie
Offert en surfaces lisse, gaufrée ou en dents de scie, le séquoia est parfait pour les terrasses, les poutres et les panneaux.

- **Tout bois de cœur net de nœuds**
  Bois de cœur de première qualité
- **Bois de cœur B**
  Quantité de nœuds limitée
- **Net de nœuds (aubier)**
  Quelques défauts
- **Catégorie B**
  Quantité de nœuds limitée

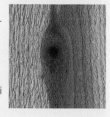

Cèdre
Possédant une résistance naturelle aux insectes et au pourriture, le cèdre est idéal pour les parements, la toiture ainsi que les placards.

Utilisation/Catégorie
Employé pour les clôtures, les terrasses et patios, ainsi que pour les bardeaux de toiture, le cèdre frais dégage une odeur aromatique qui éloigne les mites. Dans les animaleries, les copeaux de cèdre sont souvent vendus pour mettre dans les litières.

- **Bois de cœur net de nœuds**
  Bois exposé
- **Catégorie A net de nœuds**
  Bardeaux
- **Catégorie B net de nœuds**
  Clôtures
- **Catégories de bois noueux**
  Placards

Bois résistant au pourriture

Lorsqu'il est question de résistance à la température, aux insectes et à diverses formes de pourriture, peu de bois sont comparables au séquoia ou à son proche cousin, le cèdre. Ces bois sont au nombre des essences les plus attrayantes et les plus chères employées actuellement à l'intérieur et à l'extérieur des maisons. Voilà pourquoi il est utile d'être bien renseigné sur la vaste gamme de catégories offerte.

Le séquoia de catégorie marchande comporte de larges nœuds et de l'aubier, plus tendre et de couleur pâle, à partir des bords extérieurs de l'arbre. Cette catégorie est recommandée pour les clôtures, les treillis et d'autres usages extérieurs de même nature. Toutefois, une poutre de séquoia tout bois de cœur, exempte de nœuds, une catégorie extrêmement dense, est souvent indiquée pour les poutres de toit importantes dans des maisons situées dans des régions où les risques d'incendie sont élevés. Ces poutres denses brûlent lentement durant un incendie, conservant parfois suffisamment de force pour empêcher un toit de s'effondrer.

Protection du séquoia
Lorsqu'il n'est pas protégé, le séquoia perd sa teinte rougeâtre, prend une teinte plus foncée et tourne parfois au gris foncé avec des rayures noires avant de blanchir graduellement. Sa teinte finale est semblable au bois de marée avec une touche de tan argentée que certaines personnes trouvent très attrayante, bien qu'il n'ait plus l'apparence d'un séquoia jeune. Apprêter le bois peut réduire ou éliminer la partie tachée noire inesthétique du cycle d'usure et faire en sorte que le bois paraisse neuf plus longtemps. Deux couches d'apprêt transparent, en plus d'une couche additionnelle chaque année ou aux deux ans, suffisent parfaitement, surtout si vous employez un produit avec un inhibiteur de rayons ultraviolets (UV), qui bloque au moins une partie des rayons solaires qui altèrent le bois et le décolorent.

Une fois la couleur affadie, vous pourrez rafraîchir le bois avec une teinture de couleur séquoia semi-transparente ou nettoyer la surface avec un des nombreux produits chimiques rénovateurs offerts sur le marché. Toutefois, vous devrez manipuler ces produits chimiques avec prudence et vous conformer à certaines restrictions, car certains de ces produits peuvent causer des dommages à des plantes se trouvant à proximité. Il existe une autre option, souvent employée sur les terrasses, soit nettoyer le bois avec un nettoyeur puissant (réglé à la pression effective minimale); vous pouvez tout simplement utiliser une brosse à laver avec une solution composée à moitié d'eau et de javellisant.

Traitements du bois

Il existe divers traitements pour protéger le bois des conséquences de l'usure, de l'eau, de la pourriture et des insectes.

◆ **Hydrofuges.** La paraffine, l'huile de tung ou de lin et les résines naturelles ou synthétiques sont utilisées comme additifs avec plusieurs types de finition. Ces matières retardent la progression de la moisissure à pénétrer le bois ou à y être absorbée. Leur efficacité s'amenuise graduellement et elles doivent être réappliquées.

◆ **Produits d'imprégnation.** L'arséniate de cuivre chromaté (CCA) est actuellement le produit d'imprégnation utilisé le plus couramment, mais les produits commerciaux de traitement du bois sont en voie d'être remplacés par des produits d'imprégnation utilisant des composés de cuivre alcalin moins toxiques.

◆ **Inhibiteurs de rayons ultraviolets.** Ces additifs formés de pigments solides ou de particules réfléchissent, absorbent ou bloquent les effets nocifs des rayons ultraviolets en vue de retarder l'usure.

◆ **Teintures et javellisants.** Les teintures claires, semi-transparentes et solides contiennent des pigments qui ajoutent de la couleur et une certaine forme de protection et peuvent contenir des hydrofuges et des inhibiteurs de rayons ultraviolets. Les teintures de blanchiment contiennent des pigments qui donnent au bois une finition grise.

Bois traité sous pression

Le matériau brut du bois traité sous pression provient de variétés de bois de conifères comme le pin, le sapin et la pruche. C'est l'étape additionnelle de soumission du bois à des produits chimiques dans une chambre de pression qui rend le bois durable. On y exerce une pression telle que les produits chimiques suintent à travers l'épaisseur du bois et non seulement à sa surface.

Sur un bois traité sous pression, l'estampille de catégorie indique le niveau de rétention des produits chimiques exprimés en livres par pied cubique. Les chiffres s'échelonnent de 0,25 pour les applications de surface à 2,50 pour les applications en eau salée. Une évaluation de 0,40 est employée pour le contact avec le sol et de 0,60 pour les fondations en bois.

Cette estampille de catégorie comprend également de l'information sur l'année du traitement, la sorte de produit d'imprégnation utilisé, le nom de l'entreprise qui a traité le bois et la marque de commerce ou les marques de commerce des divers organismes de régulation. De plus, la variété de bois et le fabricant y sont indiqués.

Les murs de fondation en bois traité sous *pression constituent une innovation récente. N'utilisez que du bois dont les évaluations de PT sont élevées pour les usages souterrains.*

Le bois traité sous pression est durable et résiste aux intempéries. Il est très souvent employé dans la construction des terrasses et des structures extérieures.

Manutention spéciale

Plusieurs produits chimiques de préservation du bois sont toxiques et le port de lunettes de protection et de gants de sécurité est vivement recommandé. Les masques conçus pour le charbon actif vous protégeront de certaines émanations.
Vous devez être extrêmement prudent lorsque vous coupez du bois traité. Portez un masque à poussière (et des lunettes de protection, si vous utilisez une scie à moteur) et jetez les rebuts et la sciure de bois dans des sacs en plastique. N'enfouissez pas et ne brûlez pas de matières contenant des agents de conservation chimiques, et après avoir travaillé avec du bois, vous devez vous laver les mains avant de manger, boire ou fumer.

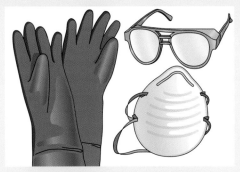

Ne prenez aucun risque avec des produits chimiques pour préserver le bois. Suivez les consignes de sécurité et portez un équipement de protection.

Le créosote et le pentachlorophénol (penta), deux agents de conservation employés abondamment à l'extérieur ou avec le bois en contact avec le sol, ont été retirés de la vente à la consommation et de l'usage, car on les soupçonnait d'être cancérogènes. En conséquence, il est recommandé de n'utiliser aucune sorte de bois traité susceptible de lessiver des produits chimiques dans le sol et de devenir une composante alimentaire. L'arséniate de cuivre chromaté (CCA) a été testé et approuvé à des fins d'utilisation souterraine, mais un certain nombre de questions demeurent sans réponse quant à ses effets à long terme sur le sol ou les récoltes.

Bois

Assemblage de bois

À des fins de construction, la majeure partie de l'assemblage nécessite la réalisation de coupes simples et l'emploi de quelques fixations, bien que dans certains cas (surtout lorsqu'il s'agit de charpente de maison), il faille recourir à des accessoires de quincaillerie particuliers. Les outils les plus fréquemment utilisés sont une scie circulaire portative, une perceuse et un marteau, ainsi que des clous, des vis ou des boulons. Toutefois, lorsqu'il est question de fabriquer des meubles, vous devez faire appel aux services d'un marchand de bois spécialisé et employer des outils spécialisés pour réaliser les coupes complexes requises pour l'ébénisterie (voir chapitre 3).

Types d'assemblage

L'assemblage le plus simple est **l'assemblage à plat ou joint en bout** qui consiste en deux morceaux de bois dont les extrémités ont été équerrées et reliées. Il existe deux trucs pour maîtriser ce procédé. En premier lieu, étant donné qu'un volume important de bois employé en menuiserie comporte une épaisseur de seulement 3/4 po, vous devriez percer à l'avance les trous des clous pour éviter la fissuration. De plus, étant donné que le bois gonfle et se contracte selon les saisons, glissant le long de la tige du clou, vous devriez solidifier l'assemblage avec une couche de colle.

Ainsi, sur un assemblage à plat ordinaire, par exemple une étagère qui s'appuie sur un montant, les tensions structurales ne se transfèrent pas directement d'une planche à une autre. Elles doivent être transportées à travers le joint avec des clous et de la colle. Si l'allure le permet, les assemblages à plat peuvent être renforcés (et bloqués dans un angle de 90 degrés) par des supports métalliques ou des tasseaux.

Des cornières métalliques en L (avec des ouvertures préperçées pour les vis) permettent de maintenir les morceaux en place et supportent la majeure partie de la charge. Les fabricants de meubles utilisent fréquemment des tasseaux en bois à la place, lorsqu'ils peuvent les dissimuler sous le rembourrage. Sur l'étagère, vous collerez l'angle droit d'un bloc triangulaire en place sous la tablette et contre le montant.

Deux joints qui transforment deux morceaux courts en un morceau plus grand sont des **assemblages à enture** et des **entures digiformes ou multiples.** Les assemblages à enture procurent peu de support stucturel et sont principalement employés pour procurer une continuité.

Lorsque deux morceaux de bois se chevauchent, il se forme un **joint à recouvrement.** Un morceau de bois peut être entaillé, permettant ainsi à l'autre

Assemblages de bois de base

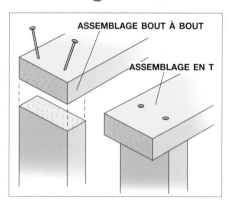
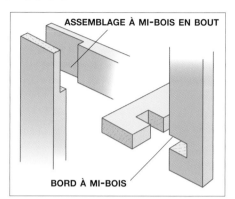

Les **assemblages bout à bout en bois** sont formés des extrémités de deux planches qui se rejoignent à angle droit. Des renforts métalliques sont parfois employés pour renforcer les coins. Les **joints par recouvrement** sont formés en découpant des sections de bois et en réunissant les deux morceaux.

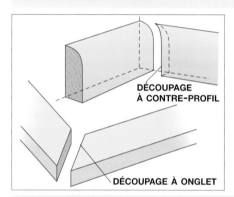
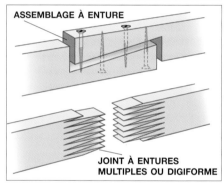

Dans les **assemblages à onglet,** les coins sont découpés dans un angle de 45 degrés et assemblés pour former un bord de 90 degrés. Les assemblages à onglet et à contre-profil sont utilisés pour la boiserie et le travail de finition. Les **assemblages à entures et digiformes** (à droite) sont des exemples d'assemblage employés pour enter ou prolonger des longueurs de bois.

Scies à onglets électriques

Les scies à onglets électriques, permettent une économie de temps appréciable pour effectuer des coupes à angle. Ces outils sont des scies circulaires montées sur un assemblage à pivot qui permet d'effectuer des coupes en travers, à angle ou en biseau, précises. Il existe des scies munies de lames de 8, 10 ou 15 po, et certaines inclinables et amovibles, qu'on appelle scies d'onglets combinés. Assurez-vous que la scie est installée de façon stable et qu'il y a une prise de courant à proximité. Portez toujours des lunettes de protection lorsque vous faites du découpage.

morceau de s'y intégrer, et c'est ce qui s'appelle un joint à recouvrement complet. Vous avez également le choix d'entailler les deux morceaux à la moitié de leur épaisseur, et c'est ce qu'on appelle un joint à mi-épaisseur.

Un **joint ou assemblage à onglet** est formé en découpant les angles correspondants, qui ont généralement 45 degrés, aux extrémités de deux morceaux de bois et en les assemblant. Cette méthode est réalisée souvent dans les cadres avec chevalet. Un joint à onglet peut être renforcé avec des chevilles, des goujons ou des languettes.

Un **assemblage à feuillure** est créé lorsque vous entaillez le bord d'un morceau de bois et utilisez l'entaille pour joindre deux planches. Les assemblages à feuillure sont généralement fixés par des clous ou de la colle. Un **assemblage à entaille** ou **joint rainuré** est formé lorsqu'on découpe une rainure dans un morceau de bois de la même dimension que le bord d'un autre morceau.

Parmi les assemblages utilisés pour des tâches aussi diverses que la fabrication de meubles ou de poteaux et de poutres, on retrouve des assemblages à tenon et mortaise, des assemblages à queue d'aronde et des goujons.

Types de connecteurs métalliques

Certains assemblages de charpente requièrent des crochets de suspension, des liens, des ancrages ou d'autres supports métalliques pour renforcer les assemblages de bois. Où les codes locaux du bâtiment exigent généralement des connecteurs.

Il existe des crochets de suspension et des liens pour une vaste gamme d'emplois, à partir de presque tous les types de **joints de charpente,** par exemple des **liens de chevrons** pour assembler les chevrons aux sablières, ainsi que les étriers pour l'assemblage des solives de plafond ou de plancher aux rives ou aux solives de rive. Parmi les autres fixations couramment utilisées, on retrouve les **ancrages,** qui permettent de fixer les poteaux aux fondations de béton; les **connecteurs métalliques,** qui tiennent ensemble tous les éléments des fermes de toits préfabriqués; des **attaches de panneau** de revêtement en contreplaqué, lesquels sont assemblés à des panneaux de contreplaqué adjacents et des **plaques qui empêchent les clous des cloisons sèches** de pénétrer les tuyaux, les fils ou la canalisation.

La plupart des crochets de suspension métalliques sont munis d'agrafes de clouage ou de dents matrices, mais ces fixations ne sont pas suffisamment résistantes et sont utilisées pour tenir le crochet pendant que vous le clouez en place de façon permanente. Il existe des clous spéciaux, mais vous pouvez employer des clous ordinaires. Assurez-vous de clouer à travers chacune des ouvertures.

Connecteurs en bois de base

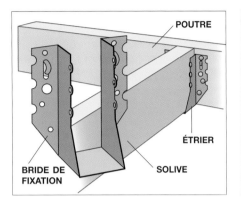

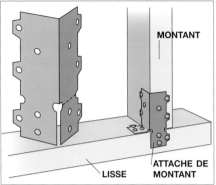

Les **étriers** constituent un moyen sécuritaire de joindre un morceau de bois à un autre. Ils sont offerts dans des formes permettant de renforcer tous les types d'assemblage structural. Les codes du bâtiment exigent souvent des crochets, des ancrages, des attaches et d'autres supports métalliques sont souvent requis par les codes.

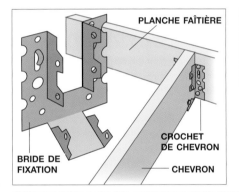

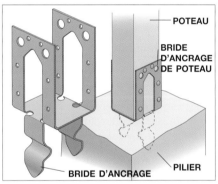

Les **crochets de chevrons** fixent les chevrons aux planches faîtières au sommet du toit et aux sablières sur le mur. Les **brides d'ancrage de poteaux** sont assemblées dans des piliers de béton humide, ce qui permet aux poteaux d'être facilement fixés et soulevés au-dessus des surfaces humides.

Boîte à onglets

Coupez les angles exacts des joints à onglets à la main au moyen d'une boîte à onglets. Les boîtes à onglets en acier sont munies de guides à l'avant, à l'arrière et sur le dessus afin de maintenir la scie à dos à n'importe quel angle pendant la coupe. Les boîtes à onglets en bois et en plastique les plus rudimentaires ont des ouvertures qui ne permettent de couper qu'à des angles de 90 et 45 degrés. Si vous les bloquez solidement (et bloquez le bois à l'intérieur de la boîte), elles vous seront fort utiles pour le travail de charpente. Toutefois, elles n'offrent pas la précision nécessaire pour l'ébénisterie.

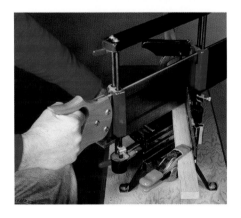

Bois

Panneaux synthétiques

Les panneaux synthétiques, ont surpassé en popularité le bois véritable presque en tous points sur le plan de la qualité. Contrairement au bois massif, qui doit passer sous la raboteuse avant usage, les panneaux synthétiques sont uniformes. Ils sont faciles à obtenir et offerts en grandes feuilles de 4 x 8 pi, de sorte que vous n'avez pas à coller une série de panneaux solides pour obtenir un morceau de grande dimension.

Le bois massif dont le grain ne court que dans une direction est susceptible de bomber, de se rétracter et de se déformer de toutes sortes de façons. Même le bois séché dans une machine et assemblé à la perfection avec de la colle et des vis dans un étui solide est susceptible de gauchir par temps humide. Or, les panneaux sont semblables à des gâteaux étagés, certains allant jusqu'à 13 laminages. Le grain de chacune des couches court dans une direction différente afin d'ajouter de la puissance et de réduire le gauchissement.

Types de produits de panneautage

Parmi les nombreux noms commerciaux décrivant les types de panneaux, on retrouve quatre types fondamentaux : le contreplaqué, le panneau dur, le panneau de grandes particules orientées et le panneau à particules. En menuiserie, **le contreplaqué** est la catégorie comportant le plus de subdivisions. Ces panneaux dont l'épaisseur varie généralement de $^1/_2$ po à $^3/_4$ po présentent une surface qui peut être faite d'une grande variété de bois, à partir du bouleau ordinaire qu'il est possible de peindre, jusqu'au cerisier ou au noyer le plus riche. Le contreplaqué CDX est le plus fréquemment employé pour le revêtement des charpentes.

En plus du panneau de particules, du panneau de grandes particules orientées et du panneau dur, les autres types de panneaux courants comprennent **le panneau de grandes particules orientées** (OSB), qui est fait de longs copeaux de bois collés ensemble et lamellés croisés pour la résistance, et **le panneau composé**, un hybride de contreplaqué et de panneaux de particules ou de fibres de bois (couramment appelé MDF ou panneau de fibres à densité moyenne). Ces panneaux ont un centre en bois reconstitué, mais une face et un dos en contreplaqué. Les deux types d'âme sont faits de diverses préparations de copeaux et de fibres de bois compressés usagés et jetés au rebut par les scieries. Ces produits sont employés comme revêtement mural et sous-couches de plancher lorsque les codes du bâtiment locaux le permettent. Étant donné les nombreux types et catégories de contreplaqué, il est recommandé de discuter des différentes possibilités avec un marchand de bois avant de procéder à l'achat.

Estampilles de catégorie

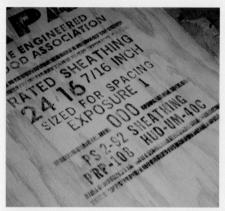

Les estampilles de catégorie de contreplaqué indiquent les évaluations de portée, les applications intérieures ou extérieures, l'orientation du grain du bois, le type de bois et le nom du fabricant.

Variétés courantes de contreplaqué

◆ Le $^1/_2$ **po**, soit la catégorie de contreplaqué la plus mince, est principalement utilisé pour des projets temporaires, pour le simple plaisir de bricoler et pour des applications non structurales. Ce type de bois peut être plié afin de créer des surfaces courbes ou arquées. Il est également offert comme panneautage intérieur.

◆ Le $^1/_2$ **po** est généralement employé pour le revêtement et le parement de la toiture. Il peut être traité sous pression et est offert en plusieurs catégories, de A à D. Du contreplaqué de qualité finition économique est également vendu avec une face de bonne qualité et un dos de moindre qualité.

◆ Le contreplaqué de sous-couche de $^3/_4$**po** procure une résistance contre les charges. Si vous l'employez à des endroits où il y a de l'humidité, exigez la catégorie extérieure avec colle hydrofuge.

STRUCTURES DE CONTREPLAQUÉ

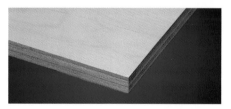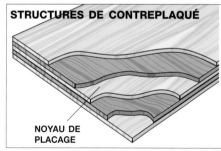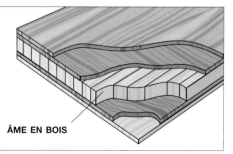

NOYAU DE PLACAGE

ÂME EN BOIS

Panneau de particules

Le panneau de particules est fait de copeaux, d'éclats et de sciure de bois collés ensemble avec de la résine urée-formol et pressés en feuille de 4 x 8 pi. Ce panneau ainsi qu'un produit similaire appelé panneau de fibres à densité moyenne (MDF) sont employés pour maintes applications domestiques comme sous-couche de plan de travail et matériau central pour les armoires et les meubles. Le panneau de particules ne retient pas très bien les clous ou les vis lui-même et a tendance à éclater ou à s'écailler près des bords, à moins d'être fixé à un autre matériau.

Panneau de grandes particules orientées (aspenite)

La première génération de ce panneau structural a eu pour nom panneau de grandes particules, même si les dénominations de panneaux sont souvent confondues dans les cours à bois et les centres de rénovation. Le panneau de grandes particules se voulait une version améliorée du panneau de particules, plus résistantes. Alors que les panneaux de particules étaient faits principalement d'un matériau de la dimension de la sciure de bois, les panneaux de grandes particules étaient faits de baguettes de bois disposées au hasard. La deuxième génération, nommée panneau de grandes particules orientées (OSB), est faite de baguettes placées à l'opposé pour obtenir une résistance supérieure ainsi que pour servir de sous-couche de plancher et de revêtement.

Panneau dur (masonite)

Le panneau dur est un produit du bois polyvalent employé dans de nombreuses applications non structurales comme les entretoises de portes, les fonds de tiroir, les armoires et les tables. Il est fabriqué avec un stratifié de plastique ou de mélanine, ou encore préperçé d'une série de trous (il est connu alors sous le nom de panneau perforé). On l'obtient en collant des copeaux de bois, de la sciure de bois et des fibres avec du phénol-formaldéhyde. Le panneau dur est généralement mince ($1/8$ po), n'est pas en mesure de soutenir les vis ou les clous, et on le fixe habituellement à des croisées en bois pour obtenir du support.

Construction de planchers silencieux

Si les planchers qui craquent sont monnaie courante dans les demeures anciennes, de nouvelles structures de plancher ont été mises au point afin de remédier au problème. Lorsque les divers composants sont étanches, ils ne grincent pas. Les solives de bois en I fléchissent et se rétractent moins que les solives en bois massif, de sortes que les fixations ne se défont pas. Les sous-planchers avec bords à rainure et languette se verrouillent. Les planchers sont également collés aux solives et tenus en place par des clous aux tiges annelées qui ne sortent pas lorsque des contraintes se produisent. L'entretoisement ou le blocage plein entre les solives est également important. Pour remédier au grincement d'un plancher déjà construit, vérifiez par en dessous s'il manque une entretoise. Le sous-plancher peut s'être défait ou est sorti des solives dans une région située près du grincement. Employez des vis à bois pour le sous-plancher en place ou ajoutez des cales d'épaisseur pour combler toute ouverture.

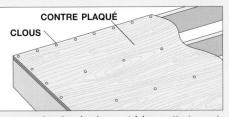

Le **sous-plancher à rainure et à languette** (ou embouveté) doit être collé aux solives de plancher et fixé par des clous à tige annelée. Des **vis de bois** sont employées comme renfort ou lorsque les clous risquent de fissurer le bois.

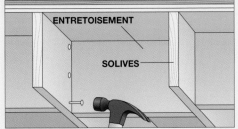

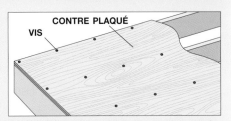

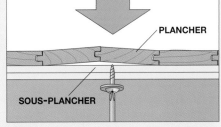

Pour prévenir le craquement des joints employez des vis à bois. S'il est bien collé, le sous-plancher résiste aux vibrations, aux sauts et aux clous lâches.

Bois

Produits de panneautage

Les revêtements en feuilles, de bois véritable ou de similibois, constituent une surface murale populaire chez les bricoleurs. Elles ajoutent de la chaleur à toute pièce et sont particulièrement adaptées aux salles de jeux puisque celles-ci doivent résister à beaucoup de mouvement. Le panneautage est aussi rapide à installer que la cloison sèche sans les interminables étapes de finition que celle-ci nécessite.

Les codes du bâtiment décident si le panneautage peut être appliqué directement sur les goujons. Il arrive qu'une couche de cloison sèche doive être installée sous un panneautage mince pour le soutenir et augmenter la résistance au feu.

Bien que le panneautage en feuilles soit agréable à l'oeil, il ne saurait en rien reproduire la richesse d'une pièce rehaussée de bois véritable. Les planches permettent de personnaliser la présentation et peuvent être clouées directement sur les colombages sans recourir à des cloisons sèches, à moins que le règlement municipal du service des incendies ne l'interdise. Le panneautage en planches est moins économique que le panneautage en feuilles et nécessite plus de temps pour l'installation et la finition, mais les résultats en valent la peine.

Panneautage préfini

Le panneau dur préfini est l'un des panneaux les moins chers. Parfois identifié sous le nom commercial Masonite, le panneau dur est souvent muni d'une couche supérieure finie en usine avec un motif de grain de bois. Les panneaux durs mesurent généralement 4 x 8 pi (et leur épaisseur varie de $1/8$ à $1/4$ po).

Le panneautage de contreplaqué préfini est offert dans une vaste sélection de couleurs, de motifs et d'épaisseurs. La plupart du temps, les feuilles mesurent 4 x 8 pi et leur épaisseur varie de $5/32$ po à $1/2$ po (la mesure la plus courante étant $1/4$ po). La face de chacun des panneaux est imprimée, gaufrée ou colorée avec du grain de bois ou d'autres effets décoratifs. Certains panneaux sont laminés avec un revêtement offrant une diversité encore plus grande. De plus, certains types de panneaux sont rainurés de façon à ressembler à des panneaux de bois.

Le panneautage en planches

Le panneautage en planches est offert dans une grande diversité de bois durs et tendres usinés spécialement à cette fin dans différents formats, soit de $3/8$ po à 1 po d'épaisseur, et diverses largeurs allant jusqu'à 12 po. Ces planches ont des bords munis de rainures et de languettes, ou à rive à mi-bois. De plus, les bords des planches peuvent être biseautés pour leur donner un aspect décoratif.

Installation d'un panneau en feuilles

MATÉRIEL : ▶ scie sauteuse ou à guichet • niveau à bulle d'air de 4 pi • marteau • ruban à mesurer • raclette

1 *Butez une des extrémités de la première feuille* dans un coin, puis ajustez l'autre extrémité contre un niveau de façon à ce que la feuille soit d'aplomb.

2 *Mesurez la hauteur et la largeur* des boîtes à usages multiples en vue de découper. Découpez-les avec une scie sauteuse ou à guichet.

Options de panneaux en feuilles

Type	Application
Standard 303	Nom d'une variété de patrons de parements APA.
Parement T1-11	Un panneau APA-303 à rainures verticales très utilisé.
Pin ou sapin	Généralement pour l'extérieur ; doit être peint ou teint.
Contreplaqué	Employé pour les plafonds de véranda ou comme lambris intérieur ; catégorie à peindre seulement.

Installation d'un panneau en planches

MATÉRIEL : ▶ scie sauteuse ou à guichet • cordeau et fil à plomb • pointe à tracer • raclette • niveau à bulles d'air

1 *Les murs doivent être fourrés* avec des bandes de fourrure pour assurer une surface de clouage égale. Calez toute région inégale.

2 *Une fois le fourrage complété,* clouez le premier panneau. Taillez et découpez le bord si le mur adjacent n'est pas d'aplomb.

• pistolet de calfeutrage ▶ panneau en feuilles • clous de finition ou à tige annelée • boiserie préfinie si nécessaire • produit de calfeutrage

3 *Au moyen d'un pistolet à calfeutrer,* appliquez une petite quantité (un cordon) de colle mastic dans un mouvement de zigzag sur la longueur de chacune des faces du bois de colombage.

4 *Prenez les mesures pour les découpages au fur et à mesure que vous devrez les effectuer.* Faites une marque de repère pour la découpe de la planche, percez un avant-trou et finissez de couper avec une scie sauteuse.

5 *Installez les sections de panneau* par-dessus la découpe. Employez une allonge de boîte de distribution électrique pour les sorties, si nécessaire.

Panneautage

Type	Application
Rive à mi-bois	Pour l'intérieur ou l'extérieur, usage vertical ou horizontal, les bords se chevauchent.
Languette et rainure	Pour l'intérieur ou l'extérieur, usage vertical ou horizontal, les bords se verrouillent.
Planche à gorge	Généralement un parement horizontal extérieur, les bords se chevauchent.
Panneau dur	Pour l'intérieur ou l'extérieur, doit être peint ou teint.
Plancher avec couvre-joints	Généralement pour l'extérieur, brut de sciage vertical, les couvre-joints chevauchent les bords.

Dissimuler les clous

Une façon simple et efficace de combler les trous formés par les clous et de réparer les défauts à la surface du bois consiste à utiliser un crayon de cire de couleur.

de 4 pi • perceuse • marteau • ruban à mesurer • crayon ▶ panneau en planches • clous de finition • fourrures • bande de chant au besoin

3 *Les planches auront des bords chevauchants* ou des accessoires à languettes et à rainures. Fixez les planches à la fourrure au moyen de clous de finition.

4 *Prenez les mesures pour les découpages au fur et à mesure* que vous devrez les effectuer. Faites une marque de repère pour la découpe de la planche, percez un avant-trou et finissez de couper avec une scie.

5 *Installez les sections de panneau* par-dessus la découpe. Employez une allonge de boîte de distribution électrique pour les sorties, si nécessaire.

Bois

Travaux de finition

La finition est à la fois pratique et décorative. Elle fait disparaître les bords inégaux et les coutures entre divers matériaux de construction intérieurs et extérieurs, et ajoute une touche spéciale à une maison. L'installation d'une boiserie peut s'avérer gratifiante si vous maîtrisez l'art de réaliser les différentes coupes d'onglet simples et obtenez un ajustement serré. Pour découper des onglets, il vous faut une bonne boîte à onglets et une scie à dos munie d'un nombre suffisant de dents au pouce qui permettront de réaliser des coupes précises sans faire éclater la moulure. Les scies à onglets sont en mesure de couper rapidement et efficacement les angles les plus complexes.

La boiserie est vendue au pied dans des longueurs variant de 6 à 14 pi. Essayez d'obtenir des longueurs pour couvrir tous les murs, d'un coin à l'autre. N'oubliez pas que plusieurs variétés de moulures réalisées à partir de bois tendre peuvent être à entures multiples ou nettes de nœuds. Les moulures à entures multiples sont plus économiques en raison des rapiéçages et doivent être peintes, alors qu'une boiserie nette de noeuds peut être teinte.

Types de moulures

Les centres de bricolage offrent des moulures de pin, de chêne et de peuplier dans une grande diversité de formes. Les contre-chambranles (cadrages) sont les premiers éléments de finition à installer autour des portes et des fenêtres, puis les moulures de base qui garnissent le mur à la hauteur du sol. Les moulures à gorge ou à couronne sont employées le long du mur au plafond et les moulures de coin sont utilisées dans les coins internes et externes pour dissimuler les coutures et protéger les coins.

Il est préférable d'acheter toutes les pièces de finition du même lot usiné afin d'éviter des écarts dimensionnels.

Assemblage à languettes

MATÉRIEL : ▶ fraiseuse à lamelles • serre-joints à coulisses • ruban à mesurer • crayon ▶ lamelles à grandes

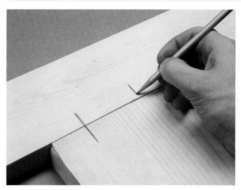

1 *Avant de découper,* placez les morceaux de bois comme si vous alliez les assembler et tracez des lignes de référence pour les languettes.

2 *Les rainures de languette* sont découpées avec une fraiseuse à lamelles, un outil qui réalise des coupes d'une profondeur et d'une largeur spécifiques à l'usage voulu pour la languette.

Profils de moulures courants

MOULURES DE BASE

Les moulures de base peuvent être aussi simples qu'un bois blanchi sur quatre faces (B4F) ou plus complexes avec des composants intégrés comme des quarts-de-rond des lèvres. La base coloniale (en haut) affiche un style plus traditionnel, alors que la base rustique ou Ranch (au centre) est courante dans les maisons modernes. La base contemporaine (en bas) est un article en stock ou facilement réalisé avec une toupie ou une scie.

CIMAISES

Ces moulures ont pour fonction de protéger les murs des dommages causés par les dos de chaises qui s'y heurtent. Elles ont évolué pour devenir une boiserie purement décorative servant à séparer visuellement des aires ouvertes ou à créer une démarcation entre la peinture, le papier tenture ou les panneaux. Il en existe de nombreux styles allant du simple au très sophistiqué.

Découpage de joints avec scie à dos

Pour réaliser des joints à onglets serrés, employez une lame de scie affûtée et une boîte à onglets ou une coupeuse à onglet afin d'obtenir une coupe angulaire nette. Testez le joint et si celui-ci ne se ferme pas étanchément, employez un rabot à recaler pour enlever une petite quantité de bois de la partie inférieure de la coupe. Faites attention de ne pas raboter le long de la ligne de coupe sur la face du joint. Ce découpage à la scie à dos permet d'assurer que les deux faces coupées se touchent.

Utilisez un rabot pour découper les bords à onglet à contre-profil, en arasant dans le sens du grain.

Pour obtenir des assemblages précis de 45 degrés, vous devez employer une scie affûtée et des lames de rabot.

particules • colle à bois jaune

3 *Vous avez le choix d'utiliser de la colle à bois blanche ou jaune pour les assemblages à languettes. Testez les languettes afin de vous assurer que la rainure est exempte de sciure de bois.*

4 *Les languettes à grandes particules, réalisées à partir de bois de hêtre comprimé, sont expansées lorsqu'elles sont collées pour s'adapter à l'ouverture, ce qui résulte en un joint étanche, non apparent.*

5 *Une fois les entailles remplies de colle, les languettes sont insérées dans les entailles et les sections de bois sont encastrées.*

COURONNES (O GEE)

Justement nommées, les moulures en couronne ou doucines sont souvent les plus élaborées et les plus coûteuses dans une pièce ; elles apportent une touche d'élégance presque n'importe où. Les styles vont des simples gorges larges de $7/8$ po aux couronnes faites sur mesure, de 1 pi ou plus d'un bout à l'autre. On peut les employer seules ou en multicouches avec d'autres moulures afin de produire un effet saisissant.

CONTRE-CHAMBRANLES (CADRAGES)

Les contre-chambranles sont probablement les moulures les plus utiles. Ils servent principalement à couvrir les ouvertures ou les joints entre les murs et les embrasures de fenêtre ou de porte. Étant donné qu'ils doivent être coupés à l'onglet dans les coins et à d'autres intersections, employez toujours des morceaux provenant du même lot pour vous assurer que les profils des moulures s'harmoniseront avec le décor une fois en place.

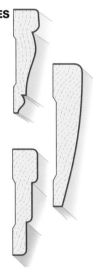

PROFILS

Bien qu'il existe de nombreux profils de moulure tout faits, le découpage peut s'avérer une forme d'art de menuisier. En combinant différents types de moulures et de morceaux équarris carrés, ayant quatre faces de dimensions égales, il est possible de créer des profils de moulures originaux à votre goût ou conformes à votre décoration intérieure. L'illustration de droite dans laquelle on voit quatre styles de base n'est qu'un exemple.

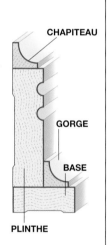

CHAPITEAU

GORGE

BASE

PLINTHE

Assemblage à contre-profil (gueule de loup)

L'assemblage à contre-profil permet d'harmoniser deux faces de moulures dans les angles intérieurs. Découpez le premier morceau de façon transversale et butez-le dans le coin. Découpez l'autre morceau dans un angle de 45 degrés en laissant la face exposée. Utilisez un crayon pour souligner le bord coupé et suivez cette ligne pour effectuer la seconde coupe avec une scie à découper, afin que la face découpée s'assujettisse de façon étanche avec le morceau de coin.

Découpez une face de 45 degrés à l'intersection du morceau de boiserie, puis taillez (chantournez) la découpe.

Utilisez une scie à découper pour découper à contre-profil le long de la ligne taillée (chantournée); limez le bord au besoin.

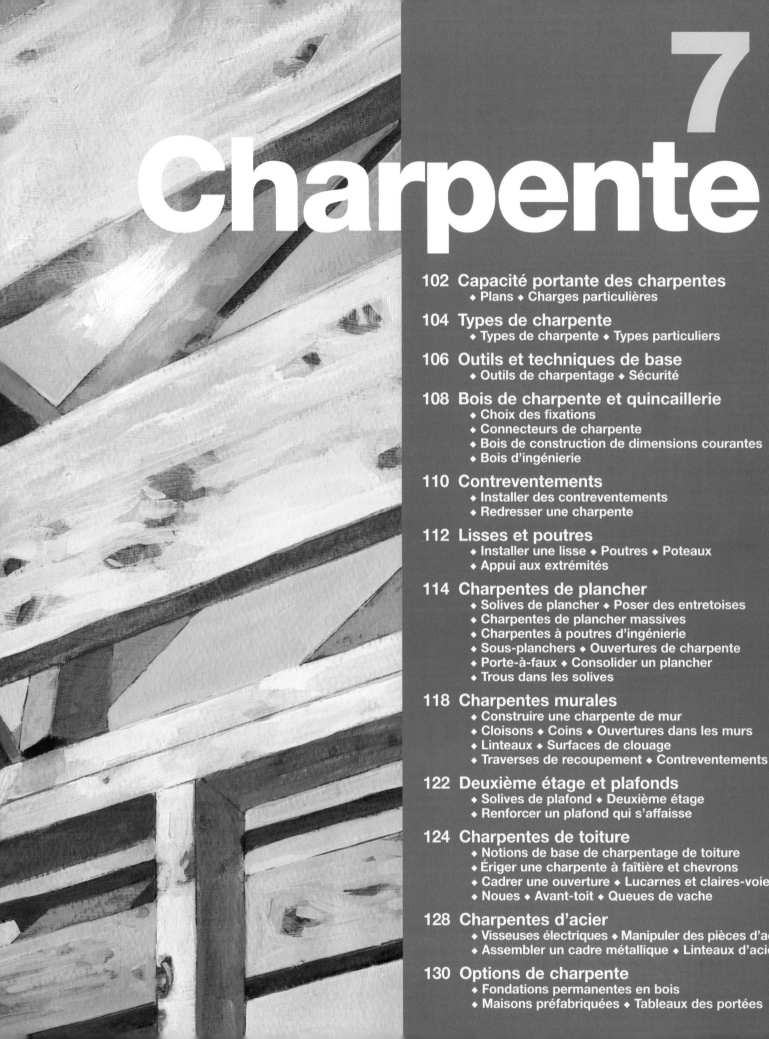

Charpente

7

Charpente

Notions de base de charpenterie

Seuls quelques bricoleurs s'attellent à la tâche de construire une charpente de maison. Toutefois, comprendre la charpenterie peut vous être utile pour des travaux de rénovation moins exigeants, comme ajouter ou enlever un mur intérieur, aménager un sous-sol, construire un hangar à outils ou ajouter une nouvelle pièce.

Capacité portante des charpentes

Pour mieux comprendre le fonctionnement d'un assemblage de charpente, imaginez celui-ci comme un réseau de courants aquatiques par lesquels les charges structurales se transmettent à partir de la toiture, à travers l'immeuble et les fondations, pour se terminer dans le sol. Ce réseau répartit les charges de la même manière qu'un courant d'eau recueille l'eau drainée du terrain avoisinant. Pareillement à l'eau, les charges prennent le chemin offrant la moindre résistance à son niveau le plus bas, conformément à la loi de la gravité. Puisque l'eau ne coule pas en remontant, la même chose s'applique pour la capacité structurale : la charge sur un chevron ne se transmettra pas soudainement au grenier pour aboutir au milieu du plancher ; la répartition s'effectue du chevron sur les structures en dessous.

Les charges doivent se répartir de la partie supérieure de la structure jusqu'aux fondations sans interruption. Lorsqu'il y a un blocage dans la transmission des charges, par exemple si vous avez oublié d'installer un linteau convenable au-dessus d'une porte, le poids au-dessus peut causer le coinçage de la porte. Les failles structurales peuvent également faire éclater les clous dans les cloisons sèches, fissurer les boiseries et causer d'autres problèmes.

Les planchers, piliers, colonnes, charpentes de toit et tous les murs extérieurs ont une capacité portante. Ils répartissent le poids de la structure et de tout ce qui s'y rattache à l'intérieur (incluant les personnes) ou à l'extérieur (comme les bardeaux). Bon nombre de murs intérieurs sont non porteurs. Ces cloisons ne font que diviser l'espace. Vous pouvez les sectionner pour aménager une ouverture ou les enlever complètement. Par contre, si vous sectionnez un mur porteur, vous devez tenir compte des charges qu'il supporte, par exemple en installant un linteau au-dessus de la porte. Consultez le service local d'urbanisme.

Types de charges

Les charges structurales consistent en poids morts, telle la masse des équipements mécaniques et des matériaux de construction, et en charges mobiles, tel le poids des personnes, fournitures, matériaux entreposés et neige sur le toit. Il existe d'autres types de charges : les forces de la nature telles fortes bourrasques et séismes. La conception d'une structure doit tenir compte des charges concentrées, forces gravitationnelles générées par un objet lourd à l'intérieur ou sur la partie supérieure d'une structure, tels un foyer, un chauffe-eau ou des équipements pour la toiture.

Aménagement en fonction des charges

Dans un plan d'aménagement résidentiel, la répartition normale des charges et des contraintes potentielles est normalement indiquée par le Code du bâtiment. Par exemple, les structures de plancher sont habituellement conçues pour résister à 40 livres de charges mobiles par pi^2 ; les charges sont réparties uniformément sur les solives et le revêtement de plancher, ce qui signifie qu'un pi^2 de plancher peut soutenir une personne ayant un poids nettement supérieur à 40 livres (18 kg). La structure ne s'écroulera pas si la charge est de 41 livres, mais les poutres peuvent commencer à fléchir (ou à s'infléchir, selon le terme utilisé en ingénierie). Comme le bois possède une capacité de résilience (élasticité), la charpente peut absorber les contraintes supplémentaires lorsqu'on saute ou on fait de la gymnastique. La limite normale de flexion (ou fléchissement s'il s'agit de poutres maîtresses) correspond à $1/360^e$ de la portée. Statistiquement parlant, cela signifie que des solives de plancher d'une longueur de 360 pi doivent être suffisamment résistantes pour que le fléchissement ne dépasse pas 1 pi lorsqu'elles supportent des charges mobiles comme des gens et du mobilier.

Répartition des charges

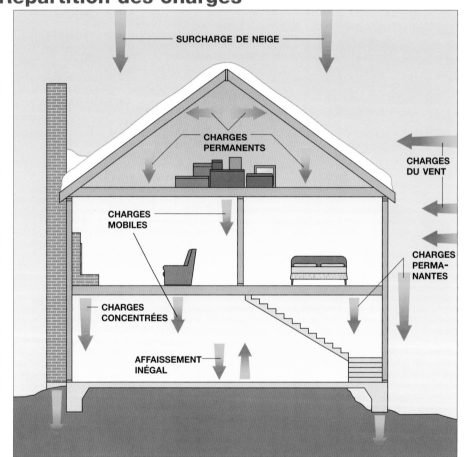

SURCHARGE DE NEIGE

CHARGES PERMANENTS

CHARGES DU VENT

CHARGES MOBILES

CHARGES PERMANENTES

CHARGES CONCENTRÉES

AFFAISSEMENT INÉGAL

La charge totale d'une structure peut être substantielle et doit être prise en considération pour la conception architecturale, l'aménagement et les dimensions des poutres et autres pièces de bois.

Plans

Le plan, qu'on appelle « bleu », indique la disposition détaillée d'un projet de construction. Pour les gros travaux, au moins deux copies du plan sont nécessaires : une pour l'inspecteur des bâtiments et une pour vous-même ; mais il en faudra d'autres pour les entrepreneurs. Un plan complet comporte un plan de terrain indiquant l'emplacement exact de la résidence selon les limites déterminées par un arpenteur, un plan pour chaque étage, les sections en construction ou surélevées, le plan de travail pour la finition, ainsi que les projets d'installation des portes et fenêtres.

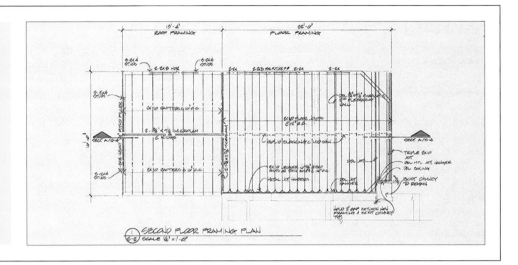

Charges particulières

Dans certaines régions, les résidences doivent pouvoir supporter des charges plus élevées que celles provenant des matériaux de construction, des personnes, des meubles et des conditions météorologiques. Les codes du bâtiment dans les régions propices aux ouragans, aux tremblements de terre et à d'autres forces extrêmes de la nature exigent des matériaux et des plans d'aménagement adaptés aux conditions locales. En plus de ces mesures protectrices, un architecte ou un ingénieur en bâtiment doit vérifier toute modification au plan ou autre modification structurale que souhaitent effectuer les résidants de ces régions.

Dans les régions propices aux ouragans, où de fortes bourrasques peuvent déchirer les toitures des maisons, causer des inondations graves ou entraîner un affaissement des structures, des ligatures résistantes aux séismes ou aux ouragans permettent de fixer solidement la toiture au reste de l'immeuble. On peut se procurer des connecteurs pour consolider tous les assemblages de charpente et relier toutes les pièces de charpente entre elles jusqu'aux fondations. La réglementation locale peut exiger des installations particulières. Dans la foulée de l'ouragan Andrew de 1992 en Floride (avec des vents atteignant 160 milles à l'heure, les combinaisons les plus résistantes consistaient en toitures à quatre versants (en croupe), de faible inclinaison, recouvertes de tuiles d'argile ou de ciment.

ATTACHES DE TOITURE

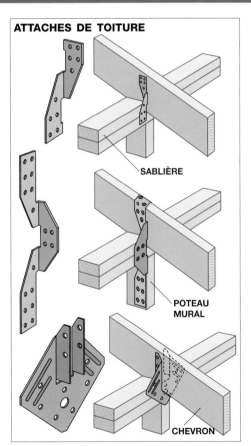

SABLIÈRE

POTEAU MURAL

CHEVRON

Les codes locaux du bâtiment peuvent exiger que vous installiez des chevrons ou des fermes en les clouant et en assemblant les joints avec des connecteurs.

ATTACHES MURALES

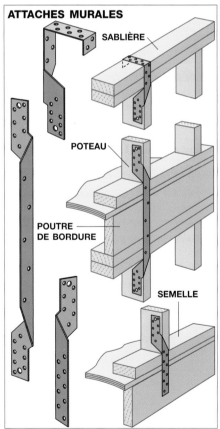

SABLIÈRE

POTEAU

POUTRE DE BORDURE

SEMELLE

Les ligatures pour fixer la charpente sont fabriquées d'acier plié pour s'adapter aux connecteurs de charpente habituels et elles sont perforées pour le clouage.

Charpente

Vieilles et nouvelles charpentes

Les propriétaires se plaignent souvent de la quantité de réparations à effectuer sur leurs nouvelles résidences. Plus souvent qu'autrement, les surfaces peintes récemment commencent à se détériorer après seulement une ou deux saisons froides, la charpente de bois sous les surfaces peintes s'assèche, se déforme, fait sauter les têtes de clou sur les murs, et des fentes apparaissent entre les panneaux de cloison. Quelques décennies auparavant, alors que la main-d'œuvre et les matériaux étaient relativement bon marché, ces problèmes étaient surmontés en vertu du principe : dans le doute, mettez-en plus que moins. De nos jours, le coût des chevrons de 2 x 12, comparativement aux 2 x 8, a rendu ce principe inapplicable. Même si le bois constitue une ressource renouvelable, les méthodes actuelles de construction permettent de bâtir des charpentes qui emploient une quantité moindre de bois sans faire l'économie de la solidité et de la durabilité.

Ce n'est pas une idée nouvelle. Regardez l'évolution des structures résidentielles depuis les cabanes en bois rond jusqu'aux constructions à ossature de bois, depuis l'époque où on employait des poutres de 8 x 8 ou plus jusqu'à nos jours de charpente moderne et standardisée. On a mis au point des charpentes de bois de haute technologie qui sont plus solides, même si elles nécessitent moins de bois, qui prennent moins de temps à construire et qui coûtent moins cher à fabriquer.

Méthodes de charpenterie modernes

La plupart des résidences construites aujourd'hui possèdent une ossature de bois à plate-forme. Cette méthode de charpenterie permet de diviser la structure en parties distinctes plus faciles à aménager que de l'installer tout d'un coup, et permet d'employer des pièces de bois plus courtes. C'est la meilleure méthode pour ériger un immeuble puisqu'il y a une charpente plate-forme pour chaque étage.

Des méthodes différentes de charpenterie sont cependant employées à divers degrés. Les vieilles techniques employant des billots de bois dégrossis pour bâtir une résidence ou basées sur une ossature de gros bois d'œuvre sont suffisamment en vogue pour qu'il y ait des magazines spécialisés dans ce type de construction. De nos jours, vous pouvez même apercevoir dans le sud-ouest des États-Unis des maisons construites en ballots de paille, une technique employée originellement par les colons du Nebraska dans les années 1880. L'ossature de certaines résidences est composée de pneus usagés, de pisé de terre, de blocs de béton légers ou d'une charpente d'acier.

Types de charpente

La charpente à claire-voie comportant de longs poteaux muraux qui vont des fondations jusqu'à la toiture fut largement employée dans les résidences à étages jusqu'au milieu du vingtième siècle. Ce type d'assemblage, qui bénéficiait d'une quantité industrielle de pièces de bois, permettait aux gens de construire avec des pièces de 2 x 4 et de 2 x 6 au lieu de poutres et piliers massifs. La qualité décroissante des pièces de bois, les règlements de prévention des incendies appliqués à chaque étage et l'utilisation de cloisons sèches au lieu de plâtre conduisirent les constructeurs à adopter le modèle d'ossature de bois à plate-forme.

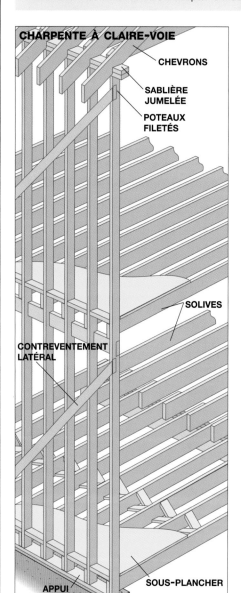

CHARPENTE À CLAIRE-VOIE

CHEVRONS

SABLIÈRE JUMELÉE

POTEAUX FILETÉS

SOLIVES

CONTREVENTEMENT LATÉRAL

APPUI

SOUS-PLANCHER

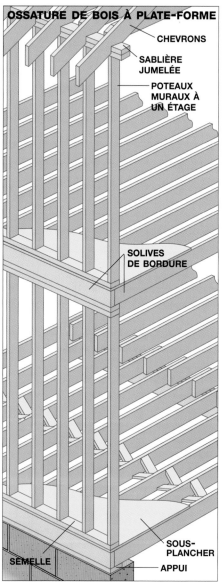

OSSATURE DE BOIS À PLATE-FORME

CHEVRONS

SABLIÈRE JUMELÉE

POTEAUX MURAUX À UN ÉTAGE

SOLIVES DE BORDURE

SEMELLE

SOUS-PLANCHER

APPUI

La plupart des résidences actuelles sont faites d'une ossature à bois avec des murs de 2 x 4 ou 2 x 6 à charpente de plate-forme, chaque étage étant construit séparément. Les murs sont cadrés sur des plates-formes et érigés sur place. De nombreuses toitures sont supportées par des fermes au lieu de chevrons isolés.

Types particuliers

Les maisons de rondins se démarquent par un type de charpente totalement différent. Pareillement aux murs de pierre, toute la structure est faite entièrement d'un matériau autoporteur. Même sans charpente, un rectangle fait de billots solides est exceptionnellement solide. Le chevauchement des coins à angle droit prend du temps à exécuter, mais ces derniers s'avèrent impossibles à défaire. Les habitations construites en rondins nécessitent toutefois des semelles résistantes en raison de leur poids élevé. De nos jours, la majorité des maisons en rondins sont disponibles en ensembles prêts-à-monter, comportant des rondins déjà taillés en usine aux dimensions et à la forme voulues avant d'être expédiés à votre emplacement.

Les charpentes à poteaux et à poutres nécessitent des travaux de charpentage de qualité supérieure, exigeant un savoir-faire traditionnel telle la technique d'assemblage à tenon et mortaise où les pièces s'imbriquent sans ajustement ; il faut aussi de la force pour transporter des poutres massives de la grosseur d'un tronc d'arbre jusqu'à votre résidence ou les scier sur les lieux. Les charpentes en poutres de bois sont plus solides et durables que les ossatures de bois, et les piliers et poutres massives peuvent être laissées tels quels à l'intérieur de la maison, simplement revêtus de panneaux de toiture préfinis et isolés. Contrairement aux maisons dont la charpente consiste en une ossature de bois, une structure complète à poteaux et à poutres peut comporter environ une centaine de pièces individuelles. Par conséquent, la charpente peut être érigée rapidement.

Les charpentes à perches présentent de nombreuses similarités avec les charpentes métalliques. Ce type de structure ne repose pas sur des fondations habituelles, étant plutôt ancrée dans le sol à des endroits précis, tout comme les perches enfoncées pour construire un quai. Les perches sont disposées pour former une grille et sont rattachées aux poutres supportant les planchers et la toiture. Toutes les charges structurales se déplacent à travers les perches, qui ont le diamètre d'un poteau de téléphone ou sont plus grosses encore. Les charpentes à perches constituent des ossatures économiques, employées depuis belle lurette dans la construction d'étables. Elles permettent d'aménager des pièces d'habitation vastes et aérées comportant des plafonds élevés, et conviennent bien à la construction sur un emplacement à forte pente.

Bâtiments en pisé de terre et bois de corde

On fabrique les murs en pisé de terre en tassant un mélange de sol tamisé et de ciment dans des coffrages extrêmement robustes.

Il existe plusieurs techniques de construction qui ne font pas appel au bois de construction de dimensions courantes ou au béton. Cette maison en pisé de terre (à gauche), une variante d'un des types de construction les plus anciens, consiste en murs faits de couches compactes de terre et de ciment. La maçonnerie en bois cordé (à droite) présente des murs épais isolants faits de rondins courts retenus en place par un mortier spécial. Plusieurs modes de construction différents ont déjà fait leurs preuves, mais vous devrez peut-être convaincre votre service d'urbanisme si vous voulez obtenir un permis pour construire selon l'une de ces techniques.

Cette maison en bois cordé proche de la frontière canadienne est chauffée avec un poêle à bois.

Charpente

Outils de charpentage

Peu importe l'envergure du projet, qu'il s'agisse d'un placard ou d'une maison entière), le charpentage nécessite un plan d'ensemble, un marquage et un découpage détaillé et précis. Comme une erreur de mesure de seulement ¼ po peut résulter en une charpente médiocre, il est fort utile d'investir dans l'achat d'outils de qualité supérieure, qui vous permettront d'exécuter un travail précis et bien fait, pourvu que vous sachiez les utiliser.

Les 15 dernières années ont vu une prolifération d'outils de construction, des boîtes à onglets et niveaux à laser aux perceuses informatisées et hygromètres de haute technologie. Mais un grand nombre d'entre eux coûtent cher. Bien que certains puissent faciliter l'exécution du travail, il reste quelques outils manuels et électriques courants et abordables permettant d'effectuer correctement des travaux de charpentage.

Les outils manuels de charpentage les plus familiers incluent le marteau de charpentage, la scie, l'équerre de charpente, le boîtier de cordeau, le ruban à mesurer et le niveau à bulle d'air. Les modèles de base de ces outils datent de l'Antiquité ; bien qu'ils aient connu des améliorations au cours du temps, ils n'ont pas beaucoup changé.

Certains progrès ont entraîné la création d'outils spécialisés qui facilitent et accélèrent l'exécution des travaux de charpentage. Les marteaux à panne droite sont utiles pour arracher et insérer des pièces, et peuvent également servir de hache, si nécessaire. Les rubans à mesurer présentent des tracés préétablis sur leur lame pour l'installation de poutres et de poteaux. Les équerres de charpentier sont pourvues de tableaux permettant de calculer les angles et de déterminer les longueurs des chevrons.

SÉCURITÉ

▶ **Portez des lunettes de protection** lorsque vous maniez des outils électriques. C'est particulièrement important durant tout travail produisant des copeaux voletants de bois ou de maçonnerie. Enfilez un masque antipoussières lorsque vous coupez du bois traité sous pression.

▶ **Les échelles et échafauds** doivent être approuvées par la les autorités compétentes (la Loi sur la santé et la sécurité au travail au Québec). Un dispositif personnel à longe et amortisseur comportant un harnais de sécurité qui s'accroche à la charpente peut prévenir une chute dangereuse d'un deuxième étage ou d'une toiture.

Pour mesurer

Le ruban à mesurer (à bobine) d'une longueur variant entre 50 et 100 pi vous permet d'éviter les erreurs de calcul lorsque vous marquez les longues pièces de charpente.

Le ruban escamotable de 25 pi est utile pour mesurer et marquer (la plupart des charpentes de mur, plancher ou toiture.

La règle en bois pliante présente une rallonge qui facilite le mesurage précis entre des pièces de charpente.

Pour sectionner le bois

La scie circulaire de 7½ po constitue le meilleur modèle pour les bricoleurs. Des modèles plus petits peuvent sectionner des pièces de bois de 2 po d'épaisseur.

La scie à onglets électrique est utile pour sectionner de nombreuses pièces de bois à la même taille et effectuer les travaux de boiserie.

La scie alternative est un outil qui coupe grossièrement les matériaux ; elle est d'usage courant pour les travaux de démolition ou effectués dans des espaces restreints.

Clouer

Les marteaux de charpentier comportent des pannes droites et des têtes plus massives, et peuvent enfoncer rapidement des clous de grosseur 16d dans le bois.

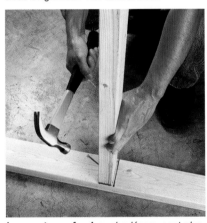

Les marteaux fendus, plus légers, sont plus faciles à contrôler pour des travaux tel que le clouage en biais des poteaux.

Les outils d'assemblage actionnés à la poudre de canon permettent de raccorder des pièces de bois et du béton plus facilement qu'un simple clouage.

Mettre à l'équerre

L'équerre de charpente est un outil commode pour vérifier l'agencement des poteaux, l'alignement des armoires et le marquage des longues coupes.

L'équerre combinée est munie d'une lame escamotable et constitue l'outil de marquage le plus performant pour le charpentage.

La fausse équerre possède un pivot réglable entre la lame et le manche afin d'effectuer des coupes en biais.

Horizontalité et verticalité

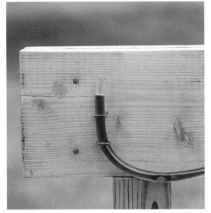

Les niveaux à eau sont pourvus d'un tube contenant un liquide coloré, qui se déplace du haut vers le bas, mais qui demeure de niveau à chacune des extrémités.

Les niveaux à bulle d'air sont offerts en diverses longueurs, mais un modèle à 4 pi constitue le niveau idéal pour effectuer des mesures précises sur les poteaux et les poutres.

Augmentez la portée utile d'un niveau en le déposant sur une longue pièce droite de bois de 2 x 4.

Charpente

Choix des fixations

Les fixations le plus employées dans le charpentage demeurent les clous 16d. Par ailleurs, les cours à bois, les centres de rénovation et les quincailleries offrent un large éventail d'accessoires pour consolider l'assemblage de pièces de bois de charpente. On trouve par exemple des étriers, qui sont des supports en U comportant des brides ajourées qui peuvent être clouées ; ils servent à soutenir des chevrons ou des solives et à les rattacher à une pièce de bois attenante.

Les bricoleurs enfoncent souvent les clous incorrectement ou emploient des grosseurs inadéquates. L'utilisation d'étriers constitue un filet de sécurité, particulièrement sur les vieilles surfaces où l'espace est trop restreint pour clouer les extrémités et où vous devez enfoncer les clous en biais. Pour les nouvelles surfaces, consulter la réglementation en vigueur concernant les accessoires de fixation pour poutres.

Choisir le type de clou et la grosseur convenable ne doit pas être effectué au pifomètre. Les fixations sont conçues pour des usages spécifiques ; votre marchand de bois ou votre quincaillier a des manuels de références qui indiquent des usages précis. Vous devez assembler les pièces de bois d'une charpente en employant la grosseur recommandée et un nombre exact de clous. Si vous envisagez d'effectuer des travaux de construction avec du bois, il vaut la peine de consulter un manuel de charpenterie pour apprendre à assembler correctement les pièces de bois. Les matériaux de couverture nécessitent des fixations à installer avec précision. La longueur des clous, la forme des têtes et la quantité nécessaire de matériaux de couverture à installer sur des surfaces de dimensions variables sont précisées dans ces manuels.

Fixations

La plupart des pièces de charpente sont assemblées avec des clous ordinaires galvanisés par immersion à chaud. Ces clous offrent une résistance maximale à l'arrachement lorsqu'ils sont enfoncés à travers la face d'une pièce de bois sur les veines d'extrémité d'une autre. Les clous enfoncés obliquement sont moins résistants. Les tire-fond ou les boulons de carrosserie, en remplacement de clous, sont couramment utilisés pour des gros assemblages de pièces de bois, par exemple un longeron de terrasse de 2 x 10 rattaché à la charpente de la maison.

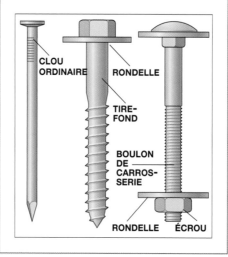

Connecteurs de charpente

Les connecteurs de charpente sont nécessaires sur les poutres de plancher, mais vous pouvez également les utiliser à d'autres endroits pour renforcer des assemblages cloués. Par exemple, si vous devez ajouter des poteaux entre une sablière jumelée existante et une semelle, il faudra les clouer en biais, travail souvent difficile à exécuter pour un bricoleur. Pour un travail plus sécuritaire, employez des connecteurs galvanisés et enroulés cloués aux pièces mentionnées.

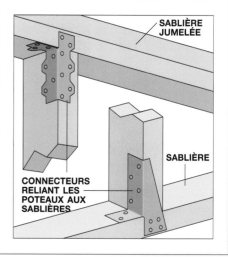

Bois de construction de dimensions courantes

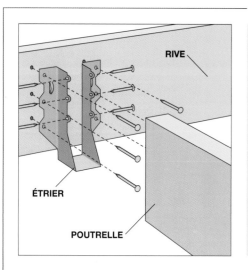

Les charpentiers d'expérience ont une telle confiance en leurs schémas qu'ils peuvent clouer une série d'étriers et y assembler les poutres pour un clouage définitif. Les bricoleurs, par contre, auraient intérêt à installer les poutres en premier (certains charpentiers le font aussi). Vous pourrez ainsi faire des ajustements mineurs et vous assurer que chaque poutre est de niveau avec les lambourdes ou chevêtres contre-boutants. Si nécessaire, vous pouvez enfoncer quelques clous en biais çà et là pour déplacer une poutre. Installez ensuite les étriers et fixez solidement les connecteurs.

Clouer à travers les brides ajourées permet de fixer les planches de bois à l'étrier, qui les relie entre elles.

Classes particulières

Le bois traité sous pression *constitue un choix approprié pour les lisses basses, boulonnées aux fondations sur un panneau isolant.*

La plupart des cours à bois *doivent passer une commande spéciale pour certaines classes et tailles particulières de bois, telle cette énorme poutre de séquoia.*

Qualité du bois

Deux pièces de bois de 2 x 4 de la même longueur devraient peser à peu près le même poids. Soyez sur vos guets si l'une est plus lourde : elle est saturée d'eau, même si elle est estampillée S-DRY (bois raboté à l'état sec). Le niveau d'humidité du bois de charpente doit se situer en dessous de 20 %. S'il est plus élevé, même un poteau droit pourrait gauchir une fois cloué, en raison de l'évaporation graduelle de l'excédent d'eau de la fibre du bois.

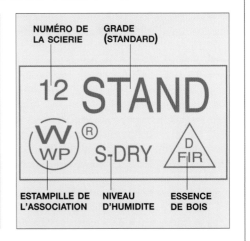

NUMÉRO DE LA SCIERIE   GRADE (STANDARD)

12 STAND

(W WP) ® S-DRY △ D FIR

ESTAMPILLE DE L'ASSOCIATION   NIVEAU D'HUMIDITE   ESSENCE DE BOIS

Triez, si possible, la marchandise en stock *pour écarter les pièces de bois trop grosses et déformées comportant des défauts visibles.*

Le meilleur bois de charpente *a tendance à être plus léger (ce qui signifie plus sec) et plus droit, de sorte qu'il reste stable une fois cloué.*

Bois d'ingénierie

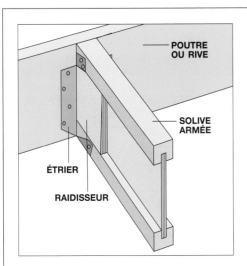

POUTRE OU RIVE

SOLIVE ARMÉE

ÉTRIER

RAIDISSEUR

Envisagez d'utiliser du bois d'ingénierie pour les gros travaux qui exigent du bois en grande quantité ou lorsque le plan requiert des pièces de bois coûteuses de longue portée. Le bois d'ingénierie le plus courant est le bois de construction contreventé comportant des parties supérieure et inférieure faites de bois solide et une partie centrale en contreplaqué. Le bois lamellé-collé est également offert en longs formats, par exemple des solives de 32 pi, suffisamment solides pour être réglementaires lorsqu'elles sont installées en présentant un axe de 24 po sur un support central.

Si vous employez du bois d'ingénierie, *vous devrez planifier soigneusement les travaux et commander des connecteurs de charpente spécifiques pour effectuer les assemblages correctement.*

Charpente

Installer des contreventements

Comme les charpentiers compétents installent des dizaines de contreventements durant la construction, il est normal de se demander si une partie de ce renforcement temporaire ne devrait pas rester à demeure dans la charpente. Or, les contreventements permanents sont employés à d'autres fins que les pièces temporaires.

Règle générale, les contreventements temporaires servent à conserver l'horizontalité et la verticalité de diverses parties de la charpente avant que la structure entière ne soit assemblée et couverte d'un revêtement. Il est facile de déloger un coin d'aplomb d'un mur en fixant et en clouant le mur attenant. Pour éviter un réajustement constant lorsque celui-ci est correctement aligné, il est recommandé de le maintenir avec des contreventements temporaires.

Contreventements permanents

En retirant les contreventements temporaires, on constate qu'il y a plusieurs endroits où un renforcement supplémentaire et permanent est possible. Un de ces endroits est le cadre d'une porte coulissante qui se ferme (ou s'ouvre) de l'extérieur. Les panneaux de vitre renforcée d'une largeur de 3 ou 4 pi sont si massifs que, à moins de les refermer

lentement, ils risquent d'abîmer la charpente. Bien que ce type de porte soit suffisamment résistant pour absorber les chocs multiples, cela risque à la longue de desserrer les clous des boiseries, des cloisons sèches et de la charpente attenante, et de causer des situations désagréables pouvant aller de clous de panneaux qui sautent jusqu'à un mauvais alignement de la serrure de porte.

Pour assurer une meilleure solidité, fixez de courtes pièces horizontales de 2 x 4 (ou 2 x 6, selon la grandeur du cadre) entre les poteaux jumelés attenants au montant (cadre de porte) et les poteaux suivants dans le mur. Vous pouvez installer deux contreventements horizontaux à chaque cadre d'ouverture, divisant l'espace vertical en trois parties. Ce procédé relie environ 32 po de l'ossature d'un mur, concentrant la force et la rigidité contre la porte.

Il est conseillé de prévoir des charges ou des montages particuliers en installant des contreventements encastrés (qu'un charpentier peut très bien considérer comme des bandes de clouage). Ceux-ci peuvent être constitués de courtes sections de 2 x 4 fixés horizontalement entre des poteaux, ce qui permettrait par exemple d'y fixer une pharmacie de salle de bains, ou de 2 x 4 pleine longueur destinés à servir de support à une feuille de cloison sèche.

Contreventement des coins d'angle

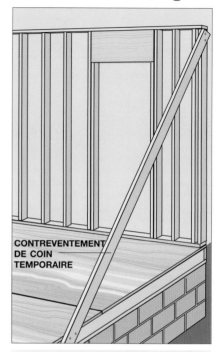

CONTREVENTEMENT DE COIN TEMPORAIRE

Une fois que vous avez pris le temps et fait les efforts nécessaires pour aligner verticalement un coin ou un mur entier, fixez-le en installant un contreventement de 2 x 4. N'enlevez pas ce dernier tant que la charpente n'est pas terminée. Vous pouvez clouer le contreventement sur l'extérieur de la charpente pour que celui-ci ne nuise pas au travail.

Murs d'appui temporaires

Pour prévenir l'affaissement des poutres ou des chevrons de plafond se trouvant au-dessus d'une nouvelle ouverture dans un mur, érigez un mur d'appui temporaire avant de retirer toute charpente. Encadrez celui-ci avec des pièces de bois d'une largeur comparable à celle des pièces déjà présentes dans le mur et espacez-les de la même distance (entraxe de 16 po). Dans le doute, ajoutez des poteaux de 2 x 6 tous les 12 po. Et n'oubliez pas de répartir les charges en dessous du rez-de-chaussée, là où elles ne sont pas supportées par les fondations.

Pour réduire au minimum les dommages aux endroits du plafond et du plancher entrant en contact avec la structure temporaire, installez les poteaux temporaires directement sous les solives de plafond et au-dessus de celles du plancher, si possible. Il faut quand même répartir les charges correctement en clouant de biais les extrémités supérieure et inférieure des poteaux (diagonalement) à de larges planches (2 x 6 ou 2 x 8.)

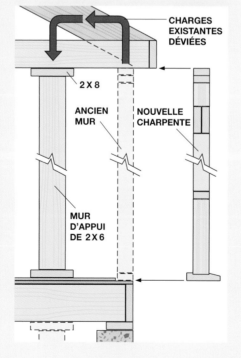

CHARGES EXISTANTES DÉVIÉES

2 X 8

ANCIEN MUR

NOUVELLE CHARPENTE

MUR D'APPUI DE 2 X 6

Redresser une charpente

MATÉRIEL : ▶ pince-câble (avec câbles d'acier et

1 *Un pince-câble* est un dispositif permettant d'agripper deux câbles. Vous pouvez ancrer ceux-ci n'importe où sur la charpente (ou à proximité) que vous désirez renforcer.

Contreventement

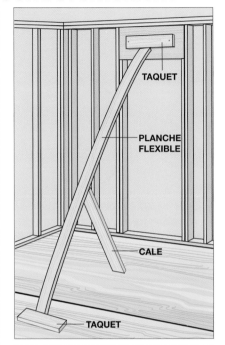

TAQUET

PLANCHE
FLEXIBLE

CALE

TAQUET

Une des méthodes employées pour exercer une pression suffisante qui permet de rectifier les déformations et les courbures dans les murs de charpente consiste à installer un contreventement flexible. Clouez un contreventement plat de 2x (d'une longueur d'au moins 8 pi) à des taquets sur le sous-plancher et sur le mur, et remettez le mur d'aplomb en coinçant une cale de 2 x 4 entre le contreventement et le sous-plancher.

Gauchissement

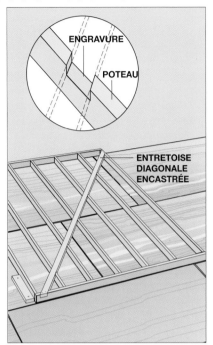

ENGRAVURE

POTEAU

ENTRETOISE
DIAGONALE
ENCASTRÉE

Une entretoise diagonale facilite un alignement correct des poteaux et consolide le mur jusqu'à l'installation du recouvrement. Les entretoises encastrées rendent cette consolidation permanente. Fabriqués de pièces de 1 x 4 (ou de pièces métalliques en forme de L), ces contreventements s'enchâssent dans les engravures des parements de poteaux.

Écartement

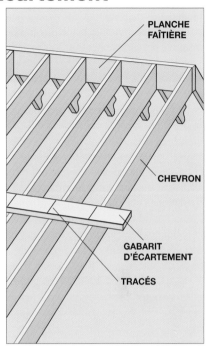

PLANCHE
FAÎTIÈRE

CHEVRON

GABARIT
D'ÉCARTEMENT

TRACÉS

Pour que les longues pièces séquentielles des chevrons ou des poutres conservent le même écartement durant le charpentage, reproduisez sur une pièce de 2 x 4 (servant de gabarit temporaire) les tracés prévoyant un écartement de 16 po d'entraxe entre les pièces et installez ce gabarit en plein milieu des poutres pour les aligner correctement. Retirez le gabarit pour clouer le recouvrement à la charpente.

crochets) • lunettes de protection • gants de travail ▶ semelles de bois

2 *Rattachez le crochet et le câble* se trouvant à une des extrémités du pince-câble au coin de la charpente à remettre d'aplomb.

3 *Les pince-câbles* peuvent se rattacher aux câbles au moyen de crochets. Assurez-vous qu'il y a une bonne longueur de câble de votre côté avant de tourner la manivelle.

4 *En tournant la manivelle,* le pince-câble se transforme en mécanisme à crochet et serre suffisamment le câble pour aligner correctement un poteau en position verticale.

Charpente

Sur les fondations

La plupart des maisons ont des fondations de béton coulé ou de blocs de béton. La charpente ne se trouve pas directement sur les fondations, mais plutôt sur des pièces de bois traitées sous pression de 2 x 4 ou 2 x 6. Ces pièces, qu'on appelle lisses ou longrines de fondation, sont reliée aux fondations par des boulons d'ancrage de 1/2 po, espacés sur la dalle de 4 à 6 pi (ou jointoyés dans le mortier entre les cloisons des blocs de béton) ou par des boulons à ailettes qui les immobilisent comme des étriers.

Les lisses, qui servent d'intermédiaire entre les fondations et la charpente, constituent l'ultime solution pour redresser des fondations. Il faut appliquer un scellant entre les lisses et les fondations, ordinairement un produit de calfeutrage ou une bande d'isolant en fibre de verre. Dans les régions vulnérables aux ravages des termites, installez un bouclier anti-termites au-dessus des fondations avant de calfeutrer.

Lorsque vous installez les lisses sur les boulons d'ancrage, leurs extrémités extérieures doivent s'aligner avec celles de la dalle ou du mur de fondation, à moins que les fondations ne soient pas droites. Dans cette situation, une inadéquation est acceptable, car il est plus important d'ajuster parfaitement le niveau des lisses. Assurez-vous qu'elles sont de niveau en posant des cales, si nécessaire. Un alignement incorrect des lisses peut vous causer des maux de tête lorsque vous devrez ériger les charpentes des portes, des murs et même de la toiture.

Poutres

Si vous désirez un sous-sol vaste sans cloisons ni colonnes pour diviser l'espace, alors la charge entière du plancher devra être répartie sur les murs du périmètre. Posez une poutre sous celles du plancher pour répartir la charge au milieu de la portée. Chaque extrémité de la poutre sera enchâssée dans une entaille dans le mur de fondation. Des poutres d'acier en I sont requises pour de longues portées, tandis que, pour des portées plus courtes, des poutres de type lamellé-collé, fabriquées avec des 2 x 4 ou du bois usiné et moins coûteuses conviendront.

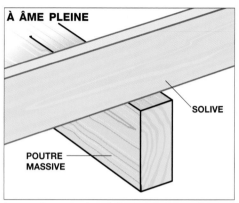

À ÂME PLEINE

SOLIVE

POUTRE MASSIVE

Les poutres massives à âme pleine d'une largeur de 3 1/2 pi sont généralement utilisées lorsqu'elles sont destinées à être exposées sous la charpente de plancher.

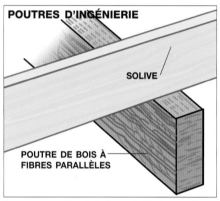

POUTRES D'INGÉNIERIE

SOLIVE

POUTRE DE BOIS À FIBRES PARALLÈLES

Les poutres d'ingénierie sont offertes en plusieurs modèles, notamment en lamellé-collé, un type plus résistant aux charges que les poutres à âme pleine.

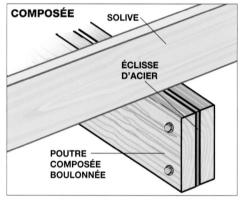

COMPOSÉE

SOLIVE

ÉCLISSE D'ACIER

POUTRE COMPOSÉE BOULONNÉE

Dans des situations de charges exceptionnelles, vous pouvez employer une poutre composée (pièce d'acier boulonnée entre deux poutres de bois).

Installer une lisse

MATÉRIEL : ▶ scie circulaire • équerre combinée • ruban à mesurer • crayon • perceuse • brosse métallique • clé à douilles ▶ lisse basse traitée sous pression de 2 x 6

1 Posez la lisse (habituellement un 2 x 6) sur le mur de fondation et employez une équerre combinée pour déterminer l'emplacement des boulons d'ancrage.

2 Mesurez le long de la marque pour reproduire la distance du boulon à partir de l'extérieur du mur sur la lisse et percez un trou.

3 Posez une feuille de mousse mince, servant de scellant pour lisses, sur le mur de fondation, qui comblera l'espace entre la surface irrégulière du mur et la lisse.

COMPOSITE

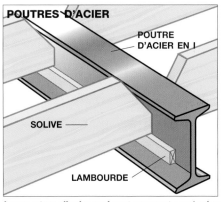

SOLIVE

POUTRE
COMPOSITE

La plupart de ces poutres sont faites de deux ou trois pièces de bois de 2 x 10 ou 2 x 12 reliées. Plus les pièces sont larges, plus la portée peut être grande.

POUTRES D'ACIER

POUTRE
D'ACIER EN I

SOLIVE

LAMBOURDE

Les poutres d'acier en I sont rarement employées en construction résidentielle, mais elles peuvent être combinées avec des solives de plancher normales.

Appui aux extrémités

Les poutres reposent fréquemment sur des entailles dans le mur ou sur des appuis à chaque extrémité du mur de fondation. La plupart des codes du bâtiment exigent que les entailles aient une profondeur minimale de 4 po pour que la charpente soit en mesure de soutenir les charges. Posez les poutres sur une plaque d'acier afin de prévenir la pourriture du bois. Prévoyez ½ po d'espace sur les deux côtés pour assurer une aération adéquate. Si les entailles n'offrent pas le support nécessaire prévu, soulevez les poutres au niveau des lisses (ce qui soulèvera également le plancher) ou installez-les sur des pilastres ancrés dans les fondations.

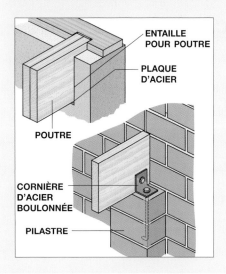

ENTAILLE
POUR POUTRE

PLAQUE
D'ACIER

POUTRE

CORNIÈRE
D'ACIER
BOULONNÉE

PILASTRE

Poteaux

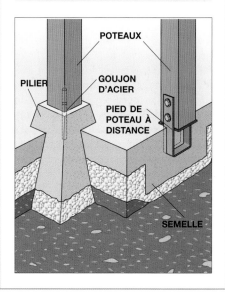

POUTRE

TUYAU
D'ACIER

SABLIERE
D'ACIER

POUTRE

CAPUCHON
DE POTEAU

POTEAU
DE BOIS

Dans plusieurs type de poutre, il y a un point d'utilité décroissante. Vous pouvez ajouter des planches de bois à la poutre pour augmenter son épaisseur afin qu'elle ait une portée supérieure, mais si vous devez installer trois planches de 2 x 10, il est plus économique d'installer un poteau. Vous pouvez employer des poteaux de bois ou d'acier, fixés solidement à chaque extrémité. Certains poteaux d'acier sont munis d'un capuchon en acier ajustable qui vous permet de soulever légèrement la poutre afin de prévenir un affaissement potentiel.

POTEAUX

PILIER

GOUJON
D'ACIER

PIED DE
POTEAU À
DISTANCE

SEMELLE

• scellant pour lisses de fondation • boulons d'ancrage et rondelles

4 *Le filetage des boulons d'ancrage est souvent incrusté de béton et doit être nettoyé avec une brosse métallique avant que vous y vissiez un écrou.*

5 *Posez la lisse sur la feuille de mousse de façon à ce que les boulons d'ancrage puissent ressortir. Placez une rondelle large sur chacun des boulons, puis vissez les écrous.*

Charpente

Solives de plancher

Une fois les lisses et les poutres installées, l'étape suivante consiste à construire la charpente du plancher, un assemblage rectangulaire de solives et de poutres de bordure reliées par leurs extrémités. Les feuilles de contreplaqué de 4 x 8 pour le sous-plancher seront clouées directement sur cette charpente. Avant de poser les solives sur les lisses, prenez des mesures pour obtenir un entraxe de 16 po, sauf pour la deuxième. Comme les feuilles de contreplaqué du sous-plancher seront clouées de niveau avec l'arête extérieure du tablier de plancher, l'entraxe entre la première solive et la deuxième sera en réalité de seulement 15 1/4 po. Pour arriver à égalité avec la bordure extérieure du plancher, la feuille devra dépasser de 3/4 po le centre de la première solive. Par conséquent, la deuxième doit être rapprochée de 3/4 po pour compenser.

Lorsque vous mesurez les solives, déduisez l'épaisseur des poutres de bordure clouées à leurs extrémités. Ces poutres consolident et alignent les extrémités des solives de plancher. Elles offrent également des bordures nettes auxquelles on peut rattacher le sous-plancher. Consultez un tableau de portée des solives de plancher à votre service d'urbanisme pour connaître la longueur et la hauteur admissibles d'une solive en fonction d'une charge donnée. Pour vous conformer à la réglementation, vous devrez probablement rajouter des poteaux de support ou employer une autre catégorie de bois que celle prévue initialement.

Ouvertures brutes

La plupart des planchers faits de solives ont des ouvertures pour permettre la construction de cages d'escalier ou de cheminées. Les éléments de charpente employés pour ménager ces ouvertures se nomment « chevêtres » lorsqu'ils sont installés parallèlement aux solives de plancher et « linçoirs » lorsqu'ils sont placés perpendiculairement aux solives. Ils ont la même dimension que les solives de plancher, mais ils sont doublés pour fournir le renforcement nécessaire au plancher et répartir les charges autour des ouvertures. Pour s'assurer que les ouvertures de charpente soient stables et solides, il faut relier les solives par des étriers métalliques.

Les espaces entre les solives constituent des ouvertures naturelles pour le passage des canalisations, tuyaux de plomberie et câbles électriques ; par contre, il faut fréquemment ménager des ouvertures à travers les solives pour assurer le passage de tuyaux et de fils de câblage. Le Code du bâtiment détermine où il est possible de faire des ouvertures, ainsi que la grandeur admissible. Consultez la section « Trous dans les solives » à la page 117 pour en savoir plus long.

Charpentes de plancher massives

Les raccordements les plus courants en charpenterie consistent en une pièce qui s'aboute à une autre (à angle droit). Cette forme en T est courante aux jonctions des poteaux avec les lisses basses et les sablières, et des solives de plancher avec les linçoirs. Pour clouer ces pièces, il faut employer la méthode la plus utilisée en charpenterie : le clouage perpendiculaire ou de face. Premièrement, il faut que le poteau ou la solive forme un angle droit avec l'autre pièce (vous pouvez tracer des contours à angle droit en vous servant d'une équerre combinée). Ensuite, il faut frapper le clou à travers une planche perpendiculairement à sa face pour que celui-ci s'enfonce dans le centre de la face de l'autre pièce.

De grosses pièces de charpente de plancher massives nécessitent des boulons et des chapeaux de poteau renforcés pour empêcher que la structure bouge.

Charpentes à solives

Les modèles de la plupart des solives présentent la forme d'un I, les parties supérieure et inférieure ayant une bonne épaisseur, alors que la partie centrale est plutôt mince. Celle-ci, une pièce de contreplaqué ou un panneau gaufré OSB de 1/2 po d'épaisseur, est si mince qu'elle peut facilement se fendre, même si vous clouez suffisamment bien. Vous pouvez fixer les parties supérieure et inférieure aux endroits où il y a davantage de bois, mais pour les assembler correctement et en toute sécurité, il faut employer des étriers métalliques. Au Canada, le Code national du bâtiment oblige tout fournisseur de poutrelles à se soumettre aux critères de vibrations réduites (CVR). Donc celui-ci doit fournir un plan de montage détaillé.

Les solives sont moins épaisses qu'une poutre de bois mais sont aussi solides.

Poser des entretoises

On ne sait pas très bien si les planchers munis d'entretoises sont plus solides, mais la plupart des gens sentent une différence quand on a ajouté des entretoises entre les solives. Celles-ci relient les solives et peuvent prévenir le gauchissement où la partie inférieure des pièces ne comporte aucune protection (par exemple, au-dessus d'un vide sanitaire.) Il existe trois catégories d'entretoisements : les entretoises pleines sont fabriquées du même bois que la solive, les entretoises obliques ou angulaires traditionnelles sont fabriquées de pièces 5/4 x 3 coupées de biais ; les entretoises métalliques (en X) sont pourvues de bandes diagonales formant une croix.

MATÉRIEL : ▶ équerre combinée • ruban à mesurer

1 *Les entretoises pleines ou massives* s'insèrent entre les solives selon une disposition décalée, ce qui vous permet de clouer leurs extrémités à chaque solive.

RACCORDEMENT PERPENDICULAIRE AU MUR DE FONDATION

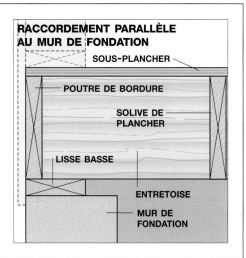

- SOUS-PLANCHER
- POUTRE DE BORDURE
- SOLIVE DE PLANCHER
- LISSE BASSE
- MUR DE FONDATION

RACCORDEMENT PARALLÈLE AU MUR DE FONDATION

- SOUS-PLANCHER
- POUTRE DE BORDURE
- SOLIVE DE PLANCHER
- LISSE BASSE
- ENTRETOISE
- MUR DE FONDATION

RACCORDEMENT À UNE POUTRE À ÂME PLEINE

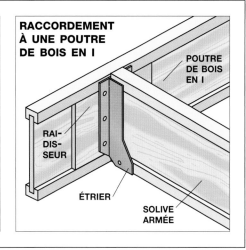

- POUTRE COMPOSITE
- ÉTRIER
- SOLIVE ARMÉE

RACCORDEMENT À UNE POUTRE DE BOIS EN I

- POUTRE DE BOIS EN I
- RAI-DIS-SEUR
- ÉTRIER
- SOLIVE ARMÉE

Entretoises métalliques

Une bride de clouage à chaque extrémité de l'entretoise repose sur une solive, tandis que l'autre bride se trouve en dessous d'une autre solive.

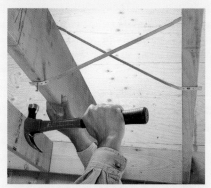

Les entretoises en X fixent solidement les solives. Il est souhaitable de relier celles-ci avec une pièce de bois de 1 x 4 pour maintenir un espacement approprié.

• crayon • lunettes de protection ▶ croix de Saint-André de bois ou métallique • clous ordinaires

2 *Tracez une ligne au cordeau* comme marque centrale sur chaque solive et inscrivez un X sur un côté.

3 *Taillez chaque entretoise pour* qu'elle s'ajuste correctement entre les solives. Si elle est trop longue, les solives pourraient s'infléchir.

4 *Si la partie inférieure du plancher* est destinée à être recouverte, assurez-vous que les entretoises sont de niveau avec les solives avant le clouage.

Charpente

Sous-planchers

Une fois les solives de plancher installées, il faut aménager le sous-plancher (ou platelage). Le sous-plancher constitue la base sur laquelle on peut installer des revêtements. Pour les recouvrements de plancher tels les carreaux ou les feuilles de vinyle, qui nécessitent une base parfaitement lisse et nivelée, vous devrez installer un revêtement supplémentaire de sous-finition sur le sous-plancher. Évidemment, vous pourriez décider de ne pas recouvrir le sous-plancher, par exemple si vous envisagez d'employer la pièce en tant qu'atelier de travail.

Règle générale, un sous-plancher consiste en panneaux de contreplaqué d'une épaisseur de $5/8$ ou $3/4$ po. Les plus minces conviennent aux revêtements de sous-finition, les plus épais aux parquets de bois et moquettes. Choisissez un contreplaqué à âme en bois pour les parquets, car le clouage se fera principalement en bordure.

D'autres types de panneaux employés pour les sous-planchers incluent les panneaux gaufrés et les panneaux de grandes particules orientées (OSB). Les codes de bâtiment permettent généralement l'emploi de ces matériaux, pourvu qu'ils aient été fabriqués avec de la résine phénolique pour usage extérieur.

Installer un sous-plancher

Avec un pistolet de calfeutrage, appliquez un cordon d'enduit adhésif de construction sur le dessus des solives. Le produit adhésif créera un lien solide entre les solives et le contreplaqué. Posez le sous-plancher en faisant en sorte que les extrémités des panneaux se chevauchent pour que les joints ne soient pas alignés sur la surface. Si vous installez des panneaux entiers sur la première rangée, posez des moitiés de panneaux sur la deuxième afin que les joints demeurent croisés. Prévoyez un écart de $1/16$ po entre les joints d'extrémité et de $1/8$ po entre les joints plus longs pour prévenir le gauchissement des panneaux lorsqu'ils se dilatent. Fixez ceux-ci avec soit des clous 6d (8d pour les panneaux ayant une épaisseur supérieure à $7/8$ po) soit des vis pour terrasse de 2 po.

Clouez ou vissez le sous-plancher à tous les 12 po sur le périmètre et sur la surface du contreplaqué. Si vous n'employez pas de produit adhésif, clouez ou vissez le sous-plancher à tous les 6 po autour des bordures et aux 10 po sur la surface.

La sensation de spongiosité en marchant sur le plancher est causée par les espaces entre le sous-plancher et les solives. Pour éviter ce problème, suivez bien les conseils de fixation mentionnés ci-dessus, employez un produit adhésif et n'utilisez pas de panneaux gauchis. Si le sous-plancher vous semble quand même spongieux quand vous marchez dessus, rajoutez des fixations jusqu'à ce que le problème soit corrigé.

Ouvertures de charpente

Les plans de construction de charpente les plus efficaces prévoient le moins de main-d'œuvre et de bois possible, et l'emploi de pièces de charpenterie courtes plutôt que longues. Par contre, on doit procéder à l'enlèvement d'une partie ou de la totalité des solives, vous devrez ajouter des pièces pour recevoir les charges supportées par les pièces manquantes. Cette opération de charpentage comporte deux parties essentielles : tout d'abord, installez un linteau double aux parties supérieure et inférieure des ouvertures. Ces linteaux répartiront les charges de chaque côté de l'ouverture. Deuxièmement, installez deux solives jumelées entières parallèlement aux côtés de l'ouverture afin que celles-ci reçoivent les charges supplémentaires provenant des linteaux.

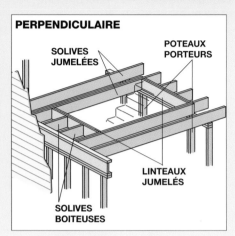

PERPENDICULAIRE

SOLIVES JUMELÉES — POTEAUX PORTEURS — LINTEAUX JUMELÉS — SOLIVES BOITEUSES

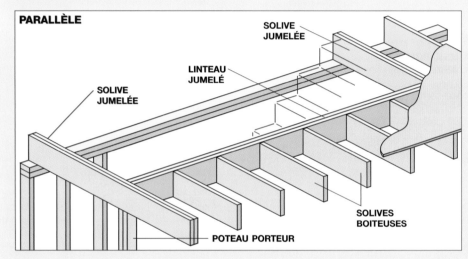

PARALLÈLE

SOLIVE JUMELÉE — LINTEAU JUMELÉ — SOLIVE JUMELÉE — SOLIVES BOITEUSES — POTEAU PORTEUR

Consolider un plancher

MATÉRIEL : ▶ vérin hydraulique • scie circulaire • serre-joint • perceuse • pistolet de calfeutrage • niveau de • produit adhésif

1 *Vous pouvez localiser une solive de plancher peu solide et affaissée* en vérifiant l'alignement de plusieurs solives avec un niveau ; la solive la plus basse déséquilibrera le niveau.

2 *Insérez des poteaux de 2 x 4 ou 4 x 4* sous les solives pour les soulever légèrement. Servez-vous d'un vérin hydraulique sous les poteaux pour soulever graduellement les solives affaissées.

Porte-à-faux

Les porte-à-faux (parallèles ou perpendiculaires aux solives de plancher) se prolongent au-delà des fondations pour supporter les charges des murs extérieurs porteurs. (On procède de la même manière pour étendre les solives de terrasse au-delà d'une poutre de soutien.) Comme toutes les questions de dimensions de charpente et de portée, les porte-à-faux font l'objet d'une réglementation. Règle générale, il faut que les deux tiers de la charpente soient déjà supportées pour prolonger en toute sécurité le dernier tiers sans support supplémentaire. Cela signifie qu'un prolongement de 2 pi sans support exige que 4 pi de la même pièce soit déjà supportée.

PARALLÈLE

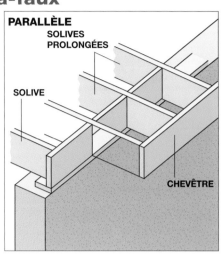

SOLIVES PROLONGÉES

SOLIVE

CHEVÊTRE

PERPENDICULAIRE

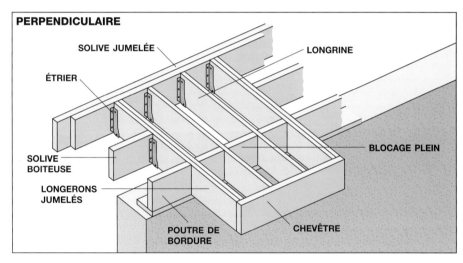

SOLIVE JUMELÉE

LONGRINE

ÉTRIER

SOLIVE BOITEUSE

LONGERONS JUMELÉS

BLOCAGE PLEIN

POUTRE DE BORDURE

CHEVÊTRE

Trous dans les solives

Certains tuyaux, canalisations et câbles peuvent passer entre les solives, mais si elles doivent les traverser, il faudra percer des trous. Voici quelques conseils.

◆ Ne percez pas un trou dans une solive à moins de 2 po de ses bords.

◆ Ne percez pas un trou dont le diamètre est plus grand que le tiers de l'épaisseur de la solive.

◆ Ne faites pas de trou dans le tiers central de la solive (sur sa longueur).

◆ Ne faites pas de trou dont la profondeur dépasserait le sixième de celle de la solive.

Pour percer des trous, vous pouvez prendre une perceuse sans fil (petits trous) ou une scie-cloche (grands trous).

---

4 pi • ruban à mesurer • crayon • lunettes de protection ▶ poteaux de 2 x 4 ou 4 x 4 sous les solives pour les soulever légèrement • clous ordinaires ou vis à bois

3 **Facilitez l'adhérence de la deuxième solive** à la plus faible en appliquant un cordon épais de produit adhésif sur un côté.

4 **À l'aide d'un serre-joint,** immobilisez la deuxième solive et pressez-la contre la première en la positionnant correctement. Placez la partie saillante naturelle vers le plafond.

5 **Vous pouvez clouer la nouvelle solive,** mais les vis possèdent une plus grande résistance à l'arrachement et sont plus faciles à poser dans les espaces restreints.

Poteaux muraux

Avant d'ériger un mur de charpente, vous devez savoir comment les murs de charpente en bois sont construits. Tous les murs ont une sablière basse, une sablière haute (jumelée pour les murs porteurs) et des supports verticaux appelés poteaux. Il existe trois types de poteaux : les poteaux entiers, les poteaux courts et les poteaux nains. Les premiers partent de la sablière basse pour se terminer à la sablière haute. Les poteaux courts débutent à la sablière basse et remontent sur les côtés d'une embrasure jusqu'à la partie inférieure du linteau au-dessus. Les poteaux nains débutent soit à partir de la sablière basse jusqu'à la partie inférieure du seuil d'une ouverture brute, soit de la partie supérieure du linteau d'une embrasure brute jusqu'à la sablière haute.

La plupart des murs porteurs comportent des poteaux de 2 x 4 ou 2 x 6. Un mur pourvu de poteaux de 2 x 6 est proportionnellement plus solide ; bien que les 2 x 6 soient plus coûteux que les 2 x 4, le coût total ne sera que légèrement supérieur, puisqu'un mur porteur nécessite moins de 2 x 6 que de 2x 4 (les codes du bâtiment permettent un entraxe de 24 pour le 2 x 6, tandis que les 2 x 4 doivent être espacés de 16 po. Une plus grande largeur de poteaux permet de poser une couche plus épaisse de revêtement isolant. Un mur de 2 x 4 permet d'installer des matelas d'isolant en fibre de verre de 3 1/2 po d'épaisseur, tandis qu'un mur de 2 x 6 peut s'accommoder de matelas ayant jusqu'à 5 1/2 po d'épaisseur. Comme la réglementation exige généralement une valeur isolante plus élevée pour les murs extérieurs, utiliser des 2 x 6 constitue une des meilleures méthodes pour se conformer aux normes. Pour les autres travaux de charpentage, il est recommandé d'employer des poteaux de 2 x 4, puisqu'ils sont moins coûteux.

Marquage préalable

Évitez toute confusion en marquant toujours les poteaux de la même manière. Tout d'abord, tracez une ligne droite à la marque.

Une fois la ligne tracée, inscrivez un X à côté de celle-ci pour indiquer l'emplacement du poteau.

2 x 4 ou 2 x 6

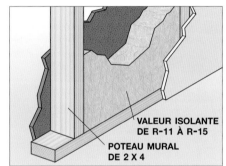

VALEUR ISOLANTE
DE R-11 À R-15

POTEAU MURAL
DE 2 X 4

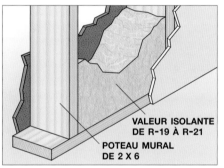

VALEUR ISOLANTE
DE R-19 À R-21

POTEAU MURAL
DE 2 X 6

La plupart des murs porteurs sont érigés avec des poteaux de 2 x 4. Ces derniers sont suffisamment solides et économiques, et nécessitent moins d'espace.

Des poteaux de 2 x 6 allouent davantage d'espace pour l'installation d'équipements mécaniques et de panneaux isolants dans les murs ; par contre, la solidité supplémentaire est superflue.

Construire une charpente de mur

MATÉRIEL : ▶ scie circulaire • équerre combinée • niveau de 4 pi • marteau • ruban à mesurer • crayon • lunettes de protection ▶ pièces de bois de 2 x 4 ou 2 x 6

1 **Tout d'abord, marquez simultanément** la sablière basse et une des deux sablières hautes pour aligner les poteaux.

2 **Travaillez sur le sous-plancher** pour assembler le cadre. Positionnez les poteaux, placez-vous dessus pour les empêcher de bouger et clouez-les à la sablière basse.

3 **Déplacez-vous à la partie supérieure** et suivez le même procédé pour fixer les poteaux à une des sablières.

Cloisons

EN TRAVERS DES SOLIVES

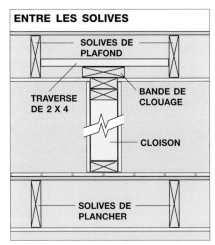

SABLIÈRE JUMELÉE
SOLIVE DE PLAFOND
CLOISON
SABLIÈRE BASSE
SOUS-PLANCHER
SOLIVE DE PLANCHER

ENTRE LES SOLIVES

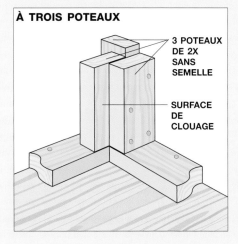

SOLIVES DE PLAFOND
TRAVERSE DE 2 X 4
BANDE DE CLOUAGE
CLOISON
SOLIVES DE PLANCHER

Coins

Les coins sont essentiels à la charpente d'un immeuble, puisqu'ils remplissent trois fonctions importantes : soutenir des charges substantielles, établir une connexion verticale (d'aplomb) entre deux murs et fournir une surface de clouage pour les bardeaux extérieurs. Il existe plusieurs modèles de coins. Les bricoleurs peuvent opter pour le plus massif, constitué de trois poteaux et d'une semelle de bois permettant un support maximum des charges et offrant la plus grande surface de clouage. Le modèle à trois poteaux sans semelle vient en deuxième place. Certains entrepreneurs qui cherchent à économiser au maximum utilisent des coins à deux poteaux ; les cloisons intérieures n'y sont pas clouées et sont rattachées par des crampons de fixation pour assurer le support.

À TROIS POTEAUX ET SEMELLE

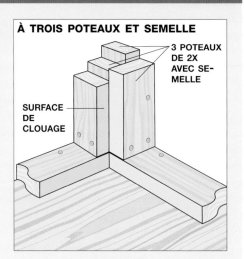

3 POTEAUX DE 2X AVEC SEMELLE
SURFACE DE CLOUAGE

À TROIS POTEAUX

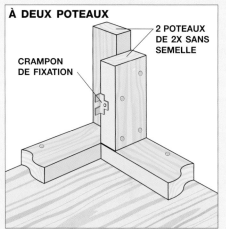

3 POTEAUX DE 2X SANS SEMELLE
SURFACE DE CLOUAGE

À DEUX POTEAUX

2 POTEAUX DE 2X SANS SEMELLE
CRAMPON DE FIXATION

• clous ordinaires

4 *Vérifiez l'alignement de la charpente* en comparant les mesures diagonales ; si le mur est bien droit, elles doivent être égales.

5 *Employez un niveau de 4 pi* pour vérifier la verticalité des poteaux. Il est plus facile d'assembler les poteaux de coin sur la terrasse et de les installer plus tard.

6 *Une fois les poteaux de coin installés,* jumelez la deuxième sablière à la première. Alternez les joints sur le coin pour connecter deux murs.

Ouvertures dans les murs

Une maison sans fenêtres ni portes aurait une structure stable, mais serait peu appropriée. Pour ménager des ouvertures, il faut sectionner des poteaux qui soutiennent une charge ; il existe toutefois des soutènements de charpente appelés linteaux, qui permettent de créer des ouvertures.

Les linteaux consistent en poutres horizontales de courte taille supportant les charges transmises par les poteaux, après que ceux-ci ont été sectionnés afin de libérer de l'espace. Les linteaux répartissent les charges provenant des poteaux coupés aux poteaux nains, qui sont installés de chaque côté de l'ouverture. Bien que les codes locaux du bâtiment aient toujours priorité, vous pouvez vous fier aux indications suivantes pour obtenir des linteaux solides et sécuritaires. Pour créer une ouverture allant jusqu'à 3 $^{1}/_{2}$ pi, les linteaux doivent consister en deux pièces de bois de 2 x 6 clouées ensemble ; pour les ouvertures de 5 pi, il faut deux pièces de 2 x 8 ; pour celles de 6 $^{1}/_{2}$ pi, deux pièces de 2 x 10 ; pour celles de 8 pi enfin, deux pièces de 2 x 12.

Ouverture standard pour fenêtre

Pour le cadrage d'une fenêtre, déterminez la taille de l'ouverture brute : le cadrage complet comprend un espace supplémentaire de $^{1}/_{2}$ po pour les ajustements. Clouez un poteau entier allant du plancher au plafond à 2 $^{1}/_{4}$ po d'entraxe de d'une bordure de l'ouverture. Installez ensuite les poteaux nains contre les poteaux entiers. Finalement, clouez ensemble deux pièces de 2 x 4 pour former le seuil (support horizontal de la fenêtre), que vous clouerez entre les poteaux nains. Installez le linteau en le clouant au milieu des poteaux entiers et au-dessus des poteaux nains.

Linteaux

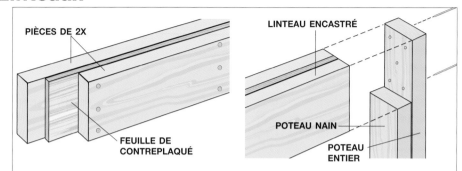

Bien que des linteaux entiers soient employés dans certaines régions, l'assemblage le plus courant consiste en 2 pièces de bois de 2x séparés par une feuille de contreplaqué d'une épaisseur de $^{1}/_{2}$ po. L'épaisseur combinée est de 3 $^{1}/_{2}$ po (environ 9 cm), soit l'épaisseur de l'ossature murale.

Surfaces de clouage

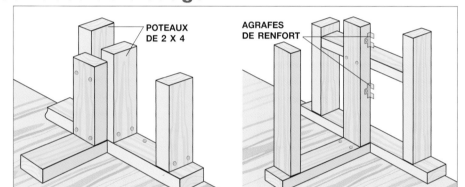

Aux endroits où les cloisons entrent en contact avec les murs extérieurs, vous devez prévoir des emplacements pour le clouage des cloisons et le renforcement des coins. Vous pouvez ajouter des poteaux de chaque côté de la cloison (à gauche) ou installer des poteaux horizontaux (à droite) en les rattachant avec des agrafes pour cloisons.

Ménager une ouverture dans une charpente

MATÉRIEL : ▶ scie circulaire • équerre combinée • marteau • niveau de 4 pi • ruban à mesurer • crayon • lunettes de protection ▶ poteaux de 2 x 4 ou 2 x 6

1 *De chaque côté de l'ouverture,* installez un poteau court appelé poteau nain. Celui-ci permettra de supporter le seuil sous l'ouverture.

2 *Une petite fenêtre* n'est pas suffisamment lourde pour nécessiter un seuil double ; il est cependant conseillé de clouer deux planches de 2 x 4 aux poteaux nains et latéraux.

3 *Poursuivez l'assemblage des sections de poteaux nains* sur les deux côtés de l'ouverture de fenêtre. Ceux-ci permettront de supporter le linteau.

Traverses de recoupement

Les sablières horizontales et une traverse entre les poteaux sont destinées à prévenir la propagation d'un incendie à travers les cavités de la charpente. Ajoutez la traverse de recoupement là où c'est nécessaire. Pendant les travaux de construction et de rénovation, repérez, entre les étages, les chemins propices à la propagation d'un incendie. Un endroit souvent négligé est l'espace ouvert au-dessus des armoires de cuisine. Si ces faux-plafonds sont construits avant l'installation des cloisons sèches, il risque d'y avoir une voie de propagation tout à fait dégagée vers l'étage au-dessus.

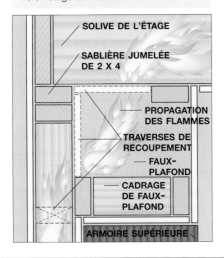

Contreventements

Au Canada, les bâtiments résidentiels de deux étages ou plus doivent avoir des contreventements dans les coins. Il existe deux procédés. Les contreventements encastrés traditionnels sont enchâssés dans les poteaux. Vous devez effectuer deux entailles sur les poteaux et enlever le bois entre celles-ci afin que le contreventement soit de niveau avec les poteaux. Une version plus moderne a recours à une entretoise métallique en forme de L ajustable à la largeur du trait de scie.

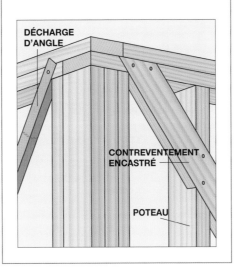

Transmission du bruit

Pour réduire la transmission du bruit entre les pièces, vous pouvez ériger des murs d'une plus grande épaisseur comportant des poteaux de 2 x 6 et des panneaux isolants. Installer des panneaux d'insonorisation à la surface des murs constitue un autre moyen utile. Vous pouvez aussi ajouter des fourrures aux cloisons sèches au moyen de vis et de rondelles de caoutchouc intercalées entre les vis et la bande. Ces baguettes de bois brisent le courant sonore dans les matériaux qui transmettent le son. Insérez une planche couvrante entre les fourrures (ou un autre matériau d'insonorisation) et recouvrez-là d'une nouvelle cloison sèche.

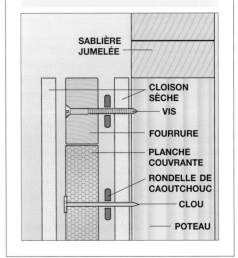

- linteaux de 2x • clous ordinaires

4 *Deux 2 x 6* comportant une feuille de contreplaqué de ¹/₂ po suffisent pour assurer la portée d'ouvertures mineures. Clouez-les à travers les poteaux latéraux.

5 *Pour conserver la disposition modulaire de l'ouverture,* ajoutez des poteaux nains au-dessus du linteau. Ils seront nécessaires pour clouer les surfaces.

6 *Installez également des poteaux nains* au-dessous. Vous pouvez éviter le clouage en biais en les clouant aux extrémités avant d'ajouter le second seuil de 2 x 4.

Solives de plafond

Le deuxième étage ou le plafond de l'étage dans une maison de plain-pied comporte une charpente de solives qui sont supportées par les murs porteurs extérieurs et intérieurs. Les solives de plafond présentent un entraxe de 16 po. Lorsqu'il n'y a pas de deuxième étage, elles peuvent être de plus petites dimensions que les solives de plancher, puisqu'elles supportent des charges de seulement 30 lb/pi^2 (10 lb/pi^2 si la pièce n'est pas utilisée à des fins d'entreposage), comparativement à 50-55 lb/pi^2 pour les planchers. La taille des solives est déterminée par les charges à supporter et la longueur de la portée libre. Si votre résidence possède une toiture pourvue d'une armature en treillis, la membrure inférieure du treillis peut remplacer les solives de plafond.

Emplacement des solives

Très souvent, les solives de plafond seront parallèles au côté le plus court de l'immeuble, bien qu'elles puissent être parallèles au côté le plus long. Ce type de solive est cloué en biais à la partie supérieure des murs porteurs extérieurs et intérieurs. Lorsqu'on construit la charpente du toit, les chevrons sont cloués perpendiculairement aux extrémités des solives de plafond.

Si une pièce est trop vaste pour s'accommoder de la longueur des solives, construisez la charpente du plafond en installant une poutre composite sur l'axe central et rattachez solidement les solives à celui-ci avec des étriers. Une situation plus courante consiste à prévoir que les solives de plafond peuvent, à un point précis, entrer en contact avec la partie supérieure d'une cloison lattée porteuse, diminuant de ce fait la portée. Évidemment, la cloison lattée doit elle-même être soutenue en dessous par une poutre.

Deuxième étage

Les charpentes à plate-forme modernes présentent un deuxième étage reposant principalement sur les murs extérieurs du premier. Enlevez 1 ½ po aux extrémités des solives et posez un linteau (également appelé poutre de bordure) sur celles-ci aux endroits où elles sont perpendiculaires aux parois extérieures. Les solives parallèles aux parois nécessitent une surface pour le clouage des cloisons sèches du plafond. Pour assurer le clouage et réduire les pertes de chaleur, insérez une planche couvrante entre deux poutres de bordure.

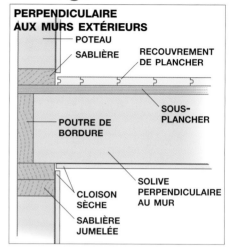

PERPENDICULAIRE AUX MURS EXTÉRIEURS — POTEAU — SABLIÈRE — RECOUVREMENT DE PLANCHER — SOUS-PLANCHER — POUTRE DE BORDURE — CLOISON SÈCHE — SOLIVE PERPENDICULAIRE AU MUR — SABLIÈRE JUMELÉE

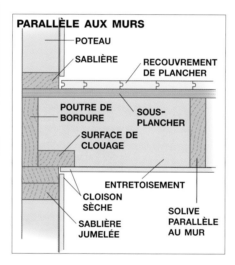

PARALLÈLE AUX MURS — POTEAU — SABLIÈRE — RECOUVREMENT DE PLANCHER — POUTRE DE BORDURE — SOUS-PLANCHER — SURFACE DE CLOUAGE — ENTRETOISEMENT — CLOISON SÈCHE — SABLIÈRE JUMELÉE — SOLIVE PARALLÈLE AU MUR

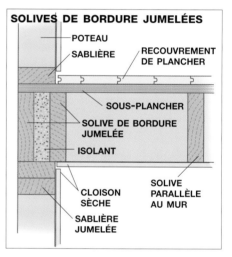

SOLIVES DE BORDURE JUMELÉES — POTEAU — SABLIÈRE — RECOUVREMENT DE PLANCHER — SOUS-PLANCHER — SOLIVE DE BORDURE JUMELÉE — ISOLANT — CLOISON SÈCHE — SABLIÈRE JUMELÉE — SOLIVE PARALLÈLE AU MUR

Renforcer un plafond qui s'affaisse

Lorsqu'un plafond commence à s'affaisser, vous pouvez le renforcer en suivant ces quelques étapes. Mais si l'affaissement est prononcé, un entrepreneur, un architecte ou un ingénieur constructeur doivent inspecter la charpente. Celle-ci peut être inadéquate, ce qui est souvent le cas lorsqu'un grenier non-fini a été rénové et que les vieilles solives n'ont pas été conçues pour supporter une charge supplémentaire de mobilier et de personnes. Pour éviter l'effondrement d'une ou deux solives, prenez les dispositions suivantes pour ajouter une traverse.

MATÉRIEL : ▶ scie circulaire • perceuse • marteau • pistolet de calfeutrage • cordeau • ruban à mesurer • produit adhésif de construction • vis à bois ou clous

1 *Employez un grand panneau* pour protéger le plafond (et le plancher) et répartir les charges que devra supporter le montant inséré ou installé à l'endroit où il faut relever le plafond.

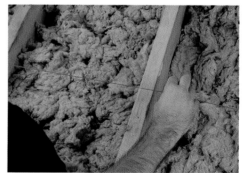

2 *Tracez une ligne au cordeau* perpendiculairement aux solives, en plein centre de l'endroit affecté. Cette ligne servira de guide pour fixer une partie de la traverse.

Détails de plafond

Les murs extérieurs construits et garnis de sablières, vous pouvez installer la toiture. Pour répartir plus efficacement les charges provenant des toitures, les chevrons doivent être alignés avec les poteaux. Sur les toits à pignon, vous pouvez clouer les solives de plancher attenantes aux chevrons, qui vont dans la même direction, et égaliser les coins supérieurs pour correspondre à la ligne de la toiture. Sur les toitures en croupe, vous pouvez installer les solives dans n'importe quelle direction, parallèles ou perpendiculaires aux chevrons. La plupart des toitures modernes à faible inclinaison comportent un treillis d'armature. Pourvues d'un minimum de pièces de bois formant un fronton triangulaire, celles-ci fournissent les chevrons pour la toiture et les solives de plafond pour les cloisons intérieures.

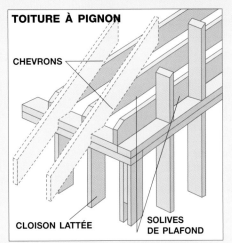

TOITURE À PIGNON

CHEVRONS

CLOISON LATTÉE — SOLIVES DE PLAFOND

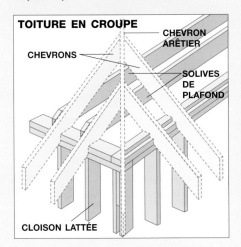

TOITURE EN CROUPE

CHEVRON ARÊTIER — CHEVRONS — SOLIVES DE PLAFOND

CLOISON LATTÉE

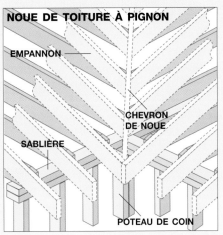

NOUE DE TOITURE À PIGNON

EMPANNON — CHEVRON DE NOUE — SABLIÈRE — POTEAU DE COIN

Type de joints

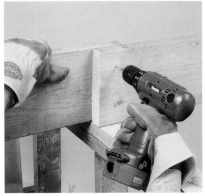

Faire chevaucher les solives de plafond en alternance assure un support complet sur les murs porteurs.

Pour assurer la continuité des espaces entre les solives, ajoutez une pièce de bois en guise de renfort. Elle sera très pratique pour poser une cloison.

• lunettes de protection • crayon • cric rouleur (facultatif) ▶ traverse de 2 x 6 • contreventement de 2 x 4 • poteau de 2 x 4 ou 4 x 4 • panneau de 2 x10 ou 2 x 12

3 *Installez une pièce de 2 x 4* en travers des solives affaissées. Étendez un cordon de produit adhésif sur les chevauchements et fixez la planche avec des vis.

4 *Pour préparer l'installation de la traverse,* ajoutez du produit adhésif sur toute la longueur de la pièce de 2 x 4 transversale.

5 *Installez la traverse de 2 x 6* de manière à ce que la partie saillante (couronne naturelle) soit contiguë à la pièce de 2 x 4. Avec des vis, fixez-la à la pièce de 2 x 4 et à chacune des solives.

Charpente

Notions de base de charpentage de toiture

Dessiner une charpente de toit peut être une tâche intimidante. Calculer la longueur des chevrons et les angles des queues de faîtage et de chevrons est plus compliquée que d'ériger une charpente de murs, mais il suffit de connaissances mathématiques de niveau secondaire, de certaines aptitudes en géométrie et d'une capacité à diviser une tâche complexe en étapes simples.

Portée des chevrons

Comme les poutres de plancher, il faut choisir les chevrons en fonction de la portée : plus la pièce de bois est massive, plus elle peut être employée comme entretoisement sans consolidation. Contrairement aux solives de plancher, les chevrons sont positionnés à angle. Un chevron positionné à angle aigu ou fermé subira davantage de contraintes qu'un autre positionné à angle obtus ou ouvert ; par conséquent, la portée admissible variera en fonction de la pente de la toiture.

L'espacement influence également la portée admissible des chevrons. Les chevrons dont l'entraxe est de 16 po supportent des charges moindres que ceux dont l'entraxe est de 24 po ; par conséquent, les premiers peuvent être de plus petite taille. L'essence de bois employée influence également la portée (voir « Tableaux des portées » à la page 131).

La portée admissible est également influencée par la classe de bois utilisée. Par exemple, le sapin de Douglas classé n° 1 aura probablement une plus grande portée que celui classé n° 2. Calculez la portée en fonction de l'essence et de la classe du bois employé. Si vous optez pour une autre classe ou essence, assurez-vous que la pièce de bois a une portée adéquate. Même si un chevron a été préalablement évalué pour soutenir les charges appropriées, il est possible qu'il ne satisfasse pas aux normes établissant la limite de flexion d'un chevron.

Couper les chevrons

Comme tous les chevrons sont identiques sur un toit simple à pignon, la chose la plus facile à faire consiste à en marquer un, à le sectionner pour qu'il s'ajuste et à l'employer comme gabarit. Il existe trois coupes différentes pour les chevrons : une coupe d'angle contre la planche ou poutre faîtière, une coupe d'extrémité inférieure et une coupe d'angle en V (entaille qui permet d'enchâsser la pièce dans une couronne. La deuxième coupe constitue également la bordure extérieure du chevron, qui correspond à l'avant-toit et même à un surplomb en porte-à-faux.

Pièces détachées ou fermes ?

La charpente d'une toiture traditionnelle est construite comme un mur : une pièce à la fois. Mais comme les pièce de bois peuvent varier en grosseur, vous devez ajouter des contreventements temporaires pour aligner les chevrons avant d'installer le contreplaqué. Or, plus de 75 % des nouvelles résidences présentent des toits constitués de fermes, assemblages triangulaires préfabriqués en usine et ayant un aspect très uniforme. Une ferme fournit aussi une surface de clouage autant pour le revêtement de toiture que pour la cloison sèche intérieure du plafond, mais en raison des cales de ferme, votre espace de grenier sera plus petit.

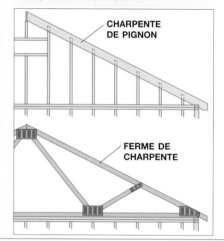

CHARPENTE DE PIGNON

FERME DE CHARPENTE

Ériger une charpente à faîtière et chevrons

MATÉRIEL : ▶ scie circulaire • scie à main • fausse équerre • équerre de charpentier • niveau de 4 pi • serre-joints en C • marteau • ruban à mesurer • crayon • lunettes

1 *Pour assurer une sécurité maximale,* installez un poteau parfaitement vertical, consolidé avec des contreventements, et un tasseau de 2 x 4 supportant temporairement la planche faîtière.

2 *Installez la planche faîtière* sur le poteau renforcé, inclinez-la temporairement contre le tasseau et positionnez-la correctement.

3 *Avec une fausse équerre,* mesurez la coupe d'angle du chevron. Il est conseillé aux bricoleurs de mesurer et de couper un chevron parfaitement, puis de l'utiliser comme gabarit pour les suivants.

Toitures à pignon

Ce type de toiture est sans doute le plus courant : deux versants inclinés se rencontrant à une arête centrale, un peu comme deux toitures monopentes reliées entre elles. Les côtés du pignon forment des parois triangulaires (fermes) permettant des ouvertures pour les fenêtres et grillages de ventilation. Une pente de toit suffisamment prononcée permet au grenier d'être raisonnablement spacieux pour fournir un espace habitable pourvu ou non de lucarnes ; les toits à forte inclinaison sont parfaits dans les régions à fortes chutes de neige. La forme en pignon résiste mieux que la plupart des autres modèles dans les régions propices aux vents forts.

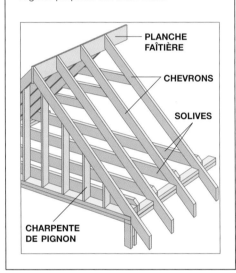

Toitures en croupe

Le nom de ce modèle provient de la forme arrondie de l'arête là où les surfaces planes se rencontrent. Sur le plan conceptuel, l'avantage des toits en croupe réside dans leur forme plus attrayante que la toiture à pignon où seulement deux toitures plates sont reliées entre elles. Par contre, ce type de toiture est plus difficile à construire en raison des nombreuses coupes d'angle sur les chevrons. Les poteaux courts, partant du chevron d'arêtier jusqu'aux extrémités du toit, nécessitent des coupes combinées d'onglets (coupes d'angle tenant compte de la pente ascendante du toit et de l'angle intérieur).

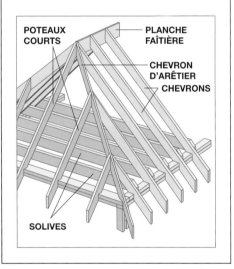

Toitures plates

La majorité des toits plats ne le sont pas réellement. Même les assemblages modernes de charpente résistant à l'infiltration de l'eau dans les joints présentent une certaine inclinaison pour favoriser le drainage. Il est possible de donner aux solives une inclinaison presque imperceptible ou de poser des bandes de clouage cunéiformes sur celles-ci. L'avantage de ce type de toiture est qu'elle permet simultanément de supporter les charges du toit et du plafond. L'inconvénient majeur se situe dans les problèmes de drainage ; les détritus provenant d'arbres voisins peuvent facilement bloquer les canalisations et causer une fissuration si on n'effectue pas un entretien régulier.

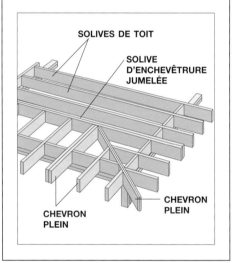

de protection ▶ planche faîtière de 2x • poteau de 2 x 4 • contreventements de 2 x 4 • clous ordinaires

4 *La base des chevrons à toiture* est enchâssée dans la sablière jumelée du mur extérieur grâce à une entaille en V.

5 *Employez une fausse équerre* pour tracer l'angle de coupe en surplomb. La plupart des modèles exigent deux coupes : une verticale et l'autre horizontale.

6 *Avec une équerre de charpentier ou un niveau,* tracez l'angle de coupe horizontale. Lorsqu'un chevron est prêt (et s'ajuste parfaitement), employez-le comme gabarit pour couper les suivants.

Charpente

Caractéristiques des charpentes de toiture

Le charpentage de toiture serait moins compliqué si tous les toits étaient à pignon. Si ce n'est des toits à un seul versant, tous les autres requièrent une charpente complexe. Les modèles peuvent exiger des chevrons à coins intérieurs pour les noues, des ouvertures de cheminée et de puits de lumière, et des charpentes de lucarnes.

Les lucarnes peuvent faire partie intégrante d'une nouvelle construction et apportent un élément de contraste intéressant à une toiture facilitant l'éclairage et l'aération tout en fournissant un dégagement appréciable dans les pièces à l'étage supérieur. Les lucarnes peuvent être plus ou moins faciles à construire. Les lucarnes plates sur les toits monopentes sont faciles à installer, puisque les chevrons sont parallèles aux chevrons principaux de la toiture, mais tailler des chevrons pour une lucarne à deux versants (à pignon) peut constituer une tâche plutôt complexe.

Revêtement

Lorsque tous les chevrons sont installés, il faut procéder au revêtement de la toiture. Le revêtement a pour fonction de stabiliser le toit et de fournir une surface de clouage pour les matériaux de couverture. Le contreplaqué constitue le matériau idéal, plusieurs types de recouvrement différents sont autorisés tels les panneaux de grandes particules orientées (OSB). Les revêtements doivent avoir une épaisseur minimum de $3/8$ po en espaçant les chevrons de 16 po ou de $1/2$ po avec un entraxe de 24 po. Les joints de matériaux de recouvrement doivent se chevaucher sur les chevrons. Vous pouvez utiliser les surplus de revêtement provenant d'une des extrémités du toit pour remplir les espaces à l'autre extrémité.

Noues

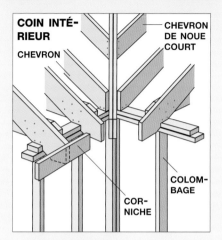

COIN INTÉRIEUR — CHEVRON — CHEVRON DE NOUE COURT — COLOMBAGE — CORNICHE

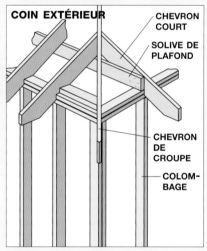

COIN EXTÉRIEUR — CHEVRON COURT — SOLIVE DE PLAFOND — CHEVRON DE CROUPE — COLOMBAGE

Avant-toit

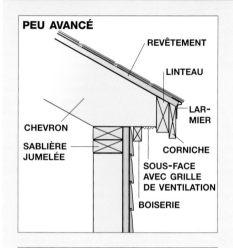

PEU AVANCÉ — REVÊTEMENT — LINTEAU — LARMIER — CORNICHE — SOUS-FACE AVEC GRILLE DE VENTILATION — BOISERIE — CHEVRON — SABLIÈRE JUMELÉE

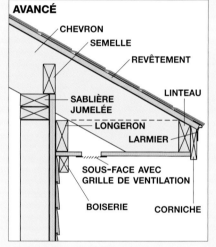

AVANCÉ — CHEVRON — SEMELLE — REVÊTEMENT — LINTEAU — LONGERON — LARMIER — SABLIÈRE JUMELÉE — SOUS-FACE AVEC GRILLE DE VENTILATION — BOISERIE — CORNICHE

Cadrer une ouverture

MATÉRIEL: ▶ scie circulaire • marteau • levier • pistolet de calfeutrage • serre-joint en C • ruban à mesurer • crayon • lunettes de protection ▶ pièce de bois de 2x

1 *Avant de couper un chevron,* fabriquez des contreventements solides pour supporter cette section de la toiture. Après avoir enlevé les bardeaux, travaillez de l'intérieur.

2 *Dans l'ouverture brute,* par exemple en vue d'installer une tabatière, prévoyez un espace de 3 po de chaque côté pour les linteaux.

3 *Jumelez également les chevrons entiers* sur les côtés de l'ouverture. Employez un produit adhésif pour renforcer l'assemblage des deux pièces.

Queues de vache

À FAÎTAGE

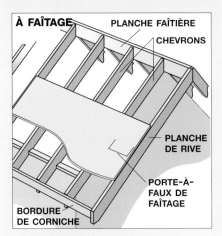

PLANCHE FAÎTIÈRE
CHEVRONS
PLANCHE DE RIVE
PORTE-À-FAUX DE FAÎTAGE
BORDURE DE CORNICHE

À CHEVRONS

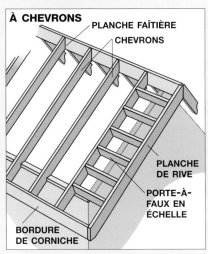

PLANCHE FAÎTIÈRE
CHEVRONS
PLANCHE DE RIVE
PORTE-À-FAUX EN ÉCHELLE
BORDURE DE CORNICHE

Lucarnes et claires-voies

Il existe plusieurs façons d'augmenter l'espace habitable et l'éclairage dans les pièces pourvues de lucarnes et de fenêtres saillie. Il y a deux types principaux de lucarnes : à pignon (souvent dans les greniers transformés) et rampantes ; ces dernières relèvent une plus grande partie de toiture sous un même versant. Dans le cas des fenêtres en saillie, il faut effectuer des mesures précises pour couper les chevrons à la bonne taille ; ce type de fenêtre peut nécessiter un prolongement en porte-à-faux des solives de plancher. Dans tous les cas, vous devez installer des solins pour sceller les joints là où le toit principal s'arrête.

À CLAIRE-VOIE

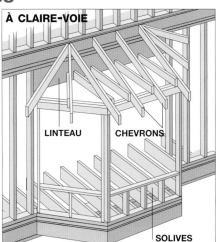

LINTEAU
CHEVRONS
SOLIVES

À PIGNON

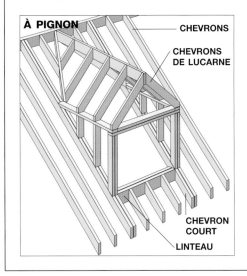

CHEVRONS
CHEVRONS DE LUCARNE
CHEVRON COURT
LINTEAU

RAMPANTE

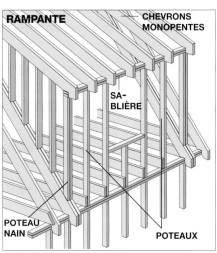

CHEVRONS MONOPENTES
SABLIÈRE
POTEAU NAIN
POTEAUX

• connecteurs de charpente • contreventements de 2 x 4 • produit adhésif de construction • clous ordinaires ou vis à bois

4 *Au moyen du serre-joint,* immobilisez le deuxième chevron contre celui qui a été enduit de produit adhésif. Fixez-les chevrons jumelés de manière permanente en les clouant ou en les vissant (meilleure résistance à l'arrachement).

5 *Fixez la moitié du linteau* aux chevrons jumelés et clouez de face sa partie centrale à une des extrémités du chevron coupé.

6 *Après avoir cloué la deuxième moitié du linteau,* renforcez solidement les connections à l'aide de fixations métalliques (souvent obligatoires).

Charpente

Avantages de l'acier

Contrairement au bois, les colombages en acier ne se déforment pas, ne rétrécissent pas et ne se fendent pas. Les fourmis charpentières et les termites ne peuvent les dévorer. Ils sont plus légers que les structures de maçonnerie et l'assemblage des pièces est plus facile et rapide. Ils ne pourriront pas ni ne s'écrouleront, et ne pourront servir de combustible à un incendie. Pour toutes ces raisons, ainsi que pour leur solidité et leur durabilité (pendant un incendie, ils prolongent le délai d'évacuation avant l'écroulement des murs), les charpentes en acier sont d'usage courant en construction commerciale.

Si l'acier comporte tellement d'avantages, pourquoi n'est-il employé que dans seulement 3 à 5 % des bâtis? D'abord, l'acier est beaucoup moins commode que le bois, car ce dernier peut être manipulé pour qu'on puisse l'aligner correctement. Ensuite, les charpentes d'acier nécessitent des outils particuliers et des compétences techniques différentes (mais pas nécessairement plus complexes), ce qui constitue un inconvénient pour les bricoleurs.

Éléments d'une charpente d'acier

Les pièces d'une charpente d'acier comportent trois faces: un poteau de 2 x 4, par exemple, présente deux bordures étroites de 1 ¼ ou 1 ½ po en avant et en arrière, reliés par une seule face de 3 ½ ou 4 po, ce qui crée une forme en C. Des connecteurs sont offerts en plusieurs formes pour raccorder les pièces trilatérales. L'épaisseur des pièces d'acier minces varie en calibre de 12 à 25, les nombres inférieurs indiquant les plus épais. Pour les joints de charpente classique à angle droit, une face d'un crochet profilé en L est vissée afin de raccorder chaque élément de la charpente.

Visseuses électriques

Une maison ordinaire érigée sur des poteaux d'acier peut nécessiter jusqu'à 20 000 vis pour relier la charpente. Même si chaque vis prend 20 secondes à installer, on arrive à un total de 111 heures. Les professionnels qui effectuent ces tâches à plein temps emploient des visseuses électriques à chargement rapide, certaines équipées de cartouchières qui alimentent l'outil continuellement en vis. Les bricoleurs ne désirant pas investir dans ce type d'outil peuvent accélérer leur travail en fixant simplement un accessoire au mandrin de leur perceuse de ½ po.

La tige de la pointe de visseuse est introduite dans le mandrin de perçage.

Un bout aimanté immobilise la vis et une douille coulissante glisse le long de l'arbre d'entraînement pour maintenir la vis bien droite.

Enfoncez la vis dans la charpente et la gaine s'escamote. Les visseuses munies d'un embrayage à clabot se désembrayent lorsque la vis est correctement serrée.

Manipuler des pièces d'acier

▶ **Les bordures des pièces d'acier** sont lissées durant l'usinage pour fournir des extrémités arrondies. Néanmoins, lorsque vous coupez des poteaux avec une scie ou une cisaille à métaux, vous devez protéger vos mains en portant des gants de travail pour éviter les égratignures au contact des extrémités effilées.

▶ **Un agent lubrifiant à base d'eau** est souvent employé pour protéger les poteaux d'acier. Celui-ci disparaît après quelques jours à l'extérieur au contact des éléments; il faut cependant porter des gants de travail lorsqu'on manipule des poteaux lubrifiés.

Assembler un cadre métallique

MATÉRIEL : ▶ cisaille à métaux • perceuse ou visseuse électrique • pistolet de calfeutrage • scie à métaux

1 *Tout d'abord,* tracez une ligne au cordeau traceur bien d'aplomb avec la sablière basse et vissez une section de poteau à la charpente au-dessus.

2 *Nichez le poteau* dans les coulisses des sablières et immobilisez-le avec une pince-étau avant de le visser.

Cloueuses à béton

Les cloueuses à béton utilisent une charge identique à celle d'une balle de calibre 22 pour enfoncer des clous renforcés dans le béton.

Soyez extrêmement prudent (et protégez-vous adéquatement en portant des lunettes de protection) lorsque vous enfoncez des clous avec cet appareil.

Linteaux d'acier

Dans les charpentes à ossature métallique, il faut répartir à nouveau les charges auparavant supportées par des poteaux retirés, de la même manière que dans les charpentes en bois. Les ouvertures de base classiques (cadres de porte et petites fenêtres) nécessitent habituellement une seule pièce métallique. Des pièces de charpente plus volumineuses permettent de répartir des charges plus considérables. Des poteaux nains analogues aux poteaux en bois sont nécessaires pour former les côtés. Comme les poteaux en acier sont creux et présentent la forme d'un U, vous devez ajouter une pièce dont la face pleine s'oriente vers l'ouverture.

On retrouve souvent des piles de pièces de métal ou de bois sur les chantiers. Par contre, les pièces métalliques possèdent une meilleure cote de résistance au feu.

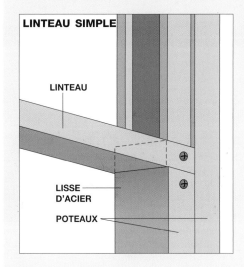

LINTEAU SIMPLE

LINTEAU

LISSE D'ACIER

POTEAUX

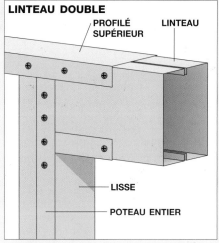

LINTEAU DOUBLE

PROFILÉ SUPÉRIEUR

LINTEAU

LISSE

POTEAU ENTIER

• cordeau traceur et fil à plomb • pince-étau • niveau de 4 pi • gants de travail ▶ poteaux d'acier • vis à tôle • produit de calfeutrage à base de silicone

3 *Pour insérer correctement un linteau entre les poteaux,* coupez chaque extrémité à un angle de 45°. Les professionnels peuvent se permettre de travailler à mains nues, mais il est préférable que vous portiez des gants de travail.

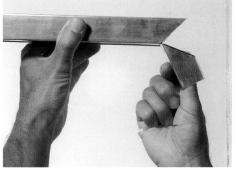

4 *Une façon de créer une bride de raccordement* consiste à courber les extrémités du linteau pour former un angle de 90°.

5 *Positionnez correctement* la partie droite du linteau, insérez l'excédent de bride autour du poteau et vissez-le.

Charpente

Pièces de bois récentes et anciennes

L'industrie du bois possède un terme plutôt exotique pour désigner le procédé du dressage de planches de bois grossières en pièces de dimensions standardisées : c'est le surfaçage. Cependant, à chaque nouvelle décennie, le procédé du surfaçage diminue peu à peu la quantité utilisable de bois employée pour la fabrication de poteaux, poutres et chevrons.

Si vous inspectez la charpente d'une maison construite il y a 50 ou 60 ans, vous constaterez probablement qu'un poteau de 2 x 4 mesure réellement 2 po sur 4 po. Si vous examinez maintenant la partie construite dans les années 70 jouxtant la résidence originale, vous constaterez que les poteaux sont en réalité plus petits : ils mesurent $1 \, ^5/_8$ x $3 \, ^5/_8$. Depuis un certain temps, la plupart des poteaux mesurent plutôt

$1 \, ^1/_2$ x $3 \, ^1/_2$. Ce n'est pas un problème, évidemment, si vous construisez une structure entière avec des pièces provenant du même chargement. Par contre, des irrégularités de dimensions peuvent exiger un surcroît de travail, dans le cas d'un mur encadré avec des petites pièces de bois de 2 x 4 rattaché à un mur plus ancien. Règle générale, la meilleure chose à faire dans une telle situation consiste à égaliser les deux structures. En effectuant des mesures précises à l'avance, vous constaterez que l'emploi de bandes de treillis ou une cloison sèche plus épaisse peut compenser les écarts de dimensions.

Bien que les écarts les plus évidents entre les pièces anciennes et récentes se manifestent dans la charpente, ils peuvent aussi occasionner des délais et nécessiter des retouches dans les travaux qui font appel à des matériaux de revêtement de plancher.

Du vieux au neuf

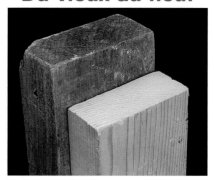

Tentez-vous de relier une nouvelle structure à une plus ancienne ? Ne soyez pas surpris si vous constatez des différences de dimensions dans les poteaux.

Fondations permanentes en bois

Des sections préfabriquées de bois traité sous pression et de revêtements muraux sont installées sur une pièce d'appui, sous laquelle repose une couche de gravier.

Afin que les travaux de charpentage au-dessus du sol puissent se poursuivre, il est possible d'installer des sections de bois traité sous pression à des températures au-dessous de zéro.

La plupart des fondations permanentes en bois exigent l'installation d'un plancher en béton coulé. Cependant, vous pouvez également utiliser des solives traitées sous pression.

Maisons préfabriquées

Plus de 20 % des nouvelles résidences sont des maisons préfabriquées. La construction est effectuée et vérifiée préalablement à l'usine.

De larges portions de la maison (comportant déjà des installations de plomberie, des murs isolants et le câblage électrique) sont transportées par camion à votre emplacement pré-aménagé.

Au moyen d'une grue, les sections individuelles préfabriquées sont déposées sur vos fondations, ce qui transforme ces prétendues maisons mobiles en résidences permanentes.

Tableaux des portées

Les portées admissibles pour les solives, les chevrons, les poutres maîtresses et d'autres éléments de charpente varient en fonction des codes du bâtiment. Ceux-ci déterminent la charge admissible des éléments de l'ossature; par exemple, les solives de plancher dans un espace d'habitation peuvent soutenir une charge mobile de 40 lb/pi². Les codes établissent également la limite maximale de flexion des pièces de bois dans les différents endroits de la maison; ces chiffres indiquent une portée en pouces (L) divisée par un nombre donné. Une limite de L/360 pour les solives de plancher signifie qu'une solive de 10 pi peut s'infléchir de 120 po/360. soit un maximum de $^1/_3$ po sous la charge désignée.

Certains tableaux de portées, comme celui en haut à droite, présentent une classification selon l'essence et la classe du bois. Les diverses tailles de chacune des classes de bois possèdent une longueur de portée spécifique (en pi et po), selon les entraxes les plus courants. Par exemple, si vous désirez une portée de 13 pi en employant du pin du sud, vous devrez au minimum utiliser du bois classé n° 1 (avec 16 po d'entraxe); le bois classé n° 2 doit comporter un entraxe de 12 po.

Certaines localités utilisent deux tableaux différents: un qui détermine les valeurs de calcul pour chaque classe de bois, l'autre établissant les longueurs de portée selon les valeurs de calcul mentionnées. Pour utiliser correctement ces tableaux, vous devez vérifier deux valeurs selon l'essence de bois employée: celle qui mesure la résistance (Fb) et celle qui mesure l'élasticité (valeur E) Le tableau de portées suivant indique la valeur minimale des portées selon les valeurs indiquées et indique les cotes pour les solives de bois selon l'essence et la classe.

Caractéristiques des portées pour solives de plancher (en pi et po)

Résistance: pour charges mobiles de 40 lb/pi² et 10 lb/pi²
Limite de flexion: portée en pouces divisée par 360 (pour charges mobiles seulement).

Essence	Classe	2 x 8 Entraxe			
		12	16	19.2	24
Épinette/	Struct. ch.	15-0	13-7	12-10	11-11
pin/sapin	N° 1 et +	14-8	13-4	12-7	11-8
(pin du sud)	N° 1	14-5	13-1	12-4	11-0
	N° 2	14-2	12-9	11-8	10-5
	N° 3	11-3	9-9	8-11	8-0

Extraits provenant de: Western Wood Products Association, Western Lumber Span Tables. (tableaux de portées)

Valeurs de calcul pour solives et chevrons

Essence et classe	Taille Normal	Flexion (Fb)		Élasticité (E) (en millions de lb/po²)
Pruche/sapin	2x10		Surcharge de neige	
Structure choisie		1700	2035	1.6
N° 1 et +		1330	1525	1.5
N° 1		1200	1380	1.5
N° 2		1075	1235	1.3
N° 3		635	725	1.2

Extraits provenant de: CABO's One-and Two-Family Dwelling Code.

Caractéristiques des portées pour solives de plancher (en pi et po)

Limites de flèche de L/360 (pour charges mobiles de 40 lb/pi²)

Solive Taille (po)	Espacement	Élasticité (en millions de lb/po²)			
		0.8	0.9	1.0	1.1
2x6	12	8-6	8-10	9-2	9-6
	16	7-9	8-0	8-4	8-7
	24	7-3	7-7	7-10	8-1
2x8	12	11-3	11-8	12-1	12-6
	16	10-2	10-7	11-0	11-4
	24	11-8	9-3	9-7	9-11
2x10	12	14-4	14-11	15-5	15-11
	16	13-0	13-6	14-0	14-6
	24	11-4	11-10	12-3	12-8
Moment de flexion minimal (Fb) toutes tailles)	12	718	777	833	888
	16	790	855	917	977
	24	905	979	1050	1119

Extraits provenant de: CABO's One-and Two-Family Dwelling Code.

Les maisons préfabriquées *peuvent être assemblées de telle façon qu'on ne perçoit aucune différence avec une résidence entièrement construite sur place à la manière traditionnelle.*

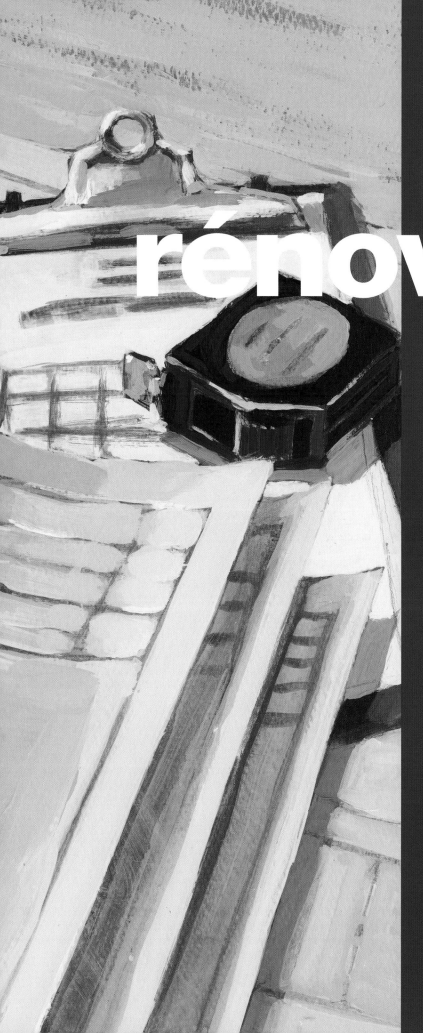

8

Projets de rénovation

Projets de rénovation

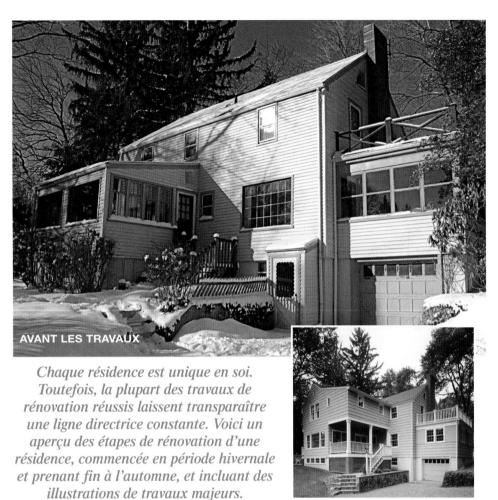

AVANT LES TRAVAUX

Chaque résidence est unique en soi. Toutefois, la plupart des travaux de rénovation réussis laissent transparaître une ligne directrice constante. Voici un aperçu des étapes de rénovation d'une résidence, commencée en période hivernale et prenant fin à l'automne, et incluant des illustrations de travaux majeurs.

Planifier des rénovations résidentielles

Quand vous vous installez confortablement dans votre nouveau salon, enfin délivré de tous ces bruits agaçants de scies et de ces odeurs de peintures, il peut vous sembler inconcevable qu'un projet si élaboré de rénovation résidentielle puisse avoir débuté en dessinant des croquis sur une serviette jetable. C'est pourtant de cette façon que la plupart des projets débutent. Il faut vous poser la question suivante : comment pouvez-vous transformer cette idée de base en un plan détaillé qui prendra en considération vos désirs, vos besoins et ce que vous pouvez vous permettre en termes de coûts ? Ce ne sont pas tous les propriétaires de maison qui ont la persévérance de développer des idées de rénovations en un plan réalisable. Pourtant, plus vous fournirez d'informations et de précisions à votre entrepreneur en rénovation résidentielle, meilleures seront les chances que votre projet résidentiel soit cohérent et corresponde adéquatement à vos moyens financiers, ce qui représente les critères essentiels de réussite du projet. Les travaux peuvent coûter plus cher et dépasser l'échéancier fixé, mais si vous êtes parvenu à transformer votre croquis de base en une pièce d'habitation additionnelle, alors vous constaterez que les soucis tendent à s'estomper.

Certains travaux de rénovation peuvent constituer un vrai cauchemar. Discutez-en avec des amis ou des voisins qui ont effectué des rénovations majeures ; la plupart vous raconteront la même expérience. Ils peuvent se plaindre des délais et des dérangements, ainsi que des coûts des matériaux, bien sûr, mais cela ne les empêchera pas de vous faire visiter leur nouvelle pièce ou leurs nouveaux aménagements. Pour en arriver là, il faut que vos idées prennent la forme d'un plan détaillé. Celui-ci est nécessaire pour obtenir des estimations réalistes et un permis de construction, ainsi que divulguer des détails d'aménagement à l'entrepreneur que vous choisirez. Bien qu'il existe plusieurs possibilités, trois options principales s'offrent à vous : embaucher un professionnel de la rénovation, travailler avec une entreprise spécialisée en conception-construction ou exécuter vous-même un plan détaillé.

Professionnels de la rénovation

Les décorateurs d'intérieurs et les architectes que vous embauchez doivent se conformer aux normes et suivre les directives établies par des associations professionnelles. Ils travaillent pour vous et représentent vos intérêts auprès des ouvriers et fournisseurs ; ils peuvent vous soumettre un plan de rénovation, vous conseiller pour l'analyse de vos estimations et l'embauche d'un entrepreneur, faire le suivi et vérifier régulièrement l'approvisionnement des matériaux, ainsi que les échéanciers, les coûts et la qualité des travaux.

Bien qu'il y ait des exceptions à la règle, les décorateurs (comme l'indique bien l'appellation de leur profession) porteront probablement davantage d'attention aux surfaces qu'à la structure d'un immeuble, tandis que les architectes réagiront de manière opposée. Cette polarisation ou déformation professionnelle se manifeste dans la conception de leurs plans d'aménagement : ce sont souvent de beaux plans en couleur pour les décorateurs et des bleus quadrillés de mesures précises pour les architectes. Cela signifie qu'un décorateur d'intérieurs peut mieux vous conseiller si vous avez besoin d'idées en matière de rénovation d'un espace d'habitation existant, alors qu'un architecte serait un meilleur conseiller pour tout projet de rénovation des structures de l'immeuble.

Malgré l'ambiguïté du terme « design » pour décrire leurs services, les entreprises spécialisées en conception-construction constituent une possibilité intéressante puisqu'elles offrent un éventail complet de services. Pour un projet de rénovation de la cuisine, vous pouvez consulter des douzaines de modèles différents sur un écran d'ordinateur et obtenir des plans détaillés, des modèles d'armoires, ainsi que l'installation. Certaines firmes possèdent leur propre architecte ou ingénieur pour les travaux plus importants, alors que d'autres entreprises utilisent des plans conformes au Code du bâtiment, qui peuvent être adaptés à vos besoins. Quelles que soient les situations, vous faites affaire avec une seule entreprise, plutôt qu'avec un éventail de professionnels en rénovation et d'entrepreneurs à leur compte ; c'est une bonne solution, puisqu'une seule entité est responsable de toutes les facettes des travaux. Par contre, si des difficultés surgissent, il n'y aura pas d'intermédiaire pour régler les problèmes.

Votre propre plan

C'est une bonne idée de préciser davantage vos idées, même si vous consultez un architecte ou une firme en construction-conception pour élaborer un plan définitif. Cette planification préliminaire est nécessaire pour peaufiner vos meilleures idées et éliminer les moins bonnes. Vous pouvez travailler à partir de modèles d'un catalogue de plans, et dans certaines régions, utiliser des plans déjà approuvés provenant d'un service d'urbanisme pour des projets courants comme une terrasse. Puisez des idées dans les magazines de rénovation, qui indiquent la plupart du temps les matériaux requis et présentent des modèles. Consultez les présentoirs dans les quincailleries à grande surface ou les magasins d'équipements pour la maison. Il est très prudent de vérifier la marchandise sur place plutôt que dans un catalogue où la présentation peut être trompeuse.

Ébauchez le schéma d'un plancher sur du papier quadrillé et employez des modèles pour déterminer l'emplacement et la taille approximative du mobilier, ou encore utilisez des logiciels informatiques conçus pour la rénovation résidentielle afin de vous aider à élaborer votre plan. Les plans de base informatisés vous permettent d'essayer différentes combinaisons de mobilier et de modifier les matériaux employés d'un simple clic de souris. Par contre, il est très utile de soumettre votre plan à une échelle grandeur exécution ; par exemple, en délimitant les contours de votre future terrasse à l'aide de piquets et de cordes. Établir un contour, même approximatif, peut s'avérer utile pour prévenir des problèmes graves de planification, peu importe qui a élaboré le plan ; ainsi ce moment crucial où l'espace d'habitation rénové qui accueille les gens et du mobilier semble plus petit que ce que vous aviez prévu dans le plan initial que vous aviez conçu quelques mois auparavant sur une serviette de table.

Si vous avez besoin d'aide

Lorsque votre plan de rénovation est prêt, il faut vous mettre en quête d'entrepreneurs pour exécuter les travaux… ou peut-être pas. Vous pouvez économiser de l'argent en exécutant vous-même une partie des travaux (probablement 30 % du coût total si vous décidez de faire office d'entrepreneur principal et gestionnaire du projet). Toutefois, vous pourriez avoir des problèmes, surtout si vous entreprenez des tâches dans lesquelles vous n'avez aucune expérience. Vous pouvez débuter avec les meilleures intentions du monde, mais nuire au travail d'ouvriers professionnels habitués à un horaire quotidien précis

Ce que votre entrepreneur ne veut pas entendre…

« *Pendant que vous y êtes, vous ne pourriez pas… ?* »

Bien des clients outrepassent les limites de leur projet pour demander à leur entrepreneur toutes sortes de petites faveurs qui constitueraient en quelque sorte des cadeaux gratuits. Ils peuvent même se montrer vexés si l'entrepreneur refuse.

et devoir travailler sur le projet durant la semaine, alors que vous avez un autre emploi.

Il n'y a pas de règles concernant les tâches que vous pouvez entreprendre et celles qui exigent un professionnel. Les compétences, les champs d'intérêts et les budgets varient tellement que vous pourriez accomplir un excellent travail sur une partie du projet, alors que votre voisin en serait incapable. Il est toutefois possible d'appliquer une ligne de conduite sensée : tout d'abord, si vous êtes dans le doute, abstenez-vous. Ne vous lancez pas dans un projet si vous n'avez pas une idée précise (et réaliste) du temps, de l'équipement, de la main-d'œuvre et des coûts nécessaires à sa réalisation. Vous pourrez alors prendre des décisions éclairées, incluant la plus importante : êtes-vous en mesure d'effectuer le travail en toute sécurité ?

Lorsque vous considérez l'éventail des tâches à effectuer pour un projet majeur de rénovation (de l'installation de fondations jusqu'à la toiture), éviter les travaux dangereux constitue la meilleure approche. Naturellement, tout dépend, dans une certaine mesure, de votre conception du danger. Pour un autodidacte, poser des bardeaux sur une toiture à faible inclinaison peut être un jeu d'enfant. Par contre, si vous commencez à avoir des sueurs froides en plein milieu d'une échelle, même une rénovation de toiture minimale peut constituer un danger potentiel. Vous n'avez pas besoin de l'expertise d'un entrepreneur en construction pour comprendre cela. Il y a de bonnes raisons pour lesquelles les travaux de peinture constituent une activité de premier choix pour les bricoleurs alors le travail de câblage se retrouve loin derrière : repeindre vos murs ne risque pas de vous tuer.

Vous ne pouvez vraiment éviter quelques accidents mineurs quotidiens, comme les égratignures et les ecchymoses causées par l'utilisation de nombreux outils et la manipulation de matériaux de construction. Mais il est préférable de renoncer aux tâches dans lesquelles vous manquez d'expérience, car il pourrait en résulter des blessures graves ou des défauts de structure importants.

En ce qui concerne les structures, il vaut mieux, dans la majorité des cas, que vous laissiez l'installation des fondations et de la charpente, ou toute autre tache similaire, aux mains de professionnels et que vous vous consacriez à des travaux de finition tels que la pose de revêtements muraux et la peinture, avec la charpente comme point d'appui. Vous pouvez peindre maladroitement en faisant des éclaboussures, le risque que la charpente s'écroule est plutôt faible.

Pour éviter les accidents, il vaut mieux, le plus souvent, laisser à des professionnels les travaux de manipulation de systèmes et d'équipements mécanisés (chauffage, réfrigération, câblage électrique et plomberie). Ne tentez pas d'installer vous-même une nouvelle chaudière qui pourrait causer un incendie en raison d'une mauvaise installation. En matière de plomberie, l'installation de tuyaux constitue en quelque sorte une zone grise : le pire qui puisse arriver en cas d'erreur est une fuite d'eau, qu'un plombier pourra facilement réparer. Par contre, effectuer de mauvais raccordements de tuyauteries telles que les conduites de gaz ou les canalisations d'égout peut entraîner des conséquences graves.

Si vous ne connaissez pas suffisamment les détails du projet pour être raisonnablement informé des dangers potentiels et des mesures à prendre pour les prévenir, alors ne faites rien. Évitez aussi les travaux

Surprise ! Il faut enlever ce vieux réservoir à mazout.

Livraison de blocs de béton pour vos fondations.

Ce qui n'était qu'un trou dans le sol commence à prendre forme.

Projets de rénovation

Les murs s'élèvent et le sol est prêt au coulage du béton.

La camion a piétiné seulement quelques buissons.

La charpente du premier étage et la nouvelle véranda.

d'installation qui pourraient invalider une garantie et les tâches nécessitant une inspection ou l'obtention d'un permis spécial, par exemple l'élimination de l'amiante dans un immeuble et l'installation du câblage électrique dans une nouvelle pièce. Avec les

négocier des choses en leur nom, même si cette personne ne participe en rien à l'élaboration du plan et aux travaux d'aménagement.

Vous pouvez vous-même faire office de gestionnaire ou d'entrepreneur principal. Vous économise-

Ce que votre entrepreneur ne veut pas entendre...

« *Vous ne vous arrêtez pas pour manger… ?* »

Il est exaspérant que l'entrepreneur soit toujours sur place, pratiquement jour et nuit et les fins de semaine, tandis que le client doit se montrer disponible en permanence, alors que certaines questions peuvent attendre quelques heures et que l'on a autre chose à faire, tant sur le plan familial que professionnel.

permis appropriés, vous pouvez renforcer des fondations et installer une charpente à votre propre résidence ; mais il est possible qu'un inspecteur des bâtiments vous demande de modifier votre aménagement. De nombreux aspects de la rénovation comportent des tâches, telles que l'installation d'une fosse septique et du câblage, qui ne pourront être approuvées si l'auteur du travail n'est pas qualifié.

Options de gestion

Si vous décidez de laisser à d'autres la plus grande partie des tâches de rénovation, vous pouvez envisager d'embaucher un gestionnaire de projet pour diriger les opérations. Comme ceux qui exercent cette profession n'ont pas tous les mêmes compétences et ne sont pas régis par une association professionnelle, en dénicher un bon s'effectue souvent par le bouche à oreille. Certains gestionnaires supervisent les travailleurs sur place, alors que d'autres ne font que vous assister dans la sélection des matériaux et négocient en votre nom avec les architectes, les décorateurs, les entrepreneurs et même avec les institutions de financement. Vous payez des honoraires fixes ou un pourcentage du coût total du projet pour un service qui peut vous être très utile, mais qui n'en comprend aucune de conception ou de construction proprement dite. Certains propriétaires considèrent néanmoins qu'ils ont besoin d'un collaborateur sympathique qui peut

rez une partie des coûts (commission de l'entrepreneur) en achetant en gros, mais vous n'obtiendrez probablement pas les prix que les fournisseurs réservent à leurs clients réguliers (entrepreneurs permanents) et vous n'économiserez probablement rien pour une petite commande sans lendemain.

L'aspect le plus pénible du travail d'entrepreneur principal consiste à embaucher les sous-traitants et à gérer leur travail. Tout d'abord, ceux-ci ne vous offriront probablement pas la meilleure soumission. Leur offre de services sera moins coûteuse pour un entrepreneur principal qui leur offre des contrats réguliers et qui sait gérer efficacement les dépenses, mais pas pour vous. Certes, vous économiserez des frais en ne payant pas d'entrepreneur principal, mais vous devez disposer du temps nécessaire pour gérer les travaux tout en vous rappelant que vous n'êtes pas payé. Ne croyez pas que vous pouvez le faire par téléphone depuis votre bureau ou votre lieu de travail, à moins d'être très avisé. Vous devez être sur les lieux pour constater la progression des travaux et posséder suffisamment de connaissances générales en construction pour comprendre le déroulement des opérations. Il n'est pas nécessaire d'en savoir autant sur l'électricité que votre électricien, mais vous devrez vous familiariser avec l'abc de tous les métiers de la rénovation pour éviter qu'on abuse de votre confiance et pour saisir l'essentiel de toute conversation portant sur un élément du projet.

Les tâches les plus faciles à gérer soi-même sont de courte durée, relativement peu coûteuses, compréhensibles et indépendantes d'autres travaux, telles qu'installer de nouveaux parements. Une rénovation générale comportant des travaux de plomberie, d'électricité, de systèmes de chauffage et de réfrigération, et de charpentage est plus difficile à gérer, surtout les travaux de rénovation de la cuisine et de la salle de bains, qui comportent de nombreuses tâches de finition et de canalisation à effectuer dans un espace restreint. Il est de plus en plus difficile de gérer les travaux lorsqu'on embauche un grand nombre de sous-traitants avec des compétences, des champs d'intérêts et des horaires variés.

Vous pouvez économiser de l'argent en étant votre propre patron, mais vous devrez assumer un fardeau accru de responsabilités. Il peut être difficile et stressant, en définitive, d'être le seul et ultime responsable.

Embaucher un entrepreneur

Si chaque propriétaire nourrissant un projet de rénovation résidentielle embauche un entrepreneur hors pair qui possède une excellente réputation, travaille une dizaine d'heures par jour et respecte toujours l'échéancier fixé, peut-on savoir qui engage les autres entrepreneurs ? Quand l'économie se porte bien, les taux d'intérêt minimums sur les prêts sont faibles et un grand nombre de propriétaires veulent rénover leur résidence ; alors comment s'y prend-on pour dénicher ces as de la rénovation ? Chercher un entrepreneur de haut calibre peut être épuisant et frustrant lorsqu'on les contacte et que la plupart d'entre eux vous répondent qu'ils sont occupés ailleurs.

Dénicher l'entrepreneur approprié nécessite beaucoup de persévérance : établir des contacts, vérifier les références et les recommandations, conduire des entrevues, se souvenir d'un candidat qui semblait si prometteur et de celui qui vous a fait si mauvaise impression lors de l'entrevue.

Le raccourci idéal consiste à embaucher un entrepreneur recommandé par un ami ou un voisin de confiance qui vient de terminer un projet similaire à celui que vous avez l'intention de réaliser. Vous pouvez alors vous renseigner sur les coûts, les horaires de travail, l'attitude des ouvriers et constater par vous-même les résultats. Sinon, la meilleure solution consiste à consacrer suffisamment de temps pour la recherche et à vous constituer une banque de tous les entrepreneurs qualifiés possibles. Vous pouvez obtenir des noms auprès de diverses sources, qu'on peut regrouper généralement en deux catégories : la publicité et les recommandations. La publicité peu être simplement une inscription sur un camion ou une fiche sur le babillard d'une cour à bois. Il n'y a pas de processus de sélection préliminaire effectué ici, seulement des noms d'entrepreneurs.

Les recommandations personnelles sont plus fiables, car elles comportent une évaluation préliminaire de la part d'un ami ou d'un voisin, de l'agent d'assurance de votre propriété, de votre institution financière, de votre agent immobilier ou d'une personne dans le domaine de l'habitation qui sait ce que vous cherchez.

Avant d'effectuer un premier tri, n'oubliez pas de consulter Internet. Vous pouvez cependant vous perdre aisément dans une liste innombrable de sites de sociétés situées à l'autre extrémité du pays lorsque vous lancez une recherche. Ne désespérez pas, vous allez éventuellement tomber sur des sites d'associations professionnelles telles que l'Association provinciale des constructeurs d'habitations du Québec (*www.apchq.com*). Il y a aussi un nombre croissant de répertoires d'entrepreneurs sur le Web. Certains d'entre eux constituent une perte de temps, car ils sont soit trop récents soit trop éparpillés. Vous avez beau explorer leurs menus d'options (et cliquer sur les bannières publicitaires), lorsque vous semblez atteindre votre objectif, il s'avère que leurs services ne sont offerts que dans quelques provinces ou régions dont la vôtre ne fait pas partie.

Il y a heureusement des répertoires ou des associations professionnelles très accessibles, tels que la Régie du bâtiment du Québec (*www.rbq.gouv.qc.ca*), qui vous permettent de dénicher l'entrepreneur qui vous convient. Consultez ce site pour savoir com-

ment vous y prendre pour demander une soumission. Il suffit d'un simple coup d'œil au Fichier des entrepreneurs pour vous assurer que l'entrepreneur est en règle, ce qui signifie qu'il est titulaire d'une licence de la Régie du bâtiment du Québec (RBQ).

Par contre, il n'y a aucune garantie que l'entrepreneur que vous embaucherez sera sympathique et disposé à travailler pour vous au prix que vous vous êtes fixé. De plus, vous ignorez encore s'il peut effectuer un travail de qualité supérieure. Ce sera à vous de le découvrir.

Peu importe la méthode de recherche employée, recueillez le maximum possible de noms et vérifiez leurs compétences auprès de l'Office de la protection du consommateur du Québec (Better Business Bureau locaux dans le reste du Canada et aux États-Unis) afin de déterminer s'ils sont en règle (possédant une licence de la RBQ) et affichent un dossier impeccable (aucune plainte de clients antérieurs).

Finalement, l'entrepreneur doit être disponible pour exécuter le travail. Si vous désirez qu'il commence aussitôt que possible, il vous faudra sûre-

plus compliqué. Votre projet-en-tant-que-bien-de-consommation aura beau faire l'objet d'un plan détaillé, chaque entrepreneur le verra d'un œil différent en termes de coûts. Bien peu d'entrepreneurs vous feront une offre correspondant aux coûts que vous avez prévus, et les variations d'estimation sont si grandes d'un entrepreneur à l'autre que vous aurez de la difficulté à croire que tous ont évalué le même projet.

Les variations de coûts peuvent résulter, bien sûr, de la loi de l'offre et de la demande. Lorsque les taux d'intérêt sont peu élevés, que c'est la saison estivale et qu'un grand nombre de propriétaires veulent obtenir une estimation de leur projet, l'offre baisse et les coûts augmentent. Si vous sollicitez un entrepreneur très en demande qui pourrait aisément se passer de votre projet, son estimation peut-être très élevée. Si votre projet comporte divers travaux de démolition et personne ne peut prévoir l'ampleur de la reconstruction, la soumission peut augmenter afin de prévoir les pires scénarios possible. L'offre peut également grimper lorsque vous im-

---

Ce que votre entrepreneur ne veut pas entendre...

« *Regardez-moi tous ces magnifiques modèles de carreaux, qu'est-ce que vous en pensez ?* »

Ce syndrome se manifeste lorsque les clients, obsédés (au point d'en être des esclaves) par leur projet de rénovation, en viennent à croire que leur résidence est inlassablement captivante et ne se rendent pas compte que modifier constamment le projet est comparable à montrer à un pédiatre 200 photos récentes de leur bébé.

---

ment des arguments pertinents pour le convaincre. Vous n'êtes certainement pas le seul qui l'ait contacté. S'il est vraiment compétent, un grand nombre de clients (comme vous) l'ont déjà pressenti et vous devrez peut-être attendre votre tour.

Appel d'offres et budget

Inviter des entrepreneurs à soumissionner pour exécuter un projet est comparable au magasinage requis pour obtenir n'importe quel service ou bien de consommation, sauf que c'est sans doute un peu

posez des conditions particulières, telles qu'un horaire plus serré et une maison pas très conventionnelle avec des ornements incongrus et des angles bizarres, et que vous êtes aussi capricieux que votre maison.

Après avoir discuté des plans et visité l'emplacement, l'entrepreneur chevronné peut distinguer le client conciliant de celui qui vérifie les défauts de peinture avec une loupe, et modifier sa soumission en conséquence. Toutefois, il ne faut pas refuser une soumission parce qu'elle est coûteuse. Examinez les raisons pour lesquelles elle est si

Ça ressemble pas mal à ce qui était prévu dans le premier croquis.

Enfin, les grandes fenêtres commencent à prendre forme et on peut avoir une bonne idée du résultat.

Il y avait une belle pelouse auparavant à cet endroit.

Projets de rénovation

Vue de l'extérieur, la nouvelle maison semble trop grande.

À l'intérieur, les pièces donnent l'impression d'être trop petites.

D'ici la semaine prochaine, il va falloir choisir les couleurs de peinture.

onéreuse et si les prévisions d'une main-d'œuvre plus nombreuse et d'un pus grand nombre de matériaux se fondent sur des objectifs de durabilité et de commodité supérieurs à ce qu'offre la concurrence

Vérifier les estimations

Cette étape implique la poursuite du processus de sélection, par le biais de la publicité et des recommandations personnelles, pour dénicher des soumissionnaires, ainsi que l'évaluation plutôt complexe de votre courte liste de candidats. Si vous consacrez suffisamment de temps à faire l'appel d'offres et à analyser les soumissions reçues, vous constaterez qu'il ne s'agit pas seulement d'une question de coûts. L'analyse détaillée d'une soumission révèle souvent le degré de professionnalisme, le souci du détail et l'attitude générale de l'entrepreneur, et vous aide à faire votre choix

Vous devez d'abord vous assurer qu'on vous divulgue les coûts réels, ce qui signifie que vous devez être prêt à embaucher n'importe lequel des soumissionnaires. Vous pouvez comparer les offres de deux entrepreneurs, mais si l'un d'eux s'aperçoit que cet exercice ne constitue qu'une stratégie pour mieux négocier avec l'autre soumissionnaire que vous comptez engager, alors les avantages financiers pourraient ne pas être réalistes.

Vous devez ensuite vous assurer que chacun des entrepreneurs soumissionne bien pour les mêmes choses, basées sur une description intégrale du projet. Si trois entrepreneurs ont des visions différentes de votre projet de rénovation de votre terrasse, demandez-leur une soumission pour la structure de base et des soumissions distinctes pour l'escalier flottant ou les bancs encastrés. Si vous n'êtes pas tout à fait certain du type de matériaux approprié, par exemple le modèle de fenêtre, prenez-en au hasard pour fins de soumissions afin de ne pas devoir comparer des pommes avec des oranges. Si possible, surtout dans les projets d'envergure, présentez des plans avec des illustrations et tous les détails : styles de portes et de planchers, type, taille et modèle des appareils électroménagers, etc.

Comme les coûts de main-d'œuvre dépassent souvent ceux des matériaux et influencent grandement la qualité du travail, il est essentiel de savoir ce que vous pouvez vous permettre en main-d'œuvre avec votre budget et de savoir qui sera le chef des travaux qui supervisera quotidiennement les ouvriers sur les lieux. Les entreprises de construction demandent parfois à leur estimateur de fermer la soumission, mais cette personne (que vous ne reverrez plus jamais) pourrait oublier de communiquer aux sous-traitants certaines choses qu'il vous avait promises.

Certains entreprises envoient un entrepreneur général qui fera office de chef de travaux, mais qui ne visitera le chantier qu'occasionnellement et délèguera ses responsabilités à des employés ayant moins d'expérience et à des sous-traitants ne connaissant qu'une partie du projet. Vous demandez la raison pour laquelle cette nouvelle porte à installer doit s'ouvrir et se refermer d'un côté plutôt que de l'autre, mais personne ne peut vous donner une réponse satisfaisante, sauf l'entrepreneur général, qui peut soit vous rappeler immédiatement après que vous ayez laissé un message sur son télé-

Ce que votre entrepreneur ne veut pas entendre...

avertisseur, soit ne vous rappeler qu'à la fin de la journée, alors que la nouvelle porte est déjà installée. Le pire scénario consiste à payer pour la compétence d'un entrepreneur et de son équipe de travail réputée et de se retrouver avec une équipe moins compétente composée d'apprentis.

Pour faciliter l'évaluation et la comparaison des soumissions, demandez une estimation détaillée. Les coûts des matériaux au pied carré et le total de dépenses vous donneront un aperçu global, mais un devis plus détaillé vous permettra de sélectionner

un article dans une liste de matériaux à prix variés, de choisir ce que vous pourriez effectuer vous-même et de constater qu'une soumission comporte des éléments clés que d'autres vont négliger ou minimiser. Même dans un projet de rénovation modeste, il est utile que les soumissions soient présentée en deux catégories de coûts (main-d'œuvre et matériaux) pour quatre types de travaux : installation des fondations et de la charpente, installation de fenêtres, de portes, de parements et de toitures, équipements mécaniques (chauffage, réfrigération, plomberie et câblage électrique), et finition intérieure.

En fait, chaque soumission doit inclure les coûts réels et totaux, mais certaines peuvent vous réserver des mauvaises surprises : frais supplémentaires, licences, inspections, démolition préliminaire, camionnage (coûts importants s'il faut vider plusieurs pièces d'habitation), réaménagement paysager pour recouvrir les empreintes laissées par l'équipement lourd, une nouvelle canalisation d'égout ou l'installation de nouveaux câbles, remplacement de la tuyauterie dans la vieille partie de la résidence pour se conformer aux exigences du système plus récent

« *Mais tout ça va me coûter les yeux de la tête !* »

Personne n'aime un pleurnicheur, et cette remarque constitue une forme de pleurnichage. Tous les produits et services de rénovation coûtent quelque chose, et avant que le client ne commande une cuisinière haut de gamme ou des fenêtres à triple vitrage, il y a toujours moyen d'en connaître le prix.

dans la partie rénovée, etc. Négliger ces détails peut faire baisser une soumission (qu'il sera alors très tentant de choisir), mais si tel est le cas, vous devrez payer pour les travaux supplémentaires.

Le contrat

Aucun texte juridique ne peut transformer un criminel en honnête citoyen ou un charpentier incompétent et lent en ouvrier d'élite. Cependant, un aspect positif des contrats est que ceux-ci décrivent les composants du projet en termes suffisamment détaillés pour que vous n'ayez pas à faire des efforts de mémoire ou à vous fier à la bonne volonté de l'autre partie

Un bon contrat comporte également une clause permettant de s'en remettre à la décision d'un tiers pour régler un litige résultant d'une mésentente : c'est un recours précieux pour poursuivre les travaux plutôt que de perdre du temps devant les tribunaux. Personne ne peut installer des chaperons de toiture en cour. Pour les projets commerciaux de plusieurs millions de dollars, il peut valoir la peine de poursuivre en justice, mais pour la plupart des projets résidentiels, même lorsque vous êtes convaincu d'avoir raison et avez la certitude que l'entrepreneur a tort, une poursuite est rarement avantageuse. Cette procédure coûte cher, prend énormément de temps et entretient des situations exaspérantes et nuisibles à la qualité de vie.

Pour vous protéger de ce genre de situations, préparez un contrat qui indique qui fait quoi : noms et adresses des employés, numéros de licence et de polices d'assurance des entrepreneurs, dates du début et de la fin du projet, et description détaillée et complète du projet. Pour simplifier, le contrat peut faire référence au plan plutôt que de décrire tous les éléments du projet, ainsi qu'à un autre document qu'on appelle devis et qui inclut une liste des divers types de bois, des appareils électroménagers, des couleurs de peinture et des autres détails, de façon à éviter les substitutions et les malentendus. Voici un aperçu de quelques clauses majeures.

Échéancier des travaux

Pour qu'un contrat soit crédible, les dates de début et de fin du projet sont indispensables, comme faisant « partie intégrante du contrat ». Cette simple mention a du poids devant les tribunaux. Il est cependant utile que vous et votre entrepreneur vous vous entendiez aussi sur un plan de travail détaillé avant le début des travaux. Ce plan doit comporter les dates prévues pour l'obtention des permis

requis, la location d'un conteneur à déchets, le début des travaux de démolition préliminaires et les livraisons initiales de matériaux.

Plus votre plan de travail est détaillé, meilleures sont vos chances d'éviter les situations problématiques graves (peu importe le genre de situation et l'étape du projet). Observez l'avancement des travaux attentivement, à brève échéance, afin de rectifier les erreurs avant qu'elles ne se transforment en problèmes qui semblent insurmontables. Les délais ne signifient rien lorsque qu'ils sont indépendants de la volonté de l'entrepreneur : par exemple, les conditions météorologiques et votre décision d'opter pour un modèle de fenêtre qui ne sera livré que dans deux semaines.

Pour que les travaux se terminent à la date prévue, certains contrats comportent des clauses prévoyant des primes en cas d'exécution complète avant la date limite et des pénalités si l'entrepreneur dépasse cette date, mais ce n'est pas une bonne idée

Ce que votre entrepreneur ne veut pas entendre...

> **« *Passez-moi une scie, je vais vous donner un coup de main .* »**
> Cette demande semble fort coopérative (du style « on va tous mettre l'épaule à la roue et lever ensemble la poutre de l'étable »), mais elle peut envenimer les relations de travail, ralentir le boulot et susciter la controverse lorsqu'un client n'a pas suffisamment de gros bon sens pour se rendre compte qu'il ne doit pas imposer à un professionnel qualifié les caprices de son passe-temps favori.

et cela, pour trois raisons. Tout d'abord, un grand nombre de résidences relativement âgées et mûres pour des rénovations recèlent trop d'aspects inconnus pour qu'on puisse établir un échéancier fiable des mois à l'avance. Deuxièmement, vous ne souhaitez certainement pas que l'entrepreneur précipite les travaux et tourne les coins ronds pour toucher la prime. Finalement, les pénalités en cas de retard peuvent avoir un effet pervers quand le paiement final a diminué au point où l'entrepreneur peut trouver plus avantageux sur le plan financier de

commencer un nouveau projet plutôt que de terminer le vôtre.

Paiement par versements

Pour les travaux de rénovation, le meilleur arrangement consiste à ne payer que pour les services quand ils ont été effectués, généralement par étapes correspondant à l'avancement des travaux. Il y a deux exceptions : un versement initial qui permet à l'entrepreneur d'avoir les fonds suffisants pour entreprendre les travaux, un versement final qui vous donne une marge de manœuvre par rapport à la liste des tâches. Dans les deux cas, les pourcentages varient (ils sont négociables), mais ils doivent être suffisamment élevés (environ 15 à 20 % des coûts totaux).

Le reste peut être partagé en quatre versements égaux : pour la structure ; pour les ouvertures (portes et fenêtres) ; pour les équipements mécaniques (chauffage, réfrigération, plomberie et câblage électrique) ; pour la finition. Aucun entrepreneur digne de ce nom n'exigera 40 à 50 % du montant total comme avance. La plupart des entrepreneurs ont généralement une marge de crédit chez leurs fournisseurs et ne donnent pas d'avance à leurs sous-traitants. Une clause du contrat doit aussi exiger des fournisseurs et des sous-traitants qu'ils vous fournissent un document signé (désistement de privilège) vous dégageant de toute responsabilité légale. Ainsi, un plombier ne pourrait vous poursuivre pour un paiement effectué à l'entrepreneur général qui ne lui a pas été transmis.

Les moulures sont en plastique blanc, mais les balustrades sont en bois naturel.

À l'intérieur autant qu'à l'extérieur, le bruit des scies est incessant.

Voici qui remplace les vieilles marches instables.

Projets de rénovation

À l'intérieur de la maison, on aurait dit un train qui passe.

On se débarrasse des vieux appareils électroménagers.

La cuisine ressemble à un terrain de camping.

Conformité au Code du bâtiment

Une fois que vous avez votre plan en main et avez embauché un entrepreneur, il y a ordinairement une période calme, avant la tempête des travaux, au cours de laquelle vous pouvez nettoyer les pièces, préparer la livraison des matériaux, prévoir de l'espace pour le stationnement et vous occuper d'un détail important rarement mentionné dans les contrats : les toilettes pour l'équipe de travail. La plupart des travaux de préparation consistent en corvées bien organisées dont l'entrepreneur peut se charger si vous ne le faites pas. Il y a toutefois deux aspects du travail qui ne peuvent attendre à la dernière minute : le Code du bâtiment en vigueur et les règlements de zonage

Les codes du bâtiment se démarquent des autres aspects de la rénovation, car il ne peuvent être modifiés : aucune possibilité de fignoler ou de tourner les coins ronds comme on le ferait avec la peinture. Si l'inspecteur des bâtiments déclare qu'il manque 2 po de profondeur à votre tranchée de fondation, alors il faut creuser davantage. Qu'il s'agisse de la taille des poutres, de l'emplacement des prises de courant, de l'épaisseur des cloisons sèches et de pratiquement tout en matière de rénovation, l'inspecteur a le dernier mot. Il peut se pointer sans préavis pour visiter votre chantier et vous remettre dans le droit chemin, si nécessaire. Il n'est pas nécessaire de faire des courbettes et de vous répandre en politesses lorsque l'inspecteur arrive, mais il vaut la peine de se montrer conciliant.

Pour établir une relation de confiance avec le service d'urbanisme de votre localité, il est conseillé de prendre rendez-vous pour montrer votre plan de rénovation préliminaire, particulièrement les croquis que vous avez réalisés pour l'exécution des tâches mineures. Posez des questions, même celle-ci, si évidente : « Ai-je besoin d'un permis ? » Généralement parlant, il faut la poser si votre projet comporte des travaux structuraux, tels que rallonger des fondations ou percer des ouvertures dans un

mur porteur. Vous aurez également besoin d'un permis pour modifier la fonction d'une structure, par exemple transformer un garage intégré ou un grenier d'entreposage en un espace d'habitation.

Les situations problématiques les plus courantes sont attribuables à un plan inachevé, à des oublis tels qu'une illustration montrant l'emplacement exact des poutrelles, mais n'indiquant pas leur taille, ou une illustration d'un deuxième étage rénové sans avoir pris en considération les charges supplémentaires sur les vieilles fondations. Toutefois, les détails non indiqués dans le plan se manifesteront probablement sur le chantier, où vous devez vous attendre à au moins quatre inspections différentes : vérification de la profondeur des semelles, du charpentage et des équipements mécaniques, et une inspection finale avant de vous accorder un permis d'utilisation.

Certains propriétaires tentent de se soustraire aux inspections et entreprennent les travaux sans permis, habituellement pour éviter une hausse d'impôts fonciers par suite d'un projet coûteux. Une telle attitude vous expose à un travail de qualité inférieure et à

prévoyant ce qu'il est permis de faire sur votre terrain. Il y a deux catégories principales de zonage : le zonage commercial et le zonage résidentiel, mais il y a diverses sous-catégories. Par exemple, un règlement de zonage stipule que dans un quartier donné vous pouvez transformer une grosse maison en duplex, alors qu'à quelques pâtés de maison plus loin, ce règlement n'est pas applicable. Une maison unifamiliale peut nécessiter un terrain de 2 acres sur une rue, mais de seulement $1/4$ d'acre sur une autre. Dans les quartiers d'intérêt historique, votre plan pourrait devoir être modifié pour se conformer à un certain style de fenêtres, de parements et même de couleur de peinture.

Deux restrictions constituent des obstacles majeurs pour les rénovateurs désirant augmenter la surface d'une résidence : la proportion autorisée du terrain destinée à un immeuble et la répartition du terrain correspondant à l'avant, aux côtés et l'arrière-cour de l'immeuble. Par exemple, le Code peut stipuler qu'un immeuble doit disposer d'au moins 100 pi de terrain sur les côtés, avec une répartition des pourcentages ne dépassant pas la

> *Ce que votre entrepreneur ne veut pas entendre...*

« *J'ai repensé à tout ça et j'ai changé d'idée.* »

Durant la planification, le client peut toujours changer d'idée. Une fois que les travaux sont commencés, il peut encore changer son fusil d'épaule, mais il devra être disposé à payer la totalité du temps et des matériaux supplémentaires, et ne pas à se plaindre plus tard des délais occasionnés par sa décision, parcequ' il a décidé en plein milieu du projet d'opter pour des fenêtres à vantaux plutôt que des fenêtres à guillotine double.

l'emploi de matériaux inappropriés, sans compter ce voisin exaspéré qui ne peut supporter le bruit. Il suffit d'une plainte adressée au service d'urbanisme et vous voici obligé des payer une amende, qui s'ajoutera aux coûts de réaménagement pour vous conformer aux dispositions du Code de bâtiment.

Vous devez respecter le Code du bâtiment en vigueur régissant toutes les facettes de la construction dans votre région et les règlements de zonage

proportion de 80-20. Cela signifie que la bande de terrain la plus étroite doit correspondre à au moins 20 % de 100 pi ; c'est, en théorie, afin d'éviter que vos voisins immédiats construisent trop proche de votre terrain.

La réglementation peut être un obstacle, mais il y a moyen de la contourner. Comment, au juste ? En obtenant une dérogation au règlement. Chaque juridiction a sa propre procédure, souvent longue et fastidieuse, pour octroyer des dérogations. Vous devez habituellement soumettre des copies de vos plans de rénovation (ainsi qu'un plan détaillé du terrain) à une commission d'appel et présenter vos arguments en audience publique, après avoir publié des avis d'audience sur votre rue afin que vos voisins puissent exprimer leurs objections, s'il y a lieu. Vous pouvez présenter votre cause en personne (en vous appuyant le plus possible sur des données précises plutôt que d'exprimer simplement vos besoins) ou embaucher un avocat spécialisé en droit immobilier pour plaider en votre faveur une cause complexe pour laquelle il pourrait y avoir des objections de la part des propriétaires avoisinants.

Supervision

Comment pouvez-vous assurer le suivi d'un cheminement complexe effectué par des gens que vous ne connaissez pas, employant des méthodes qui peuvent vous être incompréhensibles et vous expliquant l'avancement de votre projet dans un langage plutôt hermétique ? Vous pouvez facilement laisser la gestion de votre projet à l'entrepreneur principal, mais c'est un peu comme

temps et coûter cher, sans oublier qu'ils peuvent être impossibles à corriger.

La meilleure façon de protéger votre investissement consiste à organiser des réunions périodiques pour faire le point, au cours desquelles vous pourrez partager votre analyse en divers sujets, être à l'affût des situations problématiques, revoir l'échéancier au besoin et connaître les dépenses engagées. Idéalement, ces réunions auront lieu à la fin de chaque semaine de travail, même si les ouvriers devront terminer leur journée une demi-heure plus tôt pour assister à la réunion ; le partage d'informations relatives au projet compense la baisse légère de productivité. Demandez à votre entrepreneur principal et aux sous-traitants majeurs, telle l'équipe de rénovation de la cuisine, aux architectes et aux décorateurs d'assister à ces réunions hebdomadaires. Passez en revue le travail effectué durant la semaine, en vous attardant surtout aux tâches prévues qui n'ont pas encore été exécutées, puis regardez la semaine à venir, les matériaux disponibles ou ceux qui ont été ou doivent être commandés, et faites le point enfin sur les paiements effectués et à venir.

La raison de cet exercice est de déceler les situations problématiques potentielles et les retards mineurs, mais vous devrez probablement approfondir

Afin de réduire au minimum les perturbations qu'un projet majeur de rénovation peut entraîner sur l'entourage, avertissez vos proches à l'avance des périodes de démolition et d'interruption des services publics (électricité ou alimentation en eau), et des déplacements inévitables lorsque vous devrez évacuer une pièce d'habitation durant deux jours pour permettre aux deux couches de polyuréthane de sécher complètement.

Les réunions risquent de révéler certaines surprises, dont, parmi les plus problématiques, les trois suivantes : l'horaire des sous-traitants, les modifications de plans et de matériaux, et les discussions épineuses avec votre entrepreneur sur ce qui devrait être inclus dans les travaux selon le contrat. Dans un grand nombre de projets, l'entrepreneur général supervise les opérations et participe à toutes les facettes du projet, mais la plus grande partie du travail est effectuée par des sous-traitants tels que des plombiers et des couvreurs.

La coordination des sous-traitants demeure la pierre d'achoppement principale, car tout doit se dérouler selon une séquence logique : les travaux de fondation doivent être effectués pour qu'entrent en scène les charpentiers, et ceux-ci doivent avoir terminé pour faire place aux plâtriers. Si l'électricien lève le camp avant que le câblage électrique de base soit complètement installé, l'entrepreneur général ne sera pas en mesure de faire venir un inspecteur, ce qui résultera en un retard pour les installateurs de cloisons sèches, les charpentiers de finition, les peintres et autres sous-traitants.

Pour vous assurer qu'il n'y aura pas de temps morts, et ainsi éviter quelques jours de chaos total où tous les ouvriers se pointent à la même heure, vous devriez savoir quel est le prochain spécialiste qui se présentera, avoir une idée générale de sa tâche et connaître le temps nécessaire à son exécution.

Ce que votre entrepreneur ne veut pas entendre...

> ## « Je suis un peu à court d'argent aujourd'hui : je peux vous faire un chèque la semaine prochaine... »
>
> C'est comme se faire dire « Vous devrez payer plus d'intérêts sur votre emprunt », car pensez qu'il pourrait lui aussi être à court d'argent si les sous-traitants ont dû déjà payer pour le travail déjà effectué et s'il a reçu un compte de fournisseur pour des panneaux déjà installés.

Modifications et suppléments
Une autre pierre d'achoppement majeure concerne les modifications du plan, qui sont parfois inévitables en raison du manque de matériaux prévus ou

s'endormir sur la chaise de votre coiffeur. Si tout se passe bien, vous vous réveillerez et tout sera comme vous l'avez imaginé. Si tel n'est pas le cas, et la plupart des projets connaissent des situations problématiques plus sérieuses que de légères erreurs, régler les problèmes peut prendre énormément de

plus en détail certaines questions inquiétantes, car les entrepreneurs ont tendance à minimiser les problèmes. Ils vous affirmeront que tout va bien (c'est ce que vous voulez vraiment entendre), tout en pensant vraiment qu'ils sont capables de corriger les petits problèmes avant qu'ils n'en deviennent des gros.

Incroyable, même pas une égratignure sur la nouvelle peinture !

C'est presque terminé ; on peut passer aux travaux de finition.

Encore trois journées à sécher avant l'installation des meubles.

Projets de rénovation

Le nouveau salon

La nouvelle cuisine

Une des nouvelles chambres à coucher

tout simplement parce quelqu'un a oublié de commander des fenêtres. Ces choses-là arrivent. Et il arrive qu'une modification améliore le plan initial, séduisant tout le monde même si personne ne l'avait prévu. Quelle qu'en soit la raison, une modification significative du plan nécessite un réajustement de planification de dernière minute, puisqu'il s'agit d'un imprévu.

Dans les gros travaux, le maître d'œuvre doit formuler par écrit un ordre de modification pour tout changement au contrat. Vous pouvez employer un formulaire officiel ou au moins noter les modifica-

peinture de couleur blanc cassé que vous désiriez, son remplacement par une peinture légèrement plus blanche ne vaut même pas la peine qu'on en discute. Mais il y a une zone grise entre ces deux situations et il n'y a pas grand chose que vous pouvez faire, sauf de verbaliser vos préférences. Énoncez clairement ce que vous désirez obtenir en matière de matériaux ou de travaux apparaissant dans la description des tâches ou dans le plan. Cela inclut les matériaux qui font partie intégrante d'un travail précis, tels que les accessoires pour les portes, à moins qu'ils ne com-

Régler les conflits

Certains parties de votre projet de rénovation peuvent présenter un aspect différent de ce à quoi que vous vous attendiez. Il y a des problèmes pour lesquels vous ne pouvez vraiment rien faire, par exemple une semaine pluvieuse qui retarde les travaux de terrassement. Quelques situations peuvent être corrigées en faisant des compromis et en négociant. Par contre, lorsqu'il s'agit d'écarts importants concernant les matériaux, le temps et les coûts, les échanges verbaux peuvent tourner en discussions orageuses qui mettent un terme à la poursuite du projet.

Substitution de matériaux
Les bons contrats incluent une clause au cas où vous ne pourriez obtenir ce que vous escomptiez. Cela signifie, entre autres, qu'une fenêtre de remplacement doit être similaire à celle qui était prévue, c'est-à-dire à peu près au même prix (plus chère ne conviendrait pas à l'entrepreneur et un modèle à rabais ne vous conviendrait pas).

Si vous ne vous entendez pas sur un remplacement de qualité égale, rencontrez l'entrepreneur et apportez une copie de la liste des matériaux (sinon, une copie du plan ou du contrat) qui classifie les types de fenêtres selon le fabricant et le numéro de série. Obtenez le coût de l'une d'entre elles et mettez-vous d'accord sur un remplacement correspondant au coût et aux caractéristiques du modèle initial.

Cette procédure ne nécessite aucune connaissance spécialisée dans le domaine de la construction. Si le plan initial prévoyait une fenêtre à vitrage thermique, n'acceptez aucune fenêtre dont le vitrage est moins performant. Plusieurs fabricants ont en stock des modèles presque identiques de la plupart des marques connues de matériaux de construction. Par exemple, si les fournisseurs locaux n'ont pas le plancher de terrasse en séquoia Clear Heart que vous désirez, vous pouvez lui substituer une variété en cèdre haut de gamme similaire à la description et au prix du modèle en séquoia. Si vous optez pour un modèle de meilleure qualité, alors préparez-vous à payer plus cher. Demandez un

---

Ce que votre entrepreneur ne veut pas entendre...

« Vous me dites que cette tâche-là n'est pas incluse dans le contrat »

Il peut sembler raisonnable que l'entrepreneur chargé d'installer des cloisons sèches dans le nouveau garage colle et assemble les panneaux, mais il ne le fera pas gratuitement. Les entrepreneurs d'expérience indiquent clairement dans le contrat les travaux qu'ils effectueront, tout en inscrivant dans le document les tâches non incluses identifiées par les initiales H.C. (hors contrat)

---

tions effectuées au plan et vous demander si ces changements affecteront les coûts de la main-d'œuvre. Les travaux supplémentaires constituent un des aspects les plus délicats de tout projet de rénovation, car ils suscitent souvent la controverse ; les entrepreneurs ont tendance en effet à percevoir la plupart des modifications comme des tâches supplémentaires, particulièrement à la fin d'un projet lorsque les coûts des matériaux et des sous-traitants se traduisent par une marge de profit moins élevée que prévu.

De l'autre côté de la table, les propriétaires ont tendance à percevoir les modifications en cours de projet comme de simples changements faisant partie intégrante du contrat. Il y a toutefois des aspects sur lesquels les deux parties sont d'accord. Si la surface de cuisson que vous aviez prévue n'est plus en stock et que vous la remplacez par une cuisinière de restaurant à six brûleurs, on parle vraiment de frais supplémentaires. Mais si votre entrepreneur ne peut dénicher la

portent les initiales H.C. (hors contrat) dans le contrat. Soyez prêt à négocier le coût des travaux supplémentaires, comme l'installation d'une poutre pour consolider les solives si on a constaté que ces dernières étaient trop courtes durant l'exécution des travaux.

Certains propriétaires sont convaincus que les entrepreneurs généraux doivent assumer la responsabilité de toute situation inattendue. Or, ni un architecte ni un entrepreneur principal n'est doté d'une vision à rayons X. La seule autre option consiste en un contrat indiquant les frais de tous les travaux et matériaux supplémentaires prévisibles, mais c'est une mauvaise solution si on n'a pas besoin de ces suppléments. L'important est que l'exécution des travaux se poursuive et ce ne sera pas le cas si vous voulez profitez d'une erreur de calcul. Vous devez trouver une solution intermédiaire concernant les suppléments, en pesant le pour et le contre pour déterminer lesquels sont vraiment nécessaires ou superflus.

remboursement (pour la réduction des coûts) si vous choisissez un modèle de qualité inférieure.

Problèmes d'échéancier

Le dépassement des dates limites est le problème dont se plaignent le plus souvent les gens qui ont entrepris des projets d'aménagement et de rénovation. C'est un problème différent de ceux qu'on peut considérer comme nettement matériels, comme des murs non peints ou des toitures qui coulent. Les problèmes d'échéancier non respecté sont généralement ambigus et la responsabilité n'est pas évidente. Ils prolifèrent comme l'eczéma chronique, figurativement parlant : ça débute par des démangeaisons et on ne se rend pas trop compte de ce qui se passe.

Les fenêtres de salle de bains ne vont être livrées que dans quelques jours. L'entrepreneur spécialisé en pose de carreaux s'en va effectuer un autre travail et reviendra dans quelques jours. Ajoutez à cela une commande spéciale de boiserie pour la véranda qui n'est pas arrivée, un délai pour l'installation des électroménagers car le nouveau câblage électrique n'est pas encore prêt, de longs week-ends, un plombier qui a attrapé la grippe – les possibilités sont infinies – , et vous vous retrouvez avec un retard considérable dans les travaux.

C'est alors que vous vous rendez compte de votre eczéma. L'échéancier est à ce point perturbé que les autres entrepreneurs ne se présentent pas sur le chantier lorsque vous en avez besoin. Les matériaux livrés dans les délais s'empilent et doivent être constamment déplacés car ils bloquent l'accès. Les ouvriers consacrent de plus en plus de temps à composer avec les délais, ce qui n'empêche pas les travaux d'avancer, mais à un rythme plus lent. Par ailleurs, le paysagiste vous abandonne, vendant les arbustes que vous aviez réservés à quelqu'un d'autre. La situation devient alors si insoutenable qu'elle empoisonne le projet entier et affecte grandement la qualité globale des travaux, puisqu'il manque le temps nécessaire pour effectuer correctement les tâches.

Pour corriger les problèmes d'échéancier dès le début, il faut demander à l'entrepreneur qui annoncer les mauvaises nouvelles d'arrêter une date limite pour reprendre l'échéancier prévu. Même si les délais et retards sont causés par une inondation diluvienne et inattendue qui immerge les fondations, c'est la responsabilité de l'entrepreneur d'effectuer les ajustements requis à l'échéancier.

Ne négligez pas les problèmes de délais et ne confiez pas votre sort à une personne qui ne travaille pas pour vous, tel qu'un fournisseur de matériaux. Insistez pour que l'entrepreneur traite avec un autre fournisseur au besoin ou embauchez un autre couvreur pour remplacer celui qui est grippé. Donnez-vous une date limite pour régler les problèmes d'échéancier.

Résoudre les conflits

La pratique courante consiste à dresser une liste de vérification à remplir à la fin du projet pour faire l'inventaire des travaux non effectués et incorrectement exécutés. Ce ramassis de petits travaux peut cependant vous sembler une montagne de tâches à accomplir lorsqu'il ne reste qu'une semaine au calendrier des travaux. Il est plus sage de vérifier l'avancement du projet au fil de son déroulement – charpentage, équipements mécaniques, fenêtres et portes – et de s'occuper des travaux de finition à la fin. Vous pouvez ainsi empêcher une situation problématique de provoquer une réaction en chaîne et remédier aussitôt à un problème susceptible d'entraîner des coûts supplémentaires. Si un problème se manifeste et qu'une discussion avec l'entrepreneur sur les lieux mêmes ne donne aucun résultat, envoyez-lui par courrier recommandé une lettre dans laquelle vous lui dites pourquoi il doit régler le problème (par exemple, en en vertu d'une clause du contrat) et accordez-lui un délai raisonnable pour vous répondre et trouver une solution. Proposez-lui également votre propre solution. Une telle lettre peut susciter une réponse positive de l'entrepreneur, qui offrira de régler le problème sans encourir de pénalité financière. Si tel n'est pas le cas, vous pouvez vous adresser à un service d'arbitrage ou à un avocat, mais ils exigeront probablement que vous leur présentiez ce que vous avez fait pour régler le conflit avant de vous représenter.

Si vous faites ainsi appel à une tierce partie, il vaut mieux vous en tenir à exposer les faits plutôt que de vous lamenter à propos de ce que vous vouliez et n'avez malheureusement pas obtenu. Montrez vos factures, reçus, estimations, bons de commande et compte rendus de réunions pour soutenir votre plainte.

Vous ferez alors partie des nombreux consommateurs qui déposent des plaintes impliquant des entrepreneurs à l'Office québécois de la protection du consommateur (OPC). Cet organisme, comme le Better Business Bureau ou l'American Arbitration Association, offre un service de règlement des litiges. Vous pouvez vous renseigner sur son site web (*www.opc.gouv.qc.ca*) et ainsi obtenir un formulaire pour le règlement des litiges. Il est par ailleurs sage d'inclure dans votre contrat une clause d'arbitrage exécutoire afin d'éviter que des situations problématiques ne deviennent catastrophiques.

Avant : en plein hiver, la maison avant les rénovations.

Après : la maison rénovée avec ses nouvelles pièces et son nouveau revêtement.

9

Planchers
et escaliers

Planchers et escaliers

Sauvegarder les vieux planchers

Nous exigeons beaucoup de nos planchers. Sans compter les enfants en bas âge et les animaux domestiques qui s'en donnent à cœur joie. Il ne faut donc pas s'étonner que ces derniers puissent s'affaisser, grincer et devenir plutôt crasseux et ternes.

Bien sûr, les planchers ont une utilité fonctionnelle. Repeindre un mur et un plafond peut rehausser grandement l'apparence d'une pièce, mais si le plancher nécessite des réparations parce qu'il est taché, égratigné, alors le travail de rénovation n'est qu'à moitié réussi. Installer un recouvrement de plancher nécessite une plus grande compétence qu'effectuer un travail de peinture, mais c'est à la portée de la plupart des bricoleurs.

Une base solide

Le revêtement de plancher récemment installé ne durera pas longtemps si la structure qui le supporte n'est pas en bonne condition. Par exemple, les solives de plancher, qui constituent la charpente sous-jacente, doivent être droites, solides et de niveau. Lorsque vous marchez sur un plancher, vous pouvez constater que les parties de la surface ayant tendance à s'enfoncer correspondent aux endroits où les solives se sont affaissées. Ne vous attendez pas à ce que l'installation d'un nouveau recouvrement corrige les inégalités. Celles-ci vont éventuellement endommager le nouveau revêtement.

Le sous-plancher constitue un autre élément essentiel de la structure. Cloué aux solives de plancher, il est fabriqué de feuilles de contreplaqué ou de planches de bois. Parfois, une autre feuille de contreplaqué, est clouée sur le sous-plancher afin

d'assurer une base plus stable pour le revêtement de sol. Le problème qui affecte le plus souvent le sous-plancher et la sous-couche est le relâchement des clous, qui cause un léger soulèvement et le craquement de la surface du plancher quand on marche dessus. Ce craquement peut être dérangeant, mais s'il s'agit d'un revêtement de vinyle, de carreaux de céramique ou même de bois, même un léger fléchissement peut fissurer le plancher.

Lorsque vous installez un nouveau revêtement, il n'est pas toujours nécessaire d'enlever l'ancien (à moins qu'il ne s'agisse d'une moquette). Par exemple, vous pouvez poser une moquette directement sur un plancher en bois massif, mais vous devrez installer préalablement une sous-couche sur celui-ci si vous voulez poser un revêtement neuf de vinyle ou des carreaux de céramique (après avoir rattaché solidement les panneaux désajustés). Si les anciens parquets de vinyle ou les carreaux de céramique sont en mauvaise condition, il faudra probablement les enlever ou au moins les recouvrir avec une nouvelle sous-couche. Toutefois, vous pouvez habituellement poser un nouveau revêtement de plancher sur l'un ou l'autre, pourvu que vous ayez réparé et lissé les endroits endommagés. Enlevez tout parquet flottant (voir p. 150) avant de poser un nouveau revêtement.

Si nécessaire, remplacez la sous-couche par une feuille de contreplaqué d'usage extérieur AC d'une épaisseur variant de $1/4$ à $1/2$ po si le revêtement sera en vinyle ou en bois. Plus lourds, les carreaux de céramique et de pierre nécessitent une sous-couche plus épaisse. Les planches d'appui en ciment sont idéales pour les carreaux de céramique, surtout dans la cuisine et la salle de bains.

Bordures

Pour marquer l'emplacement des coupes qui doivent s'ajuster aux moulures complexes, employez un calibre de forme. Celui-ci peut reproduire les formes plus sophistiquées.

Pour bien encastrer le nouveau revêtement, coupez la moulure ou boiserie avec une scie reposant sur une section du revêtement et du sous-plancher.

Enlever de vieilles boiseries

MATÉRIEL: ▶ levier à tête plate • ciseau • marteau • crayon feutre ▶ minces retailles de bois • ruban-cache

1 Utilisez un petit levier à tête carrée pour détacher la moulure quart-de-rond de la plinthe. Retirez lentement la boiserie d'un bout à l'autre pour éviter qu'elle fende.

2 Répétez la même opération pour séparer la moulure supérieure de la base. Vous aurez peut-être besoin d'un ciseau ou d'un deuxième levier pour faire ce travail.

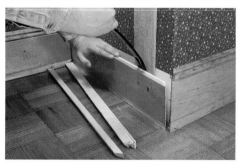

3 Insérez une mince retaille de bois, un bardeau par exemple, derrière la plinthe pour éviter d'endommager le mur alors que vous enlevez la moulure.

Contreplaqué sur les dormants

Si le plancher est sec et de niveau, vous pouvez installer un plancher de lattes de bois massif sur des dormants de bois traité 1 x 4 ou 2 x 4 collés au plancher. Scellez le béton, puis appliquez un produit adhésif pour coller le béton au bois en cordons de $1/8$ po d'épaisseur et de 4 po de longueur. Effectuez tout d'abord le périmètre, puis recouvrez la surface de dormants coupés à des tailles variant de 18 à 48 po de longueur. Faites chevaucher les dormants sur 4 à 6 po et fixez-les solidement avec des clous à béton. Laissez un espace de 10 à 12 po entre les rangées.

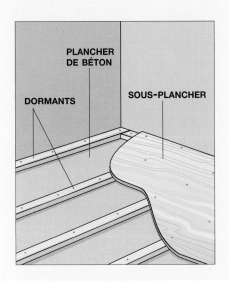

- PLANCHER DE BÉTON
- DORMANTS
- SOUS-PLANCHER

Contreplaqué sur les sous-planchers

Les couvre-planchers élastiques, les parquets et le bois lamellé peuvent être installés sur des surfaces de béton propres et scellées. Dans les sous-sols humides (et pour obtenir une meilleure isolation), il faut par contre poser les revêtements de plancher sur un sous-plancher intégré. Ce type de sous-plancher est également nécessaire pour poser un plancher en bois massif d'une largeur dépassant 4 po. Sur un ancien sous-plancher, par exemple des vieux panneaux ou des feuilles de contreplaqué que vous découvrez en enlevant la moquette, installez de nouvelles feuilles de contreplaqué perpendiculaires aux anciennes.

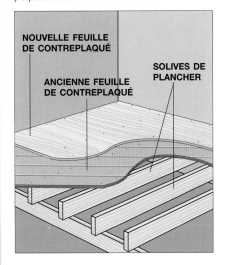

- NOUVELLE FEUILLE DE CONTREPLAQUÉ
- ANCIENNE FEUILLE DE CONTREPLAQUÉ
- SOLIVES DE PLANCHER

Contreplaqué sur le bois

Un plancher de bois solide constitue une base convenable pour l'installation d'une sous-couche de contreplaqué. Posez le premier panneau transversalement par rapport aux planches en place. Si l'extrémité du panneau dépasse le joint d'une planche perpendiculaire, coupez-le pour qu'il se termine au milieu de cette dernière. Placez des clous annelés à tous les 6 po le long des extrémités du panneau (à $3/8$ po des extrémités) et à tous les 8 po sur le reste de la surface. Les clous doivent pénétrer le bois de plancher sans atteindre la charpente. Laissez un espace de $1/16$ po entre les extrémités des feuilles de contreplaqué.

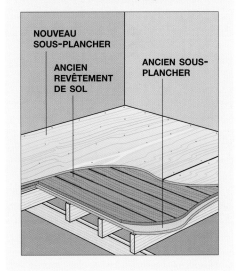

- NOUVEAU SOUS-PLANCHER
- ANCIEN REVÊTEMENT DE SOL
- ANCIEN SOUS-PLANCHER

4 **Certaines plinthes** peuvent se détacher du mur. Pour retirer les clous coriaces, insérez une barre métallique entre la tête de clou et le mur.

5 **Une fois la barre métallique bien insérée,** tapotez la plinthe (sur une retaille de bois) pour dégager les têtes de clou afin de les retirer.

6 **Inscrivez l'emplacement de chaque pièce retirée.** Si votre pièce comporte un grand nombre de coins, cela facilitera grandement la réinstallation.

Parquets en bois massif

L'apparence luxueuse et la qualité des planchers en bois massif sont incomparables. On trouve plusieurs modèles de parquets : massifs ou en madriers (préfinis ou bruts), d'une gamme variée d'essences de bois. Règle générale, les parquets massifs sont faits de lames d'une largeur qui varie de 1 $\frac{1}{2}$ po à 3 $\frac{1}{2}$ po, les parquets de 2 $\frac{1}{4}$ po étant un modèle très prisé. Les plateaux ou madriers ont au moins 3 po d'épaisseur et sont assemblés avec des vis à tête fraisée, dont la partie supérieure est chapeautée par des chevilles en bois ayant la même teinte que le madrier. Des feuilles de bois plaqué usinées, conçues à l'intention de tout bricoleur désirant installer luimême les madriers (voir illustrations aux pages 150-151), ressemblent à s'y méprendre au bois massif.

Commander les matériaux

La plupart des parquets en bois massif sont classés selon la couleur, le grain et les défauts du bois. Avant de passer votre commande, vous devrez trouver le meilleur rapport qualité/prix possible. Lorsque vous commandez des revêtements de plancher de 2 $\frac{1}{4}$ po vous devez multiplier la surface totale de la pièce en pi^2 par 1,383 pour déterminer le nombre de pieds-planche nécessaire, incluant les pertes. Pour des revêtements d'une dimension différente, demandez à votre fournisseur le facteur de multiplication approprié pour connaître la quantité nécessaire.

À la livraison, entreposez les matériaux pendant quelques jours dans la pièce où le parquet sera installé, ce qui permettra au matériau de s'ajuster au niveau d'humidité de la pièce. N'entreposez jamais les revêtements en bois dans une pièce humide sans ventilation adéquate. De plus, le bois humide rétrécira en séchant après l'installation, laissant des brèches inesthétiques sur les madriers.

Conseils d'installation

Les parquets en bois massif sont, règle générale, installés parallèlement à l'orientation la plus longue de la pièce. Pour permettre la dilatation et la contraction du bois, qui varient selon les changements saisonniers du niveau d'humidité, laissez un espace autour du périmètre de la pièce qui correspond à l'épaisseur des madriers. Cet espace accueillera les parements de la plinthe. Finalement, ne clouez pas le revêtement avant d'avoir effectué un assemblage sans fixation. Prenez le temps de placer les pièces du plancher en les assemblant de manière à ce que les madriers plus longs soient installés en alternance avec des sections plus courtes, les joints bout à bout (ou de tête) étant uniformément répartis sur la surface du plancher.

Matériaux

REVÊTEMENTS DE PLANCHER EN CHÊNE : CLASSES

Type	Description
Supérieur	Habituellement du bois de cœur, d'apparence uniforme, comportant un nombre minimal de défauts telles loupes ou petites gerces.
Catégorie choix	Peut contenir de l'aubier et présenter des défauts légers.
Commun n° 1	Variations marquées de couleur et de caractéristiques, gerces et trous de nœud autorisés.
Commun n° 2	Variations naturelles et défauts mineurs, ainsi qu'un nombre minimum de pièces sans languette.

Les bois de feuillus sont plus durables mais coûtent plus cher ; le chêne est l'essence la plus courante.

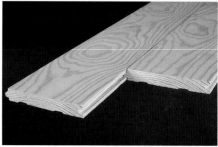

Les bois de résineux sont moins durables et plus abordables ; le pin est l'essence la plus courante.

Choisissez une teinture pâle pour votre plancher de chêne ou appliquez un vernis clair pour obtenir la plus légère finition possible.

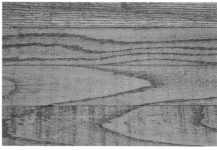

Choisissez une teinture plus foncée si vous désirez une apparence totalement différente pour le même plancher.

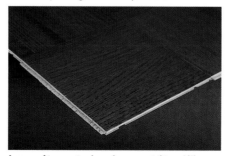

Les revêtements de sol peuvent être déjà teints et vernissés et comporter des motifs de parquet minces.

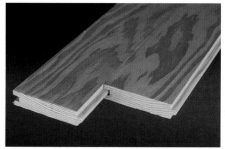

Les revêtements de sol sont également offerts en planches de cèdre ou de séquoia pour la construction de vérandas et de terrasses.

Installer un parquet en bois massif

MATÉRIEL : ▶ cloueuse à plancher • levier à tête plate • scie à dos • cordeau traceur • équerre de charpentier • marteau • marqueur ▶ plancher • clous à parquets • ruban-cache • cale

1 *Employez un levier à tête plate* pour retirer les moulures et les plinthes. Identifiez leur emplacement pour faciliter leur réinstallation lorsque le plancher sera posé.

2 *Utilisez une pièce de revêtement de sol comme gabarit* et raccourcissez les moulures verticales afin de créer de l'espace pour le nouveau plancher, si nécessaire.

3 *Vérifiez l'alignement de la pièce* et tracez une ligne à l'aide du cordeau traceur pour poser la première pièce. Insérez les extrémités inégales sous les moulures d'embase.

4 *Installez la première planche* le long de la ligne tracée, légèrement en retrait du mur pour permettre sa dilatation. Fixez cette planche avec des clous.

5 *Prenez le temps* de mettre en place plusieurs rangées avant le clouage. Vous pourrez ainsi prévoir le chevauchement des joints et harmoniser les différents grains et teintures de bois.

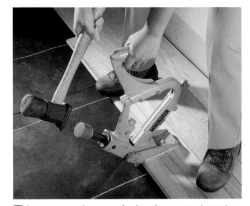

6 *Louez une cloueuse à plancher* pour clouer le rebord des planches. Il suffit d'alimenter l'appareil de clous et de les enfoncer avec la masse.

7 *Certaines planches présentent des courbures* qui rendent l'ajustement difficile. Avec une cale, appliquez une pression en l'insérant entre la planche et un bloc cloué.

8 *Pour terminer les rangées,* mesurez la longueur nécessaire sur une pièce non coupée attenante à l'espace de fin de rangée. N'oubliez pas de laisser un espace entre le mur et l'extrémité de la planche.

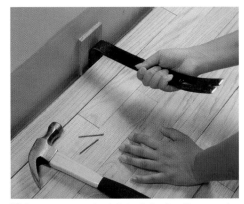

9 *Pour resserrer les joints de la dernière rangée,* employez un levier appuyé contre un bloc de bois et clouez les pièces de face.

Planchers et escaliers

Revêtements de sols usinés

Vous disposez de deux options de revêtement lorsque vous désirez installer un plancher usiné : du bois de placage de feuillus collé sur une feuille de contreplaqué ou des feuilles laminées de matériau synthétique ayant une apparence de bois, collées sur un panneau de fibres. Ces deux types de revêtement ont une apparence et une texture similaires au bois massif. Les revêtements usinés sont fabriqués à partir de diverses essences de feuillus et sont recouverts d'une couche de scellant.

Un autre avantage réside dans leur stabilité plus grande que celle des revêtements en bois massif. Ils peuvent être employés pour le recouvrement des surfaces de béton dans les sous-sols et les endroits trop humides pour qu'on y installe un revêtement en bois massif. Ils présentent toutefois un inconvénient majeur : la feuille de bois est trop mince. Si celle-ci est endommagée ou usée, il n'est pas possible de poncer et de remettre à neuf la surface du revêtement.

Installation

Le revêtement de bois de placage sur contreplaqué peut être collé directement sur une sous-couche ou installé en tant que parquet flottant. Par contre, un revêtement lamellé-collé comportant un panneau de fibres ne peut être installé qu'en tant que parquet flottant. Veillez à laisser un espace de $1/2$ po autour des bordures du revêtement pour permettre la dilatation. Vous devez plutôt coller ensemble les extrémités à rainures et languettes des panneaux lorsque vous les installez sur un coussin de mousse à haute densité de $1/8$ po d'épaisseur.

Apprêter le plancher

Vous pouvez installer un revêtement usiné sur un plancher en bois massif existant ou sur une nouvelle sous-couche en contreplaqué. Afin d'obtenir les meilleurs résultats lorsque vous installez un nouveau revêtement de bois de placage sur des feuilles de contreplaqué, posez les panneaux perpendiculairement aux joints du revêtement existant (dans le cas d'un parquet flottant, l'orientation des panneaux importe peu). Prévoyez la disposition du sous-plancher de manière à maximiser l'utilisation de feuilles pleines et à réduire au minimum le nombre de joints d'assemblage. Avant de clouer les feuilles de contreplaqué, vérifiez l'ancien plancher pour repérer les endroits saillants qui devront être aplanis par la suite.

MATÉRIEL : ▶ scie sauteuse • ponceuse électrique ▶ contreplaqué • vis • mastic

1 *Au lieu de découper des petites pièces de contreplaqué* pour les ouvertures des portes, découpez plutôt une grande feuille de contreplaqué au moyen d'une scie sauteuse.

3 *Pour que la surface du nouveau revêtement* soit complètement lisse, recouvrez les têtes de vis avec du mastic.

4 *Enfoncez des vis le long des joints d'assemblage* en les espaçant à tous les 6 po. Utilisez un couteau à cloison sèche pour remplir les joints de mastic.

Installer un parquet flottant

MATÉRIEL : ▶ marteau • levier à tête plate ▶ revêtement • matelas de mousse • produit adhésif pour revêtement • chiffons

1 *Les instructions d'installation* des fabricants peuvent varier, mais elles incluent généralement l'installation préalable d'un matelas de mousse.

2 *Reliez les panneaux* en appliquant de la colle et en les imbriquant dans les joints d'assemblage, mais ne les fixez pas au sous-plancher.

3 *Utilisez une retaille de bois* ou une pièce de revêtement pour enchâsser un panneau de revêtement à un autre. Frapper celui-ci avec un marteau peut endommager les joints d'assemblage.

• couteau à mastic • perceuse électrique

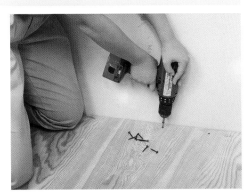

2 *Employez des vis* au lieu de clous, en espaçant ceux-ci à tous les 6 po le long des extrémités. Enfoncez-les de niveau ou légèrement en dessous de la surface.

5 *Terminez la préparation du sous-plancher* en ponçant le mastic sec. Un revêtement de feuilles de placage peut être abîmé même par des petits sillons de mastic.

Installer un parquet

MATÉRIEL : ▶ truelle brettée • scie sauteuse • marteau • équerre de charpentier
▶ revêtement de parquet • produit adhésif

1 *Les parquets courants* (en bois massif ou en bois de placage) reposent sur une couche de produit adhésif. Appliquez ce dernier avec une truelle brettée qui laisse des sillons sur la surface.

3 *Pour ajuster une pièce difficile,* employez une pièce de revêtement avec languette ou rainure et alignez-la bien de façon à éviter tout dommage à la pièce difficile.

2 *Effectuez des tracés droits* pour aligner correctement les pièces de parquet. Posez, dans la mesure du possible, des pièces coupées de taille identique autour des bordures.

4 *N'entaillez pas trop* les carreaux aux ouvertures de façon qu'il puissent être complets pour contourner les obstacles. Employez une scie sauteuse avec une lame à dents minces.

4 *Lorsque vous avez appliqué trop de colle* et que celle-ci déborde sur une surface de finition, enlevez l'excédent avec un chiffon humide.

5 *Vous pouvez enlever les moulures d'embase,* installer le nouveau revêtement, puis réinstaller les anciennes boiseries pour recouvrir les espaces réservés à la dilatation.

6 *Pour les moulures d'embase à parties multiples,* vous pouvez retirer uniquement le quart-de-rond puis le réinstaller sur la surface de finition.

Planchers et escaliers

Réparer les planchers

Comme les gens prennent habituellement le chemin le plus rapide pour passer d'une pièce à l'autre, les parquets en bois conservent une apparence impeccable dans les coins, mais s'usent beaucoup plus rapidement dans les endroits de passage fréquent.

Il faut parfois remplacer les planches de parquet, mais comme la plupart des planchers en bois massif comportent des assemblages à rainure et languette, détacher un ou deux panneaux sans endommager les autres est impossible. Lorsque vous installez une nouvelle pièce, poncez-la légèrement dans le sens du grain et harmonisez la finition en appliquant des couches minces de teinture.

Entailles et fissures

Si le dommage se situe à un endroit bien précis, par exemple une entaille profonde qui ne peut disparaître avec un simple ponçage de surface, la solution la plus facile consiste à insérer un bouchon. Sélectionnez une mèche ayant un diamètre légèrement plus large que l'endroit affecté et percez un trou jusqu'à ce que vous atteigniez le bois non endommagé. Insérez un bouchon tel qu'indiqué dans l'illustration de la page 153 (en haut, à droite).

Vous pouvez colmater des fissures profondes et des fentes dans les planchers en bois massif en appliquant du bouche-pores. Certains produits peuvent être plus solides que le bois : ce sont des mélanges d'une densité épaisse résistant aux égratignures, mais on ne peut les teindre. D'autres produits peuvent laisser des stries jaunâtres plus visibles que la fissure originale. Pour éviter ces inconvénients, testez le bouche-pores de façon à savoir si vous pourrez le teindre, ou optez pour un produit de colmatage plus poreux, doux et pou-

dreux, qui pourra être poncé, teint et scellé comme le bois naturel.

Taches

Si un animal de compagnie a souillé un endroit de votre plancher, vous pouvez faire disparaître la tâche et l'odeur avec un produit de blanchiment ou javellisant après avoir poncé l'endroit affecté jusqu'au bois nu. Imbibez de javellisant fortement concentré, laissez sécher le bois, poncez de nouveau et saturez le bois de javellisant une deuxième fois. Comme les produits de blanchiment éliminent les odeurs mais décolorent le bois, appliquez une teinture avant d'enduire de produit scellant. Appliquez plusieurs couches de polyuréthane pour éliminer toute odeur dans le bois et harmonisez la surface en appliquant des couches de cire.

Faire disparaître les taches

Il y a bien une douzaine de trucs pour faire disparaître des taches, mais l'un des plus anciens et des plus fiables consiste simplement à employer de l'eau de Javel.

Remplacer une planche

MATÉRIEL : ▶ perceuse électrique • ciseau à bois • marteau • couteau à mastic • planche de remplacement

1 *Lorsqu'il n'est pas possible de réparer une planche,* enlevez tout simplement la section endommagée. D'abord, percez une rangée de trous à l'extérieur de celle-ci.

2 *Utilisez un ciseau à bois bien affûté* pour égaliser les extrémités des trous. Faites une légère entaille afin que la nouvelle pièce puisse être correctement ajustée.

Six façons de corriger le grincement

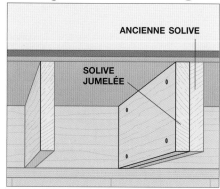

Renforcez une solive peu solide avec une pièce de bois de même taille. Fixez-la avec un produit adhésif et des vis.

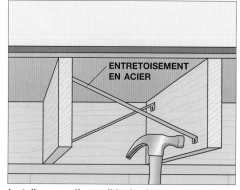

Installez une pièce solide de charpente ou une croix de Saint-André en acier entre les solives, ce qui assurera une meilleure stabilité au plancher.

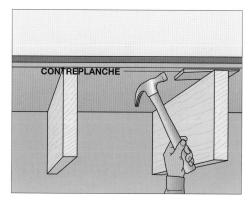

Si une solive de plancher n'est pas bien contiguë au sous-plancher au-dessous de la surface où se produit le grincement, insérez une contreplanche dans l'espace de jeu et ajustez-la.

Réparations de plancher

Lorsqu'une tache sombre devient plus claire, *poncez légèrement (ou employez de la laine d'acier) et harmonisez l'endroit réparé avec la région avoisinante en appliquant de la teinture et de la cire.*

Obturations

Pour vous débarrasser des taches profondes, *comme des traces de brûlure, ou pour cacher les petites gouges, percez un trou dans l'endroit endommagé et insérez-y un bouchon.*

Vous pouvez employer des goujons ou fabriquer vous-même vos propres bouchons. Si vous disposez de retailles de bois provenant des pièces à réparer, utilisez-les pour fabriquer des bouchons.

• clous de finition • mastic • retailles de bois

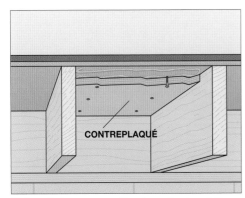

3 *Pour ajuster correctement une nouvelle pièce* dans l'assemblage de rainures et languettes, il faut enlever sa lèvre inférieure.

4 *Positionnez manuellement la nouvelle pièce* et employez une retaille de bois ou une pièce de revêtement pour enchâsser correctement les bordures.

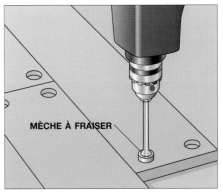

5 *Percez des trous d'implantation* dans la pièce de remplacement afin de prévenir le fendillement, enfoncez les clous de finition, bouchez les trous avec l'ensemble en appliquant la teinture appropriée.

CONTREPLAQUÉ

Collez et vissez une section de contreplaqué de ³/₄ po d'épaisseur entre les solives au-dessous de l'endroit où se produit le grincement.

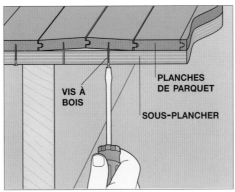

VIS À BOIS

PLANCHES DE PARQUET

SOUS-PLANCHER

Rabaissez les planches desserrées ou bombées au moyen de vis enfoncées sous celles-ci. Les vis doivent s'enfoncer jusqu'à ¹/₄ po de la surface du revêtement.

MÈCHE À FRAISER

Si rien ne semble fonctionner et qu'il est impossible de solidifier les planches grinçantes par en dessous, percez des trous en surface, enfoncez-y des vis et insérez des bouchons.

Planchers et escaliers

Restaurer les planchers de bois

Lorsqu'un plancher de bois est tellement usé que l'application de cire ne change rien à son apparence, vous pouvez le restaurer. Plutôt qu'embaucher un professionnel, vous pouvez économiser pas mal en faisant le travail vous-même. Il faut tout d'abord poncer l'ancienne couche de vernis (ce qui produit plus de poussière que vous ne l'auriez cru), ensuite appliquer un produit scellant, puis deux couches de vernis pour parquet ou de polyuréthane.

Avec une ponceuse à parquets de location, vous pouvez poncer une surface variant entre 200 et 250 pi^2 en une journée. Si vous employez un liant acrylique à base d'eau ou un vernis d'uréthane pour parquet à base d'eau, vous pourrez appliquer le scellant et la couche de surface en une journée seulement. Le plancher devra cependant sécher durant une semaine environ avant d'être soumis à une utilisation normale.

Si vos planchers n'ont pas été restaurés depuis un bout de temps, il ne faut pas automatiquement penser qu'ils devront être poncés. Les surfaces en polyuréthane ou vernies en assez bonne condition peuvent être restaurées simplement en les nettoyant avec un solvant à peinture de bonne qualité. Effacez les marques de chaussures avec une laine d'acier ou un papier à poncer fin, ce dernier pouvant être également employé pour égaliser les surfaces rugueuses ; enlevez toute la poussière avec un aspirateur et appliquez deux couches de vernis pour parquet ou de polyuréthane.

Poncer les planchers

Si vos planchers nécessitent un ponçage, vous devrez retirer tout objet ou meuble de la pièce. Vous devrez poncer toute la surface et enlever la poussière après chaque ponçage. Vous devrez également nettoyer toutes les surfaces de la pièce avant de restaurer le plancher. Tout objet ou meuble recueillant de la poussière pourrait gâcher la finition.

Recouvrez les portes, bouchez les conduites de chauffage et autres voies d'accès aux pièces avoisinantes pour éviter la propagation de la poussière, même si votre ponceuse à parquets est pourvue d'un sac à poussière. Vérifiez s'il n'y aurait pas des têtes de clou en saillie ou des planches ou des madriers bombés, qui pourraient aisément déchirer une courroie abrasive de ponceuse. Débarrassez la surface de toute matière cireuse pouvant bloquer la courroie. Bouchez les cavités, encoches, dentelures ou entailles avec du mastic (de même teinte) pour harmoniser la surface de finition. Vous devrez aussi porter des lunettes sécuritaires pour vous protéger de la poussière.

Ponceuses électriques

Le démarrage et l'arrêt d'une ponceuse électrique constituent des opérations parmi les plus difficiles à effectuer pour la majorité des bricoleurs. Une fois le tambour de la ponceuse en marche, il est relativement facile de maintenir l'appareil à un rythme régulier. Il est possible de ralentir la vitesse de la ponceuse aux endroits souillés, incrustés ou tachés, mais jusqu'à un certain point seulement puisque la courroie abrasive continue à poncer le bois à une vitesse constante.

Une fois la courroie en marche, la ponceuse doit pouvoir se déplacer sur la surface. Avec la plupart des ponceuses à tambour, lorsque vous atteignez une des extrémités de la pièce et que la courroie est encore en marche, vous devez soulever rapidement l'appareil, sinon la courroie laissera un sillon visible dans le bois difficile à égaliser avec la déligneuse. Si vous pouvez louer une ponceuse à plancher pourvue d'un mécanisme à levier (modèle utilisé par la plupart des professionnels), il n'est pas nécessaire de soulever l'appareil après avoir complété une rangée. Un levier sur la poignée soulève le cylindre de contact dans le tambour de la ponceuse.

Les déligneuses, qui emploient des lames de scie circulaire ou des disques abrasifs au lieu de courroies pivotantes, doivent être démarrées manuellement en appuyant sur un commutateur. Il faut utiliser un papier à poncer à grain moyen pour poncer les extrémités du plancher et harmoniser les motifs circulaires de la déligneuse avec ceux en ligne droite en employant un papier à poncer à grain fin. Si vous le désirez, après avoir retourné l'équipement loué, vous pouvez employer une ponceuse à orbite aléatoire pour mieux marier les surfaces et retoucher les régions inaccessibles, oubliées par les gros appareils.

Apprêter la pièce

Avant d'effectuer le ponçage du plancher, videz la pièce de tout objet mobile ou déplaçable. Retirez les tentures ou remontez-les en les pliant et en les enveloppant dans des sacs en plastique. Recouvrez de plastique, en le fixant avec du ruban adhésif, les commutateurs, prises et sources de chaleur. Puisque le ponçage peut engendrer une poussière inflammable, éteignez toutes les lampes témoin ou voyants dans la pièce.

Pour vous protéger de la poussière résultant du ponçage, employez un masque filtrant ou un masque antipoussières jetable.

Recouvrez les commutateurs, sorties et sources de chaleur, ainsi que toute autre ouverture, de feuilles de plastique épaisses fixées avec du ruban adhésif.

Pour protéger une embrasure de porte, vous pouvez vous procurer des cloisons de recoupement munies de fermetures à glissière ou y fixer tout simplement des feuilles de plastique.

Remise à neuf des revêtements de bois

MATÉRIEL : ▶ balai-éponge • aspirateur • ponceuse à orbite aléatoire • ponceuse à tambour • déligneuse • ciseau à bois ou racloir
▶ papier à poancer pour ponceuses • enduit protecteur

1 *Utilisez un racloir ou un ciseau à bois* pour égaliser les bordures saillantes. De plus, vérifiez si des éclats de bois ou des têtes de clou risque-raient de déchirer les courroies abrasives.

2 *Vous pouvez employer un papier à poncer de grain intermédiaire* pour poncer la plupart des re-vêtements. Sur les surfaces très rugueuses, passez tout d'abord l'appareil en diagonale (à 45 degrés).

3 *Tout d'abord passez la déligneuse,* en ma-riant le ponçage circulaire avec le ponçage li-néaire de la ponceuse à tambour.

4 *Utilisez un racloir à main* pour nettoyer les coins et les parements de plinthe, à moins que vous ne préfériez retirer la moulure.

5 *Après avoir passé l'aspirateur,* passez l'appareil une deuxième fois avec du papier à poncer à grain fin. La plupart des planchers de maison nécessitent seulement deux passages.

6 *Terminez la deuxième passe* avec une déli-gneuse. Enlevez la poussière en passant l'aspi-rateur, sinon celle-ci pourrait abîmer la finition.

7 *Appliquez une première couche d'enduit protecteur* ou de teinture conformément au mode d'emploi du produit. Travaillez lentement pour éviter que des bulles d'air soient emprisonnées.

8 *Plusieurs enduits protecteurs nécessitent,* entre deux couches, un léger ponçage ou un brossage avec une laine d'acier. Employez un tambour amortisseur àt cette étape.

9 *Assurez-vous que la surface soit propre* (vous pouvez utiliser un chiffon à dépoussiérer) avant d'appliquer au moins une couche supplémentaire.

Planchers et escaliers

Carreaux et feuilles

Les revêtements de sol élastiques ne sont pas tous semblables. Nous connaissons tous la différence entre ces larges feuilles mesurant jusqu'à 12 pi de largeur et les carreaux traditionnels de 9 ou 12 po. Plusieurs autres éléments sont à considérer. Ainsi, plus un revêtement de plancher contient de vinyle, plus il risque de coûter cher mais plus il va durer longtemps. Le vinyle massif constitue le meilleur choix, suivi par le vinyle composite. Le vinyle imprimé est très abordable, mais il comporte une couche plutôt mince qui protège tant bien que mal le plancher de l'usure.

Les revêtements de sol en vinyle sont offerts en une gamme incroyable de modèles et de couleurs. Les carreaux comportent un avantage majeur, permettant de faire preuve de créativité : on peut les disposer de telle sorte qu'ils présentent des couleurs contrastantes, des bordures claires ou sombres, des diagonales, des appareillages en damier et ainsi de suite.

Les carreaux en vinyle s'installent de la même manière que ceux en céramique (voir pages 158-159). Une sous-couche plate et rigide s'avère essentielle pour les revêtements de carreaux et de feuilles en vinyle. Les carreaux peuvent être soit autocollants soit collés à l'aide d'un adhésif (appliqué séparément.)

L'avantage principal du revêtement de vinyle en feuilles est qu'il comporte peu de joints d'assemblage. Il est préférable d'y avoir recours dans les cuisines ou autres pièces où les éclaboussures et dégâts sont courants. Pour les pièces d'une largeur dépassant 12 pi (largeur habituelle des feuilles), il vous appartiendra de choisir l'emplacement des joints.

Matériaux

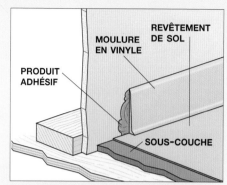

Il est possible de faire courir le revêtement jusqu'au mur et d'ajouter soit une plinthe en bois, soit une moulure d'embase en vinyle fixée solidement avec un produit adhésif.

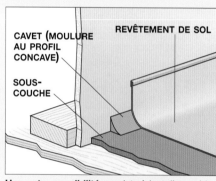

Une autre possibilité consiste à installer un bloc d'angle en bois pour renforcer la courbe et prolonger le revêtement jusqu'au mur.

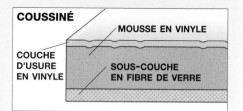

COUSSINÉ — MOUSSE EN VINYLE — COUCHE D'USURE EN VINYLE — SOUS-COUCHE EN FIBRE DE VERRE

MARQUETERIE — COUCHE D'USURE EN VINYLE — COPEAUX DE VINYLE — SOUS-COUCHE EN FIBRE DE VERRE

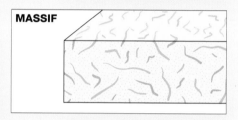

MASSIF

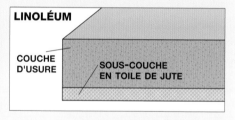

LINOLÉUM — COUCHE D'USURE — SOUS-COUCHE EN TOILE DE JUTE

Poser un parquet en feuille

MATÉRIEL : ▶ ciseaux (pour gabarit de papier) • couteau universel • couteau à dénuder (facultatif) • truelle • rouleau à pâtisserie ou rouleau à parquet de type industriel

1 *Il est sage* de prendre le temps de fabriquer un gabarit de papier convenable, particulièrement pour une surface comportant un grand nombre de coins.

2 *Pour maintenir le gabarit en place* lorsque vous travaillez, découpez plusieurs formes triangulaires de 1 po de côté et collez du ruban adhésif sur la surface dénudée.

3 *Posez le gabarit* sur la feuille de revêtement en vinyle et fixez-le avec du ruban adhésif. Utilisez un couteau utilitaire ou un couteau à dénuder pour tailler le vinyle à la dimension désirée.

Réparer un carrelage

MATÉRIEL : ▶ couteau universel • règle droite • couteau à mastic ▶ pièce de vinyle de remplacement • produit adhésif pour carreaux • scellant à joints • ruban-cache

1 *Pour réparer un carreau de vinyle endommagé,* découpez un carré de nouveau vinyle et collez-le avec du ruban-cache sur la section endommagée. Alignez la nouvelle pièce conforme à la disposition.

2 *Employez une règle droite* et un couteau universel bien affûté pour couper à travers les deux couches de vinyle, ce qui assure un ajustement parfait pour la pièce de remplacement.

3 *Lorsque les deux couches* ont été coupées correctement, enlevez le ruban-cache et retirez la section endommagée.

4 *Soulevez les carreaux adjacents* autant que possible et appliquez une mince couche de produit adhésif sous leurs bordures.

5 *Recouvrez la sous-couche* de la surface affectée de produit adhésif et posez la nouvelle pièce de vinyle. Pressez fermement pour qu'elle adhère bien à la sous-couche.

6 *Utilisez un scellant à joints* pour fusionner les bordures de la nouvelle pièce avec les carreaux adjacents. Appliquez-le en profondeur avec un tampon applicateur.

▶ revêtement de sol • papier pour gabarit • ruban-cache • adhésif pour revêtement de vinyle • pâte de nivellement (à gaufrage)

4 *Avant d'installer le nouveau vinyle* sur un vinyle en relief, étendez la pâte à nivellement pour remplir les cavités.

5 *Lorsque la pâte est sèche,* étendez l'adhésif avec une lame ou une truelle. Vous devrez probablement utiliser une truelle brettée.

6 *Déroulez la feuille de vinyle* et utilisez un rouleau à pâtisserie ou un rouleau à parquet de type industriel pour lisser et coller le nouveau revêtement au plancher.

Poser des carreaux

Les revêtements de carreaux de céramique durent longtemps, sont appropriés pour un usage intensif et constant, et conviennent aux endroits potentiellement humides. Lorsque vous décidez des couleurs et de la disposition des carreaux, sachez que les planchers dont la disposition est complexe et qui présentent des couleurs variées semblent plus petits qu'en réalité. De même, les couleurs sombres ont un effet de rétrécissement sur le plan visuel, tandis que les couleurs claires ont l'effet contraire. Les carreaux de petite taille donnent l'illusion que le plancher est plus grand qu'en réalité, alors que ceux de grande taille semblent le rétrécir.

Disposition

La disposition des carreaux constitue l'élément essentiel. La méthode normale consiste à commencer au centre de la pièce, ce qui signifie entre autres qu'il faut tracer des diagonales. Vous devrez tailler certains carreaux, mais il est logique que le centre soit recouvert de carreaux entiers et que les carreaux taillés se retrouvent, coupés également, aux abords des bordures de la pièce.

Il existe toutefois deux exceptions à la règle: tout d'abord lorsque les murs ne sont pas droits et correctement alignés. Dans ce cas-là, vous devrez ajuster la disposition afin que les coupes à angle soient effectuées près du mur le moins visible. La deuxième exception se présente lorsqu'il y a des murs non parallèles. Utilisez dans ce cas des carreaux entiers qui partent d'un coin très visible à l'intérieur de la porte et assurez-vous que les carreaux de forme irrégulière se retrouvent dans des endroits plus sombres.

Pose

Les fabricants de produits adhésifs recommandent d'appliquer leurs produits au moyen d'une truelle dentelée de façon à obtenir une surface bien plane. Pour les carreaux de moins de 8 po de côté, employez une truelle à encoches de 1/4 po. Utilisez une truelle à encoches de 3/8 po pour les carreaux plus grands. Étendez le produit adhésif en sections de 3 pi de côté avec l'extrémité plate de la truelle. L'épaisseur du produit adhésif doit correspondre au moins à la grandeur des encoches de la truelle. Avec l'extrémité des encoches, tracez des sillons sur la surface du produit adhésif en maintenant la truelle à un angle de 45 degrés. En appliquant une pression sur les carreaux pour les faire adhérer au produit adhésif, les rives vont s'aplatir et le produit recouvrir complètement le dessous des carreaux. Placez les carreaux perpendiculairement aux rives alors que vous appliquez la pression pour obtenir la meilleure adhérence possible. Nettoyez le surplus de produit adhésif dans les joints d'assemblage entre les carreaux afin de ménager un espace pour l'application de coulis.

Pour les carreaux plus larges, il est possible d'obtenir un carrelage quasi parfait en employant des croisillons. Les carreaux de petite taille sont généralement vendus en feuilles comportant des espaces destinés à l'application de coulis; vous ne pourrez assembler les carreaux trop proches l'un de l'autre, mais il est possible que les espaces entre les feuilles soient trop grands. Avant l'installation, vous pouvez choisir d'assembler les feuilles sans coulis ni produit adhésif pour savoir si vous aurez de la difficulté à évaluer l'épaisseur des joints d'assemblage aux endroits où les feuilles pleines se rencontrent. Posez-en quelques-unes et regardez l'assemblage.

Couche épaisse de mortier ou pose simplifiée ?

L'application d'une couche épaisse de mortier constitue la méthode traditionnelle pour poser des carreaux. On applique ce mortier avec une truelle pour niveler le plancher et supporter les carreaux. Cette méthode exige une certaine expérience de maçonnerie, mais donne un parquet très durable. Pour les bricoleurs, la pose simplifiée constitue une méthode plus rapide et plus facile. Avec une truelle dentelée, tracez des sillons à la surface du produit adhésif étendu sur une sous-couche lisse (tel un panneau de ciment) et exercez tout simplement une pression sur les carreaux que vous aurez mis en place.

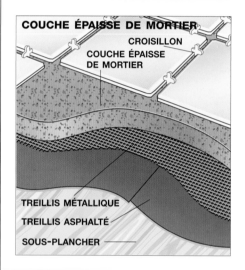

COUCHE ÉPAISSE DE MORTIER
CROISILLON
COUCHE ÉPAISSE DE MORTIER
TREILLIS MÉTALLIQUE
TREILLIS ASPHALTÉ
SOUS-PLANCHER

Poser des carreaux

MATÉRIEL: ▶ coupe-carreau • pince coupante à carreaux • scie à eau (facultatif) * truelle brettée • équerre de charpentier • cordeau traceur • ruban à mesurer • raclette

1 *Vous pouvez poser les carreaux* enduits d'adhésif directement sur du contreplaqué, mais un panneau de ciment constitue une sous-couche plus durable.

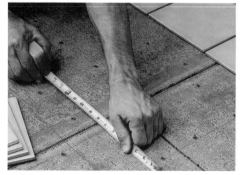

2 *Mesurez la surface* et établissez le périmètre au moyen d'un cordeau traceur, en prévoyant poser les carreaux entiers dans la partie plus centrale et les carreaux taillés à sur les rebords.

3 *À l'aide d'une truelle brettée,* étendez une couche d'adhésif et tracez des sillons à sa surface, selon le mode d'emploi du fabricant.

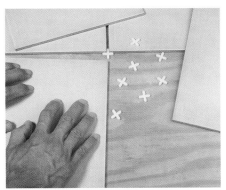

Quand vous effectuez un assemblage préliminaire, employez (ainsi que durant l'installation) des croisillons en plastique et déterminer les espaces entre les joints qui accueilleront le coulis.

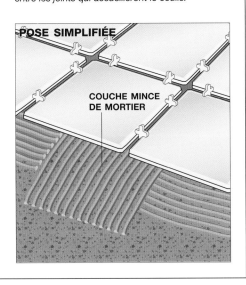

POSE SIMPLIFIÉE

COUCHE MINCE DE MORTIER

Types de carreaux

◆ **Carreaux de céramique**
Les carreaux de céramique sont faits d'argile naturelle non vernie cuite. Les carreaux vernissés sont enduits d'une couleur qui se vitrifie durant la cuisson ; le vernis peut être lustré, mat ou texturé. N'utilisez pas des carreaux trop lustrés dans votre salle de bains, car ils deviendront trop glissants quand ils seront mouillés.

◆ **Carreaux de carrière**
Ce terme englobe tous les carreaux rouges et rigides faits d'argile, de dimensions régulières, ayant au moins $\frac{3}{8}$ po d'épaisseur. Ils sont généralement de couleur rouge foncée (comme la brique), bien que d'autres couleurs soient disponibles, selon le type d'argile employé pour leur fabrication. Les carreaux de carrière vernissés sont offerts en une gamme variée de couleurs.

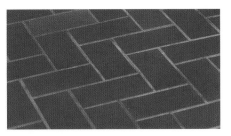

◆ **Carreaux de mosaïque**
Les carreaux de mosaïque (pas plus de 2 po de côté) sont offerts en une grande variété de formes et de tailles. Ils sont habituellement posés sur des feuilles pour faciliter leur installation. Dans les carreaux en porcelaine, chacun a une couleur uniforme.

◆ **Carreaux de pierre**
Les carreaux de pierre proviennent de l'ardoise, du marbre, du granite, de la pierre à chaux et d'autres matériaux rocheux. Ils sont sectionnés et taillés pour correspondre à une épaisseur uniforme. Les carreaux de granite et de marbre sont offerts en pièces déjà polies et scellées, tandis que ceux en ardoise présentent une apparence plus texturée et naturelle.

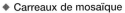

ou taloche en caoutchouc • pinceau éponge • chiffon doux • gants de travail ▶ carreaux • croisillons (facultatif) • produit adhésif • coulis • scellant (facultatif)

4 **Posez les carreaux sur le produit adhésif** en laissant des espaces pour l'application de coulis entre les carreaux. Vous pouvez utiliser des croisillons en plastique entre les joints d'assemblage.

5 **Appliquez le coulis** sur la surface avec une taloche en caoutchouc. Appliquez le mélange de biais de manière à le faire pénétrer dans les joints d'assemblage et enlevez le surplus.

6 **Pour protéger les joints remplis de coulis,** qui sont les maillons faibles dans un revêtement de carreaux, vous pouvez appliquer un produit scellant mais seulement sur le coulis.

Planchers et escaliers

Prévenir les problèmes

Si les carreaux de céramique constituent un matériau de construction aussi solide, pourquoi faut-il des réparations et de l'entretien ? Plus souvent qu'autrement, la cause du problème n'est pas due au carreau lui-même, mais au plancher sous-jacent. Si vous suivez les recommandations du fabricant concernant les sous-planchers, les carreaux n'auront probablement pas à être réparés, seulement nettoyés.

Les planchers à charpente de bois fléchissent légèrement lorsque vous marchez dessus, ce qui les rend plus confortables que ceux en béton. Mais les revêtements de carreaux sont rigides, ce qui peut s'avérer problématique lorsqu'on les pose sur une base autre qu'une surface de maçonnerie. Vous pouvez renforcer une solive en place en collant et en clouant une pièce de 2 x 8 sur celle-ci.

Dans la plupart des résidences dont la charpente est en bois, les feuilles de contreplaqué installées sur les solives ont une épaisseur de $5/8$ po. Pour les revêtements de carreaux, il est conseillé d'ajouter une couche supplémentaire de contreplaqué de $1/2$ po d'épaisseur qui renforcera suffisamment le plancher pour réduire la flexion entre les solives. Assurez-vous que les joints d'assemblage des feuilles de contreplaqué soient décalés par rapport à ceux du premier contreplaqué.

La plupart des revêtements de carreaux en feuille comportent des espaces pour l'application de coulis. De toute façon, il faut suivre les instructions concernant les joints d'assemblage, même si ces derniers peuvent vous sembler trop larges. Si le quadrillage du coulis sembler prendre trop d'importance par rapport aux carreaux, vous pouvez atténuer son effet en appliquant une couleur ou teinture appropriée.

Mélanges de mortier

	Ciment de Portland à usage industriel / commercial	Projeté par voie sèche	Aux résines d'époxyde	Adhésif organique au mastic
Préparation	Mélanger sur les lieux	Mélanger sur les lieux	Mélanger sur les lieux	Préalablement mélangé
Application	Plutôt difficile	Plutôt difficile	Très difficile	facile
Points faibles & points forts	Solide, grande flexibilité, résistant aux cycles de gel et dégel, mais plus coûteux que le mélange à voie sèche	Solide, résistant au gel, attendre 3 jours avant de mettre le coulis	Solide, résistant aux produits chimiques, à l'eau, application délicate	Peu coûteux, moins solide, non-imperméable

Mélanges de coulis

Utilisation	Ciment de Portland d'usage industriel	Ciment de Portland à base de sable	Projeté par voie sèche	Ciment de Portland à base de latex	Aux résines d'époxyne	Silicone ou uréthane
Carreaux muraux vernissés		X	X	X		X
Carreaux de céramique et de mosaïque	X	X	X	X	X	X
Carreaux de dalle, de carrière ou de conserverie	X	X	X	X	X	
Endroits secs ou ayant une exposition à l'eau limitée	X	X	X	X	X	X
Endroits humides	X	X	X	X		
Usage extérieur	X	X	X	X	X	X

Remplacer un carreau

MATÉRIEL : ▶ perceuse électrique • marteau • ciseau à froid • levier • petite truelle • truelle brettée • aspirateur • gants de travail • gants en caoutchouc ▶ carreau de

1 *Pour retirer un carreau endommagé sans abîmer les autres, percez une rangée de trous et tracez une ligne avec un ciseau à bois et un marteau.*

2 *Placez le levier le long de la ligne tracée avec le ciseau et soulevez les morceaux du carreau. Quand le premier morceau a été retiré, le reste s'enlève facilement.*

3 *Nettoyez le surplus de coulis et la poussière et étendez une nouvelle couche de produit adhésif pour carreaux. Utilisez une truelle dentelée pour tracer les sillons.*

Coupe-carreau et pince coupante

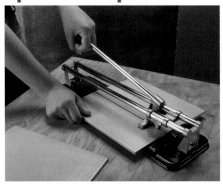

Alignez correctement votre trait de coupe sur le tablier de coupe, appliquez une pression sur la poignée et faites courir la molette coupante d'un bout à l'autre du carreau.

Sectionnez les carreaux avec un coupe-carreau (pour les coupes droites) ou une pince coupante à carrelage (pour les coupes arrondies). Vous pouvez louer une scie à eau si la surface à couvrir est importante et si vous devez effectuez de nombreuses coupes. Les coupe-carreaux entament un trait de coupe sur le carreau, ce qui l'affaiblit et permet de le sectionner en ligne droite. On trouve des coupe-carreaux pour les petits carreaux et d'autres modèles pour les gros. Les pinces coupantes à carreaux brisent des petits morceaux de carreau, un à la fois. C'est un outil utile pour façonner des formes irrégulières et incurvées.

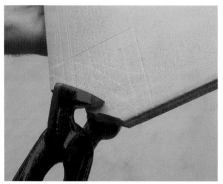

Les pinces coupantes à carrelage présentent des mâchoires aux rebords effilés. Effectuez des coupes très mineures pour éviter de briser la tuile/carreau.

Transition en seuil

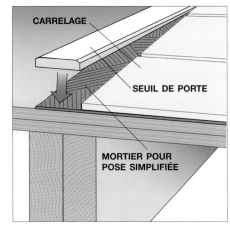

CARRELAGE

SEUIL DE PORTE

MORTIER POUR POSE SIMPLIFIÉE

Posez un seuil de porte ou sabot pour faciliter la transition entre le seuil et le carrelage. On en trouve en bois, en marbre ou en matériau synthétique. La plupart des seuils comportent un bord biseauté pour diminuer les risques de chute aux endroits où il y a un décalage de niveau entre deux planchers. Vous devrez probablement enlever une section du bas de la porte pour ajuster le nouveau seuil. Collez le seuil avec un produit adhésif en laissant un espace de joint à remplir de coulis.

remplacement • produit adhésif pour carreaux • coulis • retailles de bois • produit scellant (facultatif)

4 Posez le carreau de remplacement sur la couche de produit adhésif. Positionnez-le en plein milieu de la superficie à réparer afin de ménager des joints de coulis égaux.

5 Une fois le carreau correctement positionné, employez un bloc de bois pour protéger sa surface et enchâssez-le correctement par rapport au carrelage environnant.

6 Lorsque l'adhésif est sec, mélangez une petite quantité de coulis et insérez-le dans les joints à l'aide d'une truelle dentelée, puis enlevez l'excédent de coulis.

Planchers et escaliers

Finition d'un parquet de bois

Il existe plusieurs variétés de produits de finition pour le bois, chacun possédant ses propres caractéristiques. Prenez le temps de choisir celui qui vous convient. Vous devez tenir compte de la facilité d'application du produit sans oublier de vérifier les exigences d'entretien. Les enduits résistants qui restent en surface nécessitent habituellement moins d'entretien que ceux qui pénètrent à travers les pores du bois.

Peu importe la variété sélectionnée, vous devrez suivre à la lettre le mode d'emploi du fabricant. Plusieurs enduits contiennent des produits chimiques toxiques ou inflammables. Les enduits à base d'eau sont moins dangereux à manipuler que ceux à base de solvants, mais ils nécessitent quand même des précautions.

Certaines essences à pores ouverts, tel le chêne, peuvent exiger l'application d'un bouche-pores avant le dernier finissage si on désire une surface lisse. Les planchers d'érable, un bois à grain fin, n'en ont pas besoin. Les bouche-pores sont offerts en diverses teintes ou en version neutre.

Une des méthodes les plus efficaces pour appliquer un bouche-pores consiste à utiliser une toile de jute. Frottez-la contre le grain pour faire pénétrer le bouche-pores à travers les pores du bois. Puis frottez dans la direction du grain pour enlever le surplus avant que le produit sèche à la surface. Avant d'appliquer le bouche-pores, diluez-le, si nécessaire, avec un solvant approprié.

Parements de plinthe

Les parements de plinthe sont décoratifs et apportent une touche de finition à une pièce. Les modèles les plus populaires apparaissent ci-contre, mais il existe une grande variété de styles de parement. Toutes les moulures longent la partie inférieure du mur et recouvrent tout espace ou écart entre le mur et le revêtement de sol. On fixe normalement une moulure en forme de quart-de-rond à la moulure d'embase pour cacher tout espace horizontal se trouvant entre la base et le plancher.

Les cours à bois ont en stock des moulures de feuillus et de résineux. Les résineux tels le cèdre, le pin, le mélèze et la pruche sont généralement disponibles, mais les essences peuvent varier selon la région où vous vivez. Le séquoia est disponible en quantité plus grande sur la côte ouest des États-Unis et en Floride.

Vous pouvez vous procurer des moulures standard de qualité brute d'une longueur jusqu'à 16 pi. Les joints à onglet sont les plus couramment employés pour assembler les pièces d'une moulure d'embase, mais il faut une scie à dos, une boîte à onglets et une scie à onglets électrique pour effectuer le travail correctement (voir « Découpage de joints » et « Assemblage à contre-profil » aux pages 98-99).

Une fois la moulure d'embase sectionnée, vous pouvez la fixer avec des clous, des clous de finition ou de la colle. Si vous optez pour la colle, étendez-en suffisamment pour assurer une bonne adhérence, mais pas trop de peur qu'elle ne déborde lorsque la moulure sera fixée fermement. Utilisez le moins de clous possible pour positionner la moulure ; le travail sera plus propre et plus professionnel.

Parfois la moulure doit être poncée pour enlever les défauts mineurs. Poncez très délicatement afin de ne pas modifier la forme de la moulure. Utilisez un papier à poncer à grain fin et serré.

Moulure d'embrase

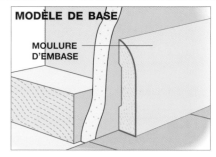

MODÈLE DE BASE

MOULURE D'EMBASE

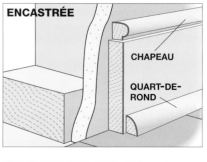

ENCASTRÉE

CHAPEAU

QUART-DE-ROND

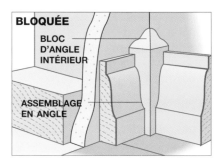

BLOQUÉE

BLOC D'ANGLE INTÉRIEUR

ASSEMBLAGE EN ANGLE

Installer des plinthes

MATÉRIEL : ▶ scie à onglets électrique ou scie à dos incluant boîte à onglets • perceuse électrique • marteau • chasse-clous • ruban à mesurer • crayon ▶ moulure

1 *Vous pouvez toujours vous fier à une règle,* mais les bricoleurs préfèrent généralement sectionner grossièrement les pièces et les positionner pour marquer les coupes à onglets.

2 *Pour des coupes à onglets précises,* employez une scie à onglets électrique pivotante ou une boîte à onglets comportant des arrêts gradués.

3 *Fixez les plinthes avec des clous de finition.* Vous pouvez percer des trous d'implantation vers les extrémités pour prévenir le fendillement.

Teinture

Bien qu'une finition incolore soit tout à fait appropriée pour la plupart des planchers de bois, il est possible de teindre d'abord le bois pour modifier sa couleur naturelle. Assurez-vous préalablement que la teinture choisie s'harmonise bien avec votre finition. Avant d'appliquer la teinture, poncez la surface du bois et aspirez les poussières une dernière fois. Testez la couleur sur une retaille de bois avant de l'appliquer sur le revêtement du plancher. Appliquez-la avec un pinceau (ou avec un tampon applicateur ou un linge propre), laissez sécher, puis essuyez la surface. Il faut attendre au moins 24 heures pour que la plupart des teintures sèchent complètement. Employez de la laine d'acier pour égaliser les grains saillants avant d'appliquer le vernis.

Utilisez une teinture pour foncer la surface du bois ou uniformiser l'apparence d'un revêtement de sol comportant diverses pièces de bois dont le grain est très variable.

Enduits de finition

◆ **Polyuréthane**

Le polyuréthane est durable et facile à appliquer. Le polyuréthane à base d'eau sèche plus rapidement que celui à base d'huile, mais il n'est pas aussi durable. Appliquez deux ou trois couches minces au lieu d'une seule couche épaisse.

◆ **Vernis pénétrant**

Ce vernis combine les étapes de coloration et de scellage en une seule. Appliquez-le avec un pinceau ou un tampon applicateur, attendez quelques minutes pour que le produit pénètre à travers les pores du bois et enlevez le surplus.

◆ **Vernis**

Le vernis produit une finition résistante et durable qui prend une teinte légèrement jaunâtre. Il est offert en trois variétés : lustré brillant, lustré intermédiaire et mat. Choisissez un produit destiné aux revêtements en bois.

◆ **Décapage**

Le décapage fait ressortir le grain du bois. Appliquez une couche de peinture diluée à 30 % avec du solvant et enlevez l'excédent après 15 minutes.

◆ **Cire**

L'application de plusieurs couches de cire sur un vernis donne une patine lustrée que ne peut reproduire le polyuréthane. La cire n'est pas aussi durable, mais elle est très utile pour les retouches.

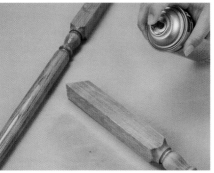

Les vernis incolores sont, règle générale, appliqués avec un pinceau, mais vous pouvez vaporiser le produit sur la surface afin d'appliquer plusieurs couches minces sur les formes plus complexes.

Si on exclut l'application de teinture ou de vernis incolore, il est possible, pour obtenir un fini coloré, d'utiliser d'autres procédés tel le décapage.

d'embase • clous de finition

4 *Enfoncez les clous* mais pas jusqu'à la surface du bois pour éviter que les coups de marteau abîment la plinthe.

5 *Employez un chasse-clous* pour enfoncer ceux-ci plus profondément. Sur les planchers où on a prévu d'installer une moquette, il est conseillé d'effectuer la finition de la moulure à l'avance.

6 *Installez une plinthe après l'autre.* Laissez l'extrémité découverte grossièrement coupée jusqu'à ce que l'ajustement de l'assemblage soit correct, puis mesurez la longueur requise pour la suivante.

Planchers et escaliers

Moquettes

La plupart des moquettes de marques commerciales courantes (tels Stainmaster de Dupont et Wear-Dated Gold Label de Solutia) combinent des fibres de nylon, qui offrent une durabilité exceptionnelle et résistent aux produits abrasifs, à l'écrasement et aux moisissures, avec des fibres améliorées moins brillantes, antistatiques et traitées avec un enduit anti-taches. En plus du type de fibres, il faut tenir compte de l'épaisseur, de la texture et de la densité des poils lorsque vous sélectionnez une moquette.

Une densité plus grande (la densité se mesure par le nombre de touffes de poils pour une superficie donnée) résultera en une plus belle apparence, un toucher plus fin et une plus grande durabilité. Une moquette dense, dont le velours est mince et qui présente une texture unie, une surface uniforme et rugueuse est la plus facile à dépoussiérer.

Avant de commander une moquette, effectuez un croquis de la pièce sur du papier quadrillé, à l'échelle, en vous assurant que chaque carré du papier correspond à un pied carré de surface. Indiquez dans votre croquis toutes les portes et tous les obstacles (plus votre croquis sera précis, plus il sera facile à votre fournisseur d'évaluer les dimensions nécessaires).

Si votre moquette doit comporter des coutures, faites en sorte qu'elles se retrouvent dans des endroits moins passants. Les coutures devraient être orientées vers la source de lumière principale de la pièce (une fenêtre qui donne sur le sud de la résidence, par exemple). Si votre moquette présente des motifs, vous devrez vous procurer du métrage en surplus pour réussir à disposer ces motifs en harmonie.

Tissus et armures

◆ **Nylon**

Le nylon est le tissu synthétique le plus durable, il résiste aux taches et a des propriétés élastiques, mais pas autant que la laine. Il se nettoie facilement, mais les couleurs ont tendance à se décolorer lorsqu'elles sont exposées au soleil.

◆ **Polypropylène**

Le polypropylène (ou oléfine) résiste bien à la décoloration, puisque le pigment fait partie intégrante de la fibre. Par contre, ce tissu est probablement celui qui résiste le moins aux saletés et il est le moins durable des tissus synthétiques. N'installez pas ce type de moquette dans des endroits très passants. Dans ce tissu, on ne trouve, règle générale, que des armures à velours bouclé.

◆ **Polyester**

Ce tissu presque aussi doux que la laine présente des couleurs vives, nettes, résistantes à la décoloration et il résiste exceptionnellement aux taches. Il est moins coûteux et élastique que le nylon. Règle générale, il est offert uniquement en armures de velours coupé.

◆ **Laine**

La laine est un tissu doux, durable, résistant à la décoloration, qui présente une apparence opulente. Elle est cependant coûteuse et résiste moins bien aux taches que les tissus synthétiques. De tous les tissus employés pour la fabrication des tapis et moquettes, la laine est celle qui fait preuve de la plus grande élasticité, ce qui signifie que le tapis reprend sa forme aussitôt après qu'on a marché dessus.

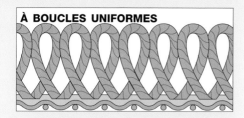

À BOUCLES UNIFORMES

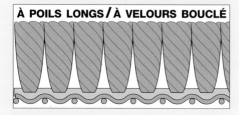

À POILS LONGS / À VELOURS BOUCLÉ

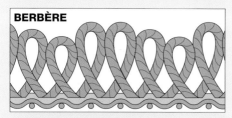

BERBÈRE

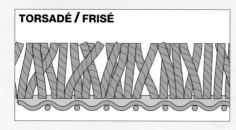

TORSADÉ / FRISÉ

Installer une moquette

MATÉRIEL : ▶ marteau • couteau universel • tendeur à levier et coup de genou (facultatif) ▶ moquette • thibaude • bandes à griffes • ruban adhésif double face

1 *Installez les bandes à griffes* sur le périmètre de la pièce en laissant un espace d'environ ³/₈ po pour les plinthes. Les pointes des griffes doivent être orientées vers le haut.

2 *Déroulez la thibaude* et coupez-en les rebords juste à l'intérieur des bandes à griffes. Fixez-la avec des agrafes (pour le bois) ou avec un adhésif (pour le béton).

3 *Pour ajuster la moquette dans les coins,* effectuez une coupe à angle avec un couteau universel, fixez solidement un côté en place et enlevez le surplus.

Thibaude ou moquette à dos coussiné ?

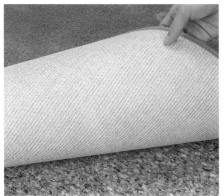

Une moquette reposant sur une thibaude *donne le plancher le plus confortable et durable qui soit.*

Il existe deux types de moquette. La moquette standard est installée sur une thibaude et fixée au moyen de plombs à picot autour de la pièce après avoir été bien tendue, par exemple à l'aide d'un tendeur à levier. La moquette à dos coussiné est doublée d'une sous-couche de mousse préalablement fixée en dessous. On la colle au plancher avec un adhésif au latex ou on la fixe avec un ruban adhésif double face. Elle est plus facile à installer, puisqu'elle n'a pas à être tendue. Elle est également plus abordable que la moquette standard, mais elle n'est pas aussi durable.

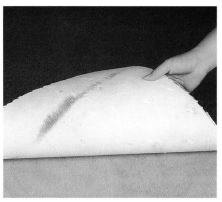

Une moquette à dos coussiné *est plus facile à installer, mais moins durable.*

Thibaudes

CAOUTCHOUC NATUREL

FEUTRE

Le rembourrage d'une moquette confère une touche de luxe et de chaleur, diminue le bruit et prévient l'usure. Le moins coûteux est le velours nappé de polyuréthane ; dans les endroits très passants, on ne devrait avoir recours qu'au velours de haute densité. L'uréthane et la mousse greffée de première qualité ne devraient pas être employées avec des moquettes au dos rigide, tels les berbères (utilisez plutôt un rembourrage de caoutchouc spongieux alvéolaire). D'autres types de rembourrage en mousse sont classés selon l'épaisseur et la densité ; choisissez le meilleur selon votre budget.

POLYURÉTHANE

CAOUTCHOUC ANTIDÉRAPANT

4 *Aux endroits où vous devez joindre des pièces de moquette* (ou de thibaude), une des méthodes les plus faciles de raccordement consiste à employer un ruban adhésif double face.

5 *Vous pouvez louer des outils spécialisés* comme ce coup de genou, qui agrippe la moquette pour éliminer les plis et donner une tension appropriée.

6 *La dernière étape* consiste à insérer l'extrémité de la moquette dans l'espace entre les bandes à griffes et les plinthes.

Réparations

Le tissu d'une moquette peut sembler très durable, mais c'est en réalité un des revêtements les plus fragiles qui soit. Des taches, des brûlures, des déchirures et l'usure du velours (surtout dans les endroits très passants) peuvent ruiner l'apparence de la moquette. Vous pouvez prévenir ces problèmes en prenant des précautions, mais vous pouvez aussi effectuer des réparations simples vous-même.

Les chutes provenant de la pièce initiale constituent les meilleurs matériaux à employer pour effectuer des réparations, mais vous pouvez aussi prélever des pièces de moquette dans des endroits peu visibles, tels le fond des placards ou le dessous des meubles installés à demeure. Souvent on peut réparer de petits endroits abîmés en enlevant les vieilles touffes et en les remplaçant par des nouvelles au moyen d'un appareil spécialisé qu'on trouve chez la plupart des marchands de tapis. Il est important de noter que la réparation sera probablement visible, surtout si la moquette est usée ou a perdu de sa couleur initiale. Prévoyez un certain temps pour que la surface réparée s'harmonise avec le reste de la moquette.

Principes de base

Pour réparer une moquette, il est essentiel de travailler lentement sans s'impatienter. Pour raccommoder une petite déchirure, il faut d'abord replier la partie déchirée, puis appliquer un adhésif pour joints à base de latex. Dépliez soigneusement la partie déchirée et pressez doucement à l'aide d'un rouleau (grosse bouteille ou rouleau à pâtisserie). Si le produit adhésif déborde, nettoyez immédiatement l'excédent avec de l'eau et du détersif. Lorsque le produit est sec, remplacez tout velours manquant ou relâché.

Si la déchirure est plus grande, vous devrez relâcher la tension sur le tapis à l'aide d'un coup de genou dans le coin le plus proche de l'endroit affecté. Soulevez le coin de la moquette de la bande à griffes et repliez-le. Avec un fil épais qui se marie bien à la couleur du velours, raccommodez la partie déchirée en cousant des mailles de 1 po de longueur, espacées de $1/4$po. Selon la direction de la déchirure, cousez les mailles soit parallèlement aux rangées du velours soit perpendiculairement. Vérifiez fréquemment que vous ne cousez pas des filaments de velours sur la surface du tapis. Appliquez ensuite une couche mince et ondulée d'adhésif à base de latex sur le tissu de fond cousu et recouvrez la surface humide d'une serviette en papier. Finalement, repliez la moquette au mur et fixez-la sur la bande à griffes.

Entretien d'une moquette

Passer régulièrement l'aspirateur sur une moquette constitue la méthode la plus sûre de lui assurer une longue vie. Sinon, et peu importe la condition de la moquette, les saletés, le sable et la terre qui se nichent dans la couche supérieure se retrouveront tôt ou tard dans le tissu, ce qui risque de l'endommager.

Après avoir passé l'aspirateur, vous constaterez probablement que la moquette présente une apparence ombragée. Ceci est attribuable au fait que les poils de la plupart des moquettes sont orientés dans la même direction. Les moquettes dont le velours est tissé dans plusieurs directions, tel le Saxe/Saxony texturé, ne présentent pas ce problème.

En plus du dépoussiérage régulier, il est souhaitable que vous nettoyiez la moquette une fois par année, dans le but de la débarrasser des saletés incrustées et de lui redonner sa couleur initiale. Vous pouvez effectuer ce nettoyage vous-même ou embaucher un nettoyeur de tapis professionnel. L'eau très chaude constitue la meilleure méthode pour nettoyer les moquettes. Tout lavage au shampoing peut saturer la moquette d'une quantité d'eau excessive et causer des déformations au tissu. Lavez la moquette au shampoing par temps dégagé et sec afin qu'elle puisse sécher plus rapidement

Comme la majorité des taches se retrouvent dans la partie supérieure de la moquette, qui a été traitée avec des enduits antisalissures, vous avez suffisamment de temps pour les nettoyer ; en effet, la pénétration des taches en profondeur n'est pas aussi problématique qu'autrefois. Les produits anti-taches à usage industriel ou commercial peuvent s'attaquer à une grande variété de taches, mais si les taches sont trop coriaces, vous devrez probablement faire appel à un professionnel du nettoyage.

Tendeur de moquette et coup de genou

Pour que votre moquette soit ajustée correctement et repose bien à plat, il est recommandé de louer un tendeur de moquette. Il en existe deux types, que vous pouvez d'ailleurs utiliser ensemble. Le tendeur à levier agrippe la moquette avec des griffes et le tend sans le déchirer. Il est pourvu de rallonges permettant de buter la moquette contre le mur. Il suffit de tourner la manivelle pour augmenter la pression. Le coup de genou est plus court et permet de soulever la moquette pour la fixer sur la bande à griffes en donnant un coup de genou. Cet outil est particulièrement utile dans les espaces restreints où il est difficile de manipuler le tendeur à levier.

Rapiécer une moquette

MATÉRIEL : ▶ marteau • couteau universel • chutes de moquette • clous à tapis • ruban adhésif double face

1 *Pour effectuer le rapiéçage à un endroit précis,* circonscrivez l'endroit avec des chutes de moquette et clouez-les pour maintenir une tension adéquate et prévenir les plis.

2 *Coupez une pièce de remplacement* de la taille voulue. Si la moquette présente un motif précis, vous pouvez tailler une pièce irrégulière se mariant bien au motif.

Rapiéçage ponctuel

MATÉRIEL : ▶ outil de rapiéçage pour tapis/moquettes • chutes de tapis • adhésif • ruban adhésif double face

1 Employez un outil de rapiéçage cylindrique pour découper le périmètre autour d'une brûlure, d'une tache ou d'une déchirure profonde.

2 Détachez le papier protecteur du ruban adhésif double face. Coupez-le à une longueur plus grande que le diamètre du trou et pliez-le afin de l'insérer correctement.

3 Employez l'outil cylindrique pour couper une pièce de rechange provenant d'une chute et exercez une pression suffisante pour la fixer fermement au produit adhésif.

Réparer des touffes

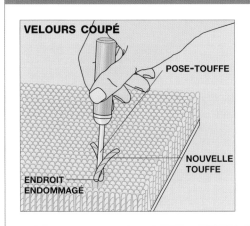

VELOURS COUPÉ
POSE-TOUFFE
NOUVELLE TOUFFE
ENDROIT ENDOMMAGÉ

Pour réparer une petite surface de moquette avec des touffes de remplacement, coupez avec des ciseaux le velours endommagé jusqu'à la sous-couche et enlevez les poils qui dépassent avec une pince à aiguilles. Appliquez de la colle au latex sur la sous-couche de la moquette. Positionnez correctement les touffes de remplacement en employant un installateur de touffe et enfoncez l'installateur à travers la couche inférieure du tapis avec quelques coups de marteau. Pour des moquettes à velours bouclé, insérez l'extrémité d'un long fil dans la sous-couche et faites des boucles successives en ajustant le fil à la longueur appropriée.

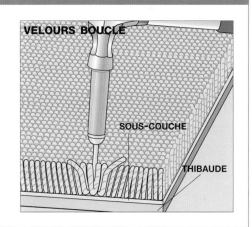

VELOURS BOUCLÉ
SOUS-COUCHE
THIBAUDE

3 Placez la pièce de rechange sur la surface endommagée et coupez à travers la couche inférieure de la moquette en utilisant la nouvelle pièce comme guide.

4 Enlevez la section endommagée, soulevez les bords de la moquette et collez un ruban adhésif double face sur le périmètre.

5 Positionnez correctement la pièce de rechange et pressez-la fermement sur le ruban avant d'enlever les clous temporaires et de relâcher la tension.

Planchers et escaliers

Construction d'un escalier

La cage d'escalier la plus facile à construire est le modèle à la française ; dans la plupart des situations, ce devrait être votre premier choix. Bien que les escaliers en spirale permettent d'économiser de l'espace et que les modèles préfabriqués soient relativement faciles à installer, ils sont déconseillés pour une cage d'escalier principale, car ils ne sont pas sécuritaires et rendent impossible le transport de gros objets d'un étage à l'autre. En matière de matériaux, un escalier à la française ne requiert que quelques limons et des marches.

Toutes les marches doivent être de la même dimension, car l'aspect essentiel d'un aménagement de cage d'escalier est la proportion entre la montée et le giron de marche et la constance de cette proportion d'une marche à l'autre. Les codes du bâtiment déterminent les dimensions admissibles. Le texte ci-contre (« Formules pour mesurer vos escaliers ») indique les exigences minimales et maximales en matière de dimensions, mais celles-ci ne sont pas nécessairement des dimensions optimales. Pour la plupart des gens, les escaliers comportant une montée de 7 po et un giron de 11 po sont les plus confortables (la montée maximale généralement admissible est de 7 3/4 po et le giron minimum de 9 po).

Les codes du bâtiment établissent également des normes au sujet des paliers d'escalier et de l'espace nécessaire pour les entrées et sorties d'escalier. Un autre élément important à considérer est la hauteur d'échappée : c'est la longueur de la ligne imaginaire d'une verticale comprise entre l'extrémité avant d'une marche et celle qui est à l'aplomb supérieur. La plupart des codes établissent une hauteur minimale de 80 po. C'est nécessaire pour éviter de vous cogner la tête contre le plafond ou tout autre objet.

Formules pour mesurer vos escaliers

1 La hauteur maximale d'une marche est de 7 3/4 po. poDivisez la hauteur totale de l'escalier par 7 3/4 po, puis divisez la hauteur totale par le nombre de montées pour déterminer la montée par unité de marche.

2 La taille minimale des girons de marche est de 9 po (10 ou 11 po est plus sécuritaire). Voici une formule simple pour harmoniser la profondeur du giron avec la montée : montée + giron = 17 ou 18, ou montée x giron = 70 à 75.

3 Les codes locaux du bâtiment indiquent habituellement une hauteur d'échappée minimale de 80 po, applicable à tous les composants de la cage d'escalier.

Anatomie d'un escalier

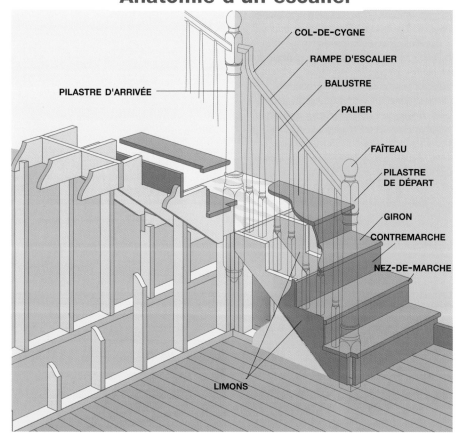

COL-DE-CYGNE
RAMPE D'ESCALIER
BALUSTRE
PALIER
PILASTRE D'ARRIVÉE
FAÎTEAU
PILASTRE DE DÉPART
GIRON
CONTREMARCHE
NEZ-DE-MARCHE
LIMONS

La plupart des marches d'escalier reposent sur des pièces en dents de scie qu'on appelle limons, mais il y a des exceptions, tels les escaliers en colimaçon. Comme il est difficile de concevoir l'aménagement d'une cage d'escalier, les bricoleurs (et la plupart des entrepreneurs) délèguent cette tâche à des sous-traitants spécialisés.

Ajouter un escalier escamotable

MATÉRIEL : ▶ scie alternative • perceuse • scie

1 *Déterminez l'ouverture de l'escalier* et découpez le plafond. Vous devrez insérer une solive de chaque côté et couper une section.

5 *Pour supporter l'escalier* dans l'ouverture durant l'assemblage, vissez une lèvre de chaque côté

Tapis d'escalier

Vous avez plusieurs choix si vous désirez poser un tapis dans un escalier. Vous pouvez installer des bandes à griffes pour moquette, dont les pointes seront orientées vers le haut, qui s'accrocheront au tapis sans passer au travers et le maintiendront fermement. Vous pouvez également utiliser des bandes à griffes conçues pour les escaliers, qui, à la différence des autres, comportent des aspérités opposées pour maintenir le tapis dans un coin de deux directions à la fois. Si des fixations visibles ne vous dérangent pas, utilisez des tringles d'escalier décoratives qui retiendront le tapis à chaque marche.

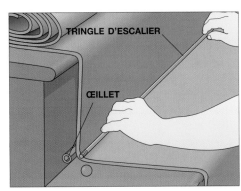

Vous pouvez retenir le tapis avec des tringles d'escalier décoratives, l'agrafer ou l'insérer dans le joint de la contremarche avec un outil.

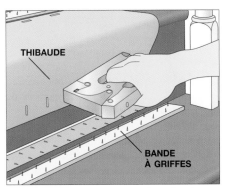

Vous pouvez agrafer la thibaude et fixer le tapis sur des bandes à griffes standard ou des colliers à escaliers sans agrafes.

• clé à douille • équerre de charpentier • ruban à mesurer ▶ escalier escamotable • 2 pièces de bois (pour cadrage) • connecteurs de charpente • clous • tire-fond • **contreplanches**

2 *Installez un linteau* à chaque extrémité de l'ouverture. Clouez l'extrémité de la solive coupée, puis rajoutez le deuxième.

3 *Bien que certains fabricants négligent cet aspect,* il est conseillé de doubler les solives pleines de chaque côté de l'ouverture.

4 *Pour terminer le cadrage de l'ouverture,* ajoutez une solive courte entre les linteaux jumelés. Employez des étriers métalliques.

6 *Selon les directives d'installation du fabricant,* boulonnez le cadre d'escalier à l'ouverture. Vous devrez probablement utiliser des contreplanches de bois.

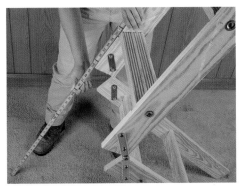

7 *Mesurez la distance* (en ligne droite) entre le pivot inclinable et le plancher, tout d'abord sur la partie supérieure de la jambe, puis sur la base.

8 *Transposez les deux mesures* sur le prolongement de la jambe en traçant une ligne entre elles, et enlevez la portion superflue.

Planchers et escaliers

Problèmes courants

Les marches d'escalier qui grincent peuvent constituer un des meilleurs systèmes d'alarme en cas d'intrusion de malfaiteurs, mais le grincement peut à la longue devenir embêtant. Et quand le giron n'est plus très ferme, une personne peut glisser et tomber. Même chose pour une main courante branlante et des barreaux de rampe lâches. Vous ne souhaiteriez qu'un barreau flanche au moment où quelqu'un tombe dans l'escalier.

Dans la plupart des cas, il est plus rapide et moins coûteux de réparer la pièce endommagée que de la remplacer, sans oublier qu'une nouvelle pièce aurait l'air dépareillée dans une cage d'escalier usagée. Pour les balustres ou barreaux de rampe, il est possible de trouver des pièces de rechange convenables dans un entrepôt de matériaux de construction. Vous pouvez également embaucher un tourneur sur bois et lui demander de vous fabriquer un balustre de remplacement. Si plusieurs barreaux doivent être remplacés, la meilleure solution consiste simplement à les enlever tous et à en installer des nouveaux.

Une main courante desserrée est un problème fréquent. Les mains courantes sur le côté du mur sont généralement fixées à des crochets vissés dans le mur. Pour solidifier une main courante contre un mur, assurez-vous que les crochets sont vissés dans des poteaux ou dans des blocs entre les poteaux, puis installez des vis plus longues ou repositionnez les crochets desserrés afin d'enfoncer les vis dans de nouveaux trous. Les mains courantes du côté opposé sont généralement reliées à un pilastre au bas de l'escalier et à des balustres. Il suffit généralement de serrer les raccords reliant la main courante au pilastre.

Remplacer un giron

Des girons de marche usés, fissurés ou sévèrement déformés doivent être remplacés. Enlevez tout d'abord la moulure ou nez-de-marche ainsi que les balustres du giron. Soulevez suffisamment le giron avec un levier pour enlever les clous. Insérez une pièce de bois sous le levier pour protéger les contremarches et les limons de chaque côté. Si vous ne pouvez soulever le giron, percez un trou de départ derrière le giron et coupez avec une scie passe-partout ou alternative. Vous pouvez visser un nouveau nez-de-marche sur le palier de parquet.

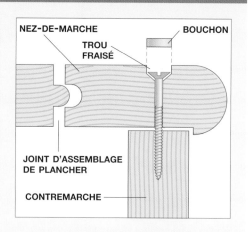

Renforcer un pilastre

En raison de leur emplacement aux extrémités de l'escalier et puisque qu'ils ne peuvent être renforcés latéralement, les pilastres ont souvent tendance à se desserrer. Pour raffermir un pilastre desserré, vous pouvez serrer le boulon qui tient en place la base du pilastre sous les marches de l'escalier. Si le raccordement à la balustrade est relâché, vous pouvez percer un trou à travers le poteau et fixer solidement le joint avec une vis ou un tire-fond. Fraisez le trou et insérez un bouchon sur la tête de vis.

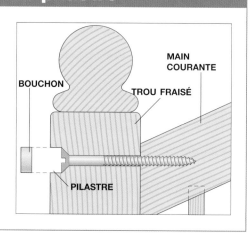

Éliminer le grincement d'une marche

Le grincement est généralement causé par le relâchement des joints aux endroits où votre poids entraîne le frottement d'une pièce de bois contre une autre ou un léger déplacement des clous reliant deux pièces adjacentes. Il est facile de repérer le grincement en marchant sur toute la surface du giron. Il est également facile d'éliminer celui-ci sous les marches où il y a une possibilité d'accès ; il existe alors plusieurs façons d'éliminer le grincement. Sans cet accès, vous devrez effectuer les réparations par en haut en enfonçant des vis dans le giron et en posant des bouchons.

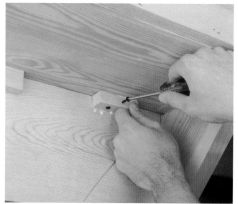

Pour renforcer le joint entre un giron horizontal et une contremarche verticale, collez et vissez des petits blocs de bois.

Visser une console pour tablettes consolide également le joint entre le giron et la contremarche. Utilisez des vis qui ne dépasseront pas l'épaisseur des pièces de bois.

Renforcer un balustre

Vous pouvez renforcer la jonction entre un balustre et la rampe d'escalier en calant le joint et en fixant la cale avec une vis.

Enduisez la cale de colle, enfoncez-la doucement dans le joint lâche avec des petits coups de marteau, et enlevez l'excédent avec une ébouteuse.

Pour visser la fixation, percez tout d'abord un trou d'implantation afin d'éviter de fendre le balustre. Fraisez la tête de vis.

Remplacer un balustre

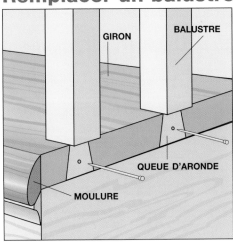

GIRON · BALUSTRE · QUEUE D'ARONDE · MOULURE

Dans les escaliers traditionnels, les balustres sont fixés dans les girons. Il existe deux types d'assemblage : à queue d'aronde et à cheville. Comme une queue d'aronde est fixée sur le côté du giron, vous devez enlever une section de moulure pour exposer le côté, puis la replacer. Dans un assemblage à cheville, celle-ci s'emboîte dans un trou à la surface du giron. Pour enlever un balustre endommagé fixé de l'une ou l'autre façon, il est suggéré de le scier en deux, puis de retirer chaque section. Certaines rampes présentent une coulisse moulée en haut et en bas. Remplacez-les en faisant correspondre les coupes d'angle et en les clouant.

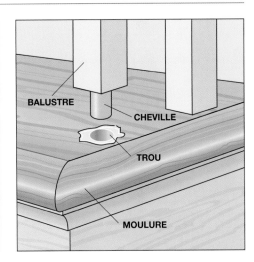

BALUSTRE · CHEVILLE · TROU · MOULURE

Resserrez les joints lâches en insérant une cale en bois dans la jonction entre le giron et la contremarche. Vous pouvez enduire la cale de colle.

Vous pouvez également insérer une cale aux bordures des girons et des contremarches, où ils se rattachent au limon en diagonale.

Percez un trou d'implantation et vissez le giron à la contremarche. Mesurez soigneusement la surface du giron pour placer correctement la vis au centre de la marche.

10

Murs et plafonds

Murs et plafonds

Les dessous

Le mur à ossature de bois est le type de mur le plus répandu dans la construction domiciliaire. Une charpente en bois formée de montants offre de l'espace pour le câblage et les sorties, la plomberie, les conduits et l'isolation. Les montants en bois peuvent également supporter une surface qui dissimule ces installations.

Les murs et les plafonds de la plupart des maisons modernes sont recouverts d'une cloison sèche. Également connu sous le nom de plaque de plâtre, panneau ou revêtement mural, ou le nom commercial Sheetrock, il procure un fond solide pour des matériaux de finition intérieure comme le papier peint, les panneaux ou les carreaux. Toutefois, vu que sa face couverte de papier est facile à peindre, la cloison sèche est souvent employée elle-même comme surface de finition.

De nos jours, les équipes de travail qui posent des cloisons sèches terminent une pièce en beaucoup moins de temps, en utilisant des panneaux préformés de 4 x 8 (ou plus grands). Ces feuilles sont découpées rapidement et clouées ou vissées en place sur les montants, ou même fixées directement sur une vieille surface plâtrée qui ne vaut même plus la peine d'être réparée.

Choix décoratifs

En plus de remettre une pièce à neuf avec une nouvelle cloison sèche, vous pouvez modifier l'aspect de murs existants en les lambrissant, ce qui donne à la pièce la chaleur éclatante du bois. Le panneau en feuilles ne coûte pas cher et est facile à installer ; le panneau en planches exige un peu plus de travail et coûte plus cher, mais beaucoup de gens sont d'avis que la profondeur des tons du bois véritable font en sorte que leur travail est récompensé. Le bois plein présente également l'avantage d'être installé directement sur les montants. Les carreaux muraux est une option plutôt coûteuse et exigeant beaucoup de travail, mais les carreaux de céramique sont très résistants et durent toute une vie. En outre, poser des carreaux sur un demi-mur ou autour d'un évier requiert plus de patience que de compétence.

Si vous recherchez quelque chose de plus décoratif que des murs peints, le papier peint (ou plus précisément le revêtement mural, qui comprend le vinyle solide ou renforcé au textile) est plus simple d'utilisation qu'autrefois, enduit de produits adhésifs qui éliminent le mélangeage et l'application de pâte salissante. Si vous avez envie de mettre votre talent créatif à contribution, ajoutez une touche décorative au moyen d'une bordure réalisée au pochoir ou en employant l'une des techniques de peinture décorative décrites aux pages 190 et 191.

Panneautage

Des planches de simili-bois sont offertes sous forme de panneaux de 4 x 8 pi, lesquels sont faciles à installer et représentent un bon moyen de recouvrir des murs endommagés. (Les codes du bâtiment locaux peuvent exiger une couche de cloison sèche à l'épreuve du feu en dessous.) Les panneaux pleins offrent un aspect plus traditionnel. Si des panneaux pleins écrasent une pièce de petite dimension, contentez-vous d'installer des panneaux sur un seul mur ou de poser un lambris à mi-hauteur.

Revêtements muraux

ENDUIT DE VINYLE

VINYLE

De nos jours, le papier peint ne jouit pas de la popularité des traitements de surface et des finitions glacées, mais il existe de nombreuses situations où le papier peint s'avère un bon choix. La majorité des papiers préencollés employés par les bricoleurs sont recouverts d'une mince couche de vinyle (photo de gauche). Plusieurs sont offerts avec des planches assorties. Dans les zones très humides, vous pouvez employer des vinyles ultrarobustes (photo de droite). Ces revêtements muraux présentent une surface plus résistante (publicisée comme lavable).

Cloison sèche

La cloison sèche de plâtre (souvent appelée sous son nom de marque Sheetrock ou plaque de plâtre) est formée d'un coulis de gypse en poudre et d'eau, versé entre les feuilles de papier, puis séché. Les cloisons sèches sont plus faciles à installer que le plâtre, ce matériau qu'elles ont justement remplacé. Les panneaux offrent de la stabilité et une protection contre le feu dans des espaces de grandes dimensions. Les surfaces courbes peuvent même être recouvertes de lamelles de feuilles minces.

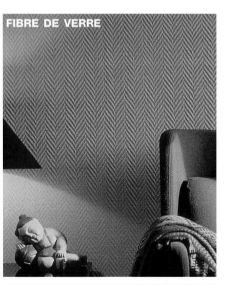

ANAGLYPTA

FIBRE DE VERRE

Certains papiers peints de style ancien comme l'anaglypta (à gauche) sont offerts aujourd'hui en imitation. Le revêtement est plus épais et rigide que les revêtements habituels, et il est embossé de manière caractéristique tout en présentant un motif. C'est un matériau coûteux, mais utile pour cacher des défauts muraux mineurs. L'équivalent contemporain est le revêtement en fibre de verre (à droite), qui est également ininflammable et résistant aux moisissures.

Échafaudage

AGRAFES POUR PLANCHES

PLANCHE D'ÉCHAFAUDAGE

ESCABEAU

*Accédez aux zones inférieures d'une **cage d'escalier** en fixant l'extrémité d'une planche à un escabeau, alors que l'autre extrémité repose sur une marche.*

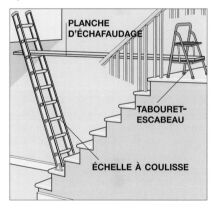

PLANCHE D'ÉCHAFAUDAGE

TABOURET-ESCABEAU

ÉCHELLE À COULISSE

*Pour atteindre les **zones plus élevées,** fixez la planche entre une échelle à coulisse et un tabouret-escabeau installé sur le palier.*

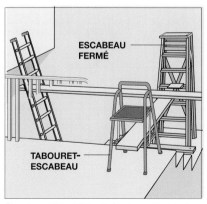

ESCABEAU FERMÉ

TABOURET-ESCABEAU

*Si la **cage d'escalier est étroite,** utilisez une échelle et un tabouret-escabeau pour supporter une planche qui, à son tour, aidera à supporter une deuxième planche.*

Murs et plafonds

Choix de panneaux

Les panneaux ont une réputation quelque peu mauvaise, car certains produits bas de gamme présentent un aspect artificiel et un semblant de grain de bois collé à une planche d'appui fragile. Toutefois, la plupart des panneaux n'ont rien à voir avec un produit de recouvrement de piètre qualité. Les panneaux de bois plein, les panneaux recouverts de minces feuilles de bois préfinies et des combinaisons de planches et de feuilles de bois minces coûtent parfois assez cher. Des panneaux de bois plein peuvent être faits de bois durs comme le bouleau, l'érable et le chêne, ou de bois tendres comme le pin, le cèdre ou le cyprès. Les panneaux en feuilles, faits de feuilles minces de bois véritable collées au contreplaqué, peuvent être achetées avec ou sans finition. Choisissez des bois de couleur pâle (comme le bouleau ou l'érable), soit en planches soit en feuilles, afin de garder une pièce claire, ou optez pour des bois foncés plus traditionnels. Tous ces produits présentent une patine subtile que des finitions artificielles ne sauraient reproduire. (Pour plus d'information, voyez « Pose de panneaux » à la page 96.)

Murs composés

Fabriqués sur mesure, les murs à panneaux composés confèrent à une pièce une touche d'élégance. Commencez par une couche de base formée de panneaux plaqués de bois dur de $1/4$ po d'épaisseur, fixée à des montants ou à des fourrures. Sur cette base, apposez le nombre de motifs en relief sur panneau que vous désirez, par exemple en traçant une grille à larges cases de 1 x 4, puis en les sous-divisant avec des 1 x 2 et en les garnissant avec des quarts-de-rond et d'autres profils de moulurage.

Garniture de panneau

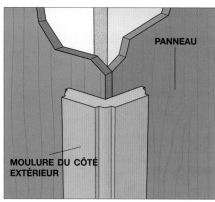

Le chaperon mouluré est placé au sommet du lambris d'appui ou sur des joints horizontaux. La garniture du couvre-joint dissimule les joints verticaux.

En plus de la moulure de base, des morceaux de moulure à panneau spéciaux protègent les extrémités des panneaux. Employez un protecteur de dormant de forme arrondie pour les fenêtres.

Comme le protège-coin d'une cloison sèche, cette moulure couvre et protège le joint à l'endroit où les panneaux se rejoignent à angle.

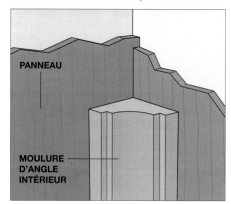

Presque n'importe quelle moulure, y compris une simple moulure ronde à angle ou une moulure demi-rond pourra être utilisée pour couvrir les joints aux angles intérieurs.

Installation de panneaux

MATÉRIEL : ▶ niveau de 4 pi • équerre en T • marteau • scie circulaire à table, scie circulaire, scie sauteuse ou scie à main (pour découper les panneaux)
▶ panneaux en feuilles • fourrures • adhésif pour panneaux • clous ordinaires • clous de finition • cales d'épaisseur

1 *Utilisez un niveau de 4 pi* ou une règle plate pour vous assurer que les murs sont de niveau et bien d'aplomb. Faites une marque de repère pour identifier les cavités qui devront être calées.

2 *Clouez des fourrures de 1 x 3 ou de $5/4$* et assurez-vous qu'elles sont de niveau ; elles servent à présenter une surface de clouage égale pour la pose des panneaux.

3 *La surface des fourrures* devrait être d'aplomb de haut en bas. Employez des paires de cales à bardeaux pour combler les cavités.

Panneaux pleins en bois massif

Vous pouvez couvrir rapidement une pièce sans que cela coûte trop cher avec des panneaux en feuilles, mais vous n'obtiendrez pas la richesse ou la subtilité qu'offre le bois plein. Le panneau plein est généralement bâti sur un cadre de planches de ¾ po d'épaisseur pouvant s'étendre jusqu'à 12 po de largeur. L'intérieur de la charpente peut comporter de nombreuses combinaisons de panneaux plus minces et de moulures. Le panneau plein peut être posé planche par planche. Il existe de nombreux styles d'entrecroisement des planches.

Le revêtement de pin noueux est l'une des applications les plus courantes, souvent fixé sur une fourrure horizontale et cloué à l'ossature de bois.

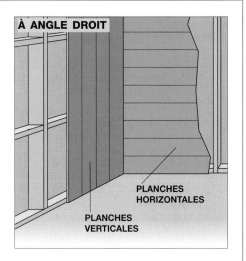

À ANGLE DROIT

PLANCHES HORIZONTALES

PLANCHES VERTICALES

PROFILS DE PANNEAUX DE PLANCHES

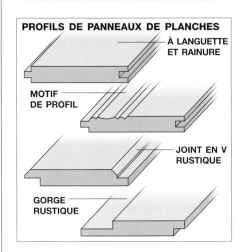

À LANGUETTE ET RAINURE

MOTIF DE PROFIL

JOINT EN V RUSTIQUE

GORGE RUSTIQUE

Le panneau de bois dur plein avec alaise embrevée est probablement le plus coûteux, mais également le plus élégant des revêtements muraux.

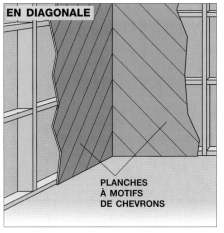

EN DIAGONALE

PLANCHES À MOTIFS DE CHEVRONS

• scie sauteuse ou scie à guichet (pour découper les ouvertures des coffrets de branchement) • serre-joints • pointe à tracer • protection oculaire • gants

4 *Posez des languettes de remplissage (fausses tapées)* pour procurer un soutien aux panneaux et aux joints. Laissez de petites ouvertures aux extrémités des languettes afin de prévenir le gauchissement.

5 *Mettez le panneau encollé en place* en calant au sol sa partie inférieure. Retirez le panneau du mur jusqu'à ce que la colle devienne gluante.

6 *Retirez les blocs,* remettez le panneau en place et clouez-le dans les rainures avec des clous de la même couleur que le panneau qui passeront inaperçus.

Murs et plafonds

Pour éclaircir une pièce sombre

Si l'une de vos pièces a l'air d'une caverne, avec des fenêtres réduites et des panneaux foncés, il existe au moins trois possibilités pour mettre un peu de lumière dans ces ténèbres : remplacer, peindre ou reteindre. Dans de nombreux cas, le remplacement s'avère l'option la plus simple, car il est généralement possible de clouer un nouveau panneau par-dessus l'ancien.

Les panneaux imprimés à finition synthétique ne peuvent être teints ou peints facilement, et il est de loin préférable de les remplacer par un panneau à la teinte plus claire. Si l'ancien panneau a été cloué sans adhésif, vous avez également la possibilité de restaurer le plâtre ou la cloison sèche qui se trouve en dessous. Le retrait d'un panneau collé va vraisemblablement déchirer la cloison sèche ou le plâtre. Avant de prendre votre décision, soulevez délicatement le panneau à quelques endroits peu visibles et inspectez le mur.

Si le panneau est en bois plein ou qu'il s'agit d'une feuille mince de bois, vous pouvez le poncer et l'effleurer, puis le peindre ; ou en y mettant plus d'efforts, vous pouvez éclaircir le bois en le blanchissant ou en le ponçant, puis en l'enduisant d'une couche de teinture plus claire. Si le panneau est lustré, commencez par poncer la finition, de sorte que l'agent de blanchiment trempe à l'intérieur du grain du bois. Essayez un agent de blanchiment pour le bois de marque commerciale ou une solution composée moitié-moitié d'eau et de javellisant. Plusieurs lavages produiront peut-être le résultat désiré, sinon vous devrez remplacer le panneau. Poncez la surface afin d'enlever encore plus de couleur et de l'adoucir. Le blanchiment la rendra plus rugueuse.

Remplacement d'une planche emboîtée

MATÉRIEL : ▶ scie circulaire • levier • bloc ▶ planche de remplacement

1 *Découpez la planche endommagée* au centre en utilisant une scie circulaire et en réglant la lame en fonction de l'épaisseur du panneau.

2 *Retirez la planche* par sections en utilisant l'extrémité plate d'un levier, à l'aide d'un bloc de bois pour obtenir une force de soulèvement.

3 *Utilisez une scie circulaire* pour retirer la partie inférieure du bord rainuré de la nouvelle planche afin qu'elle puisse s'ajuster et mise en place à côté des vieilles planches.

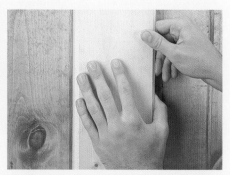

4 *Ajustez la languette de la nouvelle planche* dans l'ancienne rainure et fixez le côté opposé sur la partie supérieure de la languette, tout à côté.

Rapiéçage de panneau

MATÉRIEL : ▶ scie • couteau universel • pistolet de calfeutrage • marteau ▶ morceau de panneau de remplacement • fourrures • adhésif pour panneaux • ruban

1 *Choisissez un morceau de panneau de remplacement* dont la couleur, le grain et le motif de rainure se rapprochent le plus possible de la surface à remplacer.

2 *Collez le morceau* par-dessus la surface endommagée et employez un couteau universel pour découper le contour du morceau de remplacement sur le panneau endommagé.

3 *Retirez le morceau de remplacement* et continuez de découper minutieusement avec le couteau universel jusqu'à ce que vous ayez découpé toute la surface du vieux panneau.

Retouches

Pour dissimuler des rayures superficielles dans une planche de bois plein ou un panneau en feuilles, employez un crayon de couleur similaire au bois.

Pour réparer des rayures plus profondes, découpez les fibres de bois lâches, appliquez un bouche-pores, égalisez et retouchez avec une teinture à bois.

Traçage de joints

Si un panneau est abouté à un angle qui n'est pas droit ou installé contre une surface inégale comme un manteau de foyer, vous devrez utiliser un traceur (ou un calibre de forme) afin d'en reproduire la forme et de la tracer sur le panneau. Tenez le panneau en place d'aplomb sur le mur en gardant le bord à une distance de 1 po du coin. Employez un compas (ou traceur) afin de reproduire une ligne de tracé sur le panneau ; puis découpez la ligne au moyen d'une scie sauteuse. Afin de réduire la fragmentation au minimum, munissez la scie d'une lame à dents fines ou d'une lame spécialement conçue pour le découpage de panneaux et dont les dents sont orientées de façon à couper seulement en plongée.

Utilisez un traceur pour transférer la forme d'une surface irrégulière (comme un mur en chicane – qui n'est pas aligné) sur un morceau de panneau.

Un calibre de forme est muni de petites goupilles coulissantes qui réalisent une impression précise d'un contour complexe, comme un dessus de comptoir de cuisine.

Pour découper le long d'une ligne irrégulière ou d'un contour complexe, employez une scie sauteuse munie d'une lame conçue pour découper les panneaux.

• cache • clous de finition

4 **Collez des fourrures** derrière l'ouverture afin de soutenir le morceau de remplacement. Fixez les morceaux en place et laissez l'adhésif sécher complètement.

5 **Enduisez de colle mastic** les surfaces de jointement de la fourrure et du morceau de remplacement, puis mettez en place le morceau de remplacement.

6 **Fixez le morceau de remplacement solidement en place,** puis posez des clous de couleur similaire au panneau autour du périmètre et bouchez les ouvertures avec du mastic.

Murs et plafonds

Notions de base

Le panneau de cloison sèche habituellement utilisé pour les nouvelles constructions et le remodelage a $1/2$ po d'épaisseur. Des panneaux pour plafond d'une épaisseur de $1/2$ po, $5/8$ po sont recommandés pour les plafonds, surtout ceux comportant une charpente centre à centre de 24 po. Les panneaux plus légers de $3/8$ po servent au resurfaçage. Lorsqu'un mur de plâtre n'est plus en état d'être réparé, vous pouvez y clouer la mince cloison sèche par-dessus. Des panneaux spéciaux mesurant $1/4$ po sont employés pour les surfaces courbes.

La cloison sèche est généralement offerte en largeur de 4 pi et en longueurs de 8, 10 et 12 pi. Il peut sembler plus facile de poser des feuilles de 4 x 8 verticalement sur toute la longueur, du sol au plafond. Une feuille de 4 x 8 qui pèse environ 27 à 32 kilos (60-70 lb) est d'ailleurs plus facile à manœuvrer et à installer. Cependant, essayez d'installer les feuilles sur les murs dans le sens horizontal et toujours choisir la plus grande longueur pratique afin de réduire au minimum le nombre de joints d'extrémité. Une installation horizontale représente une économie de temps dans l'exécution du long travail de pose du ruban et de la finition des joints. Puis, les joints verticaux sont plus difficiles à recouvrir de ruban adhésif, car vous devrez vous pencher pour la section la plus basse et vous étirer pour la plus haute, alors que le long joint horizontal est facile à atteindre.

Lorsque vous devez manipuler une cloison sèche pendant l'installation, n'oubliez pas d'y aller doucement, car elle se brise aisément lorsqu'elle est échappée ou frappée, et vous écraserez un coin si vous y mettez tout le poids d'une feuille. Si vous ne comptez pas les utiliser immédiatement, empilez les cloisons sèches à plat.

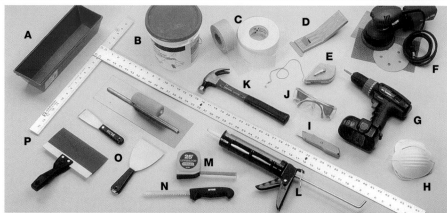

Outils et matériaux

Outils pour la pose d'une cloison sèche : bac (A) ; produit d'étanchéité pour joints (B) ; ruban (C) ; levier pour panneau (D) ; cordeau (E) ; ponceuse électrique (F) ; perceuse/mandrin (G) ; masque anti-poussières (H) ; couteau universel (I) ; lunettes de protection (J) ; marteau (K) ; pistolet à calfeutrer (L) ; ruban à mesurer (M) ; scie à cloison sèche (N) ; couteaux à enduire (O) ; équerre en T (P).

Pour installer une cloison sèche, vous aurez peut-être besoin de beaucoup plus d'accessoires que des clous, des vis, du ruban, des baguettes d'angle et d'un produit d'étanchéité pour joints. En plus des outils mentionnés ci-dessus, vous avez le choix entre divers matériaux de plâtre. La gamme résidentielle comprend des panneaux à partir d'un format de $1/4$ po pour le resurfaçage des murs existants jusqu'à $5/8$ po pour des applications ultrarobustes. On retrouve également des panneaux conçus en fonction des codes d'incendie, lesquels trouvent leur utilité dans des salles de lavage, et des panneaux de gypse pour les cuisines et les salles de bains.

Matériel	Quantité
Cloison sèche	Pour des panneaux de 4 x 8, divisez le périmètre de la pièce par 4, déduisez environ $1/3$ de feuille par porte et $1/4$ de feuille par fenêtre
Produit d'étanchéité pour joints	Environ 1 gallon par 100 pi^2 carrés de cloison sèche
Ruban à joints	Environ 400 pi par 500 pi^2 de cloison sèche
Clous ou vis	Environ 1 élément de fixation par pi^2

Installation d'une cloison sèche

MATÉRIEL : ▶ ruban à mesurer • équerre en T • couteau universel • crayon • marteau pour cloison sèche ou perceuse électrique/mandrin • pistolet à calfeutrer • levier

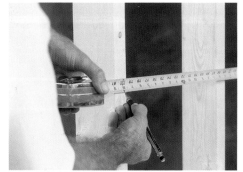

1 *Avant de découper les panneaux,* mesurez la longueur du mur à ossature pour bien vous assurer que les bords de la cloison sèche (à tous les 48 po) seront alignés avec un montant.

2 *Pour découper la cloison sèche,* entaillez la surface avec un couteau universel, brisez le panneau le long de la découpe et tranchez à travers la doublure du papier.

3 *Les panneaux de plafond* sont difficiles à installer sans aide ; si vous travaillez seul, utilisez un corps mort (p. 183) pour soutenir le panneau.

Marteaux et tournevis

Il est pratique de clouer sur une cloison sèche, mais vous obtiendrez plus de résistance à l'arrachement et devrez effectuer moins de réparations en employant des vis autoforeuses pointues à filets aigus, surtout pour les plafonds. L'outil de clouage conventionnel (employé par un certain nombre de professionnels mais non par tous) est muni d'une tête large à une extrémité et d'une hache de boiseur à l'autre. Les bricoleurs du dimanche se tirent habituellement mieux d'affaire avec un marteau à panne fendue classique. Les tournevis électriques doivent être équipés d'une tête d'ajustement spéciale.

Les tournevis électriques sont munis d'une agrafe pour courroie, d'une tête porte-vis (qui maintient la vis) et d'un dispositif de dégagement pratique lorsque la vis est solidement fixée.

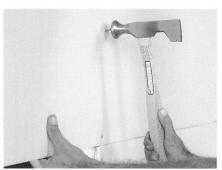

L'extrémité coupante d'un marteau pour cloison sèche traditionnelle est rarement employée pour le découpage. Les bricoleurs sont mieux servis par un couteau universel (également plus sécuritaire).

Découpage pour les prises de courant

MATÉRIEL : ▶ ruban à mesurer • scie à cloison sèche • couteau universel • crayon ▶ panneau de cloison sèche • boîte de sortie

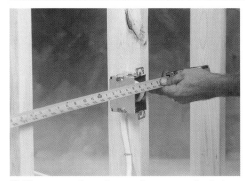

1 *Marquez toujours les emplacements des boîtes sur le plancher* pour éviter de les recouvrir accidentellement. Mesurez à partir du mur latéral et du sol pour marquer les panneaux.

2 *Transférez les mesures* sur le devant du panneau au moyen d'une équerre en T de 4 pi. Vous pouvez également tracer une boîte de sortie de remplacement.

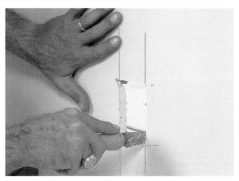

3 *Employez une scie à cloison sèche pointue* pour pratiquer l'ouverture. Ne poussez pas sur le panneau pour ajuster une mauvaise coupe ; découpez l'ouverture avec un couteau universel.

---

pour panneau • protection oculaire ▶ panneaux de cloison sèche • colle mastic • clous pour cloisons sèches ou vis autoforeuses

4 *Vous pouvez appliquer de la colle mastic* sur les montants pour renforcer le lien afin de réduire le risque d'éclatement de clous ou de vis.

5 *Posez le panneau mural supérieur en premier* et aboutez-le contre le plafond. Si vous travaillez seul, deux clous suffiront à maintenir le panneau pendant le clouage.

6 *Aboutez le panneau inférieur* contre le panneau supérieur au moyen d'un levier pour panneau ; l'ouverture au ras du sol sera recouverte par la moulure de la plinthe.

Finition : cloison sèche

Couvrir les joints pour obtenir une surface lisse et continue exige du savoir-faire. Les professionnels donnent l'impression que c'est un travail facile, ce qui n'est pas le cas, mais avec un peu d'entraînement et en évitant de commettre des erreurs courantes, les bricoleurs devraient également obtenir de bons résultats.

Ne prenez pas de raccourcis. La pose doit être effectuée en trois étapes. Si vous essayez de procéder avec deux couches épaisses, le produit d'étanchéité pourrait prendre trop de temps à sécher, se contracter excessivement, se fissurer ou s'affaisser. La même chose risque d'arriver si vous ne laissez pas le produit sécher suffisamment.

Les ouvertures des joints entre les feuilles ne devraient pas dépasser 1/8 po. Si vous tentez de combler une ouverture de plus grande dimension, le joint risque de s'affaisser. N'utilisez pas un produit d'étanchéité pour joints déshydraté ou un mélange qui a été entreposé à des températures de congélation.

Lorsqu'elle étend le produit d'étanchéité, la lame du couteau doit se déplacer facilement sur la surface de la cloison sèche. Si le couteau se bute à une tête de clou ou à une autre imperfection, un sillon apparaîtra à la surface du produit d'étanchéité. Donnez à chaque clou un solide coup final. Toutefois, ne brisez pas le papier, contentez-vous de laisser un creux et d'enlever toute coulure de petite dimension au moyen d'un couteau universel.

Couvrir des joints de cloison sèche

Les lames de couteau doivent être propres du début à la fin, car une tache durcie sur la lame laisserait une rainure distinctive, nécessitant plus de rebouchage et de ponçage. Ne laissez pas des débris ou des taches durcies gâcher le mélange et ne trempez pas de couteau souillé dans le contenant du produit d'étanchéité, mais employez plutôt une taloche (petite planche rectangulaire) ou un bac à enduit pour ranger votre matériel de travail. Retirez le produit d'étanchéité de la lame avant chaque application.

Toute région sèche sous le ruban est susceptible de former des bulles après quelques couches. La meilleure façon d'y remédier consiste à vous assurer que la couleur demeure uniforme lorsque vous égalisez le ruban. De plus, évitez de passer la lame plusieurs fois sur un même joint, car vous retireriez une trop grande quantité du produit d'étanchéité.

Les imperfections qui ne sont pas réduites par le grattage ou le ponçage causeront des problèmes au fil des couches. Mais ne poncez pas trop, car vous risqueriez d'érafler le papier à joint et le papier de surface de la cloison sèche, et le dépôt qui en résulterait persisterait pendant les étapes de finition et de peinture.

Finition des joints

MATÉRIEL : ▶ couteaux à enduire pour cloison sèche de 3, 6 et 12 po • perche de ponçage • bac à enduit ou

1 *Employez un couteau à enduire pour cloison sèche* afin d'appliquer une première couche du produit d'étanchéité pour joint d'environ 4 po de largeur sur le joint entre les panneaux.

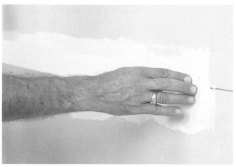

2 *Incrustez le papier à joint de la cloison sèche* dans la première couche du produit d'étanchéité en le posant sur le mur au moyen d'un couteau pour cloison sèche.

Outils spéciaux

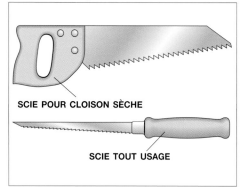

SCIE POUR CLOISON SÈCHE

SCIE TOUT USAGE

Une scie pour cloison sèche est utile pour découper les ouvertures des portes et des fenêtres ; employez plutôt une scie tout usage pour découper les ouvertures des boîtes à usages multiples et des tuyaux.

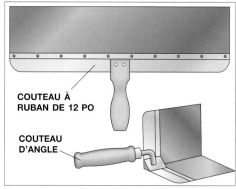

COUTEAU À RUBAN DE 12 PO

COUTEAU D'ANGLE

Un couteau à ruban de 12 po sert à enduire de larges couches de finition ; un couteau d'angle à deux faces permet de travailler sur les deux murs d'un angle intérieur.

Finition des angles

MATÉRIEL : ▶ marteau pour cloison sèche • couteau pour cloison sèche de 6 po (ou couteau d'angle extérieur)
▶ baguette d'angle • produit d'étanchéité • ruban pour cloison sèche • papier abrasif

1 *Clouez la baguette d'angle* pour renforcer les angles extérieurs. Employez un clou pour cloison sèche à tous les 6 po ou fixez-la en place au moyen d'une pince à sertir.

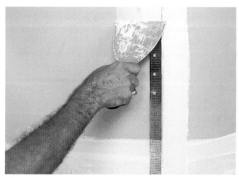

2 *Appliquez une première couche* du produit d'étanchéité pour joint et enlevez tout excédent ; faites sécher, poncez et appliquez deux autres couches.

taloche • dévidoir de ruban adhésif (facultatif) • escabeau ou échafaudage (au besoin) ▶ produit d'étanchéité • ruban pour cloison sèche • papier abrasif

3 *Une fois que la couche est sèche,* appliquez une deuxième couche du produit d'étanchéité avec un couteau de plus grande dimension. Poncez légèrement entre les couches, au besoin.

4 *Masquez également les têtes de clous et de vis* au moyen de trois couches ; chacune devrait être sèche et poncée avant d'appliquer la couche suivante.

5 *Le ponçage de joints longs* est plus facile avec une perche à poncer, chargée de papier abrasif de 120 grains, ou d'un tamis à copeaux.

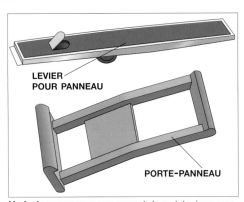

LEVIER POUR PANNEAU

PORTE-PANNEAU

Un levier pour panneau permet de maintenir un panneau de cloison sèche à quelques pouces du sol et un porte-panneau permet à une personne seule de déplacer une feuille de 4 x 8.

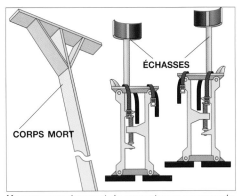

ÉCHASSES

CORPS MORT

Un corps mort permet de supporter un panneau de plafond lorsque vous travaillez seul ; des échasses pour cloison sèche vous permettent de finir des joints sans avoir à déplacer une échelle.

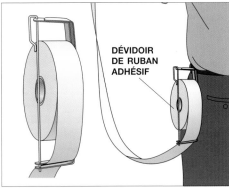

DÉVIDOIR DE RUBAN ADHÉSIF

Vous pouvez suspendre un dévidoir de ruban adhésif à votre ceinture, ce qui vous permet d'avoir une provision de ruban pour cloison sèche à votre disposition pendant que vous vous déplacez dans la pièce.

• une perche de ponçage • bac à enduit ou taloche • dévidoir de ruban adhésif • pince à sertir (sertisseur d'angle) • escabeau ou échafaudage (au besoin)

3 *Finissez les angles intérieurs* avec du papier à joint. Faites un pli au centre et installez-le dans le coin par-dessus le matériau d'enrobement.

4 *Finissez les angles intérieurs* en appliquant une deuxième couche du produit d'étanchéité par-dessus le ruban en travaillant d'un côté à la fois.

5 *Effectuez un ponçage léger,* puis appliquez une couche de finition. Essayez d'uniformiser le produit frais plutôt que de trop le poncer une fois qu'il est sec.

Murs et plafonds

Réparations de cloisons sèches

Les cloisons sèches sont résistantes, mais peuvent être déchirées, écaillées, fissurées ou même percées accidentellement. Les gros trous exigent plus de temps et de travail de réparation, mais vous pouvez faire des réparations mineures avec quelques outils de base. Ainsi une éraflure profonde déchire parfois le papier de surface du panneau mural. La première étape consiste à retirer toute surface de papier décollée en ébarbant soigneusement le papier avec précision au moyen d'un couteau universel, puis à remplir la section creuse, sans papier, avec le produit d'étanchéité.

Fissures permanentes

Beaucoup de charpentes de maison travaillent pour briser des joints de cloisons sèches. Si le ruban ordinaire n'a pas tenu le coup par le passé, essayez une approche différente : au lieu d'employer du ruban en treillis de fibre de verre (simple à utiliser), optez pour du ruban de renfort et un produit d'étanchéité durcissant (en poudre) pour joints. Bien que ce produit soit difficile à mélanger correctement et qu'il soit plus difficile à manier parce qu'il sèche très vite, il procure une meilleure adhésion, ce qui diminue les risques de fissuration.

Commencez par gratter et retirer de la fissure tout morceau de ruban de renfort. Remplissez la fissure et enrobez le ruban avec un produit d'étanchéité durcissant. Vous pouvez ensuite utiliser un produit d'étanchéité pré-mélangé pour les deux couches suivantes. Si des fissures continuent d'apparaître sur les joints du plafond et du mur, posez un moulurage en couronne.

Réparation de fissures minces

MATÉRIEL : ▶ couteau à enduire • papier abrasif ▶ produit de colmatage • produit d'étanchéité pour **joints**

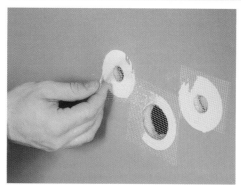

1 *Vous pouvez boucher les fissures minces* avec du grillage ou poser un treillis de surface pour soutenir et renforcer le produit de colmatage.

2 *Plutôt que de tomber dans la fissure,* le produit d'étanchéité s'accumule dans le treillis. Il faut plusieurs couches pour obtenir une surface lisse.

1 *Pour les fissures un peu plus grandes,* vous pouvez employer une trousse de réparation autocollante munie d'un panneau de renfort. Il suffit de retirer le papier dorsal et d'appliquer la pièce.

2 *Une fois que le treillis est fixé au mur,* vous pouvez appliquer le produit d'étanchéité pour joints sur tout le morceau, puis poncer, apprêter et peindre.

Réparation de grandes fissures

MATÉRIEL : ▶ scie pour cloison sèche ou couteau universel • pistolet à calfeutrage • perceuse électrique/mandrin ou marteau • couteau à enduire de 6 po • éponge

1 *Découpez la surface endommagée* en laissant une forme rectangulaire aux bords nets. Coupez des lattes de renforcement de 1 x 3 à fixer à l'intérieur de la découpe.

2 *Mettez les lattes en place* avec de la colle mastic et des vis autoforeuses. Tenez ou fixez la latte pendant que vous enfoncez les vis.

3 *Enduisez de colle mastic* les lattes latérales avant de poser le morceau de remplacement. Ajoutez des lattes diagonales en haut et en bas si les fissures sont plus grandes.

Réparation des coins

MATÉRIEL : ▶ couteau universel • scie à métaux • grattoir de plancher • cisailles à métaux • perceuse électrique/mandrin • couteaux pour cloison sèche
▶ baguette d'angle • vis autoforeuses • produit d'étanchéité pour joints • papier abrasif

1 *Pour réparer un coin extérieur abîmé,* commencez par faire une découpe rectangulaire avec un couteau universel autour de la surface endommagée pour éviter le déchirage.

2 *Utilisez une scie à métaux* pour couper à travers la baguette d'angle métallique au-dessus et en dessous de la surface endommagée. Vous pouvez également employer des cisailles à métaux.

3 *Employez un levier* et l'extrémité à panne fendue d'un marteau pour ramener les clous qui ont été enfoncés à travers la baguette d'angle dans la cloison sèche.

4 *Employez des cisailles à métaux* pour découper un morceau de remplacement de baguette d'angle. Dégagez le papier et le gypse déchirés de la surface de remplacement.

5 *Vissez le nouveau morceau de baguette* à sa place dans le coin et assurez-vous que le nouveau morceau est correctement aligné avec l'ancienne baguette.

6 *Employez un couteau à enduire* pour poser le produit d'étanchéité pour joints. Appliquez trois couches en laissant à chacune le temps de sécher et effectuez un léger ponçage entre chacune des couches.

à poncer ▶ morceau de remplacement de cloison sèche • retailles de 1 x 3 ou fourrures • clous ou vis autoforeuses • produit d'étanchéité pour joints • colle **mastic**

4 *Installe le morceau de remplacement* sur les lattes, faites-le bouger de l'avant à l'arrière pour qu'il soit enduit de colle mastic et mettez-le en place avec des vis autoforeuses.

5 *Finissez les joints du morceau de remplacement* avec du ruban pour cloison sèche (il peut s'agir de papier ou de fibre de verre) et trois couches d'un produit d'étanchéité pour joints.

6 *Appliquez et poncez la couche finale* au moyen d'une petite éponge à poncer. Donnez une couche de fond sur le produit d'étanchéité fraîchement appliqué avant de repeindre le mur.

Murs et plafonds

Notions de base

Il n'y a rien comme une couche de peinture fraîche pour redonner de la vie à une pièce. Vous donnerez une toute nouvelle allure à votre décor avec aussi peu qu'un ou deux gallons de peinture. Ces nouvelles couleurs peuvent être pâles ou foncées, chaudes ou froides, selon l'atmosphère que vous désirez donner à la pièce.

Les couleurs pâles créent des pièces claires et spacieuses, car pour l'œil elles donnent une impression de recul, ce qui fait paraître les pièces plus grandes et les plafonds plus élevés. Par ailleurs, les couleurs foncées permettent de créer une atmosphère d'intimité. Elles absorbent la lumière, ce qui donne l'impression que les murs sont plus rapprochés. Vous avez également la possibilité de demander conseil dans les boutiques où l'on vend de la peinture.

Types de peinture

La plupart des peintures sont à base d'eau ou d'alkyde (la résine alkyde synthétique a remplacé la peinture à l'huile). Les peintures à l'eau, qui comprennent les peintures au latex, le vinyle et l'acrylique sont les produits les plus faciles d'usage. Elles permettent un recouvrement efficace et sèchent rapidement, et les outils peuvent être nettoyés avec du savon et de l'eau. Elles conservent leur couleur sous la lumière du soleil et forment une pellicule souple, ce qui en fait le meilleur choix pour le travail à l'extérieur. La peinture à l'alkyde coûte plus cher et prend plus de temps à sécher. De plus, elle doit être nettoyée avec un diluant. Elle est généralement plus résistante que la peinture à l'eau et résiste mieux au lavage. Les deux types de peinture sont offerts en différents lustres (finis), de mat à lustré, et les alkydes sont aussi offerts en brillant éclatant.

Outils spéciaux

Un applicateur centrifuge pour pinceau (ci-dessus) fait tourner les pinceaux sales dans l'eau de rinçage et leur permet aussi de sécher rapidement. Un agitateur à peinture ou machine à mélanger la peinture (ci-dessous) se fixe à une perceuse électrique.

Équipement de sécurité

Vous devez toujours porter un masque anti-vapeurs lorsque vous peignez sans ventilation adéquate. Employez un masque pour vaporisateur de peinture à ajustement serré ou un respirateur du type cartouche, muni de filtres remplaçables. Les masques antipoussières jetables en papier ne suffisent pas à vous empêcher d'inhaler des vapeurs de peinture, susceptibles de vous rendre malade. Vous devriez également porter un masque anti-vapeurs en tout temps lorsque vous vaporisez de la peinture à partir d'une cannette ou d'un pulvérisateur de peinture. Il est également prudent de porter des lunettes protectrices pour protéger vos yeux et de vous conformer aux mises en garde indiquées sur l'étiquette du produit. Certains scellants et produits de nettoyage dégagent des vapeurs susceptibles d'être enflammées, par exemple par un témoin lumineux de poêle.

LUNETTES DE PROTECTION

MASQUE JETABLE

MASQUE ANTI-VAPEURS

Choix de peinture

TYPE DE PEINTURE	USAGES	AVANTAGES/INCONVÉNIENTS
Couche primaire de latex	Plâtre ou cloison sèche neuf, papier peint non couché, bois traité, brique neuve	Nettoyage facile, séchage rapide, presque inodore ; n'offre pas un bon rendement sur le bois non traité
Couche primaire alkyde	Plâtre ou cloison sèche neuf, bois traité ou non, toute maçonnerie neuve	Meilleure couche primaire pour le bois, s'harmonise à toutes les peintures ; n'offre pas un bon rendement sur la cloison sèche, nécessite l'emploi de solvants pour le nettoyage
Apprêt d'impression	Bois non fini, taches de moisissure, bois apprêté, boiserie en vinyle	Sèche rapidement, excellent pour l'exsudation de nœuds ; se nettoie avec de l'alcool
Peinture au latex	Plâtre et cloison sèche, bois apprêté, boiseries en vinyle, acier, aluminium, fonte	Nettoyage facile, séchage rapide, économique ; n'offre pas la même résistance que l'alkyde, exige une couche primaire sur le bois ; adhère peu aux finis lustrés
Peinture alkyde	Plâtre et cloison sèche, bois non apprêté, boiseries en vinyle et plâtre	Plus durable que le latex, adhère à tous les types de peinture ; séchage lent, se nettoie avec des solvants, nécessite une couche primaire pour les cloisons sèches

Options d'applications de peinture

Une fois que vous aurez sélectionné votre peinture, vous devrez choisir les applicateurs les mieux adaptés au travail. Employez un pinceau synthétique (en polyester ou en nylon) pour toutes les peintures à base de latex. Les fibres naturelles (en soies) absorbent l'eau de la peinture au latex, ce qui rend le pinceau lourd et touffu. Employez un pinceau de découpage en polyester ou en soies naturelles avec la peinture alkyde. Un pinceau d'une largeur de 2 ½ po, muni d'un long manche, est idéal pour la majorité des travaux de peinture. Les meilleurs pinceaux sont pointus, ce qui implique deux étapes de fabrication additionnelles permettant au pinceau de retenir une plus grande quantité de peinture et de l'étendre de façon plus uniforme.

Pour qu'un pinceau puisse servir à de nombreux travaux, il se doit d'être muni d'un manche en bois dur, d'une virole métallique ajustée au collet et de soies épaisses.

Certains bricoleurs aiment employer des tampons pour peinture. Ces derniers ne sont pas aussi souples qu'un pinceau, mais sont utiles pour travailler le long des boiseries et dans les coins.

Rouleaux et manchons

Les rouleaux simplifient la tâche lorsque vous devez peindre des surfaces larges et plates. Vous pouvez y fixer un manche long pour atteindre les plafonds et les murs élevés. Un rouleau moyen mesure 9 po, mais il existe des rouleaux de plus petites et de plus grandes dimensions, conçus pour des usages particuliers. Les manchons (la partie remplaçable) sont offerts en plusieurs longueurs de poils, de très courts pour les surfaces lisses aux poils longs pour les surfaces rugueuses. Généralement, il est préférable d'employer un manchon de ³⁄₈ po pour les murs et les plafonds. Les formats plus longs permettent d'appliquer une couche de peinture plus épaisse ; les plus courts couvrent moins de surface.

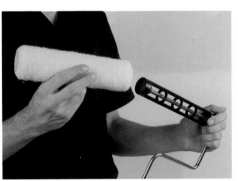

Employez un manchon synthétique pour les peintures à l'eau et un manchon en laine, en laine ou nylon, ou en laine mohair pour les peintures alkydes.

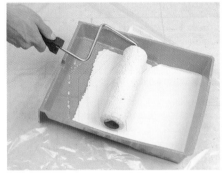

Les bacs à rouleaux doivent être robustes pour éviter de renverser la peinture et assez profonds pour presque submerger le manchon.

Vaporisateurs et applicateurs à pression

Les vaporisateurs et les applicateurs à pression permettent d'effectuer un travail rapidement. Les applicateurs à pression vous permettent d'avancer rapidement dans votre travail sans avoir à recharger votre rouleau. Les vaporisateurs se prêtent admirablement aux surfaces difficiles à atteindre pour les pinceaux et produisent une surface très lisse. Le meilleur moyen de vaporiser consiste à garder l'outil en mouvement tant et aussi longtemps que la peinture s'écoule. Vous devez également maintenir l'outil parallèle à la surface à peindre, même quand vous faites un mouvement de va-et-vient sur la surface.

Un vaporisateur à peinture emploie de l'air comprimé pour vaporiser un voile de peinture. Vous pouvez louer le pistolet et un compresseur d'air électrique.

Les applicateurs à pression sont alimentés en peinture directement dans le tuyau. Une détente permet de contrôler le débit.

Murs et plafonds

Avant de peindre

Peindre vous semblera beaucoup plus simple si vous embauchez un entrepreneur pour faire le travail de préparation et que vous peigniez vous-même. De toute façon, même si vous trouviez quelqu'un qui accepte de faire le travail, vous économiseriez peu d'argent. La préparation, soit le pénible et long travail de grattage, de réparation et de ponçage, est l'étape la moins intéressante, mais c'est la plus importante si vous désirez obtenir un fini qui ait belle allure et soit durable. Une préparation inadéquate des surfaces est la cause principale des travaux de peinture ratés.

Nettoyage

Prenez d'abord le temps de dépoussiérer toutes les surfaces, puis lavez les murs avec du savon et de l'eau, particulièrement dans les cuisines et les salles de bains. Si vous décelez la présence de taches de moisissure vert-gris, ajoutez jusqu'à une pinte de javellisant à trois pintes d'un détergent sans ammoniac. Protégez les planchers se trouvant à proximité. Laissez le javellisant sur le mur pendant 15 minutes, puis rincez à fond. Il est pratique d'utiliser du TSP (triphosphate de potassium).

Lissage des surfaces

La peinture ne cache pas les imperfections. En fait, elle les accentue, faisant ressortir les bosses et les creux jusque-là passés inaperçus. Pour éviter les surprises, éclairez la surface à peindre avec une lumière vive à angle faible afin de repérer les zones problématiques avant de commencer à peindre. Appliquez un produit d'étanchéité pour joints afin de combler les creux et poncez les bosses, sillons ou autres défauts en saillie.

Apprêt

Conformez-vous aux directives du fabricant. Certaines surfaces, comme le bois non peint, requièrent un apprêt pour certaines peintures, mais non pour d'autres. À défaut d'apprêt, l'adhérence de la peinture sera moins bonne et le risque d'écaillage sera plus grand. Les murs et les plafonds qui ont déjà été peints ne requièrent pas d'apprêt, à moins que vous ayez l'intention d'utiliser une couleur très différente (comme du blanc sur du rouge) ou que vous désiriez dissimuler des taches. Mais si vous avez fait du colmatage avec un produit d'étanchéité pour joints, le produit non peint absorbera la peinture différemment des zones peintes adjacentes, faisant apparaître un fini marbré. Bien que vous puissiez généralement appliquer deux couches de finition, il est préférable d'employer un apprêt moins cher, peut-être teint d'une couleur semblable à la couche de finition, puis d'y aller d'une seule couche de finition.

Préparation des murs

MATÉRIEL : ▶ grattoir à peinture • couteau universel • couteaux à enduire • ponceuse portative • pinceaux

1 *Grattez toutes les zones écaillées* avec un grattoir à peinture jusqu'à ce qu'il ne reste que de la peinture solidement imprégnée sur le mur.

2 *Retirez les morceaux déchirés de la cloison sèche* au moyen d'un couteau universel et appliquez un produit d'étanchéité pour joints sur la zone endommagée.

Scellage des teintures

Enlevez les taches de surface du mieux que vous pouvez au moyen d'un détergent ou d'un solvant/détachant approprié. Pour prévenir la décoloration résultant de l'exsudation, scellez cette zone avec un produit éliminant les taches, comme une gomme laque blanche. Ces enduits sèchent rapidement et ne ralentiront pas vos travaux. De même façon, enduisez les nœuds des panneaux ou de la boiserie pour éviter une infiltration de la résine.

La gomme laque blanche pigmentée possède un puissant pouvoir masquant. Elle constitue un apprêt efficace sur des surfaces métalliques.

Peindre les murs

MATÉRIEL : ▶ pinceau à angle • pinceau large ou rouleau et bac • tige rallonge pour rouleau ▶ peinture • toiles

1 *Employez un pinceau de découpage à angle* pour appliquer une bande de peinture de 2 à 3 po autour des boiseries et dans les zones difficiles à atteindre avec un rouleau.

2 *Trempez le rouleau* dans la partie profonde de la cuvette ; puis roulez-le sur les nervures de la partie peu profonde pour l'enrober uniformément.

• protection oculaire ▶ produit d'étanchéité pour joints • papier abrasif de 120 grains pour ponceuse portative • apprêt

3 *Employez une lame grand format* pour combler les espaces les plus larges avec un produit d'étanchéité pour joints. Appliquez plusieurs couches minces plutôt qu'une seule couche épaisse.

4 *Employez une ponceuse portative électrique* ou un bloc de ponçage pour lisser les morceaux de remplacement. Un surponçage peut érafler la surface de la cloison sèche.

5 *Appliquez l'apprêt sur toutes les zones réparées* afin d'empêcher le produit d'étanchéité pour joints sec d'aspirer l'eau de la peinture et de produire des plages mates.

Repeindre une boiserie

Poncez légèrement les surfaces lustrées afin d'augmenter l'adhérence de la peinture neuve à la boiserie. Poncez également les imperfections légères jusqu'à la peinture en bon état, de façon à ne laisser aucune démarcation. Au besoin, dénudez la boiserie jusqu'au bois brut en la décapant et en la ponçant, ou en la faisant chauffer et en la grattant. Si la peinture a été appliquée avant la fin des années 1970, vérifiez si elle contient du plomb avant d'enlever le fini. Pour plus d'information sur les mesures de sécurité à prendre en matière de produits contenant du plomb, communiquez avec votre bureau local de Santé Canada.

Employez un pistolet thermique pour adoucir graduellement les couches de peinture. Travaillez sur une petite surface à la fois et gardez le pistolet d'arrosage en mouvement.

Employez un grattoir dur pour retirer les couches de peinture chauffées par le pistolet thermique. Utilisez un grattoir à tranchant en lame de rasoir pour nettoyer les rainures de la moulure.

de protection • chiffons

3 *La méthode de peinture par chargement est simple et économique.* Commencez par appliquer des couches épaisses en bandes verticales.

4 *Déplacez le rouleau en diagonale de gauche à droite* sur les bandes verticales pour répartir la peinture de façon uniforme sur le mur.

5 *Une fois que les bandes originales* ont été étendues sur une section du mur, roulez verticalement pour obtenir une texture uniforme.

Murs et plafonds

Problèmes de peinture

Vous aurez parfois l'impression d'avoir tout fait correctement, suivant à la lettre les directives sur le contenant de peinture, et malgré tout ça ne fonctionne pas. La peinture fraîche a belle allure pendant un certain temps, mais soudainement des problèmes comme l'écaillage et le craquèlement commencent, ou d'autres problèmes se manifestent avec ou sans raison précise. Certains problèmes sont évidents presque immédiatement. Ainsi, le plissage ou la coulure surviennent peu après l'application de la peinture, mais avant qu'elle sèche, ce qui indique qu'on a appliqué une quantité de peinture trop épaisse. Pour éviter ce problème, appliquez deux couches minces au lieu d'une seule couche épaisse.

Écaillage et cloquage

L'écaillage est un problème surtout à l'extérieur. Lorsqu'il se produit à l'intérieur, surtout dans une maison ancienne, et que vous n'avez pas peint sur une surface lustrée, le coupable s'avère souvent la peinture à la calcimine, un mélange traditionnel au liant peu consistant. Si vous habitez une maison ancienne et qu'il s'agit de la peinture d'origine, nettoyez les surfaces avec de l'eau chaude et enlevez les résidus de calcimine.

Le cloquage, problème similaire à l'écaillage, survient lorsque la peinture au latex est exposée à un degré d'humidité très élevé avant que la peinture ait eu le temps de sécher suffisamment. Il est agréable de prendre une douche après avoir peint, sauf bien sûr si vous venez de peindre la salle de bains.

Plages mates et foncées

Les plages mates résultent souvent d'un manque d'apprêt sur les surfaces réparées. Les produits d'étanchéité pour joints et les cloisons sèches non finies absorbent la peinture de manière différente des surfaces peintes environnantes. Des plages mates peuvent également apparaître sur ces surfaces si vous y appliquez une trop grande quantité de produit d'étanchéité pour joints.

Des plages foncées sur une surface peinte semblent parfois lustrées, savonneuses ou collantes lorsque les ingrédients de la peinture au latex s'extraient à la surface. Ce problème est occasionné par un excès de moisissure, ce qui explique pourquoi les plages foncées sont plus susceptibles d'apparaître sur les plafonds de la salle de bains, particulièrement au-dessus de la douche. Ces plages se nettoient avec du savon et de l'eau, mais peuvent réapparaître une ou deux fois après être disparues.

Moisissure

La moisissure apparaît souvent dans les salles de bain, mais vous en trouverez également dans d'autres pièces près des fenêtres, à la jonction des plafonds et des murs extérieurs. Une isolation insuffisante rend ces surfaces internes froides, ce qui produit de la condensation. La moisissure se nourrit de l'humidité et forme tôt ou tard des taches gris-vert qui suintent à travers la peinture. Un savon ou un détergent ne parviendront pas à éliminer la moisissure. Vous devez employer une solution composée d'un javellisant maison et d'eau avec un détergent sans ammoniac (ne mélangez jamais de l'ammoniac avec un javellisant). Laissez la solution imprégner la moisissure pendant 15 minutes avant de frotter et de rincer.

Pour réparer des dommages sérieux comme ceux-ci, causés par la moisissure, vous aurez peut-être besoin de plusieurs applications d'un javellisant non dilué.

Finitions spéciales

Vous pouvez transformer l'allure d'une pièce en ayant recours à une des nombreuses techniques de peinture décorative. Alors que certaines techniques nécessitent un savoir-faire et un talent artistique indéniables, d'autres (comme celles illustrées à droite) sont faciles à maîtriser. Avant de vous attaquer à un véritable mur, il est prudent d'expérimenter la technique sur un échantillon de cloison sèche. Ces procédés de finition sont devenus de plus en plus populaires, notamment parce qu'il existe plusieurs façons de les appliquer. Ne vous gênez pas pour essayer différents applicateurs et combinaisons de mélange.

Peindre à l'éponge sur un mur avec une éponge de mer naturelle produit un fini tacheté, subtil ou apparent, selon les couleurs.

La peinture au chiffon est une méthode consistant à appliquer une ou plusieurs couches de peinture sur une surface avec un chiffon froissé, ce qui produit un aspect texturé.

Retouche des surfaces réparées

Pour que les couleurs des surfaces réparées se fondent sans que vous ayez à repeindre le mur au complet, commencez par poncer soigneusement la surface pour éliminer les plis du produit pour joints d'étanchéité séché. Ensuite, appliquez un apprêt sur la surface réparée de façon à ce que la couche de finition soit absorbée de façon uniforme sur la zone réparée et la surface environnante. Employez un rouleau suffisamment sec pour que la surface peinte ne sèche pas à un endroit particulier. De plus, choisissez un manchon qui produira un fini très semblable à la texture murale déjà présente. Enduisez ensuite de peinture la surface réparée et commencez à lisser la surface peinte en exerçant une pression normale sur la surface réparée et une pression plus légère, en soulevant le rouleau, sur le mur contigu.

MATÉRIEL : ▶ grattoir de peinture • pinceau • rouleau et bac
▶ apprêt • peinture • papier abrasif et bloc à poncer

1 Comblez les trous occasionnés par les clous et les bosselures *avec un produit d'étanchéité léger. Laissez un léger dépôt, car le produit d'étanchéité rétrécit en séchant.*

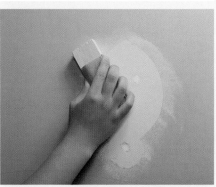

2 Employez un papier abrasif de 150 grains *pour poncer le produit d'étanchéité pour joints secs jusqu'à ce qu'il face corps avec la surface murale.*

3 Vu que le produit d'étanchéité pour joints *absorbe la peinture différemment de la cloison sèche, appliquez un apprêt sur la surface réparée avant d'appliquer la couche finale.*

4 Enduisez de peinture la surface réparée *et appliquez la couche finale sur cette surface. Assurez-vous de maintenir un bord humide pour éviter de laisser des plis sur la peinture.*

5 Lissez les bords *de la nouvelle surface peinte en soulevant le pinceau et en y allant de coups légers. Vous pourriez avoir à répéter cette méthode pour couvrir.*

La technique du peignage (également nommé veinage) consiste à tracer des lignes étroites sur une surface peinte au moyen d'un peigne à peindre ou d'un autre outil.

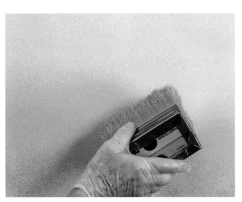

La technique du pointillage consiste à employer un pinceau spécial à poncer, de haut en bas, produisant des points qui se fondent lorsqu'ils sont vus d'une certaine distance.

L'éclaboussure est une technique consistant à ajouter une couche de finition partielle d'une couleur contrastée ou un glacis. Vous n'avez qu'à frapper le pinceau sur la baguette.

Murs et plafonds

Conseils pour la pose de papier peint

Il existe deux sortes de papier peint : préencollé et à coller. Les bricoleurs devraient employer du papier peint préencollé, car son application est directe : vous le trempez et vous le posez. La planification, le découpage et le mesurage se font de la même manière pour les deux sortes, mais dans le cas du papier sans colle, mélanger et appliquer l'adhésif augmente les risques d'erreurs, y compris le séchage prématuré, les bosses sous la surface et les poches d'air difficiles à corriger.

Choisissez comme point de départ un endroit dissimulé. Vous pourrez effectuer des corrections mineures à l'endroit où le papier atteint un angle, mais il est agréable d'avoir une ligne de finition nettement séparée de la ligne de départ, comme une porte dans un coin, de préférence une porte habituellement laissée ouverte. Sur un mur très en évidence, des motifs désalignés sauteraient aux yeux, mais pour les apercevoir derrière une porte, il faudrait un œil de lynx.

Une fois trempés, les papiers préencollés doivent être mis de côté pendant la durée précisée par le fabricant. Soyez régulier d'une bande à l'autre, car le papier peut s'étirer ou rétrécir un peu pendant qu'il absorbe l'adhésif. Si une bande de papier est posée immédiatement à côté d'une feuille trempée longtemps, la différence entre les deux surfaces pourrait être suffisamment grande pour se remarquer. Travailler trop le papier et l'étirer pour le mettre en place pourrait occasionner le même problème. Plutôt que de tirer sur le papier, ce qui pourrait l'étirer de $^1/_4$ à $^1/_2$ po, déplacez la bande en poussant avec vos mains.

Réparation d'une zone endommagée

MATÉRIEL : ▶ couteau universel • équerre • seringue pour papier peint • rouleau à joints ▶ morceau de remplacement • adhésif • ruban-cache

1 *Pour réparer une zone endommagée,* alignez un morceau de remplacement sur le motif, collez-le par-dessus et découpez à travers les deux couches.

2 *Retirez le morceau de remplacement* et la pièce endommagée ; le morceau de remplacement découpé devrait être de dimension similaire à l'ouverture et s'y intégrer parfaitement.

1 *Pour remédier à une bulle d'air,* commencez par percer un petit orifice dans la bulle au moyen d'un couteau.

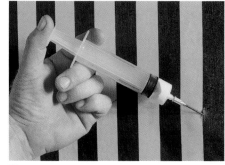

2 *Utilisez une seringue spéciale* pour injecter de l'adhésif, de manière à ce que la bulle puisse être aplatie avec un rouleau à joints.

Décollage du papier peint

MATÉRIEL : ▶ scarificateur de papier peint • rouleau et bac à peinture • grattoir de peinture ou couteau pour cloison sèche ▶ décapant pour papier peint

1 *Employez un scarificateur de papier peint* pour découper la surface du papier, ce qui permettra au décapant de l'imbiber à fond.

2 *Vous pouvez traiter le papier à la vapeur* ou appliquer un décapeur chimique qui agit à travers la surface et provoque le détachement de la colle qui se trouve en dessous.

3 *Employez un couteau pour cloison sèche* pour retirer les morceaux de papier peint. Il vous faudra peut-être repasser plusieurs fois sur les surfaces récalcitrantes.

Poser du papier peint

MATÉRIEL : ▶ niveau de 4 pi • cordeau à tracer • bac • couteau universel • ciseaux • rouleau à joints • brosse à colle (au besoin) ▶ papier peint • adhésif au besoin)

1 *Employez un niveau ou un cordeau* pour tracer des lignes aux endroits où les joints devront se situer. Il est sage de prévoir la disposition des bandes de papier peint avant de procéder au collage.

2 *Trempez le papier peint préencollé* dans un bac d'eau tiède ; les papiers qui ne sont pas préencollés doivent être enduits d'adhésif au moyen d'un rouleau.

3 *Repliez le roulez imbibé sur lui-même* de façon à ce que vous puissiez le transporter et mettre une bande en place sur le mur plus facilement.

4 *Déroulez le rouleau* et mettez-le en position sur le mur. Alignez-le avec la ligne de jonction du plafond et le long de votre ligne de repère plombée.

5 *Déroulez la bande* et mettez-la en place manuellement. Prévoyez une largeur suffisante afin de couvrir l'angle, qui pourrait ne pas être d'aplomb.

6 *Égalisez les bandes avec une brosse au fur et à mesure que vous les posez,* en commençant par le coin supérieur, près de la ligne de repère, et en vous déplaçant vers le bas et de côté.

7 *Retirez le papier excédentaire,* appelé tolérance ou jeu, aux extrémités inférieure et supérieure avec un couteau pour cloison sèche et un couteau universel.

8 *Vous pouvez soulever le joint* pour effectuer de légers ajustements et aligner les motifs. Vous pouvez abouter les joints ou les faire se chevaucher.

9 *Si les joints se chevauchent,* découpez à la main à travers les deux bandes de façon à obtenir un joint parfaitement aligné. Finissez les bords au moyen d'un rouleau pour papier peint.

Murs et plafonds

Notions de base

Les carreaux de céramique ne sont pas seulement attrayants, il sont également pratiques pour les salles de bain et les cuisines, car il sont hydrofuges, résistants et faciles à laver. Et ils conviennent aussi aux planchers (Pour poser des carreaux sur les planchers, voir « Planchers et escaliers », page 158.)

Les carreaux sont fabriqués d'argile cuite. Les carreaux de céramique vitrifiés, offerts en fini mat ou luisant, comportent une surface dure, imperméable aux taches, mais qui peut être éraflée ; c'est le type de carreaux qu'on retrouve généralement autour des éviers et des baignoires. Les carreaux de céramique non vitrifiés, fabriqués uniquement dans un fini mat, ne sont pas imperméables à la graisse et à l'huile, mais ils résistent aux éraflures.

On distingue les carreaux plats et les carreaux de finition, dont les bords sont finis ou qui présentent des formes s'ajustant aux angles. Les carreaux de dimension supérieure à 4 x 4 po sont vendus en vrac ; les carreaux de dimension inférieure peuvent être achetés en feuille, chaque feuille couvrant quelques pi^2 et rassemblant une série de carreaux collés sur un mince treillis.

Panneau d'appui suspendu pour carreaux

Le type de matériau requis pour servir de panneau d'appui à des carreaux dépend de l'emplacement qui leur est destiné et de la sorte d'adhésif employé. Si vous utilisez un adhésif mastic organique et que la surface n'est pas constamment humide, des panneaux de cloison sèche ordinaire (ou hydrofuges) feront l'affaire. Toutefois, si cette surface est exposée régulièrement à de l'eau, vous devriez employez un panneau d'appui à base de ciment. Ce matériau est également utile pour les surfaces exigeant une sous-couche lourde comme un demi-mur en carreaux autour d'un poêle à bois, qui doit être résistant au feu.

Les panneaux d'appui en ciment, faits de ciment de Portland et de fibre de verre, sont offerts en épaisseurs de 1/2 po et 5/8 po. Vous pouvez acheter des panneaux de 4 x 8 pi, mais généralement ils mesurent 32 ou 36 po de largeur sur 5 ou 8 pi de longueur. Les éléments de fixation doivent être moins espacés que sur une cloison sèche ordinaire, soit un écart de 8 po le long des poteaux. Vous aurez également besoin de fixations spéciales pour les panneaux en ciment : employez des clous pour toiture de 1 1/2 po ou des vis en acier galvanisé de 1 1/4 po. Des clous pour cloison sèche, ou encore des vis autoforeuses rouilleraient. Il faut également poser des joints de panneaux de ciment : employez du mortier ou un adhésif pour carreaux au lieu d'un produit d'étanchéité pour joints. Recouvrez les joints d'un ruban de treillis en fibre de verre spécialement conçu pour les panneaux.

Modèles

BORDURES PEINTES

CARRÉS DÉCOUPÉS

RECTANGLES

MOSAÏQUE

Adhésif pour céramique

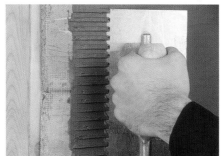

Dans les salles de bain et les cuisines, de même que dans d'autres endroits à forte humidité, vous pouvez étendre une couche d'adhésif pour céramique sur le panneau de ciment.

Vous pouvez également étendre une couche d'adhésif pour céramique sur la cloison sèche. Employez une truelle dentelée dont la profondeur des coches correspondant aux exigences du fabricant de carreaux.

Coulis

Vous pouvez remplir les joints lorsque les carreaux ont pris (le temps de la prise dépend de la méthode et de l'adhésif employés). Choisissez un coulis en fonction du type de carreaux, de l'usure prévue et de la couleur. Plusieurs fabricants offrent un choix d'une douzaine de couleurs. Employez une teinte semblable à celle des carreaux afin de réduire l'effet de grillage des joints et dissimuler l'espacement irrégulier entre les carreaux s'il y a lieu. De façon générale, les coulis plus pâles font ressortir le grillage et les plus foncés mettent les carreaux en évidence, ce qui représente un bon choix pour les carreaux disposés en motifs.

Si vous ajoutez un colorant à un coulis, mettez un échantillon de côté et laissez-le sécher pour avoir une bonne idée de la couleur finale.

Installation de carreaux

MATÉRIEL : ▶ équerre en T • ponceuse électrique/mandrin • couteau à enduire • truelle dentelée • raclette avec éponge • coupe-carreau • pince coupante à carreaux • éponge ▶ carreaux • adhésif • coulis • ruban en fibre de verre

1 *Découpez le panneau d'appui en ciment* de la même façon qu'une cloison sèche : entaillez-le avec un couteau universel, puis brisez-le le long de la rainure.

2 *Les panneaux d'appui* peuvent être mis en place avec des clous de toiture galvanisés ou vissés avec des vis galvanisées pour une meilleure stabilité.

3 *Finissez les joints du panneau d'appui* avec un ruban de treillis en fibre de verre et une couche de mortier ou d'adhésif pour carreaux.

4 *Tracez vos lignes avec un fil à plomb et un niveau de trait* pour commencer le tracé. Votre point de départ devrait permettre de poser des carreaux de dimensions égales dans les angles.

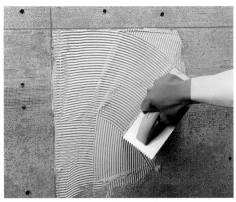

5 *Appliquez une couche d'adhésif pour carreaux* sur une section du mur avec une truelle dentelée. Ne recouvrez pas les lignes de votre tracé.

6 *Appuyez fermement sur chacun des carreaux* pour les mettre en place en exécutant un léger geste de torsion qui les scellera dans l'adhésif. Laissez des espaces égaux pour le coulis.

7 *Découpez les carreaux tel que requis* pour les angles et le haut du mur. Employez une pince coupante à carreaux pour les coupes irrégulières (comme autour des conduits).

8 *Une fois que l'adhésif a pris,* étendez le coulis au moyen d'une raclette avec éponge ou d'un racloir en caoutchouc. Passez l'outil en diagonale sur les joints.

9 *Après avoir raffermi les joints,* enlevez le matériau excédentaire avec une éponge humide. Laissez une brume sèche se former, puis polissez avec un linge.

Murs et plafonds

Nettoyage des carreaux

Les carreaux sont un matériau résistant et facile d'entretien. Toutefois, ils nécessitent, de même que les joints de coulis, un nettoyage périodique. Ainsi, vous devrez de temps à autre réparer du coulis usé et peut-être même remplacer des carreaux fissurés ou brisés.

Pour l'entretien quotidien, contentez-vous d'essuyer les carreaux avec de l'eau tiède et une éponge. Pour les nettoyages plus à fond, employez une solution forte avec un nettoyant tout usage ou un nettoyant pour carreaux commercial. Rincez bien avec de l'eau propre.

Les carreaux de céramique à glaçures métalliques doivent être nettoyés et polis avec un produit d'entretien pour métaux. Si vous devez dégraisser la surface, employez une brosse à récurer en plastique plutôt que de la laine d'acier, qui pourrait laisser des marques noires et des poils métalliques.

Si le nettoyant pour carreaux ne semble pas en mesure de faire disparaître une tache, essayez l'un des trucs suivants : pour les taches de goudron, d'asphalte et d'huile, employez de l'essence à briquet, puis un produit d'entretien ménager ; pour l'encre, le café, le thé, le sang ou des colorants, employez une solution contenant 3 % de peroxyde d'hydrogène ou un javellisant domestique non dilué ; pour la laque, employez de l'alcool dénaturé. S'il s'agit de rouille, employez un produit antirouille commercial, puis un produit d'entretien ménager. Pour le vernis à ongles, utilisez un dissolvant à ongles. Pour enlever une gomme à mâcher, refroidissez-la avec un cube de glace, puis retirez-la de la surface du carreau.

Réparation de coulis

L'eau peut s'accumuler sur le carreau pendant toute la journée sans qu'il y ait de fuite, mais il suffit d'une fissure minime dans un joint de remplissage pour occasionner une infiltration d'eau. Si vous apercevez une fissure assez rapidement, il vous sera possible de la gratter avec un racloir (un décapsuleur fait aussi l'affaire), puis de refaire le coulis. Vous devrez peut-être essayer quelques échantillons de coulis pour obtenir une couleur qui s'harmonise. Le vieillissement agit sur la couleur et ce, même si vous employez une quantité restante du produit d'origine.

Si les carreaux adjacents sont détachés, ne vous attendez pas à pouvoir les solidifier en réparant le coulis. Celui-ci aide à lier les carreaux, mais ne peut les maintenir en place. Avant de réparer le coulis, retirez les carreaux détachés et supprimez les aspérités du vieil adhésif à la fois sur les carreaux et sur leur support (mur ou plancher). Laissez sécher la surface exposée, puis replacez les carreaux.

Découpage de carreaux

Un coupe-carreau ou une scie à eau à lame de diamant permet de faire des coupes droites dans un carreau ; des perceuses spéciales sont cependant nécessaires pour faire un trou au milieu. Pour les coupes incurvées ou irrégulières qui permettent d'ajuster les carreaux autour des conduites d'alimentation et des contours d'évier, ainsi que d'autres découpes ou contours, utilisez une pince à carreaux. Comme le laisse supposer son nom, une telle pince fait éclater de petits morceaux de carreau. Travailler avec une pince à carreaux requiert un poignet puissant et beaucoup de patience. Lorsque vous employez un tel outil, tenez le côté glacé du carreau sur le dessus et rabattez les mâchoires jusqu'à environ 1/8 po pour briser de très petits morceaux. Si vous mordez plus loin, le carreau risque de se briser.

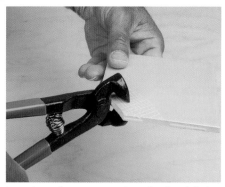

Les pinces à carreaux sont munies de mâchoires acérées permettant de découper le carreau à travers un fini glacé. Avec des petites morsures, vous pourrez obtenir des formes irrégulières.

Remplacement d'un carreau

MATÉRIEL : ▶ ciseau à froid ou coupe-verre • marteau • couteau à mastic • gants de caoutchouc ▶ carreaux • adhésif • coulis grout

1 ***Retirez le carreau endommagé*** en grattant le coulis, puis en entaillant le carreau avec un ciseau ou un coupe-verre et en le brisant.

2 ***Quand vous avez fini de gratter l'ancien adhésif,*** enduisez de nouvel adhésif le carreau de remplacement ainsi que l'appui où il sera inséré.

3 ***Pressez le nouveau carreau*** fermement en place. Vous pouvez employer du ruban-cache pour le garder centré pendant que l'adhésif prend.

4 ***Une fois l'adhésif sec,*** remplissez le carreau de coulis, travaillez les joints et essuyez tout excédent. Vous pouvez sceller le coulis avec du silicone.

Restauration de carreaux de baignoire

MATÉRIEL : ▶ couteau • seau • racloir avec éponge • éponge • tournevis • gants de caoutchouc ▶ coulis • scellant • produit de calfeutrage

1 *Grattez et retirez l'ancien coulis* avec un couteau universel ou une scie à céramique ; pour les joints étroits, employez un poinçon ou un clou fixé à un goujon.

2 **Vous devez également découper et retirer** l'ancien produit de calfeutrage dans les coins et les joints au moyen d'un couteau.

3 *Mélangez une quantité de coulis* en suivant les directives du fabricant. Vous pouvez sceller les carreaux au préalable afin d'éviter de les tacher.

4 *Appliquez le coulis* au moyen d'un racloir avec éponge ou un racloir en caoutchouc. Ne répandez pas de coulis dans les coins du joint de la baignoire.

5 *Après avoir rempli les joints de coulis,* essuyez-le avec une éponge humide. Laissez une brume sèche se former ; puis polissez avec un linge humide.

6 *Employez un produit calfeutrant à base de silicone* pour sceller le joint de la baignoire, les joints des angles et toutes les surfaces où le carreau est en contact avec un matériau différent.

7 *Façonnez les joints calfeutrés* avec le bout de votre doigt. Laissez le temps au coulis et au produit de calfeutrage de prendre avant de prendre une douche ou un bain.

8 *Pour calfeutrer à nouveau la rosace,* commencez par enlever la poignée du robinet en dévissant la vis de pression située au milieu de la poignée.

9 *Répandez une petite quantité d'un produit de calfeutrage* autour du bord de la plaque de rosace, remettez-la en place, puis replacez la poignée du robinet.

Murs et plafonds

Murs de verre

Construire des murs en blocs de verre peut sembler farfelu. Or, les blocs de verre modernes sont suffisamment résistants pour composer de grands murs extérieurs qui laissent pénétrer la lumière et protègent des éléments. Les cloisons internes ou demi-murs en blocs de verre peuvent créer des pièces à l'intérieur d'autres pièces, définissant des espaces dans une maison sans les isoler les uns des autres. Les blocs de verre sont également un matériau populaire pour les cabines de douche faites sur mesure dans les salles de bains, car ils déforment suffisamment les images pour assurer l'intimité.

Installation

Les blocs de verre sont habituellement installés avec des joints de mortier solides comme pour la brique ou le béton. Le travail est cependant plus exigeant que la pose de blocs de béton ou de briques, constituant une spécialité de maçon. Avant d'embaucher un entrepreneur, assurez-vous qu'il a de l'expérience dans la pose des blocs de verre.

Certains blocs sont néanmoins conçus pour faciliter la tâche aux bricoleurs du dimanche. Des ensembles de blocs de verre sont déjà munis de cales d'espacement transparentes en plastique et les blocs sont empilés et scellés avec un produit de calfeutrage à base de silicone plutôt que du mortier. On retrouve d'autres types de blocs de verre qui s'insèrent à l'intérieur d'une charpente métallique et des blocs en plastique semblables à du verre qui s'emboîtent entre eux. Et si vous ne désirez pas un mur entièrement en verre, vous pouvez vous procurer des fenêtres en blocs de verre préfabriquées.

Blocs de verre

Les blocs de verre offrent plusieurs possibilités de finis, incluant des finis qui contrôlent la quantité de lumière transmise et différentes textures de surface qui rendent floues ou déforment complètement les images afin de procurer de l'intimité. Ces blocs sont le résultat de la fusion de deux sections qui créent un vide d'air leur conférant une résistance thermique (valeur R) d'environ 2,0, ce qui est comparable à une fenêtre de verre isolée et supérieur à la valeur thermique d'un mur de béton d'une épaisseur de 12 po. Des blocs de verre sur un mur faisant face au sud contribuent grandement à augmenter l'efficacité énergétique totale, en raison de l'énergie solaire transmise pendant le jour.

FINI OPAQUE

FINI TRANSPARENT

FINI GLACÉ

Installation de blocs de verre

MATÉRIEL : ▶ perceuse électrique/mandrin • équerre de charpente • ruban à mesurer • couteau universel • pistolet de calfeutrage ▶ blocs de verre • profilé métallique

1 *Il existe des trousses* qui facilitent l'installation. Un profilé structural vissé à la charpente permet de dissimuler les bords des blocs de verre.

2 *Les dimensions de la charpente* doivent tenir compte à la fois de la largeur des blocs de verre et des joints calfeutrés.

3 *Placez les blocs* à l'intérieur des profilés et employez une pièce échantillon du produit d'étanchéité flexible afin de vérifier l'espacement.

Installation d'un miroir

La plupart des miroirs ont une épaisseur de ¼ po et sont assez lourds. La manutention de miroirs de grandes dimensions nécessite l'emploi d'un équipement spécial comme des ventouses pour verre. Si vous désirez assembler un miroir d'une taille supérieure à 3 ou 4 pi², utilisez un adhésif en plus de tout support mécanique. Les meilleurs supports sont des attaches ou des profilés en J, qui permettent également de maintenir le miroir en place jusqu'à ce que l'adhésif prenne. Ces profilés protègent également les bords du miroir et empêchent l'eau de s'accumuler derrière celui-ci, ce qui pourrait ruiner l'argenterie. Employez toujours du mastic à miroir. D'autres adhésifs comme ceux qui contiennent du silicone peuvent réagir à l'argenterie. Si vous installez un miroir sur un dosseret ou un bord trempé similaire et que vous n'utilisez pas un profilé en J, placez des cales d'assise en caoutchouc sous le bord du miroir, à environ un quart de la distance de chacune des extrémités. Les miroirs assemblés sans cadre devraient avoir des bords finis.

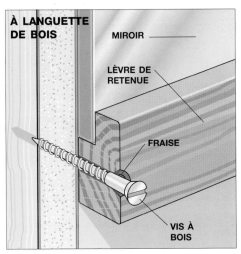

À LANGUETTE DE BOIS
MIROIR
LÈVRE DE RETENUE
FRAISE
VIS À BOIS

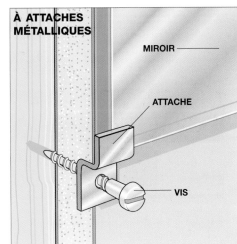

À ATTACHES MÉTALLIQUES
MIROIR
ATTACHE
VIS

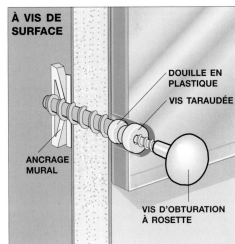

À VIS DE SURFACE
DOUILLE EN PLASTIQUE
VIS TARAUDÉE
ANCRAGE MURAL
VIS D'OBTURATION À ROSETTE

• joints d'étanchéité (produit) • produit de calfeutrage

4 *Lorsque vous avez terminé un rail complet,* posez le produit d'étanchéité sur toute la longueur. Celui-ci est moulé afin de s'adapter aux bavures le long des blocs.

5 *Les joints d'étanchéité doivent être insérés* dans tous les joints horizontaux et verticaux. Les joints exposés doivent être calfeutrés au lieu d'être remplis de coulis comme ils le sont habituellement.

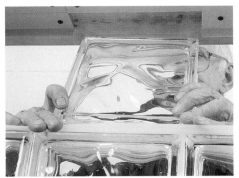

6 *Laissez une section de la taille d'un bloc* dans le profilé supérieur. Insérez-y les derniers blocs et faites-les glisser en position.

Murs et plafonds

Décorer avec des moulures

Les moulures sont d'abord utilitaires, mais, bien agencées et installées avec art, elles ont un rôle décoratif indéniable. De larges plinthes, un lambris d'appui le long des murs, une cimaise, un moulurage en couronne et de fausses poutres au plafond sont tous des éléments susceptibles d'ajouter une touche architecturale et décorative.

Le concept d'ensemble, le type de moulure employé et la variété de bois sélectionnée sont déterminants en ce sens. (pages 98 et 99.) L'emploi de joints à onglets étanches et propres est également important pour l'effet global. Pour réaliser de tels joints, vous aurez besoin d'un bonne scie à onglets ou d'une scie à onglets électrique.

Conseils d'installation

Tracez les emplacements des poteaux sur le plancher avant que les murs soient cloisonnés, de façon à savoir où clouer la boiserie. Notez également l'emplacement de toute entretoise à l'intérieur du mur dont vous aurez besoin pour mettre la moulure en place.

Même si vous disposez d'un équipement de qualité et d'un plan adéquat, certains joints de moulures ont besoin d'un peu d'ajustement. Pour fermer un joint, essayez un truc nommé coupe opposée (arrière). Employez un rabot de coupe tranchant pour couper sous les surfaces arrière des deux morceaux de boiserie, de façon que les panneaux ne se touchent pas avant que les surfaces visibles soient jointes.

Il est généralement possible de clouer à travers une moulure sans fendre le bois, mais vous devez percer un trou à l'avance.

Détails de moulurage

Vous pouvez employer des combinaisons de moulures et de blocs de médaillons décoratifs pour réaliser une boiserie de porte originale.

Vous pouvez obtenir des châssis de porte plus sophistiqués en ensemble de bois dur pré-coupé. Les moulures de style sont faites de mousse de nos jours.

Les moulures de corniche pour plafonds peuvent être construites sur place en bois ou commandées en sections de mousse et peintes.

Les moulures de corniche sophistiquées peuvent être peintes, teintes ou traitées avec une gamme variée de glaçures de surface en faux-fini.

Installation d'une moulure

MATÉRIEL : ▶ scie à onglet électrique ou scie à dos et boîte à onglets • crayon • pistolet de calfeutrage • marteau • couteau pour poser de la cloison sèche • pinceau

1 *Tenez une section de moulure* en place et tracez des lignes de repère le long des bords supérieur et inférieur avec un crayon.

2 *Posez une perle (petite quantité) d'adhésif* juste à l'intérieur des lignes que vous avez tracées sur le mur et le plafond en suivant les directives du fabricant.

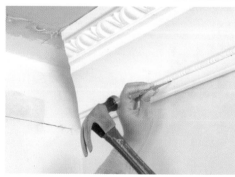

3 *Pressez la moulure* dans les perles d'adhésif et fixez les sections légères avec des clous de finition.

Originalement faits de plâtre, les médaillons de plafond sont maintenant fabriqués avec une mousse légère, collée et jointoyée en place.

Des corniches complexes, des médaillons, des parements et d'autres éléments de boiserie particuliers sont offerts dans divers bois durs exotiques.

Coupes moulées

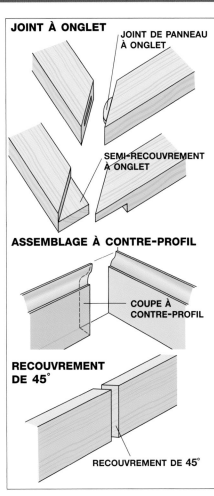

JOINT À ONGLET

JOINT DE PANNEAU À ONGLET

SEMI-RECOUVREMENT À ONGLET

ASSEMBLAGE À CONTRE-PROFIL

COUPE À CONTRE-PROFIL

RECOUVREMENT DE 45°

RECOUVREMENT DE 45°

Il existe plusieurs façons d'assembler une moulure en bois, par exemple avec des onglets, des semi-recouvrements et des biscuits. Pour certains angles de plinthe, vous devrez peut-être réaliser un assemblage à contre-profil. Si vous devez abouter des plinthes, découpez les bords d'ajustement à 45 degrés, de sorte que si le joint s'ouvre légèrement, vous ne verrez pas l'espace. Avec une boiserie de reproduction faite de mousse de polyuréthane, vous pouvez employer un couteau universel ou une scie pour effectuer des découpes. Posez cette boiserie avec de l'adhésif et des clous.

Les moulages de mousse sont des empreintes par coulage de boiseries originales taillées dans le bois. Ce revêtement peut être peint.

▶ moulure • colle mastic • clous de finition • papier abrasif • apprêt et peinture

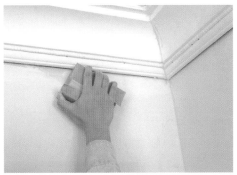

4 Employez un produit d'étanchéité pour cloison aux jonctions des sections de moulures ainsi que sur les bords supérieur et inférieur afin de combler les joints et les espaces.

5 Étendez le produit d'étanchéité de façon uniforme et lorsqu'il est sec, poncez légèrement les joints du mur et du plafond avec un papier abrasif fin.

6 Essuyez la farine de ponçage, recouvrez le produit d'étanchéité fraîchement posé avec une première couche de peinture et finissez avec une couche non diluée.

Murs et plafonds

Contrôle du bruit

Les cloisons sèches, les isolants et même des vides d'air à l'intérieur des murs et des plafonds contribuent tous à assourdir les sons circulant d'une pièce à l'autre. Parfois, il suffit d'un simple tapis ou d'un meuble rembourré pour rendre une pièce plus tranquille, mais dans les maisons construites avec des murs minces, il faut parfois recourir à des mesures plus énergiques.

Une première étape fort simple consiste à employer un scellant ou un produit de calfeutrage acoustique pour boucher tous les joints et les ouvertures entre la zone bruyante (par exemple le sous-sol) et les pièces que vous désirez plus paisibles. Si la charpente est exposée d'un côté du mur ou au plafond (ou si vous désirez enlever la cloison sèche), installez des rideaux isolants acoustiques dans les cavités murales.

Lorsque vous installez une cloison sèche, employez des feuilles de 5/8 po d'épaisseur plutôt que les feuilles de 1/2 po. De plus, ne les fixez pas directement à la charpente, car toute vibration provenant d'un côté du mur, du plancher ou du plafond sera transmise à travers la charpente vers l'autre côté. Fixez plutôt les profilés d'isolation métalliques à la charpente, puis la cloison sèche aux profilés. Selon le niveau de bruit et les résultats que vous désirez obtenir, vous pouvez choisir d'installer un panneau insonorisant par-dessus la cloison sèche et la recouvrir d'une autre couche de cloison sèche.

Essayez d'installer un plafond acoustique sous la cloison sèche au lieu de poser une deuxième couche de cloison sèche au plafond d'une pièce bruyante. De petits carreaux peuvent être fixés directement sur des fourrures en bois ou introduits dans des profilés métalliques; des panneaux de plus grandes dimensions peuvent être suspendus dans une grille métallique.

Transmission du son

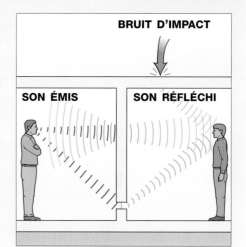

Le son voyage d'une pièce à l'autre par impact à travers des ouvertures (comme des conduits de chauffage) et par des vibrations transmises à travers la structure. L'intensité sonore se mesure en décibels (dB). Un saut de 10 dB représente une augmentation de 100 pour cent d'un son perçu. La capacité d'absorption sonore des matériaux se mesure au moyen du coefficient de réduction du bruit (CRB), lequel représente la moyenne de réduction sonore d'un matériau à travers une gamme de fréquences; plus le chiffre est élevé, plus la capacité d'absorption sonore l'est aussi. Les techniques et les matériaux de construction ont une incidence sur les niveaux sonores.

Niveau sonore	Intensité
Seuil de la douleur	120–130 dB
Train, scie circulaire	100–110 dB
Usine, bruits de circulation	80–90 dB
Conversation face à face	60–70 dB
Volume de bruit ordinaire dans un bureau	50 dB
Radio à un niveau modéré	40 dB
Conversation calme	20–30 dB
Pièce insonorisée	10 dB
Seuil d'audibilité	0 dB

Matériau	CRB
Tapis sur un matelas de caoutchouc mousse	0.55
Tapis sur une dalle	0.29
Cloison sèche de 1/2 po	0.16
Mur en panneaux de contreplaqué	0.15
Mur de plâtre	0.09
Plancher en bois nu	0.09
Mur en blocs de béton peint	0.07
Mur de brique nu	0.04
Plancher de béton nu	0.02

Construction d'un mur insonorisé

MATÉRIEL: ▶ marteau • perceuse électrique/mandrin • pistolet de calfeutrage ▶ morceaux de bois de 2 x 6 et 2 x 4 • isolant en rouleau • vis autoforeuses • colle

1 *Pour soutenir une isolation supplémentaire* et deux rangées de poteaux, construisez la cloison au moyen d'une plaque de 2 x 6 clouée au sous-plancher avec des clous 16d.

2 *Posez une rangée de poteaux de 2 x 4* en les disposant de centre à centre dans une configuration habituelle de 16 po, de niveau avec un côté de la cloison.

3 *Clouez une autre rangée* de poteaux ordinaires entre les autres, mais en prenant soin de les clouer de niveau avec l'autre côté de la cloison.

Options d'insonorisation

Pendant la construction, il existe plusieurs possibilités pour réduire la transmission du son. Il est important d'isoler les cloisons ainsi que les conduits, ce qui atténue les bruits causés par la circulation de l'air et de l'eau en plus d'économiser l'énergie. La configuration murale joue également un rôle important. Différentes configurations équivalent à différentes classes de transmission sonore (voir le tableau à droite). Des murs plus épais constituées de couches séparées permettent d'interrompre la transmission des sons et de réduire le niveau de bruit entre les pièces.

Diminuez les bruits de plomberie provenant des conduites de récupération des fluides dans les cavités de charpente en enveloppant les conduites d'isolant en nattes.

Les isolants en nattes réduisent également les sons de circulation d'air dans les conduits ainsi que les pertes de température à travers les murs dans lesquels sont intégrés les conduits.

Réduisez la transmission du son à travers les cloisons en calfeutrant les petits espaces, même si vous prévoyez les recouvrir de moulures.

CLASSES DE TRANSMISSION SONORE (CTS) DES MURS

CTS 30
CLOISON SÈCHE DE $5/8$ PO SUR LES DEUX CÔTÉS DES POTEAUX, ÉCARTÉS DE 16 PO AU CENTRE

CTS 35
DEUX COUCHES DE CLOISON SÈCHE DE $5/8$ PO SUR LES POTEAUX, ÉCARTÉS DE 24 PO AU CENTRE

CTS 43
CLOISON SÈCHE DE $5/8$ PO, D'UN CÔTÉ DU PROFILÉ OMÉGA MÉTALLIQUE

CTS 46
CLOISON SÈCHE DE $5/8$ PO, SUR DES POTEAUX ALTERNÉS ÉCARTÉS DE 12 PO AU CENTRE D'UNE LISSE (PLAQUE INFÉRIEURE) DE 2 x 6

CTS 50
CLOISON SÈCHE DE $5/8$ PO, UN CÔTÉ SUR UN PROFILÉ OMÉGA, AVEC UNE ISOLATION DE $3 1/2$ PO ENTRE LES POTEAUX

mastic • profilé oméga métallique (facultatif)

4 Glissez des couvertures isolantes entre les deux rangées de poteaux afin de réduire la transmission du son à travers les surfaces murales.

5 Posez une première couche de cloison sèche à la verticale sur les poteaux au moyen de clous ou de vis. Il n'est pas nécessaire de finir les joints.

6 Posez une deuxième couche de cloison sèche à l'horizontale et finissez les joints. Cette couche peut aussi être posée sur un profilé métallique alterné.

Murs et plafonds

Finition des plafonds

Presque tout matériau que vous posez sur un mur, qu'il s'agisse de peinture, de papier peint, de panneau, de moulure peut convenir sur un plafond. De toute évidence, c'est la peinture qui constitue le moyen le plus courant de finir un plafond, mais une cloison sèche texturée et des plafonds suspendus présentent certains avantages, surtout dans le cadre d'un projet de rénovation.

Textures de plafond

Une texture de plafond permet d'ajouter à peu de frais un élément décoratif traditionnel à tout intérieur. Ces textures peuvent sembler difficiles à obtenir, mais si vous disposez d'un équipement approprié, vous y arriverez aisément. De plus, elles peuvent contribuer à camoufler des erreurs commises lors de l'installation de la cloison sèche et du recouvrement des joints.

Les plafonds soufflés nécessitent de l'équipement que la plupart des bricoleurs doivent louer. Une matière semblable au maïs éclaté (polystyrène ou vermiculite) est projetée par une trémie dans un pistolet sans air fixé à un compresseur d'air. Une fois soufflée au plafond, cette matière sèche généralement toute seule. Cette finition décorative exige une certain entraînement afin d'être effectuée correctement. Si vous ne disposez pas d'un endroit pour vous exercer, embauchez un peintre ou un poseur de cloisons sèches pour faire le travail à votre place. Il est également possible d'obtenir un plafond texturé en vaporisant un produit d'étanchéité pour joints avec un pistolet sans air. Cependant, vous devrez ajouter la quantité d'eau exacte et maîtriser la technique demande de l'entraînement.

Planchéiage du bois

Le lambris en bois peut être utilisé à plusieurs autres endroits que les murs. Ainsi, les panneaux rainurés et moulurés sont généralement employés sur les plafonds des porches. Il peut sembler plus difficile de travailler sur un plafond que sur un mur, mais le travail se fait plus rapidement une fois que vous êtes installé, puisqu'il n'y a ni fenêtres ni portes pour entraver votre travail.

Que vous utilisiez un bois tendre (comme le pin) ou un bois dur (comme le chêne), vous pouvez fixer les planches en les clouant. Il est prudent de préperçer les extrémités des planches, même si le bois présente une épaisseur de 3/4 po et que vous employez des clous de finition. Vos pouvez mettre les têtes de clous en place et remplir les trous avec du mastic.

Pour gagner du temps, vous pouvez enfoncer vos clous dans les joints entre les planches, où ils seront dissimulés. Plusieurs planches ont des bords moulurés ou rainurés produisant un joint en forme de V. Le truc consiste à fixer un clou de finition à angle, en le faisant pénétrer profondément dans le bord du panneau d'attaque, puis à l'enfoncer au moyen d'un chasse-clous. Au fur et à mesure que vous continuez, le bord du prochain panneau en ligne recouvrira la tête de clou. Il est également utile d'employer un peu de colle mastic le long des poteaux de cloison de soutien ou des fourrures.

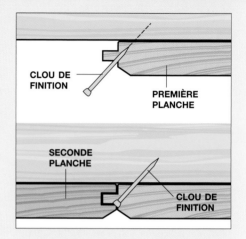

CLOU DE FINITION

PREMIÈRE PLANCHE

SECONDE PLANCHE

CLOU DE FINITION

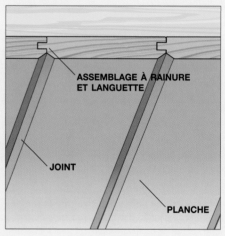

ASSEMBLAGE À RAINURE ET LANGUETTE

JOINT

PLANCHE

Installation d'une fausse poutre en bois

MATÉRIEL: ▶ scie circulaire à table • ruban à mesurer • marteau • toupie • pinceau • perceuse électrique/mandrin • chasse-clous • protecteur oculaire ▶ planches de

1 *Vous pouvez fabriquer une fausse poutre élégante* à partir de trois planches de pin. Commencez par découper des onglets de 45° sur les bords de la planche.

2 *Employez des retailles de bois* comme cale d'épaisseur et fixez les côtés de la poutre en place. Ajoutez ensuite de la colle et clouez le bord inférieur.

3 *Vous pouvez laisser les bords de la poutre* comme coupes à onglets standard ou employer une toupie pour réaliser une baguette décorative le long des bords exposés.

Installation d'un plafond suspendu

MATÉRIEL: ▶ niveau • marteau • couteau universel • règle de précision ▶ rail (moulure) • profilé métallique (tés principaux et transversaux) • fils de suspension • clous • carreaux de plafond

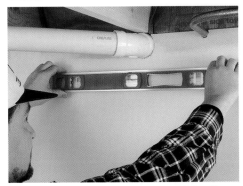

1 *Pour dissimuler les conduits, les câbles électriques et les solives* au plafond du sous-sol, commencez par définir un trait de niveau sur les murs.

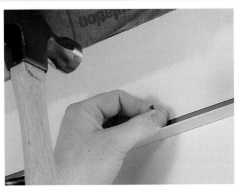

2 *Un système de suspension typique pour plafond* inclut un rail qui emprisonne les bords des carreaux. Clouez-le sur vos traits de niveau.

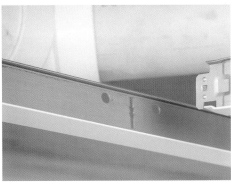

3 *Des profilés en aluminium moulé léger* supportent les carreaux et dissimulent les bords dans la rangée de carreaux principale à travers la pièce.

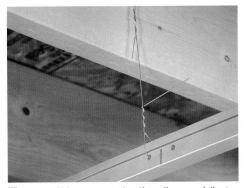

4 *Les profilés* traversent la pièce d'un mur à l'autre et sont fixés aux rails. Enroulez un câble autour des clous pour les soutenir.

5 *Si vous devez tailler des carreaux pour plafonds,* employez un couteau universel affûté en le tenant contre une règle de précision, par exemple une équerre de charpente.

6 *Une fois les carreaux du périmètre en place,* finissez le plafond en insérant des carreaux entiers dans le grillage des profilés suspendus.

---

pin de 1x • retailles de bois • clous • colle à bois • mastic à bois • colorant • planche de 1 x 2 ou 1 x 3

4 *Finissez votre fausse poutre* pour qu'elle s'harmonise avec le décor de la pièce. Une fois que vous aurez comblé les ouvertures des clous et poncé votre poutre, vous pourrez la teindre ou la colorer.

5 *Un moyen simple de poser une fausse poutre* (qui permettra de dissimuler le tuyau de plomberie en cuivre) consiste à fixer d'abord une planche de clouage au plafond.

6 *Posez la fausse poutre* préfinie sur la planche du plafond, puis fixez-la au moyen de clous de finition que vous enfoncerez avec un chasse-clous.

Espaces non finis

Rénover un grenier

Plutôt que de construire une pièce supplémentaire en partant de rien, bon nombre de propriétaires peuvent faire preuve d'ingéniosité et économiser temps et argent en redonnant vie à un espace inutilisé de la maison. Le grenier est justement un des endroits qui se prête le mieux à la rénovation.

Convertir un espace de grenier inutilisé en pièce habitable n'est pas très difficile lorsqu'il y a suffisamment d'espace sous le toit, surtout si la hauteur d'échappée est suffisamment élevée, qu'il y a des fenêtres à chaque extrémité et que le plancher est solide. Il s'agit toutefois d'un projet plus difficile à réaliser dans une maison au toit à faible pente posé sur un enchevêtrement de solives de plafond, de fils électriques et d'isolant, exposé dans un espace restreint.

Certains espaces inutilisés nécessitent des travaux de rénovation (ce qui suppose des investissements en temps et en argent) plus importants que d'autres. Cependant, certains projets d'aménagement élémentaires sont similaires à des projets de construction.

Limites structurales

Certaines maisons anciennes ont été sur-construites, c'est-à-dire qu'on y a intégré une surabondance de matériaux structuraux. À une époque où le bois et la main-d'œuvre étaient bon marché, il était facile d'installer dans le grenier des solives aussi grosses que celles du rez-de-chaussée ou de l'étage.

En revanche, la plupart des maisons construites au cours des 10 ou 15 dernières années l'ont été plutôt à l'économie de matériaux. Pour maintenir des coûts peu élevés, les solives de plancher des greniers étaient généralement plus petites que celles des étages en dessous. Cette anomalie est permise par les codes du bâtiment parce que les solives des étages doivent être suffisamment larges pour supporter des charges permanentes et des charges vives, tandis que les solives des plancher de grenier supportent aussi peu que le tiers des charges calculées pour les espaces habitables en dessous.

Il va sans dire que vous devez vous conformer au Code du bâtiment de votre région. Cependant, ce peut être une contrainte si vous désirez rénover et qu'un architecte ou un entrepreneur vous apprend que vous devez ajouter de nouvelles solives au plancher du grenier. De plus, si vous ajoutez des lucarnes de grande dimension à la partie supérieure de la maison, certains des poteaux ou des murs porteurs de la charpente, et même les fondations, pourraient devoir être renforcés afin de supporter les charges additionnelles.

Fermes et entretoises

Il y a un autre obstacle susceptible de faire renoncer les propriétaires de maisons récentes à un projet de rénovation du grenier. Les fermes sont des formes triangulaires faites de bois de petite dimension. La partie inférieure de la ferme tient lieu de plafond à l'espace habitable situé en dessous et les sections supérieures font office de chevrons de toit. Cependant, pour réaliser une ferme avec des morceaux de bois de dimension modeste (comme des 2 x 4), plusieurs entretoises croisées sont fixées dans un labyrinthe de zigzags d'un côté à l'autre de la maison. Malheureusement, il est impossible de retirer quelques-unes de ces entretoises pour faire de l'espace, car chacune de ces pièces sert de renfort à l'ensemble de la ferme. Pour ajouter une lucarne à un toit à charpente renforcée, les fermes devraient être remplacées par des solives de plancher et des chevrons de dimensions supérieures, ce qui représente un travail complexe.

Même si votre grenier est ouvert et spacieux, vous pourriez être embarrassé par des poutres transversales appelées entraits retroussés, qui tiennent les chevrons opposés ensemble, un peu comme la ligne horizontale de la lettre A. Souvent, on peut les soulever suffisamment pour obtenir une échappée, mais pour être efficaces, elles doivent être placées au tiers supérieur de la hauteur du plancher au faîte.

Lumière et aération

Pour transformer un grenier en espace habitable avec succès, il faut surmonter les limitations d'espace. Par exemple, une fenêtre à chacun des murs d'extrémité peut s'avérer convenable pour un espace de rangement continu, mais non pour un espace habitable subdivisé.

L'agrandissement du vitrage des murs d'extrémité et l'installation de tabatières s'avère parfois l'option la plus simple. Ainsi, il vous est possible de remplacer une petite fenêtre par de grandes fenêtres à guillotine à deux châssis doubles, installées côte à côte et surmontées d'un vaste croissant en verre fixe. Cette disposition permettrait de baigner de lumière deux chambres à coucher, alors que la surface centrale serait réservée aux placards et aux es-

Des tabatières et une fenêtre en demi-cercle procurent la lumière et la ventilation essentielles à cette pièce aménagée dans un grenier rénové.

Respect des codes

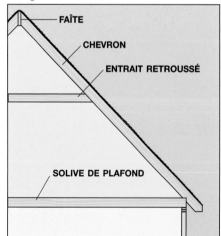

FAÎTE
CHEVRON
ENTRAIT RETROUSSÉ
SOLIVE DE PLAFOND

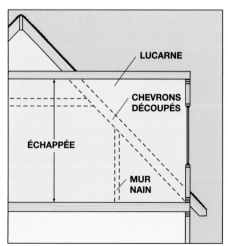

LUCARNE
CHEVRONS DÉCOUPÉS
ÉCHAPPÉE
MUR NAIN

Prenez le temps de bien vérifier les règles du Code du bâtiment de votre région concernant les entraits retroussés, les échappées et la hauteur du mur nain au-dessus du plancher fini avant de transformer cet espace inutilisé en surface habitable.

Lucarnes

Opter pour une lucarne à pignon (image du haut) est un bon moyen d'obtenir de l'espace supplémentaire tout en fournissant de la lumière et de l'aération à une pièce située au grenier. Une lucarne rampante continue (image du dessous) procure encore plus d'espace.

Choix d'aménagement d'un escalier

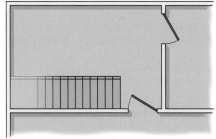

ESCALIER DROIT À AIRE OUVERTE

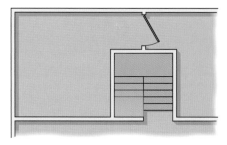

RETOUR EN U À MOITIÉ FERMÉ

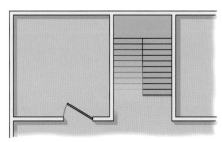

RETOUR EN U OUVERT

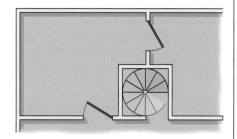

ESCALIER EN SPIRALE

Lorsque vous choisissez l'emplacement d'un nouvel escalier, utilisez l'option qui convient le mieux à l'espace sous le grenier. Les escaliers menant à toute pièce habitée doivent être conformes au Code du bâtiment.

---

caliers. Il est également possible d'installer une tabatière au-dessus d'une baignoire.

Il apparaît évident que si les travaux exigent que les lucarnes s'élèvent au-dessus d'un toit à pente faible pour gagner de l'espace d'échappée, des fenêtres devront être ajoutées dans plusieurs configurations différentes le long de la partie avant de la lucarne.

Les travaux de rénovation des espaces inutilisés peuvent s'avérer dérangeants.

Accès au grenier

L'accessibilité est le principal problème des greniers auxquels on ne peut accéder autrement que par une trappe ou un escalier escamotable. Les codes du bâtiment locaux ne permettent pas d'habiter des espaces munis de tels accès. Il pourrait ne pas y avoir suffisamment d'espace dans un corridor étroit situé à l'étage pour installer un escalier permanent conventionnel. Les escaliers conduisant à un grenier doivent comporter un espace minimal de 2 à 6 pi entre les rampes ou entre une rampe simple et le mur opposé. L'espace requis est fréquemment obtenu en réduisant les dimensions d'une pièce ou d'un placard. Un escalier en spirale constitue une autre option valable pour accéder au grenier. Si l'espace habitable n'excède pas 400 pi², il est possible d'installer un escalier en spirale. De tels escaliers sont

offerts dans une largeur aussi modeste que 4 pi et peuvent s'installer facilement dans une alcôve ou à l'extrémité d'un corridor.

Installer une lucarne

Les lucarnes remplissent plusieurs fonctions : faire entrer la lumière du jour, fournir de l'aération et procurer une échappée aux surfaces des greniers rénovés. De plus, elles confèrent une beauté architecturale à un toit qui, autrement, apparaîtrait quelconque. Les deux principaux types de lucarnes sont les lucarnes à pignon et les lucarnes rampantes.

Bien qu'elles soient plus faciles à construire au moment d'installer la charpente d'origine, les lucarnes peuvent être ajoutées à des toits déjà construits. Cependant, les travaux seront salissants, comprenant le dégarnissage et le découpage d'une section du toit et exigeant la pose de nouveaux bardeaux au moins sur la surface du toit entourant la lucarne. La construction de tout type de lucarne nécessite de se conformer aux mêmes principes de construction que ceux mentionnés au chapitre 7 (pages 102 à 109 et 124 à 127). Les lucarnes à pignon requièrent quelques découpages de chevrons plus complexes pour les chevrons de noues et les chevrons des croupes de noue, semblables aux découpages réalisés pour les toits en croupe. Les lucarnes rampantes, aux toits plats, sont plus faciles à construire.

Liste de vérification

◆ **Hauteur d'échappée.** Hauteur minimale de 7 pi et 6 po sur au moins 50 % de la surface de plancher, si nécessaire.

◆ **Surface d'habitation.** Chaque surface d'habitation doit couvrir au moins 80 pi².

◆ **Aération.** L'aération naturelle par les fenêtres ou les tabatières doit correspondre à au moins 4 % de la surface de plancher d'une surface d'habitation.

◆ **Chevrons.** Les chevrons qui s'affaissent doivent être examinés et évalués par un ingénieur.

◆ **Charpente de plancher.** Les solives de plancher du grenier doivent être inspectées par un ingénieur afin de déterminer si elles sont ou non en mesure de supporter une charge supplémentaire.

◆ **Fuites d'eau.** Doivent être éliminées.

◆ **Insectes nuisibles.** Faites exterminer les insectes nuisibles par des professionnels.

Espaces non finis

Modifications structurales

Des modifications structurales ainsi que des améliorations et des prolongements des systèmes de câblage, de plomberie et de chauffage pourraient s'avérer nécessaires si vous désirez modifier de façon importante l'utilisation d'un espace. Vous trouverez ci-dessous quelques conseils sur la façon de finir un grenier.

Accès aux matériaux

Au lieu d'essayer de transporter de lourds madriers à travers les différentes aires de votre maison, essayez de faire passer les solives, les poteaux et autres morceaux de bois directement dans le grenier. Les ouvertures de fenêtre ou de tabatière nouvellement pratiquées ou qui étaient déjà en place offrent un point d'entrée pratique pour glisser des matériaux montés sur un échafaud à l'extérieur de la maison. S'il n'y a ni fenêtre ni tabatière, vous pourriez devoir les passer à travers un évent de mur pignon.

Dimension de la solive par rapport à l'échappée

Dans certains cas, des solives ordinaires suffisamment larges pour couvrir le plancher et conformes au Code du bâtiment pour les surfaces d'habitation, peuvent s'avérer beaucoup plus profondes que les solives déjà en place, par exemple mesurer 2 x 12 plutôt que 2 x 6. Jumeler ces solives réduirait l'échappée du grenier de 6 po, c'est-à-dire juste assez pour que le grenier ne soit plus habitable légalement parlant. Pour économiser de l'espace et respecter le Code du bâtiment, vous pourriez devoir relier le plancher avec des solives plus petites, soutenues en totalité par des murs porteurs ou des poteaux en dessous. Dans des cas extrêmes, il est possible d'accroître la résistance du plancher sans augmenter la profondeur de la solive en rapprochant les solives l'une de l'autre. Vous pouvez, par exemple, poser une nouvelle solive de 2 x 6 entre de vieilles solives espacées de 24 po au centre, ce qui résulterait en un plancher beaucoup plus résistant, comptant des

solives à tous les 12 po. Vérifiez toujours la légalité des travaux au préalable.

Retrait des entretoises

Si votre grenier non fini dispose d'entraits retroussés, ils n'y sont certainement pas uniquement pour que vous vous y cogniez la tête, jouant un rôle important pour la charpente du toit. Il peut s'agir d'une nuisance, car les entraits retroussés constituent peut-être la seule composante de la charpente à réduire l'échappée. S'ils n'étaient pas là, vous économiseriez beaucoup de temps et d'argent nécessaires à la construction des lucarnes. Il vaut la peine de consulter, avant de les construire.

Le truc consiste à installer des entraits retroussés plus courts, plus près du tiers supérieur en forme de A pour obtenir une échappée plus grande, puis finalement à retirer les entraits retroussés déjà en place. La couverture continuera d'être rigide et l'espace réduit entre les entraits pourra servir à l'aération du grenier, produisant une circulation d'air transversale d'un évent de mur pignon à l'autre.

Aération du grenier

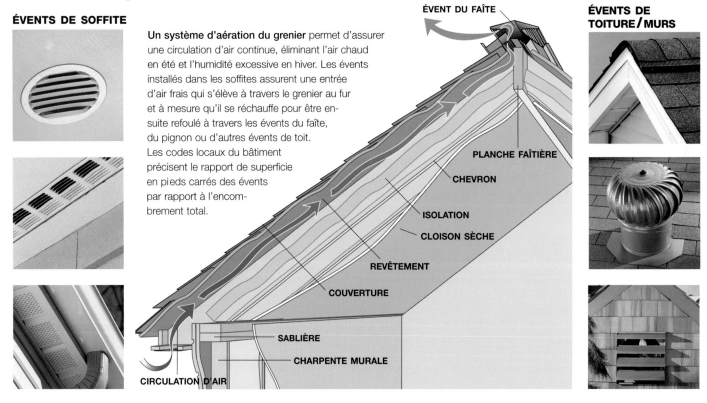

ÉVENTS DE SOFFITE

ÉVENT DU FAÎTE

ÉVENTS DE TOITURE/MURS

Un système d'aération du grenier permet d'assurer une circulation d'air continue, éliminant l'air chaud en été et l'humidité excessive en hiver. Les évents installés dans les soffites assurent une entrée d'air frais qui s'élève à travers le grenier au fur et à mesure qu'il se réchauffe pour être ensuite refoulé à travers les évents du faîte, du pignon ou d'autres évents de toit. Les codes locaux du bâtiment précisent le rapport de superficie en pieds carrés des évents par rapport à l'encombrement total.

PLANCHE FAÎTIÈRE

CHEVRON

ISOLATION

CLOISON SÈCHE

REVÊTEMENT

COUVERTURE

SABLIÈRE

CHARPENTE MURALE

CIRCULATION D'AIR

Les **évents de soffite** (illustrés de haut en bas à gauche) comprennent les évents circulaires, les évents à bandes grillagées et les évents perforés.
Les **évents de toiture** (illustrés à droite) comprennent les évents de faîte, les turbines et les ventilateurs d'aspiration motorisés. Les **évents muraux** comprennent les évents de pignon et les ventilateurs d'aspiration motorisés.

Aération

Vu qu'une hauteur d'échappée minimale de 7 pi 6 po est requise dans un grenier, il est tentant d'exposer le plafond jusqu'au sommet du toit afin d'obtenir la plus grande forme de A possible. Toutefois, modifier la surface d'aération dont vous disposez actuellement (soit la totalité du grenier) en surface d'habitation risque de produire une charge de refroidissement très importante sur la nouvelle surface d'habitation l'été et de faire grimper dangereusement vos factures de chauffage. Dans un espace fini situé directement sous le toit, la température monte en flèche au milieu de la journée pour atteindre 48 °C (120 °F) ou plus, ce qui nécessite un apport massif de climatisation. De plus, lorsque la température chute la nuit, vous aurez probablement des problèmes de condensation là où l'air chaud de l'intérieur atteint la face intérieure du toit.

Voilà pourquoi la meilleure solution est un compromis, soit opter pour une hauteur d'échappée minimale, mais prévoir plus d'espace pour l'isolation et l'aération. Il est possible d'atteindre cet équilibre en employant les entraits retroussés comme plancher d'un nouveau grenier miniature. Ce plancher, qui constituera le nouveau plafond du grenier, peut être relativement petit mais le grenier miniature vous permettra d'aérer de deux façons les surfaces restantes du grenier non fini. Pour commencer, l'air pénétrant par les évents de soffite dans les avant-toits va les aérer, puis s'élever à travers les travées de chevrons jusqu'au grenier miniature situé au-dessus de la surface nouvellement rénovée. Deuxièmement, le débit d'air provenant des évents du soffite se joindra au débit d'air continu sous le faîte du toit, circulant d'un évent de mur pignon à l'autre.

Les toits en pente sont munis de chevrons en forme de V inversé. Toutefois, pour relier les chevrons, les aider à résister aux vents forts et réduire la pression qu'ils exercent sur les murs, il arrive souvent que des traverses nommées entraits retroussés soient ajoutées afin de transformer la forme du V en A. Ces entraits retroussés font partie intégrante de la charpente. Le toit ne s'effondrera peut-être pas si vous les enlevez, mais il y aurait probablement assez de mouvement pour causer une remontée des clous, fissurer le plâtre et faire travailler un cadre de fenêtre ou de porte au point qu'elle devienne difficile à ouvrir et à fermer. Pire encore, vous risquez d'enfreindre le Code du bâtiment.

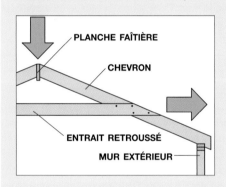

PLANCHE FAÎTIÈRE
CHEVRON
ENTRAIT RETROUSSÉ
MUR EXTÉRIEUR

7 Façons d'aérer un grenier

1. **Persiennes de mur pignon.** Offertes en plusieurs formes et styles, munies d'un grillage pour éloigner les moustiques.

2. **Évents à bandes grillagées.** Des grilles longues et étroites intégrées dans les soffites.

3. **Évents circulaires.** Petits évents circulaires employés dans les soffites au lieu d'une rangée continue de bandes grillagées.

4. **Évents de soffite perforés.** Panneaux ventilés généralement fabriqués en aluminium ou en vinyle.

5. **Ventilation par le faîtage.** Idéal pour les greniers lorsque la ventilation transversale du pignon est impossible.

6. **Turbines de toit.** Conçues pour améliorer la circulation de l'air en tournant alors que l'air chaud s'élève à travers les ailettes.

7. **Ventilateurs motorisés.** Normalement montés sur un mur de grenier extérieur et employés conjointement avec des persiennes à l'intérieur de la maison pour aspirer l'air vers le haut et à travers le grenier.

Renforcement des solives de plancher du grenier

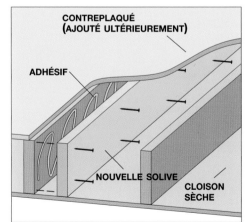

CONTREPLAQUÉ (AJOUTÉ ULTÉRIEUREMENT)
ADHÉSIF
NOUVELLE SOLIVE
CLOISON SÈCHE

Doublez les solives au besoin afin d'obtenir une résistance additionnelle si le plancher du grenier n'est pas en mesure, dans son état actuel, de supporter la charge vive. Fixez la nouvelle solive avec de l'adhésif et des clous.

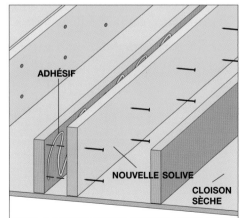

ADHÉSIF
NOUVELLE SOLIVE
CLOISON SÈCHE

Des solives de plus grandes dimensions comme des 2 x 8 et des 2 x 10 peuvent également être collées et vissées aux joints en place. Les planches plus larges réduiront la hauteur de l'échappée mais permettront d'augmenter la charge nominale.

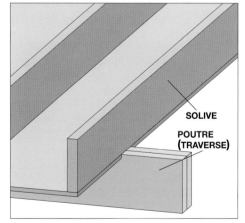

SOLIVE
POUTRE (TRAVERSE)

Les solives de plafond sont soutenues par des poutres, traversant généralement en longueur le milieu de la maison. Elles sont parfois dissimulées dans la partie supérieure d'un mur porteur.

Espaces non finis

Comment finir un sous-sol

Transformer votre sous-sol en espace habitable constitue l'un des meilleurs moyens d'obtenir de l'espace supplémentaire. Les sous-sols pleine hauteur ont déjà un plancher, des murs et un plafond, ainsi qu'un labyrinthe de conduites et de câbles pour l'approvisionnement en eau et en électricité. Une fois toutes ces installations essentielles en place, il ne vous manquera qu'un bon plan pour transformer un espace inutilisé en pièce aérée et bien éclairée. La rénovation s'avère souvent la réplique miniature d'une construction neuve. Le plancher de béton et les murs en maçonnerie sont les deux éléments critiques dans la rénovation d'un sous-sol.

Installation d'une structure de plancher

La peinture pour maçonnerie s'avère le traitement le plus simple pour un plancher de béton. Deux couches sur un plancher propre et sec peut rendre une pièce plus invitante. Si le plancher demeure sec toute l'année, il est préférable d'opter pour un tapis ou une moquette. Il suffit d'une moquette bon marché posée sur une sous-couche en mousse pour rendre un plancher plus doux et plus chaud ; elle absorbera également le son qui résonne fortement sur les surfaces en maçonnerie.

Un assemblage de dormants s'avère souvent la meilleure option pour un plancher inégal, fissuré ou couvert de couches de vieille peinture écaillée. Les dormants sont des morceaux de bois traité de 2 x 4 posés à plat ou en bordure sur le béton, généralement espacés de 16 po au centre sur un lit de mastic. Il est recommandé de poser un revêtement d'étanchéité transparent sur le plancher de béton avant d'installer les dormants. Un isolant rigide est ensuite ajouté entre les planches, puis un pare-vapeur en travers. Si vous désirez installer une moquette ou des carreaux, vous devrez clouer au préalable un sous-plancher en contreplaqué de 5/8 po. Vous pouvez ajouter une deuxième couche de dormants sur le pare-vapeur, ce qui créera une structure de plancher élastique, chaude et sèche.

Options pour les murs

Les murs de sous-sol ne sont pas finis habituellement. La solution la plus simple consiste à poser une couche d'isolant rigide dans un lit de mastic sur le mur, puis de clouer des fourrures par-dessus, auxquelles vous fixerez des panneaux de revêtement. Toutefois, vous devez savoir que l'utilisation de clous à maçonnerie produit de nombreux trous dans le mur. Au-dessus du sol, ce n'est peut-être pas un problème, mais au-dessous, s'il n'y a aucune fuite, il serait ridicule de les perforer et de risquer une infiltration. Des trous de clous peuvent produire une faille et occasionner des fissurations sous contrainte.

Pour éviter cela, fixez des fourrures de 2 x 2 espacées de 16 po au centre sur une plaque de semelle de 2 x 3 le long du plancher et sur une sablière (plaque supérieure) de 2 x 3 le long du plafond. Vous en tirerez avantage, car la structure entière de 2 x 3 peut être fixée au plancher de béton au moyen de quelques clous seulement ou d'un lit de colle mastic et clouée aux solives du plancher en bois de la maison (le plafond du sous-sol rénové). Les poteaux n'ont pas besoin d'être cloués dans le mur en maçonnerie. L'utilisation de 2 x 3 permet d'obtenir plus d'espace et d'ajouter plus d'isolation plutôt que de se contenter d'isolant en nattes en fibre de verre ou de panneaux de polystyrène rigides. Recouvrez l'assemblage d'un pare-vapeur avant d'appliquer le nouveau matériau de surfaçage. Ainsi l'humidité intérieure ne pourra pénétrer dans le nouveau mur et créer de la condensation sur la maçonnerie là où elle serait en contact avec la charpente et l'isolant, ce qui pourrait causer une détérioration.

Sceller un plancher

Matériel : ▶ balai-brosse (à récurer) • seau et balai-éponge • ciseau en acier ou grattoir • aspirateur • pinceau • vaporisateur manuel • masque antipoussières ▶ phosphate

1 *Enlevez les taches et lavez les surfaces tachées* au moyen d'une solution composée de phosphate trisodique ou d'un nettoyant sans phosphate.

2 *Enlevez en raclant les surfaces inégales et rugueuses* du plancher de béton au moyen d'un grattoir ou d'un outil à racler.

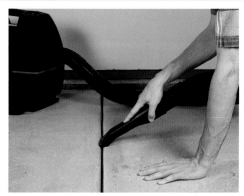

3 *Passez l'aspirateur pour enlever la poussière de béton* et autres débris dans les fissures et les joints de dilatation susceptibles de réduire l'adhérence.

Couvrir les murs du sous-sol

La peinture pour maçonnerie est une solution convenable pour les murs, même si une couleur voyante ne permettra pas de transformer l'apparence des blocs. Si le mur a été construit consciencieusement, une couche de peinture de maçonnerie épaisse pourra seulement cacher les joints, produisant un effet de stuc. Il est plus probable que les murs du sous-sol n'ont pas été finis dans les règles de l'art. C'est la raison pour laquelle les rénovations se font le plus souvent en clouant des fourrures sur le mur, puis en le couvrant d'une cloison sèche ou d'un revêtement mural. Les fourrures permettent de corriger les petites bosses sur le mur et les dépressions des joints de mortier.

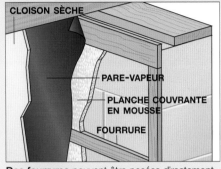

Des fourrures peuvent être posées directement sur des murs en maçonnerie une fois que les murs ont été peints avec une peinture pour maçonnerie à l'épreuve de l'eau. Fixez les fourrures avec des clous pour maçonnerie de 1 ½ po.

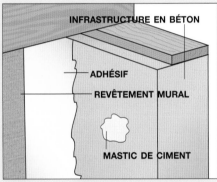

Les cloisons sèches peuvent être retouchées pour obtenir une plus grande uniformité et recouvertes d'une fibre de sisal rigide ou d'un revêtement mural en fibre de verre.

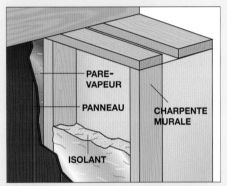

La construction de cloisons lattées et plâtrées de 2 x 4 est préférable si vous avez besoin d'espace pour le câblage des prises de courant et pour isoler votre sous-sol rénové.

Puits de lumière

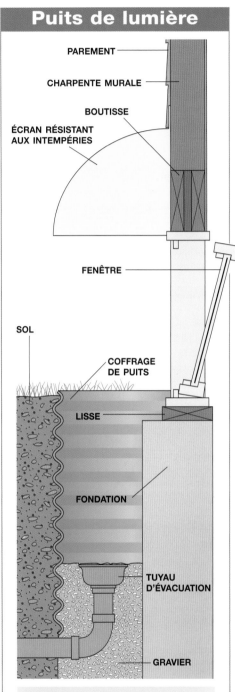

Un sous-sol restera plus sec si les fenêtres sont protégées de la pluie et si un drainage est assuré par un puits de lumière relié à un tuyau de drainage. Hydrofugez le mur de fondation, puis remblayez le tuyau de drainage avec du gravier.

▶ phosphate trisodique ou autre produit nettoyant • enduit extérieur transparent

4 **Au moyen d'un pinceau,** recouvrez le périmètre du plancher d'un enduit extérieur transparent hydrofuge.

5 **Vaporisez l'enduit** sur le reste du plancher pour obtenir une couverture rapide, complète et uniforme.

Espaces non finis

Touches de finition

Les sous-sols sont généralement équipés d'une combinaison de conduits, de poutres, de colonnes et de tuyaux qui présentent des défis au moment de transformer une surface en espace habitable.

Le choix du type de plafond à installer dans un sous-sol rénové dépend en partie de la hauteur d'échappée et du nombre de tuyaux, de conduits et de câbles sous les solives.

Les plafonds suspendus permettent de dissimuler des tuyaux, des conduits et des câbles, tout en permettant leur accessibilité. Comme le plafond est déjà de niveau lorsque vous installez les carreaux, c'est un autre avantage. Un plafond suspendu simplifie également l'installation de l'éclairage : vous n'avez qu'à retirer un carreau insonorisant et à le remplacer par un luminaire pour lampe fluorescente de même dimension.

Dissimuler une poutre

Il est relativement facile de dissimuler une poutre en bois, mais lorsqu'elle est en acier, la tâche devient plus ardue, car il n'est pas facile d'y fixer un matériau. Pour l'enclore de façon appropriée, vous pouvez construire une charpente en bois autour, puis visser ou clouer des plaques de plâtre à cette charpente qui emprisonneront la poutre. La cloison de poutre peut ensuite être finie de façon à s'harmoniser avec le reste de la pièce.

Dissimuler un conduit

Dans une maison, les conduits métalliques d'un système de chauffage à air chaud partent généralement du générateur de chaleur et se rendent vers chacune des pièces. Si les conduits métalliques réduisent la hauteur d'échappée, il est possible de les déplacer. Ce travail doit toutefois être effectué par un entrepreneur spécialisé dans les systèmes de chauffage et de climatisation. Dans un espace indéfini, il est toujours possible de peindre les conduits pour qu'ils s'agencent avec le plafond. Vous pouvez aussi les dissimuler dans un plafond suspendu ou les intégrer dans une enchâssure couverte par des panneaux de cloison sèche ou de revêtement.

Dissimuler des colonnes et poutres

Si une colonne ou une poutre se trouve malencontreusement placée, essayez de revoir vos plans au lieu de déplacer la colonne. Il est souvent facile de dissimuler une poutre derrière une nouvelle cloison, sinon vous pouvez la rendre moins visible à l'aide d'un revêtement en tissu, en l'intégrant dans une bibliothèque ou un meuble de rangement, ou en l'enfermant dans une structure de cloison sèche ou de panneaux de revêtement.

Dissimuler un tuyau de renvoi

De façon générale, le tuyau de renvoi est le plus gros tuyau qu'on puisse trouver dans une maison. Si possible, cloisonnez-le à l'intérieur d'une chasse (rainure dans un mur) ou dans une retombée de plafond. Pour diminuer le bruit de l'eau courante, entourez le conduit d'isolant. Mesurez bien le long du conduit, car il doit avoir une inclinaison de $1/8$ à $1/2$ po par pi pour le drainage. Si le bouchon de vidange du tuyau doit être dissimulé à l'intérieur d'une structure, ménagez une trappe pour y accéder.

Panneaux acoustiques

Les panneaux acoustiques pour plafonds sont offerts dans une vaste gamme de couleurs et de textures. Pour poser un carreau, positionnez-le de biais à travers la grille suspendue et mettez-le en place. Il est recommandé de porter des gants pour éviter de tacher la surface finie des panneaux.

Dissimuler des piliers, des poutres et des conduits

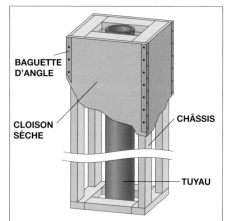

BAGUETTE D'ANGLE

CLOISON SÈCHE

CHÂSSIS

TUYAU

Pour dissimuler un pilier, encadrez-le au moyen d'un deux par quatre. Ce châssis offrira une base pour divers revêtements de finition.

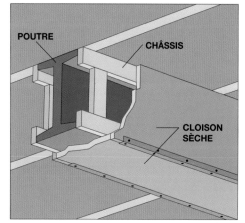

POUTRE

CHÂSSIS

CLOISON SÈCHE

Pour dissimuler une poutre en acier, construisez un châssis en échelle et fixez-le aux solives. Couvrez la charpente avec des panneaux de cloison sèche ou de revêtement.

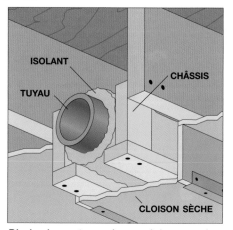

ISOLANT

CHÂSSIS

TUYAU

CLOISON SÈCHE

Dissimulez un tuyau de renvoi dans un caisson comme s'il s'agissait d'une poutre. Enveloppez-le dans un isolant afin de réduire le bruit de l'eau courante.

Remédier aux fuites d'eau

MATÉRIEL: ▶ brosse métallique • aspirateur d'eau • ciseau à froid • marteau • truelle ▶ ciment hydraulique

1 Employez une brosse métallique pour enlever les bavures de mortier et la poussière du mur en blocs de béton, puis passez l'aspirateur sur le mur pour retirer la poussière et les débris.

2 Employez un ciseau pour entailler les fissures et les petits trous afin d'offrir un ancrage ferme au ciment hydraulique. Enlevez les débris détachés.

3 Mélangez le ciment hydraulique et l'eau, puis employez une truelle de maçon ou un fer à joint pour appliquer le ciment sur l'endroit endommagé.

14 Moyens d'éliminer l'eau

1. Ajoutez des blocs parapluie ou des rallonges de descente pluviale à un système de gouttières fonctionnel.

2. Créez une pente autour de la maison. Cette pente devrait avoir à un minimum de 2 1/2 po sur 10 pi.

3. Réparez les fissures dans les murs en maçonnerie en employant du ciment hydraulique.

4. Scellez l'espace où le principal conduit d'alimentation en eau et en électricité pénètre dans la structure. Employez du ciment hydraulique.

5. Éliminez la végétation se trouvant à proximité des murs de fondation. Les plantes retiennent l'eau et réduisent l'évaporation du sol.

6. Assurez-vous qu'aucune fuite provenant du toit ne se prolonge jusqu'au sous-sol.

7. Gardez les fenêtres du sous-sol fermées lorsqu'il y a des averses.

8. Enduisez les planchers de béton de deux couches de peinture hydrofuge pour maçonnerie.

9. Isolez les conduits et les évents du système de conditionnement d'air afin de prévenir la condensation.

10. Installez un déshumidificateur électrique.

11. Installez une pompe à vidange pour enlever l'eau.

12. Embauchez un entrepreneur pour installer un drain de périmètre intérieur.

13. Embauchez un entrepreneur pour hydrofuger les fondations.

14. Dans les cas extrêmes, embauchez un entrepreneur pour installer des drains de fondation autour de la maison afin d'éliminer toute quantité d'eau susceptible de s'accumuler contre les murs de fondation.

Pompes de vidange

Installez une pompe de vidange pour garder le sous-sol au sec. Un clapet anti-retour empêchera l'infiltration des gaz d'égout.

Espaces non finis

Convertir un garage

Un garage non utilisé s'avère souvent un espace idéal à rénover, car il est vaste et ne contient habituellement qu'un seul pilier. Le plus important est la relation du garage avec le reste de la maison. Si le garage est attenant à la cuisine, on pourrait le convertir en salle familiale mais pas en chambre principale. Il est possible de transformer un garage qui n'est pas attenant à la maison en le reliant à celle-ci par l'intermédiaire d'un passage fermé, susceptible de devenir lui-même une pièce, comme un bureau ou une chambre d'enfant.

Convertir le plancher

Vu que la majorité des planchers de garage sont inclinés en direction de l'ouverture de la porte, vous devrez probablement niveler le plancher.

Vous pouvez couler une nouvelle dalle de béton sur l'ancienne. Si le plancher de la maison est légèrement plus élevé, c'est probablement l'option la plus simple et la plus économique.

Une autre solution consiste à poser un sous-plancher à l'aide de dormants et de contreplaqué, avec des cales d'épaisseur pour qu'il soit bien de niveau. Un isolant rigide peut trouver place entre les dormants.

Dans les maisons où le garage est situé une ou deux marches plus bas que la surface attenante, vous pourriez être tenté de construire un sous-plancher surélevé. Si vous préférez renoncer à cette solution, il vous est possible de remédier à la différence de niveau en installant un escalier, qui servira d'ornement en même temps. Assurez-vous, par mesure de sécurité, que toutes les marches seront clairement distinguées, par exemple en utilisant un matériau contrastant ou en peignant chaque marche d'une couleur différente, et en construisant des rampes.

Finition

Si vous désirez qu'un espace converti semble faire partie intégrante du plan original de la maison, vous devez finir l'extérieur pour qu'il ressemble au reste de la maison. Si vous retirez la porte de garage et que vous cloisonnez le mur, envisagez la construction d'un abri d'auto dans l'allée ou convertissez cette allée en espace paysager qui s'harmonisera avec le reste du jardin.

La première étape du cloisonnement consiste à retirer la porte de garage existante. Il vous faudra

Installation d'une porte dans un garage

MATÉRIEL : ▶ scie circulaire • marteau • échelle • scie alternative (facultatif) • protection oculaire ▶ bloc-porte • encadrement de porte • niveau de 4 pi • poteaux de • vis à bois ou clous 12d et 16d • produit de calfeutrage

1 *Déterminez l'ouverture* pour poser la nouvelle porte dans la cloison exposée déjà en place avant de découper le revêtement.

2 *Clouez une entretoise temporaire* dans la cloison par-dessus l'ouverture de la porte pour tenir en place les montants tronçonnés.

3 *Coupez les montants* pour réaliser une ouverture brute en laissant suffisamment d'espace sous les montants tronçonnés pour un nouveau linteau.

5 *Découpez le seuil déjà en place,* de même que le revêtement et le parement à l'intérieur de la nouvelle ouverture.

6 *Taillez le parement* pour qu'il s'ajuste au coffrage extérieur de la nouvelle porte, puis faites l'essai du bloc-porte.

7 *Appliquez une petite quantité de produit de calfeutrage* sur le périmètre de l'ouverture ; mettez ensuite le cadre de porte en place et fixez-le solidement.

peut-être construire un mur nain en béton faire jonction avec les fondations et procurer un soutien à la nouvelle cloison. Celle-ci sera idéale pour installer une nouvelle porte ou une nouvelle fenêtre, car le linteau est déjà en place. Placez la fenêtre ou la porte juste sous le linteau.

Une fois la cloison en place, posez le revêtement sur la surface extérieure, couvrez-le d'une membrane pare-air ou de papier feutre, puis installez un parement similaire à celui de la maison. Pour construire une nouvelle ouverture de porte, suivez la séquence illustrée dans les photos ci-dessous.

Avant de finir vos murs intérieurs, il vous faudra éliminer tous les problèmes de moisissure existants. Nous vous recommandons d'employer des méthodes conventionnelles pour finir les murs. N'oubliez pas d'inclure des prises de courant et un coupe-vapeur.

Réparation et nivelage d'un plancher

Balayez la poussière de ciment et les rebuts sur le plancher du garage, puis nettoyez à fond avant d'effectuer tout autre travail de réparation.

Mouillez les fissures, appliquez un liant, puis, au moyen d'une spatule, appliquez du ciment à l'intérieur des fissures et lissez.

2 x 4 • morceau de bois 2x pour le linteau

4 **Découpez le nouveau linteau** pour la porte, puis clouez-le en place sur les poteaux de chevêtre. Clouez en biais les montants au linteau.

8 **Installez la porte** dans le cadre, puis clouez l'encadrement extérieur en place. Appliquez du calfeutrant entre le revêtement et le parement.

Finition intérieure

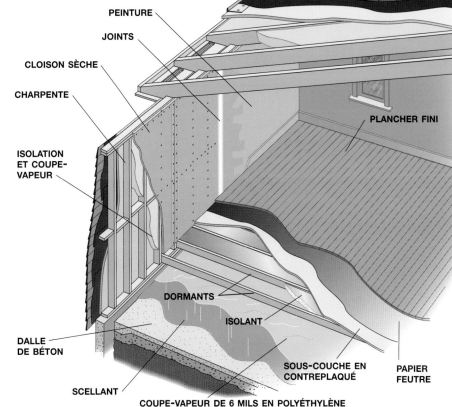

PEINTURE
JOINTS
CLOISON SÈCHE
CHARPENTE
ISOLATION ET COUPE-VAPEUR
DALLE DE BÉTON
SCELLANT
DORMANTS
ISOLANT
COUPE-VAPEUR DE 6 MILS EN POLYÉTHYLÈNE
SOUS-COUCHE EN CONTREPLAQUÉ
PAPIER FEUTRE
PLANCHER FINI

Pour finir un plancher de garage, scellez la dalle avec du mastic d'asphalte et déployez un coupe-vapeur de 6 mils en polyéthylène. Un revêtement de parquet en bois exige des solives ou des dormants et un sous-plancher en contreplaqué. Transformez les murs à claire-voie en remplissant les ouvertures d'isolant, et en installant un coupe-vapeur (en aluminium ou en plastique) et une cloison sèche d'une épaisseur de $1/2$ po.

Espaces non finis

Trouver plus d'espace

Les propriétaires dont les enfants ont atteint l'âge adulte peuvent se payer le luxe de prendre une pièce autrefois utilisée comme chambre à coucher et de la transformer en salle d'exercice, en bureau ou, nec plus ultra en matière de rangement, en penderie suffisamment vaste pour y installer une commode, un miroir en pied et même une chaise pour ne pas être obligé de se tenir en équilibre comme une cigogne lorsqu'il enfilent leurs chaussettes.

Par ailleurs, même dans des maisons et des appartements de dimensions modestes, il est possible de trouver davantage d'espace de rangement, peu importe que vous disposiez ou non d'une pièce à convertir à votre gré.

Cuisine

Pour optimiser l'utilisation des surfaces de coin sous les comptoirs de cuisine tout en continuant de pouvoir accéder à ce qui s'y trouve, entreposez les articles en vrac sur des carrousels d'entreposage multiniveaux. Pour utiliser avec plus d'efficacité l'espace dans les armoires profondes mais étroites, installez des étagères de rangement coulissantes.

Plusieurs fabricants d'appareils électroménagers offrent des gammes étendues de petits appareils et d'accessoires pratiques qu'on peut fixer sous les armoires du haut. Ces assemblages permettent d'installer des radios, des ouvre-boîtes, des étagères à épices ou pour fiches de recettes, des cafetières et des micro-ondes, et ils libèrent de l'espace sur les comptoirs. Certains fabricants offrent également des appareils compacts, par exemple des laveuses et des sécheuses étroites, empilables verticalement et d'une largeur de 24 po, qui permettent de libérer de l'espace dans votre salle de lavage, ce qui fait parfois cruellement défauts.

Chambre d'invités

Le lit escamotable est une solution qui a fait ses preuves dans une pièce multifonctions. La société Murphy Door Bed a été fondée il y a plus d'un siècle par William Murphy, qui a conçu un lit pliant pour créer de l'espace dans son studio encombré.

On fabrique aujourd'hui une version moderne du lit de Murphy avec contrepoids intégré permettant de faire basculer le matelas, la literie et le bâti à l'intérieur d'une armoire préfabriquée. Des canapés-lits ou des lits-gigognes (qui sont équipés d'un second matelas sur un bâti relevable placé sous les coussins principaux) procurent parfois deux fois plus d'espace de lit dans l'emplacement d'un lit simple, ce qui laisse plus d'espace pour les autres meubles. Il existe même des chaises surdimensionnées se convertissant en lits, ce qui offre d'autres possibilités.

Placard

Les tablettes à l'intérieur sont en retrait et ne sont donc pas aussi profondes que l'espace derrière la porte. Même quelques pouces d'espace inutilisé peuvent être employés de façon utile en installant une ou plusieurs unités de rangement derrière la porte (assurez-vous que la largeur de ces unités a quelques pouces de moins que la porte afin de lui permettre de se refermer).

Le mur de placard fractionné offre une économie d'espace. Plutôt que d'utiliser des espaces dispersés dans deux chambres à coucher qui partagent un mur commun, donnez à la cloison commune la profondeur d'un placard, ce qui permettra à l'unique placard de s'ouvrir pour moitié dans une pièce et pour moitié dans l'autre pièce. Ainsi, vous diminuerez la transmission du bruit entre les pièces. Si vous désirez réduire davantage le niveau sonore, isolez les murs intérieurs du placard.

Économiseurs d'espace

Un appareil d'éclairage de plafond servant aussi à la ventilation et au chauffage économise l'espace en combinant éclairage, chaleur et ventilation.

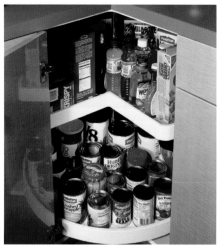

Un plateau tournant à compartiments multiples pivote à l'intérieur d'une armoire en coin, faisant une utilisation judicieuse d'un espace difficile à atteindre.

Garage

La charpente des toits de garage comporte souvent plusieurs traverses, mesurant généralement 2 x 4 ou 2 x 6, qui relient les extrémités des solives opposées. Cette charpente de plate-forme n'était probablement pas conçue pour supporter des charges lourdes, mais avec quelques 1 x 2 comme lattes de soutènement, c'est l'endroit idéal pour ranger des articles légers. Si vous avez besoin d'espace de rangement pour des objets lourds avec un plancher solide, vous devrez probablement construire une charpente plus résistante et un sous-plancher en contreplaqué de 5/8 po, à peu près similaire à la charpente de plancher d'un grenier.

Vestibule

Les vestibules présentent parfois un volume étonnant d'espace de rangement potentiel. Si vous possédez

Des faux-plafonds de cuisine qui, non employés, constituent un espace perdu, peuvent être remplacés par des armoires en hauteur, pratiques pour entreposer des articles rarement utilisés.

Un radiateur en retrait encastré est particulièrement utile dans une cuisine lorsque l'espace mural pour un appareil de chauffage se fait rare.

une maison ancienne, généralement construite avec des plafonds plus élevés que les maisons modernes, vous découvrirez peut-être un espace de plusieurs pieds entre la partie supérieure d'une porte d'entrée et le plafond.

Récupérez cet espace en construisant une plateforme d'une profondeur de 2 à 3 pi, supportée par des lisses, une sur chaque mur latéral. Dans leur forme la plus simple, deux bandes de moulure de ³/₄ po ou plus peuvent soutenir une feuille de contreplaqué d'une épaisseur de ¹/₂ po. Si vous prévoyez des charges lourdes, augmentez l'épaisseur du contreplaqué à ³/₄ po et employez des lisses plus robustes. Cet aménagement peut être conçu de façon à simuler un faux-plafond. Ce rangement est accessible grâce à des portes d'armoire faisant face au vestibule. Peinte de façon à s'harmoniser avec les murs et le plafond environnants, la structure semblera en retrait, laissant la porte d'entrée comme centre d'attention.

Risques à l'intérieur des murs

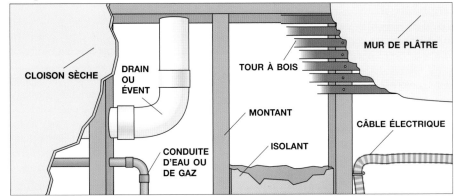

CLOISON SÈCHE

DRAIN OU ÉVENT

TOUR À BOIS

MUR DE PLÂTRE

MONTANT

CÂBLE ÉLECTRIQUE

CONDUITE D'EAU OU DE GAZ

ISOLANT

Savez-vous ce qu'il y a à l'intérieur de vos murs? Cette illustration montre quelques-uns des éléments que vous pourriez y retrouver. Retirez la cloison sèche ou le plâtre avec précaution afin d'éviter des blessures ou des dommages.

Un lit escamotable se repliant dans le mur est un économiseur d'espace pratique pour les chambres d'invités et les petites pièces.

Une porte glissante escamotable glisse entre les murs, permettant à des meubles d'être placés là où des portes s'ouvriraient dans la pièce.

Une armoire à pharmacie dans un coin permet d'utiliser de l'espace qui autrement serait perdu.

Un système central d'aspiration élimine le besoin d'employer un aspirateur sur pied et contribue à éliminer les allergies les plus courantes dans une maison.

Une porte à battant ou une chatière dans un mur ou une porte conventionnelle permet à votre animal domestique d'entrer et de sortir facilement lorsqu'il en a besoin, quand vous ne voulez pas être dérangé ou si vous êtes au travail.

Une planche à repasser peut être repliée sur une porte comme un lit escamotable, ce qui évite l'encombrement dans une penderie.

Espaces non finis

Espaces cachés

Il est aussi difficile de calculer la quantité d'espace inutilisé dans un appartement ou une maison que le total des intérêts sur une hypothèque de 30 ans. Les coûts de l'espace inutilisé derrière les portes, sous les escaliers et derrière les placards, plus l'espace perdu à l'intérieur des faux-plafonds de cuisine, des murs nains et d'autres s'additionnent.

Les parcelles d'espace récupérées à l'intérieur d'une maison s'avèrent parfois l'équivalent d'une pièce entière ou d'un déménagement dans un appartement plus grand. De façon générale, elles permettent de réduire l'encombrement, d'éliminer les obstacles que constituent des meubles entassés et même de faire paraître plus grand un appartement exigu.

Placards profonds

La majorité des vêtements suspendus sur des cintres exigent un minimum de 2 pi de largeur ; or, de nombreux placards n'offrent que cette profondeur, rarement plus. Les placards spacieux sont luxueux, mais ils perdent de leur attrait quand ils ne comportent pas d'espace pour les chaussettes et les sous-vêtements. Sans aller jusqu'à détruire des murs, il est possible d'utiliser l'espace à meilleur escient en déplaçant la tringle de garde-robe vers l'arrière du placard. Un gain d'espace aussi minime que 3 ou 4 po suffit pour installer une étagère métallique (en acier recouvert de plastique, comme un égouttoir) à l'arrière de la porte de placard. Ce rayonnage étroit se prête parfaitement au rangement de petits articles qui ont tendance à s'égarer dans les tiroirs de la commode. Envisagez également l'installation de patères et de petits paniers à vêtements à l'arrière des portes de placard.

Armoires de cuisine

Il arrive souvent que les armoires murales dans la cuisine ne se rendent pas jusqu'au plafond. Vu que les tablettes les plus hautes sont généralement difficiles à atteindre, même avec un escabeau, cet espace est souvent cloisonné dans un faux-plafond, couvert d'un panneau de revêtement, de ruban et peinte. En découpant une ouverture dans le panneau de revêtement et en ajoutant des portes à charnières, il est possible d'obtenir un espace de rangement substantiel pour des articles rarement utilisés comme un plateau pour servir la dinde, de grandes casseroles, un déshydrateur de fruits, ou des bocaux à conserves étanches.

Les armoires de cuisine situées sous le comptoir ou armoires de plancher reposent sur une structure surélevée qui offre de l'espace pour mettre les pieds. Vos orteils s'y glissent, de sorte que vous puissiez rester debout plus près de votre plan de travail sans avoir à vous pencher. Cette base ne comporte parfois que 4 po de hauteur, mais c'est un bon endroit pour faire passer câbles et conduits vers d'autres endroits rénovés sans avoir à démolir les cloisons déjà en place.

Il est également possible d'y encastrer un radiateur électrique en retrait pour réchauffer une cuisine froide. Le chauffage électrique coûte généralement plus cher que le chauffage central au gaz ou au mazout, mais un radiateur en retrait peut s'avérer une solution de rechange économique à des conduits d'air chaud ou d'eau chaude.

La face interne d'une porte d'armoire permet aussi d'économiser de l'espace. Vous pouvez y installer des paniers grillagés, des crochets pour tasses, des porte-serviettes ou même une étagère à épices.

Avant-toit

Là où des lucarnes servent à éclairer et à aérer des surfaces rénovées sous les toits en pente, il y a vraisemblablement beaucoup d'espace perdu derrière les murs nains de la pièce finie. Bien qu'il soit impossible d'utiliser chaque pouce de cet espace triangulaire, il y a moyen d'en récupérer un peu en employant la hauteur d'échappée pour installer des placards intégrés et des tiroirs, ce qui libère de la surface d'habitation.

Creux de charpente

Vous ne pouvez utiliser à des fins de rangement l'espace à l'intérieur des murs extérieurs remplis d'isolant, mais les cloisons internes comportent toutes un espace d'une profondeur de 4 po qu'il est possible d'utiliser afin d'obtenir plus de profondeur et une capacité de rangement supplémentaire pour une installation à demeure intégrée comme une armoire à pharmacie.

Vous pouvez intégrer une grande armoire en retrait dans une cloison à proximité des toilettes dans la salle de bains. Avec une porte de 3/4 po d'épaisseur, il est possible qu'elle déborde de quelques pouces, tout en contenant des étagères de 4 ou 5 po de profondeur. Vous aurez ainsi une armoire à pharmacie. Les creux de cloison permettent également de libérer de l'espace, par exemple en y aménageant des portes coulissantes escamotables qui glissent dans le mur. L'espace à l'intérieur des murs peut servir à cacher des objets de valeur de petit format comme des bijoux ou des objets dangereux. Il est possible d'accrocher une toile ou un miroir pour dissimuler une boîte de rangement ou une armoire.

Rangement dans des armoires

Un faux tiroir à rabat sous un évier de cuisine constitue un endroit pratique pour ranger des éponges, de la laine d'acier et des brosses de récurage.

Des plateaux déroulants peuvent s'avérer fort utiles pour gagner de l'espace dans les armoires de plancher où il est souhaitable d'avoir accès facilement à de grandes casseroles.

Les dispositifs rabattables peuvent accueillir toutes sortes de choses, des appareils électroménagers aux livres de recettes, ce qui libère les dessus de comptoir et permet d'avoir plus d'espace pour cuisiner.

Rangement sous l'escalier

L'espace sous un escalier est parfait pour entreposer divers biens non périssables et autres articles ménagers non inflammables. Dans le cas d'un escalier droit, vous pouvez envisager la construction d'un placard sous le côté élevé de l'escalier ainsi qu'une porte d'accès à un placard bas du côté court

Un rayonnage déroulant se prête bien au rangement de petits articles, ce qui élimine les étirements désagréables auxquels il faut se soumettre avec un placard ordinaire.

Espaces à découvrir

Il existe de nombreux petits espaces inutilisés, ensevelis dans un labyrinthe de solives et de poteaux. Un bon œil et une règle sont tout ce qu'il vous faut pour dénicher de l'espace caché dans les murs, au-dessus des placards, sous les escaliers et dans plusieurs coins peu en vue de votre maison. Dans les maisons anciennes, par exemple, la cavité murale atteint parfois jusqu'à 4 po, soit un espace suffisant pour encastrer un grand meuble-lavabo. En revanche, dans les maisons plus récentes, le prix élevé au pied carré a incité les constructeurs à utiliser le plus d'espace possible. Même aux endroits où l'espace perdu semble inévitable, par exemple sous les avant-toits, il est possible de récupérer un peu d'espace en y construisant des tiroirs et des placards de rangement qui libèrent de l'espace dans les chambres.

Vides sanitaires

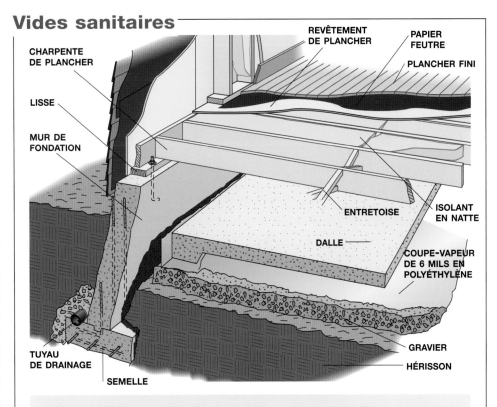

CHARPENTE DE PLANCHER

LISSE

MUR DE FONDATION

REVÊTEMENT DE PLANCHER

PAPIER FEUTRE

PLANCHER FINI

ENTRETOISE

ISOLANT EN NATTE

DALLE

COUPE-VAPEUR DE 6 MILS EN POLYÉTHYLÈNE

GRAVIER

HÉRISSON

TUYAU DE DRAINAGE

SEMELLE

Les vides sanitaires ne conviennent pas à la finition, mais ils sont très utiles pour le rangement à long terme. Les principaux problèmes sont l'humidité et une circulation d'air limitée. Un espace bien isolé et aéré peut réduire l'humidité.

12
Armoires
et comptoirs

Armoires et comptoirs

Notions élémentaires

Les projets d'armoires et de comptoirs sont des projets de menuiserie de haut niveau ; bien qu'ils soient sans intention artistique, ils sont souvent d'une nature plus complexe et plus exigeante que les autres aménagements intérieurs. Il faut posséder de bonnes aptitudes et avoir les bons outils pour que les tiroirs coulissent sans effort, que les portes ferment bien et que tous les éléments de l'armoire soient résistants, rectilignes et bien assemblés. Des travaux d'ébénisterie bien exécutés transforment l'aspect d'une pièce, tout particulièrement la cuisine, sans compter qu'une cuisine rénovée augmente la valeur d'une maison.

Vous pouvez vous simplifier le travail en achetant des armoires et des comptoirs préfabriqués ; vous n'aurez qu'à les fixer aux murs et à faire les raccordements de plomberie et d'électricité. Mais que vous choisissiez des unités préfabriquées ou que vous les construisiez vous-même, la première étape consiste à bien choisir les matériaux. Pour les portes d'armoire, par exemple, vous aurez le choix entre des bois durs tels le chêne, et des matériaux composés tels les panneaux de particules agglomérées recouverts de plastique stratifié.

La surface des plans de travail doit être résistante aux chocs, aux brûlures, aux éraflures et à l'humidité. Bien que plus cher, le granit répond à toutes ces exigences. Les plastiques modernes – soit des stratifiés minces ou, dans leur version massive, plus épaisse – sont des choix plus économiques et très populaires. On utilise moins souvent le béton (bien qu'il possède toutes les qualités du granit sans être très esthétique) et le bois qui, bien qu'il offre un joli coup d'œil, exige beaucoup d'entretien.

Outils spécialisés

Les outils dont vous aurez besoin pour des armoires sont fonction de la manière dont vous allez procéder ; pour des armoires préfabriquées, vous aurez besoin d'une perceuse électrique, de serre-joints, d'un niveau de 4 pi, ainsi que de quelques autres outils élémentaires. Si vous fabriquez vos armoires vous-même, une table de sciage, une toupie et une ponceuse électrique seront indispensables.

Pour un plan de travail stratifié personnalisé, vous aurez aussi besoin d'une scie sauteuse. Les stratifiés doivent être sciés avec des lames bien affûtées. Afin de ne pas exposer le substrat sous la surface, les revêtements de comptoir et les chants sont installés en les faisant légèrement déborder, puis ils sont rognés avec une toupie munie d'un guide à roulement à billes pour que la friction de la mèche n'abîme pas le stratifié.

Outils spécialisés

BOÎTE À ONGLETS

SCIE À GORGE

SCIE À ONGLETS

TOUPIE

PONCEUSE ORBITALE

SERRE-JOINTS

DÉGAUCHISSEUSE (JOINTER)

TABLE DE SCIAGE

Les outils manuels conviennent bien aux projets et aux réparations simples, mais les travaux de plus grande envergure exigent des coupes précises que seuls des outils électriques tels qu'une table de sciage ou une dégauchisseuse peuvent exécuter.

Outils et matériaux

Utilisation sécuritaire de la table de sciage

Coupez l'alimentation après chaque coupe ; débranchez avant d'ajuster la lame ; ne vous placez jamais au dessus d'une lame en mouvement ; placez-vous légèrement de côté et hors de portée de l'axe de coupe. Ne l'alimentez jamais à main levée en matériaux ou en chutes de bois; servez-vous d'un poussoir et d'un presseur à peigne. Coupez le bois noueux ou gauchi à la main.

Le protège-lame est un écran amovible en plastique qui recouvre la lame de la scie. Servez-vous-en pour chaque coupe.

Il protège de la poussière et des débris et empêche tout contact accidentel des mains avec la lame.

Un presseur à peigne est une planche mince aux extrémités dentées. Il s'attache à la table de sciage pour bien contrôler le mouvement uni-directionnel des matériaux. Utilisez-en un pour empêcher un mouvement vertical des matériaux et un deuxième pour les garder en contact avec le guide de coupe.

Le poussoir est muni d'une poignée et son extrémité opposée est entaillée afin d'avoir prise sur les matériaux. Il sert à diriger la pièce en cours de coupe, gardant ainsi vos mains loin de la lame. Fabriquez-en un avec du bois plein ou du contreplaqué mince.

Matériaux en feuille

La meilleure façon de vérifier si les matériaux en feuille sont gauchis ou endommagés consiste à les mettre à plat sur un plancher en ciment (de préférence avant de les acheter). Rappelez-vous que ces feuilles mesurent presque invariablement 4 x 8 pi ; si votre véhicule n'est pas assez grand pour les transporter, trouvez une scierie ou un centre de rénovation qui peut les livrer (la plupart ont un service de livraison pour les commandes importantes). Les attacher sur le toit de votre véhicule est non seulement stressant, mais dangereux. Sinon, vous pouvez toujours demander au personnel du centre de coupe ou du centre de rénovation de scier les feuilles en fonction de vos plans de coupe. C'est une solution économique, surtout si vous n'avez pas de table de sciage, et vous pourrez ainsi transporter ce qu'il vous faut dans un véhicule beaucoup plus petit.

◆ Le **contreplaqué** est composé de minces couches de bois plaqué et se vend en feuilles de 4 x 8 pi. Il est beaucoup plus économique que le bois plein et, grâce à sa légèreté et à sa flexibilité, est mieux adapté aux travaux de menuiserie.

Utilisations : le contreplaqué de construction (bois tendre) sert à bâtir l'armature des armoires et les faces inférieures des plans de travail. Le contreplaqué mince en bois dur (¼ po) sert aux ornements, un peu comme le placage – mais pas comme moulure.

◆ Les **panneaux de particules agglomérées,** les panneaux de copeaux agglomérés et les panneaux à grandes particules orientées (OSB) sont généralement moins chers que le contreplaqué et conviennent mieux à la construction des plans de travail qu'aux armoires.

Utilisations : souvent utilisés sous les stratifiés des plans de travail et sous le placage des meubles. Ils sont difficiles à clouer et à visser (tendance à se fendiller et à s'effriter) ; il est préférable de les joindre avec un assemblage à feuillure et de la colle.

◆ Les **panneaux durs,** ou panneaux de fibres de bois, sont composés de copeaux de bois et de fibres, liés par de la colle phénol-formaldéhyde.

Utilisations : il existe plusieurs qualités de bois dur : standard, avec une face lisse ; préfinie, avec une face peinte ; en plastique stratifié avec une face enduite d'un stratifié laminé, c'est un bon matériau pour la construction des armoires.

◆ Le **bois plein** s'utilise moins souvent que les matériaux en feuille comme matière première pour les armoires, à cause de son coût élevé. Cependant, les résultats obtenus sont magnifiques et très solides.

Utilisations : les armoires sont souvent construites avec des bois de catégorie moyenne recouverts de placage, des couches très minces de bois dur de très bonne qualité tels l'acajou, le noyer et l'érable moucheté. Le pin noueux des armoires traditionnelles de style campagnard est très solide et se travaille facilement.

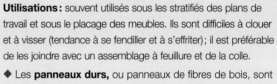

Armoires et comptoirs

Coupe et façonnement des chants du contreplaqué

MATÉRIEL : ▶ scie circulaire (avec une lame au carbure) • règle droite • couteau universel ▶ panneaux de contreplaqué • bande de placage autoadhésive

1 *Avant de scier le contreplaqué,* entaillez la ligne de coupe avec un couteau universel pour empêcher les éclisses en surface.

2 *Si vous utilisez une scie électrique,* munissez-vous d'une lame au carbure ou d'une lame à petites dents conçue pour le contreplaqué.

3 *Utilisez une bande autoadhésive en placage de bois* (appliquée par pression ou à la chaleur) pour couvrir le chant et rendre l'illusion du bois massif.

Goujonnage

MATÉRIEL : ▶ scie à goujons • perceuse électrique • maillet • serre-joints à barre ou à tube ▶ goujons en bois • colle à bois • bâton de colle

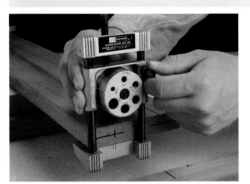

1 *Pour assembler les panneaux ou* les planches avec des goujons, utilisez un gabarit à goujons qui vous permettra de percer des trous alignés sur les chants des panneaux.

2 *Les scies à goujons* ont des gabarits de diamètres différents qui servent à guider la mèche correspondant au chant du panneau.

3 *Enduisez les goujons de colle* et insérez-les dans la première série de trous, puis collez leurs extrémités dans les trous du deuxième panneau et serrez avec un serre-joint.

Rainurage

MATÉRIEL : ▶ table de sciage (facultatif) • scie circulaire avec guide de coupe • maillet • ciseau à bois • serre-joints en C ▶ bois

1 *Pour entailler le bois,* il vaut mieux vous servir d'une table de sciage, mais une scie circulaire avec un guide de coupe fera l'affaire.

2 *Établissez la profondeur de la rainure* et ajustez le guide de coupe pour entailler d'abord la face interne, puis la face externe du trait.

3 *Dégrossissez le trait* avec plusieurs passages de la scie ou avec un ciseau. Fixez la planche à la table de travail.

Assemblage à languettes

MATÉRIEL : ▶ scie à gorge • serres à barre ou à tube • crayon ▶ languettes (de type «biscuit») • colle à base d'eau

1 *La simplicité d'exécution* des assemblages à languettes permet aux bricoleurs d'exécuter des assemblages professionnels. Pour commencer, alignez les deux pièces à assembler.

2 *Alignez les tracés.* Ajustez la profondeur de la coupe et faites une entaille à mi-bois sur les extrémités à joindre.

3 *Collez les languettes en place* et enserrez. Comme la colle fait gonfler la languette de bois comprimé, il faut travailler rapidement.

Autres solutions pour la coupe des feuillures

Avec une table de sciage munie d'une lame à entailles, vous pouvez faire des entailles tarabiscotées en une seule passe, ou en plusieurs passes avec une lame ordinaire.

Avec une scie circulaire et avec la lame surélevée, entaillez la feuillure à l'aide du guide de coupe et faites plusieurs passages pour libérer l'entaille.

Sur une toupie, installez une mèche spéciale de la même largeur que l'entaille voulue. Vérifiez la largeur sur une retaille avant de procéder.

Autres solutions pour le rabotage et le ponçage

Les rabots électriques facilitent la tâche du dégauchissement des planches. La lame s'ajuste en fonction de l'importance de la rognure.

L'outil traditionnel, le rabot à main, aplanit et rectifie les planches de bois. La lame doit être bien affûtée.

Une ponceuse à courroie peut aussi rogner et aplanir les planches de bois. Utilisez une courroie de papier grossier pour rogner le bois et une courroie de papier fin pour poncer les chants.

Armoires et comptoirs

Notions élémentaires

L'élément de base d'une armoire est son squelette, c'est-à-dire l'armature qui soutient le comptoir et encadre les portes et les tiroirs. Cette armature est généralement construite en bois de sapin ou de bouleau, ou en contreplaqué, assemblée par des feuillures et de la colle. Les armoires de plancher sont renforcées par des montants faits de 2 x 4 (en fait, le retrait du socle).

Les portes et les tiroirs s'insèrent dans les ouvertures de l'armature, et les faces des tiroirs et des portes se déclinent de trois manières – surimposées ou en applique (légèrement plus grandes que l'ouverture), entièrement surimposées (les faces des portes et des tiroirs se touchent), ou encastrées (alignées de niveau avec l'armature).

Conception

Plusieurs options s'offrent à ceux qui ne se sentent pas l'âme d'un concepteur. Pour un projet de grande envergure et avec un budget important, faites appel aux services d'un architecte ou d'un designer. Ou encore, un bon entrepreneur en construction saura établir les plans en fonction de vos exigences, et sera au courant des codes du bâtiment de votre région. Certains centres de rénovation offrent des services de conception informatisés avec des logiciels de DAO, qui vous permettent de déplacer les éléments comme bon vous semble et d'en visualiser le résultat.

Préfabriqué ou sur mesure?

Les armoires préfabriquées sont l'équivalent des vêtements prêts-à-porter – ils ne sont pas de la meilleure qualité et vous n'aurez pas droit aux retouches, mais vous économiserez beaucoup d'argent. Les choix d'armature sont limités, mais plusieurs options sont proposées: plusieurs modèles de portes, des tablettes escamotables, des planches à découper, des casiers pour les bouteilles, et ainsi de suite. Par contre, les armoires faites sur mesure sont personnalisées par un spécialiste en fonction de vos besoins et de vos désirs. Vous pouvez donc profiter d'un concept individualisé (pour un aménagement inhabituel, par exemple), ou agencer des armoires neuves avec vos armoires actuelles, ou encore reproduire un concept que vous avez vu dans un magazine. À mi-chemin entre ces deux options, les armoires semi-personnalisées (ou modulaires personnalisées) sont fabriquées en série tout comme les armoires préfabriquées, mais vous proposent un choix plus vaste de matériaux, de formats et d'agencements – vous pouvez même en déterminer la hauteur et la profondeur si vous le voulez. Il faut cependant prévoir un délai de livraison plus long pour ces armoires et les commander bien à l'avance.

Anatomie d'une armoire

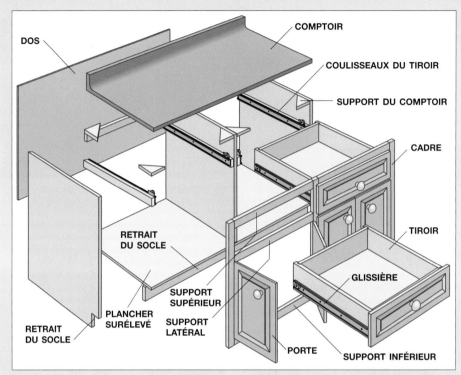

En fait, les armoires ne sont que des boîtes vides avec des éléments interchangeables. Les armoires traditionnelles à armature (tel qu'illustré) ont un cadre avant, des portes pendues avec des charnières et des faces de tiroir assorties. Le bois dur est souvent utilisé pour en décorer les faces, alors que le contreplaqué ou les panneaux de particules agglomérées servent à la construction des boîtes.

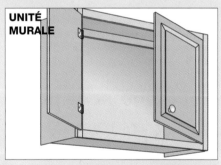

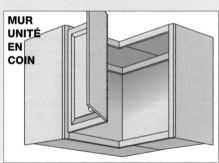

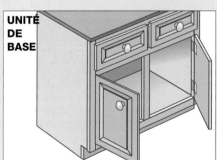

Avec cadre

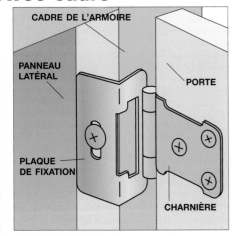

Les armoires avec cadre ont une armature qui soutient le comptoir et encadre toutes les ouvertures. Les ouvertures sont généralement recouvertes d'éléments en applique : les portes et les faces des tiroirs sont plus grandes que l'ouverture. Lorsque toutes les portes et les tiroirs sont fermés, certaines parties de l'ossature sont visibles. Cela se prête bien à des effets de couleurs, ou à des tons de bois contrastants et à des charnières de fantaisie. Les panneaux des portes et les faces des tiroirs peuvent également être insérés dans les ouvertures du cadre, de niveau avec l'armature.

Sans cadre

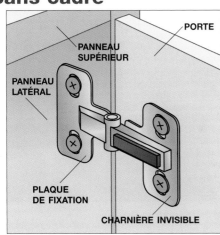

Les armoires sans ossature (parfois appelées « européennes ») sont en fait des boîtes dont les ouvertures ne sont pas encadrées – les cadres de l'armoire sont couverts par les portes et les faces des tiroirs. Ces unités, plus dispendieuses et moins durables, exigent des charnières invisibles (mesurées en millimètres plutôt qu'en pouces) qui peuvent être difficiles à ajuster et à garder alignées. Par contre, les portes s'ouvrent pleinement à 180 degrés et l'accès aux espaces de rangement est supérieur puisqu'il n'y a pas de cadre d'ossature, seulement les cloisons entre les sections.

Modulaires

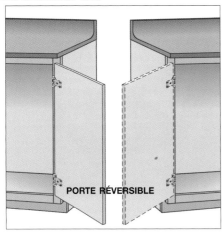

Les armoires modulaires sont livrées en unités indépendantes, finies sur les deux côtés, qui peuvent être agencées comme il vous plaît dans votre plan de cuisine. De tous les types d'armoires, ce sont les plus simples à installer. Elles peuvent être indépendantes ou placées en bout de comptoir sans avoir à en finir les côtés. Ou encore, alignez-les en vissant leurs montants verticaux ensemble. En général, les installateurs dissimulent les têtes de vis sous les feuillures des charnières.

Armoires et comptoirs

Préparation des surfaces

Avant d'installer des armoires, assurez-vous que les murs sont bien droits et de niveau. Servez-vous d'un niveau long (plus de 4 pi). Vous pouvez également vérifier les murs avec une ficelle et des blocs de bois. Coupez trois blocs de bois de la même largeur. Clouez-en deux à la même hauteur sur des murs opposés, puis insérez-y partiellement des clous pour ensuite les relier par une ficelle bien tendue et nivelée avec la partie supérieure des blocs. Alors que vous déplacez le troisième bloc sur le mur et sous la ficelle, la ficelle s'arquera vers le haut ou vers le bas. Les endroits convexes peuvent être aplanis ou râpés avec un papier à poncer moyen n° 80, et les endroits concaves seront remplis de pâte à joints et nivelés avec le mur. Poncez le tout lorsque c'est sec.

Préparation des murs

MATÉRIEL : ▶ niveau ou règle droite • détecteur électronique de montant • perceuse électrique (facultatif)

1 *Avec un niveau ou une règle droite,* repérez les dépressions sur le mur, marquez-les au crayon et mettez-les de niveau avec de la pâte à joints.

2 *Un détecteur électronique de montants* sert à repérer les montants derrière la cloison. Il est prudent de clouer un clou ou deux pour vérifier l'emplacement des montants.

Installation des armoires murales

MATÉRIEL : ▶ niveau • perceuse électrique (facultatif) • serre-joints • escabeau • tournevis • maillet en caoutchouc • couteau universel • crayon ▶ armoires murales

1 *Une armoire en coin à porte vitrée* ancre l'installation des armoires du haut. Même si vous enlevez les portes, vous aurez peut-être besoin de quelqu'un pour vous aider.

2 *Installez la première armoire* bien de niveau (avec des cales, au besoin) afin que les sections suivantes s'intègrent correctement et soient au même niveau.

3 *Fixez l'armoire* aux montants du mur avec des vis sur les montants arrière de l'armoire (en général, en haut et en bas de l'armoire).

Installation des armoires du bas

MATÉRIEL : ▶ perceuse électrique avec scie cloche ou scie sauteuse • serre-joints • maillet de caoutchouc • niveau • couteau universel • crayon ▶ armoires du bas • bandes

1 *Vous aurez peut-être besoin d'installer une longrine (chevron)* pour soutenir le comptoir, par exemple là où les unités aux coins arrondis sont équipées de carrousels de rangement.

2 *Avant d'installer les armoires du bas,* découpez les trous d'accès pour la plomberie avec une scie à cloche ou une scie sauteuse.

3 *Assurez-vous que les armoires du bas sont d'équerre* avec le mur et entre elles. L'armoire en coin (à droite) comporte des plateaux de rangement tournants.

• ruban à mesurer • crayon • tournevis ▶ longrines (chevrons) de 1 x 2 • vis à bois • pâte à joints

3 *Trouvez le point le plus élevé* sur le plancher où les armoires seront installées – ce sera le point d'origine de toutes les mesures.

4 *Mesurez à partir de ce point* pour établir la hauteur du comptoir et vers le bas à partir du point le plus bas du plafond pour établir l'emplacement des armoires du haut.

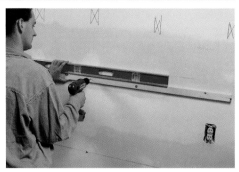

5 *Avec un niveau de 4 pi,* fixez une longrine qui supportera les armoires du haut pendant leur installation.

• bandes de remplissage • longrines de 1 x 2 • moulures • vis à bois • cales • teinture (pour teindre les moulures de la couleur des armoires)

4 *Installez l'armoire suivante* de niveau sur la longrine et fixez-la avec des serre-joints en haut et en bas sur l'armoire en coin.

5 *Vérifiez que l'armoire de chaque côté* est bien de niveau, fixez-la au mur et insérez les vis au travers du renfort du panneau arrière.

6 *Avec une perceuse électrique,* percez les trous pour la quincaillerie ; si les trous sont pré-percés, il suffit de serrer les vis des poignées avec un tournevis.

de remplissage • cales • longrines de 1 x 2 • moulures latérales • moulure pour le retrait du socle • vis à bois • teinture (pour teindre les moulures de la couleur des armoires)

4 *Sur certaines installations,* il faut caler les espaces entre les armoires. Un serre-joint assurera l'exactitude du raccord entre les armoires.

5 *Utilisez un niveau* pour vérifier l'exactitude de l'installation. Fixez l'armoire avec des vis au travers du renfort du panneau arrière.

6 *Collez et clouez* les moulures assorties au fini de l'armoire sur toute la longueur du retrait du socle des armoires du bas.

Armoires et comptoirs

Portes d'armoire

À première vue, la construction de portes d'armoires semble simple, mais en fait c'est un peu plus compliqué que de couper un morceau de bois pour couvrir l'ouverture. Il faut choisir les charnières, les loquets, les poignées, et décider comment la porte sera placée sur – ou dans – l'ouverture. Il faut penser à la conception de la porte, aux matériaux à utiliser et comment le tout sera aligné et fixé.

Il faut prévoir l'agencement correctement. Dans quel sens les portes s'ouvriront-elles ? Les tiroirs situés au-dessus des portes seront-ils accessibles lorsque les portes seront ouvertes ? Il faut penser aussi à la solidité, puisque la porte n'est rattachée qu'en deux points (les charnières). Vous devez vous assurer que les charnières et le matériau utilisé pour la porte en supporteront le poids lorsqu'elle est ouverte.

Construction de la porte

La plupart des portes d'armoire ne sont pas construites d'une seule pièce, puisque même un léger gauchissement du bois risquerait d'en gêner la fermeture. (En ce sens, les portes en applique sont un peu plus indulgentes que les portes encastrées, qui fermeront en laissant un jour.) Le contreplaqué recouvert d'un placage est plus stable que le bois plein puisqu'il ne gauchit pas aussi facilement.

***Des loquets sécuritaires** sur les portes des armoires du bas empêcheront les jeunes enfants curieux d'avoir accès à leur contenu.*

La plupart des armoires de bonne qualité ont des portes composées de cadres et de panneaux. Ces portes ont des cadres en bois (en $5/4$ ou taillées sur mesure) avec un panneau intérieur en bois, en matériau en feuille ou en vitre.

Lorsqu'ils sont correctement construits, les assemblages des cadres sont très solides et très stables, et la porte sera d'équerre. Puisque les panneaux sont encastrés dans des rainures plutôt que collés, ils peuvent prendre de l'expansion et se contracter dans leur cadre sans modifier la position de la porte dans l'ouverture. Si vous savez faire des assemblages solides (à mortaise et à tenons, à goujons ou à languettes), vous saurez construire une porte simple avec un cadre et des panneaux.

Loquets

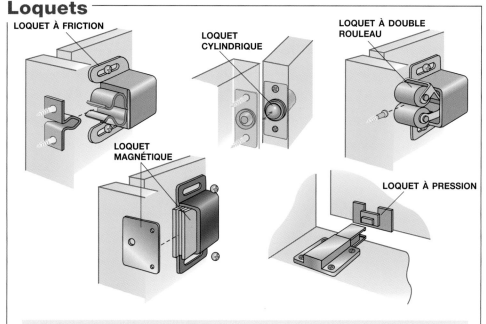

LOQUET À FRICTION

LOQUET CYLINDRIQUE

LOQUET À DOUBLE ROULEAU

LOQUET MAGNÉTIQUE

LOQUET À PRESSION

Tous les loquets servent à garder les portes d'armoire fermées, mais chacun possède des avantages particuliers. Les loquets à rouleaux et à friction sont efficaces grâce à leurs ressorts, les loquets cylindriques peuvent être insérés dans des espaces restreints, et les loquets à pression se déclenchent en poussant sur la porte.

Portes à panneau surélevé

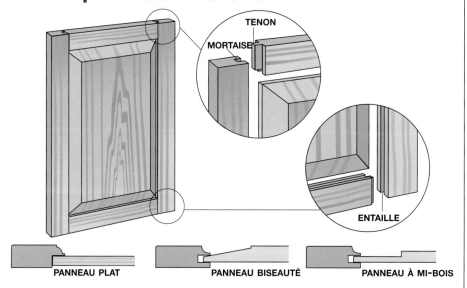

TENON

MORTAISE

ENTAILLE

PANNEAU PLAT

PANNEAU BISEAUTÉ

PANNEAU À MI-BOIS

Les portes à véritable panneau surélevé ont un seul panneau flottant qui n'est pas collé au cadre. Grâce à cette construction, le panneau peut prendre de l'expansion ou se contracter en fonction du niveau d'humidité. **Les portes à panneau plat** (à gauche) sont plus faciles à construire mais sont souvent moins résistantes.

Portes encastrées

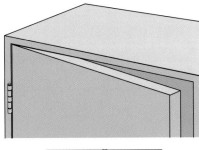

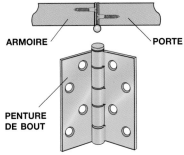

ARMOIRE — **PORTE**

PENTURE DE BOUT

Les charnières de bout ou à battants sont conçues pour les portes encastrées. Chaque battant s'insère dans une mortaise taillée dans le cadre et le chant de la porte.

Les portes encastrées (ou affleurantes) sont faciles à construire. Il s'agit de rectangles simples du même format que l'ouverture du cadre de l'armoire. La face de la porte affleure à la face du cadre.

◆ **Style:** dans une petite cuisine, les portes affleurantes estompent le volume des armoires, alors que des cadres plus lourds ou plus compliqués le mettent en évidence. Par contre, les portes affleurantes posent certains inconvénients: mal alignées, elles seront plus visibles et les interstices entre les faces des portes de couleur claire présenteront des traits foncés.

◆ **Longévité:** le moindre mouvement ou gauchissement du cadre empêchera la porte de fermer correctement. Il n'y a pas de chevauchement ou de marge d'erreur comme dans le cas des portes en applique.

Portes en applique

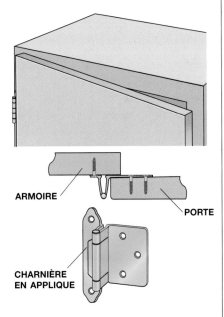

ARMOIRE

PORTE

CHARNIÈRE EN APPLIQUE

Les charnières en applique ou de surface conviennent aux portes en applique. Comme la porte n'est pas encastrée, ce sont les charnières les plus faciles à ajuster.

Les portes en applique sont légèrement plus grandes que l'ouverture et sont fixées sur le cadre de l'armoire. Le chevauchement cache les défauts d'alignement, les raccords se trouvant dissimulés par les portes. Par contre, le cadre de l'armoire est toujours visible et devra recevoir la même couche de finition que les portes.

◆ **Style:** les panneaux des portes – et tout particulièrement leurs chants – de même que les charnières sont très visibles. Si vous utilisez du contreplaqué ou tout autre matériau composé, vous devrez camoufler le grain rugueux des chants avec de la peinture ou du ruban de placage.

◆ **Longévité:** les problèmes éventuels sont faciles à résoudre: il suffit d'ajuster les charnières ou de les remplacer au besoin.

Portes à feuillures

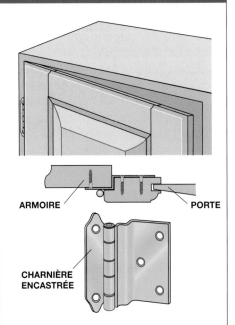

ARMOIRE — **PORTE**

CHARNIÈRE ENCASTRÉE

Les charnières encastrées sont conçues afin de s'insérer dans un chant à feuillure et servent à maintenir les portes à feuillures. Seule une petite partie de la ferrure est visible.

Les portes à feuillures offrent le meilleur compromis entre les trois choix: la moitié de la tranche de la porte est encastrée dans l'ouverture, alors que l'autre moitié chevauche le cadre de l'armoire. Lorsque les chants visibles sont aplanis, les panneaux se fondent dans le cadre. Une face de la charnière, une feuillure décorative par exemple, est apparente sur le cadre, alors que l'autre feuillure est dissimulée derrière la porte.

◆ **Style:** ces portes sont plus élégantes puisqu'elles se fondent dans la face du cadre.

◆ **Longévité:** les charnières encastrées sont faciles à installer. Comme les deux faces de la charnière sont appliquées en surface, il n'y a pas lieu de percer ni de fraiser la mortaise.

Notions élémentaires

Il est facile de reconnaître un tiroir bien construit. Un bon tiroir est assemblé en plein bois et avec des queues d'aronde, est entièrement extensible et fonctionne à l'aide de rails à roulement à billes fixés sous le tiroir. Les tiroirs de qualité économique sont faits de panneaux laminés de particules agglomérées, leurs faces sont collées ou clouées et leurs guides sont en plastique. Les tiroirs des unités faites sur mesure ne sont construits qu'après la mise en place de l'armature afin qu'ils s'emboîtent avec précision.

Les meilleurs assemblages pour les tiroirs sont en queue d'aronde ou font appel à d'autres procédés qui joignent bien les pièces sans clous (et même sans agrafes) et qui servent en quelque sorte de connecteurs mécaniques. En second lieu, on retrouve les connecteurs structuraux qui relient une planche à une autre : par exemple, les assemblages à goujons, ou leur équivalant plus moderne, les assemblages à languettes, celles-ci encastrées dans des gorges et alignées d'une planche à l'autre. Les assemblages butoirs ou à feuillures ne résistent pas bien à l'usure. Ils sont souvent renforcés par

des clous ou par des agrafes qui se détachent au fil du temps. Malgré vos efforts, les connecteurs mécaniques seront peut-être difficiles à retirer. (Voir le chapitre 14, pages 264-265, pour plus d'informations sur l'assemblage du bois.)

Types de tiroirs

Comme dans les portes d'armoires, il existe trois types élémentaires de tiroirs : encastrés, en applique et à feuillure. Les faces des tiroirs encastrés sont de niveau avec l'armature de l'armoire. Ces tiroirs doivent être assemblés avec beaucoup de précision et le moindre jeu les empêchera de glisser correctement. Les tiroirs en applique et à feuillure requièrent un assemblage moins minutieux puisqu'une partie de leur face recouvre le cadre de l'armoire.

Parmi les options proposées, notons les plates-formes escamotables pour ranger les grandes casseroles et les poêles, les faces de tiroir qui dissimulent des planches à découper coulissantes, et les tiroirs verticaux faits sur mesure et adaptés aux espaces inhabituels; ils sont formidables pour ranger des articles étroits tels les planches à découper et les plateaux.

Poser des rails métalliques

MATÉRIEL : ▶ ruban à mesurer • perceuse

1 *Modernisez vos vieilles armoires* en installant des rails métalliques sur roulettes. La plupart des tiroirs exigent des rails latéraux solides qui s'insèrent de niveau avec l'armature de l'armoire.

Découpe des queues d'aronde

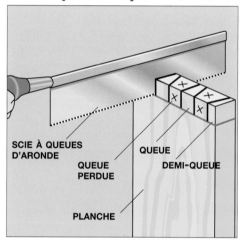

SCIE À QUEUES D'ARONDE

QUEUE PERDUE

QUEUE

DEMI-QUEUE

PLANCHE

Poser des rails en bois

MATÉRIEL : ▶ toupie • scie à chantourner • boîte à

1 *Remplacez les guides usés des tiroirs en bois* en posant une bande de glissement fixée à un rail latéral.

Anatomie d'un tiroir

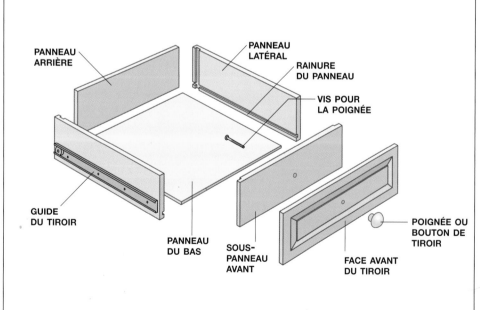

PANNEAU ARRIÈRE

PANNEAU LATÉRAL

RAINURE DU PANNEAU

VIS POUR LA POIGNÉE

GUIDE DU TIROIR

PANNEAU DU BAS

SOUS-PANNEAU AVANT

FACE AVANT DU TIROIR

POIGNÉE OU BOUTON DE TIROIR

électrique (facultatif) • niveau torpille • crayon • tournevis ▶ tiroir • quincaillerie pour les rails • rails latéraux de 1 x 3 ou de 1 x 4 • vis à bois

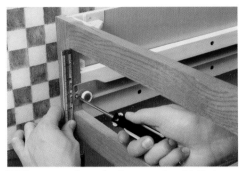

2 *Tracez une ligne de niveau* sur le rail latéral, puis servez-vous du coulisseau comme gabarit pour marquer l'emplacement des trous. Percez des trous pilotes et fixez le guide.

3 *Mesurez la profondeur* de l'emplacement du guide sur les rails latéraux du tiroir, puis installez les guides des coulisseaux sur les faces latérales du tiroir.

4 *Avant d'insérer toutes les vis de montage,* faites quelques essais avec le tiroir. Basculez le tiroir dans l'ouverture pour insérer les rails dans les guides.

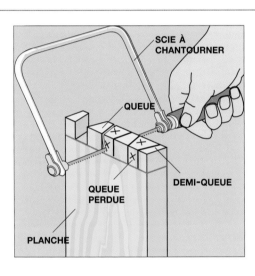

Les assemblages en queue d'aronde conviennent parfaitement aux tiroirs puisqu'ils se plient bien à une charge multidirectionnelle. Chaque assemblage est composé de deux éléments : la queue est découpée en forme de clé de voûte, qui s'emboîte dans la pièce à queue d'aronde. Il faut prendre soin de bien mesurer et de faire des coupes précises pour éviter que le tiroir ne se coince ou ne bâille. Tracez le contour de la queue avec une fausse équerre à un angle de 75-80 degrés (un angle plus grand pour les bois tendres). La partie la plus évasée de la queue doit être placée vers la face arrière. Premièrement, faites le tracé à l'extrémité de la pièce : trois queues sont la norme et leur espacement est un choix esthétique. Déterminez leur hauteur (égale ou légèrement supérieure à l'épaisseur du bois). Faites les coupes verticales des queues avec une scie à queues d'aronde (illustrée à l'extrême gauche), puis les coupes horizontales avec une scie à chantourner (à gauche). C'est le gabarit qui servira à marquer la queue. Définissez bien les queues avec un ciseau à bois et faites un essai préliminaire avant de les coller et de les assembler. Vous pouvez acheter des scies conçues pour couper les queues et les queues d'aronde en une seule étape avec une toupie.

onglets • tournevis • perceuse électrique (facultatif) • niveau torpille ▶ rails latéraux de 1 x 3 ou de 1 x 4 • guides en bois de 1 x 1

2 *Fixez les rails latéraux* en alignant les guides sur l'ouverture du tiroir. Le tiroir n'aura pas d'assise là où il n'est pas supporté par le rail.

3 *Mesurez et tracez une rainure* sur les côtés du tiroir avec la toupie, de la même largeur que les guides des rails latéraux. Approfondissez la rainure par plusieurs passages de la toupie.

4 *Faites un essai* avec le tiroir dans l'ouverture. Les guides doivent bien s'insérer dans les rainures. Enduisez les guides de paraffine pour en faciliter le mouvement.

Armoires et comptoirs

Les revêtements de comptoir

Quand on a des sous à mettre dans un cuisine, c'est habituellement au revêtement des comptoirs qu'on les consacre. L'ultime folie, c'est le granit, le revêtement le plus cher proposé sur le marché, de quatre à cinq fois plus coûteux que le plastique stratifié. Il est très robuste et dense, et résiste à presque toutes les taches, aux brûlures et aux éraflures des coups de couteau. Ce type de comptoir sert à la fois de planche à découper et de repose-plats. Le granit est beaucoup plus résistant que le marbre, une autre solution coûteuse. La plupart des marbres tachent facilement, jaunissent au fil du temps, et leur entretien quotidien est pénible. Tous ces revêtements exigent une base solide pour en supporter le poids.

Une nouvelle catégorie de revêtements, les synthétiques solides, sont un excellent choix et sont plus économiques. Les raccords sont scellés à l'époxy et sont presque invisibles. Même les dosserets anti-éclaboussures peuvent y être intégrés pour donner l'illusion d'une unité monopièce et imposante. Les chants des revêtements solides synthétiques peuvent être arrondis et rendus lisses et sécuritaires, contrairement aux rebords angulaires des plastiques stratifiés.

Les plastiques stratifiés sont proposés dans une vaste gamme de couleurs et de finis, et leur durabilité, leur résistance relative aux taches et leur prix en font un choix populaire. Par contre, ils ont tendance à se fendiller et ne résistent pas à la chaleur dégagée par un plat posé par mégarde. Les brûlures ne sont pas réparables. Les revêtements de comptoir pré-moulés sont composés d'un stratifié préencollé sur une base de particules agglomérées, et sont livrés d'une seule pièce avec le dosseret anti-éclaboussure et le chant avant incurvé.

Poser un comptoir pré-moulé

MATÉRIEL : ▶ scie sauteuse • règle droite • perceuse électrique ▶ colle à bois • calfeutrant • vis autoforeuses • bande de placage

1 *Coupez le comptoir* sur sa longueur avec une scie sauteuse ; une équerre fixée au comptoir servira de guide de coupe.

2 *Les extrémités visibles* sont recouvertes d'une bande de placage. Si elles ne sont pas auto-adhésives, fixez-les avec de la colle à bois.

3 *Maintenez le comptoir fermement* contre le mur et fixez-le aux armoires du bas avec les vis autoforeuses.

4 *Appliquez un filet de calfeutrage au silicone* dans le joint entre le mur et le dosseret anti-éclaboussures et dans tout autre interstice.

Poser un évier

MATÉRIEL : ▶ perceuse électrique • scie à guichet ou scie sauteuse • tournevis • pistolet à calfeutrer ▶ attaches et vis pour évier • calfeutrage • renforts de bois

1 *Avant d'installer un évier à rebord,* placez-le à l'envers et appliquez un large filet de calfeutrage imperméable sous son rebord.

Installez l'évier lorsque la plomberie est sommairement mise en place et que le comptoir est prêt. Parmi les choix proposés, notons les éviers en fonte, en acier inoxydable ou émaillé (assurez-vous que l'épaisseur est au moins de calibre 20). Les éviers posés sur le comptoir sont soit sans cadre/sans rebord (qui n'ont besoin que d'être fixés) ou avec un cadre/bordure (qui doivent être scellés au comptoir par une bande). Installez les robinets et le raccord d'évacuation avant de poser l'évier.

2 *Centrez l'évier* dans l'ouverture, fixez les attaches en forme de L dans la rainure du périmètre et serrez les vis.

Le stratifié

Le stratifié est le revêtement par excellence si vous faites le travail vous-même, bien que la tâche soit délicate. Cette difficulté tient à la nature de l'adhésif de contact. Une fois qu'il est appliqué aux surfaces et qu'elles sont fermement mises en contact, elles sont fixées en permanence. Il n'y a pas la même marge de manœuvre qu'avec la plupart des autres colles.

Un autre inconvénient des stratifiés est leur rigidité. Les revêtements de comptoir doivent être durables, mais si vous n'utilisez pas des outils de coupe parfaitement affûtés, les feuilles de stratifié se fendilleront. Afin d'éviter d'exposer une partie du substrat foncé sous la couche de finition, les revêtements du comptoir et du chant sont posés en les faisant déborder légèrement, puis taillés avec une toupie pour former une arête lisse. Mais si votre toupie n'a pas de guide à roulement à billes, la friction de sa rotation à haute vitesse risque d'émousser l'arête. Et si vous manœuvrez la toupie assez rapidement pour éviter ce problème, l'arête risque de se fendiller.

Les stratifiés ont deux avantages principaux : leur prix (à partir de 1,25 $ le pied carré pour un revêtement de comptoir d'une épaisseur de $1/16$ po ; de 15 à 25 $ le pied linéaire, incluant la pose) et la gamme des couleurs. Il existe des centaines de teintes, de motifs et de textures différentes. Ils se fendilleront sous le coup d'un impact, par exemple avec un chaudron lourd, mais les dégâts seront peu apparents.

Les plastiques stratifiés résistent aux taches, à la moisissure et aux abrasifs, bien qu'une poêle très chaude puisse laisser une marque qu'il sera presque impossible de camoufler. De la même manière, des éraflures à répétition, même si elles sont petites et peu profondes, résulteront en une zone décolorée et terne.

Attention !

▶ **L'adhésif de contact** doit être utilisé dans une pièce bien aérée. L'exposition à ses vapeurs peut causer une irritation du nez, de la gorge et des poumons. Les vapeurs sont également explosives si elles entrent en contact avec du feu. L'adhésif irrite la peau si on ne la lave pas à l'eau et au savon. Portez des lunettes de protection et des gants de caoutchouc pour éviter tout contact direct avec le produit. Les codes du bâtiment locaux peuvent exiger une colle au latex, conforme aux normes sur les COV.

Poser du stratifié

MATÉRIEL : ▶ toupie • rouleau • serre-joints • couteau universel • règle droite • pinceau
▶ treillis • adhésif de contact

1 *Coupez le stratifié au format voulu* en traçant une entaille avec un couteau universel ou avec un outil spécial pour entailler le stratifié.

2 *Fixez une règle droite* juste derrière la ligne de coupe. Travaillez sur une surface plane et de niveau, et cassez l'excédent.

3 *Lisez bien la mise en garde* sur l'emballage de l'adhésif (et lisez les conseils de sécurité ci-contre) avant d'appliquer l'adhésif au pinceau.

4 *Placez la bande de placage* sur le double chant du contreplaqué et déroulez-la pour qu'elle adhère bien.

5 *Installez des bandes minces de treillis* sur le comptoir avant de mettre la feuille principale du revêtement en place. Retirez les bandes de treillis l'une après l'autre.

6 *Avec la toupie,* taillez les arêtes du stratifié. Servez-vous d'une mèche biseautée et d'un guide de coupe à roulement à billes.

Du solide

Les revêtements solides des plans de travail présentent une surface uniforme; c'est un mélange de résine et de minéraux. Ils sont maintenant proposés en plus de couleurs et de motifs que lorsqu'ils ont été introduits. Ils se travaillent comme le bois; les chants peuvent être ornés de détails sophistiqués, et les réparations mineures s'effectuent par ponçage et par polissage. Les trous plus importants sont comblés par du nouveau matériau. Les revêtements solides plaqués sont moins chers et les raccords sont tout aussi invisibles, mais ils n'offrent pas les mêmes avantages que les revêtements solides. L'inconvénient de tous les revêtements solides est leur prix, et il est peu probable que l'installation d'un comptoir à sections multiples se fasse avec des raccords invisibles.

Les revêtements de comptoir en céramique sont non seulement très solides – ils sont pratiquement indestructibles –, ils résistent aussi bien aux brûlures et aux taches que le granit. Contrairement au granit, les carreaux en céramique sont proposées dans toute une gamme de couleurs et de motifs. Cependant, malgré la résistance des carreaux, le coulis à joints peut poser problème. L'eau décolore le coulis et s'infiltre sous le carreau, qui risque de se décoller. Pour prévenir ce problème, il suffit de faire preuve de patience et d'enduire de silicone chaque ligne de coulis. Il existe également depuis quelques années un coulis très résistant à base de polymère disponible en commande spéciale chez plusieurs fournisseurs. Par ailleurs, c'est tout un défi que de réaliser une disposition égale des carreaux sur les dosserets anti-éclaboussures, le comptoir et les surfaces arrondies, surtout sur les îlots. Pour des résultats optimaux, la charpente de la structure doit être très rigide et suffisamment solide pour soutenir le poids des carreaux, de l'adhésif et du contreplaqué de qualité extérieur ou maritime.

Revêtements massifs

Plusieurs consommateurs connaissent ces revêtements sous l'une de ses marques de fabrique les plus connues, Corian. Contrairement aux plastiques stratifiés, qui sont en fait une mince couche posée sur un panneau de contreplaqué ou sur un panneau de particules agglomérées, les revêtements massifs sont composés d'une seule pièce. En général, ils sont installés par un entrepreneur qui agencera sur mesure les plans de travail à vos armoires. Les sections peuvent être raccordées invisiblement, même sur les grandes unités en coin, là où les stratifiés en feuilles laisseraient apparaître un raccord. Aussi, lorsque les revêtements massifs sont coupés – par exemple autour d'un évier –, leur chant ne requiert aucune finition supplémentaire.

Les comptoirs en revêtement massif n'ont pas besoin de bande de chant et les raccords sont invisibles; vous pouvez cependant poser des appliques décoratives et des moulures.

Bois massif

Un étal de boucher en érable massif, c'est très joli, mais est-ce durable? Dans son application d'origine – en tant que véritable étal de boucher – une mince couche de bois était périodiquement raclée de l'étal. Cette pratique se prête difficilement aux comptoirs de cuisine, puisque le bois va se rayer et se tacher avec le temps, même lorsqu'il est scellé avec de l'huile pénétrante. Les scellants transparents pour surfaces dures risquent de se fendiller et de se retrouver dans les préparations alimentaires.

Poser des carreaux

MATÉRIEL : ▶ perceuse électrique ou tournevis
▶ carreaux de céramique • adhésif simple

1 *Les comptoirs de contreplaqué de $^3/_4$ po sont généralement renforcés d'une deuxième feuille afin d'obtenir un chant de 1 $^1/_2$ po.*

5 *Marquez l'emplacement des premiers carreaux, puis, en travaillant section par section, posez les carreaux sur le coulis.*

Matériels

◆ **Ce qu'il vous faut.** Vous aurez besoin d'une base d'une épaisseur d'au moins 1 po pour que l'étal résiste aux travaux culinaires quotidiens. Des moulures décoratives peuvent être fixées et découpées en porte-à-faux avec les chants. On peut trouver dans le commerce des huiles de finition sécuritaires non-toxiques.

◆ **Évaluation.** Les étals de boucher sont vendus en largeurs de 18, 24 et 36 po, ou peuvent être taillés sur mesure.

- coupe-carreau • pince coupante à carreaux • truelle dentée • flotteur caoutchouté • éponge et seau • cales d'espacement
- mélange pour coulis

2 ***La plupart des armoires*** *sont vendues avec des tasseaux triangulaires aux coins. Installez le comptoir en vissant dans les tasseaux.*

3 ***Placez les carreaux à sec*** *sur le comptoir et dessinez le plan de pose. Marquez les joints de coulis avec des cales d'espacement.*

4 ***Appliquez l'adhésif*** *avec une truelle dentée ou un couteau, en formant des sillons et en suivant les recommandations du fabricant.*

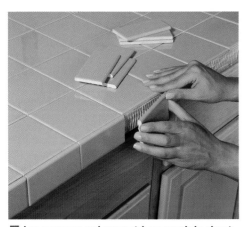

6 ***Les carreaux qui servent à recouvrir le chant*** *ont une bordure arrondie en haut et en bas.*

7 ***Pour remplir les joints de coulis,*** *répandez le mélange de coulis sur toute la surface, en travaillant en diagonale et vers les joints.*

8 ***Pendant que le coulis sèche,*** *retirez l'excédent avec une éponge humide. Répétez l'opération plusieurs fois.*

Pierre

Les comptoirs de pierre sont les plus faciles à entretenir, les plus durables et les plus élégants, mais aussi les plus chers. Ils se déclinent en plusieurs types de pierres, comprenant le marbre, qui exige plus d'entretien, et le granit, résistant aux éraflures, à la chaleur et à la plupart des taches. Un entrepreneur peut installer un comptoir de pierre de forme arrondie et sans raccords. Il est souvent nécessaire de renforcer l'armature du support pour qu'elle soutienne le poids du comptoir.

Matériels

- ◆ **Ce qu'il vous faut.** La plupart des comptoirs de pierre sont livrés prêts à être installés. La découpe des ouvertures de l'évier doit être faite avec une lame spéciale et une scie à jet d'eau. Renseignez-vous auprès de votre fournisseur local de carreaux ou d'armoires de cuisine.
- ◆ **Évaluation.** Des mesures exactes sont essentielles à la fabrication des comptoirs de pierre. Leur prix varie en fonction de la taille, de la forme et du type de matériau.

Armoires et comptoirs

Protection du bois

La saleté, la graisse, les huiles et même la nourriture tachent le bois du mobilier de cuisine s'il n'est pas protégé par une finition quelconque. Les enduits les plus élémentaires sont composés d'un seul ingrédient. L'huile de lin, par exemple, teint et protège le bois. D'autres enduits sont composés de plusieurs ingrédients, par exemple un scellant pour le grain du bois, une teinture pour la couleur et une dernière couche de vernis protecteur.

Types d'enduits de finition

Les enduits à séchage rapide sont les plus pratiques, combinant une petite part de matières solides (la couche en tant que telle) et une grande part de diluant. Lorsque ce diluant s'évapore, les matières solides restent en place et protègent le bois. Prenez garde de ne pas laisser des coups de pinceau apparents en cours d'application, et de toujours procéder humide sur humide. Les coups de pinceau seront plus apparents sur une grande surface. Vous devez travailler rapidement et chevaucher les passes encore humides. Les enduits à séchage rapide sont relativement minces puisqu'ils comportent seulement une petite part de matières solides.

Les enduits à séchage lent, l'huile de lin bouillie par exemple, sont composés de plus de matières solides et de moins de diluant. Ils sèchent par évaporation en restant collants et durcissent avec le temps – il faut compter de 6 à 12 heures avant que la surface puisse être touchée sans risque de laisser de trace. Le durcissement dure plus longtemps, une journée ou une semaine, selon le produit.

Les enduits sur les surfaces qui sont destinées à la préparation des aliments doivent être exempts de plomb ou d'autres métaux, cobalt ou sels de manganèse par exemple, qui servent d'agents de séchage.

Enduits de finition

◆ Les **scellants à poncer** et les conditionneurs pour le bois sont appliqués au bois à larges pores (le pin, par exemple) avant la couche de finition. Les scellants à poncer servent également à lisser les surfaces rugueuses. L'application d'un scellant sur une couche de teinture empêchera celle-ci de pénétrer la couche de finition. Les vernis laqués et les vernis à l'huile sont les scellants les plus courants ; il existe également un scellant laqué à poncer qui doit être appliqué avant le laquage.

◆ Les **teintures à bois** confèrent une teinte translucide au bois et mettent en valeur les nuances subtiles de son grain. Elles sont composées de pigments, de solvants (à l'eau ou à l'huile) et d'un liant. Les teintures pigmentées sont plus opaques et camouflent bien les imperfections d'un bois de qualité inférieure. Les teintures à l'aniline confèrent des couleurs vives, bien qu'artificielles ; elles sont plus translucides et réfléchissent bien les teintes naturelles du bois.

◆ Les **teintures gélifiées,** plus visqueuses et plus faciles à utiliser que les teintures liquides, sont proposées en formules à l'huile à base de pigments ou à base de colorants hydrosolubles. Leur consistance les rend plus faciles à manipuler et à appliquer sans avoir à s'inquiéter des coulisses et des marques de raccord. Elles se prêtent tout particulièrement bien à une application sur des armoires déjà fixées au mur.

◆ Le **polyuréthane,** un vernis synthétique composé de résine de plastique, offre un fini transparent et résistant, et il jaunit moins que les vernis à l'huile. Il sèche rapidement et est suffisamment résistant pour être appliqué sur les planchers. Proposé à base d'huile ou d'eau, et en plusieurs types de finis plus ou moins lustrés, il résiste à l'humidité et à la chaleur, et il est facile à appliquer.

Avant de peindre

Remplissez toutes les ébréchures, les dépressions et les trous avec un bouche-pores. Pour les retouches, demandez au fabricant un bouche-pores de couleur assortie à votre mobilier.

Avant de peindre, retirez les portes, les tiroirs et la quincaillerie ; lavez les surfaces avec un savon doux. Avec un enduit à déglacer, ternissez le fini des armoires vernies. Enlevez la peinture écaillée des armoires peintes et poncez avec un papier fin n° 180. Faites tremper la quincaillerie dans un bain de décapant. Comblez les trous avec un bouche-pores et poncez de niveau. Appliquez une couche d'apprêt sur le bois vierge avant de le peindre.

Si vous peignez les armoires avec de la peinture opaque, poncez le bouche-pores avec un papier très fin n° 220 afin de ne pas laisser de marques apparentes.

Ponçage

Enlevez les traces de peinture *ou les défauts en surface avec une ponceuse à courroie, en utilisant progressivement des papiers de plus en plus fins. N'exercez pas trop de pression sur le placage.*

Une ponceuse électrique orbitale ou vibrante *effectuera un bon ponçage de finition sans laisser de traces directionnelles.*

Finissez de poncer à la main *dans les coins et sur les motifs complexes des moulures. Commencez avec un papier moyen n° 80 pour terminer avec un papier très fin n° 220.*

Finition

Pour mieux contrôler le degré d'absorption de la couleur, *surtout sur les bois tendres, appliquez la teinture avec un chiffon doux et sans charpie, et faites bien pénétrer dans le bois.*

Appliquez les enduits au polyuréthane *avec un pinceau de bonne qualité en poils de soies ou avec un tampon en mousse. Lissez les traces de raccord au fur et à mesure.*

Si vous appliquez un enduit naturel *tel de l'huile de lin bouillie ou de l'huile de bois de Chine, lustrez et nettoyez le bois avec de l'huile citronnée.*

Outils

Bien que la plupart des teintures et vernis puissent être appliqués au pinceau, il existe quelques exceptions, telle que la laque qui doit être appliquée au pistolet, sinon le pinceau laisserait des marques de raccord. Parmi les outils de ponçage facilitant la tâche, notons les nouvelles ponceuses à tête triangulaire qui permettent de travailler dans les coins. Et parmi les outils essentiels, il faut un chiffon de dé-poussiérage afin de s'assurer que la surface soit complètement propre.

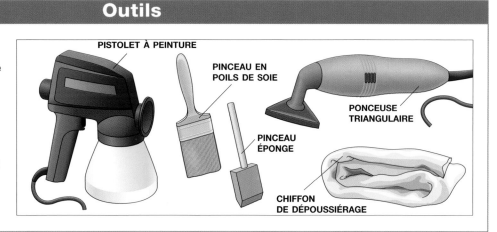

PISTOLET À PEINTURE

PINCEAU EN POILS DE SOIE

PONCEUSE TRIANGULAIRE

PINCEAU ÉPONGE

CHIFFON DE DÉPOUSSIÉRAGE

Armoires et comptoirs

Rénover les armoires

Dans bien des cas, vous aurez envie de changer de décor même si vos armoires sont encore en bon état. Plutôt que de tout remplacer, vous pouvez les rénover et leur redonner une apparence de neuf. Il s'agit de remplacer les faces des armoires et des tiroirs, et d'appliquer un mince placage sur le cadre apparent des anciennes armoires. Vous devez posséder de bonnes connaissances techniques en ébénisterie, surtout si vous choisissez de faire le travail vous-même et de personnaliser vos armoires. Sinon, vous pouvez travailler avec un entrepreneur spécialisé en rénovations.

Kit de rénovation

Un kit de rénovation rend ce projet de bricolage beaucoup plus facile. Le déroulement des étapes de l'opération est quelque peu différent d'une rénovation personnalisée, bien que la marche à suivre ait beaucoup de similitudes. Si votre cuisine ressemble à une cuisine traditionnelle nord-américaine (qui, selon une entreprise spécialisée en rénovations, possède 15 portes d'armoire et 11 faces de tiroir), la rénovation à l'aide d'un kit exigera de 16 à 24 heures de travail et vous économiserez jusqu'à 70 % du coût d'installation d'armoires neuves. Les kits, livrés en pièces détachées, sont proposés avec des portes de formats et de conception variés, et leur coût moyen est de moins de 1 000 $

Le travail peut être divisé en trois étapes : le remplacement des portes d'armoire, l'ajout de placages, et le remplacement des faces de tiroir. En résumé, voici les étapes à suivre pour faire la transition entre un mobilier de cuisine fait de panneaux de particules agglomérées et le chêne : enlevez toutes les vieilles portes d'armoire et leur quincaillerie ; installez les nouvelles portes d'armoire sur les ouvertures (au besoin, ajoutez des moulures pour rétrécir les ouvertures) ; appliquez un placage de bois auto-adhésif sur les parties visibles de l'armature ; teignez, scellez et appliquez les touches de finition aux portes d'armoire en chêne massif de 3/4 po et aux placages de bois comme bon vous semble.

Les mêmes étapes valent pour les faces de tiroir : retirez les tiroirs et enlevez la quincaillerie ; coupez les faces existantes des tiroirs de niveau avec le haut, le bas et les côtés des tiroirs ; collez, vissez et serrez les nouvelles faces en chêne massif aux tiroirs ainsi modifiés ; puis appliquez les touches de finition comme bon vous semble et installez la nouvelle quincaillerie.

Avant...

et après...

En conservant l'armature des armoires et en ne remplaçant que les faces des portes et des tiroirs, les rénovations (en kit ou effectuées par un entrepreneur) vous feront économiser de l'argent.

Remplacer les moulures

MATÉRIEL : ▶ marteau • pied-de-biche • scie à dosseret • râpe à bois • scie à chantourner • chasse-clous ▶ clous • bouche-pores

1 *Enlevez la vieille moulure de caoutchouc avec un petit pied-de-biche (ou un ciseau). Dès qu'une extrémité est dégagée, tirez la moulure vers vous avec le pied-de-biche.*

2 *Préparez le mur pour recevoir la nouvelle moulure en grattant l'adhésif résiduel. Ne vous servez pas de diluant ou de décapant chimique.*

3 *Clouez la nouvelle moulure de bois sur les montants des murs avec des clous de finition. Chassez les têtes des clous et remplissez avec le bouche-pores.*

4 *Posez une moulure perlée décorative monopièce ou ajoutez une moulure quart-de-rond à la base.*

Rénover les armoires

Remplacer le revêtement du mobilier de cuisine peut être un projet important, surtout si vous voulez renouveler tous les éléments visibles, incluant les portes étroites et le chant des tiroirs. Vous pouvez parfois vous en tirer en ne remplaçant que les portes des armoires et les faces des tiroirs. Un remodelage complet est cependant plus facile à gérer et moins cher que de tout changer. Il s'agit donc de conserver les armatures et de les revêtir d'une nouvelle peau, soit un plastique stratifié aux couleurs vives, soit un bois aux teintes naturelles et claires. Vous pouvez choisir de remplacer les comptoirs, les faces des tiroirs et les plateaux de rangement des tiroirs, les moulures, la quincaillerie et autres. Voici quelques-unes des étapes principales.

Bien des cuisines ont des armatures d'armoire solidement construites, mais leur apparence, démodée et terne, est mûre pour un changement.

Une fois les portes, les tiroirs et la quincaillerie retirés, toutes les surfaces visibles de l'armature peuvent être recouvertes de stratifié.

Un plateau de rangement de tiroir comme celui-ci recouvre le fond et les côtés du tiroir d'une mince pellicule antidérapante de stratifié facile à entretenir.

Avec un tel plateau, vous n'avez pas à vous soucier de doublure en papier qui ne tient pas en place et qui se déchire.

Les portes et les faces de remplacement sont généralement proposées dans un grand choix de finis de bois et de stratifiés, et dans toute une gamme de styles.

Touches de finition

Recouvrez la tranche rugueuse du contre-plaqué avec une bande de chant en bois plaqué autoadhésive, appliquée avec une chaleur modérée pour activer la colle, puis pressez.

Les entrepreneurs en revêtements peuvent remplacer ou camoufler toutes les sections d'origine de vos armoires. L'armature des armoires est d'abord dénudée, puis les surfaces visibles, tels les cadres entre les portes, sont poncées et rénovées. Vous aurez à choisir des matériaux neufs pour les portes d'armoire et les faces de tiroir, soit en bois plein soit en plastique stratifié. Profitez de l'occasion pour repeindre l'intérieur des armoires.

Installez les nouvelles faces de tiroir avec de la colle et des vis. Serrez la nouvelle face en place et marquez bien la position des trous pour la quincaillerie.

Armoires et comptoirs

Réparer les portes

Si une porte qui fermait parfaitement se met à frotter, c'est que le bois gauchit ou que les charnières se relâchent. Dans un premier temps, resserrez les vis et vérifiez l'alignement de la porte ; vous aurez peut-être à enlever la porte, à remplir les trous de vis avec du mastic et à réinstaller la porte. Si cette opération ne résout pas le problème, vous devrez raboter la porte, redresser le gauchissement ou poser des cales dans les mortaises des charnières.

Redresser le gauchissement

Il y a plusieurs façons de redresser une porte gauchie – ou du moins de tenter de le faire. Certains bois ont un grain avec un biais intégré qui est presque impossible à redresser une fois gauchi. Vous pouvez essayer de mouiller la face concave du gauchissement avec plusieurs chiffons mouillés et de chauffer l'autre face avec une lampe thermique. La porte devra être forcée et tenue en position, à l'aide de 2 x 4 et de serre-joints.

Sinon, vous pouvez suspendre la porte entre deux supports, le côté concave du gauchissement à l'envers. Il s'agit d'essayer de contrer le gauchissement en son point le plus extrême avec un objet lourd, un bloc de ciment par exemple, et de laisser le temps aplanir le gauchissement. En fait, il vaut mieux dégauchir plus que moins, puisqu'il y a fort à parier que le gauchissement se manifestera de nouveau dès que le poids aura été retiré et que la porte sera réinstallée. Une bonne idée consiste à installer un renfort en diagonale au dos de la porte pour la redresser. Fixez le renfort avec de la colle et des clous.

Décoincer une porte

La partie est presque gagnée lorsque le point de frottement est connu. Il suffit d'enduire le chant de craie en poudre pour le trouver.

Aplanissez à partir du point de friction de la porte et de la craie, de haut en bas.

Réinstaller une porte

S'il y a un jour entre la porte et le linteau, enlevez les vis des charnières et insérez une cale de carton dans la mortaise de la charnière.

Si le haut de la porte frotte, enlevez la porte et creusez légèrement l'assise de la mortaise de la charnière avec un couteau à bois.

Poser un diagnostic

Les charnières et les fermoirs sont habituellement assez solides pour résister à des ouvertures et des fermetures à répétition. Les vis des charnières en sont les points faibles. Quand elles commencent à se coincer, le désalignement de la porte ne peut aller qu'en s'accentuant. Serrer les vis peut être une solution temporaire. Cependant, les résultats seront plus permanents si vous installez des vis plus longues qui auront une meilleure prise et dont l'assise sera plus solide.

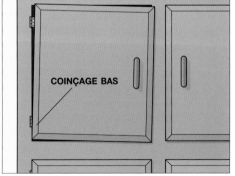 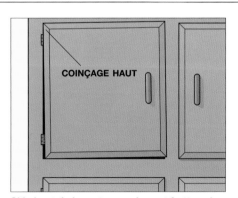

Si le bas de la porte se coince et frotte, rabotez les coins inférieurs et serrez les vis de la charnière du haut.

Si le haut de la porte se coince et frotte, rabotez les coins supérieurs et serrez les vis de la charnière du bas.

Réparer les tiroirs

Une armoire dont les tiroirs frottent ou se coincent n'est pas seulement énervant, car souvent les faces des tiroirs sont désalignés et le coup d'œil n'est pas très esthétique. Le frottement des tiroirs est souvent causé par des glissières ou des attaches usées ou mal fixées, et par des problèmes structuraux du tiroir lui-même. Si le problème est mineur ou épisodique, la cause en est peut-être l'humidité saisonnière.

Pour trouver la cause du coincement, enlevez et videz le tiroir, et examinez la quincaillerie. Observez bien les glissières de bois, car des endroits lustrés sont un signe d'usure inégale ; il suffit alors de les lubrifier ou de les raboter. Vérifiez bien l'alignement des glissières de plastique ou de métal et leurs attaches, et remplacez les pièces manquantes ou endommagées. Remplacez les vis au besoin par des vis plus longues, ou remplissez les trous élargis des vis (voir plus bas). Nettoyez les roulements à billes défectueux à l'ammoniaque et lubrifiez au besoin.

Si un tiroir se coince parce qu'il est trop plein et que son fond est bombé, il suffit de retirer le fond et de l'inverser. Il faudra peut être désassembler le tiroir pour retirer le fond. Tout d'abord, enlevez les petits clous ou les pointes qui renforcent souvent les pièces collées, même dans les assemblages à queue d'aronde bien faits. Si le bois se fend, rappelez-vous que vous pourrez toujours le recoller lorsque le tiroir sera assemblé de nouveau. Le fond ne doit pas être collé aux rainures, il est ainsi plus facile à enlever et à replacer.

Décoincer un tiroir

Il suffit parfois de lubrifier les tasseaux et les glissières avec du savon en pain ou de la cire.

Si la lubrification ne règle pas le problème, rabotez ou poncez légèrement les glissières, en faisant des essais au fur et à mesure.

Reconstruire un tiroir

Retirez les clous du bas ou des coins. Si nécessaire, ouvrez les assemblages des coins, retirez le fond et recollez les côtés en les mettant bien d'équerre.

Replacez le fond dans ses rainures, sans coller. La face arrière du tiroir peut être sciée pour vous permettre de réparer le fond.

Remplir les trous de vis

La quincaillerie est conçue pour soutenir des charges limitées et elle peut facilement se désaligner si les portes sont mal ajustées. Vous pouvez augmenter la capacité de charge en comblant les vides des trous existants, offrant ainsi une assise plus solide au filetage des vis. Colmatez le trou avec un bouche-fentes en pâte, un goujon ou plusieurs cure-dents. Coupez les parties saillantes et insérez de nouvelles vis avec un filetage plus gros.

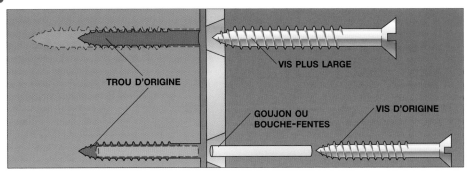

TROU D'ORIGINE

VIS PLUS LARGE

GOUJON OU BOUCHE-FENTES

VIS D'ORIGINE

Si possible, **insérez une vis plus large** dans un trou de vis élargi. Sinon, comblez le vide avec un bouche-fentes ou un goujon en bois (ou encore un ou deux cure-dents) taillé et enduit de colle pour qu'il puisse s'emboîter dans le trou élargi. Il s'agit de créer un lien stable donnant une bonne prise à la vis.

Armoires et comptoirs

Les portes articulées

Pour assurer un soutien maximal aux grandes portes articulées, que ce soit pour faciliter l'accès ou déployer une table de travail, il faut une charnière continue, appelée aussi charnière à piano. Ce type de charnière requiert plusieurs points d'ancrage, mais le résultat est très solide. Pour que la porte articulée demeure en position, installez une ferrure de support articulée de chaque côté. Afin de prévenir les accidents, il est prudent d'installer des ferrures articulées à équilibrage automatique ou à ressorts de tension ajustables pour ralentir le mouvement de la porte.

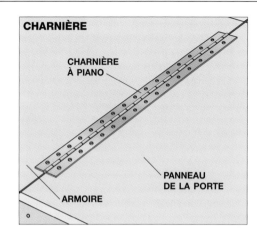

CHARNIÈRE

CHARNIÈRE À PIANO

ARMOIRE

PANNEAU DE LA PORTE

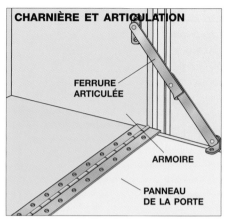

CHARNIÈRE ET ARTICULATION

FERRURE ARTICULÉE

ARMOIRE

PANNEAU DE LA PORTE

Installer une tablette escamotable

MATÉRIEL : ▶ perceuse électrique ou tournevis • serre-joints • scie • ruban à mesurer ou règle • crayon ▶ kit de tablette escamotable • vis • bois pour tablette

Vous voudrez peut-être avoir certains articles à portée de la main sans avoir à les déplacer – une chaîne haute-fidélité, par exemple, ou encore un téléviseur. Des systèmes spécialisés (en général livrés avec la plate-forme escamotable) permettent à la tablette de coulisser sur des guides insérés dans les tasseaux de l'armoire, comme le ferait un tiroir. Plusieurs kits sont livrés avec un bras pivotant pour orienter la tablette lorsqu'elle est en service. Vous pouvez, ajouter une deuxième tablette pivotante au-dessus de la plate-forme escamotable. Assurez-vous que le poids de la tablette, lorsqu'elle est en service, ne déstabilise pas l'armoire.

1 *Marquez le centre de la plate-forme escamotable* et alignez-la avec le centre de l'ouverture de l'armoire. Laissez un espace pour que la porte puisse fermer.

2 *Déployez la base escamotable* et vissez les coulisseaux à la tablette fixe de l'armoire.

3 *Déployez la plate-forme escamotable* et vérifiez qu'elle pivote bien dans l'ouverture de l'armoire.

4 *Coupez et centrez la tablette principale,* puis vissez la plate-forme en dessous de la tablette.

5 *Au niveau des yeux,* même quand la tablette est déployée et tournée, les ferrures ne sont pas visibles.

Portes coulissantes

Grâce à des ferrures doubles spéciales, la porte glisse dans l'armoire. Il s'agit d'une combinaison de charnières et de coulisseaux. Les charnières permettent d'ouvrir la porte normalement. Si vous l'ouvrez un peu plus, en parallèle avec les côtés de l'armoire, le guide des charnières glisse sur des rails à l'intérieur de l'armoire. Ce système se prête bien aux rangements des appareils audio-vidéo ou encore là où une porte ouverte serait gênante.

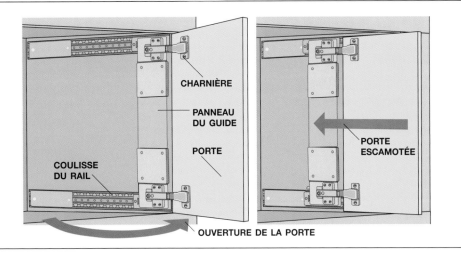

Détails de présentation

Les portes d'armoire peuvent être vitrées de plusieurs manières, d'une vitre simple qui risque de se fracasser dangereusement et de voler en éclats, jusqu'aux panneaux complexes et colorés de verre plombé. D'un point de vue sécuritaire, il est préférable d'utiliser du plastique ou du verre trempé, tels que les matériaux exigés par le Code du bâtiment pour les portes-fenêtres. Il se cassera en petits cailloux plutôt qu'en éclisses. Il est également plus sécuritaire de faire percer les trous par un vitrier. Il faut une mèche spéciale qui tourne à faible vitesse et une lubrification constante.

Pour exposer le contenu d'une armoire, installez des portes avec des vitres en verre trempé ou en plastique montées sur des charnières doublées de feutre.

Dans cette cuisine, des casiers à soufflet insérés dans un cadre en bois appareillé aux armoires ont des faces vitrées qui exposent leur contenu.

Quincaillerie d'assemblage

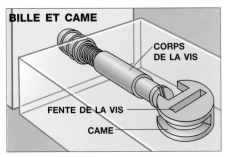

Avec une quincaillerie à bille et à came, la section arrondie de la came est vissée avec un tournevis pour en enserrer le corps.

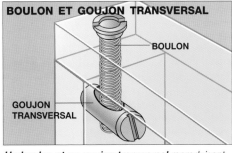

Un boulon et un goujon transversal reproduisent un vieux truc de menuisier, soit insérer un clou dans un goujon pour le solidifier.

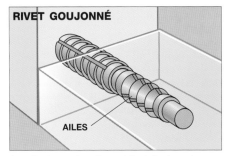

Les rivets goujonnés sont insérés dans des trous pré-percés sous pression. Les ailes du goujon se lient au bois.

13

Étagères
et rangements

Étagères et rangements

Types d'étagères

Les étagères sont un moyen facile et économique d'ajouter des espaces de rangement presque partout dans la maison – le long des murs, dans les placards, et même au sous-sol ou dans le garage. Poser des étagères ne requérant généralement pas de connaissances particulières ni d'outils spécialisés, c'est un travail à la portée de tous les bricoleurs. Et, à moins de choisir du bois dur – très joli mais beaucoup plus cher – le coût d'installation est minime.

Les étagères en bois dur mettent en valeur la richesse de leur facture. Cependant, le prix du pied-planche d'essences telles que le chêne, le cerisier ou le noyer est prohibitif. Les bois tendres, l'épinette ou le pin par exemple, sont un meilleur choix ; une peinture ou un vernis au polyuréthane en fera ressortir le grain naturel.

Le contreplaqué et les panneaux de particules agglomérées ont des avantages certains en matière d'étagères. Ils coûtent moins cher que le bois dur et leurs chants peuvent être ornés de bandes décoratives. Ils sont proposés en feuilles, ce qui est idéal pour des étagères très profondes. Les unités modulaires prêtes à assembler, faites de panneaux de particules agglomérées recouverts de mélamine, sont un choix économique.

Les moulures de bois permettent d'assortir vos nouvelles étagères à votre décor ou de le personnaliser. Elles servent aussi à camoufler les raccords, les fentes, les chants apparents du contreplaqué et les autres petites imperfections. Les moulures sont offertes en bois dur ou en bois tendre. Si vous avez l'intention d'appliquer une teinture ou un vernis, assurez-vous que le bois est assorti à celui des étagères.

Matériaux

PIN

BOIS DUR

CONTREPLAQUÉ

COMPOSITE

VERRE

Assemblages de tablette

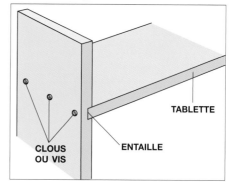

CLOUS OU VIS — ENTAILLE — TABLETTE

Un assemblage à entaille est formé d'une tablette insérée dans une rainure taillée dans le montant. La tablette est ainsi maintenue fermement en place.

Renforcer les étagères

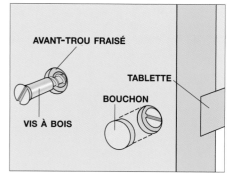

AVANT-TROU FRAISÉ — TABLETTE — BOUCHON — VIS À BOIS

Pour renforcer un assemblage avec des vis, il suffit de percer des avant-trous sur la face externe, de fraiser les vis et d'en camoufler la tête avec des bouchons en bois.

Étagères profondes en contreplaqué

MATÉRIEL : ▶ scie circulaire avec guide de coupe • ruban à mesurer • chevalets • perceuse électrique • marteau • ponceuse orbitale ▶ contreplaqué de ³/₄ po

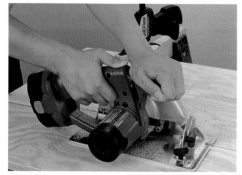

1 Avec la scie circulaire, taillez la feuille de contreplaqué en planches de la largeur voulue. La largeur maximale des planches pré-coupées est généralement de 12 po.

2 Vous pouvez recouvrir le chant rugueux avec un ruban de placage en bois, mais des moulures étroites en pin sont plus robustes et ajoutent à la profondeur.

3 Percez les avant-trous sur le chant avant de la planche et appliquez de la colle de menuisier au raccord sur l'autre chant du contreplaqué.

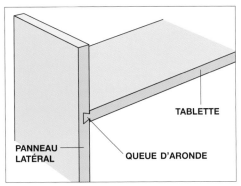

Les assemblages à queue d'aronde sont plus solides que les assemblages à entaille, puisque les queues de l'aronde empêchent tout mouvement de la tablette.

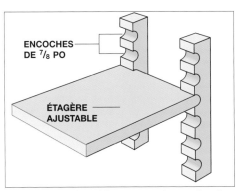

Les tablettes ajustables peuvent être configurées de différentes manières. Ici, une tablette aux extrémités arrondies s'insère dans des montants aux entailles arrondies.

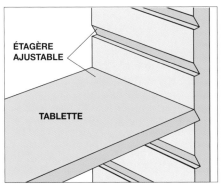

Une tablette ajustable aux extrémités biseautées s'insère dans les rainures de montants latéraux sciées à 45° et à intervalles réguliers.

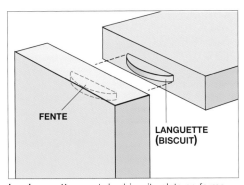

Les languettes sont des biscuits plats en forme d'ellipse qui renforcent les assemblages. Elles sont collées dans les gorges taillées avec une scie à gorge dans les pièces à assembler.

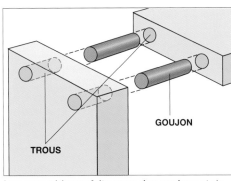

Les assemblages faits avec des goujons et de la colle sont solides, mais leur exécution exige plus de précision que les assemblages à languettes.

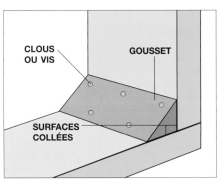

Les goussets sont collés et fixés sur les surfaces internes des assemblages à plat des étagères et les solidifient.

• pin clair en 1 x 2 • colle à bois • clous de 10d • mastic à bois • papier abrasif

4 *Placez le pin contre le contreplaqué,* serrez et fixez avec des clous de 10d insérés dans les avant-trous.

5 *Essuyez l'excédent de colle,* chassez les clous, puis, avec un peu de mastic à bois, comblez les trous sur le chant avant.

6 *Poncez le raccord* et les chants du pin. Les étagères d'entreposage peuvent être profondes de 16 po ou plus, avec des chants bien finis et durables.

Étagères et rangements

Supports

Il existe deux types principaux de supports d'étagères prêts à installer: les supports fixes et les supports à crémaillère. Les supports fixes sont offerts en plusieurs formats et styles différents, de type utilitaire ou décoratif. Les supports à crémaillère sont des bandes métalliques avec des fentes qui s'accommodent de plusieurs types de supports d'étagère, dont les supports horizontaux en porte-à-faux, les supports à tige ajustable, les supports à taquets et les supports en forme de « Z » continu.

Pose des supports

Pour assurer un maximum de solidité, il faut ancrer les supports aux montants des murs. Si l'étagère est destinée à soutenir un poids léger, vous pouvez ancrer ses supports entre les montants avec des douilles ou des boulons à ailettes. Il est toujours préférable de fixer les supports aux montants puisque, tôt ou tard, quelque chose de lourd sera placé sur l'étagère. Utilisez des attaches pour maçonnerie afin d'ancrer les supports d'étagère aux murs de brique ou de béton. Sinon, ancrez-les à une longrine (pièce de bois) fixée aux montants du mur avec des vis autoforeuses de 3 po.

Les supports métalliques à crémaillère peuvent être fixés directement au mur. Pour obtenir un effet plus décoratif, insérez les crémaillères dans des rainures taillées dans le bois ou dans des bandes de bois dur (voir plus bas). Coupez les crémaillères au format voulu avec

une scie à métaux et fixez-les aux montants du mur avec des vis autoforeuses de 3 po. Avec un niveau de menuisier, assurez-vous que les deux crémaillères et les trous pour les supports sont bien de niveau. Laissez un espace de 6 po entre la crémaillère et l'extrémité de l'étagère pour éviter que celle-ci ne s'incurve. Pour des étagères très longues, posez les crémaillères à intervalles de 48 po.

Plusieurs systèmes de rangement pour les cuisines et les placards présentent des grilles métalliques avec des supports de plastique moulé. Si vous prévoyez des charges légères, vous pouvez monter ces supports sur les cloisons sèches avec les vis et les boulons à coquille d'expansion qui sont généralement livrés avec de tels systèmes. Pour des charges plus lourdes, fixez les supports directement aux montants avec des vis autoforeuses.

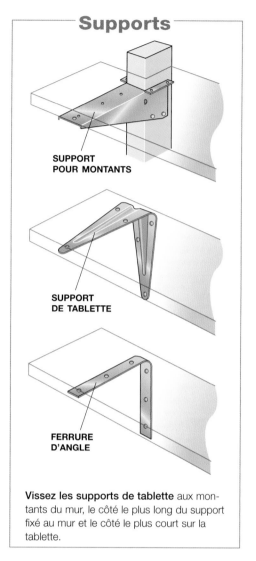

Supports

SUPPORT POUR MONTANTS

SUPPORT DE TABLETTE

FERRURE D'ANGLE

Vissez les supports de tablette aux montants du mur, le côté le plus long du support fixé au mur et le côté le plus court sur la tablette.

Poser des crémaillères sur cadre de bois

MATÉRIEL: ▶ table de sciage, scie circulaire ou toupie • perceuse électrique • niveau de 4 pi • ruban à mesurer • lunettes de protection ▶ bois de 1 x 4 pour le cadre

1 *Avec une table de sciage* (ou une scie circulaire ou une toupie), faites une rainure de ³/₄ po au centre du cadre de la crémaillère.

2 *Assurez-vous que la rainure* soit assez large pour y glisser la crémaillère. Pré-percez la rainure pour visser les cadres aux montants du mur.

3 *Centrez les cadres des crémaillères* sur les montants du mur, mettez de niveau, puis vissez.

Supports en « Z »

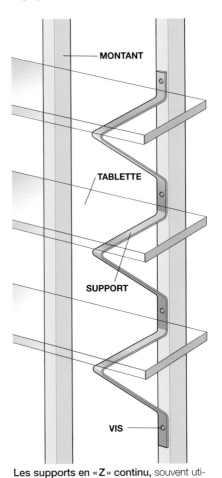

MONTANT

TABLETTE

SUPPORT

VIS

Les supports en « Z » continu, souvent utilisés pour les systèmes d'étagères utilitaires ou d'atelier, soutiennent plusieurs tablettes.

Crémaillères

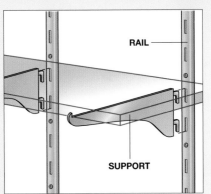

RAIL

SUPPORT

Les crémaillères métalliques à fentes sont mises de niveau et vissées aux montants du mur. Les supports de tablette s'insèrent dans les fentes.

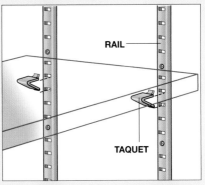

RAIL

TAQUET

Les taquets amovibles pour crémaillère peuvent être insérés sur les panneaux latéraux ou vissés dans leurs rainures.

Fixations

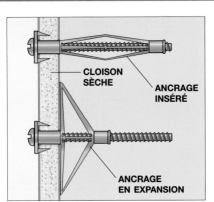

CLOISON SÈCHE

ANCRAGE INSÉRÉ

ANCRAGE EN EXPANSION

Autant que possible, vissez les crémaillères aux montants du mur ; sinon, utilisez des ancrages à gaine d'expansion pour murs creux.

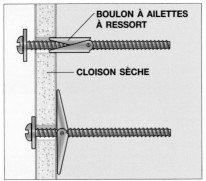

BOULON À AILETTES À RESSORT

CLOISON SÈCHE

Certains ancrages prennent de l'expansion lorsque vous serrez la vis de montage. Les boulons à ailettes ont des segments à ressort.

• crémaillères métalliques pour étagères • supports de tablette • planches pour tablettes • vis

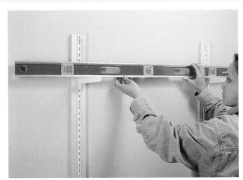

4 *Placez chaque crémaillère dans sa rainure* et *fixez-la avec une vis. Installez temporairement deux crémaillères et vérifiez le niveau une dernière fois.*

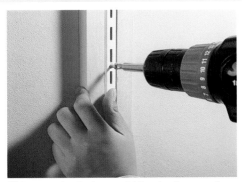

5 *Lorsque les fentes sont bien de niveau,* enfoncez les autres vis. La crémaillère doit être bien encastrée dans le cadre.

6 *Insérez les supports de tablette* dans les fentes de la crémaillère, à la hauteur souhaitée, puis posez les tablettes.

Étagères et rangements

Rangements sur mesure

Les unités de rangement intégrées permettent une utilisation optimale de l'espace de rangement dont vous disposez. Les systèmes d'étagères intégrées, faits sur mesure ou préfabriqués, les meubles audio-vidéo, les armoires de cuisine, les armoires à pharmacie, les banquettes sous les fenêtres et les tiroirs à placer sous le lit sont non seulement peu coûteux et faciles à assembler, ils ajoutent une touche unique et personnelle à la surface habitable de votre maison. (Cependant, si vous êtes locataire, consultez votre bail et votre propriétaire avant installer de telles unités. Il est possible que cela vous soit interdit).

Étagères intégrées

Un système d'étagères intégrées offre des espaces de rangement mural insoupçonnés, par exemple sur un mur entre deux fenêtres ou entre une porte et le coin d'un mur. Pour construire les étagères, il vous faudra du bois de 1 x 10 ou de 1 x 12 pour les panneaux latéraux, ceux du bas et du haut, et les tablettes ; quatre planches de 2 x 2 pour les pièces d'écartement ; des moulures pour camoufler les raccords en haut et en bas de l'unité ; des clous ordinaires de 12d et des clous de finition de 6d. Si l'unité est appelée à supporter de lourdes charges, utilisez des planches en bois dur et assurez-vous que la portée des tablettes ne dépassera pas 36 po. Pour vous simplifier la tâche, coupez les supports latéraux à un pouce de moins que la hauteur du plafond (de cette façon, vous pourrez faire basculer l'unité en place sans risquer d'abîmer le plafond.) Peignez ou teignez le bois avant d'assembler l'unité. Suspendez les tablettes avec des chevilles ou des agrafes de joints en étrier à leur extrémité.

Bouchons

MATÉRIEL : ▶ perceuse électrique avec mèche coupe-cheville • table de sciage ou autre scie
▶ bois pour bouchons

1 **Les bouchons** peuvent être façonnés sur des goujons ou taillés sur une planche de bois avec une mèche coupe-cheville.

2 **Si vous n'avez pas de perceuse à colonne,** tenez la perceuse à main aussi droite que possible et percez chaque bouchon à la même profondeur.

3 **Retirez les bouchons** en passant la planche à la table de sciage (ou à la scie circulaire ou toute autre scie) réglée à la longueur voulue.

4 **Enduisez de colle le bouchon** et insérez-le dans le trou. Rognez l'excédent de bois avec une scie ou un rabot, puis poncez lorsque la colle est sèche.

Boucher les trous

MATÉRIEL : ▶ couteau à mastic ou tournevis plat • récipient pour mélanger (si nécessaire) ▶ mastic à bois • papier abrasif • teinture (si nécessaire)

1 **Le mastic à bois** est offert pré-mélangé ou en poudre. Vous pouvez préparer les mélanges en poudre à la consistance voulue, plus épais pour les trous, plus liquides pour les éraflures en surface.

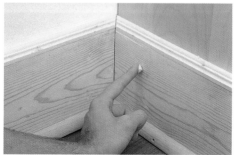

2 **Appliquez le mastic à bois** par pression avec le couteau à mastic, un tournevis plat ou le bout du doigt. Faites déborder légèrement.

3 **Les applications sur des petites surfaces** sèchent rapidement et se poncent facilement. Puisque le mastic rétrécit, il faudra peut-être procéder en plusieurs étapes pour les trous importants.

Construction d'une étagère intégrée

MATÉRIEL : ▶ pied-de-biche • scie • ruban à mesurer • marteau • perceuse électrique • équerre • boîte à onglets et scie à dosseret
▶ bois pour étagères • madriers de 2 x 4 • moulure • clous ordinaires et de finition

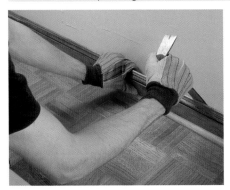

1 *Avec un pied-de-biche,* retirez la plinthe du mur qui recevra l'unité intégrée. Mettez-la de côté pour la réinstaller plus tard.

2 *Avec les 2 x 4,* construisez le cadre de la base de l'unité. Celui-ci servira à surélever la tablette du bas et à ancrer l'étagère au mur.

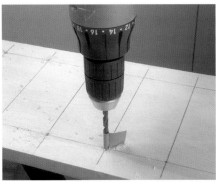

3 *Sciez les 1 x 10 ou les 1 x 12* pour les côtés. Pour des tablettes ajustables, faites une marque sur la mèche (ou utilisez un guide de profondeur) et percez des rangées de trous pour les chevilles.

4 *Construisez un cadre de soutien* avec les 1 x 4 pour le haut et fixez les panneaux latéraux. Une tablette finie camouflera le haut du cadre.

5 *Fixez les panneaux latéraux* au cadre de soutien avec de la colle et des clous. Ajoutez plusieurs tasseaux de soutien sur les côtés.

6 *Clouez la tablette du bas.* Assurez-vous qu'elle affleure avec le cadre de soutien pour clouer la plinthe.

7 *Taillez les moulures du haut* (assorties aux moulures du mur, s'il y en a), et fixez-les avec des clous de finition de 6d.

8 *Replacez la plinthe* autour de l'étagère. Faites des coupes à onglets pour les nouvelles moulures de jonction requises.

9 *Fixez la plinthe* avec des clous de finition de 6d, en les chassant et en comblant les trous avec un bouche-pores, puis exécutez la finition avec de la peinture ou de la teinture.

Étagères et rangements

Ajouter des espaces de rangement

Quel propriétaire ou locataire ne s'est jamais plaint de ne pas avoir assez de placards ? Heureusement, il y a toujours moyen de récupérer un peu plus d'espace de rangement. Cela exigera un peu de votre temps et quelques efforts.

La solution la plus évidente et la plus facile consiste à faire appel à un entrepreneur spécialisé dans les systèmes d'organisation des placards. Cependant, vous pouvez facilement reproduire vous-même ce genre de système, et il vous en coûtera moins cher. Avec une combinaison d'étagères et des morceaux de contreplaqué, vous pouvez diviser l'espace de votre placard en plusieurs zones de rangement : une tringle sur un côté pour les vêtements longs ; des tringles superposées de l'autre côté pour les vêtements de longueur moyenne, les vestes, les jupes ou les pantalons ; une étagère entre les deux pour y ranger les vêtements pliés, les sacs à main ou les chaussures ; et une ou deux tablettes qui chapeautent le tout.

Construire un nouveau placard

Dans certains cas, la seule solution est d'empiéter sur la surface habitable pour augmenter l'espace de rangement. Vous devrez alors construire de nouvelles cloisons (pages 118 à 121), poser du placoplâtre (pages 180 à 185), poser de nouvelles moulures (pages 200 à 201) et installer une porte d'intérieur (page 489). L'intérieur du placard devrait mesurer au moins 24 po de profondeur et, pour un placard de chambre à coucher, avoir une largeur de 48 po.

Configuration d'un placard

C'est toujours bien d'avoir beaucoup d'espace de rangement. Cependant, vu le prix au pied carré de la surface habitable d'une maison, il est peu rentable de transformer une trop grande partie de cette surface en espaces de rangement. Il vaut mieux réduire la surface occupée au sol et optimiser le rendement du placard en configurant bien sa disposition intérieure. Le placard type présente une tablette et une tringle. Il a probablement une profondeur de 24 po, bien que la plupart des vêtements et autres objets qui y sont rangés se contenteraient d'un espace plus restreint. En mettant bout à bout les 2 ou 3 po ainsi gagnés dans chaque placard, vous avez agrandi votre cuisine ou votre salle de séjour d'un pied. Une manière très simple d'augmenter la capacité de rangement consiste à installer deux tablettes de rangement au-dessus de la tringle. Allouez un espace de dégagement d'environ un pied sous le linteau de la porte pour la première, puis installez une deuxième demi-tablette au-dessus. Ou encore divisez le placard avec des partitions de sorte qu'une section offre un rangement pleine hauteur et l'autre deux demi-sections avec des tringles pour les vêtements moins longs. La meilleure solution est cependant de construire (ou d'acheter) un rangement avec des éléments ajustables.

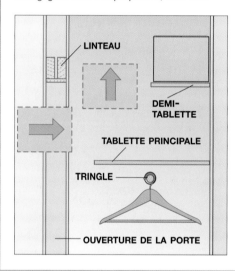

LINTEAU

DEMI-TABLETTE

TABLETTE PRINCIPALE

TRINGLE

OUVERTURE DE LA PORTE

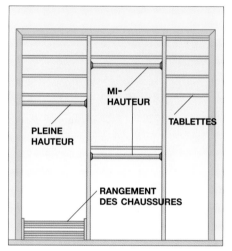

MI-HAUTEUR

TABLETTES

PLEINE HAUTEUR

RANGEMENT DES CHAUSSURES

Construire un placard

MATÉRIEL : ▶ scie circulaire ou scie passe-partout • marteau • ruban à mesurer • équerre • cordeau à tracer • niveau de 4 pi • outils pour cloisons sèches • escabeau • vis autoforeuses • pâte à joints • papier abrasif • tablettes et tringles, selon les besoins

1 *Tracez le pourtour du placard* sur le plancher. Clouez la lisse basse à intervalles de 2 pi. Repérez l'emplacement de la porte et prévoyez l'espace pour ses montants.

2 *Reproduisez le pourtour du plancher* du placard sur le plafond à l'aide du cordeau et du niveau. Clouez les montants extérieurs et les sablières.

3 *Espacez les montants* de 16 po au centre et clouez-les de biais sur la sablière et la lisse, sur les quatre côtés. Clouez les connecteurs métalliques entre les montants.

Rangements de placard

Il existe plusieurs types de rangements de placard. L'un des plus polyvalents est composé de modules de grilles métalliques. Parmi les composants à assembler, il y a des étagères de longueurs variables avec des tringles intégrées, des supports et des taquets amovibles qui vous permettent de configurer ces rangements à l'infini. Ils sont également faciles à modifier. Vous pouvez aussi construire le même type de rangement à compartiments avec des assemblages en bois pré-taillé ou faits sur mesure, ou encore faire appel à un entrepreneur spécialisé en aménagement de placard.

Si vous disposez d'une pièce à débarras que vous voulez convertir, pourquoi ne pas concevoir un rangement personnalisé en bois ?

Utilisez des unités en grillage métallique pour aménager des espaces de rangement compartimentés sur plusieurs niveaux dans n'importe quel placard.

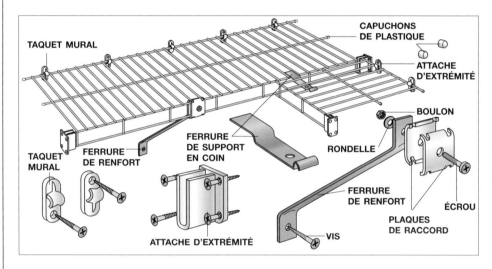

TAQUET MURAL

CAPUCHONS DE PLASTIQUE

ATTACHE D'EXTRÉMITÉ

BOULON

RONDELLE

FERRURE DE SUPPORT EN COIN

FERRURE DE RENFORT

TAQUET MURAL

FERRURE DE RENFORT

ÉCROU

PLAQUES DE RACCORD

ATTACHE D'EXTRÉMITÉ

VIS

Avec des tiroirs superposés en grillage métallique et des étagères de rangement sur rails pour les boîtes, vous augmenterez votre espace de rangement et dégagerez ainsi le plancher.

▶ 2 x 4 pour les montants, les sablières et les renforts • 2 planches de bois pour le linteau • clous ordinaires • bois pour montants • cloison sèche

4 *Clouez les montants du bâti* de chaque côté de l'embrasure de la porte en appui au linteau. Posez un double linteau sur toute la largeur de l'ouverture.

5 *Retranchez une section de la lisse* de l'embrasure de la porte pour poser le recouvrement du plancher dans le placard.

6 *Posez la cloison sèche* à l'intérieur comme à l'extérieur, puis tirez et poncez les joints. Posez la porte, les tringles et les accessoires.

Étagères et rangements

Idées pour l'atelier

Les ateliers, ainsi que les autres endroits utilitaires tels que les garages, les greniers et les sous-sols, profitent grandement de nouveaux espaces de rangement, tout autant que n'importe quelle autre pièce de la maison – et peut-être plus, puisqu'en tant qu'espaces fonctionnels ils sont souvent encombrés. Vous devez pensez commodité, polyvalence et sécurité dans l'organisation de votre espace de travail. Pensez à installer des rangements pour les outils à proximité de leur lieu d'utilisation. D'ailleurs, un établi et des étagères de rangement sont essentiels à la bonne marche de tout atelier. Vous pouvez acheter des unités prêtes à assembler ou les construire vous-même avec des panneaux de particules agglomérées ou du contreplaqué de $5/8$ po pour les étagères et du bois dur de $3/4$ x 1 $1/2$ po pour les tasseaux (cloués au mur), les longrines (clouées à l'avant de la face inférieure des tablettes) et des supports verticaux des tablettes (cloués sur les longrines).

N'oubliez pas le panneau de fibre perforé ! Pour faire un porte-outils en panneau perforé, fixez des rondelles au dos du panneau à l'aide d'un pistolet à colle chaude, en les espaçant de telle sorte qu'elles se trouvent vis-à-vis des montants. Placez le panneau perforé en position et vissez des vis autoforeuses dans les rondelles de finition et le panneau dans les montants (pour les murs de béton, utilisez des ancrages pour maçonnerie.)

Enfin, sachez tirer parti des espaces sous-utilisés. L'espace dans votre garage au-dessus de votre voiture est l'endroit idéal pour l'entreposage du bois sur des supports en « U » faits de bois de 1 x 4 et de plaques de raccordement. L'espace directement devant la voiture peut accueillir un meuble de rangement ou même un établi.

Rangement dans l'atelier

Vous pouvez acheter un établi préfabriqué pour votre atelier ou encore en construire un qui sera tout aussi solide. Pour un établi sommaire, vous aurez besoin de madriers de 4 x 4 (ou des 2 x 4 doublés et boulonnés) pour le cadre, et d'une double épaisseur de contreplaqué de $5/8$ po collée et vissée pour la surface du plan de travail. Il existe toute une pléthore d'accessoires de rangement pour établis – des coffres à outils gigantesques sur roulettes aux petits casiers de rangement – mais rien ne vous empêche de construire votre propre établi en fonction de vos besoins. Afin d'assurer la sécurité de vos enfants, prévoyez des rangements verrouillés pour les produits nocifs.

Un coffre à outils sur roulettes est facile à déplacer dans l'atelier pendant que vous travaillez, et il se range facilement sous un banc. La plupart sont classés en fonction de leur charge de cargaison.

Parmi les bonnes vieilles techniques de rangement, celle-ci a toujours sa place : fixez des couvercles sur un support pour y visser des bocaux dont le contenu sera bien en vue.

Le rangement pour le bois peut aussi être mobile, par exemple ce chariot sur roulettes bricolé maison ; il y a un côté pour les matériaux en feuilles et l'autre pour les planches.

Fixer des roulettes

MATÉRIEL : ▶ perceuse électrique • règle ou ruban à mesurer • clé à douilles • clé plate • crayon ▶ roulettes • boulons • écrous

1 *Posez une roulette* sur chaque coin de votre bac de rangement et marquez l'emplacement des trous à percer.

2 *Percez des avant-trous* sur la plate-forme du bac – ici, il s'agit de deux feuilles de contreplaqué collées et vissées ensemble.

3 *Boulonnez les roulettes* à la base de bois. Utilisez une clé pour tenir l'écrou en place pendant que vous tournez la tête du boulon avec une clé à douille.

Étagères et rangements préfabriqués

Si vous n'avez besoin que de quelques tablettes de rangement et que vous ne voulez pas installer un rangement mural permanent, les unités préfabriquées en métal ou en bois sont la solution idéale. Les étagères métalliques sont assemblées avec des écrous et des boulons. Vous pouvez y installer des tablettes à tous les niveaux en les fixant aux trous percés dans les montants latéraux. Ces unités, vendues en kit, sont instables sans leurs renforts en « X » au dos. Les unités préfabriquées en bois sont faciles à assembler et servent à ranger un grand nombre d'outils et d'accessoires.

Les étagères métalliques avec des renforts en « X » sont assez solides pour soutenir des objets lourds, elles sont ajustables et leur configuration est facile à modifier.

Les unités préfabriquées en bois, généralement vendues en kit à assembler, sont offertes dans toute une gamme de combinaisons de tablettes et de tiroirs.

Assemblage d'un rangement mural

MATÉRIEL : ▶ tournevis • marteau ou maillet en caoutchouc ▶ kit pour rangement mural

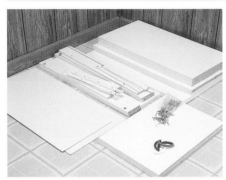

1 *Avant de réaliser un assemblage en kit,* lisez bien les consignes et vérifiez que toutes les pièces et la quincaillerie sont présentes.

2 *Les panneaux* sont souvent assemblés avec des chevilles en bois. Il suffit de les insérer dans un panneau, puis de les accoupler au panneau suivant.

3 *Certains panneaux* sont assemblés avec des attaches filetées. L'ergot de l'attache est inséré dans le montant pré-percé du panneau.

4 *Dès que l'ergot de l'attache filetée* est en place, il suffit d'en amorcer le mouvement et de le serrer avec un tournevis pour fixer l'assemblage.

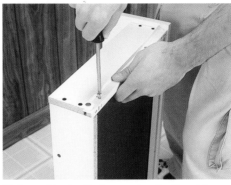

5 *Assemblez les tiroirs* avec les chevilles et les attaches. Les kits sont généralement livrés avec des guides de tiroir qui se déploient entièrement.

6 *Une unité de taille moyenne* telle que celle-ci peut être assemblée en moins d'une heure. Les plastiques stratifiés n'ont pas besoin de finition.

Étagères et rangements

Ajouter des espaces de rangement

Peu d'entre nous s'offrent le luxe d'avoir trop d'espaces de rangement. Voici donc quelques idées pour transformer les espaces inutilisés en espaces de rangement.

Les couloirs étroits qui mènent à un placard ou à une porte offrent des espaces de rangement insoupçonnés, surtout si les plafonds sont hauts. Installez des étagères de chaque côté des portes – ou mieux encore, posez une tablette profonde au-dessus de la porte, soutenue par des longrines clouées sur chaque mur latéral.

Dans les recoins sous les combles du toit d'un grenier en pente ou sous un escalier, vous pouvez construire une bibliothèque ou des armoires sur mesure. C'est une solution qui convient parfaitement aux chambres d'enfant.

Les vêtements suspendus dans un placard n'en occupent pas toute la profondeur habituellement. L'espace récupéré en déplaçant la tringle vers l'arrière du placard peut être occupé par des tablettes en grillage métallique installées au dos de la porte du placard.

Pour faire plein emploi de la hauteur libre dans votre garage, il suffit de construire de larges plates-formes de rangement appuyées sur des longrines vissées aux montants des murs, avec des baguettes filetées rattachées aux solives ou aux chevrons du plafond. Vous pouvez également accrocher des outils aux murs sur des panneaux perforés (voir page 258). Vous pouvez vous procurer des kits avec toute une gamme de crochets et de supports pour outils. Pour la petite quincaillerie, les bocaux de clous par exemple, posez des tablettes étroites faites de planches de 1 x 4 fixées entre les montants.

Coffre à jouets

Pour construire ce coffre à jouets, préparez toutes les pièces figurant dans la liste des matériaux ci-contre. Effeuillez les panneaux avant et arrière, et fixez-les aux panneaux latéraux avec de la colle et des clous de finition. Équarrissez bien le coffre avec des serre-joints et laissez sécher la colle. Appliquez les moulures et les protège-coins avec de la colle et des clous. Collez et clouez les longrines latérales sur la face intérieure du bas des panneaux frontaux, dorsaux et latéraux, et collez le panneau du bas sur les longrines. Peignez ou teignez le bois. Fixez la charnière à piano sur le coffre, puis sur le couvercle. Fixez les supports du couvercle et les poignées.

MATÉRIAUX

- 2 panneaux avant/arrière de $^3/_4$ x 17 $^1/_4$ x 38 $^1/_2$
- 2 panneaux latéraux de $^3/_4$ x 17 $^1/_4$ x 18
- 2 longueurs de moulure pour le haut de $^3/_4$ x 1 $^1/_2$ x 20
- 2 longueurs de moulure pour le haut de $^3/_4$ x 1 $^1/_2$ x 40
- 2 longueurs de moulures pour le bas de $^3/_4$ x 2 $^1/_2$ x 20
- 2 longueurs de moulure pour le bas de $^3/_4$ x 2 $^1/_2$ x 40
- 4 moulures pour les coins de $^1/_4$ x 1 x 1 x 13 $^1/_4$
- 2 tasseaux de $^3/_4$ x $^3/_4$ x 37
- 2 tasseaux de $^3/_4$ x $^3/_4$ x 15 $^1/_2$
- 1 panneau pour le fond de $^3/_4$ x 16 $^7/_8$ x 37
- 1 couvercle de $^3/_4$ x 21 x 42
- **Quincaillerie :** charnière à piano de 36 po, 2 supports articulés pour le couvercle, 2 poignées

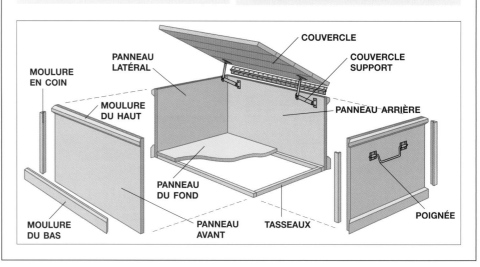

MOULURE EN COIN · PANNEAU LATÉRAL · COUVERCLE · COUVERCLE SUPPORT · MOULURE DU HAUT · PANNEAU ARRIÈRE · PANNEAU DU FOND · MOULURE DU BAS · PANNEAU AVANT · TASSEAUX · POIGNÉE

Placards en cèdre

Les planches de cèdre plein et les panneaux composés de cèdre offrent une protection moyenne contre les insectes, et sont utilisés surtout pour leur odeur agréable et leur apparence. Les feuilles de copeaux pressés rouge et brun ne sont pas moins aromatiques que le bois dur, mais ces panneaux sont de 40 à 50 % moins chers et sont plus faciles à installer. Les planches de bois dur exigent plus de travail de menuiserie et risquent de produire plus de débris à moins que vous ne rapiéciez les éléments en faisant un plus grand nombre d'assemblages. Pour un résultat optimal, toutes les surfaces intérieures doivent être recouvertes, incluant le plafond et l'intérieur de la porte. La meilleure façon de procéder consiste à utiliser des panneaux d'une épaisseur de $^1/_4$ po, faciles à couper et qui peuvent recouvrir les murs en une ou deux étapes. Autant que possible, évitez de raccorder les panneaux de cèdre aux joints de la cloison sèche. Aucune teinture, vernis ou couche de finition n'est nécessaire ; il suffit de laisser le bois tel quel. L'arôme du cèdre s'estompera au fil des années puisque les huiles naturelles du bois se cristallisent en surface. Cependant, vous retrouverez cet arôme d'origine en ponçant légèrement la surface avec un papier abrasif fin.

D'autres idées de rangement

Vous pouvez toujours trouver des espaces de rangement supplémentaires dans les recoins les plus restreints. Nous vous présentons ici huit possibilités pour augmenter la capacité de rangement du grenier, du sous-sol et des autres espaces utilitaires : 1) rangement suspendu aux solives ; 2) rangement à tasseaux vissés aux solives ; 3) éléments modulaires sur roulettes sous l'escalier ; 4) étagère encastrée entre les montants des murs ; 5) étagère sous le pignon d'un toit en pente escarpée ; 6) étagère entre des chevrons ; 7) étagère suspendue aux chevrons ; 8) panneaux de contreplaqué entre les liens de la ferme.

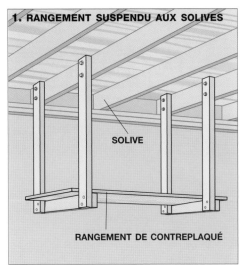

1. RANGEMENT SUSPENDU AUX SOLIVES

SOLIVE

RANGEMENT DE CONTREPLAQUÉ

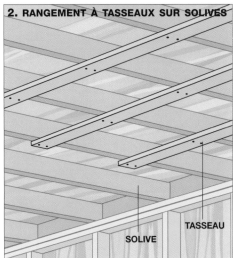

2. RANGEMENT À TASSEAUX SUR SOLIVES

TASSEAU

SOLIVE

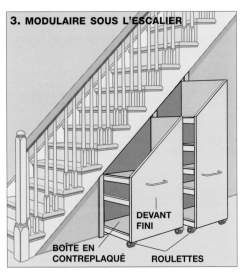

3. MODULAIRE SOUS L'ESCALIER

DEVANT FINI

BOÎTE EN CONTREPLAQUÉ

ROULETTES

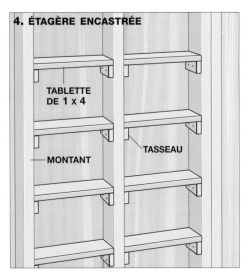

4. ÉTAGÈRE ENCASTRÉE

TABLETTE DE 1 x 4

MONTANT

TASSEAU

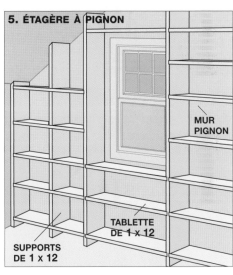

5. ÉTAGÈRE À PIGNON

MUR PIGNON

TABLETTE DE 1 x 12

SUPPORTS DE 1 x 12

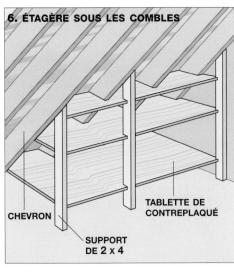

6. ÉTAGÈRE SOUS LES COMBLES

CHEVRON

SUPPORT DE 2 x 4

TABLETTE DE CONTREPLAQUÉ

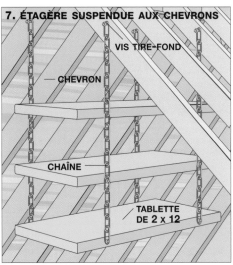

7. ÉTAGÈRE SUSPENDUE AUX CHEVRONS

VIS TIRE-FOND

CHEVRON

CHAÎNE

TABLETTE DE 2 x 12

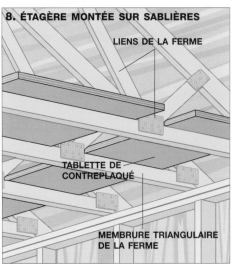

8. ÉTAGÈRE MONTÉE SUR SABLIÈRES

LIENS DE LA FERME

TABLETTE DE CONTREPLAQUÉ

MEMBRURE TRIANGULAIRE DE LA FERME

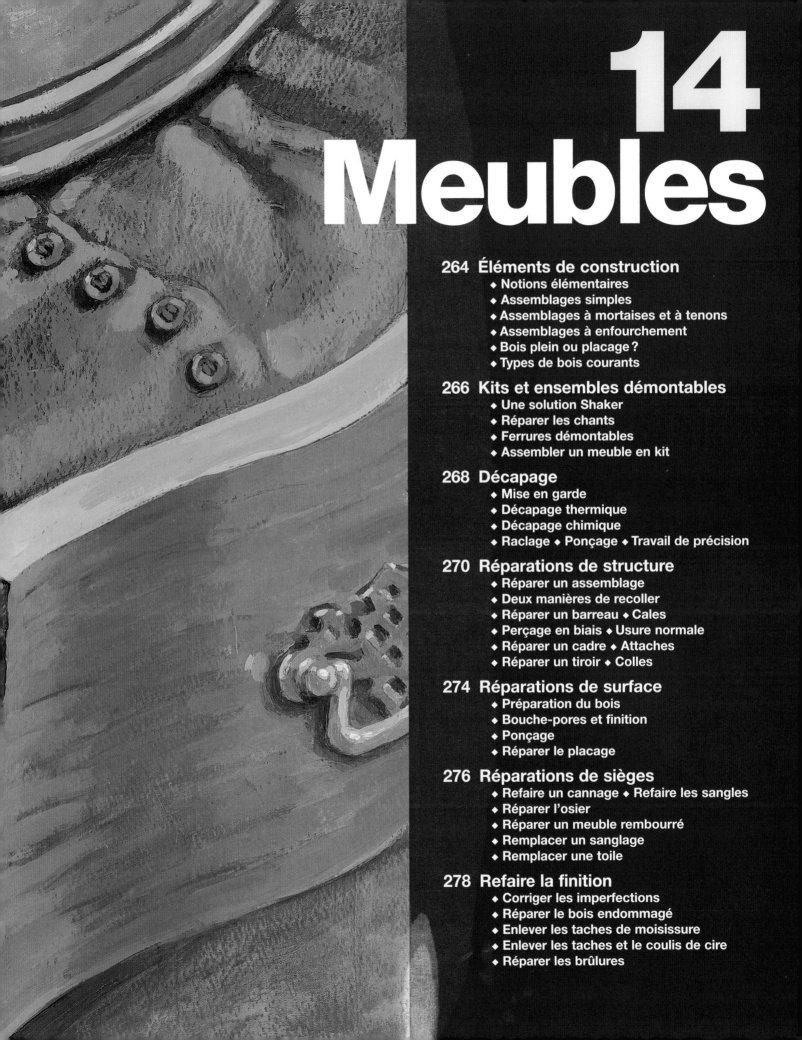

14
Meubles

Meubles

Notions élémentaires

Les chaises, les tables, les lits, les commodes et autres meubles transforment des pièces vides en lieux douillets et confortables. Les meubles les plus ordinaires ont une valeur fonctionnelle – on ne peut pas s'asseoir ni dormir sans meubles – mais les beaux meubles en bois ajoutent une touche d'esthétisme et d'élégance. Peu importe qu'ils soient simples ou raffinés, les meubles font partie de notre vie quotidienne et la plupart d'entre nous avons des liens affectifs particuliers avec certains d'entre eux.

La conception et la construction de beaux meubles est un art qui exige un talent d'ébéniste, de l'expérience, beaucoup de temps libre et un atelier équipé d'une multitude d'outils coûteux. Il existe cependant d'autres manières d'obtenir des meubles en bois (et de conserver ceux que vous possédez). Bien des gens ayant des connaissances tout à fait moyennes en bricolage ont restauré de vieux meubles en bois dans leurs loisirs, transformant ainsi de bonnes occasions en véritables joyaux. Les conseils présentés dans ce chapitre vous renseigneront sur la marche à suivre pour restaurer et rénover des meubles, et peut-être même que vous pourrez réparer cette vieille chaise berçante qui fait partie de votre famille depuis toujours.

La restauration des meubles en bois comporte trois éléments essentiels : le type de bois utilisé, le type d'assemblage et la finition (la valeur en est un autre, bien sûr ; le travail de restauration des antiquités devrait être confié à un professionnel.) Le type de bois dicte la gamme des couleurs et des veines du bois que prendra le meuble une fois restauré, alors que le type d'assemblage détermine sa solidité et sa qualité.

Assemblages

Les assemblages à mortaises et à tenons sont parmi les plus solides que l'on retrouve dans la construction des meubles. Le tenon est une languette carrée découpée au bout de la traverse de bois, tandis que la mortaise est une entaille correspondante du même format au bout du montant de la pièce à joindre. Il suffit d'insérer le tenon dans la mortaise et de le coller en place. Parfois, on insère une cheville perpendiculairement à travers le tenon pour renforcer l'assemblage.

De nos jours, plusieurs meubles, surtout les chaises, sont assemblés avec de la colle et des chevilles en bois appelées goujons. Les assemblages à goujons sont illustrés à droite sous le titre « assemblages à enfourchement ».

Assemblages simples

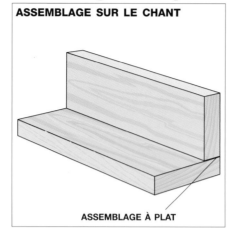

ASSEMBLAGE SUR LE CHANT

ASSEMBLAGE À PLAT

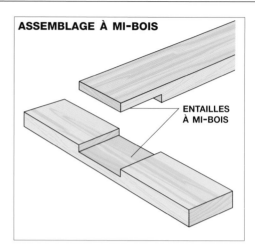

ASSEMBLAGE À MI-BOIS

ENTAILLES À MI-BOIS

Assemblages à mortaises et à tenons

FEUILLURE EN COIN

FEUILLURES

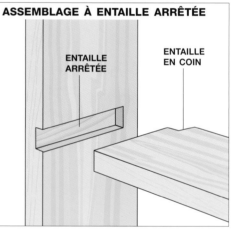

ASSEMBLAGE À ENTAILLE ARRÊTÉE

ENTAILLE ARRÊTÉE

ENTAILLE EN COIN

Assemblages à enfourchement

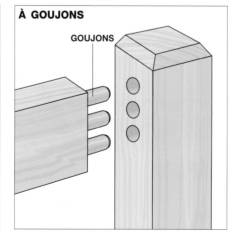

À GOUJONS

GOUJONS

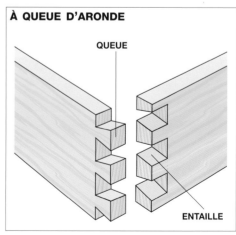

À QUEUE D'ARONDE

QUEUE

ENTAILLE

ENTAILLE COMPLÈTE

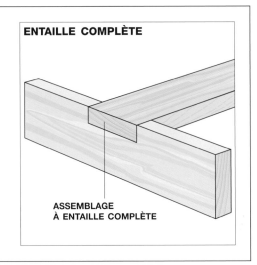

ASSEMBLAGE
À ENTAILLE COMPLÈTE

MORTAISE ET TENON EN COIN

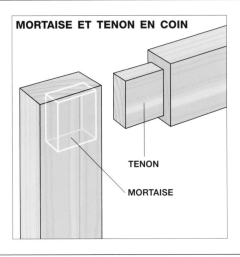

TENON

MORTAISE

À LANGUETTE SUR LE CHANT

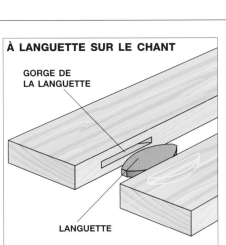

GORGE DE
LA LANGUETTE

LANGUETTE

Bois plein ou placage ?

Le bois plein est le choix traditionnel, bien qu'il soit beaucoup plus cher que le contreplaqué ou les autres matériaux en feuilles recouverts de placage. Vous pouvez tourillonner et façonner les chants du bois plein puisqu'ils sont de la même teinte et du même grain que le bois. Avec certains placages, il faut prendre garde de ne pas poncer toute la couche de placage. Les bois pleins sont aussi plus faciles à réparer lorsqu'ils ont subi des dommages importants. Les placages sont limités aux réparations en surface.

BOIS PLEIN

PLACAGE

Types de bois courants

CHÊNE BLANC

CHÊNE ROUGE

ÉRABLE

PEUPLIER

Les meubles sont souvent identifiés par les qualités naturelles du bois – même quand il s'agit de feuilles de contreplaqué recouvertes d'un placage mince. À moins d'appliquer un vernis transparent, l'aspect de la plupart des essences de bois peut être modifié par l'application d'huiles, de teintures et d'autres enduits.

◆ **Chêne blanc.** Gros grain à fil droit, couleur gris-brun clair.

◆ **Chêne rouge.** Gros grain et teinte rouge-brun.

◆ **Érable.** Bois dur, grain très fin, couleur blanche ou rosée.

◆ **Peuplier.** Bois dur de teinte blanchâtre ou jaune, au grain fin à fil droit.

◆ **Cerisier.** Grain fin, couleur rouge-brun clair à brun.

◆ **Acajou.** Texture fine à gros grain, couleur rose à brune.

◆ **Noyer.** Couleur grise à brun chocolat ; présente parfois des motifs exceptionnels.

◆ **Pin.** Bois tendre de couleur crème à jaunâtre, surtout utilisé pour les pièces de structure.

CERISIER

ACAJOU

NOYER

PIN

Meubles

Une solution Shaker

L'origine des meubles en kit remonte aux Shakers. Des menuisiers chevronnés concevaient et construisaient les prototypes, puis ceux-ci étaient désassemblés et chaque section était reproduite, et l'ensemble des sections était ensuite empaqueté pour être livré. N'importe qui possédant un minimum de connaissances en menuiserie pouvait les assembler.

Les meubles en kit coûtent habituellement de 50 à 60 % moins cher que leur version assemblée. Ils sont faits de bois de pin, d'érable, de chêne, de cerisier ou d'acajou, et non pas de placages collés sur des panneaux de particules agglomérées, comme c'est le cas de la plupart des meubles prêts à assembler (PAA) vendus dans les centres de bricolage. Les assemblages des kits de style Shaker sont des assemblages traditionnels à mortaises et à tenons, contrairement aux assemblages à vis et à écrous ou à ferrures à pression des meubles prêts à assembler. Les acheteurs de kits éprouveront la satisfaction d'assembler et de finir des meubles de qualité sans avoir à s'inquiéter des détails problématiques que l'on retrouve en menuiserie.

Assemblage d'un kit

La plupart des reproductions en kit exigent des connaissances élémentaires en menuiserie – il ne s'agit pas de prendre des mesures et de faire des coupes complexes, mais plutôt de savoir utiliser la colle avec parcimonie et d'avoir la patience de poncer les imperfections avant de passer à l'étape de finition. Par exemple, les barreaux d'une chaise en kit peuvent ne pas s'insérer en douceur dans les trous des pattes ; même des changements minimes du taux d'humidité peuvent faire gonfler le bois suffisamment pour que l'assemblage ne soit pas parfait. Il suffit de poncer légèrement pour corriger le problème. Avec la colle, il faut prendre garde de ne pas faire déborder l'excédent sur le grain des surfaces exposées, là où elle risquerait d'empêcher la teinture de pénétrer le bois, ce qui créerait des effets marbrés.

La plupart des entreprises de meubles en kit proposent un vaste choix, des meubles imposants comportant plus de 100 éléments aux simples chandeliers à quatre ou cinq pièces. Il est sage de commencer avec des projets de petite envergure. Pour toute question sur l'article que vous avez choisi dans le catalogue, prenez contact avec l'entreprise qui l'a produit. Assurez-vous qu'il n'est pas nécessaire de posséder des connaissances particulières ou des outils spéciaux pour l'assemblage – règle générale, vous n'aurez besoin que d'un marteau et d'un tournevis. Lisez bien le mode d'emploi avant de commencer à coller les pièces.

Réparer les chants

Les meubles prêts à assembler s'abîment souvent sur le placage des chants des panneaux, aux points de jonction des éléments de la quincaillerie.

Pour les réparer, il suffit de refaire la partie abîmée avec une pièce de bois et des serre-joints, de combler le vide avec de l'époxy et de percer un nouveau trou.

Ferrures démontables

FERRURE EN MORTAISE

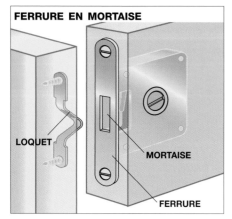

LOQUET

MORTAISE

FERRURE

FERRURE DE TYPE SERRURE

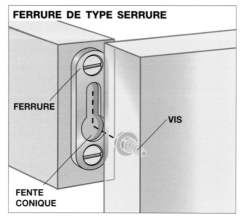

FERRURE

VIS

FENTE CONIQUE

CONNECTEUR À PLAQUE MÉTALLIQUE

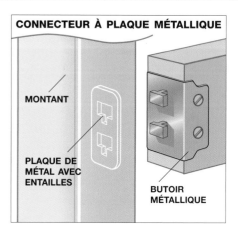

MONTANT

PLAQUE DE MÉTAL AVEC ENTAILLES

BUTOIR MÉTALLIQUE

Assembler un meuble en kit

MATÉRIEL : ▶ marteau • équerre de menuisier • pinceaux ou tampons • gants de caoutchouc
▶ kit à assembler • papier abrasif • colle et clous (si nécessaire) • teinture • vernis

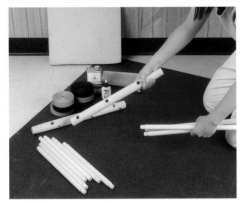

1 *Avant de commencer,* il est sage d'étaler toutes les pièces et la quincaillerie dans l'ordre où elles seront assemblées.

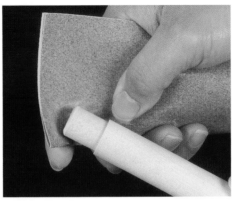

2 *Plusieurs kits pré-coupés* exigent une légère finition avant l'assemblage. Certaines pièces auront peut-être gonflé depuis qu'elles ont été coupées.

3 *Les kits sont souvent livrés* avec de la colle et des clous. Pour ce kit de tabouret Shaker, les barreaux seront collés dans les trous pré-percés des pattes.

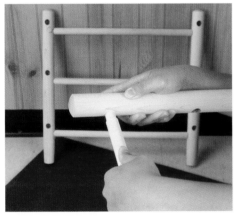

4 *Les kits élémentaires* tel celui-ci peuvent être assemblés en sections modulaires ; une première paire de pattes avec leurs barreaux, puis une deuxième paire.

5 *Équarrissez les sections modulaires* au fur et à mesure qu'elles sont assemblées, puis joignez les unes aux autres.

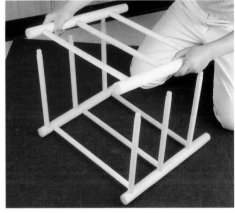

6 *Collez les barreaux connecteurs* sur un ensemble de pattes posé par terre, ajoutez de la colle dans les trous, puis insérez l'autre section par-dessus.

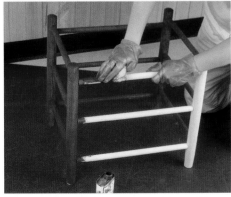

7 *Lorsque vous prévoyez recouvrir* le meuble d'un tissu d'ameublement, teignez et vernissez le bois au préalable.

8 *Le siège de ce tabouret* est formé par des bandes de tissu entrecroisées, appelées sangles, avec un rembourrage de mousse entre les couches.

9 *Pour terminer,* tissez les sangles (livrées avec le kit) en alternant les couleurs. L'extrémité de la dernière sangle est insérée sous le siège.

Meubles

Mise en garde

Avec un peu de chance, la restauration d'un meuble ne nécessitera que la réfection du fini d'origine. Cependant, dans bien des cas, il faudra le décaper et préparer le bois dénudé à recevoir une nouvelle couche de finition. Les vétérans de la restauration utilisaient une solution de soude caustique et d'eau pour décaper, mais ce mélange était si puissant qu'il décollait les assemblages, décolorait le bois, en plus de s'attaquer à l'occasion à la peau et aux yeux de l'utilisateur.

Des décapants plus faciles à utiliser, conçus au cours des 30 ou 40 dernières années, contiennent des solvants tels le toluène, le méthanol, l'acétone et de la chlorure de méthylène. Ces décapants, conditionnés sous forme liquide ou en pâte, sont sécuritaires lorsque le mode d'emploi est observé correctement. Les décapants à base d'éther dibasique et de N-méthyl-pyrrolidone sont moins nocifs puisqu'ils s'évaporent plus lentement. Avec tous les décapants à base de solvants, il faut toujours travailler dans un endroit bien aéré, et porter des vêtements de protection, un tablier et des lunettes de protection.

Vous pouvez utiliser une torche au propane ou un pistolet thermique pour décaper à la chaleur. Il s'agit de chauffer suffisamment la surface pour que le fini se soulève, sans brûler ni écorcher le bois. Bien que ce soit parfois la bonne solution pour décaper, par exemple, les boiseries à l'extérieur de la maison qui seront repeintes, c'est une solution risquée pour les meubles. Si vous choisissez de décaper du bois avec un pistolet thermique ou une torche, ayez toujours un extincteur à la portée de la main et portez un masque à vapeur organique, des lunettes de protection et des gants ignifuges. Ne vous servez jamais d'un pistolet thermique avec un décapant chimique.

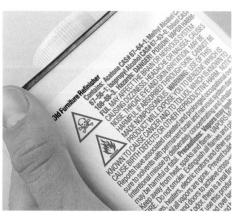

Lisez toujours attentivement et respectez bien les mises en garde du fabricant, surtout pour les teintures et autres produits de finition.

Décapage thermique

MATÉRIEL : ▶ grattoir • pistolet thermique

1 *Avec un couteau à mastic bien aiguisé* ou un petit grattoir, retirez le fini écaillé.

2 *Chauffez lentement la surface,* en observant la formation des boursouflures. Faites des mouvements constants avec le pistolet.

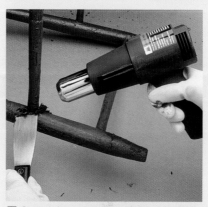

3 *Grattez les couches ramollies* en tenant le couteau à mastic d'une main et le pistolet de l'autre.

Décapage chimique

MATÉRIEL : ▶ pinceau • grattoir
▶ décapant • sciure de bois

1 *Appliquez le décapant au pinceau* sur une petite section à la fois. Portez des gants et des lunettes de sécurité.

2 *Étalez la sciure de bois* ou des copeaux de bois sur le fini boursouflé pour consolider les résidus avant de les enlever.

3 *Grattez le décapant et le fini.* Vous aurez peut-être besoin d'un couteau plus petit pour nettoyer les moulures et les motifs complexes.

Raclage

Ce grattoir à long manche est muni d'une lame courbe. C'est un bon outil pour retirer le fini des surfaces planes.

Certains grattoirs présentent plusieurs profils intégrés à la lame pour enlever le fini des surfaces planes et incurvées.

Ce grattoir triangulaire atteint les coins, les rainures et les raccords. Certains d'entre eux ont des lames interchangeables.

Ponçage

La plupart des ponceuses électriques de précision présentent une extrémité effilée pour poncer les endroits difficiles d'accès. Certains modèles sont deux fois plus petits que celui-ci.

Une ponceuse à courroie est l'équivalent d'une ponceuse à planchers pour les meubles. La courroie continue décape et lisse rapidement toute surface plane.

La ponceuse orbitale est idéale pour la finition des meubles puisqu'elle peut lisser le grain dans plus d'une direction.

Travail de précision

Les rénovateurs professionnels font tremper la chaise entière dans un bain de décapant pour en extraire le fini de tous ses recoins. Les bricoleurs doivent se contenter de procéder étape par étape, ce qui bien sûr exige plus de temps. Pour aller plus vite, faites trempez ce que vous pouvez (la quincaillerie, par exemple), et utilisez un décapant en pâte, des grattoirs et des produits spécialisés pour le ponçage du bois. Une ponceuse électrique de précision avec une extrémité en pointe servira à travailler les coins. Les rubans à poncer se chargeront des petites fissures.

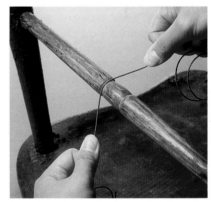

Les rubans à poncer sont comme du papier abrasif sur une ficelle. Ils sont proposés en plusieurs grains pour nettoyer les barreaux et les pattes tournées des chaises.

Préparez un mélange pour décaper la quincaillerie que vous immergerez dans un récipient. Portez des lunettes de protection et des gants de caoutchouc.

Meubles

Réparer un assemblage

Comme les chaises sont souvent malmenées, il n'est pas étonnant que votre premier projet de réparation d'assemblage s'intéresse aux barreaux et aux pattes de chaises. La meilleure solution pour consolider les assemblages consiste à les démonter complètement et à les nettoyer, puis à les recoller et à les resserrer. Si ce n'est pas possible, parce que les pièces ne sont pas démontables ou que les autres joints sont trop solidement collés, il faut injecter de la colle dans l'assemblage (voir « Deux manières de recoller », ci-contre).

Si l'assemblage tient encore, il faut en séparer les pièces. Tout d'abord, assurez-vous que le joint n'a pas été solidifié avec une petite cheville ou des clous. Les chevilles peuvent être extraites au marteau – ou, si elles résistent, percées avec une mèche légèrement plus petite que le diamètre de la cheville. Retirez les clous, sans oublier ceux qui sont recouverts de bouche-pores, avec une pince coupante diagonale, ou enfoncez-les avec un chasse-clous. Après avoir retiré les attaches, appliquez une solution d'une partie d'eau et d'une partie de vinaigre, et dégagez l'assemblage.

Renforts d'assemblage

Les chevilles et les clous ne sont pas les seuls renforts d'assemblage que vous risquez de rencontrer. Vous aurez peut-être à retirer des blocs d'angle, des pièces de blocage, des renforts métalliques et des vis à bois (ainsi que les bouchons de bois qui les recouvrent.) Les blocs d'angle peuvent être collés et vissés aux coins intérieurs du cadre d'une chaise ; les pièces de blocage retiennent souvent le dessus d'une table à sa base. Faites sauter les pièces de blocage avec un maillet et un ciseau à bois après avoir retiré toutes les vis ou les clous.

Là où des vis à bois ont servi à renforcer les faces visibles de l'assemblage, leur tête sera probablement recouverte d'un bouton ou d'un bouchon de bois. On retire les boutons en insérant la pointe d'un poinçon sous leurs rebords et en les faisant sauter – ou encore utilisez deux ciseaux, un de chaque côté, pour tirer le bouton vers vous. Essayez de ne pas endommager le pourtour du trou lorsque vous retirez une vis fraisée, car cela rendrait le remplacement du bouton plus difficile.

Une fois l'assemblage mis en pièces et nettoyé, faites quelques essais. Si les pièces ne s'assemblent pas correctement, il faudra procéder à d'autres réparations. Il suffit parfois d'utiliser des vis légèrement plus grandes, ou encore de serrer l'assemblage en faisant une entaille sur une extrémité d'un barreau et d'y insérer une cale. Comblez les interstices avec un mélange de colle à l'époxy et d'un agent de liaison.

Deux manières de recoller

MATÉRIEL : ▶ perceuse • mèches de ¼ et de ⅛ po • marteau ▶ goujon de ¼ po • colle polyvinyle

1 *Pour renforcer un barreau faible,* après avoir vérifié l'alignement, percez un trou dans la patte de la chaise et au centre du barreau.

2 *Après avoir injecté de la colle dans le trou,* insérez le goujon à l'aide de quelques légers coups de marteau jusqu'à ce qu'il tienne bien en place. Coupez l'excédent avec une scie à dosseret.

1 *Pour renforcer une mortaise affaiblie,* percez un petit trou en biseau au travers de la mortaise et du tenon.

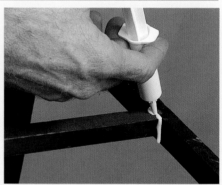

2 *Insérez l'aiguille de la seringue* dans le trou et injectez la colle polyvinyle diluée. Essuyez l'excédent et poncez pour lisser.

Réparer un barreau

MATÉRIEL : ▶ couteau universel • scie à dosseret • bande serre-joints ▶ embout pré-taillé • colle à bois

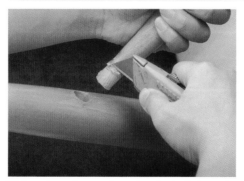

1 *Avec le couteau universel,* raclez toute trace de vieille colle sur le barreau. Vous faciliterez ainsi la prise de la nouvelle colle sur la vieille surface.

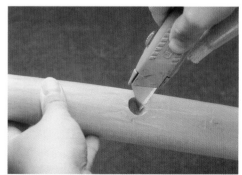

2 *Raclez aussi toute trace de colle* de la mortaise. Un outil électrique de type Dremel avec une mèche fraisée est très pratique.

Cales

Un barreau de chaise peut être habilement renforcé avec la bonne vieille technique d'insertion d'une mortaise à queue de renard. Tout d'abord faites une entaille mince au centre du tenon du barreau, puis insérez partiellement une petite cale de bois dur. Il est préférable d'enlever la vieille colle et d'appliquer de la colle fraîche avant d'asseoir le barreau. Quand vous serrez l'assemblage, la pression de la cale crée une légère ouverture à l'extrémité du barreau, ce qui en assure l'emprise dans la mortaise.

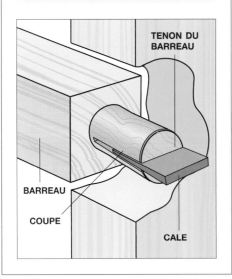

TENON DU BARREAU

BARREAU

COUPE

CALE

Avant... et après

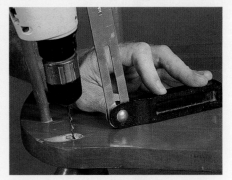

Perçage en biais

Comme certains assemblages ne sont pas à angle droit, vous devez aligner la perceuse dans l'angle des pièces à joindre.

Pour vous assurer de l'exactitude de l'angle, placez une fausse équerre sur l'un ou l'autre des éléments et servez-vous-en comme guide de perçage.

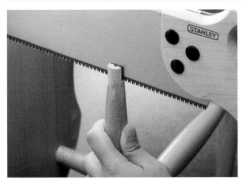

3 *Faites un trait de scie* à l'extrémité du barreau avec une scie à dosseret. Avant d'assembler les pièces, enduisez de colle tous les points de contact.

4 *Taillez une petite cale de bois dur* plus ou moins de la même taille que la profondeur du trait de scie. Insérez la cale dans le trait de scie avant d'installer le barreau.

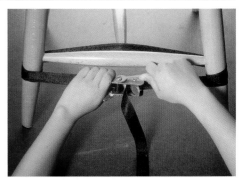

5 *Réassemblez la chaise* après avoir appliqué la colle. Une bande serre-joints à rochet est idéale pour serrer plusieurs joints en une seule étape.

Meubles

Usure normale

Des meubles en bois bien construits dureront longtemps, mais ils ne sont pas indestructibles. Les meubles plus anciens, surtout, laissent apparaître des signes d'usure normale, sans parler des marques et du manque d'entretien. Les tiroirs, par exemple, ont été ouverts et refermés des milliers de fois au fil des années. Tôt ou tard, les glissières se sont usées et les butées se sont détachées (voir « Réparer un tiroir » en bas à droite et « Armoires et comptoirs », pages 234-235). Graduellement, les contraintes imposées par l'ouverture et la fermeture à répétition ont démonté les charnières et peuvent même avoir fendu le bois. Souvent, ce problème peut être réglé avec des vis plus grandes.

Des changements constants de température et de niveau d'humidité ont une influence sur le bois : les tiroirs et les portes d'armoire gonflent et se coincent, le placage se décolle, et les panneaux se fendillent et gauchissent. Au fil du temps, toute cette activité peut démonter les assemblages et même fendre le bois, l'arceau d'une chaise berçante par exemple.

Réparer les fissures et les fractures

Les fractures dans le sens du grain du bois sont facilement réparables avec des joints solides qui n'exigent pas de renforts, pour autant qu'ils soient libres de résidus de colle et puissent être bien serrés avec des serre-joints. D'une manière générale, il suffit de faire pénétrer la colle dans la fente, en se servant de la pression exercée par le serre-joints pour clore l'ouverture et en laissant bien sécher la colle. Si la fente avait été collée auparavant, nettoyez bien l'interstice avant de recoller. Lorsque le bois se fend contre le grain, sa réparation peut exiger des renforts supplémentaires. Les endroits les plus sujets aux fentes contre le grain sont les points les plus faibles d'un meuble, tels les faîteaux, les pièces incurvées et les pattes, les panneresses et autres pièces tournées (les pièces tournées sont produites à l'aide d'un tour à bois).

Lorsque vous réparez des pièces tournées fendues contre le grain, il faut renforcer l'assemblage avec des goujons filetés, en bois ou en métal. D'abord, recollez les parties brisées. Si la fracture a eu lieu à l'extrémité de la pièce tournée, percez-y un trou pour le goujon à travers la fracture. Sinon, entaillez la pièce tournée une fois qu'elle est collée directement au-dessus ou en dessous de la fracture. Percez des trous pour les goujons aux extrémités de chaque pièce, suffisamment profonds pour qu'ils traversent la fracture. Insérez le goujon et recollez.

Réparer un cadre

MATÉRIEL : ▶ scie à dosseret • serre-joints de menuisier • ciseaux à bois • couteau universel • pinceau

1 *Serrez le cadre bien fermement* et, avec la scie à dosseret, coupez une gorge centrée sur les deux côtés de l'assemblage à onglets du cadre.

2 *Taillez une languette* dans des rebuts de bois de la même épaisseur que la gorge. Elle sera plus grande que le cadre et sera rognée plus tard.

Attaches

La plupart des meubles en bois sont unis par une combinaison d'assemblages, de colle et d'attaches. Lorsque des réparations s'imposent, vous devrez probablement utiliser une combinaison de pointes et de clous, de punaises de tapissier, et de vis à bois ou de goujons pour renforcer les assemblages plus faibles. Bien que la colle soit une bonne solution temporaire, les vis renforceront plus solidement les assemblages. Camouflez les têtes des vis avec des bouchons de bois.

Réparer un tiroir

MATÉRIEL : ▶ équerre de menuisier ou toute autre équerre de grand format • rabot • couteau à palette

1 *Pour réparer une glissière de tiroir endommagée,* tracez tout d'abord une ligne droite au-dessus de la région endommagée avec une équerre de menuisier.

2 *Avec une scie à main finement dentée,* coupez la section endommagée, jusqu'au fond du tiroir si nécessaire.

à colle ou couteau à palette ▶ bois pour languettes • colle à bois

3 *Enduisez la languette et la gorge* de colle. In-sérez la languette et essuyez l'excédent de colle avec un chiffon humide.

4 *Dès que la colle est sèche,* coupez la languette avec une scie à main au ras du cadre, sur les deux côtés de l'assemblage.

5 *Pour terminer la réparation,* rognez la languette avec un couteau à bois bien aiguisé ou un rabot. Poncez et teignez la languette de la même teinte que le cadre.

Colles

Il existe des colles adaptées à tous les types de projets. La colle ordinaire de menuisier est l'une des colles polyvalentes les plus courantes utilisées aujourd'hui. Parmi les autres types de colle, notons les colles de peau, un mélange à séchage lent et réversible – même lorsqu'ils sont secs, les assemblages peuvent être dis-joints avec de la chaleur et de l'eau. Les colles à l'époxy se prêtent bien à une utilisation sur des matériaux non-poreux, et résistent à l'eau et aux produits chimiques. Les colles contact sont réservées aux stratifiés.

La pression exercée par un serre-joints est essentielle pour une prise optimale de la colle. Avec une colle à l'époxy, une trop grande pression exercée sur un assemblage précis risque de produire une connexion faible et assoiffée de colle. L'utilisation d'une colle de polyvinyle et une pression moins forte sur le même assemblage produiront de meilleurs ré-sultats. D'une manière générale, les colles contact n'exigent pas de serre-joints. Le mode d'emploi sur l'emballage indique la pression optimale.

• poinçon • ciseau à bois • serre-joints • scie à main ▶ bois pour la nouvelle glissière • papier abrasif • colle à bois • teinture, enduit de finition et cire • chiffon propre

3 *Rabotez la face inférieure* de l'autre glissière pour la rendre plus lisse. Utilisez un couteau à bois pour atteindre les recoins.

4 *Taillez une nouvelle glissière.* Collez-la et serrez-la en position sur le côté du tiroir.

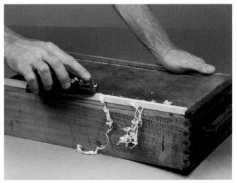

5 *Rabotez l'arête de la glissière* jusqu'à ce que le tiroir glisse bien dans l'ouverture, puis poncez, finissez et appliquez les dernières retouches à la réparation.

Meubles

Préparation du bois

Une fois que le meuble est décapé et qu'il a subi un premier ponçage, il faut préparer la surface en vue de la nouvelle couche de finition. La préparation de la surface est tout aussi importante, sinon plus, que lorsqu'on prépare une surface à peindre. Le décapage aura probablement mis à nu certains défauts et des fentes qui devront être réparées avec du bouche-pores. Le ponçage de finition sert également à bien lisser la surface du bois.

Sur certains bois à gros grain, le ponçage ne produira jamais un fini lisse. Les professionnels utilisent un mélange bouche-pores en pâte qui permet d'obtenir une surface lisse et unie sur laquelle la couche de finition sera appliquée. Les bouche-pores sont proposés en mélanges à base d'eau ou à base d'huile, dans des teintes neutres ou assorties à la teinte du bois.

Les petits défauts, les trous et les fentes peuvent être remplis de mastic à bois. Les mastics se divisent en deux grandes catégories, à base de nitrocellulose, solubles dans le diluant à vernis, et à base d'acrylique, hydrosolubles. Certains sont offerts sous forme de poudre à base de gypse. Comme le mastic à bois est sujet au rétrécissement, il est préférable de l'appliquer en plusieurs étapes. Il est facile à poncer lorsqu'il est sec.

Les fentes et les trous plus importants seront réparés en collant une pièce de bois taillée à la mesure du rapiéçage, ou encore un genre de mastic de carrosserie à deux composants conçu spécifiquement pour le bois. Il n'est pas conseillé d'utiliser le mastic sur les antiquités ou autres meubles de qualité.

Bouche-pores et finition

Appliquez le mastic à bois sur la surface à réparer à l'aide l'un couteau à mastic ou de la lame d'un tournevis plat. L'excédent sera poncé de niveau lorsque le mastic sera sec.

Les réparations mineures seront moins visibles si vous agencez la couleur du mastic avec celle du bois. Certains mélanges en poudre peuvent être teints.

Il existe une teinture pour presque toutes les teintes de bois, mais le résultat obtenu est fonction de l'essence du bois. Dans cette photo, la même teinture a été appliquée sur de l'érable (extrême gauche), de l'acajou (2e à partir de la gauche), du peuplier (2e à partir de la droite) et du chêne (extrême droite).

Ponçage

Même en utilisant les meilleurs outils pour couper et assembler le bois, tous les travaux exigent une dernière finition au papier abrasif.

Description / grain	Usages et commentaires
Très grossier / 12–36	Ponçage grossier, façonnage ; n'est pas conseillé pour les meubles
Grossier / 40–50	Ponçage grossier, façonnage, ponçage de la peinture, peu souvent utilisé
Moyen / 60–80	Premier ponçage sur les éraflures, en vue d'un deuxième ponçage avec un papier au grain plus fin
Fin / 100–150	Ponçage préliminaire du bois avant d'appliquer la couche de finition
Très fin / 180–240	Préparation des bois durs avant la finition ; ponçage entre les couches
Extra-fin / 280–320	Ponçage et lissage du fini entre les couches
Super-fin / 360–400	Ponçage et lissage du fini entre les couches
Ultra-fin / 500–600 et plus	Ponçage des dernières couches, souvent utilisés avec de l'eau ou de l'huile

Réparer le placage

MATÉRIEL : ▶ fer à repasser • couteau à palette • rouleau pour le placage • couteau universel • serre-joints
▶ colle à bois • chiffon de coton • papier ciré • ruban-cache • teinture et vernis assortis

Boursouflures

1 *Pour réactiver la colle du placage* et comprimer une boursouflure, recouvrez-la d'un chiffon humide, puis chauffez-la avec un fer à repasser.

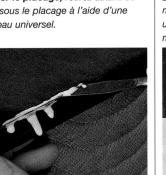

2 *Vous pouvez faire une entaille sur le placage* dans le sens du bois (s'il n'est pas déjà fendu) et insérer un peu de colle sous la boursouflure.

3 *Dès que la colle est insérée,* utilisez un rouleau à placage pour aplatir la surface et faire ressortir toute colle excédentaire.

Chants

1 *Avant de recoller le placage,* retirez autant de colle que possible sous le placage à l'aide d'une lame ou d'un couteau universel.

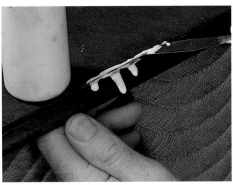

2 *Avec un couteau à palette* ou autre outil à lame mince, insérez un peu de colle à bois sous le placage décollé et essuyez l'excédent avant de serrer.

3 *Serrez bien le placage* avec une pièce de bois de rebut posée sur du papier ciré. Utilisez plusieurs serre-joints pour assurer une pression uniforme.

Rapiéçage

1 *Pour rapiécer un coin ébréché,* taillez un morceau du même placage, puis collez-le avec une bande de ruban-cache sur l'endroit endommagé, en respectant bien le fil du bois.

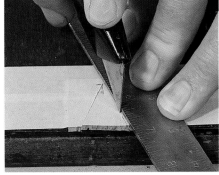

2 *Faites une entaille en forme de « V »* sur l'endroit endommagé. Faites plusieurs passes pour marquer la surface sous le placage.

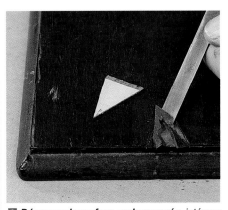

3 *Découpez la surface endommagée,* intégrez la nouvelle pièce et serrez. Lorsque sec, poncez et lissez de niveau, puis appliquez l'enduit de finition approprié.

Meubles

Refaire un cannage

MATÉRIEL : ▶ tournevis • maillet • couteau universel

1 *Retirez le cannage endommagé* en soulevant la languette qui retient le rotin dans la rainure du pourtour du siège.

2 *Taillez le nouveau cannage* et installez-le avec sa face lustrée vers vous. Avec un bloc en bois, insérez une nouvelle languette dans la rainure.

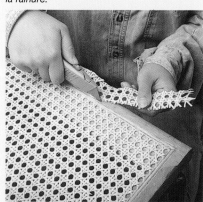

3 *Lorsque la dernière section de la languette* est en place et que le cannage est bien tendu, coupez l'excédent avec un couteau universel.

Refaire les sangles

MATÉRIEL : ▶ marteau ▶ sangles pour chaises • clous de tapissier

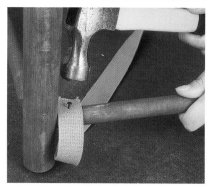

1 *Les sangles des chaises* sont des bandes de tissu servant aux sièges et aux dossiers. Commencez la pose d'une sangle en clouant l'extrémité d'une bande au cadre de la chaise.

2 *Souvent les sangles* sont disposées en alternant les couleurs. Fixez d'abord une couleur d'un côté à l'autre, puis clouez l'extrémité.

3 *Commencez une deuxième bande* (ou une bande de rapiéçage plus courte) en la tissant à angle droit au travers de la première série de bandes.

Réparer l'osier

MATÉRIEL : ▶ pince à bec long ▶ colle

1 *Souvent les clous* fendent les vieux brins d'osier. Il est préférable de les coller et de les camoufler dans une section invisible.

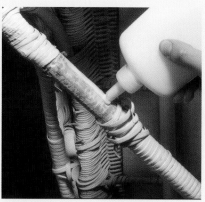

2 *Pour refaire le nouage de l'osier plat,* ajoutez de la colle au cadre de soutien de la chaise, puis renouez la section.

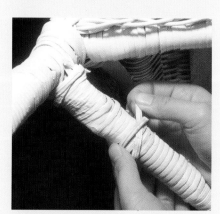

3 *Ne comptez pas sur la colle* pour tenir le tout en place. Glissez l'extrémité du brin sous le dernier nœud et coupez l'excédent.

Réparer un meuble rembourré

MATÉRIEL : ▶ pince • agrafeuse • marteau

1 *Pour réparer les ressorts défaits ou endommagés* des fauteuils rembourrés, renversez le fauteuil et retirez le tissu de recouvrement.

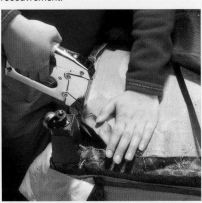

2 *Vous aurez peut-être à recentrer* certains ressorts et à les maintenir sous tension en agrafant des sangles ou des morceaux de canevas.

3 *Si nécessaire, profitez-en pour redresser* ou remplacer les sangles de rétention des ressorts. Clouez les extrémités des sangles au cadre du fauteuil.

Remplacer un sanglage

MATÉRIEL : ▶ tournevis
▶ toile à sangles • quincaillerie

1 *Les sangles en plastique* qui recouvrent les chaises de jardin sont rattachées au cadre par des œillets ou des vis.

2 *Pour réduire la tension* aux points d'attache des sangles, repliez l'extrémité de la sangle sur elle-même en formant un triangle.

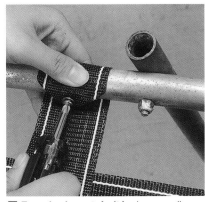

3 *Enroulez les extrémités* des nouvelles sangles autour du cadre et fixez-les une à une avec une rondelle et une vis.

Remplacer une toile

MATÉRIEL : ▶ toile • goujon

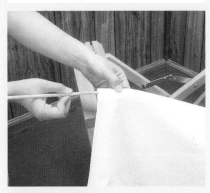

1 *Maintenez la toile* sur un fauteuil pliant en insérant un nouveau goujon dans l'ourlet de chaque côté de l'assise.

2 *Glissez les côtés ourlés* et renforcés dans les rainures de chaque côté du cadre du fauteuil. Nettoyez les débris dans les vieilles rainures.

3 *Pour remplacer le dossier,* glissez les extrémités ourlées de la toile sur les montants arrière du fauteuil.

Meubles

Corriger les imperfections

Les vernis au polyuréthane, les cires et autres enduits de finition ont pour mission de protéger les surfaces de bois contre l'usure normale et d'empêcher qu'elles ne s'endommagent en profondeur. Cependant, peu importe le nombre de couches appliquées sur les meubles ou sur les planchers, ceux-ci subiront presque inévitablement des éraflures et des taches. Voici quelques solutions pour les taches et les éraflures les plus courantes.

Éraflures et brûlures

Un bon polissage enlèvera les éraflures légères sur les bois bien protégés. Si les dégâts sont plus importants, frottez les éraflures avec un chiffon ou une laine d'acier fine enduite de nettoyant pour le bois.

Pour les traces de brûlure, le travail dépend de la profondeur du dégât. Les dommages légers et superficiels seront traités avec un produit de nettoyage domestique, mais vous courez le risque de provoquer une légère enflure du grain et aurez à poncer doucement la surface avant d'y appliquer une nouvelle couche de vernis.

Pour les brûlures plus profondes, poncez avec un papier abrasif dans le sens du fil du bois, puis nettoyez et appliquez la couche de finition. Poncer une brûlure profonde risque de créer une dépression sur la surface, mais l'application d'un produit décolorant retirera la couleur des fibres avariées. Les traitements subséquents, laisseront une teinte grisâtre et usée. Il faut alors appliquer une teinture pour agencer la surface traitée avec le bois avoisinant avant d'appliquer la couche de finition.

Entailles

La façon la plus facile de réparer les entailles consiste à combler les petites dépressions avec du mastic à bois; teignez la réparation, au besoin, puis appliquez-y une couche de cire afin d'uniformiser l'ensemble de la surface. Sur les bois tendres, il est possible de rehausser une dépression avec la vapeur d'un fer à repasser, ou en l'humidifiant avec de l'eau et en appliquant de la chaleur avec un pistolet thermique ou un séchoir à cheveux.

Si vous devez utiliser un mastic (pour les entailles profondes ou celles qui ont fendu les fibres du bois), utilisez un mastic à bois poreux qui peut être poncé sans laisser de saillies – un mélange en poudre par exemple – et qui peut être teint uniformément.

Un bâton de résine pour les brûlures est une autre solution. Fondue avec un couteau thermique électrique, la résine comble la dépression avec un mastic qui peut être façonné, poncé et teint en quelques minutes. Faites quelques essais avec des retailles de bois avant de vous attaquer au meuble.

Réparer le bois endommagé

MATÉRIEL : ▶ ciseau à bois • pinceau ▶ mastic à bois • teinture en poudre • teinture de finition et vernis

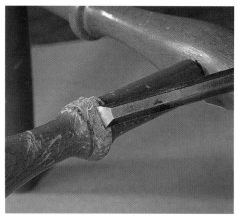

1 *Avec un ciseau à bois,* découpez le bois détaché de la surface endommagée. Ne lissez pas, car le mastic aura meilleure prise sur une surface rugueuse.

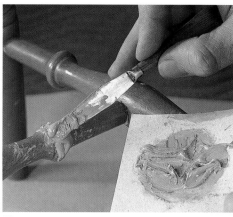

2 *Mélangez le mastic à bois* et appliquez-le sur la surface endommagée. Appliquez une couche suffisamment épaisse pour que vous puissiez la façonner par après.

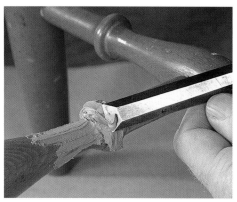

3 *Lorsque le mastic est sec,* façonnez grossièrement avec un ciseau à bois bien affûté.

4 *Avec un papier abrasif,* égalisez la surface réparée. Les petits outils de type Dremel facilitent ce travail de modelage.

5 *Teignez la surface réparée* avec un petit pinceau. Autant que possible, agencez avec la teinte du bois environnant.

6 *Dès que la teinture est sèche,* appliquez autant de couches de vernis que nécessaire pour rendre la réparation invisible.

Enlever les taches de moisissure

MATÉRIEL : ▶ laine d'acier #0000 • papier abrasif de grain 600 pour finition sèche ou humide • bloc à poncer • cire en pâte pour meubles • chiffon doux en coton

1 *Avec la laine d'acier fine,* frottez la surface ta-chée. Appliquez une pression ferme dans le sens du fil du bois.

2 *Poncez la surface* avec un papier abrasif pour finition sèche ou humide. Ajoutez une petite quantité d'essence minérale pour lubrifier.

3 *Frottez de nouveau* avec la laine d'acier fine et la cire en pâte. Pour que la réparation s'estompe bien, terminez par un polissage avec un chiffon doux en coton.

Enlever les taches et le coulis de cire

MATÉRIEL : ▶ grattoir en plastique (ou carte en plastique) ▶ cube de glace • laine d'acier #0000 • chiffon doux en coton

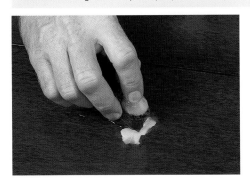

1 *Appliquez un cube de glace* sur la cire pour la durcir et la rendre plus cassante. Les débris seront ainsi plus faciles à retirer.

2 *Avec le bord d'une carte en plastique* ou un grattoir en plastique anti-adhésif, grattez la cire à la surface du bois.

3 *Appliquez une couche de finition* en crème avec une laine d'acier fine, en la faisant pénétrer dans le sens du bois. Polissez avec un chiffon propre.

Réparer les brûlures

MATÉRIEL : ▶ lame de rasoir • couteau chauffant • pinceau ▶ bâton de laque • papier abrasif pour finition sèche ou humide • teinture et vernis pour les retouches

1 *Pour les petites brûlures,* il s'agit de retirer les fibres détachées et endommagées, puis de combler le vide avec un couteau thermique, ou couteau chauffant.

2 *Lorsque le couteau thermique* a atteint une température suffisamment chaude pour faire fondre un bâton de laque, enduisez la pointe du couteau d'une petite portion de laque.

3 *Appliquez la laque* sur la surface jusqu'à ce qu'elle fusionne et forme une légère boursouflure ; avec un papier abrasif fin et un peu de diluant, poncez sans laisser de saillies.

Plomberie

15

Plomberie

Que font tous ces tuyaux?

Si les problèmes de plomberie vous paraissent particulièrement pénibles, souvenez-vous qu'autrefois, avant les systèmes de tuyauterie intérieure, toute l'eau servant au lavage et à la cuisine devait être transportée à la main et que les eaux usées prenaient le même chemin. En outre, il fallait faire avec des toilettes extérieures.

Éléments d'un système de plomberie domestique

Un système moderne de plomberie domestique se compose de trois éléments principaux : un réseau de tuyauterie d'alimentation en eau (chaude et froide), distribué à travers toute la maison ; les appareils ménagers, les robinets, les toilettes et autres installations consommant de l'eau ; et un système d'égout. Les maisons de campagne s'alimentent à partir de puits souterrains, mais la plupart des maisons modernes sont alimentées par l'aqueduc municipal. Un compteur d'eau peut enregistrer la consommation d'eau.

À l'intérieur de la maison, la canalisation principale se scinde en une conduite alimentant tous les tuyaux d'eau froide de la maison et une autre conduite alimentant le chauffe-eau. Le circuit d'eau chaude qui part du chauffe-eau suit un parcours parallèle aux conduites d'eau froide dans toute la maison. Ces deux circuits alimentent en eau les éviers, les baignoires, les douches, le lave-vaisselle et tous les autres équipements de plomberie. (Les toilettes et les robinets extérieurs ne sont pas reliés aux conduites d'eau chaude et le lave-vaisselle n'est pas relié aux conduites d'eau froide.)

Les eaux usées sont évacuées par le système d'égout. En fait, une partie du circuit les entraîne vers le collecteur principal de l'habitation ; l'autre partie est constituée de tuyaux (appelés évents) qui relient les tuyaux d'évacuation aux évents du toit. Ce système de ventilation fournit l'air extérieur nécessaire au remplacement du volume d'air déplacé par le mouvement de l'eau, et empêche que se produise une succion négative qui ralentirait l'écoulement dans les tuyaux (voir page 283).

En plus des conduites d'alimentation et d'évacuation, votre habitation peut être équipée de tuyaux pour le gaz et pour chauffer l'eau. Les tuyaux du gaz sont habituellement en acier ou en cuivre, et relient le compteur du gaz à une cuisinière ou à tout autre appareil alimenté au gaz. (Parfois le gaz est transporté par des tuyaux de cuivre.) À part couper l'alimentation en cas d'urgence, il est préférable de faire appel à des professionnels pour travailler sur ces tuyaux. Il en va de même pour les tuyaux du chauffage.

Compteur d'eau

Si votre alimentation en eau provient d'un service municipal, la valve d'arrêt principale et le compteur d'eau sont situés à proximité du branchement entre votre maison et le réseau municipal, habituellement le long d'un mur de fondation. Le compteur d'eau mesure la quantité d'eau que vous consommez. La plupart des relevés de compte indiquent la consommation quotidienne durant la période concernée.

Les compteurs d'eau appartiennent à la municipalité, et vous devez l'aviser si vous avez remarqué une fuite ou un mauvais fonctionnement.

Anatomie d'un système de plomberie domestique

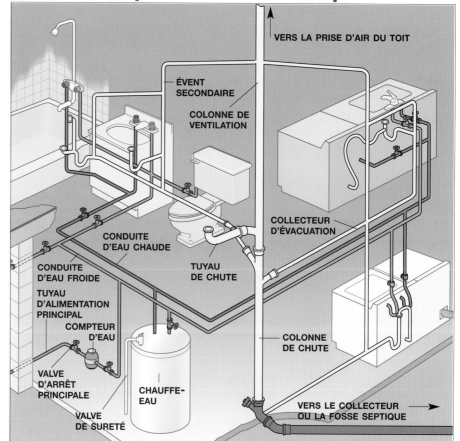

VERS LA PRISE D'AIR DU TOIT

ÉVENT SECONDAIRE

COLONNE DE VENTILATION

COLLECTEUR D'ÉVACUATION

CONDUITE D'EAU CHAUDE

TUYAU DE CHUTE

CONDUITE D'EAU FROIDE

TUYAU D'ALIMENTATION PRINCIPAL

COMPTEUR D'EAU

COLONNE DE CHUTE

VALVE D'ARRÊT PRINCIPALE

CHAUFFE-EAU

VALVE DE SURETÉ

VERS LE COLLECTEUR OU LA FOSSE SEPTIQUE

Un système de plomberie domestique se compose de trois éléments principaux : un circuit d'approvisionnement en eau (tuyaux en plastique ou en cuivre habituellement), un circuit d'évacuation des eaux usées (tuyaux en plastique) et un réseau d'évents (également en plastique) qui permettent à tout le système de couler librement.

Valves d'arrêt

La valve d'arrêt principale de votre circuit d'alimentation en eau est généralement située à proximité du branchement entre votre maison et le réseau d'alimentation municipal, ou encore, si vous puisez l'eau d'un puits, près du réservoir de la citerne. D'autres valves d'arrêt positionnées tout au long du circuit permettent de couper seulement une partie de l'alimentation, ce qui vous permet par exemple de fermer une valve avant de réparer une fuite dans la salle de bains, tout en ne coupant pas le reste de l'alimentation dans la maison. Bien qu'elles soient parfois difficiles à reconnaître, il devrait y avoir des valves sur les conduites d'alimentation à proximité des toilettes et des chauffe-eau, et peut-être ailleurs si la réglementation l'exige.

Toute installation consommant de l'eau, cette toilette par exemple, doit être munie d'une valve d'arrêt facilement accessible.

Si vous ne pouvez pas reconnaître ou fermer la valve d'arrêt d'une installation et qu'il y a urgence en cas de fuite, coupez l'alimentation à la valve d'arrêt principale.

Siphons et évents

La plupart d'entre nous savons reconnaître les tuyaux d'évacuation de chaque évier, baignoire et autres équipements de plomberie dans la maison. Ces tuyaux évacuent les eaux usées vers le tuyau collecteur du système d'égout principal. Cependant, chacun de ces équipements est également muni d'un siphon; c'est la section courbe du tuyau généralement visible sous un évier.

Le rôle principal du siphon consiste à empêcher le retour des gaz nocifs (et parfois mortels) des égouts. À cause de leur forme, les siphons sont toujours remplis d'eau, ce qui les rend hermétiques. Les siphons sont presque toujours placés près d'un tuyau d'évacuation, bien que certains soient placés sous le plancher (ceux des baignoires, par exemple) ou dissimulés au sous-sol.

Chaque tuyau d'évacuation doit être bien ventilé. Les tuyaux d'évent sont habituellement installés près de l'ouverture du tuyau d'évacuation, sous le siphon; parfois, plusieurs tuyaux d'évacuation sont desservis par un seul évent (appelé évent mouillé). Les évents sont reliés à un tuyau d'évacuation et sont installés à la verticale vers le toit ou à l'horizontale vers un autre évent. Sans eux, les eaux usées du tuyau d'évacuation entraîneraient l'eau du siphon. Les évents, donc, commandent un appel d'air extérieur dans les tuyaux, ce qui empêche l'évacuation de l'eau des siphons.

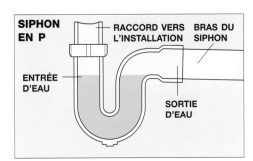

SIPHON EN P

RACCORD VERS L'INSTALLATION — BRAS DU SIPHON — ENTRÉE D'EAU — SORTIE D'EAU

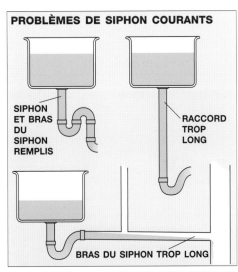

PROBLÈMES DE SIPHON COURANTS

SIPHON ET BRAS DU SIPHON REMPLIS — RACCORD TROP LONG — BRAS DU SIPHON TROP LONG

Les siphons sont conçus pour conserver une petite quantité d'eau dans le conduit d'évacuation. La présence de l'eau empêche le refoulement des gaz d'égout.

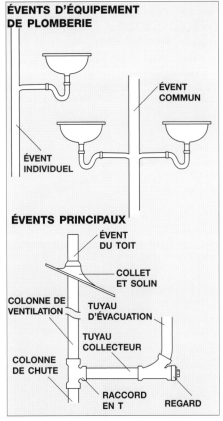

ÉVENTS D'ÉQUIPEMENT DE PLOMBERIE

ÉVENT COMMUN — ÉVENT INDIVIDUEL

ÉVENTS PRINCIPAUX

ÉVENT DU TOIT — COLLET ET SOLIN — COLONNE DE VENTILATION — TUYAU D'ÉVACUATION — TUYAU COLLECTEUR — COLONNE DE CHUTE — RACCORD EN T — REGARD

Les tuyaux de ventilation sont conçus pour favoriser l'écoulement libre de l'eau et diriger les gaz d'égout vers l'extérieur de la maison.

Plomberie

Couper des tuyaux

Si vous voulez prendre en main vos réparations de plomberie, vous aurez tôt ou tard à couper des tuyaux. Pour les tuyaux de cuivre, vous utiliserez un coupe-tuyau qui entaille le périmètre du tuyau grâce à un disque tranchant. Vous obtiendrez des coupes nettes et précises avec une scie à métaux, mais cela peut s'avérer difficile sur les tuyaux installés entre les montants dans les murs ou dans des endroits difficilement accessibles. Les coupe-tuyaux à disque, plus compacts, sont bien commodes dans les espaces trop exigus pour une scie à métaux.

Faites quelques essais avec le coupe-tuyau sur un rebut de tuyau pour vous pratiquer. Tout d'abord, il faut le fixer sur le tuyau, puis serrer la poignée jusqu'à ce qu'il y ait une résistance. Lorsque le coupe-tuyau aura fait un ou deux tours, il offrira moins de résistance et imprimera une ligne de coupe en profondeur. Serrez de nouveau la poignée pour que le disque morde un peu plus profondément, tout en tournant et en serrant l'outil jusqu'à ce que la coupe soit complète. Après quelques essais, vous saurez quand et comment il faut serrer tout en faisant tourner le coupe-tuyau. Si la résistance est trop forte, c'est que l'emprise du disque est trop vigoureuse ; il suffit alors de relâcher un peu votre prise sur la poignée.

Il se peut qu'une coupe qui semble bien nette ait besoin d'être adoucie sur ses bords intérieurs, ce qui améliore l'écoulement de l'eau et empêche la formation de dépôts minéraux sur la face interne du tuyau. Il existe des outils pour aléser les ébarbures ; certains coupe-tuyaux à disque sont munis d'un alésoir escamotable. Vous pouvez également utiliser un papier abrasif au carbure ou une lime à métal aux bords arrondis.

Couper le plastique et le métal

Coupez les tuyaux de plastique en PVC avec une scie à métaux à gros pas ou avec une scie de menuisier finement dentée. Pour effectuer une coupe bien droite, calez le tuyau bien solidement contre une pièce de bois vissée à votre établi. Les tuyaux déjà en place seront stabilisés en les enrubannant à un montant, à une solive ou à un autre tuyau. Le bord intérieur d'un tuyau de plastique doit être bien net et ébarbé avant l'installation. La lame d'un couteau universel fera l'affaire.

Les petits tuyaux en acier ($1/2$ à 2 po) se coupent plus facilement avec un coupe-tuyau à disque, bien qu'une scie à métaux à gros pas puisse faire l'affaire. Les tuyaux en acier d'un diamètre plus important seront coupés avec un outil appelé coupe-fonte, que vous pouvez trouvez dans un centre de location d'outils. Sinon, il est toujours possible d'entailler une coupe avec un marteau et un ciseau à froid.

Matériaux

CUIVRE

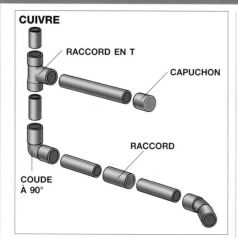

RACCORD EN T

CAPUCHON

RACCORD

COUDE À 90°

PLASTIQUE

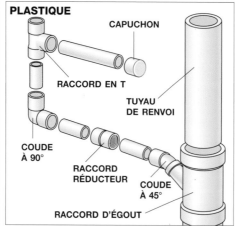

CAPUCHON

RACCORD EN T

TUYAU DE RENVOI

COUDE À 90°

RACCORD RÉDUCTEUR

COUDE À 45°

RACCORD D'ÉGOUT

ACIER NOIR

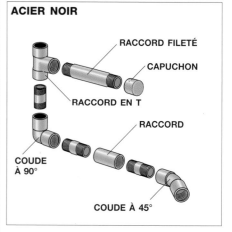

RACCORD FILETÉ

CAPUCHON

RACCORD EN T

RACCORD

COUDE À 90°

COUDE À 45°

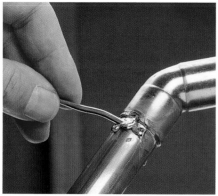

Les tuyaux de cuivre soudés sont un excellent choix (souvent exigé par plusieurs codes du bâtiment) pour l'alimentation en eau des équipements et appareils.

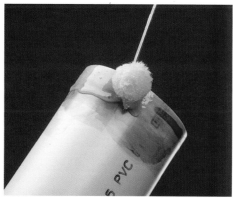

Les tuyaux en plastique collés sont plus légers, moins coûteux et plus faciles à installer que ceux en cuivre. Ils sont couramment utilisés pour l'alimentation en eau, l'évacuation et les évents.

Les tuyaux d'acier noir filetés sont d'usage courant pour le transport du gaz naturel, mais pas pour l'eau ni les eaux usées.

Utiliser une torche au propane

Avant de chauffer un tuyau avec une torche au propane – pour dégeler une section figée par le froid ou refaire une soudure –, il faut tout d'abord évacuer toute l'eau du tuyau. La température du cuivre ne sera pas assez élevée pour que la soudure fonde si le tuyau est rempli d'eau. Il est préférable d'ouvrir un robinet un peu en amont de l'endroit de la réparation pour évacuer toute vapeur accumulée. Soyez prudent quand vous chauffez un tuyau avec une torche au propane dans un espace restreint, là où la flamme risque de s'élever au-dessus du tuyau et de chauffer les matériaux de construction environnants. Agissez avec encore plus de prudence si vous travaillez dans des cavités encastrées, surtout dans les constructions plus anciennes dont le bois est très sec.

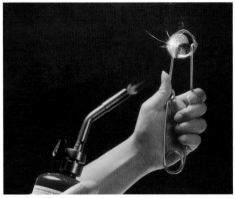

1 *Avec un briquet,* allumez la torche au propane de manière sécuritaire. Ajustez la flamme selon les besoins et saisissez le robinet d'alimentation.

2 *Dès que la flamme est allumée,* augmentez le débit du gaz pour allonger la portée de la flamme. Il est plus prudent de porter des gants pour manipuler les tuyaux chauffés.

Trousse de plomberie élémentaire

Parmi les outils élémentaires de plomberie que tout ménage devrait posséder, notons : un débouchoir à ventouse pour déboucher toilettes et éviers ; un furet à manivelle pour dégager les débris plus importants dans les renvois, les tuyaux d'évacuation et les tuyaux de chute ; et une pléthore de clés pour effectuer des ajustements simples sur les raccords. Des travaux de réfection et des équipements plus complexes requièrent des outils spécialisés différents – pas seulement des clés spécifiques, mais aussi des alésoirs de siège de soupape, des coupe-tuyaux et des cin treuses.

Une queue-de-rat, ou lime ronde, et du papier abrasif sont des accessoires essentiels dans un coffre à outils. Plutôt qu'un alésoir coûteux, la lime peut servir à ébarber les bords intérieurs d'un tuyau de cuivre fraîchement coupé. Du papier abrasif de grain moyen ou de la toile d'émeri servira à nettoyer la surface externe des tuyaux de cuivre, une étape importante avant la soudure. Vous aurez aussi besoin d'une torche au propane, de flux et de brasure pour souder. Un tournevis avec une mèche de type Phillips et un tournevis plat pour vis n° 8 et n° 6 sont d'autres outils importants dans une trousse de plomberie, puisque les vis à métaux des robinets, des robinets d'arrosage et des valves d'arrêt ont souvent besoin d'être resserrées ou desserrées durant les réparations.

Une trousse élémentaire de plomberie comprend un furet à manivelle (A), de la pâte à joints (B), des clés ajustables (C et D), une clé à molette Stilson (E), une pince multiprise (F), de la brasure (G), des clés Allen (H), une torche au propane (I), un coupe-tuyau (J), un tournevis (K), un composé pour raccord de tuyaux (L), une clé coudée à tuyau (M), du flux à la résine (N), de la graisse à l'épreuve de la chaleur (O), un arrache-moyeu (P), de la corde (Q), du ruban de téflon, des garnitures d'étanchéité et des rondelles (S), un débouchoir à ventouse (T) et une scie (U).

Plomberie

Eau courante

Les conduites d'eau, qui distribuent l'eau chaude et l'eau froide à tous les équipements de plomberie de votre maison, sont beaucoup plus petites que les tuyaux d'évacuation, mesurant en général de $1/2$ à 1 po de diamètre. Les parois de ces tuyaux doivent être relativement épaisses pour supporter la pression de l'eau qu'ils transportent. Les conduites dans les maisons construites avant les années 1960 sont ordinairement en fer galvanisé tandis que les habitations plus modernes sont équipées de tuyaux en cuivre ou en plastique. Le Code du bâtiment indique le type de tuyaux et de conduites acceptables dans votre région.

Tuyaux et raccords

Les conduites en cuivre sont classées en deux qualités : le type M, plus mince, et le type L, aux parois plus épaisses. Les plomberies offrent ces tuyaux de cuivre rigides en diamètres de $1/2$, $3/4$ po, et en longueurs de 10 ou 20 pi. Les tuyaux de cuivre de type K présentent des parois les plus épaisses et servent aux conduites souterraines.

Les tuyaux de plastique sont faits de PCVC (polychlorure de vinyle chloré), un matériau rigide de couleur blanche, ou de polyéthylène réticulé (XLPE), un matériau flexible de couleur blanche. Le PE (polyéthylène), de couleur noire, sert surtout aux conduites souterraines. L'ABS noir de grade 40 (acrylonitrile butadiène styrène) et le PVC blanc de grade 40 servent à la fois aux conduites d'évacuation et aux évents.

Les raccords, sont proposés dans la même gamme de matériaux que les tuyaux. Vous pouvez vous procurer des raccords de transition entre les tuyaux de fer et les tuyaux de cuivre, ou entre le PCVC et le cuivre.

Poser un raccord de plastique

MATÉRIEL : ▶ scie finement dentée ou coupe-tuyau • couteau universel • stylo feutre (pour marquer)

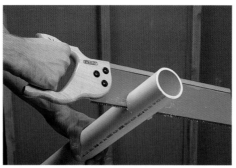

1 *Vous pouvez couper les tuyaux de plastique* (conduites d'alimentation, d'évacuation et évents) avec n'importe quelle scie, mais une lame finement dentée fera une coupe plus nette.

2 *Lorsque vous coupez le plastique* même une scie finement dentée peut laisser des ébarbures et des rognures. Il suffit de les enlever avec un couteau universel.

Prendre des mesures

Si vous n'êtes pas familier avec le système, vous devrez penser à mesurer la longueur du tuyau entre les raccords, puis calculer la longueur du tuyau qui sera insérée dans les coudes, les raccords ou les mamelons. La meilleure manière de procéder consiste à déterminer une longueur approximative (pour le cuivre ou le plastique), puis à marquer la distance entre les épaulements des raccords. Afin de vous assurer que les mesures sont exactes, faites plusieurs essais avec les tuyaux et les raccords. Puis désassemblez les éléments, faites les ajustements qui s'imposent et soudez ou collez les pièces ensemble.

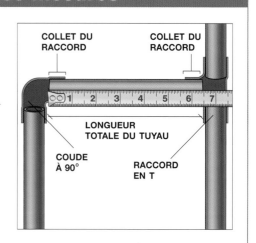

COLLET DU RACCORD

COLLET DU RACCORD

LONGUEUR TOTALE DU TUYAU

COUDE À 90°

RACCORD EN T

Poser un raccord de cuivre

MATÉRIEL : ▶ scie à métaux ou coupe-tuyau • torche au propane • briquet • brosse métallique ou papier abrasif • pinceau à flux • gants de travail • lunettes de

1 *Vous pouvez couper le tuyau de cuivre* à la longueur voulue avec une scie à métaux, mais un coupe-tuyau rotatif fera une coupe plus nette.

2 *Les plombiers se servent d'une brosse métallique à ébarber* pour bien nettoyer les parois du tuyau et assurer une meilleure prise à la soudure. Sinon servez-vous de papier abrasif.

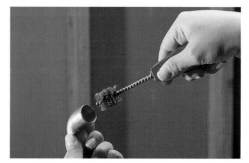

3 *Pour bien polir les parois intérieures d'un raccord* servez-vous d'une brosse métallique et faites-la tourner plusieurs fois dans le raccord.

▶ tuyaux et raccords de plastique • colle à solvant • apprêt pour tuyaux

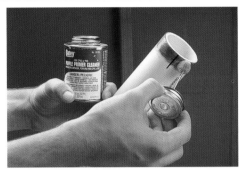

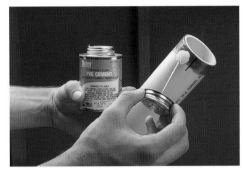

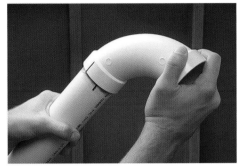

3 *Dans la plupart des cas* une seule application d'adhésif suffira, sinon il faudra appliquer une couche d'apprêt au solvant pour bien nettoyer la surface et obtenir une meilleure adhérence.

4 *Appliquez un adhésif liquide pour tuyaux de plastique.* Lisez et observez bien toutes les mises en garde sur l'emballage.

5 *Les adhésifs pour tuyaux de plastique* ramollissent les surfaces aux points de contact. Elles forment un tout en séchant. Il faut travailler rapidement.

Poser un raccord à collet

MATÉRIEL : ▶ évaseur à tuyau double ▶ tuyau de cuivre • raccord à collet de cuivre

1 *Utilisez un raccord à collet* là où il ne serait pas sécuritaire de faire une soudure. La base de l'outil se referme sur le tuyau.

2 *La mâchoire de l'évaseur* force l'extrémité du tuyau à s'ouvrir pour former un collet évasé.

3 *Un écrou d'un côté se visse dans la pièce adjacente de l'autre côté.* La plupart des codes du bâtiment ne permettent pas de tels raccords dans les murs.

protection • chiffons ▶ tuyau de cuivre et raccords • brasure • flux

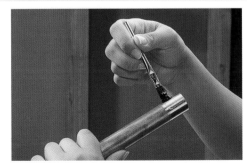

4 *Pour que la soudure ait une bonne prise dans le raccord* (même en sens contraire de la gravité), enduisez les surfaces à joindre de ce décapant à la résine qu'on appelle flux.

5 *Joignez le raccord* et chauffez l'ensemble de manière uniforme. Portez des gants ou utilisez des pinces pour manipuler les tuyaux chauffés.

6 *Lorsque le cuivre est suffisamment chaud* pour faire la soudure, retirez la flamme et appliquez la brasure autour du raccord. Le métal chaud peut être brûlant.

Plomberie

Évacuation et évents

Les tuyaux du système d'égout, qui constituent un réseau de drainage et d'aération, fonctionnent par gravité pour transporter les déchets et les eaux usées vers la conduite d'évacuation principale, puis vers le collecteur d'égout souterrain. Les tuyaux les plus petits, appelés tuyaux d'évacuation, d'au moins 1 1/2 po de diamètre, transportent les eaux usées des éviers, des douches et des appareils électroménagers. Les tuyaux de renvoi, qui traitent les déchets solides des toilettes et qui sont reliés à la conduite de renvoi principale, sont plus larges, d'un diamètre de 3 à 4 po. La plupart des tuyaux d'évacuation sont connectés à la conduite de renvoi principale de la maison, appelée colonne de chute. (La partie au-dessus de l'équipement le plus élevé est appelée colonne de ventilation.) La colonne de chute (et les tuyaux de renvoi de certains équipements) est reliée au collecteur principal de la maison.

Les collecteurs d'évacuation et les tuyaux de chute ont des tuyaux de ventilation dirigés vers le toit, ou des tuyaux horizontaux secondaires reliés à un évent vertical. Les évents servent à uniformiser la pression de l'air dans les tuyaux et assurent que l'eau des siphons ne sera pas aspirée. Les évents secondaires sont d'un diamètre plus petit que les tuyaux auxquels ils sont reliés – les collecteurs d'évacuation ont par exemple des évents de 1 1/2 po, les colonnes de chute des évents de 2 po.

Les tuyaux de chute et leurs évents sont faits de fonte ou de plastique. Les conduites de renvoi et leurs évents sont généralement en fer, en acier galvanisé ou en plastique.

Une évacuation adéquate

Si les conduites d'évacuation étaient toutes verticales, elles ne se boucheraient pas aussi souvent. Elles doivent emprunter des chemins sinueux dans les murs et sous les planchers, et elles comportent presque toujours des sections horizontales. Dans ces sections, les tuyaux sont légèrement inclinés vers le bas ; l'angle de la pente est d'une importance critique – une pente vers le bas de 1/4 po par pi est idéale. Si la pente est plus faible, l'eau et les déchets solides seront évacués trop lentement et risquent de refluer. Si la pente est trop importante, l'eau s'écoulera plus rapidement que les solides, qui s'accumuleront dans cette section.

Il est possible d'améliorer l'évacuation en évitant de poser des raccords à angle de 90° sur les tuyaux d'évacuation ; installez plutôt deux coudes à 45°. Si l'espace est restreint, installez un coude à grand rayon à 90°. Il est préférable de ne pas installer de coudes serrés à 90° sur les tuyaux d'évacuation. Et pensez à installer des regards de nettoyage en Y sur les tuyaux de même diamètre qui courent horizontalement vers un collecteur plus important.

Déboucher un regard d'égout

MATÉRIEL : ▶ clé à tuyau • furet à manivelle ou à moteur ▶ ruban de téflon ou pâte lubrifiante

1 *Avec une clé à tuyau* dévissez le bouchon du regard en Y pour avoir accès au blocage.

2 *Insérez le serpentin du furet* dans le raccord du regard. Assurez-vous que l'endroit est bien ventilé pour éliminer les gaz d'égout nocifs.

3 *Pour résoudre les problèmes de blocage,* les professionnels se servent d'un furet à moteur qui déploie et tourne le serpentin. (Vous pouvez en louer un.)

4 *Pour assurer l'étanchéité contre les gaz d'égout,* scellez le bouchon avec du ruban ou de la pâte lubrifiante avant de le revisser.

Poser des raccords sur un tuyau de fonte

MATÉRIEL : ▶ fixations de colonne montante (courroies de soutien pour les tuyaux horizontaux) • chaîne coupe-

1 *Soutenez la colonne de fonte* des deux côtés avec les fixations de colonne. Installez la fixation supérieure sur des blocs avant de couper.

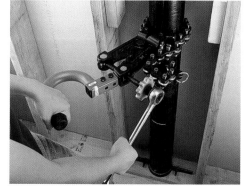

2 *Louez une scie à chaîne pour couper la fonte.* Entourez le tuyau avec la chaîne et ses roulettes de coupe, puis serrez et tournez.

Pente des tuyaux

La pente juste est d'une importance critique pour le maintien de l'efficacité des tuyaux d'évacuation. En règle générale, il faut une inclinaison de ¼ po par pi sur une trajectoire horizontale. Avec un cordeau de menuisier bien tendu, identifiez l'emplacement des étriers de suspension avant de commencer l'assemblage des tuyaux. Suspendez les tuyaux de manière à éviter les coupes au milieu des solives. Conformez-vous au Code du bâtiment pour l'alimentation en eau et l'évacuation des déchets.

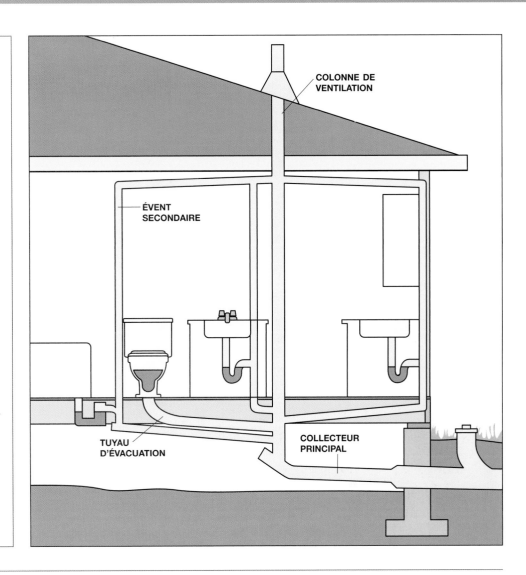

COLONNE DE VENTILATION

ÉVENT SECONDAIRE

TUYAU D'ÉVACUATION

COLLECTEUR PRINCIPAL

---

fonte • clés à molette • craie • clé à douille • ruban à mesurer • tournevis • gants de travail ▶ tuyau et raccords de plastique • garnitures de caoutchouc • brides de retenue

3 *Les nouveaux raccords de plastique* sont reliés à la fonte par des garnitures épaisses en caoutchouc et des brides de serrage. Glissez les garnitures à chaque extrémité.

4 *Insérez les bouts de tuyau court* dans le raccord de plastique, collez, puis glissez les garnitures sur les joints des raccords.

5 *Ne serrez pas trop les brides* afin de pouvoir mettre les garnitures en place, puis vissez bien les quatre vis de la bague.

Plomberie

Éviers: notions élémentaires

Un évier est un évier, à moins qu'il ne se trouve dans la salle de bains, auquel cas il devient un lavabo (du latin, signifiant « se laver »). Peu importe, éviers et lavabos remplissent les mêmes fonctions : ce sont des bassins pouvant contenir de l'eau potable et la retenir aussi longtemps que vous le voulez pour ensuite l'évacuer lorsque vous n'en avez plus besoin.

Si vous pensez acheter un évier, vous découvrirez qu'il en existe toute une gamme sur le marché. Les éviers sont faits de fonte émaillée et d'acier, de simili-marbre, d'acier inoxydable, de porcelaine vitrifiée ou même de plastique. Les lavabos de salle de bains – ronds, ovales ou carrés – peuvent être intégrés à un comptoir, suspendus au mur ou soutenus par une colonne ou un piédestal fixé au plancher de la pièce. Les éviers de cuisine, souvent en acier inoxydable ou en fonte émaillée, sont généralement intégrés à un plan de travail et peuvent avoir un, deux ou même trois cuves.

Les éviers peuvent être installés de trois manières : les éviers à rebord intégré présentent un rebord moulé qui recouvre légèrement le chant de l'ouverture du comptoir. D'autres types d'éviers sont fixés au comptoir par une bande métallique, alors que les éviers encastrables sont montés en dessous du comptoir et tenus en place par des pinces métalliques.

Les lavabos de salle de bains partagent quelques-unes de ces caractéristiques. La plupart ont des bouchons articulés contrôlés par des tiges de levage qui servent à conserver l'eau dans le lavabo, et une ouverture appelée trop-plein qui permet à l'eau de s'écouler si le lavabo est bouché ou que l'eau a atteint un certain niveau.

Réparer un robinet

À TIGE

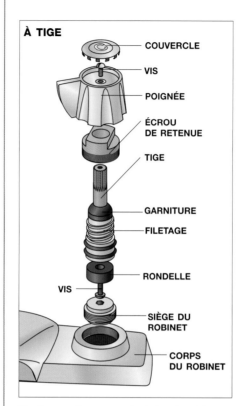

COUVERCLE
VIS
POIGNÉE
ÉCROU DE RETENUE
TIGE
GARNITURE
FILETAGE
RONDELLE
VIS
SIÈGE DU ROBINET
CORPS DU ROBINET

Plusieurs maisons sont équipées de robinets à tige qui contrôlent le débit de l'eau en s'ouvrant et en se fermant. Leur point faible est la rondelle à la base de la tige. Pour la remplacer, il suffit de retirer la tige et la vis de retenue.

À LEVIER

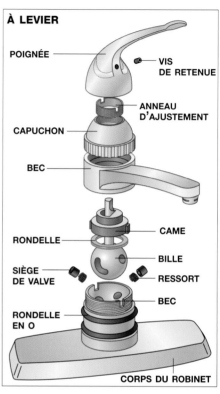

POIGNÉE
VIS DE RETENUE
ANNEAU D'AJUSTEMENT
CAPUCHON
BEC
RONDELLE
CAME
BILLE
SIÈGE DE VALVE
RESSORT
BEC
RONDELLE EN O
CORPS DU ROBINET

Les robinets à levier se déclinent en plusieurs types, tels les modèles à disque et à bille qui ne possèdent pas de filetage. Le problème le plus courant est l'usure entre les disques. Il suffit de retirer la petite vis de retenue à la base du levier pour les remplacer.

Installer un évier

MATÉRIEL : ▶ clés ajustables • clé à molette • clé ordinaire • pince multiprise ▶ évier • tuyaux flexibles • écrous de raccordement • coude du siphon • bras du siphon

1 **Un ensemble de robinets à tige** présente un écartement de 8 po entre les valves. Reliez les valves au bec avec les tuyaux flexibles.

2 **Appliquez de la pâte à joints** sur le raccord du drain et vissez le drain au tuyau inséré dans l'ouverture du drain de l'évier.

3 **Serrez l'écrou du tuyau du drain sous l'évier** et reliez le levier du bouchon-plongeur à son articulation.

Aérateurs

L'aérateur se visse à l'extrémité du bec du robinet et sert à moduler le débit et la pression de l'eau. Si le débit semble au ralenti, l'aérateur est peut-être obstrué. Si vous ne pouvez pas dévisser l'aérateur manuellement, enroulez du ruban électrique autour de la mâchoire d'une pince, serrez-la sur l'aérateur, puis tournez dans le sens inverse des aiguilles d'une montre pour le desserrer. Terminez le dévissage à la main. Enlevez les débris de la grille et faites-la tremper dans du vinaigre, ou nettoyez-la avec une brosse à dents. Si cela ne règle pas le problème, remplacez la grille.

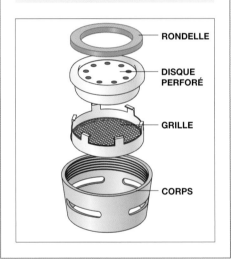

RONDELLE

DISQUE PERFORÉ

GRILLE

CORPS

Raccords d'évier

Pour travailler dans les espaces restreints sous les éviers, vous aurez besoin d'outils spéciaux. Une clé à mâchoires facilite le travail sur les tuyaux d'évier, alors qu'une clé à robinet est indispensable pour le travail sur les robinets – sa tête rotative peut s'insérer dans des espaces qui seraient autrement trop restreints pour les autres clés. Les raccords d'évier en plastique sont plus faciles à installer que ceux en fonte, en cuivre ou en laiton, mais prenez garde car le plastique est plus cassant que le métal. Lorsque vous travaillez avec des pièces filetées, rappelez-vous qu'elles peuvent être serrées à la main. Si votre eau est très calcaire, il faut éviter de combiner tuyaux de cuivre et tuyaux de fonte.

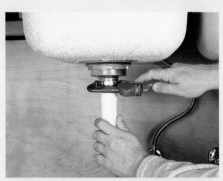

Comme l'écrou qui relie l'extrémité du tuyau à son ancrage est métallique, il faut le serrer avec une clé.

Utilisez une clé à robinet pour travailler entre l'évier et le mur afin de serrer la section supérieure des tuyaux au robinet.

Pour relier un évier au tuyau d'évacuation, procurez-vous une trousse d'évacuation pour éviers. Serrez les raccords uniquement à la main.

• rondelle de compression • pâte à joints

4 *Comme le siphon d'un lavabo sur colonne* sera difficile d'accès une fois installé, il faut le fixer au renvoi avant d'installer le lavabo.

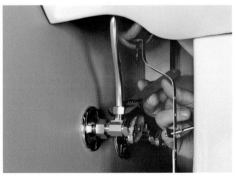

5 *Installez le lavabo sur la colonne* et raccordez le robinet aux valves avec les tuyaux d'alimentation chromés. Serrez les écrous de compression.

6 *Pour raccorder le siphon* faites glisser une rondelle et un écrou de compression sur le bras du siphon. Insérez le bras dans le tuyau de renvoi et serrez.

Plomberie

Comment fonctionnent les toilettes

Bien que cela puisse être embêtant lorsque quelque chose ne va pas, le fonctionnement des toilettes est une chose très simple. Les principaux composants d'une toilette sont le réservoir, qui contient l'eau nécessaire à l'activation de la chasse, et la cuvette, qui est raccordée directement au tuyau de renvoi par le biais d'une valve d'entrée (ce qui explique pourquoi il y a toujours de l'eau dans la cuvette).

En actionnant la poignée de la chasse d'eau, le clapet (généralement en caoutchouc) se soulève et, grâce à la gravité, l'eau du réservoir se dirige vers la cuvette en passant par les ouvertures de la couronne. L'eau qui monte dans la cuvette pousse le niveau au-dessus de la partie supérieure de la valve d'entrée. L'eau s'écoule ensuite dans le renvoi, emportant avec elle tous les déchets de la cuvette.

Pendant ce temps, dans le réservoir, le clapet se referme alors que le réservoir se vide, et le régulateur du flotteur (ou capteur de pression) actionne la valve d'alimentation en eau pour remplir le réservoir. Le flotteur demeure à la surface de l'eau et ferme automatiquement la valve lorsqu'il a atteint le niveau pré-établi (ou lorsqu'il y a suffisamment d'eau pour atteindre un niveau prédéterminé de pression de l'eau).

Le réservoir comporte également un tuyau de trop-plein qui sert à éviter le débordement de l'eau du réservoir si la valve d'alimentation ne se ferme pas automatiquement. Le petit tuyau qui est relié au tuyau du trop-plein est le tuyau de remplissage, qui ajoute un peu d'eau dans la cuvette après que la chasse d'eau a été actionnée. Cela a pour effet de bien refermer le clapet et d'empêcher la remontée de gaz d'égout désagréables.

Remplacer un anneau de cire

MATÉRIEL : ▶ clé ajustable • scie à métaux • couteau à mastic ou grattoir • chiffons ▶ nouvel anneau de cire

1 *Coupez l'eau* avant de commencer le travail, puis déconnectez le tuyau d'entrée et videz le réservoir.

2 *Videz la cuvette,* enlevez les capuchons sur la base de la cuvette et dévissez les écrous. Si les écrous sont rouillés, coupez-les avec une scie à métaux.

Ajuster le flotteur

Vous pouvez ajuster le flotteur pour modifier le niveau d'eau dans le réservoir. S'il est trop haut, l'eau s'écoulera constamment ; trop bas, la chasse d'eau sera incomplète. Ajustez le flotteur en courbant son bras d vers le haut ou vers le bas, selon les besoins. Si le flotteur est raccordé à une tige de traction, ajustez l'attache à ressort à la base de la tige.

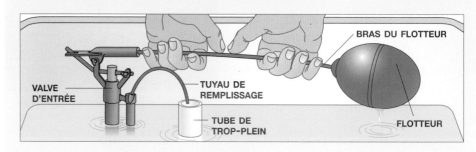

Améliorer le fonctionnement d'une toilette

MATÉRIEL : ▶ clé ajustable • clé à mâchoires • pinces à long bec • tournevis • brosse métallique • mèche à maçonnerie • gants de travail ▶ trousse de valve de

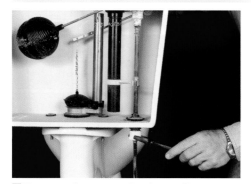

1 *Pour remplacer une valve de remplissage,* videz le réservoir, desserrez l'écrou du tuyau d'élévation, puis desserrez l'écrou situé juste au-dessus.

2 *Nettoyez le pourtour* de l'ouverture du réservoir, enduisez de pâte lubrifiante la rondelle de la nouvelle valve de remplissage et installez la valve dans l'ouverture.

3 *Raccordez le petit tuyau* de la valve de remplissage au trop-plein du réservoir à l'aide du connecteur contenu dans la trousse de valve de remplissage.

• écrous de plancher • dégrippant (facultatif)

3 ***Pour enlever une toilette,*** *saisissez bien les points d'attache de la cuvette et tirez vers vous. Placez-la sur du papier journal et bouchez le renvoi avec un chiffon.*

4 ***Avec un couteau à mastic*** *ou un grattoir, enlevez la cire de la vieille garniture d'étanchéité. Enlevez également les vieux écrous de plancher.*

5 ***Posez de nouveaux écrous de plancher*** *sur la bride et installez le nouvel anneau de cire. Retirez le chiffon, replacez la cuvette et serrez les raccords.*

Éliminer la condensation

Il se peut que l'alimentation en eau froide cause des problèmes de moisissure et de condensation. Cette dernière peut provoquer un écoulement d'eau sur le plancher. Pour régler ce problème, vous pouvez vous procurer une toilette pré-isolée ou encore installer un nécessaire d'isolation.

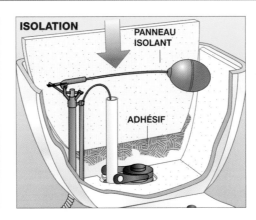

ISOLATION — PANNEAU ISOLANT — ADHÉSIF

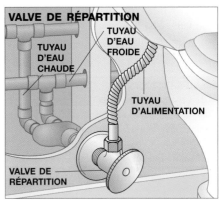

VALVE DE RÉPARTITION — TUYAU D'EAU CHAUDE — TUYAU D'EAU FROIDE — TUYAU D'ALIMENTATION — VALVE DE RÉPARTITION

remplissage • pâte lubrifiante • nettoyant domestique • nouvelle valve de clapet • trousse de remplacement du siège de la soupape • toile émeri

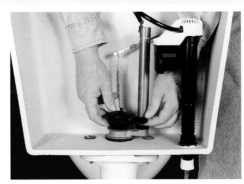

4 ***Pour améliorer l'efficacité d'un clapet*** *(qui scelle le renvoi), retirez le vieux clapet et remplacez-le par un nouveau en attachant ses tenons aux crochets de la valve de renvoi.*

5 ***Pour installer un nouveau siège de clapet,*** *collez le nouveau siège sur l'ancien à l'aide de mastic à l'époxy.*

6 ***Lorsque le nouveau siège est en place,*** *insérez la chaîne du levier de plastique par le trou du levier de la chasse.*

Plomberie

Choix de douches

Plus que toute autre chose, et même si les murs sont très solides, l'utilisation de carreaux de céramique dans les douches relève du bon goût plutôt que du bon sens. L'enclos imperméable doit résister aux fuites et au poids des gens qui y prennent place, mais il comporte des points faibles – les joints de coulis entre les tuiles. L'entretien qui en résulte peut rapidement devenir un cauchemar.

Une solution courante consiste à remplacer les carreaux par une douche monocoque sans joints, faite de fibre de verre ou d'un autre matériau robuste. Les choix proposés vont de la petite unité très étroite qui déclenche des sentiments claustrophobes aux vastes unités baignoire/douche ; – quelques modèles comportent des dispositifs à remous sophistiqués, des jets pulvérisateurs supplémentaires et des générateurs de vapeur.

Les plus petites unités monocoques peuvent généralement passer dans les corridors et les escaliers, mais il est plus prudent de prendre des mesures pour savoir si le modèle choisi va passer dans la porte d'entrée et entrer dans la salle de bains. Pour ce qui est des modèles plus grands, il y a deux possibilités. La première, c'est de laisser quelques pans de murs ouverts pendant la rénovation de votre salle de bains et de commander l'unité pour qu'elle soit livrée avant que les murs ne soient érigés. Sinon, commandez un modèle qui pourra être livré en deux ou trois pièces.

Fêlures

Même les modèles de qualité aux parois renforcées de fibre de verre peuvent plier sous le poids des occupants. Cela peut occasionner de petites fissures sur le plancher de l'unité, qui s'élargiront et causeront des fuites. Pour éviter ce problème, il est sage de renforcer le plancher en dessous avec du mortier avant de procéder à l'installation.

Tenez pour acquis qu'il s'agit là d'une étape essentielle à l'installation, même si les instructions n'en font pas mention et que votre entrepreneur estime que la fibre de verre est suffisamment solide. Ce travail ne vous prendra que cinq minutes et vous évitera beaucoup de soucis.

Isolation contre le bruit

Il n'est pas vraiment nécessaire d'isoler les murs de la douche, mais il s'agit d'un petit travail qui réduira l'écho du clapotis de l'eau contre les parois minces de la douche. Certains modèles sont livrés avec un isolant contre le bruit intégré à l'unité.

Renvois

Les renvois mécaniques et articulés sont bien connus pour leur capacité à s'obstruer, en général de poils entremêlés et de savon coagulé. C'est une obstruction difficile à dégager uniquement avec un débouchoir. Il est donc avisé de prendre trois précautions élémentaires lorsque vous installez une nouvelle enceinte de baignoire. Tout d'abord, installez un bouchon-plongeur avec une ouverture de renvoi évasée, recouverte d'un grillage fin installé au ras du plancher de l'enceinte, et d'un grillage plus grossier, ou à fils croisés, placé directement en dessous. Ces grillages devraient se charger de récupérer la plupart des débris avant qu'ils se déplacent vers le siphon. Deuxièmement, assurez-vous que les articulations de la tige sont bien lubrifiées. Et troisièmement, ménagez-vous un bon accès au siphon, de façon à pouvoir le désassembler pour en retirer les débris.

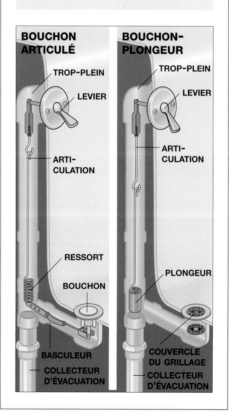

BOUCHON ARTICULÉ
- TROP-PLEIN
- LEVIER
- ARTI-CULATION
- RESSORT
- BOUCHON
- BASCULEUR
- COLLECTEUR D'ÉVACUATION

BOUCHON-PLONGEUR
- TROP-PLEIN
- LEVIER
- ARTI-CULATION
- PLONGEUR
- COUVERCLE DU GRILLAGE
- COLLECTEUR D'ÉVACUATION

Réparer un robinet

MATÉRIEL : ▶ pince multiprise • clé à douille avec

1 *Pour réparer un robinet encastré,* coupez l'alimentation en eau, dévissez la poignée et tenez l'écrou de rétention de l'écusson en place.

Installer une douche

MATÉRIEL : ▶ perceuse • coupe-tuyau ou scie à
• tuyaux et raccords • isolant • brasure

1 *La base de la cabine bien calée contre le mur,* marquez l'emplacement du tuyau d'évacuation sur le plancher. Percez le trou.

5 *Préparez les parois des murs de l'enceinte* en appliquant du ruban mousse adhésif à deux faces sur les chants et de l'adhésif pour panneaux sur les parois.

douille longue pour robinets • tournevis ▶ pièces de remplacement (si nécessaire)

2 *Avec une clé à douille longue,* conçue pour atteindre les raccords de robinets encastrés, retenez la tige.

3 *Certains robinets plus anciens* ont des tiges intégrées dans des manchons remplaçables. Les tiges et les manchons usés peuvent être remplacés.

4 *Relâchez la vis* de la base de la tige du robinet et remplacez la rondelle. Assurez-vous que la pièce de remplacement est du même format.

---

métaux • torche au propane (facultative) • pistolet de calfeutrage • équipement de protection ▶ cabine de douche prête-à-monter • panneau de ciment et flux ou adhésif • calfeutrant au silicone

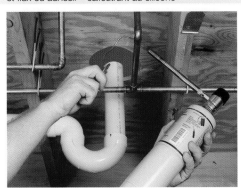

2 *Une fois le siphon de la douche en place,* faites les raccords et soudez-les.

3 *Mesurez avec précision* le centre exact de l'ouverture pour le robinet, puis percez le panneau de l'enceinte avec une scie à emporte-pièce.

4 *Soudez la valve de la douche* à environ 48 po à partir du plancher, puis fixez-la à un panneau de renforcement sur le mur avec des attaches de cuivre.

6 *Installez chaque panneau* contre la base de l'enceinte, en l'arquant progressivement contre le mur, tout en le fixant par pression.

7 *Insérez les panneaux verticaux* de l'enceinte dans leurs rails et appliquez un filet de calfeutrant sur les rails latéraux et horizontaux.

8 *Insérez le dernier panneau* dans le rail horizontal du bas et enclenchez-le dans son rail vertical. Terminez par le rail supérieur et l'assemblage de la porte.

Plomberie

Eau chaude

Les douches ne seraient pas ce qu'elles sont sans beaucoup d'eau chaude. La capacité du chauffe-eau a une certaine importance – un réservoir de 40 gallons devrait suffire aux besoins d'une famille de quatre personnes –, mais si deux douches fonctionnent en même temps en plus du lave-vaisselle, il ne sera peut-être pas à la hauteur. Et c'est à ce moment que l'eau chaude et bienfaisante de la douche deviendra tiède, puis glaciale.

Éléments d'un chauffe-eau

Les chauffe-eau les plus courants sont alimentés au gaz ou à l'électricité. Les deux types possèdent un réservoir (d'une capacité variant de 30 à 80 gallons), un tuyau d'arrivée d'eau froide et un tuyau de sortie d'eau chaude. Quand vous ouvrez un robinet d'eau chaude, l'eau chaude est éjectée du réservoir du chauffe-eau et remplacée par de l'eau froide, qui entre par le bas du réservoir au moyen du tuyau d'arrivée d'eau froide. Avec l'arrivée de l'eau froide, la température du réservoir sera refroidie en deçà de la température préréglée (environ 50 °C environ). Cette baisse de température a pour effet d'activer le thermostat du chauffe-eau, qui mettra en marche le brûleur à gaz (ou l'électrode, dans le cas d'un chauffe-eau électrique) pour augmenter la température de l'eau.

Le taux de récupération mesure la propension du réservoir à chauffer l'eau. Les chauffe-eau au gaz chauffent l'eau plus rapidement, puisque leur taux de récupération est plus élevé. Les modèles électriques doivent donc posséder un réservoir d'une plus grande capacité.

Les chauffe-eau ont une valve de sûreté pour la température et la pression (T et P) qui empêche le réservoir d'exploser. La plupart ont également une

barre anodisée au magnésium qui élimine les électrons au fur et à mesure qu'ils se corrodent, ce qui empêche le réservoir de rouiller.

Capacité et taux de récupération

Avant d'installer un chauffe-eau, il faut tout d'abord évaluer votre consommation d'eau chaude aux heures de pointe – par exemple, le matin alors que trois ou quatre personnes doivent prendre une douche, que la vaisselle du petit déjeuner doit être lavée et que papa doit se raser (voir le tableau ci-dessous). Un réservoir de grande capacité n'est cependant pas la seule solution pour éviter que cette quatrième douche soit glaciale. Le taux de récupération du chauffe-eau est équivalent à la quantité de gallons à l'heure qu'il peut produire. Un chauffe-eau de 30 gallons pourra peut-être récupérer 55 gallons d'eau chaude à l'heure, plus que ne le ferait un modèle de 50 gallons.

Consommation type d'eau chaude

Activité	Gallons utilisés
Douche	3 gal/minute
Bain	15-25 gal/baignoire
Rasage	1-3 gal
Lavage des mains	$\frac{1}{2}$-2 gal
Lavage de la vaisselle	4-6 gal
Lave-vaisselle	5-20 gal/chargement
Laveuse	25-40 gal/chargement
Entretien ménager	5-12 gal
Préparation des aliments	1-6 gal

Tuyaux du gaz

La canalisation principale et les valves peuvent être de fer noir, bien que plusieurs codes du bâtiment exigent des tuyaux flexibles en cuivre pour les conduites de gaz, avec des raccords de compression évasés. Afin d'éviter les problèmes, il faut cintrer les tuyaux avec un outil spécial à ressorts. Lorsque des raccords à angle prononcé s'imposent, servez-vous de raccords de compression évasés à 90 degrés. Une fois que le gaz est allumé, appliquez une solution d'eau savonneuse sur les raccords pour vous assurer qu'il n'y a pas de fuite – des bulles indiquent si il y en a une. La plupart des fuites peuvent être réparées en resserrant le raccord.

Pour vérifier l'étanchéité d'un raccord au gaz, appliquez une solution d'eau savonneuse sur le raccord. Si vous observez des bulles, coupez l'alimentation.

Isolation

Isoler votre chauffe-eau, de même que les tuyaux d'eau chaude, est la manière la plus facile de mieux gérer votre consommation d'eau chaude. Là où les tuyaux sont exposés dans un vide sanitaire ou un grenier, recouvrez les tuyaux d'eau chaude de tubes de mousse isolante. En fait, la chaleur radiante des tuyaux d'eau chaude n'est pas perdue puisqu'elle contribue à réchauffer les planchers de la maison. Par contre, l'isolation qui conserve la chaleur de l'eau dans les tuyaux contribuera à livrer une eau plus chaude, là où vous en avez besoin, et vous gaspillerez moins d'eau tiède, ce dont vous n'avez pas besoin.

Entaillez partiellement la partie supérieure de l'isolant et insérez-le soigneusement avant de le fixer. S'il s'agit d'un chauffe-eau au gaz, faites attention de ne pas bloquer la hotte de tirage.

Enveloppez les parois du chauffe-eau avec une grande couverture et appliquer du ruban sur les raccords. Découpez avec soin autour des boutons de commande et des tuyaux.

Chauffe-eau sans réservoir

Ces unités murales compactes intègrent un serpentin de tuyaux d'alimentation en eau chaude à un élément chauffant alimenté au gaz naturel, au propane ou à l'électricité. Il s'agit de chauffer l'eau en fonction des besoins plutôt que de la stocker. Par exemple, lorsque vous ouvrez le robinet, l'élément chauffant enrobe le serpentin d'une flamme et chauffe l'eau qui le traverse. Une petite unité fonctionne bien pour une baignoire éloignée du chauffe-eau principal, mais le système ne fournira peut-être pas l'alimentation en eau chaude nécessaire aux baignoires utilisées quotidiennement.

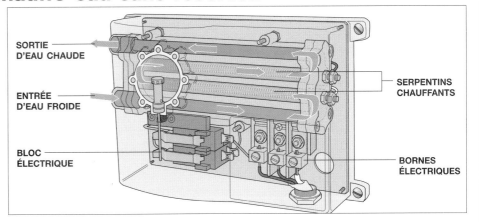

SORTIE D'EAU CHAUDE

ENTRÉE D'EAU FROIDE

BLOC ÉLECTRIQUE

SERPENTINS CHAUFFANTS

BORNES ÉLECTRIQUES

Sécurité et entretien

MATÉRIEL : ▶ clé à douille ▶ valve de remplacement • barre anodisée de remplacement • ruban de téflon

Tous les chauffe-eau devraient être équipés d'une valve de sûreté pour la pression. Il est peu probable que cette valve soit utilisée, mais si le réservoir était sur le point d'exploser, elle s'ouvrirait et laisserait s'échapper la vapeur et le surplus d'eau chaude. C'est pourquoi la valve est reliée à des tuyaux parallèles au chauffe-eau, orientés vers le plancher. Il faut vérifier périodiquement le bon fonctionnement de la valve, et si elle est défectueuse, en installer une nouvelle dès que possible. Il faut également éliminer périodiquement les dépôts de sédiments au fond du réservoir, une fois par année ou plus souvent si votre eau est très calcaire et chargée de minéraux. Pensez à éteindre les sources de chauffage avant de vider le chauffe-eau. Attachez un boyau d'arrosage à la valve de vidange située à proximité du bas du réservoir, ouvrez la valve et laissez l'eau couler jusqu'à ce que les sédiments accumulés aient été évacués. Pour prolonger la durée de vie du chauffe-eau, réglez le thermostat afin de maintenir la température de l'eau à environ 50 °C.

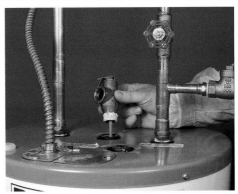

1 Tous les chauffe-eau ont besoin d'une valve pour relâcher la pression en cas d'urgence. Le raccord est fileté sur le dessus du réservoir.

2 Connectez la valve de remplacement avec de la pâte à joints. Un tuyau d'évacuation d'urgence relie la valve au plancher.

1 Pour retirer la barre anodisée de votre chauffe-eau, utilisez une clé à douille de 1 1/16 po. Si elle est difficile à retirer, chauffez le raccord du réservoir.

2 Après avoir retiré la vieille barre, insérez une nouvelle barre dans le réservoir et serrez. Vous pouvez ainsi doubler la durée de vie de votre chauffe-eau.

Plomberie

Contrer la gravité

Les pompes aident à contrer l'effet de gravité en dirigeant l'eau et les autres fluides vers le haut plutôt que vers le bas. Quiconque a un puits, par exemple, se sert d'une pompe pour puiser l'eau à des profondeurs de 100 pi ou plus. Même les systèmes d'aqueducs municipaux se servent de pompes ; ces réservoirs d'eau que vous apercevez à l'orée des villes et des villages sont alimentés par des pompes gigantesques. Il existe cependant des pompes conçues pour les situations illustrées ici : ce sont les pompes d'assèchement, les pompes d'évacuation de l'eau et les pompes de recyclage de l'eau.

Il existe deux grands types de pompes : les pompes à mouvement alternatif et les pompes centrifuges. Une pompe à mouvement alternatif utilise un piston pour tirer l'eau dans un cylindre. Puis, lorsque la valve d'entrée se ferme et que la valve de sortie s'ouvre, le piston pousse l'eau par pression à l'extérieur du cylindre. Un rotor – roue à plusieurs aubes – actionne les pompes centrifuges qui tirent l'eau vers le centre tout en la poussant vers l'extérieur (par force centrifuge) le long des hélices hélicoïdales, ce qui augmente la pression de l'eau et son débit.

Pompes de puits et accumulateurs de pression

Comme les puits sont situés sous terre et que chaque personne utilise environ 95 gallons d'eau par jour, il faut une pompe puissante pour alimenter toute une maison. Les pompes centrifuges submersibles sont le plus couramment utilisées ; elles ont plusieurs rotors pour augmenter la portance de l'eau et sont alimentées par un moteur électrique scellé dans une enveloppe imperméable. La pompe est reliée à un tuyau de descente et toute l'unité est logée dans le puits, sous l'abaissement du niveau maximal de l'eau, de sorte que l'entrée d'eau de la pompe puisse être submergée en tout temps.

La capacité de la pompe à diriger suffisamment d'eau vers le tuyau est d'une importance critique. Il faut tenir compte du puits lui-même, qui livrera un volume d'eau suivant un débit donné. Et il faut tenir compte des heures de pointe, qui peuvent excéder les capacités des puits les plus performants. Un accumulateur de pression aide à résoudre ce problème. Avec des capacités d'entreposage de 20 à 80 gallons ou plus, il offre une réserve suffisante pour assurer simultanément le fonctionnement d'une laveuse, le remplissage d'une baignoire et l'arrosage du gazon. Un ballon d'air à l'intérieur du réservoir prend de l'expansion au fur et à mesure que l'eau est tirée, assurant ainsi une pression d'environ 40 livres par po^2. Pendant ce temps, la pompe est actionnée et remplit le réservoir jusqu'à ce qu'il soit plein de nouveau.

Pompes d'assèchement

Les pompes d'assèchement sont le dernier recours en cas d'inondation du sous-sol. En général, la pompe est installée dans une petite fosse afin que l'eau qui coule sur le sol s'y accumule. Puisque vous n'êtes pas toujours présent pour déclencher la pompe lorsque la fosse se remplit d'eau, elle est munie d'un commutateur automatique, actionné par un flotteur monté sur une tige verticale placée dans la fosse. Lorsque la fosse se remplit d'eau, le flotteur monte et enclenche le moteur, et la pompe se met en marche jusqu'à ce que le niveau de l'eau ait diminué. Il est sage de vérifier le fonctionnement de la pompe en versant un seau d'eau dans la fosse.

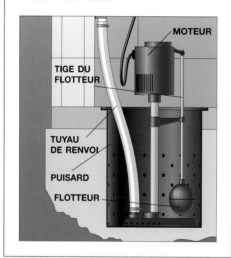

Toilettes de sous-sol

Les toilettes de sous-sol, installées sous le niveau du tuyau d'évacuation principal vers les égouts, exigent un dispositif de plomberie spécial. Ce sont des toilettes à évacuation vers le haut, qui requièrent une connexion électrique et une pompe pour faire remonter les déchets à un niveau à partir duquel ils retomberont par gravité vers le conduit d'égout municipal ou vers la fosse septique. Ces toilettes coûteuses exigent une alimentation en eau et une tuyauterie de ventilation comme les toilettes ordinaires, mais aussi une valve spéciale, appelée valve de retenue, qui empêche le refoulement des eaux usées dans le système en cas d'obstruction des conduits d'évacuation de la maison.

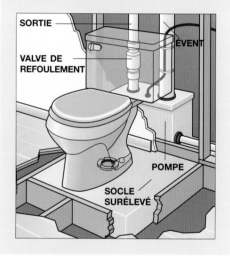

Installer un système de recyclage

L'installation d'un tel système permet d'économiser de 35 à 40 gallons d'eau tiède par semaine, qui serait autrement gaspillée pendant que vous attendez que l'eau atteigne la température désirée. Le système comprend un tuyau supplémentaire reliant le chauffe-eau à une petite pompe qui fait circuler l'eau chaude lentement dans le circuit. L'eau chaude est toujours disponible quand vous en avez besoin, puisque la pompe recycle l'eau qui autrement serait refroidie dans les tuyaux. Les coûts d'installation de la pompe, du circuit électrique et du tuyau représentent des frais initiaux supplémentaires, mais ils vous feront faire des économies au fil du temps.

MATÉRIEL : ► clé à molette • torche au propane

1 *Fixez un raccord en T* dans la conduite d'alimentation en eau froide et installez une valve de retenue. Celle-ci permettra à l'eau de circuler dans une seule direction, vers le chauffe-eau.

Isoler les tuyaux

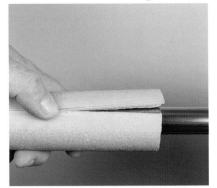

Conservez la bonne température grâce à l'isolation des tuyaux. Certains tubes de mousse ont une fermeture à glissière pour en faciliter l'installation.

La plupart des matériaux d'isolation sont découpés partiellement pour s'adapter à plusieurs formats de tuyaux. Taillez au format voulu avec un couteau bien affûté et scellez les raccords avec un ruban adhésif.

Systèmes de puits

La plupart des puits assurent l'alimentation en eau à partir d'une pompe submersible placée dans le tubage du puits, qui la refoule dans un réservoir sous pression dans la maison. Lorsque vous ouvrez un robinet, la pression fait remonter l'eau dans les tuyaux. Ce système prolonge la durée de vie de la pompe, qui est coûteuse à remplacer, en l'actionnant uniquement lorsque le réservoir doit être rempli, et non à chaque fois que vous avez besoin d'eau. S'il y a une panne d'électricité, la pompe cessera d'alimenter le réservoir en eau, mais vous pourrez utiliser l'eau entreposée sous pression.

La pression de la plupart des réservoirs de rétention peut être augmentée ou réduite en ajoutant ou retirant de l'air.

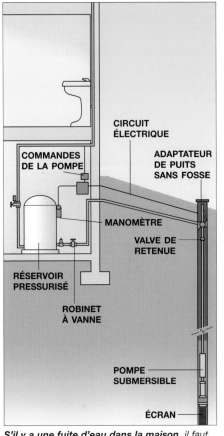

CIRCUIT ÉLECTRIQUE
ADAPTATEUR DE PUITS SANS FOSSE
COMMANDES DE LA POMPE
MANOMÈTRE
VALVE DE RETENUE
RÉSERVOIR PRESSURISÉ
ROBINET À VANNE
POMPE SUBMERSIBLE
ÉCRAN

S'il y a une fuite d'eau dans la maison, il faut couper l'alimentation du moteur de la pompe et fermer la valve d'arrêt sur le conduit d'alimentation du réservoir.

• scie à métaux ou coupe-tuyau • gants de travail ▶ valve • pompe • tuyaux et raccords • brasure • flux ou adhésif • isolants pour tuyaux

2 Installez la pompe régulatrice sur le circuit en boucle, près du chauffe-eau et d'une prise électrique. Les pompes avec minuterie sont les plus efficaces.

3 Pour faire un circuit en boucle, raccordez un nouveau tuyau sur la conduite d'eau chaude déjà en place, à proximité de l'installation la plus éloignée du chauffe-eau.

4 Le circuit devrait être isolé (voir en haut à gauche) et muni d'une valve d'arrêt et d'évacuation pour son entretien.

Laveuses et sécheuses

La consigne la plus évidente, mais la plus importante, en matière d'installation des laveuses et des sécheuses, c'est de bien suivre les recommandations du fabricant. Bien que tous les modèles se branchent sur des prises électriques et des raccords de plomberie standards, il existe quelques variantes d'un modèle à l'autre. Toutes les installations comportent certains risques d'erreurs.

Branchement des appareils

Brancher un appareil à une prise électrique et le raccorder à un système de plomberie déjà en place est relativement simple. Le travail le plus ardu consiste surtout à mettre en place des appareils encombrants sans endommager les cadres de porte et les planchers. Mais avec un peu de sueur ou un chariot, tout est possible.

Les nouveaux modèles tout électriques étant précâblés, il suffit de les brancher dans les entrées de laveuse-sécheuse existantes. La tâche est un peu plus compliquée pour les sécheuses au gaz, puisqu'il faut s'assurer que la valve du gaz est en position d'arrêt avant de débrancher la conduite de gaz. (La barre supérieure de la valve devrait être perpendiculaire au tuyau d'alimentation.) Il faut agir avec prudence et s'assurer de ne pas entraver le tuyau lorsque vous installez la sécheuse dans sa position définitive. Si l'installation requiert de nouveaux raccords d'électricité ou de plomberie, il vaut mieux faire appel à un électricien ou à un plombier reconnu. Lorsque les sorties électriques et les tuyaux d'alimentation et d'évacuation d'eau seront installés, vous pourrez terminer le travail.

La hauteur des nouveaux appareils ne devrait pas poser de problème, à moins que vous installiez des armoires au-dessus. Dans ce cas, il faut dégager un espace suffisant pour les portes des appareils à chargement par le haut (environ 16 po pour la plupart des modèles) qui ne devraient pas frotter sur le bas de l'armoire.

Si vous habitez dans une région très aride, vous aurez peut-être envie de ne pas installer de tuyau d'évacuation pour la sécheuse, même si, malgré les filtres à charpie, votre environnement confortablement humide risque d'être envahi par de petites particules de t-shirts et d'autres vêtements. À long terme, il est préférable de choisir l'une ou l'autre des options de ventilation proposées par les fabricants.

Connexions

Le tuyau de renvoi de la laveuse est relié à une pompe située à la base de l'appareil. Afin d'éviter les effets de siphon et de refoulement, il est généralement positionné au-dessus du niveau du tambour de la laveuse et s'insère dans un tuyau de renvoi ouvert. Pour réparer ou remplacer un tuyau défectueux, vous devrez identifier l'emplacement des pinces à ressort qui retiennent les connexions sur l'appareil. Il suffit de les retirer avec une pince. Installez des brides de retenue sur le nouveau tuyau ou appliquez une plus grande pression sur les connexions.

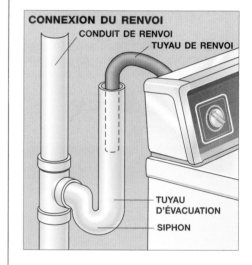

CONNEXION DU RENVOI
CONDUIT DE RENVOI
TUYAU DE RENVOI
TUYAU D'ÉVACUATION
SIPHON

Installer un lave-vaisselle

MATÉRIEL : ▶ clé ajustable • perceuse électrique avec une scie à emporte-pièce • coupe-tuyau ou scie à métaux • dénudeur de fil • tournevis ▶ lave-vaisselle • fils et connecteurs électriques

1 *Pour alimenter la laveuse en eau,* retirez la conduite d'eau chaude de l'évier et la valve d'arrêt à manette unique. Installez la valve en T à deux sorties.

2 *Installez la nouvelle valve* avec la pâte lubrifiante ou le ruban de téflon. Rebranchez la conduite de l'évier et serrez, puis dirigez la conduite vers le lave-vaisselle.

3 *Installez une rallonge* entre le lave-vaisselle et le renvoi de l'évier. Glissez une bague de serrage sur le tuyau de renvoi de l'appareil et reliez-le au lave-vaisselle.

VALVE D'ARRÊT DE ROBINET

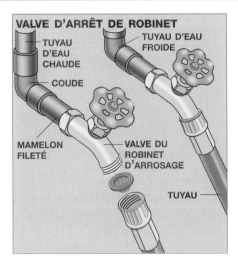

- TUYAU D'EAU CHAUDE
- TUYAU D'EAU FROIDE
- COUDE
- MAMELON FILETÉ
- VALVE DU ROBINET D'ARROSAGE
- TUYAU

VALVE D'ARRÊT À MANETTE UNIQUE

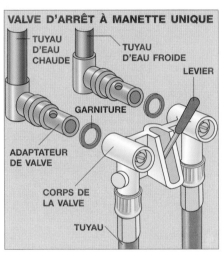

- TUYAU D'EAU CHAUDE
- TUYAU D'EAU FROIDE
- LEVIER
- GARNITURE
- ADAPTATEUR DE VALVE
- CORPS DE LA VALVE
- TUYAU

Valves d'entrée d'eau

Pour protéger les valves à solénoïde automatique de l'appareil qui commandent les cycles de remplissage, les valves d'entrée ont des écrans de filtrage.

Pour nettoyer l'écran de filtrage, il suffit de le retirer du tuyau, de le rincer et d'enlever les débris, puis de le réinstaller.

Mise de niveau

Même sur les planchers inégaux des vieilles maisons, les pattes des laveuses et des sécheuses peuvent être ajustées afin de niveler les appareils. Enduire les pattes d'un peu de savon liquide avant de les ajuster facilitera la tâche. C'est aussi une bonne idée de délester le poids de l'appareil – par exemple en le soulevant légèrement avec un pied-de-biche. Lorsque l'appareil est bien de niveau, serrez les contre-écrous pour que les ajustements des pattes soient permanents. Si la sécheuse ou la laveuse est bancale ou cogne en cours de fonctionnement, il faut ajuster les pattes de nouveau.

Utilisez un niveau pour vérifier la position, puis ajustez les pattes vers le haut ou vers le bas au besoin. Serrez les contre-écrous pour maintenir la position.

• tuyau d'alimentation pour l'eau • valve en T • conduit de renvoi • raccord d'évacuation • pâte lubrifiante ou ruban de téflon • bague de serrage

4 Avec une scie à emporte-pièce (ou une perceuse et une scie sauteuse), découpez un trou d'accès entre le comptoir de l'évier et l'ouverture prévue pour le lave-vaisselle.

5 Faites les raccords électriques selon les instructions du fabricant et le Code du bâtiment. Fixez bien les fils avec des connecteurs électriques.

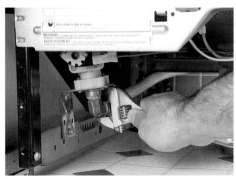

6 Faites passer le tuyau d'alimentation en eau sous l'appareil et raccordez-le à la valve d'alimentation, puis serrez le raccord avec une clé.

Plomberie

Améliorer la qualité de l'eau

Quels que soient les éléments qui contaminent votre eau, et peu importe votre sensibilité aux légères variations de goût et d'odeur, il y a moyen de traiter l'eau pour résoudre ce qui vous ennuie. D'abord, vous devez faire analyser votre eau par un organisme agréé.

Une analyse bactérienne ne coûte que quelques dollars. Pour des analyses plus complètes, incluant l'examen des composants organiques, des pesticides, des gaz dissous et des particules solides, il faut compter plusieurs centaines de dollars. Avant d'arrêter votre choix sur un test ou un autre, il faut évaluer l'emplacement de votre maison. Habitez-vous près d'une station service ? Y a-t-il déjà eu des usines ou des dépotoirs à proximité ? Votre maison est-elle construite sur une terre qui était autrefois cultivée (ou en aval) ? Il y a certainement un service municipal qui saura éclairer votre choix d'une analyse pertinente.

Choix d'un système de traitement

Aucun système de traitement de l'eau ne peut éliminer à lui seul tous les agents de contamination. Il y a en fait huit systèmes. Les plus courants sont à base de filtres au charbon activé, de filtres à osmose inversée (OI) et de distillateurs d'eau. Chacun d'entre eux élimine plus d'un type d'impuretés. Les autres systèmes – l'irradiation aux rayons ultraviolets, les traitements chimiques, les échanges d'ions, le filtrage des sédiments et l'aération – jouent des rôles plus spécifiques.

L'irradiation aux rayons ultraviolets et les traitements chimiques sont efficaces contre les bactéries.

Le système d'échange d'ions (ou adoucisseur d'eau) est efficace si votre eau présente de fortes concentrations de calcium, de magnésium ou de fer. Cette eau, souvent qualifiée de « dure », n'est pas contaminée. Un filtre de sédiments s'occupera des particules qui rendent l'eau trouble; il est également efficace contre les fibres d'amiante présentes dans l'eau. Ce type de filtre est souvent utilisé en conjonction avec un filtre activé aux particules de charbon.

Une unité d'aération et un filtre au charbon activé sont efficaces contre le radon et les odeurs dégagées par les gaz dissous dans l'eau (le soufre par exemple). Les filtres au charbon activé éliminent également les composants organiques chimiques et les pesticides. Ces filtres sont proposés dans toute une gamme de formats et de prix. Les dispositifs plus petits sont rattachées au bec du robinet, alors que les plus grands sont en fait des réservoirs branchés sur l'arrivée de la conduite d'alimentation en eau. Pour qu'ils soient efficaces, les filtres au charbon doivent être remplacés périodiquement.

Les systèmes d'osmose inversée et de distillation se chargent de plusieurs métaux lourds, tels le plomb, l'arsenic et le mercure. Un appareil à OI sera souvent utilisé de concert avec un filtre au charbon activé pour éliminer les composants organiques chimiques, les pesticides, les odeurs et le radon. Le prix de ces deux dispositifs varie entre quelques centaines et quelques milliers de dollars.

Un système de distillation ne filtre pas l'eau, mais la fait bouillir et en capte la vapeur dans une bobine de condensation. Cette eau, libre d'impuretés, est stockée dans un réservoir pour ensuite être puisée par le robinet, mais elle est plate et sans goût.

Traitement de l'eau

Problème	Solution
Bactéries	Solution chlorée avec filtre au charbon activé; distillateur d'eau; système à OI; irradiation aux UV
Savon ne mousse pas	Adoucisseur d'eau; filtre à OI
Taches de rouille	Adoucisseur d'eau; filtre oxydant ou au charbon activé
Taches vertes	Neutralisant de calcaire; filtre neutralisant
Eau trouble	Filtre de sédiments ou de sable
Odeur « d'œuf pourri »	Filtre oxydant; solution chlorée avec filtre de sable; filtre au charbon activé
Teinte jaune/brune	Adoucisseur d'eau; filtre au charbon activé; distillateur d'eau; système à OI
Odeur de chlore	Filtre au charbon activé; système à OI
Pesticides, COV, benzine	Filtre au charbon activé, distillateur d'eau; système à OI
Plomb, mercure	Distillateur d'eau; système à OI
Nitrates, sulfates	Dispositif d'échange d'anions; distillateur d'eau; système à OI

Installer un filtre de sédiments

La tâche de clarifier l'eau trouble revient au filtre de sédiments, qui élimine les particules inorganiques à la source du problème. Il n'est pas inhabituel de l'installer avec un filtre au charbon activé. Les deux filtres peuvent être facilement installés côte à côte et en réseau. Vous aurez quelques travaux de soudure à exécuter lorsque la conduite d'eau sera coupée, ainsi que quelques valves d'arrêt à installer pour isoler les filtres. Pensez à installer les filtres dans un endroit accessible afin de pouvoir les nettoyer et d'assurer leur entretien régulièrement.

MATÉRIEL : ▶ coupe-tuyau • torche au propane • clé ajustable • tuyau (pour le refoulement) • papier abrasif

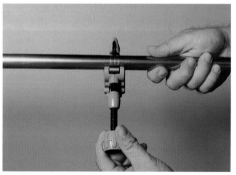

1 *Retirez une section* de la conduite d'alimentation avec un coupe-tuyau pour faire place au filtre et aux raccords filetés.

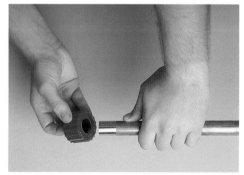

2 *Pour faciliter la prise de la soudure* des nouveaux raccords sur les tuyaux de cuivre existants, polissez-les avec une brosse métallique ou du papier abrasif pour en retirer les aspérités.

Filtres de robinet

Les filtres modernes peuvent être intégrés aux robinets. Ils fonctionnent en trois modes : débit aéré, pulvérisateur et filtre.

Il faut changer le filtre régulièrement pour s'assurer d'une efficacité optimale. Dans ce modèle, la cartouche s'insère sous la poignée.

Systèmes à osmose inversée

D'une manière générale, ces systèmes combinent une membrane d'osmose inversée à un filtre au charbon et à un filtre de sédiments pour filtrer les métaux lourds et stocker l'eau filtrée dans un grand réservoir. Les membranes filtrantes doivent être remplacées au moins une fois par année, sinon les impuretés s'accumuleront. Bien qu'il soit important de retirer les impuretés, cela n'a souvent aucune incidence sur le goût de l'eau. Les minéraux d'origine hydrique tels le manganèse, le fer et le sodium exigent parfois une épuration plus poussée.

Les équipements nécessaires aux systèmes à osmose inversée remplissent en général tout l'espace sous le comptoir de l'évier.

Adoucisseurs

L'adoucissement de l'eau réduit la quantité de minéraux accumulés dans l'eau filtrée par le sol. L'eau très douce n'est pas bonne au goût, mais elle produit moins de dépôts sur les appareils et est moins corrosive pour les tuyaux, tout en générant plus de mousse et d'action nettoyante avec les détergents. Les systèmes efficaces distinguent l'eau potable, l'eau d'arrosage ou destinée à un autre usage, et l'eau adoucie qui sert au lavage et aux tâches ménagères. Un tel système peut coûter entre 1 000 et 3 000 dollars.

Les systèmes d'adoucissement de l'eau doivent être bien situés pour faciliter leur entretien et l'évacuation des eaux usées.

---

ou brosse métallique ▶ filtre de sédiments • raccords adaptateurs mâles • brasure • flux • valves d'arrêt

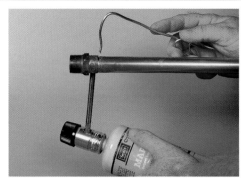

3 *Soudez un adaptateur mâle en cuivre de ¾ po* sur chaque embout de tuyau. Assurez-vous que la brasure est sans plomb.

4 *Installez le corps du filtre* avec les valves d'arrêt de chaque côté. Les valves doivent être du type à passage intégral ou à tournant sphérique.

5 *Pour inverser un filtre de sédiments,* branchez un tuyau et faites couler l'eau vers le bas. L'élément peut également être remplacé.

Plomberie

Traitement des eaux usées

Chaque goutte d'eau qui quitte votre maison doit être débarrassée des déchets solides qu'elle contient et être traitée avant qu'elle réintègre l'environnement. Les maisons démunies de fosse septique, de même que les propriétés commerciales et les immeubles d'appartements, alimentent d'énormes usines de traitement des eaux, qui peuvent traiter quotidiennement des millions de gallons d'eaux usées. Ces usines utilisent les mêmes procédés chimiques et biologiques que les fosses septiques – et tout comme les fosses septiques, elles sont sensibles aux produits chimiques qui leur parviennent. Les pesticides, par exemple, s'infiltrent non seulement dans les microorganismes qui décomposent les déchets, mais ils peuvent également réintégrer la chaîne d'alimentation en eau potable.

Entretien des systèmes septiques

Un système septique est composé de trois éléments principaux : une fosse septique, une ou plusieurs boîtes de distribution et un champ d'épandage (aussi appelé champ d'épuration). Aussitôt qu'elles entrent dans la fosse, les eaux d'égout sont dirigées vers un mélange chaud de déchets et de bactéries anaérobies, dans un tourbillon de boucles sans fin à l'intérieur de la fosse. La plupart des matières solides sont rapidement digérées et les effluents liquides quittent la fosse pour la boîte de distribution, à partir de laquelle elles coulent vers les tuyaux perforés du champ d'épuration et sont absorbées par le sol. Les solides non digestibles, appelés dépôts de boue, tels les mégots de cigarette, les pépins de pomme et les plastiques, demeurent au fond de la fosse, alors que les matières grasses remontent à la surface. La boue accumulée dans le fond de la fosse ne la fera pas déborder et n'occasionnera pas de blocage des tuyaux, mais elle réduira la capacité de traitement de la fosse. Si celle-ci n'est pas vidée, il n'y aura plus de place pour déverser davantage de matières solides vers le champ d'épuration et les tuyaux d'évacuation risquent de se boucher. La couche de matières grasses, si elle s'accumule, peut également déborder de la baffle de sortie de la fosse et se déverser dans le champ d'épuration, et ainsi recouvrir les tuyaux et restreindre l'absorption, l'évaporation et l'activité mycétophile du sol. Si on néglige les accumulations de boue et de gras, le champ d'épuration devra être creusé et remplacé, entraînant des frais de plusieurs milliers de dollars.

Afin d'éviter d'en arriver à cette situation, votre fosse septique devrait être vidée périodiquement par un professionnel. La fréquence de vidange est fonction de la capacité de la fosse et du nombre de

Installer un broyeur à déchets

Les broyeurs à déchets peuvent être des appareils utiles, mais ils ne sont pas sans inconvénient. Il en existe deux types : les appareils à alimentation en bloc, chargés avant de les actionner, et les modèles plus courants à alimentation continue, qui fonctionnent au fur et à mesure qu'ils sont alimentées. Afin d'éviter les problèmes, surtout les blocages, il faut faire couler de l'eau froide tout en alimentant le broyeur et nettoyer le drain après chaque utilisation. N'insérez pas de déchets métalliques ou du verre et n'utilisez jamais de produits nettoyants chimiques qui risqueraient d'endommager les membranes internes.

MATÉRIEL : ▶ clé à douille ▶ broyeur à déchets (avec tous les raccords) • tuyaux d'alimentation • valves d'arrêt

1 *Avant d'installer le drain de l'évier,* appliquez une couche de pâte à joints sur le pourtour de la bride du drain et insérez le drain dans l'ouverture de l'évier.

2 *Les attaches des broyeurs à déchets* ne sont pas toutes semblables. Dans ce cas-ci, l'élément du bas est rattaché vers le haut par un écrou.

4 *Soulevez le broyeur vers le raccord du drain* et faites une rotation du collet métallique afin qu'il s'engage dans la partie supérieure de l'unité.

5 *À l'aide d'une trousse en plastique pour broyeur à déchets,* reliez les deux bacs d'un évier double par leur siphon. Reliez le siphon au tuyau d'évacuation.

6 *Si votre broyeur est muni d'un cordon avec prise électrique standard,* assurez-vous qu'il y a une prise de terre de 15 ampères sous le comptoir.

personnes qui s'en servent. Pour deux personnes et une fosse de 1 000 gallons, celle-ci devra être vidée plus ou moins tous les six ans, mais une fosse de 2 000 gallons utilisée par six personnes devra être vidangée aux trois ans. Pour que votre fosse fonctionne correctement entre les vidanges, il faut éviter d'y jeter des produits chimiques qui risqueraient de détruire les bactéries, tels du diluant à peinture ou des produits chimiques utilisés en photographie. Remettez-les plutôt à un dépôt de produits dangereux.

Une odeur d'égout et un sol humide en permanence au-dessus du champ d'épuration sont sans aucun doute des signes de problèmes graves provenant de votre fosse septique. Une évacuation au ralenti dans toutes les conduites de renvoi (pas seulement dans une toilette) indiquent un refoulement des eaux d'égout inquiétant.

Systèmes septiques et de traitement des eaux grises

Si votre maison n'est pas reliée à un réseau d'aqueduc municipal, il vous faut un système septique privé. Un système typique comprend une fosse pour les matières solides, qui doit être vidangée régulièrement, et un champ d'épuration avec une série de tuyaux perforés qui filtrent les déchets liquides au fur et à mesure dans le sol. Le Code du bâtiment pour les systèmes septiques privés est de plus en plus strict dans la plupart des régions et un tel système peut coûter jusqu'à 10 000 $ en frais d'installation. La préoccupation principale est de ne pas contaminer les réserves d'eau souterraines qui servent à la préparation des aliments et à l'entretien domestique.

Vous devrez effectuer un test de percolation du sol et creuser une bonne partie de votre terrain. Dans certaines régions, vous pouvez installer un système complémentaire qui se chargera des eaux usées dites eaux grises, en provenance des baignoires, des douches et des laveuses. Cette eau contient une part de savon et de saletés, mais pas de déchets. Avec un traitement minimal par un filtre au sable et une cuve de rétention pour éliminer les contaminants, des centaines de gallons peuvent être recyclés et servir à l'entretien paysager. Comme la réglementation est ordinairement très stricte au sujet des eaux grises, vous ne pouvez pas les déverser sur votre pelouse.

- boîte de sortie et fils électriques • pâte à joints

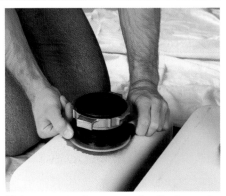

3 Ce raccord présente un collet fileté avec des ailes qui permettent de le visser sur le bras du drain; on l'appelle ligature.

7 Pour connecter des tuyaux d'alimentation de ¼ po à des conduites d'alimentation de ½ po, servez-vous de valves d'arrêt munies de raccords de compression.

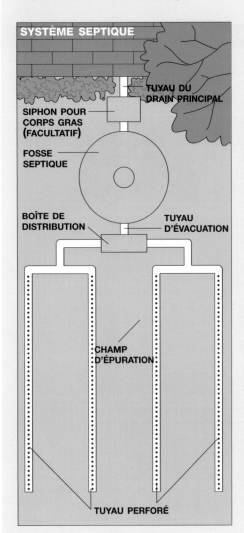

SYSTÈME SEPTIQUE

TUYAU DU DRAIN PRINCIPAL

SIPHON POUR CORPS GRAS (FACULTATIF)

FOSSE SEPTIQUE

BOÎTE DE DISTRIBUTION

TUYAU D'ÉVACUATION

CHAMP D'ÉPURATION

TUYAU PERFORÉ

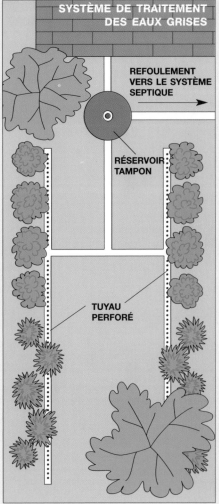

SYSTÈME DE TRAITEMENT DES EAUX GRISES

REFOULEMENT VERS LE SYSTÈME SEPTIQUE

RÉSERVOIR TAMPON

TUYAU PERFORÉ

Plomberie

Améliorations

Nous présentons ici quelques-unes des améliorations que vous pouvez faire, par exemple installer une nouvelle pomme de douche ou recouvrir une vieille enceinte de bain ou de douche. Ou encore rajeunissez vos équipements en vous débarrassant des taches de moisissure et des résidus de savon par un bon nettoyage.

Pour éliminer les résidus de savon sur les cabines de douche et de baignoire, vaporisez les surfaces d'un produit nettoyant non abrasif, puis laissez-le agir quelques minutes avant de rincer. Pour les résidus tenaces, utilisez un produit spécialisé tel le nettoyant pour résidus de savon « Tilex » ou un détergent liquide pour la lessive qui éliminera aussi les résidus laissés par l'eau calcaire. Les taches sur la porcelaine seront éclaircies par un produit nettoyant spécifique tel le « Zud », ou encore un mélange de jus de citron

et de sel. Pour les taches plus tenaces, ajoutez un peu de poudre à pâte à la solution que vous laisserez agir pendant la nuit.

Pour enlever les dépôts minéraux sur le métal, utilisez une solution adoucissante composée d'une tasse de vinaigre blanc diluée dans une pinte d'eau, ou encore un produit spécialisé tel « Lime-a-Way ». Il faudra peut être nettoyer l'endroit plusieurs fois et récurer avec une éponge de nylon pour déloger les multiples couches de dépôts.

Nettoyez les taches de moisissure sur le coulis des tuiles avec de la poudre à récurer, ou encore ajoutez suffisamment d'eau de Javel à un produit nettoyant abrasif pour en faire une pâte, étalez celle-ci puis rincez. Il ne faut pas ajouter de javellisant à un nettoyant contenant de l'ammoniaque, puisque cette combinaison dégage des vapeurs nocives.

Réémailler une baignoire

1 *Une baignoire dont le revêtement est usé* peut être réémaillée. Un entrepreneur décapera la surface à l'aide d'un procédé chimique pour ensuite vaporiser une nouvelle couche d'émail.

Remplacer une pomme de douche

MATÉRIEL : ▶ clé à molette ▶ nouvelle pomme de douche • pâte lubrifiante ou ruban de téflon • chiffon

1 *Pour retirer la vieille pomme* sans endommager la tige, enroulez un chiffon ou une serviette mince autour des raccords.

2 *Utilisez deux clés* pour enlever la vieille pomme : une pour maintenir la tige en place et l'autre pour dévisser la pomme.

3 *Pour sceller le raccord* entre la tige et la pomme, entourez les parties filetées de ruban au téflon ou enduisez-les de pâte lubrifiante.

4 *Vissez la nouvelle pomme de douche* sur la tige filetée. Les nouveaux modèles ont des réducteurs de débit pour économiser l'eau.

Installer une enceinte de baignoire

MATÉRIEL : ▶ scie sauteuse • pistolet de calfeutrage • calfeutrant

1 *Prenez les mesures de la baignoire* et de la paroi du mur pour déterminer l'emplacement du robinet et du bec. Découpez les ouvertures avec une scie sauteuse.

3 *Marquez le centre de la baignoire* et le centre du dernier panneau latéral. Collez tout d'abord le bas du panneau, puis pressez vers le haut.

2 *Lorsque le nouvel enduit est bien sec,* il suffit de le polir jusqu'à ce qu'il soit bien brillant. Un revêtement de bonne qualité dura plus de 10 ans.

Recouvrir une baignoire

1 *Certains entrepreneurs* proposent de recouvrir les anciennes baignoires. C'est une solution de rechange au réémaillage qui n'exige que quelques heures de travail.

2 *Cette photo* montre la moitié de la vieille baignoire et de son enceinte, et l'autre moitié recouverte d'acrylique très résistant aux chocs.

• ruban à mesurer ▶ enceinte de baignoire • adhésif

2 *Si le dos des panneaux est autoadhésif,* retirez le papier protecteur ; sinon appliquez de l'adhésif pour panneaux sur les côtés et au centre des panneaux.

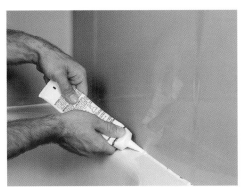

4 *Lorsque tous les panneaux sont en place,* calfeutrez les raccords verticaux et le joint entre la baignoire et l'enceinte.

Installer un robinet mitigeur

MATÉRIEL : ▶ clé ajustable • scie à emporte-pièce • torche • coupe-tuyau à disque
▶ robinet • raccords • brasure/flux

1 *Commencez par retirer* le bec et la garniture du robinet ; le bec peut être vissé ou enclenché. Vérifier s'il y a une vis Allen sous le bec.

2 *Découpez la cloison sèche* devant les tuyaux de plomberie murale et retirez l'ancien robinet en le coupant avec un coupe-tuyau à disque pour espaces restreints.

3 *Soudez les adaptateurs mâles* aux embouts du tuyau de cuivre et assemblez à l'avance autant de pièces du robinet que possible.

4 *Lorsque le robinet est assemblé* et mis en place, soudez les autres raccords avec de la brasure sans plomb.

Plomberie

Plombier en herbe

Il est parfois coûteux d'expérimenter. Vous surveillez ce que fait le plombier et pensez à son taux horaire, tout en vous disant que vous auriez pu faire le travail vous-même. Nous avons tous besoin des connaissances d'un professionnel pour certaines réparations, mais rares sont ceux parmi nous qui sont de bons candidats au bricolage. Si vous doutez de vos capacités, il est préférable de payer quelqu'un pour faire le travail et d'observer comment il procède. Retenez tous les détails et vous pourrez peut-être faire le travail vous-même la prochaine fois.

Réparer des tuyaux

Certaines règles élémentaires s'imposent lorsque vous réparez des tuyaux de cuivre ou de plasique. Tout d'abord, il faut couper l'eau qui alimente la fuite. Si, en situation d'urgence, vous ne pouvez pas trouver la valve d'arrêt, coupez l'alimentation au point d'entrée principal jusqu'à ce que vous ayez trouvé son emplacement.

Si vous essayez de chauffer un tuyau avec une torche – pour ressouder un raccord –, il faut tout d'abord vider la conduite. Si elle est remplie d'eau, la soudure n'aura pas bonne prise sur le tuyau de cuivre. Ouvrez aussi un robinet en amont de l'endroit de la réparation pour évacuer toute vapeur qui pourrait s'en dégager.

La plupart des tuyaux de plastique sont beaucoup plus faciles à réparer que les tuyaux de cuivre. Ils se coupent et se raccordent facilement. Les raccords de plastique exigent cependant plus de prudence lorsqu'ils sont filetés à d'autres raccords – il faut éviter de trop les serrer, car ils risqueraient de se fendre. Fausser le filetage d'un raccord de plastique peut poser un problème si vous ne maîtrisez pas bien cette technique.

Réparations temporaires

MATÉRIEL : ▶ lime à métaux • tournevis ▶ isolant caoutchouté pour tuyaux • brides de retenue

Si vous n'avez pas le temps ni les outils pour faire une réparation permanente lorsqu'un tuyau fuit, vous pouvez toujours boucher le trou avec un crayon bien affûté. Pour boucher un tuyau fendu, entourez la fuite d'un morceau de caoutchouc épais et serrez-le avec une bride de retenue. Si vous ne pouvez pas localiser la valve d'arrêt la plus proche, il faut couper l'alimentation à la valve d'arrêt principale entre-temps. Gardez bien à l'esprit que dans les maisons équipées de puits et de réservoirs pressurisés, les fuites continuent de couler même lorsque la pompe du puits est désactivée.

1 *Pour réparer une fuite temporairement,* limez les bords ébarbés autour de la fissure.

2 *Découpez un morceau de caoutchouc épais* ou une petite section d'un boyau d'arrosage, et placez-le sur le tuyau endommagé.

3 *Fixez le manchon de caoutchouc* avec des brides de retenue à chaque extrémité de la fissure, puis serrez les vis des brides.

Installer un robinet antigel

Pour empêcher qu'un robinet extérieur gèle, installez une valve spéciale contre le gel. Le robinet pourra être ouvert et fermé, mais la longue tige du robinet passera à travers le mur et contrôlera une valve située dans la maison. L'eau ne stagnera pas dans la section du tuyau ou du robinet extérieur susceptible de gel. Ces robinets n'exigent pas de valve d'arrêt. Vous devez bien suivre toutes les étapes de l'installation, en plus d'isoler et de calfeutrer le trou dans le mur.

DISPOSITIF
ANTIREFOULEMENT

ASSISE DE
LA RONDELLE

TIGE

MATÉRIEL : ▶ coupe-tuyau • scie alternative

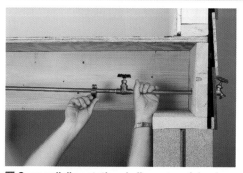

1 *Coupez l'alimentation de l'eau* et asséchez le système, puis coupez le tuyau de l'ancien robinet, incluant la valve d'arrêt.

Solutions de problèmes

Câbles chauffants

Les câbles chauffants ressemblent à des rallonges électriques, mais ils sont conçus afin de convertir l'électricité en chaleur et peuvent donc être enroulés autour des tuyaux pour éviter qu'ils gèlent. La première étape consiste à sceller les fuites d'air et à isoler les tuyaux. N'utilisez que des câbles chauffés normalisés UL et suivez bien les instructions du fabricant pour l'installation. Les modèles avec thermostat intégré peuvent être branchés en permanence. Prenez garde cependant de ne pas enrouler les câbles les uns sur les autres, car ils dégagent suffisamment de chaleur pour faire fondre la gaine isolante du câble et pourraient s'enflammer. N'utilisez pas de câbles vieux, fendillés ou endommagés.

Les câbles thermiques d'aujourd'hui ont un thermostat intégré. Certains n'ont pas besoin d'être enroulés autour du tuyau.

Assourdir les bruits de tuyauterie

Pour réduire les bruits dans les tuyaux d'alimentation et d'évacuation, entourez-les de tubes de mousse et isolez les cavités murales. (Les tuyaux de fonte sont moins bruyants que les tuyaux de plastique). Les bruits assourdissants appelés coups de bélier sont causés par une pression excessive de l'eau ou par la fermeture brusque du solénoïde de la valve d'un lave-vaisselle ou d'une laveuse. Pour y remédier, il suffit de fixer les tuyaux à la charpente avec des brides ou d'installer une colonne d'air. Vous pouvez en fabriquer une vous-même en fixant un bout de tuyau sur un raccord en T et en le chapeautant d'un capuchon. Les raccords de colonne d'air remplis de gaz ou d'huile ont également un effet réducteur.

Pour soutenir les tuyaux et empêcher qu'ils ne cognent contre la charpente, il suffit de les retenir avec des brides.

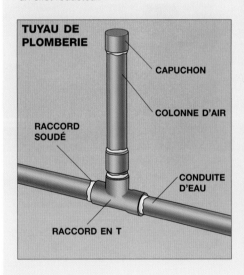

TUYAU DE PLOMBERIE — CAPUCHON — COLONNE D'AIR — RACCORD SOUDÉ — CONDUITE D'EAU — RACCORD EN T

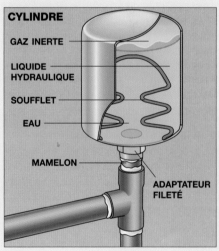

CYLINDRE — GAZ INERTE — LIQUIDE HYDRAULIQUE — SOUFFLET — EAU — MAMELON — ADAPTATEUR FILETÉ

(facultative) • torche au propane • pistolet de calfeutrage • gants de travail/lunettes de protection ▶ robinet antigel • vis • brasure/flux • attaches • calfeutrant • isolant

2 *Au besoin, agrandissez l'ouverture dans le mur* et insérez le robinet antigel à travers le parement et la poutre. Fixez avec des vis.

3 *Soudez le tuyau d'alimentation en cuivre* au robinet avec de la brasure sans plomb. Attachez le tuyau afin d'assurer une évacuation adéquate.

4 *Bien que la valve soit à l'intérieur,* il faut protéger les conduites d'eau sur les murs extérieurs avec des tubes de mousse ou un isolant matelassé.

Plomberie

Problèmes d'évacuation

Quelle est l'origine de ce gargouillement dans l'évier de mini bar peu utilisé lorsque l'eau s'écoule de l'évier de la cuisine située à l'autre bout de la maison ou d'une baignoire à l'extrémité opposée ? Il y a fort à parier que le mini bar n'est pas bien ventilé ou que sa colonne de ventilation est bloquée. Vous pouvez vérifier en repérant un évent secondaire sur le toit, juste au-dessus de l'endroit problématique. Il ressemble à ceux qui sont situés au-dessus de la cuisine et de la salle de bains.

Les renvois paresseux ne sont qu'un symptôme de ce problème. L'odeur émanant des égouts en est un autre. Lorsque l'eau s'écoule de la cuisine ou de la salle de bains, elle siphonne l'eau de la conduite d'évacuation du mini bar, et c'est là la source du gargouillement. S'il n'y a pas d'eau dans le siphon, les gaz d'égout remontent vers la maison par la conduite de l'évier.

Si ces problèmes vous empêchent de vous servir de l'évier du mini bar, vous devrez faire appel à un plombier qui installera un évent automatique. Cet accessoire empêchera que les autres drains siphonnent l'eau de la conduite d'évacuation. Entre-temps, vous pouvez réduire l'odeur émanant des égouts en versant régulièrement de l'eau dans l'évier du mini bar pour que le siphon demeure rempli.

Refoulements importants

Même avec une ventilation adéquate, des siphons bien situés et des tuyaux d'un format adéquat, l'évacuation peut être ralentie. Ce phénomène est symptomatique d'un blocage important des conduites d'évacuation. Le meilleur indicateur que le blocage se situe dans la conduite d'évacuation vers l'égout est le gargouillement dans les conduites sous le plancher. La solution à ce problème est fonction du type de système d'évacuation que vous avez.

Si vous avez un système septique avec champ d'épuration, votre fosse septique a peut-être besoin d'être vidée. Il faut alors faire appel à un professionnel, bien qu'il faille être sur place au cours de l'opération. Demandez à l'entrepreneur si le réservoir rempli de crasse savonneuse est la source du problème. Sinon, il se peut que les tuyaux du champ d'épuration soient les coupables. Dans ce cas, il faudra probablement les déterrer.

Si vous êtes raccordé à un réseau d'égout municipal, renseignez-vous pour savoir si des travaux n'auraient pas été entrepris récemment. Si oui, c'est peut-être la cause des problèmes. Sinon, ce sont peut-être les racines des arbres qui entravent les tuyaux. Demandez à un professionnel de forer la conduite et de retirer les racines ; ensuite, il s'agit de traiter les conduites avec du sulfate de cuivre pour racines deux fois par année.

Fuites dans les conduites d'évacuation

Pour vérifier si la conduite d'évacuation de l'évier ou sa collerette d'écoulement fuient, faites couler de l'eau dans le renvoi. Si la fuite est en dessous, il s'agit d'un problème de tuyaux. Sinon, le problème réside plutôt dans le raccord évasé de la collerette. Il faudra alors dévisser le raccord, le nettoyer et poser un nouveau filet de calfeutrant, puis remettre tout en place. Les fuites dans les conduites de renvoi ont généralement lieu dans le siphon. Certains siphons sont munis d'un regard qui facilite le nettoyage des obstructions.

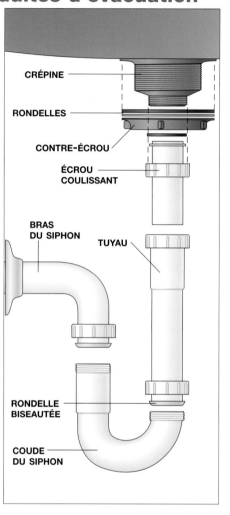

CRÉPINE

RONDELLES

CONTRE-ÉCROU

ÉCROU COULISSANT

BRAS DU SIPHON

TUYAU

RONDELLE BISEAUTÉE

COUDE DU SIPHON

Pour démonter un siphon ordinaire, servez-vous de deux clés à molette : une pour tenir la tige de l'évier en place, et l'autre pour dévisser le raccord.

Déboucher un renvoi d'évacuation

Pour dégager une obstruction dans un drain, il faut commencer avec un débouchoir à ventouse. Pour obtenir de meilleurs résultats, bouchez la sortie du trop-plein et la sortie du drain secondaire, enduisez le pourtour du débouchoir de vaseline et (avec 2 ou 3 po d'eau dans l'évier ou la baignoire), en exerçant des mouvements forts et réguliers vers le bas, dégagez l'obstruction. Si cela ne fonctionne pas, essayez d'enfiler une tige métallique dans le regard pour dégager l'obstruction. Cependant, un furet à manivelle ou à moteur sera beaucoup plus efficace. Démantelez les siphons, insérez le serpentin et retirez les débris.

Pour obtenir un résultat optimal, il faut boucher le trop-plein de la baignoire avec une serviette mouillée. Un peu d'eau stagnante facilitera aussi le travail.

Nettoyants

Un furet ou dégorgeoir de plombier est le moyen le plus sécuritaire pour se débarrasser d'obstructions tenaces dans les tuyaux domestiques. Cet outil n'endommagera pas les tuyaux métalliques, ce que certains produits chimiques caustiques peuvent faire, notamment ceux qui contiennent de l'acide ou de la soude. Un furet n'est qu'un câble flexible enroulé sur lui-même que vous insérez dans la conduite, soit à la main soit avec une perceuse spéciale. Une autre solution consiste à se servir d'eau et de la pression de l'air pour déloger l'obstruction. Les appareils pneumatiques se placent au-dessus du renvoi obstrué et déchargent de l'air pressurisé dans l'eau stagnante.

Placez le débouchoir pneumatique sur le renvoi obstrué, scellez bien la connexion et déchargez l'air pressurisé.

Déboucher un renvoi de baignoire

Les baignoires équipées d'un bouchon-plongeur, ou d'un bouchon-plongeur articulé, exigent une attention toute particulière lorsque l'eau s'écoule mal. Enlever le basculeur servira à poser un diagnostic. Vérifiez le débit de l'écoulement en faisant couler de l'eau. Si le drain ne se vide pas correctement, l'obstruction se situe plus bas. Si le renvoi semble bien fonctionner, c'est alors le basculeur qui est trop tendu et son bouchon qui est situé trop bas dans la conduite du renvoi, ce qui empêche un débit normal même lorsqu'elle est ouverte. Raccourcissez le basculeur d'un quart de pouce, serrez le contre-écrou, remettez le basculeur en place… et le problème est réglé.

1 *Pour avoir accès au bouchon-plongeur* articulé en vue de le nettoyer, il faut retirer les deux vis qui le retiennent ainsi que le couvercle du trop-plein, puis enlever le basculeur.

2 *La lenteur d'évacuation* peut être causée par une articulation trop tendue du basculeur. Retirez l'articulation et raccourcissez le basculeur d'un quart de pouce.

3 *Les bouchons-plongeurs* sont souvent obstrués par des cheveux. Soulevez le bouchon et son articulation, retirez les débris et remettez tout en place.

Lorsque vous débouchez la conduite de renvoi d'un évier avec un furet à manivelle, enlevez le siphon et dirigez le serpentin directement dans la conduite d'évacuation.

Pour déboucher le drain d'une baignoire, retirez la plaque du trop-plein, enlevez le basculeur et son articulation, et insérez le serpentin dans le déversoir du trop-plein.

Si vous ne réussissez pas à déboucher un renvoi de plancher, il vaut mieux enlever le bouchon et dégorger avec le serpentin par le regard de nettoyage.

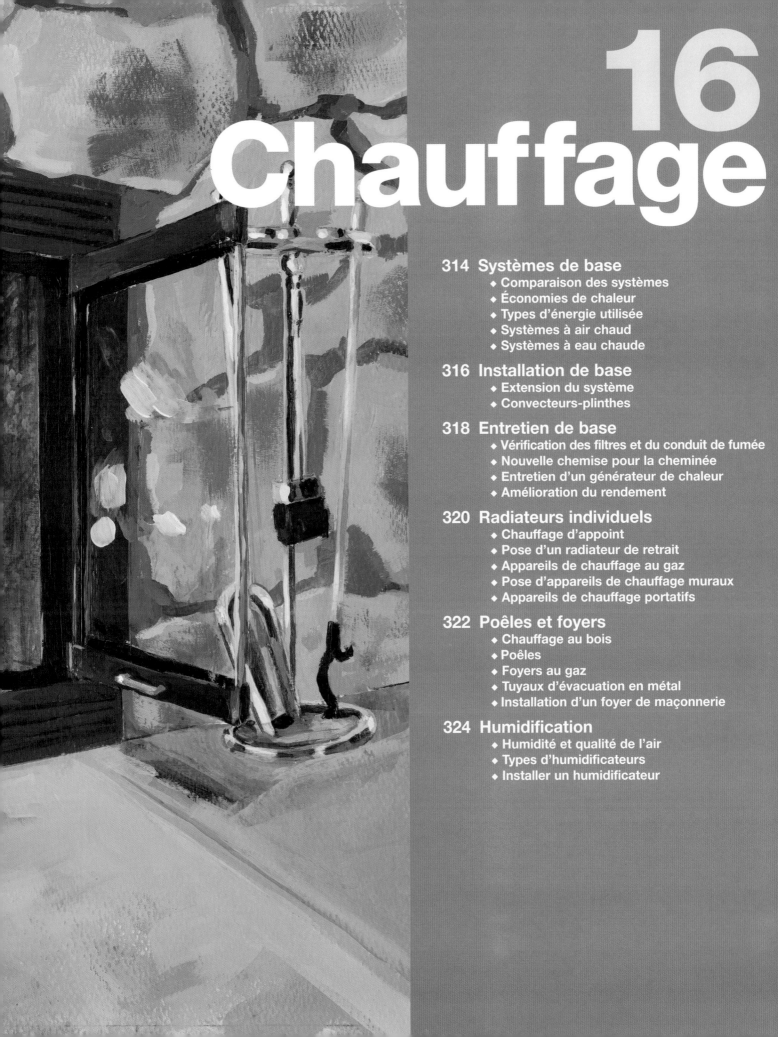

Chauffage

16

Chauffage

Comparaison des systèmes

On peut faire des comparaisons à n'en plus finir entre les appareils de chauffage au gaz, à l'électricité, au mazout ou même au bois, mais lorsqu'il s'agit du système de chauffage de sa résidence, il faut considérer le côté pratique et s'en tenir à l'essentiel. Passer au chauffage au gaz pourrait signifier des coûts d'installation de la conduite d'alimentation jusqu'à la maison; conserver le chauffage au mazout, avoir à remplacer un réservoir rouillé; passer à l'électricité, s'exposer à des hausses mensuelles constantes mais épargner les milliers de dollars que coûtent les installations des autres systèmes à mettre en place.

Renseignez-vous sur les coûts d'installation auprès d'entrepreneurs en chauffage et sur les dépenses approximatives de fonctionnement auprès de fournisseurs de combustible. Comme la puissance calorifique de tous les appareils est exprimée en BTU (British Thermal Units), vous aurez un dénominateur commun pour faire vos comparaisons.

Si vous songez à remplacer ou à augmenter la capacité de votre système actuel, il est important de connaître l'efficacité du nouveau par rapport à l'ancien. Pour une installation existante bien entretenue, vous pouvez soustraire de son rendement d'origine la moitié de son âge – par exemple, on évaluerait le rendement d'un générateur à mazout de 20 ans à 55 % s'il était à l'origine de 65 %. Bien sûr, si vous payez un entrepreneur pour faire des tests de rendement de combustion, vous obtiendrez des résultats plus précis. Une fois que vous connaissez le rendement accru d'un nouveau système, vous pouvez calculer la quantité de combustible et l'argent que vous épargnerez annuellement et combien d'années vous mettrez pour récupérer votre investissement.

Systèmes à air chaud

Les systèmes à air chaud utilisent un ventilateur pour pousser l'air chaud dans une grande chambre de distribution, puis dans un réseau de conduits. Les conduits mènent à des bouches de soufflage dans le plancher et les murs de votre habitation. Les bouches d'extraction et les conduits de reprise retournent l'air frais à l'appareil de chauffage pour le chauffer à nouveau. Ces systèmes exigent des filtres à poussières. Parce que les appareils de chauffage produisent de l'air très chaud et sec, un humidificateur monté sur l'appareil est souvent nécessaire pour maintenir un certain confort dans la maison.

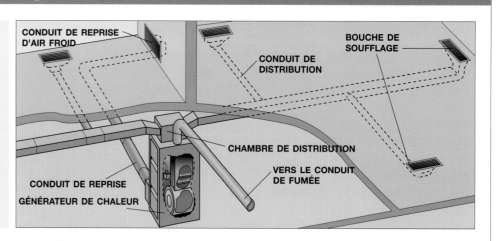

Systèmes à eau chaude

Les systèmes à eau chaude (ou par caloporteur) utilisent une pompe, appelée accélérateur, pour acheminer l'eau chaude de la chaudière vers le réseau de tuyaux. L'eau chaude transmet sa chaleur à l'air au niveau des radiateurs ou des convecteurs-plinthes, et retourne à la chaudière pour y être chauffée à nouveau. Les anciennes maisons sont équipées d'un grand circuit de tuyaux. Les nouvelles sont munies de deux circuits ou plus, chacun ayant son propre thermostat pour chauffer plus efficacement diverses parties de la maison.

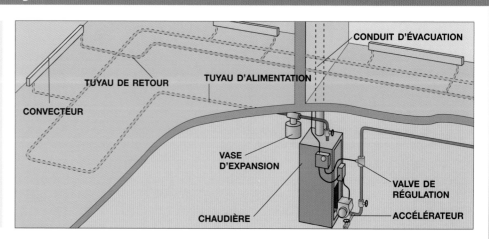

Types d'énergie utilisée

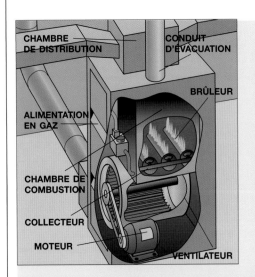

CHAMBRE DE DISTRIBUTION
CONDUIT D'ÉVACUATION
BRÛLEUR
ALIMENTATION EN GAZ
CHAMBRE DE COMBUSTION
COLLECTEUR
MOTEUR
VENTILATEUR

Appareils de chauffage au gaz

Les appareils de chauffage au gaz brûlent du gaz naturel ou du gaz de pétrole liquéfié (GPL) pour chauffer soit de l'air qui est soufflé dans un réseau de conduits soit de l'eau qui est acheminée vers des radiateurs ou des convecteurs-plinthes par des tuyaux. Les anciens appareils alimentés au gaz sont munis de veilleuses qui ne s'éteignent jamais. Les appareils modernes, grandement améliorés, sont munis d'un allumeur électronique qui allume la flamme dès l'arrivée du gaz. Les appareils de chauffage au gaz brûlent proprement et transforment jusqu'à 95 % du combustible en chaleur utilisable.

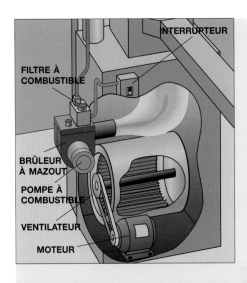

INTERRUPTEUR
FILTRE À COMBUSTIBLE
BRÛLEUR À MAZOUT
POMPE À COMBUSTIBLE
VENTILATEUR
MOTEUR

Appareils de chauffage au mazout

Un brûleur à pulvérisation mécanique, monté à l'extérieur ou à l'intérieur de l'appareil de chauffage, pompe un fin brouillard de mazout et d'air dans la chambre à combustion où il est allumé par une étincelle électrique. Cette source de chaleur chauffe, à son tour, un échangeur thermique qui transmet la chaleur à l'air ou à l'eau qui circule dans toute la maison. À la différence du gaz naturel qui dépend d'une conduite à gaz pour s'approvisionner en combustible (car l'alimentation doit être constante), le mazout, lui, doit être livré. Le mazout a un rendement moindre que le gaz et les générateurs de chaleur au mazout ont un rendement inférieur à 90 %.

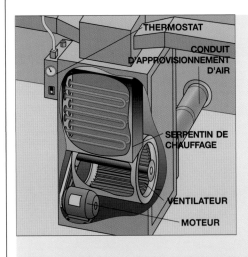

THERMOSTAT
CONDUIT D'APPROVISIONNEMENT D'AIR
SERPENTIN DE CHAUFFAGE
VENTILATEUR
MOTEUR

Générateurs de chaleur électriques

Les générateurs de chaleur électriques peuvent chauffer de l'air ou de l'eau par l'intermédiaire d'un serpentin industriel de chauffage dans lequel passe le courant. Des éléments de chauffage électrique sont aussi présents dans les pompes à chaleur qui sont utilisées aussi bien en chauffage qu'en climatisation. L'électricité peut faire fonctionner des installations centrales et est aussi utilisée pour chauffer des convecteurs-plinthes individuels. Les générateurs de chaleur électriques ne demandent presque pas d'entretien parce qu'ils génèrent de la chaleur sans combustion. Leur rendement est de 100 % à la maison mais non à la centrale, là où l'électricité est générée.

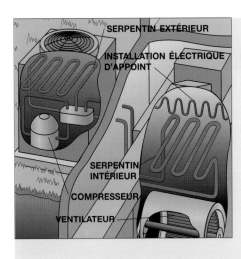

SERPENTIN EXTÉRIEUR
INSTALLATION ÉLECTRIQUE D'APPOINT
SERPENTIN INTÉRIEUR
COMPRESSEUR
VENTILATEUR

Pompes à chaleur

En été, les pompes à chaleur se transforment en climatiseur. En hiver, le système s'inverse, puise l'énergie thermique dans l'air (ou dans le sol dans le cas des thermopompes puisant l'énergie dans le sol) pour chauffer l'air de la maison. Lorsque la température à l'extérieur chute à environ 1,6 °C (35 °F), un serpentin électrique prend la relève mais le système perd alors une partie de son rendement à la pointe du brûleur. Ces appareils sont plus rentables dans les régions où la demande en chauffage équivaut plus ou moins à la demande en climatisation.

Chauffage

Extension du système

Installer un appareil de chauffage ou un réseau complet de conduits ou de tuyaux pour un système CVC n'est pas un projet pour bricoleurs – c'est un travail qui doit être exécuté par un entrepreneur professionnel. Mais lorsque vous voulez agrandir votre espace d'habitation, que ce soit par le parachèvement d'un grenier ou d'un garage, la conversion d'une véranda en pièce habitable ou l'ajout d'une pièce, il vous faut chauffer les nouvelles pièces. Vous avez alors le choix entre étendre le système existant aux nouveaux espaces, ou installer des radiateurs à composants électroniques ou des radiateurs individuels portatifs. (Pour en savoir davantage sur les radiateurs individuels, voir les pages 320 à 321.)

Systèmes à air chaud

Pour une installation à plénum prolongé, une nouvelle série de conduits peut être installée à partir du plénum ou d'un conduit principal. Pratiquez une ouverture circulaire dans le plénum ou le conduit principal à l'aide de cisailles ; l'ouverture doit s'ajuster parfaitement au raccord qui lui est destiné, lequel sera droit (si le conduit est branché latéralement) ou orienté verticalement (si le conduit est branché à la verticale sur un conduit principal).

Les conduits métalliques ronds sont ensuite aboutés par pression ou à l'aide d'un marteau (selon le type de conduit) et fixés au système. Il existe des raccords en T ou en Y pour brancher des dérivations ; pour les angles, utilisez des pièces à 45° et 90° ou des sections de conduits flexibles. Chaque nouveau circuit doit aussi avoir un registre de réglage qui permet de couper la chaleur dans ce circuit et d'équilibrer le système au besoin. Le dernier assemblage du circuit doit être fixé à l'aide d'un collet de serrage de type « drawband » – un collier métallique serré par des boulons (comme un serre-joint à sangle).

Utilisez des courroies métalliques flexibles appelées collier de suspension pour fixer les nouveaux conduits aux solives de plafond du sous-sol. Vous pouvez facilement chauffer le rez-de-chaussée en installant des bouches de soufflage dans les trous que vous aurez préalablement percés dans le plancher, auxquelles vous relierez les conduits à l'aide de raccords de transition. Pour amener la chaleur au premier étage, vous devrez faire monter les conduits le long des murs ou les faire passer dans les placards et les recouvrir ensuite de plaques de plâtre vissées sur des poteaux.

Systèmes à eau chaude

Les tuyaux des systèmes à eau chaude forment un circuit qui fait le tour de la maison. Comme il n'est généralement pas nécessaire d'ajouter de nouveaux tuyaux pour installer un nouveau radiateur-convecteur, vous pourrez plutôt exploiter le circuit existant. La plupart des systèmes présentent un surplus de capacité permettant le branchement d'un ou de deux radiateurs supplémentaires.

Trois schémas de montage sont communément utilisés pour les systèmes à eau chaude. Un système à boucles en série où les radiateurs-convecteurs font partie du circuit ; l'eau chaude entre dans chaque appareil par un tuyau d'alimentation et en sort par un tuyau de retour, puis est acheminée au prochain radiateur de la boucle. Les systèmes à tuyau unique ont des conduits d'alimentation et de retour qui alimentent chaque radiateur-convecteur depuis une boucle principale d'alimentation. Les systèmes à deux tuyaux ont des circuits entièrement indépendants pour l'alimentation et le retour. Vous devez savoir quel type de système vous avez avant de commencer à couper des conduits. La canalisation principale longe peut-être les murs du sous-sol ou une poutre centrale. Les étapes à suivre pour ajouter un radiateur-convecteur à eau chaude sont décrites ci-contre. (Pour savoir comment couper ou souder les tuyaux de cuivre ou de fonte, voir « Plomberie » pages 284 à 287.)

Générateurs de chaleur électrique

Il n'est peut-être pas utile d'étendre le système de chauffage de la maison à un garage ou à un grenier rendus habitables. Dans ce cas, d'autres options s'offrent à vous, par exemple l'installation d'un poêle à bois, d'un radiateur individuel ou d'un radiateur-convecteur électrique. Bien que les radiateurs électriques ne soient pas aussi efficaces que les installations à gaz ou à mazout, une plinthe chauffante pour une pièce est toujours beaucoup moins chère et plus facile à installer que de prolonger des conduits ou des tuyaux. Les convecteurs-plinthes sont fixés au bas des murs comme les convecteurs à eau chaude ; les convecteurs encastrés sont installés à travers le mur extérieur.

Convecteurs-plinthes

MATÉRIEL : ▶ tournevis • perceuse-visseuse • pince ▶ convecteur-plinthe • tuyaux et raccords

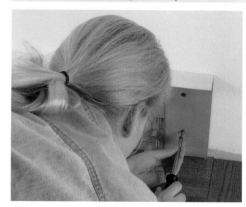

1 *Placez la nouvelle plinthe chauffante* au-dessus d'un tuyau d'alimentation sous le plancher. Commencez par poser l'écran réflecteur sur le mur.

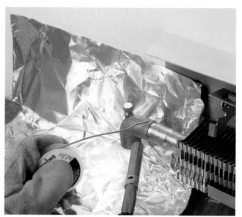

5 *Après avoir percé un trou* pour le tuyau de retour à l'autre extrémité du convecteur-plinthe, soudez le robinet de purge. Protégez le mur de la flamme.

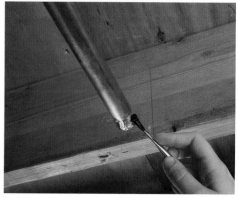

9 *Pour que la soudure masque bien le joint* et pour éviter les fuites, si infimes soient-elles, enduisez les pièces à souder de fondant Flux.

- chalumeau au gaz propane • coupe-tuyau ou scie à métaux • gants de travail
- robinet de purge • fil de soudure • flux • restes de plaques de plâtre et de feuille d'aluminium de type X

2 *Placez l'élément du convecteur* sur ses supports fixés à l'écran réflecteur. Faites attention de ne pas tordre les ailettes qui dispersent la chaleur.

3 *Fixez temporairement la valve d'arrêt* à l'extrémité du tuyau du convecteur et faites une marque sur le plancher là où le tuyau d'alimentation passera.

4 *Enlevez la valve* et percez un trou dans le plancher. Le trou et la valve seront cachés par le cache-valve à l'extrémité du convecteur.

6 *Évaluez ce dont vous avez besoin* en tuyaux et raccords pour aller des valves du convecteur au tuyau d'alimentation d'eau chaude sous le plancher, et assemblez-les.

7 *Fermez l'eau* et, à l'aide d'un coupe-tuyau, enlevez une section du tuyau d'alimentation pour la remplacer par un raccord en T.

8 *À l'aide d'une brosse métallique* ou d'un bout de papier abrasif, poncez les extrémités à accoupler du vieux tuyau et du nouveau raccord (à l'intérieur comme à l'extérieur).

10 *Protégez bien le bois* de la flamme tout autour. Une pince tient en place ce morceau de plaque de plâtre ininflammable recouvert d'une feuille d'aluminium.

11 *Une fois les joints du tuyaux soudés,* posez le volet de régulation de chaleur réglable et la plaque frontale du convecteur en les faisant glisser.

12 *Enfin,* garnissez les extrémités de l'appareil d'embouts. Une petite porte se soulève à l'avant pour donner accès à la valve d'arrêt.

Chauffage

Vérification des filtres et du conduit de fumée

Vous vous souviendrez probablement qu'il faut remplacer le gros filtre à air dans un système à air chaud pulsé. Si vous ne le faites pas, tôt ou tard vous remarquerez une diminution du débit d'air, obstrué par une épaisse couche de poussières. Mais il pourrait y avoir plusieurs autres contaminants à enlever. Avant de vous y mettre ou de travailler à l'entretien de tout appareil électrique, assurez-vous qu'il est fermé, que le courant a été coupé. Rappelez-vous qu'un générateur de chaleur qui donne l'impression d'être fermé peut subitement être mis en marche par un thermostat.

Dans les appareils de chauffage au mazout, il y a un autre filtre qu'il faut remplacer. Comme dans une automobile, le tuyau d'alimentation en mazout du générateur de chaleur est muni d'un filtre conçu pour retenir les dépôts et autres impuretés qui peuvent obstruer le gicleur. Il est très utile si le générateur se met en marche tout de suite après une livraison de mazout qui remue les dépôts au fond du réservoir.

Un filtre à mazout ressemble généralement à une petite boîte fixée au tuyau d'alimentation. Son corps se dévisse pour donner accès à la cartouche filtrante remplaçable. Parce que les renversements de mazout ont une odeur désagréable et sont difficiles à nettoyer, placez un récipient sous le filtre et portez des gants en caoutchouc lorsque vous le remplacez.

Certains générateurs d'air chaud peuvent comporter un filtre sur la grille de retour d'air – la grande grille murale et centrale dont la fonction consiste à retourner l'air frais au générateur pour qu'il soit chauffé de nouveau. Si le système est muni d'un filtre à air électronique, il est très possible qu'il comporte deux points de filtrage : une grille munie d'un grillage métallique pour retenir les grosses particu-

les de débris en suspension et des capteurs de poussières par électrostatisme. La plupart du temps ils sont amovibles ; vous pouvez les retirer et les mettre au lave-vaisselle.

En plus de l'entretien saisonnier de votre générateur de chaleur, généralement effectué par un entrepreneur, il est payant de vérifier le conduit d'évacuation. Mis à part les générateurs de chaleur électriques qui ne produisent pas de chaleur par combustion et n'ont donc pas besoin de cheminée, les autres systèmes exigent tous une voie de sortie propre et parfaitement étanche. Même une légère fuite en provenance du tuyau à fumée peut libérer du monoxyde de carbone dans la maison, lequel peut s'avérer mortel.

Dans de nombreuses maisons, un tuyau d'échappement en métal fixé à l'appareil de chauffage mène à une cheminée de maçonnerie. On ferait bien de le chemiser et de le séparer des autres tubes de fumée, comme le conduit de fumée de la cheminée, même lorsque les deux tuyaux partagent la même cheminée. Dans les vieilles maisons dont les cheminées de brique se sont détériorées par exposition aux intempéries d'un côté et aux gaz d'échappement de l'autre, il est possible d'en refaire le chemisage plutôt que d'en construire une neuve. Les entrepreneurs spécialisés offrent deux techniques de chemisage. L'une consiste à introduire un tube vibrant dans la cheminée, à verser un mélange de ciment réfractaire autour et à retirer progressivement la forme qui vibre pour compacter le mélange. L'autre compte sur une forme gonflable qu'on dépose au centre de la vieille cheminée autour de laquelle on verse un mélange de ciment réfractaire. Le mélange s'infiltre dans les fissures et les lézardes, scelle et solidifie les parois de la cheminée. Lorsqu'on retire la forme, elle laisse une cheminée nouvellement moulée.

Chemisage de cheminée

CHEMISAGE EN CIMENT

- BRIQUE
- FORME
- MÉLANGE DE CIMENT
- CONDUIT DE CHEMINÉE

CHEMISAGE EN ACIER

- CONDUIT DE CHEMINÉE
- BRIQUE
- VIDE
- TUBE DE CHEMISAGE EN ACIER

Un entrepreneur peut refaire le chemisage d'une cheminée endommagée en versant du ciment autour d'une forme extractible ou en se servant d'un tuyau flexible.

Entretien du générateur de chaleur

Si vous êtes sur le point de remettre en marche un générateur de chaleur et qu'il a besoin d'entretien, commencez la saison froide du bon pied et payez un spécialiste pour le nettoyer et le mettre au point. Il est sage de vérifier les vieilles installations annuellement pour s'assurer surtout que les appareils à combustion (au gaz ou au mazout) disposent d'une bonne circulation d'air pour évacuer les gaz potentiellement mortels en toute sécurité. Vérifiez qu'il ne s'y trouve pas de nids, de brindilles de feuilles, de cendres ou de particules de suie – tout ce qui pourrait empêcher l'évacuation des gaz. Si vous ne pouvez accéder au toit pour regarder à l'intérieur de la cheminée et ne voulez pas démonter le tuyau d'évacuation, embauchez quelqu'un pour le faire.

MATÉRIEL : ▶ tournevis • aspirateur • seau ou arrosoir ▶ filtre à poussières de remplacement • huile de graissage

1 Les générateurs de chaleur ont des grilles d'admission d'air faciles à retirer. Commencez par coupez l'alimentation électrique et suivez les instructions du fabricant.

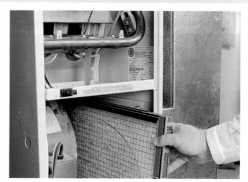

2 Le travail le plus important, et l'un des plus simples, consiste à remplacer le filtre à poussières. Vous devrez peut-être le faire plusieurs fois par année.

Amélioration du rendement

La plupart des systèmes à eau chaude présentent un voyant liquide qui vous permettent de vérifier s'il y a suffisamment d'eau dans la chaudière.

Améliorez le rendement du débit d'air chaud ou frais en isolant les conduits. Utilisez des attaches à clou pour les gros plénums.

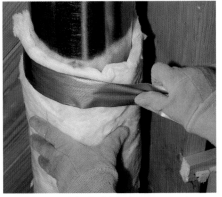

Là où les conduits individuels passent près du support de revêtement de sol ou de la charpente, vous pouvez les envelopper d'isolant en matelas et mettre du ruban adhésif sur les joints.

Maximisez la chaleur des radiateurs et des convecteurs en les purgeant de l'air qu'ils contiennent. Ouvrez le robinet de purge jusqu'à l'arrivée de l'eau.

Dans les systèmes à tuyau unique, empêchez l'eau froide (ou la condensation de vapeur) d'obstruer l'entrée d'eau en soulevant l'autre bout du radiateur.

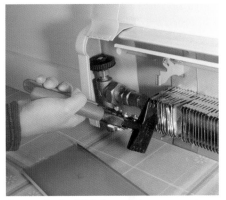

Augmentez le débit des radiateurs-convecteurs en écartant et redressant les ailettes tordues à l'aide d'une pince ou d'un redresseur d'ailettes.

- désinfectant

3 **Utilisez la petite brosse** de l'aspirateur pour nettoyer le ventilateur de l'appareil de chauffage. Retirer le ventilateur peut simplifier la tâche.

4 **Pour qu'il fonctionne** en douceur et en silence, lubrifiez le moteur du ventilateur (trois gouttes d'huile généralement) selon les instructions du fabricant.

5 **Sur les générateurs de chaleur modernes** à haut rendement qui produisent de la condensation, nettoyez le drain de vidange avec une solution désinfectante.

Chauffage

Chauffage d'appoint

Dans de nombreuses maisons, il y a des moments et des endroits où le système de chauffage principal aurait besoin d'un regain d'énergie. Des pièces où il serait bon, sinon nécessaire, de maintenir une quantité de chaleur supplémentaire – par exemple, dans la chambre la plus éloignée du générateur de chaleur vers laquelle les longs conduits transportent suffisamment de chaleur la plupart du temps, sauf en période de grands froids. Par ailleurs, si vous passez de longs moments dans une pièce, il est sans doute plus efficace d'y ajouter un appareil de chauffage que d'augmenter la capacité du système central.

Un radiateur bain d'huile ou à eau portatif de type plinthe est préférable à un poêle à pétrole qui brûle du mazout sans évacuer les gaz de combustion à l'extérieur. À cause des risques d'intoxication (dus aux gaz non évacués) et d'incendie qu'ils représentent, de nombreuses municipalités ont interdit les poêles à pétrole.

Les deux appareils, à bain d'huile et à eau, génèrent une chaleur uniforme – semblable à celle des radiateurs-convecteurs standard dans une maison munie de radiateurs-plinthes à eau chaude. Si vous désirez réchauffer rapidement une pièce cependant, le meilleur appareil sera un générateur de chaleur à résistances électriques muni d'un ventilateur parce qu'il travaille davantage comme une installation à air chaud pulsé et peut élever la température de la pièce beaucoup plus rapidement qu'une installation à eau chaude. C'est la raison pour laquelle nous le retrouvons souvent dans le plafond des salles de bains, là où vous avez besoin d'un souffle de chaleur rapide pour ne pas frissonner au sortir de la douche.

Poser une plinthe chauffante en retrait

MATÉRIEL : ► perceuse • scie à guichet • couteau universel • ruban de tirage • tournevis ► plinthe chauffante

1 *Le retrait au bas du comptoir de cuisine* peut recevoir un appareil de chauffage d'appoint. Percez un trou aux quatre coins et sciez la planche à la main.

2 *Pratiquez une ouverture* dans la plaque de plâtre pour la prise de courant du radiateur et procédez au câblage en respectant le code de l'électricité local.

Radiateurs au gaz

Les radiateurs indépendants au gaz sont plus chers à l'achat que les modèles électriques, mais ils vous feront épargner des sous à long terme parce qu'ils génèrent de la chaleur à meilleur marché, en utilisant le gaz naturel ou le gaz de pétrole liquéfié. Les appareils sans tuyau sont dangereux et souvent illégaux. Les radiateurs au gaz à ventilation directe n'ont pas besoin de tuyau d'évacuation et utilisent des canaux séparés à l'intérieur d'un tuyau unique pour extraire l'air frais et évacuer les gaz de combustion.

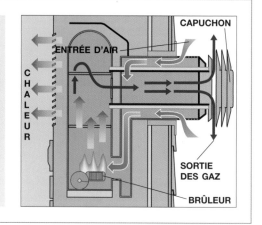

Poser un aérotherme mural

MATÉRIEL : ► détecteur de poteaux • scie à plaque de plâtre ou scie sauteuse • ruban de tirage • dénudeur de câble • outil à usages multiples • tournevis ► aérotherme

1 *Choisissez un emplacement central* où vous pouvez facilement faire passer un fil d'alimentation et pratiquez une ouverture dans la plaque de plâtre.

2 *Faites passer votre fil d'alimentation* entre les poteaux et prévoyez une certaine longueur pour la connexion au radiateur. Vérifiez votre Code de l'électricité local et suivez les instructions du fabricant.

3 *Dénudez les fils,* tirez-les à l'intérieur de la boîte de fixation et serrez-les à l'aide d'un serre-fils.

de retrait • interrupteur • fil électrique (par code) • serre-fils

3 *Sortez le câble d'alimentation* de dessous le comptoir. Prévoyez environ 2 pi supplémentaires pour pouvoir enlever et nettoyer le radiateur.

4 *Connectez les fils du câble* aux fils du radiateur sans oublier le serre-fil en conformité avec le Code de l'électricité.

5 *Une fois le câblage du radiateur* et de l'interrupteur complété, fixez solidement en place le radiateur à l'aide de vis.

Radiateurs indépendants

Les plinthes chauffantes électriques portatives fonctionnent beaucoup comme les convecteurs-plinthes. La plupart sont munies d'un ventilateur et d'un thermostat.

Les radiateurs céramique sont efficaces pour chauffer de petites pièces. Ils se ferment automatiquement si on les renverse ou s'ils commencent à surchauffer.

Les radiateurs électriques sur roulettes chauffent un fluide au moyen de l'électricité et fournissent une chaleur uniforme.

mural et boîte de fixation • câble (par code) • serre-fils • connecteurs • vis autotaraudeuses

4 *Dissimulez le câble* dans le mur et vissez la boîte de fixation à un poteau adjacent à l'aide de vis.

5 *Effectuez les dernières connexions* au moyen de connecteurs, fixez le fil de mise à la terre et vissez le radiateur à sa boîte de fixation.

6 *Une fois l'installation électrique complétée* et le fil de mise à la terre connecté, il ne vous reste plus qu'à poser le cache-fils.

Chauffage

Chauffage au bois

Des millions de ménages utilisent le bois comme principale source de chaleur, la plupart au moyen de poêles à bois étanches à l'air. Il faut quatre à cinq cordes de bois par année pour chauffer une maison (une corde de bois mesure 4 pi x 4 pi x 8 pi). À des prix frisant les 150 $ la corde livrée, même un poêle moderne homologué par l'EPA avec chambre secondaire et catalyseur de postcombustion ne peut offrir d'économie d'énergie comparable à celle du mazout ou du gaz, et même de l'électricité, considérée comme une source d'énergie plus chère. (Bien sûr, si vous coupez, fendez et transportez tout ce bois vous-même, vous augmenterez votre rendement calorifique, à cause de l'exercice.) Le bois coupé en hiver (parce que sec) fournit plus de chaleur que le bois vert (plein d'humidité), tandis que le bois dur en produit davantage que le bois mou (voir le tableau ci-contre).

D'autres consommateurs, encore plus nombreux, font des feux de foyer qui sont certes agréables à regarder mais s'avèrent encore moins efficaces que les poêles à bois, car non seulement perdent-ils la plus grande partie de leur chaleur par la cheminée, mais ils chassent aussi l'air chaud de la maison à l'extérieur et aspirent l'air froid à l'intérieur. Un poêle encastrable peut améliorer grandement l'efficacité des foyers.

On peut aussi se procurer des poêles à granulés, un combustible constitué de sous-produits du bois comme la sciure. Dans les régions où la houille anthraciteuse est bon marché, quelques personnes chauffent toujours au poêle à charbon dont le rendement est légèrement supérieur à celui du poêle à bois, sans compter qu'il est plus propre et brûle plus longtemps.

Poêles

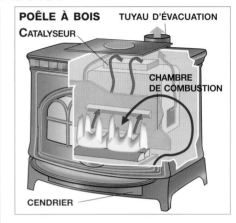

POÊLE À BOIS — TUYAU D'ÉVACUATION
CATALYSEUR
CHAMBRE DE COMBUSTION
CENDRIER

Foyers au gaz

Il existe des foyers au gaz qui s'adaptent aux cheminées classiques, aux îlots ou qui peuvent même s'adosser à un mur, sans cheminée. Certains ressemblent à des poêles à bois avec des bûches au gaz à l'intérieur. À la différence des foyers ouverts, les appareils au gaz génèrent une quantité de chaleur prévisible, entre 20 000 et 40 000 BTU/heure. Un appareil de grande dimension muni d'un ventilateur pour augmenter la circulation de l'air peut servir de chauffage d'appoint à une maison de 2000 pi².

Les foyers au gaz modernes ont l'air de vrais foyers (du moins de loin), et s'allument ou s'éteignent en pressant une touche de la commande à distance.

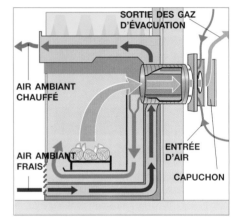

SORTIE DES GAZ D'ÉVACUATION
AIR AMBIANT CHAUFFÉ
AIR AMBIANT FRAIS
ENTRÉE D'AIR
CAPUCHON

Conduits de cheminée en métal

Il y a un boisseau d'argile à l'intérieur d'une cheminée de maçonnerie de type standard. Ce système à double paroi fournit une bonne protection et sépare les gaz de combustion et les étincelles de la matière combustible qui s'accumule autour de la partie de la cheminée à l'intérieur de la maison. Vous pouvez parfois utiliser un tuyau à triple paroi interconnectée pour épargner ce que représente, en temps et en argent, la construction d'une cheminée de maçonnerie. Ce type de conduits de cheminée est standard avec les foyers préfabriqués et peut être encastré avec un cadre en bois. Vous aurez besoin de plusieurs composants en plus des sections de tuyau, dont une bague de raccord au niveau de la chambre à combustion et des coupe-feu partout où le tuyau traverse la charpente, par exemple au niveau du plancher du grenier et des chevrons. Les coupe-feu au niveau du toit présentent un support qui monte sur le platelage et un collier réglable qui vous permet d'ajuster le système selon la pente. La plupart des tuyaux sont recouverts d'un capuchon qui stoppe les étincelles et empêche les animaux d'entrer.

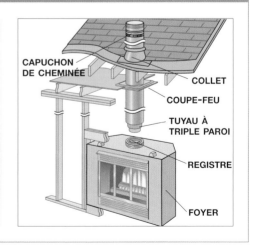

CAPUCHON DE CHEMINÉE
COLLET
COUPE-FEU
TUYAU À TRIPLE PAROI
REGISTRE
FOYER

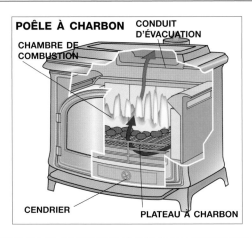

POÊLE À CHARBON
- CONDUIT D'ÉVACUATION
- CHAMBRE DE COMBUSTION
- CENDRIER
- PLATEAU À CHARBON

INSERT
- CONDUIT D'ÉVACUATION
- AIR CHAUD
- CHAMBRE DE COMBUSTION
- ENTRÉE D'AIR
- CIRCULATION D'AIR

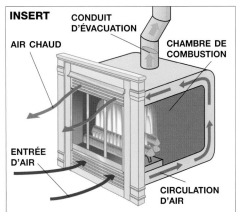

Bois de chauffage

Essences	BTU/corde
Caryer	26 millions
Chêne blanc	23 millions
Érable à sucre	21 millions
Chêne rouge	21 millions
Épinette/pruche	15 millions
Pin souple	14 millions
Peuplier faux-tremble	13 millions

Installation d'un foyer de maçonnerie

MATÉRIEL : ▶ truelles • niveau de 4 pi • gants de travail ▶ pièces du foyer (gorge, chambre à fumée • registre • entrée d'air) • blocs de béton • brique réfractaire • mortier • chemise • mitron

1 *Ce foyer de maçonnerie peu profond* mais efficace, appelé Rumford, exige un certain travail traditionnel à la main et la pose de pièces préformées.

2 *Une fois l'ouverture préparée,* une équipe de travailleurs dépose le foyer de briques réfractaires à l'intérieur de la cheminée de blocs de béton.

3 *Une gorge d'une seule pièce* est déposée sur le foyer. Une grille d'admission d'air, offerte en option, se trouve parfois à l'arrière du foyer.

4 *Une chambre à fumée* en deux parties est installée sur le registre dont trop de mortier ne doit pas gêner le fonctionnement.

5 *Une équipe de travailleurs* termine le foyer en quatre heures environ. Elle poursuit en montant le mur de blocs et la cheminée intérieure.

6 *En voie de terminer le travail* en une journée (sans le stuc et les boiseries), l'équipe construit la cheminée autour de la chemise d'argile.

Chauffage

Humidité et qualité de l'air

Une multitude d'humidificateurs portatifs ou centraux sont offerts pour humidifier l'air sec de l'hiver et créer un environnement intérieur sain pour vous et votre maison. Voici un aperçu de certaines des possibilités.

Humidificateurs portatifs et centraux

Les humidificateurs se présentent sous forme d'appareils portatifs ou de meubles. Ils sont utiles si une pièce est particulièrement sèche ou si votre système de chauffage n'est pas doté d'un dispositif de distribution d'air, comme c'est le cas pour les plinthes chauffantes électriques qui ne sont guère compatibles avec l'installation d'un humidificateur central. L'inconvénient est que vous devez constamment remettre de l'eau dans le réservoir du meuble. Leur entretien est aussi beaucoup plus fréquent que celui des humidificateurs centraux.

Les humidificateurs centraux sont fixés au système de chauffage de la maison, d'ordinaire au niveau du plénum, là où l'air chaud est distribué aux conduits. L'avantage est que l'appareil fait partie du système. En contrepartie, un appareil qui se réapprovisionne en eau automatiquement peut devenir un terrain propice aux polluants qui enviahiront la surface habitable. Pour réduire l'importance de ce problème, il faut effectuer un entretien saisonnier et traiter l'eau.

Types d'appareils

Si vous projetez d'acheter un humidificateur, souvenez-vous que deux des quatre principaux modèles sont plus susceptibles de disséminer des micro-organismes à cause de leur design. Les humidificateurs à ultrasons, qui utilisent les ondes sonores à haute fréquence pour créer une brume de vapeur froide, et les humidificateurs centrifuges, qui créent un brouillard par l'intermédiaire d'un disque rotatif à haute vitesse sont ceux qui disséminent le plus de micro-organismes et de minéraux.

La respiration d'air humidifié au moyen de brumes contenant des acariens détriticoles, des moisissures, des bactéries et d'autres polluants microscopiques peut causer des problèmes respiratoires ou des réactions allergiques.

Les deux autres types d'humidificateurs disséminent généralement peu de polluants. Les appareils à évaporation puisent l'eau dans un bac au moyen d'une courroie et d'un matériau éponge ou capillaire exposé à l'écoulement d'air du générateur de chaleur. Les humidificateurs à brouillard chaud ou à vaporisation de vapeur peuvent éliminer complètement les problèmes de pollution. Un élément chauffant fait bouillir l'eau avant qu'elle ne soit dispersée en brouillard dans l'écoulement d'air, ce qui distille les minéraux et tue les bactéries et les moisissures.

Types d'humidificateurs

Votre générateur de chaleur réchauffe l'air de la maison et l'assèche aussi. Les systèmes à air chaud pulsé, en particulier, peuvent réduire l'humidité à l'intérieur de la maison au point où les résidants en seront affectés. Les humidificateurs portatifs peuvent certes humidifier l'air de la maison, mais les appareils les plus économiques sont ceux qui se branchent au générateur de chaleur. Ils sont munis d'un régulateur d'humidité, appelé humidistat, et envoient de l'humidité directement dans l'écoulement d'air chaud.

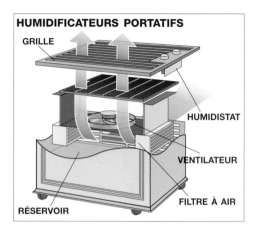

HUMIDIFICATEURS PORTATIFS

GRILLE

HUMIDISTAT

VENTILATEUR

FILTRE À AIR

RÉSERVOIR

Installer un humidificateur

MATÉRIEL : ▶ niveau • ruban adhésif • marqueur • cisailles • tournevis • clé à molette • pince à long bec • collier

1 *Pour une installation normale,* placez un gabarit en papier pour l'humidificateur sur le plénum de reprise d'air au-dessus du générateur d'air chaud.

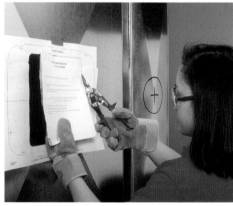

2 *Après avoir marqué l'emplacement* du conduit de l'humidificateur sur le plénum, coupez le gabarit et la tôle derrière avec des cisailles.

6 *En général,* les humidificateurs sont munis d'une vanne électromagnétique qui contrôle le débit d'eau. Ce petit tuyau va de la vanne au bac de distribution.

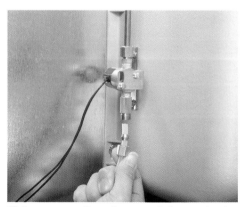

7 *Pour amener l'eau du tuyau d'alimentation* à l'appareil, la plupart des humidificateurs sont équipés soit d'un tuyau flexible en cuivre, soit d'un tube en plastique.

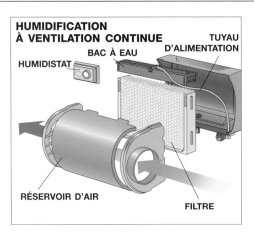

**HUMIDIFICATION
À VENTILATION CONTINUE**

HUMIDISTAT
BAC À EAU
TUYAU D'ALIMENTATION
RÉSERVOIR D'AIR
FILTRE

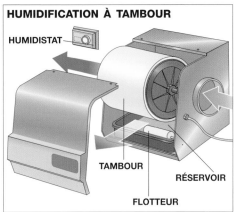

HUMIDIFICATION À TAMBOUR

HUMIDISTAT
TAMBOUR
RÉSERVOIR
FLOTTEUR

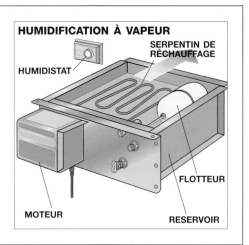

HUMIDIFICATION À VAPEUR

HUMIDISTAT
SERPENTIN DE RÉCHAUFFAGE
FLOTTEUR
MOTEUR
RESERVOIR

de serrage • gants de travail ▶ humidificateur • humidistat • conduits (flexibles ou en métal) • raccord • vanne à étrier

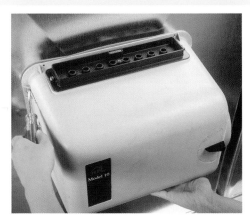

3 *Il est important de mettre l'humidificateur de niveau* pour que l'eau soit distribuée également. Ce modèle est équipé d'un petit niveau à bulle à même le bac à eau.

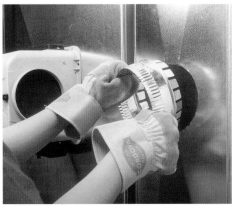

4 *Pratiquez une ouverture* dans le plénum pour le conduit d'alimentation de l'humidificateur. Ce kit est offert avec un raccord.

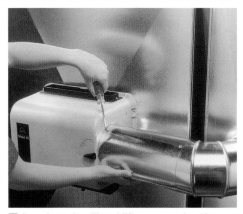

5 *Pour brancher l'humidificateur sur le plénum,* utilisez un tuyau flexible ou un tuyau de métal standard et un coude.

8 *Posez une vanne à étrier* (si le Code le permet) sur le tuyau d'alimentation. Fixez-la en place et tournez le levier de serrage pour percer le tuyau.

9 *Les humidificateurs centraux* sont générale- ment munis d'un récipient collecteur ou d'un tuyau de trop-plein comme celui-ci.

10 *Posez l'humidistat,* qui vous permettra de régu- ler l'humidité à l'intérieur, sur le plénum ou près du thermostat existant.

Climatisation

17

Climatisation

Choix d'un système

Si vous songez à acheter un climatiseur d'ici l'été prochain, c'est avant que la température ne devienne trop chaude ou trop humide qu'il faut le faire. En vous y prenant tôt, vous éviterez de prendre une décision à la hâte. Avant d'acheter un appareil d'air climatisé, posez quelques questions essentielles : entrera-t-il dans la fenêtre ? Rafraîchira-t-il la pièce ? Sera-t-il bruyant ?

Capacité

La capacité de refroidissement d'un appareil d'air climatisé se mesure en unités d'énergie de chaleur appelées British thermal unit (BTU). Le taux de rendement énergétique en BTU/heure d'un climatiseur indique combien d'énergie calorifique il peut extraire de l'air en une heure. Le taux de certains appareils, plus gros, se mesure en tonnes, ce qui signifie l'énergie nécessaire pour faire fondre une tonne de glace en une journée. Une tonne est égale à 12 000 BTU. Règle générale, il faut 5 000 BTU pour climatiser une pièce de 150 pi². Ajoutez 1 000 BTU pour chaque 50 pi² additionnels.

Climatisation centrale ou appareil individuel ?

La climatisation centrale est une caractéristique attrayante pour le marché de la revente, mais elle est coûteuse et difficile à installer. Un entrepreneur pourra installer appareils et conduits dans un grenier inhabité ou utiliser les conduits d'une installation à air pulsé, mais dans une maison de deux étages, vous devrez peut-être sacrifier une armoire ou un placard pour les conduits du rez-de-chaussée. Dans la plupart des maisons, un ou deux appareils mobiles ou fixes peuvent offrir un certain confort dans les pièces importantes et générer assez d'air frais et sec pour faire baisser la chaleur et le taux d'humidité des pièces adjacentes.

Types d'appareils

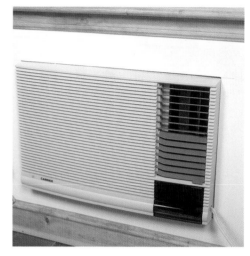

Climatisation centrale

La climatisation centrale est constituée d'un module extérieur, comprenant un compresseur, un condenseur et un ventilateur, et d'un évaporateur installé à l'intérieur dans le conduit d'alimentation d'un générateur d'air chaud. La chaleur intérieure est recueillie et acheminée par un fluide réfrigérant vers le condenseur à l'extérieur par l'intermédiaire des conduits. La climatisation centrale coûte chère à installer si votre maison manque de conduits de chauffage mais pourrait toujours s'avérer moins onéreuse (et plus silencieuse) qu'une série d'appareils individuels. Les canalisations haute pression modernes peuvent s'accommoder de tuyaux de petit diamètre faciles à installer dans les espaces existants.

Climatiseurs fixes

Les appareils individuels peuvent être installés dans un mur pour éviter qu'ils ne bouchent la vue dans une fenêtre ou d'avoir à les enlever l'hiver venu. À l'instar des appareils type fenêtre, ils sont dotés de deux serpentins en cuivre munis d'ailettes en aluminium, l'un orienté vers l'intérieur, l'autre vers l'extérieur. Ces appareils fonctionnent comme un système central, mais tous les composants sont réunis en un seul bloc. La plupart des climatiseurs mobiles peuvent être branchés sur une prise 120 volts, mais certains réclament 240 volts. Vous devez vous assurer que l'appareil ne surchargera pas le circuit.

Schéma de système

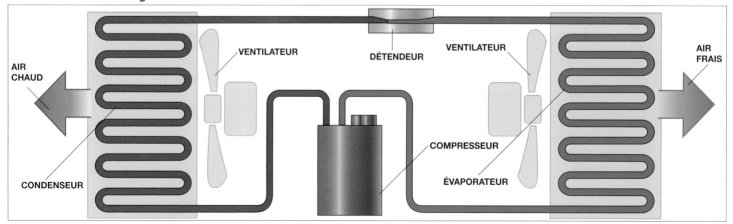

AIR CHAUD — VENTILATEUR — DÉTENDEUR — VENTILATEUR — AIR FRAIS — COMPRESSEUR — ÉVAPORATEUR — CONDENSEUR

Appareils type fenêtre

Si vous devez climatiser une pièce ou un espace en période estivale, la solution la plus simple est d'installer un appareil type fenêtre. Vous n'aurez pas besoin de pratiquer une ouverture dans un mur ou d'installer un réseau de conduits, et il ne vous faudra pas plus d'une heure pour l'installer une fois sorti de la boîte. Le meilleur endroit est une fenêtre à guillotine avec une prise de courant à proximité. Le climatiseur est déposé sur le rebord de la fenêtre, légèrement en pente descendante pour permettre un drainage adéquat de la condensation, et maintenu en place par des fixations. Des cloisons se tirent de chaque côté du climatiseur pour combler l'ouverture.

Pompes à chaleur

Les thermopompes peuvent chauffer ou rafraîchir votre demeure. Le module extérieur est composé d'un condenseur et d'un compresseur, le module intérieur d'un serpentin et d'un ventilateur. (Il existe aussi des appareils monobloc qu'on installe dans un mur.) Par temps chaud, les pompes à chaleur fonctionnent comme un climatiseur classique. Par temps froid, le cycle frigorifique du réfrigérant est inversé pour générer un gain de chaleur à l'intérieur de la maison. Mais à mesure que la température chute à l'extérieur, elles perdent de leur efficacité et un radiateur électrique prend alors la relève. Les pompes à chaleur sont plus économiques dans les régions où les besoins en chauffage et en climatisation sont à peu près égaux.

Refroidisseurs d'eau

Les refroidisseurs d'eau sont généralement employés pour rafraîchir l'air des immeubles commerciaux ou des grandes résidences. Ils peuvent offrir de 10 à 500 tonnes de refroidissement. Les refroidisseurs d'eau modernes dotés d'échangeurs d'air et d'un moteur à haut rendement peuvent utiliser aussi peu d'énergie que 5 kilowatts par tonne de refroidissement. Le principe du refroidisseur d'eau est généralement le suivant : de l'eau traverse un évaporateur et passe dans les tubes d'un condenseur, lesquels baignent dans un fluide réfrigérant. Le réfrigérant chaud est ensuite condensé à nouveau dans une tour de refroidissement.

Efficacité

Vous pouvez comparer les climatiseurs en lisant leur étiquette ÉnerGuide. Cet autocollant indique les coûts annuels en électricité, compare l'efficacité de plusieurs appareils et donne leur taux de rendement énergétique (EER) – taux de rendement énergétique saisonnier (SEER) pour les climatiseurs centraux. Ce taux indique la capacité de refroidissement en BTU/heure par rapport au nombre de watts d'électricité nécessaires pour la produire. Moins il faut de watts par BTU, meilleur est le rendement.

SEER Taux	Recommandation
inférieur à 9,7	vieil appareil ; remplacer par modèle plus récent
9.7/10	norme minimale pour appareil monobloc/système bibloc
12	minimum recommandé
18	meilleur rendement sur le marché

EER Taux	Recommandation
Inférieur à 8	vieil appareil ; remplacer
8	norme minimale
9.2	minimum recommandé pour tous les appareils (voir ci-dessous)
10	minimum recommandé pour appareils à ailettes 6 000-19 999 BTU/h
10–11.7	meilleur rendement sur le marché

Climatisation

Choisir un appareil type fenêtre

Si vous ne jouissez pas de la climatisation centrale, il se peut que vous appréciiez ouvrir la porte du réfrigérateur l'été prochain, à moins que vous n'installiez au moins un appareil individuel dans une pièce. Et si vous ne climatisez qu'une seule pièce, choisissez la chambre à coucher. Vous vous créerez ainsi un petit havre de fraîcheur où vous pourrez vous retirer les jours de chaleur étouffante et profiter d'une bonne nuit de repos même si la plus grande partie de la maison est chaude.

Quand on parle de climatiseur individuel pour une pièce, les possibilités sont nombreuses, mais, fondamentalement, vous devrez choisir entre un appareil mobile installé dans une fenêtre et un appareil fixe installé dans un mur.

Emplacement idéal

Que ce soit pour un appareil type fenêtre ou un climatiseur fixe, cherchez un emplacement à l'abri des rayons brûlants du soleil qui peuvent chauffer les serpentins extérieurs et réduire le rendement de l'appareil. Il faut aussi qu'il y ait une prise de courant à proximité avec une capacité suffisante pour le climatiseur. Vous feriez bien de choisir un emplacement éloigné d'une entrée principale ou de la terrasse pour ne pas être ennuyé par le vrombissement de l'appareil ou les gouttes d'eau, dues à la condensation, qui en tombent. Pour un climatiseur type fenêtre, il faut encore que celle-ci s'y prête. Quant au style, les appareils qu'on installe dans le mur offrent plus de possibilités car n'importe quel emplacement ou presque leur convient.

Les climatiseurs type fenêtre peuvent être lourds – certains gros appareils pèsent plus de 100 livres – mais ils sont faciles à installer. Les fabricants fournissent des cloisons réglables, qui comblent l'ouverture entre le boîtier métallique et le dormant de la fenêtre, et des coupe-bise en mousse qui scellent le périmètre de l'appareil. Les appareils type fenêtre ont l'air lourds et bouchent une partie de la vue, mais ils sont mobiles. Vous pouvez les changer de pièce (si ce n'est pas trop lourd) ou de maison. Les climatiseurs fixes font partie de l'immeuble comme le système de chauffage, même s'ils sont branchés à une prise de courant comme les autres appareils.

Quelle capacité vous faut-il ?

Il y a trois formules dont vous pouvez vous servir pour évaluer la capacité dont vous avez besoin. De façon empirique, on pourrait dire qu'il faut acheter 12 000 BTU par 500 pi^2 de surface.

La formule désignée sous le nom de WHILE tient compte de plusieurs des caractéristiques de l'immeuble. Chacune des lettres du mot représente une caractéristique de la résidence à laquelle vous devez attribuer une valeur numérique : W représente la profondeur de la pièce en pieds ; H la hauteur de la pièce en pieds ; I correspond à l'isolation (attribuez 10 si la pièce est située sous un grenier isolé et ventilé ou sous une autre pièce climatisée, 18 pour une pièce située au dernier étage sous un grenier non isolé). L représente la longueur de la pièce en pieds. Et E est le coefficient d'exposition (attribuez 16 si le mur le plus long fait face au nord, 17 s'il fait face à l'est, 18 s'il est plein sud et 20 s'il est face à l'ouest). Multipliez les nombres entre eux et divisez par 60 pour évaluer la capacité en BTU. Voici ce que donne la formule pour une pièce de 15 pi x 20 pi dont le plafond, isolé et ventilé au-dessus, mesure 8 pi et dont le plus long mur fait face au sud.

$$W \times H \times I \times L \times E / 60 = \text{Btu nécessaire.}$$
$$15 \times 8 \times 10 \times 20 \times 18 = 432,000 / 60 = 7,200.$$

La troisième formule pour déterminer la capacité dont vous avez besoin fait partie du formulaire intitulé Cooling Load Estimate Form de l'Association of Home Appliance Manufacturers (aussi offerte sur son site Web à : aham.org/indexconsumer.htm). Bien que beaucoup plus longue et plus compliquée que les deux autres, elle est la plus précise.

Enchâssement dans une fenêtre

Si vous n'installez pas l'appareil comme il faut, vous risquez qu'il tombe au moment où vous soulèverez le châssis du bas, qu'il se brise et endommage ce qui pourrait se trouver en dessous. Posez tout le matériel de fixation fourni ; si la base du châssis vous semble molle et partiellement pourrie, utilisez une autre fenêtre ou remplacez le rebord. Si vos fenêtres sont en métal, utilisez des vis autotaraudeuses.

Installation d'un appareil type fenêtre

MATÉRIEL : ▶ crayon • ruban à mesurer • niveau

1 *Les vieux climatiseurs* (et quelques très gros appareils) reposent sur des supports extérieurs, mais les climatiseurs modernes reposent sur un support monté sur la base du châssis.

5 *Des cloisons de chaque côté* de l'appareil peuvent être tirées pour bien fermer l'ouverture. Vissez chacune des cloisons au châssis.

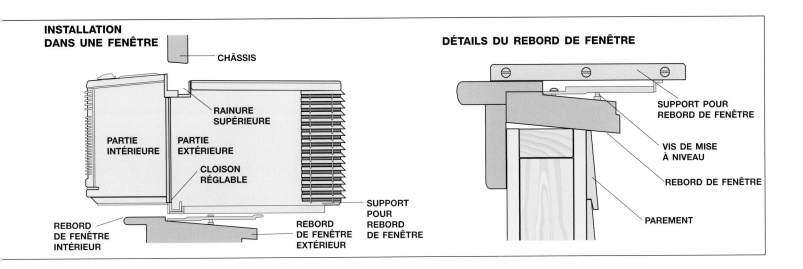

INSTALLATION DANS UNE FENÊTRE

CHÂSSIS

RAINURE SUPÉRIEURE

PARTIE INTÉRIEURE

PARTIE EXTÉRIEURE

CLOISON RÉGLABLE

REBORD DE FENÊTRE INTÉRIEUR

REBORD DE FENÊTRE EXTÉRIEUR

SUPPORT POUR REBORD DE FENÊTRE

DÉTAILS DU REBORD DE FENÊTRE

SUPPORT POUR REBORD DE FENÊTRE

VIS DE MISE À NIVEAU

REBORD DE FENÊTRE

PAREMENT

• tournevis ou perceuse-visseuse électrique • pistolet calfeutreur ▶ climatiseur type fenêtre • pâte à calfeutrer à l'épreuve de l'eau

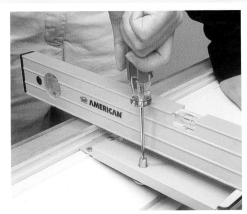

2 *Une des extrémités* de ce support est vissée au rebord de fenêtre. Pour mettre l'appareil de niveau et assurer un drainage efficace, réglez la vis centrale.

3 *Ce climatiseur monobloc* a des poignées intégrées qui facilitent sa mise en place sur le support pour le rebord de la fenêtre.

4 *En glissant l'appareil dans l'ouverture,* un mécanisme sous celui-ci le verrouille en place sur le support.

6 *Utilisez les équerres* fournies avec la plupart des appareils pour bien immobiliser les deux châssis l'un contre l'autre après que celui du bas ait été descendu sur le climatiseur.

7 *Pour sceller l'installation à l'intérieur,* utilisez une bande de mousse (fournie avec la plupart des appareils), qui scelle l'espace entre les châssis.

8 *Calfeutrez l'appareil à l'extérieur,* consultez les instructions du fabricant concernant la mise en marche et l'entretien, et branchez le climatiseur.

Climatisation

Ce qu'il faut savoir sur les climatiseurs fixes

Pour installer un climatiseur de ce type, vous devrez pratiquer une ouverture dans le mur extérieur de votre demeure, une perspective décourageante pour certains bricoleurs. Mais si vous choisissez une section exempte de tuyaux et de fils électriques, avec des connaissances élémentaires en menuiserie et quelques outils de base vous vous en tirerez très bien.

Si vous installez l'appareil dans un mur plein, vous devrez poser un linteau, c'est-à-dire une pièce de bois horizontale recevant la charge des poteaux coupés pour la redistribuer vers les côtés de l'ouverture. Dans la plupart des cas, vous pourrez éviter cette étape en installant le climatiseur sous une

fenêtre. Cet espace est déjà doté d'un pièce de bois horizontale et devrait présenter un double montant de chaque côté de la fenêtre et jusqu'au plancher. Vous devrez peut-être pratiquer une ouverture plus petite que celle de la fenêtre pour le climatiseur, ce qui est facile, mais vous n'aurez pas à vous préoccuper de supporter la charge venant du haut. L'appareil est aussi plus esthétique sous une fenêtre. Une boîte métallique qui sort d'un beau mur de clin attirera le regard. On la remarque moins sous une fenêtre, surtout si sa finition extérieure ressemble à celle de la fenêtre.

Pratiquer l'ouverture

Suivez toujours les instructions du fabricant lorsque vous pratiquez une ouverture dans un mur pour poser un climatiseur. S'il s'agit d'un mur de maçonnerie,

faites appel à un entrepreneur, à moins que vous n'ayez déjà scié de la brique, du ciment ou de la pierre.

Choisissez un emplacement plus haut que les prises de courant pour ne pas avoir à cacher des câbles. Le meilleur endroit est souvent directement sous l'appui de la fenêtre. Il est possible de passer des fils sous la fenêtre, mais généralement on les fait passer à la même hauteur que les prises de courant ou en bas. Si vous installez le climatiseur dans un mur dont les poteaux sont pleine grandeur plutôt que sous une fenêtre, vérifiez auprès de l'inspecteur des bâtiments de votre localité la dimension de la pièce de bois horizontale que vous devrez poser.

Commencez toujours à travailler du côté intérieur du mur. De cette façon, si vous découvrez des obstacles inattendus – un tuyau de gaz par exemple –,

Installation d'un appareil dans un mur

MATÉRIEL: ▶ scie alternative à lames multiples • scie à tronçonner • scie circulaire et scie sauteuse (facultatif) • scie à plaque de plâtre et scie à tronçonner (facultatif) • levier
▶ climatiseur fixe • 2 x 4 au besoin • plaque de plâtre • ciment à joints • papier sablé • pâte à calfeutrer • bois de charpente et vis à mur sec

Avant de mettre votre projet en chantier, pensez à un emplacement convenable comme le dessous d'une fenêtre où vous n'aurez pas à modifier le tracé de la tuyauterie ou des lignes de câbles. Les instructions sur l'appareil devraient indiquer quel type de charpente (le cas échéant) est requis pour supporter le climatiseur. D'autres montants peuvent être nécessaires pour maintenir le climatiseur en place. Il est également important de suivre les instructions du fabricant en ce qui concerne l'inclinaison à donner à l'appareil en vue de permettre le drainage de la condensation.

1 *Enlevez une section de plaque de plâtre* pour avoir accès à la charpente. Retirez l'isolant et déterminez l'emplacement du climatiseur.

2 *Enlevez les petits poteaux* en les sciant d'abord en deux, puis en tirant vers vous chacun des morceaux pour les désolidariser de la charpente. Retirez ou coupez les clous qui dépassent.

6 *D'ordinaire,* vous retirez le boîtier de l'appareil et l'installez dans l'ouverture.

7 *Utilisez un niveau* pour vous conformer aux spécifications du fabricant quant à l'inclinaison à donner à l'appareil en vue de permettre un drainage adéquat.

8 *Une fois le boîtier vissé à la charpente,* glissez l'appareil en position. Vous aurez besoin d'aide si le climatiseur est lourd.

vous n'aurez qu'à remplacer une section de plaque de plâtre et à repeindre le mur endommagé. C'est peut-être embêtant mais certainement moins que d'avoir à ajouter un support sur lequel clouer les panneaux de parement que vous aurez coupés. Ne pratiquez pas l'ouverture dans un mur à l'aveuglette à l'aide d'outils du genre scie alternative à lames multiples ou scie sauteuse. Mesurez et marquez minutieusement l'ouverture et coupez les morceaux de plaque de plâtre à l'aide d'un couteau universel ou à placoplâtre. Cette technique vous donnera des bords nets et vous évitera de rencontrer inopinément des tuyaux ou des étais cachés dans le mur.

Éléments de charpente

Pour construire les éléments de charpente essentiels au climatiseur, vous pouvez scier les poteaux sous la fenêtre et ajouter des pièces de bois transversales en haut et en bas de même que de nouveaux poteaux sur les côtés. Mais pour de nombreuses personnes, il sera plus facile de construire une boîte – par exemple en contreplaqué de 3/4 po d'épaisseur – selon les spécifications du fabricant et de l'utiliser ensuite pour marquer et scier les sections de poteaux à retirer. Allouez 1/2 po de plus en longueur et en profondeur pour pouvoir aplomber la boîte et la mettre de niveau dans l'ouverture. Assurez-vous que le climatiseur n'est pas incliné (même très légèrement) vers l'intérieur. Inclinez-le plutôt légèrement vers l'extérieur pour que la condensation se draine par l'arrière de l'appareil et à l'extérieur de la maison plutôt qu'à l'intérieur ou dans le mur.

Reportez le périmètre de l'ouverture sur le mur extérieur en perçant, avec précision, un petit trou à chaque coin ou en y enfonçant un clou. Puis sortez de la maison, reliez les trous par un trait et pratiquez une ouverture dans le parement et le revêtement intermédiaire en suivant le tracé à l'aide d'une scie circulaire. Pour être encore plus précis, clouez une règle droite dans le parement qui vous servira de guide de scie.

Réutilisez des morceaux du vieil isolant pour combler les espaces entre les pièces de charpente avant d'installer le climatiseur dans son châssis. Puis, avant de procéder à la finition intérieure et extérieure, scellez les petites fentes à la surface avec un produit de calfeutrage à base de silicone assez souple pour résister aux vibrations de l'appareil.

• marteau • crayon • niveau • tournevis ou perceuse-visseuse • couteau à placoplâtre • pistolet calfeutreur

3 *Pour construire le châssis,* ajoutez des éléments de charpente selon ce que suggère le fabricant, qui serviront de support à l'appareil.

4 *Une fois les éléments de charpente assemblés,* plantez un long clou dans chacun des coins pour indiquer l'emplacement de l'ouverture sur le mur extérieur.

5 *Tracez le contour de l'ouverture sur le mur extérieur,* enlevez les clous et sciez le parement et le revêtement intermédiaire à l'aide d'une scie sauteuse ou d'une scie circulaire.

9 *Une fois le climatiseur bien installé* – il devrait faire corps avec le mur fini et être bien fixé à la charpente –, posez des morceaux de plaque de plâtre autour de l'ouverture.

10 *Après avoir poncé et repeint* pour dissimuler les joints, finissez l'intérieur comme il vous convient et reposez la plinthe.

11 *Scellez le joint extérieur* à l'aide d'une pâte à calfeutrer souple.

Climatisation

Entretien de base

Les climatiseurs n'ont pas besoin d'un mise au point saisonnière complète comme la plupart des générateurs de chaleur. Un entretien de base portera cependant leur capacité frigorifique au maximum. Les appareils bien entretenus fonctionnent plus efficacement, durent plus longtemps et climatisent mieux les pièces à meilleur coût.

Si vous projetez de vous attaquer à plus qu'un simple nettoyage superficiel, alors débranchez l'appareil individuel (ou faites basculer le disjoncteur principal) et déchargez le condensateur en suivant les instructions du fabricant, car c'est un appareil permettant d'accumuler de l'énergie électrique qui peut transmettre des chocs même lorsque le climatiseur est débranché.

Entretien d'un climatiseur mobile

Pour nettoyer l'intérieur d'un appareil mobile, retirez le panneau d'accès et le filtre et, selon les instructions du fabricant, lavez ou remplacez le filtre. Nettoyez les ailettes du serpentin intérieur à l'aide d'un aspirateur ou d'une brosse souple, en prenant soin de ne pas les tordre. À l'extérieur, enlevez la grille et répétez la séquence de nettoyage du serpentin extérieur.

Même dans un appareil propre, la rencontre de l'air chaud humide et de l'air froid sec génère de l'humidité. Dans la plupart des climatiseurs individuels, cette eau s'accumule dans un bac au fond de l'appareil où elle peut stagner. Pour que l'air ambiant demeure propre, rincez le bac avec une solution contenant 50 % d'eau et 50 % d'eau de javel. Assurez-vous que le drainage s'effectue normalement lorsque vous rincerez le bac pour éviter qu'il ne déborde.

Pour éviter que le ventilateur n'aspire de l'air chaud à l'intérieur de la maison, scellez toutes les ouvertures entre l'appareil et le mur. Si les éléments de charpente autour de l'appareil sont humides, c'est que de l'air chaud s'infiltre et que vous devrez calfeutrer les joints intérieurs et extérieurs.

Entretien d'un climatiseur central

La procédure de nettoyage d'un appareil central, illustrée ci-dessous, est semblable à celle d'un climatiseur individuel, sauf que l'appareil est plus gros. Pour nettoyer le ventilateur du condenseur et lubrifier le moteur du ventilateur (les deux dans le module extérieur), vous devrez probablement enlever la grille servant de couvercle, desserrer une vis sans tête qui retient le ventilateur sur l'arbre du moteur, puis enlever le ventilateur pour avoir accès aux orifices de lubrification sur le moteur. D'ordinaire, on met deux ou trois gouttes d'huile à moteur non détergente dans chacun des orifices, mais suivez les instructions du fabricant en la matière.

Utilisez un tuyau d'arrosage pour nettoyer le condenseur à l'extérieur non sans avoir d'abord retiré l'élément protégeant le serpentin de sorte que vous puissiez arroser de l'intérieur de l'appareil. Autrement les débris mouillés se logeront dans les ailettes. Si les ailettes sont tordues les unes contre les autres, ce qui risque davantage d'arriver au serpentin extérieur loin de la maison et donc non protégé, il vaut mieux utiliser un outil spécial appelé redresseur d'ailettes pour les nettoyer et les redresser. L'une des séries de petites dents autour de la tête de l'outil pourra s'insérer entre les ailettes dans la partie non endommagée. Il suffit de tirer l'outil vers le bas pour que les dents séparent les ailettes écrasées.

Remplacer le fluide réfrigérant

Le réfrigérant des vieux réfrigérateurs, congélateurs ou climatiseurs est ordinairement un hydrochlorofluorocarbure (HCFC), destructeur d'ozone, appelé fréon. Avec le temps, la boucle fermée du réfrigérant peu révéler une fuite lente et causer prématurément le bris du compresseur. Puisqu'il est illégal de libérer des HCFC dans l'atmosphère, quand un vieil appareil a besoin de réparation, l'expert en réparation est tenu de récupérer et de recycler le réfrigérant. On remplace le réfrigérant des vieux appareils par des HCFC recyclés. La plupart des nouveaux modèles emploient des réfrigérants moins dommageables.

Les propriétaires peuvent faire l'entretien de base, mais vous devrez avoir recours à un entrepreneur pour remplacer le réfrigérant.

Nettoyage de base

MATÉRIEL : ▶ tournevis • brosse souple • redresseur d'ailettes ▶ huile lubrifiante • nouveau filtre à air

L'entretien du compresseur est généralement l'affaire de professionnels. Mais il y a plusieurs choses que vous pouvez faire pour améliorer le rendement de votre climatiseur central. Suivez bien les instructions du fabricant pour ce qui est du nettoyage de base et coupez toujours l'alimentation électrique avant d'effectuer une tâche d'entretien. Faites attention aussi de ne pas écraser les fragiles rangées d'ailettes en métal qui ne doivent pas se toucher pour transférer efficacement la température.

1 *La première étape* consiste à couper l'alimentation électrique. La plupart des appareils sont munis d'une boîte de mise hors tension installée sur la face extérieure de l'appareil près du ventilateur.

2 *Retirez le panneau d'accès* et utilisez un tuyau d'arrosage et une brosse pour enlever les débris ou brins de gazon de la grille de l'appareil.

Économie d'énergie

Il y a de nombreuses façons de réduire vos coûts de climatisation, par exemple en ayant des fenêtres étanches, en isolant davantage, en posant des stores et d'autres accessoires, mais la meilleure façon d'économiser est de monter le thermostat de quelques degrés. L'économie variera selon la région où vous habitez et la façon dont votre maison est construite, mais on estime que vous réduirez vos coûts de climatisation de 2 % à 3 % chaque fois que vous vous priverez d'un degré de refroidissement pendant 24 heures. Vous pouvez aussi économiser davantage en installant un thermostat programmable qui haussera le réglage automatiquement lorsque vous serez absent le jour et le baissera avant que vous ne reveniez à la maison. (voir « Thermostats » page 339)

Vous pouvez aussi économiser en améliorant l'efficacité de votre réseau de conduits. Selon les études réalisées, de nombreux réseaux perdent 20 % à 40 % de l'énergie calorifique ou frigorifique qu'ils transportent. Les pertes les plus importantes se situent au niveau des raccords que vous pourrez refaire en fixant solidement les conduits ensemble à l'aide de vis autotaraudeuses et en enveloppant les joints de ruban adhésif entoilé. Isoler les conduits est aussi une bonne chose. Vous pouvez utiliser des manchons isolants recouverts de plastique ou de l'isolant en matelas enroulé que vous fixerez solidement avec du ruban adhésif.

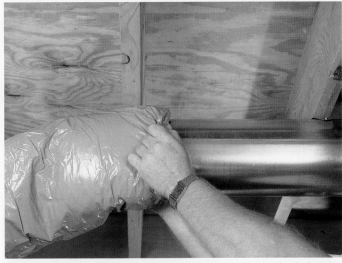

Glissez le manchon isolant *sur le conduit ou enveloppez-le d'un isolant en matelas de type courant pour réduire les pertes.*

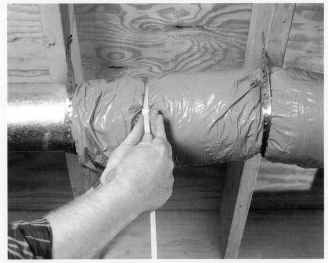

Fixez solidement les manchons isolants *avec des colliers de serrage en plastique ou mettez du ruban adhésif entoilé sur les joints de l'isolant en matelas enroulé.*

3 ***Nettoyez les pales du ventilateur*** *et le boîtier de son moteur, et lubrifiez ce dernier avec de l'huile selon les recommandations du fabricant.*

4 ***Utilisez une brosse douce*** *pour enlever la poussière sur les ailettes du serpentin. Si certaines sont tordues, redressez-les à l'aide d'un outil à redresser ou d'un redresseur d'ailettes.*

5 ***L'une des étapes les plus faciles*** *mais aussi l'une des plus importantes consiste à remplacer le filtre à air qui empêche la poussière de circuler dans les conduits.*

Climatisation

De l'air plus propre

Les maisons modernes sont étanches à l'air parce qu'elles doivent offrir un meilleur rendement en matière de chauffage et de climatisation. Elles sont si étanches d'ailleurs que l'air ne s'y recycle que très lentement – il faut parfois des heures. Or, ce phénomène génère non seulement de l'air vicié mais aussi une accumulation de polluants à l'intérieur de la maison. Ces agents polluants com-prennent des irritants comme la poussière, la fumée, des spores de moisissure, des pollens, des poils et des squames d'animaux, qui irritent vos poumons et encrassent les installations. Il se dégage par ailleurs des émanations de formaldéhyde en provenance des matériaux de construction, qui sont encore plus dangereuses pour l'environnement.

Plusieurs appareils peuvent purifier l'air d'une maison étanche. On peut munir les systèmes de chauffage et de climatisation à air pulsé d'une filtre électronique installé à l'intérieur des conduits de type CVC. Si vous n'avez pas un tel système, achetez un épurateur d'air portatif doté d'un filtre HEPA. Mis au point pour éliminer presque toutes les particules en suspension, les filtres HEPA sont abondamment utilisés dans les hôpitaux et les laboratoires, là où une propreté absolue doit régner. Un authentique filtre HEPA élimine 99,97 % des particules d'une dimension aussi infime que 0,3 micromètre (un micromètre est égal à un millionième de mètre ; le point à la fin de cette phrase mesure plusieurs centaines de micromètres de largeur.) Un filtre HEPA ultra ou filtre ULPA élimine des particules d'une dimension aussi infime que 0,1 micromètre. Les filtres HEPA doivent être remplacés périodiquement, généralement tous les ans ou tous les deux ou trois ans.

Épurateurs d'air portatifs

Un épurateur d'air portatif peut comporter plusieurs filtres. Les filtres les plus courants sont semblables à ceux utilisés dans les générateurs d'air chaud pour emprisonner la poussière. Certains doivent être remplacés, d'autres peuvent être lavés et réutilisés. Certains appareils comprennent un générateur ionique qui force les particules à s'agglomérer sur des surfaces. Le filtre le plus efficace est le HEPA qui élimine presque 100 % des particules en suspension. La notice du fabricant, principalement la fiche technique du produit, devrait indiquer la capacité et l'efficacité du filtre exposé à divers polluants.

Cet épurateur d'air portatif d'environ 18 po de largeur et 12 po de hauteur changera six fois l'air d'une pièce de 15 x 17 pi.

Échangeurs d'air

On ajoutera souvent un échangeur d'air au réseau de conduits d'une maison étanche dont la ventilation est minimale. La plupart sont conçus sur le même principe, c'est-à-dire deux conduits dotés d'un ventilateur : l'un évacue l'air vicié et l'autre apporte l'air frais. Là où les conduits se côtoient, une paroi commune ou un autre véhicule transmet jusqu'à 75 % de la température de l'air évacué au nouvel apport d'air. De cette façon, vous pouvez changer l'air vicié tout au long de l'année sans avoir à réchauffer ou à refroidir le nouvel apport d'air.

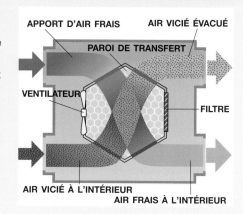

APPORT D'AIR FRAIS · AIR VICIÉ ÉVACUÉ · PAROI DE TRANSFERT · VENTILATEUR · FILTRE · AIR VICIÉ À L'INTÉRIEUR · AIR FRAIS À L'INTÉRIEUR

Nettoyage des conduits

MATÉRIEL : ▶ tournevis • gants • aspirateur

1 *Si vos conduits n'ont jamais été nettoyés* (même si vous utilisez des filtres pour générateur de chaleur), enlevez une bouche de soufflage et vérifiez les parois du conduit à l'intérieur.

2 *Un aspirateur domestique* peut atteindre quelques pieds à l'intérieur des conduits. Un nettoyage professionnel couvre tout le réseau de conduits.

3 *La poussière que vos filtres n'auront pas captée* peut se retrouver bloquée dans la grille de reprise d'air qui aura aussi besoin d'un coup d'aspirateur.

Filtres à média

Un filtre à média accomplit le même travail qu'un filtre en fibre de verre à tamis standard pour générateur de chaleur. Il le fait cependant plus en profondeur car au lieu d'être constitué d'un tamis peu serré, il est constitué d'un réseau de fibres microscopiques enchevêtrées serrées et pliées comme un accordéon. Sa configuration crée une grande surface dans un espace restreint. Sa densité accrue aide à capter davantage de particules que les filtres standards. Sa plus grande surface rend certains filtres à média

10 fois plus efficaces que les filtres à usage unique. Comme les éléments électroniques, la plupart des filtres à média sont installés dans le réseau de conduits près du générateur de chaleur. Ils sont renfermés dans un cadre métallique doté d'une porte pour que vous puissiez les retirer, les nettoyer ou les remplacer. Ces filtres sont passifs comparés aux systèmes électroniques. Vous devrez faire subir le même type de modification au réseau de conduits pour les installer, mais vous n'aurez pas besoin de poser de fils.

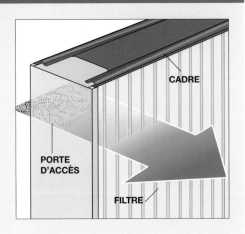

Épurateurs d'air électroniques

Les filtres à air électroniques sont installés dans les conduits près du générateur de chaleur. (On peut ajouter un appareil au système existant en modifiant les conduits.) Un épurateur électronique type comporte un préfiltre semblable à un filtre de générateur de chaleur standard. Il emprisonne les grosses particules et on peut l'enlever pour le nettoyer. Ensuite, se présentent une ou deux boîtes en métal (aussi amovibles pour le nettoyage) contenant de minces plaquettes métalliques. Les particules en circulation, généralement

dans le conduit de reprise, reçoivent une charge positive alors qu'elles se dirigent vers les plaquettes. Les plaquettes, elles, reçoivent une charge négative pour attirer les particules qui s'agglomèrent alors sur leur paroi. Cet appareil peut éliminer plus de 90 % de la plupart des polluants en suspension, y compris les pollens et les particules de fumée. L'inconvénient est que les grosses particules peuvent produire un son désagréable en heurtant les plaquettes, un peu comme celui des gobe-insectes à l'extérieur.

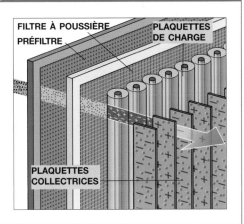

Installation d'un épurateur d'air électronique

Un épurateur d'air électronique peut s'installer n'importe où dans le réseau de conduits d'un générateur à air pulsé. L'emplacement le plus pratique est généralement près du générateur à la fin du plénum de reprise. Avant que l'air poussiéreux de la maison soit de retour dans le générateur de chaleur pour être réchauffé, il passe à travers un préfiltre (semblable à un filtre à poussière standard) et une rangée de cartouches amovibles contenant des plaquettes chargées par voie électronique. À part quelques raccordements de conduits peu compliqués, vous devrez fournir du courant pour les plaquettes et les commandes, y compris un interrupteur à abattant installé dans le plénum de reprise. Il active l'appareil lorsque le ventilateur du générateur de chaleur fonctionne et que l'air circule dans les conduits.

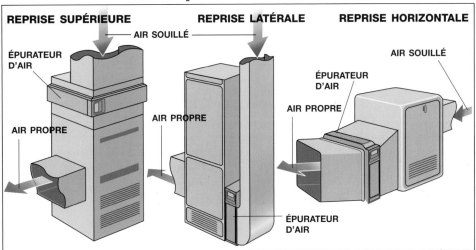

Climatisation

Air sec

L'humidité n'aura pas prise dans les pièces couvertes par un climatiseur central ou dans l'entourage immédiat d'un appareil individuel que vous faites fonctionner périodiquement. Mais de nombreuses maisons ont une buanderie, un atelier ou une pièce de rangement qui n'ont pas vraiment besoin de climatisation mais plutôt d'air sec ; voilà où le déshumidificateur entre en jeu. Ces appareils portatifs, qui se branchent sur une prise, utilisent un compresseur pour extraire l'humidité de l'air qu'un récipient, généralement situé sous l'appareil, recueille et qui doit être vidé périodiquement. Les réfrigérateurs fonctionnent, jusqu'à un certain point, de la même façon c'est-à-dire qu'un récipient recueille le produit de la condensation sous le compresseur. Il n'est pas nécessaire de le vider continuellement parce qu'un ventilateur élimine l'eau par évaporation. Mais si un déshumidificateur fonctionnait de cette façon, il irait en sens contraire du but recherché. Une fois l'humidité extraite, il faut la retirer de la pièce.

Payer pour des appareils plus sophistiqués fiables peut se traduire par des économies d'argent et d'entretien à long terme, même si vous achetez un déshumidificateur dont la capacité est plus élevée que ce dont vous avez vraiment besoin. À la différence des climatiseurs dont les coûts d'utilisation varient grandement selon qu'il s'agit d'appareils à haut ou à faible rendement, les coûts d'utilisation liés à la consommation d'électricité varient très peu entre les déshumidificateurs les plus efficaces et les moins efficaces.

Une analyse, menée par le Department of Energy, des coûts d'utilisation des déshumidificateurs d'une capacité de 20 chopines par jour, fonctionnant 1 300 heures par année (du matin au soir en été), a révélé qu'il n'y avait que 9 $ de différence entre les modèles à haut rendement et les modèles à faible rendement.

Capacité des déshumidificateurs

La norme de l'industrie en ce qui concerne la capacité des déshumidificateurs s'exprime en chopines ou en litres par jour. À la différence des climatiseurs et de nombreux autres appareils, ils ne sont pas évalués par leur rendement énergétique (coefficient EER). Pour les quelques 300 modèles, (de 30 fabricants différents), évalués par l'Association of Home Appliance Manufacturers (AHAM), un groupe de professionnels de l'industrie, la capacité de déshumidification exprimée en chopines par jour est d'environ 10 à 50. Les plus petits appareils dans la catégorie des 15 chopines par jour devraient répondre aux besoins de la plupart des pièces et même des sous-sols (jusqu'à environ 500 pi^2) modérément humides. Augmentez la capacité de 25 % si l'endroit est très humide et que de la condensation se forme périodiquement sur les murs durant l'été. Les appareils dont la capacité varie entre 20 et 25 chopines par jour devraient être en mesure de répondre aux besoins de plus grands espaces, par exemple un sous-sol de 60 pi x 25 pi. Les déshumidificateurs dont la capacité se situe au sommet de la gamme ne devraient être utilisés que dans de très grands espaces extrêmement humides. Les gros appareils re-cueillent jusqu'à 50 chopines d'eau par jour et disposent généralement d'un avertisseur lorsque le bac est plein et qu'il faut le vider.

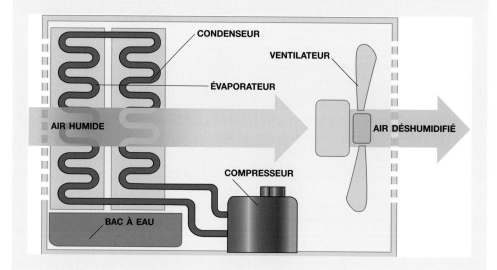

Entretien d'un déshumidificateur

MATÉRIEL : ▶ tournevis • aspirateur ▶ savon ou désinfectant • huile lubrifiante

1 *Retirez le panneau d'accès* et remplacez le filtre (ou lavez-le) au moins une fois par année.

2 *Derrière le panneau,* vous trouverez le récipient amovible qui recueille l'eau de la condensation. Pour le nettoyer, suivez les instructions du fabricant.

3 *Même si vous videz le récipient à intervalles réguliers,* vous feriez bien de le laver périodiquement avec du savon et de l'eau ou un désinfectant.

Déshumidificateurs et thermostats

Thermostats

De tous les types de thermostats standards, le plus intéressant est sans doute le thermostat programmable. Il peut réduire d'environ 3 % les coûts liés à la consommation d'énergie chaque fois que vous vous privez d'un degré de chaleur ou de fraîcheur pendant 24 heures, ce qui classe ces appareils programmables parmi les améliorations les plus rentables en matière d'économie d'énergie sur le marché. Vous pouvez les programmer de telle sorte qu'ils consomment moins d'énergie alors que vous dormez ou êtes au travail et qu'il reviennent à 20 °C (68 °F) peu avant votre réveil ou votre retour du travail. Un diminution de 5 °C (10 °F) deux fois par jour peut réduire vos factures liées à la consommation d'énergie d'environ 20 %.

Les thermostats programmables sont offerts sous de nombreuses formes, dont celle du traditionnel thermostat circulaire. Certains ont suffisamment de mémoire pour permettre une programmation complexe incluant des horaires de semaine et de fin de semaine. Plusieurs sociétés fabriquent aussi des thermostats à gros chiffres pour les personnes souffrant d'une déficience visuelle, dotés d'une roulette dont le « clic » diffère selon qu'on augmente ou diminue la température.

Le bon vieux thermostat de forme circulaire est toujours offert. En version programmable, il permet de prérégler la température.

Ce thermostat est doté de gros chiffres et le pourtour du cadran est strié, ce qui le rend plus facile à tourner.

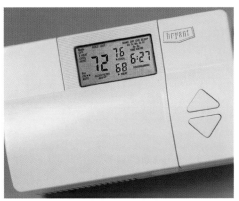

Les thermostats programmables modernes ont suffisamment de mémoire pour afficher et actualiser des dizaines de données en plus d'indiquer l'heure et la température.

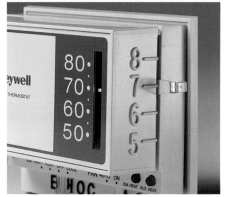

Certains appareils sont offerts avec gros caractères et rétroactions tactiles ou audibles lorsque vous modifiez le réglage.

4 Vous trouverez le condenseur derrière la grille d'évacuation. *Enlevez la poussière sur les serpentins et entre ceux-ci à l'aide d'un aspirateur.*

5 Pour favoriser un fonctionnement silencieux et en douceur, *lubrifiez le moteur du ventilateur (en principe trois gouttes suffisent) en suivant les instructions du fabricant.*

6 Nettoyez les grilles d'entrée d'air et d'évacuation, *posez un nouveau filtre à air ou lavez et reposez le vieux (si nécessaire), puis remettez les grilles d'accès.*

18

Électricité

Électricité

Ce qu'il faut savoir

L'électricité entre dans votre maison par des câbles aériens ou souterrains où elle passe par un compteur avant d'atteindre le tableau de distribution. Le compteur mesure la quantité d'électricité que vous utilisez. Au tableau de distribution, l'électricité se divise en circuits et chacun de ces circuits est protégé par un fusible ou un disjoncteur. Le courant circule dans les fils vivants du circuit, en boucle fermée, vers les prises de courant ou les appareils d'éclairage, et retourne au tableau de distribution par les fils neutres, à moins qu'il ne soit interrompu par un interrupteur ouvert ou un court-circuit. Les fusibles ou les disjoncteurs ont pour fonction de protéger ces circuits contre toute surcharge, c'est-à-dire d'empêcher les fils de transporter plus d'électricité qu'ils ne le peuvent.

Quelques termes d'électricité

Le courant se mesure en ampères (symbole : A). Le nombre d'ampères est indiqué sur de nombreux appareils. Les fournisseurs de matériel électrique ont des tableaux indiquant le nombre d'ampères de divers calibres de fils (nombre AWG pour American wire gauge). Le nombre d'ampères des circuits de votre maison est inscrit sur les disjoncteurs ou les fusibles – généralement 15 ou 20 ampères pour la plupart des circuits destinés aux chambres, et 30 ou 50 ampères pour les circuits à fort rendement,

comme ceux qui alimentent la cuisinière, la sécheuse ou le chauffe-eau. La tension, qui maintient la circulation du courant dans les fils, se mesure en volts (symbole : V). Le nombre de volts est indiqué sur les produits, généralement 120 ou 240 volts. Vous ne pouvez pas brancher un appareil fonctionnant sur 120 volts à une prise de courant 240 volts, car il grillera. La forme du connecteur femelle vous empêchera de brancher le mauvais type de fiche. Le wattage est égal au nombre de volts multiplié par le nombre d'ampères. La puissance en watts d'un circuit est la quantité de courant qu'il peut délivrer en toute sécurité, déterminée par l'intensité de courant admissible des fils. Le wattage indique aussi la quantité de courant dont un appareil d'éclairage ou un appareil électrique a besoin pour fonctionner normalement. Les appareils ménagers dotés de gros moteurs, tels les climatiseurs, ne doivent pas dépasser 50 % de la capacité d'un circuit à cause de la demande accrue de courant qu'ils exigent au départ – les moteurs ont besoin de plus de courant au démarrage que losqu'ils sont en marche. Les gros appareils doivent souvent avoir leur propre circuit.

Mise à la terre

L'électricité cherche toujours à retourner au point de tension zéro (le sol) par le chemin le plus court. Si vous touchez à une clôture électrifiée, l'électricité passera de la clôture à votre corps pour atteindre le

sol – vous servirez alors de trajet de mise à la terre. La même chose se produit lors d'un court-circuit. Le courant électrique peut quitter la boucle continue du circuit – parce que, par exemple, un fil vivant est débranché de sa borne et touche la boîte métallique d'un appareil d'éclairage, qui se retrouve chargée à son tour – et retourner à sa source par un autre moyen. Si le système est bien mis à la terre, le courant se dirigera vers la prise de terre et ne présentera aucun risque. S'il n'est pas bien mis à la terre et que vous touchez le trajet emprunté par le courant – et ce pourrait bien être quelque chose d'aussi inoffensif que la petite chaîne en métal de la lampe –, l'électricité essaiera de « se mettre elle-même à la terre » en passant par votre corps.

Pour éviter ce genre de problème, le système électrique de votre maison est doté de fils de mise à la terre qui offrent à l'électricité un trajet de remplacement permanent pour retourner à sa source. Chaque prise de courant ou appareil d'éclairage est muni d'un fil de mise à la terre qui retourne l'électricité au tableau de distribution – la plupart des appareils dont la fiche comporte un troisième élément (contact de terre) se trouvent protégés de la même façon. L'ensemble du système est également rattaché à un tuyau d'eau froide par un fil de mise à la terre ou (si vous avez des tuyaux en plastique) à une tige de mise à la terre enfouie sous terre près du mur de fondation – ou aux deux.

Schéma du système

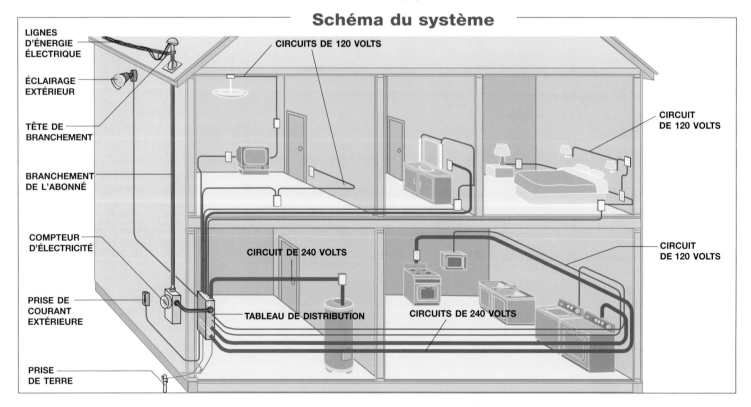

LIGNES D'ÉNERGIE ÉLECTRIQUE

ÉCLAIRAGE EXTÉRIEUR

TÊTE DE BRANCHEMENT

BRANCHEMENT DE L'ABONNÉ

COMPTEUR D'ÉLECTRICITÉ

PRISE DE COURANT EXTÉRIEURE

PRISE DE TERRE

CIRCUITS DE 120 VOLTS

CIRCUIT DE 120 VOLTS

CIRCUIT DE 120 VOLTS

CIRCUIT DE 240 VOLTS

TABLEAU DE DISTRIBUTION

CIRCUITS DE 240 VOLTS

Types de fils

Les fils simples sont soit isolés pour le transport de l'électricité, soit dénudés pour la mise à la terre. La plupart des fils résidentiels sont regroupés dans une gaine flexible en métal (tels les câbles BX, première illustration) ou en plastique (tels les câbles NM, deuxième illustration) appelée câble. Les cordons (tels les cordons de lampe, troisième illustration) sont des fils torsadés dans une gaine en plastique qui ne peuvent être utilisés en câblage fixe. Les fils à basse tension (dernière illustration) sont utilisés pour les carillons de porte et les thermostats.

Calibre des fils

Le système de calibrage des fils de l'American Wire Gauge (AWG) attribue un nombre aux fils selon leur diamètre. Par exemple, le fil n° 14 a un diamètre de 0,0064 de pouce; le n° 12 un diamètre de 0,081 de pouce. Les plus petits nombres identifient les plus gros fils qui transportent plus d'électricité. Pour la plupart des câblages résidentiels, le Code canadien de l'électricité exige des fils de calibre 14 ou d'un plus gros diamètre.

Code de couleurs des fils

Les fils portent un code de couleurs qui détermine leur fonction dans l'installation électrique de votre maison. Les fils vivants qui transportent le courant à pleine tension sont généralement noirs, rouges ou blancs avec des marques noires (faites au marqueur ou avec du ruban isolant), mais peuvent aussi être d'une autre couleur. Les fils neutres sans tension sont blancs ou gris. Les fils de mise à la terre sont en cuivre et peuvent être dénudés ou recouverts d'une gaine en plastique verte.

Trousse d'outils de base

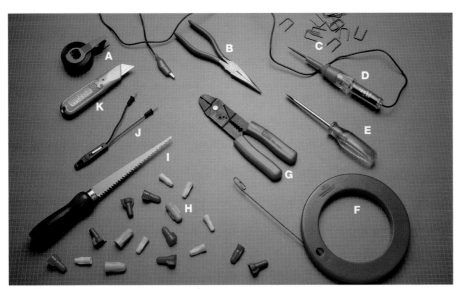

La trousse d'outils de base comprend du ruban isolant (A), une pince à long bec (B), des agrafes (ou crampillons) (C), un vérificateur de continuité (D), un tournevis isolé (E), un ruban de tirage (F), une pince universelle (G), des connecteurs (H), une scie à usage général (I), un vérificateur de circuit (J) et un couteau universel (K).

Fils d'aluminium

Nombre de maisons construites dans les années 1960 et au début des années 1970 ont des fils d'aluminium de couleur argentée portant l'inscription AL. Parce que les fils d'aluminium se dilatent et se contractent à une fréquence différente de celle des fils de cuivre, ils peuvent finir par se desserrer des bornes cuivrées ou en laiton. Ce mauvais mariage de métaux s'est révélé à l'origine de nombreux incendies électriques dans les maisons. Si votre maison est dotée de fils d'aluminium, il y a deux façon de prévenir d'éventuels ennuis. La première consiste à connecter un petit bout de fil de cuivre appelé queue de cochon à la borne et à le fixer au fil d'aluminium à l'aide d'un serre-fils. L'autre solution consiste à utiliser des connecteurs compatibles avec l'aluminium portant l'inscription CO/ALR ou CU/AL.

Électricité

La prudence s'impose

L'électricité peut être dangereuse, mais avec un peu de bon sens vous parviendrez à travailler en toute sécurité. La chose la plus importante, à ne jamais oublier quelles que soient les circonstances, est de couper le courant au tableau de distribution avant de réparer un circuit. Lorsque vous manœuvrez un disjoncteur, retirez ou replacez un fusible, n'utilisez toujours qu'une seule main et mettez l'autre dans votre poche ou derrière votre dos. Avant, vérifiez le circuit à l'aide d'un vérificateur de tension pour être certain qu'aucun courant n'y circule. Si vous suivez cette règle, vous ne subirez jamais de chocs électriques.

N'effectuez pas de travaux à l'intérieur du tableau de distribution. Ne vous aventurez pas à poser de nouveaux circuits dans la boîte à fusible ou le tableau de distribution ou dans le panneau de transfert d'un générateur auxiliaire. Vous pouvez installer des câbles et des nouveaux circuits, réparer les anciens et apporter une multitude d'autres améliorations à votre installation, mais quand viendra le temps de relier votre travail au tableau de distribution, appelez un électricien agréé. Il ne vous en coûtera pas une fortune, et le professionnel vérifiera même votre travail.

Codes

Les façons de procéder et le matériel électrique sont régis par les codes du bâtiment ou de l'électricité locaux. Ces codes peuvent interdire l'usage de certains types de câbles ou exiger un calibre particulier de fils ou un minimum de circuits par exemple. Les codes ont été élaborés pour vous protéger. Il se peut que vous ayez besoin d'un permis avant d'entreprendre des travaux ; renseignez-vous toujours auprès d'un inspecteur des bâtiment municipal.

Vérifications

Les vérificateurs vous permettent de savoir si les fils présentent des risques. On utilise un vérificateur de circuit pour savoir s'il y a présence de tension, une mesure préventive importante même quand on a fait basculer le disjoncteur ou enlevé un fusible. Le contact des sondes avec un circuit vivant allume une ampoule. On utilise un vérificateur de continuité, non sans avoir d'abord désalimenté le circuit, pour savoir si le courant est ininterrompu. Un multimètre, dont la face antérieure est constituée d'un voltmètre, cumule les deux fonctions et est essentiel pour mesurer les basses tensions.

Coupez le courant au tableau de distribution et insérez les sondes en métal du vérificateur dans chacune des fentes de la prise.

Vérificateurs

Vérifiez les fils et les appareils à l'aide d'un vérificateur de continuité, lequel permet de détecter la source du problème en vérifiant si le circuit est continu.

Certains appareils peuvent vérifier s'il y a du courant, si des connexions sont inversées et d'autres anomalies de l'installation électrique.

Couper le courant

Ne touchez que l'anneau protecteur du fusible lorsque vous le retirez. Une surcharge fait fondre le ruban du fusible ; un court-circuit noircit l'enveloppe de verre.

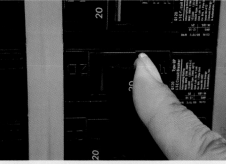

Un disjoncteur peut être à la position Off ou entre On et Off. Il faut le mettre d'abord à la position Off avant de le faire passer à la position On.

Les prises de courant à disjoncteur de fuite à la terre coupent le courant automatiquement. Elles sont obligatoires à de nombreux endroits.

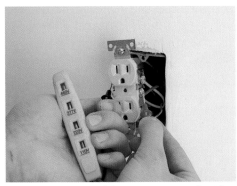

Touchez la borne en laiton avec une sonde et la borne argentée avec l'autre ; si l'ampoule s'allume, vous devez couper l'alimentation du circuit au tableau de distribution.

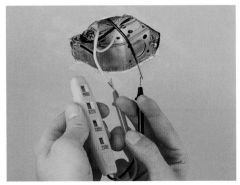

Vérifiez les appareils d'éclairage en touchant le fil noir avec une sonde et la boîte ou le fil de mise à la terre avec l'autre, ou en touchant le fil noir et le fil blanc.

Touchez la boîte électrique ou le fil de mise à la terre d'un interrupteur et en même temps, à tour de rôle, chacune de ses bornes en laiton. Si l'ampoule ne s'allume pas, c'est qu'il n'y a pas de courant.

Réparer un cordon électrique

MATÉRIEL : ▶ pince à couper • tournevis ▶ nouvelle fiche

1 Coupez le cordon sous la partie endommagée, sortez les fils et dénudez-les sur une longueur de ³/₄ po.

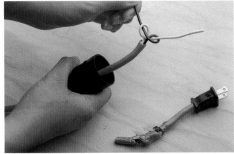

2 Choisissez une nouvelle fiche qui convient au cordon. Certaines exigeront un nœud de sécurité pour empêcher que les fils ne subissent trop de contrainte ; d'autres sont dotées d'un serre-fils.

3 Enroulez la partie dénudée des fils autour des vis des bornes dans le sens des aiguilles d'une montre (de façon à ce que l'on puisse les serrer) et serrez le serre-fils.

Prises de courant et sécurité

Les prises à trois trous sont conçues pour recevoir une fiche standard à deux lames et un contact de terre pour réduire les risques de chocs électriques.

Posez des capuchons de protection en plastique sur les prises près du plancher pour éviter que les enfants ne subissent des chocs électriques.

Un couvercle se referme sur la fiche et la prise de courant pour protéger les connexions et prévenir les débranchements accidentels.

Électricité

Matériel de base

Les circuits résidentiels sont généralement constitués de câbles à gaine non métallique, de câbles blindés ou de fils isolés dans des tuyaux en métal ou en plastique appelés conduits. La plupart du temps, vous travaillerez avec des câbles non métalliques flexibles nommés NM (ou Romex, du nom de la marque de commerce). Les câbles blindés sont souvent appelés BX, également du nom de la marque de commerce. Le Code de l'électricité stipule que ces conduits doivent être des tuyaux en acier galvanisé ou en plastique. Les conduits en métal sont offerts dans un ensemble impressionnant de grandeurs et se divisent en trois types : les conduits rigides (souvent préférés à l'extérieur), les conduits intermédiaires et les tubes métalliques vides. On utilise des outils spéciaux pour plier les conduits en métal, mais des raccords sont aussi offerts pour joindre les sections.

Couper les câbles blindés et les conduits

Pour couper les câbles à gaine métallique, utilisez une scie à métaux et sciez l'enveloppe flexible en acier à environ 8 po de l'extrémité. Faites une coupe en diagonale entre deux anneaux et arrêtez-vous dès que la lame commence à trancher le métal sinon vous endommagerez les fils. Avec vos doigts, pliez le câble dans un mouvement de va-et-vient jusqu'à ce que l'enveloppe cède, puis retirez son blindage.

Les conduits en métal ou en plastique peuvent être coupés à l'aide d'une scie à métaux ou d'un coupe-tuyaux. Il vaut mieux utiliser un coupe-tuyaux, car cet outil reste à angle droit par rapport au tuyau et assure une coupe droite et régulière. Si vous utilisez une scie à métaux, couvrez la ligne de coupe de ruban-cache pour réduire les égratignures. (Pour plus de renseignements, voir « Scier du métal », p. 284.)

Bornes

Le fil s'enroule autour de la vis de la borne. L'isolant devrait effleurer la vis.

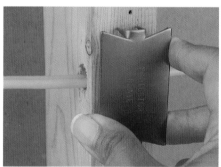

Les bornes à insertion sont pourvues d'un gabarit pour déterminer la longueur de fil à dénuder. Dénudez le fil et insérez-le dans le trou.

Fixer des câbles

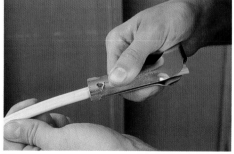

Fixez le câble le long de la pièce de charpente à l'aide de crampillons approuvés par le Code ou d'attaches en plastique. Ne l'approchez pas à plus de 1 1/4 po du bord.

Posez, à l'aide d'un marteau, des plaques protectrices en métal galvanisé sur les poteaux et les joints pour protéger le câble des vis et des clous.

Dénuder un câble

MATÉRIEL : ▶ dénudeur de fil • pince universelle ▶ câble

1 *Glissez le dénudeur sur le câble* et enfoncez sa pointe dans la gaine de plastique à environ 8 à 10 po du bout.

2 *Tenez le câble d'une main* et de l'autre tirez le dénudeur vers vous en maintenant une légère pression.

3 *Écartez la gaine de plastique* et le papier qui recouvrent les fils. Les dénudeurs n'endommagent pas les fils.

Raccorder les fils aux bornes

MATÉRIEL : ▶ pince universelle • pince à long bec • tournevis isolé ▶ fil • interrupteur ou prise de courant

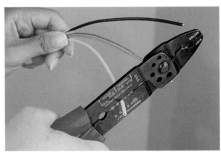

1 Placez, un à la fois, les fils dans la bonne encoche de la pince universelle et retirez leur enveloppe isolante sur une longueur de ³/₄ po.

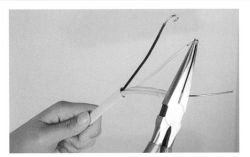

2 Avec le bout dénudé de chacun des fils, formez une demi-boucle dans le sens des aiguilles d'une montre à l'aide d'une pince à long bec. N'y faites pas de marques, qui pourraient affaiblir les fils.

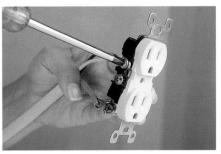

3 Faites passer la demi-boucle sous la vis de la borne, dans le sens des aiguilles d'une montre. Elle se fermera à mesure que vous serrerez la vis.

Couvrir les fils d'un connecteur

MATÉRIEL : ▶ pince à long bec • pince universelle ▶ fil • connecteurs

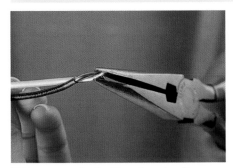

1 Pour raccorder les fils, enlevez-leur ¹/₂ po d'isolant, tenez-les côte à côte et torsadez-les dans le sens des aiguilles d'une montre à l'aide d'une pince à long bec.

2 La partie torsadée doit être assez longue pour permettre au connecteur de la recouvrir entièrement.

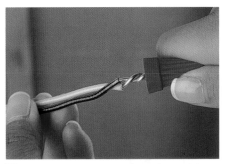

3 Vissez le connecteur de façon à couvrir la partie dénudée des fils. La force des doigts suffit. Ne pas utiliser de pince.

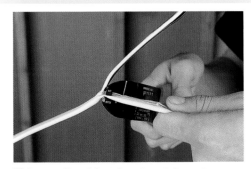

4 Coupez l'excédent de gaine et de papier avec les mâchoires de la pince universelle.

5 Coupez, au besoin, les fils du câble à la longueur désirée à l'aide du coupe-fil de la pince universelle.

6 La pince universelle comporte un dénude-fil offrant divers calibres. Le calibre approprié retirera la gaine sans pincer le fil.

Électricité

Raccordements

Les appareils ménagers se branchent sur des prises de courant logées dans des boîtes en métal ou en plastique fixées à la charpente. Derrière la plaque de commutateur, en métal ou en plastique, les prises de courant sont fixées à un support métallique et à la boîte électrique au moyen de deux vis. On peut sortir la prise de sa boîte après avoir retiré ces deux vis.

Certaines prises de courant sont prévues exclusivement pour l'extérieur, d'autres sont conçues pour des appareils à usage intensif comme les climatiseurs, les sécheuses et les cuisinières ; elles ne présentent pas les mêmes caractéristiques et ne peuvent recevoir les fiches à deux ou à trois broches. Les plus répandues sont les prises résidentielles doubles 15 ampères sous 120 à 125 volts. Une prise de courant double comporte deux connecteurs femelles et peut recevoir deux fiches. Le Code peut exiger des interrupteurs différentiels pour la cuisine, la salle de bains, le garage, le vide sanitaire et d'autres endroits humides. Les interrupteurs différentiels sont dotés d'un dispositif de sécurité qui compare la quantité de courant circulant dans le fil noir et le fil blanc et coupe le circuit s'il détecte une différence d'ampère aussi infime que 0,005.

Si vous remplacez une prise de courant, assurez-vous qu'elle correspond au circuit – les inscriptions, le nombre d'ampères et le nombre de volts doivent être identiques sur l'ancienne prise et la nouvelle. Ces nombres indiquent le maximum que peut supporter la prise de courant. Le type de courant indiqué (par exemple « AC ONLY (à courant alternatif seulement) » est le seul que puisse utiliser cette prise de courant. Le câblage de votre maison doit aussi correspondre aux prises de courant ; soit en cuivre (CO ou CU), en cuivre recouvert d'aluminium (CO/ALR) ou en aluminium massif (ALR).

Câblage d'une prise de courant

Les connecteurs femelles à bornes latérales présentent généralement deux vis de chaque côté : deux vis en laiton et deux vis argentées. Le fil vivant (rouge ou noir) se branche à la borne en laiton et le fil neutre (blanc) à la borne argentée. Certaines prises présentent des fentes à l'arrière pour brancher les fils. Les nouvelles prises présentent aussi une vis verte au bas pour le fil de mise à la terre. La plupart des prises de courant sont toujours sous tension, mais vous pouvez faire en sorte qu'un ou les deux connecteurs femelles soient commandés par un interrupteur – pour commander l'éclairage d'une lampe branchée sur une prise, par exemple.

Au milieu d'un circuit, deux câbles composés d'un fil noir, d'un fil blanc et d'un fil de cuivre dénudé entrent dans la boîte électrique. Le courant est acheminé vers les autres prises par raccordement en parallèle.

Mise à la terre de la boîte électrique

Toutes les prises de courant doivent être mises à la terre de façon réglementaire. Les boîtes électriques en métal doivent avoir un fil de mise à la terre qui les relie à la prise de courant. Pour les boîtes en plastique, le fil est directement relié à la vis de mise à la terre de la prise. Les raccords diffèrent cependant selon les fabricants. Les maisons de plus de 50 ans peuvent être équipées de câbles blindés, appelés BX ou Greenfield, auxquels se rattachent toutes les prises de courant et tous les appareils d'éclairage. Dans ce cas, c'est l'enveloppe de métal qui sert de mise à la terre.

La plupart des électriciens posent maintenant des boîtes en plastique (au Québec, les boîtes en plastique ne sont offertes que pour l'extérieur). Les anciennes boîtes en métal (ci-dessus) devaient faire partie du système de mise à la terre.

Boîtes électriques

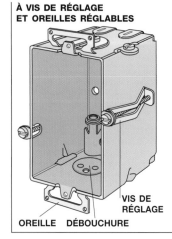

À VIS DE RÉGLAGE ET OREILLES RÉGLABLES

VIS DE RÉGLAGE

OREILLE   DÉBOUCHURE

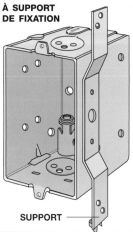

À SUPPORT DE FIXATION

SUPPORT

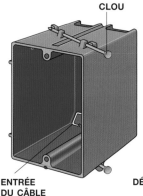

EN PLASTIQUE

CLOU

ENTRÉE DU CÂBLE

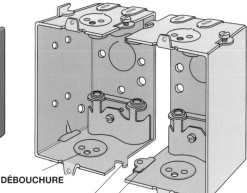

JUMELÉE

DÉBOUCHURE

ENCOCHE   ATTACHE

À la fin d'un circuit, le courant alimente la dernière prise de courant. Dans tous les cas, les fils de mise à la terre doivent être connectés à la borne verte.

Avec une prise de courant commandée par interrupteur, vous pouvez allumer ou éteindre une lampe à partir d'un interrupteur, ce qui est utile dans une chambre sans plafonnier.

Les interrupteurs différentiels sont raccordés de la même façon que les prises de courant classiques mais offrent un élément de sécurité supplémentaire du fait qu'ils sont munis d'un disjoncteur.

Poser une prise de courant

MATÉRIEL : ▶ ruban à mesurer • crayon • marteau • dénudeur de fil • pince universelle • tournevis isolé ▶ câble • boîte électrique avec vis • clous

1 **Percez la lisse,** faites-y passer le câble, tirez-le entre les poteaux et marquez l'emplacement de la boîte électrique à une hauteur de 12 à 18 po du plancher.

2 **La plupart des boîtes** présentent de petites ouvertures à travers lesquelles vous pouvez glisser un clou pour les fixer au poteau. Placez la boîte de telle sorte qu'elle dépasse du poteau de ¹/₂ à ⁵/₈ po pour qu'elle soit à égalité avec la plaque de plâtre.

3 **Tirez le câble** à l'intérieur de la boîte ; de nombreuses boîtes ont une entrée auto-bloquante. Allouez suffisamment de fil (au moins 6 po) pour les connexions.

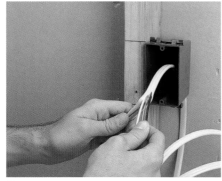

4 **Servez-vous d'un dénudeur** pour ouvrir la gaine du câble et dégagez les fils à l'intérieur sans les endommager.

5 **Utilisez le dénude-fil de la pince universelle** pour retirer la gaine isolante des fils. Choisissez le bon calibre.

6 **Raccordez les fils** aux bornes à vis, pliez l'excédent de fil derrière la prise et vissez celle-ci dans la boîte.

Électricité

Interrupteurs

Un interrupteur a pour fonction d'interrompre ou de rétablir le passage du courant dans un circuit. La plupart des interrupteurs résidentiels sont de type à bascule. Les vieilles maisons peuvent encore avoir des interrupteurs à boutons-poussoirs ou à bouton rotatif. D'autres dispositifs sont cependant offerts alliant commodité et économie d'énergie. On utilise, par exemple, des minuteries pour le ventilateur de la cuisine et celui de la salle de bains qui vous permettent de les mettre en marche et de vous absenter sans avoir à vous soucier de les arrêter.

Les interrupteurs lumineux sont pratiques s'il n'y a pas d'interrupteur de plafonnier à l'entrée de la pièce. Au lieu de chercher à tâtons une lampe dans l'obscurité, remplacez l'interrupteur le plus près de l'entrée par un interrupteur lumineux. Il est aussi possible de remplacer les interrupteurs classiques qui font un petit bruit sec quand on bascule le levier par des dispositifs plus modernes comme les interrupteurs à levier surdimensionné ou les interrupteurs silencieux.

Inscriptions sur les interrupteurs

Les interrupteurs portent des codes constitués de lettres et de chiffres donnant les spécifications de fonctionnement et des renseignements sur la sécurité. Apprenez ce qu'ils veulent dire pour acheter le bon interrupteur. L'illustration ci-dessous indique qu'il s'agit d'un interrupteur d'une capacité de 20 ampères pour circuits de 120 et 240 volts à courant alternatif seulement (AC ONLY). L'inscription CU WIRE ONLY indique qu'il ne peut pas être utilisé avec des fils d'aluminium ; il faut utiliser un interrupteur portant l'inscription CU/AL ou ALR dans ce cas. UL ou UND. LAB signifie que l'interrupteur a été testé par les Underwriters Laboratories (l'organisme canadien équivalent est la CSA).

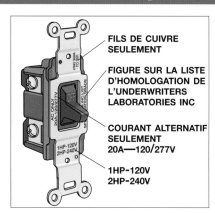

Inscriptions sur les interrupteurs

- FILS DE CUIVRE SEULEMENT
- FIGURE SUR LA LISTE D'HOMOLOGATION DE L'UNDERWRITERS LABORATORIES INC
- COURANT ALTERNATIF SEULEMENT 20A—120/277V
- 1HP-120V 2HP-240V

Câblage d'un interrupteur

Un interrupteur présentant deux bornes (en plus de la mise à la terre) est dit à une voie. Il commande un circuit à lui seul. Le fil vivant entrant est raccordé à l'une des bornes à vis et le fil vivant sortant est branché à l'autre. Un interrupteur comportant trois bornes à vis (en plus de la mise à la terre) est dit à trois voies ; il s'agit d'un interrupteur qui commande un appareil d'éclairage de deux endroits différents et qui ne porte pas l'inscription ON/OFF. Il existe aussi des interrupteurs à quatre voies, qui commandent un appareil d'éclairage de trois endroits différents, et des interrupteurs doubles desservant plus d'un circuit dans la même boîte électrique.

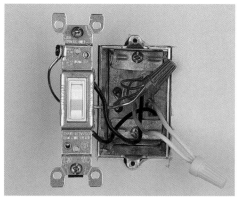

Deux câbles, comportant chacun un fil vivant, un fil neutre et un fil de mise à la terre, entrent dans la boîte des interrupteurs à une voie se trouvant au milieu d'un circuit.

Gradateurs

Les gradateurs vous permettent de faire varier l'intensité de l'éclairage, par exemple en montant ou en baissant la puissance électrique délivrée.

Les gradateurs sont offerts sous de nombreuses formes dont une ressemble à un interrupteur de type classique avec levier ON/OFF.

Interrupteurs spéciaux

Le levier des interrupteurs à voyant lumineux indique si une lumière a été laissée allumée dans un grenier, un sous-sol ou un autre endroit peu fréquenté.

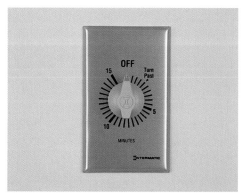

Une minuterie est constituée d'un cadran à ressort qui ferme l'alimentation d'un luminaire ou d'un appareil quelconque tel un ventilateur de salle de bains après une durée préréglée.

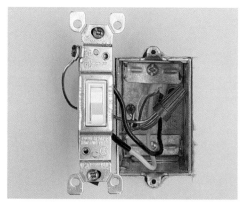

Un seul câble entre dans la boîte des interrupteurs à une voie situés à la fin d'un circuit et aucun câble n'en sort. Le câble se fixe à l'arrière de la boîte.

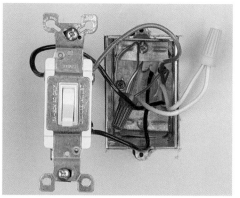

Les interrupteurs à trois voies au milieu d'un circuit présentent un fil auxiliaire rouge. Ces interrupteurs commandent un appareil d'éclairage de deux points différents.

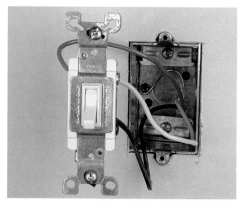

Les interrupteurs à trois voies à la fin d'un circuit ont aussi un fil auxiliaire rouge qui relie les deux interrupteurs – par exemple aux deux extrémités d'un escalier.

Les gradateurs à glissière font varier la puissance électrique délivrée au moyen d'un curseur se déplaçant verticalement. Certains coupent complètement l'alimentation lorsqu'on appuie sur le curseur.

Il est plus facile pour les personnes ayant une déficience de régler l'éclairage avec des gradateurs à levier surdimensionné.

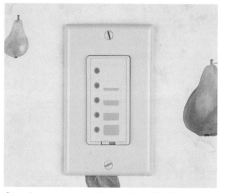

Certains gradateurs à circuits intégrés peuvent garder en mémoire les niveaux d'éclairage et les reproduire sur simple pression d'un bouton.

Les minuteries allument et éteignent des luminaires et des appareils ménagers à des heures précises préréglées. Elles peuvent être pourvues de basculeurs ON, OFF réglables.

Les interrupteurs programmables à commandes numériques sont fiables et offrent jusqu'à quatre préréglages par jour.

Les interrupteurs à détecteur de mouvement surveillent en permanence une zone de la pièce et allument ou éteignent les lumières selon que les gens y entrent ou en sortent.

Électricité

Ce qu'il faut savoir

Les ampoules sont évaluées en lumens, lesquels mesurent le flux lumineux qu'elles produisent, et en watts, lesquels mesurent la puissance de l'énergie électrique utilisée. Le rapport lumens par watt détermine l'efficacité de l'ampoule. Les watts ne mesurent pas la luminosité : bien qu'une ampoule à incandescence de 100 watts soit plus brillante qu'une ampoule de 40 watts, une lampe fluorescente compacte de 13 watts peut être plus brillante qu'une ampoule de 40 watts.

Comparées à une ampoule incandescente énergivore de 100 watts, les lampes fluorescentes compactes utilisent 75 % moins d'électricité et durent plus longtemps, mais il est impossible de réduire leur intensité sans installer des ballasts spéciaux et de nouveaux fils. Les lampes fluorescentes conviennent très bien pour certains usages, par exemple au-dessus de la lessiveuse et de la sécheuse, sous les armoires de cuisine pour éclairer l'aire de travail. Si vous avez des appareils d'éclairage fluorescents qui ne vous plaisent plus, un expert en éclairage pourra vous aider à choisir des ampoules à luminosité plus chaleureuse ou des tubes à éclairage plus froid.

Les ampoules à halogène produisent une lumière vive, sont 25 % plus brillantes que les ampoules incandescentes standard pour le même nombre de watts, et l'on peut réduire leur intensité. Mais il est vrai qu'elles doivent être installées dans des luminaires spéciaux. Elles sont aussi extrêmement chaudes et il faut être prudent quand on les manipule. Les lampes à décharge à haute intensité (lampe DHI) telles les ampoules métal halide et les ampoules à haute pression sodium sont aussi brillantes et efficaces, mais exigent des luminaires spéciaux. Elles sont souvent utilisées à l'extérieur à cause de leur luminosité et leur durée de vie.

Ampoules courantes

Ampoules courantes *(de gauche à droite):* ampoule à incandescence de type A, tube fluorescent, ampoule métal halide et fluorescent compact.

Types d'ampoules	Lumens/watt	Durée de vie en heures
Standard type A	14–18	750–2500
Standard trois voies	10–15	1000–1600
À halogène	15–22	2500–3500
Tube fluorescent	up to 105	6000–24,000
Fluorescent compact	up to 105	9000–10,000
Métal halide	71–100	7500–20,000
Haute pression Sodium	64–95	16,000–24,000

Réparer une lampe

En générale, une lampe ne fonctionne plus quand la chaleur ou l'usure coupe le courant entre la borne vivante (vis en laiton ou noire) et la base de la douille, ou entre la borne neutre (vis argentée) et la douille. Après avoir débranché la lampe, la première chose à faire est de vérifier si le courant est coupé entre les bornes à vis et ces points.

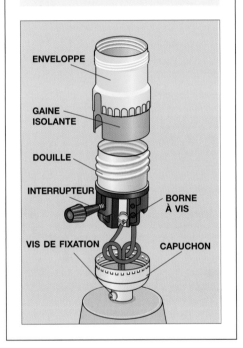

ENVELOPPE

GAINE ISOLANTE

DOUILLE

INTERRUPTEUR

BORNE À VIS

VIS DE FIXATION

CAPUCHON

Boîtes électriques

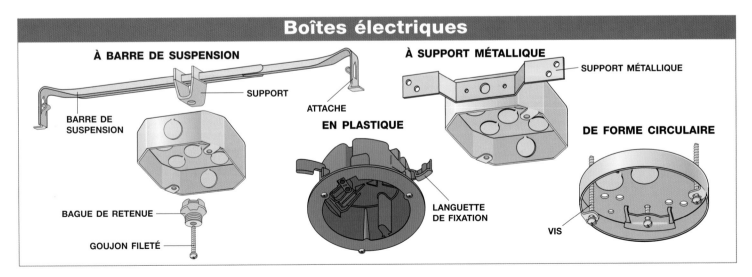

À BARRE DE SUSPENSION

SUPPORT

ATTACHE

BARRE DE SUSPENSION

BAGUE DE RETENUE

GOUJON FILETÉ

À SUPPORT MÉTALLIQUE

SUPPORT MÉTALLIQUE

EN PLASTIQUE

LANGUETTE DE FIXATION

DE FORME CIRCULAIRE

VIS

Poser une boîte électrique au plafond

MATÉRIEL : ▶ crayon • scie à guichet ou scie sauteuse • tournevis ▶ boîte pour plafonnier • vis • connecteurs

1 Une boîte encastrable vous permet d'ajouter un appareil d'éclairage sans trop de mal puisque vous n'avez pas à la fixer aux solives ou aux montants. Tracez d'abord le contour de la boîte et sciez la plaque de plâtre.

2 Tirez les fils à l'intérieur de la boîte et enfoncez celle-ci dans l'ouverture. Servez-vous d'un tournevis pour engager les languettes de fixation.

3 Branchez les fils de l'interrupteur au nouvel appareil d'éclairage à l'aide de connecteurs. Puis vissez l'appareil sur sa base.

Poser un appareil d'éclairage fluorescent

MATÉRIEL : ▶ vérificateur de circuit • scie à guichet ou scie sauteuse • tournevis • pince universelle • ruban de tirage (facultatif) ▶ appareil d'éclairage fluorescent et boîtier • connecteurs • vis

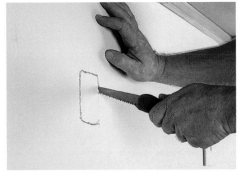

1 Alimentez-vous à la boîte électrique la plus proche – dans ce cas-ci, sous le plancher en dessous d'une installation d'éclairage destinée aux armoires de cuisine.

2 Après avoir bien protégé les connexions au moyen de connecteurs et fermé la boîte, marquez l'emplacement de l'interrupteur sur le mur et pratiquez-y une ouverture.

3 Faites passer un câble dans le mur, de la boîte électrique à l'interrupteur, et un autre de l'interrupteur à l'appareil d'éclairage en perçant un trou derrière l'armoire.

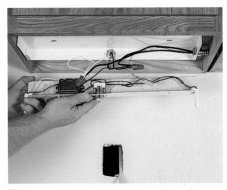

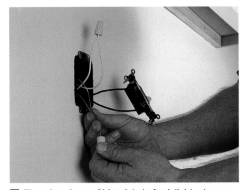

4 Vissez le boîtier de l'appareil à l'armoire et branchez ses deux parties l'une à l'autre au moyen d'un conduit flexible.

5 Fixez les deux câbles à la boîte à l'aide de serre-fils, dénudez les fils et connectez les fils noirs à l'interrupteur.

6 Enfin, posez le diffuseur. Il diffuse la lumière plus également sur le comptoir.

Électricité

Circuits de faible puissance

Les carillons de porte et les thermostats ont besoin de moins de 120 volts pour fonctionner. Pour installer l'un ou l'autre, vous devrez également poser un transformateur dont la tâche sera de réduire la tension à 12 ou 24 volts.

Un carillon doit comporter trois connexions : celle du transformateur au courant de 120 volts de la maison, celle du transformateur au carillon et celle du carillon au bouton, les deux dernières étant effectuées par des fils à basse tension. Le transformateur peut être branché directement dans une boîte de jonction située au sous-sol, dans le grenier ou au-dessus d'un plafond suspendu. Utilisez des fils de calibre 20 ou plus pour le transformateur ou du fil pour carillon de 30 volts.

Interrupteurs commandés à distance

Installer une commande à distance à basse tension au moment de poser de nouveaux fils vous fera économiser temps et argent. Les fils standards de calibre 12 ou 14 ne sont utilisés qu'entre le tableau de distribution et les boîtes de prises de courant ou les boîtiers des luminaires. Le branchement des interrupteurs s'effectue au moyen de fils de calibre 16 ou 18 qui sont bon marché et n'exigent pas de conduit, et les interrupteurs n'ont pas besoin de boîtes (à moins que le Code local l'exige). Ces fils sont légers, faciles à installer, à dénuder et à connecter.

Une installation de commande à distance à basse tension exige trois dispositifs différents : un transformateur, un interrupteur et un relais. Le transformateur tire le courant 120 volts du tableau de distribution qu'il réduit à 24 volts pour l'interrupteur. Les fils entre le transformateur et l'interrupteur commandé à distance se connectent par l'intermédiaire d'un relais, c'est-à-dire un interrupteur électromagnétique.

Branchement d'un téléphone

Vous pouvez poser les fils de téléphone à l'intérieur ou à l'extérieur du mur. Dissimulez au mieux les fils sur la plinthe en les fixant à l'aide de crampillons.

Si le téléphone fonctionne quand il est branché sur la prise extérieure de la compagnie mais ne fonctionne pas à l'intérieur, c'est que le problème vient des fils à l'intérieur.

Installer un transformateur

MATÉRIEL : ▶ tournevis • pince à long bec • pince universelle ▶ transformateur à basse tension

1 Choisissez une boîte de jonction près du carillon ou d'un autre appareil alimenté par un transformateur. Coupez le courant alimentant la boîte et retirez-en le couvercle.

2 Enlevez une débouchure en métal sur le côté de la boîte, là où vous projetez de fixer le transformateur.

Réparer un carillon de porte

MATÉRIEL : ▶ tournevis • brosse à poils souples • couteau universel • vérificateur de continuité ▶ œillet

1 Si le carillon ne sonne pas, vérifiez les connexions derrière le bouton extérieur qui peuvent être corrodées ou lâches.

2 Si les fils sont en bon état, essayez d'enlever la poussière des contacts du carillon. Une brosse à dents à poils souples est excellente pour ce travail.

3 Si le son du carillon est voilé, coupez et retirez l'œillet dans lequel est suspendue la barre. Il est peut-être fragile ou brisé.

Remplacer un thermostat

MATÉRIEL : ▶ tournevis • pince universelle • stylo ▶ thermostat • ruban-cache

1 *Détachez le vieux thermostat* de son support mural et marquez la couleur de chaque fil et les bornes auxquelles ils sont branchés au moment de les débrancher.

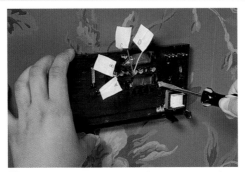

2 *Posez la base du nouveau thermostat* au même endroit (loin de toute source de chaleur) et faites passer les fils dans l'ouverture prévue à cette fin.

3 *Retirez les bouts de papier* et raccordez les vieux fils, un à la fois, au thermostat. Enfin, posez le nouveau couvercle.

• fils pour transformateur • connecteurs

3 *Installez le transformateur sur la boîte* en insérant le bout fileté dans la débouchure et en le maintenant en place à l'aide d'un écrou.

4 *Après avoir enlevé* les connecteurs des vieux fils, raccordez les fils du transformateur aux fils vivants correspondants dans la boîte de jonction.

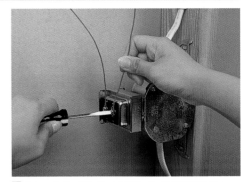

5 *Amenez les fils* du carillon, du thermostat ou d'un autre appareil au transformateur, en vous assurant qu'ils sont du bon calibre, et connectez-les à ses bornes.

4 *Ajoutez un nouvel œillet* en caoutchouc si nécessaire pour que la barre puisse vibrer librement et faire entendre un son soutenu.

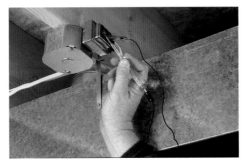

5 *Utilisez un vérificateur de continuité* pour vérifier les circuits électriques au niveau du transformateur qui apporte le courant de basse tension au carillon.

6 *Si le transformateur ne fonctionne pas,* coupez l'alimentation électrique de la boîte, retirez les fils et posez un nouveau transformateur.

Électricité

Installer de nouveaux câbles

Il est facile d'installer de nouveaux circuits et de nouveaux appareils d'éclairage dans une maison neuve ou en rénovation dont la charpente est à découvert, car rien ne vous gêne. Mais faire passer des fils ou des câbles dans des murs et des plafonds fermés, c'est comme aller à la pêche dans un cours d'eau boueux : vous ne pouvez voir où va la ligne.

Câblage de murs ouverts

Pour installer de nouveaux câbles, vous pouvez percer des trous dans les poteaux avec une mèche de $5/8$ ou de $1/2$ po et les y faire passer. Les trous devraient être à au moins $1 1/4$ po de la face antérieure du poteau. S'il vous est impossible de laisser autant d'espace, posez une plaque d'acier sur la face antérieure du poteau pour éviter que les vis servant à fixer les plaques de plâtre ou tout autre matériau n'atteignent les câbles. Vous pouvez aussi faire des encoches de $3/4$ po de profondeur environ, à 1 po de distance l'une de l'autre, sur la partie frontale des poteaux. Une fois le câble en place, posez des plaques d'acier par-dessus les encoches. Si les solives du plafond sont à découvert, vous pouvez y faire passer les câbles

et les faire descendre le long du mur en les fixant aux poteaux au moyen de crampillons.

Câblage de murs fermés

Si vous pouvez avoir accès aux murs par un sous-sol non fini ou un plancher de grenier, vous pouvez faire passer de nouveaux câbles le long des murs à la verticale (en perçant un trou dans la lisse ou la sablière double) plutôt qu'à l'horizontale. Autrement, vous devrez pratiquer d'autres ouvertures dans les plaques de plâtre pour faire passer les câbles, par exemple derrière une plinthe, et pouvoir percer des trous dans le poteau. Tirez le câble à l'aide d'un câble de traction – un câble dont une extrémité est en forme de crochet pour tirer les câbles entre les poteaux et les solives.

Câblage en surface

Le câblage en surface – par chemin de câbles (une gaine de protection en plastique ou en métal) – vous évite d'avoir à poser des fils à l'intérieur du mur. Les chemins de câbles sont fixés au mur en permanence, d'ordinaire au niveau des plinthes ou du plafond. Ils peuvent inclure des prises de courant, des interrupteurs et des appareils d'éclairage. Des raccords spéciaux sont prévus pour les coins et les dérivations.

Raccordement par l'intérieur des murs

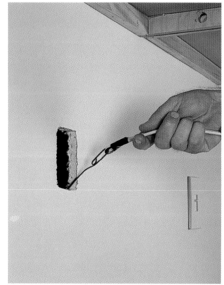

1 *Plutôt que d'y aller directement* avec un câble flexible et de tenter de trouver un chemin, servez-vous d'un ruban de tirage en acier qui se maîtrise mieux.

2 *Passez le bout des fils* dans le crochet du ruban de tirage, fixez-les en place à l'aide de ruban adhésif et tirez le câble en faisant rouler le mécanisme.

Faire passer un câble dans un mur

MUR DU GRENIER

RUBAN DE TIRAGE

PLAFOND DE L'ÉTAGE

TROU DE 1 PO DE DIAMÈTRE DANS LA SABLIÈRE DOUBLE

CROCHET DU CÂBLE DE TRACTION

CÂBLE

TROU DE 1 PO DE DIAMÈTRE DANS LA LISSE

TROU DE 1 PO DE DIAMÈTRE DANS LA SABLIÈRE DOUBLE

INTÉRIEUR DU MUR DU REZ-DE-CHAUSSÉE

TROU DE 1 PO DANS LE PLANCHER ET DANS LA LISSE

SOLIVE DE PLANCHER

CÂBLE

SOUS-SOL

Câblage en surface

MATÉRIEL : ▶ cisailles à métaux • scie à métaux • tournevis • pince universelle • vérificateur de circuit ▶ chemin de câbles • couvercle et lamelles de retenue • câbles et connecteurs • vis • boîtes et appareils d'éclairage

1 Les canalisations à couvercle de plastique, aussi appelées chemin de câbles, sont faciles à couper ; utilisez des cisailles à métaux pour la base et une scie à métaux pour la finition.

2 Vissez la base du chemin de câbles au mur avec des ancrages en plastique. Au croisement d'un chemin vertical, coupez le bord de la canalisation pour permettre le passage des fils.

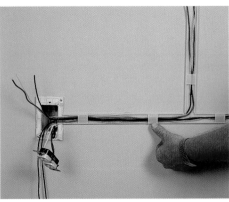

3 Posez un support de boîte par-dessus une prise de courant existante et rallongez les fils de ce circuit. Faites tenir les fils au moyen de lamelles de retenue.

4 Une fois le câblage en place, mettez le couvercle en plastique. Des raccords spéciaux sont prévus pour les chemins en T ou en L.

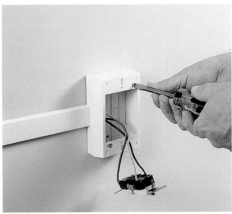

5 Là où les fils du chemin de câbles alimentent une nouvelle prise de courant, vous pouvez installer une boîte en plastique pour prise assortie.

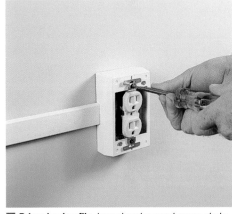

6 Dénudez les fils, branchez-les aux bornes de la prise et vissez celle-ci au support mural en plastique.

7 Pour alimenter un plafonnier, faites monter une canalisation sur le mur, puis faites-la courir sur le plafond jusqu'à l'appareil d'éclairage. À la jonction du plafond, posez un couvercle en L.

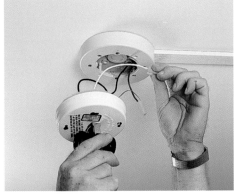

8 Les systèmes de canalisation ont des composants de montage en surface pour les prises, les interrupteurs et les plafonniers. Raccordez les fils avec des connecteurs.

9 Une fois le câblage terminé, vissez la base de l'appareil d'éclairage à l'élément de plafond du chemin de câble et posez le diffuseur.

Électricité

Alimentation extérieure

Tout comme à l'intérieur pour les luminaires et les prises, vous avez besoin de courant à l'extérieur pour éclairer la terrasse, y voir clair dans les escaliers et sur les trottoirs, et pour installer des appareils d'éclairage ou un spa. Il y a aussi les appareils d'éclairage à détection de mouvement pour effrayer les intrus. L'installation de câbles à l'extérieur est semblable à l'installation de câbles à l'intérieur à cette différence qu'à l'extérieur les interrupteurs, prises et appareils d'éclairages sont spécialement conçus pour résister à l'eau.

En général, le Code de l'électricité local exige que les câbles installés à l'extérieur soient protégés par un conduit rigide en métal ou un conduit IMC quand ils sont au-dessus du niveau du sol. La plupart des codes permettent d'enterrer les câbles de type UF (underground feeder); certains exigent l'utilisation de câbles de type TW (thermoplastic/wet) et de conduits. Consultez toujours votre Code de l'électricité local avant de vous lancer dans un projet de câblage extérieur.

Installer des câbles à l'extérieur

Le plus difficile est de creuser une tranchée pour enfouir les câbles. Plus les câbles sont longs, plus le projet vous prendra de temps. Les câbles doivent être enterrés à 18 po de la surface (12 po si le circuit est de moins de 20 ampères et protégé par un disjoncteur de fuite à la terre). Les prises de courant à l'épreuve des intempéries peuvent être fixées sur le côté de la maison, vissées à un poteau de la terrasse ou non, adossées à une structure verticale, mais dans ce cas, elles doivent reposer sur une base, par exemple, un seau rempli de béton qu'on a enterré. Les boîtes de prises de courant sont fixées au conduit à l'aide de bagues de compression étanches à l'eau.

Circuits extérieurs

Il existe deux types d'installations extérieures. L'un comprend des prises de courant et des projecteurs, et ressemble aux circuits standard de votre maison. Mais les prises doivent être étanches à l'eau et munies d'un disjoncteur de fuite à la terre intégré dans de nombreuses régions. Il faut aussi que les câbles extérieurs soient protégés des intempéries par des conduits généralement en métal. L'autre installation est un système d'éclairage, d'ordinaire à basse tension, pour éclairer une allée. Les deux sont faciles à installer et partent d'un transformateur relié à la maison.

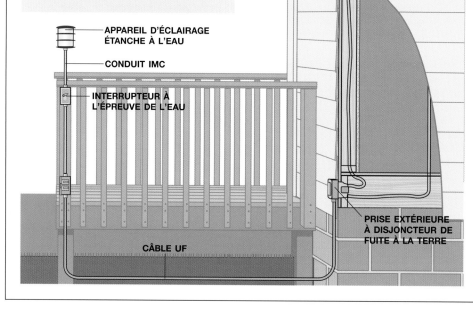

LAMPE DE SÉCURITÉ

CÂBLE NM

INTERRUPTEUR POUR LAMPE DE SÉCURITÉ ET PRISE À DISJONCTEUR DE FUITE À LA TERRE

APPAREIL D'ÉCLAIRAGE ÉTANCHE À L'EAU

CONDUIT IMC

INTERRUPTEUR À L'ÉPREUVE DE L'EAU

PRISE EXTÉRIEURE À DISJONCTEUR DE FUITE À LA TERRE

CÂBLE UF

Installer un projecteur d'illumination

MATÉRIEL : ▶ tournevis • perceuse-visseuse • pistolet à calfeutrer ▶ projecteur d'illumination • boîte électrique étanche à l'eau • connecteurs • câble • crampillons •vis

1 *Pour alimenter votre nouveau projecteur d'illumination,* enfoncez une débouchure dans une boîte électrique existante du plafond.

2 *Prolongez le courant* jusqu'à la boîte de l'interrupteur en fixant le câble progressivement à l'aide de crampillons, et continuez ainsi jusqu'à l'emplacement du projecteur à l'extérieur.

3 *Une boîte type* présente un élément auquel vient s'attacher l'appareil d'éclairage. La boîte doit être bien fixée pour supporter le projecteur.

Câblage extérieur

MATÉRIEL : ▶ ruban à mesurer • perceuse-visseuse • câble de traction • pince universelle • tournevis • vérificateur de circuit
▶ boîte à l'épreuve des intempéries • vis galvanisées • câble • crampillons

1 **Marquez l'emplacement** de la prise à au moins 4 po au-dessus du mur de fondation et à 12 po du sol.

2 **Faites un trou** dans la solive de rive et faites passer la câble dans le plafond du sous-sol pour l'amener à l'extérieur.

3 **Amenez le câble d'alimentation** dans la boîte par une débouchure et vissez la boîte au mur à l'aide de vis.

4 **Raccordez la prise** à un circuit à disjoncteur de fuite à la terre. Le fil noir se branche à la borne en laiton et le blanc à la borne argentée.

5 **Fixez la prise à la boîte.** La plupart des prises extérieures comprennent un joint d'étanchéité en caoutchouc mousse.

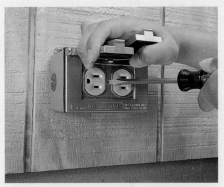

6 **Enfin, mettez le couvercle** à l'épreuve des intempéries. Il est muni d'un ressort et se referme sans effort.

• pâte à calfeutrage

4 **La plupart des appareils d'éclairage** présentent deux projecteurs qu'on peut faire pivoter pour couvrir une grande surface. Beaucoup sont équipés de détecteurs de mouvement et d'une minuterie.

5 **Raccordez les fils des projecteurs** aux fils d'alimentation (et au fil de mise à la terre) dans la boîte à l'aide de connecteurs. Calfeutrez le dessus de la boîte.

6 **Mettez le couvercle de la boîte** et réglez l'éclairage comme il vous plaira. Utilisez des ampoules pour usage extérieur, même sous un surplomb de toit.

19
Isolation

Isolation

Ce qu'il faut savoir

Tout comme les vêtements, les matériaux isolants se présentent sous une multitude de formes et dans des dimensions variées, mais tous ont une valeur « R », qui indique leur résistance au flux thermique. En général, les matériaux légers remplis d'air, comme les matelas isolants de fibre de verre, ont des valeurs « R » élevées par pouce d'épaisseur et constituent de bons isolants. La fibre de verre courante a une valeur « R » équivalant environ à 3,5 par pouce. En revanche, les matériaux lourds et denses comme la brique (R-0,2) et le plâtre (R-0,2) ont des valeurs si faibles qu'il est même difficile d'imaginer qu'ils puissent être des isolants. La valeur « R » apparaît sur le produit isolant et est mentionnée dans toutes les publicités d'isolation. C'est le seul moyen sûr de connaître l'efficacité thermique des isolants et l'unique façon de les comparer entre eux.

Comparer les valeurs « R »

En matière d'isolation, plus épais ne veut pas nécessairement dire meilleur. Il suffit de comparer des matériaux pour s'en rendre compte. Par exemple, les trois produits suivants présentent la même valeur de résistance thermique, soit R-11, tout en offrant la même protection thermique : un panneau de polyuréthanne de 1 1/2 po d'épaisseur, un matelas isolant de fibre de verre de 3 1/2 po d'épaisseur, ou 4 po d'épaisseur de vermiculite en vrac. Cela signifie que vous ne pouvez choisir un isolant en fonction de son épaisseur seulement. Cinq bons pouces d'un isolant classique telle la perlite, dont la valeur « R » équivaut environ à 13, n'offriraient qu'environ 60 % de la protection thermique d'un panneau de polyuréthanne d'un pouce de moins d'épaisseur (4 po) dont la valeur « R » équivaut à peu près à 23. Ainsi, pour atteindre une valeur « R » d'isolation équivalant environ à 11 pour les murs, 19 pour les planchers et 30 pour les plafonds, il vous faudrait diverses épaisseurs de matériaux isolants courants.

Comparer les valeurs « R » sans trop se compliquer la vie devrait permettre de choisir l'option qui fournira le plus de résistance à la perte de chaleur. Certains matériaux isolants sont cependant mieux adaptés à certains types d'isolation, ce qui signifie que vous devrez envisager d'autres caractéristiques isolantes en plus de la valeur « R ». (Voir « Choix de l'isolant », p. 364.)

N'oubliez pas non plus la loi du rendement non proportionnel puisqu'elle vaut également pour l'isolation. Cette loi signifie que le premier pouce d'isolant dans un mur est celui qui offre la meilleure protection, le deuxième en offrant un peu moins et ainsi de suite, même si le dernier coûte le même prix que le premier.

Termes d'isolation

◆ **L'isolant en matelas ou en rouleau** est généralement constitué de fibre de verre et taillé pour s'insérer entre les solives et les poteaux.

◆ **BTU (British thermal unit)** est une mesure de chaleur, ou la quantité de chaleur requise pour élever de -17 °C (1 °F) la température de 1 lb d'eau.

◆ **L'isolant rigide** est offert sous forme de panneaux, ce qui permet de couvrir facilement de grandes surfaces. Divers types d'isolants offrent une gamme variée de valeurs « R », mais la mousse rigide a généralement une valeur « R » élevée. L'isolant rigide résiste à l'eau et ne pourrit pas dans les zones situées près du sol.

◆ **La valeur « R »** mesure la résistance de l'isolant au passage de la chaleur. Tous les types d'isolants ont une valeur « R » par pouce. Plus cette valeur est élevée, plus le matériau est résistant.

◆ **L'enveloppe thermique** décrit la totalité du système d'isolation d'une maison : les murs, plafonds, fondations, planchers, fenêtres et portes.

Enveloppe thermique

La chaleur se dirige vers les surfaces froides et fuit à travers les murs et les fenêtres pour se mêler à l'air froid extérieur. Comme les matériaux isolants sont de mauvais conducteurs de chaleur, ils ralentissent la fuite de l'air chaud de votre maison.

GRENIER

CHEVRON

SOLIVE DE PLAFOND

ESPACE HABITABLE

PERTE DE CHALEUR

FENÊTRE

SOURCE DE CHALEUR

CLOISON

SOLIVE DE PLANCHER

VIDE SANITAIRE

Protection thermique

Carte des valeurs « R » par zones

Valeurs « R » recommandées

	A	B	C	D
	30	0	11	11
	30	0	11	19
	38	19	11	19
	38	19	11	19
	38	19	11	19
	38	19	11	19
	49	19	11	19
	49	19	11	19
	49	19	11	19
	55	19	11	19

A = Plafonds sous un grenier ventilé
B = Planchers au-dessus d'un sous-sol non chauffé
C = Murs extérieurs (charpente en bois)
D = Murs du vide sanitaire

Vérifiez bien les recommandations générales concernant la valeur « R » en prévision des exigences du Code énergétique local.

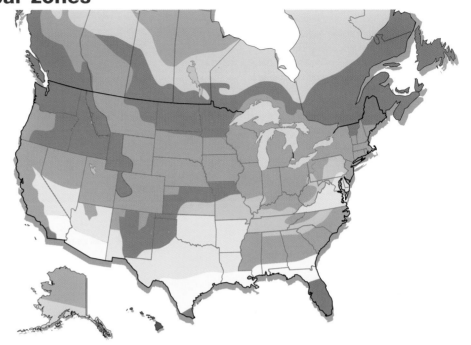

VALEURS « R » MOYENNES RECOMMANDÉES POUR LES ZONES CLIMATIQUES CANADIENNES ET AMÉRICAINES.

Performance de l'isolation

Le type d'isolant le plus communément **employé** est la fibre de verre dont la valeur « R » se situe entre R-11 et R-38 selon l'épaisseur. Les autres types de matériaux comprennent la cellulose soufflée, plusieurs sortes de panneaux rigides, les mousses injectées et de nombreux matériaux moins connus comme la fibre de coton et l'isolant réfléchissant à face aluminisée sur support de bulles d'air.

Le tableau ci-contre compare les valeurs « R » approximatives de divers types d'isolants communément employés. Chaque matériau est évalué en fonction de sa résistance aux variations de chaleur. Des matériaux très semblables peuvent présenter des valeurs légèrement différentes. Pour être certain de la valeur (et être sûr de satisfaire aux exigences du Code énergétique local), vérifiez les étiquettes des produits. Elles doivent toutes afficher la cote « R » par pouce.

En général, les panneaux de plastique extrudé comme le polystyrène et le polyisocyanurate offrent la valeur « R » la plus élevée.

Comparaison des valeurs « R »

Matelas de fibre de verre

3½ po	R-11
6½ po	R-19
7 po	R-22
9 po	R-30
13 po	R-38

Isolant en vrac (par pouce d'épaisseur)

Cellulose	R-3
Perlite	R-3
Vermiculite	R-2

Panneaux rigides (par pouce d'épaisseur)

Polystyrène expansé	R-4
Polystyrène dense	R-4
Polystyrène extrudé	R-5
Polyuréthanne	R-6
Polyisocyanurate	R-6–7

Isolant projeté ou en mousse (par pouce)

Cellulose	R-3–4.0
Polyuréthanne	R-5.5–6.5

Isolation

Choisir un isolant

Deux principaux facteurs ont une incidence sur le choix d'un isolant : la forme (par exemple, un isolant en vrac ou des panneaux de mousse rigides) et la valeur « R ». De nombreux types sont offerts. Certains bricoleurs peuvent aussi tenir compte de la facilité avec laquelle le matériau se pose, de son emballage et des inconvénients éventuels telle la possibilité d'irritations cutanées.

Types de matériaux isolants

Les isolants se présentent généralement sous cinq formes : en matelas pour se glisser entre les solives ou les poteaux, distants de 16 ou 24 po, à face de papier (interdit au Québec) ou d'aluminium ; en vrac qu'il faut souffler ou étaler dans les cavités structurales ; en panneaux de mousse, surtout pour les toitures et la face extérieure des murs et des fondations. Les deux autres types, la mousse cellulosique injectée sur place et la mousse d'uréthanne formée sur place, sont plus chers et moins répandus. Certains matériaux ne sont offerts que sous une seule forme, d'autres sous plusieurs. Certes, vous pouvez vous en tirer en utilisant des restants de matériaux dans des endroits où un autre produit offrirait une meilleure protection, mais pour faire un travail efficace, c'est-à-dire créer une enveloppe thermique acceptable autour de votre espace habitable, surtout dans les murs d'un immeuble déjà construit, vous devrez peut-être utiliser plus d'un type d'isolant.

Matériaux

La **fibre de cellulose** est un produit à base de papier ayant à peu près la même valeur « R » que la fibre de verre, soit environ R-3,5 par pouce. L'isolant en vrac peut être soufflé à l'aide d'un tuyau d'air sous pression. Plusieurs matériaux isolants plus récents emploient un mélange d'environ 75 % de fibres de coton recyclées (même des petits bouts de jeans) et de 25 % de polyester pour lier les fibres entre elles. Ces matériaux sont offerts en matelas ou en vrac. Leur valeur « R » est généralement à peu près la même que celle de la cellulose.

Un entrepreneur peut injecter la **mousse de polyuréthanne** dans les murs où elle fera parfaitement obstacle aux fuites d'air et fournira une valeur de résistance thermique équivalant environ à R-6,0 par pouce. Elle est également offerte en chopine, dans un contenant métallique muni d'un tube de façon à pouvoir l'injecter dans les petites ouvertures de l'enveloppe du bâtiment.

La **mousse à base de cémentite** est constituée d'un composé d'oxyde de magnésium extrait de l'eau de mer ; c'est une solution de rechange naturelle aux mousses synthétiques. Ce matériau, offrant une valeur « R » équivalant environ à 2-3 par pouce,

Types courants d'isolants

FIBRE DE VERRE

◆ **Fibre de verre**
C'est le matériau isolant le plus couramment utilisé pour les murs et les plafonds : 80 % des maisons neuves sont isolées avec de la fibre de verre. Elle est offerte dans une multitude d'épaisseurs et sa valeur « R » va de R-11 à R-38. Les matelas sans revêtement peuvent être déposés les uns sur les autres et ainsi créer une formidable isolation pour le grenier. Dans les maisons, on utilise la plupart du temps des rouleaux ou des matelas précoupés.

LAINE ISOLANTE

◆ **Laine isolante**
Comme la fibre de verre, la laine isolante est constituée de scories et de fibres de minerais durs dans un matériau souple. La laine isolante se compacte à l'humidité, ce qui affecte sa valeur « R ». Sèche, elle a la même valeur « R » que la fibre de verre.

CELLULOSE EN VRAC

◆ **Cellulose en vrac**
La cellulose est faite de papier journal déchiqueté traité chimiquement au moyen d'un ignifugeant. Elle est vendue en gros sacs et l'on peut en étaler facilement entre les solives du grenier ou la souffler entre les poteaux dans les murs. Lorsqu'elle est soufflée dans les murs, un certain tassement peut survenir, ce qui créera une bande moins isolée le long de la ligne du plafond.

POLYSTYRÈNE EXTRUDÉ

◆ **Polystyrène extrudé**
Cet isolant, sous forme de panneau rigide, a une valeur « R » équivalant environ à 5,0 par pouce. La procédé d'extrusion crée une couche de polystyrène plus dense que dans le cas du polystyrène expansé. Les panneaux sont généralement roses ou bleus. Un matériau semblable, appelé polystyrène expansé (PSE), est constitué de minuscules granules de mousse pressées les unes contre les autres, comme les verres à café ou les glacières en mousse de polystyrène. Le PSE est aussi appelé panneau de granules et présente une valeur « R » équivalant à peu près à 3,5 par pouce d'épaisseur.

POLYURETHANE

◆ **Polyuréthanne**
Ce type polyvalent de mousse est de couleur blanche ou jaunâtre et a une valeur « R » équivalant environ à 6,0 par pouce. Les panneaux rigides peuvent comporter une face aluminisée pour réfléchir la chaleur rayonnée. Abondamment employé sur la charpente nue, ce matériau peut aussi être mélangé sur place et injecté sous forme de liquide dense capable de combler aussi bien les grandes surfaces que les petits espaces à ossature irrégulière. Le matériau gonfle après l'application de sorte qu'il faut le rogner plus tard à égalité avec les poteaux.

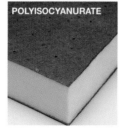

POLYISOCYANURATE

◆ **Polyisocyanurate**
Ce plastique a une valeur « R » équivalant à peu près à 6,0 par pouce. Il est de couleur blanche ou jaunâtre et comporte généralement une face aluminisée pour réfléchir la chaleur rayonnée.

est ininflammable et irrétrécissable mais, tout comme le polyuréthanne, il est relativement coûteux.

Les **panneaux de polystyrène expansé** sont semblables au matériau des verres à café jetables et occupent la première position au chapitre des panneaux de mousse. Chaque produit offre une qualité supérieure, une meilleure valeur «R» et, bien sûr, un prix plus élevé. Tous sont très résistants à l'humidité et aux dégâts causés par l'eau. Les panneaux expansés sont friables mais peuvent ajouter une valeur «R» équivalant à peu près à 4,0 par pouce sous les nouveaux toits ou les murs extérieurs, ou sur des murs de fondation recouverts d'un revêtement extérieur. Les panneaux de polystyrène extrudé sont plus chers, un peu plus denses, et offrent une valeur «R» équivalant à 5 par pouce ; c'est donc une isolation à valeur plus élevée. Les **panneaux de polyisocyanurate** sont constitués d'une mousse plus rigide dont la valeur «R» est très élevée, soit environ 6,3 par pouce. Ainsi, dans un pouce d'espace, vous obtenez pratiquement le double de la résistance thermique qu'offre la fibre de verre.

Le **« bubble pack »** est une feuille de plastique souple remplie de bulles dont une face est aluminisée (il a l'aspect d'un matériau d'emballage). Utilisez-le là où les matelas ou les panneaux de mousse sont ne peuvent être installés faute d'espace. Vous pouvez enrouler une feuille de $^1/_4$ ou $^5/_{16}$ po d'épaisseur autour des conduits et même l'employer sous les plaques de plâtre neuves ou entre le garage et la maison.

Isolant réfléchissant à face aluminisée

Les feuilles à bulles d'air à face aluminisée sont plus minces et plus souples que les panneaux rigides, ce qui les rend plus polyvalentes dans leurs applications. Les feuilles aluminisées sont aussi étanches à la vapeur, ce qui en fait des pare-vapeur deux fois supérieurs. Ce sont les tuyaux froids et suintants et les conduits de climatisation qui profitent le plus d'une isolation étanche à la vapeur. La souplesse de la feuille aluminisée la rend très utile pour envelopper les tuyaux et le réseau de gaines, et il n'est pas nécessaire de prendre des mesures de sécurité contre d'éventuelles particules en suspension ou les irritations de la peau.

Les feuilles à bulles d'air à face aluminisée peuvent également être posées sous le contreplaqué du toit pour améliorer l'efficacité énergétique. Les analyses en laboratoire ont montré que les feuilles aluminisées pouvaient réfléchir 90 % de la chaleur rayonnée. Leur valeur «R» peut varier de R-6 à R-18 ou davantage en milieu contrôlé et stable selon l'endroit où on les pose et la façon dont on s'y prend.

Les feuilles à bulles d'air à face aluminisée installées sous la toiture entre les chevrons peuvent réduire les factures de climatisation en réfléchissant la chaleur rayonnée.

Les nouvelles surfaces murales peuvent aussi être isolées à l'aide de feuilles à bulles d'air à face aluminisée, dont la valeur «R» équivaut environ à 18.

Outils et équipement nécessaire à la manipulation des matériaux

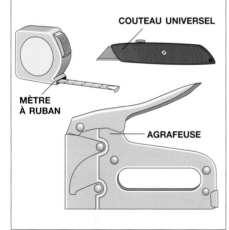

COUTEAU UNIVERSEL
MÈTRE À RUBAN
AGRAFEUSE

La plus grande partie de l'isolation s'effectue à l'aide d'outils simples que vous possédez probablement déjà dans votre garage ou votre atelier.

MASQUE ANTIPOUSSIÈRES
PAIRE DE GANTS

L'équipement de protection nécessaire à l'isolation comprend une paire de gants, un masque antipoussières et une chemise à manches longues bien fermées avec une bande élastique.

Un des avantages des panneaux rigides et des feuilles à bulles d'air à face aluminisée sur la fibre de verre est qu'il n'est pas nécessaire de prendre des mesures de protection contre les particules en suspension. Vous pouvez couper facilement les panneaux rigides à l'aide d'un couteau universel et vous n'avez pas besoin de porter de gants ou de masque antipoussières. Vous devez cependant être prudent si vous posez de la fibre de verre : vous devez protéger vos yeux et vos poumons contre les fibres qui pourraient se loger dans votre peau ou pénétrer dans vos voies respiratoires.

Isolation

Fondations

On peut isoler un mur de fondation de deux façons : de l'intérieur ou de l'extérieur. Poser un isolant à l'intérieur s'avère beaucoup plus facile mais, à long terme, l'isolant extérieur est plus efficace. Idéalement, tout mur de fondation devrait avoir été isolé et hydrofugé de l'extérieur au cours de la construction avant d'être remblayé. Mais si votre mur de fondation n'est pas isolé et que vous projetez d'éliminer les fuites – vous devrez de toute façon creuser tout le tour de la maison –, il est peut-être temps de le faire.

Isoler de l'extérieur

Pour isoler un mur de fondation de l'extérieur, il faut retirer le matériau de remblai tout le tour de la maison, ce qui n'est pas une mince affaire. Si vous vous engagez dans cette voie, vous devrez réparer les fissures avec du ciment et inspecter la totalité du mur de fondation à la recherche de signes de détérioration. Une fois le mur de fondation dégagé, enduisez sa surface extérieure d'une bonne couche d'asphalte liquide à l'aide d'une truelle pour l'imperméabiliser, puis fixez-y de l'isolant rigide en panneaux et remblayez. Le remblayage devrait être principalement composé de gravier au-dessous du niveau du sol et d'au moins 1 ½ pi de terre végétale pour l'aménagement végétal et la plantation d'arbrisseaux. Si votre maison repose sur des fondations peu élaborées avec un vide sanitaire peu profond plutôt que sur un véritable mur de fondation, il peut être plus facile de creuser et d'exposer la surface extérieure du mur que d'essayer de poser de l'isolant dans un endroit restreint.

Isoler de l'intérieur

Tout d'abord, nettoyez et peignez les murs avec une peinture de maçonnerie. Si un phénomène d'efflorescence (taches blanches d'aspect poudreux) se manifeste quelque part, de l'eau s'infiltre dans votre sous-sol et vous feriez bien d'aborder ce problème séparément. (Voir « Fondations », pp. 76-79.) Si votre sous-sol est sec toute l'année et que vous désirez l'isoler davantage, vous pouvez poser des panneaux de mousse rigides ou des matelas et un système modulaire de bandes de clouage ou de poteaux pour soutenir une couche de panneaux ou de plaques de plâtre.

Vous pouvez remplir les ouvertures du mur de fondation d'isolant de fibre de verre, par exemple là où les tuyaux sortent de la maison, et ensuite les sceller avec de la pâte à calfeutrer ou du ciment. Vous pouvez aussi pulvériser de la mousse autour des trous et rogner le matériau expansé à égalité avec le mur.

Isoler de l'extérieur

MATÉRIEL : ▶ pelle • boîte de cordeau traceur avec fils à plomb • marteau • truelle • tuyau d'arrosage • règle large

1 *Retirez la terre* autour du mur de fondation. Vérifiez s'il y a des fissures ou des trous, nettoyez avec un tuyau d'arrosage et laissez sécher.

2 *Clouez les panneaux de mousse rigides* directement dans le béton ou dans les blocs de béton à l'aide de clous de maçonnerie.

Isoler de l'intérieur

MATÉRIEL : ▶ niveau de 4 pi • marteau • gants de travail ▶ isolant rigide • plaques de plâtre • clous de maçonnerie

1 *Installez les bandes de clouage* pour soutenir les panneaux de mousse rigides. Utilisez des cales en bois et un niveau à bulle pour aplomber les bandes.

2 *Clouez les bandes en place* avec des clous à béton après les avoir placées à l'aide de cales à la bonne distance du mur.

Isoler un vide sanitaire

MATÉRIEL : ▶ agrafeuse • masque antipoussières ou à gaz • gants de travail ▶ isolant en matelas ou en rouleau

1 *Vous devez insérer* de la fibre de verre en matelas entre les solives de plancher.

2 *Agrafez le treillis métallique* aux solives pour éviter que les animaux n'y pénètrent et que l'isolant ne se tasse.

et plate ▶ isolant rigide • stuc • clous à maçonnerie

3 *Appliquez du ciment* pour protéger l'isolant situé au-dessus du niveau du sol des intempéries et donner au mur un aspect fini.

• cales en bois • pare-vapeur en polyéthylène de 6 mils

3 *Fixez les panneaux de mousse* entre les bandes de clouage ou par-dessus celles-ci, ou faites les deux opérations pour augmenter la valeur «R». Puis posez les plaques de plâtre par-dessus pour donner un aspect fini.

• agrafeuse industrielle • treillis métallique

3 *Agrafez les matelas de fibre de verre* aux murs nains au-dessus du mur de fondation. Vous pouvez laisser les matelas pendre sur la maçonnerie.

Évaluer le degré d'isolation des murs

Pour évaluer l'efficacité énergétique de votre maison, procédez à un audit énergétique. La vérification la plus complète, conduite par des experts, comprend entre autres la détection des fuites d'air, ainsi que l'évaluation de l'isolant et de l'efficacité du vitrage. Plusieurs sociétés de services publics offrent ce service gratuitement. Certaines recommandent des améliorations précises et évaluent le rendement prévu du capital investi en termes de réduction des factures d'électricité.

Une façon de savoir facilement si votre maison a besoin d'un audit énergétique consiste à faire un test d'isolation à l'aide de deux thermomètres. Fixez-en un sur un mur extérieur avec du ruban adhésif et placez-en un autre au milieu de la pièce, mais pas sur le plancher et loin de la lumière directe du soleil ou d'une source de chaleur qui pourrait fausser les résultats. Si la différence entre la surface du mur et la température ambiante de la pièce est en deçà de -15 °C (5 °F), le mur est adéquatement isolé.

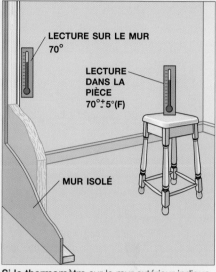

LECTURE SUR LE MUR 70°

LECTURE DANS LA PIÈCE 70°±5°(F)

MUR ISOLÉ

Si le thermomètre sur le mur extérieur indique -15 °C (5 °F) de moins que celui de la pièce chauffée, il y aurait lieu d'augmenter l'isolation.

Pour réduire les courants d'air et diminuer la perte d'énergie autour des fenêtres, remplissez les joints autour du châssis avec de l'isolant en vrac.

Pour stopper l'infiltration d'air ou d'eau venant de l'extérieur, appliquez un boudin de mastic souple comme de la silicone sur les joints extérieurs.

Une image thermographique de votre maison peut révéler par où l'énergie s'échappe. Cette photographie thermosensible met en évidence les fuites de chaleur en couleurs vives, généralement à l'emplacement des portes et des fenêtres. Détecte aussi les fuites de chaleur sous les deux portes du garage.

Isolation

Ajouter de l'isolant

Ajouter de l'isolant est peut-être une bonne idée (plus il y en a, mieux c'est), mais au-delà d'un certain point, ce n'est plus le cas. La loi du rendement non proportionnel s'applique aussi à l'isolation : le premier pouce est celui qui offre la meilleure protection et celui qui fait la différence en matière de confort. Mais la superposition des couches offre de moins en moins d'avantages, même si la toute dernière coûte le même prix que la première.

Où s'arrêter alors ? Disons qu'il est sage de remplir les espaces entre les éléments d'ossature. Par exemple, vous pouvez ajouter 3 1/2 po d'isolant dans les murs construits avec des 2 x 4, mais tenter d'y comprimer 7 po d'isolant irait à l'encontre du but recherché.

Isoler à l'intérieur

Si vous décidez vraiment d'augmenter l'isolation existante, assurez-vous de ne mettre que de l'isolant et non un pare-vapeur. Une feuille de plastique ou d'aluminium emprisonnée entre deux couches d'isolant peut causer un problème de condensation, faire pourrir le bois environnant et réduire grandement l'efficacité de l'isolation. Par exemple, si vous n'avez que quelques pouces de cellulose entre les solives de plafond au grenier, vous pourriez ajouter de l'isolant en matelas, en rouleau ou en vrac. Vous pourriez augmenter l'épaisseur de l'isolation entre les solives et, si vous n'avez pas besoin de cet espace, étendre des rouleaux d'isolant par-dessus les solives en formant un angle droit avec les poutres.

Cette couche supplémentaire isole les solives de plancher du grenier tout comme les espaces entre les poutres qui sont en contact direct avec le plafond de l'espace habitable situé en dessous et agissent tel un conducteur de chaleur. Parce que la chaleur monte, l'ajout d'isolant au plafond est souvent une amélioration rentable.

Isoler à l'extérieur

Vous pouvez profiter des mêmes avantages en recouvrant l'extérieur de la maison et éliminer les ponts thermiques présentant des faiblesses (tel le joint entre le mur de fondation et la charpente) en recouvrant les murs de panneaux de mousse rigides. L'isolation peut commencer sous le revêtement mural, couvrir la partie hors terre du mur de fondation et s'enfoncer dans le sol puisque les panneaux de mousse ne pourrissent pas.

Même avec des panneaux de mousse, il est important de remplir les espaces incompatibles avec les dimensions des isolants courants telles les ouvertures entre les pièces de charpente inégalement espacées et les joints autour des cadres de fenêtres et de portes.

Isoler des murs

MATÉRIEL : ▶ agrafeuse • masque antipoussières ou à gaz • gants de travail ▶ isolants en matelas ou en rouleau

1 *Portez des gants* et une chemise à manches longues lorsque vous déroulez de la fibre de verre. Taillez-la dans le sens de la longueur à l'aide d'un couteau à pain ou à légume bien aiguisé.

2 *Servez-vous de vos mains* pour ajuster les matelas entre les poteaux. Vous feriez bien de porter un masque antipoussières ou à gaz et des gants pour vous protéger.

Isoler des plafonds

MATÉRIEL : ▶ couteau universel ▶ isolants en matelas, en rouleau ou en vrac • écrans en contreplaqué

1 *Pour éviter la condensation* due à l'emprisonnement d'humidité, faites des incisions à la surface des matelas neufs ou déposez de l'isolant en rouleau par-dessus l'isolant existant.

2 *Pour plus d'efficacité thermique,* déposez le nouvel isolant par-dessus le vieil isolant et les éléments de charpente.

Isoler la toiture

MATÉRIEL : ▶ agrafeuse • masque antipoussières ou à gaz • gants de travail ▶ isolants en matelas ou en rouleau

1 *Agrafez des déflecteurs* à la sous-toiture avant d'installer les matelas entre les chevrons.

2 *Parce que l'air peut circuler dans les déflecteurs,* vous pouvez combler les espaces résiduels entre les chevrons avec de l'isolant en matelas.

• agrafeuse industrielle • pare-vapeur en polyéthylène de 6 mils

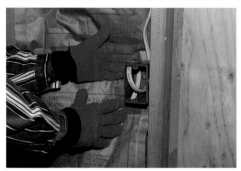

3 **Faites passer l'isolant** *derrière la tuyauterie, les boîtes de prise de courant et les autres obstacles pour réduire les pertes thermiques et éviter que les tuyaux gèlent.*

4 **Écrasez les rebords** *qui débordent de chaque côté du matelas et agrafez-les aux poteaux du mur.*

3 **Étalez de l'isolant en vrac** *entre les solives. Ne vous approchez pas à plus de quelques pouces des obstacles tels les appareils d'éclairage encastrés.*

4 **Installez des écrans en contreplaqué** *au-dessus des murs extérieurs pour éviter que l'isolant en vrac bloque les évents dans le surplomb du toit.*

• déflecteurs d'air • agrafeuse industrielle • pare-vapeur en polyéthylène de 6 mils

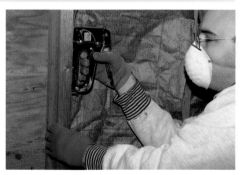

3 **Placez et écrasez l'isolant** *de la même façon que vous le feriez entre les poteaux d'un mur. Les matelas ne doivent pas comprimer les déflecteurs d'air.*

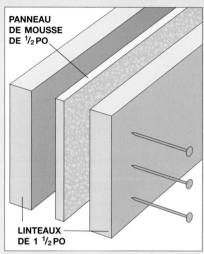

4 **Taillez l'isolant à la dimension désirée** *et posez-le dans les ouvertures irrégulières et autour des obstacles pour créer une barrière thermique parfaite.*

Isoler des linteaux

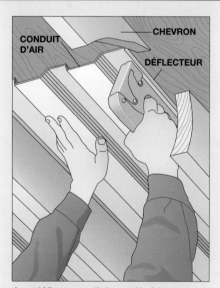

PANNEAU DE MOUSSE DE ½ PO

LINTEAUX DE 1 ½ PO

Les linteaux qui forment la partie supérieure des fenêtres et des portes sont ordinairement constitués de deux poutres et d'un noyau de contreplaqué et ont un indice d'isolation peu élevé. Là où le Code le permet, haussez l'indice en remplaçant le contreplaqué par une panneau de mousse de ½ po.

Déflecteurs d'air

CONDUIT D'AIR · CHEVRON · DÉFLECTEUR

Les déflecteurs d'air agrafés à la sous-toiture diminuent la température du toit et protègent contre les dommages dus aux problèmes de condensation. L'air peut circuler sous les matelas isolants depuis les évents dans le surplomb jusqu'au faîtage.

Isolation

Souffler de l'isolant

Souffler un produit isolant est ce qu'il y a de plus logique lorsque les murs sont vides. Le nouveau matériau ne sera pas gêné par les vieux matelas et l'amélioration sur le plan thermique sera impressionnante, même si l'air qui y est emprisonné offre déjà une certaine isolation. Un entrepreneur peut combler les espaces vides en pratiquant des petits trous dans les plaques de plâtre et en y projetant un produit isolant à l'aide d'un tuyau. Il est vrai que vous vous retrouverez avec une rangée de petits trous, mais vous pourrez les boucher avec du plâtre, les poncer et repeindre les murs.

Passer par le mur extérieur

Il se peut qu'il soit plus facile pour l'entrepreneur de passer par le mur extérieur en retirant une série de planches à clin et en pratiquant un chemin à travers le revêtement intermédiaire qui recouvre les poteaux. On retiendra la méthode qui causera le moins de dommages et donnera les meilleurs résultats. Dans la plupart des cas, il est plus simple de retirer et de remplacer le revêtement extérieur que de réparer des dizaines de petits trous et de tout repeindre. Mais même à l'aveuglette, avec un tuyau passant par un trou, un entrepreneur expérimenté peut évaluer combien d'isolant le mur a besoin et savoir quand la projection de l'isolant en vrac est gênée, par exemple par une entretoise ou un tuyau. En pareil cas, il se peut qu'il doive percer un autre trou pour s'assurer que le vide est entièrement comblé.

Vous pourrez vérifier le travail, une fois celui-ci terminé, à l'aide d'une image thermographique ou du test des thermomètres, bien que, honnêtement, il vous faudrait reproduire exactement les conditions de température du premier test. (Voir « Évaluer le degré d'isolation des murs », p. 367.)

Isoler le grenier

Elle est différente de celle des murs. Vous pouvez tout simplement souffler de l'isolant dans tous les espaces vides du grenier. Vous vous rendrez compte que la quantité requise est importante (sous les bords du toit par exemple), mais vous devrez laisser au moins 1 1/2 po d'espace sous le toit pour que l'air puisse s'écouler. Pourquoi ? Parce que même lorsque l'isolant du plafond est protégé par un pare-vapeur, une certaine humidité, en provenance de l'espace habitable en dessous, le traverse. Les vapeurs d'eau filtrent tout simplement à travers l'isolant, atteignent le toit glacé, se condensent et dégouttent sur la fibre de verre ou la cellulose. Ce phénomène réduit l'efficacité de l'isolant et cause de la moisissure, de la pourriture et des fuites d'eau dans les pièces au-dessous.

Assez importantes, ces fuites donneront l'impression de provenir du toit plutôt que de la condensation formée sous celui-ci.

Créer des digues

Vous aurez besoin d'isolation directement sur la charpente de la paroi extérieure, mais l'isolant en vrac ne restera pas empilé parfaitement le long des parois tant que vous n'aurez pas fermé le toit. Et même si c'était le cas, avec le temps l'isolant finira par tomber sur le soffite (le contreplaqué parallèle au sol sous le surplomb du toit) et bloquer les évents.

Une façon de régler ce problème consiste à agrafer un pied de matelas de fibre de verre à face aluminisée à leur extrémité, entre les chevrons, pour former une digue. L'air en provenance de l'évent peut circuler librement sur les morceaux de matelas et à travers l'isolant en vrac, qui ne peut plus tomber sur le soffite.

Obstacles

Les murs vides sont ceux dans lesquels il est le plus facile de souffler de l'isolant. Vous n'améliorerez pas beaucoup le niveau d'isolation si la plupart des murs sont déjà remplis d'isolant. Un autre problème potentiel est que même s'il n'y a pas d'isolant dans les murs, certains espaces vides seront toujours obstrués par des tuyaux, des fils ou des matériaux coupe-feu horizontaux inhérents à la construction. Parfois l'isolant contournera l'obstacle. La plupart du temps cependant, on devra percer un autre trou plus haut dans le mur pour souffler de l'isolant dans la partie obstruée.

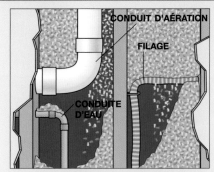

Obstacles

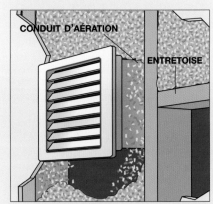

Tuyaux et fils électriques peuvent gêner la projection de l'isolant soufflé par un trou pratiqué en haut du mur.

Les conduits d'aération et les entretoises peuvent créer des poches exemptes d'isolation. Il faudra percer un autre trou pour les combler.

Isoler des murs existants

MATÉRIEL : ▶ machine à souffler • tuyau de sortie d'air avec embout • perceuse avec lame à percer les cercles ▶ isolant en vrac • colle à bois jaune

1 *Retirez le clin de vinyle* à l'aide du tire-panneau. Une fois la séparation effectuée, faites glisser le tire-panneau pour dégager le panneau.

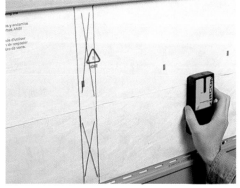

2 *Utilisez un détecteur de poteaux* pour repérer les poteaux sous le revêtement intermédiaire. Percez un trou dans chacun des espaces vides.

Isoler le grenier

'isolant en vrac ne doit pas empiéter sur les appareils d'éclairage encastrés du plafond qui ont besoin d'air pour éviter de surchauffer. N'en mettez pas non plus sur les évents d'avant-toit. Il est inutile d'isoler le surplomb du toit. Installez une forme de digue par-dessus la charpente extérieure de la paroi pour retenir l'isolant, conserver son épaisseur et l'empêcher de nuire à la ventilation en tombant dans les évents de l'avant-toit.

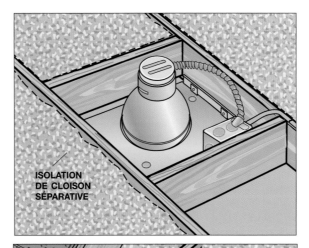

ISOLATION DE CLOISON SÉPARATIVE

L'isolant en vrac ne doit pas empiéter sur les appareils d'éclairage encastrés du plafond. La chaleur que dégage l'ampoule pourrait déclencher un incendie.

L'insufflation d'isolant en vrac est une excellente façon d'augmenter l'isolation de votre grenier et de réduire vos factures de chauffage.

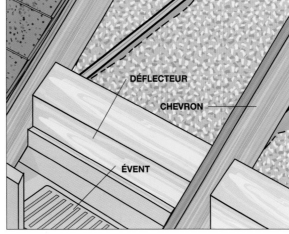

DÉFLECTEUR

CHEVRON

ÉVENT

Des digues en bois entre les chevrons empêchent l'isolant en vrac de tomber sur les évents et de gêner la circulation d'air.

(facultatif) • scie sauteuse • levier (pour le revêtement de bois) • détecteur de poteaux • tire-panneau (pour le clin de vinyle) • bouchon de liège ou de plastique

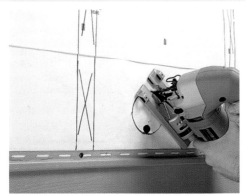

3 Non sans avoir d'abord coupé le courant dans le mur, percez un trou à l'aide d'une scie sauteuse ou d'une lame à percer les cercles fixée à une perceuse électrique.

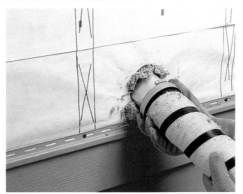

4 Placez le bout du tuyau dans le trou, chargez la trémie et suivez les instructions du fabricant de la machine à souffler.

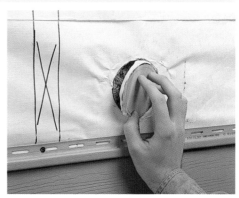

5 Quand un vide sera comblé, fermez le trou avec le bouchon de liège ou de plastique, reposez le revêtement et déplacez-vous d'environ 4 pi, puis répétez l'opération.

Isolation

Conserver la chaleur

La principale fonction de l'isolation est de garder la chaleur à l'intérieur de la maison. Or, dans certaines maisons, les conduits de chauffage qui passent dans la cave ou dans le vide sanitaire ne sont pas isolés. Après tout, ils ne sont pas à l'extérieur, direz-vous, et la chaleur qui s'en échappe demeure dans la maison, ce qui est une bonne chose. Ce n'est pas aussi évident car si la chaleur est conservée, elle n'est pas dirigée là où elle vous serait utile, par exemple vers une chambre à coucher froide située loin du générateur de chaleur.

Quoi qu'il en soit, la solution est assez simple : enveloppez les conduits de matériau isolant. La forme importe peu (en matelas ou en rouleau), ni le type (cellulose ou fibre de verre par exemple). Et il n'est pas nécessaire que vous scelliez hermétiquement les joints. La livraison de chaleur des conduits devrait s'améliorer de façon appréciable, surtout si ces derniers traversent un vide sanitaire où l'air froid circule.

Ce sont les fenêtres et les portes, qu'on ne peut évidemment isoler, qui sont principalement responsables de la perte de chaleur d'une maison. L'une des méthodes d'isolation les plus populaires consiste à appliquer une membrane de polyéthylène sur la fenêtre, en la fixant sur le cadre avec du ruban adhésif, et à la tendre à l'aide d'un séchoir à cheveux. Dans le cas des anciens châssis à guillotine à vitrage simple, c'est beaucoup plus économique que de remplacer les fenêtres, bien que peu esthétique. On élimine ainsi les courants d'air et l'air emprisonné entre la fenêtre et la membrane de plastique ajoute à l'isolation.

On peut augmenter l'étanchéité des portes en installant des coupe-froid le long des jambages et un coupe-bise de bas de porte. Assurez-vous cependant que la porte ferme bien.

Conserver l'eau chaude

Ce qui est bon pour les conduits l'est aussi pour les tuyaux. Comme le couvre-théière tient la théière chaude, l'isolant aide les tuyaux d'eau chaude à garder leur chaleur et empêche les tuyaux d'eau froide de suinter durant l'été. Vous pouvez entourer les tuyaux d'isolant en matelas ou en rouleau, ou vous procurer des tubes de mousse conçus exprès et offerts un peu partout. Ils sont plus esthétiques qu'un enroulement en spirale de matelas, mais guère plus efficaces.

Si vous remplacez l'isolation d'un mur ou y ajoutez de l'isolant et que vous tombez sur des tuyaux à eau, veillez à en mettre entre ces derniers et sur le mur extérieur. Ne mettez pas trop de matériau isolant sur la tuyauterie.

Huit façons de conserver la chaleur

Sceller la lisse d'assise
Dans les nouvelles constructions, l'espace entre le haut du mur de fondation et la lisse d'assise peut être scellé à l'aide d'une bande de mousse isolante. La mousse augmentera de volume et remplira les fentes qui surviennent lorsque la maison travaille.

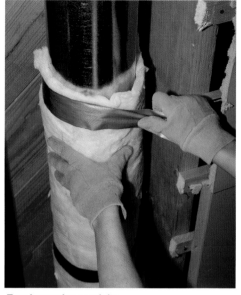

Envelopper les conduits
Vous pouvez envelopper les conduits de fibre de verre à face de papier ou d'isolant réfléchissant à face aluminisée. Là où les conduits passent à travers les murs, les plafonds et le toit, scellez leur pourtour avec de la mousse isolante.

Sceller les trous
La mousse gonfle comme de la crème à barbe au sortir du contenant métallique et peut être salissante si on ne la confine pas aux trous ou aux fissures. Mais elle est un bon choix pour ce type d'ouverture.

Combler les joints ouverts
Les fenêtres sont souvent responsables des pertes thermiques majeures. Si vous pouvez sentir un courant d'air, enlevez le revêtement et comblez toutes les fentes de fibre de verre entre les jambages et l'ossature.

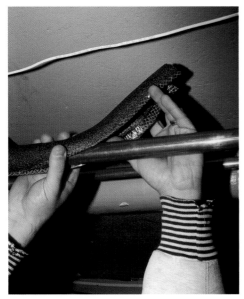

Envelopper les tuyaux

Pour isoler les tuyaux, achetez de l'isolant en co-quille qui les épouse parfaitement ou enveloppez-les de fibre de verre en ruban que vous fixerez soli-dement avec du ruban adhésif entoilé. Les deux types d'isolant empêchent les tuyaux de suinter durant l'été.

Enrober le chauffe-eau

Un chauffe-eau peut être enrobé d'une housse de fibre de verre pour réduire les pertes de cha-leur. Les housses isolantes pour chauffe-eau se vendent avec le ruban adhésif. La housse est dans un sac en plastique.

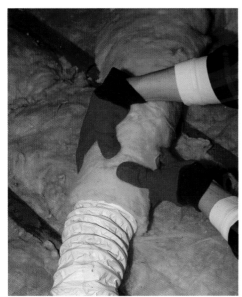

Isoler les conduits de ventilation

Enveloppez les conduits de ventilation du grenier de minces matelas de fibre de verre. Ce type d'isola-tion empêche la condensation de se former – et de filtrer à travers le plafond ensuite – là où les vapeurs chaudes à l'air libre rencontrent l'air froid du grenier.

Sceller les boîtes de prise de courant

Un joint isolant entre la plaque de commutateur et la prise stoppera toute circulation d'air. Vous pouvez aussi enrober les fils de mastic silicone à l'intérieur de la boîte et en mettre autour de la plaque ou du plâtre.

Pare-vapeur

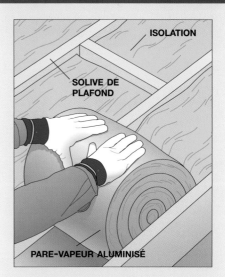

ISOLATION

SOLIVE DE PLAFOND

PARE-VAPEUR ALUMINISÉ

Les pare-vapeur bloquent aussi bien l'air que les vapeurs d'eau. Le seul qui soit étanche est le pare-vapeur aluminisé. Mais il faut poser les matelas à face aluminisée avec soin et mettre du ruban adhésif sur les joints pour obtenir les meilleurs résultats. Vient ensuite la membrane de plastique qui est souvent utilisée par-dessus les matelas à face de papier pour améliorer la résistance à l'humidité. Le plastique polyéthylène de 6 mils d'épaisseur est le plus utilisé. Tous les pare-vapeur ont un indice de perméance (grandeur caractérisant la perméabilité à l'air). Pour être raisonnablement efficace, l'indice de perméance doit être inférieur à 1. Celui du plastique polyéthylène est de 0,04 à 0,08.

POTEAU

RECOUVREMENT DE PLASTIQUE

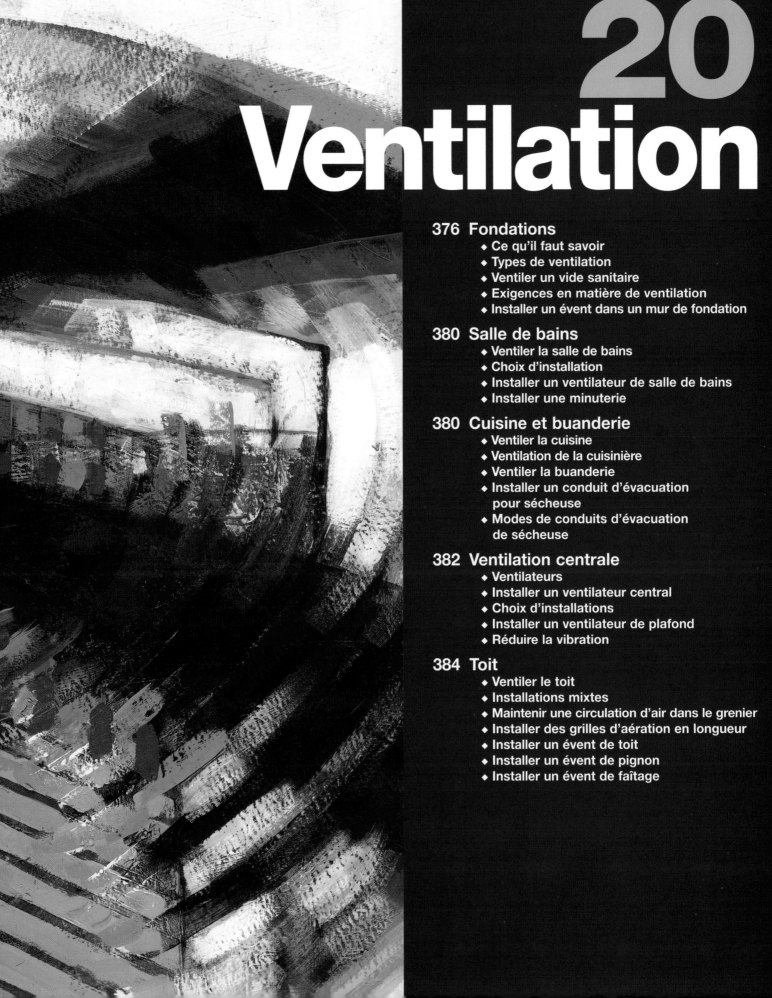

20
Ventilation

Ventilation

Ce qu'il faut savoir

L'eau, quelle que soit la forme sous laquelle elle se présente, peut être l'un des éléments les plus destructeurs pour une maison. Si la plupart des immeubles sont conçus pour résister à l'infiltration d'eau venant de l'extérieur – même si vous devez remplacer quelques bardeaux ou refaire un peu de calfeutrage après une tempête –, plusieurs sont mal équipés contre l'humidité emprisonnée à l'intérieur sous forme d'air chargé de vapeur. Il faut qu'une maison puisse « respirer ». On trouve sur la côte Est des maisons vieilles de 200 ans qui respirent à fond depuis qu'elles ont été construites. Les maisons ont besoin de respirer de l'air frais l'été et de l'air chaud l'hiver. Bien sûr, vous devrez payer pour la consommation d'énergie liée au chauffage et à la climatisation, mais, en retour, vous vous débarrasserez d'une partie des 7 à 10 gallons d'eau que produit quotidiennement une maison sous forme d'humidité potentiellement nuisible.

La cuisine, la lessive, l'arrosage des plantes, le bain ou la douche et la nécessité d'humidifier l'air l'hiver sont à l'origine de toute cette humidité. À moins que l'air intérieur et l'humidité qu'il contient ne puissent être évacués d'une quelconque façon, vous devrez subir la présence d'odeurs persistantes, d'air vicié, de moisissure qui progressera sur la surface des murs, et même de condensation sur les carreaux froids qui finira par faire écaler la peinture des rebords de fenêtre et les faire pourrir.

Épargnez en isolant les fenêtres, vous diront les compagnies d'isolation. Elles ne vous diront pas toutefois ce qu'il vous en coûtera pour installer un ventilateur qui évacuera l'air stagnant de la cuisine, pour remplacer les carreaux de la salle de bains dont le plancher s'est déformé, pour repeindre les murs du sous-sol ou remplacer ses plaques de plâtre incrustées de moisissure – et ce ne sont là que quelques-uns des problèmes que peut occasionner l'humidité captive.

Systèmes de ventilation

Il y a plusieurs façons de réduire les problèmes de ventilation, qui sont souvent plus embarrassants dans les maisons et appartements à rendement énergétique plus élevé construites depuis 1980 ou à peu près. Nombre de ces résidences sont si étanches qu'elles emprisonnent trop d'humidité et d'air vicié. La solution consiste à faire sortir l'excédent de chaleur qu'elles contiennent l'été (surtout dans le grenier) et l'excédent d'air humide chaud l'hiver. Un façon simple d'y parvenir, en hiver, est d'entrouvrir quelques-unes des fenêtres. Il vous en coûtera plus cher de chauffage mais l'air frais vous débarrassera des problèmes d'humidité et des odeurs persistantes.

Certaines parties de la maison peuvent demander une plus grande attention. Ainsi, l'humidité peut se condenser dans un grenier mal ventilé durant les mois d'hiver. L'été, la chaleur peut s'accumuler dans ce même grenier et se traduire par une augmentation des coûts de climatisation et une diminution de la durée de vie des bardeaux du toit. Considérez votre toit comme un système passif de chauffage et de climatisation qui a besoin d'une circulation constante d'air frais pour bien fonctionner.

Évents de toit

En ce qui concerne les évents de toit, le plus important est de savoir quelle quantité d'air est échangée. Un échange d'air de 1,5 pi^3 par minute sera suffisant pour un grenier normal aussi bien l'hiver que l'été. Dans certaines situations, surtout dans les maisons modernes étanches, vous pourrez augmenter le rendement énergétique en installant un échangeur d'air, lequel transmet la température de l'air vicié évacué à l'air frais poussé à l'intérieur par un ventilateur.

Il est difficile d'évaluer la quantité d'air échangé sans un équipement sophistiqué, mais connaître les différences entre les systèmes de ventilation pourra vous aider à faire un choix éclairé. Les évents de toit, par exemple, se présentent sous cinq formes : les évents de faîtage, les évents d'avant-toit, les évents de pignon, les évents à turbine et les ventilateurs motorisés. Certains évents sont actifs (électriques) et d'autres passifs. Les deux types peuvent fonctionner dans d'autres endroits, particulièrement là où de l'humidité est générée, c'est-à-dire la cuisine, la salle de bains et la buanderie.

Types de ventilation

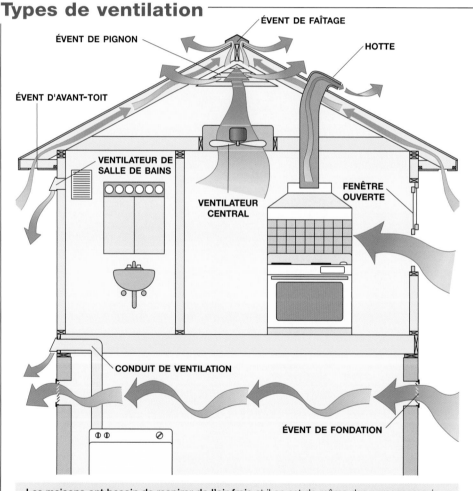

ÉVENT DE FAÎTAGE
ÉVENT DE PIGNON
HOTTE
ÉVENT D'AVANT-TOIT
VENTILATEUR DE SALLE DE BAINS
VENTILATEUR CENTRAL
FENÊTRE OUVERTE
CONDUIT DE VENTILATION
ÉVENT DE FONDATION

Les maisons ont besoin de respirer de l'air frais et il en est de même des personnes qui les habitent. Vous pouvez ouvrir les fenêtre toutes grandes, mais pour obtenir rendement, économie et confort, il vous faut un système de ventilation central capable de gérer l'entrée et l'évacuation de l'air.

Ventiler un vide sanitaire

Les planchers en terre battue exigent plus de ventilation que les planchers en béton. Si le plancher du vide sanitaire est en béton et que les murs sont isolés, vous pouvez installer des évents dans le mur de fondation. Leur nombre dépend du nombre de pieds carrés à ventiler. Règle générale, il faut 1 pi^2 de surface de ventilation pour chaque 150 pi^2 de surface de plancher. Les évents en métal sont conçus pour combler l'espace d'un bloc de béton de 8 x 8 x16 po. Un vide sanitaire doit être protégé par un treillis en bois traité sous pression ou en PVC et un grillage métallique.

Les treillis en plastique sont efficaces et offerts sous de nombreuses formes et en de nombreuses couleurs. Quand ils sont sales, il suffit de les laver avec un tuyau d'arrosage.

Les treillis traités résistent à l'eau et à la pourriture même quand ils sont près du sol.

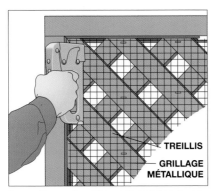

TREILLIS

GRILLAGE MÉTALLIQUE

Les grillages à mailles galvanisées ou en plastique empêchent les insectes ou les animaux d'entrer.

Exigences en matière de ventilation

Sous-sols et vides sanitaires

Les entrepreneurs utilisent nombre de méthodes pour calculer le degré de ventilation dont vous avez besoin – et quelques trucs de bricoleur du genre 1 pi^2 de surface de ventilation pour 150 pi^2 de surface de plancher. Mais chaque cas est différent. Par exemple, vous aurez besoin de plus de ventilation dans un climat humide, si votre maison est à l'ombre et que son plancher est en terre battue, et moins dans un climat sec, si votre maison est au soleil, exposée aux vents et que le plancher du vide sanitaire est en béton.

Ventilation du toit et du grenier

Toits plats et en pente:
$\frac{1}{300}$ de la surface de l'espace à ventiler uniformément répartie entre les évents de toit et l'évent de faîtage.

Greniers non chauffés:
Comme ci-dessus pour les évents de pignon, plus deux aérateurs à lames au minimum aux deux extrémités près de l'arête du toit. Même chose pour les toits à deux croupes, plus $\frac{1}{600}$ au niveau de l'arête, avec tous les évents branchés entre eux.

Installer un évent dans un mur de fondation

MATÉRIEL: ▶ perceuse • marteau • truelle • ciseau plat • mèche à maçonnerie • gants de travail ▶ grille d'aération • mortier

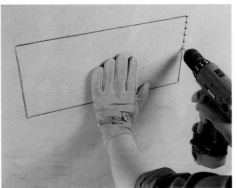

1 *Pour ouvrir le mur de fondation,* percez des trous très rapprochés les uns des autres sur la ligne de coupe de l'ouverture à l'aide d'une mèche à maçonnerie.

2 *Servez-vous d'un ciseau plat* pour briser le béton entre les trous. Portez toujours des lunettes de protection.

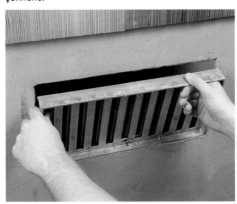

3 *Égalisez les bords* selon le besoin et posez la grille d'aération sur une couche de ciment.

4 *Appliquez une couche de ciment* sur les bords pour bien fixer et sceller la grille. Ne bloquez pas les lames s'il s'agit d'une grille réglable.

Ventilation

Ventiler la salle de bains

Aucune pièce ne produit plus de vapeur d'eau que la salle de bains. Voilà pourquoi les salles de bains sont généralement construites avec des plaques de plâtre hydrofuges ou des panneaux de ciment. Vous ne remarquerez probablement pas toutes les mesures de protection qui ont été prises contre la vapeur d'eau jusqu'à ce que la moisissure et la rouille commencent à apparaître et que les joints des carreaux de céramique se mettent à noircir. Si vous avez un problème de moisissure ou de rouille qui persiste dans votre salle de bains, il y a de fortes chances que ce soit dû à une ventilation inadéquate.

La ventilation d'une salle de bains est généralement assurée par un ventilateur électrique encastré qui évacue directement l'humidité à l'extérieur (pour une salle de bains au rez-de-chaussée) ou par les évents d'avant-toit (pour une salle de bains à l'étage). Le ventilateur est soit relié à une minuterie pour assurer l'élimination complète de la vapeur d'eau, soit relié à l'interrupteur de l'appareil d'éclairage. Si votre salle de bains n'est pas munie d'un interrupteur individuel, vous feriez bien de demander à un électricien d'en poser un.

Certaines vieilles maisons ont été construites sans ventilation dans la salle de bains. La fenêtre ouverte tient lieu de ventilation, ce qui n'est pas très économique ni agréable les jours de grand froid. On a parfois installé des fenêtres à l'intérieur des cabines de douche. Ce type de construction est un véritable désastre et finit presque toujours par causer de sérieux dégâts d'eau dans les murs. Si vous êtes pris avec ce genre de salle de bains, l'installation d'un ventilateur électrique (et l'élimination de la fenêtre de douche) réglera une bonne partie de vos problèmes de moisissure.

Emplacement du ventilateur

Un ventilateur de salle de bains devrait être capable de remplacer la totalité de l'air de la pièce en 30 minutes. Il devrait être est près du plafond ou dans le plafond même pour assurer que l'air chaud humide sera bien évacué. Le conduit peut être dirigé directement vers une sortie d'air latérale sur le mur extérieur ou vers la grille d'aération dans l'avant-toit en passant par le grenier.

Vous devrez retirer de l'isolant là où vous installerez le ventilateur le long de la solive. Vous pourrez recouvrir le conduit de matériau isolant, ce qui est une bonne idée pour réduire la condensation à l'intérieur.

Le plus simple consiste généralement à installer le conduit directement dans un mur, surtout si vous choisissez un emplacement présentant aussi une prise de courant située entre les mêmes poteaux, ce qui épargnera du travail à l'électricien. Installez le

Choix d'installations

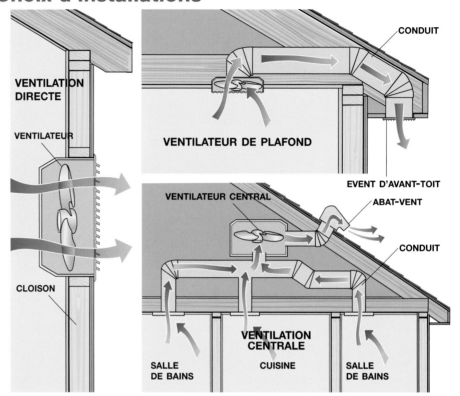

Les appareils à ventilation directe sont les plus faciles à installer mais souvent les moins efficaces en matière de rendement énergétique. Les conduits des ventilateurs de plafond doivent être isolés pour éviter la formation de condensation. Les installations à ventilateur central sont moins bruyantes et desservent plusieurs pièces à la fois.

Installer un ventilateur de salle de bains

MATÉRIEL : ▶ scie alternative à lames multiples • perceuse • tournevis • pistolet à calfeutrer • ruban à mesurer • crayon • isolant • câbles NM • vis • serre-fils

1 *Choisissez un point d'ancrage* que rien ne risque d'obstruer à l'extérieur de la maison et vissez le boîtier du ventilateur dans le poteau le plus proche à l'intérieur.

2 *Raccordez le conduit* au boîtier du ventilateur et à la sortie d'air. Les conduits flexibles permettent un écart entre l'emplacement de l'entrée et celui de la sortie.

ventilateur dans un endroit ouvert où il pourra facilement aspirer l'humidité.

Tout cela peut changer si vos murs intérieurs sont en plâtre ou votre mur extérieur en brique. Même s'il est possible de percer un mur de brique, il est plus sage d'installer le ventilateur au plafond et de diriger le conduit vers une sortie dans le toit ou vers les grilles d'aération de l'avant-toit.

Évacuer l'humidité à l'extérieur

Si vous choisissez d'y aller par le plafond, ne vous contentez pas d'envoyer l'air chaud humide dans le grenier, car il s'y condensera. Servez-vous de l'espace entre les solives de plafond pour diriger les conduits vers une grille dans l'avant-toit ou dans le toit.

Il vaut mieux choisir une grille dans l'avant-toit parce que d'une part cela vous évitera de faire un trou dans le toit et d'autre part l'air humide du conduit se condensera, là où il sera exposé, par exemple dans un grenier. Lorsque la paroi du conduit est froide, de l'humidité se forme avant que l'air puisse être évacué et redescend le long du conduit jusqu'au ventilateur pour retourner dans la salle de bains. Vous éviterez ce genre de problème en faisant monter le conduit en droite ligne depuis la grille du plafond jusqu'au vide entre les solives de plafond, d'où vous le ferez tourner en direction du mur extérieur en lui donnant une légère inclinaison jusqu'à la grille d'aération dans l'avant-toit. Le conduit ne vous gênera pas non plus si vous décidez d'utiliser le grenier ou le vide sanitaire comme espace de rangement.

MATÉRIEL : ▶ vérificateur de circuit • tournevis ▶ boîte d'interrupteur • minuterie avec couvercle • câbles NM • serre-fils

1 *Assurez-vous que l'alimentation du vieil interrupteur* a été coupée, retirez les vis de fixation et débranchez les fils.

2 *Raccordez le nouvel interrupteur aux fils.* Assurez-vous que le fil forme une boucle autour de la vis de la borne et serrez bien la vis.

Si l'humidité persiste au moment de quitter la salle de bains après une douche et que le miroir est toujours embué, remplacez l'interrupteur de type standard du ventilateur par une minuterie. (Vous en trouverez chez les fournisseurs de matériel électrique ou dans les boutiques qui vendent des saunas). Elles sont munies d'un sélecteur que vous pouvez faire tourner pour prolonger le temps de marche. Quelques minutes après que vous avez quitté la pièce, le ventilateur s'éteint automatiquement. Vous n'avez pas à vous soucier de l'éteindre et vous ne risquez pas qu'il fonctionne toute la journée et consomme de l'énergie.

3 *La plupart des minuteries* sont munies d'un ressort. Vous n'avez qu'à tourner le sélecteur jusqu'à la durée désirée et à quitter la pièce.

▶ grille • boîte d'interrupteur • abat-vent muni d'un registre • ensemble de ventilateur • interrupteur de ventilateur avec sélecteur de vitesse • conduit flexible • colliers de serrage

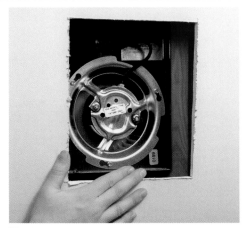

3 *Connectez les fils au boîtier* en respectant le Code et installez le moteur du ventilateur – il s'agit souvent d'un composant enfichable.

4 *Pour terminer l'intérieur,* mettez de l'isolant en vrac (ou pulvérisez de la mousse) autour du boîtier pour le sceller et posez la grille.

5 *Fixez un abat-vent sur la sortie extérieure.* Certains registres empêchent les fuites d'air lorsque le ventilateur est fermé.

Ventilation

Ventiler la cuisine

Ventiler une cuisine est un peu plus compliqué parce que la cuisson produit de la graisse de même que des vapeurs d'eau. Bien que le point d'ébullition de l'huile soit supérieur à celui de l'eau, elle n'a pas besoin de bouillir pour produire de la vapeur d'eau, laquelle se condensera sous forme d'une pellicule de graisse sur toutes les surfaces de la cuisine si la ventilation n'est pas adéquate.

Hottes

Les fours sont souvent vendus avec une hotte comme accessoire, dotée ou non d'un ventilateur. Les hottes constituent le meilleur moyen d'éliminer les odeurs de cuisson, l'humidité et la graisse directement à la source. Les hottes sans ventilateur ont d'abord pour fonction de capter les particules de graisse en suspension. Les filtres des hottes sans ventilateur doivent être changés de temps en temps et ne contribuent pas au remplacement de l'air d'une cuisine fermée.

Si votre cuisine est équipée d'une hotte sans ventilateur ou si la ventilation y est totalement absente, pensez à installer un ventilateur au plafond. Un ventilateur de plafond et une fenêtre ou une porte ouvertes peuvent travailler de concert. Le courant d'air ainsi produit aide à réduire l'accumulation des odeurs de cuisson.

Ventilateurs muraux et de plafond

Vous pouvez aussi installer un ventilateur mural ou de plafond plutôt que de doter la cuisinière d'une hotte. Les ventilateurs muraux devraient être munis d'une sortie d'air à lames à l'extérieur pour éviter que l'air et les insectes puissent entrer.

Lorsque vous choisissez un ventilateur (ou même une hotte sans ventilateur), assurez-vous que sa capacité correspond aux dimensions de la cuisine. Les ventilateurs sont évalués en pieds cubes d'air évacué par minute (pi³/mn). Pour bien évaluer, de manière empirique, la capacité d'un ventilateur, il faut compter 150 pi³/mn par pied linéaire de surface de cuisinière quand celle-ci est située le long du mur et 180 pi³/mn quand elle est située dans un îlot. D'après cette règle, une cuisinière de 30 po de largeur (multiplions 2,5 pieds linéaires par 150 pi³/mn) exigerait un ventilateur de hotte de 375 pi³/mn si elle était placée le long du mur et de 450 pi³/mn si elle était installée dans un îlot.

Les évents muraux et de plafond peuvent devenir des endroits froids quand le mercure atteint des températures très basses, mais l'on ne peut rien contre cet inconvénient. Vous devrez choisir entre l'isolation ou la ventilation, et vous feriez bien d'en tenir compte lorsque vous projeterez de ventiler votre cuisine. Une cuisine parfaitement isolée sans circulation d'air n'est ni souhaitable ni sain. Parce que les évents de cuisine ne devraient fonctionner que quand on en a besoin, on devrait les munir d'un registre de contre-courant d'air.

L'autre possibilité, pour les cuisines et salles de bains, est une installation centrale équipée d'un moteur assez puissant pour renouveler l'air de plusieurs pièces. Un des avantages de ce type d'installation est qu'il est moins bruyant parce que le moteur du ventilateur n'est pas dans le mur ou dans le plafond, mais monté dans le grenier. De gros ventilateurs situés dans des parties centrales, par exemple dans une cage d'escalier, peuvent renouveler rapidement l'air dans toute la maison.

Ventilation de la cuisinière

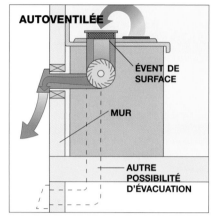

AUTOVENTILÉE
ÉVENT DE SURFACE
MUR
AUTRE POSSIBILITÉ D'ÉVACUATION

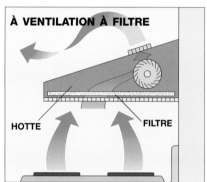

À VENTILATION À FILTRE
HOTTE
FILTRE

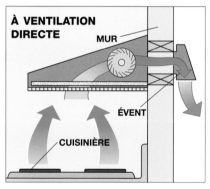

À VENTILATION DIRECTE
MUR
ÉVENT
CUISINIÈRE

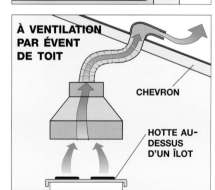

À VENTILATION PAR ÉVENT DE TOIT
CHEVRON
HOTTE AU-DESSUS D'UN ÎLOT

La cuisine peut être le point central de la ventilation avec de multiples ventilateurs et filtres intégrés.

Ventiler la buanderie

Le conduit de ventilation de la sécheuse est toujours dirigé directement vers l'extérieur de la maison parce que l'air qui y est évacué est un mélange de chaleur, d'humidité et de fines peluches. Plusieurs types de conduits feront le travail y compris ceux en plastique flexible qui sont généralement les plus faciles à installer. Mais les conduits en métal incombustibles sont ceux qui offrent la meilleure protection contre les incendies et ils sont exigés par la plupart des codes du bâtiment.

Vous devriez en tenir compte le jour où vous déciderez d'en installer un parce qu'un conduit de sécheuse bouché peut constituer un risque d'incendie quand les peluches se sont accumulées et empêchent l'air de sortir. Voilà pourquoi les conduits de sécheuse devraient toujours être les plus courts possible et passer directement de l'arrière de la sécheuse au mur extérieur.

La plupart des sécheuses sont chauffées à l'électricité, mais certaines utilisent le gaz naturel. Si vous possédez une sécheuse au gaz, il est important que vous vous assuriez que son système de ventilation est conforme au Code.

Pour réduire les risques d'obstruction, placez la sortie extérieure au même niveau que celle de la sécheuse et évitez que le conduit ne fasse des détours ou comporte des angles droits. Dans le sous-sol, faites passer le conduit au-dessus de la lisse d'assise pour ne pas avoir à percer un trou dans le mur de fondation.

PRÉVENTION DES INCENDIES

La principale cause d'incendie associé à une sécheuse est l'accumulation de peluches au niveau du filtre ou du conduit d'évacuation. Voici quelques consignes de prévention :

Solutions

▶ Nettoyez le filtre à peluches avant de mettre des vêtements à sécher dans la sécheuse ou après l'avoir fait.

▶ Assurez-vous que la sortie extérieure ou les lames ne sont pas obstruées.

▶ Si la sécheuse chauffe, démontez le conduit d'évacuation pour vérifier s'il est bouché.

▶ Pour limiter le risque d'obstruction, utilisez des conduits à paroi souple plutôt que rigide.

▶ Consultez les instructions du fabricant. Beaucoup de sécheuses évaluées par l'Underwriters Laboratory doivent avoir des conduits en métal et non en plastique.

▶ Installez un extincteur et un détecteur de fumée dans la buanderie.

Installer un conduit d'évacuation pour sécheuse

MATÉRIEL : ▶ scie sauteuse • tournevis ▶ conduit d'évacuation pour sécheuse • conduit flexible • hotte avec registre • colliers de serrage • pâte à calfeutrer

1 *Choisissez un emplacement entre les poteaux,* tracez un cercle et pratiquez une ouverture du diamètre du conduit.

2 *Pratiquez la même ouverture dans le mur extérieur* et montez le couvercle de l'évent.

3 *À l'intérieur,* une des extrémités du conduit flexible s'adapte au tuyau de l'évent.

4 *L'autre extrémité* s'adapte à la sortie de la sécheuse. Fixez les deux extrémités à l'aide de colliers de serrage.

Modes de conduits d'évacuation de sécheuse

Les conduits d'évacuation de sécheuse devraient passer par le plus court chemin pour se rendre de l'appareil à la sortie extérieure. Il se peut toutefois que vous préfériez prolonger le conduit jusqu'au sous-sol où vous pourrez percer un trou au-dessus de la lisse d'assise plutôt que dans le béton. Si la sortie extérieure dépare la maison, dissimulez-la derrière un massif d'arbustes. Mais n'allez pas utiliser de longs conduits entortillés pour faire plus esthétique. Ne faites pas non plus sortir le conduit de la sécheuse directement dans la buanderie même par grand froid. Vous épargnerez peut-être un peu de chaleur mais répandrez des gallons de vapeur d'eau et un nuage de peluches dans l'air.

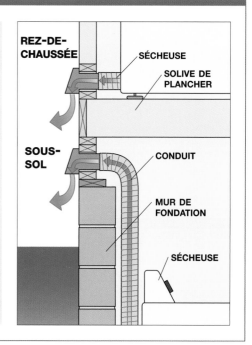

REZ-DE-CHAUSSÉE

SÉCHEUSE

SOLIVE DE PLANCHER

SOUS-SOL

CONDUIT

MUR DE FONDATION

SÉCHEUSE

Ventilation

Ventilateurs

Un gros ventilateur électrique installé dans un mur de pignon peut ventiler toute la maison. Selon la dimension et la vitesse de l'appareil, vous pourrez remplacer complètement l'air de la maison en quelques minutes. Durant la saison chaude, le ventilateur gardera votre maison fraîche jusqu'au milieu de l'après-midi, ensuite le climatiseur prendra la relève. En hiver, il pourra évacuer l'humidité plus rapidement que les évents passifs et aider à prévenir la formation de glace. Si l'installation comporte un réseau de conduits qui peuvent être ouverts ou fermés pour réguler le débit d'air, alors la salle de bains, la cuisine et le grenier peuvent être ventilés séparément ou ensemble.

L'installation d'un ventilateur central est un peu compliquée mais à la portée de nombreux bricoleurs. Le ventilateur exigera sans doute son propre circuit et vous devrez peut-être avoir recours à un électricien pour l'installer, surtout s'il s'agit d'un circuit de 220 volts. (Voir « Électricité », pages 348-349.) Dans le cas des ventilateurs installés dans un mur de pignon, assurez-vous que le ventilateur et les connexions sont conçus pour être exposés à la pluie et à la neige. L'eau ne constitue généralement pas un problème pour les ventilateurs installés dans le plancher d'un grenier au-dessus d'une cage d'escalier, mais il faut être prudent quand on en installe un près d'un évent de pignon.

Ventilateurs de plafond

Les ventilateurs de plafond sont un bon choix pour faire circuler l'air, surtout dans les pièces à plafond élevé. Ils peuvent aussi travailler de concert avec le ventilateur central et offrir un système de ventilation très efficace. L'air chaud monte et reste en haut jusqu'à ce qu'il refroidisse et redescende enfin. Un ventilateur de plafond fonctionnant en même temps qu'un ventilateur de grenier s'avérera beaucoup plus efficace pour éliminer l'humidité ou l'air stagnant qu'un ventilateur de grenier seul.

Les ventilateurs de plafond à variation de vitesse constituent le meilleur choix pour assurer à la fois la circulation de l'air et la ventilation. Certains ventilateurs offrent trois vitesses : la plus lente empêchera l'air chaud de monter, la moyenne créera de légers courants d'air et la plus rapide pourra, en fait, remplacer l'air de la pièce. Un ventilateur de plafond réglé sur « maximum » dans une cuisine dont on ouvre une porte ou une fenêtre peut éliminer une odeur de brûlé ou de cuisson en quelques minutes.

Installer un ventilateur central

MATÉRIEL : ▶ égoïne • scie à plaques de plâtre • coupe-fils • clé • vérificateur de circuit • marteau • tournevis • étriers à solive • clous • câble NM • rondelles en caoutchouc • vis • serre-fils

1 *Tracez le contour de l'ouverture* sur le plafond sous le grenier et pratiquez une ouverture dans la plaque de plâtre à l'aide d'une scie à plaques de plâtre.

2 *Déposez un madrier sur les solives* pour vous constituer une plate-forme de travail solide et sciez la solive qui traverse l'ouverture.

Choix d'installations

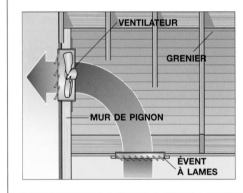

VENTILATEUR
GRENIER
MUR DE PIGNON
ÉVENT À LAMES

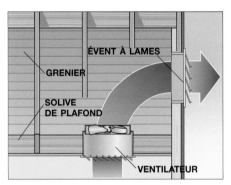

ÉVENT À LAMES
GRENIER
SOLIVE DE PLAFOND
VENTILATEUR

Installer un ventilateur de plafond

MATÉRIEL : ▶ perceuse • marteau • pince à long bec • scie sauteuse • tournevis • coupe-fils • clé • vérificateur • vis • serre-fils • cale

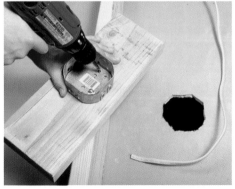

1 *Pratiquez une ouverture* pour la boîte de jonction spéciale du ventilateur de plafond et vissez celle-ci à un bout de bois qui reliera les deux solives.

2 *Amenez le câble requis à la boîte,* déposez la boîte sur le trou et clouez le bout de bois entre les solives.

Ventilation centrale

• masque antipoussières ▶ ventilateur central • interrupteur de ventilateur muni d'un sélecteur de vitesse • boîte d'interrupteur • scie sauteuse • 2 bouts de solive

3 *Clouez un premier bout de solive* en travers et doublez-le d'un second ; doublez aussi, au besoin, les solives latérales sur toute la longueur.

4 *Montez le boîtier du ventilateur* sur l'ouverture. Branchez le moteur au circuit selon les instructions du fabricant.

5 *La plupart des modèles* sont munis d'une grille dont les lames s'ouvrent automatiquement lorsque le ventilateur est mis en marche.

ATTENTION !

▶ **Ne surchargez pas le circuit.**
Lorsque vous achetez un ventilateur de grenier ou un ventilateur de plafond, on vous fournit des renseignements sur l'installation électrique, la puissance nominale en watts, etc. Certains ventilateurs auront besoin de courant et pour le moteur et pour le luminaire et certains gros modèles exigeront 220 volts. Pour que votre installation soit sûre, assurez-vous que la demande totale du circuit n'excède pas la capacité de votre fusible ou de votre disjoncteur.

Réduire la vibration

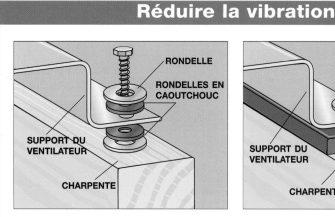
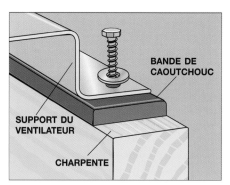

de circuit ▶ ventilateur de plafond • interrupteur de ventilateur/sélecteur de vitesse • support de fixation • boîte d'interrupteur • câbles NM • boîte octogonale • clous

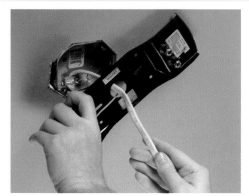

3 *Faites passer les fils* par le trou du support de fixation prévu à cette fin et fixez bien le support au bout de bois transversal et aux solives.

4 *Fixez le moteur du ventilateur* au support en suivant les instructions du fabricant. Fixez-le solidement pour ne pas que la vibration finisse par le desserrer.

5 *Enfin, posez le boîtier et les pales.* S'il n'est pas muni d'une chaîne, le ventilateur devrait avoir son propre interrupteur.

Ventilation

Ventiler le toit

Un toit bien ventilé garde la maison fraîche et réduit les coûts de climatisation durant l'été, empêche la formation de glace et de condensation durant l'hiver, et contribue à prolonger la durée de vie des bardeaux d'asphalte. Un bon système de ventilation est facile à installer et peu coûteux, et pourrait peut-être éliminer complètement le besoin de climatisation.

Ventilation par le faîtage

Une des dernières innovations en matière de ventilation de toit est la ventilation par le faîtage. Ce système permet à la circulation d'air naturelle, le long des chevrons, et au vent à l'extérieur de créer une pression d'air négative qui fera aussi sortir l'air du grenier. La ventilation par le faîtage est la meilleur façon de renouveler l'air du grenier en consommant peu d'énergie. L'évent de faîtage recouvre une ouverture longitudinale pratiquée dans le toit le long du faîte. Il coiffe l'ouverture avec un grillage et un petit capuchon en plastique dont la fonction est d'empêcher la pluie d'atteindre l'évent.

Pour poser un évent de faîtage, il faut retirer les bardeaux le long du faîte afin d'exposer le feutre-toiture. Ensuite, il faut couper le papier noir sur un largeur de trois pouces à partir du haut du toit pour exposer le support de couverture. À l'aide d'un cordeau traceur, tracez une ligne d'un bout à l'autre du toit à deux pouces de l'arête. Sciez la partie à retirer à l'aide d'une scie circulaire réglée à l'épaisseur exacte des panneaux de support de couverture (généralement $1/2$ à $5/8$ po). Fixez l'évent de faîtage à l'aide de pâte à calfeutrer et de clous.

Les évents de faîtage permettent à l'air qui entre par les grilles de l'avant-toit de sortir par le sommet du toit. Les turbines font le même travail sauf que dans ce cas-ci, la chaleur qui monte dans l'évent fait tourner les ailettes de la turbine et par conséquent évacue davantage d'air du grenier. Plus l'air est chaud, plus la turbine tourne vite.

Autres types d'évents de toit

Les autres types d'évents courants comprennent les grilles fixes (dans l'avant-toit ou la partie supérieure d'un pignon) qui fonctionnent de concert avec des aérateurs à lames et divers ventilateurs électriques. La capacité de ces dispositifs dépend de la dimension de la surface de ventilation. Les codes du bâtiment exigent généralement que la surface de ventilation soit égale, au moins, à $1/300^e$ de la surface en pieds carrés de grenier à ventiler ($1/150^e$ si le plafond n'a pas de pare-vapeur).

Installations mixtes

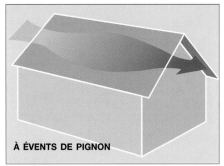

À ÉVENTS DE PIGNON

À ÉVENTS D'AVANT-TOIT ET ÉVENT DE FAÎTAGE

Installations mixtes pour grenier. En haut à gauche : les évents de pignon offrent une ventilation de bout en bout. En haut à droite : installation à évents d'avant-toit et évent de faîtage. En bas à gauche : à évents d'avant-toit et évents de pignon. En bas à droite : à évents d'avant-toit et turbine. Consultez les codes locaux pour connaître les exigences minimales en matière de ventilation.

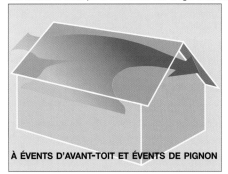

À ÉVENTS D'AVANT-TOIT ET ÉVENTS DE PIGNON

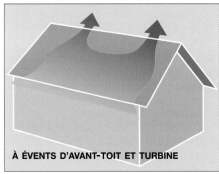

À ÉVENTS D'AVANT-TOIT ET TURBINE

Maintenir une circulation d'air dans le grenier

Les déflecteurs d'air empêchent l'isolant en vrac sur le plancher du grenier de gêner le passage de l'air dans les grilles d'aération de l'avant-toit. Pour installer un déflecteur, il suffit d'enlever l'excédent d'isolant, de le placer entre les chevrons et de le fixer au toit à l'aide d'une agrafeuse.

Évents d'avant-toit

Les grilles d'aération de l'avant-toit se présentent sous trois principales formes : circulaire, rectangulaire et perforée. Les grilles de forme circulaire, ou évents encastrables, sont plus faciles à installer que les grilles rectangulaires ou les grilles d'aération en longueur. Vous n'avez besoin que d'une perceuse et d'une queue-de-cochon, ou d'une scie à trous, pour faire le trou dans lequel s'encastrera l'évent encastrable, alors que les évents de faîtage requièrent une scie circulaire pour pratiquer l'ouverture. Il est plus facile et moins dangereux d'utiliser une perceuse dans une section en surplomb qu'une scie circulaire à l'envers, surtout si vous êtes dans une échelle. Si vous posez des grilles d'aération rectangulaires, demandez à quelqu'un de bien tenir l'échelle.

Une autre possibilité est de retirer le contreplaqué de l'avant-toit, d'y faire l'ouverture désirée et de tout remettre en place. C'est avantageux si l'avant-toit présente de la pourriture sèche et doit être remplacé de toute façon. Si vous projetez de poser des grilles rectangulaires, il semble que ce soit la meilleure façon.

Les grilles d'aération en longueur sont préformées en vinyle ou en aluminium et peuvent être installées une fois le vieux matériau d'avant-toit retiré. Le matériau perforé pour avant-toit élimine l'usage de contreplaqué, mais il se peut qu'il ne soit pas offert dans les dimensions ou la couleur qu'il vous faut. Les centres de rénovation ont généralement des catalogues de fabricants indiquant les dimensions et les couleurs de leurs produits.

Ouvrir une voie d'aération

Un fois que vous aurez choisi la façon de ventiler votre avant-toit, vérifiez l'espace entre les solives de plafond pour être certain que les matériaux isolants ne font pas obstacle à la circulation de l'air. Tout isolant dans l'avant-toit est contraire au but recherché, et une inspection section par section est la meilleure façon de s'assurer que l'air circule bien dans les bouches d'aération.

Les maisons dont le matériau isolant a été soufflé sont plus susceptibles d'avoir ce problème parce que l'isolant en vrac a tendance à s'amonceler. Une façon d'éviter que la cellulose soufflée se retrouve dans les grilles d'aération de l'avant-toit est de mettre en place une paroi de séparation entre l'avant-toit et le plafond (qui doit être isolé). Faites les séparations en matériaux rigide et coupez-les pour qu'elles comblent parfaitement l'espace entre les solives. Pour l'isolant de fibre de verre, repliez simplement le matelas sur lui-même ou sous lui-même pour que son extrémité ne recouvre pas l'avant-toit.

Installer des grilles d'aération en longueur

MATÉRIEL : ▶ scie circulaire • ciseau à bois • perceuse • marteau • tournevis ▶ grille d'aération en longueur • vis

1 *Faites deux entailles parallèles* dans l'avant-toit, de la longueur de la grille d'aération, à l'aide d'une scie circulaire (en étant très prudent dans cette position).

2 *Coupez les deux extrémités du rectangle* ainsi formé à l'aide d'un ciseau à bois bien aiguisé ou percez un petit trou de départ et utilisant une scie alternative à lames multiples.

3 *Certaines grilles d'aération en longueur* présentent des rebords qui doivent être mis sous le contreplaqué tout le long de l'entaille ; d'autres se vissent dans le contreplaqué.

4 *Fixez les grilles d'aération* à plat sur l'avant-toit à l'aide de vis de $^1/_2$ po à un pied de distance l'une de l'autre.

Évents encastrables / panneaux perforés

Les évents encastrables sont les plus faciles à poser. Percez un trou dans l'avant-toit entre les chevrons et enfoncez l'évent dans l'ouverture.

Les panneaux perforés sont généralement faits de vinyle perforé et permettent de ventiler entièrement l'avant-toit.

Ventilation

Percer le toit

Même dans les régions à climat modéré tout au long de l'année, la température de l'air dans le grenier peut monter en flèche quand il fait soleil. Mais le plancher d'un grenier non fini est aussi le plafond de la pièce située en dessous qui, elle, est habitée. Or même quand ce plancher/plafond est isolé, des températures pouvant atteindre 50 °C et plus peuvent se propager à l'espace habitable par rayonnement et augmenter la charge du système de climatisation.

L'une des raisons pour lesquelles vous devriez ventiler le grenier, et donc diminuer sa température, est que, ce faisant, vous améliorerez le rendement du climatiseur. Vous aurez aussi besoin que l'air y circule pour faire sortir l'humidité en provenance de l'espace habitable. Même si le plancher/plafond est isolé et protégé par un pare-vapeur (d'ordinaire une membrane de polyéthylène de 6 mils d'épaisseur), une certaine quantité d'humidité produite par la cuisson, la lessive et d'autres tâches ménagères s'infiltre inévitablement par les fentes et les joints. Ce peut ne pas sembler un problème si le grenier n'est pas habité, mais l'humidité qui s'y accumule peut se condenser sur la charpente, favoriser la pourriture et dégoutter sur l'isolant et les plaques de plâtre du plafond.

Pour prévenir ce type de problème, la meilleure approche consiste à traiter les greniers non habitables comme s'il s'agissait d'un espace extérieur. Isolez bien l'espace habitable en dessous et munissez-le d'un pare-vapeur, mais ventilez à fond le grenier. Il y a plusieurs façons d'obtenir une ventilation complète. La plupart des dispositifs sont plus faciles à installer dans les constructions neuves quand on peut les faire passer entre les divers types de revêtement sans encombre. Sur des maisons déjà construites, on peut installer les trois principaux types de ventilation par grilles d'aération dans l'avant-toit, illustrés à la page précédente, des évents de toit, des évents de pignon ou un évent de faîtage.

L'installation exigera cependant que vous fassiez une partie du travail depuis le grenier et l'autre en vous servant d'une échelle pour atteindre le triangle de parement situé juste sous l'arête du toit, à moins que vous ne travailliez depuis le toit lui-même. Si vous faites le travail vous-même, construisez une solide plate-forme de travail qui prendra appui sur les solives du grenier. Soyez très prudent si vous utilisez une échelle. Et ne travaillez depuis le toit que si sa pente est peu prononcée. N'oubliez jamais la règle de sécurité la plus importante : si vous n'êtes pas à l'aise dans les hauteurs ou si vous n'êtes pas sûr de vous, restez sur le plancher des vaches. Embauchez un entrepreneur et consacrez votre énergie de bricoleur à réaliser des projets sur la terre ferme.

Les évents de toit ont de nombreuses formes, mais présentent généralement une sorte d'abat-vent et un rebord autour de la base qui sert à sceller la jonction de l'évent avec le matériau de couverture. Ces évents constituent un bon choix si vous voulez trouver une solution aux problèmes de « zones mortes », par exemple là où le grenier d'une aile d'un étage d'une maison vient toucher au mur adjacent du second étage. Comme il est impossible de ventiler ce type de grenier aux extrémités, il a tendance à emprisonner l'air. Un évent de toit (ou une turbine) installé au niveau de l'arête près de l'extrémité fermée du grenier peut régler le problème. La meilleure façon d'assurer l'étanchéité de ces installations, et cela vaut pour tous les types d'évents, est de faire en sorte que le matériau de couverture recouvre les côtés supérieur et latéraux de l'évent et que le côté inférieur recouvre le matériau de couverture.

Les évents de pignon s'installent de la même façon, sauf que dans le cas des maisons déjà construites, vous devrez couper le parement plutôt que le matériau de couverture pour atteindre le revêtement de contreplaqué.

Les évents de faîtage qui aèrent le grenier sur toute la longueur demande un peu plus de travail. En plus d'avoir à arracher les bardeaux le long du faîtage, vous devrez pratiquer une ouverture longitudinale dans le support sur chacun des plans du toit. Cette ouverture étroite permettra une circulation continue d'air entre les grilles d'aération de l'avant-toit et le sommet du toit.

CIRCULATION DE L'AIR

VITRE

CHÂSSIS

VOLET D'AÉRATION

Certaines tabatières sont munies d'un volet d'aération et laissent passer l'air même par mauvais temps quand elles sont fermées.

Installer un évent de toit

MATÉRIEL : ▶ scie alternative à lames multiples • niveau de 4 pi

1 **Déterminez l'endroit dans le grenier** où vous voulez installer l'évent (entre les chevrons) et plantez-y un clou pour indiquer son emplacement sur la couverture.

Installer un évent de pigeon

MATÉRIEL : ▶ scie circulaire • ciseau à bois • perceuse

1 **Tracez le contour** de l'ouverture sur le mur intérieur. Posez des bouts de bois entre les montants pour former la charpente nécessaire à l'évent.

Installer un évent de faîtage

MATÉRIEL : ▶ cordeau traceur • scie circulaire • bitume de collage

1 **Enlevez les bardeaux de faîtage** sur une largeur d'environ 2 po de chaque côté de l'arête du toit.

• levier • couteau à mastiquer • marteau • ruban à mesurer • crayon • couteau universel ▶ évent de toit • bardeaux de remplacement • clous galvanisés pour couverture • bitume de collage

2 Tracez le contour de l'évent selon les instructions du fabricant en prenant pour centre le clou, puis enlevez les bardeaux.

3 Une fois les bardeaux retirés, pratiquez l'ouverture à l'aide d'une scie alternative à lames multiples.

4 Pour empêcher que l'eau ne s'infiltre, glissez les rebords supérieur et latéraux de l'évent sous les bardeaux. Scellez les clous au moyen de bitume de collage.

• marteau • tournevis ▶ grille d'aération en longueur • vis

2 Plantez des clous de l'intérieur pour indiquer l'emplacement du rectangle et tracez-en le contour, à l'extérieur, au sommet du pignon.

3 Décollez le papier goudronné ou le pare-vent selon le besoin, puis sciez le revêtement de contreplaqué à l'aide d'une scie circulaire.

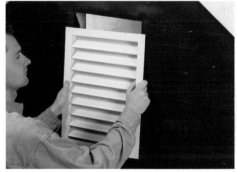

4 Calfeutrez sous les bords de l'évent et clouez-le selon les instructions du fabricant. L'arrière devrait être grillagé.

• marteau • levier • couteau à mastiquer • règle droite • couteau universel ▶ clous galvanisés pour couverture • bardeaux de faîtage de remplacement • évent de faîtage

2 Décollez les bardeaux et le papier goudronné, faites une ligne à l'aide du cordeau traceur et sciez le contreplaqué le long de l'arête.

3 Clouez l'évent de faîtage par-dessus l'arête du toit. Le matériau flexible dont est fait l'évent épouse facilement la forme du toit tandis que les déflecteurs permettent à l'air de s'échapper.,

4 Dissimulez l'évent sans réduire son efficacité en installant une nouvelle rangée de bardeaux de faîtage à chevauchement.

21
Sécurité
et prévention
des accidents

Sécurité et prévention des accidents

Le sentiment de sécurité

Les maisons parfaitement à l'épreuve des cambrioleurs n'existent pas ; si l'un d'eux désire vraiment entrer, même le système de sécurité électronique le plus sophistiqué ne pourra probablement pas l'en empêcher. C'est une question de degré : peu de protection peut être imprudent mais trop s'avérer accablant. Ce qui procure un sentiment de sécurité à une personne dans une maison peut en effrayer une autre.

Il existe plusieurs manières d'obtenir un niveau de sécurité satisfaisant, qui vont de l'élémentaire précaution consistant à ne pas dire aux gens que vous vous absentez à l'installation d'un système d'alarme électronique coûteux relié à un poste de surveillance. Mais certaines des mesures les plus efficaces sont relativement simples. Commencez par renforcer les mesures de protection de base dont vous disposez déjà, à savoir les serrures des portes, les verrous des fenêtres et les appareils d'éclairage, avant de vous doter d'un arsenal de sécurité. De cette façon, vous pourrez améliorer la sécurité de votre résidence sans perturber votre petite routine quotidienne… ni faire une brèche dans votre compte en banque.

Les serrures

Il y a une raison pour laquelle les châteaux étaient ceints de douves : c'est qu'il est plus facile de repousser l'ennemi quand celui-ci n'a qu'un seul point par où entrer. Or, les maisons d'aujourd'hui en ont une dizaine sinon davantage, c'est-à-dire l'ensemble des portes et des fenêtres.

Il vous faut une bonne serrure sur la porte d'entrée bien sûr, mais un cambrioleur ne s'acharnera pas sur une double serrure à pêne dormant si vous avez laissé une fenêtre entrouverte pour aérer la pièce au rez-de-chaussée ou au sous-sol. Il est plus logique de doter chaque point d'accès d'une protection raisonnable. Les fenêtres ont besoin d'un verrou, et il vous faudra vous souvenir de les verrouiller avant de vous absenter pour la soirée. Si vous voulez laisser une fenêtre entrouverte pour aérer la pièce en période de canicule, il vous suffira de poser un deuxième verrou pour fenêtre entrouverte tel que décrit à la page 392 (« Verrouiller une fenêtre ouverte »).

Les fenêtres du sous-sol sont des cibles particulièrement faciles pour les cambrioleurs ; elles sont si près du sol qu'on peut difficilement apercevoir quelqu'un s'y glisser. Pour améliorer leur sécurité, vous pouvez installer des grilles articulées et un verrou à l'intérieur de chaque fenêtre ou une grille en métal faite sur mesure à l'extérieur. Une solution donnant moins l'aspect d'une prison serait de remplacer les fenêtres par des blocs de verre. Vous ne pourriez plus ventiler la pièce mais ne perdriez pas la lumière du jour. (Pour l'installation, voir « Verre et Miroirs », pages 198-199.)

Serrures à clé et mixtes

S'il est relativement facile de briser une serrure de type classique, ce n'est pas le cas pour la serrure à pêne dormant ci-dessus parce qu'elle verrouille la porte au jambage.

Ce type de serrure est à combinaison et à clé au cas où vous auriez oublié la combinaison.

Vue en coupe d'une serrure

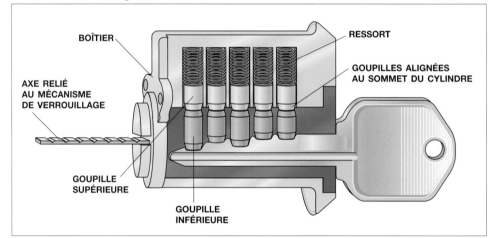

BOÎTIER
RESSORT
GOUPILLES ALIGNÉES AU SOMMET DU CYLINDRE
AXE RELIÉ AU MÉCANISME DE VERROUILLAGE
GOUPILLE SUPÉRIEURE
GOUPILLE INFÉRIEURE

Régler les problèmes de serrure

Quand le mécanisme d'une serrure est difficile à faire fonctionner ou réagit mal, il est possible que ce soit parce qu'il est encrassé. Lubrifiez le barillet avec de l'huile lubrifiante.

Si vous ne pouvez insérer la clé parce que de la glace s'est introduite dans la serrure, servez-vous d'un séchoir à cheveux pour la faire fondre, ou chauffez la clé avec une allumette et essayez de la réintroduire.

Plusieurs entrent par le garage. Les programmes des commandes à distance modernes permettent de modifier le code tous les jours.

La plupart des serrures présentent le même type de barillet. Deux rangées de goupilles à ressort sont coupées à des longueurs différentes et ne s'alignent (ce qui permet d'ouvrir la porte) que lorsqu'on introduit la bonne clé dans la serrure. Le système offre une certaine sécurité et n'est pas très compliqué. Malheureusement, beaucoup de cambrioleurs fracassent la porte et le chambranle. Il est donc avisé de visser le chambranle dans la charpente à l'aide de longues vis et de poser une serrure à pêne dormant. Il est possible que certains règlements interdisent les clés de serrure à pêne dormant à l'intérieur (au lieu d'un tourniquet) pour empêcher que vous ayez à chercher la clé en cas d'incendie.

Lorsqu'une clé se brise dans une serrure, soulevez la partie brisée à l'aide d'une fine lame de métal et retirez-la au moyen d'une pince.

Programmes de sécurité

Dans certaines régions, les fausses alarmes en provenance des systèmes de sécurité sont si nombreuses que les policiers réduisent le nombre de leurs interventions ou cessent complètement d'y répondre. Les systèmes électroniques sont dissuasifs mais ils ne sauraient se substituer à une serrure de fenêtre ou de porte de haute qualité, à un bon éclairage extérieur qui ne permet pas aux cambrioleurs de se dissimuler et à la surveillance mutuelle des voisins.

Un panneau indiquant l'existence d'un programme de surveillance de la criminalité ou l'autone stoppera peut-être pas un cambrioleur déterminé mais dissuadera un voleur occasionnel.

Sécurité et départ en vacances

Si vous avez des montagnes d'argent dans la maison, les cambrioleurs seront prêts à affronter une meute de rottweilers pour s'en emparer. Mais si votre caverne d'Ali Baba ressemble à celle de la plupart des gens, ne contenant qu'un ou deux téléviseurs, une chaîne stéréo, des choses comme ça, la plupart des voleurs ne s'introduiront dans votre domicile que s'ils sont sûrs que vous n'y êtes pas. Vous trouverez ci-dessous quelques trucs pour faire croire aux cambrioleurs qu'une activité normale se déroule dans votre demeure grâce à l'emploi de minuteries et d'autres dispositifs, même si vous êtes en vacances au loin.

Une boîte aux lettres qui déborde et une pile de journaux éparpillés sont une indication claire que personne n'est à la maison. Suspendez toute livraison lorsque vous partez un certain temps

QUELQUES CONSEILS AVANT DE PARTIR EN VACANCES

▶ **Ne rangez pas tout** — Laissez des signes d'activité normale comme un râteau sur la pelouse en avant de la maison.

▶ **Suspendez toute livraison** — Ne laissez pas les journaux ou le courrier s'accumuler à la porte de votre domicile lorsque vous êtes en voyage.

▶ **Appels téléphoniques** — Laissez votre répondeur en marche (et prenez vos messages à distance) ou faites suivre vos appels.

▶ **Éclairage extérieur** — Munissez l'éclairage d'une minuterie, d'un interrupteur à cellule photoélectrique ou d'un détecteur de mouvement.

▶ **Éclairage intérieur** — Réglez la minuterie de l'éclairage en fonction de votre horaire habituel tant à l'étage qu'au rez-de-chaussée.

▶ **Déclencheur d'activité** — Munissez l'éclairage intérieur d'interrupteurs spéciaux qui allument les luminaires quand ils détectent des bruits ou des mouvements, par exemple une lampe près du porche.

Sécurité et prévention des accidents

Rôle des serrures

Les bonnes serrures éloignent la tentation et vous procurent un sentiment de sécurité durant les nuits pluvieuses et noires. Bien sûr, les cambrioleurs connaissent quantité de trucs et les meilleures serrures ne leur résistent pas. Mais l'usage d'une pince-monseigneur pour ouvrir une porte verrouillée ou le bris d'un carreau peut être bruyant ou prendre trop de temps ; l'un et l'autre convaincront peut-être le cambrioleur de chercher une cible présentant moins de risque.

Serrures de porte

Le type de serrure standard le plus facile à ouvrir pour un cambrioleur est la serrure à bouton. Il suffit de glisser une carte de crédit entre la gâche et le pêne et la voilà ouverte. Certaines de ces serrures présentent un contre-pêne qui rend les choses plus difficiles, mais elles peuvent être quand même arrachées à l'aide d'un tournevis ou simplement retirées de la porte.

Pour donner plus de mal aux cambrioleurs éventuels, posez une serrure à pêne dormant au-dessus de la serrure existante, ou enlevez la vieille poignée et réinstallez une serrure plus solide comme une serrure à mortaiser ou un verrou à pêne à ressort. Ce dernier est plus facile à installer que la serrure à pêne dormant et plutôt solide mais il n'est pas très élégant. La serrure à pêne dormant ne se voit pas.

Verrouiller une fenêtre entrouverte

Les dispositifs de blocage permanents et les vis ne sont d'aucune utilité sur les fenêtres si vous voulez vous payer un peu d'air frais de temps en temps ; il faut que les verrous de fenêtre puissent être sûrs tout en permettant un minimum d'aération. Des produits offerts en quincaillerie ou une installation de votre cru peut régler ce problème.

Pour les fenêtres à guillotine, le truc consiste à verrouiller les deux châssis ensemble une fois l'un d'eux en position partiellement ouverte – disons la fenêtre du haut ouverte de 2 po. Pour faire votre propre verrou, entrouvrez une des fenêtres et percez un trou dans le châssis de la fenêtre intérieure et un autre dans le châssis de la fenêtre extérieure mais aux trois quarts de la distance seulement, là où les châssis se chevauchent. Les deux châssis peuvent alors être reliés temporairement par un goujon ou un clou ordinaire.

Plusieurs fabricants offrent d'autres dispositifs attrayants, telle l'élégante serrure de châssis en laiton. Un petit logement fileté s'insère dans le châssis extérieur sans le traverser de part en part. Un long boulon de 2 $\frac{1}{4}$ po vient s'y visser en passant d'abord à travers le trou correspondant dans le châssis intérieur.

Principales serrures de porte

Les serrures à bouton sont généralement utilisées pour les portes intérieures, là où il n'est pas nécessaire de prendre des mesures de sécurité.

Les serrures à clé classiques pour les portes extérieures présentent un cylindre à l'extérieur et un tourniquet à l'intérieur.

Installer un judas

MATÉRIEL : ▶ perceuse/visseuse ▶ judas

1 *Percez un trou* au centre de la porte, à hauteur des yeux, du même diamètre que le judas, à l'aide d'une mèche bien aiguisée.

2 *Un judas* est généralement constitué d'une lentille fixée à un cylindre, lequel se glisse dans la porte et se visse à un couvercle.

Verrous de fenêtre

Le levier rotatif de ce verrou glisse sous le logement adjacent fixé au châssis extérieur et verrouille la fenêtre.

Ce verrou à came est plus difficile à ouvrir de l'extérieur parce qu'il entoure le logement de l'autre châssis.

Les serrures mixtes peuvent comporter un pêne demi-tour et un pêne dormant installés séparément ou faisant partie du même ensemble.

Les serrures à clé à pêne dormant sont plus sûres parce que le pêne à longue portée relie la porte au chambranle.

Les serrures à clé pour l'extérieur sont offertes avec divers types de poignées, notamment le bec-de-cane que les personnes ayant une déficience peuvent utiliser plus facilement.

Verrous de porte coulissante

Les verrous de porte coulissante de type serrure à crochet peuvent offrir le même degré de sécurité que les serrures de porte à charnières. Le meilleur choix est la barre de sécurité. Une des extrémités est fixée au chambranle par un support à charnière et elle peut être levée quand on ouvre la porte. L'autre extrémité vient se déposer dans un support en U fixé au panneau coulissant et une petite clé bloque le dispositif. Vous pouvez aussi installer une serrure à goujon qui bloque le panneau coulissant sur le panneau fixe. Le panneau fixe doit être fixé en permanence au chambranle de la porte.

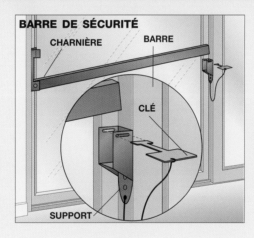

BARRE DE SÉCURITÉ

CHARNIÈRE — BARRE

CLÉ

SUPPORT

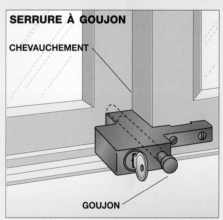

SERRURE À GOUJON

CHEVAUCHEMENT

GOUJON

Les serrures de fenêtre à clé sont sûres mais peuvent devenir peu pratiques s'il vous faut chercher la clé chaque fois que vous désirez aérer la pièce.

Ce verrou de fenêtre augmente le degré de sécurité car il est muni d'une petite butée qui l'empêche de tourner à moins que vous pressiez la poignée.

Ce verrou présente un élément mobile qui se déplace dans un support doté d'une fente. Dans cette position, l'élément mobile ne bloque plus le châssis du bas et celui-ci peut donc être ouvert.

Portes et chambranles

Un bon endroit par lequel commencer si vous projetez de rendre votre maison plus sûre est celui auquel le cambrioleur s'attaquera probablement en premier, c'est-à-dire la porte. Achetez de bonnes serrures solides, mais rappelez-vous qu'une serrure ne fait que relier la porte, qui est assez solide, au chambranle qui lui ne l'est pas. Un cambrioleur ne se donnera peut-être pas de mal pour ouvrir une serrure à pêne dormant de qualité ou pour y percer un trou à l'aide d'une perceuse quand un bon coup de pied dans la porte peut faire céder le chambranle. La porte et le chambranle verrouillés ensemble s'ouvriront alors pour le laisser entrer. Vous pouvez éliminer ce maillon faible de votre système de sécurité en rendant solidaires le chambranle et la charpente de la maison (voir ci-contre).

Portes coulissantes entièrement vitrées

La méthode qui consiste à renforcer le chambranle de porte ne fonctionnera pas avec des portes coulissantes entièrement vitrées, sans compter que celles-ci sont généralement munies de très petites serrures. Voici ce que vous pouvez faire pour améliorer la sécurité de ce type de porte. Tout d'abord, remplacez les vis fournies avec la porte par des vis qui peuvent pénétrer de plusieurs pouces dans la charpente. Ensuite, posez une serrure à pêne dormant spéciale ou une barre de sécurité (voir « Verrous de porte coulissante », page 393). Vous pourriez aussi couper un morceau de manche à balai ou un bout de 2 x 4 et le poser dans la rainure entre la porte coulissante et la partie latérale du chambranle. Voici votre porte sécurisée, sauf si le cambrioleur fracasse la vitre, un geste que bien des voleurs s'abstiendront de faire à cause du bruit qu'il engendre.

Renforcer un chambranle de porte

MATÉRIEL : ▶ levier • perceuse/visseuse ▶ cales • vis à bois

1 *Pour empêcher que les cambrioleurs* puissent entrer en fracassant le chambranle de porte, enlevez d'abord la moulure.

2 *Insérez des blocs de bois* à différents endroits dans les espaces entre le chambranle et la charpente.

3 *Enlevez le coupe-bise* pour pouvoir visser les vis à travers le chambranle, les blocs et l'ossature de la maison.

4 *Utilisez de longues vis* qui puissent pénétrer d'au moins 1 po dans le poteau le plus proche. Reposez le coupe-bise pour cacher les vis.

Matériel de sécurité

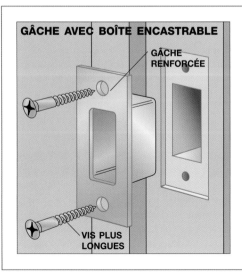

GÂCHE AVEC BOÎTE ENCASTRABLE

GÂCHE RENFORCÉE

VIS PLUS LONGUES

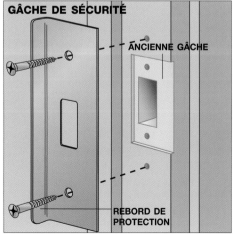

GÂCHE DE SÉCURITÉ

ANCIENNE GÂCHE

REBORD DE PROTECTION

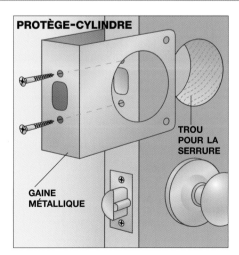

PROTÈGE-CYLINDRE

TROU POUR LA SERRURE

GAINE MÉTALLIQUE

Installer une serrure à pêne dormant

MATÉRIEL : ▶ perceuse/visseuse • scie à trous • mèche plate • ciseau plat • couteau universel • tournevis • crayon ou pointe à tracer
▶ serrure à pêne dormant

1 ***Servez-vous du gabarit en papier*** *fourni avec la serrure pour marquer le centre des trous que vous devrez percer.*

2 ***Percez un trou*** *dans le montant de la porte à l'aide d'une scie à trous. Une fois le montant traversé en bonne partie, percez de l'autre côté pour éviter de faire des éclats de bois.*

3 ***Percez un trou*** *dans le chant de la porte pour le pêne. Il est plus facile de garder la perceuse et le trou à angle droit si l'on se place à la hauteur de la perceuse.*

4 ***Mettez le pêne*** *dans son trou et tracez le contour de la têtière sur le chant de la porte à l'aide d'un couteau universel.*

5 ***Creusez une mortaise*** *aux dimensions de la têtière à l'aide d'un ciseau plat.*

6 ***Insérez le pêne*** *(de la nouvelle serrure à pêne dormant) dans le chant de la porte et fixez-le en place à l'aide des vis.*

7 ***Posez le barillet*** *en faisant glisser sa tige de métal, appelée axe, dans le mécanisme de verrouillage.*

8 ***Pour que le pêne et la gâche*** *soient au même niveau, colorez le bout du pêne, fermez la porte et tournez la clé de façon à laisser une empreinte sur le chambranle de porte.*

9 ***Pour accroître la sécurité au maximum,*** *posez une gâche épaisse et utilisez de longues vis qui pénètrent dans la charpente de la maison.*

Sécurité et prévention des accidents

Sécurité intégrée

La plupart des gens considèrent les systèmes d'alarme comme une mesure de dernier recours. Il est vrai qu'un bon système coûte très cher et est souvent assorti de frais de surveillance mensuels, et qu'il ne dispense pas d'autres dispositifs de sécurité comme des verrous de fenêtre.

Trop souvent, les systèmes d'alarme sophistiqués ont l'inconvénient d'assurer un faux sentiment de sécurité, parce qu'ils ne peuvent à eux seuls empêcher un cambrioleur déterminé d'entrer dans la maison. Et ils peuvent devenir une véritable plaie, tant il faut les armer et les désarmer souvent, sans compter le nombre de fausses alarmes. Il peut en résulter une préoccupation de sécurité excessive et une crainte permanente exagérée.

Types de systèmes d'alarme

Les systèmes d'alarme sont connectés directement à votre installation électrique ou radiocommandés. Dans ce dernier cas, un système radio utilise un transmetteur à piles pour envoyer les signaux d'alarme à un module central. Un système par câble exige que vous posiez des fils d'entrée et de sortie pour chaque composant du système. Un système d'alarme radio est beaucoup plus facile à installer mais plus coûteux, et les piles doivent être vérifiées périodiquement.

Des capteurs installés aux entrées de la maison envoient un signal au module central. Les capteurs habituels sont des interrupteurs magnétiques fixés sur les chambranles de porte ou sur les fenêtres du rez-de-chaussée, des interrupteurs dissimulés qui protègent un climatiseur ou une fenêtre à battant, ou des détecteurs de mouvement sous forme de ruban de d'aluminium fixé à une fenêtre.

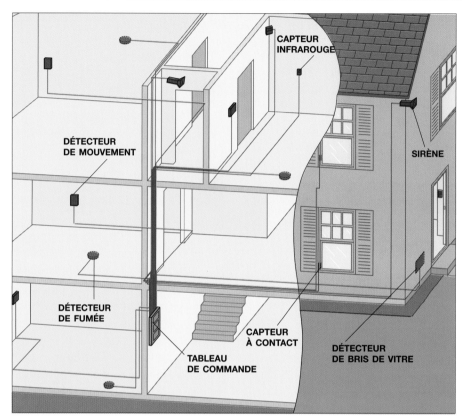

Schéma d'un système de base

CAPTEUR INFRAROUGE

SIRÈNE

DÉTECTEUR DE MOUVEMENT

DÉTECTEUR DE FUMÉE

CAPTEUR À CONTACT

TABLEAU DE COMMANDE

DÉTECTEUR DE BRIS DE VITRE

Un système d'alarme complet pour une résidence peut inclure de nombreuses fonctions : surveiller les intrusions par les portes et les fenêtres, détecter les mouvements dans une pièce et répondre aux signaux d'une multitudes de capteurs, notamment ceux des détecteurs de fumée.

Éléments communs aux systèmes de sécurité

Un système de sécurité pour une maison entière peut comprendre des dizaines d'éléments incluant des capteurs et des avertisseurs pour l'intérieur et l'extérieur.

Les fenêtres peuvent être pourvues de capteurs par fil ou sans fil. Quand une connexion entre modules est interrompue, l'alarme se déclenche.

Les capteurs sans fil sont aussi utilisés pour les portes. Il existe un autre système par fil constitué d'un bouton interrupteur, fixé dans le chambranle, qui se libère lorsqu'on ouvre la porte.

Composeurs automatiques

Certains systèmes de sécurité offrent un service de surveillance depuis une centrale ou d'autres moyens de réagir aux urgences même si vous êtes absent. Quand une alarme se déclenche dans la maison, elle est tout de suite signalée au poste de surveillance de la compagnie. Un autre procédé consiste à munir le système d'un composeur automatique. Lorsqu'un capteur est activé, le composeur automatique compose immédiatement le numéro de téléphone que vous avez programmé. Les composeurs automatiques qui utilisent une ligne téléphonique normale (donc, à l'exclusion des réseaux sans fil) ne fonctionnent pas lorsque la ligne est coupée.

Certains systèmes de sécurité résidentiels relient les capteurs anti-intrusion et d'autres éléments à une centrale de surveillance.

POLITIQUE DE FAUSSES ALARMES

▶ Avant d'investir dans un système de sécurité coûteux qui signale automatiquement les anomalies aux autorités locales, vérifiez auprès de votre service de police sa politique en matière de fausses alarmes. Dans certaines régions, le service de police n'a peut-être ni les ressources ni le budget pour répondre à toutes les alarmes. Il se pourrait qu'une pénalité soit prévue quand elles se font trop nombreuses. Dans certains cas, les policiers peuvent ne plus répondre après un certain nombre d'alarmes en provenance de la même adresse.

Capteurs sans fil

Les capteurs sans fil sont comme les téléphones sans fil. Ils font le même travail que les composants des systèmes de sécurité classiques, mais ils signalent l'anomalie au tableau de commande central au lieu de la relayer par fil d'un bout à l'autre de la maison. Les capteurs sans fil sont faciles à installer dans une maison déjà construite où il peut être compliqué de dissimuler les fils. La plupart des capteurs ont des modèles sans fil, y compris les détecteurs de mouvement et les détecteurs de bris de vitre ou d'inondation pour le sous-sol.

Un capteur sans fil est doté d'un circuit qui surveille les intrusions au niveau des fenêtres et des portes, par exemple, et d'une pile pour signaler l'intrusion.

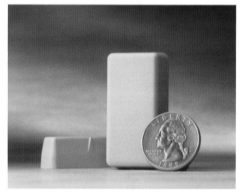

De nombreux capteurs sans fil sont à peine visibles (deux fois la taille d'une pièce de 25 cents).

Plusieurs systèmes de sécurité résidentiels comprennent un bouton panique qui peut déclencher une alarme depuis n'importe quelle pièce de la maison.

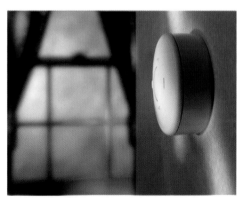

Un module radio central détectant les bris de vitre constitue une solution de rechange aux détecteurs dans chaque fenêtre.

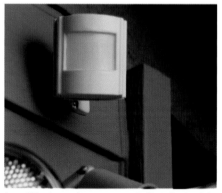

Les détecteurs de mouvement s'installent soit à l'intérieur pour signaler les déplacements dans une pièce, soit à l'extérieur pour allumer les appareils d'éclairage. Leur portée est réglable.

Sécurité et prévention des accidents ▬

Prévention et détection

Plusieurs incendies résidentiels aux conséquences tragiques auraient pu être évités. Mais parce qu'il semble si peu probable que leur propre maison puisse être rasée par les flammes, beaucoup de propriétaires ne prennent même pas les mesures préventives les plus élémentaires. Or, la plupart sont étonnamment simples et peu coûteuses, mais elles sont très efficaces pour sauver aussi bien des vies que la maison elle-même.

Détecteurs de fumée

Les détecteurs de fumée sont sans doute l'accessoire le plus avantageux. Pensez seulement à ce qu'ils coûtent (environ 20 $), à quel point il est facile de les installer (il suffit de les visser au plafond) et à ce qu'ils peuvent faire (vous avertir avant qu'il soit trop tard). Il devrait y avoir des détecteurs de fumée à chaque étage d'une maison, en haut des murs ou au plafond dans les endroits ouverts comme les couloirs. Il est important d'en installer dans le couloir juste devant les chambres à coucher parce que les incendies qui se soldent par des pertes de vie débutent généralement la nuit alors que tout le monde dort. Assurez-vous que vos détecteurs fonctionnent en faisant le test approprié, généralement un bouton sur lequel on appuie et qui déclenche un son strident indiquant que l'appareil est en fonction.

Système de chauffage

Vérifier le système de chauffage à intervalles réguliers est la meilleure mesure préventive qui puisse être prise. Pour les systèmes au mazout, on recommande une mise au point annuelle, et une fois tous les trois ans pour les systèmes au gaz. Les générateurs d'air chaud électriques, qui ne produisent aucun sous-produit de combustion, n'ont généralement pas besoin de mise au point périodique.

Si vous chauffez au bois ou au charbon, faites ramoner tous les ans le conduit de cheminée par un ramoneur. Ce travail d'entretien est indispensable.

Chemins d'évacuation

Le services d'incendie définissent un «chemin d'évacuation» comme un autre moyen de sortir d'une pièce. Si vous êtes au rez-de-chaussée, vous pourriez enjamber une fenêtre. À l'étage, vous pourriez avoir besoin d'une échelle de secours portative pourvue de bras en métal à accrocher au rebord d'une fenêtre et de barreaux qui se déroulent jusqu'au sol. Il est important de montrer les chemins d'évacuation aux enfants et de faire des exercices d'évacuation en les utilisant.

Détecteurs à pile

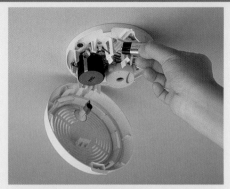

Chaque année, plus de 3 700 personnes meurent aux États-Unis dans des incendies résidentiels dont le total dépasse 400 000. La meilleure façon de prévenir les blessures et les dommages à la propriété consiste à installer des détecteurs de fumée. Environ 90 % des maisons familiales américaines en ont au moins un, mais quelque 16 millions sont hors service, soit parce qu'il n'y a pas de pile soit parce qu'elle est déchargée. Vous feriez bien de vérifier les détecteurs à pile tous les mois et de remplacer les piles faibles. (La plupart des détecteurs vous préviennent que leur pile est faible en faisant entendre périodiquement un léger bip ou un genre de pépiement.) Certains détecteurs par câble sont dotés d'une pile de secours.

La plupart des organismes de sécurité recommandent de remplacer la pile de chaque détecteur de fumée une fois l'an.

Où placer les détecteurs

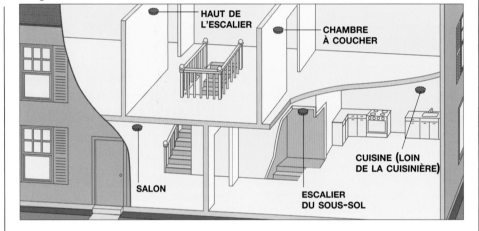

HAUT DE L'ESCALIER — CHAMBRE À COUCHER — CUISINE (LOIN DE LA CUISINIÈRE) — SALON — ESCALIER DU SOUS-SOL

Câblage d'un détecteur

MATÉRIEL : ▶ vérificateur de circuit • outil à usage multiple • tournevis • scie à cloison sèche • pinces

1 *La source d'alimentation la plus pratique* est une boîte de jonction fixée à une solive de plafond. Coupez le courant au tableau de distribution avant d'ouvrir la boîte.

2 *Vérifiez le Code de l'électricité local* avant de poser une nouvelle ligne d'alimentation qui courra des connecteurs à l'intérieur de la boîte jusqu'à la boîte du détecteur.

Extincteurs domestiques

Il faut au moins deux extincteurs dans la plupart des maisons : un petit pour la cuisine et un plus gros, fixé au mur (généralement dans un placard), qu'on peut utiliser ailleurs. Pour éviter toute confusion lors d'un incendie, choisissez des extincteurs pour feu de classe ABC qui peuvent éteindre tous les types d'incendie. Pour utiliser efficacement un extincteur, il suffit de se rappeler le sigle suivant : TVPB (T [tirez la goupille], V [visez la base des flammes], P [pressez la poignée] et B [balayez].

Servez-vous d'un extincteur pour feu de classe ABC pour le papier, les gras et les feux électriques. Visez la base des flammes.

Codes de dégagement

TUYAU DE POÊLE
9 PO
MATÉRIAU IGNIFUGEANT
ÉCRAN THERMIQUE
18 PO
PIÈCE D'ESPACEMENT
36 PO
18 PO
PLAQUE DE PROTECTION
2 PI AU-DESSUS DU POINT LE PLUS HAUT À UNE DISTANCE DE 10 PI
3 PI MINIMUM AU-DESSUS DU TOIT
10 PI

Consignes de prévention

▶ **Ne surchargez pas un circuit :** ne branchez pas plus d'un appareil producteur de chaleur sur une prise.

▶ **Vérifiez chaque détecteur de fumée :** remplacez la pile et passez-le à l'aspirateur une fois par année ; testez le détecteur tous les mois et remplacez-le tous les 10 ans.

▶ **Prévoyez un chemin d'évacuation exempt de risque :** prévoyez deux moyens de sortie de chaque pièce – par la porte et par une fenêtre, conformément au Code – y compris les pièces d'un sous-sol fini.

▶ **Mesures de sécurité non nuisibles en cas d'incendie :** n'utilisez pas de serrures, de barres ou de dispositifs de sécurité qui pourraient retarder votre sortie en cas d'urgence.

▶ **Faites ramoner votre cheminée :** faites inspecter votre cheminée de poêle à bois tous les ans et faites-la ramoner quand c'est nécessaire.

▶ **Rangez les produits inflammables en lieu sûr :** entreposez les liquides inflammables dans leur contenant d'origine avec le couvercle bien fermé, loin de toute source de chaleur, préférablement dans une remise.

▶ **Soyez prêt :** gardez un extincteur à portée de la main pour éviter qu'un petit incendie ne prenne de l'ampleur. Dans tous les autres cas, composez le 911.

▶ détecteur par câble • câble • connecteurs

3 *La plupart des détecteurs par câble* présentent une plaque support qui se fixe sur la boîte électrique par-dessus la plaque de plâtre.

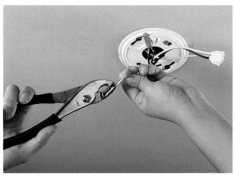

4 *En suivant les instructions du fabricant,* raccordez les fils du détecteur au câble d'alimentation.

5 *Les fils sont regroupés* et se branchent dans un logement du détecteur. Vissez le détecteur sur la plaque support.

Sécurité et prévention des accidents

Dangers pour les tout-petits

N'attendez pas que votre enfant puisse marcher avant de le protéger – un bébé qui se déplace rapidement à quatre pattes peut trouver plein de trucs dangereux sur son chemin. Tentez vous-même l'expérience en faisant le tour de la maison à quatre pattes, vous verrez combien les dangers sont nombreux à la hauteur des yeux des enfants : prises de courant, table de téléviseur bancale, plantes en pot appétissantes. Et quand enfin le bambin commence à se tenir debout, il agrippe tout ce qu'il voit.

Les produits dangereux en lieu sûr

Tout article potentiellement dangereux devrait être sous clé ou conservé dans une armoire ou un tiroir muni d'un dispositif de fermeture à l'épreuve des enfants, c'est-à-dire les couteaux et les poisons manifestes comme les médicaments et les produits de nettoyage, mais aussi les rince-bouche, les crèmes à raser, les parfums et les déodorants. Même les comptoirs hauts ne sont pas nécessairement sans risques ; il vous faudra ranger ce support à couteaux décoratif parce que le petit trouvera le moyen de grimper sur le comptoir bien avant que vous ne l'en croyiez capable. Une bonne idée serait de garder une armoire ou un tiroir remplis d'objets distrayants sans danger, comme des contenants en plastique ou des bols en bois qu'un tout-petit pourrait atteindre.

Débranchez les petits appareils ménagers quand vous ne les utilisez pas et rangez-les hors de la portée des enfants. Les sacs en plastique et les pellicules moulantes doivent aussi être rangés plus haut. Lorsque vous jetez une housse de plastique du nettoyeur, faites-y un nœud avant de la mettre aux ordures. Achetez des poubelles avec des couvercles que les enfants ne pourront ouvrir.

Des pièces sans danger

Achetez des barrières de sécurité pour fermer les escaliers et les pièces qui ne se verrouillent pas et les endroits où vous ne voulez pas que le bébé aille. Il vous faut aussi des dispositifs de protection ou des barrières pour empêcher que les enfants ne s'approchent du foyer, du poêle à bois ou des radiateurs.

Une serrure que les enfants apprennent vite à ouvrir est la serrure à poussoir dont sont dotées les portes de chambre à coucher et de salle de bains. Pour la salle de bains, un verrou installé à hauteur d'adulte est l'idéal, car vous n'auriez pas le temps de chercher une pince à cheveux pour déverrouiller la porte si votre enfant glissait dans la baignoire.

Dangers inhérents au bâtiment

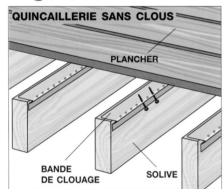

QUINCAILLERIE SANS CLOUS

PLANCHER

BANDE DE CLOUAGE

SOLIVE

Éliminez une cause d'accident sur les terrasses (les clous qui dépassent) avec des bandes métalliques perforées qui vous permettent de visser le plancher par en dessous.

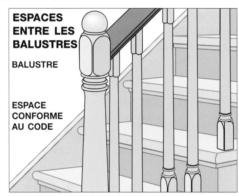

ESPACES ENTRE LES BALUSTRES

BALUSTRE

ESPACE CONFORME AU CODE

Les codes du bâtiment réglementent l'espace entre les balustres d'escalier (souvent seulement 4 po) pour que les enfants n'y restent pas pris.

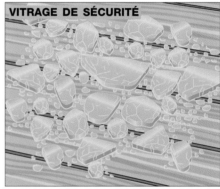

VITRAGE DE SÉCURITÉ

Contrairement au verre en feuilles ordinaire qui éclate en morceaux tranchants comme des lames de rasoir, le verre de sécurité trempé se brise en petits morceaux inoffensifs.

Ouvertures

Une grille de sécurité peut prévenir les chutes. Les codes du bâtiment ne permettent pas de poser une serrure sur une fenêtre qui peut servir de sortie de secours.

Une barrière de sécurité placée entre le mur et le pilastre peut prévenir des accidents. Ce modèle est constitué de panneaux grillagés sans danger pour les enfants.

Réduisez le risque d'accident que représentent les outils et le matériel de jardinage en les enfermant derrière une barrière articulée.

Adoucir les surfaces

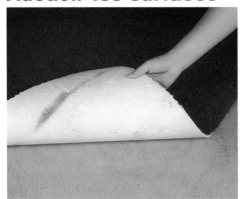

Pour réduire la transmission du bruit à travers le plancher et atténuer l'effet des chutes, posez une moquette par-dessus une thibaude épaisse.

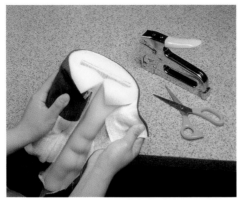

Cette cimaise pour chambre d'enfant est entourée d'un morceau de mousse épais agrafé à une bande de contreplaqué et recouvert de tissu.

Pour les meubles dont vous ne pouvez matelasser la surface, vous pouvez au moins en adoucir les bords à l'aide d'une toupie.

Produits dangereux

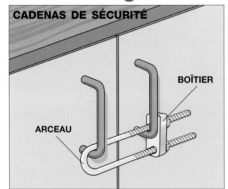

CADENAS DE SÉCURITÉ

BOÎTIER

ARCEAU

Lorsqu'il est impossible de mettre tous les produits dangereux hors de la portée des enfants, cadenassez l'armoire qui les contient.

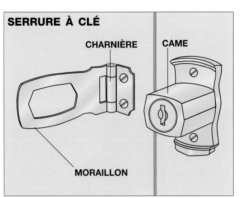

SERRURE À CLÉ

CHARNIÈRE

CAME

MORAILLON

Il y a des serrures pour tous les types de portes et d'armoires, dont le cadenas-moraillon qui ne peut être ouvert sans la clé.

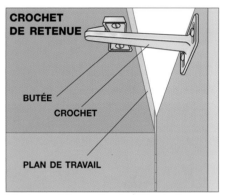

CROCHET DE RETENUE

BUTÉE

CROCHET

PLAN DE TRAVAIL

Là où un minimum de sécurité est nécessaire, ce dispositif de fermeture à ressort, posé sous la surface du comptoir, empêchera une porte de s'ouvrir toute grande.

Électricité

Les cordons courts des petits électroménagers sont peu pratiques sur un plan de travail mais ils ne peuvent pendre et se trouver ainsi à la portée des enfants.

Pour éliminer les risques de choc électrique lorsqu'une prise n'est pas utilisée, mettez des capuchons protecteurs sur les connecteurs femelles.

Exigées par le Code en bien des régions, les prises munies d'un disjoncteur de fuite à la terre réduisent les risques de chocs électriques.

Sécurité et prévention des accidents

Air vicié et autres

Si vous êtes non-fumeur ou allergique à la poussière, vous pouvez savoir immédiatement dès que vous entrez dans une pièce si ces substances polluantes s'y trouvent. Mais certains polluants peuvent être plus difficiles à reconnaître ; les émanations des contaminants organiques volatils (COV) et les niveaux élevés de monoxyde de carbone en sont un excellent exemple.

COV

De nombreux produits d'usage courant, dont les enduits de finition pour bois, la peinture, les adhésifs, les produits à nettoyer le four ou les tapis, les produits de nettoyage à sec, les meubles et le matériel de bureau, libèrent des COV sous forme de gaz. Certains COV ont une odeur particulière et sont pourvus d'une étiquette d'avertissement.

Les problèmes de santé découlant de l'exposition aux COV comprennent des irritations cutanées et des voies respiratoires supérieures, des saignements de nez (dus aux colles contenant de la formaldéhyde), des maux de tête, des nausées, des vomissements, de la fatigue et des étourdissements. Parce que les COV sont davantage présents dans les matériaux neufs et se dissipent progressivement, les symptômes devraient probablement se manifester davantage durant les périodes de rénovation ou de nettoyage, ou peu après.

Vous pouvez faire plusieurs choses pour réduire l'exposition aux émanations dans votre maison. Conformez-vous aux consignes de sécurité en matière de ventilation ou ventilez davantage. Ne rangez pas de contenants de peinture ou d'autres produits contenant des COV dans la maison sans bien refermer leur couvercle. Pour

réduire les émanations provenant des panneaux composites utilisés pour certaines armoires, scellez la surface intérieure avec deux couches de polyuréthane.

Monoxyde de carbone

Chaque fois que des combustibles tels le gaz, le mazout, le kérosène, le bois ou le charbon sont brûlés, il y a production de monoxyde de carbone (CO). Un poêle ou un appareil de chauffage bien utilisé et bien entretenu ne libérera qu'une faible quantité de gaz. L'empoisonnement au monoxyde de carbone est toutefois difficile à détecter et les premiers symptômes (étourdissements, maux de tête, nausées, essoufflement) peuvent être facilement imputés à d'autres maladies. La mesure préventive la plus efficace consiste à faire inspecter les appareils de chauffage par un professionnel tous les ans.

Peinture au plomb

Plusieurs maisons construites avant 1978 ont été peintes avec de la peinture au plomb, qui constitue une menace pour les enfants et peut causer des dommages irréversibles au cerveau, des problèmes de comportement et d'autres problèmes de santé sérieux. Si vous vivez dans une maison construite avant 1978, consultez le site Internet de Santé Canada (http://www.hc-sc.gc.ca/francais/vsv/produits/peinture.html) pour obtenir de l'information sur les mesures de sécurité à prendre, et pour savoir si la peinture doit être laissée sur les murs, recouverte ou enlevée.

Vous pouvez vérifier si votre peinture contient du plomb à l'aide d'une simple trousse d'analyse. Suivez les instructions, grattez la surface, appliquez l'activateur et essuyez.

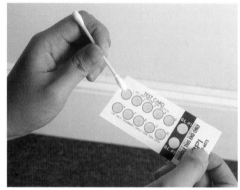

L'activateur crée un échantillon liquide sur le coton-tige que vous appliquez ensuite sur la carte pour connaître la teneur en plomb de la peinture.

Plomb dans l'eau

Le plomb dans l'eau potable provient des tuyaux de plomb (courants jusqu'en 1930), des robinets en laiton ou des raccords de tuyauterie qui contiennent une certaine quantité de plomb, ou encore des tuyaux de cuivre soudés avec un produit contenant du plomb. Si vous pensez que votre eau contient du plomb, faites-la analyser. Pour réduire la quantité de plomb que vous consommez, si vous êtes à risque, prenez de l'eau froide (qui reste moins longtemps dans les tuyaux) et faites couler l'eau une minute ou deux avant de vous en verser un verre. Il se peut que vous deviez remplacer les vieux tuyaux.

Avant de prélever un échantillon d'eau pour la faire analyser, utilisez la flamme d'une allumette pour brûler les impuretés sur le bec du robinet

Remplissez un petit récipient propre d'eau qui pourra être analysée par un laboratoire privé.

Produits dangereux pour l'environnement

Radon

Le radon (un gaz incolore et inodore) est la deuxième cause en importance du cancer des poumons après le tabac. Ce gaz d'origine naturelle vient du sol, de l'eau de puits et de certains matériaux de construction. Presque une maison sur 15 en contient des niveaux élevés. Il est facile et peu coûteux de vérifier si votre maison ou votre puits contiennent du radon à l'aide d'un petit contenant conçu à cette fin. Des niveaux de 4 picocuries par litre ou plus à l'intérieur de la maison sont supérieurs à la norme. Un entrepreneur peut installer un système de pompage de l'air qui chassera le radon sous la maison à l'extérieur.

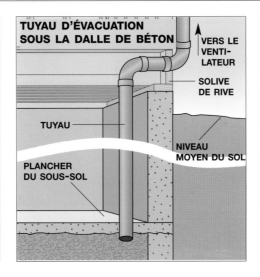

TUYAU D'ÉVACUATION SOUS LA DALLE DE BÉTON
VERS LE VENTILATEUR
SOLIVE DE RIVE
TUYAU
NIVEAU MOYEN DU SOL
PLANCHER DU SOUS-SOL

La trousse pour vérifier la présence de radon est constituée d'un petit récipient que vous laissez dans les pièces que vous occupez. Vous le postez ensuite à un laboratoire pour connaître les résultats.

Amiante

L'amiante a souvent été utilisé comme isolant ou protection anti-feu sur les tuyaux. Vous pouvez en trouver aussi dans les vieux bardeaux de fibrociment sur le toit ou sur les murs, dans les matériaux isolants (dans les maisons construites entre 1930 et 1950), dans les murs et les planchers autour d'un poêle à bois, et autour des tuyaux à eau chaude ou des tuyaux de vapeur dans les maisons plus âgées. Le plus sûr est généralement de le laisser là sans y toucher, car un matériau à base d'amiante en bon état ne libère pas de fibres. Si vous devez le retirer, embauchez un entrepreneur agréé.

MANCHON D'AMIANTE
TUYAU EN FONTE DE 3-4 PO DE DIAMÈTRE
RUBAN ADHÉSIF ENTOILÉ POUR JOINTS
AMIANTE
PAPIER D'ALUMINIUM

L'amiante a souvent été utilisé pour isoler les tuyaux dans les vieilles maisons. Vous devriez prélever un échantillon et le faire analyser avant de le retirer.

Gaz

On peut détecter une fuite de gaz naturel ou de gaz propane grâce au mercaptan, un additif dont l'odeur ressemble à celle des œufs pourris. Si vous flairez une odeur de gaz, la meilleure chose à faire est de quitter la maison sur-le-champ, de la signaler aux autorités en composant le 911 et d'aviser Gaz Métro. Si vous pensez qu'un appareil de chauffage au gaz fonctionne mal mais que vous ne sentez pas l'odeur désagréable du gaz, fermez la valve à gaz près de l'appareil ou la valve principale près du compteur de gaz.

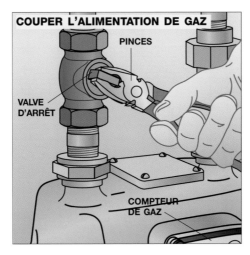

COUPER L'ALIMENTATION DE GAZ
PINCES
VALVE D'ARRÊT
COMPTEUR DE GAZ

Un avertisseur de fuite de gaz enfichable peut détecter les faibles fuites de méthane et de propane dans votre maison.

Sécurité et prévention des accidents ▬

La conception universelle

Rendre les maisons accessibles aux personnes ayant une déficience représentait jadis un supplément qui augmentait les coûts de construction. Mais la conception résidentielle a présentement tendance à inclure des caractéristiques pour favoriser l'accessibilité aux personnes ayant une déficience, la circulation à l'intérieur et une meilleure fonctionnalité pour tout le monde. C'est ce qu'on appelle la « conception universelle ». Voici quelques principes de base qui peuvent être appliqués aux nouvelles constructions.

Entrées et niveau du plancher

Même dans les maisons à un seul étage, les changements de niveau sont fréquents. Il y a plusieurs façons d'éliminer cet obstacle sans construire de rampe d'accès en bois devant la maison. L'une d'elles consiste à créer un aménagement paysager en gradins avec du bois ou un plan incliné en terre pouvant servir d'entrée.

Dans les nouvelles constructions, vous pouvez abaisser le mur de fondation ou le niveau du plancher. En général, le mur de fondation s'élève plus haut que le sol de quelques pouces et le rez-de-chaussée, plus haut d'un pied environ. Or, il est possible, au moment de la construction, d'arrêter le mur de fondation au niveau moyen du sol et d'utiliser un revêtement de contreplaqué traité sous pression et une membrane souple pour prévenir les fuites au point crucial de rencontre de la charpente et du mur de fondation. Une autre façon de réduire la hauteur du plancher consiste à créer à l'intérieur un débord de fondation égal à la profondeur de la charpente du plancher. Pour réduire les dommages que pourrait causer la pourriture si de l'eau s'infiltrait à l'intérieur, les solives peuvent être posées sur des supports de métal fixés à une lisse traitée sous pression et boulonnée au mur de fondation.

Autres caractéristiques

La conception universelle offre d'autres solutions de rechange. Par exemple, une rampe d'escalier ronde qu'on peut facilement tenir présente moins de risques et est plus pratique qu'une rampe type constituée d'un 2 x 6, trop large pour être tenue fermement. Un autre défaut de conception est propre aux portes de placard et d'armoire à panneaux juxtaposés qui présentent des poignées encastrées. Elles sollicitent davantage les jointures que ne le font les boutons ronds. Au lieu de solliciter votre bras, ce type de poignée encastrée sollicite uniquement l'extrémité de vos doigts. Or, les poignées en D avec au moins 1 ½ po de dégagement facilitent la manipulation.

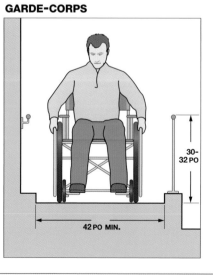

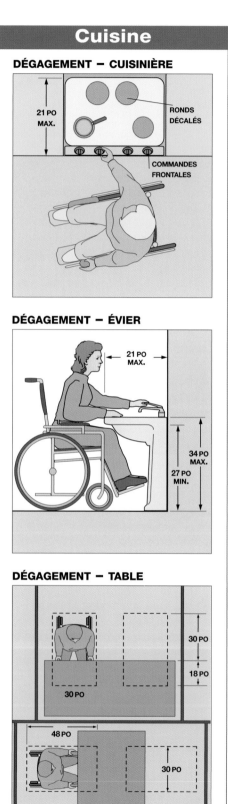

Salle de bains

SCHÉMA DE LA BAIGNOIRE

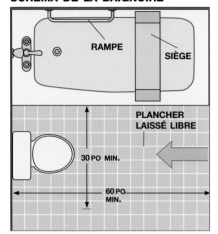

RAMPE

SIÈGE

PLANCHER LAISSÉ LIBRE

30 PO MIN.

60 PO MIN.

SCHÉMA DE LA DOUCHE

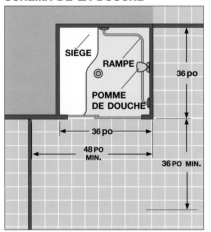

SIÈGE

RAMPE

POMME DE DOUCHE

36 po

36 po

48 PO MIN.

36 PO MIN.

SCHÉMA DES TOILETTES

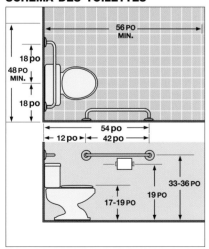

56 PO MIN.

18 po

48 PO MIN.

18 po

54 po

12 po

42 po

33-36 PO

19 PO

17-19 PO

La conception universelle cherche à rendre les maisons faciles à occuper et accessibles à tout le monde ou presque. En général, les pièces ne semblent pas très différentes, bien que celle-ci présente un lave-vaisselle surélevé, des armoires à vaisselle abaissées, un évier ouvert, des marches et des tabourets escamotables et beaucoup d'autres caractéristiques semblables.

Équipements spéciaux

Cet évier est muni d'une tuyauterie flexible et d'un moteur électrique qui le soulève ou l'abaisse.

Des armoires spéciales dotées d'un moteur qui les soulève ou les abaisse sont offertes pour rendre le rangement plus accessible dans la cuisine.

Les comptoirs sont plus polyvalents quand ils ont plusieurs niveaux et des rallonges escamotables près des appareils ménagers.

Pour atteindre les rayons du haut, la porte de cette armoire à paniers est munie d'un petit banc solide (sur quatre pieds) et rabattable.

22

Couverture

Couverture

Terminologie de couverture

Debout dans la cour avec vos jumelles à la main, vous pourriez être confondu avec un ornithologue amateur. Comment pourraient-ils savoir que vous ne faites que suivre le conseil de l'Association des fabricants de couverture d'asphalte sur la meilleure façon d'inspecter vos bardeaux ? Si vos genoux deviennent quelque peu flageolants lorsque vous montez dans une échelle, le recours à des jumelles n'est pas une mauvaise idée. Bien sûr, vous pourriez demander à deux ou trois entrepreneurs en couverture de jeter un coup d'œil à votre place. Mais vous seriez bien avisé de connaître un peu la condition de votre toit. Le présent chapitre couvre tous les types de matériau de couverture, des bardeaux d'asphalte à l'ardoise. Mais avant d'aller plus loin, il vaut la peine de prendre un moment pour préciser la signification de quelques termes.

Parlons couverture

Un carré de bardeaux est la quantité requise pour couvrir 100 pi² de surface de toiture. Il s'agit de l'unité de mesure courante que vous trouverez dans les estimations des entrepreneurs, et c'est de cette manière que l'on commande les bardeaux et la plupart des matériaux de couverture. Afin de couvrir la surface désirée, vous pourriez avoir besoin de plus de bardeaux d'un certain type que d'un autre type, selon leurs dimensions et leur configuration. Mais un carré de bardeaux d'asphalte de modèle courant est composé de trois paquets de 21 bardeaux.

Le recouvrement représente le nombre de couches de protection de couverture fournies. Par exemple, le bitume modifié ordinaire pour les couvertures en terrasse, ou des bardeaux d'asphalte pour les toits inclinés, fournit une couche. Des bardeaux d'asphalte architecturaux qui révèlent un toit plus texturé peuvent fournir deux couches de recouvrement.

L'inclinaison d'un toit est exprimée par un rapport : pouces de déplacement vertical par pouces de déplacement horizontal. Par exemple, un toit à faible pente avec une pente de 3 à 12 gagne 3 po en hauteur par pied. Sur une portée horizontale de 16 pi, des gouttières du toit jusqu'au faîtage, le toit s'élèverait de 4 pi. Vous n'avez qu'à mesurer une distance fixe le long du pied-droit à partir de l'avant-toit vers l'intérieur jusqu'au faîte (portée) puis une ligne droite jusqu'au toit (élévation) afin de trouver l'inclinaison de votre toit. Vous pourriez utiliser le rapport de la pente pour vous aider à calculer une commande ou déterminer le type de couverture à utiliser. Par exemple, sur les paquets de bardeaux d'asphalte standard, vous pourriez lire que le fabricant n'en recommande pas la pose (à moins de conditions spéciales) sur des toits avec une pente inférieure à 4 à 12.

Vous pouvez utiliser la pente comme ligne directrice de sécurité afin de déterminer s'il est raisonnable de marcher sur le toit. Cela signifie que vous pourriez y travailler sans échafaudage. Pour la majorité, le point critique est une pente de 6 à 12, ce qui signifie qu'un déplacement vertical de 16 pi s'élèverait à 8 pi de l'avant-toit jusqu'au faîtage. Mais faites preuve aussi de jugement : par exemple, portez des chaussures de sport et n'y allez que lorsque le toit est sec. Et si vous vous sentez mal à l'aise de monter là-haut, même sur un toit à faible pente, demeurez au sol.

Estimation de la commande

Il existe plusieurs façons d'estimer la superficie du toit. La plus évidente et la plus fiable consiste

Anatomie d'un toit

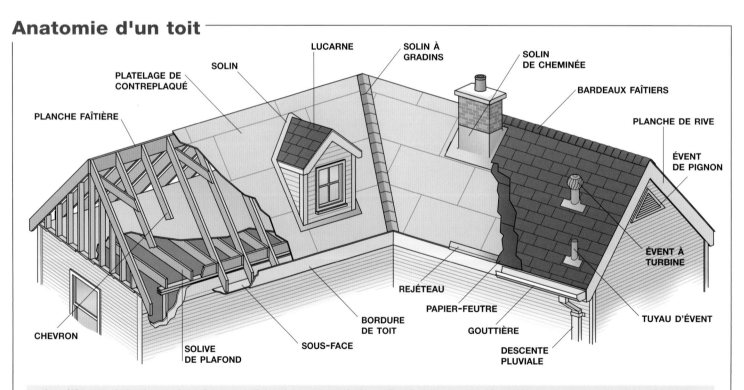

Les éléments de la plupart des toits sont similaires à ceux du toit à pignon illustré ci-dessus. Les chevrons transmettent la charge à la charpente de la maison. Le platelage de contreplaqué supporte les bardeaux hydrofuges. Les toits en terrasse, qui font exception, reposent sur des poutres comme celles des planchers au lieu de chevrons.

simplement à monter sur le toit avec un ruban à mesurer.

À partir du sol, vous pouvez mesurer le plan d'étage de la maison, ajouter les parties en surplomb, puis multiplier par un des facteurs de conversion basés sur la pente du toit – par exemple par 1,03 pour un toit presque plat (toit en terrasse) avec une pente de 1 à 12 à 3 à 12, par 1,12 pour une pente de 6 à 12, et par 1,45 pour un toit à pente raide avec une pente de 12 à 12. Ajoutez 10 % pour couvrir les languettes de faîtage, arêtiers, noues et la première rangée, puis arrondissez au prochain carré complet.

La multiplication par le facteur de conversion n'est pas nécessaire si vous prenez vos mesures sur le toit. Mais vous devrez compter les extra, par exemple quatre bardeaux complets pour tous les 5 pi linéaires d'arêtier ou de faîtage, ou environ 30 pi linéaires par paquet de bardeaux. Afin de faire des économies, achetez les clous en vrac ; prévoyez environ 2 livres de clous à toiture galvanisés de 1 1/4 po^2.

Lorsque vous commandez du papier-feutre, souvenez-vous que la plupart des fabricants présument un chevauchement de 2 po et qu'un rouleau de 432 pi^2 couvrira environ 400 pi^2. Si vous décidez de faire chevaucher le papier-feutre davantage, vous aurez besoin de plus de rouleaux.

Outils spéciaux

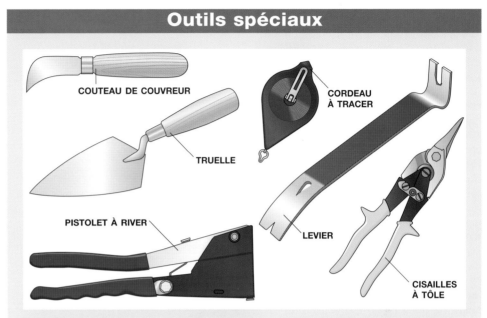

COUTEAU DE COUVREUR

CORDEAU À TRACER

TRUELLE

PISTOLET À RIVER

LEVIER

CISAILLES À TÔLE

Les outils de couvreur incluent les outils de base comme un marteau, bien sûr, et quelques-uns que vous pourriez ne pas avoir dans votre coffre à outils : un couteau de couvreur, une truelle, un pistolet à river, un cordeau à tracer, un levier et des cisailles à tôle. Les couvreurs professionnels utilisent généralement des cloueuses pneumatiques afin d'accélérer le travail.

Échelles et échafaudages

Tenez compte de l'avertissement de l'industrie de la construction, où les accidents les plus sérieux sont causés par des chutes. En langage simple, vous devez être particulièrement prudent lorsque vous travaillez sur un toit, puisque vous vous trouverez à une hauteur de 10 à 30 pi. Vous pouvez rendre le travail plus sécuritaire en utilisant la variété d'échelles, d'échafaudages et de dispositifs antichute qui sont offerts sur le marché aujourd'hui. Utilisez des échelles à coulisse en bon état plutôt que des escabeaux pour accéder à votre toit. Les échafaudages et les plates-formes de travail rendent les travaux de couverture encore plus faciles ; vous pouvez louer de tels équipements pour la durée du travail. Les plus simples sont les crochets ou les supports ancrés à même le toit. Les vérins de calage, vérins hydrauliques et échafaudages fournissent des plates-formes mobiles pour le travail. Ceux qui ont été conçus pour la construction supporteront, en plus de vous, des piles de bardeaux sur le bord du toit.

Couverture

Modèles de toit

Les modèles de toit ont changé au fil des ans, reflétant une préoccupation générale d'économie, d'efficacité et de facilité d'installation. Les toits mansardés en ardoise de l'ère victorienne, avec des motifs géométriques constitués de tuiles multicolores, sont sans doute les toits de qualité artistique la plus élevée, mais aussi parmi les plus difficiles à construire (et à réparer). Si vous avez la chance d'être propriétaire d'une maison avec un toit comme celui-là, vous pouvez vous questionner sur votre veine lorsque vous recevez une facture de réparation par suite d'une fuite d'eau.

Avec les toits modernes, c'est l'exécution du travail qui absorbe la majeure partie des coûts de réparation ou de remplacement. Les maisons plus anciennes avec des toits en ardoise exigent une double dépense de travail et de matériaux. Parfois, les propriétaires qui ont besoin de remplacer un toit en ardoise choisissent de remplacer leur toiture par des bardeaux d'asphalte, parce que le prix d'une toiture en ardoise neuve peut être jusqu'à dix fois supérieur à celui des bardeaux d'asphalte.

Les toits peuvent avoir presque n'importe quelle inclinaison, de presque plate à presque verticale. Tandis que la pente d'un toit est surtout une question de style, les matériaux qui peuvent être utilisés sont fonction de la pente, appelés à rejeter l'eau, la neige et les débris. Les couvertures en terrasse ne peuvent être faites de bardeaux d'asphalte ; les toits en mansarde ne peuvent être faits d'une couverture multicouche.

Le climat

Le climat et les cycles météorologiques sont les premiers facteurs à prendre en considération dans la conception d'un toit. Une couverture en terrasse, par exemple, n'est pas pratique dans un coin de pays où la neige ou la pluie sont monnaie courante ; c'est pourquoi les maisons en Nouvelle-Angleterre ont généralement des toits à inclinaison prononcée.

Types de toit

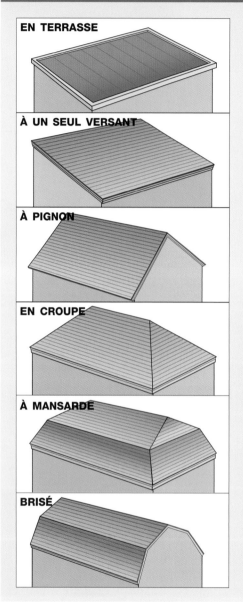

EN TERRASSE

À UN SEUL VERSANT

À PIGNON

EN CROUPE

À MANSARDE

BRISÉ

◆ **Les couvertures en terrasse** sont les plus faciles à poser et à réparer pour les bricoleurs. Fabriqués avec du matériau de couverture multicouche ou avec de la couverture en rouleau, ils ont une durée de vie de 10 à 15 ans.

◆ **Les toits à un seul versant** sont similaires aux toits en terrasse, mais ils présentent une pente. Ils peuvent être recouverts de métal, de couverture en rouleau, de bardeaux ou de tuiles, selon leur inclinaison.

◆ **Le toit à pignon** est un toit à charpente en A simple avec un seule faîte, sans arêtiers ni noues. Il peut être recouvert de n'importe quel matériau de couverture, sauf de la couverture en rouleau.

◆ **Les toits en croupe** présentent des sections qui s'inclinent toutes vers le faîte. Les arêtiers sont couronnés de bardeaux pour empêcher l'eau d'y pénétrer.

◆ **Les toits à mansarde** ont une inclinaison forte au départ, puis ils deviennent plus plats. Typiques dans le style victorien. Réalisés en ardoise ou en bardeaux, parfois en cuivre.

◆ **Le toit brisé,** modèle de base du toit de grange, a des sections qui s'aplatissent graduellement vers le haut, ce qui permet d'avoir plus d'espace de rangement dans le grenier. Le support additionnel requis est fourni par des traverses intérieures. Réalisable avec la plupart des matériaux.

Ventilation

Les évents de faîtage longent le dessus du toit. Ils permettent l'aération optimale du grenier en créant un fort courant d'air à partir des évents dans le surplomb de la sous-face. Dans de nombreux cas, ils sont tissés dans les bardeaux, au point où vous ne les remarquez même pas.

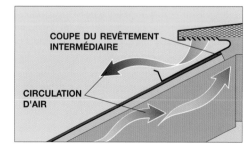

COUPE DU REVÊTEMENT INTERMÉDIAIRE

CIRCULATION D'AIR

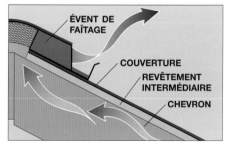

ÉVENT DE FAÎTAGE

COUVERTURE

REVÊTEMENT INTERMÉDIAIRE

CHEVRON

Le type de matériau de couverture requis pour composer avec les conditions météorologiques ainsi que l'inclinaison du toit sont au deuxième rang des préoccupations. Les couvertures en tuiles d'argile, par exemple, sont très jolies sur les maisons de style espagnol, mais la tuile d'argile n'offre pas une très bonne performance dans les climats plus froids, où la glace et la neige peuvent s'incruster dans les tuiles et causer des dommages à la toiture. Par contre, un toit en ardoise avec une inclinaison raide offre une très bonne performance dans les climats froids, mais peut ne pas bien refléter la chaleur dans les climats chauds.

La température saisonnière devrait aussi entrer en ligne de compte lors du choix de la couleur de votre matériau de couverture. Les bardeaux d'asphalte sont offerts dans une grande variété de couleurs, du blanc au noir charbon, avec des possibilités de gris, de vert et de rouge. Comme vous pouvez le deviner, un toit noir à inclinaison faible sur une maison en Floride n'est pas la meilleure des idées pour garder une maison au frais. Dans les climats chauds, les bardeaux blancs, les tuiles espagnoles et les bardeaux de bois aideront à réfléchir la chaleur du soleil. Dans les climats froids, l'ardoise et les bardeaux d'asphalte foncés absorberont la chaleur du soleil.

Fermes de toit

Si vous n'êtes pas à l'aise pour découper des chevrons à partir de matières premières, et s'il vous importe peu d'avoir un espace ouvert dans le grenier et des lucarnes, les fermes de toit représentent un bon choix de charpente. Les fermes de toit sont difficiles à installer, mais vous pouvez les commander sur mesure, ce qui élimine la découpe. Les fermes sont essentiellement des triangles de charpente, avec des membrures en 2 x 4 ou 2 x 6 (les parties extérieures du triangle) et des âmes en 2 x 4 (les membranes de support, le plus souvent en forme de W ou de M à l'intérieur du triangle) tenues en place par des goussets, qui sont des plaques de bois ou de métal plates. Les deux membrures supérieures et la membrure longue inférieure constituent ensemble la forme d'un toit à pignon.

Vous montez les fermes directement sur les sablières supérieures, une ferme par travée. Si, par exemple, vous avez espacé vos montants de 16 po au centre, alors les fermes seront également espacées de 16 po au centre. C'est pourquoi vous perdez de l'espace de grenier ; tous les 16 ou 24 po, il y a quantité de supports dans le chemin, du toit au plancher. De plus, vous ne pouvez couper les fermes pour installer des lucarnes, car couper un membre quelconque de la charpente compromettrait l'intégrité de la structure de toute la ferme.

Dans un climat chaud où vous vous en remettez à la climatisation plutôt qu'au chauffage, utilisez des bardeaux de couleur pâle ; ils réfléchissent davantage la chaleur.

La peinture à l'aluminium (appliquée surtout sur les toits en terrasse) est un autre moyen de réduire l'échauffement. Elle réduit également le craquement superficiel.

Élévation et portée

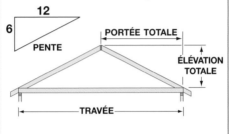

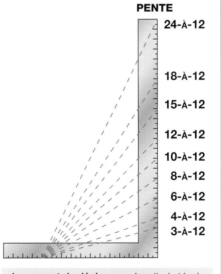

PENTE

24-à-12
18-à-12
15-à-12
12-à-12
10-à-12
8-à-12
6-à-12
4-à-12
3-à-12

Le rapport de déplacement vertical et horizontal de votre toit devrait tenir compte du style de votre maison et du climat régional. En général, les régions froides et humides exigent que les maisons soient couronnées d'un toit à forte inclinaison pour déverser la neige et la pluie. Dans les régions chaudes et arides, les toits à pente faible et les toits en terrasse sont les plus appropriés.

Choix de surplomb

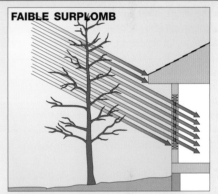

FAIBLE SURPLOMB

Un faible surplomb peut être le meilleur choix là où vous voulez un important gain de chaleur et un maximum de lumière par les fenêtres.

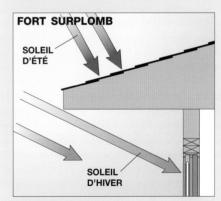

FORT SURPLOMB

SOLEIL D'ÉTÉ

SOLEIL D'HIVER

Un fort surplomb est bon dans les climats humides pour déverser l'eau, bien sûr, et pour mieux bloquer les rayons cuisants du soleil de midi en été.

Couverture

Toits en terrasse

Les toits en terrasse sont jolis sur les maisons modernes dans les magazines d'architecture, mais ils ont des inconvénients. Ils seraient parfaits dans un climat où il ne pleut que rarement.

Les toits en terrasse de style ancien comprenaient jusqu'à cinq couches de carton bitumé, chacune placée entre des lits de goudron fondu et appliquée en plusieurs étapes laborieuses que les constructeurs d'aujourd'hui ne se permettraient plus. Mais si vous avez un ancien toit multicouche, ne vous empressez pas trop de l'arracher. Premièrement, l'enlèvement d'autant de matériau lourd est un travail majeur. Deuxièmement, si la couverture a été posée sur une charpente solide et a été recouverte de gravier (également appelé lest) pour la garder plate et à l'abri de la lumière du soleil, la surface pourrait durer 40 ans ou plus. Troisièmement, la plupart de ces toits en terrasse ne font pas apparaître comme par magie des fuites d'eau en plein milieu des couches entrelacées, là où il est difficile de faire une réparation durable. Normalement, ils se descellent sur les bords, où ils sont protégés par des solins en métal, qui sont plus faciles à réparer.

Réparation des fuites d'eau sur les bords

Le long du bord d'un toit en terrasse, l'eau entre là où les solins se redressent. Les microfissures peuvent être calfeutrées avec une couche généreuse de ciment à toiture et du tissu de renfort. Les ouvertures plus larges et plus longues doivent être refaites. Après avoir enlevé tous les débris, dressez à la truelle autant de goudron que vous pouvez sous le bord écarté et reclouez le solin au toit. Rajoutez une couche de goudron sur le métal et sur les nouveaux clous, en l'étendant de quelques pouces à l'extérieur du solin sur la couverture. Puis noyez dans la masse de goudron une couche de bande de fibre de verre et ajoutez une dernière couche de goudron.

Réparation de toits en terrasse récents

Avec des enduits modernes comme le bitume modifié, les bulles, perforations et autres ouvertures sont plus faciles à réparer, mais vous devez savoir que les feuilles caoutchouteuses de ces toits ne sont pas collées ensemble avec du goudron. Elles sont fusées en chauffant le matériau jusqu'à ce qu'il commence à fondre, ce qui rend plus aisé l'ajout d'un enduit à l'épreuve de l'eau. La vieille section peut être nettoyée, scarifiée, puis chauffée pour la fuser avec une plaque neuve. Mais à cause du danger d'incendie, il est plus raisonnable de laisser un couvreur professionnel s'en charger.

Systèmes de couverture en terrasse caractéristiques

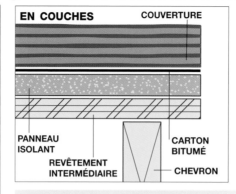

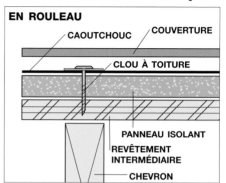

Couvertures en couches et en rouleau. Les couvertures en couches (à gauche) ont plusieurs épaisseurs de papier-feutre et d'asphalte sous une couche finale d'asphalte et de gravier. Les couvertures en rouleau modernes (à droite) ont une seule couche de caoutchouc synthétique, fixées avec des clous et du ciment à toiture.

Détails d'une couverture en terrasse

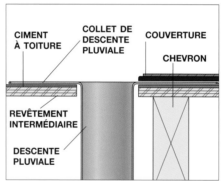

Des gouttières intérieures sont placées à des endroits peu élevés, conduisant l'eau à travers une partie de la structure vers une sortie à l'extérieur.

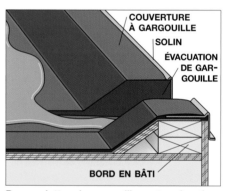

Des goulottes de gargouille sont aménagées dans le bord en bâti du toit pour que l'eau captée puisse s'écouler vers une descente pluviale extérieure.

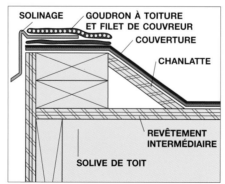

Les solins de bordure sont essentiels afin de protéger le toit du suintement. Les solins sont habituellement enrobés de filet et de goudron à toiture.

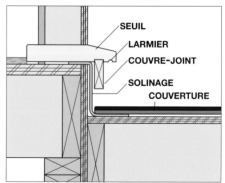

Là où le toit en terrasse rencontre un mur de l'étage, le joint entier nécessite des solins. Son bord supérieur doit être protégé.

Réparation d'un toit en terrasse

MATÉRIEL : ▶ bêche • couteau universel • couteau à mastic • truelle • balai
▶ ciment à toiture • rustine pour couverture • gravier

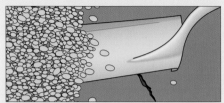

1 *Avec une bêche plate,* ôtez le gravier en surface de l'endroit endommagé en le grattant.

2 *Découpez* et ôtez un morceau rectangulaire de couverture autour de l'endroit endommagé en vous servant d'un couteau universel.

3 *Comblez l'endroit* ainsi évidé avec une quantité généreuse de ciment à toiture.

4 *Assujettissez le matériau* de remplacement, généralement du filet à toiture ou de fibre de verre.

5 *Avec une truelle,* couvrez le filet de ciment à toiture.

6 *Couvrez tout l'endroit ainsi comblé* avec du gravier, appelé lest, qui protégera la surface.

Terrasses sur le toit

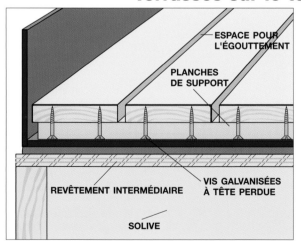

- ESPACE POUR L'ÉGOUTTEMENT
- PLANCHES DE SUPPORT
- REVÊTEMENT INTERMÉDIAIRE
- VIS GALVANISÉES À TÊTE PERDUE
- SOLIVE

Installez un accès vers le toit (et des rampes selon les règlements locaux), et celui-ci pourra se transformer en patio. Afin de protéger la couverture et de toujours avoir accès en cas de fuites, couvrez la surface d'un plancher à claire-voie, constitué de sections amovibles de planches espacées posées sur des dormants.

3 Problèmes fréquents de couverture en terrasse

1. Trop de couvreurs choisissent la solution la plus radicale à un toit en terrasse qui coule : un toit tout neuf. Parfois, c'est ce qu'il y a de mieux à faire, mais en général, il ne faut pas opter pour l'enlèvement et le remplacement tant que vous n'avez pas tenté de réparer les fuites, particulièrement lorsqu'elles sont localisées près d'une protubérance à la surface du toit. Ces endroits incluent les bordures, les gouttières intérieures (les orifices de vidange dans le surplomb du toit qui se connectent aux descentes), le périmètre des lucarnes, les cheminées et les tuyaux d'évent de plomberie.

2. Vous aurez probablement besoin d'un nouveau toit – si ce n'est pas maintenant, alors dans un an ou deux – s'il y a des endroits où la surface comporte des bulles qui s'affaissent lorsque vous marchez dessus. Elles pourraient être de la taille de votre pied ou plus larges. Les bulles indiquent que certaines couches de la couverture se sont délaminées. Si vous retirez votre pied des bulles et que vous entendez un son de succion d'eau, vous avez besoin d'un nouveau toit rapidement : de l'eau s'est accumulée à l'intérieur et est en train de le faire pourrir.

3. La plupart des toits en terrasse retiennent l'eau en flaques. L'eau stagnante peut être le résultat d'une construction avec une pente insuffisante ou d'un affaissement graduel du bâtiment, ou même de quelques poutres de support, au fil des ans. Ces dépressions peuvent causer des problèmes là où l'eau ne s'écoule pas immédiatement et entre en contact avec des joints. En été, les grandes flaques peuvent aussi devenir stagnantes. Les dépressions dans les toits en terrasse modernes, constitués de feuilles de simili-caoutchouc, peuvent être comblées avant qu'elles commencent à laisser l'eau s'infiltrer ; il suffit d'y coller des pièces de couverture neuves, qui permettront de relever ces dépressions.

Couverture

Choix des bardeaux

Quatre toits résidentiels sur cinq sont recouverts de bardeaux d'asphalte ou de feuilles d'asphalte continues en rouleau, habituellement réservées aux toits à faible inclinaison non visibles à partir du sol.

On pourrait vous demander de choisir entre des bardeaux d'asphalte ordinaires ou en fibre de verre, avec une couche de fond en filet de fibre de verre, qui est plus léger, plus résistant et plus durable que l'asphalte. Les bardeaux en voile de fibre de verre constituent un bon choix pour les travaux de réfection de toiture, puisqu'ils réduisent la charge portée par les chevrons sans sacrifier la durabilité. Environ 80 % de tous les bardeaux vendus pour les nouvelles maisons et la réfection sont de type fibre de verre, incluant presque tous les bardeaux lourds et de type multicouche.

Poids des bardeaux

Le poids des bardeaux est un facteur important pour les toits neufs et pour les travaux de réfection de toit parce que les bardeaux plus lourds durent plus longtemps, ont une période de garantie plus longue et offrent une meilleure résistance au feu. Bien entendu, ils sont plus chers que les bardeaux plus légers. Le poids (240 livres pour les bardeaux ordinaires) désigne le poids total d'un carré de bardeaux (suffisant pour couvrir 100 pi^2 de toiture).

Les bardeaux lourds dépassent souvent la norme de 240 livres – généralement 300 livres par carré ou plus. Les bardeaux individuels dans cette catégorie sont souvent configurés en couches, c'est-à-dire bardeau sur bardeau, qui simulent le motif dense de l'ardoise ou des bardeaux de fente. Les bardeaux lourds constituent un bon choix pour les nouvelles maisons et les ajouts, mais il s'agit d'un choix discutable pour les travaux de réfection, où le poids pourrait surcharger la structure du toit.

Couleur

On ne voit pas souvent des toits vert, bleu ou rouge éclatant, même si les bardeaux d'asphalte peuvent inclure des granules de ces couleurs ; c'est que de telles couleurs peuvent devenir accablantes après quelques saisons. Les bardeaux blanc cassé ou gris pâle donnent un aspect plus volumineux à une maison, mais ils terniront plus facilement que les bardeaux de couleur foncée et auront un air usé plus rapidement (même s'ils ne s'useront pas plus vite que les bardeaux foncés). Les couleurs pâles sur le toit peuvent réfléchir plus de lumière solaire que les couleurs foncées, ce qui gardera la maison plus au frais en été et réduira les frais de climatisation. Si un gain de chaleur est important, un bardeau foncé est le choix le plus efficace sur le plan énergétique.

Poser des bardeaux d'asphalte

MATÉRIEL : ▶ l'échelle ou échafaudage • marteau • cordeau à tracer • cisailles • couteau universel

1 *Les couvreurs ont tous des techniques différentes,* mais tous commencent par une surface de toiture saine où les clous sont bien enfoncés.

2 *Clouez un larmier de métal* sur le bord de l'avant-toit avec des clous à toiture, ce qui protégera les planches de bordure de la pourriture.

6 *Commencez chaque nouvelle rangée* avec un décalage de 6 po pour échelonner les pattes de façon à favoriser l'écoulement de l'eau.

7 *Pour couper les bardeaux dans les noues* et d'autres endroits, utilisez des cisailles ou un couteau universel. On a ici une noue fermée avec des bardeaux entrecroisés.

OUTILS ET MATÉRIAUX

◆ **Ce qu'il vous faut.** Vous avez seulement besoin d'outils élémentaires pour poser des bardeaux d'asphalte. Vous pouvez les couper avec des cisailles ou un couteau universel et les clouer en place avec un marteau ordinaire. Pour les travaux de réfection, un levier et une bêche plate serviront à enlever les vieux bardeaux.

◆ **Types de bardeaux.** Les bardeaux architecturaux (en bas) sont plus épais que les bardeaux ordinaires à pattes plates (en haut) et n'ont pas une couleur uniforme, ce qui produit un effet tridimensionnel similaire à l'ardoise. Les bardeaux plus lourds durent aussi plus longtemps et offrent une meilleure résistance au feu.

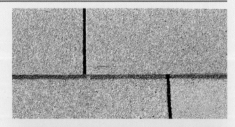
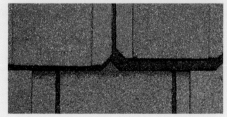

Bardeaux d'asphalte

• gants de travail ▶ larmier de métal • clous à toiture • papier-feutre • bardeaux • ciment à toiture

3 *Déroulez du papier-feutre* par-dessus le plate-lage et clouez-le à tous les 10 à 12 po, à 3 po du bord. Faites chevaucher les rangées de plusieurs pouce.

4 *Pour le rang de départ,* tracez une ligne avec le cordeau à tracer et posez les bardeaux, les pattes vers le haut. Clouez chaque patte.

5 *La première rangée* couvre le rang de départ, les pattes pointant vers le bas. Chaque bardeau doit avoir au moins quatre clous.

8 *Pour poser des bardeaux autour d'une cheminée de sortie d'évent,* coupez le bardeau de façon qu'il ne chevauche que la moitié supérieure de la cheminée, et scellez en dessous avec du ciment à toiture.

9 *Pour poser des bardeaux sur le faîte,* découpez, à partir de bardeaux entiers, des pattes légèrement amincies d'un côté et pliez-les autour du faîte, et clouez-les sur les deux côtés.

10 *Afin de gagner du temps,* laissez des bardeaux entiers dépasser de l'auvent du toit et coupez-les tous en même temps avec des cisailles.

Réparer des bardeaux

MATÉRIEL : ▶ levier • marteau • pistolet de calfeutrage ▶ bardeaux neufs • clous à toiture • ciment à toiture

1 Enlevez tous les bardeaux endommagés et ôtez tous les clous qui dépassent à l'aide d'un levier.

2 Clouez tous les bardeaux neufs en place sauf la rangée supérieure (qui devra être cimentée).

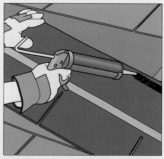

3 Appliquez du ciment à toiture au dos de la rangée de bardeaux supérieure.

4 Glissez le bardeau neuf en place et comprimez la surface pour l'assujettir fermement.

Couverture

Réfection d'un toit en bardeaux d'asphalte

La plupart des bardeaux d'asphalte devraient avoir une durée de vie sans fuites de 15 à 20 ans. Certains durent plus longtemps, voire 25 ou 30 ans. Néanmoins, après environ 15 ans, vous pouvez commencer à déceler des signes d'usure. Mais ne vous affolez pas. Il n'est pas avantageux de refaire un toit prématurément, avant que les bardeaux aient commencé à se détériorer et des années avant qu'ils soient sur le point de couler.

La réfection consiste à poser des bardeaux neufs par-dessus le matériau de couverture existant. C'est moins coûteux et plus facile qu'un travail d'arrachage, qui requiert d'arracher et d'enlever la vieille toiture.

Arracher ou réparer?

Lorsqu'on tente de déterminer si on doit réparer ou non, la première chose à faire est de vérifier la rive pour savoir combien de couches de couverture elle comporte. (Le larmier est parfois installé avant la réfection et peut dissimuler les couches antérieures.) Une fois que vous connaissez le nombre de couches, vérifiez les règlements locaux concernant les couvertures pour connaître le nombre maximal de couches de couverture permis; pour les bardeaux d'asphalte, les règlements permettent habituellement une réfection qui ajoute deux couches de couverture aux couches originales.

Tout platelage pourri sous la vieille toiture doit être remplacé. Allez au grenier et examinez tout endroit suspect, incluant les espaces vides et les cloisons en contreplaqué. Vérifiez si c'est pourri en enfonçant un tournevis ou un poinçon. Si la pourriture ne se limite qu'à quelques endroits, vous n'avez qu'à enlever la vieille couverture et à remplacer le platelage à ces endroits. Là où c'est nécessaire, nivelez le toit par-dessus le platelage de remplacement avec des couches supplémentaires de bardeaux pour offrir une surface plane au nouveau toit.

Vérification de l'usure

Voici les quatre étapes progressives de l'usure des bardeaux à vérifier. Premièrement, il se peut que vous remarquiez de minuscules écailles incrustées dans la surface des bardeaux d'asphalte, appelées granules, qui s'accumulent dans les gouttières et les descentes pluviales. Deuxièmement, vous verrez apparaître des taches de goudron noires qui deviennent apparentes au fur et à mesure que les granules se dispersent. C'est difficile à voir sur un toit foncé, même à l'aide de jumelles, mais c'est apparent sur des bardeaux avec des granules de surface blancs ou gris. À cette étape, les toits

ne coulent probablement pas encore, mais, dans quelques années, ce sera sûrement le cas.

À la troisième étape, les sections de bardeaux exposées, appelées pattes, ont perdu la plupart de leurs granules de surface et commencent à devenir cassantes. Vous devez toucher les pattes afin de le détecter. Quelques saisons plus tard, les pattes commenceront à gondoler de façon apparente. À ce moment-là, il est possible que le toit ne coule pas encore, mais c'est le bon moment pour la réfection avant que le gondolage des bardeaux ne devienne excessif et n'entrave la pose des bardeaux neufs. À

la quatrième étape, les pattes de bardeau cassantes craquent et se brisent. Les taches noires qui apparaissent au fur et à mesure que les pattes se brisent deviennent parfaitement apparentes. Vous pourriez aussi apercevoir les têtes des clous retenant les bardeaux sous les morceaux de bardeau cassés. Il est possible qu'il y ait de petites fuites qui pourraient commencer à faire pourrir le platelage de bois et les chevrons, même si vous ne voyez pas de larges taches d'eau sur le plafond. Après tout, les clous font des trous dans les bardeaux et sont placés de façon à être recouverts par les pattes brisées.

Préparer le toit pour la réfection

MATÉRIEL: ▶ levier • marteau • truelle • couteau universel • grattoir à peinture
▶ bardeaux • clous à toiture • solins

1 *Avant de couvrir par-dessus les vieux bardeaux,* dégarnissez quelques sections jusqu'au platelage pour voir s'il y a des dommages causés par l'eau.

2 *Utilisez un levier* pour enlever les vieux bardeaux de faîtage. Un nouveau faîtage devra être posé par dessus la nouvelle couche de bardeaux.

3 *La nouvelle couche* nécessite une surface droite; les pattes brisées ou gondolées doivent être remplacées. Coupez-les à l'aide d'un couteau universel affûté.

4 *Coupez une patte de nouveau bardeau* et clouez-la en place avec deux ou trois clous à toiture pour combler l'espace dans le toit existant.

5 *Grattez le vieux goudron* à toiture autour des tuyaux d'évent de plomberie afin de faire de la place pour une nouvelle pièce de solin moulé.

6 *Installez des solins neufs* en plastique moulé ou en métal par-dessus la nouvelle toiture. Des bardeaux seront posés sur le bord supérieur des solins.

Poser une couverture en rouleau bi-couche

MATÉRIEL : ▶ cordeau à tracer • balai • marteau • truelle ▶ papier-feutre • clous à toiture • ciment à toiture

1 *Tracez une ligne avec un cordeau à tracer* à 35 1/2 po de l'avant-toit, déroulez la première couche sur le papier-feutre et clouez à des intervalles de 12 po.

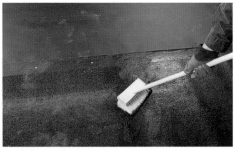

2 *Après avoir posé la première couche* (avec les rangées se chevauchant sur environ 6 po), enrobez la première rangée de ciment à toiture.

3 *Déroulez la première rangée* de la deuxième couche et clouez-la en place à tous les 12 po avec des clous à toiture.

4 *Aux chevauchements des rangées,* dressez du ciment à toiture à la truelle. Il existe des couvertures en rouleau conçues pour chevaucher jusqu'à la moitié de la couche précédente.

5 *Des rangées successives* couvrent la bande de ciment à toiture. Certaines couvertures en rouleau sont offertes avec des granules de couleur pâle.

6 *Des toits longs* pourraient nécessiter des chevauchements à la verticale. Ceux-ci devraient être cloués et cimentés tout comme les morceaux horizontaux.

Signes de détérioration

Les signes d'usure des bardeaux sont faciles à apercevoir et indiquent le degré de détérioration ainsi que la durée de vie estimée du toit.

1. Des granules détachés apparaissent dans les gouttières tandis que les bardeaux ont encore l'air neufs.

2. Les bardeaux sont tachetés, dénués de granules en certains endroits ; c'est la seconde étape de détérioration.

3. Les pattes des bardeaux gondolent sur les bords et deviennent cassantes. À cette étape, le toit est sur le point de couler.

4. Quand les pattes sont brisée, la vie du bardeau arrive à son terme. À cette étape, vous devrez effectuer une réfection ou poser une nouvelle couverture.

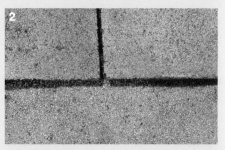

Couverture

Couverture en ardoise

Il n'y a sans doute pas de matériau de couverture aussi durable que l'ardoise. Chose incroyable, certaines vieilles églises et maisons de la période coloniale ont encore leurs toits d'origine en ardoise. L'ardoise est toujours en demande pour les maisons sur mesure haut de gamme, les églises et les pavillons de clubs de loisir, mais aujourd'hui, la plupart des maisons neuves sont recouvertes de bardeaux d'asphalte, à cause de leur prix nettement plus abordable.

Comme les bardeaux d'asphalte, l'ardoise est offerte dans une grande variété de couleurs, dimensions, qualités et poids. À cause de son poids trois fois supérieur à celui de l'asphalte, les chevrons et le platelage devront être conformes aux normes pour être capables de soutenir la charge lourde de ce matériau. L'ardoise peut être posée sur une couche de bardeaux composés seulement si la pente du toit est de 4 à 12 ou plus, et seulement si un ingénieur en bâtiment a confirmé que la charpente de la toiture est capable de soutenir un poids supplémentaire de 7 livres par pi^2.

Aujourd'hui, seules quelques entreprises spécialisées uniquement en couverture d'ardoise sont encore actives. La plupart des entrepreneurs en couverture font néanmoins des couvertures en ardoise, mais occasionnellement. Parce qu'elle est difficile à couper et à poser, la couverture en ardoise n'est pas un travail facile pour un simple bricoleur. Si vous décidez d'effectuer le travail, attendez-vous un investissement considérable en temps et en matériaux.

Poser de l'ardoise

L'ardoise devrait être posée légèrement inclinée vers le haut à l'avant-toit, dépassant de ½po la rive et de 1 po l'avant-toit. Utilisez un morceau de liteau pour caler le rang de départ, qui est constitué d'ardoises posées en long. L'ardoise est souvent posée par-dessus une couche de papier-feutre de 30 livres. Certains entrepreneurs préfèrent utiliser des bandes de feutre individuelles sous chaque couche pour obtenir un coussinage supplémentaire. Deux clous en cuivre ou en laiton, installés dans des trous pré-percés, tiennent en place chaque ardoise. Les ardoises sont placées de façon à montrer leur bord biseauté, avec un espace de ¼po entre elles. L'espace entre les ardoises de deux rangées devrait être d'au moins 2 po.

Pour couvrir chaque côté du faîte, utilisez des ardoises de largeur uniforme. Alternez le chevauchement au sommet du toit d'un côté à l'autre. Les ardoises sont fixées au faîte à l'aide de deux clous.

Travailler l'ardoise

MATÉRIEL : ▶ chasse-clous • marteau • gants de travail ▶ matériau à couverture d'ardoise • retailles de bois

1 *Pour couper une plaque d'ardoise,* percez d'abord, à l'aide d'un chasse-clous, une série de trous le long de votre ligne de coupe au dos de la plaque.

2 *Pour achever de couper,* placez la plaque entre deux morceaux de bois alignés avec le trait de cassure et donnez un coup léger avec un marteau.

3 *Lissez les rugosités* le long du bord avec des coups de marteau légers, en soutenant l'ardoise tandis que vous travaillez.

Outils et matériaux

◆ **Ce qu'il vous faut.** Pour travailler sur un toit en ardoise, vous aurez besoin de trois outils spécialisés : un tire-clou (pour couper les vieux clous de niveau avec la surface de platelage), un marteau à ardoise (qui présente une lame affûtée pour couper des plaques et une pointe pour percer des trous pour les clous) et une barre en T (dont on se sert pour rogner les plaques).

◆ **Choix de l'ardoise.** L'ardoise est offerte dans une variété de couleurs, du vert jusqu'au rouge en passant par le gris. Les couleurs sont généralement adoucies. Le matériau est vendu en longueurs uniformes mais en largeurs variables. L'épaisseur peut aussi varier jusqu'à un certain degré. Un lot d'ardoise d'une seule couleur présente des nuances de couleur naturelles. Cette caractéristique est considérée comme un aspect désirable, qui donne une apparence vaguement panachée, contrairement à une couleur uniforme.

L'ardoise est posée en chevauchement, avec des bords flottants. Vous pouvez utiliser une seule couleur ou un mélange de couleurs.

Réparer l'ardoise

MATÉRIEL : ► tire-clou • lame de scie à métaux • marteau • tournevis
► plaques neuves • crochet en S • retailles de bois

1 **Pour enlever une plaque craquée,** accrochez le tire-clou à la tige du clou et martelez-le pour couper le clou.

2 **À l'aide d'une lame de scie à métaux** au lieu d'un tire-clou, vous pouvez atteindre les clous sous la plaque endommagée pour les couper.

3 **Pour tailler la nouvelle plaque,** percez une série de trous au dos de l'ardoise avec un chasse-clous et donnez un coup léger avec un marteau.

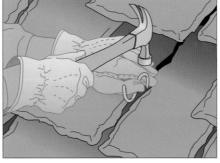

4 **Martelez un crochet en S** entre les plaques pour tenir en place le bord inférieur de la plaque de remplacement.

5 **Insérez la nouvelle plaque** à l'endroit d'où vous avez retiré la vieille plaque, en soulevant doucement la rangée du dessus pour faire de la place.

6 **Afin d'éviter de casser** les plaques existantes en glissant la nouvelle plaque, vous pouvez avoir recours à une retaille de bois en tant que coin.

Conseils pour l'ardoise

◆ Utilisez des clous en cuivre massif ou en laiton, fixés dans chaque ardoise à travers les trous pré-percés en usine.

◆ Pratiquez la découpe des ardoises sur le sol – c'est plus sécuritaire que sur le toit. Portez toujours des lunettes de protection.

◆ Louez une scie à eau pour la coupe compliquée des bords. Vous gagnerez du temps et obtiendrez des coupes précises.

◆ À l'avant-toit, réduisez la pente des toits en ardoise neuf. Clouez une bande de bois d'une épaisseur de ¼ po le long de l'avant-toit pour que la rangée du bas s'incline légèrement vers le haut. Le toit aura ainsi une apparence classique et la bordure d'avant-toit sera protégée contre l'égouttement.

◆ L'ardoise ne peut être clouée sur de l'asphalte ou d'autres types de couverture et ne peut être fixée avec une cloueuse pneumatique. Elle doit être clouée fermement mais doucement, à la main, pour que les têtes de clou se logent en place sans créer de surcharge et causer son craquement.

◆ Les plaques qui présentent des microfissures devraient être mises au rebut ; les fissures ne peuvent qu'empirer avec l'exposition aux éléments.

Couverture

Tuiles d'argile

Une couverture en tuiles d'argile évoque une maison de l'Ouest. Une maison en stuc d'adobe, dans le style mission espagnole, aurait l'air inachevée avec un toit fait de toute autre chose que des tuiles d'argile rouge en terre cuite, de couleur naturelle. Tout comme l'ardoise, les tuiles d'argile sont lourdes, pesant jusqu'à une demi-tonne par carré. Si vous envisagez de poser des tuiles d'argile, vérifiez avec votre fournisseur de matériaux et le service d'urbanisme de votre localité si la structure de votre toit peut supporter la charge des tuiles que vous avez choisies. Ne couvrez pas de ce matériau un toit avec une pente inférieure à 3 à 12.

Poser des tuiles d'argile

Les tuiles d'argile sont vendues avec des directives qui vous indiqueront si elles requièrent une sous-couche. Certaines tuiles sont clouées directement sur le platelage, tandis que d'autres requièrent des fonds de clouage. Ceux-ci sont des planches de 1 x 2 de séquoia ou de pin traité sous pression qui doivent être espacées à des intervalles correspondant au pureau des tuiles (14 po semble être la norme). D'autres supports pourraient être nécessaires, tel qu'un 2 x 2 le long des faîtages et des arêtiers, des planches de départ de 1 x 2 le long des avant-toits et des rives, ou des 1 x 3 cloués aux chevrons de bordure.

Utilisez des clous et des solins qui dureront aussi longtemps que les tuiles – en cuivre, de préférence. Vous devriez poser un larmier de métal le long de l'avant-toit avant de poser la sous-couche. Soyez particulièrement prudent aux noues : posez la couverture en rouleau à surface minéralisée de 90 livres, puis des solins en W en métal (à crête) d'une largeur d'au moins 2 pi. Couvrez les arêtiers et les faîtes avec une double couche de papier-feutre.

OUTILS ET MATÉRIAUX

◆ **Ce qu'il vous faut.** Les clous et solins en cuivre sont le meilleur choix pour les tuiles d'argile. Pour couper les tuiles, vous aurez besoin d'une scie circulaire équipée d'une lame à maçonnerie et d'une bonne paire de lunettes de protection.

◆ **Particularité d'installation.** Si votre toit a une pente raide de 7 à 12 ou plus ou si vous vivez dans un endroit où il y a des vents forts, fixez chaque troisième ou quatrième rangée de tuiles avec des pinces en métal, en vous conformant aux règlements locaux.

Remplacer une tuile d'argile endommagée

MATÉRIEL : ▶ levier • marteau • scie à eau (facultatif)
▶ tuile neuve • pinces à tuiles • retailles de bois

1 *Glissez des baguettes de bois sous les tuiles* au-dessus de la rangée endommagée et ôtez les vieux clous à toiture avec un levier.

2 *Cassez la tuile endommagée* avec un marteau et ôtez les débris pour faire place à une nouvelle pince. Faites attention de ne pas frapper les tuiles intactes.

3 *Attachez la pince à tuile au platelage* par un bout et au dos de la tuile de remplacement par l'autre bout.

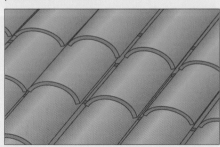

4 *La nouvelle tuile* devrait s'emboîter sans exercer de pression sur les tuiles adjacentes. Au besoin, alésez les bords avec une scie à eau.

Tuiles de béton

Si vous recherchez l'aspect de l'ardoise ou des tuiles d'argile mais n'avez pas les moyens d'investir dans ce type de couverture, il y a une solution de rechange moins coûteuse : les tuiles de béton. Ces tuiles de couverture, parfois appelées ardoise synthétique ou couverture en fibrociment, imitent les aspects de l'ardoise ou de l'argile à un coût nettement inférieur tout en offrant presque leur durabilité. Faites de ciment sur un support de fibre de verre, elles sont légères, attrayantes et sont garanties pour 40 ans. Mis à part leur coût moindre, un autre avantage des tuiles de béton est leur uniformité ; il est moins probable que vous vous retrouviez avec des tuiles défectueuses ou des couleurs mal coordonnées lorsque vous achetez de l'ardoise synthétique. Les tuiles de béton sont aussi très résistantes au feu.

Les tuiles de béton sont offertes dans une variété de formes géométriques plutôt que d'être toutes plates comme la véritable ardoise, ce qui permet une variété de styles beaucoup plus vaste et donnera au toit un aspect superbe qui pourrait grandement améliorer la valeur de votre maison.

Poser des tuiles de béton

Il n'est pas recommandé de poser des tuiles de béton sur de vieux bardeaux d'asphalte, car les tuiles dureront plus longtemps que l'asphalte en dessous. Tout problème potentiel de vieux platelages, chevrons, bordures d'avant-toit ou sousfaces devrait être réglé avant de recouvrir la maison de tuiles de béton.

Comme dans le cas de l'ardoise naturelle et des tuiles d'argile, les tuiles de béton sont installées sur le platelage, avec du papier-feutre fraîchement posé si une sous-couche est requise (selon les indications du fabricant). Des solins de cuivre sont préférables à l'aluminium, pour qu'ils ne s'usent pas avant le matériau de couverture. Utilisez des solins de métal en W dans les noues.

Certaines tuiles sont clouées directement sur le platelage, tandis que d'autres doivent être fixées à un fond de clouage de bois fait avec des 1 x 2. Les rangées sont alors clouées en place à des intervalles tenant compte du pureau des tuiles, ce qui signifie habituellement 14 po. Des planches de bois pourraient être requises le long de l'avant-toit, aux rives, aux faîtages et aux noues.

Remplacer une tuile de béton endommagée

MATÉRIEL : ▶ marteau • levier • pinces ▶ tuile neuve • clous en cuivre • bande de suspension

1 *Cassez la tuile endommagée* à l'aide d'un marteau, en prenant garde de ne pas casser les tuiles adjacentes. Nettoyez les débris pour exposer le fond de clouage.

2 *Soulevez la rangée du haut* et insérez des retailles de bois en forme de coin pour avoir accès au fond de clouage. Nettoyez le fond de clouage.

3 *Retirez tous les vieux clous* qui dépassent, car ils pourraient casser la tuile neuve. Réparez toute ouverture dans le papier-feutre avec du ciment à toiture.

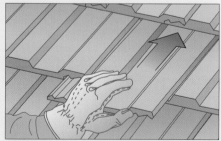

4 *Glissez une nouvelle tuile de béton* en place sous la rangée du dessus et attachez-la à la bande de suspension.

OUTILS ET MATÉRIAUX

◆ **Ce qu'il vous faut.** La tuile de béton est cassante et peut être difficile à couper sans l'aide d'une scie à eau équipée d'une lame à maçonnerie, un outil que vous pouvez louer. Portez des lunettes de protection lorsque vous coupez du matériau de maçonnerie.

◆ **Styles de tuiles.** Les tuiles de béton sont offertes dans la forme bombée classique de la tuile d'argile espagnole ainsi qu'en forme de S. Vous pouvez aussi trouver des tuiles plates à emboîtement ressemblant aux tuiles d'ardoise (ci-dessus).

Couverture

Bardeaux de bois

Les bardeaux de bois et les bardeaux de fente sont habituellement faits de thuya géant, un bois durable et à grain droit. Le grain est ce qui donne à ce bois une endurance étonnante, qu'on le coupe épais ou mince. Le bois à grain droit est généralement excellent pour l'écoulement de l'eau, même après des années de vieillissement. De plus, les bardeaux résistent à la transmission de la chaleur deux fois mieux que les bardeaux composés.

Toutefois, les bardeaux de bois nécessitent plus d'entretien que les autres types de couverture, surtout si vous vivez dans une région au climat rigoureux. Dans de tels endroits, il est recommandé de traiter la couverture avec un produit de conservation à tous les 5 ans environ. Un nettoyage régulier est aussi souhaitable afin d'ôter les débris qui emprisonnent l'humidité.

Comme les bardeaux de bois ne sont pas résistants au feu, certains règlements locaux peuvent exiger que la couverture en bois soit traitée sous pression ou posée par-dessus du contreplaqué ignifugé. Certaines municipalités ont carrément banni les couvertures en bois ; vérifiez si c'est le cas chez vous. (Vous devriez aussi communiquer avec votre compagnie d'assurances pour vérifier si vos primes seront affectées.)

Bardeaux ou bardeaux de fente ?

Les bardeaux ordinaires sont plus minces que les bardeaux de fente et sont sciés pour présenter une surface lisse. Les bardeaux de fente sont souvent fendus à la main et présentent une surface rugueuse. Ils sont plus épais et donc plus durables que les bardeaux sciés, qui ne durent pas plus que 20 ou 25 ans. Les bardeaux de fente sont soit fendus en incliné (fendus sur les deux côtés), soit fendus à la main et ensuite sciés (avec un côté fendu et un côté scié). Il existe aussi des bardeaux de fente droits qui ne s'inclinent pas et qui ne sont pas destinés à un usage résidentiel.

Les bardeaux ordinaires et les bardeaux de fente sont tous deux disponibles en classes numéro 1, 2 et 3. La classe 1 est taillée dans le bois de cœur, est exempte de nœuds et est plus résistante à la pourriture que les deux autres classes. La classe 2 a une quantité limitée d'aubier ; les bardeaux de fente de classe 3, qui sont noueux et constitués surtout d'aubier, devraient être utilisés seulement pour les dépendances.

La longueur du bardeau est déterminée selon le pureau désiré (la portion du bardeau exposée aux éléments). L'exposition est déterminé selon la pente : la largeur des bardeaux varie entre 3 et 9 po. Un des avantages des bardeaux ordinaires est vous pouvez ajouter une nouvelle couche de bardeaux sur une vieille couche.

Installer une couverture en bois

MATÉRIEL : ▶ marteau • crayon de charpentier • gabarit d'espacement • agrafeuse ▶ clous à toiture • larmier • solins à gradins • bardeaux ou bardeaux de fente

1 *La couverture en bois* peut être posée sur les chevrons et le fond de clouage non jointif horizontal.

2 *Aujourd'hui, la majorité des couvertures* sont posées par-dessus le platelage et une couche de papier-feutre.

5 *Le rang de départ* devrait être d'une épaisseur de deux bardeaux et dépasser l'avant-toit de 1 po.

6 *Lorsque le toit bute contre l'étage,* posez des solins en gradins au joint.

OUTILS ET MATÉRIAUX

◆ **Ce qu'il vous faut.** Pour installer ou réparer des bardeaux de bois, vous pouvez vous servir des mêmes outils de base que pour une couverture en asphalte. La principale différence est que l'asphalte est coupée avec un couteau universel, tandis que les bardeaux de bois sont soit sciés, soit fendus. Plusieurs professionnels utilisent des marteaux spéciaux avec une hachette au bout au lieu d'un arrache-clou. Si vous n'êtes pas habitué à cet outil, il est plus sécuritaire d'utiliser un marteau ordinaire.

◆ **Dimensions des tuiles.** Les largeurs de bardeau varient entre 3 et 9 po. Il y a plusieurs classes et finis, allant des bardeaux minces à surface lisse aux bardeaux épais fendus à la main.

Bardeaux de bois

• agrafes robustes • fond de clouage non jointif ou papier-feutre (par-dessus le platelage) • filet en plastique

3 *Posez, par dessus le platelage et le papier-feutre,* du filet en plastique pour permettre à l'air de circuler.

4 *Clouez le larmier* le long des rives et des avant-toits avant de poser le rang de départ.

7 *Gardez environ ¹/₄ po d'espace* entre les bardeaux en insérant un crayon entre eux.

8 *Gardez le pureau constant* en vous servant d'un gabarit d'espacement fait maison (voir p. 441).

(voir p. 441)

Pureau et pente

Pour être recouvert de bardeaux de bois, le toit doit avoir une inclinaison suffisamment forte. Contrairement aux bardeaux composés et aux couvertures en rouleau, il y a des espaces vides entre les rangées de bardeaux de bois. Avec une inclinaison suffisante pour un écoulement rapide, ces espaces ne posent aucun problème, mais si un toit présente une pente trop faible, la couverture ne sera pas protégée de la pluie et de la neige en rafale. Les bardeaux de bois ne sont pas recommandés pour des toits ayant une pente inférieure à 3 à 12. Les bardeaux de fente ne sont pas recommandés pour des toits ayant une pente inférieure à 4 à 12. Le pureau doit être limité pour les faibles pentes aussi. Sur une pente de 3 à 12, les bardeaux de 16 po doivent avoir un pureau d'au moins 3 ³/₄ po (5 po sur une pente de 4 à 12). Les bardeaux de 18 po peuvent avoir un pureau d'au plus 4 ¹/₄ po (5 ¹/₂ po sur une pente de 4 à 12). Ce sont les bardeaux d'une longueur de 24 po qui ont le plus grand pureau : 5 ³/₄ po sur une pente de 3 à 12 et 7 ¹/₂ po sur une pente de 4 à 12.

Remplacer un bardeau en bois

MATÉRIEL : ▶ ciseau à bois • lame de scie à métaux ou tire-clou • marteau
▶ ciment à toiture • clous

1 Pour remplacer un bardeau endommagé, retirez-le en le cassant avec un ciseau à bois. **2** Insérez des morceaux de bois en guise de coin sous la rangée supérieure et coupez les clous avec une lame de scie à métaux ou un tire-clou. **3** Finalement, après avoir taillé un bardeau neuf à la dimension voulue, clouez-le en place et couvrez les têtes de clou exposées avec du ciment à toiture.

Couverture

Couverture de métal

Lorsqu'on parle de couverture de métal, la plupart des gens pensent aux couvertures en tôle ondulée qui couvrent les baraques d'un casernement d'armée ; quelques-uns seulement considéreraient ce type de couverture comme convenable pour leur maison. Néanmoins, les avancées récentes en matière de tôle ont fait de la couverture de métal une option intéressante. Elle coûte jusqu'à trois fois plus cher que les bardeaux de composition mais peut durer près de 50 ans avec pratiquement aucun entretien ; c'est une longévité que seules l'ardoise et la tuile de béton peuvent surpasser. Contrairement aux vieux toits de tôle galvanisée, la couverture de métal est aujourd'hui faite avec un enrobage d'aluminium ou de polymère durable.

Choix de couverture de métal

Différents profilés sont disponibles, mais la couverture de métal à joints debout simple est la plus appropriée pour les vieilles maisons qui peuvent déjà avoir eu un toit en tôle. Les panneaux à joints debout, un matériau léger (seulement une livre par pi², pourraient même être utilisés par-dessus trois couches de bardeaux composés (là où les règlements locaux le permettent). Pour les toits qui présentent des irrégularités, ce sont les panneaux étroits, texturés et au fini mat qui conviendront le mieux. La couverture de métal (même dans le cas des bardeaux individuels) peut aussi couvrir les toits à faible pente qui ont une pente d'au moins 3 à 12 ; certains assemblages de couverture de métal peuvent s'accommoder de pentes aussi faibles que $1/4$ à 12.

L'installation implique la pose de panneaux d'une largeur de 12 à $16\,1/2$ po et leur reliure aux jointures, solins de mur, noues et faîtages. Les panneaux sont pré-coupés à la longueur exacte commandée, jusqu'à une longueur de 40 pi – c'est pour cette raison que les joints horizontaux sont peu probables sur la plupart des toits. La couverture de métal peut être posée par-dessus du platelage de contreplaqué avec une sous-couche de papier-feutre de 30 livres. Poser et jointer les panneaux n'est pas difficile, mais travailler autour des bordures d'avant-toit, rives et faîtages peut l'être. La plupart des fabricants de couverture de métal vous fourniront un guide d'installation.

Il faut aussi faire attention à ne pas marcher sur le toit puisque des entailles, des égratignures et des enfoncements peuvent facilement survenir. Veillez à remplacer toutes les attaches en cuivre, en plomb et en d'autres métaux ; car elles pourraient faire rouiller les panneaux de métal. Les couvertures métalliques devraient aussi être mises à la terre avec des paratonnerres.

Couverture à joints debout

Les panneaux métalliques à joints debout sont une des façons les plus coûteuses de couvrir un toit, mais aussi une des plus durables. Les panneaux sont à la verticale sur la pente du toit et s'enclenchent l'un dans l'autre aux joints. Ils sont faits d'aluminium ou d'acier galvanisé et sont disponibles dans une variété de finis, incluant un vaste choix de peintures appliquées en usine. Les panneaux peuvent être plats ou cannelés entre les joints, et peuvent être commandés dans des longueurs allant jusqu'à 40 pi.

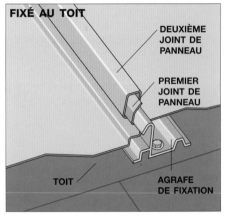

Les panneaux de couverture métalliques peints peuvent s'enlacer dans les solins pour rejeter l'eau des ouvertures de toit.

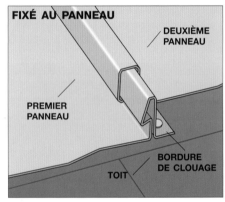

PROCÉDÉS DE POSE

◆ La plupart des couvertures de métal sont installées par des entrepreneurs. Ils fixent des agrafes de fixation au toit par dessus du papier-feutre et attachent les panneaux aux agrafes. Certains joints de panneau ne sont pas préfabriqués mais jointés sur place, où les entrepreneurs utilisent une machine spéciale sur roues qui se déplace sur le toit, joint par joint, pliant les sections pour les attacher ensemble. Les assemblages les plus simples à manipuler pour les bricoleurs comportent des panneaux sans agrafes de fixation. Chaque panneau a plutôt une bordure de clouage qui est fixée directement au toit. Les panneaux successifs s'enclenchent simplement sur ces joints sur un côté et s'attachent avec des clous sur l'autre côté au fur et à mesure que vous travaillez sur les sections du toit.

Deux façons de réparer une couverture métallique

MATÉRIEL : ▶ cisailles • brosse métallique • pistolet de soudage • couteau plat
▶ matériau de rapiéçage • fondant ou ciment à toiture

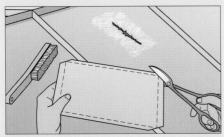

1 Découpez un morceau de rapiéçage dans le même métal que le toit, puis coupez les bords en les relevant. Passez à la brosse métallique la surface à réparer.

2 Mettez la pièce en place et recouvrez-la d'un objet lourd, puis appliquez du fondant et de la chaleur pour former un joint de soudure autour de la pièce.

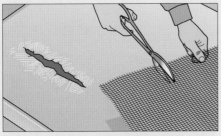

1 Les toits en aluminium ne peuvent être soudés. À la place, taillez une pièce en filet à toiture et noyez-la dans un lit de ciment à toiture.

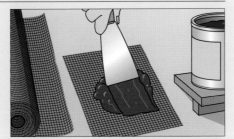

2 Couvrez la pièce en filet d'une deuxième couche de ciment à toiture. Faites-le passer à travers le filet pour le lier à la couche de fond.

Bordure en métal

Dans les régions enneigées, vous pouvez envisager cette variante du toit à joint debout. Au lieu de couvrir toute la surface, seules les premières rangées de bardeaux le long de la bordure sont enrobées de métal. L'idée est d'inciter la neige à glisser sur le toit plutôt que de former des barrières de glace aux débords de toit.

La version bon marché de cette solution est simplement un long rouleau de tôle (matériau de solinage en aluminium) déroulé sur le toit et rentré sous une rangée de bardeaux. L'inconvénient est que la tôle doit être clouée, ce qui crée des trous sujets aux fuites d'eau.

Panneaux ondulés

PANNEAUX MÉTALLIQUES

CHEVAUCHEMENT DU PANNEAU

REMPLISSAGE DE BORDURE

SCELLAGE DES JOINTS DE PANNEAU

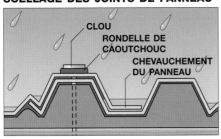

CLOU
RONDELLE DE CAOUTCHOUC
CHEVAUCHEMENT DU PANNEAU

Les panneaux ondulés en aluminium et en acier galvanisé (le type de couverture que vous pouvez voir sur des granges) sont des solutions durables pour les bâtiments de service. Les panneaux ondulés en plastique ou en fibre de verre peuvent fournir une couverture étanche à l'eau mais transparente pour les terrasses, les abris d'auto et les serres. Les panneaux des deux types sont vendus habituellement avec les clous, les bandes de remplissage et le calfeutrant qui conviennent. Les bandes de remplissage s'ajustent aux contours du panneau et sont installées le long de l'avant-toit. Les clous sont compatibles avec le métal (aluminium ou acier). Comme ces panneaux ne s'enclenchent pas l'un dans l'autre comme les panneaux à joint debout, ils doivent être cloués de face. Pour prévenir les fuites aux perforations de clou, chaque clou est équipé d'une rondelle en caoutchouc. Il s'agit d'enfoncer les clous juste assez fermement pour asseoir la rondelle sans la déformer et causer une fuite.

PANNEAUX EN PLASTIQUE

Les panneaux ondulés translucides peuvent laisser passer la lumière dans les passages recouverts et sur les terrasses tout en empêchant presque toute la pluie d'y pénétrer. Au moins une courbe de l'ondulation sur le bord du panneau est couverte par le panneau suivant pour prévenir les fuites aux joints.

Couverture

Lucarnes

La lumière supplémentaire passant à travers une lucarne peut changer l'aspect d'une pièce de manière spectaculaire. C'est une des raisons pour laquelle l'installation d'une lucarne est un projet de rénovation si populaire. Une autre raison en est que c'est un travail plutôt facile, quoiqu'il faille percer le toit. Des lucarnes peuvent être facilement ajoutées à des pièces dans une maison de plain-pied ou à l'étage supérieur d'une maison à étages. Il s'agit simplement d'installer la lucarne sur le toit et de construire un puits de lumière court dans la pièce. Là où un grenier a été converti en espace habitable, le projet est encore plus facile à réaliser, puisqu'il n'y a nul besoin de puits de lumière. (Une lucarne ou deux pourraient également éliminer le besoin de fenêtres en mansarde.)

Types de lucarnes

Tant qu'à perforer votre toit, vous êtes aussi bien de payer les frais supplémentaires pour ce qu'on appelle une fenêtre de toit ouvrante ou lucarne à tabatière. L'air frais supplémentaire, ainsi que la lumière additionnelle, sont les bienvenus dans la plupart des cuisines.

Mis à part les vitrages en plastique en forme de bulle peu coûteux, la plupart des lucarnes de qualité ont une section vitrée attachée par le fabricant à un cadre qui élève le vitrage à plusieurs pouces de la surface du toit. Il existe deux types principaux de lucarnes : à vitrage en forme de bulle, muni de charnières et s'ouvrant de quelques pouces en bas, et à tabatière, qui peuvent s'ouvrir jusqu'à environ la moitié du cadre. Dans les deux cas, l'assemblage au complet, incluant le cadre, est installé dans le toit. En plus d'être plus abordables, les lucarnes à bulle translucide se dilatent et se contractent selon les changements de température. Ce mouvement met une charge sur le joint bâti sur place entre le toit et la bulle, même si l'installateur a assemblé la bulle sur un cadre ajouté au toit. Pour les lucarnes avec cadre intégré, le fabricant tient compte du mouvement au joint critique entre le vitrage et le cadre.

Installation

Peu importe le type, l'installation comporte le montage du cadre sur le toit. Les lucarnes fixes tout comme les tabatières montées sur cadre devraient prendre à peu près le temps à installer et nécessiter le même entretien.

Installer une lucarne

MATÉRIEL : ▶ équerre de charpente • crayon • ruban à mesurer • marteau • scie circulaire ou sauteuse • lucarne • enduit à joints • ruban à jointoyer

1 *Tracez les lignes d'ouverture* pour la lucarne et son puits de lumière entre les chevrons et les solives.

2 *Enfoncez des clous* de l'intérieur pour marquer les coins de l'ouverture dans le toit.

5 *Coupez le chevron central* et installez des linteaux de mêmes dimensions pour soutenir la charge supportée par le chevron retiré.

6 *L'ouverture dans le plafond* nécessite des linteaux jumelés là où les solives ont été coupées.

Styles de lucarne

Les lucarnes dans les plafonds cathédrale (ci-dessus) offrent une exposition directe. La coupe transversale du toit et du plafond (à droite) montre comment un puits de lumière peut être orienté aux deux extrémités pour favoriser une pénétration maximale de la lumière.

Lucarnes et puits de lumière

• fausse équerre ▶ clous 12d et 16d • des 2 x 4 et des 2 x 6 • cloison sèche • clous ou vis à cloison sèche

Conduit de lumière

3 *Renforcez l'armature* avec des 2 x 4 à travers les chevrons avant de découper l'ouverture.

4 *Ôtez les bardeaux sur le toit* et détachez le papier-feutre pour couper le platelage de contreplaqué.

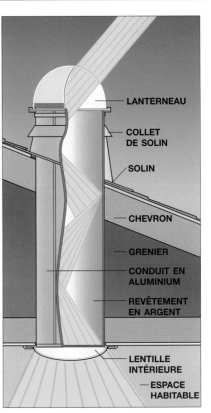

LANTERNEAU

COLLET DE SOLIN

SOLIN

CHEVRON

GRENIER

CONDUIT EN ALUMINIUM

REVÊTEMENT EN ARGENT

LENTILLE INTÉRIEURE

ESPACE HABITABLE

7 *Encadrez le puits de lumière* avec des 2 x 4 entre les chevrons et les solives.

8 *La lucarne une fois en place,* posez des cloisons sèches sur les surfaces du puits de lumière.

Un conduit de lumière ne requiert qu'une petite ouverture dans le toit et dans le plafond, et réfléchit la lumière par son puits.

Les lucarnes (ci-dessus) peuvent être ouvertes à la main ou électroniquement. Certains modèles présentent des sections à volets (à droite) qui vous permettent de vous tenir à l'extérieur de la surface du toit.

Les conduits de lumière concentrent la lumière naturelle qui rayonne dans la pièce en dessous au moyen d'un diffuseur.

Couverture

Solinage

Une des parties les plus vitales de tout toit est presque invisible : il s'agit du solinage. Sa fonction consiste à fournir un scellage étanche aux endroits où la couverture est interrompue par des cheminées, évents de plomberie, soupiraux et lucarnes. Sans le solinage, le toit coulerait à tous ces endroits.

Les solins sont faits de tôle, en général du cuivre ou de l'aluminium. Ils peuvent aussi être faits de couverture en rouleau et de plastique. Le cuivre est le matériau de solin le plus cher, mais il est aussi le plus durable. Le solinage de parement en rouleau a la plus courte durée de vie, environ 10 à 15 ans. Si vous investissez dans une couverture à long terme, comme de l'ardoise, des tuiles de béton ou des tuiles d'argile, vous devriez utiliser des solins en cuivre.

Si votre toit présente une fuite, commencez par inspecter les endroits où il y a des solins. Parfois, il s'agit simplement de solinage corrodé ou percé qui n'a besoin de rien de plus qu'une couche de ciment à toiture.

Types de solinage

Le solinage de la cheminée est le travail de solinage de toit le plus compliqué parce qu'il implique au moins trois types de solins : solins de base, solins à gradins et contre-solins. Le contre-solin est rentré dans les joints de mortier entre les rangées de briques. La fonction des contre-solins est d'empêcher l'eau de pénétrer aux endroits où le solinage en gradins rencontre la cheminée. Parfois, le gel et le dégel fait lâcher ce solin, qui doit ensuite être de nouveau cimenté en place.

Les solins de noue et les jointures de joue, qui nécessitent un entretien mineur occasionnel, doivent aussi être inspectés périodiquement. Vérifiez s'il y a des perforations et de la corrosion, et réparez-les avec du goudron à toiture.

Installer des solins à gradins

MATÉRIEL : ▶ cisailles à tôle • maillet en caoutchouc • étau • marteau
▶ solins à gradins • bardeaux • clous à toiture

1 **Coupez des solins en carrés** à partir de rouleaux d'aluminium avec des cisailles à tôle.

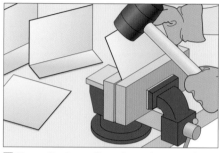

2 **Pour plier les solins,** placez-les entre deux planches et donnez un coup avec un maillet en caoutchouc.

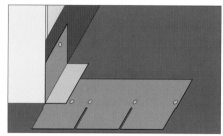

3 **Le premier morceau de solin** est posé par-dessus une rangée de bardeaux.

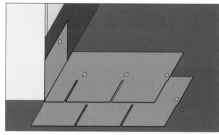

4 **La rangée de bardeaux suivante** est posée sur le solin, couvrant sa moitié horizontale inférieure.

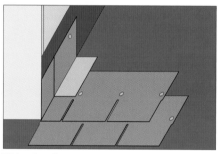

5 **Le deuxième morceau de solin** chevauche le premier, avec le même pureau que les bardeaux.

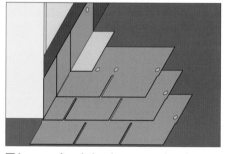

6 **Les rangées de bardeaux** sont alternées pour empêcher les pattes des bardeaux de s'aligner.

Noues

Les noues fermées n'ont pas de solins apparents. Elles sont composées de bardeaux entrelacés des deux côtés de la noue pour empêcher l'eau de pénétrer.

Les noues ouvertes ont des bardeaux coupés sur les deux côtés d'un canal en métal. Une protection supplémentaire est fournie par une large bande de parement en rouleau sous le métal.

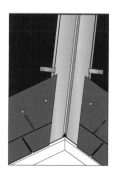

Les solins en W, fixés au platelage avec des agrafes clouées, présentent un pli au centre pour empêcher l'eau de s'écouler sur les côtés et des bordures relevées qui empêchent l'eau de pénétrer sous les bardeaux.

Solin et contre-solin

Le solin de base scelle les bordures de couverture, et un morceau de solin par-dessus la surface scelle le solinage.

Les pièces à la surface, appelées contre-solins, sont scellées dans les joints de mortier.

Même sur un toit à faible pente, le solin est incliné de façon à éloigner l'eau de la cheminée.

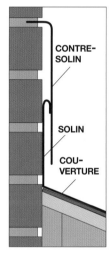

Le contre-solin est posé par-dessus le solinage pour mieux protéger les joints de cheminée. Le bord supérieur du contre-solin est inséré dans un joint de mortier et fixé avec du mortier. Il devrait déborder du solin de base d'au moins 4 po.

Tuyaux et évents

Les évents sont mieux scellés avec un solin formé. Un manchon de caoutchouc scelle le tuyau.

Les calottes reçoivent un solinage similaire à celui des évents, avec les côtés supérieur et latéraux en dessous des bardeaux.

Réparer des solins

MATÉRIEL: ▶ cisailles • brosse • fer à joints ▶ mortier à briques • solins neufs au besoin

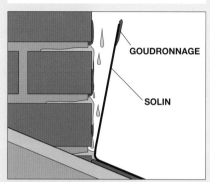

1 **Les contre-solins de cheminée** scellés avec seulement du goudron finiront par se détacher de la maçonnerie. Puis l'eau se faufilera derrière pour pénétrer dans le toit.

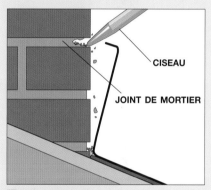

2 **Pour réparer les fuites,** enlevez, au ciseau, le mortier d'entre les briques et insérez le solin dans la fente ainsi créée.

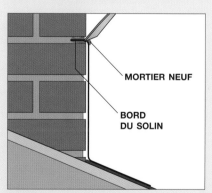

3 **Enlevez à la brosse** le vieux mortier, insérez le solin dans l'espace créé dans le joint et fixez-le en remplissant la fente avec du mortier frais.

Couverture

Inconvénients de l'hiver

Lorsque la neige, la glace et le verglas s'abattent sur votre toit, il y a des chances que la couche congelée ainsi formée perdure un moment, fondant et gelant plusieurs fois avant de disparaître pour de bon. Ce n'est pas un problème, à moins que vos surplombs de toit gèlent solidement, créant une digue de glace qui peut pousser l'eau sous les bardeaux et causer des fuites.

Si vous pouvez accéder au bord du toit de façon sécuritaire, enlevez les glaçons avant qu'ils ne deviennent assez lourds pour démancher la gouttière. Certains propriétaires s'acharnent sur les gouttières coincées sous la glace avec un séchoir à cheveux, ou bien versent de l'eau chaude dans les gouttières et les descentes pluviales pour accélérer la fonte. Commencez au joint critique entre la gouttière et la descente pluviale. Une fois cette section dégagée, la glace fondante aura un canal d'écoulement au fur et à mesure que vous progresserez le long de la gouttière.

Prévention des digues de glace

Il existe plusieurs solutions aux problèmes des digues de glace. En travaillant de l'extérieur, vous pouvez installer une bande de tôle par-dessus les bardeaux qui couvrent le surplomb. Cette méthode est plutôt répandue dans le nord-est rural; elle est efficace surtout sur les toits à forte pente, où la gravité et la surface lisse du métal incitent la glace et la neige à glisser en bas du toit.

Une autre approche consiste à installer des câbles de réchauffage en zigzag le long des bardeaux sur le surplomb. Le fil de résistance, qui ressemble à une longue rallonge, est attaché à l'aide de petites pinces rentrées sous les bardeaux et peut même être prolongé dans les gouttières pour les aider à résister au gel. Ces câbles ont été

Digues de glace

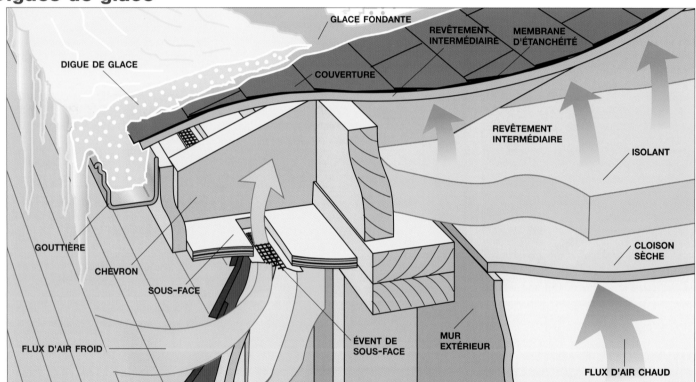

GLACE FONDANTE

REVÊTEMENT INTERMÉDIAIRE

MEMBRANE D'ÉTANCHÉITÉ

DIGUE DE GLACE

COUVERTURE

REVÊTEMENT INTERMÉDIAIRE

ISOLANT

GOUTTIÈRE

CHEVRON

SOUS-FACE

CLOISON SÈCHE

FLUX D'AIR FROID

ÉVENT DE SOUS-FACE

MUR EXTÉRIEUR

FLUX D'AIR CHAUD

Pour installer une membrane d'étanchéité, *retirez le papier au dos de la feuille caoutchoutée.*

Comment se forment les digues de glace

Les digues de glace se forment lorsque la neige sur le toit fond puis gèle le long des avant-toits. Même dans les maisons munies d'isolant dans les plafonds, suffisamment de chaleur peut monter à travers l'isolant en matelas ou l'isolant en rouleau pour graduellement réchauffer le dessous du toit au-dessus du grenier. Dans des conditions favorables, la chaleur fait fondre la neige du bas vers le haut et l'eau se met à s'égoutter vers la gouttière. Il peut faire froid dehors, mais le filet d'eau est protégé du gel par la neige au-dessus. Toutefois, lorsque l'eau atteint le surplomb, il n'y a plus de source de chaleur venant d'en dessous car le surplomb dépasse le mur extérieur. C'est là que l'eau recommence à geler. Elle forme une digue et l'eau venant d'en haut peut s'infiltrer sous les bardeaux.

conçus pour produire assez de chaleur pour prévenir le bouchage par congélation.

Comme la chaleur s'élevant à travers le plafond ou le grenier est souvent à la source des digues de glace, vous pouvez aussi enrayer le problème en travaillant de l'intérieur pour réduire le flux de chaleur à l'aide d'isolation supplémentaire. Dans le grenier, par exemple, les espaces entre les solives de plancher devraient être remplis d'isolant. Vous pouvez poser une couche supplémentaire d'isolant, même de l'isolant en ouate de 3 1/2 po d'épaisseur, par-dessus les solives, perpendiculai-

rement à celles-ci. Par la même occasion, vous pouvez augmenter la taille de l'évent dans le grenier ou entrouvrir une fenêtre aux deux extrémités, ce qui permettra de refroidir la partie inférieure du toit. La température se rapprochera donc de la température à l'extérieur, ce qui empêchera le dégel, tandis que l'isolant supplémentaire ralentira le flux de chaleur provenant des aires habitables en bas.

S'il s'agit d'un projet de construction neuve ou de réfection de toit, envisagez de poser une membrane d'étanchéité au caoutchouc sur le platelage.

Elle devrait recouvrir le surplomb et au moins quelques rangées de bardeaux de plus au-dessus des espaces habitables. C'est une barrière de réserve juste au cas où une digue de glace se formerait et travaillerait sous les bardeaux.

Habituellement, ces membranes sont faites d'asphalte étanche et caoutchouté et de polyéthylène en feuilles autocollantes qui adhèrent directement au platelage et entre elles, là où elles se chevauchent. Le matériau est posé sous les bardeaux et scelle les perforations causées par les clous qui passent à travers les bardeaux au-dessus.

Contrôle de la glace

Il existe de nombreuses manières d'empêcher la formation de glace sur le toit et dans les gouttières, là où elle peut s'infiltrer et endommager les bardeaux et les solins.

◆ Assurez-vous de faire passer à travers le grenier suffisamment d'air de l'extérieur pour que la chaleur, qui monte à travers l'isolant du plafond de l'aire habitable, soit diluée et éconduite avant de pouvoir réchauffer le toit et faire fondre la neige. Vous pouvez ventiler avec des évents à capuchon, des évents à grille ou des panneaux perforés dans le surplomb du toit. (Voir « Ventiler le toit », pages 384–385.)

◆ Là où l'isolant du plafond se prolonge vers le surplomb, coupez-le au niveau du mur extérieur et assurez-vous qu'il ne bloque pas les évents.

◆ Gardez les gouttières et les descentes pluviales exemptes de débris et en état d'écoulement libre pour qu'une partie de l'eau de fonte ne puisse pas rester emprisonnée sur le toit.

◆ Installez une barrière de caoutchouc sous les bardeaux du surplomb (voir photo à gauche). Cette membrane autoscellante adhère aux tiges des clous qui traversent les bardeaux et protège le surplomb de l'eau qui pourrait rester emprisonnée et s'infiltrer à travers les rangées chevauchées.

Températures extrêmes

La meilleure conduite à adopter est de ne pas aller sur le toit par températures extrêmes. Mais la météo ne coopère pas toujours lorsque vous avez des réparations à faire. Lorsque la température est chaude, gardez en tête que les bardeaux d'asphalte ramollissent. Vous êtes plus susceptible de glisser et de déloger des granules de surface. Rappelez-vous aussi que travailler dans une chaleur extrême pénalise le toit autant que vous. Vous devriez être particulièrement prudent : ne travaillez qu'en chaussures à semelles antidérapantes, et seulement dans une position sécuritaire. Protégez-vous davantage en portant un chapeau, en buvant beaucoup d'eau et en faisant des pauses régulièrement. Par froid extrême, même s'il n'y a que quelques nappes de glace et de neige éparpillées, la surface du toit

peut être tellement traîtresse que vous faites mieux d'appeler un professionnel. Si vous devez faire des réparations d'urgence, utilisez une truelle ou un couteau à cloison sèche pour étendre du ciment à toiture sous et sur les bardeaux là où il y a une fuite. Si vous voulez dégager les gouttières remplies de glace et de glaçons (qui peuvent être étonnamment lourdes), commencez à travailler au coin de la maison qui déborde au-delà de la gouttière principale. Certains propriétaires emploient un séchoir à cheveux ou un chalumeau au propane, qui peuvent dégager un embouteillage congelé relativement petit. Les câbles de réchauffage qui peuvent prévenir le gel des descentes pluviales et les gouttières devraient être employés avec beaucoup de prudence. Utilisez seulement des unités approuvées UL, installées exactement selon le descriptif du fabricant.

Lorsqu'il fait très chaud, le meilleur comportement à adopter est de travailler sur le toit assez tôt ou assez tard dans la journée. Sous le soleil de midi, les bardeaux d'asphalte ramollissent et se marquent facilement.

Lorsqu'il fait très froid, laissez les bardeaux de faîte se réchauffer à l'intérieur et pliez-les lentement dans la forme voulue. Les plier dehors pourrait les faire craquer et les rendre vulnérables aux fuites.

Couverture

Entretien des gouttières

De nombreux vieux toits n'ont pas de difficulté à dévier l'eau tant que l'eau continue à s'égoutter. Les problèmes commencent lorsque l'eau reste prise dans les gouttières et les descentes pluviales. Les feuilles, les brindilles, les nids et autres débris peuvent bloquer les orifices de vidange, boucher les gouttières et les descentes pluviales et obstruer les drains souterrains qui éconduisent l'eau du bâtiment, là où elle ne peut causer de dommage.

Il existe beaucoup de produits qui servent à prévenir les blocages, tels que crépines et pare-feuilles. En théorie, les feuilles mouillées sont supposées s'empiler sur ces produits, puis dessécher et s'envoler au vent, laissant un canal dégagé pour le drainage. En réalité, les pare-feuilles et paniers se bloquent par eux-mêmes, particulièrement sur les toits en terrasse et les toits à faible pente. Donc, au lieu de nettoyer les gouttières, vous devez nettoyer les pare-feuilles : la même corvée dans un endroit légèrement différent.

Vous avez peut-être vu une publicité de gouttière censément à l'épreuve des bouchons, qui ressemble à une persienne. Elle divise simplement le débit en une série de petits courants qui tombent le long du bord du toit, notamment dans votre cou, tandis que vous tâtonnez pour trouver vos clés. Elles ne se bouchent pas comme les gouttières parce que les persiennes ne retiennent pas l'eau. Ce ne sont pas vraiment des gouttières.

Descentes pluviales bloquées

Si l'eau s'accumule dans une gouttière nettoyée au lieu de s'écouler librement ou si vous entendez ruisseler dans la descente pluviale, il peut y avoir des débris accrochés sur une des attaches. L'embouteillage le plus probable a lieu dans la pièce de gouttière en forme de S qui conduit l'eau sur le bord du surplomb de toit et se recourbe vers le mur de la maison, pour déboucher sur une descente.

La plupart des systèmes de descente pluviale ont assez de jeu pour que vous puissiez les désassembler et atteindre le bouchon. Certaines gouttières sont simplement fixées ensemble sous pression et certaines sont jointés avec des petites vis à tôle que vous devrez enlever. Mais essayez d'abord de chasser les débris avec un tuyau d'arrosage. Si vous avez de la chance, vous serez capable de dégager le blocage sans avoir à désassembler les tuyaux.

Les crampons et gaines sont le système de fixage standard. La gaine (un tube autour du crampon) prévient le gaufrage du crampon.

Les ferrures sont clouées dans la planche de bordure et s'attachent au bord de la gouttière. Installez les ferrures à des intervalles d'environ 3 pi.

Les brides entourent la gouttière et sont clouées au platelage sous la première rangée de bardeaux.

Assemblage d'un système

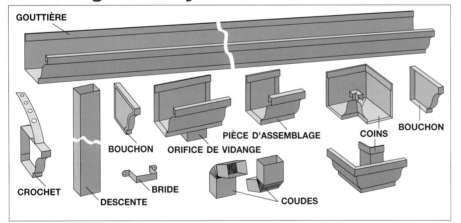

GOUTTIÈRE

CROCHET

BOUCHON

DESCENTE

ORIFICE DE VIDANGE

BRIDE

PIÈCE D'ASSEMBLAGE

COUDES

COINS

BOUCHON

La quincaillerie de gouttière en métal et en vinyle comprend une série complète d'attaches. En plus des gouttières (et bouchons) en forme de U, il y a des pièces de coin intérieur et de coin extérieur, des pièces d'assemblage pour attacher des sections, des orifices de vidange, des tuyaux de descente et une variété de brides et crochets qui retiennent le système fermement contre la maison.

Pente

Les gouttières devraient s'incliner d'environ 1 po tous les 10 pi, ou davantage pour un meilleur drainage. Placez les descentes à tous les 35 pi.

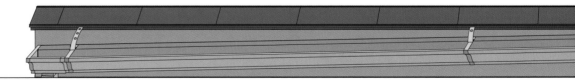

Gouttières et descentes pluviales

Nettoyer les gouttières

Garder les gouttières propres aidera à prévenir l'accumulation d'eau et les fuites en cas de grosses pluies. Nettoyez vos gouttières à l'automne, après que les feuilles sont tombées, et au printemps. Commencez en retirant tous les débris à la main; ensuite, nettoyez-les à l'eau avec un tuyau d'arrosage.

Un panier métallique dans la gouttière à l'entrée de la descente gardera les débris hors du conduit.

Les crépines couvrant entièrement les gouttières sont conçues pour retenir les débris mouillés qui, une fois séchés, les bloqueraient.

Les systèmes à persiennes dispersent l'eau sur le sol.

Réparer une gouttière

MATÉRIEL : ▶ brosse métallique • perceuse électrique • pistolet à river
▶ pièce de rapiéçage • rivets • calfeutrant

1 *Utilisez une brosse métallique* autour du trou pour nettoyer et érafler le métal. Taillez une pièce de rapiéçage du même métal que la gouttière.

2 *Mettez la pièce en place* et percez des avant-trous pour les rivets à travers la pièce et la gouttière.

3 *Calfeutrez l'endroit réparé* et le dos de la pièce avec du silicone et pressez cette dernière en place fermement.

4 *Fixez la pièce* avec des rivets. Mettez autant de rivets que nécessaire pour faire déborder le calfeutrant de tous les côtés.

Déflecteurs de descente

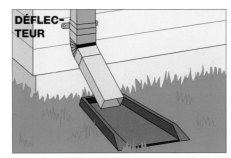

DÉFLEC-TEUR

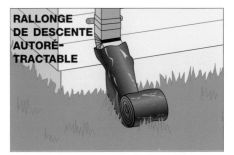

RALLONGE DE DESCENTE AUTORÉTRACTABLE

Les déflecteurs sont conçus pour empêcher l'eau sortant de la descente de s'écouler directement sur le mur de fondation. Certains équipements innovateurs, telle la rallonge de descente autorétractable, s'allongent pour amener l'eau plus loin pendant de fortes pluies, puis se rétractent pour libérer le chemin.

23 Parement

Parement

Choix d'un parement

Les problèmes de parement peuvent être résolus en effectuant des réparations par endroits tel que le remplacement d'une planche à clin pourrie. Mais lorsque vient le temps d'installer un nouveau parement sur votre maison, vous devrez décider si vous utiliserez du vinyle, de l'aluminium, de la brique ou du placage. Chaque matériau a ses partisans, mais il est important de vous rappeler que le parement sur lequel vous arrêterez votre choix changera l'aspect de votre maison, et pourra nécessiter des retouches aux couvre-joints qui dans certains cas représenteront peut-être un travail de la même envergure que l'installation du nouveau parement.

Beaucoup pensent que le parement de vinyle n'a pas l'air naturel, même lorsqu'il présente un relief simulant le grain du bois. Mais le vinyle est habituellement l'option la moins coûteuse parce qu'il est facile à installer. Le parement d'aluminium tend davantage à ressembler à des planches à clin en bois peintes, mais le crépitement de la pluie fait entendre un son métallique et une balle de baseball égarée peut laisser une marque de coup ; c'est une réparation que vous vous attendez à effectuer sur un véhicule, mais pas sur une maison.

Le parement de bois ressemble à du bois et pour beaucoup de propriétaires constitue un attrait spécial. Mais il a besoin d'être repeint ou reteint régulièrement.

Travailler dans les hauteurs

Travailler à un projet de parement signifie passer du temps dans des échelles et sur des échafauds. C'est pourquoi il vaut la peine de revoir quelques conseils de sécurité. Pour débuter, vous aurez besoin d'une échelle à coulisses de type I, supportant une charge nominale maximale de 250 livres par échelon. Posez les patins inférieurs de l'échelle assez loin du mur pour que l'échelle ne puisse pas basculer, mais pas trop loin ; environ le quart de la hauteur de l'échelle est une bonne règle générale. Glissez des morceaux de bois sous les patins si le sol est mou ou inégal. Lorsque vous êtes dans l'échelle, portez des souliers à talons pour une meilleure adhérence et ne vous étirez pas trop loin ; vous pencher sur le côté pourrait faire basculer l'échelle.

Pour des projets de parement plus ambitieux qui couvrent plus qu'un niveau, vous devrez utiliser un échafaudage. Vous pouvez louer des vérins de calage qui soutiennent une plate-forme d'échafaudage, des chevalets de pompage qui s'élèvent verticalement ou de l'équipement d'échafaudage à tubes. Les systèmes à tubes fournissent la surface de travail la plus stable. Les échafaudages d'une hauteur supérieure à 12 pi devraient être ancrés au mur pour assurer une meilleure stabilité.

Membranes pare-air

La membrane pare-air est une version améliorée du papier-feutre, qui était anciennement le matériau le plus fréquemment installé sur le revêtement intermédiaire en bois. Elle est conçue comme matériau unidirectionnel, un peu comme ce tissu utilisé pour les vêtements de pluie et les parkas qu'on appelle Gore-Tex. Le tissage est assez serré pour prévenir l'infiltration de l'air, ce qui, en coupant les courants d'air aux joints susceptibles de fuir dans les coins et autour des portes et des fenêtres, améliore l'efficacité énergétique et le confort. Mais le tissu permet à l'humidité à l'intérieur de s'échapper, une propriété que le papier goudronné n'a pas. C'est une distinction importante, parce que si l'humidité à l'intérieur est emprisonnée dans le mur, elle pourrait mouiller l'isolant, réduisant sa valeur thermique et occasionnant de la pourriture dans le parement en bois et dans la charpente.

La membrane pare-air légère est facile à installer avec des agrafes. Posez des rouleaux larges horizontalement le long du mur un niveau à la fois, et rentrez les bords dans les ouvertures.

Échafaudages

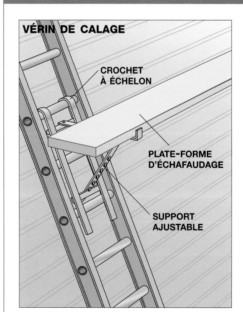

VÉRIN DE CALAGE

CROCHET À ÉCHELON

PLATE-FORME D'ÉCHAFAUDAGE

SUPPORT AJUSTABLE

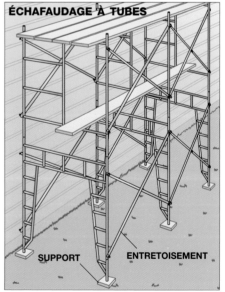

ÉCHAFAUDAGE À TUBES

SUPPORT

ENTRETOISEMENT

Si vous avez deux échelles, l'échafaudage le plus économique et le plus polyvalent est un vérin de calage ajustable pour chaque échelle et une plate-forme d'échafaudage. Les échafaudages faits de sections de tubes interconnectées peuvent s'emboîter l'un par-dessus l'autre à mesure que le travail progresse.

Matériaux

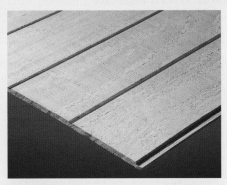

Bardeaux de bois

Le parement en petites sections comme celles-ci est facile à poser parce que les joints n'ont pas à être aussi ajustés que dans les travaux d'ébénisterie et que la mise en place n'a pas besoin d'être très précise. Le principal désavantage est que l'installation nécessite de la main-d'œuvre, ce qui peut augmenter le prix demandé par l'entrepreneur. Mais la réparation est facile, il suffit de casser les bardeaux endommagés en petits morceaux pour les enlever et d'incorporer les bardeaux de remplacement dans le mur de façon à ne laisser aucune marque apparente autour de l'endroit réparé.

Planches de bois

Le parement en bois massif peut être installé verticalement, horizontalement et même en diagonale. Le coût varie de modéré à très dispendieux, tout dépendant, bien sûr, de l'essence choisie. Quoique le parement en bois nécessite d'être reteint ou repeint, il est difficile d'égaler sa beauté naturelle. Alternez les joints d'au moins un montant de rangée en rangée et lorsque vous effectuez des réparations. Enlevez les sections endommagées entre les montants et camouflez le nouveau morceau avec de la peinture ou de la teinture.

Panneaux

Le parement en panneaux peut être fait de panneau dur ou de contreplaqué. Il est habituellement moins dispendieux que d'autres types de parement et facile à installer (au rez-de-chaussée, du moins) parce que chaque feuille couvre une grande surface. Certains panneaux imitent des matériaux comme les bardeaux ou le stuc, tandis que d'autres sont offerts dans une variété de finis, à surface lisse ou peluchée, et avec des rainures tous les 4 ou 8 po pour ressembler à des planches.

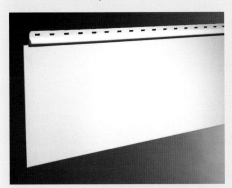

Aluminium

Le parement en aluminium est modérément coûteux et quelque peu difficile à installer. Il est beaucoup plus rigide que le vinyle, le choix numéro un aujourd'hui, mais toute égratignure qui expose le métal sous le fini est apparente. Certains panneaux sont conçus pour imiter des matériaux comme les bardeaux ou le stuc, tandis que d'autres sont offerts dans une variété de finis, à surface lisse ou peluchée, avec des rainures tous les 4 ou 8 po pour ressembler à des planches. De loin, l'aluminium a davantage l'aspect de planches à clin en bois peintes que beaucoup de produits en vinyle et, contrairement au bois, il ne nécessite pas de réfection des peintures après quelques années.

Vinyle

Le parement en vinyle est vraiment moins coûteux que l'aluminium ou le bois, est facile à installer et ne requiert que peu ou pas d'entretien. Le désavantage peut être son aspect artificiel et une brillance au soleil rappelant celle du plastique, même lorsqu'il est texturé avec un fini de grain de bois. Le parement en vinyle est plus susceptible que l'aluminium de ternir au soleil ou de fissurer par temps froid. Mais le vinyle endommagé peut être rapiécé ; vous devez désemboîter les pièces interconnectées et faire un joint chevauchant là où le matériau de remplacement rencontre le matériau intact.

Brique et pierre

Les matériaux de placage de brique et de pierre sont magnifiques et durables, mais ils coûtent plus cher que les autres matériaux, surtout à cause du temps et des compétences requis pour l'installation. La brique de dimensions standard est plus facile à installer que la pierre irrégulière. L'arrangement esthétique et fonctionnel d'une structure de pierre relève presque de l'art, impliquant des opérations de découpe et de taille qui sont difficiles à exécuter. Mais la pierre de placage moderne – de la maçonnerie moulée avec un coloris et une texture ressemblant à des roches – rend le travail plus facile.

Parement

Avantages des panneaux

Comme l'exécution du travail représente une grande portion de la facture finale dans un projet d'installation de nouveau parement, les panneaux de contreplaqué peuvent être une solution de rechange attrayante et économique. De plus, les panneaux sont souvent disponibles en feuilles de 4 x 9 ou 4 x 10, qui permettent d'atteindre le bord du toit à partir des fondations.

Beaucoup de cours à bois fabriquent l'un des panneaux de contreplaqué les plus populaires, appelé Texture 1-11. Ces feuilles présentent des rainures à la surface à des intervalles de 4, 8 ou 12 po pour simuler des planches distinctes. Mais beaucoup d'autres styles et de traitements de surface sont possibles, même si on ne peut pas utiliser tous les contreplaqués comme parement ; seules les feuilles cotées pour utilisation extérieure, assemblées avec une colle spéciale, peuvent résister à l'exposition aux éléments.

Alors que la surface des panneaux est enduite d'une teinture ou d'une peinture qui lui donne belle apparence et assure une protection contre les éléments, les joints des panneaux restent souvent sans enduit. Ce sont les points faibles, car des couches de stratification mince de contreplaqué sont exposées le long des joints. Si elles absorbent de l'eau, le panneau est susceptible de se délaminer, ce qui peut faire sauter les clous et créer une multitude de problèmes à résoudre. Vous pouvez protéger les panneaux contre cette détérioration en appliquant une couche d'apprêt sur les bords. Il est aussi important de calfeutrer ou de poser des solins autour des portes et fenêtres, et entre les extrémités des panneaux placés un par-dessus l'autre.

Types de matériaux

Les panneaux laminés sont offerts dans une variété de styles. L'aspect final résulte surtout de l'essence de bois, bien entendu, mais dépend aussi de la manière dont le bois est scié. La texture de la surface peut être lisse, brute de sciage, striée ou brossée. Ces panneaux sont souvent teints ou enrobés d'un scellant translucide qui leur donne un aspect rustique, et leurs joints sont dissimulés sous des couvre-joints.

Les panneaux composites sont faits de bois d'ingénierie, souvent composés de sciure, de copeaux et d'autres parties de l'arbre qui étaient autrefois considérées comme déchets. Sans un grain naturel qui pourrait gauchir le bois d'un côté ou de l'autre, les panneaux sont stables. De nombreux fabricants vendent des couvre-joints soit en bois massif soit en bois d'ingénierie qui sont assortis avec les panneaux pour achever le travail.

Les panneaux cannelés offrent une variété d'aspects, selon la texture de la cannelure. Un espacement large entre les cannelures est généralement plus esthétique sur un grand mur, tandis qu'un espacement plus étroit convient mieux à des surfaces et des maisons plus petites. Ces panneaux sont conçus pour se jointoyer dans un chevauchement à la dernière cannelure, avec une bordure de panneau mince dépassant sur l'autre panneau pour que les joints ne soient pas apparents.

Le parement de planches avec couvre-joints comporte une cannelure large et plate à intervalles réguliers dans le sens de la longueur. Cette configuration est conçue comme solution de rechange au parement de planches avec couvre-joints, appelée aussi parement à couvre-joints inversés, où une planche étroite est posée derrière les planches simulées. Dans le parement traditionnel de planches et couvre-joints, les joints des planches sont recouverts par les planches étroites.

Installer des panneaux

MATÉRIEL : ▶ scie circulaire ou scie sauteuse • chevalets de sciage • échelle • perceuse/tournevis électrique • équerre combinée • niveau de 4 pi • marteau • serre-joints

1 *Établissez une ligne de niveau* sur le mur de fondation, et clouez une moise 2 x 4 en place pour soutenir les panneaux.

2 *En commençant à un coin,* assurez-vous que la feuille est d'aplomb et clouez dans les montants en utilisant des attaches indiquées par le fabricant.

3 *Sur les panneaux avec des chevauchements incorporés,* attachez le bord du dernier panneau, puis installez la feuille suivante et clouez à travers la section en chevauchement.

Parement de panneaux

Couvre-joints

Les panneaux peuvent être jointés bord à bord sur une surface continue et assemblés en onglet aux coins. Mais les installations les plus efficaces requièrent des couvre-joints pour encadrer la maison et toutes les ouvertures dans les murs, et des panneaux de parement pour remplir les espaces délimités par les couvre-joints. Cette méthode camouflera les bords de contreplaqué, donnant à la maison une apparence plus achevée. La plupart des fabricants de panneaux produisent des couvre-joints assortis à leurs matériaux de parement extérieur. Certains offrent des couvre-joints faits de matériaux composites liés avec de la résine. Les couvre-joints composites sont habituellement moins coûteux que le bois massif et moins susceptibles de se déformer et de se tortiller.

Choisissez des pièces de couvre-joint assorties au style de la maison et à son parement. Planifiez l'installation de façon à effectuer le moins de découpe possible et à maximiser la couverture des panneaux, notamment en utilisant des couvre-joints entre les niveaux sur les murs élevés. Installez les couvre-joints ornementaux avant les panneaux de parement. Les couvre-joints de coin extérieur sont souvent faits en joignant deux 1 x 4. Vous pouvez aussi utiliser une planche ou une pièce de moulure comme couvre-joint de coin extérieur. Les portes et les fenêtres peuvent aussi s'orner de couvre-joints, mais le plus souvent, on a recours à des contre-chambranles (moulures rapportées sur les chambranles). Des rejéteaux et des solins au-dessus des portes et fenêtres empêcheront l'eau de pénétrer sous le parement.

Chevauchement des panneaux

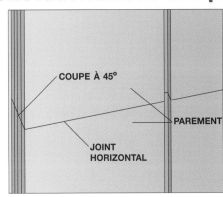

Il y a deux bonnes façons de protéger des caprices du temps les bords des joints horizontaux entre les feuilles de parement sur les maisons à deux étages. L'une consiste à couper les bords à un angle de 45 degrés le long des pièces de raccordement et à ajouter une goutte de calfeutrant. Il faudrait que l'eau coule en amont pour pouvoir pénétrer derrière le parement. L'autre méthode requiert un morceau de solin en Z, rentré derrière le panneau supérieur et chevauchant le bord du panneau inférieur vers le bas. Nul besoin de coupe à 45 degrés, mais le solin sera visible.

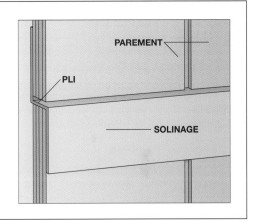

en C • fil à plomb • gants de travail ▶ membrane pare-air • panneaux de parement en contreplaqué • moises 2 x 4 • solins en Z • planches cornières • clous galvanisés • vis

4 *Pour installer des planches cornières* par-dessus les panneaux, montez la première planche en affleurant le parement et la deuxième chevauchant la première et couvrant sa bordure.

5 *Pour composer avec les saillies,* mesurez vers l'extérieur du coin et vers le haut à partir de la ligne directrice de niveau de façon à marquer la découpe.

6 *Vous pouvez poser* des planches cornières doubles aux coins intérieurs aussi, ou dissimuler le joint de contreplaqué à l'aide d'une moulure.

Parement

Parement de planches

Le parement à clins ou en planches sied bien à une large gamme de styles architecturaux. Le bois véritable offre de la flexibilité et un aspect attrayant à un tel point que de nombreuses imitations sont disponibles en vinyle, aluminium et autres matériaux synthétiques. Le plus grand désavantage du parement en bois est qu'il doit être repeint environ tous les sept ans ou reteint tous les trois à cinq ans, selon les conditions locales.

Le cèdre et le séquoia sont les favoris pour le parement, mais la fausse pruche, le mélèze, le pin ponderosa et des essences locales sont aussi utilisés. Vous débourserez davantage pour le cèdre et le séquoia, mais ce sont deux bois naturellement plus résistants à la pourriture que la plupart des autres essences ; ils sont offerts en classes de première qualité qui présentent un aspect attrayant ; il suffit de les protéger avec un scellant translucide, au lieu de peinture ou de teinture.

Comme le parement de panneaux, le parement de planches peut aussi être fabriqué à partir de panneau dur. C'est plus abordable que du bois massif mais moins durable. Lors de l'installation, vous devez aussi veiller à empêcher l'humidité de pénétrer. Le parement de planches de bois dur est généralement offert en deux modèles. L'un présente des languettes qui chevauchent la rangée en dessous et permet le clouage à tête perdue. L'autre est à feuillure le long du bord inférieur.

De niveau et d'aplomb

Le parement de planches est habituellement installé horizontalement, mais il peut également l'être verticalement ou en diagonale. Pour obtenir un aspect attrayant, de qualité professionnelle, le parement horizontal doit être de niveau et les installations verticales doivent être d'aplomb.

La mise en place de la première planche est déterminante, puisque cette planche est la base pour toutes les rangées subséquentes. Une petite erreur de mesurage au début peut mener à des problèmes apparents après plusieurs rangées. Pour vous assurer que tout est bien droit, vérifiez l'horizontalité des planches à mesure que vous avez installé quatre ou cinq rangées, ou plus souvent si vous n'avez jamais posé de parement auparavant. Ne mesurez pas de rangée en rangée, mais plutôt à partir de la première. Une fois l'espacement vertical aux coins mesuré, tracez une ligne au cordeau à tracer à l'endroit où le bord supérieur de la pièce suivante sera installé.

Si vous trouvez que les planches ne sont pas tout à fait de niveau (ou ne sont plus d'aplomb si l'installation est verticale), faites plusieurs petits ajustements sur les quelques rangées suivantes au lieu de faire un gros ajustement très apparent.

Choix de matériaux

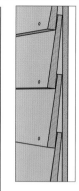

Le parement biseauté (à clins) est utilisé pour des applications horizontales. Il est offert en catégories sans nœuds ou noueux pour un aspect plus rustique. Les planches sont épaisses sur le bord inférieur et s'amincissent vers le haut.

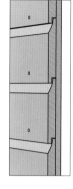

Le parement à feuillure (Dolly Varden) est utilisé seulement dans les installations horizontales. Il est plus épais que le parement biseauté et comporte un chevauchement à feuillure. Il présente une texture lisse ou une texture brute de sciage.

Le parement à mi-bois offre un chevauchement qui assure une protection et un pli décoratif qui ressemble à un quart-de-rond en dessous de chaque joint. Les chevauchements peuvent absorber le mouvement de la charpente.

Le parement bouveté est offert en une variété de finitions et des dimensions de 1 x 4 à 1 x 10. Certaines versions présentent un chanfrein ou une baguette le long du bord pour donner une apparence plus achevée.

Configuration des coins

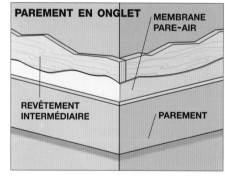

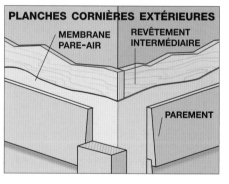

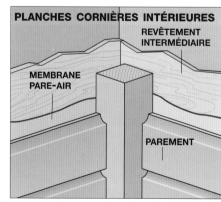

Les planches cornières protègent les joints de parement vulnérables aux fuites dans les coins de la maison. Les joints en onglet ont un aspect soigné et élégant mais ne sont pas aussi durables que d'autres types de joints, et cette technique exige un aiguillage laborieux. Les planches cornières extérieures aboutées sont plus faciles à installer – vous les clouez en place, puis vous coupez le parement pour l'abouter directement contre elles. De plus, aux coins intérieurs, vous pouvez abouter les planches à clin ou simplement clouer des planches cornières sur un parement plat.

Gabarit d'espacement

Vous pouvez accélérer l'installation de planches à clin ou de bardeaux de fente et obtenir un meilleur résultat par la même occasion en vous servant d'un simple gabarit à parement que vous pouvez fabriquer vous-même. (Les gabarits font gagner du temps pour l'installation de planches à clin, de bardeaux de fente et de tout parement en rangées horizontales.) L'idée est de créer un outil de mesurage mobile qui reproduit le chevauchement sur chaque rangée. À toutes les deux ou trois rangées, vous devriez quand même mesurer à partir de la rangée de base et vérifier le niveau de la rangée courante. Mais vous n'aurez pas à arrêter de travailler pour vérifier chaque morceau si vous utilisez un gabarit.

Pour fabriquer le gabarit, vissez une petite barre sur un morceau de bois rectangulaire de façon à former un T à l'équerre (les 1 x 4 sont parfaits). Servez-vous d'une équerre pour vérifier l'alignement ; puis serrez les pièces ensemble et vissez-les. Assurez-vous que les vis ne passeront pas à travers les deux pièces, pour éviter d'égratigner le parement. Pour utiliser le gabarit, glissez la section en barre le long du bord inférieur du dernier morceau de parement que vous avez installé et faites une marque au crayon, ou placez simplement la prochaine rangée directement au-dessus du gabarit. La longue contremarche du T à l'envers jaugera le pureau du morceau suivant et gardera l'installation de planches à clin uniforme.

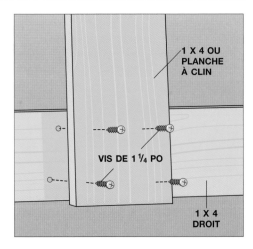

1 X 4 OU PLANCHE À CLIN

VIS DE 1¼ PO

1 X 4 DROIT

Poser des planches à clin

MATÉRIEL : ▶ scie circulaire • perceuse • gabarit à parement • échelle • niveau de 4 pi • marteau • ruban à mesurer • gants de travail
▶ planches à clin • membrane pare-air • planches cornières • clous

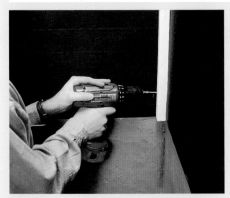

1 *Installez les planches cornières préfinies* aux coins intérieurs et extérieurs pour obtenir des bordures à l'équerre contre lesquelles le parement pourra buter.

2 *Tracez une ligne de niveau* pour la rangée de base et clouez une bande de départ le long du bord inférieur du parement.

3 *Faites chevaucher la première planche sur la bande de départ* et clouez assez haut pour que les clous puissent être recouverts par la rangée suivante.

4 *Vérifiez régulièrement le pureau* aux bouts et au milieu de chaque rangée tout en progressant, même si vous utilisez une équerre.

5 *Les joints devraient être décalés* à chaque rangée. Placez les joints à des intervalles aléatoires, espacés d'au moins 16 po.

6 *Découpez autour des obstacles* à mesure que vous progressez. Faites toujours chevaucher les planches et les attaches de façon à ce que la pluie se déverse sans y pénétrer.

Parement

Achat des bardeaux

Les bardeaux de bois ne sont pas réservés qu'aux toits, ils constituent aussi un matériau de parement attrayant. Vous pouvez acheter des bardeaux de bois de style traditionnel et de coupe sophistiquée conçus spécialement pour le parement, mais il est parfaitement acceptable de recouvrir les murs de bardeaux pour toiture. Et comme le vieillissement sur le parement n'est pas aussi sévère que sur un toit, vous pouvez économiser en utilisant un classe inférieure de bardeaux.

Les bardeaux de fente sont fendus à la machine ou à la main dans des blocs de bois appelés billes. Ils sont plus épais que les bardeaux ordinaires et moins uniformes le long des bords exposés, mais ils durent plus longtemps. Les bardeaux ordinaires sont sciés, présentant une surface lisse. Les deux types sont faits à partir de bois comme le thuya géant et le séquoia, et ils sont offerts avec un traitement ignifuge. Il est sage de s'en procurer 10 pour cent de plus pour les pertes.

Choix du pureau

La surface du bardeau exposée aux intempéries s'appelle pureau. Les fabricants devraient indiquer le pureau raisonnable, puisqu'il varie dépendamment du matériau. Mais en règle générale, calculez le pureau maximal en soustrayant $1/2$ po de la moitié de la longueur totale du bardeau. Vous pouvez réduire le pureau pour obtenir un aspect différent et assurer une meilleure protection contre les éléments, mais rappelez-vous que plus le pureau diminue, plus il vous faudra de bardeaux. Avec un pureau normal, il vous faudra environ quatre paquets de bardeaux par 100 pi^2 de surface murale.

Styles de bardeaux

ALÉATOIRE DROIT

ALÉATOIRE À MI-BOIS

ÉCAILLE DE POISSON

ROND / DIAMANT

Guide d'estimation

Couverture en pieds carrés de quatre paquets de bardeaux (en rangées simples)

Longueur	Pureau								
	4 po	5 po	6 po	7 po	8 po	9 po	10 po	11 po	12 po
16-pouces	80	100	120	140	—	—	—	—	—
18-pouces	72	90	109	127	145	—	—	—	—
24-pouces	—	—	80	93	106	120	133	146	—

Poser des bardeaux

MATÉRIEL : ▶ rabot à main • fausse équerre • règle étalonnée • niveau de 4 pi • marteau • échelle • ruban à mesurer • crayon • fil à plomb • couteau universel

1 Faites un bâti de bardeaux pour la première rangée. Tracez une ligne avec un cordeau à tracer ou posez un fil de niveau comme guide de niveau.

2 La première rangée doit couvrir la rangée de bâti. Choisissez des bardeaux selon leur largeur pour couvrir tous les joints, en faisant chevaucher les espaces de joint d'au moins 1 $1/2$ po.

3 Marquez le pureau au milieu et aux bouts de chaque rangée achevée, puis tracez une ligne au cordeau à tracer pour guider votre rangée.

Coins de bardeaux

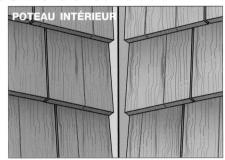

POTEAU INTÉRIEUR

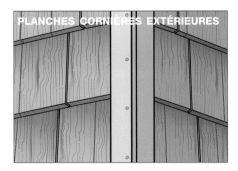

PLANCHES CORNIÈRES EXTÉRIEURES

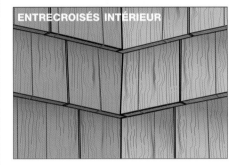

ENTRECROISÉS INTÉRIEUR

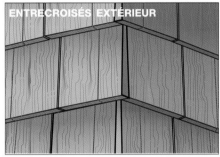

ENTRECROISÉS EXTÉRIEUR

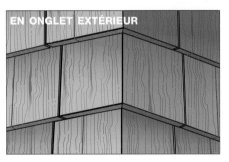

EN ONGLET EXTÉRIEUR

Dans les coins, vous pouvez abouter les bardeaux entre eux ou les entrecroiser contre le couvre-joint. L'assemblage en onglet est d'un bel aspect, mais il requiert beaucoup de temps à exécuter et ne vieillit pas bien. Les coins entrecroisés offrent une meilleure protection mais exigent découpe et assemblage. Les coins aboutés offrent la meilleure protection.

Teinture

La couleur finale dépend de la teinte du bois et de la couleur de la teinture, bien sûr, mais aussi du temps de pénétration de la teinture avant de l'essuyer ou de l'enlever au pinceau.

La même teinture peut créer divers effets, d'un lavis qui ressemble à un enrobage semi-transparent à un ton riche qui dissimule presque tout le grain du bois.

• gants de travail ▶ bardeaux de bois (ou de fente) • membrane pare-air • moulure de bordure • planches cornières • moise 1 x 4 • clous galvanisés

4 *Pour garder les rangées de niveau* et faciliter la pose, installez une planche de guidage temporaire de niveau sur le mur.

5 *Enfoncez des clous galvanisés* à environ $^3/_4$ po du bord des bardeaux et 1 po au-dessus du pureau. Espacez les bardeaux de $^1/_8$ à $^1/_4$ po.

6 *Utilisez un rabot à main* pour ajuster le bord des bardeaux. Décalez les joints pour qu'ils ne soient pas alignés d'une rangée à l'autre.

Parement

Réparations de routine

Le parement est, avec le toit, la première ligne de défense de votre foyer contre les éléments. Le bois réagit naturellement aux variations de température et d'humidité, qui peuvent au cours d'un hiver faire sauter les clous, ouvrir les joints et faire craquer ou gauchir le parement. Les fuites peuvent causer encore plus de dommages au parement et aux pièces de charpente. Il est tentant d'enduire de calfeutrant ou de peinture les endroits problématiques, mais si vous enfouissez le problème sans vraiment en régler la cause, il reviendra et réapparaîtra sur la surface. Il est alors possible que la réparation à faire soit plus importante.

Bardeaux et planches à clin

Les bardeaux endommagés sont faciles à enlever car on peut les retirer par petites pièces facilement cassables. Il est ainsi facile d'incorporer des bardeaux neufs dans le mur sans démarcation visible autour de la surface réparée. La tâche la plus difficile consiste à enlever les clous sans endommager les bardeaux adjacents. Les bardeaux neufs sur les murs qui ne sont pas peints ou traités au scellant vieilliront en l'espace de quelques mois et prendront probablement la couleur des bardeaux environnants, à condition qu'ils soient faits du même bois que les bardeaux originaux.

Les planches à clin sont un peu plus difficiles à remplacer que les bardeaux, mais il vaut la peine de poser de nouvelles planches, même si le travail prend du temps, surtout si cela vous évite d'avoir à installer un nouveau parement sur un mur tout entier. Si la pourriture a causé des dommages, vérifiez l'étendue du problème en enfonçant un couteau ou un tournevis dans le bois de chaque côté de l'endroit endommagé. Marquez les endroits où le bois sec et friable (spongieux) devient ferme. Le dommage peut ne s'étendre que sur quelques pouces, mais pour effectuer une réparation qui s'intègre parfaitement, vous pourriez aussi devoir enlever du bois sain.

Réparation de panneaux

Vous pouvez rapiécer des petites perforations ou des surfaces pourries de contreplaqué avec un composé d'époxy, mais si les dommages sont importants ou si le placage est rompu, vous devrez le remplacer. Achetez des panneaux neufs de la même épaisseur que les panneaux existants et appliquez une couche d'apprêt compatible avec la dernière finition avant l'installation. Peignez ou teignez les panneaux de remplacement aussitôt que possible pour les protéger des intempéries.

Réparer des planches arquées

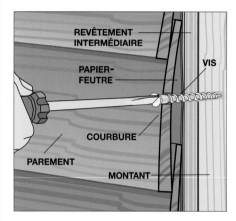

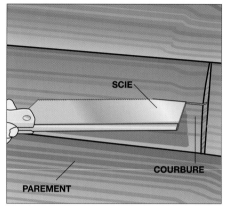

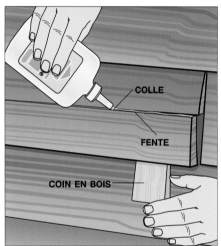

Rattachez les pièces de parement arquées en les fixant aux montants avec de longues vis. Percez des avant-trous pour les vis pour éviter de fendre les planches ; enfoncez les têtes de vis et camouflez les têtes avec du mastic ou du calfeutrant. Si le parement est fortement arqué, sciez une coupe de décharge dans chaque bout de la planche avant de la visser aux montants. Pour stabiliser une large fente à calfeutrer, placez un coin en bois derrière la partie fendue, percez des avant-trous, appliquez de la colle imperméable ou de la colle mastic et vissez les deux côtés de la fente au mur.

Remplacer un bardeau endommagé

MATÉRIEL : ▶ lame de petite scie à métal • levier • marteau • ciseau à bois • lunettes de protection

1 *Insérez des coins en bois* sous la rangée directement au-dessus du bardeau endommagé. Faites attention de ne pas casser les bardeaux au-dessus.

2 *Utilisez un marteau et un ciseau* pour casser le bardeau endommagé en plusieurs petits morceaux qui pourront être retirés sans tirer des clous.

Réparations de parement en bois

Réparer un panneau

MATÉRIEL : ▶ pied-de-biche • perceuse • marteau • pinceau à soies ou en mousse • pistolet à calfeutrer ▶ calfeutrant • vis galvanisées • teinture à bois

1 *Là où les joints se sont ouverts,* tirez les clous avec un pied-de-biche ou un marteau, et vérifiez s'il y a des dommages causés par l'eau.

2 *Au lieu de renfoncer les vieux clous,* utilisez des vis galvanisées neuves enfoncées dans les montants à travers les vieux trous de clouage.

3 *Pour dissimuler les têtes de vis,* vissez-les légèrement sous la surface, ajoutez du calfeutrant ou une matière de remplissage, et retouchez avec de la teinture à bois assortie.

Réparer une planche à clin

MATÉRIEL : ▶ marteau • pinceau à soies ou en mousse • levier • ciseau à bois ▶ moise 1 x 2 • peinture extérieure • colle à bois extérieure • clous de finition galvanisés

1 *Si la planche est fendue* mais toujours intacte, gardez la fente ouverte avec un ciseau ou un levier pendant que vous injectez de la colle à bois extérieure.

2 *Placez un support 1 x 2* sous la planche pour garder la fente fermée jusqu'à ce que la colle prenne. Remplissez plus tard les trous de clouage avec du mastic.

3 *Une fois que la colle est sèche,* ôtez le 1 x 2 et remplissez les trous de clouage, puis ancrez la réparation avec des clous de finition au-dessus et en dessous de la fente.

• gants de travail ▶ bardeaux de remplacement • coins en bois • clous galvanisés

3 *Coupez les clous dissimulés* en vous servant d'une lame de scie à métaux flexible. Enroulez du ruban autour de la lame ou portez des gants pour protéger vos mains.

4 *Insérez le nouveau bardeau* dans l'espace endommagé et tapez doucement pour le mettre en place. Enlevez les coins sous les bardeaux au-dessus.

5 *Clouez le nouveau bardeau* juste en dessous de la bordure supérieure. Enfoncez les clous et remplissez les trous avec du calfeutrant.

Parement

Brique et pierre

Peu de matériaux sont aussi durables que la brique et la pierre. Ils ne prennent pas feu et sont invulnérables à la pourriture et aux insectes. Et ils sont si endurants que la majorité des problèmes se produit aux points faibles dans les murs, soit les joints de mortier et les joints des solins. Mais leur manipulation nécessite une grande habileté. La construction proprement dite de murs de brique ou de pierre pour une maison et même le remplacement d'un ancien parement avec du placage de brique ou de pierre sont des travaux qui excèdent la compétence de la plupart des bricoleurs.

Mais les bricoleurs peuvent habituellement exécuter la plupart des travaux d'entretien et de réparation de murs de brique ou de pierre. Voir « Réparations ponctuelles » dans ce chapitre (p. 450), ainsi que « Briquetage : un survol » (p. 52), « Entretien d'une structure en brique » (p. 54), « Travailler avec la pierre » (p. 56) et « Nettoyer la maçonnerie » (p. 58) dans le chapitre sur la maçonnerie.

Placages

Les placages de maçonnerie confèrent un aspect de solidité à une maison et fournissent une surface extérieure qui ne requiert que peu d'entretien. Ces avantages ont toutefois un prix : les placages de maçonnerie et de pierre sont les parements les plus dispendieux et ils doivent être installés par des professionnels. Les placages de pierre ont une épaisseur de 1 ¼ à 4 po et les placages de maçonnerie, de ½ à 4 po. Les pièces individuelles et les panneaux préfabriqués peuvent être fermement attachés aux surfaces murales par des attaches en métal.

Peindre ou ne pas peindre ?

Vous pouvez peindre la brique de la même façon que vous pouvez peindre presque toute autre surface. Mais à moins que vous vouliez partager le sort des propriétaires de maison à parement en bois qui doivent repeindre le revêtement périodiquement, optez pour des réparations et traitements de surface qui permettront au mur de brique de rester simplement un mur de brique.

Vous pouvez rejointoyer les joints de mortier érodés pour préserver la structure et leur apparence. Quand le mur est en bon état, vous pouvez le sceller avec un scellant translucide à base de silicone. De plus, la plupart des enduits translucides ont tendance à se dégrader graduellement sans offrir le triste spectacle de la peinture qui s'écaille et qui se décolle. Si vous devez peindre, il est conseillé d'appliquer une couche d'apprêt antibase, suivie d'une couche de finition de peinture au latex.

Poser un placage de pierre

MATÉRIEL : ▶ truelle à jointoyer • truelle de maçon • fiche de maçon • marteau de maçon • sac à coulis
▶ pierre • mélange de mortier • treillis métallique soudé ou tissé (ou attaches métalliques)

1 *Commencez par faire une pose d'essai à sec* en plaçant les pierres en position approximative sur le sol pour voir où les joints seront situés.

2 *Installez le treillis métallique sur le mur* comme support pour le mortier. Dressez à la truelle la couche de base qui se liera au treillis métallique.

Types de maçonnerie en pierre

À MOELLONS

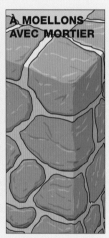

À MOELLONS AVEC MORTIER

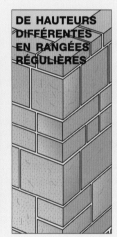

DE HAUTEURS DIFFÉRENTES EN RANGÉES RÉGULIÈRES

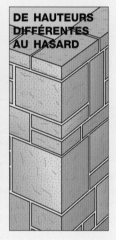

DE HAUTEURS DIFFÉRENTES AU HASARD

Poser des briques de parement

MATÉRIEL : ▶ espaceurs pour joints • truelle à jointoyer • truelle brettée • niveau de ligne • scie à métaux

1 *Pour que le mortier* puisse adhérer au mur, commencez par fixer des feuilles de treillis métallique avec des clous galvanisés.

2 *Appliquez une couche d'enrobage* de mortier adhésif en dressant le mélange à la truelle sur et dans le treillis. Travaillez sur un endroit à la fois.

• ciseau à pierre • ligne de maçon • niveau de 4 pi • ruban à mesurer • fil à plomb • brouette • gants de travail

3 *Enduisez le dos des pierres* de mortier. Vous pouvez travailler en longues rangées ou faire des sections courtes de plusieurs rangées à la fois.

4 *Remplissez les joints* avec du mortier. Pour éviter le barbouillage des surfaces, certains fabricants recommandent l'emploi d'un sac à coulis.

5 *Lissez les joints de mortier* avec un fer à joint. Remplissez tous les espaces de joint autour des pierres pour empêcher l'eau de pénétrer.

Types d'appareillage de brique

À LA GRECQUE

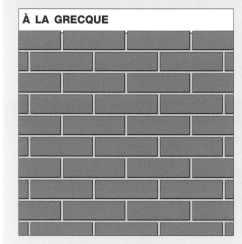

À L'AMÉRICAINE

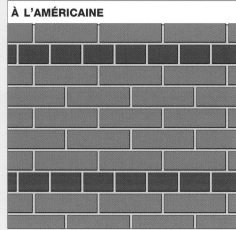

POUR MURS DE JARDIN

• marteau • fil à plomb ▶ briques de parement ou placage de brique • mortier adhésif • treillis métallique soudé ou tissé

3 *Suivez les indications du fabricant* pour l'espacement; mesurez l'espace de deux ou trois rangées et posez un fil comme guide de niveau.

4 *Utilisez une scie à métaux* pour couper les briques et couper des moitiés de brique afin que les joints soient décalés d'une rangée à l'autre.

5 *Liez les joints* avec du mortier pour obtenir des joints de profondeur et de forme égales. Les fers à joint sont généralement concaves, mais ils sont parfois plats et en V.

Parement

Les pour et les contre du stuc

Le stuc est à nouveau populaire grâce à sa durabilité et à son aspect texturé bien particulier. Toutefois, des problèmes peuvent survenir dans ce voile résistant aux intempéries. Si les fondations de la maison s'enfoncent de façon irrégulière ou si des pièces de charpente neuves se déplacent et se retirent en s'asséchant, le mouvement peut créer une charge suffisante pour faire craquer les murs de stuc rigides.

Des problèmes peuvent également se produire dans le stuc lui-même. Le stuc frais (et le mur de maçonnerie derrière) peut contenir des composés à base de sel qui peuvent remonter à la surface du matériau. À mesure que l'humidité s'évapore, les dépôts de sel laissent un résidu (efflorescence) à la surface. Même si, normalement, l'alcalinité du matériau de stuc se neutralise pendant le processus de séchage, ce résidu peut provoquer une décoloration. La présence d'alcali peut conduire à l'expansion et à des fissures subséquentes.

Un type de revêtement de stuc synthétique appelé SIFE convient largement à tous les usages résidentiels. Ce matériau peut cependant causer des problèmes s'il n'est pas appliqué correctement. (voir « Problèmes de SIFE », à la page suivante).

Installation

Le stuc est fait de ciment de Portland, de sable, de chaux et d'eau. Vous pouvez faire votre propre mélange ou l'acheter pré-mélangé. (Si vous n'avez pas d'expérience, achetez du stuc pré-mélangé.) Parce que le stuc peut être embêtant à appliquer et que la préparation à l'installation sur les maisons à charpente de bois exige beaucoup de temps et d'effort, pensez à embaucher un entrepreneur ou au moins un professionnel pour travailler avec vous pendant l'application.

Quand vous serez prêt, prenez soin de choisir une journée couverte pour appliquer le stuc sur les murs orientés vers le sud. Une chaleur excessive pourrait sécher le stuc prématurément, ce qui en causerait le rétrécissement et la fissuration. Inversement, les températures froides rendent le stuc trop rigide pour un dressage approprié à la truelle. La température idéale se situe entre 9 °C et 26 °C.

Changement d'apparence

La couche de finition du stuc, si elle est faite avec du ciment de Portland, peut être colorée avec des pigments dans une variété de couleurs. La texture résulte de la technique utilisée pour l'application de cette couche. Vous pouvez créer une variété d'aspects en utilisant divers outils de finition.

Type de recouvrement en stuc

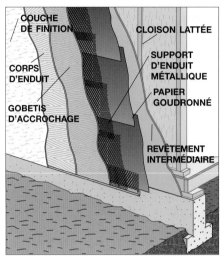

COUCHE DE FINITION
CORPS D'ENDUIT
GOBETIS D'ACCROCHAGE
CLOISON LATTÉE
SUPPORT D'ENDUIT MÉTALLIQUE
PAPIER GOUDRONNÉ
REVÊTEMENT INTERMÉDIAIRE

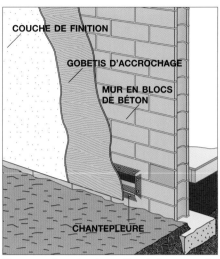

COUCHE DE FINITION
GOBETIS D'ACCROCHAGE
MUR EN BLOCS DE BÉTON
CHANTEPLEURE

Sur les charpentes en bois, clouez un support d'enduit métallique ou du treillis métallique expansé au revêtement intermédiaire par-dessus le papier de construction, et appliquez le stuc en trois couches séparées.

Deux couches de stuc suffisent si vous appliquez le stuc sur un support solide et stable comme des blocs de béton ou d'autres murs de maçonnerie (ou sur du vieux stuc).

Textures de stuc

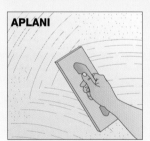

APLANI

Pour obtenir une texture lisse, appliquez le stuc à la truelle et lissez à l'aide d'une taloche.

EN SPIRALE

Créez une texture en spirale de la même façon que la texture lisse, mais sans la lisser.

EN ÉCLABOUSSURE

Frappez un pinceau trempé dans du stuc dilué contre une baguette pour obtenir un fini en éclaboussure.

STRIÉ

Pour obtenir une texture striée, faites des mouvements aléatoires avec une truelle en acier.

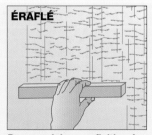

ÉRAFLÉ

Pour produire une finition éraflée, raclez la surface avec un 2 x 4.

RAYÉ

Pour obtenir un fini rayé, utilisez les soies d'une balayette comme pochoir de façon à imprimer le motif dans le stuc.

Appliquer du stuc

MATÉRIEL : ▶ truelle brettée • outil à rayure • cordeau à tracer • marteau
▶ stuc • bande d'ancrage • clous • treillis métallique

1 *La plupart des revêtements en stuc* sont ancrés sur une bande métallique. Pour la poser, faites des marques de niveau aux coins et tracez une ligne au cordeau à tracer entre les marques.

2 *Posez la bande d'ancrage* le long de la ligne de niveau, puis attachez-la au mur par sa portion en treillis au moyen de clous galvanisés.

3 *Au-dessus de la bande d'ancrage,* attachez des feuilles de treillis. Faites dépasser le bord inférieur de la première feuille sur la bande d'ancrage.

4 *Mélangez la couche de base* selon les instructions du fabricant et dressez à la truelle, en exerçant suffisamment de pression pour noyer le treillis dans le mélange.

5 *Pour obtenir une bonne adhérence* entre les couches, grattez la surface avant qu'elle ne durcisse. Un outil maison fait de clous espacés fera l'affaire.

6 *Dans la plupart des applications,* la couche finale est d'une épaisseur de seulement $1/8$ à $1/4$ po. Vous pouvez tenter d'obtenir un fini lisse ou créer une texture.

PROBLÈMES DE SIFE

▶ Le **SIFE** est un stuc synthétique. C'est l'abréviation de « système d'isolation et de finition extérieure ». Les composants de ce système sont habituellement un adhésif, un panneau isolant, une couche de base de ciment, un treillis en fibre de verre et une couche de finition. Lorsque tous ces composants sont installés correctement par un entrepreneur (évitez de faire ce travail vous-même), le SIFE peut être un parement économique et de peu d'entretien. Toutefois, on a relevé plusieurs cas où ce système a entraîné des problèmes de structure, surtout de la pourriture causée par des fuites et par l'humidité emprisonnée dans le mur. Les SIFE actuels tentent de prévenir ces problèmes en incorporant un dispositif pour l'évacuation de l'humidité, par exemple des panneaux isolants munis de rainures étroites au dos.

Parement

Réparations ponctuelles

Donnez-vous comme ligne de conduite de réparer les fissures dans la brique, le stuc et la pierre aussitôt que vous les détectez. Même les petites fissures, soit dans le matériau soit dans les joints de mortier, laisseront s'infiltrer l'eau dans la structure derrière, là où elle va éventuellement causer des dommages. Avec le temps, l'eau et les cycles de gel/dégel de l'hiver convertiront les fissures mineures en problèmes majeurs, qui seront plus difficiles et plus coûteux à corriger.

Brique

Les réparations de brique consistent habituellement à remplacer des sections de mortier qui s'effritent ou une brique fissurée ou endommagée. En magasinant, vous trouverez probablement des briques ou des pierres de rechange qui ont presque la même couleur que les morceaux d'origine ; il est par contre beaucoup plus difficile de faire passer du mortier neuf pour le mortier d'origine. Il est habituellement nécessaire de tester quelques échantillons pour trouver le mélange de remplacement qui s'intégrera bien au reste de la maison. Ajoutez du colorant en poudre, si nécessaire, pour imiter la couleur du mortier existant. Attendez toujours que le mélange de mortier ait séché pour faire des comparaisons valables et prendre une décision.

Pour remplacer une brique cassée, il faut d'abord la retirer du mur ainsi que le mortier, à l'aide d'un ciseau. Une fois le trou nettoyé et vaporisé avec de l'eau, vous devriez commencer par étendre du mortier sur la surface inférieure du trou. Ensuite, étendez du mortier sur la surface supérieure et les côtés de la brique, et glissez-la en place.

Stuc

Remplissez les grandes fissures et les ouvertures dans le stuc avec le mélange d'origine. Comblez les petites fissures avec un scellant à l'acrylique ou à l'acrylique siliconé. Si vous remarquez de larges fissures mais n'avez pas le temps d'effectuer une réparation entière, scellez au moins les ouvertures avec une goutte de calfeutrant au silicone pour les rendre étanches. Le calfeutrant pourra être ôté lorsque vous aurez du temps pour effectuer une réparation permanente.

La couleur du stuc peut être difficile à reproduire. Si la surface requiert plusieurs remplacements de stuc, il peut être plus facile de la couvrir avec une peinture à base de ciment ou une peinture extérieure à l'acrylique. (Laissez sécher au préalable les surfaces de stuc neuf pendant au moins 30 jours.) Humectez le mur avec de l'eau avant de le peindre. La peinture à base de ciment nécessitera une couche d'apprêt pour prévenir les éclaboussures, mais la peinture à l'acrylique n'en a pas besoin.

Pierre

Lorsque le problème se situe dans les joints entre les pierres, suivez le conseil sur l'harmonisation des couleurs du mortier pour la réparation de la brique. Enlevez au ciseau le vieux mortier jusqu'à une profondeur de 1/2 à 3/4 po, de façon à former une fente aux côtés carrés, dont l'un touche à la pierre. Une fois le joint nettoyé et vaporisé avec de l'eau, insérez du mortier dans la fente. Jointoyez le joint lorsque le mortier a suffisamment pris pour garder les empreintes digitales.

Si une pierre est lâche, enlevez-la et nettoyez-en les joints. Enduisez l'arrière de mortier, puis remettez-la en place et rejointoyez le mortier autour.

Remplacer une brique

MATÉRIEL : ▶ ciseau plat • taloche • truelle à ▶ mélange de mortier • brique de

1 *Utilisez un ciseau plat et un marteau lourd* pour dégager la brique endommagée. Travaillez à partir des joints vers l'intérieur, en portant des lunettes de protection.

Poudroiement de la peinture

De nos jours, plusieurs peintures extérieures ont été spécialement conçues pour repousser la saleté : la surface de la peinture se désagrège en une poudre crayeuse et se disperse petit à petit chaque fois qu'il pleut ou qu'elle est nettoyée. Ce poudroiement aide à conserver l'apparence de propreté de la surface, mais ne permet pas l'adhérence d'une nouvelle couche de peinture. Avant de peindre sur ce type de peinture farineuse, frottez la surface avec un détergent et rincez abondamment.

Réparer du stuc

MATÉRIEL : ▶ ciseau plat • taloche • truelle de maçon • masse à petit manche • lunettes de protection • gants de travail ▶ stuc • planche à raclette • treillis métallique soudé

1 *Utilisez un ciseau plat et un marteau lourd (en portant des gants et des lunettes de protection)* pour enlever le matériau lâche.

2 *Si le support de treillis métallique* est endommagé (ou manquant), taillez-en un nouveau morceau et fixez-le au mur avec des clous galvanisés.

3 *Mélangez une quantité plus que suffisante de matériau de remplacement* pour remplir le trou et dressez-en sur le support de façon que le nouveau stuc soit plus épais que l'ancien.

Réparations de parement de maçonnerie

jointoyer • truelle de maçon • auge • lunettes de protection • masse à petite manche • brosse métallique • gants de travail
remplacement • eau

2 Brisez les morceaux de mortier restants, puis passez la brosse métallique et balayez les surfaces adjacentes pour enlever les débris.

3 Mélangez suffisamment de mortier pour enrober abondamment les surfaces de joint de la brique de remplacement.

4 Enfoncez plus de mortier dans les joints au besoin (il en tombera probablement un peu), puis jointoyez-les pour harmoniser la réparation avec le mur.

• clous galvanisés

4 Utilisez le mur environnant comme guide de niveau et lissez la surface en exécutant un mouvement d'aller-retour avec une raclette.

Nettoyage de mur

Le lavage sous pression nécessite une laveuse à pression pour enlever la saleté tenace. Certains résidus peuvent exiger le recours à un détergent non abrasif. Testez le traitement sur une petite section de mur avec un réglage à faible pression (moins de 700 livres par p^2). Dans les bâtiments âgés, le mortier pourrait s'effriter sous la haute pression. Protégez les arbustes et les fleurs avoisinants avec des toiles de protection ou des feuilles de plastique. Quand vous utilisez une laveuse à pression, faites constamment remuer le jet. La plupart des laveuses à pression sont équipées de buses capables de produire un jet large à basse pression et un jet étroit à haute pression ; vous courrez moins de risques en vous servant de la buse à jet large.

La pression excessive lors du nettoyage peut éroder les joints de mortier et ronger la surface des briques.

Le nettoyage peut révéler un mur de brique intact qui ne nécessitera qu'un ravalement mineur.

Aspergez en biais pour empêcher le jet de s'introduire dans les joints de mortier.

Parement

Vinyle et métal

Les textures des parements en vinyle et en aluminium imitent le plus souvent les planches à clin et les bardeaux en bois. Ils sont offerts dans une variété de couleurs et de styles avec les couvre-joints et détails architecturaux assortis. Les parements en vinyle ou en aluminium peuvent être installés à l'horizontale ou à la verticale. Lorsque vous recevrez une estimation de parement, elle sera probablement accompagnée d'une option isolation. Parce que l'aluminium et le vinyle sont des matériaux en feuille préfabriqués, l'espace derrière le parement peut être comblé par des panneaux d'isolant moulés, qu'on appelle aussi bandes de support. Certains parements en vinyle incorporent des bandes de support.

Le parement en aluminium peut être peint et de nombreux fabricants de parements en vinyle prétendent maintenant que leurs produits peuvent être peints aussi. Mais la peinture n'est habituellement pas nécessaire pendant des années, ce qui fait des parements en aluminium et en vinyle de véritables matériaux de peu d'entretien. Vous devrez pourtant nettoyer régulièrement la saleté et la crasse accumulées sur le parement.

Installation

Le vinyle et l'aluminium sont tous deux installés à peu près de la même façon, avec des composants à emboîtement conçus pour se dilater et se contracter selon les variations de température. Les couvre-joints dissimulent les joints de dilatation, donnent un aspect achevé au travail et aident à camoufler les erreurs mineures. Comme les systèmes de montage diffèrent légèrement selon la marque, il est important d'utiliser les outils et les techniques indiqués par le fabricant.

Matériaux

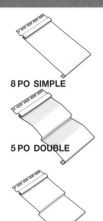

8 PO SIMPLE

5 PO DOUBLE

4 PO DOUBLE

Le parement d'aluminium recouvrait des millions de foyers pendant les années 1950 et 1960. On le vendait en tant que parement définitif, qui ne nécessiterait jamais de peinture. De nos jours, la plupart des maisons sont recouvertes de vinyle, un matériau moins dispendieux et plus facile à manipuler, ce qui permet des économies en frais de main-d'œuvre ou de se dispenser carrément d'un entrepreneur. Mais certains types de vinyle fissurent par temps froid, se déforment s'ils ont été installés incorrectement et s'affadissent avec le temps. Quoique l'aluminium soit en lui-même plus durable, il s'ébrèche et s'égratigne facilement, et même les dommages mineurs sont difficiles à dissimuler. Le vinyle et l'aluminium sont tous deux offerts en ensembles à emboîtement qui couvrent tout à partir du bord du toit jusqu'aux fondations, incluant des ensembles assortis pour couvrir sous-faces et bordures d'avant-toit.

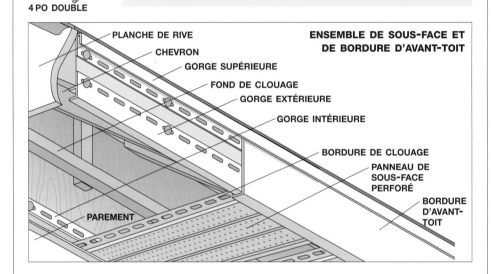

PLANCHE DE RIVE
CHEVRON
GORGE SUPÉRIEURE
FOND DE CLOUAGE
GORGE EXTÉRIEURE
GORGE INTÉRIEURE
ENSEMBLE DE SOUS-FACE ET DE BORDURE D'AVANT-TOIT
BORDURE DE CLOUAGE
PANNEAU DE SOUS-FACE PERFORÉ
BORDURE D'AVANT-TOIT
PAREMENT

Installer un parement en vinyle

MATÉRIEL : ▶ poinçon • poinçon à repousser • tirette • cisailles à métaux • niveau de 4 pi • marteau • échelle • raclette • couteau universel ▶ parement de vinyle • isolant rigide (pour les rénovations) • panneaux de sous-face • membrane pare-air • clous galvanisés

1 *Installez d'abord les pièces d'angle préfabriquées.* Les bouts du parement se logent dans les gorges sur cette pièce pour rendre le parement étanche aux intempéries.

2 *Aux ouvertures des portes et fenêtres, des rainures en J sont aboutées contre le couvre-joint.* Leurs bordures extérieures dissimulent les bords du parement.

3 *Placez de niveau et clouez une bande d'ancrage pour votre première rangée.* La première rangée entière du parement s'enclenche dans la lèvre de cette bande préfabriquée.

Pièces ouvragées

Les avantages du vinyle sont son coût peu élevé, son installation facile que même certains bricoleurs peuvent effectuer et son entretien facile (sans peinture ni teinture) que tous les bricoleurs apprécieront. Le désavantage, du moins pour certains, est son aspect artificiel, qui n'est pas à la hauteur du bois. Des pièces de vinyle à relief de grain de bois peuvent être utiles. Certaines pièces ouvragées aux lignes pures, tels des encadrements de porte, peuvent être encore plus utiles. On trouve des ensembles de couvre-joints qui s'harmonisent avec bien des styles de maison et qui rehaussent grandement le parement qu'ils recouvrent.

Utilisez un parement simple sur la plus grande partie de la maison et couvrez les petites sections détachées avec un feston décoratif.

Les évents sont offerts dans divers styles, incluant des formes triangulaire et circulaire qui s'encastrent bien dans les ensembles de parement.

Des corniches ouvragées avec larmier denticulé et des couvre-joints pour portes et fenêtres peuvent s'ancrer dans le parement du mur au-dessus.

Les pièces de couvre-joint ouvragées, comme ces poteaux corniers cannelés, ajoutent une touche personnelle à une maison recouverte de vinyle ou d'aluminium.

Avant...

...et après

• couvre-joints en vinyle (pièces d'angle, panneaux de bordure d'avant-toit, rainures en F, rainures en J, bandes d'ancrage, couvre-joints pour corniche, etc.)

4 Poussez vers le haut sur la bordure du parement pour l'enclencher, puis clouez-le en place à travers la bordure de clouage supérieure. Faites chevaucher les bouts des rangées sur au moins 1 po.

5 Clouez à travers le centre des trous de la bordure à un angle de 90°, en laissant les clous suffisamment desserrés pour permettre au parement de se dilater et de se contracter.

6 Taillez autour des fenêtres à l'aide de cisailles d'aviation pour les coupes verticales et d'un couteau universel pour faire des traits de coupe à l'horizontale et casser le parement.

Parement

Réparation du vinyle endommagé

Le vinyle est durable, mais pas indestructible; souvent il fissure sous un impact, particulièrement par température basse. Rapiécez les petites fissures en enlevant le morceau endommagé, en nettoyant la fissure avec un apprêt PVC et en enduisant le dos d'un morceau de parement en vinyle avec du ciment à PVC.

Si de grandes surfaces sont endommagées, il pourrait être nécessaire de remplacer la pièce entière. Les morceaux de remplacement sont plutôt faciles à installer, mais le parement en vinyle s'affadit avec le temps.

Il est facile d'enlever une section endommagée. Le parement est cloué à travers une bordure moulée dans la partie supérieure de la rangée. Tout ce qu'il vous faut est un outil simple, appelé tirette, pour désemboîter les rangées. Vous introduisez l'outil sous le bord inférieur de la section de parement et le tirez horizontalement pour désemboîter les pièces. Lorsque vous travaillez sur un parement vertical, tirez l'outil par en bas le long du joint.

Remise en état d'un parement en aluminium

Même si le parement en aluminium fournit une bonne protection contre les éléments et est facile d'entretien, une balle de baseball égarée ou de gros grêlons peuvent le bosseler. La marche à suivre pour réparer des dommages superficiels par suite de marques de coup est presque la même que pour réparer une aile bosselée sur un véhicule. Il s'agit de tirer la bosselure vers l'extérieur, de poncer sa surface et d'y appliquer de la pâte à carrosserie (ou du mastic pour des imperfections très légères). Une fois que la surface a fini de sécher, vous pouvez la poncer, y appliquer un apprêt et la peindre. Pour les imperfections de surface mineures, vous pouvez utiliser de la laine d'acier. Il est aussi utile de connaître le fabricant et la couleur du parement, parce qu'il se peut que vous puissiez vous procurer un nécessaire à retouches dans la couleur originale.

Vous pourriez avoir à remplacer les surfaces présentant des dommages plus sérieux, mais vous devriez essayer d'autres réparations pour deux raisons. Premièrement, l'aluminium n'est pas aussi flexible que le vinyle; il est plus difficile d'encastrer un morceau dans un mur existant. Deuxièmement, vous pourriez ne pas trouver de pièce de remplacement assortie avec votre parement. Si la réparation à faire se trouve dans un endroit visible, vous pourriez envisager d'enlever et d'utiliser un morceau d'une partie moins visible, et de remplacer cette pièce à son tour par le matériau neuf.

Réparer un parement en vinyle

MATÉRIEL : ▶ tirette • cisailles à métaux • marteau • chasse-clous • levier • couteau universel
▶ vinyle de remplacement • coins

1 *Utilisez une tirette* pour désemboîter le parement au-dessus de la pièce endommagée. Tirez vers le bas et glissez l'outil le long du joint pour le déloger.

2 *Mettez des morceaux de bois* en forme de coin sous le parement dégagé pour ne pas qu'il encombre pendant que vous travaillerez sur le morceau endommagé en dessous.

3 *Tirez doucement les clous* directement au-dessus de la section endommagée. Si nécessaire, protégez la pièce avec du ruban adhésif ou des retailles sous la barre plate.

4 *Découpez la surface endommagée* avec des cisailles ou un couteau à lame de rasoir. Évitez de couper le parement ou les bordures de clouage des rangées au-dessus et en dessous.

5 *Découpez une section de remplacement* de 2 po plus large que le morceau endommagé que vous avez enlevé pour obtenir un chevauchement de 1 po aux deux bouts.

6 *Fixez le morceau de remplacement* à travers la bordure de clouage supérieure, en utilisant un chasse-clous pour avoir accès au dessous de la rangée supérieure. Une tirette remboîtera les sections.

Réparations du vinyle et du métal

Réparer un parement en aluminium

MATÉRIEL : ▶ perceuse • pinces • bloc à poncer • tournevis • couteau à cloison sèche
▶ pâte à carrosserie • toile émeri • peinture à pulvériser extérieure • apprêt à métal • vis à tôle

1 **Percez un trou** au point d'impact ; enfoncez une vis dans le parement seulement. Tirez sur la vis pour faire ressortir le creux.

2 **Enlevez la vis** et poncez la surface pour la rendre rugueuse ; mélangez de la pâte à carrosserie et appliquez-la sur le renfoncement.

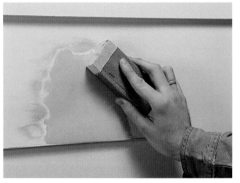

3 **Une fois que la pâte a durci,** poncez-la et appliquez une couche d'apprêt. Quand l'apprêt est sec, vaporisez deux couches de peinture de la même couleur que le parement.

Peindre l'aluminium

MATÉRIEL : ▶ pistolet à calfeutrer • seau • pinceau de 4 po • tampon en laine d'acier ▶ peinture extérieure • apprêt à métal • calfeutrant • détergent doux • eau

1 **Pour une adhérence optimale,** lissez les surfaces rugueuses avec de la laine d'acier et nettoyez avec un détergent doux et de l'eau.

2 **Calfeutrez** autour de toutes les ouvertures dans le parement. Utilisez un calfeutrant flexible qui restera en place même lorsque le parement travaille.

3 **Remplissez les petites perforations** de calfeutrant. Couvrez aussi les têtes des clous ou des vis utilisés lors des réparations effectuées avant la peinture.

4 **Scellez les joints vulnérables aux fuites** autour des fenêtres et des portes où les rainures en J chevauchent l'encadrement en bois.

5 **Quand le parement d'aluminium** est prêt, traitez-le comme tout autre mur et utilisez de la peinture extérieure au latex ou à l'huile.

6 **Pour aider à dissimuler les traces de réfection,** appliquez la peinture soigneusement dans les ouvertures, et peignez le couvre-joint ainsi que le parement.

Parement

Remplacement du parement

Quand vient le moment de rénover un parement, trois choix s'offrent à vous. Enlever le vieux parement requiert temps et argent, mais les murs extérieurs de votre maison seront ouverts et vous aurez l'occasion de remplacer la tuyauterie désuète ou les éléments de charpenterie endommagés, de poser du câblage électrique neuf ou d'ajouter de l'isolant. La deuxième option consiste à poser un nouveau parement sur le parement existant. Vous épargnerez ainsi le coût de la démolition et du débardage, mais devrez payer le coût qu'entraînera la modification de la configuration des couvre-joints pour convenir à la nouvelle couche de parement.

Avant de prendre une décision, ne négligez pas la troisième option, celle-là bien évidente : le nettoyage. Cette solution peut vous faire économiser beaucoup de temps et d'argent. Trop souvent, les propriétaires de maison confondent saleté et crasse avec une détérioration plus permanente. Un simple nettoyage en profondeur avec du savon et de l'eau peut révéler une peinture éclatante et rendre la rénovation du parement inutile.

Si vous décidez quand même de poser du parement par-dessus le vieux matériau, investissez du temps et du travail dans la préparation de la surface. Avant de recouvrir un vieux parement à clins, par exemple, lavez-le avec une solution d'eau de Javel et d'eau pour éliminer les moisissures. Là où des planches à clin pourrissent, sont gondolées et fendues, et où plusieurs têtes de clou affleurent, les coupables sont certainement les fuites ou la condensation. À moins de trouver et de réparer la cause, le problème finira par ronger votre nouveau parement coûteux.

Pare-vapeur

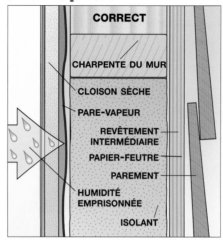

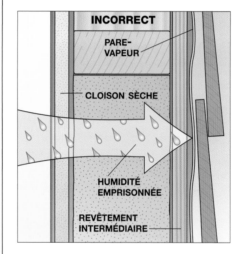

Un pare-vapeur est une couche de matériau mince, ordinairement des feuilles de plastique minces et parfois une pellicule, qui empêche l'humidité produite à l'intérieur de la maison de pénétrer dans les murs extérieurs et d'y causer de la condensation. Il s'étend sur la charpente du mur, sous la cloison sèche. Sans cette barrière, qui est une exigence normalisée dans les maisons d'aujourd'hui mais qui est absente dans plusieurs maisons datant d'avant les années 1960, l'humidité fait son chemin à travers le mur et peut rencontrer une surface qui est sous la température du point de rosée. C'est là que l'humidité devient de l'eau qui peut mouiller l'isolant, faire pourrir la charpente du mur et causer l'écaillage de la peinture. Si vous installez un parement neuf, n'ajoutez pas de pare-vapeur sur le mur extérieur, car il empêcherait l'évaporation de l'humidité. Et une bonne part des dommages sera peut-être dissimulée jusqu'à ce qu'ils nécessitent des réparations majeures. Une membrane pare-air est le bon matériau à utiliser à l'extérieur de la maison sous le nouveau parement parce qu'elle permettra de repousser toute humidité qui pourrait passer par le pare-vapeur à l'intérieur. L'humidité peut sortir par ce tissu, mais les courants d'air ne peuvent le pénétrer.

Remplacer un parement

MATÉRIEL : ▶ poinçon • poinçon à repousser • tirette • cisailles à métaux • niveau de 4 pi • marteau • échelle • agrafeuse • raclette • couteau universel • fourrures • clous galvanisés • agrafes robustes

1 *Si vous posez un parement* par-dessus un parement existant, réparez les planches fendues, lâches et gondolées pour assurer un fond de clouage solide.

2 *Poser un nouveau parement* vous permet d'ajouter de l'isolant aux ouvertures dans le mur ou d'appliquer de la mousse isolante à la surface du mur.

3 *La membrane pare-air* protège l'intérieur de la maison des courants d'air et des pertes de chaleur. Elle peut être agrafée directement sur le parement existant.

Bardeaux d'amiante

Quand le parement en amiante était populaire, il y a des décennies, personne ne savait que ce minéral est cancérigène. Aujourd'hui, nous le savons. L'amiante fait un bon travail pour protéger la maison, mais les bardeaux striés, souvent pulvérulents et cassants, contiennent des fibres qui causent le cancer. Le matériau n'est pas dangereux tant qu'il n'est pas manipulé, par exemple lorsqu'on scie les bardeaux pour installer une nouvelle fenêtre. En théorie, vous pourriez recouvrir un vieux parement d'amiante avec un parement de vinyle neuf. Mais en pratique, clouer le vinyle fracturerait les vieux bardeaux. Les morceaux seraient alors dans le chemin et représenteraient un danger pour la santé. Pour des petites réparations, vous pouvez installer un panneau de fibrociment qui a l'aspect de l'amiante (ci-dessus). Pour des travaux plus importants, la marche à suivre la plus sécuritaire consiste à faire enlever les bardeaux par un entrepreneur ayant un permis pour la manipulation et l'enlèvement de l'amiante.

Poser des solins autour des fenêtres

Au-dessus des fenêtres, vous avez besoin de solins pour rejeter l'eau. Agrafez le dessus du solin au vieux parement et pliez le bord d'attaque par-dessus le châssis. Utilisez cette méthode comme protection secondaire même avec un parement d'aluminium ou de vinyle accompagné de ses propres couvre-joints. Il existe deux façons de poser un solin sur les côtés d'une fenêtre. Lorsque la fenêtre est en retrait par rapport au mur, vous pourriez avoir besoin d'installer des rainures en J sur le châssis (ci-dessous à gauche). Il pourrait cependant être plus esthétique d'abouter les rainures en J contre le châssis (ci-dessous à droite).

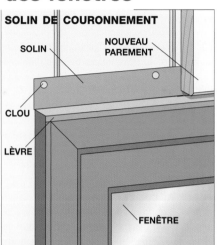

SOLIN DE COURONNEMENT

SOLIN — NOUVEAU PAREMENT — CLOU — LÈVRE — FENÊTRE

Équipez le châssis *de couvre-joints pour obtenir une couche supplémentaire d'isolation avec des rainures en J pour le parement.*

Insérez le parement *dans la rainure en J pour couvrir les bouts coupés à mesure que vous ajoutez des rangées.*

▶ parement de vinyle • couvre-joints de vinyle (rainures en F et en J, bandes d'ancrage, etc.) • pare-air • panneau d'isolation rigide (optionnel) • panneaux de sous-face

4 ***Les fourrures*** *offrent un fond de clouage lisse et droit là où les murs sont inégaux ou hors d'aplomb. Utilisez des cales sous les fourrures au besoin.*

5 ***Posez les planches cornières intérieures et extérieures*** *en premier, en les suspendant à des clous pour vous assurer qu'elles sont d'aplomb avant de les fixer.*

6 ***Ajoutez chaque rangée de parement*** *en la tapant vers le haut pour l'enclencher dans la rangée en dessous. Clouez à travers la bordure de clouage dans les fourrures.*

Parement

Peinture ou teinture?

La majorité des gens teignent volontiers les planchers, les armoires, les meubles, les patios etc., sauf le parement. On peint généralement le parement, même si au beau milieu de ce travail coûteux, long et fastidieux, on sait fort bien qu'il faudra recommencer dans quelques années. C'est parce que la peinture repose sur le parement comme une simple couverture. La teinture, par contre, est absorbée en profondeur par le grain du bois et en devient partie intégrante. Alors qu'est-ce qui est le plus logique: peindre ou teindre?

Couleur et couverture

La plupart des propriétaires préfèrent les tons légèrement adoucis, mais la peinture offre toutes les couleurs de l'arc-en-ciel. Votre maison peut être d'un blanc aveuglant, bien sûr, ou rouge comme un camion d'incendie. Mais les teintures pénétrantes offrent une variété presque aussi grande. Il y a des teintes de bois foncées, des bleus brillants et des rouges puissants, mais aussi des blancs très pâles. Et si vous préférez cette nuance particulière que vous ne pouvez trouver sur les échantillons, vous pouvez mélanger la teinture avec un colorant courant pour l'obtenir, de la même manière que vous le feriez avec de la peinture.

Les teintures laissent transparaître habituellement un peu du grain du bois, tandis que la plupart des peintures sont conçues pour donner une surface unie et opaque. Les deux matériaux peuvent être appliqués en couches épaisses ou en couches minces. Vous pouvez diluer la peinture pour créer des effets spéciaux (généralement à l'intérieur) et vous pouvez

vous procurer une teinture forte qui donnera le même aspect que la peinture de couleur pure sur le parement. Si vous choisissez la peinture, vous couvrirez le bois totalement; ce peut être un choix douteux si vous avez du séquoia ou du cèdre de première qualité en dessous. Dans ce cas, le meilleur choix pourrait être un scellant translucide qui protège le bois mais permet à sa beauté naturelle de demeurer visible. Si vous choisissez la teinture, vous pouvez utiliser un produit opaque qui camouflera le grain terne du pin ou un mélange semi-transparent qui donnera au bois une teinte dominante et laissera transparaître un peu de la beauté naturelle du bois.

Entretien

Sur une maison munie d'un pare-vapeur dans le mur, la durée de vie de la peinture peut être aussi longue que celle de la teinture. Sur les maisons plus anciennes sans pare-vapeur (ces feuilles, habituellement de plastique mince, qui empêchent l'humidité intérieure de pénétrer le mur), la teinture durera plus longtemps. Voici pourquoi:

L'humidité produite par la cuisson de la nourriture, le lavage et d'autres activités de ménage peut éventuellement atteindre la pellicule de peinture solide et la faire décoller du mur. Mais l'humidité est plus susceptible de passer à travers une teinture semi-transparente. Aussi, quand la peinture finit par se détériorer, les résultats sont visibles et parfois assez déconcertants. Cependant, à mesure que la teinture se détériore, elle a tendance à devenir fade. Le grain du bois deviendra plus visible mais le parement aura plus ou moins le même aspect que quelques années auparavant.

MATÉRIAUX

◆ Les **enduits translucides** sont à base de solvant et ne contiennent pas de pigments. La couleur et le grain du bois restent visibles.

◆ Les **enduits semi-transparents (teintures)** sont à base de solvant composé d'huile, d'huile/alkyde, de résine et/ou d'émulsions. Ils sont légèrement pigmentés pour révéler le grain du bois.

◆ Les **enduits opaques (peintures ou teintures)** peuvent être à base d'eau ou de solvant. Ils dissimulent la couleur naturelle et le grain du bois mais permettent à la texture de transparaître. Les **teintures au latex** colorent bien et sont offertes dans une variété de finis. Elles se nettoient facilement avec du savon et de l'eau. Les **teintures à l'huile** sont plus durables que les teintures au latex parce qu'elles pénètrent dans le bois. Le fini et le solvant utilisé pour le nettoyage dégagent toutefois des vapeurs toxiques.

◆ Les **cache-taches,** telle la gomme laque blanche pigmentée, sont utilisés pour camoufler les imperfections et les décolorations, comme les nœuds saignants.

Finition d'un nouveau parement

MATÉRIEL: ▶ pinceau pour mur extérieur de 4 po • brosse de 1 ½ po • pistolet à calfeutrer • toiles de protection • échelles • couteau à mastic

1 *Enroulez du papier abrasif* sur un bloc de bois pour lisser les petites fentes et autres imperfections.

2 *Remplissez les trous* avec de la pâte de bois. Les trous profonds nécessiteront deux couches. Puis appliquez l'apprêt sur la surface une fois séchée, pour qu'elle ne transparaisse pas sous la peinture ou la teinture.

3 *Appliquez un calfeutrant* résistant aux intempéries autour des ouvertures de portes et fenêtres, et là où le parement est abouté contre le couvre-joint de coin.

Appliquer de la peinture

Un bon travail de peinture sur du bois non traité commence par une couche d'apprêt. Cette couche scelle la surface, cache les imperfections et les taches, et améliore l'adhérence de la peinture. Utilisez un apprêt compatible avec la couche de finition que vous utiliserez. Un apprêt à base d'huile convient aux couches de finition à base d'eau et à base d'huile. Un apprêt à base d'eau ne peut en général être recouvert que d'une couche de finition à base d'eau. Assurez-vous que la surface où vous appliquerez l'apprêt est propre et exempte de poussière pour assurer une bonne adhérence.

Deux couches de peinture sur l'apprêt ou la peinture existante donnent les résultats les plus durables, surtout sur les côtés sud et ouest de la maison, où le soleil est plus intense. Une couche de peinture durera cinq ans; deux couches dureront jusqu'à 10 ans. Appliquez la première couche pas plus tard que deux semaines après l'apprêt et la deuxième couche une fois que la première est sèche.

Suivre quelques règles vous aidera à faire un travail de qualité professionnelle. Premièrement, ne peignez jamais si la météo annonce de la pluie. La surface doit être propre et sèche avant de commencer, et une nouvelle couche de peinture pourrait être lavée ou sérieusement affectée par la pluie avant de sécher. Deuxièmement, appliquez un agent anti-moisissure avant de peindre. Ne faites pas que peindre simplement la moisissure, puisqu'elle se développera sous la peinture et en causera le cloquage et la décoloration. Finalement, peignez à des températures pas plus basses que 10 °C pour la peinture au latex et 5 °C pour la peinture à base d'huile.

La peinture peut être appliquée au moyen de pinceaux, de rouleaux, de tampons applicateurs ou d'un pulvérisateur. Quel que soit l'outil, veillez à enrober le côté inférieur des chevauchements de parement et vérifiez toujours les dessous des rangées en regardant à partir du sol. Il est plus facile de détecter les bavures et les endroits omis d'en bas.

Applicateurs

◆ Les **pinceaux** sont habituellement d'une largeur de 4, 5 ou 6 po. Utilisez des pinceaux plus petits pour les couvre-joints – les soies en biseau conviennent pour le travail minutieux autour des vitres de fenêtre et à proximité des surfaces d'une autre couleur.

◆ Les **rouleaux** appliquent la peinture et la teinture rapidement et facilement. Ils laissent une surface grenue qui s'accentue s'ils ont des poils plus longs.

◆ Les **pulvérisateurs** appliquent le produit de finition au parement en une fine brume. La manipulation exige un peu d'entraînement, mais ils facilitent et accélèrent le travail, sans coulures.

• bloc de ponçage • échafaudage (facultatif) ▶ apprêt • peinture extérieure (ou teinture) • calfeutrant • pâte de bois

4 *Il n'y a pas de règle d'application* pour la peinture ou la teinture. Mais chose certaine, vaut mieux couvrir les joints avant d'appliquer la peinture ou la teinture sur la surface.

5 *Lors de l'application de la couche de finition,* travaillez sur des petites sections entre les chantignoles munies de couvre-joints. Commencez par couvrir les bordures.

6 *Travaillez de haut en bas* de façon à pouvoir étendre les larmes au pinceau avant qu'elles ne sèchent, ou étendez-les avec un couteau à enduire.

Parement

Évaluation des problèmes

Préparer la surface du parement avant de repeindre est probablement un des aspects les plus importants du travail. La peinture n'adhérera pas à une surface incorrectement préparée, et vous pouvez être sûr que tout problème à l'origine des dommages à la peinture originale réapparaîtra rapidement pour ruiner le nouvel enduit.

Parmi ces problèmes, l'humidité est certainement le plus important. La vapeur d'eau de la cuisson de la nourriture, du lavage et d'autres activités ménagères peut migrer à travers les murs jusqu'à l'enveloppe extérieure du bâtiment. Sur de nombreuses maisons, l'enveloppe extérieure est la peinture. On l'applique pour enjoliver et protéger la maison à l'extérieur, mais l'humidité en provenance de l'intérieur peut la faire craqueler, cloquer et écailler.

Un autre problème est causé par l'application de la peinture sur d'épaisses couches d'ancienne peinture. Après 20 ou 30 ans, la plupart des maisons ont été repeintes plusieurs fois. Ce ne sont pas tous les propriétaires qui grattent et poncent le parement chaque fois qu'il a besoin d'être repeint. Et même quand il est fait minutieusement, le grattage reste toujours partiel, laissant la plus grande part de la vieille peinture sur les murs. Les enveloppes extérieures multicouches sont les plus susceptibles de craqueler, prenant souvent l'apparence d'une peau d'alligator. Or, cette dégradation peut rapidement refaire surface dans une couche de peinture fraîche. Dans ce cas, plutôt que de gratter la peinture – une tâche qui peut être laborieuse et coûteuse –, beaucoup préfèrent refaire le parement avec un matériau neuf.

Taches d'eau

Ces taches grises et laiteuses apparaissent sur le bois extérieur près du sol. Elles sont habituellement causées par les systèmes d'irrigation utilisés pour arroser les arbustes ou les fleurs près des fondations. Les minéraux dans l'eau se déposent sur le parement et s'agglutinent à mesure que l'eau s'évapore.

Même s'il est possible d'adoucir les dépôts d'eau dure à l'aide de vinaigre blanc et d'autres solvants, il est souvent plus facile de gratter la surface avec un grattoir à lame de rasoir rétractable, puis de poncer et de refaire la finition. Comme il n'est pas avantageux d'utiliser de l'eau adoucie sur les plantes du jardin, la seule façon de prévenir ce problème consiste à protéger le parement lors de l'arrosage ou de réorienter les aspersoirs de façon à ce que l'eau n'atteigne pas le parement. Si après le grattage et le ponçage il reste des taches profondes, couvrez-les de deux couches de gomme laque blanche pigmentée.

Diagnostic des problèmes de surface

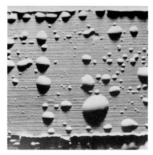

◆ CLOQUAGE

Le cloquage se manifeste par une série de bulles dans la peinture. Les cloques se forment quand la peinture est appliquée sur une surface humide. Elles peuvent aussi apparaître lorsque la peinture est appliquée sous un soleil direct. L'humidité intérieure qui traverse le mur ou dans la maison elle-même peut aussi faire cloquer la peinture, même si la surface était sèche lors de l'application.

Causes

Crevez une cloque pour en trouver la cause. Si du bois brut se trouve sous la cloque, c'est l'humidité qui est en cause. Si vous trouvez de la peinture sous la cloque, la couche de finition a probablement été appliquée sous un soleil de plomb.

Solutions

Grattez la peinture cloquée et poncez la surface jusqu'à ce qu'elle soit lisse. Si le cloquage est causé par l'humidité en provenance de l'intérieur, il est inutile de repeindre tant que la source du problème d'humidité n'a pas été éliminée.

◆ ÉCAILLAGE

La peinture qui s'écaille est caractérisée par des flocons ou des lambeaux qui ne collent pas à la surface. Plusieurs facteurs peuvent causer ce pelage, incluant l'application d'une couche très épaisse – l'approche deux couches en une. Mais le problème est le plus souvent dû à l'humidité intérieure passant à travers le mur extérieur.

Causes

La peinture s'écaille lorsqu'elle n'adhère pas suffisamment à la surface. Une surface sale, ou enduite de plusieurs couches de peinture, ou encore la migration de l'humidité de l'intérieur peuvent occasionner l'écaillage de la peinture.

Solutions

Grattez la peinture jusqu'à la surface du parement, puis appliquez une peinture de haute qualité. Si l'écaillage a été causé par l'humidité migrante, réglez le problème avant de repeindre.

◆ LÉZARDAGE

La peinture lézardée comporte des petites fissures contiguës qui ressemblent à la peau d'un reptile. Cela survient souvent sur un parement où de multiples couches de peinture ont été appliquées, ce qui a rendu difficile l'adhérence convenable de la couche extérieure. La peinture plus récente peut être incompatible ou elle peut avoir été appliquée sur une surface humide.

Causes

Ce problème survient lorsqu'une couche de peinture n'adhère pas à une autre. Il peut aussi se produire lorsque des peintures incompatibles ont été utilisées, lorsque la surface a été mal préparée ou lorsque la couche précédente n'a pas eu le temps de sécher.

Solutions

Grattez la peinture jusqu'au bois brut ; puis appliquez un apprêt et enduisez à nouveau la surface de peinture de haute qualité. Là où plusieurs couches de vieille peinture sont en cause, vous voudrez peut-être remplacer le parement en entier.

◆ MOISISSURE

La moisissure est une croissance de champignons qui apparaît sur le parement, lui donnant un aspect sale. La pousse des spores est favorisée par des surfaces souillées, humides et chaudes, et par un manque de soleil et d'air frais. Une fois enracinées, les pousses vert-de-gris peuvent décolorer une bonne partie du mur, faire vieillir la peinture prématurément et rendre la réfection de la peinture plus difficile.

Causes

La moisissure évolue sur des surfaces humides à l'abri du soleil et des vents dominants. Les problèmes sont souvent plus graves sous des surplombs de toit larges et partout où le parement est dissimulé derrière des arbustes.

Solutions

Lavez la moisissure avec une brosse et une solution composée d'une partie d'eau et d'une partie d'eau de Javel au plus. Essayez ce mélange sur une surface dissimulée d'abord parce que l'eau de Javel peut décolorer le parement.

◆ ROUILLE

La rouille est un enrobage brun rougeâtre qui se forme sur le fer ou l'acier par oxydation lorsque le matériau est exposé à l'eau et à l'air. Les métaux sans apprêt ou qui ont été mal apprêtés sont plus susceptibles de développer des problèmes de peinture qui s'écaille, ce qui expose le métal et favorise l'apparition d'une rouille qui peut laisser une vilaine marque.

Causes

L'eau de pluie peut répandre les taches de rouille sur le parement lorsque des composants en métal comme des solins, des gouttières, des têtes de clous non galvanisés et des pièces de volet de fenêtre commencent à s'oxyder.

Solutions

Essayez une solution moitié eau de Javel, moitié eau. Si ça ne fonctionne pas, utilisez de l'acide oxalique, un produit chimique qui doit être manipulé avec précaution. Vous pouvez aussi essayer des produits de nettoyage conçus pour l'élimination des taches de rouille sur les surfaces.

◆ TRANSPARENCE

Certains matériaux peuvent transparaître à travers deux couches de peinture ou de teinture, même lorsque la surface est plutôt lisse et de couleur uniforme. Cette décoloration peut provenir de plusieurs sources, incluant des têtes de clou qui rouillent, de la résine qui s'échappe du bois et des nœuds qui sont trop durs pour être recouverts de teinture ou de peinture. La solution la plus courante consiste à enduire les endroits problématiques de gomme laque blanche pigmentée.

Causes

La décoloration provient de têtes de clou sans enduit ou de clous enduits d'un placage de zinc de mauvaise qualité. Elle peut aussi être issue de nœuds ou de sections de grain de bois serré qui produisent de la résine.

Solutions

Prévenez la décoloration en utilisant des clous résistants à la corrosion en acier inoxydable ou en aluminium. Pour enlever les taches existantes, frottez avec une solution moitié eau de Javel, moitié eau. Enduisez les décolorations d'un cache-taches.

Enrayer l'humidité

L'accumulation d'humidité peut endommager la peinture. Une ventilation inadéquate est souvent en cause et un séchage permanent n'est possible que si la ventilation est améliorée. L'humidité autour des portes et fenêtres peut aussi causer des problèmes ; les espaces de joint devraient être calfeutrés en tant que partie intégrante de l'entretien régulier.

Lorsque vous posez de l'isolant, installez des pare-vapeur en pellicule ou en papier kraft bitumé vers les endroits chauffés.

Agrafez à travers les rabats sur les bords de l'isolant en matelas à environ tous les 6 po pour effectuer le meilleur scellage possible le long des montants.

L'installation d'une feuille de plastique est la façon la plus facile de monter une barrière anti-vapeur sur l'isolant en matelas à surface en papier.

Utilisez du ruban gommé (ou du ruban isolant) pour sceller tout déchirement ou séparation dans la barrière anti-vapeur, et autour de tous les tuyaux et évents.

Parement

Principes de base de la réfection des peintures

N'entreprenez aucun travail de réfection de peinture tant que vous n'avez pas lavé le parement et les couvre-joints. Frotter avec une brosse douce et une solution d'eau chaude et d'un détergent ménager (environ 1/3 de tasse de détergent pour un gallon d'eau) peut parfois être aussi efficace que repeindre. À mesure que la saleté s'accumule sur le parement au fil des ans, vous pourriez ne pas avoir remarqué une augmentation graduelle de la crasse.

Si repeindre est nécessaire, voici quelques conseils qui peuvent aider à rendre la finition plus durable. Poncez légèrement la surface peinte. Laver le parement est aussi incontournable, parce que la nouvelle peinture n'adhérera pas à la saleté, à la moisissure ou à d'autres dépôts en surface comme la graisse provenant d'un ventilateur d'évacuation de cuisine.

Préparez-vous convenablement avant de repeindre. Si vous devez repeindre deux étages ou un endroit accessible uniquement par échelle ou échafaudage, vous pouvez être tenté d'apprêter la surface et de la peindre en une seule étape. Mais des écailles de vieille peinture, des bavures de calfeutrant et la poussière due au ponçage peuvent se déposer sur la surface que vous êtes sur le point de peindre ou que vous venez de peindre.

Les microfissures peuvent être remplies avec de la peinture, mais il faut calfeutrer les ouvertures plus grandes, comme celles où les bouts des planches de parement s'aboutent contre les couvre-joints. Utilisez un calfeutrant flexible butylique ou de silicone qui peut être peint, là où des matériaux dissemblables tels le bois et la maçonnerie se rejoignent. N'utilisez pas une vieille peinture, qui peut avoir été endommagée par un entreposage incorrect ou qui ne

s'harmonisera pas avec la nouvelle peinture. Et n'essayez pas de vous en tirer avec une seule couche épaisse, ce qui pourrait causer la formation de coulures, le ridage et l'écaillage. Partout où vous poncez, grattez, enfoncez des clous ou faites d'autres réparations qui exposent le bois brut, appliquez un apprêt avant de peindre. Sinon, ces surfaces brutes tireront trop d'eau de la peinture de surface, faisant apparaître des endroits ternes et réduisant l'adhérence.

Limitez-vous à travailler sur un endroit à votre portée à la fois. Essayer de couvrir une trop grande surface à partir d'un seul point n'est pas sécuritaire et pourrait compromettre la qualité de votre travail.

Finalement, travaillez toujours de haut en bas. La peinture que vous utilisez causera des éclaboussures et des bavures, que vous pourrez éliminer en descendant. Si les bavures se sont solidifiées avant que vous arriviez, grattez-les au lieu d'essayer de les étendre.

Nettoyage de mur

Avec une rallonge sur un pulvérisateur à buse unique, vous pouvez atteindre de grands murs.

Pulvérisateurs à buse unique : alors que les nettoyeurs à pression dispensent un jet d'eau à haute pression qui peut parfois décaper la peinture et occasionner des fuites, les pulvérisateurs à buse unique fonctionnent à la pression d'eau normale. Des rallonges et des têtes nettoyantes permettent d'exécuter de nombreux travaux, même si le bon vieux frottage à la main est indispensable pour nettoyer la saleté tenace. Certains dispositifs utilisent des tablettes nettoyantes vendues par le fabricant et la plupart vous permettent aussi d'ajouter au jet d'eau le produit nettoyant dont vous avez besoin.

Décapage

Il existe plusieurs façons de décaper des couches de vieille peinture. Vous pouvez utiliser des produits chimiques qui ramollissent la peinture pour que vous puissiez la gratter, un pistolet thermique qui fait à peu près la même chose mais sans produits chimiques, du papier abrasif, des grattoirs affûtés et bien d'autres moyens. L'idée est de choisir la méthode la plus pratique pour le travail que vous avez à effectuer. Sur les grandes surfaces comme le côté de la maison, par exemple, appliquer des gallons de produits chimiques caustiques serait salissant et difficile. Ces surfaces-là devraient être grattées. Les décapants chimiques et la chaleur sont indiqués plutôt pour des travaux plus modestes comme l'enlèvement de la peinture sur des moulures. Là où des rainures et autres interstices du bois sont presque remplis de vieille peinture, vous pourriez avoir besoin de plusieurs applications. Sur les surfaces plates, vous pouvez utiliser un couteau à mastic pour enlever la peinture ramollie. Dans les endroits étroits, utilisez une lame de grattoir profilée.
Il existe des modèles et des outils avec des têtes interchangeables conçus pour déloger la peinture sur toutes sortes de moulures et de fentes. Avant de décaper, assurez-vous que la peinture ne soit pas à base de plomb. Dans le doute, faites analyser un échantillon. Gardez en tête aussi que votre municipalité peut avoir des restrictions sur l'élimination des déchets. Si vous utilisez un décapant chimique, portez des gants de caoutchouc et des lunettes de protection.

Utilisez des décapants chimiques sur des petites surfaces. Laissez agir (vous verrez la peinture se rider), puis grattez.

Les pistolets thermiques ne répandent aucune matière chimique potentiellement toxique, mais ils peuvent chauffer la peinture suffisamment pour que vous vous brûliez.

Réfection des peintures

Teinture sur peinture

En plus de donner un aspect naturel au parement, la teinture a un avantage majeur sur la peinture. Au lieu de craqueler, peler ou cloquer, elle a tendance à bien vieillir ; elle ne fera que ternir, tout en gardant sa teinte d'origine. Cela signifie que vous pourrez probablement profiter de plus d'années sans entretien majeur. Alors que diriez-vous de de recouvrir un parement peint avec de la teinture ? Il vaut la peine d'en faire l'essai sur une vieille maison, particulièrement s'il n'y a pas de barrières anti-vapeur et où l'humidité intérieure migre à travers le mur pour rompre la pellicule de peinture périodiquement. Il est sage de faire d'abord un test sur une section de mur dissimulée. Idéalement, vous devriez gratter le parement jusqu'au bois brut, mais vous pouvez vous tirer d'affaire en enlevant simplement tout matériau lâche et en laissant une pellicule de peinture mince qui adhère si bien que vous ne pouvez pas la gratter facilement. Le lavage à pression est une autre possibilité. Poncez la surface entière avec un papier abrasif de grain moyen à rugueux, puis lavez le mur (si vous n'avez pas lavé à pression). Ensuite, appliquez au moins une couche de teinture. C'est souvent une teinture extérieure semi-transparente dont la couleur est proche de celle de la peinture d'origine qui fonctionnera le mieux.

Repeindre

MATÉRIEL : ▶ pinceau de 4 po • brosse de 1 ½ po • pistolet à calfeutrer • marteau • chasse-clous • grattoirs • bloc à poncer
▶ apprêt • peinture extérieure • calfeutrant • mastic • papier sablé

1 Utilisez un chasse-clous pour enfoncer sous la surface de parement les clous qui affleurent. Si d'autres réparations sont nécessaires, effectuez-les maintenant.

2 Remplissez les trous de clouage avec du mastic, laissez sécher, puis poncez l'endroit jusqu'à ce qu'il soit lisse. Remplissez aussi toute fente, égratignure et autre endroit endommagé.

3 Grattez la peinture cloquée ou écaillée pour obtenir une surface lisse et une bonne base d'adhérence pour la nouvelle couche.

4 Calfeutrez de nouveau portes, fenêtres et ouvertures de tuyaux et d'évents. Utilisez un calfeutrant acrylique élastique, de qualité supérieure et indéformable.

5 Appliquez l'apprêt sur les surfaces poncées et grattées, les endroits nouvellement calfeutrés et remplis de mastic, ainsi que dans les coins et sur les bords intérieurs et extérieurs.

6 Peignez de haut en bas pour pouvoir corriger les éclaboussures et recouvrir les endroits oubliés. Les professionnels appliquent une couche d'apprêt, puis deux couches de finition.

24
Portes
et fenêtres

Portes et fenêtres

De nouvelles fenêtres?

La plupart des propriétaires acceptent leurs fenêtres telles qu'elles sont, même si elles sont trop petites ou mal placées. Le remodelage des fenêtres implique assurément plus de travail que beaucoup d'autres projets de bricolage – vous ne pouvez vous contenter de creuser des trous dans le mur de votre maison sans effectuer un travail de base sur la charpente –, mais de nouvelles fenêtres peuvent créer un effet impressionnant. La lumière solaire supplémentaire peut égayer des pièces sombres et les faire paraître plus spacieuses, réchauffer une partie de la maison en laissant passer plus de lumière solaire durant l'hiver, ou améliorer la ventilation.

Vous devez toutefois considérer d'autres facteurs avant de refaire des fenêtres. L'intimité en est un – la majorité ne veulent pas d'une fenêtre panoramique dans leur chambre à coucher ou leur salle de bains, et il est préférable d'éviter de placer les fenêtres de façon à laisser voir l'intérieur de la maison aux passants. Les règlements de prévention des incendies exigent en général qu'au moins une fenêtre par chambre à coucher soit praticable en cas d'évacuation d'urgence. Vous devez également penser à l'effet que la fenêtre aura sur l'apparence extérieure de la maison. La taille, le style et le positionnement de la nouvelle fenêtre devrait être en harmonie avec le reste de la maison.

La hauteur idéale d'une fenêtre à partir du plancher varie toutefois selon la fonction de la pièce. Par exemple, le bord inférieur de la fenêtre devrait être à environ 3 pi 6 po au-dessus du plancher dans une cuisine, pour tenir compte des comptoirs et des armoires; il devrait être à 2 pi 5 ½ po dans une salle à manger; et aussi peu qu'à 1 pi au-dessus du plancher dans le cas d'une fenêtre panoramique dans un salon. Vous devriez toujours consulter le Code du bâtiment de votre région avant de déterminer la taille et l'emplacement d'une nouvelle fenêtre.

Avant de commencer le travail

Une fois que vous avez choisi le style et l'emplacement d'une fenêtre, la prochaine étape consiste à savoir ce qui se cache derrière la cloison sèche. Il pourrait s'agir d'une véritable jungle de câblage, de tuyauterie de plomberie et de chauffage, ou encore d'un réseau de gaines qui devra être détourné. Déplacer la nouvelle ouverture pourrait s'avérer plus commode.

Lorsque vous commandez votre nouvelle fenêtre, notez bien les dimensions de l'ouverture murale brute requise. Vous devrez les reporter sur un dessin à l'échelle sur le mur, avec l'emplacement et la taille des ossatures murales existante et nouvelle. Emportez votre dessin lorsque vous faites votre demande de permis.

Styles

À GUILLOTINE À DEUX CHÂSSIS MOBILES

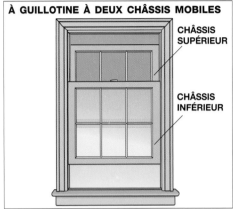

Les fenêtres à guillotine à deux châssis mobiles ont un aspect traditionnel qui convient à la plupart des styles de maison. Les modèles récents ont des châssis inclinables pour en faciliter le nettoyage.

COULISSANTE

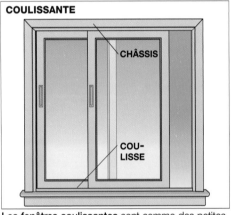

Les fenêtres coulissantes sont comme des petites portes vitrées coulissantes. Pour la ventilation, un châssis glisse dans une coulisse pour se déplacer derrière ou devant l'autre châssis.

À AUVENT

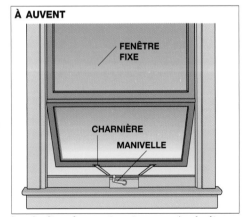

Les fenêtres à auvent sont comme des fenêtres à battant tournées de 90 degrés. Leur conception permet de rejeter la pluie et d'assurer la ventilation à la fois.

À BATTANT

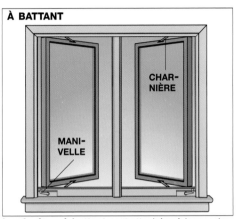

Les fenêtres à battant sont attachées à leur cadre par des charnières montées sur le côté. Une manivelle ou un bras coulissant permet à la fenêtre de s'ouvrir vers l'extérieur.

FIXE EN DEMI-LUNE

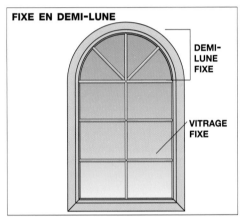

Les fenêtres à vitrage fixe, qui sont offertes dans une variété de styles, peuvent être utilisées seules ou combinées à des fenêtres ouvrantes.

À SOUFFLET

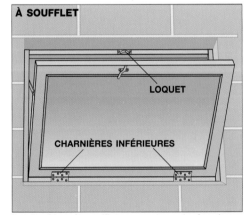

Les fenêtres à soufflet, souvent employées dans les sous-sols, sont munies de charnières en bas et s'ouvrent par le haut, assurant une ventilation convenable par beau temps.

Anatomie d'une fenêtre

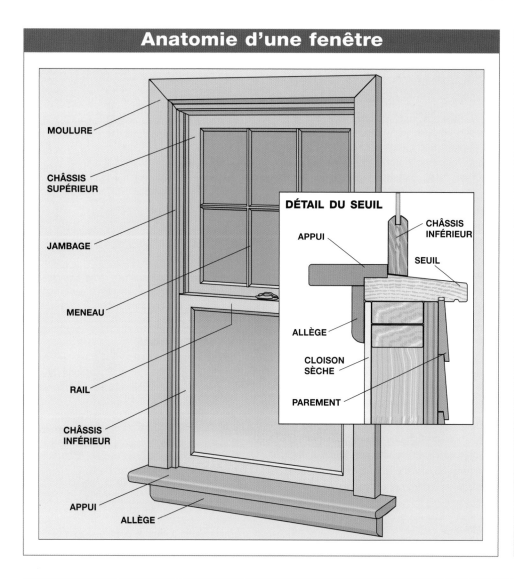

MOULURE

CHÂSSIS SUPÉRIEUR

JAMBAGE

MENEAU

RAIL

CHÂSSIS INFÉRIEUR

APPUI

ALLÈGE

DÉTAIL DU SEUIL

APPUI

CHÂSSIS INFÉRIEUR

SEUIL

ALLÈGE

CLOISON SÈCHE

PAREMENT

MATÉRIAUX

◆ **Le bois** offre une bonne valeur isolante. Il supporte la peinture ou la teinture mais nécessite un entretien périodique.

◆ **Les fenêtres en vinyle** nécessitent en général moins d'entretien que le bois et sont moins coûteuses. Le vinyle est le matériau le plus employé pour les fenêtres de remplacement.

◆ **Les fenêtres en bois recouvert de vinyle** ont l'avantage d'un revêtement extérieur de peu d'entretien et de la beauté d'une fenêtre en bois véritable à l'intérieur.

◆ **Les fenêtres en aluminium** avec une finition cuite au four ou anodisée offrent un rendement énergétique moins bon mais exigent peu d'entretien.

◆ **Le bois recouvert d'aluminium** offre les mêmes avantages que le bois recouvert de vinyle et supporte mieux la peinture.

◆ **L'acier** constitue le cadre de fenêtre le plus résistant, mais il peut rouiller, est habituellement plus coûteux et a un rendement énergétique moindre.

◆ **La fibre de verre** fournit résistance, durabilité, stabilité et un bon rendement énergétique. Elle ne requiert pas d'entretien et peut se peindre facilement.

Grilles de séparation

I y a plusieurs années, quand le vitrage de fenêtre était moins solide et plus difficile à fabriquer, les carreaux devaient être plus petits. Des meneaux – bandes de bois minces – tenaient les carreaux ensemble dans un châssis plus large. Aujourd'hui, les meneaux ne sont plus nécessaires. Ils réduisent en effet l'efficacité énergétique du double vitrage. (Les petits bois réels dans une fenêtre à double vitrage sont dispendieux.) Il existe plusieurs autres possibilités, notamment une variété de grilles de meneaux à pression qui simulent les motifs de petits bois sans compromettre l'efficacité énergétique.

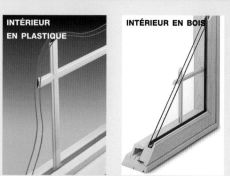

INTÉRIEUR EN PLASTIQUE

INTÉRIEUR EN BOIS

COMBINAISON INTÉRIEURE-EXTÉRIEURE

PETITS BOIS DE CARREAUX INDIVIDUELS DOUBLES

Plusieurs codes du bâtiment incluent aujourd'hui des normes énergétiques qui requièrent un double vitrage. Afin de conserver un espace sans circulation d'air entre les carreaux, utilisez des grilles intérieures faites de plastique ou de bois, une combinaison de matériaux intérieurs et extérieurs, ou des petits bois réels avec des carreaux individuels doubles.

Portes et fenêtres

De meilleures fenêtres

Les maisons anciennes sont équipées de fenêtres à vitrage simple – une seule couche de vitrage sépare l'intérieur de l'extérieur. À moins de vouloir des pièces froides et des factures de chauffage élevées, on devait chaque automne sortir l'échelle et poser des contre-fenêtres. Celles-ci fournissaient une deuxième couche de vitrage qui diminuait les pertes de chaleur. Puis, chaque printemps, on devait enlever les contre-fenêtres et les remplacer par des moustiquaires pour assurer la ventilation.

Les nouvelles fenêtres à bon rendement énergétique éliminent tout ce tracas grâce à un vitrage double, soit deux panneaux de vitre séparés par un vide d'air et incorporés dans le cadre de fenêtre. Le vitrage supplémentaire et le vide d'air fournissent suffisamment d'isolation pour réduire vos frais de chauffage de 10 % à 25 %.

Le vitrage double est un bon compromis entre le coût et l'efficacité énergétique dans la plupart des coins du pays. Mais si vous habitez un endroit où les hivers sont très froids, vous voudrez peut-être des fenêtres à vitrage triple, qui comportent trois couches de vitre. Elles sont plus chères et plus lourdes, mais vous pourriez économiser suffisamment sur le chauffage pour compenser l'écart de prix.

D'autres options de haute technologie peuvent vous faire économiser encore plus de dollars d'énergie. Vous paierez environ 15 % de plus, mais les fenêtres faites de verre à faible émissivité (verre énergétique) comportent un enduit métallique d'épaisseur microscopique qui empêche toute perte de chaleur. Vous pourriez aussi vouloir essayer des fenêtres à double vitrage remplies d'argon entre les panneaux. Avec une valeur isolante équivalant à 2 po de fibre de verre, certaines fenêtres de haute technologie peuvent réduire vos factures de chauffage de 30 % ou plus dans les climats froids.

Cadres de fenêtre

Lors du choix d'une nouvelle fenêtre, tenez compte du matériau de cadre également. Le bois est un meilleur isolant que beaucoup d'autres matériaux de cadre de fenêtre, mais il doit être protégé contre les intempéries avec de la peinture ou une couche de vinyle ou d'aluminium.

Le cadrage fait de vinyle massif et d'aluminium nécessite en général moins d'entretien, mais ces matériaux ne sont pas de bons isolants. Pour limiter la perte de chaleur rapide par ces cadres, les fenêtres de qualité doivent avoir un coussin thermique entre les moitiés intérieure et extérieure du cadre.

Options de vitrage

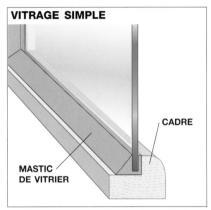

VITRAGE SIMPLE

CADRE

MASTIC DE VITRIER

Le vitrage simple est le plus facile à installer, mais il a une valeur isolante de seulement R-1 et il favorise la condensation.

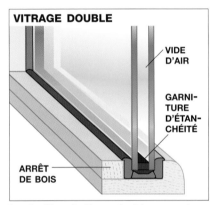

VITRAGE DOUBLE

VIDE D'AIR

GARNITURE D'ÉTANCHÉITÉ

ARRÊT DE BOIS

Les fenêtres à vitrage double assurent une isolation de valeur R-2 en emprisonnant un petit vide d'air entre les panneaux.

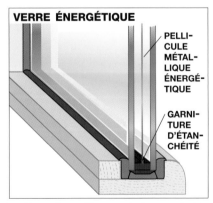

VERRE ÉNERGÉTIQUE

PELLICULE MÉTALLIQUE ÉNERGÉTIQUE

GARNITURE D'ÉTANCHÉITÉ

Le vitrage énergétique peut plus que doubler l'efficacité du vitrage double à l'aide d'une pellicule réfléchissante entre les panneaux.

Condensation

Un effet secondaire des fenêtres de haute technologie est la diminution de la condensation, particulièrement sur les fenêtres équipées de ce qu'on appelle la technologie des bordures chaudes – des intercalaires à faible conductibilité qui di-minuent la transmission de chaleur près de la bordure du vitrage isolant. Lorsqu'il fait – 7 °C dehors, un vitrage simple peut suinter lorsque l'air intérieur présente une humidité relative de seulement 20 % ; une fenêtre à vitrage énergétique double ne suintera pas avant que l'humidité relative intérieure atteigne 70 %.

Coussins thermiques

Il y a plusieurs années, les fenêtres de métal étaient construites avec des cadres en un seul morceau, qui conduisaient la température si rapidement que la surface intérieure gelait lorsque la température extérieure descendait à 0 °C. Ces cadres suintaient et rouillaient. Aujourd'hui, les fabricants offrent des fenêtres neuves et de remplacement avec un coussin thermique fait de cadres en deux pièces séparées et liées par un morceau de caoutchouc ou de mousse renforcée qui retarde la transmission de température. Les fenêtres avec des cadres à rendement énergétique élevé coupent les courants d'air aux ouvertures.

De nombreuses fenêtres avec des cadres à rendement énergétique élevé et équipés d'un coussin thermique comportent une bordure de clouage pour en faciliter l'installation.

Il vous faut calfeutrer le châssis de remplacement pour assurer le scellage thermique entre la nouvelle fenêtre et l'ancien contre-chambranle.

Verre spécial

Le verre standard se fracasse en éclats dangereux et tranchants comme des lames de rasoir. Plusieurs types de verre sont plus sécuritaires, qui pourraient être exigés par le Code du bâtiment local dans certains endroits de la maison. Par exemple, le verre trempé est conçu pour casser en morceaux semblables à des cailloux. Le verre de sécurité, généralement requis sur les vitrages non faits de plastique installés au plafond, peut être renforcé par des fils pour que les morceaux restent attachés ensemble même une fois le vitrage cassé. Le verre trempé a une résistance accrue à l'éclatement mais doit être coupé par un vitrier professionnel.

La plupart des verres résidentiels (dans les fenêtres ouvrantes et fixes) comportent un petit sceau dans le coin qui indique le type de verre.

Le verre à armature métallique se brise sous la pression, mais les éclats de verre restent en place pour la plupart.

Fenêtres à haute efficacité

Lorsque le besoin d'efficacité énergétique est primordial et que vous avez pris de nombreuses mesures moins coûteuses pour rendre votre maison plus efficace sur le plan énergétique, il peut être payant de remplacer votre fenestration par un des système de vitrage supérieur. Les enduits à sélectivité spectrale sont le dernier cri en matière de faible émissivité. Le vitrage pourvu de ces enduits peut bloquer entre 40 % et 70 % de la chaleur normalement conduite par la vitre sans réduire la transmission de lumière.

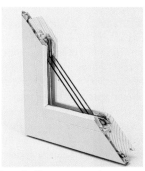

La faible émissivité est une propriété attribuable à un ou plusieurs enduits métalliques suspendus entre deux ou plusieurs panneaux de vitre. Le verre peut être monté dans des cadres standard ou courbés. Les unités lourdes à triple vitrage (à droite) peuvent nécessiter une installation spéciale.

Portes et fenêtres

Découper les ouvertures

L'installation d'une nouvelle fenêtre dans un mur extérieur existant n'est pas un travail facile. Découper un trou dans le mur extérieur de votre maison peut causer des dommages irréversibles. Assurez-vous que la nouvelle fenêtre sera placée dans une section de mur exempte de câblage, de tuyauterie ou de gainage, et ne commencez jamais à travailler tant que vous n'avez pas reçu la nouvelle fenêtre.

Commencez par marquer la position exacte de l'ouverture brute – deux lignes verticales du plancher au plafond (à l'aide d'un long niveau ou d'un fil à plomb) et une ligne horizontale marquant le dessus de l'ouverture brute. Couvrez le plancher avec une bâche et utilisez une égoïne pour couper à travers la cloison sèche. (Les scies électriques pourraient couper des câbles ou des tuyaux enfouis dans le mur.) Enlevez la cloison sèche et l'isolant en dessous.

Avant de couper les montants qui se dressent dans l'ouverture brute, construisez un support temporaire pour les solives de plafond. Faites-le avec des 4 x 4 ou des 2 x 4 doubles, et montez ce support à pas plus que 2 pi du mur existant. Il devrait aussi s'étendre à au moins deux pieds au-delà du bord de l'ouverture brute de chaque côté. Coupez les montants à enlever en petites sections pour les retirer facilement à l'aide d'un levier. Ne coupez pas à travers le parement tout de suite.

Construire une charpente pour l'ouverture

Les montants une fois enlevés, clouez en biais des montants maîtres de pleine longueur dans la semelle et dans la sablière sur chaque côté de l'ouverture brute – ou vissez-les en biais. Coupez et clouez les montants nains plus courts aux faces intérieures des montants maîtres. Les montants nains soutiendront le linteau, qui forme le dessus de l'ouverture.

Vous devrez construire le linteau en plaçant un morceau de contreplaqué de 3/8 po d'épaisseur entre deux sections de 2 x 10 et en clouant celles-ci en biais avec des clous 16d à tous les 16 po centre à centre. Toutefois, la largeur requise des deux 2 x 10 varie selon la longueur de portée entre les montants nains. Consultez votre Code du bâtiment local.

Clouez le linteau et les empannons au-dessus. Coupez et clouez le seuil et les montants nains qui le supportent. Ajoutez de l'isolant dans les cavités entre les montants avant de clouer les cloisons sèches autour de l'ouverture. Si le parement est en bois, enfoncez des clous à travers les coins de l'ouverture brute pour recopier son contour sur le parement extérieur. Découpez l'ouverture à partir de l'extérieur. Attachez une planche contre le parement comme guide pour la scie électrique.

Moulure d'égouttement

Un morceau de solin appelé moulure d'égouttement, fait soit en aluminium soit en plastique, doit être installé afin de former une barrière entre la fenêtre et le parement qui préviendra les fuites d'eau dans le mur. Une bordure de la moulure d'égouttement est installée sous le parement au-dessus de la fenêtre, tandis que l'autre est pliée vers le bas par-dessus le cadre de fenêtre. Installez la moulure d'égouttement avec une inclinaison vers le bas pour défléchir l'eau de pluie.

Bien que les fenêtres soient en général livrées avec du solinage, vous pouvez couper et plier votre propre solin à partir de feuilles d'aluminium.

Calfeutrage

Scellez l'espace de joint entre le contre-chambranle et le parement avec un calfeutrant de polyuréthane coté pour l'extérieur. Ce filet de calfeutrant, combiné au solin, empêchera l'air et l'eau de s'infiltrer entre la fenêtre et le mur, où ils pourraient occasionner de la pourriture. Une fois les moulures de fenêtre installées, vous pouvez aussi appliquer un second filet de calfeutrant entre la moulure et le parement. Il vaut la peine de vérifier le calfeutrage autour des fenêtres de façon régulière. En remplissant les fentes (ou en remplaçant le vieux calfeutrant), vous coupez les courants d'air et économisez des coûts de chauffage.

Sur la nouvelle fenêtre avec bordure de clouage intégrée, ajoutez un filet généreux de calfeutrant pour aider à sceller le périmètre de la fenêtre.

Couvre-joints

Pour sceller les joints latéraux entre les fenêtres et le parement, vous devrez vous en remettre à du calfeutrant. Si le parement est en vinyle, utilisez des moulures en J moulés. Ces moulures ont une lèvre qui s'ajuste autour des bouts du vinyle et une bordure de clouage pour vous permettre de les fixer au mur. Quel que soit le type de parement à installer, il est sage de commencer par agrafer une couche de papier-feutre ou de pare-vapeur étanche. Coupez aux coins et agrafez le surplus dans l'ouverture de la charpente.

La moulure en J en vinyle s'ajuste aux bords verticaux de la fenêtre et est clouée à travers sa bordure perforée.

Installation de fenêtres neuves

Installer une fenêtre dans une construction neuve

MATÉRIEL : ▶ mètre à ruban • scie circulaire • agrafeuse • pistolet à calfeutrer • niveau • marteau
▶ fenêtre neuve • calfeutrant pour l'extérieur • clous • cales • isolant • moulure

1 *Vous pouvez découper le revêtement intermédiaire* autour de la fenêtre au préalable, mais il est souvent plus facile de poser le revêtement sur tout le mur et de découper l'ouverture ensuite.

2 *Une fois l'ouverture brute marquée,* réglez la scie circulaire à la profondeur de votre revêtement intermédiaire (habituellement $1/2$ po) pour faire la découpe.

3 *Lorsque vous installez* le papier-feutre ou le pare-vapeur, laissez suffisamment de surplus pour pouvoir en insérer dans l'ouverture et l'agrafer sur les côtés de l'ouverture.

4 *Pour assurer une étanchéité parfaite,* ajoutez un filet de calfeutrant pour l'extérieur au dos de la bordure de clouage avant d'installer la fenêtre.

5 *Mettez la fenêtre en place* en l'appuyant sur le seuil pour que vous puissiez bien l'insérer. Plantez quelques clous temporairement pour une meilleure sécurité.

6 *Utilisez des paires de cales taillées en pointe* pour ajuster la fenêtre sur tous les côtés dans l'ouverture, en vérifiant l'aplomb et le niveau.

7 *Coupez les courants d'air* et améliorez l'efficacité énergétique en insérant de l'isolant dans les fentes entre les montants et le cadre de fenêtre.

8 *Une fois la fenêtre d'aplomb et de niveau,* fixez-la en place en clouant sur tous les côtés à travers les bordures perforées.

9 *La fenêtre fixée,* vous pouvez ajouter du calfeutrant et les moulures : des rainures en J pour le parement en vinyle ou une variété de moulures en bois pour les planches à clin ou les bardeaux de bois.

Portes et fenêtres/Installation de fenêtres neuves   471

Portes et fenêtres

Touches de finition

Une fois que la fenêtre neuve est de niveau, calée et clouée en place, c'est le temps de commencer à travailler sur les moulures. Les fenêtres fabriquées en usine ne comportent rien de plus que le strict minimum, et ce qui est fourni pourrait ne pas être en harmonie avec le style de votre maison.

Les travaux de moulurage extérieur commencent par le cadrage extérieur fourni. Il s'agit habituellement de l'un des deux types de moulure de base : de la moulure à brique, étroite et peu ouvragée ; ou un cadrage plat $5/4$, qui n'est qu'une bande étroite et plate le long du bord extérieur de la fenêtre. En soi, elles sont plutôt banales. La meilleure façon d'améliorer le cadrage d'usine consiste probablement à ajouter des moulures par-dessus ou autour, tout simplement. Par exemple, vous pouvez élargir le cadrage plat en ajoutant du profilé $5/4$, puis en couvrant les deux pièces avec des moulures en bois profilé pour ajouter du relief.

Vous pourriez ne pas toucher à la moulure latérale et remplacer la pièce du dessus, appelée moulure supérieure. Cela fonctionne bien lorsqu'il s'agit de moulures à brique, où il est plus difficile de recouvrir une surface qui n'est pas plate. Remplacez la moulure supérieure par une planche $5/4 \times 6$ clouée sur le cadre de fenêtre, puis posez des moulures par-dessus – des quarts-de-rond, des cavets et d'autres formes pour rendre vos moulures aussi sophistiquées que vous souhaitez. Si vous projetez d'ajouter de nouvelles moulures, fixez d'abord des échantillons au mur, puis reculez pour voir le résultat. Combiner différentes formes de moulures en profilé, disponibles dans les cours à bois, donnera certainement un résultat satisfaisant.

Options de moulures intérieures

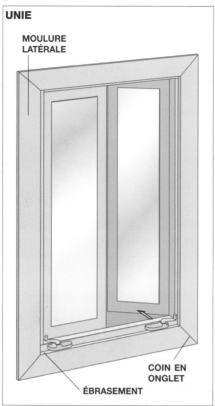

UNIE

MOULURE LATÉRALE

COIN EN ONGLET

ÉBRASEMENT

DÉCORATIVE

BLOC DE COIN EN ROSACE

ARRÊT

APPUI

ALLÈGE

MOULURE CANNELÉE

Certaines fenêtres sont munies d'un cadrage extérieur déjà monté. Cet assemblage convient bien parce que les fenêtres sont installées à partir de l'extérieur. À l'intérieur, vous devez ajouter des moulures. Les formes plates ou bombées conviennent mieux aux fenêtres à battant et à vitrage fixe, tandis que les fenêtres à guillotine peuvent s'orner de moulures en relief et de blocs de coin.

Poser des moulures

MATÉRIEL : ▶ scie à onglet électrique ou boîte à onglets et scie à onglets • perceuse ou tournevis électrique • marteau • scie sauteuse • lunettes de protection

1 *Coupez les pièces supérieure et latérales* à 45 degrés, ajoutez de la colle aux joints, pré-percez pour éviter le fendillement accidentel et fixez avec des clous de finition.

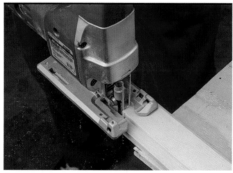

2 *Utilisez une scie sauteuse* pour découper le seuil intérieur profond, appelé appui, là où il dépasse du cadre et des pièces de moulure latérales.

3 *Ajoutez de la colle,* pré-percez l'appui et enfoncez des clous de finition en biais dans le cadre de fenêtre. Vous pourrez remplir et poncer les trous plus tard.

Détails de moulures extérieures

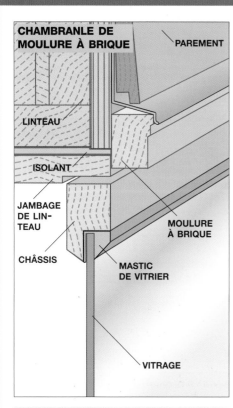

CHAMBRANLE DE MOULURE À BRIQUE

- PAREMENT
- LINTEAU
- ISOLANT
- JAMBAGE DE LINTEAU
- CHÂSSIS
- MOULURE À BRIQUE
- MASTIC DE VITRIER
- VITRAGE

Pour protéger le bord supérieur des fenêtres avec de la moulure à brique régulière, insérez le solin sous le parement et faites dépasser son bord inférieur sur le dessus du cadre.

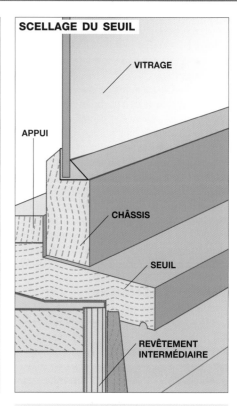

CHAMBRANLE EN BÂTI

- SOLIN
- BORDURE D'ÉCOULEMENT
- LARMIER
- ISOLANT
- JAMBAGE DE LINTEAU
- CHÂSSIS
- CONTRE-CHAMBRANLE
- MASTIC DE VITRIER
- VITRAGE

Améliorez la protection des fenêtres sous un surplomb de toit peu profond en ajoutant un larmier incliné au-dessus de la moulure de la fenêtre.

SCELLAGE DU SEUIL

- VITRAGE
- APPUI
- CHÂSSIS
- SEUIL
- REVÊTEMENT INTERMÉDIAIRE

Pour un meilleur scellage au niveau du seuil, le parement devrait s'encastrer dans une ouverture dans le seuil. La petite rainure extérieure permet à l'eau de s'écouler sans pénétrer.

▶ moulures latérales • appui • allège • pièces de retour • clous de finition • colle à bois • mastic à bois • papier abrasif

4 *Utilisez une scie à onglets électrique* ou une scie à onglets et une boîte à onglets pour couper un onglet à chaque bout de la moulure qui soutient l'appui, appelé allège.

5 *Après avoir pré-percé des trous,* enfoncez des clous de finition légèrement en biais vers le haut à travers l'allège, ainsi que dans le mur et les cadrages.

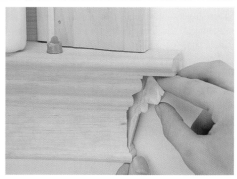

6 *Taillez des petites pièces de retour* et collez-les en place pour compléter les onglets de l'allège. Sans cette étape, vous verriez le grain aux bouts de l'allège.

Portes et fenêtres

Vieilles fenêtres

Après des années d'utilisation et de multiples couches de peinture l'une par-dessus l'autre, vos fenêtres ne fonctionnent certainement pas aussi bien que lorsqu'elles étaient neuves. Dans les maisons plus anciennes, le vitrage simple et les jambages usés ne sont pas très utiles pour garder la chaleur pendant l'hiver, et la vieille peinture peut rendre les fenêtres pratiquement impossibles à ouvrir ou à fermer.

Vous pourriez passer des heures à gratter les fenêtres jusqu'au bois brut et vous retrouver avec le même vieux modèle non éconergique. Les remplacer serait certainement un meilleur investissement. De nos jours, vous pouvez vous procurer des fenêtres de remplacement peu coûteuses et faites sur mesure avec un vitrage double qui améliore nettement la valeur isolante. Vous pourriez également opter pour du verre à faible émissivité ou même du vitrage triple si vous habitez une région où les hivers sont très rudes. (Voir pages 468-469.)

Options de remplacement

Vous avez trois choix de base : les ensembles de châssis, les fenêtres de remplacement qui s'encastrent dans le cadrage existant, ou des fenêtres entièrement neuves munies de leur propre cadrage et contre-chambranle. Avec les ensembles de châssis, vous obtenez des châssis neufs de dimensions standard – le vitrage et le cadre autour – en plus d'ébrasements neufs, c'est-à-dire les coulisses qui gardent le châssis en place. Les cadres de châssis peuvent être en bois ou en vinyle avec vitrage double. Le cadre, le contre-chambranle et les moulures existants restent tous en place, et tout le travail d'installation est effectué de l'intérieur. Le désavantage de l'ensemble de châssis est qu'il n'est pas aussi éconergique qu'une fenêtre neuve.

Les fenêtres de remplacement sont des unités entièrement neuves et éconergiques, faites sur mesure pour s'encastrer dans la charpente de fenêtre existante. Ces fenêtres présentent moins de surface vitrée que les anciennes, mais si le coût est un facteur majeur, alors les fenêtres de remplacement en vinyle sont tout indiquées.

Les fenêtres neuves vous offrent une gamme d'options plus vaste – dimensions plus grandes et grande variété de formes –, mais l'installation exige beaucoup plus de travail parce que vous devez enlever l'ancienne fenêtre au complet. Si la nouvelle fenêtre est juste un peu plus grande, vous pourriez profiter du surplus d'espace dans l'ouverture brute qui était antérieurement occupé par les contrepoids du châssis. Pour des fenêtres plus grandes, il s'agit de découper une ouverture plus grande dans le mur et d'installer une charpente neuve. (Voir pages 470-471.)

Enlèvement du parement

Pour enlever le parement en vinyle, utilisez une tirette, qui désemboîte le joint entre deux rangées, et coupez-le avec des cisailles à métaux.

Accotez sur des coins le parement de bois pour faire de la place à votre lame de scie, puis achevez la coupe en haut avec un ciseau à bois affûté.

Fenêtres arrondies

Pour poser un solin sur une fenêtre arrondie, il vous faut un solin spécial. En général, il est fourni par le fabricant de fenêtres, souvent sous forme d'une bande de vinyle flexible pré-moulée qui épouse la courbe. Les formes arrondies sont plus difficiles à installer pour les bricoleurs parce que le bord doit être coupé et inséré à intervalles de quelques pouces pour créer la courbe et que chaque coupure est un point vulnérable aux fuites. Il convient mieux d'obtenir un solin fabriqué par un atelier de métal.

Joindre le nouveau parement à l'ancien

Vous pouvez abouter les bordures là où vous décalez les joints autour d'une fenêtre neuve, mais des coupes à 45 degrés offrent plus de protection.

Si jamais le parement neuf se contracte et fait ouvrir les joints, vous verrez du bois au lieu d'un espace de joint. Pré-percez des trous aux bouts des planches.

Installer une fenêtre de remplacement

MATÉRIEL : ▶ levier • marteau • ciseau • scie alternative • niveau • fil à plomb ▶ fenêtre de remplacement • des 2 x 4 • contreplaqué de ½ po • clous • cales

1 *Pour enlever une vieille fenêtre à vitrage simple,* commencez par enlever les moulures extérieures qui l'entourent avec un levier, un marteau et un ciseau.

2 *Utilisez la même technique à l'intérieur* pour enlever les moulures intérieures. Si vous voulez les réutiliser, forcez au levier graduellement puisque les moulures peuvent être cassantes.

3 *Pour dégager la fenêtre,* coupez à travers les clous entre la charpente de la fenêtre et les montants du mur.

4 *Une fois les clous coupés,* vous pouvez enlever la fenêtre. Vous pourriez avoir à écarter les cales aux côtés de la charpente de fenêtre en premier.

5 *Garnissez l'ancienne ouverture* tel que requis, en vous servant de 2 x 4 ou d'autres éléments en bois pour ménager une ouverture brute sur mesure à la nouvelle fenêtre.

6 *Le nouveau 2 x 4* ne sera pas aussi épais que le mur adjacent. Vous aurez à ajouter des cloisons sèches à l'intérieur et un revêtement intermédiaire en contreplaqué à l'extérieur.

7 *Ajoutez une bande* de papier-feutre ou de pare-vapeur en chevauchement et placez la fenêtre de remplacement d'aplomb et de niveau.

8 *Fixez la fenêtre en place,* ajoutez des paires de cales effilées de l'intérieur et achevez le clouage de la bordure extérieure.

9 *Vous pouvez tailler* le parement à différentes longueurs de rangée en rangée pour empêcher les joints d'être alignés lorsque vous recouvrez les espaces autour de la fenêtre.

Portes et fenêtres

Décoincement des fenêtres

Lorsqu'arrive le printemps et que la température s'adoucit, vous souhaitez ouvrir toutes vos fenêtres bien grandes pour laisser entrer l'air frais. Mais les pièces mobiles restées immobiles pendant l'hiver pourraient refuser de bouger. Alors commencez en douceur : essayez d'abord d'entrouvrir la fenêtre. Si le cadre est gonflé à cause de l'humidité ou si le châssis est collé au cadre par la peinture, c'est peut-être à une séance de lutte que vous devrez vous livrez.

Si une fenêtre à guillotine à deux châssis mobiles ne bouge pas, essayez d'abord d'appliquer une poussée avec la paume de la main sur le châssis au centre de la fenêtre, près du loquet. Avec un bon coup, vous pourrez peut-être briser le lien de peinture. N'utilisez pas de marteau ni de bloc de bois, car vous pourriez casser la fenêtre.

Avant d'aller trop loin, assurez-vous que la fenêtre est bien déverrouillée et que personne n'a posé un clou de finition dans le châssis ou installé un autre dispositif de sécurité. Il est gênant de pester contre une fenêtre qui ne s'ouvre pas quand on s'aperçoit qu'elle est verrouillée.

Habituellement, il s'agit de séparer les bordures peintes entre le châssis et la pièce de moulure appelée arrêt, qui forme une coulisse pour le châssis. Vous pouvez utiliser un couteau universel, un couteau à peinture ou même un couteau à pizza. N'oubliez pas les joints extérieurs non plus.

Si tous les autres moyens ont échoué, essayez de forcer la fenêtre avec un levier plat inséré entre le seuil et le bas du châssis. L'outil creusera vraisemblablement le bois, mais la seule autre possibilité est de forcer l'arrêt au levier, qui garde la fenêtre à guillotine en place.

Couper le verre et le plexiglas

MATÉRIEL : ▶ outil à entailler ou couteau à lame circulaire • règle de précision • lunettes de protection • gants de travail ▶ panneau de vitrage

1 Utilisez un outil à entailler (à gauche) sur les panneaux de vitrage en plastique ou un outil à lame circulaire (à droite) sur du verre simple.

2 Travaillez sur une surface plate avec une équerre ou une règle de précision pour guider l'outil coupant. Des feuilles de papier journal font office de coussin.

3 Pressez fermement tandis que vous enfoncez l'outil coupant dans le verre. Une petite roulette rainure la surface du verre.

4 Placez une petit bâton de bois mince sous le trait de coupe et appliquez une pression sur les deux côtés pour rompre le verre ou le plastique de façon nette.

Remplacer un carreau

MATÉRIEL : ▶ couteau à mastic • pinceau • coupe-verre (au besoin) • lunettes de protection • gants de travail ▶ carreau de remplacement • apprêt • mastic de vitrier

1 Sur une fenêtre ancienne, le mastic extérieur peut facilement se détacher du vitrage et du cadre lorsque vous le grattez avec un couteau à mastic.

2 Sur certains cadres, vous pourriez avoir besoin de déloger le mastic. Une fois le verre dégagé, grattez aussi le bois en dessous.

3 Appliquez une couche d'apprêt sur le bois brut, là où le nouveau mastic sera appliqué. Vous empêcherez ainsi l'humidité de pénétrer dans le bois et d'affaiblir l'adhérence.

Décoincement d'un châssis coincé

Pour libérer un châssis coincé par plusieurs couches de peinture, pratiquez plusieurs incisions entre le châssis et l'arrêt à l'aide d'un couteau universel.

Sur les fenêtres anciennes, en particulier celles qui ne sont pas ouvertes régulièrement, les couches de peinture peuvent avoir scellé le châssis dans sa coulisse. Au lieu de forcer le châssis ou de tenter de le soulever à sa base et d'endommager le bois, faites relâcher le sceau de peinture. Vous pouvez couper le long du bord avec un couteau universel, en faisant des incisions répétées pour couper à travers la peinture. Un outil coupant circulaire fonctionne aussi bien et est plus facile à garder dans le joint. Parfois, la seule solution consiste à arracher l'arrêt au levier et à enlever la fenêtre pour effectuer un grattage et un ponçage rigoureux.

Un couteau à lame circulaire parcourt le joint entre le châssis et l'arrêt. Vous pourriez avoir à couper aussi la pellicule de peinture à l'extérieur.

Mastics de vitrier

Le mastic traditionnel est un mastic huileux. Vous devez le pétrir pour qu'il devienne lisse comme de la pâte, former une boule et dérouler la boule en bandes.

Aux joints entre matériaux dissemblables, tels le verre et le bois, qui se contractent et se décontractent de façons différentes, vous avez besoin de mastic de vitrier. Pour modeler le mastic, pétrissez-le entre vos mains ou roulez-le sur une planche. Si vous devez faire des réparations sur du verre par température froide, commencez par préparer le mastic à l'intérieur pour qu'il soit malléable lorsque vous l'appliquerez le long de la fenêtre. Vous devrez appliquer un apprêt sur le bois sur lequel le mastic reposera, sinon il pourrait sécher prématurément et craqueler.

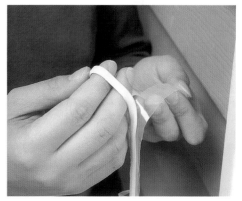

Le mastic préformé est offert en bandes sur support en plastique. Enlevez le support et pressez la bande de mastic en place.

• pointes de vitrier

4 **Déroulez un cordon de mastic frais** pour retenir le carreau, insérez-le contre le châssis et pressez-le en place avec vos doigts.

5 **Pour bien fixer le carreau,** posez de petites attaches, appelées pointes de vitrier. Utilisez un couteau à mastic pour enfoncer les pointes dans le châssis.

6 **La couche extérieure de mastic** couvre les pointes. Étendez cette couche avec un couteau à mastic et servez-vous du bord de l'outil pour couper tout surplus.

Portes et fenêtres

Faire glisser les fenêtres

Il n'y a pas que les fenêtres coincées qui sont source de tracas. Certaines fenêtres fonctionnent mais nécessitent des modifications pour qu'on puisse les ouvrir et les fermer. Dans une fenêtre en bois, les couches de peinture peuvent avoir rendu le châssis simplement trop épais pour la coulisse. La solution consiste à gratter ou à poncer suffisamment de peinture pour que le châssis soit un tantinet plus mince. Assurez-vous que tout bois exposé est recouvert de peinture (ou d'apprêt) pour réduire le gonflement les jours humides.

Une manière facile de faire glisser un châssis plus librement consiste à augmenter le dégagement entre le châssis et l'arrêt. Faites-le en élargissant l'espace de joint avec un couteau universel, puis avec une lame à métal pour scie sauteuse, enfin avec une lame à bois légèrement plus épaisse.

Ajustement de la friction

Dans de nombreuses fenêtres, la tension qui tient le châssis en place est fournie par un type quelconque d'étrier à ressort étroit, intégré au cadre de fenêtre. Il s'appuie contre le châssis. Pour diminuer la tension, placez un 1 x 2 par-dessus l'étrier à ressort et donnez quelques coups de marteau. Il se peut que vous ayez à donner des coups plus vigoureux avant de remarquer une différence. Vous pouvez augmenter la tension en glissant un tournevis dans l'étrier en V et en le forçant à s'ouvrir un peu – n'utilisez que peu de pression.

Améliorez les vieilles fenêtres à guillotine à deux châssis mobiles qui fonctionnent à l'aide d'un mécanisme à contrepoids et poulie en installant des coulisses à friction neuves (voir ci-dessous). Votre châssis fonctionnera plus en douceur.

Enlever un vieux châssis

MATÉRIEL : ▶ couteau universel • ciseau à bois • levier • gants de travail

1 *Pour enlever un vieux châssis* afin de le gratter, le peindre ou effectuer d'autres réparations, commencez par en amincir le bord peint le long de l'arrêt.

2 *Utilisez un ciseau* pour briser le lien entre la moulure d'arrêt et le cadrage de fenêtre.

3 *Utilisez un levier* pour graduellement arracher l'arrêt au complet. Un vieil arrêt, que vous pourriez réutiliser, peut être cassant et briser facilement.

4 *Une fois l'arrêt enlevé,* vous pouvez sortir le châssis de ses coulisses. Sur certains châssis, vous devrez déconnecter les systèmes de coulisses.

Améliorer une fenêtre avec des coulisses à friction

MATÉRIEL : ▶ levier • marteau et ciseau à bois ou petite scie • rabot à main ou grattoir • pinceau • fil à plomb • perceuse ou tournevis électrique • gants de travail

1 *Pour améliorer une vieille fenêtre* avec un châssis lâche, vous pouvez installer des coulisses à friction. Commencez par enlever les arrêts intérieur et extérieur.

2 *Positionnez la nouvelle coulisse à friction* pour en marquer l'emplacement sur la moulure supérieure existante. Vous devrez entailler la moulure pour installer la coulisse.

3 *Utilisez une petite scie* ou un marteau et un ciseau pour enlever le bout de la moulure afin que les coulisses latérales moulées puissent être mises en place.

Améliorations des fenêtres

Solins neufs

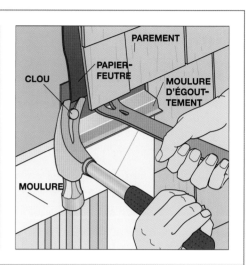

Lorsqu'une fenêtre présente des fuites, souvent le problème est causé par le bord le plus exposé le long du haut de la fenêtre. Il devrait être protégé par des solins, qui rejettent l'eau qui s'écoule sur le parement. Lorsque le solinage s'est détérioré, en particulier les solins synthétiques qui peuvent devenir cassants à cause d'une exposition constante aux rayons UV du soleil, vous pouvez le remplacer. Il s'agit de tirer doucement vers le haut et d'accoter sur des coins les bardeaux ou les planches à clin au-dessus de la fenêtre, et de retirer ou de couper les vieux clous à solin. Puis vous pouvez calfeutrer et insérer une nouvelle pièce.

Seuils neufs

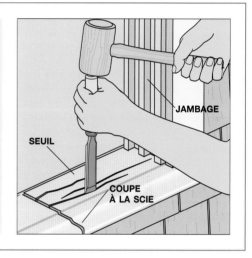

Les seuils de fenêtre peuvent pourrir de l'extérieur à cause de l'exposition aux éléments et de l'intérieur à cause de la condensation qui s'écoule sur le vitrage. Lorsque le bois est impossible à réparer, vous pouvez acheter un seuil de remplacement que vous pourrez sans devoir remplacer la fenêtre entière. Pour enlever le vieux seuil, coupez de bord en bord au milieu pour le sectionner en deux gros morceaux. Puis utilisez un ciseau pour casser chaque morceau en petites sections que vous pourrez glisser hors de l'espace sous le jambage. Vous pourriez avoir besoin d'une scie à métaux pour couper les clous.

▶ coulisses à friction • apprêt • vis

4 *Vous aurez probablement à gratter* ou à raboter les côtés du châssis pour qu'ils bougent librement dans les nouvelles coulisses.

5 *Après avoir appliqué une couche d'apprêt* sur tout le bois brut, placez le châssis dans les coulisses pour obtenir un assemblage intégré.

6 *Mettez les coulisses d'aplomb* et glissez le châssis de façon à pouvoir fixer de manière permanente les coulisses au cadre de fenêtre avec des vis.

Portes et fenêtres

Des contre-fenêtres ? Pourquoi pas ?

Avec tant de possibilités de haute technologie, vous pouvez vous demander pourquoi il existe encore un marché pour les contre-fenêtres. Elles sont démodées et encombrantes, et on peut facilement les remplacer par des fenêtres à double vitrage économes d'énergie (deux panneaux de verre emprisonnant un espace sans circulation d'air).

Dans les maisons qui n'étaient équipées que de vitrages simples, un nouveau vitrage double fait toute la différence en matière de confort et de factures de chauffage. Mais vous pouvez aussi faire une différence à un coût considérablement moindre et en posant des contre-fenêtres. De nombreux types sont offerts. Dans presque tous les cas, l'ajout d'une contre-fenêtre amovible, même un modèle à rail triple avec moustiquaire, est moins coûteux et nécessite moins de travail que l'arrachage d'un vieux châssis et l'installation d'une fenêtre neuve, avec la pose des moulures, les retouches et toutes les autres tâches que nécessite le découpage d'une large ouverture dans le mur de votre maison.

Pour environ 10 $ par fenêtre, vous pouvez aussi ajouter une couche de pellicule en plastique à l'intérieur durant l'hiver. C'est presque invisible, aussi éconergique que des contre-fenêtres et du vitrage double, et c'est une activité de bricolage facile. Les fenêtres de remplacement coûtent plus cher.

Si vous préférez le plastique rigide de $1/8$ po, vous pouvez fabriquer des cadres sur mesure pour les contre-fenêtres montées de l'intérieur en utilisant des coulisses en plastique ou en aluminium en forme de U. De nombreuses fenêtres à battant comportent des fentes intérieures pour châssis qui vous permettent d'y accrocher des contre-châssis.

Poser une pellicule thermorétractable

MATÉRIEL : ▶ sèche-cheveux • couteau universel
▶ pellicule thermorétractable • ruban adhésif **double face**

1 *Le plastique translucide intérieur* emprisonne un vide d'air isolant près du vitrage. On le pose à l'aide de ruban adhésif double face.

2 *Dépliez la pellicule,* étendez-la de façon uniforme sur la fenêtre et pressez-la sur le ruban adhésif. Il existe des ensembles pour fenêtres et pour portes.

3 *Utilisez un sèche-cheveux* pour appliquer de la chaleur. Cette opération fait rétrécir la pellicule, ce qui enlève les plis et laisse une pellicule translucide.

4 *Coupez le surplus de plastique* à l'aide d'un couteau universel. Si le matériau a été bien installé, il peut durer pendant une saison de chauffage entière.

Remplacer une moustiquaire

MATÉRIEL : ▶ petit levier • pinces • tournevis • serre-joint en C • agrafeuse • couteau universel • règle de précision • marteau ▶ semelle • toile de moustiquaire neuve

1 *Pour remplacer un moustiquaire endommagé* sur un cadre en bois, commencez par forcer au levier les moulures qui retiennent les bordures de la toile.

2 *Utilisez des pinces et un tournevis* pour tirer les vieilles agrafes et enlever la vieille toile. Vous aurez peut-être envie de poncer et de peindre le cadre du même coup.

3 *Utilisez un serre-joint en C* pour incurver le cadre vers le bas au milieu. Lorsque les extrémités levées sont relâchées, la toile se tend.

Contre-fenêtres et moustiquaires

Joints de vitrage

Il existe de nombreux types de contre-fenêtres, incluant le cadre de châssis à l'ancienne qui est vitré comme une fenêtre ordinaire. Pour remplacer ou réparer les joints de vitrage, grattez le vieux mastic, appliquez un apprêt sur le bois brut, puis enduisez-le d'une nouvelle couche. La plupart des contre-fenêtres en aluminium comportent un joint de caoutchouc pour garder le vitrage en place. Vous devez désassembler le cadre et ôter le joint pour faire des réparations.

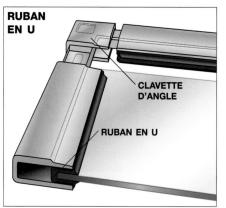

COLLE ET JOINT
CADRE EN MÉTAL
VIS
CLAVETTE D'ANGLE
JOINT

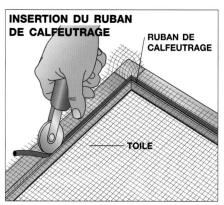

RUBAN EN U
CLAVETTE D'ANGLE
RUBAN EN U

Pose d'une toile dans un cadre de moustiquaire

Utilisez des cisailles ou un couteau universel pour tailler la nouvelle toile de moustiquaire en laissant un surplus de 2 po sur chaque côté. Couchez-la sur le cadre et insérez-la dans la rainure avec la roulette d'un rouleau à cordon. Puis roulez le ruban de calfeutrage dans la rainure pour tendre et garder la toile en place. Gardez la toile tendue tandis que vous travaillez. Avec des moustiquaires en fibre de verre, il vaut mieux installer les côtés opposés dans l'ordre.

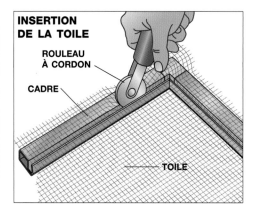

INSERTION DE LA TOILE
ROULEAU À CORDON
CADRE
TOILE

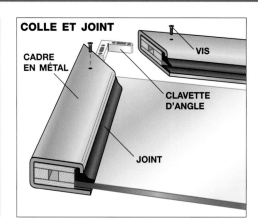

INSERTION DU RUBAN DE CALFEUTRAGE
RUBAN DE CALFEUTRAGE
TOILE

• agrafes • clous de finition

4 *Étendez un nouveau morceau de toile* sur le cadre courbé et agrafez-le en place, en commençant au milieu et en allant vers l'extérieur.

5 *Utilisez un couteau universel* et une règle de précision pour couper le surplus de toile. Vous devez agrafer en ligne droite pour obtenir une bordure nette.

6 *Pour terminer,* clouez les moulures qui aident à garder la toile tendue et couvrent la rangée d'agrafes.

Portes et fenêtres

Principes de base

Les portes, comme les fenêtres, ont de multiples fonctions. Elles nous permettent d'entrer et de sortir de la maison, nous procurent de l'intimité lorsque nous le désirons, et nous protègent contre le bruit et les courants d'air froid. Mais les portes (et les portails) sont aussi des composantes du style de la maison. La porte principale est un important point focal architectural, et les portes intérieures aident à exprimer le style de la maison ou complètent le décor d'une pièce.

Une nouvelle porte principale avec vitrage latéral peut illuminer et rendre plus chaleureux votre hall d'entrée, tandis que le remplacement d'une porte peinte à une porte à fini de grain de bois ajoute une touche d'élégance. Vous pouvez améliorer la circulation entre les différentes parties de votre maison en installant une porte ou deux, mais cela a un prix. Comme les voies de circulation occupent de l'espace, plus il y a de portes dans une pièce, plus elle semble petite. Chaque nouvelle porte a aussi besoin de suffisamment d'espace pour être ouverte et fermée.

Ne comptez pas ajouter ou déplacer une porte en un seul après-midi. Ce n'est pas un travail simple. Vous devez trouver l'emplacement d'une ouverture dans le mur existant et la découper, enlever l'ancienne charpente du mur, refaire la charpente autour de l'ouverture brute, puis installer la porte. Vous devez avoir une certaine habileté et plusieurs municipalités exige un permis de construction, mais le travail est à la portée de beaucoup de bricoleurs.

Achat d'une porte

Les portes de bois que vous trouverez dans les centres de rénovation sont soit des portes à panneaux, qui comportent entre un seul et dix panneaux incorporés dans un cadre en bois massif, soit des portes planes, formées en recouvrant une âme en bois massif ou une âme creuse légère de feuilles minces de placage de bois. Alors que les portes à panneaux sont offertes dans une vaste gamme d'essences de bois, les portes planes sont habituellement recouvertes de lauan ou de bouleau.

Les portes sont vendues pré-montées ou en composants séparés. À moins d'avoir monté une porte auparavant, déboursez les frais supplémentaires pour acheter une porte pré-montée. Ce n'est pas que le savoir-faire requis pour assembler un cadre et poser des charnières soit si poussé, mais vous gagnerez du temps. Si c'est une porte extérieure, vous serez aussi assuré d'une bonne étanchéité. Si vous voulez remplacer ou rénover une vieille porte, n'achetez que la porte utilisez la porte originale comme gabarit pour poser les charnières et la serrure.

Types

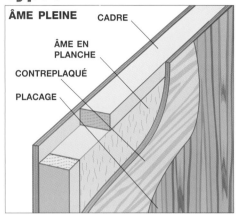

Les portes à âme pleine conviennent aux embrasures extérieures en raison de leur sécurité et de leur durabilité. Elles nécessitent souvent trois charnières à cause de leur poids.

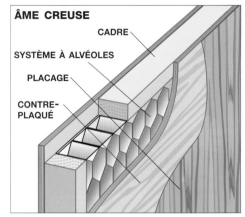

Les portes à âme creuse conviennent aux embrasures intérieures. Elles sont beaucoup plus légères parce que l'âme est un système à alvéoles rempli d'air.

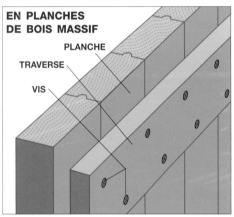

Les portes en planches de bois massif sont utilisées pour les cabanons et autres dépendances. La traverse attache ensemble plusieurs planches.

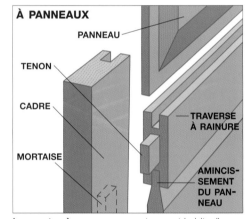

Les portes à panneaux se retrouvent habituellement sur les armoires. Des rainures interconnectées sont assemblées de façon permanente et le panneau flotte à l'intérieur.

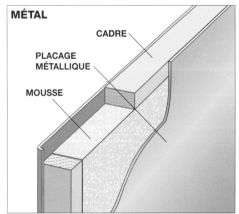

Les portes à placage de métal sont de plus en plus populaires parce que le métal nécessite peu d'entretien et que l'âme en mousse est éconergique.

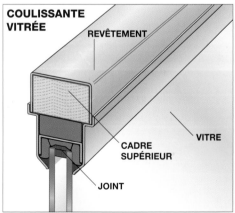

Les portes vitrées coulissantes peuvent avoir un cadre en bois ou en métal. Un panneau est fixé avec de la quincaillerie, l'autre glisse dans une coulisse.

Anatomie d'une porte

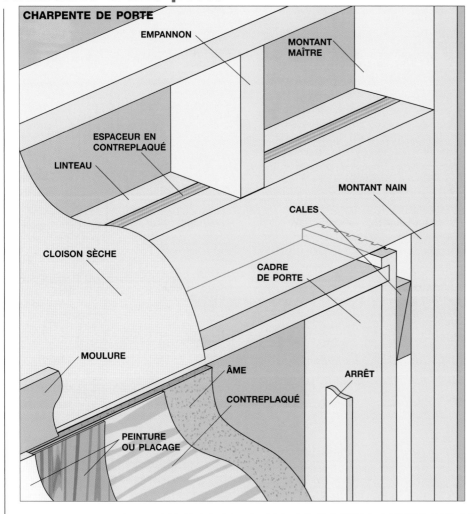

CHARPENTE DE PORTE

EMPANNON

MONTANT MAÎTRE

ESPACEUR EN CONTREPLAQUÉ

LINTEAU

MONTANT NAIN

CALES

CLOISON SÈCHE

CADRE DE PORTE

MOULURE

ÂME

ARRÊT

CONTREPLAQUÉ

PEINTURE OU PLACAGE

Types d'ouverture

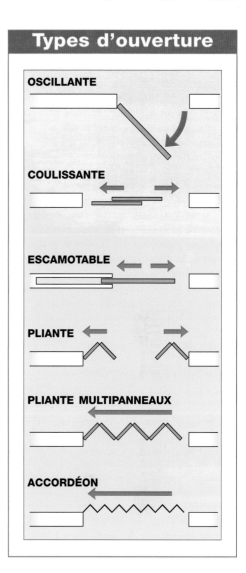

OSCILLANTE

COULISSANTE

ESCAMOTABLE

PLIANTE

PLIANTE MULTIPANNEAUX

ACCORDÉON

Ouverture des charnières

Lorsque vous commandez une porte pré-montée, vous devez préciser de quelle manière elle s'ouvrira. Il est d'usage de commander la porte par la direction d'ouverture, ce qui signifie que la porte s'ouvre du côté gauche ou du côté droit. Cette direction est déterminée par le côté de la porte qui reçoit les charnières lorsque vous vous tenez à l'extérieur de la pièce ou du côté extérieur d'une porte d'entrée. Lorsque vous ouvrez vers l'intérieur, les portes ouvrant vers la droite oscilleront vers la droite, et les portes ouvrant vers la gauche oscilleront vers la gauche. Des modèles inversés sont offerts pour les portes qui s'ouvrent vers vous.

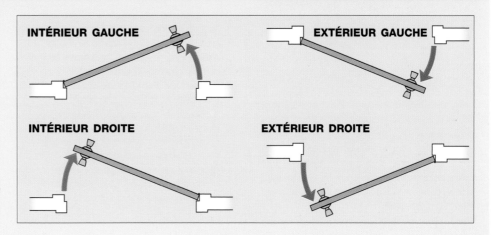

INTÉRIEUR GAUCHE

EXTÉRIEUR GAUCHE

INTÉRIEUR DROITE

EXTÉRIEUR DROITE

Portes et fenêtres

Plus qu'une porte

Les portes ne se montent pas par elles-mêmes ; d'autres pièces de charpente entourent la porte et lui fournissent un support. Enfouie sous la cloison sèche et les moulures, se trouve la charpente de porte, qui forme l'ouverture brute de la porte. Elle est composée de 2 x 4 verticaux et d'une pièce horizontale appelée linteau. Le linteau est requis pour assurer un support supplémentaire au-dessus des baies de porte dans les murs porteurs.

Les jambages – deux jambages latéraux et le jambage horizontal sur le dessus – forment l'embrasure finie pour la porte elle-même, ainsi que les surfaces de montage pour les charnières et la serrure. Le seuil se trouve sous la porte et les arrêts de la porte – des bandes étroites de bois clouées aux jambages – empêchent la porte d'ouvrir au-delà de la position fermée. Des moulures, aussi appelées cadrage, couvrent les espaces de joint entre l'ouverture brute et les jambages. Les espaces de joint fournissent de l'espace pour mettre de niveau et d'aplomb la porte et les jambages.

Installation d'une porte pré-montée

Pour commencer, n'enlevez pas les entretoises de la porte, car elles gardent le cadre à l'équerre. Si le plancher n'est pas de niveau, coupez une patte du cadre. Comme les portes pré-montées sont conçues pour permettre la pose de tapis épais, vous pourriez avoir besoin de couper les deux pattes si le bas de la porte est trop élevé par rapport à un plancher sans moquette.

Centrez l'unité dans l'ouverture et vérifiez que le dessus est de niveau. Insérez des cales dans les espaces de joint entre les jambages et l'ouverture brute pour mettre l'embrasure de la porte d'équerre et d'aplomb. Utilisez des cales préemballées conçues pour ce genre de travail, des bardeaux de bois effilés ou des cales fabriquées maison.

Enlevez les arrêts, puis placez une paire de cales aux extrémités amincies à l'opposé, entre le cadre et le montant à chaque emplacement de charnière – et au milieu aussi s'il n'y aura que deux charnières. Augmentez ou diminuez le chevauchement des cales pour ajuster le cadre. Enfoncez un clou de finition à travers le jambage, chaque paire de cales, et partiellement dans le montant. Puis installez trois paires de cales sur le jambage côté serrure et une paire au-dessus du jambage supérieur. Lorsque toutes les cales sont en place, que le cadre est d'aplomb et d'équerre, et qu'il y a un espace de joint uniforme entre la porte et le jambage, vous pouvez ajouter un deuxième clou à chaque cale et enfoncer les clous complètement.

Pour une porte d'entrée, remplissez d'isolant l'arrière et le dessus du jambage avant d'installer le cadrage.

Les cadres de porte d'entrée sont construits différemment de ceux des portes d'intérieur. Parce que les portes d'entrée fournissent une protection contre la pluie et sont étanches aux courants d'air, il faut poser des coupe-bise sur le périmètre, même au niveau du seuil. Le seuil doit s'incliner vers l'extérieur de la maison pour que l'eau s'écoule. Il doit aussi comporter un larmier pour prévenir que l'eau ne pénètre en dessous. Une moulure d'égouttement au-dessus de la porte et du calfeutrant autour du cadrage complètent la protection contre les intempéries.

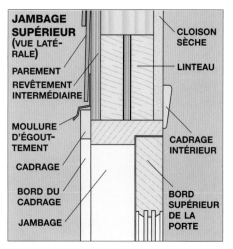

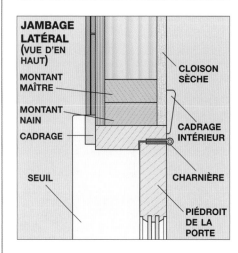

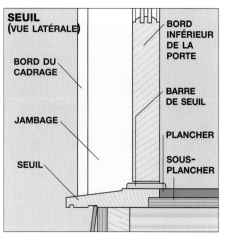

Vitrage et sécurité

Le vitrage laisse passer la lumière, mais une grande vitre rend la porte vulnérable au cambriolage. Afin de réduire le risque, vous pouvez utiliser du verre trempé ou un vitrage de sécurité qui est plus difficile à briser. (Le vitrage double est aussi plus résistant que le vitrage simple.) Le problème est qu'en brisant la vitre, le cambrioleur peut simplement tendre le bras à l'intérieur pour déverrouiller la porte. Pour prévenir cette entrée trop facile, utilisez des panneaux de verre sur la partie supérieure de la porte ou des petits carreaux qui ne permettront pas l'accès aux serrures.

Installer une porte pré-montée

MATÉRIEL : ▶ couteau universel • agrafeuse • niveau • perceuse • marteau • couteau à mastic
▶ porte pré-montée et serrure • calfeutrant ou solin • étrésillon 2 x 4 • cales • clous • mastic à bois

1 *Coupez le papier-feutre* ou le pare-vapeur recouvrant l'embrasure de la porte et agrafez le surplus aux côtés de la charpente.

2 *Vous pouvez poser un solin* sous le seuil, mais plusieurs fabricants suggèrent plutôt d'appliquer un calfeutrant hydrofuge.

3 *Vous posez la porte d'entrée pré-montée* de l'extérieur de la maison. La porte inclut déjà les moulures extérieures attachées au cadre.

4 *En travaillant de l'intérieur,* utilisez un niveau pour mettre la porte d'aplomb. Mettez un étrésillon en travers de l'extérieur pour garder la porte dans l'embrasure.

5 *Tandis que vous vérifiez le niveau,* insérez des cales de bardeau dans les espaces de joint entre le cadre de porte et les montants 2 x 4 du mur.

6 *Une fois la porte positionnée* correctement, prépercez et clouez le cadre (et les cales dissimulées) dans la charpente du mur.

7 *Enfoncez aussi les clous de finition* à travers la face de la moulure extérieure dans la charpente du mur. Noyez les têtes de clou et remplissez avec du mastic.

8 *Vous pouvez commander* la plupart des portes pré-montées avec des trous pré-percés pour installer les vôtres.

9 *Une serrure avec verrou à pêne dormant* assure une sécurité supplémentaire. Utilisez de longues vis dans les gâches qui atteindront la charpente de la maison.

Portes et fenêtres

Empêcher le froid de pénétrer

La pose de coupe-bise sur une porte d'entrée était jadis un travail de professionnels parce que les bandes métalliques interconnectées devaient être encastrées dans le jambage et la porte et s'accoupler de façon précise pour que la porte puisse fermer. En comparaison, le scellage des portes est aujourd'hui un jeu d'enfant.

Tant que la porte elle-même est solide et qu'il n'y a pas de fentes dans les panneaux de bois, votre préoccupation principale sera de sceller l'espace étroit autour du pourtour extérieur de la porte. Poser des coupe-bise sur les jambages rend étanche l'espace le long des côtés et du dessus de la porte. Le coupe-bise du seuil scelle le bas de la porte pour empêcher les courants d'air froid et l'eau de pénétrer.

Pose de coupe-bise sur une porte

Les centres de rénovation vendent des coupe-bise à clouer ou autocollants pour les côtés et les dessus de porte. Les deux doivent être coupés à la bonne longueur et assemblés sur le jambage pour que, lorsqu'on ferme la porte, elle s'appuie sur le scellant en caoutchouc ou en mousse sur le côté de la bande. Les bandes en néoprène durent plus longtemps que la mousse, et les bandes à clouer tiennent mieux en place que les bandes autocollantes. Il vous faut une surface parfaitement propre et lisse pour les bandes autocollantes.

Les moulures d'arrêt en vinyle, en bois et en aluminium, avec une bordure de scellant, sont vendues pré-coupées avec des joints à contre-profil sur les pièces latérales. Vous n'avez qu'à équarrir à la longueur voulue la pièce du haut et les bouts inférieurs des deux pièces latérales. Puis, une fois la porte fermée, clouez la moulure au jambage avec des clous de finition 4d pour que le coupe-bise se comprime légèrement contre la porte. S'il se comprime beaucoup, ce n'est pas très bon.

Les fabricants offrent une meilleure sélection de coupe-bise pour la porte que pour les jambages. Les coupe-bise à jupette s'attachent à la face intérieure de la porte et dépassent vers le bas pour former un scellage avec le seuil. Habituellement, vous n'avez pas à couper la porte elle-même. Les coupe-bise à jupette et tout autre type de profilé d'étanchéité attaché à la porte pourraient ne pas fonctionner si vous avez un paillasson épais à l'intérieur.

D'autres types de coupe-bise de seuil incluent un cadre en laiton en forme de U et un seuil en aluminium avec un scellant en vinyle. Montez le scellant en forme de U avec des vis, en ajustant pour sceller l'espace sous la porte. Pour le seuil en aluminium, installez-le et réglez la hauteur du scellant en vinyle.

Installer un sabot de porte

MATÉRIEL : ▶ cordeau à tracer • scie circulaire • pinceau • scie à métaux • tournevis • perceuse

1 *L'exposition aux intempéries* peut parfois causer de la pourriture extensive le long du bord inférieur d'une porte d'entrée en bois.

2 *Tracez une ligne au cordeau à tracer*, puis coupez la portion endommagée de la porte. La plupart des sabots de porte peuvent dissimuler un pouce de porte ou plus.

Coupe-bise de seuil

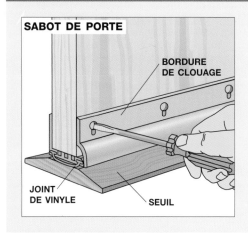

SABOT DE PORTE

BORDURE DE CLOUAGE

JOINT DE VINYLE

SEUIL

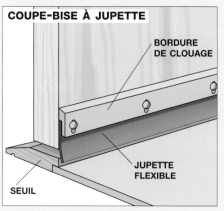

COUPE-BISE À JUPETTE

BORDURE DE CLOUAGE

JUPETTE FLEXIBLE

SEUIL

Remplacer un seuil

MATÉRIEL : ▶ scie • ciseau à bois • levier • pistolet à calfeutrer • couteau à mastic ▶ seuil • calfeutrant

1 *Lorsque les intempéries ont fissuré* et fait pourrir un seuil de porte exposé, vous pouvez acheter et installer un seuil de remplacement.

2 *Pour enlever le seuil existant* sans avoir à enlever la porte et les moulures de cadrage, coupez à travers le milieu de la planche.

▶ sabot de porte • scellant • vis

3 *Appliquez au moins une couche de scellant* au bois brut le long du bord inférieur de la porte avant d'installer le sabot.

4 *Coupez le sabot en aluminium extrudé* à la longueur désirée avec une scie à métaux, placez-le sur la base de porte ébarbée et percez des avant-trous.

5 *Fixez le sabot avec les vis.* Ce sabot couvre la base ébarbée et procure une étanchéité flexible.

Coupe-bise de jambage

La plupart des portes d'entrée sont vendues prêtes à installer sur leurs charnières dans un cadre avec coupe-bise intégrés. Pour modifier une porte afin qu'elle soit conforme aux normes modernes, vous pouvez ajouter des coupe-bise de jambage au cadre existant. Les profilés en J sont des bandes en aluminium qui remplissent les espaces de joint entre la porte et le cadre. Les coupe-bise tubulaires comportent un tube en vinyle qui assure l'étanchéité lorsque la porte se ferme.

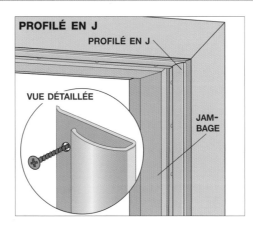

PROFILÉ EN J

PROFILÉ EN J

VUE DÉTAILLÉE

JAM-BAGE

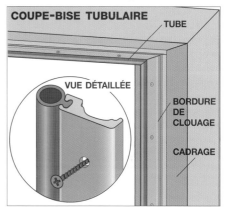

COUPE-BISE TUBULAIRE

TUBE

VUE DÉTAILLÉE

BORDURE DE CLOUAGE

CADRAGE

---

hydrofuge ou solin • goujons de bois ou mastic à bois

3 *Avec le seuil en deux morceaux,* il est plus facile de casser les sections plus courtes à l'aide d'un ciseau et de les arracher avec un levier.

4 *Pour empêcher l'eau de s'infiltrer,* vous pouvez installer un solin de seuil ou utiliser un filet double de calfeutrant hydrofuge.

5 *Entaillez de chaque côté* pour bien assujettir la nouvelle pièce, glissez celle-ci en position et fixez-la par des vis, qui seront dissimulées par des goujons de bois ou du mastic.

Portes et fenêtres

Gagner de l'espace

Là où il y a de l'espace, les portes standard fonctionnent aussi bien que les autres types pour les pièces intérieures. Mais dans un couloir peu spacieux, vous pouvez gagner de l'espace en réduisant l'angle d'ouverture.

Vous pourriez utiliser plusieurs portes simples dans les petites embrasures, mais chaque porte requiert une charpente, des moulures et de la quincaillerie. À l'autre extrême, il y a des portes escamotables, qui glissent latéralement dans le mur. Ce sont elles qui font gagner le plus d'espace de couloir mais elles fournissent un accès limité parce que, pour chaque pied de mur ouvert, il vous faut un pied de mur fermé dans lequel la porte peut s'escamoter. (Et vous devez trouver de l'espace de mur exempt de tuyauterie, et de câblage.) Un autre désavantage est que la section du mur comportant la gaine a une charpente à surface faible au lieu de montants pleine profondeur. Alors, contrairement aux autres murs de partition, si vous appuyez sur la section de gaine, la charpente peut s'enfoncer un peu.

Une autre option consiste à pratiquer une embrasure large et à y installer deux portes coulissantes ou plus. Mais elles fourniront un accès limité parce qu'un panneau de porte restera toujours dans l'embrasure. Donc, le meilleur choix pour un couloir serait un compromis, soit des portes doubles soit des portes pliantes. Les portes doubles qui se rencontrent au milieu de l'embrasure réduisent l'angle d'ouverture de moitié. Les portes pliantes s'ouvrent sur elles-mêmes comme un accordéon et mobilisent encore moins de surface.

À un coût plus élevé mais pour moins de travail, utilisez des portes pré-montées sur leurs charnières dans le cadre. N'enlevez pas les entretoises avant que l'unité soit d'aplomb, ait reçu des cales et soit clouée.

Détails des portes intérieures

Les portes intérieures aussi sont souvent pré-montées. Si on vous livre la porte munie d'au moins une entretoise pour la garder alignée avec le cadre, laissez cette entretoise en place jusqu'à ce que la porte ait été posée. Sur les murs de partition qui ne portent pas de charge, vous pouvez utiliser des 2 x 4 en guise de linteau dans le haut de l'ouverture. Les murs porteurs nécessitent un linteau. Sur les deux côtés de l'ouverture, il y a un montant pleine longueur et un montant plus court qui aide à supporter le linteau.

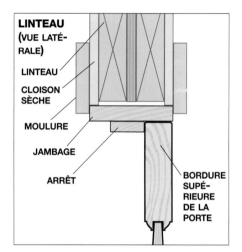

LINTEAU (VUE LATÉRALE)
LINTEAU
CLOISON SÈCHE
MOULURE
JAMBAGE
ARRÊT
BORDURE SUPÉRIEURE DE LA PORTE

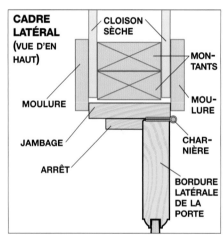

CADRE LATÉRAL (VUE D'EN HAUT)
CLOISON SÈCHE
MONTANTS
MOULURE
MOULURE
JAMBAGE
ARRÊT
CHARNIÈRE
BORDURE LATÉRALE DE LA PORTE

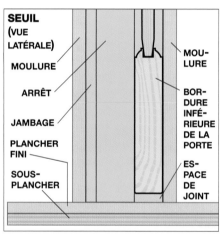

SEUIL (VUE LATÉRALE)
MOULURE
ARRÊT
JAMBAGE
PLANCHER FINI
SOUS-PLANCHER
MOULURE
BORDURE INFÉRIEURE DE LA PORTE
ESPACE DE JOINT

Portes escamotables

Quoique les portes escamotables requièrent un cadrage spécial et prennent plus de temps à installer que les portes standard, elles font gagner de l'espace en disparaissant directement dans le mur au lieu de s'ouvrir à angle et d'occuper un espace mural lorsqu'elles sont ouvertes. Les unités neuves sont vendues avec une charpente à deux côtés autour de l'espace de gaine. Comme ce cadrage n'est pas aussi épais que les montants 2 x 4 normaux, vous devez l'installer minutieusement, souvent avec des vis au lieu de clous. Le cadre doit être d'aplomb pour que la porte puisse glisser en douceur sur sa glissière.

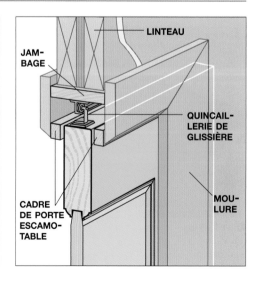

LINTEAU
JAMBAGE
QUINCAILLERIE DE GLISSIÈRE
CADRE DE PORTE ESCAMOTABLE
MOULURE

Installer une porte intérieure

MATÉRIEL : ▶ perceuse/tournevis électrique • marteau • équerre de charpente • niveau
▶ porte intérieure pré-montée • bois 2x pour linteau • des 2 x 4 • entretoise • cales • clous • moulures

1 **Pour encastrer une porte intérieure** dans un mur de partition non porteur, préparez l'ouverture brute en laissant de la place pour deux montants nains.

2 **Un montant nain** cloué au montant pleine hauteur aidera à supporter le linteau. Garnissez les linteaux posés verticalement avec du contreplaqué de ¹/₂ po.

3 **Une fois la charpente de porte en place,** posez des cloisons sèches (habituellement d'une épaisseur de ¹/₂ po) à l'aide de vis à cloison sèche à filet large.

4 **Même si la porte** est déjà équipée de charnières dans son cadre, il vaut la peine de vérifier qu'elle est d'équerre et de la garder en position à l'aide d'une entretoise.

5 **Posez la porte** et gardez-la en place temporairement avec des cales de bardeau. L'entretoise maintient le cadre d'aplomb par rapport à la cloison sèche.

6 **En travaillant de l'intérieur du mur,** utilisez des cales de bardeau supplémentaires et un niveau pour mettre la porte d'aplomb dans l'ouverture de la charpente.

7 **Lorsque la porte est d'aplomb,** enfoncez des clous de finition 10d à travers le jambage et les cales de bardeau dans les 2 x 4 de la charpente.

8 **Choisissez des moulures** pour le côté extérieur qui s'harmonisent avec d'autres moulures dans la pièce. Coupez les coins en onglet, ajoutez de la colle, puis clouez.

9 **Il est sage de commander** des portes pré-percées. Vous pouvez ajouter la quincaillerie que vous désirez et la fixer facilement dans les trous percés en usine.

Portes et fenêtres

Portes coincées

Les journées d'été chaudes et humides ne sont pas une raison pour que vous ayez à vous battre avec des portes coincées. Vous pouvez vous éviter ce mal de tête saisonnier en vous assurant que tous les bords et faces des portes sont scellés avec du vernis ou de la peinture. Si la porte frotte seulement un peu en été, n'y changez rien, mais si elle colle ou requiert une bonne poussée pour s'ouvrir ou se fermer, il vaut mieux l'ajuster. Le coinçage et les efforts de décoinçage peuvent faire relâcher les charnières, ce qui risque d'aggraver le problème. Un petit ajustement suffira probablement, mais si vous en coupez trop en été, la porte pourrait être trop lâche en hiver. Souvent, il suffit de moins de $1/16$ po de dégagement.

Resserrer des charnières

Assurez-vous que ce n'est pas une charnière desserrée qui fait coincer la porte. Resserrer les vis sur une charnière desserrée amène le bord de la porte plus près du cadre muni de charnières. L'espace de joint côté serrure s'élargit, ce qui règle le problème de coinçage.

Si les vis que vous essayez de serrer tournent à vide dans leur trou, vous devez réparer les trous. Trempez de petites chevilles de bois ou des cure-dents dans de la colle, puis enfoncez-les dans le trou bien compacts. Lorsque la colle sera sèche, les filets de vis auront matière à se loger. Vous pouvez aussi enfoncer des vis plus longues qui pénétreront dans la charpente au-delà du jambage. C'est une bonne idée pour la charnière supérieure d'une porte lourde, qui résoudra souvent le problème, même si la charnière est déjà resserrée. La vis plus longue va en effet rapprocher le jambage des montants, créant un jeu supplémentaire du côté de la serrure de la porte.

Ponçage et rabotage

À moins que le problème de coinçage ne soit visiblement causé par l'épaisseur de la peinture, gardez le ponçage ou le rabotage comme solution de dernier recours. N'enlevez que peu à la fois, mais enlevez-en assez pour laisser place à une nouvelle couche de peinture. Le papier abrasif à grain moyen est le meilleur choix pour les petits ajustements. Si vous n'êtes pas sûr de l'endroit où la porte frotte, saupoudrez de la craie de couleur sur le bord de la porte ouverte. Quand vous refermerez la porte, la craie laissera des traces sur les endroits qui frottent.

Si rien ne fonctionne et que vous devez enlever une bonne quantité de bois sur le bord de la porte, il vaut mieux habituellement enlever les charnières de la porte et raboter le côté charnières. Veillez à approfondir les mortaises de charnière proportionnellement.

Resserrer une charnière lâche

Lorsque les vis des charnières sur une porte sont usées jusqu'à se desserrer, vous pouvez régler le problème en enfonçant des vis plus longues avec des tiges plus épaisses. Il s'agit d'utiliser des vis qui pourront se loger dans du bois intact et tenir plus solidement, avec un filet d'environ un pouce plus long. Vous pouvez aussi augmenter la capacité de fixation d'une vis en remplissant les trous existants. Il existe plusieurs trucs de bricolage en ce sens, incluant un produit de remplissage de trous, une cheville courte ou même des cure-dents insérés dans l'ancien trou de vissage pour fournir aux vis une matière à fixation.

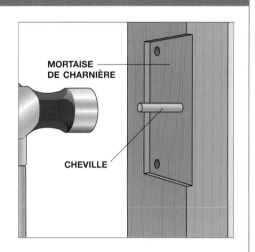

MORTAISE DE CHARNIÈRE

CHEVILLE

Réparer une glissière

Si une porte coulissante ne glisse plus, enlevez-la en soulevant le panneau vers le haut et en retirant son bord inférieur de la glissière inférieure. Puis examinez les galets et remplacez-les s'ils sont très usés ou brisés. Inspectez aussi le rail cannelé sur le seuil de la porte et redressez toute trace de coup ou courbe. Si la porte frotte toujours après que vous l'avez réinstallée, voyez si les bouts du panneau ne sont pas trop bas. Les galets ont une vis d'ajustement dissimulée dans le bout de la porte qui soulève et abaisse les galets.

MATÉRIEL : ▶ balayette • levier • tournevis

1 *Pour aider la porte à glisser en douceur,* balayez les débris hors des rails cannelés de la glissière et versez quelques gouttes d'huile.

Ajuster une porte de placard

La plupart des portes de placard présentent un assemblage de galets montés sur le dessus qui voyagent sur une glissière cannelée en aluminium. Les portes coulissantes ont aussi un guide en plastique sur le plancher pour les garder alignées. Lorsque les portes ne fonctionnent pas en douceur, vérifiez d'abord la glissière pour vous assurer qu'elle est étroitement fixée au linteau. Puis ajustez les galets pour soulever ou abaisser les portes au besoin. Pour ajuster des portes pliantes, desserrez les pivots inférieurs et supérieurs, ajustez au besoin et resserrez.

MATÉRIEL : ▶ tournevis

1 *Les portes coulissantes ou pliantes* ne fonctionneront pas en douceur à moins que la glissière en aluminium ne soit étroitement vissée au linteau.

Mortaises de charnière trop ou pas assez profondes

Lorsque les charnières ferment mais que la porte ne ferme pas même si elle ne frotte pas contre le cadre, c'est que les charnières ne sont pas à la bonne profondeur. Ce problème se manifeste lorsque les charnières ont été installées trop ou pas assez en profondeur dans leur mortaise. Les faces des lames de charnière devraient affleurer à la surface de la porte et du jambage. Vérifiez que la charnière est convenablement alignée, que les vis sont bien serrées et qu'elles ne ressortent pas des faces de la charnière. Si le problème n'est pas réglé, enlevez la charnière. Approfondissez la mortaise ou insérez-y une cale en carton au besoin.

MOR-TAISE DE CHAR-NIÈRE

CALE

Rafraîchir du métal

MATÉRIEL : ▶ bloc de ponçage • couteau à mastic ▶ papier abrasif • pâte à carrosserie • peinture

1 *Pour réparer une surface de porte à placage de métal,* poncez légèrement l'endroit endommagé et recouvrez de pâte à carrosserie.

2 *Lorsque la pâte à carrosserie* a fini de durcir, lissez le fini avec du papier abrasif à grain fin. Utilisez un bloc pour niveler la surface de réparation.

3 *Vous pouvez appliquer un apprêt* et repeindre au pinceau, mais un enduit de finition à vaporiser s'harmonisera mieux avec la peinture d'origine.

▶ huile lubrifiante • bloc de bois

2 *Pour obtenir un plus grand dégagement,* commencez par soulever la porte légèrement et posez-la sur un bloc de bois.

3 *Gardez la porte ainsi soulevée,* et utilisez un tournevis pour tourner la vis d'ajustement et soulever les galets.

2 *Pour soulever ou abaisser une porte coulissante,* utilisez un tournevis pour tourner le mécanisme d'ajustement attaché aux galets de la glissière.

3 *Pour empêcher les portes coulissantes de se heurter,* vous pourriez avoir besoin d'ajuster ou de resserrer le guide de plastique sur le plancher.

Portes et fenêtres

Serrures

Le terme serrure désigne l'ensemble du mécanisme d'une poignée de porte, qu'elle verrouille la porte ou qu'elle ne la tienne fermée. Toute serrure inclut les poignées de porte, un pêne à demi-tour ou un mécanisme de verrouillage, et des plaques décoratives (écussons ou rosaces) qui recouvrent le mécanisme de verrouillage. Les pênes à demi-tour comportent un ressort et peuvent inclure aussi un mécanisme de verrouillage. Un pêne dormant n'est pas à ressort et se verrouille et se déverrouille seulement avec une clé ou un poucier.

Il y a deux grandes catégories de serrures, de plusieurs variantes. Les serrures cylindriques sont habituellement installées dans des trous de 2 1/8 po de diamètre forés dans les faces de la porte. Les pênes à demi-tour s'encastrent dans des trous de 15/16 ou de 1 po de diamètre forés dans les bords des portes. L'autre type inclut la serrure rectangulaire à mortaise, qui est montée dans une mortaise profonde (trou) creusée dans le bord de la porte. Des petits trous sont coupés dans les faces de la porte pour faire passer la tige, sur laquelle sont montées les poignées. Les serrures cylindriques sont les plus courantes et les plus robustes des deux catégories, et elles sont plus faciles à installer parce que vous n'avez pas à creuser de cavité de mortaise profonde.

Les serrures pour portes d'entrée peuvent être verrouillées des deux côtés de la porte. Il existe un type qui se verrouille automatiquement lorsque la porte se ferme et qui se déverrouille avec une clé de l'extérieur ou en tournant une poignée à l'intérieur. Pour assurer une meilleure sécurité, les portes d'entrée sont souvent équipées d'un pêne dormant séparé, installé au-dessus de la serrure à clé de la porte.

Serrures courantes

Les serrures à clé standard ont une poignée à clé à l'extérieur et une poignée à poucier à l'intérieur qui actionnent l'assemblage de gâche.

Les poignées de modèle intimité (salle de bains, chambre des maîtres) ont un poucier à l'intérieur. En cas d'urgence, on peut les ouvrir en enfonçant un long clou dans le trou de l'extérieur.

Cette serrure de porte combinée inclut une serrure à clé avec une poignée conventionnelle et un pêne dormant à clé avec bouton poucier.

Installer une serrure modèle intimité

MATÉRIEL: ▶ perceuse/tournevis électrique • scie-cloche • foret à trois pointes ou mèche Forstner • couteau universel • ciseau à bois • tournevis ▶ poignée de porte

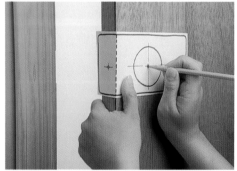

1 *Déterminez l'emplacement du centre des trous* sur la face et le bord de la porte en utilisant le gabarit en papier fourni par le fabricant de serrures.

2 *Pour percer des ouvertures à bords lisses*, utilisez une scie-cloche. Forez de bord en bord jusqu'à ce que le foret pilote émerge, puis forez du côté opposé.

3 *Forez le trou pour le pêne* avec un foret à trois pointes ou une mèche Forstner. Gardez la perceuse de niveau pendant que vous percez le bord de la porte.

Charnières spéciales

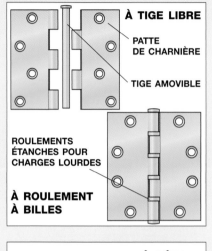

À TIGE LIBRE

PATTE DE CHARNIÈRE

TIGE AMOVIBLE

ROULEMENTS ÉTANCHES POUR CHARGES LOURDES

À ROULEMENT À BILLES

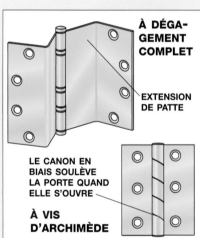

À DÉGA-GEMENT COMPLET

EXTENSION DE PATTE

LE CANON EN BIAIS SOULÈVE LA PORTE QUAND ELLE S'OUVRE

À VIS D'ARCHIMÈDE

Ferme-portes

La type de ferme-porte pneumatique utilisé sur les contre-portes et moustiquaires fonctionne à l'intérieur aussi.

Les ferme-portes intérieurs ordinaires ont un piston monté sur la porte et un bras à galet qui se déplace sur une coulisse assemblée sur la moulure.

Butoirs

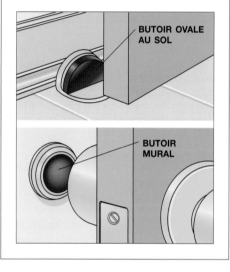

BUTOIR DE PLINTHE

BUTOIR ASSEMBLÉ SUR LA TIGE DE CHARNIÈRE

BUTOIR OVALE AU SOL

BUTOIR MURAL

avec serrure intimité • gabarit en papier

4 Marquez la mortaise du verrou, gravez-en le contour avec un couteau universel et évidez la mortaise avec un ciseau.

5 Pour la gâche, répétez la séquence suivie pour la mortaise. Vous pouvez colorer le bout du verrou pour trouver l'emplacement exact de la gâche.

6 Lorsque le verrou et la gâche sont alignés, serrez les vis qui tiennent le mécanisme du verrou et les deux poignées contre la porte.

Portes basculantes

À moins d'avoir vécu dans une maison où le garage était muni de portes à battant à l'ancienne, vous tenez probablement pour acquis l'utilité de votre porte de garage basculante. Les ressorts et les poulies rendent relativement facile le glissement dans le rail au plafond des sections à charnières horizontales, et si vous avez un moteur électrique rattaché à l'ensemble, il suffit d'appuyer sur un bouton pour ouvrir ou fermer.

Le type le plus courant de porte basculante résidentielle comporte un ressort de traction monté au-dessus de la section horizontale de chaque rail. Le dispositif à ressort de torsion comporte un seul ressort monté horizontalement, parallèle à la porte, et qui se trouve au-dessus de la porte.

L'installation d'une porte basculante ou d'une porte qui s'ouvre automatiquement est certainement plus compliquée que celle de la plupart des autres types de portes, mais ce n'est pas hors de portée des bricoleurs. Il s'agit de bien identifier et d'assortir les douzaines de pièces et de suivre les instructions de montage étape par étape. Vous aurez besoin d'une perceuse et d'une clé à douille en plus d'un niveau, d'un ruban à mesurer et de quelques autres outils de charpenterie.

Les portes basculantes ne présentent pas de problèmes habituellement, pour autant que vous gardiez la quincaillerie bien ajustée, propre et lubrifiée. Il est aussi important d'entretenir la finition extérieure, particulièrement sur les portes en bois à motif allongé. L'eau s'infiltre inévitablement entre le panneau et le cadre et ne peut s'écouler nulle part. Inspectez ces points annuellement pour vérifier si la peinture ne s'écaille pas et calfeutrez les joints d'étanchéité entre les panneaux.

Entretien

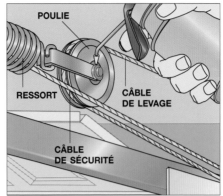

Pour rendre le levage plus doux (et plus silencieux), versez quelques gouttes d'huile pour machine sur la poulie montée sur le ressort.

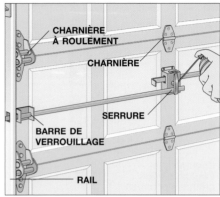

Pour atteindre le mécanisme de verrouillage, utilisez un lubrifiant à vaporiser avec une paille d'extension.

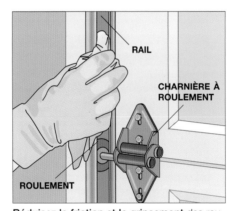

Réduisez la friction et le grincement des roulements dans les rails en nettoyant ceux-ci et en les enduisant de silicone.

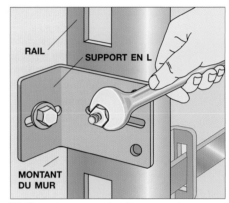

Vérifiez et resserrez les écrous sur les supports en L montés sur le cadre qui tiennent la porte contre le cadre et le rail supérieur.

Caractéristiques de sécurité de l'ouvre-porte automatique

Depuis 1982, année où la Commission américaine sur la sécurité des produits de consommation a commencé à tenir un registre des accidents, les ouvre-portes de garage automatiques ont causé de nombreux accidents et plus de 100 décès. Plusieurs améliorations ont été apportées au fil des années, en vertu des normes du Underwriters Laboratories, qui incluent quatre dispositions clés. Premièrement, les opérateurs de porte de garage doivent pouvoir, en deux secondes, faire remonter une porte qui descend lorsqu'elle est en contact avec un bloc test d'une hauteur de deux pouces.

Deuxièmement, les opérateurs de porte doivent pouvoir rouvrir la porte dans les 30 secondes suivant le début du mouvement descendant si la porte ne ferme pas complètement contre le plancher du garage. Troisièmement, une fois que la porte a commencé à descendre, elle doit pouvoir s'arrêter et remonter si on appuie de nouveau sur le bouton de contrôle. Si la porte monte, appuyer sur le bouton de contrôle doit pouvoir arrêter la porte et l'empêcher de redescendre. Quatrièmement, les opérateurs de porte doivent avoir un moyen manuel de se dégager de la porte.

Installez un dispositif approuvé UL qui inverse le mouvement de la porte lorsqu'elle est gênée par un obstacle ; suivez bien les instructions du fabricant.

Portes de garage

Installer un ouvre-porte de garage

MATÉRIEL : ▶ ruban à mesurer • jeu de clés • perceuse/tournevis électrique • marteau • niveau
▶ ouvre-porte de garage • boulon de carrosserie • tasseaux 2 x 4 • brides métalliques • clous • vis

1 *Le noyau du système* est un moteur électrique monté sur le rail au-dessus du milieu de la porte.

2 *La chaîne ou la courroie d'entraînement* en caoutchouc s'assemble sur le pignon d'entraînement du moteur. Elle fait aller et venir le chariot (et la porte).

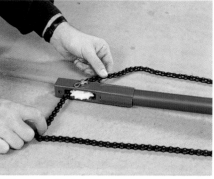

3 *La courroie d'entraînement* s'ajuste autour du pignon tendeur en plastique qui est monté sur l'autre bout du rail d'entraînement principal.

4 *Boulonnez un tasseau 2 x 4* à la charpente du plafond et fixez-y le moteur avec des brides de montage. Une pièce en diagonale empêchera les mouvements latéraux.

5 *Fixez un tasseau* au-dessus de la porte et tracez une ligne au centre de la porte pour le support qui tiendra l'autre bout du rail d'entraînement.

6 *Le rail* (avec la courroie d'entraînement insérée dans le pignon tendeur) est retenu dans le support par un axe de chape.

7 *Un bras en deux pièces* (pré-percé pour que vous puissiez en ajuster la longueur) est tendu entre le chariot du rail d'entraînement et un support sur la porte.

8 *Un dispositif de télécommande* muni d'un clavier, installé sur le cadre de la porte, peut contrôler l'ouverture et la fermeture, le verrouillage et l'éclairage.

9 *Suivez les instructions du fabricant* pour ajuster les limites supérieures et inférieures et la force appliqué à la porte.

25

Terrasses
et porches

Terrasses et porches

Un projet de terrasse

La construction d'une terrasse est habituellement un projet de bricolage satisfaisant et sans tracas. Si vous nourrissez un tel projet, sachez que vous n'aurez aucune des difficultés qui caractérisent les projets à l'intérieur de la maison, comme l'installation de câblage, de plomberie et d'armoires lors de rénovations de salle de bains et de cuisine. Contrairement aux aménagements intérieurs, les terrasses sont construites dans un espace libre sans encombres, où vous pouvez balancer des poutres de 12 pi sans vous inquiéter d'endommager quoi que ce soit.

Avec une terrasse, vous agrandissez votre espace habitable et augmentez la valeur de votre maison pour une petite fraction de ce qu'il vous en coûterait pour construire une dépendance ou ajouter une pièce. Les propriétaires qui n'ont pas le temps, le savoir-faire ou la motivation d'exécuter le projet eux-mêmes peuvent faire appel aux services d'un entrepreneur. Bien sûr, ce sera plus cher, mais les terrasses sont des atouts bien cotés dans les sondages auprès des acheteurs de maisons, ce qui justifie la dépense en quelque sorte.

Choix préliminaires

Tout projet de terrasse requiert plusieurs décisions au stade de la conception. Bien que la plupart des terrasses soient de simples plates-formes surélevées par rapport à la cour, elles sont un prolongement de la maison, c'est-à-dire davantage un espace habitable qu'un espace de cour. Remplacer un mur solide par une porte vitrée coulissante menant à une terrasse est une manière rapide et relativement abordable de donner une apparence plus spacieuse à une pièce. Si l'on considère les espaces intérieurs et extérieurs comme un ensemble, ajouter une terrasse est probablement plus avantageux si on le fait du côté du salon ou de la salle familiale, ou si elle est adjacente aux espaces de cuisine ou de salle à manger.

Comme les terrasses en bois sont exposées aux éléments tout au long de l'année, le bois doit avoir des propriétés de résistance aux intempéries, soit incorporées soit en surface en vertu de l'application d'un enduit protecteur. Les matériaux de charpente ordinaires tel le sapin de construction sont plus que suffisamment solides et peuvent être traités avec de la teinture à bois pénétrante, un produit de protection pour bois translucide ou les deux, ce qui leur permet de résister à la détérioration. Dans la plupart des régions, surtout dans le nord-est, cet enduit de protection devrait être appliqué à nouveau tous les deux ou trois ans. Même dans la Nouvelle-Angleterre humide, une terrasse de 20 ans en sapin qui a été traitée avec un produit de protection translucide cinq fois au fil des ans affichera peu de signes de pourriture.

Le bois peut aussi avoir été traité sous pression, renfermant des préservateurs chimiques injectés en profondeur. Plusieurs saisons peuvent s'écouler avant que la teinte verdâtre caractéristique disparaisse en faveur d'un ton plus naturel. Ce type de plate-forme a une longue durée de vie et ne nécessite qu'un scellage ou une teinture périodique.

Si vous êtes prêt à investir davantage (parfois un tiers ou même la moitié de plus que le prix du sapin), vous pouvez employer du séquoia ou du cèdre, ces deux essences étant naturellement plus résistantes aux éléments. Ces bois ont une apparence extraordinaire une fois installés – certaines variétés de séquoia ont une couleur de cannelle unique –, mais ils se délaveront. La plupart des essences utilisées pour les terrasses virent tôt ou tard au gris, couleur bois de grève. Le séquoia peut devenir beaucoup plus foncé à moins d'être protégé avec un scellant translucide. Malgré tout, il évolue graduellement vers un ton argenté élégant. (Voir « Bois résistant à la pourriture », page 90.)

Niveaux de charpente

La plupart des terrasses ont quatre niveaux de charpente. En partant du haut, on a d'abord la surface (souvent des 2 x 4 ou 1 1/4 x 4, et en général des 2 x 6 ou 1 1/4 x 6 sur les grandes terrasses), ensuite les solives (au moins des 2 x 6 allant jusqu'à des 2 x 12), habituellement espacées de 16 po centre à centre et à angle droit par rapport aux planches de la surface ; on a ensuite une ou plusieurs poutres tels des 4 x 10 perpendiculaires aux solives et les supportant ; enfin des poteaux ou des piliers qui supportent les poutres et transmettent la charge au sol.

La surface de la terrasse est habituellement l'aspect clé d'un plan de terrasse. Comme elle est rattachée à la maison, elle devrait être construite de plein pied ou quelques pouces en dessous du plancher de la maison. Les dimensions des solives et des poutres doivent être conformes aux exigences d'un architecte ou d'un entrepreneur et vérifiées par un inspecteur des bâtiments. Les poteaux sont les seuls éléments faciles à ajuster, occupant autant d'espace que requis entre les solives et le sol.

Anatomie d'une terrasse

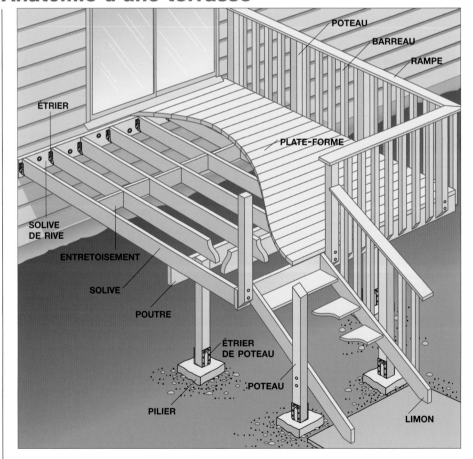

Faire votre plan

Les terrasses comptent parmi les améliorations résidentielles les plus faciles à dessiner sur papier. Quelques dessins préliminaires sur du papier quadrillé vous aideront à choisir le concept de terrasse le plus attrayant et le plus pratique. Ces dessins aideront à vous offrir une estimation et vous proposer un devis quantitatif, à tout le moins une estimation des matériaux et des coûts.

Toutefois, n'oubliez pas que les aires définies sur des dessins à l'échelle ont tendance à apparaître plus grandes qu'elles le seront en réalité. Pour éviter d'être déçu, reportez les dessins à l'échelle sur l'emplacement de construction réel. Utilisez des piquets enfoncés dans la terre et reliés entre eux par des ficelles pour marquer le contour de la terrasse. Il en coûte généralement deux à trois fois plus cher en main-d'œuvre qu'en matériaux, ce qui fait que l'utilisation de solives de 12 pi au lieu de 10 pi n'a pas d'effet sensible sur le coût total des travaux, n'augmentant le coût des matériaux que de peu, mais c'est une différence appréciable dans l'espace utile supplémentaire que vous obtiendrez.

Clous ou vis?

La plupart des terrasses sont fixées par des clous ordinaires galvanisés. C'est toujours une méthode convenable, mais l'utilité et la qualité de fixation des perceuses/tournevis sans fil et des vis pour l'extérieur ont changé la donne. Les vis nécessitent plus de travail et sont plus lentes à fixer, mais elles sont meilleures de bien des manières – les clous sont notamment plus susceptibles de ressortir sous n'importe quelle charge. Tandis que les vis resteront bien enfoncées dans les planches après quelques années de service. Malgré tout, les charpentiers de terrasse professionnels utilisent toujours des cloueuses, parce qu'aucun outil ne permet de clouer de grandes aires de terrasse aussi rapidement.

Il faut du temps pour s'habituer à utiliser une cloueuse pneumatique, mais cet outil accélère le travail de finition. Vous pouvez louer la cloueuse et un compresseur; il vous faut aussi des clous spéciaux.

Surélevée

Charpente: les terrasses surélevées restent plus fraîches les jours d'été et sont plus faciles à garder propres. Pour qu'une telle terrasse soit conforme au Code du bâtiment, il vous faut des fondations solides, de solides attaches avec la maison et des garde-corps robustes.

Avantages: une terrasse avec vue ajoute une dimension nouvelle à une maison et permet de récupérer un espace précieux au sol.

Inconvénients: il vous en coûtera plus cher et elle peut constituer un danger dans les maisons où vivent de jeunes enfants.

Au toit

Charpente: comme les terrasses surélevées, les terrasses au toit procurent à leurs propriétaires une perspective unique. Elles peuvent être accessibles par la maison ou par un escalier extérieur.

Avantages: les terrasses au toit offrent une intimité maximale, constituent un excellent espace habitable à l'extérieur et permettent de récupérer de l'espace inutilisé.

Inconvénients: probablement la plus difficile à construire. Les aires en dessous doivent être renforcées pour porter la charge additionnelle des matériaux et des occupants.

Près du sol

Charpente: la terrasse la plus simple à construire se situe au niveau du sol ou légèrement au-dessus. Souvent, aucune fondation ni poteau n'est requis.

Avantages: la facilité de construction est en tête de liste, mais les terrasses au niveau du sol améliorent aussi l'accès à la maison et font paraître une petite maison plus grande.

Inconvénients: sans cour clôturée, les terrasses au niveau du sol offrent peu d'intimité. Et le bois en contact avec le sol est plus susceptible d'être endommagé par les insectes et de pourrir.

À paliers

Charpente: c'est le type de terrasse le plus complexe et habituellement le plus dispendieux. C'est généralement un projet hors de portée d'un novice en construction.

Avantages: les différents paliers peuvent être utilisés pour assurer une plus grande intimité, créer plus d'intérêt, aider à composer avec une forte pente ou relier la maison à une piscine.

Inconvénients: trop de paliers peut conférer un aspect chargé et peut être dangereux le soir si l'éclairage est insuffisant. L'entretien est plus difficile et nécessite plus de temps.

Terrasses et porches

Choix du bois

Il fût un temps où le mot séquoia était synonyme de terrasse. Mais lorsque les terrasses sont devenues plus populaires, l'approvisionnement en séquoia n'était pas à la hauteur de la demande, et ce n'est pas tout le monde qui pouvait se permettre ce qui était disponible. D'autres essences étaient utilisées à sa place ; le cèdre était un bon substitut, aussi naturellement résistant à la pourriture et aux insectes, mais le sapin et d'autres bois résineux ne duraient pas aussi longtemps et ne vieillissaient pas avec autant de grâce. C'est alors que des traitements chimiques ont été mis au point pour conférer à du bois ordinaire les propriétés requises pour résister à l'infestation par les insectes, à la pourriture et parfois même à la détérioration par les rayons ultraviolets.

Cette hiérarchie des essences demeure inchangée, avec le séquoia comme bois préféré en tant que matériau de terrasse, suivi par le cèdre. Les bois traités sous pression représentent tout de même la majeure partie du bois vendu pour la construction de terrasses aujourd'hui. Avant de choisir l'un ou l'autre pour votre terrasse, il vaut la peine de connaître non seulement les différences entre ces bois mais aussi les différentes qualités de chacune de ces essences. Il existe également une catégorie grandissante de bois artificiel – en plastique ou en composite de plastique et de bois – maintenant offert pour les plates-formes de terrasse.

Séquoia et cèdre

La gamme de qualités et de prix à l'intérieur de ces espèces semblables est si vaste que vous voudrez sûrement choisir la qualité qui convient à votre projet et en avoir pour votre argent. Demandez à voir un tableau comparatif des qualités avant d'effectuer tout achat. Par exemple, les bois les plus coûteux et de la meilleure qualité sont de qualité architecturale « Clear All Heart » et sont habituellement réservés aux intérieurs où leur beauté décorative est le mieux mise en valeur. Cette catégorie peut être utilisée pour une plate-forme de terrasse parce qu'elle est aussi la plus résistante à la pourriture, mais le coût est ordinairement trop élevé pour ce genre d'application. Plus bas sur le tableau comparatif, mais de qualité supérieure pour la plupart des applications à l'extérieur, se trouvent la catégorie de bois de construction ou de jardin, la catégorie

« choix » et, finalement, le bois ordinaire. Vous ne paierez pas aussi cher pour ces bois-là, qui contiennent plus de nœuds et du bois de résine moins résistant, mais vous obtiendrez quand même la plupart des avantages du séquoia et du cèdre.

Ces avantages incluent non seulement un aspect durable mais aussi une structure solide qui peut être en contact avec le sol. Le séquoia est généralement plus solide que le cèdre, et les deux ont déjà été les bois préférés pour les poteaux de terrasse et autres éléments de support les plus vulnérables à la pourriture. Aujourd'hui, à cause de leur coût plus élevé, le séquoia et le cèdre sont souvent réservés aux plates-formes et aux éléments décoratifs telles les

banquettes, tandis que la charge est portée par du bois traité sous pression moins dispendieux qui reste hors de vue.

Bois traité sous pression

La plupart des propriétaires connaissent ce bois extérieur d'un teint verdâtre, connu sous le nom de bois traité au CCA, ou bois traité sous pression. Sa couleur (et sa désignation par trois lettres) lui vient de l'arsenic de cuivre chromé, un produit chimique profondément imprégné dans les cellules de bois sous haute pression. Quoique ce traitement ait été certifié inerte, le bois ne devrait pas être brûlé, et le port de gants et d'un masque antipoussières est

Outils spéciaux

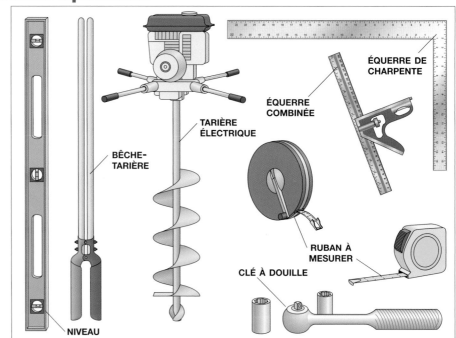

ÉQUERRE DE CHARPENTE

ÉQUERRE COMBINÉE

TARIÈRE ÉLECTRIQUE

BÊCHE-TARIÈRE

RUBAN À MESURER

CLÉ À DOUILLE

NIVEAU

Voici les outils principaux : les outils de nivellement comprennent un niveau de menuisier, un niveau de ligne, un niveau torpille, un niveau à eau et un niveau pour positionnement de poteaux. Il vous faudra aussi une équerre combinée, une équerre d'angle, une équerre de charpente, un marteau, des scies, des pinces perceuses et des rochets pour les tire-fonds. Le mesurage se fait à l'aide de rubans et roues à mesurer. Une bêche-tarière, un cordeau à tracer, une brouette et un fil à plomb servent au tracé et à l'excavation.

Niveaux à eau

Un niveau à eau est constitué d'un long tuyau, semblable à un tuyau d'arrosage, muni de deux tubes transparents à chaque extrémité. Il peut indiquer avec précision la dénivellation entre deux endroits distancés.

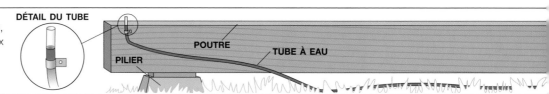

DÉTAIL DU TUBE

POUTRE

TUBE À EAU

PILIER

recommandé lorsqu'on le coupe. On se demande aussi s'il est sécuritaire près des jardins ou dans la construction d'enclos pour animaux de compagnie. (voir p.91) On soupçonne les traitements chimiques plus anciens, à base de substances tels la créosote et le penta (pentachlorophénol), d'être cancérigènes. Les produits qui en contenaient ne sont plus disponibles.

Le bois pour terrasse traité provient d'une ou de plusieurs essences de bois de résineux, le plus souvent du pin jaune, du sapin ou de la pruche. Quoique le bois nouvellement traité soit mou au début, le traitement chimique le rend difficile à clouer et à couper. Tout bois traité doit être identifié par sa classe et sa teneur en produits chimiques. Le bois pour utilisation au-dessus du niveau du sol est fréquemment traité à 0,25 ou à 0,40 (livres de produits chimiques par pied cube). S'il vous faut poser des poteaux ou des séparateurs sous le niveau du sol, vous pouvez passer une commande spéciale pour obtenir du bois traité à 0,60, teneur recommandée pour cet usage.

Achat du bois

Pour tout projet de terrasse sauf les plus petites, vous voudrez probablement faire livrer votre bois par camion directement chez vous. La plupart des cours à bois sont heureuses de livrer de grosses commandes sans frais ou à un coût minime, et l'avantage évident est que vous n'aurez pas à charger et à décharger un gros tas de bois avant même de commencer à travailler.

Mais vous payez un prix pour la livraison gratuite. Vous êtes pris avec les planches qui ont été chargées sur le camion, au moins quelques pièces gauchies, fendues, noueuses ou autrement indésirables qui atterriront certainement chez vous. Mais le bois n'est pas parfait et souvent vous pouvez trouver une utilité à toutes les pièces sauf les pires. Afin de vous protéger, renseignez-vous sur les politiques de retour du marchand de bois.

Choix de bois courant

La fausse pruche est un des bois de construction les plus répandus mais ne convient pas aux endroits où le bois est en contact avec le sol. Par ailleurs, la fausse pruche a besoin d'un enduit protecteur pour prévenir la pourriture.

Le bois traité sous pression est imprégné de composés d'arséniate de cuivre et résistera à la pourriture et aux insectes. Il changera du vert au gris après plusieurs saisons et peut être teint avec une teinture de finition à base d'huile pour retenir la couleur.

Le séquoia est considéré comme le meilleur bois pour terrasses. Il résiste à la pourriture et est d'une couleur saumonée attrayante qui deviendra grise après plusieurs saisons. Le bois de séquoia de catégorie « choix », ou sans nœuds, est rare et cher.

Le cèdre aussi résiste aux insectes et à la pourriture, et deviendra gris après deux années d'exposition ou plus. Il peut être teint avec une teinture semi-transparente ou opaque. Il est plus coûteux que le bois traité sous pression mais moins que le séquoia.

Choix des attaches

Clous ou vis ? Les poutres, les solives et les poteaux devraient être fixés avec des clous. Les clous à bois galvanisés servent à fixer les planches de la plate-forme, les girons de marche et les rampes. Des attaches non galvanisées verseraient des larmes de rouille à travers le bois.

Les tire-fonds et les boulons de carrosserie fixent les solives de rive à la maison et les poutres aux poteaux. Les tire-fonds sont d'abord enfoncés d'un pouce au marteau, puis vissés avec un rochet. Ces attaches sont offertes dans une variété de tailles et de diamètres.

Les cales en T, les rubans d'acier et les étriers de poteau ont pour but de garder les grosses pièces de bois solidement attachées les unes aux autres. Utilisez des vis spéciales pour ces étriers ou des vis à bois galvanisées pour attacher la quincaillerie au bois.

Les étriers à solive supportent les solives entre les poutres et les solives de rive. Ils fournissent un meilleur support de charge que le clouage des solives. Ne lésinez pas sur l'achat de ces attaches car la plupart des codes du bâtiment exigent leur utilisation.

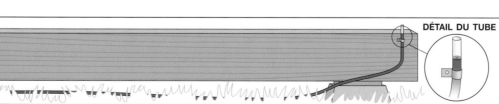

DÉTAIL DU TUBE

Les modèles électroniques émettent un signal sonore lorsque l'eau est de niveau, ce qui aide lorsqu'on travaille seul. Vous pouvez aussi fabriquer votre propre niveau à eau à partir de tubes flexibles transparents.

Terrasses et porches

Support de plate-forme

Quel que soit le style de terrasse ou de porche que vous projetez de construire, la première étape consiste à soulever la structure. Comme les plates-formes extérieures n'ont pas à supporter la charge de murs, elles ne nécessitent pas de fondations conventionnelles et continues. Quelques piliers feront l'affaire, et la manipulation de béton en petite quantité est un travail à la portée de la plupart des bricoleurs.

Poteaux sur piliers

Dans le cas des terrasses de rez-de-chaussée où la structure de bois est approximativement de la même profondeur que la charpente du plancher intérieur, il est probable que les piliers de béton n'auront à dépasser le niveau du sol que de quelques pouces. S'il faut qu'ils s'élèvent davantage, il est souvent plus facile et plus esthétique de combler la hauteur avec des poteaux (4 x 4 ou plus gros).

Pour les terrasses qui s'élèvent nettement au-dessus du sol et où le sol présente une bonne dénivellation, les poteaux sont tout indiqués pour plusieurs raisons. Premièrement, il est difficile de construire des piliers hauts et qui tiennent par eux-mêmes sans être volumineux et lourds. Deuxièmement, il vous faudrait une semelle solide pour prévenir l'enfoncement. Troisièmement, avec des poteaux, les piliers n'ont pas besoin d'être de niveau entre eux, ce qui les rend beaucoup plus faciles à construire, donc un avantage majeur pour le bricoleur.

Profondeur des piliers

Pour éviter le soulèvement par le gel, qui peut faire craquer le béton et rompre la structure qu'il supporte, les piliers doivent être enfouis dans le sol et s'enfoncer au-delà du niveau où la nappe phréatique gèle en hiver. Cette profondeur, appelée profondeur moyenne de pénétration du gel, peut vous être indiquée par le service d'urbanisme de votre localité. (Voir « Profondeur de gel », page 63.)

Pour creuser ce genre de trou profond mais de petit diamètre, vous pouvez utiliser une bêche-tarière ou louer une tarière à essence s'il y a beaucoup de trous à creuser. Réduisez l'affaissement en creusant jusqu'à la profondeur requise et en compactant la terre au fond du trou avec le bout d'un 2 x 4. De cette façon, le pilier reposera sur une base solide.

Couler des piliers

La plupart des projets ne requièrent pas assez de béton pour que vous puissiez vous le faire livrer. La meilleure option consiste alors à mélanger votre propre béton à partir de sacs de béton pré-mélangé.

Si les parois des trous ne s'écroulent pas, vous pouvez les utiliser comme moules pour le coulage. Construisez une boîte au niveau du sol pour contenir le béton au-dessus. Mais pour éviter de mélanger toute saleté avec le béton, ce qui risquerait de l'affaiblir, utilisez des tubes de coffrage légers, en vente dans les cours à bois et chez les commerçants de fournitures de maçonnerie. Vous les coupez à la hauteur désirée, puis vous les insérez dans le sol.

Mélanger du béton

Les semelles de terrasse ne requièrent en général que peu de béton, à moins que vous ne deviez en construire beaucoup. Il est facile de mélanger une gâchée à la fois dans une brouette ou une benne, au fur et à mesure de vos besoins.

Formule pour une boîte en pi²: pour déterminer le volume d'une boîte en pieds cubes, multipliez-en la hauteur par la largeur et par la profondeur (toutes en pouces), puis divisez le résultat par 1728.

$$(h \times l \times p) \div 1728 = pi^2$$

Formule pour un cylindre en pi²: pour déterminer le volume d'un cylindre en pieds cubes, multipliez-en le rayon (la moitié du diamètre) par lui-même (mettez-le au carré), puis multipliez le résultat par sa hauteur puis par 3,14. Divisez le résultat par 1728.

$$(r \times r \times h \times 3.14) \div 1728 = pi^2$$

Poser un pilier

MATÉRIEL : ▶ bêche-tarière • binette à mortier • truelle de maçon • auge • niveau de 4 pi • marteau • clé • brouette • gants de travail ▶ coffrage tubulaire • mélange de

1 *Creusez un trou* avec une bêche-tarière (ou une tarière électrique) jusqu'en dessous du niveau de pénétration du gel. Les grosses roches peuvent vous obliger à creuser davantage. Remplissez le fond de 2 po de gravier pour le drainage.

2 *Insérez un tube de coffrage* dans le trou. Il devrait dépasser du niveau du sol d'environ 6 po. Coupez le surplus avec une scie à main. Mettez d'aplomb l'intérieur du tube pour vous assurer qu'il est droit.

3 *Remblayez le tube* après l'avoir mis d'aplomb à l'aide d'un niveau. Évitez de remblayer avec de grosses roches. Les petites roches du remblayage peuvent être ajoutées au gravier à la base du tube.

Coffrages de surface

Les coffrages des semelles en béton peuvent être de n'importe quelle forme. Les plus courants sont les tubes cylindriques faits de fibre robuste. Les coffrages carrés, faits sur mesure, sont préférables dans les endroits où des charges lourdes entrent en contact avec un sol mou. Si vous avez des questions sur le sol de votre terrain, consultez un ingénieur ou un inspecteur des bâtiments. Les coffrages peuvent être faits en bois 1x ou en contreplaqué et devraient être remblayés. Le fond du coffrage devrait être rempli de 2 po de gravier.

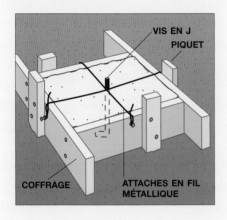

Emplacement des piliers

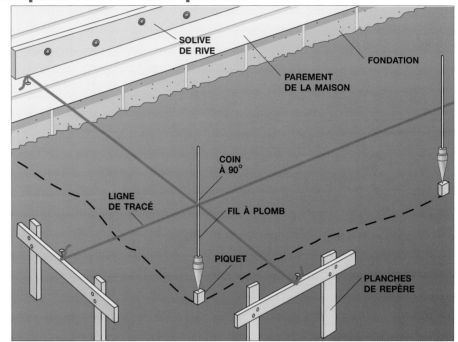

Déterminez l'emplacement exact des semelles de béton en utilisant une ligne de maçon, un ruban à mesurer, des planches de repère et un fil à plomb. À l'aide de votre plan à l'échelle, marquez les mesurages exacts au-dessus du sol avec un cordeau. Attachez la ligne aux planches de repère, mettez les coins à l'équerre, utilisez le fil à plomb et marquez l'emplacement de la semelle.

---

béton • vis en J avec rondelle et écrou • ancrages de poteau • poteaux traités sous pression • clous galvanisés • attaches en fil métallique

4 Coulez le béton de la brouette directement dans le coffrage. Avant qu'il durcisse, insérez une vis en J au centre, en laissant dépasser $3/4$ po de filet au-dessus de la surface de béton.

5 Une fois le béton durci, attachez la quincaillerie à la base du poteau à l'aide d'une rondelle et d'un écrou. Le poteau reposera sur un ancrage à sertir qui permet le drainage et garde le bas du poteau au sec.

6 Insérez le poteau dans la base métallique. Clouez à travers les trous de la base dans le bois. Pliez le côté restant de la base vers le haut et clouez-le.

Terrasses et porches

Charpente de terrasse

La charpente d'une maison peut être couverte de coups de marteau manqués et de clous crochus parce que vous ne voyez pas ces traces de maladresse sous le parement et la cloison sèche. Mais sur une terrasse, vous les verrez. Comme elle est dehors, vous voudrez que la charpente soit à la fois solide et d'une apparence de qualité achevée. Alors voici quelques conseils qui prennent en considération tant l'aspect esthétique que l'aspect pratique.

Les poteaux sur piliers

Gardez un système de support simple en limitant la hauteur des piliers de béton à quelques pouces au-dessus du sol – même si le niveau est inégal – et faites une transition uniforme vers le bois en couronnant les piliers d'ancrages de poteau galvanisés. Souvent, l'ancrage comporte à une extrémité une goupille noyée dans le béton tandis qu'il est encore humide, et à l'autre extrémité un support en forme de U qui retient le poteau.

Il existe beaucoup de modèles d'ancrage de poteau ; certains sont conçus pour des 4 x 6 ou des 8 x 8 si votre terrasse a besoin d'un tel support, d'autres présentent une tige à filet et une vis qui vous permettent d'ajuster la hauteur de la terrasse lorsqu'une section se trouve légèrement hors de niveau. Même si cette quincaillerie garde les poteaux propres, traitez quand même le grain sur le dessus avec un enduit de protection avant l'installation, surtout si les poteaux ont été fraîchement coupés.

Cette combinaison de piliers et de poteaux est durable, et c'est la manière la plus facile de compenser les irrégularités entre le sol et la plate-forme. Vous n'avez pas besoin d'établir de niveaux précis et de couper les poteaux à la longueur exacte avant le temps. Vous pouvez les laisser longs et les couper à la longueur finale lorsque la poutre est installée. Les poteaux sont plus pratiques que de hauts piliers en béton au-dessus du sol et ils sont plus esthétiques aussi. Alors qu'une terrasse a l'air perché quand elle repose sur de hauts piliers, elle semble beaucoup mieux ancrée quand elle repose sur des poteaux qui la relient au sol.

Poteaux prolongés

Tant qu'à prendre le temps d'installer des poteaux qui s'élèvent du sol jusqu'à la poutre, pourquoi ne pas en avoir plus pour vos efforts en installant des poteaux qui s'élèveront au-delà de la poutre et auxquels le garde-corps pourra s'ancrer ?

Habituellement, les poteaux soutiennent une paire de 2 x 10 ou de 2 x 12 attachés ensemble qui portent les solives et la plate-forme par-dessus. Avec des ajustements mineurs de la distance entre les appuis (faites vérifier votre plan par le service d'urbanisme), vous pouvez faire place à des rallonges de poteau en assemblant les poutres en deux pièces, une de chaque côté des poteaux, vissées en position. Trouvez la hauteur approximative des poteaux pour qu'ils atteignent le plancher de la terrasse et ajoutez-y environ 3 pi pour le garde-corps.

Ancrages de poteau

Les vis en J et les ancrages de poteau sont attachés à la semelle de béton, et l'attache de l'ancrage est clouée ou vissée au poteau. Trempez les bouts des poteaux dans un enduit de protection avant de les fixer.

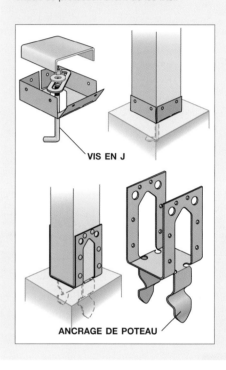

VIS EN J

ANCRAGE DE POTEAU

Installer une poutre

MATÉRIEL : ▶ scie circulaire • serre-joints en C • niveau de 4 pi • marteau • gants de travail ▶ contreplaqué traité sous pression de ½ po • des 2 x 4 et 2 x 10 traités

1 *Faites une visée avec une planche de 2 x 10* pour voir si elle est gauchie ou si elle présente des courbes sur sa longueur. Installez la planche avec le bord convexe vers le haut, et non vers le bas, pour compenser la charge qu'elle portera.

2 *Assemblez deux planches* pour former la poutre et augmentez-en la largeur à 3 ½ po en ajoutant du contreplaqué de ½ po traité sous pression entre les planches. Les poutres reposeront sur les poteaux en les affleurant.

3 *Clouez les planches* ensemble en utilisant des clous galvanisés de 3 po. Placez les clous à 16 po de distance les uns des autres en deux rangées séparées. Assurez-vous que le côté convexe des planches est tourné vers le haut et clouez-les bien alignées.

Ce procédé élégant ouvre la porte à plusieurs possibilités et rend le travail sur les garde-corps facile parce qu'il y aura des supports verticaux solides en place à tous les quelques pieds le long du bord de la terrasse avant que vous commenciez à ajouter les rampes et les barreaux. Et aucun assemblage de garde-corps cloué, vissé ou même boulonné à la plate-forme finie de la terrasse ne pourrait procurer la sécurité d'une rangée de 4 x 4 solides pleine longueur.

Habillage des poteaux

Pour les terrasses basses où les supports sont dissimulés, vous pouvez utiliser du bois moins soigné en autant qu'il soit solide. Mais dans certaines terrasses, les supports de poteaux enlèvent beaucoup du charme du jardin. Vous ne gagnez rien en matière de charpente avec des 4 x 4 massifs contrairement aux 2 x 4 boulonnés ensemble, mais vous ne verrez pas d'espace entre les planches, des têtes de clou ou des taches décolorées là où vous avez manqué votre coup avec le marteau.

Par ailleurs, les poteaux massifs peuvent être ornés de jolis motifs de menuiserie qui étaient jadis utilisés sur les poutres exposées dans les maisons coloniales. Pour donner au poteau une apparence plus achevée et plus élégante, réduisez les bords carrés en effectuant une coupe chanfrein, c'est-à-dire une coupe à 45 degrés au coin. Exécutez le chanfrein le long de presque toute la pièce et amincissez-le près des bouts pour donner une forme carrée à la poutre près des joints.

Choix d'assemblage de poteaux

UN 4 x 4

DEUX 2 x 4

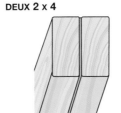

COMBINAISON

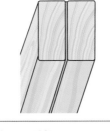

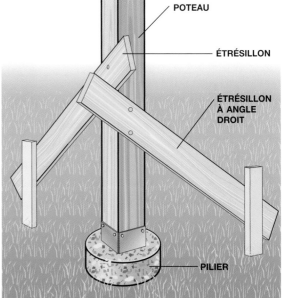

POTEAU
ÉTRÉSILLON
ÉTRÉSILLON À ANGLE DROIT
PILIER

Un seul poteau de 4 x 4 est plus facile à ériger qu'une paire de 2 x 4, qui requiert un assemblage et peut ne pas coûter moins cher à long terme. L'utilisation de poteaux plus larges peut vous faire économiser de l'argent, mais ils devraient être boulonnés de bord en bord pour être bien fixés. Deux étrésillons à angle droit garderont chaque poteau d'aplomb dans les deux directions.

---

sous pression • clous galvanisés de 3 po • cales en bois

4 *Pour positionner la poutre temporairement,* clouez un 2 x 4 au dos du poteau, dépassant de plusieurs pouces. Lorsque vous mettrez la poutre en place, elle reposera contre le 2 x 4 qui dépasse.

5 *Pour empêcher la poutre de tomber* tandis que vous travaillez sur l'installation, attachez-la avec un serre-joint au 2 x 4. Une autre possibilité consiste à installer deux entretoises et de placer la poutre entre les deux.

6 *Placez un niveau sur la poutre* et utilisez des cales en bois sur les poteaux pour mettre la poutre de niveau. Insérez aussi des cales dans tout espace dans les joints de poteau au besoin.

Terrasses et porches

Choix des solives

La plupart des projets de terrasse prévoient des solives de 2 x 8 ou 2 x 10 espacées de 16 po centre à centre. La longueur de portée d'une solive, de la solive de rive jusqu'à la poutre, dépend aussi de l'essence de bois et de la largeur de la solive. Naturellement, les planches plus épaisses peuvent avoir une portée plus longue et porter des charges plus lourdes que les planches plus minces. Pour connaître les mesures autorisées pour la distance entre les solives et leur portée, consultez un tableau de portées ; il devrait y en avoir un au service d'urbanisme de votre localité.

Choix du bois et des attaches

Les solives, les poutres et la solive de rive devraient être faits de bois traité sous pression pour résister aux éléments, particulièrement dans le cas de pièces de bois près du sol. Mais vous pouvez aussi utiliser du bois de qualité de construction standard si vous l'enduisez d'un produit de protection pour bois. Pour construire une terrasse économique sans sacrifier à la solidité ou à la durabilité, vous pouvez utiliser du bois traité sous pression pour les solives, la solive de rive et les poutres, puisque ces parties-là sont généralement dissimulées.

Pour assurer une solidité maximale (et pour satisfaire à la plupart des codes du bâtiment), les solives sont attachées aux éléments de support par des attaches appelées étriers à solive. Ces supports porteront plus de poids que les clous et peuvent réduire la possibilité que le bois fende près des joints. Les solives sont souvent placées deux par deux pour fournir un support supplémentaire ou pour permettre d'exécuter un projet où les planches de finition nécessitent un support de clouage supplémentaire. Mais il existe des supports de largeur double pour ces situations – et des pièces de quincaillerie conçues pour renforcer à peu près toutes les connexions de charpente possibles sur une terrasse. Même là où la quincaillerie n'est pas requise par les règlements, vous pourriez trouver plus facile d'assurer le pontage des joints avec des supports en métal.

Poser des solives

Une bonne façon de poser des solives consiste à commencer par construire le périmètre extérieur de la terrasse, en clouant les solives de pourtour à une bande (aussi appelée rive) du côté extérieur de la terrasse et à une solive de rive du côté de la maison. Les professionnels qui sont capables d'avoir en tête tout le plan de construction peuvent empiler les pièces et les marquer avant l'installation, mais pour beaucoup de bricoleurs, il est plus facile d'y aller étape par étape : construire le support de base avec

Options de charpente

Les solives sont connectées aux poutres par des étriers à solive. Les étriers procurent un meilleur support que le clouage en biais dans la poutre.

Les solives par-dessus les poutres sont une option de charpente. Utilisez des lamelles d'assemblage le long de la poutre et des étriers à solive pour la solive de rive.

Les options de pontage incluent des planches 1x et 5/4x ; les planches plus minces requièrent des solives plus rapprochées pour prévenir l'affaissement et le bris.

Une disposition courante fait appel à un pontage en planches 2x espacées de 16 po centre à centre. Un espacement plus large rendrait le pontage instable.

Porte-à-faux

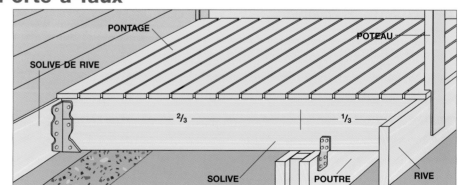

En règle générale, pas plus que le tiers de la charpente de la terrasse devrait dépasser au-delà de son support.

des poteaux et des poutres, encadrer l'espace de la terrasse, puis remplir cette charpente avec des solives.

Comme nous l'avons mentionné, la plupart des projets de terrasse font appel à des solives espacées de 16 po centre à centre. Mais cette règle dépend de l'épaisseur de votre matériau et de la conception de la terrasse. Si vous avez prévu une disposition en arêtes de poissons, par exemple, qui fait appel à un motif de planches de finition en diagonale, les solives peuvent nécessiter qu'on les espace de 12 po centre à centre. Votre plan ne sera approuvé par un inspecteur des bâtiments que s'il précise l'espacement entre les solives et leur épaisseur.

Après avoir marqué la configuration des solives sur la poutre et la solive de rive, vérifiez que votre charpente est d'équerre partout en mesurant les diagonales d'un coin intérieur à l'autre. Si la terrasse est d'équerre, les mesures seront égales. Vous pouvez serrer avec un serre-joint ou attacher temporairement les solives de pourtour en position pour compléter le périmètre de la terrasse. Mais ne les fixez pas de manière permanente jusqu'à ce que le périmètre soit d'équerre.

Pour installer les étriers à solive, glissez un des étriers autour d'une petite section de solive et mettez l'assemblage d'essai en place. Il s'agit de positionner l'étrier de façon que le haut de la solive qu'il supporte soit égal avec le haut de la solive de rive adjacente. S'il n'est pas égal, les planches de finition – même les 2 x 4 et les 2 x 6 lourds – bougeront de haut en bas sur leurs supports. Une fois que vous êtes sûr de l'emplacement de l'étrier, vous pouvez utiliser la position de l'assemblage d'essai pour fixer tous les étriers.

Vos solives devraient s'encastrer correctement entre la solive de rive et la rive. Une fois de plus, la meilleure idée consiste à couper une solive d'essai et à la tester en place. Vous pouvez ensuite l'utiliser comme gabarit pour couper les autres solives.

Poser des étriers

MATÉRIEL : ▶ gabarit de solive • équerre combinée • marteau • marqueur ▶ étriers • clous galvanisés

1 *Faites un gabarit* qui arrivera juste en dessous du solin, puis marquez les lignes de référence pour une pose d'aplomb et horizontale.

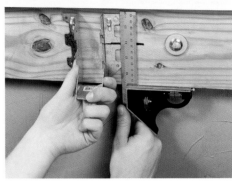

2 *Utilisez des étriers de la bonne dimension* pour les solives et la solive de rive, et posez-les d'aplomb pour éviter que des solives ne gauchissent ou ne deviennent inégales.

3 *Utilisez des pinces de clouage* attachées aux étriers pour les positionner et des clous galvanisés pour les fixer en place.

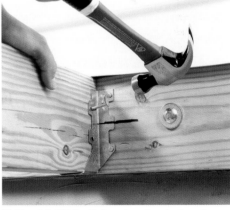

4 *Une fois l'étrier fixé* sur la solive de rive, placez la solive et clouez-la. Utilisez des clous courts qui ne dépasseront pas.

Solives de rive montées sur la maison

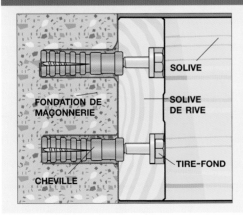

FONDATION DE MAÇONNERIE
CHEVILLE
SOLIVE
SOLIVE DE RIVE
TIRE-FOND

Pour attacher des solives de rive à de la maçonnerie, pré-percez la solive de rive et utilisez les trous comme guides pour les trous dans la maçonnerie. Placez la planche sur le mur de maçonnerie, mettez-la de niveau puis utilisez un marqueur pour marquer les points à percer. Percez et insérez des chevilles ou des ancrages. Ne confondez pas la maçonnerie avec le stuc ; les solives de rive sur du stuc doivent être boulonnées à la charpente de la maison. Sur d'autres revêtements extérieurs, enlevez le parement pour exposer le revêtement intermédiaire ; boulonnez la solive de rive à la charpente. Pour préserver cette pièce cruciale, utilisez du bois traité sous pression et couvrez-en la bordure supérieure avec un solin.

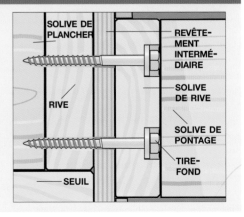

SOLIVE DE PLANCHER
RIVE
SEUIL
REVÊTEMENT INTERMÉDIAIRE
SOLIVE DE RIVE
SOLIVE DE PONTAGE
TIRE-FOND

Terrasses et porches

Principes de base du pontage

Utiliser des matériaux de pontage élégants et de haute qualité, tels le cèdre et le séquoia, est une façon sûre de rendre une terrasse attrayante. C'est aussi un bon moyen de vider votre compte de banque. Or, des 2 x 4 simples en sapin de qualité construction, avec nœuds et bords bruts, peuvent être assemblés avec des motifs de charpente décoratifs pour en faire une structure élégante.

Clouer le pontage

Si on ne fait pas attention à l'espacement et au clouage du pontage, même une disposition symétrique simple pourra avoir l'air d'avoir été faite à l'aveuglette. Habituellement, les planches de 2 x 4, 2 x 6 ou 5/4x sont attachées à des solives de support plus larges par deux clous galvanisés 10d enfoncés à travers chaque planche à chaque point où elles croisent une solive – c'est un travail qui requiert beaucoup de temps. Un seul clou à chaque point de croisement peut garder la planche en position, mais ne l'empêchera pas de s'incurver ou ses bords de se relever. Deux clous à environ 3/4 po de chaque bord garderont la planche bien plate.

Il y a beaucoup de tels points de croisement, même sur une petite terrasse. Sans une méthode pour ce genre de travail répétitif, vous aurez tendance à perdre votre concentration après un certain temps. Cela peut vous sembler ne pas avoir d'importance, mais des distractions peuvent laisser des espaces de joint irréguliers entre les planches et des motifs de clouage désordonnés; c'est un travail peu soigné.

Les menuisiers expérimentés peuvent jauger à l'œil les espacements à répétition et de façon précise, mais beaucoup ont néanmoins recours à une méthode rudimentaire d'estimation. Par exemple, pour obtenir un espace de joint égal entre les planches, insérez un clou dans l'espace entre les planches ou attachez un clou à la solive. Comme les tiges de clou sont de la même taille, elles créent un espacement uniforme entre les planches – environ 1/8 po pour assurer un bon drainage.

Pour rester sur la même ligne de clouage à partir du bord des 2 x 4, il convient d'utiliser une forme de gabarit de mesurage humain. Par exemple, vous pourriez agripper le clou entre le pouce et l'index juste en dessous de la tête, poser votre pouce au bord de la planche et appuyer sur la tête de clou pour laisser une légère dépression là où le clou devrait être enfoncé. Une telle méthode peut donner des résultats étonnamment précis. Les outils mécaniques tels des règles ou des gabarits de clouage pré-marqués sont trop encombrants dans ce type de travail.

Clouer le pontage

Un procédé de clouage nécessitant plus de temps mais totalement dissimulé, appelée Dec-Klip, a recours à des attaches en T clouées aux solives. Une bride de l'attache est clouée en biais dans la planche de pontage, tandis qu'une saillie sur l'autre bride fixe la planche adjacente en position.

Vous pouvez aussi éliminer entièrement les éclats et copeaux de bois en utilisant un pontage en vinyle. Les planches creuses et nervurées (usinées pour procurer une traction par temps humide) sont tenues en place par des attaches vissées dans les solives – ce sont des systèmes de terrasse en bois ou brevetés en vinyle. Bien qu'ils soient plus chers que la plupart des modèles de pontage en bois, ils sont plus durables et plus solides.

Le pontage est en vinyle, mais il ressemble à du bois – et vous pouvez le nettoyer de la même façon que le parement.

Choix du bois de pontage

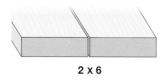

2 x 4

Les **2 x 4** donnent un aspect chargé à une terrasse à cause de leur étroitesse. S'ils ne sont pas traités sous pression, les 2 x 4 doivent être enduits d'un agent de protection; ils auront aussi besoin d'entretien périodique. Trempez les bouts des 2 x 4 dans l'enduit de protection avant de les clouer. Si vous le pouvez, examinez le bois pour vous assurez qu'il ne n'est pas incurvé, gauchi ou torsadé avant de l'acheter.

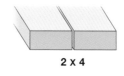

2 X 6

Les **2 x 6** sont un meilleur choix que les 2 x 4 puisqu'ils requièrent moins de temps à installer. Ces planches peuvent aussi être utilisées comme solives de courte portée, mais vérifiez d'abord si c'est possible selon le Code du bâtiment. Utilisez deux clous au croisement de chaque solive pour réduire la déformation. Les 2 x 6 sont plus lourds que les 2 x 4; une paire de mains supplémentaire sera utile pour les longues planches.

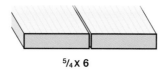

5/4 X 6

Les **1 x 4**, **5/4 x 4** et **5/4 x 6** sont quelques-uns des choix les plus populaires pour le pontage. Les solives peuvent devoir être espacées de 16 po centre à centre, selon l'essence et la catégorie du bois. Cet type de pontage est offert en beaucoup de qualités et d'essences différentes. Le bois traité sous pression, le cèdre et le séquoia sont les plus populaires.

LANGUETTE ET RAINURE

Les **planches à languette et rainure** s'emboîtent l'une dans l'autre pour assurer un joint bien ajusté. Utilisés surtout sur les porches couverts d'un toit, les pontages à languette et rainure doivent être inclinés pour que l'eau s'écoule et être imperméabilisés pour éviter qu'ils enflent. Ils ne sont pas recommandés pour les terrasses à ciel ouvert où le bois sera exposé aux éléments.

Attaches de pontage

◆ **Les clous** devraient être galvanisés pour les projets de construction extérieurs telles les terrasses. Il faut être le moindrement habile avec un marteau pour éviter les « croix » et les « lunes », ces marques peu attrayantes dans le bois qui résultent de coups de marteau manqués. Par ailleurs, il est difficile d'enlever les clous sans creuser le bois.

◆ **Les vis** s'ancrent mieux que les clous et sont plus faciles à enfoncer dans les endroits étroits. Certaines perceuses sont munies d'une jauge de profondeur qui enfonce la vis au même niveau que la surface du bois ou juste en dessous. Les vis devraient être galvanisées ou en acier inoxydable.

Détails de bordure de pontage

Les sections de charpente coupées en onglet requièrent plus de temps et d'attention que les joints affleurants. Sur du bois à l'extérieur, soumis à l'expansion et à la contraction, un coin en onglet peut perdre son aspect soigné en quelques saisons. Traitez le grain ouvert d'une bordure en onglet fraîchement coupée avec un enduit de protection à bois avant l'installation.

CHARPENTE À ONGLET

BORDURE DE TERRASSE AFFLEURANTE

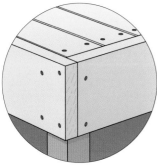

Un coin à affleurement est plus résistant à l'usure et aux dommages normaux, en particulier là où la terrasse change de niveau. De plus, les bouts des planches sont moins susceptibles de se fendre et de se briser. Les planches de pontage sont clouées à un assemblage de solives jumelles placé 1 $1/2$ po plus bas que la solive de bordure extérieure.

TERRASSE À SURPLOMB

Une bordure en surplomb est probablement le meilleur moyen de masquer des erreurs. Tracez une ligne au cordeau à tracer à 1 ou 2 po des solives extérieures et coupez avec une scie circulaire. Vous n'avez pas à vous inquiéter de la profondeur de la lame, à moins qu'il y ait des obstructions en dessous. Traitez les bordures coupées avec un enduit protecteur à bois. Portez un masque antipoussières et des lunettes de protection pour couper du bois traité sous pression.

Attaches dissimulées

Solution de remplacement aux clous ou vis en surface, les attaches pour terrasses sont particulièrement conçues pour fixer les éléments de pontage aux solives par en dessous. Ce procédé ne fait pas qu'améliorer l'apparence de la terrasse, mais élimine aussi les clous qui sautent et la pourriture qui peut se développer avec le temps dans les trous des clous et des vis. Les attaches coûtent plus cher et prennent plus de temps à installer, mais elles donnent une terrasse plus durable et une apparence plus soignée. Les attaches dissimulées sont la meilleure option si vous construisez une terrasse avec du séquoia coûteux de qualité supérieure.

Espacement des planches

MATÉRIEL : ▶ ciseau • marteau • ruban à mesurer • clou 10d ou 16d ▶ planches de pontage • clous galvanisés

1 Espacez les planches de $1/8$ po les unes des autres avec un clou 10d ou 16d.

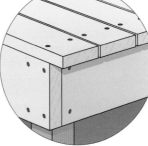

2 Utilisez un ciseau ou un levier spécial pour bien rapprocher les planches à mesure que vous clouez.

3 L'espacement devrait être égal aux deux bouts et au centre.

4 Utilisez deux clous ordinaires par planche à chaque solive pour empêcher la planche de s'incurver.

Concevoir des escaliers

Un escalier peut n'être qu'un assemblage de quelques marches ou aussi compliqué qu'une spirale à deux étages. Mais tous les escaliers et rampes sont basés sur quelques règles simples qui peuvent vous aider à calculer le nombre de marches qu'il vous faut et sur quelle distance l'escalier doit se déployer pour atteindre les paliers supérieur et inférieur.

Comme la plupart des terrasses sont assez proches du niveau du sol au départ, vous pourrez probablement vous tirer d'affaire avec un escalier simple et droit ne comportant que quelques marches. Il vous faudra peut-être mesurer à quelques reprises pour obtenir des angles parfaitement droits sur les limons, mais l'assemblage est à la portée de la plupart des bricoleurs.

Anatomie d'un escalier

Trois parties de base composent un escalier : le limon, la contremarche et la marche. Les dimensions et les relations de ces trois parties constituent ensemble un escalier caractéristique. Mais sur de nombreuses terrasses, les escaliers sont en fait des plates-formes construites sans limons sur les côtés.

La marche est la planche plate sur laquelle vous marchez. Elle est habituellement d'une profondeur minimale de 11 po à partir du bord extérieur jusqu'au point où elle rencontre la contremarche, mais elle peut être plus profonde, devenant ainsi une marche de plate-forme.

Ce ne sont pas tous les escaliers qui ont des contremarches, cette planche qui s'élève entre chaque marche. Par contre, tous les escaliers ont une hauteur de marche, qui fait référence à la hauteur entre chaque marche. La hauteur de marche doit être la même pour chaque marche, parce que les gens trébucheront s'ils font face ne serait-ce qu'à une petite variation de hauteur. En général, la hauteur de la marche, combinée avec l'épaisseur de la marche, est d'environ 6 ou 7 po, mais vous devriez vérifier cette dimension (et les exigences pour la main courante) avec le service d'urbanisme de votre localité.

Pour déterminer le nombre de marches et de contremarches de votre escalier, vous devez commencer par calculer l'élévation totale et la portée totale de l'espace occupé par l'escalier. Une fois l'élévation et la portée mesurées, vous pouvez calculer l'élévation et la portée de l'unité, et diviser l'espace en marches.

Mesurez l'élévation totale en pouces, puis divisez ce nombre par la hauteur de marche de 6 ou 7 po que vous voulez. Arrondissez ce résultat au nombre entier le plus près. Vous obtiendrez le nombre de marches. Ensuite, prenez l'élévation en pouces et divisez-la par le nombre de marches. Vous obtiendrez la hauteur exacte de la contremarche.

Conception d'un escalier

Les escaliers extérieurs ont une pente généralement moins forte que les escaliers intérieurs à cause des conditions plus dangereuses qui prévalent à l'extérieur. Des marches plus profondes et des contremarches plus basses font des escaliers extérieurs plus sécuritaires. Des tableaux de marches et de contremarches sont disponibles pour vous aider à déterminer le nombre correct de marches et l'inclinaison de votre escalier.

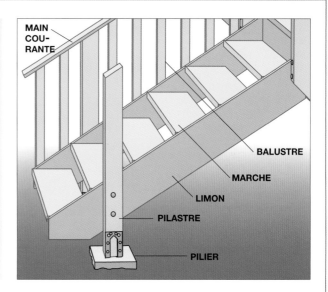

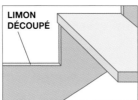

Des limons pré-coupés peuvent être achetés dans la plupart des centres de rénovation.

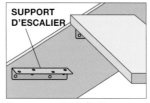

Des supports métalliques peuvent remplacer les parties coupées du limon.

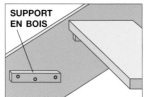

Des blocs de bois peuvent aussi supporter les marches si des supports métalliques ne sont pas disponibles.

Installer un escalier

MATÉRIEL : ▶ scie circulaire • équerre combinée • équerre de charpente • niveau à alcool • clous galvanisés ou tire-fonds de ³/4 po • boulons en J avec écrous

1 **Mesurer deux fois** et couper une fois est une règle en menuiserie, surtout dans le cas des limons d'escalier qui peuvent être difficiles à calculer.

2 **Marquez l'emplacement des limons** sur la rive ou la solive de rive. Mesurez l'élévation et la portée à partir de la terrasse jusqu'à l'endroit où s'arrêteront les limons.

Conception d'une plate-forme

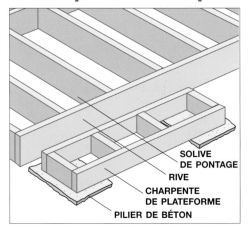

SOLIVE
DE PONTAGE

RIVE

CHARPENTE
DE PLATEFORME

PILIER DE BÉTON

Les plates-formes brisent la monotonie d'une large surface plate et fournissent des aires pour les boîtes à fleurs, les banquettes et des meubles. Elles peuvent remplacer quelques marches et donner plus de classe à la terrasse. Construire une aire de plate-forme commence par la construction de la charpente à l'endroit désigné. Utilisez les mêmes essences de bois et les mêmes dimensions de solives, planches de pontage et limons que sur votre terrasse d'origine, mais utilisez de la charpente traitée sous pression pour les piliers. Les marches devraient s'élever d'au moins 5 po et d'au maximum 7 po à partir du pontage. Avant de construire, consultez le Code du bâtiment pour connaître les charges sur les terrasses.

Conception d'une rampe d'accès

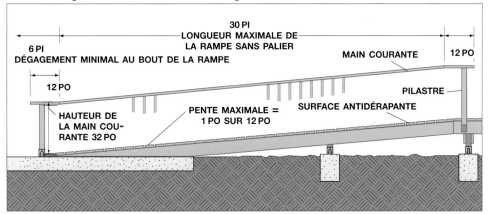

30 PI
LONGUEUR MAXIMALE DE
LA RAMPE SANS PALIER

6 PI
DÉGAGEMENT MINIMAL AU BOUT DE LA RAMPE

MAIN COURANTE

12 PO

12 PO

PILASTRE

HAUTEUR DE
LA MAIN COU-
RANTE 32 PO

PENTE MAXIMALE =
1 PO SUR 12 PO

SURFACE ANTIDÉRAPANTE

Avant de construire une rampe d'accès destinée aux personnes souffrant d'un handicap, vous devez consulter le service d'urbanisme de votre localité afin de respecter les normes établies en matière de sécurité. Les rampes sont potentiellement dangereuses, il est donc sage de les construire correctement et selon les exigences.

• perceuse/tournevis • marteau • crayon • ruban à mesurer ▶ bois 2x traité sous pression • attaches d'angle ou supports inclinés • supports d'escalier

3 *Clouez ou vissez* une attache d'angle ou un support incliné pour renforcer la connexion entre chaque limon et la solive de rive.

4 *Installez des supports d'escalier* si les limons ne sont pas découpés. Les supports devraient être légèrement plus courts que la profondeur totale des marches.

5 *Fixez les marches aux supports* avec des clous ou des vis. Prévenez le fendillement des bouts des marches en pré-perçant les trous de clouage.

Terrasses et porches

Touches de finition

Comme les terrasses sont relativement faciles à concevoir et à construire, même pour des amateurs, faites preuve de créativité lorsque vous élaborez votre projet. Les terrasses peuvent épouser des pentes, contourner les coins de bâtiments, incorporer des banquettes ou présenter des motifs intéressants sur le pontage. Elles peuvent être originales ou pratiques, exotiques ou prosaïques, mais il n'y a pas vraiment d'excuse pour qu'une terrasse soit terne.

Mains courantes courbées

Un long morceau de bois assez robuste pour servir de main courante sur une terrasse (même contre le mur de la maison) est difficile à courber. Il vaut mieux alors utiliser plusieurs sections de bois minces qui, isolément, peuvent être courbées puis laminées pour en faire une main courante robuste. Si vous utilisez plusieurs pièces de bois minces – épaisseur de seulement $1/4$ ou $3/8$ po –, chaque pièce peut être mise en forme sur place. Par exemple, vous pourriez installer la quincaillerie de main courante, courber un morceau en position, l'attacher, puis en faire un autre, et ainsi de suite.

Banquettes de terrasse

Il n'est pas difficile d'ajouter des banquettes à votre terrasse à des fins d'utilité et de confort. Pour supporter la banquette sur le garde-corps de périmètre de la terrasse sans ajouter de pattes qui en bloqueraient le bord, utilisez les poteaux de la même manière qu'ils supportent les solives du pontage – comme le cœur d'un sandwich de charpente prenant la forme d'un triangle. Un côté du triangle est le poteau existant, l'autre est le support de banquette horizontal et le troisième (l'hypoténuse) est une attache angulaire.

L'attache peut s'incliner de la banquette au poteau au bord de la terrasse, hors du chemin. En haut, l'attache est enfouie entre deux 2 x 4 horizontaux qui supportent la plate-forme de la banquette. Chaque paire de 2 x 4 peut être boulonnée autour du poteau de garde-corps de 2 x 4 à un bout et autour de l'attache principale à l'autre bout. Pour assembler chaque triangle, mettez les pièces entre des étriers, faites des ajustements mineurs au besoin, puis percez au travers pour les boulons. Si la terrasse est d'équerre et de niveau, vous devriez être capable de faire un triangle et d'utiliser les pièces comme gabarits pour en faire d'autres. Pour harmoniser les cadres des triangles avec le décor, vous pouvez recourir à des parures de finition tels des boulons à carrosserie à tête ronde, à tête perdue, et des bordures de banquette arrondies au lieu de bordures carrées qui pourraient autrement être inconfortables sous vos genoux.

Banquettes et boîtes à fleurs

Il n'y a pas de limite à ce que vous pouvez créer lorsque vous construisez une terrasse en bois. Une boîte simple peut être agrandie pour devenir une boîte à fleurs ou les garde-corps peuvent être transformés pour y incorporer des banquettes. Les changements de niveau sont aussi faciles à réaliser et créent des terrasses qui ont une allure intéressante et invitante.

Détails de terrasse

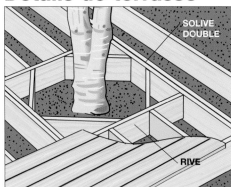
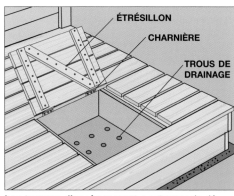

Les nids pour arbres sont construits avec des rives entre des solives doubles. Les trous pour les arbres devraient être prévus et creusés avant de poser le pontage.

Les trappes d'accès menant aux tuyaux de décharge ou à des aires d'entreposage peuvent être découpées une fois que le pontage est construit.

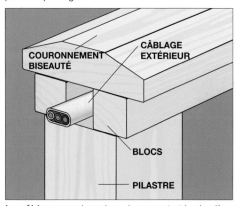
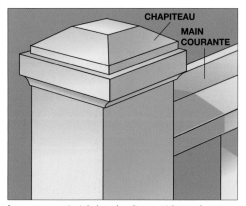

Le câblage pour les prises de courant et les lumières peut être dissimulé à l'intérieur du garde-corps. Assurez-vous que le câblage soit réglementaire.

Les ornements tels les chapiteaux et les mains courantes sophistiquées peuvent être achetés dans des menuiseries ou façonnés avec une toupie et un rabot.

Installer un garde-corps

MATÉRIEL : ▶ équerre combinée • perceuse et foret à trois pointes de 1 po • niveau • marteau • égoïne • clé à douille • ruban à mesurer • toupie (facultatif)
▶ bois de sciage • tire-fonds et rondelles

1 *Les pilastres de garde-corps* sont installés après le pontage et l'escalier. Ils sont faits habituellement avec des 4 x 4 ou des 2 x 4 (voir photo) ; les barreaux peuvent être des 2 x 2.

2 *Pour assurer un meilleur drainage* et une plus belle apparence, coupez chaque pilastre en 2 x 4 à un angle de 45 degrés sur le haut et le bas.

3 *Noyez les vis* sur les pilastres pour l'apparence. Faites des trous noyés pour les rondelles et les tire-fonds en utilisant un foret à trois pointes de 1 po.

4 *Mettez en place les pilastres et les barreaux* avec un seul tire-fond au bas ; puis utilisez un niveau pour mettre d'aplomb avant de percer le deuxième trou.

5 *Placez une rondelle* sur chaque tire-fond avant de les serrer. Une clé à douille accélère ce travail.

6 *Mesurez et marquez* pour installer chaque barreau, en vous assurant que vos lignes sont d'aplomb et d'équerre sur la rive et espacées de façon uniforme.

7 *Mettez de niveau et immobilisez la main courante,* dans ce cas un 2 x 6, sur un des pilastres installés à chaque bout du garde-corps.

8 *Utilisez un tire-fond* pour ancrer les pilastres, puis percez des avant-trous et installez les barreaux avec des vis.

9 *Pour obtenir une finition attrayante* et rendre la main courante plus facile à saisir, utilisez une toupie pour faire un chanfrein ou une bordure arrondie.

Terrasses et porches

Construction d'un porche

Contrairement aux terrasses, les porches ne sont généralement pas des projets d'envergure. Ils s'intègrent davantage dans l'architecture de la maison. Les planchers de porche sont habituellement faits d'un pontage à languette et rainure, imperméabilisés ou peints, et dressés à une faible pente pour faire écouler l'eau. Les porches ont des toits supportés par des colonnes. À part ces différences évidentes, les principes et les méthodes de construction diffèrent peu de la construction d'une terrasse.

Conception de porche

Si vous projetez d'ajouter un porche à votre maison au lieu d'une terrasse, vos plans seront probablement limités par des considérations d'esthétique extérieure. Les maisons victoriennes, par exemple, se prêtent bien à la construction d'un porche, tandis que les maisons modernes (tels les bungalows et les maisons à demi-niveaux) sont de meilleurs candidats pour les terrasses. Somme toute, il s'agit de déterminer ce qui s'harmonisera le mieux avec l'aspect de votre maison.

Si vous envisagez de construire un porche, vous devrez d'abord faire exécuter des esquisses architecturales, puis les faire approuver par un inspecteur des bâtiments.

Le toit du porche sera attaché directement à une lisse boulonnée au mur de votre maison, exactement comme au début de la construction d'une terrasse. Le plancher sera supporté par une lisse, des poteaux et des poutres, s'élevant à partir de semelles de béton. À partir de là, les techniques de construction sont identiques à celles qui s'appliquent à la construction d'une terrasse, sauf que le porche devra être

Options de conception de porche

VUE ¾

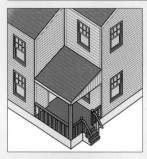

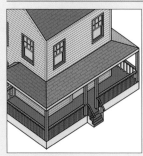

Les porches ajoutés se détachent de la maison. Pour s'y agencer, le toit de porche devrait avoir la même pente que le toit principal. Ici, le porche se démarque en ayant son propre toit à pignon avec des pentes perpendiculaires au toit principal.

Les porches qui forment des balcons encastrés ou des recoins intimes se retrouvent habituellement dans des maisons victoriennes, ainsi que dans certaines maisons modernes. Ils peuvent avoir un toit en pente ou un toit plat, qui peut être utilisé comme balcon de deuxième étage.

Les modèles à contour requièrent une expertise en charpente pour créer des bordures de toit, des garde-corps et des pontages à angle. Faire des coupes à onglet pour les chevrons des toits en croupe requiert aussi des connaissances poussées en charpente de toit.

VUE LATÉRALE

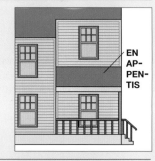

À PIGNON

EN APPENTIS

EN CROUPE

Détails de toit en appentis

Les toits en appentis sont les plus faciles à construire, se présentant comme un plancher avec un côté soulevé. Il n'y a pas de coupes en onglet compliquées et le joint entre le toit et le mur de la maison est simple. Le long du sommet du toit, là où vous devez enlever le parement pour ancrer la lisse principale et les chevrons, enlevez une rangée de plus. Lorsque viendra le temps de poser le parement, glissez un morceau de solin en dessous pour que l'eau s'écoule le long du mur, traverse le solin et s'écoule sur le toit.

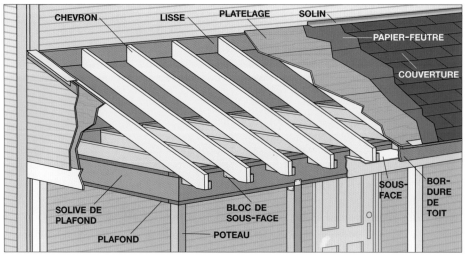

CHEVRON · LISSE · PLATELAGE · SOLIN · PAPIER-FEUTRE · COUVERTURE · SOLIVE DE PLAFOND · BLOC DE SOUS-FACE · SOUS-FACE · BORDURE DE TOIT · PLAFOND · POTEAU

Conception de porche

couvert par un toit. La plupart des toits de porche sont construits dans la même inclinaison que le toit de la maison ; une inclinaison différente donnerait l'impression que le porche ne fait pas partie de la maison.

Construction d'un porche

La construction d'un toit se déroule en étapes lors desquelles des outils et des matériaux spéciaux seront utilisés. (Voir « Couverture », pages 408-433.) Le solinage, le papier-feutre, les bardeaux, les clous de couverture et les gouttières font tous partie de la structure d'un toit. Même un petit toit peut nécessiter beaucoup de planification et de travail minutieux avant d'être complété.

Avant que le toit soit construit, les colonnes de support sont érigées et fixées en place. Ces poteaux sont habituellement des 4 x 4, qui peuvent être recouverts de planches pour une colonne carrée ou de sections préfabriquées pour une colonne cylindrique. Le type de colonne devrait refléter le style d'ensemble de votre maison.

Une fois que les poutres ont été mises en place sur les poteaux, une lisse est attachée à la maison. À partir de la lisse, les chevrons du toit sont vissés dans des étriers de solive et installés sur les poutres qui relient les poteaux entre eux. Les chevrons du toit devraient être coupés dans le même angle que le toit de votre maison. Soyez conscient que ce travail requiert l'expérience de l'utilisation d'une équerre de charpente, du levage de poids lourds, du travail dans une échelle et qu'il faudra quelqu'un pour vous aider. La construction d'un porche complet avec un toit prendra plusieurs semaines ; le toit en particulier est un travail que vous préférerez peut-être confier au savoir-faire d'un menuisier expérimenté.

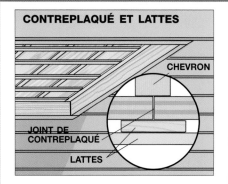

Plafonds de toit de porche

CONTREPLAQUÉ ET LATTES

CHEVRON
JOINT DE CONTREPLAQUÉ
LATTES

LANGUETTE ET RAINURE

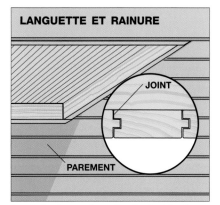

JOINT
PAREMENT

Les toits de porche présentent habituellement un dessous ornemental. Employez la technique de construction à tasseaux pour installer des panneaux texturés traditionnels, ou des planches à languette et rainure.

Détails de toit en croupe

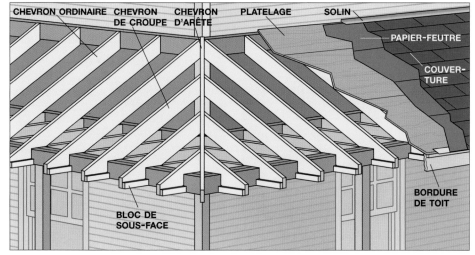

CHEVRON ORDINAIRE — CHEVRON DE CROUPE — CHEVRON D'ARÊTE — PLATELAGE — SOLIN — PAPIER-FEUTRE — COUVERTURE — BORDURE DE TOIT — BLOC DE SOUS-FACE

Les toits de porche à contour sont un complément traditionnel et esthétique à de nombreuses maisons, mais ils sont compliqués à concevoir, à tailler et à installer. Envisagez l'embauche d'un architecte et d'un menuisier professionnel pour effectuer le travail. Les toits de ce type sont en général des constructions en croupe, ce qui requiert des chevrons concourants de longueurs séquentielles coupés à des angles combinés ou en onglet. Il faut une bonne compétence pour suivre le plan et couper les chevrons correctement, mais les toits de ce genre sont souvent des ornements inégalés.

Terrasses et porches/Conception de porche **515**

Terrasses et porches

Finition du porche

Les ornements les plus importants de la conception d'un porche sont les colonnes de support, les mains courantes et les barreaux. La plupart des centres de rénovation ne gardent pas en stock une sélection très variée de ce type de pièces de menuiserie ; pour avoir une bonne idée de ce qui est offert, consultez des catalogues de menuiserie dans un atelier de menuiserie. Vous devriez être en mesure de trouver des colonnes sur mesure et une bonne variété de mains courantes et de barreaux, mais vous devrez vous procurer ces articles en commande spéciale, et il y aura peut-être un travail d'assemblage à faire. Lorsque vous commandez, ayez en main les mesures exactes de votre porche. Si vous désirez installer un garde-corps sur un escalier, mesurez les points de clouage exacts sur les poteaux et ajoutez quelques pouces sur la main courante lors de la commande pour vous allouer une longueur de découpe supplémentaire.

Les ornements qu'on appelle parfois « pain d'épice » peuvent donner à un porche une apparence invitante et chaleureuse. On les installe comme les moulures ordinaires, avec des clous de finition. L'é-bénisterie en pain d'épice est plus attrayant sur les maisons de style victorien. C'est peut-être un projet d'ébénisterie amusant, mais seulement si vous avez les bons outils (au moins une scie sauteuse, une perceuse et des limes à bois).

Il y a plusieurs manières de rendre un porche invitant, douillet et habitable. Les plantes jouent un rôle majeur dans la conception d'un porche ; des roses sur des treillis sont un des choix les plus populaires. Les treillis ajoutent de l'intimité et de la beauté et peuvent être facilement installés contre les colonnes du porche.

Ornements de moulure

Les solives exposées peuvent être décorées avec des treillages ou des socles de lambris, qui camoufleront l'apparence brute du bois sans ornement.

Des chapiteaux de colonne tournés ou sculptés sont offerts prêts à installer. Vous pouvez leur donner une finition assortie ou contrastante avec le garde-corps.

Certains ornements de construction sont suffisamment décoratifs pour qu'on les laisse exposés, telles ces solives d'appui découpées et teintes.

Des éléments chantournés et des ornements sophistiqués sont souvent aperçus sur des maisons de style victorien originales ou d'imitation.

Installer une rampe

MATÉRIEL : ▶ perceuse/tournevis • marteau • clé à douille • serre-joints en C ▶ fourrures pour le bas et le haut • filet inférieur et rampe supérieure • barreaux • clous ou vis à bois galvanisés

1 *Une méthode facile pour placer les barreaux* consiste à installer des fourrures intermédiaires en haut et en bas, qui seront dissimulées par la rampe finie.

2 *Attachez l'assemblage de barreaux* à la rampe avec des vis à bois galvanisées pour qu'aucun clou ou vis ne soit visible.

3 *Fixez la rampe aux pilastres* par des vis à bois. Pour prévenir le fendillement du grain au bout, pré-percez des avant-trous dans la rampe.

Descentes pluviales

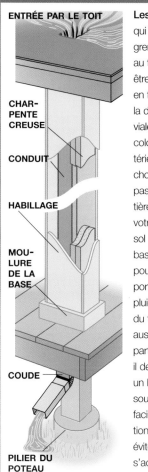

ENTRÉE PAR LE TOIT

CHARPENTE CREUSE

CONDUIT

HABILLAGE

MOULURE DE LA BASE

COUDE

PILIER DU POTEAU

Les gouttières, qui doivent s'intégrer au porche et au toit, peuvent être dissimulées en faisant passer la descente pluviale derrière la colonne ou à l'intérieur. Si vous choisissez de ne pas avoir de gouttière sur le toit de votre porche, le sol autour de la base du porche pourrait être emporté par de fortes pluies. La pente du terrain devrait aussi s'incliner à partir du mur, et il devrait y avoir un lit de gravier sous le sol pour faciliter l'évacuation de l'eau et éviter qu'elle ne s'accumule.

• pilastres • chapiteaux de poteau

🔲 *Après avoir agrandi les trous de vissage par alésage dans la rampe et le filet, utilisez une clé à rochet à longue douille pour les fixer.*

Colonnes

CREUSE
Les colonnes creuses sont faites en recouvrant les poteaux de planches de 1 x 6 ou 1 x 8. Utilisez des clous de finition galvanisés de 1 ½ po, puis aplanissez les joints en les ponçant à la bande abrasive. Remplissez toute fente avec du mastic à bois, puis finissez en ponçant.

CYLINDRIQUE
Fabriquées à partir de couches de bois tournées, les colonnes cylindriques solides peuvent soutenir des charges substantielles. C'est une bon substitut des 4 x 4, puisque aucun travail de menuiserie n'est requis pour en modifier l'apparence.

PRÉFABRIQUÉE
Ces colonnes ont l'allure de colonnes cylindriques avec une âme en 4 x 4. Cette option peut être moins coûteuse qu'une colonne cylindrique massive, mais requiert un peu de savoir-faire en menuiserie pour faire un assemblage sur des poteaux de 4 x 4.

CHAPITEAUX

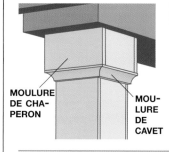 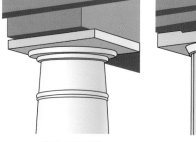 

MOULURE DE CHAPERON — MOULURE DE CAVET

COLONNES

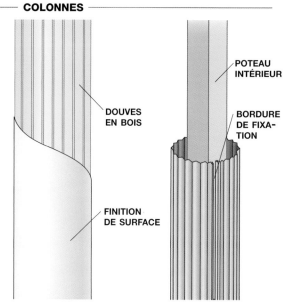

HABILLAGE — BOIS 4 x 4 — DOUVES EN BOIS — FINITION DE SURFACE — POTEAU INTÉRIEUR — BORDURE DE FIXATION

EMBASES

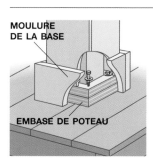 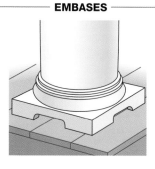 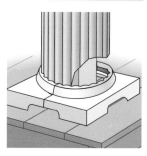

MOULURE DE LA BASE — EMBASE DE POTEAU

Terrasses et porches

Traitement de surface

Quelques-uns des problèmes les plus courants sur les pontages ne sont pas liés au type de bois utilisé, par exemple la moisissure et les taches. Toutefois, le problème à long terme plus inhabituel et plus sérieux est la pourriture du bois, et c'est le bois traité sous pression qui lui résiste le mieux.

Le bois non traité sous pression offre également une bonne résistance à la pourriture si vous le scellez et que vous renouvelez l'enduit périodiquement. Le bois sur une surface de pontage qui n'est pas traité sous pression ni scellé peut aussi survivre sans pourriture pendant des années, peut-être même pendant une décennie ou plus, pourvu que le pontage soit bien ventilé et soit exposé à la lumière solaire. Sous la surface toutefois, là où poutres et solives peuvent être près du sol et où le pontage fait écran, empêchant l'air et la lumière du soleil de pénétrer (ce sont des inhibiteurs naturels de moisissure et de pourriture), le bois brut a besoin de protection.

Comme le bois traité sous pression est plus cher que le bois non traité, un compromis raisonnable pourrait consister à assurer une protection supplémentaire sur les poutres et les solives de plancher – les pièces qui seraient les plus difficiles à remplacer si elles pourrissaient – et à choisir un bois moins cher et plus attrayant pour la surface.

La couleur est une autre question à régler. Le ton verdâtre causé par le traitement sous pression n'a rien des teintes élégantes du séquoia, du cèdre ou même du sapin de qualité construction. Mais l'utilisation de pontage traité sous pression n'élimine pas la sempiternelle corvée de scellage du pontage toutes les deux années. C'est une protection supplémentaire en raison de l'usure inégale sur le pontage, car le scellant de surface peut disparaître des voies de passage bien avant que le reste de la terrasse n'ait besoin d'être scellé de nouveau.

Les scellants de surface, même les meilleurs, sont minces comme la peau, tandis que le bois traité sous pression contient des produits chimiques préservant le bois qui ont été injectés profondément dans le grain de bois. Et si la couleur verte est sans attrait, vous pouvez appliquer une teinture grisâtre semi-transparente qui simule l'apparence altérée par les intempéries que le bois traité sous pression affiche après quelques saisons d'exposition aux éléments.

Teintures opaques

Si vous voulez camoufler complètement la couleur naturelle du bois de votre terrasse ou préférez une teinte audacieuse plutôt que subtile, vous pouvez utiliser une teinture pénétrante qui agit davantage comme de la peinture. La seule vraie différence entre les teintures opaques et les peintures est la quantité relative de résine, ou de matière solide, suspendue dans leur base liquide. Ces matières solides durcissent pour créer une pellicule opaque en surface. Les teintures de couleur opaque sont toutefois plus appropriées pour le parement que pour les terrasses, car elles s'usent rapidement sous la circulation des pieds. Il existe aussi des peintures offertes comme enduit de finition de porche et de terrasse, mais celles-ci conviennent surtout aux porches couverts bien drainés. Sur un pontage exposé aux intempéries, ces produits forment une pellicule qui peut causer des problèmes lorsque l'eau se glisse sous la pellicule et y reste coincée. Il peut en résulter de la pourriture, des déformations et du fendillement.

Les teintures pénétrantes

Les teintures semi-transparentes contiennent de plus petites quantités de pigments que les teintures opaques, et elles ne masquent pas complètement le grain naturel du bois. Bien qu'elles pénètrent la surface du bois pour empêcher l'humidité de s'y infiltrer, elles peuvent apparaître à la surface luisantes ou mates, selon la formule du scellant. Les enduits translucides aussi pénètrent et scellent, mais ils ne confèrent que peu de couleur au bois.

Les scellants de terrasse contiennent des huiles, des résines ou des additifs de cire qui les imperméabilisent. Vous pouvez vous assurer que ces produits sont toujours efficaces lorsque l'eau de pluie perle sur le pontage comme sur une voiture fraîchement cirée, au lieu d'être absorbée par le bois. Par contre, cet effet ne dure pas, surtout si le pontage est usé ou s'il pleut beaucoup dans votre région. Toutefois, il est beaucoup plus facile de renouveler

Options de finition

◆ **Semi-transparente**
Ces teintures permettront au grain de transparaître et dissimuleront le gris. Les teintures semi-transparentes sont offertes dans de nombreuses couleurs et ont une durée de vie qui va jusqu'à trois ans. Elles sont vendues en solutions à base d'eau ou à base d'huile.

◆ **Opaque**
Les teintures opaques couvrent le grain de bois complètement. Elles sont un bon choix sur le bois qui est devenu gris, qui a commencé à fendre et qui montre des signes d'usure. Les teintures extérieures de qualité peuvent ajouter quelques années à la durée de vie d'une terrasse.

◆ **Peinture**
Les pigments dans la peinture sont plus lourds que dans les teintures, et la puissance pénétrante d'une peinture lourde peut ne pas être aussi efficace que celle d'une teinture. Sur les terrasses, utilisez une peinture à terrasse à base d'époxy ou d'huile.

◆ **Solvants**
Les solvants pour enduits sont à base d'eau (vinyle acrylique, latex, époxy), à base d'huile ou à base d'alcool. Utilisez des diluants pour solvant qui sont indiqués sur l'étiquette de votre contenant. Évitez d'utiliser des vieilles peintures ou teintures.

◆ **Latex translucide**
Un solvant basique pour une variété d'enduits, incluant les apprêts, les peintures et les teintures. Facile à nettoyer et sans vapeurs toxiques, il a cependant une durabilité limitée sur le bois sans finition. Appliquez-le par-dessus un apprêt à base d'huile.

un scellant que d'appliquer une nouvelle couche de peinture, car vous devez décaper ou poncer avant de commencer à repeindre. Une surface scellée n'aura besoin que d'être lavée sous pression avant que vous appliquiez une nouvelle couche de scellant.

Les enduits translucides autant que les produits semi-transparents peuvent aussi contenir des inhibiteurs d'ultraviolets (UV), qui peuvent bloquer ou ralentir l'effet détériorant de la lumière du soleil vive sur le bois. Tout comme les scellants hydrofuges, ces produits peuvent résister éternellement à la lumière solaire mais doivent être réappliqués fréquemment, aussi souvent que chaque année dans des situations extrêmes.

Réfection des finitions et des teintures

Aucune finition n'est à l'épreuve des éléments, même plusieurs couches de scellant sur du bois traité sous pression. Tôt ou tard, l'exposition aux rayons ultraviolets du soleil peut causer la décoloration, et l'exposition à l'eau des voies usées par les pieds peut causer de la pourriture et d'autres problèmes. Avant que la détérioration en surface cause plus de dommages (et pour améliorer l'apparence), donnez au pontage une nouvelle couche de protection. Commencez par nettoyer la surface de la même manière que vous nettoyez les murs intérieurs avant de les repeindre. Cette opération améliorera l'adhérence

et la durabilité du nouvel enduit. Vous pourriez aussi découvrir qu'un bon frottage avec une solution d'eau de Javel et d'eau (jusqu'à moitié-moitié) enlève si bien la moisissure et corrige d'autres décolorations que le nouveau pontage a l'air presque neuf.

Vous pouvez donner plus de couleur au vieux bois avec une teinture opaque ou utiliser une teinture semi-transparente qui ajoute un peu de couleur sans complètement camoufler le motif du grain. Si vous utilisez un scellant translucide, choisissez-en un avec un inhibiteur d'ultraviolets pour retarder la décoloration.

Rafraîchir une terrasse

MATÉRIEL : ▶ rabot/ponceuse à courroie • laveuse à pression • marteau • bloc de ponçage • râteau en acier • brosse à soies rigides
▶ agent de blanchiment • vis galvanisées • teinture • scellant à bois

1 *Passez le dos d'un râteau* en travers de la surface des planches pour trouver les têtes de clou qui dépassent. Donnez un coup de marteau sur les têtes de clou pour les renfoncer.

2 *Remplacez les clous sautés par des vis* pour assurer une meilleure puissance de fixation. Utilisez des vis galvanisées de $1/2$ po plus longs que les clous.

3 *Réduisez les bords relevés* avec soit un rabot soit une ponceuse à courroie. Rabotez ou poncez doucement pour éviter de creuser et de fendre.

4 *Blanchissez le bois gris ou sale* avec une solution de 1 tasse d'eau de Javel par gallon d'eau. Utilisez une brosse à laver à soies rigides.

5 *Lavez le pontage à la laveuse à pression,* mais soyez vigilant pour éviter d'endommager le bois mou.

6 *Quand le pontage est propre,* appliquez de la teinture ou un enduit de protection à bois. Assurez-vous que le pontage soit sec avant d'appliquer le scellant.

Terrasses et porches

Réparation des vieilles terrasses

Les terrasses ne sont jamais aussi belles que le jour où elles ont été achevées. Après, tout va en se détériorant. Le séquoia et le cèdre perdent leur couleur rosée, les planches plates commencent à gauchir et les surfaces lisses à devenir rugueuses ou à pourrir sous l'effet des éléments. Même si vous avez périodiquement appliqué un scellant, le temps d'un ravalement est peut-être arrivé.

Nettoyage des vieilles terrasses

L'amélioration la plus facile consiste à frotter la terrasse avec une solution d'eau de Javel et d'eau. Faites un test sur une section décolorée avec des solutions plus faibles et plus fortes (jusqu'à moitié eau de Javel et moitié eau), en laissant sécher pour voir le résultat avant de faire toute la surface. Plus vous appliquez de force sur une brosse à laver, meilleur sera le résultat, même sur les terrasses couvertes de taches de moisissure tenaces.

Si vous prévoyez refaire la finition de la terrasse, vous pouvez utiliser un agent de blanchiment commercial pour terrasses. La plupart de ces produits contiennent une solution chimique caustique qui enlève la saleté et une couche microscopique du bois, ce qui révèle une surface nouvelle plus pâle. Protégez bien les murs, les meubles et les arbustes environnants avec des feuilles de plastique, et portez des vêtements de protection.

Vous pouvez louer une laveuse à pression pour appliquer des solutions nettoyantes, mais réglez-la à faible puissance pour éviter d'endommager le bois. Et juste pour être sûr, essayez-la d'abord sur une surface peu visible.

Améliorer le drainage

ENLEVER LES DÉBRIS

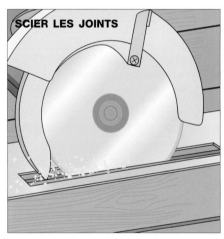

SCIER LES JOINTS

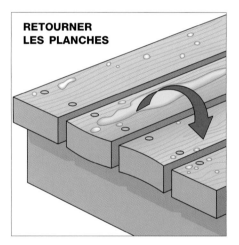

RETOURNER LES PLANCHES

Un bon espacement entre les planches de pontage est la meilleure méthode de drainage. Si la terrasse a été bouchée par des débris, nettoyez-les entre les planches avec un grattoir à peinture de 1 po ou utilisez une scie circulaire pour faire des coupes plus larges entre elles. Si des planches arquées collectent l'eau, retournez-les simplement et reclouez-les. Si votre terrasse s'est enfoncée au fil des ans, posez des cales sous les poteaux.

Refaire une bordure de vieille terrasse

MATÉRIEL : ▶ rabot à main ou ponceuse à courroie • scie circulaire • marteau • cordeau à tracer • ruban à mesurer ▶ bordure de terrasse traitée sous pression

1 *Pour refaire la bordure d'une vieille terrasse* et fournir un bon support à la bordure, mesurez le surplomb à l'extérieur des solives.

2 *Tracez une ligne* pour guider votre coupe. Incluez la plus grande partie de l'endroit endommagé, mais assurez-vous que la ligne ne soit pas à l'intérieur de la solive de support.

3 *N'utilisez pas de guide longitudinal* qui se déplacerait de façon irrégulière le long du bord de la terrasse. Suivez la ligne de craie, en coupant à main levée.

Réparation des planches

Quand la surface de la terrasse est propre, vous pouvez découvrir quelques planches irréparables, à cause de la pourriture, du fendillement, de cicatrices profondes ou de taches que vous ne pouvez enlever en nettoyant ou en ponçant. Tirez les clous et remplacez ces planches par du bon bois. Pour réduire la différence d'apparence, choisissez quelques planches usées dans la pile à la cour à bois et lavez-les avec la solution d'eau de Javel deux ou trois fois pour les aider à s'harmoniser avec la couleur des autres.

Si vous n'avez pas trouvé de têtes de clou qui dépassent en lavant le pontage, regardez de nouveau maintenant. Une méthode facile consiste à glisser un râteau ou une pelle à neige sur la surface jusqu'à ce que vous entendiez un tintement ou que vous sentiez une résistance. Si le clou est à peine au-dessus de la surface de bois, donnez-lui simplement un coup de marteau. Mais s'il est lâche, tirez-le et enfoncez un clou plus long, ou mieux, une vis à pontage, qui mordra plus profondément dans le bois pour tenir la planche en place.

Certaines planches de finition peuvent avoir enflé ou travaillé contre leurs clous pour fermer l'espace de joint, ce qui empêche le drainage de surface et retient les petits débris et le feuillage. Vous pouvez déboucher ces joints en séparant les planches avec un couteau, sinon prenez le temps de tirer les clous et d'enlever les planches. Mais vous pouvez aller plus vite en passant une lame de scie le long du joint avec une scie circulaire. Ajustez bien la profondeur de coupe pour égaler l'épaisseur de votre pontage. Puis coupez lentement et prudemment pour éviter de coincer la lame dans les fentes étroites.

Levage par vérin

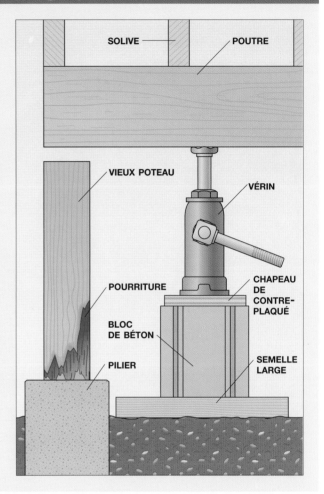

Vous pouvez effectuer des réparations de charpente sur les poteaux de support si vous levez les poutres de support principales. Placez le vérin sur le dessus d'un bloc de béton avec un chapeau de contreplaqué posé directement sous la poutre. Actionnez le vérin lentement jusqu'à ce que la poutre commence à lever. Enlevez le vieux poteau en le coupant avec une scie circulaire, puis en faisant s'écrouler la section inférieure d'un coup de marteau. Enlevez la section supérieure du poteau avec un levier ou une clé, puis remplacez le poteau avec un 4 x 4 neuf. Avant de remplacer, trempez les bouts du 4 x 4 dans un enduit de protection à bois. (Les produits chimiques utilisés lors du traitement sous pression du bois ne pénètrent pas toujours jusqu'à l'âme du bois épais.) Après que les poteaux ont été remplacés et fixés, abaissez le vérin. Les poteaux devraient tenir droit sur les piliers.

de 2 x 2 ou 2 x 4 • pinceau de 2 po • scellant • teinture • enduit de protection pour bois

4 **Scellez les bouts coupés** avec un enduit de protection pour bois. Les bouts à sciage brut peuvent absorber beaucoup d'humidité, souvent en détériorant les bouts d'abord.

5 **Placez un 2 x 2** le long des bouts coupés ou un 2 x 4 pour créer une bordure proprement dite. Enfoncez au moins un clou dans chaque planche de pontage ou utilisez des vis galvanisées.

6 **Utilisez un rabot à main ou une ponceuse à courroie** pour habiller les joints entre la nouvelle bordure et le pontage, puis scellez les joints ou teignez pour marier à l'ensemble.

26
Allées,
patios et
entrées d'auto

Allées, patios et entrées d'auto

Principes de base

Des allées, des patios et des entrées bien conçus contribuent à unifier l'espace extérieur et intérieur de votre propriété en plus de vous faire profiter de nouveaux espaces extérieurs. L'emplacement de votre propriété est unique en soi et présente des difficultés et des possibilités qui lui sont particulières. Les règles générales suivantes peuvent toutefois vous aider à élaborer vos projets plus précisément.

La première étape consiste à identifier les points de vue et les caractéristiques naturelles de votre emplacement tels arbres, rochers et cours d'eau. Établissez ensuite le plan de votre nouvelle allée ou de votre entrée pour mettre ces caractéristiques en évidence. Ce stade, vous devez décider si vous voulez obtenir un aspect ordonné ou plus fantaisiste. Habituellement, une disposition symétrique tend à donner une apparence plus ordonnée, tandis que des lignes asymétriques donneront plutôt une impression plus improvisée. Ne vous gênez surtout pas pour combiner différentes dispositions dans votre projet. Vous pouvez par exemple associer un concept de patio traditionnel à un ensemble d'allées et de plates-bandes curvilignes.

Au moment de dessiner votre plan, vous pouvez essayer d'harmoniser votre décor paysager en retenant des éléments qui ont certaines caractéristiques communes. Il peut s'agir de taille, de forme, de couleurs, de matériaux, de texture ou d'autres détails apparentés, qui vous permettront d'obtenir une certaine cohésion. Et avec un peu de variété, vous éviterez de vous retrouver avec un aménagement terne et uniforme. Vous développerez ainsi des points d'intérêt et pourrez attirer l'attention sur un point particulier de l'ensemble.

Rappelez-vous qu'une trop grande variété peut s'avérer pire qu'une trop grande uniformité, produisant un ensemble confus et chaotique.

Pentes

Rien ne vous empêche d'aménager des allées et des entrées faits de matériaux choisis sur un terrain en pente. Mais s'il s'agit d'un patio, vous devrez l'asseoir sur un terrain plat. Si votre site est en pente, vous devrez faire du terrassement en coupant certaines sections de pente et utiliser la terre pour faire du remplissage autour (voir « Terrassement », aux pages 564-565). Le terrassement offre plusieurs avantages : il permet de créer une zone tampon plane assurant un bon drainage le long des fondations de la maison ; il offre également des zones où l'aménagement paysager sera facile à entretenir ; il permet en outre d'utiliser des matériaux qui ne conviendraient pas sur un terrain en pente. On se sert habituellement de pierres ou de traverses de chemin de fer pour construire le mur de soutien qui bordera l'emplacement.

Sols

Les sols grossiers composés de pierre concassée et de sable supportent plus de poids et favorisent un meilleur drainage que les sols plus fins composés d'argile et de limon. Les sols fins et le terreau (habituellement les premiers 6 à 12 po) sont relativement instables ; creusez jusqu'à la profondeur désirée et remplacez par un sol plus grossier.

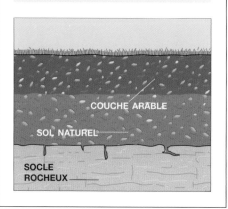

COUCHE ARABLE

SOL NATUREL

SOCLE ROCHEUX

Pentes

Zone	Pente recommandée		
	Maximum	Minimum	
Patio	2 %	1 %	
Allée	5 %	0.5 %	
Terrain	4 %	0.5 %	
Talus	25 %*	—	

Une inclinaison de 50 % est acceptable lorsqu'il s'agit d'un talus gazonné dont la surface n'a pas été tondue.

Pour déterminer la dénivellation d'une section de votre terrain, divisez la distance verticale (montée) par la distance horizontale (course). Une pente qui descend de 2 pi sur une distance de 25 pi a une inclinaison de 8 %. Si vous ne disposez pas d'instruments d'arpentage, vous pouvez mesurer la montée et la course à l'aide d'une règle graduée, de la ficelle et un niveau. La ficelle sert à mesurer la dénivellation (si maintenu de niveau) et son point de rencontre avec la règle graduée vous indique l'inclinaison. Une pente légère permet le drainage des patios et des allées, mais une pente trop prononcée peut occasionner des problèmes d'érosion.

Jardin de façade

La façade d'une maison sert habituellement de point central de sa conception. Les allées avant permettent une approche en ligne droite ou suivant une courbe peu prononcée, mais ne forment jamais de circuit. Les vérandas surélevées et les patios adjacents à la maison permettent de donner une impression de sécurité au fur et à mesure que vous approchez. Les plans les mieux réussis donnent l'impression d'une enceinte, même à l'extérieur.

Une allée d'entrée courbée *ajoute du caractère et de l'intimité à une demeure.*

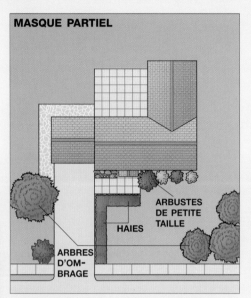

MASQUE PARTIEL

ARBUSTES DE PETITE TAILLE

HAIES

ARBRES D'OMBRAGE

Un masque partiel – ici, une combinaison d'arbres en arrière-plan et de haies basses le long du chemin d'accès à la maison – permet de réduire le niveau de bruit en provenance de la rue et assure une plus grande intimité.

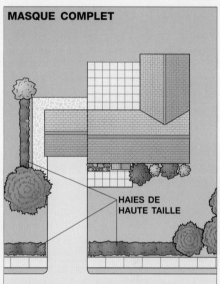

MASQUE COMPLET

HAIES DE HAUTE TAILLE

En déplaçant les composants de votre aménagement paysager, vous pouvez soustraire votre maison à la vue des passants et créer un jardin avant plus fermé et intime.

Jardin latéral et cour arrière

Vous pouvez également préserver l'intimité de vos patios, terrasses et allées grâce à un aménagement paysager qui créera des espaces extérieurs distinctifs. Dans la plupart des plans d'aménagement traditionnels, les arbustes sont placés près de la maison, mais on a tendance de nos jours à utiliser des talus afin de maximiser l'espace extérieur utile.

Un bon aménagement *permet de masquer la maison et en même temps de jouir d'un espace aéré et bien éclairé.*

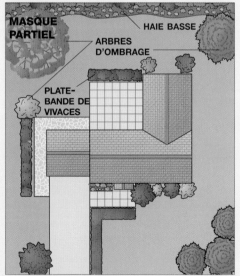

MASQUE PARTIEL

HAIE BASSE

ARBRES D'OMBRAGE

PLATE-BANDE DE VIVACES

Pour masquer partiellement l'habitation, plantez des haies basses et construisez un mur limitrophe peu élevé. Les arbustes appuyés directement sur une construction peuvent favoriser l'humidité et la moisissure.

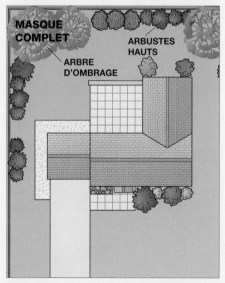

MASQUE COMPLET

ARBUSTES HAUTS

ARBRE D'OMBRAGE

Pour isoler vraiment un terrain et créer un maximum d'intimité, utilisez des palissades de grande taille (les limites de hauteur sont généralement réglementées) et des rangées d'arbres à croissance rapide.

Allées, patios et entrées d'auto

Conception d'une allée

Les allées doivent être planifiées afin de bien s'intégrer aux autres éléments du terrain tels clôtures, portes, et patios. Ils doivent mesurer au moins 2 pi de largeur, ce qui permet d'y marcher seul confortablement. Les promenades de jardin devraient avoir 3 pi de largeur afin d'y passer aisément avec une brouette ; une allée de 4 pi permet à deux personnes de marcher côte à côte. Une allée vers la maison devrait avoir une largeur de 5 pi afin de permettre l'accès en fauteuil roulant.

Les allées sont considérées comme dures ou molles selon les matériaux utilisés. Les allées à surface dure sont faites de briques, de pierres ou de béton, tandis que celles à surface molle utilisent des agrégats lâches ou des copeaux de bois. La méthode la plus facile consiste à étendre de la pierre concassée ou des copeaux de bois sur un sol délimité par une bordure de plastique ou des traverses de bois. L'aménagement d'allées à surface dure s'avère plus compliqué car il requiert la construction de fondations. Une allée faite de séquoia résistant à la pourriture ou de cèdre ajoute à la beauté de l'aménagement. Le pin, traité spécialement pour être appliqué directement sur le sol, n'a pas aussi belle apparence mais il coûte considérablement moins cher. (Voir p. 90-91.)

Sécurité

Il est essentiel que les gens puissent marcher dans les allées en toute sécurité. Certaines caractéristiques contribuent à la sécurité des allées, entre autres une surface texturée telle la finition brossée du béton, un éclairage à certains points importants comme les marches ou les paliers. Une pente légère favorise le drainage et permet d'éviter les flaques, lesquelles peuvent geler en hiver.

Créer des courbes

MATÉRIEL : ▶ foret • tuyau d'arrosage • scie à main • marteau • niveau de 4 pi • perceuse/tournevis électrique

1 Délimitez la courbe à l'aide du tuyau d'arrosage ou à l'aide de piquets et de corde. Enlevez la terre afin de créer suffisamment de place pour la forme.

2 Fabriquez des piquets à l'aide de morceaux de 2 x 4 de 1 pi épointés à une extrémité. Posez le premier piquet au début de la courbe.

Renforcement d'allées de béton

Renforcez les allées de béton à l'aide d'un grillage métallique (appelé aussi treillis soudé) afin de prévenir les fissures et les mouvements de la structure. Aplanissez le grillage métallique en marchant dessus pour ensuite le couper à la taille désirée à l'aide de cisailles ou d'un coupe-boulon. Si vous avez besoin d'utiliser plus d'une pièce, faites en sorte que les extrémités se chevauchent sur au moins 6 po et attachez les sections à l'aide de fil de fer. Surélevez le grillage métallique sur des supports de métal appelées « chaises » de manière à ce qu'il se retrouve au milieu de la dalle lorsque vous coulerez le ciment.

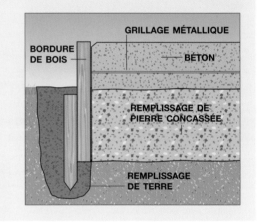

GRILLAGE MÉTALLIQUE
BÉTON
BORDURE DE BOIS
REMPLISSAGE DE PIERRE CONCASSÉE
REMPLISSAGE DE TERRE

Structure d'une allée

MATÉRIEL : ▶ niveau de 4 pi • cordeau • brouette • sarcloir • règle à araser • truelle à maçonnerie ou palette de magnésium • bêche • gants de travail ▶ colombage de

1 Après avoir déterminé la structure et avant de verser le ciment, vérifiez si l'ensemble est de niveau. Il est sage de prévoir une légère dénivellation vers le bas par rapport à la maison afin de favoriser le drainage.

2 Versez le ciment par l'avant de la brouette afin de mieux maintenir l'équilibre, en quantités suffisamment petites pour vous permettre d'assurer le contrôle de l'opération et de travailler en toute quiétude.

3 Nivelez la surface au fur et à mesure en faisant glisser la règle à araser dans un mouvement de scie sur la structure.

▶ colombage de 2 x 4 usagé • panneau dur de ⅛ po • vis à terrasses • clous

3 *Utilisez un niveau suffisamment long* pour enjamber la largeur totale de l'allée, ce qui permettra de poser les piquets à hauteur égale tout au long de la courbe.

4 *Fixez le panneau dur de ⅛ de po* à l'intérieur des coins de la forme de manière à créer une courbe. Vissez les vis pour terrasses de 3 po à chaque coin.

5 *Renforcez la courbe* afin que la forme puisse résister à la force du béton en enfonçant des piquets d'appui à l'extérieur de la forme à tous les quelques pieds.

Finition du béton

Pour rendre votre allée antidérapante, passez un balai sur la surface du béton en appliquant une pression plus ou moins forte selon la texture désirée. Utilisez le balai après avoir lissé la surface avec la truelle mais avant que le béton durcisse. Pour obtenir un fini rugueux, incorporez des agrégats (pierres de couleur ou concassées) au mélange de béton avant qu'il durcisse. Vous pouvez également ajouter de la couleur au béton ou épandre de l'halite sur la surface, ce qui donnera une texture intéressante composée de petits trous.

---

2 x 4 pour les bordures • béton • pierre concassée • barre d'armature ou grillage métallique (au choix)

4 *Si vous ne pouvez pas vous servir de la structure* pour niveler la surface, incorporez des tuyaux dans le mélange de ciment et utilisez-les comme guide de niveau.

5 *Quand vous aurez retiré les tuyaux,* veillez à remplir la dépression avec du ciment. Frappez sur la structure à l'aide d'un marteau pour que le mélange se dépose uniformément.

6 *Lissez les lignes d'arasage* et l'entière surface à l'aide d'une truelle ou d'une palette, en décrivant de grands arcs tout en maintenant la partie avant légèrement surélevée.

Allées, patios et entrées d'auto

Nivellement et drainage

Les conditions de sol et de terrain, les besoins de drainage de même que les matériaux choisis pour la construction de l'allée sont des facteurs déterminants au stade de la préparation. Dans presque tous les cas, les projets d'allée nécessiteront des travaux d'excavation afin de disposer d'une surface de niveau et d'une fondation stable qui supportera les matériaux de pavage. C'est particulièrement important s'il s'agit de béton. Si le béton coulé ou les pavés de béton ne reposent pas sur une fondation solide, bien compactée et bien drainée, vous constaterez probablement sous peu l'apparition de bosses ou de fissures ou noterez des signes d'affaissement.

Une base composée de 4 po de pierre concassée ou de gravillons sur laquelle on applique une couche de 2 po de sable de construction devrait suffire. Les sols dont le drainage est inadéquat – ou sujets au soulèvement par le gel, au tassement ou à l'érosion – peuvent nécessiter une base de 6 à 8 po de pierre ou de roche concassée.

Systèmes de drainage

Il existe deux méthodes principales pour assurer le drainage des sols détrempés : construire un système de drainage en surface ou installer un système souterrain composé de drains de secteur, de bassins de retenue, de tranchées de drainage, d'un puits sec ou de tuiles de drainage. Dans les sols humides, vous devriez enterrer un tuyau perforé au sein d'une base de pierre concassée. Toutefois, en raison des coûts et de la somme de travail que cela implique, c'est une solution de dernier recours.

Les systèmes de drainage de surface comprennent des fosses de drainage peu profondes appelées « baissières » et des talus servant à diriger l'excédent d'eau appelés « bermes ». Après avoir repéré l'endroit par où l'excédent d'eau entre sur votre terrain, vous devez choisir l'endroit où vous désirez qu'il soit évacué. Habituellement, vous voudrez diriger cette eau vers un égout situé dans la rue, à l'aide de baissières, de bermes et de murs de soutènement. S'il vous est impossible de diriger l'eau vers le système d'égouts, essayez de trouver une autre issue de déversement. Veillez toutefois à respecter la propriété de vos voisins en évitant d'évacuer l'eau vers leurs terrains.

Évitez de construire des allées qui traversent les baissières ou recoupent un plan incliné. Les allées aménagées de cette façon font office de barrage ; ils nuisent au drainage naturel du terrain et peuvent également provoquer des inondations.

Bordures et joints

MATÉRIEL : ▶ truelles à joints et à bordures

1 Esquissez le périmètre de la dalle de béton à l'aide d'une truelle à bordures. Faites-la glisser dans un mouvement de va-et-vient afin d'égaliser la surface et de dégager la forme.

Espacement des joints de contrôle

Épaisseur de la dalle	ESPACEMENT ENTRE LES JOINTS	
	Agrégat < $\frac{3}{4}$ po.	Agrégat > $\frac{3}{4}$ po.
4 po.	8 pi.	10 pi.
5 po.	10 pi.	13 pi.
6 po.	12 pi.	15 pi.

Les joints de dilatation permettent de prévenir l'apparition de fissures à la surface du béton. Le nombre de joints de dilatation nécessaire est inversement proportionnel à l'épaisseur de la dalle.

Fissures et brisures

MATÉRIEL : ▶ balayette • ciseau à froid • marteau • pinceau • truelle à maçonnerie • lunettes de protection ▶ produit de calfatage pour réparation de béton

1 Pour réparer des petites fissures, commencez par nettoyer la saleté et les débris à l'aide d'une balayette.

2 Le produit de calfatage pour réparation de béton permet de réparer rapidement les petites fissures. Il aide à prévenir les dommages ultérieurs mais il ne s'agit que d'une mesure temporaire.

3 Pour colmater des sections plus grandes ou des bordures, enlevez les débris lâches à l'aide d'un ciseau à froid. Utilisez une planche pour maintenir le colmatage en place.

• palette métallique • truelle ▶ allée en béton coulé (voir « Structure d'une allée », pages 526-527)

2 Formez les joints de dilatation à l'aide d'une truelle de jointoiement appuyée sur un colombage de 2 X 4 à angle droit afin d'obtenir une bordure droite.

3 La truelle de jointoiement laisse un sillon uniforme sur la surface, mais il est possible que vous ayez à nettoyer la bordure intérieure à l'aide d'une truelle.

4 Servez-vous d'une palette pour aplanir la surface et faire disparaître toute marque. Évitez de trop travailler la surface et les accumulations d'eau.

Béton estampé

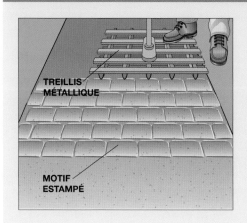

TREILLIS MÉTALLIQUE

MOTIF ESTAMPÉ

Si vous aimez l'apparence d'une surface à motif mais préférez couler le béton en une seule fois plutôt que d'utiliser des pavés, renseignez-vous auprès de votre entrepreneur à propos du procédé d'estampage. Dans le cas d'une entrée, les ouvriers reviennent et appliquent une grille de métal sur la surface pour créer des marques de carrés ou d'autres formes dans le mélange – un peu comme on le ferait pour la pâte à crêpe afin de la transformer en gaufres. Au fur et à mesure que la surface prend de l'âge et est exposée aux intempéries, ces sillons tendent à devenir plus foncés et donnent l'impression de pavés distincts.

• ruban-cache • colle • pâte de colmatage avec additifs de renforcement au vinyle

4 Utilisez du ruban-cache sur les surfaces adjacentes que vous souhaitez protéger de toute nouvelle couche de béton.

5 Appliquez une mince couche de colle, ce qui devrait contribuer à maintenir un lien solide avec le produit de colmatage.

6 Remplissez la section endommagée de composé de colmatage renforcé de vinyle par couches minces. Attendez 30 minutes entre les applications.

Allées, patios et entrées d'auto

Principes de base du pavage

Les pavés de brique et de béton sont des matériaux idéaux pour les bricoleurs. Comme on les installe sur un lit de sable sans avoir besoin de mortier, les erreurs ne sont pas trop graves. Les bordures maintiennent les matériaux et le sable en place.

Briques et pavés de béton créent des patios ou des entrées d'auto non seulement de belle apparence mais durables. Lorsque vous choisissez des briques, optez pour un type conçu pour usage extérieur, avec une surface légèrement rugueuse qui permettra de maintenir la traction par temps pluvieux (voir « Briquetage : un survol », page 52).

Les pavés de béton comptent une grande variété de couleurs et de formes. La plupart sont modulaires, ce qui signifie qu'elles s'imbriquent. À l'opposé des briques, les pavés de béton présentent des coins arrondis ; les cales sur les côtés vous empêchent de les rapprocher trop, afin qu'il reste assez d'espace pour le sable.

Estimation

Vous devez prévoir en moyenne quatre briques et demie de 4 x 8 po pour couvrir un pi^2 de surface. Par exemple, vous aurez besoin de 1080 briques pour couvrir un patio de 12 x 20 pi (240 pi^2). Commandez un surplus de 5 à 10 % pour les pertes causées par les erreurs de coupe et les bris. Certains motifs tels les motifs à chevrons ou nattés exigent un type de pavé dont la longueur mesure exactement le double de sa largeur.

Calculez la quantité de sable requise à 9 livres par pi^2 de surface. On dépose une fibre géotextile sous la couche de sable afin de prévenir la pousse de mauvaises herbes et l'érosion du sable. Vous devrez donc également vous en procurer.

Astuces d'installation

L'étape la plus difficile du pavage consiste à créer le lit de pierre concassée et de sable sur lequel les pavés ou les briques reposeront. La pierre concassée doit être fortement compactée : étendez une couche de gravier, compactez-la, ajoutez-en une nouvelle couche et compactez-là de nouveau, Ajoutez les bordures, qui doivent pénétrer dans le sol à une profondeur suffisante pour retenir la couche de sable et l'épaisseur du pavé. Si la bordure n'est pas assez profonde, le sable pourrait passer sous la bordure et causer l'affaissement des pavés qu'il supporte. Étendez le sable à la pelle et tapez-le. Ensuite mouillez-le, remplissez tous les creux et mouillez-le de nouveau. Aplanissez et mettez le sable de niveau en glissant une planche de 2 x 6 le long des bordures.

Motifs de pavés

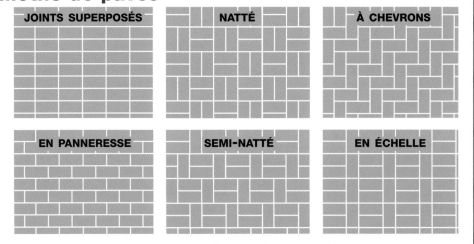

JOINTS SUPERPOSÉS — NATTÉ — À CHEVRONS

EN PANNERESSE — SEMI-NATTÉ — EN ÉCHELLE

Choix de bordure

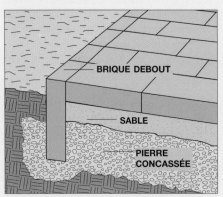

Une rangée de pavés, appelée assise de briques en palissade, puisqu'elles sont placées à la verticale, court le long du périmètre du lit de pavés.

BRIQUE DEBOUT — SABLE — PIERRE CONCASSÉE

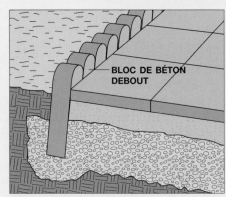

Une série de blocs moulés de formes diverses peut également servir d'assise de briques en palissade afin de prévenir les dommages causés par le drainage de l'eau.

BLOC DE BÉTON DEBOUT

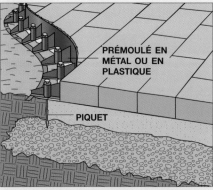

Pour maintenir en place des rebords courbés composés de blocs plus petits, moins stables, utilisez des formes en matière plastique flexibles que l'on peut enfoncer dans le sol.

PRÉMOULÉ EN MÉTAL OU EN PLASTIQUE — PIQUET

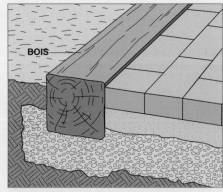

Des traverses en bois traité sous pression peuvent également servir de bordure. Elles doivent être bien assises sur un lit de gravillons et maintenues en place à l'aide de crampons.

BOIS

Installer un patio en pavés

MATÉRIEL : ▶ plaque vibrante motorisée • scie circulaire et lame à maçonnerie • masse • marteau de caoutchouc • balai
▶ pavés • sable • gravillons • fibre géotextile • tuyau • bordure • 2 x 4

1 *Après avoir retiré la pelouse,* prenez le râteau et enlevez les pierres et les branchages. Utilisez un 2 X 4 pour former une base à peu près de niveau.

2 *Afin de réduire les risques de mouvement et de tassement du sol,* louez une plaque vibrante motorisée pour compacter une fondation de 4 à 6 po d'épaisseur de gravillons.

3 *Aidez à prévenir l'érosion causée par le drainage de l'eau* à travers les pavés en couvrant le sol compacté d'une fibre géotextile.

4 *Il existe un bon nombre de façons* de maintenir en place les blocs servant de bordure. Une des plus efficaces est une bordure en matière plastique maintenue par des piquets surdimensionnés.

5 *Étendez à la pelle un lit de sable* sur la fondation. Utilisez un tuyau placé dans le sable telle une règle à araser afin de niveler le lit de sable.

6 *Retirez les tuyaux à araser,* remplissez les sillons de sable et commencez à poser des pavés. Servez-vous d'un niveau pour vérifier si la surface est bien horizontale.

7 *Vous pouvez briser les pavés* à l'aide d'un ciseau à froid et d'un marteau, ou effectuer des coupes plus précises à l'aide d'une scie circulaire munie d'une lame à maçonnerie.

8 *Utilisez un niveau ou une bordure droite* afin de vérifier si la surface est de niveau. Enfoncez les blocs surélevés à l'aide d'un marteau de caoutchouc.

9 *Afin d'aider à maintenir les blocs emboîtés* en position, épandez du sable sur la surface et balayez-le pour qu'il pénètre dans tous les joints.

Assemblages de pavés de pierre

Tout comme les briques, les pavés de pierre et les interblocks (Pavé-uni) peuvent être posés à sec, c'est-à-dire installés sur un simple lit de sable. Cela permet d'aménager des allées aux motifs complexes, agréables à la vue, qui ne requièrent que peu de préparation. Vous pouvez installer aussi de grandes dalles de pierre naturelle ou de pierre des champs directement sur le sol dans les régions où le problème de soulèvement par le gel ne risque pas de se poser. Insérer du sable ou du mortier sec entre les pavés permet d'empêcher tout mouvement, tout comme le font d'ailleurs les bordures de chaque côté d'une allée. Le sable s'avère le matériau le mieux adapté pour les interblocks, car ceux-ci s'imbriquent uniformément les uns dans les autres. Vous pouvez également utiliser du sable pour remplir les joints entre les pierres de forme régulière ; par ailleurs, sachez que les espaces entre les pierres de coupe irrégulière nécessitent l'ajout d'un agent stabilisateur de joint.

Les interblocks s'installent de la même manière que les briques ou les pavés de béton. Puisqu'il est essentiel de bien compacter le lit de sable et de gravier, vous devriez prévoir la location d'une plaque vibrante motorisée.

Selon la forme des pavés, il se peut qu'il y ait des vides le long des bords. Vous pouvez vous procurer des pièces spécialement taillées afin de créer une bordure parfaitement droite, sinon vous devrez tailler vous-même les pavés de manière à remplir les espaces libres.

Béton modulaire

Dans ce procédé, on coule le ciment à l'intérieur de moules afin de créer de grands blocs servant de fondation. On peut également modeler le béton en une variété de formes plus petites, semblables à des pierres en taille et en forme, à l'aide d'un moule spécialement conçu à cet effet. Les fabricants offrent une vaste gamme de produits couleur terre que vous pouvez mélanger et harmoniser afin d'obtenir des tons plus subtils.

Les dalles de béton ou les sections de moindre étendue de simili-pierres devraient reposer sur un lit de sable de 2 po d'épaisseur ou un lit de sable de 2 po sur 4 de gravier compacté. Si vous choisissez de créer des sections de pierre, nous vous suggérons de faire des tests de couleurs et de formes avant d'effectuer les travaux. Mettez la forme en position, remplissez-la de béton coloré, enlevez la forme et essayez ensuite sur une section adjacente. Après avoir coulé une section, veillez à bien nettoyer les extrémités de chaque pierre à l'aide d'une fiche de maçon. En dernier lieu, épandez du sable dans les joints des fausses pierres.

Motifs de pavés interblocks

Les pavés interblocks sont offerts en une variété de tailles et de formes, mais la grande majorité ont une épaisseur qui se situe entre 2 3/8 po et 2 1/2 po, ce qui représente approximativement la même dimension qu'une brique ordinaire. Les pavés pour gazon ont la forme d'un grillage ouvert permettant d'y faire pousser du gazon ou tout autre végétal de surface. Ils permettent de construire une allée durable et d'apparence naturelle, la pelouse (ou bordure structurale) contribuant à maintenir les pavés en place. Selon le modèle adopté – si par exemple les pierres sont posées pour former un motif ou posées çà et là –, les pavés peuvent donner une apparence décontractée ou plus traditionnelle. Rappelez-vous que tout motif circulaire exige un grand nombre de coupes.

ZAG

HEXAGONAL

GRILLE DE GAZON

DIAMANT

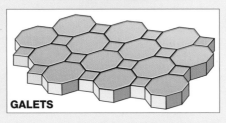

GALETS

NATTÉ

Poser des pavés de pierre

MATÉRIEL : ▶ plaque vibrante motorisée • pelle • cordeau • marteau de caoutchouc • masse à manche court • 2 x 4 pour cadre (facultatif)

1 *Vous pouvez vous servir d'un cadre* pour niveler le lit de sable ou déposer temporairement des tuyaux dans le lit et mettre de niveau en glissant un 2 x 4 sur le dessus des tuyaux.

2 *Taillez bien la pelouse* près des bordures ou utilisez une corde comme guide pour poser les premières pierres. Utilisez le marteau de caoutchouc pour les mettre en position.

Taille des pierres

Marquez la ligne de coupe sur la pierre et entaillez-la à l'aide d'un ciseau à froid et d'un marteau, en déplaçant le ciseau d'un bout à l'autre de la ligne de coupe.

Lorsque la surface est entaillée, placez la pierre sur une surface dure afin de la maintenir en place et brisez-la.

Pierres sur lit de sable

Un lit de sable de 2 po suffit pour poser des pierres de même épaisseur. Prévoyez un lit de sable plus profond dans le cas de pierres dont l'épaisseur varie. Pour en arriver à obtenir une surface parfaitement horizontale, retirez autant de sable que nécessaire. Terminez l'opération en balayant le sable pour l'insérer dans les joints. Travaillez sur une section de 5 à 6 pi à la fois. Un arrosage léger permettra de compacter le sable et de l'évacuer de la surface. Laissez sécher la surface et répétez l'opération jusqu'à ce que tous les joints soient remplis et compactés. Remettez du sable au besoin, habituellement une fois l'an.

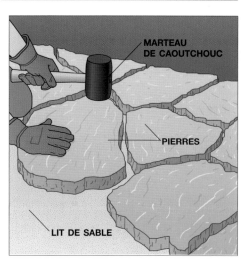

Pierres dans le mortier

Pour construire une allée sur lit de mortier, coulez une dalle de béton de 3 ½ à 4 po sur une base de gravillons compactés. Imbriquez ensuite les pierres dans le béton. Le béton fournit un appui aux pierres et les empêche de s'éloigner les unes des autres en cas de mouvement du sol. Tout comme une allée sur lit de sable, la fondation doit reposer sur un lit solide et bien drainé – habituellement une couche de 4 po de pierre concassée. Les joints entre les pierres sont normalement remplis de mortier, mais vous pouvez tout aussi bien utiliser du sable ou même de la terre.

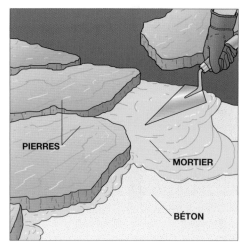

• ciseau à froid • niveau de 4 pi • balai de rue • tuyau d'arrosage ▶ pavés de pierre • sable à maçonnerie • gravillons (facultatif) • tuyau (facultatif) • 2 x 4 usagés

3 **Vérifiez la surface à l'aide du niveau** et glissez une raclette entre les deux bordures pour repérer tous les points surélevés.

4 **Balayez le sable sur toute la surface** en prenant soin de passer au-dessus des joints afin de les remplir.

5 **Arrosez la surface** et étendez une nouvelle couche de sable à l'aide du balai. Répétez l'opération jusqu'à ce que les joints soient complètement remplis et solides.

Allées, patios et entrées d'auto

Promenades de jardin

Les promenades présentent les avantages d'une terrasse en bois sur la pelouse, un endroit normalement réservé aux aménagements plus imposants. Vous pouvez aménager une promenade élégante qui épousera l'aspect naturel de votre terrain en disposant des supports de bois traité sous pression et en les recouvrant de planches pour terrasses en séquoia ou en cèdre, ou encore de 2 x 4 traités.

Vous pouvez, si vous le désirez, aménager votre promenade sur des fondations de béton qui s'enfonceront au-delà de la ligne de gel, mais la plupart des sols sont en mesure de supporter une structure plus simple. Ces types d'installations, moins chères, s'adaptent parfaitement aux soulèvements ou aux affaissements du sol causés par le gel ou le dégel.

Principes de base de l'aménagement

L'approche la plus simple consiste à poser parallèlement dans le sol des pièces de bois traité sous pression, appelées «dormants», à une distance de 3 à 5 pi les unes des autres, selon l'utilisation prévue (voir «Conception d'une allée», page 526). La face supérieure de ces planches, à la manière des poutres d'une terrasse, sert à supporter des planches courtes de 2 x 4 ou 2 x 6, c'est-à-dire la surface sur laquelle vous marcherez.

Il est recommandé d'ajouter des piquets à intervalles réguliers afin de maintenir les dormants en place. Pour ce faire, enfoncez des piquets de bois traité de 1 x 4 à une profondeur de 1 pi ou 2, à une distance de 2 pi l'un de l'autre, du côté intérieur de dormants de 2 x 10. Coupez les piquets à égalité avec le dormant et clouez-les. Ils serviront à accroître la solidité de la promenade et à empêcher les dormants de basculer. Pour renforcer la structure davantage, clouez des traverses à angle droit aux dormants (à la même profondeur) tous les 4 à 6 pi. Pour terminer, clouez les planches perpendiculairement aux dormants, comme vous le feriez pour fixer le plancher d'une terrasse (voir «Pontage», pages 508–509).

Autres possibilités

Dans certains cas, il est nécessaire d'adopter une méthode de construction plus élaborée. Pour assurer une plus grande stabilité sur un sol sablonneux, remplacez quelques-uns des piquets par des poteaux de 4 x 4 enfoncés dans des trous jusqu'au seuil de gel. Si le terrain est vallonné, utilisez plutôt des pièces de 2 x 12. Utilisez-les pour aider à égaliser le terrain, leur permettant de reposer complètement sur le sol sur une certaine distance et les faisant courir sous le sol aux endroits où cela s'avère nécessaire. Rappelez-vous que les promenades ne doivent pas nécessairement être de niveau.

Construire une structure d'allée de pierre concassée

MATÉRIEL : ▶ tuyau d'arrosage • pelle • brouette • râteau • compacteur à main ▶ pierre concassée • briques ou autre type de bordure

1 Utilisez le tuyau d'arrosage pour déterminer le tracé des courbes de l'allée. Coupez plusieurs bâtonnets à la même longueur afin de maintenir une largeur constante.

2 Marquez la pelouse à l'extérieur du tuyau à l'aide de peinture aérosol, puis enlevez le tuyau et les pièces de bois pour commencer l'excavation.

4 Avec la pelle, creusez une tranchée le long de la bordure, juste assez profonde pour permettre à la bordure de dépasser de quelques centimètres du sol.

5 Placez les blocs de bordure dans la tranchée. Ces assises le long du périmètre permettront de contenir les matériaux de surface et contribueront à prévenir l'érosion.

Construire une promenade en bois

MATÉRIEL : ▶ pelle • brouette • râteau • compacteur • ruban à mesurer • niveau de 4 pi • équerre de ▶ vis pour terrasses ou clous galvanisés

1 Après avoir tracé le contour de votre promenade avec la corde, creusez une tranchée d'au moins 4 po de profondeur et de 4 à 6 po plus large de chaque côté de la promenade.

2 Étendez une fibre géotextile afin de prévenir la croissance de mauvaises herbes et remplissez la tranchée de 4 po de pierre concassée que vous nivellerez au râteau et compacterez.

Pierre concassée et aménagements de surface

• cordeau • 2 x 4 usagés • peinture aérosol

3 Creusez la pelouse entre les lignes de peinture en enlevant également une couche de terre de 2 à 3 po. Passez ensuite le râteau afin de débarrasser le sol des pierres et des branchages.

6 Étendez la pierre concassée sur la section qui servira d'allée et compactez chaque couche jusqu'à ce qu'elle atteigne un niveau situé à $^3/_4$ po sous le niveau de la bordure.

Installer des marches à même le sol

MATÉRIEL : ▶ perceuse/tournevis motorisé • masse • scie ▶ bois traité • barre d'armature • vis

Si vous prévoyez installer des marches dans une pente, vous pourrez le plus souvent les installer directement à même le sol. Taillez la forme des marches dans le sol et ajoutez-y des pièces de bois conçues pour l'aménagement paysager, des briques ou tout autre matériau à cet effet. Cette méthode donne de bons résultats sur une pente dont la course varie entre 24 et 32 po par pi de dénivellation (voir page 168 pour la manière de calculer la course et le degré d'inclinaison). Pour déterminer le nombre de marches, divisez la hauteur de pente par la hauteur de votre pièce de bois. Les girons dans ce type de marches mesurent habituellement 15 po de profondeur mais peuvent dans certains cas se prolonger jusqu'à 17 po.

1 Utilisez du bois traité sous pression pour construire le bord de la marche et percez les pièces de bois servant à retenir les marches en place.

2 Afin de diminuer le mouvement, enfoncez dans le sol une barre d'armature passant à travers la pièce de bois.

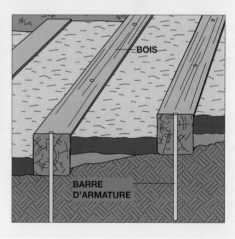

BOIS

BARRE D'ARMATURE

---

charpente • perceuse/tournevis motorisé ou marteau • toupie (facultatif) ▶ pierre concassée • piquets • cordeau • pièces de bois traité pour les dormants • planches

3 Posez des dormants de bois traité sous pression (épaisseur au choix : 2 x 4 à 2 x 12) sur la fondation de pierre concassée et vissez-les à des piquets enfoncés dans le sol.

4 Coupez les planches à la longueur désirée et fixez-les aux dormants à l'aide de vis pour terrasses de 3 po ou de clous galvanisés.

5 Pour obtenir un plus bel aspect, utilisez une toupie munie d'un foret pour arrondir afin de donner aux bords grossiers des 2 x 4 un fini plus doux et une apparence uniforme.

Allées, patios et entrées d'auto

Aménagement d'une entrée d'auto

Le sable et la pierre concassée constituent les principaux éléments nécessaires à l'aménagement d'une entrée d'auto. Dans certains cas, on combine ces éléments à du ciment pour former du béton. Dans la plupart des cas, ils sont maintenus ensemble grâce à un composé de bitume liquide qui permet d'obtenir un revêtement noir. Vous pouvez également utiliser des briques, des pavés, de la pierre ou de la pierre concassée à cette fin.

Conception d'une entrée d'auto

L'entrée d'auto constitue l'accès principal à votre demeure. Elle doit être conçue non seulement en fonction de l'utilisation quotidienne. À l'étape de planification, rappelez-vous ces deux règles générales : accessibilité et visibilité. Faites en sorte d'offrir une vue de la route aussi dégagée que possible.

Prévoyez une entrée de 10 à 12 pi de largeur pour un garage simple et de 16 à 24 pi pour un garage double. (Si l'entrée fait partie d'une allée, ajoutez 2 pi supplémentaires.) Bien qu'une entrée plus étroite (6 à 8 pi) pourrait suffire, il vaut beaucoup mieux prévoir plus large de manière à ce que les gens puissent descendre de voiture sur la surface bitumeuse. Un tablier qui s'étend en se rétrécissant jusqu'à la rue permet de faciliter l'entrée ou la sortie des voitures. Des places de stationnement supplémentaires qui ne nuisent en rien aux activités usuelles peuvent s'avérer extrêmement utiles ; prévoyez 12 pi pour les automobiles et un peu plus pour les camions et véhicules de loisir. Vous pouvez masquer ces places de stationnement au regard des passants à l'aide d'arbustes, de plantes ou d'une palissade. Assurez-vous toutefois que l'espace réservé au stationnement soit proportionnel à l'étendue de votre terrain. Pour des raisons de sécurité, évitez de congestionner votre entrée en disposant un trop grand nombre de plantes ou d'autres obstacles entre l'espace de stationnement et la porte d'entrée. Maintenez cette section complètement libre afin de maximiser la sécurité et dissuader les intrus.

Une entrée de béton n'a pas besoin de plus de 4 po d'épaisseur pour suffire aux besoins normaux des véhicules. Si toutefois vous prévoyez le passage de camions lourds, vous devriez accroître l'épaisseur à au moins 6 po. Comme des véhicules de toutes sortes risquent d'utiliser la partie de votre entrée qui se trouve près de la rue pour faire demi-tour, vous devriez prévoir une surface de 8 po de béton à cet endroit. Rappelez-vous que le drainage du sol est un facteur essentiel. Toute quantité d'eau qui s'accumule dans l'entrée d'auto contribuera à créer des plaques de glace dangereuses en hiver et causera de nombreuses flaques près de la maison après de fortes pluies.

Concepts divers

La sécurité doit être le facteur le plus important à considérer à l'étape de conception de votre entrée d'auto. Si votre maison se trouve sur une route fréquentée, comptez plusieurs verges d'espace supplémentaire afin de vous permettre de faire demi-tour sans devoir reculer dans la rue. Les chiffres donnés dans ce diagramme doivent être considérés comme un minimum ; consultez toujours un inspecteur avant de commencer les travaux ; notez que les règlements peuvent différer d'une localité à l'autre.

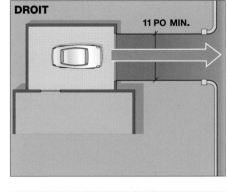

DROIT — 11 PO MIN.

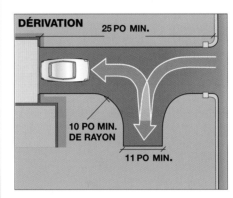

DÉRIVATION — 25 PO MIN. / 10 PO MIN. DE RAYON / 11 PO MIN.

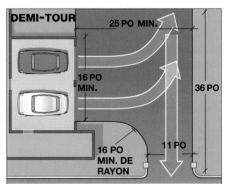

DEMI-TOUR — 25 PO MIN. / 16 PO MIN. / 36 PO / 16 PO MIN. DE RAYON / 11 PO

Pente et drainage

S'il n'y a pas de pente naturelle à l'endroit où se situe votre entrée, vous devrez en créer une afin de permettre le drainage. Les trois possibilités à droite illustrent la couronne (haut), la rive concave (milieu) et le fossé transversal (bas). La pente de la rampe peut se situer entre 4 et 8 % ; plus l'angle de la rampe est important, moins la pente du tablier sera prononcée. Le tablier d'une rampe dotée d'une inclinaison de 6 à 8 % devrait être de 2 % ou moins.

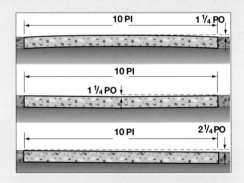

10 PI — 1 1/4 PO / 10 PI — 1 1/4 PO / 10 PI — 2 1/4 PO

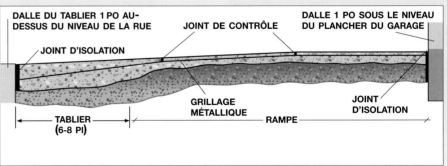

DALLE DU TABLIER 1 PO AU-DESSUS DU NIVEAU DE LA RUE / JOINT DE CONTRÔLE / DALLE 1 PO SOUS LE NIVEAU DU PLANCHER DU GARAGE / JOINT D'ISOLATION / GRILLAGE MÉTALLIQUE / JOINT D'ISOLATION / TABLIER (6-8 PI) / RAMPE

Choix de matériaux

◆ **Les dalles de béton** permettent de construire des entrées d'auto solides et durables, à la condition qu'il y ait une fondation relativement stable préparée avec soin. Ce matériau peut ressembler aux autres produits commerciaux ordinaires et présenter peu d'intérêt sur le plan visuel – à moins qu'il ne soit estampé lors du coulage. Le béton de couleur pâle laisse paraître les taches d'huile. Le béton coûte normalement plus cher qu'une surface asphaltée.

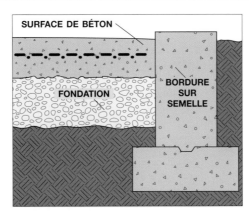

SURFACE DE BÉTON
FONDATION
BORDURE SUR SEMELLE

◆ **La surface en asphalte** n'offre pas la solidité du béton, mais elle est plus malléable, ce qui vous permet de former des baissières peu profondes permettant d'évacuer l'eau loin. L'asphalte se répare aussi très facilement. Alors que les fissures dans le béton ont tendance à s'ouvrir peu importe la manière utilisée pour les colmater, les réparations de surface d'asphalte ne laissent aucune trace, on peut en changer la catégorie, appliquer un produit d'obturation des joints et l'asphalte reprend l'apparence du neuf.

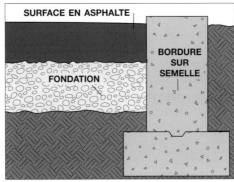

SURFACE EN ASPHALTE
FONDATION
BORDURE SUR SEMELLE

◆ **Les pavés de béton** ont la même durabilité que le béton coulé et certains blocs peuvent supporter facilement une pression de 2000 psi. Ils sont offerts en une vaste gamme de couleurs et de styles, ce qui permet de les harmoniser avec l'apparence extérieure de votre maison. Bien qu'ils soient relativement faciles à installer, ils coûtent plus cher que le béton ordinaire ou l'asphalte. Ils sont toutefois moins dispendieux que le béton estampé.

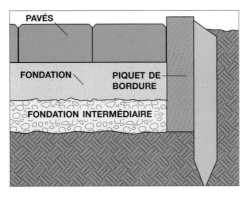

PAVÉS
FONDATION
PIQUET DE BORDURE
FONDATION INTERMÉDIAIRE

◆ **La pierre et la brique** permettent de construire des entrées d'auto durables, mais elles ne sont pas recommandées pour les entrées dont la pente est plus abrupte ; les entrées peuvent devenir glissantes et gèlent facilement dans les climats froids. En matière d'installation, si vous cherchez à faire des économies, souvenez-vous que des briques sur un lit de sable coûtent moins cher que des briques sur une dalle de béton. Vous pouvez installer les pierres dans du mortier ou un lit de sable, ou encore les déposer directement dans le sol.

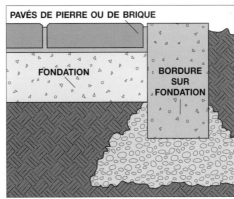

PAVÉS DE PIERRE OU DE BRIQUE
FONDATION
BORDURE SUR FONDATION

Allées, patios et entrées d'auto

Problèmes d'asphalte

Bien que les entrées d'auto en asphalte offrent une assez bonne durabilité, elles requièrent un certain entretien à cause du gel et du dégel, ce qui fait en sorte que des dégâts d'apparence mineure peuvent devenir des dégâts d'importance. Des produits d'obturation aident à prévenir la formation de fissures, mais ils n'empêcheront pas les dégâts résultant des mouvements du sol sous l'entrée ou d'une mauvaise installation.

Réparations mineures

Avant d'appliquer tout produit de colmatage ou un enduit protecteur, balayez les matériaux qui se sont détachés. Utilisez un produit de colmatage pour revêtement noir. Appliquez-le en bandes continues à l'aide d'un fusil à colmater. Vérifiez les instructions afin de respecter la période de durcissement (10 minutes environ). Lorsque le produit a durci, compactez et égalisez la surface à l'aide d'un couteau à mastic. Remplissez les fissures profondes de sable et compactez-le jusqu'à ce qu'il atteigne un niveau situé à $1/2$ po de la surface avant d'appliquer le produit de colmatage.

Pour les petites crevasses, débarrassez la surface des débris et brisez tous les morceaux lâches de vieil asphalte. Une brosse d'acier suffit à déloger les débris. Utilisez ensuite un composé de colmatage en pâte. Ce matériau contient des agrégats fins et offre assez de malléabilité pour être utilisé jusqu'au bord des dépressions. Ce produit convient très bien pour l'asphalte le long des trottoirs. Si la zone à réparer se trouve au milieu de l'entrée, la réparation résistera plus longtemps si vous creusez autour de la dépression et rebouchez en utilisant une épaisseur égale de produit sur toute la surface à réparer. Étendez le produit à la truelle de manière à former un monticule qui dépassera de $1/2$ po la surface de l'entrée, puis damez la surface avec l'extrémité d'un 2 x 4.

Remplissage de nids-de-poule

Utilisez un produit de colmatage à froid approprié aux réparations de rues. Ce produit contient des agrégats de plus grande taille que le produit en pâte et est offert en sac de 60-70 lb. Ce matériau ressemble beaucoup à l'asphalte que vous retrouvez dans votre entrée, mais il a été traité à l'aide de produits chimiques afin de permettre de le travailler. Si la température se maintient au-dessus de 10 °C, vous n'aurez pas besoin de le chauffer mais vous devrez tout de même passer le rouleau.

Après avoir enlevé les débris, enlevez les bords échancrés autour du trou à l'aide d'un ciseau à froid et d'un marteau. Versez ensuite une quantité suffisante de matériau pour que la surface soit surélevée une fois compactée. Remplissez les trous profonds en deux étapes en vous assurant de bien compacter après chacune pour éviter de laisser une dépression qui pourrait retenir l'eau. Appliquez ensuite le poids de votre voiture sur la zone, en la faisant avancer lentement sur une pièce de contreplaqué de $3/4$ po ou sur une couche de sable répandue sur la section que vous venez de réparer.

Scellant de surface

Afin de déterminer si le revêtement d'asphalte a besoin d'être refait, versez-y un seau d'eau par temps chaud sous le soleil. Si l'eau de surface sèche en laissant derrière elle un cerne foncé qui prend beaucoup plus longtemps à sécher, cela signifie que l'eau s'est infiltrée. Par conséquent, il est temps de refaire le revêtement.

Un revêtement d'asphalte stable installé convenablement ne nécessite qu'une application occasionnelle de scellant. Les entrées qui ont un certain âge doivent être lavées à l'eau et au détergent ordinaire.

Un scellant redonnera une meilleure finition à l'asphalte décoloré et empêchera l'infiltration de l'eau, principale cause d'érosion. N'espérez pas toutefois que l'utilisation d'un scellant éliminera la nécessité de refaire la surface, ce qui implique 2 po d'asphalte neuf sur le revêtement actuel. Aucun apprêt ne peut vous aider s'il s'agit de travaux pour lesquels on a appliqué une couche de 1 ou 2 po d'asphalte sur un lit de gravillons lâches.

Les entrées qui ont de l'âge sont plus poreuses et absorberont une plus grande quantité de scellant. Pour assurer une protection accrue, appliquez deux couches minces et attendez au moins 36 heures entre les applications.

Remplacer un joint de dilatation

MATÉRIEL : ► aspirateur eau et poussières • couteau à mastic • pistolet à calfeutrer
► bande de support de mousse • scellant à base d'uréthane

1 *Les panneaux de fibre et les pièces de bois* utilisés pour les joints de dilatation dans le béton se détériorent en raison du climat.

2 *Pour remplacer un joint,* retirez les vieux morceaux de bois et les débris, et nettoyez la fissure avec l'aspirateur d'atelier.

3 *Afin de compenser les mouvements du sol* et réduire au minimum l'apparition de fissures, remplissez la fissure avec une bande de support de mousse.

4 *Couvrez la bande de support* et protégez le joint des intempéries en y appliquant une couche généreuse de scellant autolissant à base d'uréthane.

Nettoyer du béton

MATÉRIEL : ▶ brique • seau • brosse à poils raides • pinceau de 4 po ▶ produit absorbant commercial ou autre • nettoyeur à béton • scellant transparent pour béton

1 *Utilisez un produit absorbant commercial,* de la sciure ou de la litière pour chat afin d'éponger les taches d'huile incrustées. Déplacez le produit absorbant sur la ou les taches à l'aide d'une brique.

2 *Utilisez une brosse à poils raides* et le nettoyeur à béton pour faire disparaître les taches. Il peut être également à votre avantage de laver la surface en entier avant d'appliquer le scellant.

3 *L'application d'un scellant transparent pour béton* rehausse l'apparence des entrées d'auto en béton et aide à chasser l'eau.

Réparer une surface asphaltée

MATÉRIEL : ▶ truelle à maçonnerie • pistolet à calfeutrer • couteau universel • gants de caoutchouc
▶ produit de rapiéçage à froid • calfatage à base d'asphalte • rouleaux d'asphalte

1 *Utilisez le rapiéçage à froid,* un mélange d'asphalte et d'agrégats malléable, pour colmater les petits trous. Nettoyez les débris avant d'insérer le mélange.

2 *Colmatez les fissures* de manière à empêcher l'eau de s'infiltrer. Pour ce faire, nettoyez les fissures et insérez-y le calfatage à base d'asphalte.

3 *Les rouleaux d'asphalte* permettent de réparer facilement les petites fissures. Retirer la bande collante au dos de l'emballage et appliquez la couche autocollante en place.

Sceller une surface asphaltée

MATÉRIEL : ▶ tuyau de jardin avec pulvérisateur • appareil de nettoyage par pression (facultatif) • balai de rue ou racloir • gants de travail
▶ produit nettoyant • scellant pour asphalte

1 *Lavez la surface* afin de favoriser l'adhérence du scellant. Utilisez un tuyau de jardin, un pulvérisateur et un détergent, ou un appareil de nettoyage par pression.

2 *Appliquez le détergent* directement sur les taches tenaces. La plupart des détergents peuvent être dilués (1 tasse par gallon d'eau) pour un nettoyage normal.

3 *La plupart des scellants* peuvent remplir et protéger des fissures pouvant aller jusqu'à $1/8$ po de profondeur. Étendez le produit à l'aide d'un racloir ou d'un vieux balai de rue.

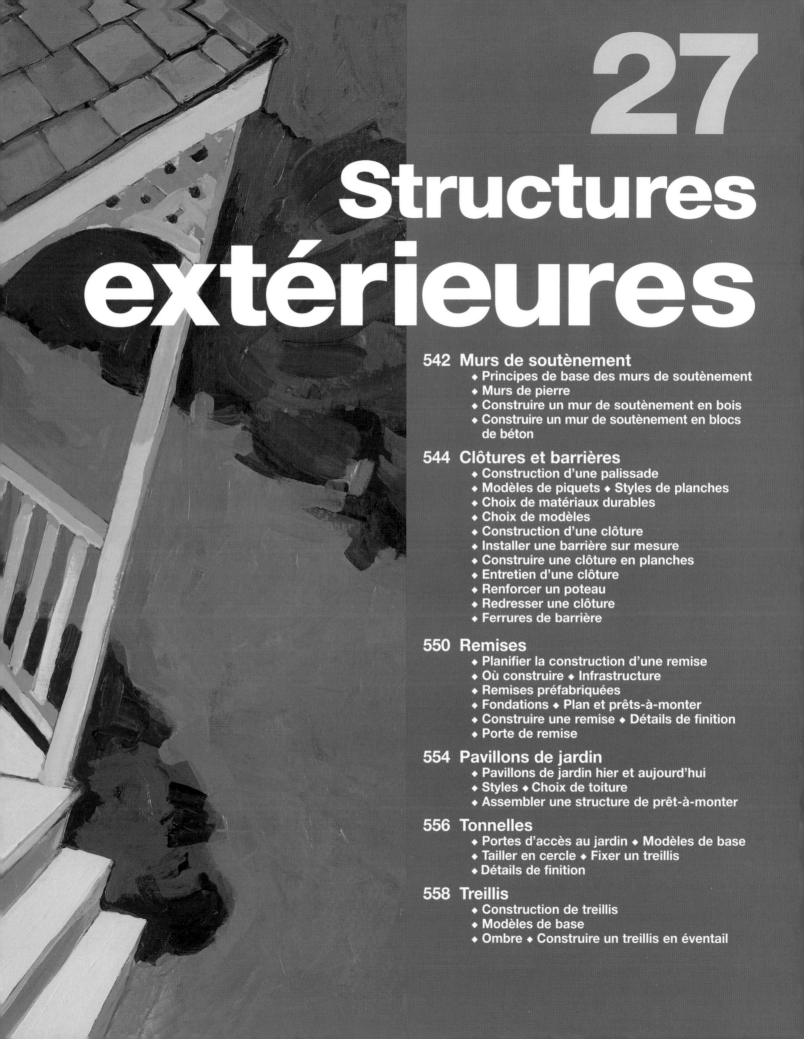

27

Structures
extérieures

Structures extérieures

Principes de base des murs de soutènement

Les murs de soutènement servent à empêcher le sol de s'affaisser. Ils peuvent également servir à transformer le terrain accidenté d'une cour arrière. Sur des terrains plats, des murs de soutènement bas permettent de créer des espaces surélevés où planter des fleurs ou encore des bordures.

Plusieurs matériaux se prêtent parfaitement à la construction de murs de soutènement, par exemple la pierre, le bois traité sous pression, la brique et les blocs de béton. Pour les bricoleurs, les blocs de béton autobloquants sans mortier, conçus à cette fin, s'avèrent le matériau le plus facile à utiliser. Mais peu importe le matériau, le mur doit être assez solide pour supporter le poids de la terre ainsi que la pression des eaux souterraines.

Drainage

Un mur de soutènement doit être construit de manière à permettre le drainage. Il suffit de placer un tuyau perforé à la base du mur avant de remblayer avec de la pierre concassée. La pierre concassée draine l'eau de la surface et le tuyau l'évacue loin de la fondation. Par ailleurs, des chantepleures permettront à une partie des eaux souterraines de s'écouler à travers le mur, ce qui éliminera la pression exercée sur le mur. Dans le cas de murs en brique ou en blocs de béton, vous n'avez qu'à laisser certains joints verticaux libre de mortier ou à insérer des tuyaux de plastique de 1 à 2 po de diamètre à une distance de 4 à 6 pi l'un de l'autre le long de la base du mur en cours de construction. En ce qui concerne les murs de soutènement en bois, insérez les tuyaux dans les trous que vous aurez pris soin de percer précédemment. Recouvrez toujours la partie arrière des trous de fibre géotextile.

Fondation

La plupart des murs de soutènement nécessitent une fondation afin de les soutenir. Les spécifications précises sont établies en fonction des conditions de sol, de la taille et du type de mur, et des codes du bâtiment locaux. La largeur de la fondation atteint habituellement au moins les deux tiers de la hauteur totale. La partie haute de la fondation devrait se situer à au moins 12 po sous le niveau du sol du côté de la butte. La fondation doit être de la même épaisseur que la largeur du mur (8 po au minimum).

La fondation des murs de soutènement en maçonnerie maintenue avec du mortier se compose généralement de ciment coulé dans lequel on a placé une barre d'armature. Les murs de soutènement de bois ou de blocs imbriqués doivent reposer sur une fondation de pierre concassée, versée dans une tranchée qui s'étend à une profondeur sous le seuil de gel.

Construire un mur de soutènement en bois

MATÉRIEL : ▶ scie circulaire • perceuse/tournevis • foret • masse • niveau
▶ pièces de bois de 8 x 8 • barre d'armature • pierre concassée • piquets

1 *Taillez les pièces de bois traité sous pression* de 8 x 8 à la longueur voulue et placez les premières assises sur la fondation de pierre concassée.

2 *Percez des trous dans les pièces de bois* à tous les 4 pi à l'aide de la perceuse et d'un foret de la même taille que les barres d'armature afin de pouvoir les y insérer.

3 *Déposez la première rangée* sur la fondation de pierre concassée et enfoncez les barres d'armature dans les trous sur une distance de 2 pi environ.

4 *Afin d'empêcher que tout s'effondre,* placez quelques pièces de bois, appelées «corps-mort», perpendiculairement au mur et fixez-les à l'aide de crampons.

5 *Vérifiez que chaque rangée* est de niveau, particulièrement aux endroits où vous avez coupé les longues pièces de bois pour contourner les corps-morts.

6 *Lorsque vous avez terminé l'érection du mur,* remblayez l'arrière avec de la terre et de la pierre concassée, en enterrant les pièces de bois perpendiculaires.

Murs de pierre

Un mur de pierre peut être maintenu par du mortier ou simplement en empilant les pierres. Les murs de pierres empilées ne nécessitent pas de fondation mais ils ne doivent pas dépasser 3 pi de hauteur. La plupart des murs maintenus par du mortier exigent une fondation de béton qui s'enfonce sous le seuil de gel et qui devrait être plus épaisse à la base afin d'être plus stable. Pour réduire les forces qui tendent à faire basculer le mur, prévoyez une façon de drainer l'eau dans la partie la plus haute du mur. Il peut être utile également d'ériger le mur avec une légère inclinaison vers l'arrière en direction du talus.

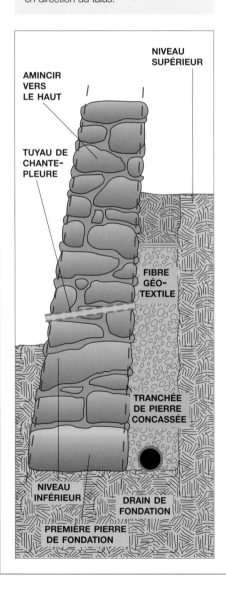

NIVEAU SUPÉRIEUR

AMINCIR VERS LE HAUT

TUYAU DE CHANTE-PLEURE

FIBRE GÉO-TEXTILE

TRANCHÉE DE PIERRE CONCASSÉE

NIVEAU INFÉRIEUR

DRAIN DE FONDATION

PREMIÈRE PIERRE DE FONDATION

Construire un mur de soutènement en blocs de béton

MATÉRIEL : ▶ niveau de 4 pi • marteau et ciseau à froid
▶ blocs autobloquants • connecteurs de plastique • pierre concassée • adhésif

1 *Après avoir creusé une tranchée* et l'avoir remplie de pierre concassée, posez la première rangée de blocs en vous assurant qu'ils sont de niveau au fur et à mesure que vous progressez.

2 *Pour favoriser un meilleur drainage* le long des pentes abruptes, enterrez un tuyau de drainage perforé dans la pierre concassée derrière le mur.

3 *Pour obtenir des joints croisés,* coupez de moitié le premier bloc de la deuxième rangée à l'aide du marteau et du ciseau à froid.

4 *Les systèmes de blocs de marque déposée* ont des dispositifs autobloquants qui diffèrent de l'un à l'autre. Celui-ci comprend des connecteurs en plastique dur.

5 *Insérez les connecteurs* dans les trous pour vous permettre d'aligner les blocs en hauteur et placez-les dans les entailles prévues pour obtenir un alignement horizontal.

6 *Terminez la construction du mur* en posant des chapeaux qui seront maintenus en place à l'aide du produit adhésif recommandé par le fabricant.

Structures extérieures

Construction d'une palissade

Pour obtenir une sécurité totale sur votre terrain, vous pourriez l'entourer d'un solide mur de brique. Si vous voulez empêcher un chien de se promener en liberté chez vous, une clôture de grillage peut s'avérer le moyen le plus efficace ; ou si vous aimez le silence et la tranquillité, vous pouvez planter une haie de conifères. Mais si vous souhaitez uniquement avoir plus d'intimité, une palissade est ce qu'il vous faut : il s'agit d'un écran de bois peu coûteux qui vous permet de prendre des bains de soleil en toute quiétude.

Vous pouvez, bien sûr, construire des murs en maçonnerie, avec soit des blocs de béton à côtés perforés soit des briques ajourées. Mais ces types de murs sont très lourds et exigent la construction d'une fondation. Vous pouvez également transformer une clôture de grillage losangé en clôture fermée en passant tout simplement des bandes de plastique entre les mailles. Le bois demeure encore le matériau de choix pour les projets de bricolage parce qu'il est facile à travailler et se révèle peu coûteux en comparaison. De plus, si vous utilisez du bois traité sous pression ou un bois durable tel le cèdre ou le séquoia, vous pouvez escompter de nombreuses années d'utilisation.

Composants visuels

Une palissade ordinaire comprend trois parties principales : des poteaux à tous les 4 à 8 pi, des traverses horizontales en haut et en bas qui s'étendent sur les poteaux et une fourrure clouée à la structure. La structure peut être carrée ou rectangulaire, toucher au sol ou être surélevée.

Dès que vous avez érigé et consolidé la structure, vous ajoutez la fourrure. Devant le grand nombre de possibilités, il est préférable d'expérimenter quelque peu. Vous pouvez par exemple fixer des lattes verticales entre les traverses du haut et du bas ou encore des lattes horizontales entre les poteaux. Les panneaux de tamisage peuvent être droits ou diagonaux, installés très près l'un de l'autre afin d'assurer une intimité optimale ou un peu plus éloignés afin de permettre le passage de la brise et préserver une partie de la vue.

Bien que les murs de claustra ne puissent être modifiés, vous pouvez leur donner une direction à l'aide de lattes verticales posées à angle. Grâce à ce concept, le mur de claustra semble disparaître lorsque vous apercevez les contours des panneaux d'un côté du jardin. Mais si vous regardez à partir d'un angle différent, vous apercevez directement les lattes qui donnent l'impression d'un écran solide.

Modèles de piquets

Certains marchands de bois gardent en stock un certain nombre de piquets précoupés (ou même des sections de clôture complètes de 6 pi) mais le choix de modèles est souvent limité. Pour fabriquer vous-même de simples piquets, rassemblez deux ou trois planches et sciez la partie supérieure à l'aide d'une égoïne ou d'une scie circulaire. Si vous désirez des coupes plus élaborées, utilisez une scie sauteuse. Ajoutez une touche de finition et couvrez la partie exposée du grain du poteau en y installant des chaperons et des faîteaux que vous pouvez visser sur le dessus.

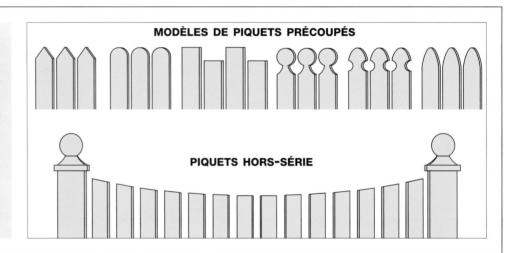

MODÈLES DE PIQUETS PRÉCOUPÉS

PIQUETS HORS-SÉRIE

Styles de planches

Ajoutez de l'attrait à une clôture de planches verticales en modifiant les couronnes ou la largeur des planches. Les traverses d'une clôture de planches doivent être fixées aux poteaux avant que vous procédiez à l'installation des planches. Taillez l'ensemble des planches à la même longueur avant de les fixer aux traverses, sauf s'il s'agit d'un modèle voûté. Pour cette configuration, tendez une corde entre les plus hauts points des poteaux et assurez-vous que toutes les planches sont suffisamment longues pour toucher à la corde. Tracez ensuite le motif de la voûte sur les planches. Coupez le long de la ligne à l'aide d'une scie sauteuse.

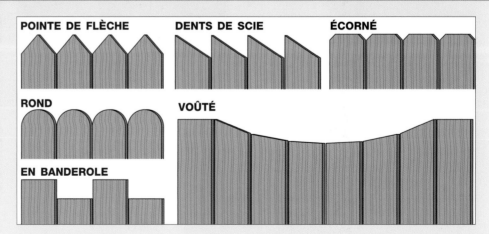

POINTE DE FLÈCHE   **DENTS DE SCIE**   **ÉCORNÉ**

ROND   **VOÛTÉ**

EN BANDEROLE

Choix de matériaux durables

BOIS TRAITÉ SOUS PRESSION

SÉQUOIA

VINYLE

Choix de modèles

PIQUET

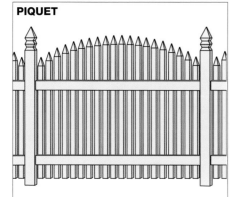

Les **piquets de clôture** permettent de donner à votre terrain une apparence traditionnelle. Vous pouvez ajuster le niveau d'intimité en modifiant l'espace qui les sépare.

PLANCHE

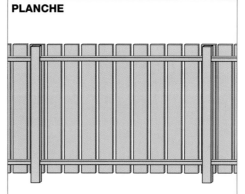

Les **clôtures de planches,** utilisées de manière générale pour les cours arrière ou les jardins latéraux, procurent une plus grande intimité et plus de sécurité que les clôtures à piquets.

MÉTAL

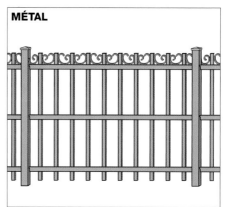

Les marchands de clôtures offrent des **clôtures de métal préfabriquées** dans des styles qui varient du victorien au moderne.

VINYLE

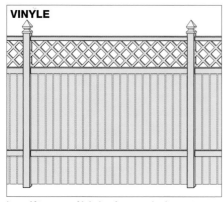

Les **clôtures préfabriquées en vinyle** sont conçues pour donner l'aspect d'une finition de bois ou de métal, mais elles nécessitent peu d'entretien.

GRILLAGE À MAILLES LOSANGÉES

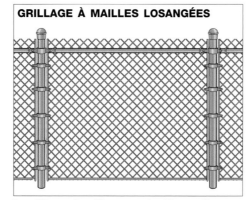

Les **clôtures de grillage** sont durables et offrent une excellente sécurité ; vous pouvez ajouter des bandes de plastique entre les mailles pour obtenir plus d'intimité.

FIL DE FER

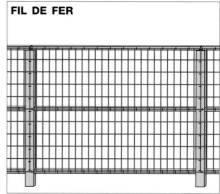

Un **grillage métallique soudé ou tressé** sur une charpente de bois permet d'ériger une clôture légère à peu de frais.

Structures extérieures

Construction d'une clôture

La construction d'une clôture exige des connaissances élémentaires en menuiserie. Vous pouvez utiliser une scie circulaire, une scie à onglets et une perceuse/tournevis électrique. Si vous prévoyez faire le travail vous-même, choisissez un modèle selon votre niveau de savoir-faire; demandez de l'aide pour creuser les trous d'implantation des poteaux. Vous aurez probablement besoin d'aide aussi pour vérifier l'aplomb, fixer les poteaux et poser des traverses ou des sections de clôture.

Installation des poteaux

Habituellement, une bêche-tarière opérée à la main est le seul outil dont vous aurez besoin pour creuser les trous réservés aux poteaux. Si vous devez creuser un grand nombre de trous, songez à louer une tarière motorisée. Toutefois si la mèche frappe une grosse pierre ou les racines d'un arbre, le choc en retour peut causer de sérieuses ecchymoses aux jambes ou pire encore. Par conséquent, évitez d'utiliser un tel outil sur des terrains rocailleux ou près d'arbres matures.

Enfoncez les poteaux sous le seuil de gel sur un lit compacté de pierre ou de roche concassée de 6 po de profondeur de manière à ce que l'extrémité du poteau ne repose pas dans l'eau. Remplissez le long des poteaux avec un mélange de terre et de pierre concassée que vous aurez pris soin de bien compacter, ou avec du béton pour obtenir une plus grande solidité dans les coins et près des battants de barrière. Posez les poteaux à intervalles réguliers de 6 pi. Creusez les trous et installez les poteaux corniers en premier, ensuite tendez un cordeau entre ceux-ci afin de vous aider à déterminer le positionnement des trous et des poteaux intermédiaires.

Dans la plupart des cas, le haut de la clôture sera de niveau ou étagé par sections si le terrain présente une pente prononcée. Il est habituellement préférable de tailler les bouts lorsque les poteaux sont en position – à angle afin d'éliminer l'eau ou droit si vous prévoyez ajouter des couronnes.

Maintien des matériaux en place

Les serre-joints à coulisse conviennent à merveille pour maintenir les éléments en place jusqu'à ce que vous ayez terminé de mettre de niveau et à l'équerre les poteaux et les traverses. Utilisez des vis conçues pour usage extérieur. La rouille produit de vilaines taches, desserre les vis et contribue tôt ou tard à détruire la structure. Il est recommandé d'utiliser des clous galvanisés par immersion à chaud. En raison de leur capacité de retenue, les vis conviennent souvent beaucoup mieux pour fixer les traverses aux poteaux.

Installer une barrière sur mesure

MATÉRIEL : ▶ perceuse • marteau • clé à douille • scie
▶ des 1x4 • planches pour clôture • ferrures de barrière • clous ou vis

Vous pouvez vous procurer une barrière toute faite, mais si vous désirez obtenir une finition plus personnelle, vous préférerez sans doute en construire une, à l'aide de matériaux identiques à ceux de votre clôture. Pour qu'elle demeure droite et solide en dépit d'une grande utilisation, vous devez ajouter une jambe de force à votre barrière. Des vis pour l'extérieur et une perceuse/tournevis permettent de simplifier le travail et de construire des joints solides qui ne se relâcheront pas avec le temps. En raison de l'excédent de poids exercé sur le pilier de support de la barrière, il serait préférable de l'enfoncer plus profondément et de l'entourer de béton pour assurer une plus grande stabilité.

1 *Pour construire une barrière,* placez les pièces sur une surface plane, et vissez les montants et les traverses aux piquets.

2 *Retenez fermement la barrière* pendant que vous fixez les ferrures Il est à conseiller de fixer la penture un peu plus haut dans le sens d'ouverture afin de compenser l'affaissement initial.

3 *Utilisez une languette de cèdre ou de séquoia de 1 x 2* comme butoir. Clouez avec des clous galvanisés 8 d sur le poteau opposé aux pentures.

4 *Fixez un ressort,* si vous le désirez, pour que la barrière se referme automatiquement – c'est utile si vous avez de jeunes enfants ou un animal domestique.

5 *Terminez la construction* en ajoutant une poignée appariée. Sur ce type de barrière, le système de fermeture à ressort élimine la nécessité d'une clenche.

Construire une clôture en planches

MATÉRIEL : ▶ pinceau • ruban à mesurer • scie circulaire • perceuse/tournevis électrique • pelle • niveau
▶ poteaux de 4 x 4 • traverses de 2 x 4 • planches de 1 x 4 ou 1 x 6 • vis galvanisées pour terrasse

1 *Avant de procéder à l'installation des poteaux,* appliquez du scellant imperméable pour terrasse aux extrémités. Déterminez la position des trous réservés aux poteaux avec le cordeau.

2 *Placez le poteau dans le trou* et ajoutez graduellement de la terre, en la compactant à tous les 4 po avec le manche de la pelle tout en maintenant le poteau bien droit.

3 *Déterminez le niveau de la traverse du bas,* qui doit se trouver à quelques pouces du sol, et faites une marque sur le poteau au-dessus et au-dessous.

4 *Faites des traits de scie* de 1 $^1/_2$ po de profondeur entre les marques à l'aide de la scie circulaire. Entaillez le poteau afin d'y installer la traverse.

5 *Dans les coins, insérez les deux traverses* dans le poteau et vissez-les en place (percez auparavant afin d'éviter de fendre le bois) à l'aide de vis galvanisées pour terrasse.

6 *Fixez le poteau terminal* sur la maison. Vous devrez peut-être ajouter des bandes d'espacement ou des cales d'épaisseur contre un parement irrégulier ou à angle.

7 *À l'endroit où les traverses se jouxtent,* veillez à bien les centrer dans l'entaille du poteau. Préparcez les pièces avant de les visser en position.

8 *Taillez une bande d'espacement (gabarit)* de $^1/_2$ po afin de faciliter la pose des piquets. Vérifiez si vos piquets sont bien droits au fur et à mesure que vous progressez.

9 *Appliquez un scellant pour terrasse* offrant une protection contre les rayons UV afin de préserver les planches et de maintenir l'apparence de neuf de votre clôture.

Structures extérieures

Entretien d'une clôture

Si vous souhaitez que votre clôture dure de nombreuses années, vous devrez en assurer l'entretien. Ce travail sera fonction des conditions météorologiques de votre région et du modèle de clôture, y compris les matériaux utilisés. De toute façon, il est toujours sage de procéder à une inspection annuelle des clôtures et des barrières.

Inspection et réparation

Recherchez les signes évidents de pourriture sur le dessus des poteaux taillés plats, sur les surfaces horizontales susceptibles de retenir l'eau et dans tous les joints qui pourraient emprisonner l'eau et l'humidité. Sondez à l'aide d'un pic à glace afin de localiser les points faibles, plus spécialement aux endroits où la peinture s'écaille. Secouez la clôture à chaque poteau afin d'en vérifier la solidité. S'il y a du jeu, creusez au besoin afin d'en déterminer la cause – pourriture du bois ou résultat de l'érosion en raison d'un drainage inefficace. Faites une visée sur toute la longueur de la clôture – ou utilisez un niveau si vous n'avez pas le compas dans l'œil – pour vérifier si les poteaux ne se sont pas déplacés en raison du gel.

Si un poteau n'est pas solide ou n'est plus parfaitement vertical, creusez tout autour au besoin et remplacez la terre par un mélange bien compacté de pierre concassée et de terre, ou encore de béton. Si le poteau est pourri sous le niveau du sol, il sera plus facile de couper la portion pourrie et de le renforcer tel qu'illustré ci-dessous que de le remplacer.

Assurez-vous également que les barrières sont droites et que les ferrures sont fixées solidement. Pour ajuster une barrière déformée, installez un tendeur d'entretoise diagonale ou retirez la barrière, faites les ajustements et ajoutez une jambe de force.

Peinture

Il est préférable de peindre ou de teindre votre nouvelle clôture dès la fin des travaux d'installation, mais attendez quelque peu s'il s'agit de bois vert. Il est plus facile d'assurer l'entretien d'une surface teinte, contrairement à une surface peinte qui doit être grattée avant une nouvelle application.

Vous devez gratter une clôture peinte afin d'enlever les résidus de peinture et la laver à l'aide d'une brosse et d'une solution d'eau/détergent ou d'un appareil de nettoyage à pression. Utilisez une solution 50/50 javellisant/eau pour enlever les algues ou les moisissures. Poncez légèrement les endroits grattés afin d'obtenir une surface uniforme entre les surfaces peintes et celles qui ne le sont pas. Appliquez sporadiquement une couche d'apprêt à ces endroits avant de peindre toute la clôture.

Redresser une clôture

Redressez un poteau désaligné à l'aide d'un tendeur de fils de fer. Fixez l'assemblage aux vis à œilleton et resserrez le tendeur.

Ferrures de barrière

On peut fixer les pentures de barrière de manière qu'elles ne soient pas apparentes (charnière entre la bordure de la barrière et la face du poteau), ou qu'elle se trouvent sur la face intérieure ou encore à la vue sur la face extérieure. Les plus durables sont en acier galvanisé par immersion à chaud. Vous pouvez faire en sorte que la barrière se referme automatiquement à l'aide d'un ressort et d'une clenche ou encore à l'aide de ferrures à autodéclenchement montées sur la face intérieure. Les vis de type L peuvent supporter plus de poids.

Renforcer un poteau

MATÉRIEL : ▶ foret • truelle de jardinage • tournevis ou poinçon • perceuse/tournevis électrique • marteau • ciseau à froid • masse • égoïne • clé à douille ▶ jambe de

1 *Pour vérifier la présence de pourriture sur le poteau,* creusez jusqu'à la profondeur de la pierre concassée ou du collier de béton et sondez le poteau à l'aide du tournevis ou du poinçon.

2 *Fixez une jambe de force* sur la portion supérieure du poteau afin de le maintenir en position pendant que vous retirer la section pourrie.

3 *Utilisez le ciseau à froid* et le marteau pour briser le béton au besoin, ou enlevez la couche de pierre concassée qui se trouve sous le poteau.

Pour renforcer une clôture qui s'affaisse ou le cadre d'une barrière, fixez un support de métal aux coins à la jonction des traverses et des poteaux.

Un support de métal galvanisé placé sous un joint maintiendra également la solidité et l'équerre du joint de clôture ou de barrière.

Des goussets de contreplaqué vissés aux quatre coins permettent également de renforcer le joint. Utilisez du contreplaqué à usage extérieur que vous découperez en formes décoratives.

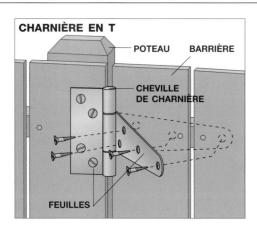

CHARNIÈRE EN T — POTEAU — BARRIÈRE — CHEVILLE DE CHARNIÈRE — FEUILLES

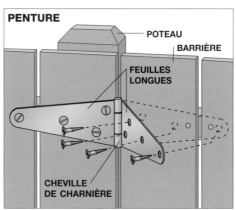

PENTURE — POTEAU — BARRIÈRE — FEUILLES LONGUES — CHEVILLE DE CHARNIÈRE

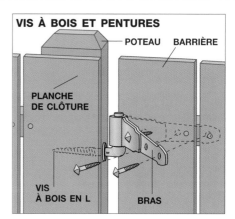

VIS À BOIS ET PENTURES — POTEAU — BARRIÈRE — PLANCHE DE CLÔTURE — VIS À BOIS EN L — BRAS

force de 2 x 4 • pièce de poteau appariée • boulon de carrosserie et écrou • béton • brouette

4 Après avoir démonté les traverses et les planches, coupez la portion pourrie et rattachez une nouvelle section de poteau à la section endommagée.

5 Percez un trou à travers le support et le poteau principal, et reliez-les à l'aide de boulons galvanisés. Taillez le dessus en biseau afin de rediriger l'eau de pluie.

6 Remplissez le trou de béton ou de pierre concassée compactée entre chaque couche. Laissez le support en place jusqu'à ce que la nouvelle base se soit placée.

Structures extérieures

Planifier la construction d'une remise

Le modèle et l'emplacement de votre nouvelle remise dépend en premier lieu de l'utilisation que vous en ferez. Une remise pour l'entreposage d'outils sera beaucoup plus facile à réaliser qu'une remise destinée à servir d'atelier. Si vous prévoyez la construction d'une remise assez grande pour contenir du matériel roulant, il vous faudra envisager la construction d'une rampe d'accès et de portes doubles de style « grange » ou encore une porte de garage basculante et peut-être même un plancher de béton. Dans le cas d'une remise qui servira aussi d'atelier, il faut prévoir des planchers de contreplaqué, l'isolation des murs, des fenêtres qui vont laisser pénétrer la lumière et permettre la ventilation, un système d'éclairage et quelques fiches électriques GFCI.

Bien qu'aucune règle n'exige que la remise s'harmonise avec le style de la maison, un modèle de toiture, un parement et une couleur apparentés peuvent contribuer à rehausser l'aspect de la propriété.

Code du bâtiment et permis

Les règles du Code du bâtiment concernant les remises varient en fonction de l'utilisation prévue. Elles différeront selon que la remise sera utilisée à des fins d'entreposage seulement ou qu'on y installera des systèmes de plomberie, de chauffage et d'électricité, ou qu'on y érigera des murs intérieurs. D'autres règles peuvent s'appliquer si vous désirez qu'elle serve à loger des animaux. Contactez le service d'urbanisme de votre localité avant de commencer les travaux. Certaines municipalités n'exigent pas de permis de construction si la remise n'excède pas certaines dimensions et n'est pas érigée sur des fondations permanentes. De plus, certains règlements peuvent régir l'emplacement, les dimensions et les modèles de toiture acceptables, ce qui peut avoir une incidence sur votre plan. Après avoir pris connaissance des règlements applicables, élaborez un projet conforme à vos besoins et à votre budget.

Choix de l'emplacement et orientation

Installez votre remise dans un endroit pratique : une remise qui servira principalement à l'empotage près du jardin ; une remise pour bicyclette près de l'entrée d'auto. Il faut toutefois prendre en considération la dénivellation et le drainage du sol, l'exposition au soleil et la vue. L'emplacement et l'orientation de la remise prendront une signification particulière si elle est visible de la maison ou d'une fenêtre de cuisine devant laquelle vous passez beaucoup de temps. Pensez aussi à vos voisins. Présentez-leur votre projet et examinez l'emplacement prévu en tenant compte de leur perspective.

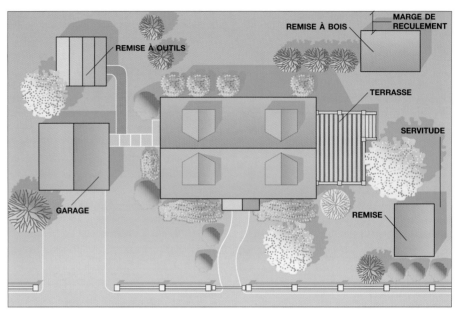

Où construire

Une remise utilitaire devrait être facile d'accès pour que vous puissiez aller y chercher rapidement les outils et matériaux qui s'y trouvent. Les règlements de zonage locaux peuvent indiquer la distance minimale entre votre remise et la limite de votre propriété, et même (s'il s'agit d'un petit terrain) les dimensions du bâtiment.

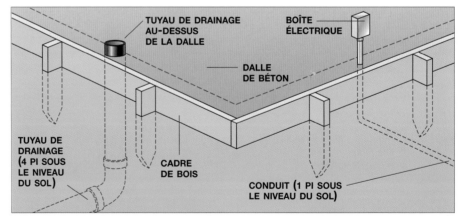

Infrastructure

Plomberie, chauffage et électricité contribuent à rendre une remise atelier plus pratique, mais ces systèmes soulèvent des questions de sécurité. Évitez les mesures temporaires comme brancher une rallonge à partir de la maison. Investissez plutôt temps et argent afin de fournir des services électriques permanents (dans une remise permanente) même s'il vous faudra installer un tableau secondaire de distribution.

Bien qu'il vous faille obtenir des permis et vous soumettre aux inspections d'usage, vous n'aurez peut-être à passer qu'un seul câble souterrain de 110 V entre votre tableau de distribution actuel et les fiches GFCI situées dans la remise. Si votre construction doit reposer sur une seule dalle, placez un tuyau de plastique rigide dans le béton au moment de le couler pour donner accès aux fils et aux sorties de drain.

Remises préfabriquées

Si vous désirez une remise et songez à l'utiliser le plus tôt possible, vous pouvez acheter une unité préfabriquée. Certaines de ces unités sont livrées et installées sur votre terrain par des installateurs chevronnés ou des sous-contractants. D'autres unités sont livrées en ensemble prêt-à-monter que vous érigez vous-même. Avant d'acheter, comparez les détails de construction, les modèles, les services et les prix, et prenez en compte la réputation de la compagnie. Vous serez, selon toute probabilité, responsable d'une partie ou de la totalité de la préparation de l'emplacement. Pour une remise de petites dimensions, il est possible d'utiliser des pièces de bois traité sous pression ou un lit de pierre concassée comme support. Les remises de plus grandes dimensions nécessitent des piliers ou des fondations.

Ce toit en croupe préfabriqué montre un surplomb sur chacun des côtés. On a remplacé un des panneaux de coin standard par une double porte.

On a amélioré l'apparence de cette remise de jardin préfabriquée en y ajoutant des volets et des boîtes à fleurs, et une porte vitrée pour laisser passer la lumière.

Fondations

Les fondations fournissent une base stable pour une remise. Le type de fondations varie selon les dimensions et le poids de la structure, et, d'une certaine façon, selon le type de sol. Une petite remise de moins de 100 pi^2 peut habituellement reposer sur des patins de bois traité de 4 x 4 ou des blocs de béton enfoncés de niveau dans le sol. Si vous habitez une région où il y a peu ou pas de soulèvement par le gel, vous pouvez couler du béton dans des tranchées d'une largeur de 8 à 10 po et d'une profondeur de 12 po. Les patins peuvent être considérés à titre de fondations non permanentes et vous dispenser de permis. Vérifiez avant le début des travaux.

La construction d'une remise plus grande nécessite des fondations classiques – piliers et poutres, béton ou mur de blocs, ou dalles de béton – avec mur de fondation qui s'enfonce au-delà du seuil de gel.

La manière la plus facile et la plus économique de supporter une remise lourde consiste à combiner piliers de béton et poteaux. Même sur un terrain en pente, il est possible de couler des piliers à l'aide de tubes préformés qui dépassent du sol de quelques pouces et d'insérer une ancre de pilier dans chacun de ces tubes avant que le béton durcisse. À partir de là, vous pouvez fixer des poteaux et les tailler à la même longueur pour servir de support à votre plancher de remise.

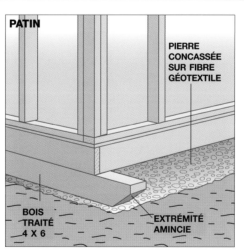

PATIN — PIERRE CONCASSÉE SUR FIBRE GÉOTEXTILE — BOIS TRAITÉ 4 X 6 — EXTRÉMITÉ AMINCIE

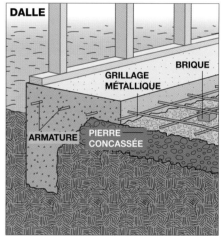

DALLE — BRIQUE — GRILLAGE MÉTALLIQUE — ARMATURE — PIERRE CONCASSÉE

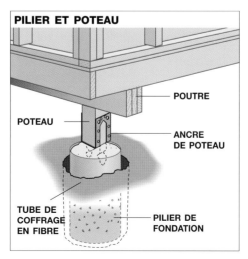

PILIER ET POTEAU — POUTRE — POTEAU — ANCRE DE POTEAU — TUBE DE COFFRAGE EN FIBRE — PILIER DE FONDATION

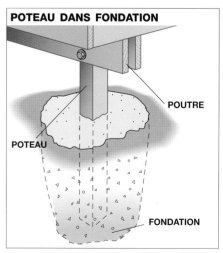

POTEAU DANS FONDATION — POUTRE — POTEAU — FONDATION

Structures extérieures

Plan et prêts-à-monter

La construction d'une remise faite de matériaux courants à partir d'un plan est un projet à la portée de la majorité des bricoleurs. Un plan bien conçu contient une description détaillée des matériaux nécessaires ainsi qu'une liste des coupes requises, des diagrammes clairs ainsi que des instructions étape par étape à la portée de gens possédant des notions élémentaires de menuiserie. La construction d'une remise de petites dimensions sur terrain plat exige au moins deux à trois week-ends de travail.

Avantages des prêts-à-monter

On retrouve des prêts-à-monter de remise en bois, en vinyle ou en métal. La plupart des marchands offrent un service professionnel d'installation ou peuvent vous recommander un entrepreneur local.

Comme dans le cas des remises préfabriquées, la qualité des ensembles prêts-à-monter varie de l'utilitaire très ordinaire sans aucun attrait à exceptionnellement belle, une construction durable qui peut rivaliser en qualité et en complexité avec une maison.

Les pièces sont précoupées et certains éléments comme les poutres triangulées ou des sections de mur peuvent être préassemblés. Selon les dimensions, le modèle et le nombre d'éléments préassemblés, vous pouvez avec l'aide d'un assistant monter une remise en quelques heures en vous servant uniquement d'un marteau, d'une perceuse/tournevis électrique ou tournevis, d'un ruban à mesurer et d'un niveau. Il est cependant plus réaliste de prévoir un week-end de travail. Les ensembles prêts-à-monter peuvent contenir ou non les matériaux nécessaires à la construction du plancher, mais dans chaque cas vous devez fournir les fondations.

Détails de finition

Les boiseries de coin peuvent sembler super-flues, mais elles permettent d'installer des parements de mur sans joints apparents.

Construire une remise

S'il s'agit de votre premier projet de construction, que vous disposez seulement d'outils rudimentaires et de capacités limitées, il est recommandé d'utiliser un plan bien conçu comprenant des instructions détaillées. Suivez l'exemple des professionnels et coupez vos pièces de bois à l'avance ou du moins toutes les pièces nécessaires pour compléter une étape (tels plancher, mur et toiture) Si vous désirez en savoir plus long pour ce projet, consultez les sections suivantes : « Charpente », pp. 106-119 et 124-125 ; « Couverture », pp. 408-425 ; « Parement », pp. 436-445 ; et « Portes et fenêtres », pp. 470-473. Pour connaître les méthodes d'entreposage une fois la remise construite, voir « Étagères et rangements », pp. 250-253 et 261.

MATÉRIEL : ▶ perceuse/tournevis électrique • marteau • ruban à mesurer • équerre • niveau de 4 pi • planches de 1 x 8 pour la porte • clous/vis • quincaillerie de porte et autres ferrures

1 *Utilisez les 2 x 6* pour construire une charpente de poutraison de plancher à intervalles de 16 po centre à centre, fixez ensuite les panneaux de contreplaqué de $^3/_4$ po ou $^5/_8$ po ou le sous-plancher OSB.

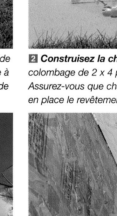

2 *Construisez la charpente des murs* à l'aide de colombage de 2 x 4 posés à 16 po centre à centre. Assurez-vous que chaque mur soit d'équerre et clouez en place le revêtement de mur extérieur.

6 *Installez et renforcez en premier* les poutres triangulées aux extrémités du toit. Vous pourrez ensuite tendre des lignes permettant d'intercaler et de clouer les poutres entre les deux.

7 *Vous avez le choix* de terminer les extrémités en pignon de la structure du toit en y ajoutant une deuxième rangée de poutrelles couvertes d'un panneau en pente.

8 *Ce type de poutre triangulée* offre un surplomb permettant de protéger le parement. Vous pouvez ajouter une corniche et une sous-face, et fermer jusqu'à l'avant-toit.

Afin d'empêcher l'eau de s'infiltrer, appliquez une généreuse couche de calfatage extérieur flexible, par exemple du silicone, entre la boiserie et le parement.

Porte de remise

Utilisez des portes doubles pré-usinées ou construisez une grande porte sur les lieux mêmes en vous servant de panneaux de contreplaqué ou de particules maintenus par une charpente.

Comme une porte surdimensionnée est habituellement lourde et sera soumise à rude épreuve, utilisez au moins trois pentures pour la fixer à la charpente de la remise.

▶ des 2 x 4 et 2 x 6 pour la charpente • contreplaqué ou autre revêtement mural extérieur • parement • matériau de couverture • fenêtre (facultatif)

3 **Relevez le premier mur en position,** en prenant soin de l'ajuster jusqu'à ce qu'il soit bien vertical. Utilisez une pièce de 2 x 4 pour le maintenir en place.

4 **Taillez le revêtement de mur extérieur** autour du cadre de fenêtre et placez-y la fenêtre afin de laisser pénétrer la lumière du jour. Le parement se rend jusqu'à la boiserie.

5 **Vous pouvez construire les poutres triangulées** en assemblant les pièces de bois avec des goussets de contreplaqué ou des connecteurs métalliques, ou encore utilisez des chevrons pré-usinés.

9 **Il n'est pas nécessaire de finir** la partie intérieure du mur de revêtement ; protégez le mur extérieur en y ajoutant un parement assorti à celui de la maison.

10 **Recouvrez le toit** de papier goudronné et d'une couverture par produit d'étanchéité ou de bardeaux avec bande adhésive. Appliquez ensuite deux couches de peinture sur les boiseries. Votre remise est enfin prête.

Structures extérieures

Pavillons de jardin hier et aujourd'hui

Un pavillon de jardin est avant tout une structure à l'écart qui permet d'admirer à loisir le panorama avoisinant ou les jardins. Autrefois point central de tout jardin anglais victorien ou édouardien qui se respecte, sa popularité a considérablement diminué au fur et à mesure de l'évolution des modes de vie. Les terrasses sont devenues le lieu principal de la vie au grand air. De nos jours, on aménage des pavillons de jardin dans les résidences déjà munies d'une terrasse en raison des avantages que les terrasses ne peuvent offrir, soit l'ombre, l'isolement, le charme, etc.

L'emplacement du pavillon de jardin est surtout une question d'esthétique et de fonction. Vous pourriez, pour ces diverses raisons, vouloir ajouter un toit imperméable, des moustiquaires ou d'autres accessoires du genre.

Construction d'un pavillon de jardin

Les pavillons de jardin appartiennent à la catégorie des structures extérieures les plus complexes à réaliser. Observez la construction d'un tel pavillon à partir de plans et vous constaterez beaucoup de confusion – et un intense va-et-vient entre la table de sciage et l'emplacement du pavillon. La plupart des modèles de pavillons de jardin comportent un grand nombre de faces et de pièces décoratives, avec des garde-corps sophistiqués, une armature visible, des frises ornementales et des échafaudages de coin. Cette complexité, qui s'ajoute au fait que le pavillon de jardin constitue habituellement le point d'intérêt central d'un aménagement, en fait un candidat idéal pour le prêt-à-monter. Ainsi il n'y a plus de travail au jugé.

Styles

Le pavillon de jardin peut être une simple structure comprenant une terrasse, quatre poteaux et un toit de lattes semblable à un treillis. Mais la plupart des modèles sont beaucoup plus complexes et plus difficiles à construire, que vous travailliez à l'aide d'un plan, que vous tailliez les pièces une à une ou que vous achetiez un ensemble prêt-à-monter. Règle générale, plus le pavillon compte de faces, plus il sera difficile à construire. Si vous taillez vous-même les pièces de bois, utilisez un gabarit ou un modèle afin d'obtenir des pièces uniformes. Si vous achetez un ensemble prêt-à-monter, disposez les pièces comme si vous regardiez une illustration en coupe afin de mieux percevoir l'ensemble.

Vous pouvez fabriquer des chevrons courbés pour les sections qui se chevauchent ou les tailler à partir de panneaux de contreplaqué à usage extérieur.

Ce pavillon de jardin hors série en séquoia est réuni à la terrasse par des marches et une clôture, et il épouse le terrain avec ses plinthes de treillis.

Ce modèle préfabriqué prêt-à-monter est verni entièrement afin de le protéger des intempéries. Certaines entreprises peuvent vous fournir des panneaux moustiquaires amovibles.

Choix de toiture

La toiture des pavillons de jardin multifaces se révèle souvent la section la plus complexe de la structure. Les bricoleurs novices auront un premier contact avec une forme particulière de joint de chevrons appelé « onglet combiné » ; c'est une coupe unique qui correspond en même temps à la pente descendante et à l'inclinaison de côté du chevron. Les chevrons courbés servant à créer les toits en forme de champignon doivent être taillés à partir d'un modèle dont on a vérifié l'exactitude avec soin. Certains ensembles prêts-à-monter comprennent une toiture complètement finie, livrée en sections qui se chevauchent et que l'on peut assembler à l'aide de boulons. D'autres incluent des chevrons précoupés, mais vous laissent le soin de vous procurer le revêtement extérieur de la toiture et la responsabilité de l'installation.

Chaque panneau de toit de cet ensemble prêt-à-monter couvre une section de cette toiture complexe. Les panneaux comprennent le revêtement extérieur latté et les bardeaux déjà fixés.

Les charpentes autour des panneaux du toit sont maintenues par des boulons. La toiture (incluant le solin) s'étend d'un panneau à l'autre.

Assembler une structure de prêt-à-monter

1 *Pour la plupart des pavillons de jardin prêts-à-monter,* vous devez préparer le terrain, creuser les trous et couler la fondation de béton avant de procéder à l'assemblage du plancher.

2 *Dans plusieurs ensembles,* les ancrages et les boulons remplacent les clous. Certaines pièces de bois sont prépercées afin d'y faire passer les fils électriques.

3 *Ces poteaux sont fixés* à des plaques de métal à l'aide de boulons. Les panneaux des murs sont fixés aux poteaux grâce à des bielles et à des boutons.

4 *Les couronnes prétaillées* à la toupie sont installées entre les poteaux afin de créer des ouvertures dans la charpente du mur et de maintenir ensemble les traverses de la structure.

5 *Certains ensembles* comportent des sections préassemblées de petits panneaux et de bandes décoratives entre les poteaux, appelées « ouvrages à claire-voie ».

6 *Cet ensemble prêt-à-monter de pavillon de jardin* présente une toiture à deux niveaux, munie d'ouvrages à claire-voie et de couronnes de poteau précoupées servant à séparer les deux étages.

7 *L'assemblage d'un pavillon prêt-à-monter* est semblable à l'assemblage des pièces d'un casse-tête. L'illustration montre la mise en place d'une section de revêtement du toit supérieur.

8 *On omet l'installation* d'un des panneaux du toit supérieur afin de faciliter la pose de la coupole. La section préassemblée est reliée aux ferrures du toit.

9 *La plupart des ensembles prêts-à-monter* offrent des accessoires optionnels tels des sièges qui font le tour du pavillon, des marches et des garde-corps ainsi qu'une gamme étendue de boiseries de finition.

Structures extérieures

Portes d'accès au jardin

Les peintures murales des anciens Égyptiens montrent des structures couvertes de lianes ou de vigne qui ressemblent aux tonnelles que nous voyons de nos jours. Mais ce sont les Romains qui ont poussé à son paroxysme l'art des tonnelles. Ces structures, à cette époque tout comme aujourd'hui, servent à fournir une zone d'ombre mais nous sont plus familières comme portes d'accès au jardin. Elles diffèrent de leur cousin, le treillis, puisqu'elles sont conçues pour soutenir les lianes les plus lourdes.

Construction d'une tonnelle

En premier lieu, utilisez une catégorie de bois qui résiste à la pourriture tel le cèdre ou le séquoia, du bois traité sous pression ou encore une combinaison des deux (voir p. 90-91). Parmi les trois, le séquoia représente le meilleur choix si vous désirez une tonnelle peinte. La peinture d'adhère pas très bien au bois traité mais vous pouvez et devriez le teindre, non seulement pour des raisons d'esthétique mais également pour le protéger contre le gauchissement, les brisures ou autres ennuis causés au bois par l'exposition aux intempéries.

Les poteaux enfoncés directement dans le sol fournissent le support vertical, tandis que les traverses et la poutraison forment la charpente ouverte du toit. Vous pouvez fixer un lambourdage ou un treillis aux poteaux afin de fournir un appui supplémentaire aux plantes grimpantes ou aux lianes, ou simplement pour créer un espace plus intime.

Choix de plantes

Les vignes, les rosiers grimpants, les clématites, le chèvrefeuille, les glycines et le jasmin de Caroline, tous offerts chez votre pépiniériste, sont idéaux pour couvrir la tonnelle. Les graines de petits pois, les gloires du matin et les doliques d'Égypte sont également des choix populaires. Dès le début de leur croissance, les vignes grimpantes commencent à remonter le long des poteaux mais elles s'y agripperont mieux si on leur en donne la chance, au moyen de treillis, de lattes verticales ou même d'une corde de nylon tendue entre quelques œillets. Quelques variétés de plantes, tels les rosiers grimpants, doivent être attachées aux poteaux. Après la première année, il est recommandé d'élaguer les vignes ou les lianes au printemps afin de retirer les branches mortes, cassées ou les pousses tombantes.

Modèles de base

La largeur des tonnelles peut varier énormément. On en trouve de la taille d'un étroit passage tandis que d'autres ont la taille de grands pavillons permettant de couvrir une terrasse entière. Il peut s'agir de structures indépendantes ou d'entrées vers une section clôturée. Le dessus de la tonnelle peut être en demi-cercle, arrondi, crêté ou plat; les modèles à toit plat conviennent généralement mieux aux tonnelles de grande taille, plus particulièrement celles auxquelles on a incorporé des bancs. Les tonnelles ne sont pas toutes conçues pour servir de porte d'entrée. Une tonnelle fermée, placée contre une palissade, peut servir de niche décorative à l'intérieur d'un jardin ou d'une cour arrière.

Les modèles de tonnelles les plus populaires sont offerts en ensembles prêts-à-monter. Toutefois, contrairement aux treillis, qui sont dans bien des cas appuyés sur d'autres structures, une tonnelle doit être fixée directement dans le sol. La manière la plus simple consiste à enfoncer des poteaux de bois traité sous le seuil de gel et à les maintenir à la verticale pendant que vous remplissez et compactez la terre. Laissez les supports en place lorsque vous ajoutez des lattes ou d'autres pièces de bois permettant de maintenir la structure. L'autre option consiste à couler des piliers de béton pour les poteaux de soutien et à rattacher les pièces de bois aux piliers à l'aide de ferrures.

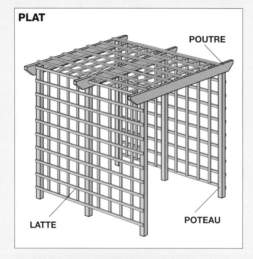

PLAT

POUTRE

LATTE

POTEAU

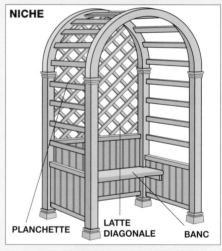

NICHE

PLANCHETTE

LATTE DIAGONALE

BANC

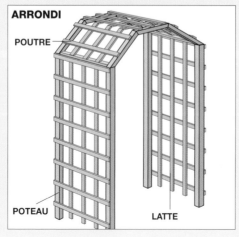

ARRONDI

POUTRE

POTEAU

LATTE

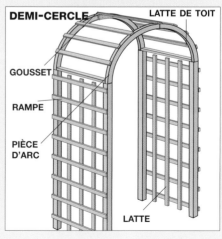

DEMI-CERCLE

LATTE DE TOIT

GOUSSET

RAMPE

PIÈCE D'ARC

LATTE

Tailler en cercle

MATÉRIEL : ▶ compas • lame de scie sauteuse ▶ contreplaqué

1 *Dessinez le tracé* des arcs sur une pièce de contreplaqué. Utilisez une languette de bois fixée au centre pour tracer la courbe de votre arc.

2 *Taillez le long de la ligne* à l'aide de la scie sauteuse. Pour plus de force et de stabilité, utilisez une double épaisseur de contreplaqué pour usage extérieur.

3 *Pour assembler le demi-cercle,* appliquez une couche généreuse de colle de construction sur un des panneaux et vissez le second en position.

Fixer un treillis

MATÉRIEL : ▶ pinceau • scie circulaire • ruban à mesurer • marteau • lunettes de protection ▶ treillis • apprêt et peinture pour l'extérieur

1 *Avant de procéder à la pose du treillis,* prenez le temps d'appliquer une couche d'apprêt et de peindre les poteaux de soutien qui retiendront le treillis.

2 *Utilisez une scie circulaire* pour tailler les sections de treillis à la taille voulue et les ajuster entre les poteaux. Ajustez la lame de manière légèrement plus profonde que l'épaisseur du treillis.

3 *Vous pouvez masquer les joints* où les feuilles de treillis se jouxtent sur les poteaux en ajoutant une boiserie.

Détails de finition

MATÉRIEL : ▶ scie à onglet motorisée ou boîte à onglet et scie d'encadreur • marteau • couteau à mastic • pinceau
▶ moulures et faîteau • colle • clous de finition • pâte de bois • apprêt et peinture • papier abrasif

1 *Effectuez la finition des poteaux* en combinant des pièces ordinaires, comme ce faîteau et ces moulures. Cela permet également de protéger le bois à l'extrémité du poteau.

2 *Taillez les bouts de la moulure* 2 à 45° et fixez-la au poteau à l'aide de colle et de clous de finition.

3 *Essuyez l'excédent de colle* remplissez les trous laissés par les clous avec de la pâte de bois et poncez avant d'appliquer la couche d'apprêt et de peindre.

Structures extérieures

Construction de treillis

Les treillis sont des structures simples semblables à des tonnelles mais construites à partir de matériaux plus légers ; et si elle servent de support pour des plantes grimpantes, celles-ci sont également plus légères. Certains treillis sont verticaux, comme un treillis avec charpente autoporteuse installé entre des poteaux ou un treillis sur mesure rattaché à une cheminée ou appuyé contre un mur. Les treillis horizontaux peuvent reposer sur des poteaux et comporter un ou plusieurs côtés, ou ils ont une extrémité rattachée à un mur de maison tandis que l'autre est maintenue par des poteaux ou des plaques métalliques.

Si vous décidez de placer votre treillis près d'une terrasse ou d'une autre structure, adoptez un modèle simple. Si par contre vous souhaitez créer un point d'intérêt, vous pouvez retenir un modèle plus complexe tel un treillis en éventail monté contre un mur.

Construction d'un treillis

Un treillis horizontal bien conçu servira à filtrer une grande partie des rayons de soleil de l'après-midi tout en laissant passer la lumière et en permettant à l'air frais de circuler librement. Pour créer une zone d'ombre, placez les poutres à 16 ou 24 po centre à centre et fixez-y une rangée ou plus de pièces de bois de moindres dimensions tels des 2 x 2 ou des 2 x 4 placés sur les côtés et recoupant les poutres à angle droit.

Lorsque vous avez trouvé un modèle qui vous plaît, songez à imbriquer les plus grosses pièces de bois entre elles en taillant des sillons peu profonds sur le dessous de chaque pièce aux endroits où elles croisent les poutres ou à d'autres point de soutien.

Évitez de pratiquer des entailles sur le dessus des pièces de soutien, car elles pourrait faire pourrir le bois. Les charpentes exposées construites de cette façon ont bien meilleure apparence. Les joints croisés sont plus solides et aident à prévenir le gauchissement des planches.

Assemblez plusieurs planches en même temps afin de pratiquer les entailles à la manière d'une ligne de montage. Si votre modèle comporte des coupes décoratives aux extrémités des poutres, fabriquez un gabarit à partir d'un panneau de bois dur ou de contreplaqué de 1/4 po. Fixez-le sur chaque planche et dessinez le tracé que vous découperez ensuite à la scie sauteuse.

Si vous entreprenez la construction d'un treillis appuyé contre un mur, utilisez des pentures ou un autre type d'ancrage de manière à pouvoir le retirer facilement si vous devez peindre le mur.

Modèles de base

Vous pouvez créer à peu près n'importe quel type de grillage avec diverses combinaisons de poteaux de 4 x 4, de poutrelles différentes et d'une gamme encore plus étendue de lattes de toit. La structure peut être faite de bois traité sous pression (y compris des lattes en feuilles de 2 x 8 et 4 x 8), de séquoia, de cèdre ou de bois de sapin auquel vous aurez appliqué plusieurs couches de scellant, de teinture ou de peinture extérieure.

Comme les treillis n'ont pas à se débarrasser de l'eau, il n'est pas utile d'avoir des chevrons inclinés. Il est parfois plus simple de se servir de couches à plat, comme ce treillis (en bas à droite) conçu pour s'étendre à partir d'un mur de la maison. Tout comme une terrasse, celui-ci comprend des poteaux et une poutre servant à supporter les chevrons principaux. Il se rattache à la maison par une poutrelle horizontale Ce modèle montre des chevrons taillés en escalier. À la limite, vous pouvez utiliser des 2 x 2 en guise de grillage. Utilisez des 2 x 4 sur les côtés pour la section principale. Pratiquez des entailles sur les chevrons de manière à ce que les pièces de bois servant de grillage s'imbriquent plutôt que de les laisser reposer sur les chevrons. Vous pouvez également ajouter une rangée de grillage.

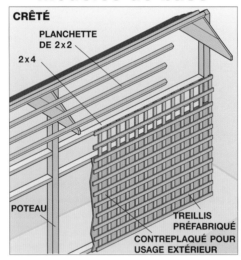

CRÊTÉ

PLANCHETTE DE 2 x 2

2 x 4

POTEAU

TREILLIS PRÉFABRIQUÉ CONTREPLAQUÉ POUR USAGE EXTÉRIEUR

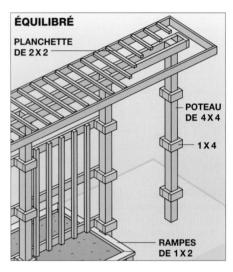

ÉQUILIBRÉ

PLANCHETTE DE 2 X 2

POTEAU DE 4 X 4

1 X 4

RAMPES DE 1 X 2

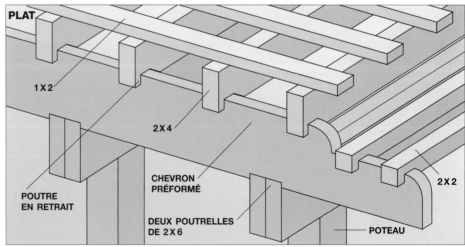

PLAT

1 X 2

2 X 4

POUTRE EN RETRAIT

CHEVRON PRÉFORMÉ

DEUX POUTRELLES DE 2 X 6

POTEAU

2 X 2

Ombre

Le store vénitien représente l'ultime treillis ; il est possible d'ajuster les lattes de manière à bloquer les chauds rayons du soleil de l'après-midi et de les ouvrir par temps sombre pour laisser pénétrer plus de lumière. Comme les treillis de bois sont fixes, vous devez décider à l'avance du niveau d'ombrage. Le meilleur moyen consiste à construire les éléments de base de la charpente, à y fixer temporairement plusieurs panneaux et à analyser les résultats. On utilise généralement des planches plus larges et des angles plus prononcés en plus de diminuer l'espace entre les panneaux ou les lattes pour bloquer plus efficacement la lumière.

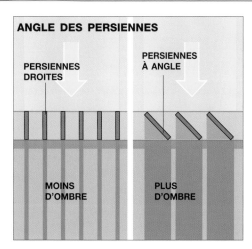

ANGLE DES PERSIENNES

PERSIENNES DROITES

PERSIENNES À ANGLE

MOINS D'OMBRE

PLUS D'OMBRE

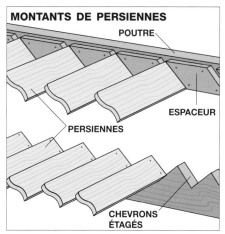

MONTANTS DE PERSIENNES

POUTRE

ESPACEUR

PERSIENNES

CHEVRONS ÉTAGÉS

Construire un treillis en éventail

MATÉRIEL : ▶ serre joints • ponceuse électrique • perceuse/tournevis électrique • marteau
▶ pièces de bois traité de 1 x 1 ou 1 x 2 • boulons de carrosserie, écrous et rondelles • clous • colle • teinture ou peinture

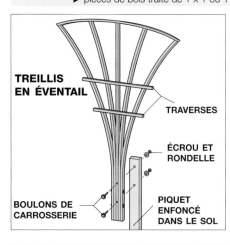

TREILLIS EN ÉVENTAIL

TRAVERSES

ÉCROU ET RONDELLE

BOULONS DE CARROSSERIE

PIQUET ENFONCÉ DANS LE SOL

1 *Serrez ou fixez ensemble* toutes les pièces de treillis pour les poncer. Utilisez des morceaux traités ordinaires ou taillez les panneaux vous-mêmes.

2 *Fixez les pièces poncées* à la base et percez deux trous qui vous permettront de boulonner les pièces.

3 *Servez-vous des boulons de carrosserie* avec rondelles et écrous pour serrer la base de votre treillis en éventail. Vous pouvez ensuite espacer les languettes.

4 *Sur une surface plane,* étendez et fixez les pièces de l'éventail en position et ajoutez les traverses.

5 *Placez une longue languette* en travers de la partie supérieure de l'éventail en vous assurant de coller et de clouer chaque languette. Appliquez de la teinture ou de la peinture pour terminer.

28

Jardins

Jardins

Entretien des outils

Vos outils de jardin dureront plus longtemps et seront plus efficaces si vous en prenez soin. Vous devriez toujours assécher et nettoyer vos outils avant de les ranger. Essuyez la saleté et l'humidité à l'aide d'un chiffon ; pour nettoyer les petits outils, enfoncez-les dans un seau rempli de sable de construction, ce qui permettra de déloger les saletés. Ne frottez jamais les outils de métal l'un contre l'autre, car vous risqueriez d'abîmer leur surface et d'accélérer la propagation de la rouille. Vous pouvez vous procurer ou fabriquer vous-même une spatule de bois conçue pour enlever la boue séchée. Les scies et les outils à lame doivent être entreposés de manière à éviter que les côtés aiguisés entrent en contact avec d'autres outils de métal ou des surfaces abrasives. Affûtez-les souvent. La plupart des scies peuvent être affûtées à l'aide d'une meule ou d'une lime. La majorité des outils à lame, comme les ciseaux, peuvent être rafraîchis à l'aide d'une pierre meulière.

Entretien de fin de saison

Avant d'entreposer vos outils en automne ou au début de l'hiver, enlevez toute trace de rouille à l'aide d'une brosse métallique. Les poignées de bois fendues peuvent être collées ou enveloppées de ruban adhésif afin de les réparer de manière temporaire, mais il faudra les remplacer tôt ou tard. Nettoyez les poignées de bois et appliquez une couche d'huile de lin bouillie ; si les poignées sont très vieilles, appliquez plusieurs couches de vernis en prenant soin de poncer entre les applications. Nettoyez minutieusement toutes les parties métalliques, polissez-les avec de la laine d'acier et appliquez un enduit de protection telle de l'huile minérale afin de prévenir la rouille. Vous devriez appliquer une couche d'huile de graissage sur toutes les parties mobiles. Retirez l'essence des réservoirs des outils motorisés.

Outils spécialisés

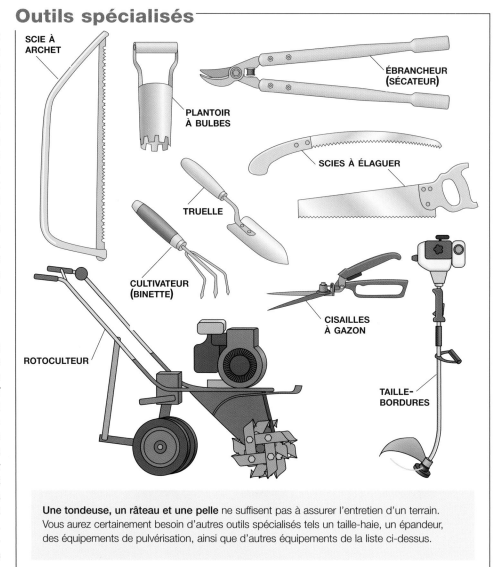

Une tondeuse, un râteau et une pelle ne suffisent pas à assurer l'entretien d'un terrain. Vous aurez certainement besoin d'autres outils spécialisés tels un taille-haie, un épandeur, des équipements de pulvérisation, ainsi que d'autres équipements de la liste ci-dessus.

Entretenir une tondeuse

MATÉRIEL : ▶ clé à molette • affûteur à couteau • tournevis • clés à douille • brosse métallique • entonnoir • siphon • chiffons • jerrican • lunettes de protection

1 *Remplacez le filtre à air* de la tondeuse selon les recommandations du fabricant ; il est maintenu en place par une pince à ressort ou des vis.

2 *Retirez le couteau au moins une fois l'an* afin de l'affûter et faites la vidange d'huile à moteur afin de pouvoir tirer le maximum de performance du moteur.

3 *Vous devriez enlever tous les résidus de gazon et de terre* qui se déposent dans la cage du couteau après chaque usage. Enlevez également le gazon séché près du sac et de la chute.

Couteau de tondeuse

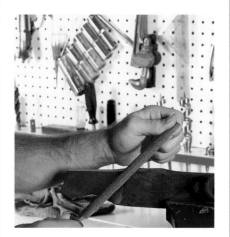

Pour affûter le couteau d'une tondeuse à lame rotative à l'aide d'une lime, débranchez d'abord la bougie d'allumage avant de retirer le couteau. Pendant que vous affûtez le couteau avec la lime, efforcez-vous de préserver l'angle original de la partie aiguisée du couteau. Utilisez la lime dans une direction seulement – en l'éloignant de vous. Après avoir terminé l'affûtage des extrémités du couteau, vérifiez l'équilibre en plaçant le centre du couteau sur un clou au mur. Si le couteau s'incline d'un côté ou de l'autre, limez le métal de ce côté.

Scies à chaîne

La lame d'une scie à chaîne bien affûtée permet de couper des rondins sans effort, comme un couteau dans du beurre mou, alors qu'une chaîne émoussée peut vous forcer à rester en place pour ce qui semble une éternité juste pour couper un rondin. La terre et le gravier peuvent émousser une chaîne en quelques secondes – dans certains cas cette substance se colle à l'écorce d'un arbre abattu, mais le plus souvent il s'agit d'un contact accidentel de la scie avec le sol. Lorsque les branches d'un arbre gisent sur le sol, cela peut être difficile à éviter. Voilà pourquoi la grande majorité des bûcherons gardent une chaîne affûtée à portée de la main. L'utilisation d'un crochet à rondins constitue un moyen facile et sécuritaire pour soulever un tronc de quelques pouces – suffisamment pour empêcher la chaîne de toucher au sol.

Un sécateur électrique est beaucoup plus facile à manœuvrer qu'une scie à long manche pour tailler des branches en hauteur.

Lorsque vous utilisez une scie à chaîne, vous devriez toujours porter un équipement de protection contre le bruit, semblable à cet ensemble comprenant casque et visière.

Les scies à chaîne de plus de 36 po sont lourdes et coûteuses ; les scies de 16 à 20 po suffisent amplement aux besoins de la plupart des gens.

• contenant en aluminium ▶ filtre à air • huile à moteur (vérifiez si vous devez utiliser de l'huile pour moteur 2 temps) • huile de graissage • bougies d'allumage

4 Remplacez régulièrement la bougie d'allumage ; vous aurez besoin d'une clé à douille et d'une douille profonde pour retirer la bougie.

5 Les contrôles doivent être nettoyés et enduit d'huile à graissage à chaque nouvelle saison.

6 Vérifiez le niveau d'huile après chaque usage et ajoutez-en au besoin. Vous obtiendrez ainsi un meilleur rendement du moteur et prolongerez sa vie utile.

Jardins

Conception d'un aménagement paysager

L'aménagement paysager est un prolongement naturel de chaque propriété, que vous disposiez de plusieurs acres de jardins harmonieusement découpés ou seulement de l'espace nécessaire pour placer quelques plantes en pots près de la porte principale. La disposition des arbres, des arbustes et de la pelouse, ainsi qu'une sélection de fleurs peuvent vous apporter plusieurs avantages, outre la beauté naturelle des lieux. Un aménagement paysager bien conçu contribue à définir et à protéger les sections plus intimes de votre terrain. Un choix judicieux de plantations peut éliminer le bruit en provenance d'une rue avoisinante, fournir de l'ombre pendant les journées chaudes de l'été, et en hiver permettre le passage des rayons du soleil lorsque vous en avez besoin. De plus, l'aménagement paysager représente pour le bricoleur un des moyens les plus efficaces d'accroître la valeur de sa propriété. La clé du succès : élaborer un plan qui couvrira l'ensemble de la propriété.

Dresser la carte des lieux

Commencez par dresser une carte de votre propriété. Le plan de masse ou de localisation de votre propriété peut servir de point de départ. Faites-en un agrandissement au besoin et reproduisez-le sur une grande feuille de papier, préférablement quadrillée. Votre carte devrait indiquer les dimensions de la propriété, son orientation, la position relative de la résidence et des autres structures, les distances par rapport à la rue et aux limites séparant les propriétés, ainsi que des détails sur les entrées et les aires de stationnement.

Ajoutez-y des caractéristiques qui n'apparaissent pas sur le plan original. Incluez par exemple la taille et la position des arbres et des arbustes, ainsi que l'emplacement des zones gazonnées, des jardins, des bordures et des plates-bandes. Inscrivez également les autres facteurs qui peuvent avoir une influence. Cela comprend la direction des vents dominant ainsi que la position des zones de soleil et d'ombre le matin, le midi et en après-midi. Notez la configuration de drainage et tout autre facteur pouvant affecter le terrain.

Si votre carte est surchargée, vous pouvez inscrire les caractéristiques supplémentaires sur une nouvelle feuille que vous pourrez superposer à la première et fixer à l'aide de ruban adhésif.

Aménagement en terrasses

« Prélever et remblayer » est une méthode avantageuse pour aménager un terrain onduleux avec pentes prononcées. Il s'agit de prélever une section de la pente et d'utiliser la terre pour remblayer la zone adjacente, ce qui crée une terrasse. Il y a une multitude de moyens pour retenir la terre bordant une terrasse. À petite échelle, vous pouvez utiliser des planches de bois traité de 2 x 12 maintenues par des piquets de 2 x 4. À plus grande échelle, vous pouvez opter pour la construction d'un mur de soutènement en utilisant les pierres déplacées lors des travaux d'excavation, pour des blocs de béton autobloquants ou, si vous voulez avoir une apparence plus rustique, pour des traverses de chemin de fer. Les pentes abruptes rendent difficile le calcul des forces qui agiront sur le mur. Mais on peut mater la majorité des pentes à l'aide à la fois d'un solide mur de soutènement, par exemple en béton armé, et d'un système permettant à la pression hydrostatique de s'échapper telles des chantepleures.

Un plan d'aménagement paysager détaillé peut inclure un certain nombre d'aménagements extérieurs, allant de jardins clôturés à des pavillons de jardin (avec ou sans murs) et mettre à profit les caractéristiques naturelles du lieu pour prévoir des secteurs distincts et des dénivellations qui permettront d'ajouter à la beauté d'un terrain ordinaire et d'en profiter au maximum.

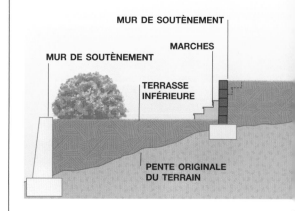

Conception d'aménagement paysager

Votre concept

Commencez par prendre en considération les caractéristiques dont vous souhaitez profiter et dressez une liste de priorités. Si vous recevez souvent, allouez de l'espace pour des places de stationnement supplémentaires et réservez une section pour préparer des repas à l'extérieur. Si vous avez des enfants, prévoyez une aire de jeu ou une piscine. Si vous êtes un passionné de jardinage, la position du soleil aura une grande influence sur le choix de l'emplacement du jardin. Superposez une feuille de papier à tracer sur la carte et indiquez la position exacte des nouvelles clôtures, terrasses, jardins, remise à outils, emplacement de jeu, arbres et arbustes, ainsi que toute autre caractéristique souhaitable. Précisez la hauteur des structures ainsi que les matériaux de construction. Si vous devez entre-prendre de gros travaux de terrassement ou d'excavation, le service des permis de construction de votre localité peut exiger que les cotes d'élévation soient indiquées sur le plan final. Il est préférable de confier cette tâche à un arpenteur-géomètre ou à un architecte paysagiste.

Dès que vous disposez du plan final, placez les feuilles du dessus sous la carte et dessinez le tracé des nouvelles caractéristiques de votre terrain. C'est le dessin final de votre projet, celui que vous utiliserez pour coordonner vos efforts ou soumettrez aux responsables municipaux s'il est nécessaire d'obtenir un permis. La plupart des projets d'aménagement paysager ne requièrent aucune autorisation, à quelques exceptions près. Par exemple, certains règlements, dits de «marges de reculement», indiquent la distance minimale de la limite de propriété à respecter pour la construction d'une structure, même si c'est vous le propriétaire.

Préparation du terrain

Apportez vos dessins sur le terrain. Notez bien de quelle manière votre projet peut s'intégrer au paysage et relevez les points que vous devrez modifier. Suivant l'ampleur des changements prévus, vous devrez planifier les travaux de préparation. Il se peut que vous ayez à déplacer des rochers, autant sur le sol que sous la surface, avant de pouvoir creuser des trous de plantation. Vous devrez peut-être couper des branches afin d'accroître l'ensoleillement pour le jardin. Vous devrez bien sûr enlever les mauvaises herbes. Il est recommandé de commencer les préparatifs dans les quatre à six semaines précédant la période idéale de plantation.

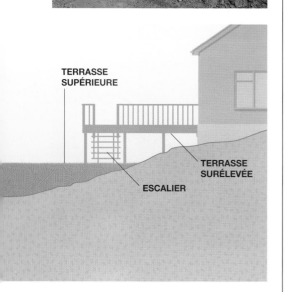

Conception d'aménagement paysager

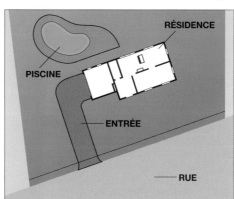

1 Avant d'entreprendre la conception de votre **aménagement paysager,** dessinez une carte montrant votre résidence ainsi que toutes les autres structures permanentes qui l'entourent.

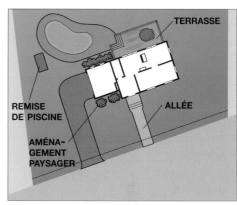

2 Ajoutez-y les autres caractéristiques de votre terrain telles terrasse et dépendances, ainsi que la position de vos plantations et allées actuelles.

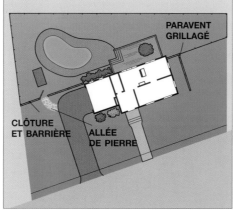

3 Il est important d'y indiquer la direction des vents dominants, l'orientation du soleil de même que d'autres facteurs environnementaux, comme

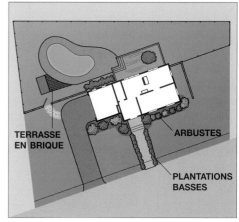

4 Une fois toutes les informations mention-**nées** sur votre plan, vous pouvez commencer à explorer diverses possibilités d'aménagement paysager.

Jardins

Arbres et arbustes

Avant de déterminer les changements paysagers, essayez de connaître les types de végétaux qui croissent le mieux dans votre région en visitant une pépinière. Visitez un arboretum ou un jardin public afin de trouver des idées de présentation. Pour obtenir un agencement équilibré, il est sage de connaître la taille des plants au stade adulte ainsi que l'échelle de grandeur des plantes entre elles. Idéalement, l'aménagement paysager ne devrait être ni trop dense ni trop épars, devrait présenter des couleurs et des textures diverses, et nécessiter un minimum d'entretien.

Rusticité des plantes

Les plantes s'épanouissent dans un environnement qui se rapproche de leur milieu naturel. Consultez la carte de la page 576 afin de connaître la zone de rusticité de votre région. Cela vous permettra de mieux choisir des plantes. Il ne s'agit cependant pas de valeurs absolues : si vous habitez la zone 7, vous pouvez essayer une plante de zone 3 à 6 à condition de la protéger du chaud soleil d'été, ou encore une plante de zone 8 à 10 pourvu que vous lui fournissiez la protection nécessaire contre les froids et les vents hivernaux. Portez une attention spéciale aux zones de microclimat. L'air froid tend à se maintenir au pied des collines, alors que les pentes de la face sud seront beaucoup plus chaudes que celles de la face nord.

Résistance aux maladies

Les arbres, arbustes et fleurs vivaces les plus appropriés sont ceux qui pourront croître en santé au sein de votre environnement, et pourront combattre les maladies et les insectes sans nécessiter d'intervention constante de votre part. Ces plantes sont pour la majorité de nouveaux hybrides de plantes populaires développés par les producteurs. On y trouve des cornouillers améliorés, des pommetiers résistant aux parasites, et même des ormes pouvant résister aux maladies. Les robustes arbres et arbustes indigènes, de plus en plus disponibles, se révèlent un bon choix. N'hésitez pas à consulter un pépiniériste et demandez-lui de vous montrer les espèces qui conviennent aux conditions climatiques de votre région.

Couleur et port

Les plantes ne sont pas toutes vertes, et certaines plantes vertes ne demeurent pas vertes toute l'année. Il faut prendre en considération la couleur des feuilles (au printemps et en automne), savoir s'il s'agit de plantes sempervirantes ou caduques, et connaître la période de floraison selon le cas. Essayez d'imaginer votre aménagement au fil des saisons, et ajoutez de la couleur ou d'autres éléments qui ajouteront de l'intérêt au moment opportun. La forme ou la structure de la plante, qui constitue son «port», est une autre caractéristique importante. Consultez la page 567 pour voir des ports normaux d'arbres et d'arbustes.

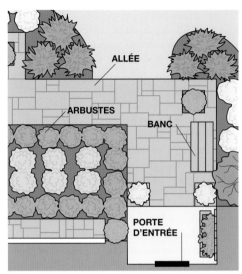

Des plates-bandes permettent de mettre en évidence les voies d'accès à votre résidence. Ici, des arbustes et des plantes diverses bordent l'allée conduisant à la porte d'entrée principale.

Excavation

Les divers types de sol ne se prêtent pas tous aux travaux d'excavation. Si creuser à la pelle ne semble pas donner de résultats, essayez de briser la surface du sol à l'aide d'un pic avant de creuser. Le pic peut vous être également utile dans des sols rocailleux. Une barre d'acier de 6 pi est un outil pratique pour dégager les gros rochers. À moins que vous ne soyez en mesure d'emprunter un tracteur muni d'une tarière ou de louer une tarière motorisée, utilisez une bêche-tarière pour creuser les trous profonds et étroits réservés aux piliers et poteaux de clôture.

Planter des arbustes

MATÉRIEL : ▶ fourche de jardinage • pelle à planter • boyau d'arrosage • arrosoir • brouette • piquets (facultatif) • bandes de tissu ou attaches en caoutchouc (facultatif)

1 *Enlevez la terre* à l'endroit où vous planterez votre arbuste. Dégagez une section d'environ une fois et demie la largeur des racines.

2 *Creusez un trou* de profondeur identique à l'épaisseur des racines de l'arbuste et ameublissez la terre autour et à l'intérieur du trou à l'aide d'une fourche de jardinage.

3 *Arrosez les racines* de la plante avant de la transplanter afin de réduire le choc de transplantation. Versez de l'eau à l'intérieur du trou et sur le sol alentour.

Formes et silhouettes des arbres et arbustes

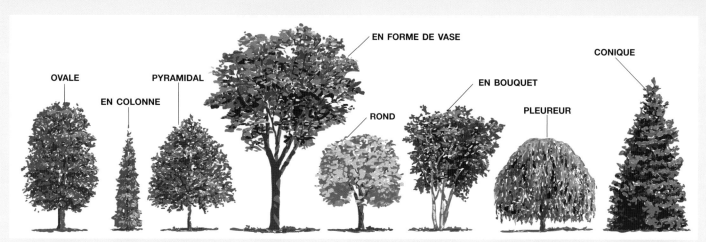

Dans la nature, les **arbres** se présentent en une diversité de formes et de tailles ; c'est ce que l'on appelle le « port ». Il est bon de se rappeler que la forme d'un arbre caduc change au fil des saisons. Un arbre à feuilles qui produit de l'ombre pour la résidence pendant l'été et vous permet d'économiser des frais de climatisation perdra ses feuilles en automne pour permettre aux rayons du soleil d'éclairer et de réchauffer la maison en hiver – sans que vous ayez trop besoin de changer les réglages du thermostat.

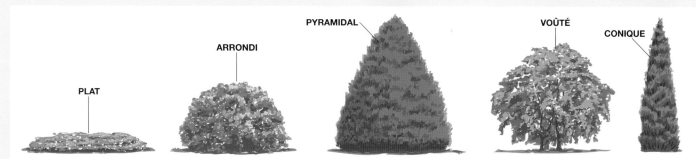

Le port des **arbustes** présente autant de diversité que celui des arbres. Des arbustes de formes différentes peuvent servir à définir des limites, soustraire à la vue certaines portions du terrain ou servir de bordure à de magnifiques panoramas. Les haies épineuses tels la vinette, le rugosa rose et le cotonéaster peuvent dissuader des animaux de s'introduire sur le terrain – peut-être même un cambrioleur ! Il faut aussi prendre en considération la couleur des feuilles et des fleurs, de même que la période de floraison. Il faut enfin porter attention aux couleurs – non seulement celle des fleurs mais aussi celle des feuilles.

• gants de travail ▶ arbuste • engrais ou compost (facultatif) • paillis

4 **_Déposez l'arbuste_** _dans le trou et remettez la terre en place en prenant soin de la compacter afin d'éviter la formation de poches d'air. Utilisez un piquet au besoin pour soutenir l'arbuste._

5 **_Arrosez abondamment le sol_** _après la transplantation ; vérifiez et arrosez périodiquement lorsque le sol a absorbé l'eau._

6 **_Couvrez la terre_** _de paillis d'écorce, de paillis de feuilles ou de bois afin de permettre de conserver au maximum l'humidité du sol._

Jardins

Parcours de drainage

Le dégel du printemps ne pose aucun problème si votre maison est construite sur un emplacement plus élevé. Mais sur bon nombre de terrains, les eaux coulent plutôt en direction de la résidence – directement vers cette vaste dépression qu'on appelle « sous-sol ». Si vous avez des problèmes de drainage, la meilleure façon de réagir consiste à apporter d'abord des améliorations faciles à réaliser et peu coûteuses, puis de passer à des solutions plus élaborées si le problème persiste. Dans bien des cas, il suffit de stopper avant qu'elle atteigne la maison, à l'aide, entre autres, d'un siphon de sol qui prend l'eau et la dirige loin de la maison. Mais il est également profitable de rendre les fondations plus étanches.

Accroissement de la capacité de drainage

La poussée de l'eau souterraine contre le mur de fondation est la cause principale d'infiltration de l'eau dans un sous-sol. En premier lieu, le sol absorbe l'eau comme une éponge sèche. Mais, il peut arriver que la capacité de drainage de votre terrain ne suffise plus à la tâche. L'eau peut former des flaques et déborder à l'intérieur des margelles du sous-sol, et la pression hydrostatique accrue peut presser l'eau entre les petites fissures des fondations.

Pour réduire la formation de flaques d'eau et atténuer la pression hydrostatique, installez un puits d'égouttement qui va accroître la capacité d'absorption de l'eau de votre terrain. Il ne s'agit pas d'un trou à creuser pour attirer l'eau, mais plutôt d'un trou poreux rempli de pierres dans lequel l'eau se déversera, par exemple à l'aide d'un tuyau relié à une gouttière. Si des flaques d'eau apparaissent facilement sur le terrain parce que l'eau doit traverser plusieurs couches de terre compacte, un puits d'égouttement fait de matière poreuse contribuera à les éliminer. Bien sûr, plus le trou est grand, plus il pourra contenir d'eau. Une pelle rétrocaveuse peut creuser un trou de 6 pi de profondeur et de 4 pi de diamètre en un rien de temps. Vous devrez peut-être vous résigner à une capacité moindre, surtout si vous devez creuser à la main, une pelletée à la fois.

Le puits accomplira tout de même sa tâche s'il n'est pas entouré d'une structure quelconque, mais pas très longtemps. Au fur et à mesure que l'eau s'y engouffre, elle entraîne la terre tout autour. Les côtés du trou commenceront bientôt à s'effondrer. La terre se dépose entre les pierres et commence à obstruer le dispositif. C'est tôt ou tard ce qui se passe pour la plupart des puits d'égouttement. Pour permettre à votre puits d'égouttement de durer, vous pouvez y construire un mur de blocs de béton (sans mortier) ou lui substituer un baril perforé de 55 gallons qui favorisera le drainage. Pour fins d'esthétique, vous pouvez couvrir les pierres de remplissage du puits avec du gravier fin. Ou vous pouvez masquer le puits sous une couche de pierre concassée recouverte d'une double épaisseur de fibre géotextile, elle-même sous une couche de terre et de gazon.

Imperméabiliser les fondations

Le traitement habituel consiste à appliquer à la vadrouille une couche de bitume chaud sur le mur de fondation au moment de la construction. Mais s'il se produit des fissures ou des fuites, il est impossible de réparer le mur à moins de creuser et de l'exposer. Méfiez-vous des prétendues solutions qui consistent à pomper un mélange d'argile dans le sol pour éviter d'excaver. Elles ne donnent aucun résultat !

Les procédés modernes se présentent sous des formes diverses et nécessitent plusieurs couches d'un produit pour former une barrière hydrostatique. Parfois on applique une couche de produit caoutchouté à l'extérieur du mur de fondation, puis on ajoute un grillage, d'une épaisseur de 1 po environ, recouvert d'un tissu permettant de filtrer l'eau. Le tissu empêche le passage des particules pour éviter de boucher les mailles, mais laisse passer l'eau.

Si l'eau s'infiltre à l'intérieur à travers les fissures du mur, bouchez-les avec du ciment hydraulique. Celui-ci prend de l'expansion en durcissant, même si la surface de la fissure est encore mouillée.

SURPRISES D'EXCAVATION

▶ Les entrepreneurs en excavation devraient connaître l'emplacement exact des installations de services publics enfouies dans le terrain telles les conduites de gaz naturel et les égouts, mais il est toujours préférable d'effectuer vous-même une vérification auprès de votre municipalité avant le creusage.

Construction d'un siphon de sol

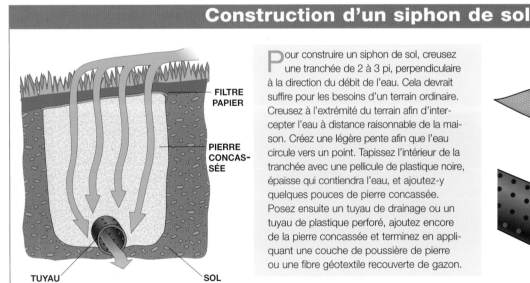

Pour construire un siphon de sol, creusez une tranchée de 2 à 3 pi, perpendiculaire à la direction du débit de l'eau. Cela devrait suffire pour les besoins d'un terrain ordinaire. Creusez à l'extrémité du terrain afin d'intercepter l'eau à distance raisonnable de la maison. Créez une légère pente afin que l'eau circule vers un point. Tapissez l'intérieur de la tranchée avec une pellicule de plastique noire, épaisse qui contiendra l'eau, et ajoutez-y quelques pouces de pierre concassée. Posez ensuite un tuyau de drainage ou un tuyau de plastique perforé, ajoutez encore de la pierre concassée et terminez en appliquant une couche de poussière de pierre ou une fibre géotextile recouverte de gazon.

FILTRE PAPIER

PIERRE CONCASSÉE

TUYAU

SOL

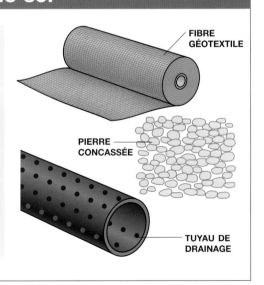

FIBRE GÉOTEXTILE

PIERRE CONCASSÉE

TUYAU DE DRAINAGE

6 Astuces pour que votre sous-sol soit bien au sec

1. **Renivelage.** Pour améliorer le drainage autour de votre maison, remblayez les rigoles qui dirigent l'eau vers votre maison ainsi que toute dépression le long des fondations. Ajoutez de la terre compactée afin de créer une pente qui éloigne l'eau de la maison. Quelques pouces de pente sur les deux premiers pieds suffisent.

2. **Canaux d'évacuation.** Éloignez des fondations l'eau en provenance du toit en ajoutant des rallonges de tuyau de descente. Ajouter un coude permet de diriger l'eau loin des fondations. Un bloc parapluie permet aussi de diriger l'eau quelques pieds plus loin et aide à prévenir l'érosion causée par l'eau emprisonnée le long des fondations.

3. **Puits d'égouttement.** Donnez à votre terrain une plus grande capacité de rétention d'eau en construisant un puits d'égouttement (voir ci-dessous). Ce puits poreux permet de réduire les accumulations d'eau en surface par suite de fortes pluies et offre une voie de sortie pour l'eau des gouttières. Si vous ne voulez pas que les pierres soient visibles, recouvrez-les d'une double épaisseur de fibre géotextile et de pelouse. La fibre permet à l'eau de passer mais arrête les particules de terre qui pourraient obstruer le système.

4. **Siphons de sol.** Pour intercepter l'eau avant qu'elle se rende à la structure de la résidence, creusez un siphon de sol (voir illustration, page 568). Les meilleurs endroits pour installer un siphon de sol sont la limite du terrain sur le côté élevé du terrain près de la maison, où le siphon recueillera l'eau avant qu'elle atteigne les fondations. L'eau s'écoule à travers la couche poreuse de pierre concassée pour s'accumuler à l'intérieur du tuyau et ensuite se diriger vers le nouveau point d'évacuation. Vous pouvez étendre une fibre géotextile et de la pelouse par-dessus la pierre concassée.

5. **Tranchée de dernier recours.** Lorsque des pluies torrentielles saturent le sol, laissent des flaques partout sur le terrain et que l'eau se dirige vers la maison, il est temps de réorienter une portion de ce déluge en creusant une tranchée peu profonde. En dernier recours, coupez des sections de pelouse et déposez-les à la manière d'une digue du côté maison de la tranchée de drainage temporaire.

6. **Mesures de protection d'urgence.** Couvrez temporairement les margelles et les portes de manière à empêcher l'eau de s'infiltrer dans le sous-sol. Enroulez une feuille de plastique ou une bâche autour d'une pièce de bois, fixez-la à la maison juste au-dessus des ouvertures de porte ou de fenêtre, et ajoutez un poids à l'autre extrémité pour créer un toit de protection en pente.

Les toits qui dégouttent et les gouttières qui fuient peuvent contribuer à créer des crevasses qui emprisonnent l'eau près des fondations et favorisent les infiltrations.

Réorienter une rigole vers une butte dont la pente s'éloigne de la maison peut aider à diminuer la pression de l'eau sur des fondations qui ont tendance à laisser l'eau s'infiltrer.

Construction d'un puits d'égouttement

PUITS D'ÉGOUTTEMENT AVEC BARIL

- BARIL
- TUYAU D'AR-RIVÉE D'EAU
- PIERRE CONCAS-SÉE
- PIERRES
- SOL

Plusieurs vieilles maisons disposent d'excellents systèmes de drainage tels des gouttières qui se déversent à l'intérieur d'un tuyau d'argile près du mur de fondation et des drains dans les margelles du sous-sol... sauf qu'ils ne fonctionnent pas parce que les puits d'égouttement sont obstrués. Il est possible de remettre les puits en état de fonctionnement en construisant un nouveau puits d'égouttement et en faisant passer de nouveaux tuyaux d'arrivée d'eau par les sorties du vieux puits. Vérifiez la pente entre la résidence et le puits en posant un niveau sur un long 2 x 4 droit. Le tuyau d'arrivée d'eau doit pénétrer dans la partie supérieure du puits.

PUITS D'ÉGOUTTEMENT FAIT DE BLOCS

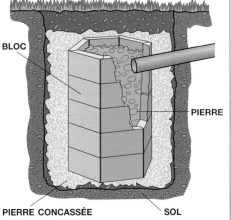

- BLOC
- PIERRE
- PIERRE CONCASSÉE
- SOL

Jardins

Ce qu'il faut savoir

À une certaine époque, la construction d'un étang de jardin exigeait plusieurs tonnes de béton, un maçon et énormément d'argent. De nos jours, les toiles faites de matériaux synthétiques et les coquilles de fibre de verre permettent de les aménager plus facilement et à meilleur prix. Qu'il s'agisse d'un plan d'eau favorisant la réflexion dans un coin isolé de la propriété ou d'une cascade accompagnée de la panoplie complète des jardins d'eau comprenant fontaine, poissons et plantes aquatiques, un étang bien conçu vous offrira des heures de plaisir en plus d'accroître la valeur de votre propriété.

Vous avez peut-être déjà trouvé l'endroit idéal, mais rappelez-vous que les étangs sur terrain plat sont plus faciles à aménager et à entretenir. Si possible, évitez de les placer sous des arbres. L'ombre qu'ils projettent empêchera la croissance des plantes aquatiques qui, comme vous le savez, adorent le soleil, et leurs feuilles obstrueront les drains et les filtres.

Vous pouvez construire un étang qui saura s'harmoniser avec le style de votre résidence, par exemple un étang construit qui se marie bien avec les formes géométriques des plates-bandes et des haies avoisinantes. Vous pouvez opter pour un concept plus naturel qui s'agencera bien avec le cadre naturel environnant, en installant une bordure clairsemée de roches. La couleur a également son importance. Si vous utilisez une toile flexible, qui peut être bleue ou noire, choisissez le noir, qui donnera à votre étang un aspect plus naturel. Une toile bleue lui donnera l'apparence d'une piscine.

L'éclairage vous permettra également de profiter de votre étang de nuit comme de jour. En plus des projecteurs, vous pouvez installer un éclairage submergé, à la condition que l'eau soit claire et que vous ayez disposé les lampes de manière à éviter les reflets.

Installation

Les étapes de base de l'installation d'un étang dans une coquille ou une toile flexible sont identiques, mais lisez bien les instructions qui accompagnent l'unité que vous avez choisie. Commencez par délimiter le tracé de l'étang sur le sol. Pour un étang de forme irrégulière, utilisez un long boyau d'arrosage ou une corde.

Mesurez la largeur et la longueur de l'étang afin de déterminer la quantité de toile nécessaire. Ajoutez ensuite une longueur égale à deux fois la profondeur de l'étang à chacune des dimensions, plus 2 pi. Si votre étang a 24 po de profondeur et peut entrer à l'intérieur d'un tracé rectangulaire de 10 x 12 pi, vous pouvez calculer la quantité de toile nécessaire de la façon suivante : calculez 10 pi (largeur), ajoutez 4 pi (deux fois la profondeur) plus 2 pi (chevauchement), ce qui donne un total de 16 pi. La longueur de la toile serait de 12 + 4 + 2 pi, soit 18 pi au total. Vous aurez ainsi besoin d'une toile de 16 x 18 pi pour un étang de 10 x 12.

Pour installer l'étang, creusez le long du périmètre du trou à une profondeur de pelle et enlevez toute la terre à l'intérieur de l'emplacement prévu à cette profondeur. Répétez le procédé jusqu'à ce que vous ayez atteint la profondeur désirée. Si vous utilisez une coquille, creusez un

Aménager un étang

MATÉRIEL : ▶ rétrocaveuse (facultatif) • pelle • boyau d'arrosage • compacteur manuel • râteau d'acier • brouette • cordeau • ruban à mesurer • gants de travail ▶ toile

1 *Si vous utilisez une toile,* dessinez sur le sol le tracé de votre étang à l'aide du boyau d'arrosage ou d'une corde.

2 *Mesurez la surface du tracé* et calculez la quantité de toile dont vous aurez besoin grâce à la méthode indiquée ci-dessus.

3 *Creusez l'emplacement de l'étang* – on peut creuser les petits étangs manuellement à la pelle, mais vous aurez besoin d'une rétrocaveuse pour les projets plus importants.

trou un peu plus grand et remblayez avec du sable mouillé ou de la terre fine tamisée. Assurez-vous que le fond de l'étang soit de niveau. Retirez toutes les pierres, les cailloux pointus ainsi que les racines, et compactez une couche de sable dans la dépression pour servir de coussin ou protéger le fond de la coquille. Placez la coquille en position ou étendez la toile au-dessus du trou et maintenez les coins en place avec des roches. Commencez à remplir d'eau. Au fur et à mesure que la toile se remplit, tirez dessus pour éliminer les plis et repliez soigneusement l'excédent.

Retirez les pierres au fur et à mesure que l'eau entraîne la toile vers le fond. Lorsque l'eau a recouvert la toile, utilisez des pierres pour maintenir les bords en place. Coupez les excédents de toile (conserver les pièces au cas où vous auriez besoin de la réparer) et posez les pierres de couronnement tout autour afin de masquer la toile et de maintenir les extrémités en place.

Entretien de base
Vérifiez la qualité de l'eau au moins une fois par mois et n'oubliez pas d'en maintenir le niveau régulièrement, surtout par temps chaud alors que l'eau s'évapore rapidement. Tout au long de la saison, coupez les feuilles mortes et les pousses mal en point des plantes aquatiques afin de maintenir la propreté de votre étang. Les détaillants de jardins d'eau vendent des balais à piscine qui pourront vous aider à retirer les feuilles et le limon des étangs de plus grandes dimensions. Si vous ajoutez des poissons dans votre étang, évitez d'asperger des insecticides ou des herbicides aux abords, car ces produits peuvent les tuer.

Variétés de plantes pour étang

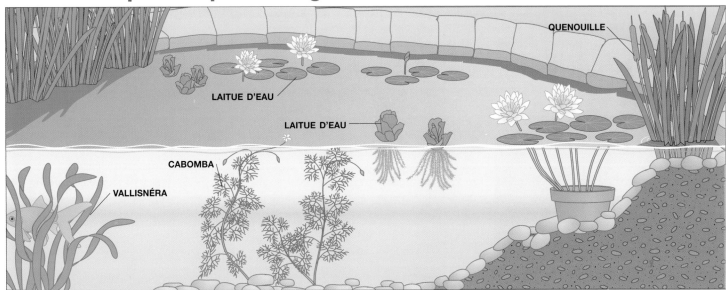

Certaines plantes ont des effets bénéfiques pour votre étang. On en trouve une grande sélection : des plantes immergées qui permettent d'oxygéner l'eau, des plantes flottantes qui nécessitent seulement un éclaircissage occasionnel, des plantes ombrotrophes marginales qui s'épanouissent près des rives des étangs dans un sol riche couvert de 2 à 3 po d'eau. Ces plantes s'épanouissent en plein soleil, il est donc préférable d'aménager votre étang loin des arbres.

ou coquille • pompe à eau • filtre à eau • plantes aquatiques • sable ou terre tamisée fine • pierres

4 *Passez le râteau* au fond de l'excavation afin de retirer les pierres, exposez les racines d'arbres qui devront être coupées et aplanissez le fond de l'étang.

5 *Après avoir versé du sable* qui servira à protéger la toile, compactez-le à l'aide d'une dame. Assurez-vous que le fond de l'étang soit maintenu de niveau.

6 *Placez la toile,* maintenez-en les contours avec des pierres et remplissez d'eau. Pour les coquilles, remblayez les bords avant de remplir d'eau.

Jardins

Arrosage de pelouse

Les deux questions les plus importantes qui se posent généralement en matière de soin des pelouses sont : « À quel intervalle dois-je arroser ? » et « Comment puis-je savoir si j'arrose suffisamment ? » Si votre pelouse ne reçoit pas la quantité d'eau dont elle a besoin, elle brûlera et jaunira. Si elle en reçoit trop, surtout au mauvais moment, vous gaspillerez non seulement votre argent inutilement mais tôt ou tard vous verrez apparaître des signes de maladie sur ce qui était auparavant un gazon en santé.

Il est beaucoup plus facile de répondre au quand qu'au combien. En période torride ou de canicule, effectuez un arrosage complet de votre pelouse tous les 7 à 10 jours, bien que l'intervalle entre les arrosages puisse varier en fonction du type de gazon et de la capacité de rétention d'eau de votre sol, ou s'il s'agit d'une pelouse fraîchement ensemencée. Dans ce cas, deux fois par semaine pourrait être nécessaire.

L'heure à laquelle vous arrosez est également un facteur. Il est préférable d'arroser le matin, parce que le sol absorbe une plus grande partie de l'humidité. L'après-midi, surtout s'il vente, une grande partie de l'eau s'évapore. Évitez d'arroser en soirée, car l'humidité et l'absence de soleil contribuent à propager les maladies ; plusieurs d'entre elles, plus particulièrement les champignons, se développent dans des conditions climatiques froides et humides.

Pour avoir une idée précise de la quantité d'eau nécessaire, vous devrez creuser, littéralement. Il s'agit d'humidifier le sol jusqu'à la zone de racines de votre pelouse, sans plus. La quantité réelle d'eau nécessaire varie en fonction du type de sol (plus ou moins poreux), de la profondeur des racines (la fétuque élevée a des racines profondes) et des conditions climatiques.

Vous pouvez connaître la quantité requise à l'aide d'un simple test. Après une période de quatre ou cinq jours sans précipitations, placez plusieurs boîtes de conserve sur votre pelouse et faites fonctionner les pulvérisateurs jusqu'à ce qu'elles contiennent 1 po d'eau Notez le temps qu'il aura fallu.

Une journée complète plus tard (une demi-journée si le sol est poreux), enlevez à la pelle une portion de pelouse ainsi que la terre en dessous. La bande plus foncée sur le dessus représente le sol humide. Si cette bande foncée ne s'étend pas jusqu'à la profondeur de la racine, arrosez plus longtemps la prochaine fois. Si la bande s'étend au-delà des racines, réduisez le temps d'arrosage.

Pulvérisateurs

On retrouve sur le marché une gamme étendue de systèmes d'arrosage automatique de tous types –

Installer des pulvérisateurs souterrains

MATÉRIEL : ▶ clés • tournevis • piézomètre • pelle ▶ tuyaux pour pulvérisateur (arrivée et lignes) • têtes de pulvérisateur • boîte de commande et fils • vanne de régulation • adaptateur de soupape de zone (coupleur de transition)

1 *Vérifiez la pression de vos conduites d'eau* afin de vous aider à déterminer le nombre minimum de zones avec lequel votre système pourra fonctionner convenablement.

2 *Installez un robinet de vidange* de manière à vous permettre de drainer l'eau de votre système pour l'hiver.

3 *La vanne de régulation principale,* à l'extérieur de la résidence, permet d'alimenter le système en eau quand vient le temps d'arroser.

5 *Collez les soupapes des zones d'arrosage* aux tuyaux d'alimentation. Vous pouvez activer ou désactiver l'arrosage de certaines zones manuellement ou par le biais d'une boîte de commande.

6 *Creusez les tranchées* qui accueilleront les tuyaux d'alimentation. Vous n'avez pas à les enterrer profondément puisque vous drainerez l'eau du système à l'automne.

7 *Installez les têtes escamotables des pulvérisateurs* à égale distance l'une de l'autre sur le terrain. La partie supérieure de la tête devrait être affleurée au niveau du sol.

oscillant, pulsant, tournant –, chacun avec ses avantages et ses inconvénients. Toutefois, ils sont tous faciles à installer, on peut les déplacer au besoin et ils sont peu coûteux. Chaque dispositif ne couvre ordinairement qu'une petite section, mais réunis deux à deux par des boyaux de jardin, ils peuvent couvrir la totalité de terrain.

Les pulvérisateurs enfouis exigent beaucoup plus de travail d'installation et sont plus chers. Déterminez la position des pulvérisateurs avec soin, car vous ne pourrez plus les déplacer une fois l'installation complétée. Après avoir complété votre croquis, il serait préférable que vous recouriez aux services d'un entrepreneur pour effectuer les travaux; qui incluent le creusage de tranchées pour les tuyaux un peu partout sur le terrain, l'installation des tuyaux et le remplissage des tranchées. Mais une fois ces travaux terminés, vous n'aurez plus jamais à manipuler et à déplacer les tuyaux ou les pulvérisateurs.

• robinet de vidange

4 *Un adaptateur ou raccord de transition* relie la conduite d'alimentation d'eau à la conduite en plastique du système, qui sera ensuite enfouie dans le sol.

8 *Branchez les fils à une boîte de commande* de système automatique. Des minuteries actionneront les pulvérisateurs des diverses zones à différent moments.

Fontaines

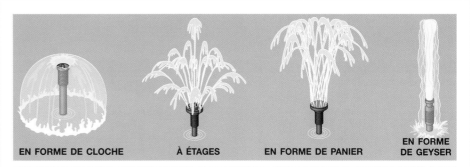

EN FORME DE CLOCHE — À ÉTAGES — EN FORME DE PANIER — EN FORME DE GEYSER

Une fontaine de petite taille qui propulse un jet concentré peut projeter l'eau en direction d'une petite coquille ou d'une toile d'étang munie d'une pompe. Dans l'étang lui-même, vous pouvez brancher directement des buses à jet aux conduites d'une pompe submergée et obtenir des jets plus larges.

Réparation d'un boyau d'arrosage

Bon! Vous n'aviez pas vu le boyau d'arrosage avant de passer dessus avec votre tondeuse. À moins qu'il ne soit complètement déchiqueté, vous pourrez encore l'utiliser grâce à une trousse de réparation que vous pourrez vous procurer dans la plupart des quincailleries. Ce genre de réparation est fort simple à exécuter et coûte beaucoup moins cher qu'un boyau neuf. À l'aide d'un couteau acéré, coupez la partie endommagée en vous assurant de laisser les extrémités bien droites. La trousse devrait contenir deux colliers de serrage pour boyau flexible ainsi qu'une douille de matière plastique ayant le diamètre approximatif de l'intérieur de votre boyau. Desserrez les colliers et glissez-en un sur chacune des extrémités du boyau; insérez ensuite la douille à l'intérieur des deux extrémités. La douille devrait s'ajuster parfaitement. Serrez les colliers derrière les bouts coupés. Vous pouvez également réparer les fuites entre les connecteurs mâle et femelle à l'aide de raccords de remplacement à pince.

Les boyaux suintants fuient en raison même de leur conception. Ils permettent aux racines des plantes de bénéficier d'un supplément d'eau.

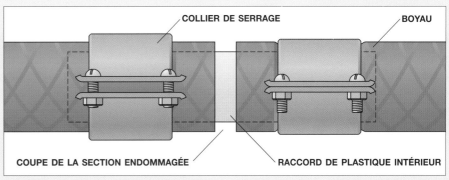

COLLIER DE SERRAGE — BOYAU
COUPE DE LA SECTION ENDOMMAGÉE — RACCORD DE PLASTIQUE INTÉRIEUR

Réparez les ruptures des boyaux de jardin à l'aide d'une trousse de réparation peu coûteuse. Vérifiez le diamètre intérieur de votre boyau avant d'acheter la trousse – le diamètre des boyaux courants peut varier entre ½, ⅝ et ¾ po.

Jardins

Évaluation du sol

Même les pelouses les plus belles peuvent montrer des signes de détérioration si le sol est pauvre, a grand besoin d'engrais, ou encore est infesté de mauvaises herbes. La taille des grains de sable, le limon et les particules d'argile qui composent le sol affectent directement sa capacité à favoriser la pousse du gazon et par conséquent l'apparence de votre pelouse. Les sols granuleux, dans lesquels on retrouve un équilibre entre l'air, la capacité de rétention et le système de drainage, permettent au gazon de développer les racines profondes et fortes dont il a besoin pour conserver une saine apparence.

La compaction du sol en raison du passage fréquent des personnes et des équipements constitue le principal fléau de votre pelouse. Lorsque le sol sous vos pieds donne l'impression que vous marchez sur du béton, c'est qu'il est compacté à un point tel qu'il manque probablement d'oxygène, que sa capacité de rétention est réduite et qu'il ne contient pas assez des micro-organismes.

Vous pouvez avoir une idée approximative de la compaction du sol en enfonçant simplement un long tournevis dans le sol après trois ou quatre jours sans précipitations. Si le tournevis s'enfonce difficilement, votre sol est probablement compacté. Vous pouvez y remédier à l'aide d'un aérateur manuel ou motorisé, ou bien passer le rotoculteur plusieurs fois en réglant les dents de manière à remuer la terre plus profondément à chaque passage.

Les pelouses peuvent également se détériorer si le sol est trop sablonneux ou trop argileux ; lorsqu'on n'y retrouve pas suffisamment de matières organiques, d'éléments nutritifs et de minéraux ; et s'il y a déséquilibre entre ses composants alcalins et acides en termes de pH.

Nutrition et pH

Vous pouvez déterminer l'équilibre nutritif et le pH en effectuant des tests de sol. On teste habituellement le niveau d'azote, de phosphore et de potassium du sol (en abréviation N-P-K). L'azote est l'élément qui donne au gazon sa couleur vert foncé ; il aide à promouvoir une forte croissance. Le phosphore contribue à former des plantes vigoureuses ayant des racines fortes. Le potassium accroît le niveau de résistance aux maladies et améliore la rusticité. On peut nourrir un sol pauvre en éléments nutritifs avec du compost ou un fertilisant à pelouse dont les proportions N-P-K sont de 3-1-2.

La majorité des graines de gazon croissent mieux dans un sol à pH neutre (près de 7,0). On peut accroître le niveau de pH d'un sol acide en y ajoutant du carbonate de calcium en poudre. On utilise du soufre élémentaire pour ramener le niveau de pH d'un sol alcalin au point neutre.

Types de paillis

Les **paillis inorganiques** comprennent : **1** granite, **2** galets de plage, **3** agrégats de brique, **4** agrégats de marbre, **5** lave brune, **6** lave rouge et **7** galets. Les **paillis organiques** comprennent : **8** copeaux de bois dur vieilli, **9** copeaux de bois dur vert, **10** cèdre coloré rouge, **11** cèdre filamenté, **12** pépites d'écorce de cèdre, **13** écorce de pin filamentée, **14** pruche filamentée, **15** aiguilles de pin et **16** cyprès filamenté.

Identification du type de sol

1 *Pour débuter,* prenez de la terre et faites-en un boule en la pressant fermement entre vos mains.

2 *Faites rebondir légèrement la boule de terre* plusieurs fois afin de voir si elle est bien compactée.

3 *Les sols composés de sable* se désagrègent. Si la boule demeure intacte, votre sol est composé de limon. Si elle se désagrège votre sol contient un mélange équilibré.

4 *Frottez le sol* entre vos doigts. Le sol sablonneux est rugueux, le sol argileux est glissant, le sol composé de limon est soyeux.

Tests de sol

La plupart des pépinières et des magasins d'articles de jardin offrent des trousses pour effectuer les tests de sol. Ces tests maison vous permettront de connaître de niveau de pH de votre sol et dans certains cas vous fourniront une analyse du niveau N-P-K. Des laboratoires privés ou des services de coopérative peuvent effectuer des tests plus poussés, identifiant des dizaines de microéléments nutritifs et formulant des recommandations pour amender le sol (terme de jardinage qui signifie «fournir des additifs au sol»).

Engrais ordinaires et amendements du sol

Matière	Description	Quantité approximative (lb/100 pi²)
Fumier de bouvillon en sac	Engrais tout usage, pauvre	6-8 lb
Fumier de volaille séché	Engrais riche en azote	2 lb
Engrais tout usage 5-5-5	Engrais chimique populaire et bon marché	2 lb
Superphosphate ou phosphate de pierre	Fournit du phosphore; déposer dans le sol aussi profondément que possible	2–4 lb
Argile verte	Fournit du potassium et des oligo-éléments	2–4 lb
Castine	Utilisée pour adoucir les sols acides	5 lb
Gypse	Utilisé pour défaire les sols argileux et réduire l'accumulation de sel près des rues	2 lb
Cendre de bois	Fournit du potassium, du phosphore et de la chaux	2–4 lb

Remettre une pelouse en état

MATÉRIEL : ▶ épandeur par gravité • épandeur à trémie • aérateur rotatif • fourche à bêcher • râteau à déchaumer • brouette
▶ semences • engrais/compost • chaux • soufre • terre de couverture

1 *Commencez par déchaumer* la pelouse à l'aide de la bêche à déchaumer; cet outil permet d'enlever le gazon mort et d'exposer le sol pour l'ensemencement.

2 *Ajustez le niveau de pH du sol* en ajoutant de la chaux ou du soufre élémentaire à l'aide d'un épandeur par gravité. La chaux accroît le pH, le soufre l'abaisse.

3 *Ajoutez de l'engrais* afin de favoriser une bonne croissance des graines. Les résultats des tests de sol détermineront les éléments nutritifs à ajouter.

4 *Déversez une terre de couverture* afin de rétablir le niveau de matières organiques dans le sol. Vous pouvez vous procurer un mélange composé à 40-60 de terre de couverture et de compost à cette fin.

5 *Le passage d'un aérateur rotatif* aide à remettre en état les pelouses dont le sol est compacté. Évitez d'aérer le sol durant les chauds mois d'été.

6 *Réparez les endroits dénudés* et réensemencer la pelouse en entier. Le réensemencement donne de meilleurs résultats s'il est fait tard l'été, au début de l'automne ou tôt au printemps.

Jardins

Carte des zones de rusticité

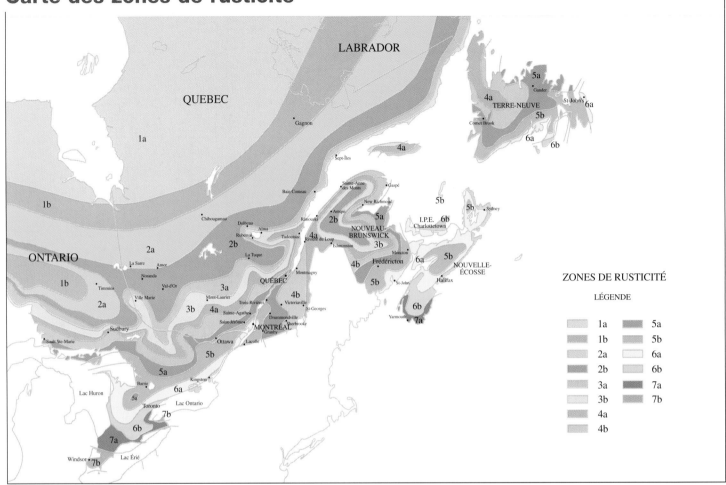

ZONES DE RUSTICITÉ

LÉGENDE

1a	5a
1b	5b
2a	6a
2b	6b
3a	7a
3b	7b
4a	
4b	

Zones de rusticité

Agriculture Canada a identifié les zones de rusticité des plantes et en a dressé la carte. Plus le numéro de la zone est bas, plus la moyenne de température en hiver est froide Les basses températures d'hiver peuvent tuer les plantes classées dans des zones plus clémentes.

Les fournisseurs qui offrent des graines et des plantes par la poste classent leurs produits selon leur rusticité, ce qui vous permet de savoir si une variété particulière de plante peut survivre dans votre région. Les jardiniers en région urbaine doivent se rappeler que les températures à l'intérieur des zones urbaines tendent à être de -15 à -12 °C (5 à 10 °F) plus élevées que celles de la campagne environnante, ce qui a pour effet de faire passer la zone de rusticité à un échelon plus haut. Assurez-vous que les plantes que vous choisissez pour les fleurs qu'elles produisent sont classées dans une zone de rusticité qui convient, ou plus chaude, car les gels tardifs peuvent dévaster complètement les boutons floraux ou faire en sorte que les plantes s'épanouissent sans

jamais fleurir. Les plantes qui poussent dans des régions qui s'approchent le plus du seuil de tolérance au froid ou au chaud de leur zone de rusticité sont habituellement les plus à risque. Un classement de rusticité indiquant par exemple « zone 3 ou 4 à 6 ou 7 » signifie que la plante, si elle est protégée, pourra survivre aux froids hivernaux dans les régions chaudes de la zone 3 mais qu'elle survivra mieux en zone 4 ; à l'opposé, les plantes de la zone 7 devront être protégées de la chaleur du soleil d'été mais s'épanouiront mieux dans la zone 6.

Bien que le froid puisse s'avérer une menace pour les plantes, les chaleurs extrêmes peuvent être tout aussi mortelles. Comme les températures dépassant 30 °C endommagent les protéines cellulaires, les plantes qui n'ont pas les caractéristiques requises pour les climats chauds mourront probablement en période de canicule. Comme dans le cas des zones de rusticité, les températures des régions urbaines, sans distinction de zone, sont de 5 à 10 degrés plus élevées.

Des limites de zone plus grandes

On retrouve dans toutes les régions des microclimats que vous pouvez exploiter à votre avantage, même si la différence de climat affecte uniquement un secteur restreint. Ce secteur peut être plus chaud ou plus frais, plus ou moins ensoleillé, plus sec ou plus humide. Vous pouvez aider vos plantes fragiles à survivre à l'hiver en les plaçant près d'un mur qui absorbe la chaleur, d'un gros rocher ou d'une surface reflétant la lumière. En été, les plantes thermosensibles peuvent s'épanouir dans un endroit ombragé ou sur la face nord d'une pente.

Vous pouvez également étendre la zone de rusticité d'une plante en lui offrant une protection. Couvrir les racines d'une plante d'une couche de 3 po de paillis permet d'amenuiser les effets produits par les écarts de température du sol. Dans les régions enneigées, la couche de neige peut également servir à étendre la zone de rusticité naturelle d'une plante.

Notions de base d'élagage

Il existe une multitude de raisons d'éla-guer : veiller à la santé d'un arbre ou d'un arbuste en le débarrassant des branches mortes ou mourantes, obtenir un meilleur ensoleillement dans un jardin en éliminant quelques branches, donner une silhouette à des arbustes, contrôler la croissance d'un arbre ou simplement se débarrasser d'une grosse branche gênante. Le meilleur moment pour l'éla-gage se situe à la fin de l'hiver ou au début du printemps, sauf pour les éra-bles, les bouleaux et les autres essences qui produisent une grande quantité de sève. On ne devrait pas les élaguer avant l'automne.

Pour enlever une branche complète, *coupez légèrement à l'extérieur de la section plus dense, appelée « collet », à l'endroit où la branche se sé-pare du tronc.*

L'élagage sélectif *comprend l'élimination des pousses faibles, grêles, pliées ou cassées. Si deux branches se touchent, enlevez la plus faible ou celle qui pointe vers l'intérieur.*

Pour une taille de rajeunissement, *coupez toutes les tiges près de la base à la fin de l'hiver ou tôt au printemps. Appliquez cette méthode sur les vieux arbres ou arbustes trop gros, ou sur lesquels le travail a été mal fait.*

Pour enlever les branches endommagées *ou amincir un arbre, coupez le membre à un endroit propice près du tronc et effectuez une coupe finale à égalité du collet de la branche.*

Faut-il laisser une blessure ou une coupe à nu *ou la sceller de goudron pour protéger la plante des insectes et des maladies ? Ce qu'il faut faire demeure à votre discrétion.*

Astuces de plantation

PLANTS EN MOTTE

Motte et toile d'emballage

Si vous êtes convaincu que le tissu qui enveloppe la motte de racines est bien de la jute, une fibre naturelle, laissez-la en place mais desserrez-la. Enlevez tout tissu ou matériau synthétique puisqu'il ne se décomposera pas et finira par étrangler les racines de votre nouveau plant. Plantez la motte de racines de manière à ce que le dessus des racines affleure au sol environnant. Pliez la toile et remplissez le trou avec de la terre sans engrais.

PLANTS DÉCHAUSSÉS

Plants déchaussés

Creusez un trou suffisamment grand pour y étendre les racines complètement. Placez ensuite une languette de bois en travers du trou pour servir de guide de profondeur et placez la plante à la profondeur où la couronne, cette section entre les racines et le tronc, est au niveau de la languette.

Guide de ressources

1 URGENCES DOMESTIQUES

Croix-Rouge canadienne
170, rue Metcalfe, bureau 300
Ottawa (Ontario) Canada K2P 2P2
Tél : (613) 740-1900
Téléc. : (613) 740-1911
Courriel : feedback@croixrouge.ca
Site Web : www.redcross.ca

CRC est le principal intervenant lors de situations d'urgence. Il fournit des secours d'urgence et de l'aide humanitaire par le biais de services aux sinistrés et des services de santé dans les collectivités canadiennes et québécoises de même qu'à l'échelle internationale.

Services aux citoyens
800, boul. Maisonneuve Est RC 2
Montréal (Québec) Canada H2L 4L8
Tél : 1(800) 363-1363
Site Web : www.securite.info.gouv.qc.ca
Que faire avant, pendant et après un sinistre
Ce site spécial mis sur pied par le gouvernement du Québec permet d'être bien informé lorsqu'un sinistre survient. On y traite de prévention, de comportement à adopter et de retour à la vie normale.

Environnement canada
Informathèque
70, rue Crémazie, Gatineau
(Québec) Canada K1A 0H3
Tél : (819) 997-2800 ou 1(800) 668-6767
ATS : (819) 994-0736
Téléc. : (819) 994-1412
Courriel : enviroinfo@ec.gc.ca
Site Web : www.meteo.ec.gc.ca
Mise à jour par les bureaux nationaux et régionaux du Service météorologique du Canada. meteo.ec.gc.ca (weatheroffice.ec.gc.ca) est le site officiel d'Environnement Canada pour l'information météorologique en temps réel.

2 OUTILS

Outils électriques Hitachi
2495 Meadowpine Blvd., Mississauga
(Ontario) Canada L5N 6C3
Tél : (905) 821-4545
Téléc. : (905) 826-8818
Courriel : customerservice@hitachi.ca
Site Web : www.hitachi.ca

Hitachi conçoit un large éventail d'outils électriques à main et d'outils d'établi tels que des scies circulaires à table pour le bois, le métal et le béton. Hitachi produit également une gamme d'outils pneumatiques, tels que des cloueuses et agrafeuses et des compresseurs d'air pour les alimenter. Appelez pour obtenir plus d'informations ou pour localiser un distributeur ou un centre de service proche de chez vous.

Makita USA
14930 Northam St., La Mirada, CA 90638
Tél : 1(800) 462-5482
Téléc. : (714) 522-8133
Site Web : www.makitausa.com
Makita produit des outils électriques portables, incluant des scies, des raboteuses, des perceuses, des marteaux, des meules, des ponceuses, ainsi que des outils pneumatiques et des équipements électriques pour l'extérieur. Le marché américain inclut plus de 1000 centres de service autorisés et un réseau de fournisseurs touchant les 65 modèles d'outils de Makita qui sont fabriqués à Buford, en Georgie.

Porter-Cable Corporation
4825 Hwy. 45 North, P.O. Box 2468,
Jackson, TN 38302-2468
Tél : 1(800) 321-9443 ou 1(800) 4US-TOOL
Téléc. : (713) 660-9525
Site Web : www.porter-cable.com
Porter-Cable, une filiale de Pentair inc. est un fabricant majeur d'outils électriques portables et sans fil, de cloueuses, d'agrafeuses, de compresseurs et d'accessoires pour les professionnels du bois, pour la construction commerciale et résidentielle, la plomberie et l'électricité.

Ryobi North America
1424 Pearman Dairy Rd.,
Anderson, SC 29625
Tél : 1(800) 525-2579
Site Web : www.ryobi.com
Ryobi produit des outils électriques portables et de table pour les entrepreneurs et les bricoleurs. Ryobi fabrique également une gamme d'outils de jardinage. Appelez son service à la clientèle au numéro sans frais pour recevoir de la documentation gratuite, ou rendez-vous en ligne pour obtenir du service, contacter un forum de discussion sur les outils électriques, enregistrer vos produits et acheter des produits et accessoires sélectionnés.

The Stanley Works
1000 Stanley Drive, New Britain, CT 06053
Tél : (860) 827-3833
Téléc. : (860) 505-4399
Courriel : ggould@stanleyworks.com
Site Web : www.stanleyworks.com
The Stanley Works, compagnie fondée en 1843, fournit une gamme d'outils électriques et à main pour les entrepreneurs et les bricoleurs. Ses produits phares incluent une série d'outils ergonomiques et une gamme d'outils de chantier professionnels extrêmement durables. Pour plus d'informations, appelez au numéro sans frais ou visitez son site Web.

3 BOULONNERIE, FIXATIONS ET ADHÉSIFS

Elmer's
180 East Broad St., Columbus, OH 43215
Site Web : www.elmers.com
Elmer's vend plus de 200 produits, allant des colles à papier aux produits pour le bois et pour des travaux de réparation. Sa gamme de produits couvre quasiment tous les éléments adhésifs pour la maison, pour les étudiants, les bricoleurs et même pour les entrepreneurs professionnels.

Simpson Strong-Tie Company
5 Kenview Blvd., Brampton
(Ontario) Canada L6T 5G5
Tél : (905) 458-5538 ou 1(800) 999-5099
Téléc. : (905) 458-7274
Site Web : www.strongtie.com
Une des marques de matériel de charpente les plus largement utilisées, avec des centaines d'attaches différentes. Appelez pour obtenir un catalogue et des plans gratuits de construction de terrasses et d'autres projets pour la maison.

3M Canada
300, Tartan Drive, London
(Ontario) Canada N5V 4M9
Tél : 1(888) 364-3577
Téléc. : 1(800) 479-4453
Courriel : innovation@mmm.com
Site Web : www.3m.com/intl/ca/french/
3M, société fondée en 1902, a démarré comme une compagnie d'exploitation et de produits abrasifs, mais elle fabrique maintenant des milliers de produits dans des usines localisées dans plus de 60 pays. Parmi les développements de 3M, on trouve du ruban-cache, du ruban adhésif, du papier abrasif imperméable et des bandes d'enregistrement magnétique audio et vidéo.

Lepage Canada
50 West Drive, Brampton
(Ontario) Canada L6T 2J4
Tél : (905) 459-1140 ou 1(800) 363-2378
Téléc. : (905) 459-6399
Site Web : www.lepageproducts.com/french/
LePage® est un chef de file connu et de confiance dans le domaine des adhésifs et des scellants au Canada. Depuis plus de 125 ans, les consommateurs et les spécialistes choisissent Lepage pour bon nombre de leurs projets à la maison.

Excel Distributeur Industriel
415, rue Robinson Sud, Granby
(Québec) Canada J2G 7N2
Tél : (450) 375-1771 ou (514) 875-5269 ou 1(800) 363-9235
Téléc. : (450) 375-6580
Courriel : solutions@excel.qc.ca
Site Web : www.excel.qc.ca
Gamme complète de produits d'entretien, de réparation, d'opération et de production : abrasifs, outils de coupe, pneumatique, outillage, boulonnerie, etc.

Jumax
1770 Lavoisier, Sainte-Julie
(Québec) Canada J3E 1Y7
Tél : (450) 922-1987 ou 1(800) 363-9391
Courriel : m.cote@jumax.net
Site Web : www.jumax.net
Cette entreprise de Sainte-Julie distribue une gamme complète de produits de boulonnerie. On présente sur le site chacun des produits.

4 MAÇONNERIE

L' association des entrepreneurs en maçonnerie du Québec
4097 boul. St-Jean-Baptiste, bureau 101
Montréal (Québec) Canada H1B 5V3
Tél : (514) 645-1113 ou 1(866) 645-1113
Téléc. : (514) 645-1114
Courriel : aemq@aemq.com
Site Web : www.aemq.com
Portail de cette association qui présente son équipe de direction, son historique, des informations pour les membres, ses formations et plus.

Le réseau Brique & Pavé
Brique et Pavé Giroux-Maçonnex
5690, boulevard Pierre-Bertrand Nord
Québec (Québec) Canada G2J 1B7
Tél : (418) 622-8500
Téléc. : (418) 622-6028
Site Web : www.brique-pave-foyer.com
Site Web de ce distributeur de produits de maçonnerie, de revêtements extérieurs haut de gamme et de produits pour l'aménagement paysager, présent dans plusieurs régions du Québec.

Brique et pierre Trois-Rivières inc.
3800, boul. St-Joseph, Trois-Rivières
(Québec) Canada G8Z 2Y2
Tél : (819) 373-2365
Téléc. : (819) 373-2386
Courriel : info@brique.com
Site Web : www.brique.com
Le plus grand centre de brique et de pierre de Mauricie. Distributeur de toutes les marques sur le marché ainsi que de tout ce qu'il vous faut pour votre aménagement extérieur.

5 FONDATIONS

Regroupement des Entrepreneurs en Coffrage du Québec
5099, boul. St-Jean Baptiste, Montréal
(Québec) Canada H1B 5V3
Tél : (514) 640-1005
Téléc. : (514) 640-9901
Courriel : info@recqcoffrage.com
Site Web : www.recqcoffrage.com
Association qui a pour mission de promouvoir l'industrie du coffrage de panneaux préfabriqués. Elle regroupe différentes entreprises de partout au Québec.

Association Canadienne du Ciment
1500-60, rue Queen, Ottawa, (Ontario) Canada K1P 5Y7
Tél : (613) 236-9471
Téléc. : (613) 563-4498
Courriel : headquarters@cement.ca ou info@cement.ca
Site Web : www.ciment.ca
L'Association Canadienne du Ciment représente la totalité des producteurs de ciment du pays. Elle est le porte-parole régional et national de l'industrie du ciment.

Guide de ressources

Bisson Expert
5450, rue Ramsay, Saint-Hubert
(Québec) Canada J3Y 2S4
Tél : (514) 990-2519 ou 1(888) 655-2519
Téléc. : (450) 678-1606
Courriel : info@BissonExpert.com
Site Web : www.bissonexpert.com
Entreprise spécialisée dans la stabilisation et le redressement de fondations à l'aide de pieux d'acier, le remplacement de murs de fondation sous un bâtiment existant, les correctifs et renforcement structuraux et les solutions aux problèmes causés par la pyrite.

6 BOIS

La Fondation canadienne de l'arbre
220, avenue Laurier Ouest Bureau 750
Ottawa (Ontario) Canada K1P 5Z9
Tél : (613) 567-5545
Téléc. : (613) 567-5270
Courriel : tcf@treecanada.ca
Site Web : www.treecanada.ca
Fondée en 1992, la Fondation canadienne de l'arbre est un organisme de bienfaisance à but non lucratif. Sous la direction d'un conseil d'administration composé de bénévoles, elle exécute ses programmes et ses activités en matière d'éducation, d'assistance technique et d'appui financier et non financier. À l'aide de partenariats, la Fondation encourage les Canadiens à planter et à entretenir les arbres en vue de contrer les effets nocifs des émissions de dioxyde de carbone. Elle est un chef de file dans la promotion de l'importance et de la valeur des forêts urbaines au Canada.

Ressources naturelles Canada
Service canadien des forêts
580, rue Booth Street, 8ᵉ étage
Ottawa (Ontario) Canada K1A 0E4
Tél : (613) 947-7341
Téléc. : (613) 947-7397
Site Web : www.nrcan-rncan.gc.ca
Est chargé des politiques et des programmes visant à favoriser le développement durable des ressources canadiennes dans les secteurs de l'énergie, des minéraux, des métaux et des forêts. On y trouve aussi des informations très complètes sur la forêt, les inondations, etc.

La Coalition pour la Stratégie nationale sur la forêt
580, rue Booth, 8ᵉ étage
Ottawa (Ontario) Canada K1A 0E4
Tél : (613) 947-9031
Téléc. : (613) 947-9033
Courriel : nfsc@forest.ca
Site Web : http://nfsc.forest.ca
La Coalition pour la Stratégie nationale sur la forêt s'assure de la mise en œuvre de la Stratégie, dérivée d'un consensus des canadiens. Elle est composée d'organisations gouvernementales et non gouvernementales qui travaillent ensemble à l'atteinte de l'objectif de forêts durables.

Association des détaillants de matériaux de construction du Québec
474, rue Trans-Canada Longueuil
(Québec) Canada J4G 1N8
Tél : (450) 646-5842 ou 1(877) 7ADMACQ
1(877) 723-6220
Téléc. : (450) 646-6171
Courriel : info@admacq.qc.ca
Site Web : www.admacq.qc.ca
Organisme qui fait la promotion du développement de l'industrie, regroupe les détaillants et défend leurs intérêts.

7 CHARPENTE

Association de la construction du Québec
7400, boul. des Galeries-d'Anjou, bureau 205
Anjou (Québec) Canada H1M 3M2
Tél : (514) 354-0609 ou 1(888) 868-3424
Téléc. : (514) 354-8292
Courriel : communication@acq.org
Site Web : www.acq.org
Regroupe sur une base volontaire plusieurs milliers d'entreprises qui œuvrent dans l'industrie de la construction. Secteurs régional et provincial.

Commission de la construction du Québec (CCQ)
3530, rue Jean-Talon Ouest, Montréal
(Québec) Canada H3R 2G3
Tél : 1(888) 842-8282.
Site Web : www.ccq.org
La CCQ est un organisme de concertation pour la croissance du secteur de la construction du Québec. Elle fait également la promotion des métiers de la construction et des normes de sécurité.

Régie du bâtiment du Québec (RBQ)
545, boul. Crémazie Est 4ᵉ étage, Montréal
(Québec) Canada H2M 2V2
Tél : (514) 873-0976 ou 1(800) 361-0761
Téléc. : (514) 864-2903
Courriel : crc@rbq.gouv.qc.ca
Site Web : www.rbq.gouv.qc.ca
La mission de la Régie du bâtiment est d'assurer la qualité des travaux de construction et la sécurité des personnes qui accèdent à un bâtiment ou à un équipement destiné à l'usage du public.

Institut de recherche en construction
1200 rue Montréal, Ottawa
(Ontario) Canada K1A OR6
Tél : (613) 993-2607
Téléc. : (613) 952-7673
Courriel : Irc.Client-Services@nrc-cnrc.gc.ca
Site Web : http://irc.nrc-cnrc.gc.ca
L'IRC, qui fait partie du Conseil national de recherches, est le chef de file en recherche, en technologie et en innovation pour l'industrie canadienne de la construction, qui est le plus grand secteur industriel du pays.

Maisons usinées du Québec
Site Web : www.maisonusineequebec.com
Ce portail de la maison usinée se veut une référence pour les projets de construction usinée, modulaire et préfabriquée. Le site permet aussi d'accéder à des sections sur les chalets usinés, les bâtiments industriels et les éléments préfabriqués.

North American Steel Framing Alliance
1673 Richmond Street, Suite 118
London (Ontario) Canada N6G 2N3
Tél : (519) 686-1269
Téléc. : (519) 456-1639
Courriel : bkraft@steelframing.org
Site Web : www.steelframingalliance.com
La NASFA a été formée en 1998 pour favoriser l'utilisation de charpentes en acier dans les constructions résidentielles. Des publications, incluant un annuaire des constructeurs aux États-Unis et au Canada, sont disponibles sur le site Web.

8 PROJETS DE RÉNOVATION

Société d'habitation du Québec
1054, rue Louis-Alexandre Taschereau
Aile Saint-Amable, 3e étage, Québec
(Québec) Canada G1R 5E7
Tél : (418) 643-7676 ou 1(800) 463-4315
Téléc. : (418) 643-4560
Site Web : www.habitation.gouv.qc.ca
Lois et réglements concernant la rénovation et la construction. Conseils et astuces pour les propriétaires, les locataires et l'industrie de l'habitation.

Habitation.com
Courriel : serviceclientele@habitation.com
Site Web : www.habitation.com
Site complet sur la construction, la rénovation et la décoration. Il contient plusieurs utilitaires dont un calculateur hypothécaire et un désigner virtuel. Il vous offre gratuitement un répertoire de plus de 37 000 entreprises dans les domaines de la construction, de la rénovation et de la décoration. Consultez les 343 plans de Dessins Drummond disponibles sur ce site web.

Gomaison.com
Association provinciale des constructeurs d'habitations du Québec
5930, boul. Louis-H.-Lafontaine, Anjou
(Québec) Canada H1M 1S7
Tél : (514) 353-1120, poste 180
Téléc. : (514) 353-4825
Site Web : www.gomaison.com
Site présenté par l'Association provinciale des constructeurs d'habitations du Québec et qui offre des conseils pour le financement, l'achat ou la rénovation d'une maison.

Société canadienne d'hypothèque et de logement (SCHL)
700, chemin de Montréal, Ottawa
(Ontario) Canada K1A 0P7
Tél : (613) 748-2000 ou (613) 748-2300
ATS : (613) 748-2447
Téléc. : (613) 748-2098
Courriel : chic@cmhc-schl.gc.ca
Site Web : www.cmhc-schl.gc.ca
Donne des conseils pour votre hypothèque, pour les rénovations et à peu près tout ce qui concerne votre maison.

9 PLANCHERS ET ESCALIERS

Boiseries Raymond
11880, 56e avenue Montréal
(Québec) Canada H1E 2L6
Tél : (514) 648-6868
Téléc. : (514) 494-9666
Courriel : boiseries@boiseriesraymond.com
Site Web : www.boiseriesraymond.com
Fabricant de boiseries : escaliers, rampes, portes, chambranles et moulures.

FloorsFirst.com
Tél : 1(800) 663-6181
Courriel : info@gesco.ca
Site Web : www.floorsfirst.com
Regroupement de détaillants indépendants de couvre-planchers offrant différents produits : tapis, prélart, tuile, plancher stratifié, céramique, pierre et bois franc.

Tilmar Internationale Inc.
6425 Boul. Couture, St-Léonard, Montréal
(Québec) Canada H1P 3J6
Tél : (514) 326.0123
Téléc. : (514) 329.4609
Courriel : tilmar@qc.aira.com
Site Web : www.tilmar.ca
Cette entreprise de céramique située à Montréal offre, depuis 1979, des tuiles de céramique exclusives provenant des quatre coins du monde.

Crain Cutter Company
1155 Wrigley Way
Milpitas, CA 95035-5426
Tél : (408) 946-6100
Téléc. : (408) 946-4268
Courriel : customerservice@craintools.com
Site Web : www.craintools.com
Crain Cutter produit des outils pour les revêtements de sol, tels que des entretoises d'écartement et des éjecteurs utilisés pour la pose de tapis. Les catalogues de produits sont disponibles.

National Oak Flooring Manufacturers Assoc
P.O. Box 3009, Memphis, TN 38173-0009
Tél : (901) 526-5016
Téléc. : (901) 526-7022
Site Web : www.nofma.org
NOFMA est le principal représentant syndical pour la fabrication et l'évaluation de planchers en bois de feuillus. Son site Web inclut des informations sur l'estimation, l'installation, la restructuration et la réparation de planchers en bois de feuillus. Vous pouvez commander des prospectus donnant des explications sur la mise en place de planchers.

Guide de ressources

10 MURS ET PLAFONDS

Distribution gypco inc.
9550 boul. Ray-Lawson, Ville d'anjou
(Québec) Canada H1J 1l3
Tél : (514) 356-6677
Téléc. : (514) 356-1333
Courriel : gypco@gypco.ca
Site Web : www.gypco.ca

Gypco est l'un des plus importants acteurs du Québec dans la distribution de produits de construction, des panneaux de gypse et de béton léger, en passant par les produits de quincaillerie, jusqu'aux accessoires de finition. La société a plus de 18 ans d'expérience et déploie ses activités aussi bien sur le marché canadien que sur le marché international.

Sico
2505 de la Métropole
Longueuil (Québec) Canada J4G 1E5
Tél : 1(800) 463-SICO
Courriel : info@sico.com
Site Web : www.sico.com

Contient des renseignements sur les produits, un décorateur virtuel et un conseiller virtuel.

Le décorateur virtuel Xpert
Click-Zone
335, rue St-Joseph Est, Suite 400
Québec (Québec) Canada G1K 3B4
Tél : (418) 650-1778 ou 1(888) 388-1778
Téléc. : (418) 650-3914
Courriel : info@decorateurvirtuel.com
Site Web : www.decorateurvirtuel.com

Le Décorateur Virtuel Xpert est une application dédiée à la couleur, à la peinture et à la décoration, grâce à laquelle vous pouvez essayer divers agencements de couleurs dans des photos de pièces ou de l'extérieur de votre propre résidence ainsi que dans des photos fournies par les fabricants de peinture.

Replico
3675, 36e avenue (PAT), Montréal
(Québec) Canada H1A- 3K1
Tél : (514) 642-6171 ou 1(800) 737-5427
Téléc. : (514) 642-6177
Courriel : replico@replico.ca
Site Web : www.replico.qc.ca

Fabricant de produits décoratifs spécialisé dans les moulures architecturales en polymère pour l'intérieur et l'extérieur.

La Maison du Peintre
9795 Waverly, Montréal
(Québec) Canada H3L 2V7
Tél : (514) 381-8524 ou (450) 661-3110
Courriel : info@lamaisondupeintre.com
Site Web : www.lamaisondupeintre.com

Réseau de détaillants indépendants en peinture offrant dans ses boutiques de décoration les plus grandes marques de tissus, de papiers peints et de stores.

11 ESPACES NON FINIS

Garaga Inc.
Click-Zone
8500, 25e Avenue, St-Georges
(Québec) Canada G6A 1K5
Tél : (418) 227-2828
Courriel : info@garaga.com
Site Web : www.garaga.com

Manufacturier de portes de garage résidentielles, commerciales et industrielles, et distributeur d'ouvre-portes de garage automatiques.

CraftMaster Door Designs par Masonite
500 W. Monroe St., Suite 2010
Chicago IL 60661
Tél : 1(800) 405-2233
Téléc. : (312) 382-8703
Courriel : askcraftmaster@cmicompany.com
Site Web : www.craftmasterdoordesigns.com

CraftMaster est une marque importante de revêtement de portes moulées pour l'intérieur aux États-Unis et à travers le monde ce qui donne une alternative très intéressante aux portes en bois massif et aux portes planes. Sa revue de 21 pages tout en couleurs illustre l'importante différence qu'une porte peut faire. Appelez au numéro sans frais pour recevoir une copie gratuite.

12 ARMOIRES ET COMPTOIRS

Caron Industries
C.P. 100 - 45, 4e Rue, Montmagny
(Québec) Canada G5V 3S3
Tél : (418) 248-0255 ou 1(800) 463-7021
Téléc. : (418) 248-0982 ou 1(800) 463-3656
Courriel : caron@caronindustries.com
Site Web : www.caronind.com

Manufacturier de portes d'armoires de cuisine et de produits de bois pour tous vos besoins en armoires de qualité. Situé à Montmagny.

Perspective Cuisine
2235 King Ouest, Local 215, Sherbrooke
(Québec) Canada J1J 2G2
Tél : (819) 565-5475 ou 1(866) 565-5475
Téléc. : (819) 565-1198
Courriel : info@perspectivecuisine.ca
Site Web : www.perspectivecuisine.ca

Entreprise de Sherbrooke spécialisée dans le domaine de la conception, du design et de la vente d'armoires de cuisine et de vanités de salle de bain.

Armoires et comptoirs Lasalle inc.
530, Lafleur, Ville Lasalle
(Québec) Canada H8R 3H9
Tél : (514) 364-9772 ou 1(800) 364-9772
Téléc. : (514) 364-0107
Courriel : info@aclasalle.com
Site Web : www.armoiresetcomptoirslasalle.com

Présentation de cette entreprise de Montréal spécialisée dans la vente d'armoires et de comptoirs de cuisine.

Corian
DuPont Corporate Information Center
Chestnut Run Plaza 705/GS38
Wilmington, DE 19880-0705
Tél : 1(800) 4-CORIAN
Courriel : info@dupont.com.
Site Web : www.corian.com
DuPont Corian est un matériau de surfaçage solide utilisé pour les comptoirs de cuisine et pour les lavabos de salle de bains qui est facile à nettoyer, qui résiste aux taches et qui est disponible dans plus de 70 couleurs. Visitez le site Web ou appelez le numéro sans frais pour plus de détails.

Kaba Ilco Corp
7301 Decarie Boulevard, Montreal
(Quebec) Canada H4P 2G7
Tél : (514) 735-5411 ou 1(877) 468-3555
Téléc. : (514) 735-8707
Courriel : blefebvre@kim.kaba.com
Site Web : www.kaba-ilco.com
Concepteur de la première serrure à bouton poussoir, Kaba Ilco fournit du contrôle électronique, des clés brutes, des machines à clef et des serrures à bouton poussoir pour un usage résidentiel, commercial et conformes au règlement pour les personnes handicapées.

KraftMaid Cabinetry
P.O. Box 1055, 15535 South State Ave.
Middlefield OH 44062
Tél : 1(888) 562-7744
Site Web : www.kraftmaid.com
KraftMaid fabrique des placards semi-personnalisés dans une large sélection de styles. Les éléments modulaires peuvent être combinés pour accommoder des espaces existants avec seulement quelques ajustements mineurs. Appelez pour obtenir des brochures gratuites sur les produits, des guides de planification et connaître les fournisseurs locaux

13 ÉTAGÈRES ET RANGEMENTS

Rangement Plus
31, boul. de La Seigneurie Est, Bureau 107
Blainville (Québec) Canada J7C 4G6
Tél : (450) 437-7333 ou 1(877) 437-7338
Téléc. : (450) 437-8881
Courriel : info@rangementplus.com
Site Web : www.rangementplus.com
Vente et installation d'équipements de rangement dans les domaines résidentiel et commercial pour la grande région montréalaise.

ClosetMaid
P.O. Box 4400, Ocala FL 34478
Tél : 1(800) 874-0008
Site Web : www.closetmaid.com
ClosetMaid conçoit une large variété de produits de rangement, incluant des étagères grillagées et des rangements en bois pour chaque pièce dans la maison. Pour obtenir une brochure gratuite, une liste des magasins proches de chez vous et une aide à l'installation, appelez le numéro sans frais ou visitez le site Web.

Craftsman Tools (Sears, Roebuck & Co.)
3333 Beverly Rd., Hoffman Estates IL 60179
Tél : 1(800) 349-4358
Site Web : www.craftsman.com
Craftsman fabrique des outils électriques et à main pour les menuisiers, mécaniciens, ainsi que pour les bricoleurs depuis plus de 100 ans. Pour les ranger, la compagnie fabrique également une gamme étendue de coffres à outils allant des coffres portables aux gros casiers à roulettes. Sa gamme étendue d'outils à main pour la mécanique est garantie à vie et peut être achetée dans les magasins Sears et sur le site Web de Craftsman.

14 MEUBLES

Adjustable Clamp Company
417 N. Ashland Ave., Chicago IL 60622
Tél : (312) 666-0640
Téléc. : (312) 666-2723
Courriel : sales@adjustableclamp.com
Site Web : www.adjustableclamp.com

Adjustable Clamp, fondée en 1903, offre 43 styles d'étriers dans 130 tailles et modèles, incluant une variété de colliers pour tuyaux ajustables. Les autres produits incluent des étaux, des boîtes à onglets, des scies électriques et d'autres outils associés. Écrivez ou appelez pour acheter son catalogue ou pour recevoir des brochures gratuites.

E. C. Mitchell Company
88-T Boston St., Middleton MA 01949
Tél : (978) 774-1191
Téléc. : (978) 774-2494
Cette compagnie, établie en 1919, fabrique une collection unique de papiers abrasifs. S'apparentant à de la soie dentaire pour les meubles, la vaste gamme de papiers et de bandes abrasives est idéale pour la restructuration et pour nettoyer profondément les rainures, les fentes et les recoins. Les papiers et les bandes abrasives peuvent également nettoyer des filetages rouillés et des surfaces irrégulières pour la soudure.

15 PLOMBERIE

J.U.Houle ltée
75 boul. Sacré-Cœur c.p. 424
Victoriaville (Québec) Canada G6P 6T2
Tél : (819) 758-5235 ou 1(800) 567-2540
Téléc. : (819) 758-7836
Courriel : juhoule@juhoule.com
Site Web : www.juhoule.com
Distributeur de matériaux de plomberie et de chauffage et de produits industriels et municipaux pour plombiers, quincailliers, municipalités et entrepreneurs de grands travaux.

Le groupe Maburco
310, rue Alexandre, Sherbrooke
(Québec) Canada J1H 4T1
Tél : (819) 563-7171
Téléc. : (819) 563-3109
Courriel : groupemaburco@maburco.com
Site Web : www.maburco.com
Entreprise spécialisée dans la vente au détail et en gros dans les domaines de la plomberie, du chauffage, de la ventilation et des produits industriels.

Guide de ressources

American Standard
One Centennial Ave., Piscataway NJ 08855
Tél : (732) 980-3000
Site Web : www.americanstandard.com
American Standard fabrique entre autres des climatiseurs technologiquement avancés, des meubles et accessoires pour salle de bains et cuisine. Ses marques de fabrique reconnues internationalement incluent Trane, American Standard, et Armitage Shanks et Dolomite pour la plomberie.

Moen
2816 Bristol Circle, Oakville
(Ontario) Canada L6H 5ST
Tél : 1(800) BUY-MOEN1 ou 1(800) 465-6130
Site Web : www.moen.com
Moen inc. fabrique une large variété de robinets pour la cuisine et pour la salle de bains ainsi que des accessoires pour salle de bains, des éviers de cuisine, des produits pour les douches et des accessoires et éléments de plomberie. La société fabrique également une ligne de robinets à filtrage améliorant le goût, réduisant l'odeur et retirant les bactéries dangereuses de votre eau.

16 CHAUFFAGE

HydroSolution
75, boul. René-Lévesque Ouest
Montréal (Québec) Canada H2Z 1A4
Tél : (514) 363-7443 ou 1(800) ÉNERGIE
Site Web : www.hydrosolution.com
Cette filiale d'Hydro-Québec offre la location de chauffe-eau ainsi que la vente et l'installation de chauffe-eau, de systèmes de chauffage (air chaud et eau chaude), de climatiseurs centraux et de thermopompes.

La maison D.F. inc.
1350, rue Gay-Lussac, bureau 10
Boucherville (Québec) Canada J4B 7G4
Tél : (450) 641-3555
Téléc. : (450) 641-4550
Courriel : normand@maisondf.com
Site Web : www.maisondf.com
Agent distributeur pour les poêles et foyers Jotul, Heartland, Pacifique, RSF et la cheminée Excel 2100. Site comprenant les descriptions de nombreux produits (au gaz et au bois), les modes d'utilisation et des trucs et astuces.

Airtechni inc.
1555 Chabanel O., Montréal Québec H4N 2W3
Tél : (514) 382-3560 ou 1(800) 361-1104
Téléc. : (514) 383-4587
Courriel : info@airtechni.com
Site Web : www.airtechni.com
Distributeur de produits de chauffage, climatisation et ventilation. Géothermie, climatiseurs, thermopompes, fournaises, ventilo-convecteurs, déshumidificateurs de piscines intérieures et industries, et récupérateurs de chaleur.

Joseph Élie Ltée
7400 boul. Les Galeries d'Anjou
Anjou Qc. H1M 3M2
Tél : (514) 493-2900 ou 1(888) 335-0335

Téléc. : (514) 493-2958
Courriel : info@josephelie.com
Site Web : www.josephelie.com
Représente aujourd'hui le plus ancien distributeur de mazout au Québec, et la plus importante société indépendante de chauffage au Canada. Service complet pour le confort au foyer.

Heat-N-Glo
20802 Kensington Blvd., Lakeville MN 55044
Tél : 1(888) 427-3973
Téléc. : 1(800) 259-1549
Courriel : info@heatnglo.com
Site Web : www.heatnglo.com
Heat-N-Glo offre une gamme complète de cheminées au gaz, d'emplacements de cheminée et des bûches pour quasiment toutes les applications. Elle offre également une large variété de cheminées au feu de bois à un et plusieurs côtés. Appelez au numéro sans frais pour recevoir une brochure gratuite ou pour localiser un fournisseur proche de chez vous.

Holmes Products Corporation
32-B Spur Drive, El paso TX 79906
Tél : 1(800) 284-3267
Site Web : www.holmesproducts.com
Holmes offre une gamme étendue de chauffage, ventilateurs, humidificateur, purificateurs d'air et produits d'éclairage distribués par tous les principaux détaillants. Holmes offre également la gamme de produits FamilyCare conçue pour aider les parents à créer un environnement plus sain pour leurs enfants.

17 CLIMATISATION

Corporation des Entreprises de Traitement de l'Air et du Froid
6525, boulevard Décarie, # 301
Montréal (Québec) Canada H3W 3E3
Tél : (514) 735-1131
Téléc. : (514) 735-3509
Courriel : cetaf@cetaf.qc.ca
Site Web : www.cetaf.qc.ca
La CETAF regroupe des entreprises offrant des services de vente, d'installation, d'entretien, de réparation, de modification et de démantèlement de systèmes de climatisation, réfrigération, ventilation, contrôle, etc.

Climatisation Labelle inc.
1854, Barcelone, Terrebonne
(Québec) Canada J6X 3T5
Tél : (514) 721-2345 ou 1(877) 721-2345
Téléc. : (450) 961-9226
Courriel : climatisationlabelle@videotron.ca
Site Web : www.climatisationlabelle.com
Experts en confort résidentiel et commercial. Climatisation, chauffage, ventilation, thermopompe, géothermie et déshumidification.

Le groupe E.C.I. inc.
194, de la Chaudière, Saint-Nicolas
(Québec) Canada G7A 2S5
Tél : (418) 839-9944
Courriel : mgagnon@groupe-eci.com
Site Web : www.groupe-eci.com

Commerce de la région de Québec œuvrant dans les domaines de la ventilation, de la climatisation, du chauffage et de la qualité de l'air dans les secteurs résidentiel et commercial.

Honeywell
101 Columbia Rd., Morristown NJ 07962
Tél : 1(800) 328-5111 ou (973) 455-2000
Téléc. : (973) 455-4807
Site Web : www.honeywell.ca
Honeywell produit une large gamme de systèmes de chauffage résidentiels et commerciaux, des contrôles de refroidissement et des systèmes de sécurité. Les filiales de Honeywell produisent également une variété d'autres produits pour la maison, le bureau et l'automobile.

18 ÉLECTRICITÉ

Association des Constructeurs-Propriétaires en Électricité et des Électriciens d'Entretien du Québec

800 Place Victoria, C.P. 635, Montréal
(Québec) Canada H7Z 1J8
Tél : (514) 878-8198
Téléc. : (514) 355-4159
Courriel : info@acpeeeq.org
Site Web : www.acpeeeq.org
L'ACPÉÉEQ présente son comité, les dates de ses réunions, des photos d'évènements et ses formations.

Hydro-Québec
75, boul. René-Lévesque Ouest, Montréal
(Québec) Canada H2Z 1A4
Tél : (514) 363-7443 ou 1(800) ÉNERGIE (363-7443)
Site Web : www.hydroquebec.com/residentiel
Société d'État, chef de fil en matière d'énergie renouvelable. Compte parmi les plus grands distributeurs d'électricité en Amérique du Nord.

Héliotron Énergie Renouvelable inc.
321, Avenue du Pont Nord, Alma
(Québec) Canada G8B 5C8
Tél : (418) 668-3830 ou 1(866) 668-3830
Téléc. : (418) 669-3830
Courriel : info@heliotron.ca
Site Web : www.heliotron.ca
Cette entreprise d'Alma promeut et encourage le développement, la commercialisation, l'installation et l'exploitation des systèmes solaires photovoltaïques, thermiques, à éoliennes et à microturbines.

19 ISOLATION

Association d'Isolation du Québec
7855, Louis-H. Lafontaine, Suite 202
Anjou (Québec) Canada H1K 4E4
Tél : (514) 354-9877 ou 1(800) 711-2381
Téléc. : (514) 354-7401
Courriel : info@isolation-aiq.ca
Site Web : www.isolation-aiq.ca
Association d'entrepreneurs en isolation du Québec, incluant des manufacturiers et des distributeurs de matériaux d'isolation pour les secteurs commercial, industriel et institutionnel.

Isolation Dispro inc.
10280 boul. Ray Lawson
Anjou (Québec) Canada H1J 1L8
Tél : (514) 354-5251 ou 1(800) 361-4251
Téléc. : (514) 354-5249 ou 1(800) 361-5249
Courriel : iso@dispro.com
Site Web : www.dispro.com
Cette compagnie propose une gamme d'isolants, thermiques et acoustiques, conçus spécialement pour tous les domaines.

NAIMA Canada
150 Laurier Avenue W Suite 500, Ottawa
(Ontario) Canada K1P 5J4
Tél : (613) 232-8093
Téléc. : (613) 232-9149
Courriel : info@NAIMACanada.ca
Site Web : www.NAIMACanada.ca
NAIMA est le représentant syndical des fabricants d'Amérique du Nord de produits d'isolation en fibre de verre, en laine de roche et en laine minérale. Le rôle de NAIMA est de promouvoir l'efficacité de l'énergie et la préservation de l'environnement à travers l'utilisation de ces produits et d'encourager leur production et usage sécuritaires. Visitez le site Web pour obtenir des publications sur l'application et pour connaître les avantages de ces produits.

20 VENTILATION

Venmar Ventilation Inc.

550, boul. Lemire, Drummondville
(Québec) Canada J2C 7W9
Tél : 1(800) 567-3855
Téléc. : (819) 475-2660
Site Web : www.venmar.ca
Cette entreprise fabrique des systèmes de ventilation et de filtration résidentiels. Les produits sont vendus exclusivement au Canada.

Stevac inc.
801, boul. bord de l'eau, Valleyfield
(Québec) Canada J6S 4V3
Tél : (450) 373-5342 ou 1(800) 294-5342
Téléc. : (450) 370-2242
Courriel : info@stevac.com
Site Web : www.stevac.com
Entreprise de ventilation, de climatisation, de chauffage et de contrôle à distance pour les domaines commercial, résidentiel et industriel. Spécialiste en géothermie et en chauffage radiant hydronique.

Profilair Ventilation inc.
194, rue Dorion, Drummondville
(Québec) Canada J2C 1T9
Tél : (819) 477-0558 ou 1(800) 826-7208
Téléc. : (819) 477-0559
Courriel : profilair@cgocable.ca
Site Web : www.profilair.ca
Cette entreprise de Drummondville se spécialise dans la fabrication d'appareils de ventilation destinés à l'usage résidentiel et commercial.

Guide de ressources

Pro-Tech - Protection Incendie
700, Boul. Industriel, Local no 9, St-Eustache
(Québec) Canada J7R 5V3
Tél : (450) 473-8002
    ou pour urgence (24 h) (514) 942-8696
Téléc. : (450) 473-3843
Courriel : info@incendieprotech.com
Site Web : www.incendieprotech.com
Information sur ce fournisseur d'équipement de protection contre les incendies. Le site présente les services et les produits.

L'Association canadienne de la sécurité
8825, rue Centrale, Local 108, Lasalle
(Québec) Canada H8P 1P3
Tél : (514) 990-2349 ou 1(800) 537-0774
Téléc. : (514) 364-1357
Courriel : slaflamme@canasa.org
Site Web : www.canasa.org
Association nationale à but non lucratif, la CANASA représente les intérêts de l'industrie de l'alarme et de la sécurité électronique et aide les détaillants, les distributeurs, les fabricants et les compagnies de télésurveillance à obtenir du succès en affaires.

ADT
Tél : 1(800) 567-5675
Courriel : marketing@adt.ca
Site Web : www.adt.ca
Cette compagnie offre des systèmes de sécurité et de télé-surveillance. Le site informe sur les produits et les services offerts.

Protectron Systèmes de sécurité
9120, rue Pascal-Gagnon Montréal (Qc) H1P 2X4
Tél : (514) 323-5000 ou 1(800) 653-9111
Téléc. : (514) 323-6423
Site Web : www.protectron.com
Offre la tranquillité d'esprit à coût modique grâce à l'un des meilleurs systèmes de sécurité résidentielle en Amérique.

Association des Techniciens en Prévention des Incendies du Québec
C.P. 149 Belœil, Québec Canada J3G 4T1
Site Web : www.atpiq.org
Leur mission : regrouper et promouvoir le développement des techniciens et des techniciennes en prévention incendie intéressés par la qualité et la cohérence de la prévention incendie au Québec.

Children's Safety Network
55 Chapel Street Newton, MA 02458-1060
Tél : (617) 969-7100
Téléc. : (617) 969-9186
Courriel : csn@edc.org
Site Web : www.childrenssafetynetwork.org
The Children's Safety Network fournit des ressources et de l'assistance technique aux agences de la santé des enfants et à d'autres organisations cherchant à réduire les accidents des enfants et adolescents. Le site Web contient des publications et des ressources produites par CSN, des liens à d'autres ressources et un catalogue de leurs publications.

Association canadienne des entrepreneurs en couverture (ACEC)
2430 prom. Don Reid, bureau 100, Ottawa
(Ontario) Canada K1H 1E1
Tél : (613) 232-6724 ou 1(800) 461-2722
Téléc. : (613) 232-2893
Courriel : crca@on.aibn.com
Site Web : www.roofingcanada.com
L'ACEC a été fondée en 1960 afin d'assurer l'unité et la collaboration entre les entrepreneurs en couverture d'un bout à l'autre du Canada. Elle se compose de compagnies qui travaillent activement au Canada dans le secteur des couvertures et de la tôlerie qui s'y rapporte, tant à titre d'entrepreneurs qu'à titre de fabricants ou fournisseurs de matériaux et de services.

Association des maîtres couvreurs du Québec
3001, boul. Tessier, Laval (Québec) Canada H7M 2M1
Tél : (450) 973-2322 ou 1(888) 973-2322
Téléc. : (450) 973-2321
Site Web : www.amcq.qc.ca
La référence pour la construction, la rénovation et l'entretien des toitures.

Centre de toitures B et S ltée / Produits Murphco ltée
4955, rue Brock, Montréal
(Québec) Canada H4E 1B5
Tél : (514) 937-3275 ou 1(877) MURPHCO
Téléc. : (514) 937-6797
Courriel : info@produitsmurphco.com
Site Web : www.toitures.ca
Distributeur de matériaux de toitures. Fabricant de produits de toitures. Spécialistes en mesure de répondre à toutes vos questions.

Toits-de-rêve.com
Tél : 1(800) 567-2726
Courriel : service@emcobp.com.
Site Web : www.toits-de-reve.com
Site qui a pour but de vous guider étape par étape à travers votre projet de couverture. On y retrouve les notions de base, les différents styles et modèles, un estimateur de budget et beaucoup plus.

Alum-A-Pole Corporation
1011 Capouse Ave., Scranton PA 18509
Tél : 1(800) 421-2586
Site Web : www.alumapole.com
Fabrique et vend le système d'échafaudages Alum-A-Pole – une mise à jour de frein pour le pliage et un travail efficace avec du vinyle ou des bobines d'aluminium – et divers autres produits. Appelez ou visitez le site Web pour plus d'informations.

Rainhandler
2710 North Ave., Bridgeport CT 06604
Tél : 1(800) 942-3004
Téléc. : 1(800) 606-2028
Courriel : rainhandle@aol.com
Site Web : www.rainhandler.com
Rainhandler est une longue grille utilisée à la place d'une gouttière. L'idée est de casser l'eau coulant sur le toit. En utilisant ce procédé, il n'y a ni gouttières bouchées ni feuilles à retirer.

23 PAREMENT

Alcoa
201 Isabella, St., Pittsburgh PA 15212-5858
Tél : (514) 904.5030
Site Web : www.alcoa.com/canada/fr/home.asp
Alcoa conçoit des produits en aluminium depuis 1888. La compagnie est également active dans l'extraction minière, le raffinage, la fonte, la fabrication et le recyclage avec 215 usines en fonctionnement dans 31 pays. Les parements en aluminium, incluant les boiseries, les bardeaux spéciaux et plusieurs autres motifs, sont une des nombreuses gammes de produits d'Alcoa.

24 PORTES ET FENÊTRES

Andersen Corporation
100 Fourth Ave.
North Bayport MN 55003-1096
Tél : 1(888) 888-7020
Téléc. : (651) 430-5589
Site Web : www.andersoncorp.com
Anderson est un important fabricant de fenêtres. Visitez le site Web pour voir les différents types de fenêtres que la compagnie offre et obtenez une liste des fournisseurs dans votre région.

Benchmark Door Systems
3000 mine Rd. Fredericksburg VA 22408
Tél : 1(800) 755-DOOR
Courriel : Technical.Support@BenchmarkDoors.com.
Site Web : www.benchmarkdoors.com
Trois gammes principales de portes en acier et de cadres offrent une large variété de styles, de vitrages et de détails de boiseries. Certains des produits ont une couverture en vinyle pouvant être teinte qui imite le bois sur des constructions en acier de gauge 22 qui résiste durant 1 heures au feu. Les portes isolées (remplies en mousse) son éconergétiques.

Hy-Lite Products
101 California Ave., Beaumont CA 92223
Tél : 1(877) 495-4830
Téléc. : (416) 253-5344
Courriel : hylitejoan@aol.com
Site Web : www.hy-lite.com
Hy-Lite fabrique des fenêtres en blocs acryliques qui ont l'apparence de blocs de verre et qui sont entièrement préfabriqués dans des cadres standard. Les fenêtres en blocs acryliques de Hy-Lite sont disponibles dans des cadres en aluminium et en vinyle et en unités fixes, fenêtres à deux battants et marquises.

L. E. Johnson Hardware
2100 Sterling Ave., Elkhart IN 46516
Tél : 1(800) 837-5664
Téléc. : 1(800) 837-4697
Site Web : www.johnsonhardware.com
Johnson Hardware fabrique des kits de portes coulissantes et pliantes ; des kits de réparation universelle pour porte ; des serrures escamotables ; des kits de cadres escamotables ; des barres fermées et des placards ; du matériel de qualité commerciale ; et des pieds de table pliants et télescopiques.

Therma-Tru Doors
1687 Woodlands Dr., Maumee OH 43537
Tél : 1(800) THERMATRU (843-7628)
Site Web : www.thermatru.com
Avec plus de 35 ans d'expérience, Therma-Tru Doors est un fabricant principal de portes d'entrées résidentielles. La compagnie offre un système de porte complet, conçu, usiné et fabriqué pour fonctionner ensemble. Les systèmes de portes à fibre de verre brevetés, couverts par une garantie limitée à vie, ne fendent pas, ne se fissurent pas et ne se déforment pas. Appelez pour obtenir un catalogue gratuit et la liste des fournisseurs.

25 TERRASSES ET PORCHES

Jardin de ville
8128, boul. Decarie, Montréal
(Québec) Canada H4P 2S8
Tél : (514) 342-8128
Téléc. : (514) 342-1134
Site Web : www.jardindeville.com

Commerce fondé en 1956, spécialisé dans les meubles de jardin, auvents et abris situé à Mirabel et à Montréal.

Gazebo Canada
315, rue Seigneuriale, Beauport
(Québec) Canada G1C 3P7
Tél : (418) 660-5482 ou 1(866) 660-5482
Téléc. : (418) 666-9662
Courriel : vente@gazebo-canada.com
Site Web : www.gazebo-canada.com
Cette entreprise de la région de Québec, spécialisée dans la conception de gazebos en pin, présente sur son site ses différents modèles et ses distributeurs.

L'Écuyer
1156, route 344, L'Assomption
(Québec) Canada J5W 2H4
Tél : (450) 589-1150 ou (514) 990-6384
Téléc. : (450) 589-1173
Courriel : info@lecuyerlecuyer.com
Site Web : www.lecuyerlecuyer.com
Entreprise de L'Assomption spécialisée dans la vente de kits à monter d'aménagement extérieur en bois traité.

Arch Wood Protection Inc
1955 Lake Park Dr., Suite 100
Smyrna GA 30080
Tél : 866-789-4567
Téléc. : 770-801-1990
Site Web : www.wolmanizedwood.com
AWP fabrique du bois traité sous pression pour des terrasses, pour l'extérieur, pour des allées, pour des pavillons de jardin, pour des clôtures et pour des tables de pique-nique. Pour obtenir plus d'informations et des plans de construction tels que « comment construire la meilleure terrasse » et « comment construire des projets d'arrière-cour », appelez ou visitez son site Web.

Guide de ressources

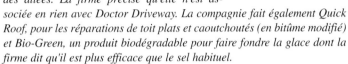

Co-Fair Corporation
7301 N. St. Louis Ave., Skokie IL 60076
Tél : (847) 626-1500
Téléc. : (847) 626-4900
Site Web : www.co-fair.com
Les produits de Co-Fair's incluent Driveway Medic, un système efficace et rapide de retouche des allées. La firme précise qu'elle n'est associée en rien avec Doctor Driveway. La compagnie fait également Quick Roof, pour les réparations de toit plats et caoutchoutés (en bitûme modifié) et Bio-Green, un produit biodégradable pour faire fondre la glace dont la firme dit qu'il est plus efficace que le sel habituel.

Unilock
287, Armstrong Avenue, Georgetown
(Ontario) Canada L7G 4X6
Tél : (416) 646-9000 ou 1(800) UNILOCK
Téléc. : (905) 874-3034
Courriel : georgetown@unilock.com
Site Web : www.unilock.com
Unilock a introduit un des premiers systèmes d'emboîtage des dalles il y a plus de 25 ans. Une série de connecteurs flexibles assemblés dans les fentes moulées à l'intérieur des blocs permet d'attacher des blocs ensemble par les côtés.

27 STRUCTURES EXTÉRIEURES

Clôtures Oasis inc
209, rue St-Jean, Lachute
(Québec) Canada J8H 3R8
Tél : (450) 562-4780 ou 1(800) 661-6274
Téléc. : (450) 562-8161
Courriel : cservice@clotures-oasis.com
Site Web : www.clotures-oasis.com
Manufacturier de clôtures ornementales situé à Lachute, présentant ses produits, ses réalisations, les détaillants et plus.

Solarium Vision
683, de la Sablière, Bois-des-Filion
(Québec) Canada J6Z 4T2
Tél : (450) 621-2467
Téléc. : (450) 621-4865
Courriel : info@solariumvision.com
Site Web : www.solariumvision.com
Entreprise de Bois-des-Filion proposant un concept de solarium modulaire trois saisons, muni de corniches et de moustiquaires rétractables offrant une vision claire et une circulation d'air indirecte pour un meilleur confort.

Remises Réal Lamontagne inc.
8550, boul. Bourque, Deauville (Québec) Canada J1N 3G1
Tél : (819) 864-9374 ou 1(800) 973-6473
Téléc. : (819) 864-7003
Courriel : info@remisesreallamontagne.com
Site Web : www.remisesreallamontagne.com
Entreprise spécialisée dans la fabrication de cabanons. Le site web présente les différents modèles, les options proposées, les succursales, etc.

Boundary Fence & Railing Systems
131-02 Jamaica Avenue, Richmond Hill NY 11418
Tél : 1(800) 628-8928 ou (718) 847-3400
Téléc. : (718) 805-9816
Courriel : boundary.fence@verizon.net
Site Web : www.boundary-fences.com
Boundary fabrique et distribue une variété de clôtures et de palissades. La firme fabrique ses propres tissages de clôture et ses revêtements en vinyle ou par pulvérisation. Elle offre plusieurs types de maillage, de garnitures rares, d'ornements en bois pour les portails, plus de 150 outils professionnels pour la clôture et une lignée de clôture 100 % en PVC.

Summerwood Products
733 Progress Ave., Toronto
(Ontario) Canada M1H 2W7
Tél : (416) 498-9379 ou 1(866) 519-4634
Téléc. : (416) 431-2454
Courriel : design@summerwood.com
Site Web : www.summerwood.com
Des dizaines d'abris et de pavillon de jardin sont offerts, chacun avec plusieurs options de configuration et des suppléments. Par exemple, vous pouvez spécifier une section d'un mur avec une simple ou double porte, une séparation ou des fenêtres. Summerwood vend également ses produits sous forme de kits prédécoupés qui peuvent prendre deux jours à assembler et sous forme de paquets pré-assemblés avec les parements et les autres matériaux déjà préparés sur les sections murales qui nécessiteront pour deux personnes de travailler un seul jour pour les monter.

Heritage Vinyl Products
1576 Magnolia Drive, Macon MS 39341-9980
Tél : 1(800) 736-5143
Téléc. : 1(800) 335-3991
Courriel : marketing@otivinyl.com
Site Web : www.heritagevinyl.com
Heritage fabrique des clôtures et des terrasses faites en polychlorure de vinyle. Les produits sont couverts par une garantie à vie transférable contre la décoloration, l'épluchage, les boursouflures, les déformations, l'effritage, les fissures, la corrosion et les dégâts dus aux insectes.

28 JARDINS

L'Association des Architectes Paysagistes du Québec
4536, rue des Érables, Montréal
(Québec) Canada H2H 2C9
Tél : (514) 990-7731 ou 1(877) 990-7731
Téléc. : (514) 990-7731 ou 1(877) 990-7731
Courriel : info@aapq.org
Site Web : www.aapq.org
Site de l'AAPQ. Présentation de la profession, services aux membres, services aux étudiants.

Jardiange.net
Site Web : www.jardinage.net
Ce site contient des trucs et astuce, des questions et réponses et même un agenda horticole. Il est également plein d'informations sur les annuelles, les vivaces, les plantes d'intérieurs, les potagers, les fruitiers, les arbres, les arbustes, les insectes et les maladies.

Splendeurs de Nuit
Tél : (514) 685-2525
Téléc. : (514) 685-7000
Courriel : info@splendeursdenuit.com
Site Web : www.splendeursdenuit.com
Cette entreprise spécialisée dans l'éclairage paysager présente ses services et ses réalisations.

Lubo
1352, Pierre-Mercan, Carignan
(Québec) Canada J3L 3P9
Tél : (450) 658-7795
Courriel : info@lubolighting
Site Web : www.lubolighting.com
Informations sur ce manufacturier de luminaires 12 volts en cuivre et laiton pour l'éclairage d'ambiance paysager. Il présente ses produits sur le site.

Karajaal Fountains
1671, Chemin du lac, René Prévost
(Québec) Canada J0R 1T0
Tél : (450) 224-8525 ou 1(866) 833-3083
Téléc. : (450) 224-0186
Courriel : info@karajaal.com
Site Web : www.karajaal.com
Cette entreprise spécialisée dans la conception et le développement des effets d'eau et de fontaines, la consultation en fontaines et la vente d'équipement présente son portfolio et son catalogue.

Ornebec Décor
115, rue Principale, St-Pierre
(Québec) Canada G0R 4B0
Tél : (418) 241-5242 ou 1(866) 241-5242
Téléc. : (418) 241-5248
Courriel : info@ornebec.com
Site Web : www.ornebec.com
Cette entreprise fabrique des ornements décoratifs pour l'extérieur : fontaines, statues, vases et bains d'oiseaux pour agrémenter le jardin.

Ames Lawn and Garden Tools
465 Railroad Avenue, Camp Hill PA 17011
Tél : 1(800) 833-3068
Téléc. : (717) 730-2552
Courriel : info@ames-truetemper.com
Site Web : www.ames.com
Ames–True Temper se targue d'être le fabricant le plus important au monde de tondeuses à main et d'outils de jardin, incluant des pelles, des râteaux, des sécateurs et des lames, des dévidoirs et d'autres équipements. Cette compagnie vieille de 225 ans rapporte que ses outils ont été utilisés pour aider à construire plusieurs projets historiques tels que Mt. Rushmore et la Statue de la Liberté.

Remerciements particuliers pour les Outils et Matériaux

Benjamin Obdyke Inc.	*Sous-couches de toit en bois*
Carhartt Inc.	*Revêtements en bois*
Carrier Corp.	*Climatiseurs*
Clyde & Dale's L.L.C.	*Chevalets de sciage*
Daly Slate Co.	*Tuiles en ardoise*
Englert	*Toiture en métal*
Hamilton Manufacturing, Inc.	*Produits d'isolation*
Outils électriques Hitachi	*Outils électriques d'atelier*
Innovative Insulation	*Produits d'isolation*
Jade Industries Inc.	*Tapis et carpettes*
Kraftmaid Cabinetry	*Placards de cuisine*
Makita U.S.A.	*Outils électriques*
Merillat Industries	*Placards de cuisine*
Milwaukee Electric Tool Corp.	*Outils électriques*
Nutone	*Ventilateurs, évents, éclairage*
Owens Corning	*Produits d'isolation*
Porter-Cable	*Outils électriques*
Ratech Industries, Inc.	*Produits d'isolation*
Ryobi	*Outils électriques*
S-B Power Tool	*Outils électriques*
Shaker Workshops	*Kits de meubles*
Sloss Industries	*Produits d'isolation*
Stihl Inc.	*Scies à chaîne*
Timberland	*Bottes et vêtements de travail*
Westile Roofing Products	*Tuiles de toit en béton*
Williamson-Dickie Mfg. Co.	*Revêtements en bois*

Glossaire

Aérateur. Dispositif vissé sur le bec d'un robinet pour en contrôler le débit.

Allège. Élément architectural situé sous la baie d'une fenêtre.

Ampère (A). Unité de mesure de l'intensité du courant électrique.

Ancrage de corps. Attache de bois en étrésillon placée à l'extrémité de l'ancrage de soutien d'un plafond en attendant qu'il soit fixé. On dit aussi « attache en T ».

Aplanissement. Opération par laquelle on égalise une surface de béton fraîchement coulé à l'aide d'une règle ou d'un 2 x 4 bien droit.

Aplomb (D'). Parfaitement vertical et perpendiculaire à 90 degrés au fil à plomb.

Armature. Cadre d'une armoire.

Assemblage à enture. Assemblage de deux pièces de bois bout à bout, à un angle de 45 degrés.

Assemblage à contre-profil. Pièce entaillée dans le sens contraire d'une autre, de façon à pouvoir enchâsser la première dans la seconde ; exécuté avec une scie à chantourner.

Attache en T. Voir « Ancrage de corps ».

Avant-toit. Partie inférieure d'un toit qui s'avance en saillie sur la façade d'un bâtiment.

Balustre. Support vertical d'une main courante dans un escalier. On dit aussi « barreau ».

Barre d'armature. Barre métallique intégrée au béton sous forme de grille pour en accroître la résistance.

Barreau. Voir « Balustre ».

Bec d'oiseau. Entaille faite près de l'extrémité d'un chevron, là où il s'insère dans une sablière ou une poutre horizontale.

Biseau. Inclinaison d'une surface à moins de 90 degrés. Généralement obtenue en chanfreinant le chant d'une pièce de bois.

Bloc de bois. Pièce de bois insérée entre des poteaux, des solives, des sablières ou d'autres éléments de charpente, servant de surface de clouage, de renforcement de la structure ou en tant qu'élément de pare-feu.

Blocs pare-feu. Blocs installés horizontalement entre des montants pour retarder la progression d'un incendie vers le haut.

Bois dur. Bois provenant d'arbres à feuilles caduques, tels le chêne et l'érable.

Boîte à onglets. Boîte en forme de canal sur les parois de laquelle sont pratiquées des entailles précoupées pour guider la coupe des pièces selon un angle déterminé.

Boîte de jonction. Boîte dans laquelle sont faits les raccordements, les branchements et les jonctions de câbles électriques.

Bordure de toit. Planches de bordure de 1 ou 2 pouces clouées sur l'extrémité des chevrons et formant une partie de la corniche ou de l'avant-toit.

Bouchon articulé. Bouchon du drain d'une baignoire contrôlé par un levier.

Boulon d'ancrage. Boulon coulé dans le béton qui sert à ancrer les pièces de bois, les fixations ou les supports au béton ou aux murs de maçonnerie.

Brique de parement. Brique dont les faces visibles sont homogènes.

Brique réfractaire. Brique à base d'argile réfractaire au feu et cuite à une température extrêmement élevée pour la rendre résistante à la chaleur.

BTU (British Thermal Unit). Unité de mesure normalisée de l'énergie thermique dégagée.

Câble de rétraction. Câble de métal flexible utilisé pour diriger les fils électriques et les câbles dans les murs et les conduits.

Câble électrique. Deux ou plusieurs fils électriques isolés dans une gaine de plastique ou de métal.

Cale. Pièce mince et biseautée en plastique ou en bois pour maintenir l'aplomb ou améliorer l'assise des portes, des fenêtres et des cadrages.

Canalisation électrique. Tubulure de métal ou de plastique qui renferme des câbles électriques.

Chantepleure. Trou percé dans un mur pour permettre l'écoulement de l'eau et en réduire la pression.

Chapiteau. Ornement recouvrant le faîtage d'un poteau.

Charge mobile. Toutes les charges d'un immeuble qui ne sont pas des éléments permanents de la structure, par exemple les meubles, les personnes et le vent.

Charge permanente. Poids des composants d'une structure, incluant le bois, la toiture, les installations permanentes et autres.

Charpente à plate-forme. Type de charpente qui consiste à ériger des murs, un étage à la fois, sur une plate-forme qui repose sur des solives.

Châssis. Encadrement visible des fenêtres et des portes.

Chemin de câbles. Système de câblage électrique en surface, permettant de fixer des prises, des interrupteurs et des ferrures sur l'extérieur d'un mur plutôt qu'à l'intérieur.

Chevron court. Chevron reliant une sablière supérieure à un autre chevron.

Chevron d'arêtier. Chevron installé à un angle de 45 degrés entre une extrémité et le faîte d'une structure.

Chevron de noue. Chevron placé à l'angle rentrant formé par la rencontre de deux pans de toiture ou avec un autre chevron.

Cloison sèche. Gypse contenu entre deux feuilles de papier traité, qui sert à recouvrir les murs intérieurs. On dit aussi « panneau de gypse » ou « panneau de revêtement ».

Clouage de face. Opération qui consiste à enfoncer un clou perpendiculairement dans une planche.

Clouage en biais. Clouage par enfoncement en biais sur la face d'une planche pour la rattacher à une autre planche par-dessus ou par-dessous.

Code du bâtiment. Ensemble de règlements municipaux, provinciaux ou nationaux qui indiquent les normes minimales en construction.

Colonne. Support vertical d'un bâti de construction, fait de bois, de métal ou de béton. On dit aussi « pilier » ou « montant ».

Colonne Lally. *Poteau tubulaire en acier, généralement rempli de béton et utilisé comme pilier de soutien sous les poutres.*

Contremarche. *En menuiserie, face verticale d'une marche d'escalier fermant le devant de la marche.*

Corniche. *Ornement en saillie au point de jonction d'un toit et d'un mur extérieur, ou en haut d'un mur intérieur.*

Coulis. *Mortier en pâte appliqué aux raccords entre des carreaux de céramique.*

Coup de bélier. *Cognement dans les conduites d'eau causé par un changement brusque de pression lors de la fermeture d'un robinet ou d'une valve.*

Coupe d'assise (chevron). *Coupe horizontale dans un bec d'oiseau, s'insérant dans une sablière ou une membrure du cadre horizontal.*

Coupe faîtière. *Coupe à angle à la tête d'un chevron qui permet à son extrémité de prendre un appui solide sur le faîtage.*

Croix de Saint-André. *Entretoise en X.*

Cure. *Traitement qui consiste à protéger une dalle de béton fraîchement coulée contre l'évaporation de l'humidité afin de réduire au minimum les fissures et le rétrécissement, tout en la renforçant.*

CVCA (système). *Système de chauffage, de ventilation et de climatisation.*

Dalle de béton. *Fondation de béton constituant le plancher de l'étage inférieur et délimitant le périmètre de la semelle de répartition d'une structure.*

Déboucheur (ou déboucheur). *Voir « Furet ».*

Dimensions nominales. *Dans les unités de mesure du bois, dimension d'une pièce avant qu'elle ne passe au moulin (par exemple, 2 x 4); en maçonnerie, dimension mesurée d'une unité de maçonnerie plus un joint de mortier.*

Disjoncteur. *Interrupteur de sécurité dont l'ouverture se produit automatiquement lorsque l'intensité du courant qui le traverse dépasse une certaine valeur. Il peut être réamorcé manuellement.*

Disjoncteur de fuite de terre (DFT). *Appareil identifiant un défaut à la terre ou une dispersion électrique qui coupe l'alimentation en électricité vers le circuit.*

Écusson. *Plaque métallique qui recouvre un orifice autour d'un tuyau ou d'un robinet.*

Efflorescence. *Dépôt de sels solubles sur la maçonnerie.*

Effritement. *Desquamation de la surface d'une brique ou du béton.*

Élastomère. *Se dit d'un matériau qui ne se déforme pas sous l'effet de la chaleur ou de la tension.*

Empannon. *Chevron court placé entre un chevron et une sablière, ou entre deux chevrons dans le cadre d'une ouverture. On dit aussi « chevron court ».*

Entrait relevé. *Planche installée à l'horizontale entre des chevrons pour les renforcer.*

Entretoise. *Pièce de bois ou de métal fixée entre des pièces de bois pour maintenir leur écartement. On dit aussi « étrésillon ». Un assemblage d'entretoises est un entretoisement.*

Étalon. *Pièce de bois (généralement un 2 x 4) marquée aux dimensions requises afin de déterminer la hauteur des marches et autres élévations.*

Étrésillon. *Voir « Entretoise ».*

Étrier. *Section d'acier servant à renforcer le raccord entre une solive et la pièce de bois qui la soutient.*

Façade. *Face extérieure d'un bâtiment.*

Faîtage. *Pièce de bois placée horizontalement et marquant le point le plus élevé de la charpente du toit, ou faîte. Parfois appelé « panne faîtière ».*

Faîte. *Crête horizontale d'un toit.*

Fenêtre en saillie. *Fenêtre projetée à l'extérieur d'un mur, formant une niche à l'intérieur.*

Feuillure. *Coupe ou entaille pratiquée sur une extrémité d'une pièce de bois. Sert de raccord à une deuxième pièce pour former un assemblage. Voir aussi « Rainure ».*

Fibragglo-ciment (panneau). *Panneau à dos cimenté servant à soutenir des carreaux de céramique.*

Flexion. *Courbure d'une pièce de bois sous l'action des charges permanentes et mobiles.*

Fourrure. *Latte de bois étroite, de 1 ou 2 pouces d'épaisseur, servant à maintenir un écartement, par exemple entre un plafond et des solives, ou entre un mur isolé et la maçonnerie.*

Frise. *Moulure clouée à l'horizontale sur le mur d'une structure directement en dessous des chevrons, offrant une surface de clouage pour les sous-faces et les moulures de corniche.*

Furet. *Câble de métal flexible pour déboucher les drains. On dit aussi « déboucheur ou déboucheur ».*

Fusible. *Dispositif sécuritaire conçu pour protéger les circuits électriques; il interrompt le courant en cas de surcharge ou de court-circuit.*

Galvanisé. *Recouvert d'une couche de zinc pour protéger contre la corrosion.*

Garniture. *Membrure résistante servant à sceller des raccords et à empêcher les fuites, par exemple entre une porte et ses montants, ou entre des tuyaux et leurs raccords.*

Granulat (ou agrégat). *Pierre concassée, gravier ou tout autre matériau ajouté au ciment pour faire du béton ou du mortier.*

Gypse (panneau). *Voir « Cloison sèche ».*

Inclinaison. *L'inclinaison d'un toit est le rapport entre son élévation et sa course, exprimées en pouces. Par exemple, une inclinaison de 6 : 12 signifie une inclinaison de 6 pouces pour chaque segment de course de 12 pouces. Voir aussi « Pente ».*

Jambage. *Partie verticale qui forme le côté d'une ouverture, d'une porte, d'une fenêtre ou d'une cheminée.*

Joints de dilatation. *Joints insérés à la surface d'une dalle de béton afin de prévenir les fissures dues aux variations thermiques.*

Joints de rupture. *Coupures faites sur un dallage pour en empêcher le mouvement ou la déformation.*

Glossaire

Lambourde. *Planche horizontale reposant sur une poutre ou sur tout autre élément de la structure, servant à supporter les solives qui viennent s'abouter à la poutre.*

Larmier. *Pièce métallique recourbée sur le bord du revêtement intermédiaire d'un toit conçue pour en écarter l'eau de pluie.*

Lattes. *Bandes de bois étroites recouvrant les raccords verticaux entre des panneaux latéraux, ou bandes de bois ou grillage métallisé servant de support pour le plâtre ou le stuc. On dit aussi « support à enduit ».*

Lien de faîtage. *Structure interne d'une ferme de toit (voir aussi « Membrure de poutre »).*

Limon. *Dans un escalier, pièce d'appui soutenant les abouts des marches et les contremarches.*

Linteau. *Pièce de bois horizontale épaisse entre deux montants de porte ou de fenêtre, au-dessus du cadrage.*

Lisse. *Pièce de bois horizontale d'une épaisseur de deux pouces rattachée directement aux fondations en maçonnerie et qui soutient les murs de la structure ; on dit aussi « sablière basse ». Désigne également la partie inférieure du cadre d'une fenêtre, installée à angle pour favoriser l'écoulement de l'eau.*

Longrines. *Planches de bois soutenant un plancher en bois (qui repose, par exemple, sur une dalle de béton).*

Lucarne. *Petit corps de bâtiment construit sur un toit pour agrandir l'espace sous les combles. Désigne aussi toute fenêtre en saillie sur un toit en pente.*

Mastic. *Adhésif épais et pâteux.*

Membrure de poutre. *Structure interne d'une ferme de toit (voir aussi « Lien de faîtage »).*

Mesures réelles. *Mesures effectives d'une pièce de bois, d'un tuyau ou de la maçonnerie. Voir aussi « Dimensions nominales ».*

Meuble démontable. *Meuble conçu pour être monté facilement à l'aide de pièces prédécoupées ou préassemblées. On dit aussi « meuble prêt-à-monter » ou « meuble en kit ». pour les meubles à assembler soi-même.*

Montant. *Élément vertical d'un d'une charpente dans une construction à ossature de bois. On dit aussi « poteau ». Voir également « Colonne ».*

Mortier. *Mélange employé pour le jointement dans la construction en maçonnerie ou comme assise pour les carreaux de céramique.*

Moulure. *Pièce de bois d'une épaisseur de 1 pouce utilisée comme ornement de finition des coins, autour des cadres de fenêtre et de porte, sous les combles ou en complément d'autres éléments architecturaux.*

Mur de partition. *Mur non porteur divisant un espace intérieur.*

Mur de pignon. *Partie supérieure et triangulaire du mur d'un bâtiment, sous chaque comble d'un toit à pignon.*

Mur porteur. *Mur conçu pour soutenir une charpente au-dessus.*

Onglet. *Assemblage réunissant deux pièces à angle (généralement à 45 degrés) pour former un coin.*

Panneau à particules orientées (OSB). *Panneau constitué de copeaux de bois orientés en renforcement du panneau et liés par de la résine phénolique.*

Panneau d'aggloméré. *Panneau de copeaux de bois agglomérés par encollage avec de la résine.*

Paroi. *Section verticale d'un mur de maçonnerie, égale à la largeur d'une unité de maçonnerie, ou demi-brique.*

Pavé. *Brique ou autre unité de maçonnerie conçue pour allées et terrasses.*

PCVC. *(polychlorure de vinyle chloré) Plastique utilisé dans la fabrication des conduites d'eau chaude.*

Penny (d). *Unité de mesure de longueur des clous, par exemple, un clou de 10 d mesure 3 pouces.*

Pente. *D'une manière générale, inclinaison d'un toit ; techniquement, rapport entre son élévation et sa course.*

Pied-planche (pmp). *Unité de mesure de volume du bois correspondant à un pied carré sur une épaisseur d'un pouce.*

Pierres de taille. *Pierres de même format, taillées dans une carrière, et facilement empilables.*

Pilier. *Voir « Colonne » et « Socle ».*

Placage. *Mince couche de bois ou de maçonnerie.*

Planche de repère. *Planche posée sur des piquets, soutenant les cordeaux délimitant les fondations et les semelles.*

Plaques de gousset. *Plaques métalliques ou en bois servant à raccorder les membranes et le faîtage d'une ferme de toit.*

Polychlorure de vinyle (PCV). *Plastique utilisé dans la fabrication des tuyaux d'évacuation et des évents.*

Porte préassemblée. *Porte fixée aux jambages, avec des charnières (et parfois la quincaillerie de la serrurerie), prête à être installée dans une ouverture brute.*

Porte-à-faux. *Ensemble de solives s'avançant au-delà de leur appui pour soutenir un porche ou un balcon sans supports externes.*

Poteau. *Pièce de bois verticale d'une épaisseur de 2 pouces qui relie les deux sablières d'un mur. On dit aussi « montant ».*

Poteau nain. *Montant entre une sablière basse et le dessous d'un linteau.*

Potelet. *Poteau court inséré verticalement entre un linteau et une sablière, ou entre une traverse basse horizontale et le dessous d'une lisse brute.*

Poutre. *Pièce de charpente de bois ou d'acier, installée horizontalement comme soutien d'une partie des charges d'une structure.*

Poutre maîtresse. *Pièce de support horizontale, de bois ou d'acier, supportant les charges du bâti d'une structure.*

Prise de terre. *Conducteur de faible impédance relié à la terre.*

Puisard. *Puits creusé dans le sol et rempli de pierre ou de gravier, destiné à la réception de* l'eau en vue de son épuration par percolation dans le sol.

Queue de chevron. L'une ou l'autre extrémité d'un chevron.

Rainure. Entaille large et profonde à angle droit dans le sens du fil du bois. On l'appelle « feuillure » lorsque découpée sur l'extrémité d'une planche.

Rainure de clavette. Entaille à fond plat sur la surface d'une semelle pour que les extrémités des murs s'insèrent l'une dans l'autre.

Regard. Bouchon amovible sur un siphon ou sur une conduite d'évacuation, qui facilite l'accès pour l'entretien et le nettoyage.

Remblai. Matériau de remplissage, terre ou gravier, servant à combler les interstices entre un mur de soutènement ou un mur de fondation et le vide laissé par l'excavation.

Retrait. Règlement du Code du bâtiment local indiquant la distance de retrait entre les structures par rapport à la rue, au trottoir ou aux limites de la propriété.

Revêtement. Panneaux, généralement de contreplaqué, posés sur les faces extérieures d'une structure et qui supporteront le parement.

Robinet d'arrosage. Robinet installé à l'extérieur d'un bâtiment.

Sablière. Pièce horizontale d'une épaisseur de 2 pouces, clouée sur la partie supérieure des poteaux d'un mur.

Sablière basse. Traverse basse d'un mur de colombage. Voir aussi « Lisse ».

Scier en long. Scier dans le sens du grain du bois.

Semelle. Partie d'une fondation qui transmet les charges au sol ; également, base d'appui d'un mur de pierre.

Servitude. Droit de passage ou d'usage que possède un individu sur le terrain d'une autre personne.

Seuil de fenêtre. Tablette étroite installée contre le rebord d'une fenêtre.

Seuil de gel. Profondeur maximale à laquelle le sol gèle en hiver.

Siège de robinet. Partie de la valve sur laquelle la rondelle ou d'autres pièces reposent, et qui contrôle le débit de l'eau.

Siphon. Tuyau incurvé rempli d'eau, ce qui empêche le refoulement des gaz d'égout dans la maison par le circuit d'évacuation.

Socle. Support de béton servant d'appui aux colonnes, aux poteaux, aux poutres ou aux solives. On dit aussi « pilier ».

Soffite. Voir « Sous-face ».

Solin. Minces feuilles d'aluminium, de cuivre, d'asphalte caoutchouté ou faites d'autres matériaux pour raccorder ou calfeutrer un vide, par exemple entre le toit et une cheminée ou entre les chapeaux et un mur.

Solive. Pièce de bois horizontale supportant un plancher ou un plafond, et soutenue par des poutres.

Solives de rive. Solives délimitant le pourtour extérieur d'une plate-forme.

Soulèvement par le gel. Soulèvement de la surface du sol causé par le gel et le dégel du sol en hiver.

Sous-face. Planche fixée le long d'un mur en dessous du larmier, recouvrant l'espace entre le mur et la bordure du toit. On dit aussi « soffite ».

Sous-plancher. Entresol d'un plancher fini, généralement fait de contreplaqué ou d'OSB installé sur les solives du plancher ou sur les longrines.

Spirale de raccord. Court fil électrique servant à compléter un circuit dans une boîte.

Système d'égout. Circuit domestique de drainage et d'aération, constitué de tuyaux et de raccords qui servent à éliminer les eaux usées.

Tasseau. Bloc de soutien pour les armatures de bois ou autres pièces.

Tenon et mortaise. Assemblage de pièces de bois composé d'une pièce en saillie (le tenon) encastré dans une pièce découpée (la mortaise), généralement à angle droit.

Tirette. Outil spécial pour retirer les languettes des parements de vinyle.

Toit à pignon. Toit à deux versants triangulaires.

Toit en appentis. Toit à une seule pente.

Toit en croupe. Toit avec une arête principale et quatre versants.

Toit mansardé. Type de toit courant sur les granges et les bâtiments utilitaires, constitué par une succession de deux versants à inclinaisons différentes.

Trait de scie. Passage que fait la scie en coupant une pièce de bois, habituellement d'une profondeur de $1/8$ de pouce.

Traité sous pression. Se dit d'un bois imprégné d'agents de protection, injectés sous pression.

Transformateur. Appareil conçu pour convertir un système de courants variables d'un circuit en modifiant sa tension ou son intensité.

Treillis. Minces lattes de bois entrecroisées pour former un treillage ou une tonnelle.

Tuyau d'élévation. En plomberie, tuyau d'alimentation de l'eau qui la transporte à la verticale.

Tuyau de descente. Canalisation verticale d'un système de gouttières ; aussi, conduit qui transmet l'air chaud à une sortie d'air.

Valeur R. Valeur indicatrice de la résistance thermique d'une substance. La valeur R est représentée par un chiffre attribué aux isolants. Plus ce chiffre est élevé, plus efficace sera l'isolant.

Valve de retenue. Valve restreignant le mouvement de l'eau à une seule direction.

Valve de sûreté. Dispositif sécuritaire qui laisse échapper automatiquement l'eau lorsque le système enregistre une pression ou une température maximale.

Volt. Unité de mesure de l'intensité d'un champ électrique.

Watt. Unité de mesure de la consommation en électricité requise par le fonctionnement d'un appareil.

index

index

index

Crédits photos

Toutes les photographies ont été prises par **John Parsekian**, photographe principal sauf mention contraire.

Autres photographies par :

Merle Henkenius : 13 (bas droite), 66-67 (tous), 80-81 (rangée du haut), 150-51 (rangée du bas), 156-57 (tous), 160-161 (rangée du bas), 161 (milieu droite), 184-85 (tous), 192 (tous), 197 (tous), 212-13 (rangée du bas), 216-17 (rangée du milieu, rangée du bas), 220 (tous), 285 (bas), 290-95 (tous), 296 (rangée du bas), 297 (tous), 298-99 (rangée du bas), 299 (haut gauche, milieu gauche), 302 (bas gauche), 303 (rangée du bas), 304-5 (tous), 306 (haut droite, milieu droite, bas droite), 307 (haut gauche, rangée du milieu, rangée du bas), 308 (bas droite), 309 (haut droite, bas gauche, bas milieu), 310 (bas droite), 311 (haut droite, milieu, milieu droite, rangée du bas), 318-19 (rangée du bas), 334-35 (rangée du bas), 335 (haut), 343 (bas), 353 (tous), 354-55 (rangée du bas), 356 (bas gauche, bas droite), 357 (tous), 358-59 (rangée du bas), 367 (haut droite), 384 (tous), 385 (rangée du haut, rangée du milieu), 395 (tous), 451 (milieu gauche), 455 (tous), 462 (gauche), 494-95 (tous), 526 (tous), 527 (rangée du haut, milieu gauche, rangée du bas), 528 (haut droite, rangée du bas), 529 (tous), 538 (tous), 539 (rangée du haut), 546-47 (tous), 552-53 (tous), 562-63 (rangée du bas), 563 (haut gauche), 566-67 (tous), 569 (tous), 572-73 (rangée du haut, rangée du bas), 577 (tous)

Brian C. Nieves : 12 (tous), 14 (tous), 15 (bas droite), 18 (rangée du milieu, bas gauche), 19 (milieu gauche, milieu, bas gauche, bas droite), 20 (colonne de gauche, milieu droite), 21 (milieu gauche, milieu droite, rangée du bas), 22 (bas gauche), 23 (milieu gauche, milieu, rangée du bas), 27 (colonne du milieu, colonne de droite), 29 (tous), 30 (tous), 31 (1ère rangée du haut, 2e rangée du milieu, 3e rangée du milieu), 32 (tous), 33 (haut gauche, milieu), 36-37 (tous), 38 (tous), 39 (rangée du haut, bas au milieu), 130 (haut droite) 148 (tous), 71 (tous), 108 (tous), 109 (haut gauche, bas droite), 116-17 (rangée du bas), 118 (haut), 122-23 (tous), 154 (bas), 155 (tous), 159 (haut gauche), 161 (haut droite), 163 (haut droite, milieu gauche, milieu droite), 165 (haut, milieu), 170-71 (tous), 178 (rangée du haut, rangée du milieu), 179 (haut au milieu), 186 (haut), 187 (rangée du haut, rangée du milieu), 188 (milieu), 189 (rangée du milieu), 190 (milieu droite), 194 (rangée du milieu, bas droite), 196 (tous), 200-201 (rangée du bas), 202-3 (rangée du bas), 203 (rangée du milieu), 225 (haut droite, bas droite), 250-51 (tous), 254 (tous), 258 (tous), 259 (haut gauche, bas au milieu), 267 (tous), 268 (bas gauche), 269 (bas droite), 276 (colonne du milieu), 277 (milieu et colonne de droite), 289 (rangée du haut, rangée du milieu), 296 (haut), 303 (haut droite), 309 (haut gauche), 311 (haut gauche), 316-17 (tous), 343 (haut gauche, haut milieu, haut droite), 344 (haut droite, milieu, bas milieu, bas droite), 345 (rangée du haut, rangée du bas), 346-52 (tous), 392-93 (rangée du bas), 398 (haut), 399 (haut), 401 (haut gauche, rangée du bas), 402 (rangée du haut, bas gauche), 403 (bas gauche), 437 (bas droite), 469 (milieu gauche, milieu droite), 470 (tous), 472-73 (tous), 476 (rangée du haut, rangée du milieu), 477 (rangée du haut, rangée du milieu), 480 (rangée du haut, rangée du milieu), 490 (bas droite), 491 (bas gauche, bas milieu), 530-33 (tous), 534 (rangée du haut, rangée du milieu), 535 (haut gauche, milieu gauche), 548-49 (rangée du haut, rangée du bas), 557 (tous), 559 (tous)

Chapitre 2 : Outils
Page 19 : Celotex (haut gauche)
Page 22 : Craftsman by Sears (bas droite)
Page 23 : Black & Decker (haut gauche)

Chapitre 3 : Boulonnerie, fixations et adhésifs
Page 27 : Paslode (bas gauche)
Page 33 : Makita, U.S.A. (bas gauche)

Chapitre 4 : Maçonnerie
Page 50-51 : Robert Anderson (haut et rangée du bas)
Page 52 : David K. Hand (sepia)
Page 52-53 : Brick Industry Association (bas)
Page 54 : Prosoco (haut)
Page 54-55 : Brick Industry Association (bas)
Page 57 : Robert Anderson (tous)

Chapitre 5 : Fondations
Page 63 : Portland Cement Association (tous)
Page 65 : Zircon Corporation (bas)
Page 74 : U.S. Department of the Interior, Bureau of Reclamation (sepia)
Page 74-75 : Robert Anderson (rangée du bas)
Page 78-79 : HouseGuard (rangée du bas)

Chapitre 6 : Bois
Page 84 : Bangor Convention & Visitors Bureau (sepia)
Page 85 : Jorgenson Log Homes (tous)
Page 86 : Western Wood Products Association (haut et rangée du milieu)
Page 86 : Southern Pine Council (rangée du bas)
Page 87 : APA—The Engineered Wood Association (haut et bas gauche), Trus Joist Macmillan (bas droite)
Page 88 : Agricultural Research Service (haut), Dr. James Jarrett, Mississippi State University, Dept. of Entomology (bas)
Page 89 : Agricultural Research Service (haut, bottom), Dr. James Jarrett, Mississippi State University, Dept. of Entomology (Bas au milieu)
Page 90 : California Redwood Association (haut gauche, haut droite, 2e milieu droite)
Page 90 : Stephen Munz, Oradell, NJ (Bas au milieu à droite, bas droite)
Page 91 : Southern Pine Council (tous)
Page 92 : Makita, U.S.A (tous)
Page 94 : APA—The Engineered Wood Association (haut)
Page 95 : Stephen Munz, Oradell, NJ (tous)

Chapitre 7 : Charpente
Page 105 : Rocky Mountain Log Homes (haut gauche), Lindal Cedar Homes (haut milieu), Haiku Houses (haut droite), Arkin Tilt Architects (bas gauche), Earthwood (bas droite)
Page 109 : California Redwood Association (milieu gauche)
Page 114 : Western Wood Products Association (haut), Trus Joist MacMillian (milieu)
Page 124 : Ganondagen State Historic Park (Photographer : Frank E. Sadowski) (sepia)
Page 129 : North American Steel Framing Tousiance (haut droite)
Page 130 : Southern Pine Council (rangée du milieu), Manufactured Housing Institute (bas rangée)
Page 131 : Manufactured Housing Institute (bas gauche)

Chapitre 9 : Planchers et escaliers
Page 154 : Otis Elevator Company (sepia)
Page 158-59 : Custom Building Products (rangée du bas)
Page 159 : Custom Building Products (haut droite, bas droite), Metropolitan Ceramics (dessus centre), Dal-Tile (Bas milieu)
Page 166 : Crain Cutter Company, Inc. (haut)

Chapitre 10 : Murs et plafonds
Page 174 : Georgia-Pacific (haut), Eisenhart Wtous-coverings (bas gauche), Crangéen Berger (Bas droite)
Page 175 : USG (haut), Tasso (bas gauche), York Wtouscoverings (bas droite)
Page 177 : New England Classic Interiors (haut), Georgia-Pacific (milieu)
Page 180 : Celotex (rangée du bas)
Page 181 : Celotex (rangée du haut, rangée du milieu, bas gauche, bas milieu)
Page 182 : Celotex (tous)
Page 183 : Celotex (rangée du haut, bas gauche, bas milieu)
Page 187 : Wagner Spray Tech Corp. (bas droite)
Page 190 : USG (sepia)
Page 190-91 : Don Wong (rangée du bas)
Page 193 : Brewster Wtouscoverings (tous)
Page 194 : Delta (rangée du haut, lower haut milieu), American Standard (2e rangée à droite)
Page 198 : Hy-Lite Block Windows (haut droite), Pittsburgh Corning (rangée du milieu, rangée du bas)
Page 199 : Corian (haut), Pittsburgh Corning (bas rangée)
Page 200 : Elite (haut gauche), Georgia-Pacific (milieu gauche), White River Hardwoods/-Woodworks (rangée du milieu, milieu droite)
Page 201 : Focal Point Architectural Products (haut gauche), White River Hardwoods/-Woodworks (milieu gauche, haut droite)
Page 205 : Chicago Mettousic Corp. (rangée du haut, milieu rangée)

Chapitre 11 : Espaces non finis
Page 208 : Imperial Wtouscoverings
Page 209 : APA—The Engineered Wood Association (bas)
Page 210 : Certainteed (milieu gauche, haut, milieu, and bas droite)
Page 212 : Murphy Bed Co. (sepia)
Page 214 : Celotex (tous)
Page 218 : Nutone (haut gauche, bas droite), KraftMaid (bas gauche)
Page 219 : Murphy Bed Co. (haut gauche), Robern (haut milieu), Pet Doors, U.S.A. (haut droite), CraftMaster (bas gauche), Nutone (bas milieu, bas droite)
Page 221 : Western Wood Products Association (haut gauche), Paul M. Schumm/CH (haut droite), National Kitchen & Bath Association (milieu gauche), KraftMaid (bas gauche)

Chapitre 12 : Armoires et comptoirs
Page 225 : Stephen Munz, Oradell, NJ (colonne de droite)
Page 229 : International Kitchen & Bath Exchange (haut), Amera-Dorchester (milieu), AristoKraft (bas)
Page 232 : ILCO Unican Corporation (tous)
Page 234 : Merillat Industries (sepia)
Page 238 : Corian (milieu)
Page 240 : Jim Roberson (bas gauche, bas droite)
Page 242 : Kitchen Solvers (rangée du haut)
Page 243 : Dura-Oak (haut milieu)
Page 247 : Merillat Industries (gauche), National Kitchen & Bath Association (droite)

Chapitre 13 : Étagères et rangements
Page 252 : Sears, Roebuck, & Co. (sepia)
Page 257 : ClosetMaid (rangée du haut, milieu droite)
Page 260 : Columbia Forests Products (bas)

Chapitre 14 : Mobilier
Page 265 : H. Howard Hodgins Jr. (tous)
Page 266 : Sears, Roebuck & Co. (sepia)
Page 270 : H. Howard Hodgins Jr. (rangée du milieu)
Page 271 : H. Howard Hodgins Jr. (haut et rangée du milieu)
Page 272-73 : H. Howard Hodgins Jr. (tous)
Page 274 : Joe Roberson (haut et rangée du milieu), H. Howard Hodgins Jr. (bas gauche)
Page 275 : H. Howard Hodgins Jr. (tous)

Table de conversion au système métrique

Mesures de longueur

1 pouce	2,54 cm
1 pied	30,48 cm
1 verge	91,44 cm
1 mile	1,61 km

Mesures de surface

1 pouce carré	$6{,}45\,cm^2$
1 pied carré	$92{,}90\,cm^2$
1 verge carrée	$0{,}84\,m^2$
1 acre	$4046{,}86\,m^2$
1 mile carré	$2{,}59\,km^2$

Mesures de volume

1 pouce cube	$16{,}39\,cm^3$
1 pied cube	$0{,}03\,m^3$
1 verge cube	$0{,}77\,m^3$

Équivalents approximatifs des dimensions du bois de construction

Les dimensions métriques du bois sont approximativement les mêmes que leurs contreparties impériales. Dans la plupart des cas, elles sont équivalentes.

Dimensions des pièces de bois	1 x 2	19 x 38 mm
	1 x 4	19 x 89 mm
	2 x 2	38 x 38 mm
	2 x 4	38 x 89 mm
	2 x 6	38 x 140 mm
	2 x 8	38 x 184 mm
	2 x 10	38 x 235 mm
	2 x 12	38 x 286 mm
Formats des feuilles	4 x 8 pi	1200 x 2400 mm
	4 x 10 pi	1200 x 3000 mm
Épaisseur des feuilles	¼ po	6 mm
	⅜ po	9 mm
	½ po	12 mm
	¾ po	19 mm
Entraxe (écartement entre montants ou solives)	16 po	400 mm
	24 po	600 mm

Mesures de capacité

1 once liquide	29,57 ml
1 chopine	473.18 ml
1 pinte	1,14 litre
1 gallon US	4,54 litres

Température
(Celsius = Fahrenheit – 32 x ⅝)

°F	°C
0	−18
10	−12.22
20	−6.67
30	−1.11
32	0
40	4.44
50	10.00
60	15.56
70	21.11
80	26.67
90	32.22
100	37.78